구속사적 강해설교

& 팔복강해

구속사적 강해설교

& 팔복 강해

조성모 지음

도서출판 **첨탑**

헌정사

이 시대의 참 목자
지금은 천국에 계시지만
가장 존경하고 사랑하는
나의 아버님 조의택 목사님과
어머니 배정숙 사모님께
이 책을 드립니다.

"우리가 살아도 주를 위하여 살고
죽어도 주를 위하여 죽나니
그러므로 사나 죽으나 우리가 주의 것이로다"
롬 14:8

추천사

정성구 박사 (전 총신대학교/ 전 대신대학교 총장)

조성모 선교사는 내가 사랑하고 아끼는 제자요 목회자요 교수이다. 그는 뿌리가 다르다. 한국 순교사에 나타난 대로 그의 조부 조석훈 목사의 순교의 피는 주렁주렁 아름다운 열매를 맺어 14명의 목사와 교수를 배출했다.

필자는 나에게 대학부 4년과 신대원 3년과 대학원에서 2년 모두 9년을 배운 신학도이다. 그 후 도미하여 오하이오주 애쉴랜드 신학대학원에서 목회학 박사 학위를 취득하였다. 한국여자 신학교 교수 12년, 오사카 신학대학 예배설교학 교수로 10년 재직하고 일본 오사카와 고베 두 지부에서 개혁주의 강해설교 연구원을 섬기고 있다.

설교자를 영어에서는 '프리처'라고 부르기도 하고 '풀피티어' 또는 '강단꾼'이라고 부르기도 한다. 전자는 하나님의 말씀을 전하는 자이고, 후자는 자기주장을 펼치는 사람이다. 설교자는 자기주장을 펼쳐서는 안 된다. 구속사적 강해설교를 해야 한다. 구속사적 강해설교는 훈련받지 않은 사람은 할 수 없다. 성경에 나타나 있는 사건 이면에 역사하시는 하나님의 손길을 바라볼 수 있도록 목회자는 부지런히 연구하고 훈련받아야 한다.

이런 면에서 필자 조성모 목사는 오랜 십 수 년 동안 구속사적 강해설교를 깊이 연구하였다.

필자의 강해설교는 크게 2부로 나뉜다.
제1부에서는 산상수훈 설교인 팔복을 구속사적으로 해석하고 설명한다. 예수님 당시의 사회적 배경과 종교적인 영향을 고찰하고 본문을 예리하게 원문으로 분석하고 현대인들에게 적용하고 있다. 필자의 팔복은 세속적인 복이 아니요 영적인 복을 강조한다. 팔복 본문을 전개할 때마다 "예수 그리스도는 전능하신 하나님이요, 하나님의 아들이시며 전능하신 왕이시요 주이심"

을 강조한다. 필자의 팔복은 예수 그리스도로 충만하고 십자가의 보혈의 샘으로 가득 차 있음을 보게 된다.

제2부는 창세기부터 계시록에 나타난 구원의 복음을 구속사적으로 해석하고 설명한다. 구속사 설교를 강조하는 이유는 성경 전체가 인간의 창조와 타락과 구원에 관한 말씀이기 때문이다. 필자는 성경 속에 감추어진 구속의 진리를 십자가 신학으로 연결하고 있다.

이제 필자가 국내와 척박한 일본선교 현장에서 틈틈이 연구한 것이 강해설교집으로 나오게 된 것이다. 이 책을 통하여 국내와 일본에 문서선교로 그 저변이 확대되어 신자들뿐 아니라 불신자에게까지도 전도의 계기가 되어 하나님께 큰 영광을 돌릴 수 있기를 간절히 바란다.

추천사

조영택 목사 (캐나다 밴쿠버 갈릴리 교회 원로 목사/ 저자의 작은 아버지)

조성모 목사의 팔복 강해설교를 읽는데 4시간이 걸렸습니다. 정말 많은 감동을 받았습니다. 이렇게 하는 것이 강해설교라는 것을 다시 한 번 깨달았습니다. 저는 46년간 목회 하면서 이렇게 설교한 적이 거의 없었습니다. 조 목사의 설교를 통해 그는 목회자요 선교사요 교수임을 짐작할 수 있었습니다. 자상한 목회자요 복음만을 전하기 원하는 선교사요 성경을 깊이 묵상하고 연구하고 가르치는 교수임을 볼 수가 있었습니다.

하나님 나라의 시민이 받는 8가지 복을 자세히 설명하는 저자는 장차 가야할 하나님 나라를 이미 이 땅에서 누리고 있는 하나님의 사람임을 알 수 있었습니다.

실로 저자는 하나님 앞에서 가난한 심령이요, 하나님의 뜻대로 살려고 몸부림치며 애통하는 사람이요, 자신은 온유하고 의에 주리고 목말라 하고 그 마음이 깨끗한 사람이요, 다른 사람에 대하여 긍휼함이 있고 평화를 만드는 사람이요, 오직 주님만을 바라보며 의를 위하여 복음을 위하여 하나님 나라 확장을 위하여 십자가의 길을 걷고 있는 사람입니다.

순교하신 할아버지 조석훈 목사님과, 조용히 주님을 본받으며 내려놓으시고 또 내려놓으시며 헌신적으로 목회하신 아버지 조의택 목사님의 정신을 이어가는 3대목사임을 볼 수 있습니다.

설교는 많으나 말씀이 없고 복음이 부재하다는 이 시대에 십자가와 부활의 복음, 하나님 나라의 복음을 힘 있게 외치는 저자! 그는 'About Bible'이 아니라 'In Bible' 하는 목사임을 볼 수가 있습니다.

팔복과 구속사적 강해설교를 적극 추천하며 독자들에게 하나님 나라를 이 땅에서도 소유하며 하나님 나라 시민으로 살다가 주님 오시는 날 주님과 함께 영원한 천국에서 영생의 복을 누리시기를 기원합니다.

추천사

유병수 목사 (숭인교회 원로목사)

조성모 선교사는 내가 사랑하고 아끼는 신실한 후배요 43년 동안 함께 교분을 나눈 목사요 선교사요 교수입니다.

그는 온유하고 타인과 부딪치기를 싫어하며 복음만을 위하여 달려온 신실한 목사입니다. 그는 누구보다 순교자의 후손으로 삼대 목사로 주어진 사명에 최선을 다하는 목사이며 숭인교회 파송 선교사이기도 합니다.

필자는 팔복 강해설교를 위하여 낮에는 양재동 횃불 회관에서 하루 종일 연구하고, 밤에는 청계산 토끼바위에서 찬 이슬을 맞으며 기도하면서 수년 동안 저술에 집중했습니다. 특별히 팔복설교는 일반 설교와 달리 구속사적인 입장에서 깊고 오묘한 진리를 설명하고 분석하고 적용했습니다.

심령의 가난함이 있어야 애통하게 되고 애통한 후에 온유하게 되며 온유한 후에 의에 주리고 목마르게 되며 긍휼을 베풀고 청결한 마음과 화평으로 하나님의 아들이 되고, 의를 위하여 박해 받는 것은 예수 그리스도로 충만해지는 삶이라고 볼 수 있습니다.

필자는 팔복을 강해하면서 자신의 욕망을 채우고 내 뜻이 이루어지는 소원이 아니라 철저하게 주님에게 굴복하고 하나님의 은혜만이 죄와 율법과 저주와 죽음으로부터 구원한다는 진리를 강력하게 선포하고 있습니다. 이것이 복음입니다.

각 편의 설교마다 예수 그리스도와 십자가의 진리가 면면히 흐르고 있음을 보게 됩니다. 무엇보다 필자는 팔복의 말씀을 원문으로 깊이 연구하고 분석하여 독자들로 하여금 쉽게 이해할 수 있으며 적절한 예화를 삽입하여 지루하지 않고 은혜롭게 읽을 수 있도록 했습니다. 필자의 팔복 설교가 한국교회와 세계 그리스도인들의 신앙을 더 돈독하게 하며 믿지 아니하는 자들에게는 예수 믿고 구원받는 계기가 되기를 바랍니다.

추천사

김재호 목사 (대한예수교장로회[합동] GMS 이사장, 서울 동산교회 시무)

할렐루야! 먼저 《구속사적 강해설교》 설교집이 발간되게 되어 하나님께 감사와 찬송과 영광을 돌립니다.

특별히 선교현지에서 선교사님에 의해서 이러한 귀중한 강해설교 저서가 발간되었다는 것은 정말 자랑스럽고 귀한 일이 아닐 수 없습니다.

본서의 저자인 조성모 선교사는 국내에서 강해설교를 연구하면서 일본 선교지에서도 지속적으로 만 17년 구속사적 강해설교를 준비한 목사요, 선교사요, 교수입니다. 필자는 특별히 산상수훈인 팔복 강해설교를 다년간 구속사적으로 연구하며 개혁주의 신학 입장에서 분석하고 현실에 적용했습니다. 필자의 강해설교는 심령이 가난함으로부터 시작하여 의를 위하여 박해를 받으며 하늘의 상급을 받는 것에 이르기까지 모두 원문을 분석하고 핵심적인 사상을 개혁주의 신학으로 밝혔습니다. 그리고 팔복 곳곳에 예수 그리스도의 복음과 십자가의 보혈의 샘이 흐르고 있는 것을 보여주고 있습니다.

참으로 2,000여 년 전에 우리 주님이 주신 말씀이 오늘 나에게 어떤 의미를 주는가를 깊이 살펴볼 수 있는 생명이 숨 쉬고 살아있는 저서가 아닐 수 없습니다. 특히 필자 조성모 선교사님은 오사카 신학대학 예배 설교학 교수로 10년 동안 섬기며 일본 복음주의 강해설교 연구원 원장으로 오사카와 고베 두 지부를 만 7년 동안 이름도 빛도 없이 섬기고 있는 합동교단의 총회 파송 선교사입니다.

앞으로 이 책을 통하여 많은 독자들이 예수를 잘 믿고 예수처럼 살기를 소원하며 가능하다면 일본어로 번역이 되어 일본 문서 선교에 큰 박차를 더하는 은혜와 하나님 나라가 더욱 확장되는 역사가 나타나기를 바라면서 기쁨과 소망을 가지고 이 책을 적극적으로 추천하는 바입니다.

"이는 만물이
주에게서 나오고
주로 말미암고
주에게로 돌아감이라
그에게 영광이
세세에 있을지어다 아멘"
롬 11:36

저자 서문

필자가 강해설교를 연구하고 준비하는 과정은 모두가 하나님의 은혜의 산물입니다. 왜냐하면 하나님의 은혜가 한 조각이라도 떠나는 날에는 아무것도 생각할 수 없고 연구와 집중이 되지 않았기 때문입니다.

목회자가 평생 고민하는 것은 설교하는 일일 것입니다. 그것은 긴장을 늦추지 아니하고 일평생 성경을 깊이 연구하고 수많은 서적을 통하여 자신의 것으로 만드는 일이기 때문입니다. 하나님의 말씀인 성경을 강해하여 설교하는 것은 힘들고 어려운 작업입니다. 왜냐하면 성경을 제목중심이나 본문설교나 성경 각 구절을 주석하고 설명하는 설교가 아니기 때문입니다.

필자는 '구속사적 강해설교'를 강조합니다. 왜냐하면 성경은 인간의 창조와 전적 부패인 타락과 구속의 완성을 향해 전진하는 직선적인 역사이기 때문입니다. 제1부는 예수님의 산상수훈인 팔복 강해이고, 제2부는 창세기부터 계시록에 이르는 성경의 핵심진리를 선택하여 구속사적으로 적용했습니다.

구속사적 강해설교는 본문을 중심으로 하되 그 본문의 앞장과 전후를 연구하고, 본문을 모두 해석하고, 성경 전체를 적용하는 것입니다. 그래서 필자는 어려운 작업이지만 강해설교를 사랑하고 선호합니다. 고난 없는 영광이 없듯이 피눈물 나는 열정과 연구가 없이 작은 열매도 맺혀질 수가 없습니다. 이 책은 필자가 일본 선교 현지에서 만 8년간 목회와 강해설교 연구원을 섬기면서 틈틈이 독서하고 연구한 자료가 모아진 것입니다.

종교개혁자 요한 칼빈은 하루에 10시간 이상 말씀을 연구하고 주석하며 설교를 준비했고, 청교도 목회자인 스펄전 목사도 하루에 10시간 말씀을 연구하고 십자가를 묵상했습니다. 영어문화권에서 가장 잘 알려진 알렉산더 맥클라렌 목사는 한 편 설교를 준비하기 위하여 60시간 이상을 철저하게 준비한 분입니다. 보통 청교도들은 한편 설교를 위하여 20시간 이상을 준비했습니다. 그들은 한 시간 반이나 두 시간 가량 길게 설교한 것입니다.

한 편 설교가 나오기 위하여 여인이 해산하는 심정으로 연구하고 그 설교가 나의 마지막 설교가 될지도 모른다는 심정으로 설교해야 할 것입니다. 강해설교는 본문의 배경을 성경적으로 신학적으로 문학적으로 깊이 연구하고 본문에서 핵심 단어를 찾아야 합니다. '이 본문이 오늘 나에게 무엇이라고 말씀하는가?'라는 중심명제를 찾아내야 하는 것입니다. 본문을 중심으로 대지와 소지를 나누고 성경 전체에서 성구를 적용하는 것입니다. 미국의 대각성운동의 선구자인 조나단 에드워드 목사는 "강해설교는 적용하는 순간부터 설교가 시작되는 것"이라고 설명했습니다. 이런 적용은 자신과 청중들과 교회와 국가까지도 적용이 되어야 합니다.

필자는 하나님의 절대 주권을 믿습니다. 지금까지 연구한 작업은 모두가 하나님의 은혜입니다. 왜냐하면 내가 한다고 할 때에 여러 번 원고치는 중에 컴퓨터에 문제가 있었기 때문입니다. 강해설교가 중요하고 필요하지만 그럼에도 불구하고 이것은 완성품이 결코 아닙니다. 왜냐하면 성경만이 완전하기 때문입니다.

이 작은 책을 통하여 독자들이 은혜를 나누고 한 영혼이라도 구원받았으면 하는 마음이 간절할 뿐입니다. 단 하루를 예수 믿어도 바로 믿고 사는 것이 중요합니다. 스펄전 목사는 목회자나 평신도와 초신자까지 모두가 예수를 잘 믿어야 한다고 강조했습니다. 우리는 성경이 가는 데까지 가고 성경이 멈추는 데서 멈추는 신앙을 소유해야 할 것입니다.

감사한 것은 한평생 목회와 선교의 동역자로 함께하며 설교원고를 꼼꼼하게 교정하여준 사랑하는 아내 민성자 선교사와 장녀 에스더와 차녀 수산나와 파송교회인 숭인교회 원로 유병수 목사님과 담임 김요한 목사님을 비롯하여 당회원들과 온 성도들과 일본 가코가와 국제 그리스도교회 성도들에게 감사드립니다. 캐나다 토론토에 박석호 안수집사와 김선미 권사님께 감사드립니다. 그리고 부산에 박명철 안수집사님과 강옥희 권사님에게 감사드립니다. 강해설교 원고를 정리하는데 편집과 출판을 담당하여 주신 설규식 장로님께 감사드립니다.

"모든 수고는 내가 하고 모든 영광을 하나님께"(요한 칼빈)

일본 가코가와 국제 그리스도교회에서

조성모 선교사

차 례

추천사(정성구, 조영택, 유병수, 김재호)/ 6
저자 서문/ 12

1부 : 구속사적 팔복 강해설교

1. 가난한 마음을 가진 자의 복/ 마 5:3 ·· 19
2. 죄에 대하여 슬퍼하는 자의 복/ 마 5:4 ··· 41
3. 부드러운 마음을 가진 자의 복/ 마 5:5 ··· 59
4. 의에 주리고 목마른 자의 복/ 마 5:6 ··· 78
5. 긍휼히 여기는 자의 복/ 마 5:7 ·· 97
6. 마음이 청결한 자의 복/ 마 5:8 ··· 113
7. 화평하게 하는 자의 복/ 마 5:9 ··· 136
8. 의를 위하여 박해 받은 자의 복/ 마 5:10-12 ································· 156

2부 : 구속사적 강해설교

1. 하나님과 동행하는 사람/ 창 5:21-24 ··· 179
2. 최상의 선택/ 창 13:5-18 ·· 202
3. 고난을 은혜로 바꾼 사람/ 창 28:10-22 ··· 222
4. 하나님의 집으로 올라가자/ 창 35:1-15 ··· 242
5. 쳐다본즉 살더라/ 민 21:4-9 ·· 265
6. 하나님이 생각하신 사람/ 삼상 1:10-20 ··· 291
7. 축복의 통로/ 시 1:1-6 ·· 315
8. 인생의 앞날을 주의 손에/ 시 31:14-23 ··· 340
9. 주의 얼굴빛을 비추소서/ 시 80:1-7 ·· 367

10. 눈물 골짜기가 은혜의 샘으로/ 시 84:1-7 ·· 387
11. 예루살렘을 사랑하라/ 사 66:10-14 ··· 409
12. 하나님의 은혜를 회복하라/ 호 14:4-8 ·· 428
13. 불순종에서 순종으로/ 욘 1:1-17, 3:1-5 ··· 449
14. 소금이 되라/ 마 5:13 ·· 471
15. 빛의 사명/ 마 5:14-16 ·· 487
16. 두려워하지 말고 믿기만 하라/ 막 5:35-43 ··· 504
17. 강권하여 내 집을 채우라/ 눅 14:15-23 ··· 526
18. 응답되는 기도/ 눅 18:1-8 ·· 542
19. 영과 진리로 예배하라/ 요 4:19-26 ··· 560
20. 성경과 초대교회로 돌아가자/ 행 2:36-47 ·· 581
21. 그 이름을 위하여/ 행 5:41-42 ·· 601
22. 모범적인 교회로 서가는 교회/ 행 11:19-30 ······································ 620
23. 선교를 위한 바울의 기도와 사명/ 롬 1:8-15 ···································· 641
24. 바울의 힘/ 고후 12:5-10 ··· 662
25. 성령의 충만을 받으라/ 엡 5:15-21 ··· 684
26. 그리스도 중심의 삶/ 빌 1:12-21 ·· 704
27. 십자가로 승리하는 삶/ 골 2:13-15 ··· 727
28. 신앙인의 자본/ 딤후 1:3-5 ·· 747
29. 은혜로 얻어지는 구원/ 딤후 1:9-12 ··· 769
30. 복음의 능력을 발견하라/ 몬 1:8-20 ··· 790
31. 더 나은 본향에 들어간 자들/ 히 11:13-16 ·· 812
32. 그리스도를 위하여/ 히 11:24-26 ·· 830
33. 하나님의 사랑 안에서 자신을 지키라/ 유 1:20-25 ··························· 849
34. 승리하는 교회/ 계 3:7-13 ··· 867

특강 : 하나님의 영광을 위한 삶/ 고전 10:31 ·· 881

제1부

팔복
강해설교

가난한 마음을 가진 자의 복

[마태복음 5:3]

서 론

예수님께서 산상수훈을 말씀하신 장소는 산이라기보다는 고지(高地)로서 해발 약 300미터 정도가 됩니다. 인접한 고지들로부터는 두 개의 언덕, 즉 뿔들에 의해서 구별되었습니다. 그 언덕들은 봉우리 위로 약 18미터가 솟아 있습니다. 이 뿔들 사이에는 넓은 목초지가 있어 천연의 경기장이 되었다고 합니다.

예수님이 이 곳에서 산상수훈을 말씀하시는 목적은 신령한 복을 주시기 위함입니다. 즉 욕심이 많은 자가 아니고 마음이 가난한 자들이며, 방탕과 사치스러운 사람이 아니고 간절하고도 진지하게 애통하는 자들이며, 오만 불손한 자들이 아니라 온유하고 겸손한 자들입니다. 불의로 재물을 소유하는 자가 아니고 모든 일에 정직한 자들이며, 완악하고 무정한 자들이 아니라 긍휼히 여기고 자비로운 자들입니다. 또한 더럽고 불결한 자들이 아니라 마음이 청결한 자들이며, 호전적이고 분쟁하기를 좋아하는 자들이 아니라 침착하고 화평한 자들입니다. 그리고 박해자들이 아니고 박해를 받으면서도 그리스도인의 의무를 성실히 수행하는 자들을 위하여 주님은 천국을 예비하신 것입니다.

인도의 존경 받는 지도자 '간디'는 비 기독교인이었으나 산상 수훈을 애독하였다고 합니다. 산상수훈은 천국의 대헌장이며 하나님 나라의 백성으로서의 시민 윤리를 보여줍니다. 주님께서 제자들과 넓은 의미에서 우리들에게 주시는 말씀은 천국백성은 이런 모습으로 살아가라고 가르쳐 주는 것입니다. 그러므로 천국시민은 하나님 나라의 법대로 복음에 합당하게 살아가야 하는 것입니다(빌 1:27). 우리 구주 예수 그리스도께서 주신 산상수훈을 지키려고 최대한 노력해야 합니다. 그리스도인은 그리스도에게 속한 자로서 이미 구원은 받았지만 아직은 문자적으로 주님이 증언하신 말씀을 완전히 지킬 수는 없습니다. 우리 구주 예수 그리스도께서 주신 말씀 그 자체에 대하여 깊이 영적인 교훈을 받고 최대한 성숙한 신앙을 소유해야 합니다.

현대인들은 세상에서 부유하고 명예와 권세가 있는 자를 행복한 자라고 생각합니다. 그러므로 가난하면 박사라 할지라도 무시를 당하는 시대입니다. 세속적인 것과 실용적인 면에서 보면 모두가 상대평가인 것입니다. 물질을 많이 소유한 자가 주님을 믿는다는 것은 대단히 어려운 일입니다. 주님은 차라리 낙타가 바늘구멍으로 들어가는 것이 쉽다고 말씀하십니다.

그러나 주님은 심령이 가난한 자는 복이 있다고 말씀하십니다. 이 가난은 물질적으로도 완전히 파산된 상태를 의미합니다. 동시에 영적인 가난을 의미하는 것입니다. 인간적으로 볼 때에는 가난하고 부한 것이 문제가 됩니다. 생활이 곤고하고 궁핍하면 어딘가 위축이 되고 힘이 없어 보입니다. 부유하면 무엇인가 자신 있게 보입니다. 그러나 하나님 앞에서는 부자든 가난하든 이것이 문제가 아닙니다. 가장 중요한 것은 심령이 가난한가에 달려있는 것입니다. 물론 가난한 사람도 우리 주 예수 그리스도를 믿지 아니하는 사람들이 많습니다. 이 사람들이 얼마나 불쌍합니까? 인간적으로도 불행하기 그지없는데 예수까지 모르고 믿지 못하니 얼마나 안타까운 일입니까? 또한 아무리 부유할지라도 영적으로 가난하지 못하면 불행한 것입니다. 그러나 힘들고 어렵게 살아도 심령이 가난하다면 초막이나 궁궐이 모두 천국이 됩니다.

복이 있다는 말씀이 신약성경에 52회 나옵니다. 예수님 당시의 유대인들은 경제적인 압박으로 인하여 소망 없이 하루하루를 살아가는 백성들이 대부분이었습니다. 사회적으로 생활 보장을 받지 못하고 살아가는 소외된 사람들과 절망 상태에 있는 자들에게 주님은 하나님 나라만 바라볼 수 있는 자들은 복이 있다고 말씀하신 것입니다.

　여기서 복이 있다는 것은 행복하다는 뜻이고, 모든 범사에 기쁨과 즐거움이 넘치는 것을 의미합니다. 예수님이 강조하시는 말씀은 천국이 영적으로 가난한 자들에게 주어진다는 것입니다. 천국이 마음이 가난한 자들에게 주어지지 않는다면, 마음이 가난한 자들은 참으로 가련하고 불쌍한 자들입니다. 그러므로 천국은 원칙적으로 가난한 자들에게 주어지는 것입니다. 즉 심령이 가난해야 합니다. 이 마음은 육체와 반대되는 것을 의미합니다. 심령이 가난한 자들이란 의식적으로 하나님을 의지하고 자신을 의지하지 않는 자들입니다.
　주님의 산상수훈은 그 당시 열두 제자들에게만 주어진 것이 아니라 천국에 들어가기를 원하는 사람이라면 누구에게나 적용되는 말씀입니다. 심령이 가난하다는 것은 영적인 경건의 부족이 아닙니다. 영적 가난을 인식하는 것입니다. 심령이 가난한 자는 자신의 궁핍과 비참을 깨닫고 옛 교만이 깨어지고 주님만 바라보는 심정을 말합니다.
　20세기의 탁월한 강해 설교자 아더 핑크 목사는 "심령이 가난하게 된다는 것은, 나는 가진 것이 아무것도 없으며, 나는 아무것도 아니며, 아무것도 할 수가 없으며, 나는 모든 것을 필요로 한다는 것을 깨닫는 것"이라고 설명했고, 또한 심령의 가난은 자신이 흙으로 지음 받은 존재이기에 그리스도께서 그들의 마음을 채울 수 있도록 성령께서 그들의 마음을 깨끗하게 비우는 것이라고 강조했습니다.
　그러므로 우리 그리스도인들은 그리스도로 충만해야 합니다. 우리 주 예수 그리스도를 바로 믿기만 하면 심령이 가난해지는 것입니다. 문제는 내가 종교인으로서 예수를 믿는 것인지, 아니면 인격적으로 예수를 나의 구주로 영접한 그리스도인인지 이것이 중요한 것입니다. 어머니 뱃속부터인 모태신앙도 중요하고 기독교 전통의식에 충실하여 흠이 없는 것도 귀하지만, 이런 것으로 구원받는 것은 아닙니다.

일본 선교 현장에서도 현지인 목회자의 자녀들이 예수를 믿지 아니하는 것을 종종 보고 이상하게 느낀 적이 있었습니다. 심령이 가난한 자는, 즉 '하나님이여 불쌍히 여기소서 나는 죄인입니다.'라고 고백하는 자이며, 하나님 앞에 서서 두려워 떨며 자신이 전적으로 부패함을 인정하는 것을 의미합니다. 왜냐하면 인간이 가진 것은 죄 밖에 없기 때문입니다. 이런 죄에서 자유를 주실 분은 오직 우리 구주 예수 그리스도뿐입니다. 세상에는 질병으로 눌리고 고생하면서도 여전히 교만하게 살아가는 자들도 있습니다. 그러나 자신을 우리 구주 예수 그리스도에게 굴복시키는 자들과 내적으로 겸손히 하나님의 도우심을 구하는 자들에게는 복이 있는 것입니다. 심령이 가난한 자는 진실하게 하나님께 자신을 쳐서 복종하는 자를 의미하고 기꺼이 다스림을 받으려고 하는 자세를 말하는 것입니다.

종교개혁자 요한 칼빈(John, Calvin)은 누가복음 6장에 나오는 가난과 마태복음의 가난이 동일하다고 말합니다. 가난한 자는 역경으로 말미암아 눌리고 고통 받는 자들이라고 말합니다. 더 구체적인 의미는 십자가의 연단 아래서 낮아지는 법을 배운 자들이라고 증언했습니다. 심령이 가난한 자는 하나님 앞에서 자신의 무가치함과 절망을 인정하는 사람입니다. 또한 철저하게 무기력하고 무능력함을 고백하는 자들인 것입니다. 그러므로 오직 하나님만을 절대적으로 의지하는 자를 의미합니다. 우리가 구주 예수 그리스도 안에서 승리하는 삶을 살려면 실패를 인정할 때 오는 것입니다. 그리고 선한 삶을 사는 비결은 죄를 고백하고 인정할 때에 가능하게 되는 것입니다. 세상의 복은 모두가 상대적입니다. 그러나 주님이 주시는 신령한 복은 절대적입니다.

영국의 씨 에스 루이스(C. S. Lewis)라는 변증학자는 성도가 다른 사람과 비교하는 것은 사탄의 지배를 받게 된다고 했습니다. 여기서 가난은 실제적으로 물질이 없고 경제력이 없는 빈곤을 의미합니다. 이것은 하나님 나라에서 첫 번째 원리입니다. 어떤 면에서 믿음이 부족한 사람들이 물질을 너무 많이 소유하고 있다면, 그들은 주님보다도 세상 보물에 더 집착할 수가 있는 것입니다. 왜냐하면 눈에 보이는 물질이 우선적으로 생각되기 때문입니다. 그러므로 주님은 나중에 찾아도 된다는 결론이 나오는 것입니다. 우리 구주 예수 그리스도의 나라를 떠받치고 있는 토대는 소유가 아니라 가난이며, 예수를 위하여 결단하는 것이 아니라 우리가 마침내는 "주여 나는 그 일을 시작조차 할 수 없나이다"라고 인정할 수밖에 없을 정도로 자신의 무력감을 갖는 것이라고 했습니다.

그렇게 되었을 때에 주님은 "너희에게 복이 있나니"(5:11)라고 우리에게 말씀하신다는 것입니다. 이것이 하나님 나라로 들어가는 첫 입구가 되는 것입니다. 시인 다윗은 주의 가난한 자의 목숨을 영원히 잊지 말아달라고(시 74:19) 증언합니다.

1. 가난의 의미가 무엇입니까? (3절)

"심령이 가난한 자는 복이 있나니"라고 성경은 말씀합니다. 여기서 "가난"이라는 단어는 헬라어로 〈프토코스 Pto:chos〉입니다. 이 말은 단순한 가난을 말하는 것이 아니라 완전하게 파산되어 일어설 수 없을 정도의 절대적인 빈곤을 의미합니다. 헬라인들은 이 말을 굽실거리고 동냥하기 위하여 쭈그리고 움츠러드는 사람으로 표현했습니다. 여기서 가난은 근검하고 절약하여 사는 가난이 아니라 아무것도 가지지 아니한 사람을 말합니다. 구체적으로 표현하면 전 재산이 두 렙돈 밖에 안 되는 비참한 과부를(막 12:42-43) 말할 수 있습니다. 한마디로 세상에서 소외되고 가난으로 찌든 불쌍한 자를 말하는 것입니다. 이 말이 나중에 거지 신세로 전락하여 구걸하는 거지를 의미하게 됩니다. 거지가 될 만큼 가난하여 남의 도움을 필요로 하는 사람을 가난한 자라고 했던 것입니다. 그러므로 한마디로 구걸하는 거지이며 즉 동냥을 의미합니다.

이렇게 가난한 사람은 다른 사람과 비교할 수 있는 상대가 아닙니다. 그리고 자신을 방어할 힘조차도 없는 자입니다. 이 말씀은 지속적인 경제적 어려움과 사회적 압박 때문에 오직 하나님만 의지하는 사람들을 의미합니다. 물질적으로도 빈곤할 뿐만 아니라 영적으로도 파산지경입니다. 그러므로 심령이 가난한 자는 전적으로 하나님만 의지하지 않고는 살 수 없는 심령상태를 의미합니다. 즉 세상에서 풍요롭게 사는 것보다는 하나님을 의지하며 사는 것이 더 낫다고 판단하는 자들인 것입니다.

여기서 우리가 큰 관심을 가져야 하는 것은 영적인 가난입니다. 물질로 인한 가난은 영적으로 더 가난해질 수도 있습니다. 부유한 사람도 물질의 종이 되지 아니하고 더욱 겸손하게 하나님을 섬길 수도 있지만, 심령의 가난은 물질의 유무와 관계가 없는 것입니다. 그런데 예수님 당시의 사람들은 너무나도 가난하고 곤고한 자들이었습니다. 한마디로 하루하루를 힘들고 어렵게 살아가는 처절한 자들입니다. 그러나 육신의 가난함은 있을지라도 영적으로 주님만을 바라보는 가난함은 사실상 영적으로 부자인 것입니다. 그 이유는 자신의 영적 궁핍을 의식하지 못하는 사람들은 의에 주리고 목마른 일이 불가능하기 때문입니다. 그리고 심령이 가난하기 전에는 우리 구주 예수 그리스도를 결코 보배로운 분으로 신뢰할 수가 없기 때문입니다.

영국의 아이삭 왓츠 박사의 글이 생각이 납니다.

"다른 사람들은 이 세상 재미로 희희낙락하고 그들의 포도주가 더욱 맛있게 느껴질지라도 나는 하늘로부터 난 사람들을 사랑하리니 그들의 생각과 말은 하나님의 것이로다."

참으로 은혜와 감동을 주는 글입니다.

오늘날은 어떠합니까? 빈부의 격차가 매우 심한 시대입니다. 부한 자는 너무나도 많이 사치하며 돈을 가지고 자신의 향락과 쾌락을 즐기는 자들이 많습니다. 현재 지구촌에는 먹지 못하고 굶어 죽어가는 사람들이 약 8억 명이 된다고 합니다. 하루 1달러 정도로 살아가는 사람이 약 10억 명이 되고, 2달러 정도로 연명하는 사람들이 약 20억 명 정도가 된다고 합니다. 아프리카에는 한국 돈 3만원이면 한 달 생활을 하고 어린 아이들 교육까지 시킬 수 있다고 합니다. 신앙이 있고 없고를 떠나서 어렵게 사는 자들을 도울 수 있는 길이 있다면 좀 더 협력하는 것이 좋지 않겠습니까? 동남아 지역에서도 가난한 자는 마실 물이 없어 강물을 마시며 살고 있습니다. 우리들이 이 땅에서 사는 것으로 행복이 다 주어지는 것은 아닙니다. 저 영원한 천국에서 받을 복이 있는 자라야 진정으로 행복한 자인 것입니다.

오늘 본문에 주님이 말씀하신 "복"이라는 단어는 헬라어로 〈마카리오스 makarios〉입니다. 이 말은 복되고 행복한 것을 의미합니다. 이 단어의 의미는 일상적인 염려와 걱정들로부터 놓임을 받고 자유하게 되는 것을 말합니다. 시적인 언어에서 이 말은 '신들의 행복'을 의미하였던 것입니다. 그러나 복이라는 〈마카리오스〉의 진정한 의미는 자신이 처한 상황과는 전혀 관계가 없고, 얼마나 주님과 가까이 있느냐에 따라서 복의 개념이 결정되는 것입니다.

구약 신명기 28장은 물질적인 축복을 강조합니다. 하나님의 말씀을 삼가 듣고 모든 명령을 지켜 행하면 복이 임한다고 성경은 말씀합니다. "성읍에서도 복을 받고 들에서도 복을 받을 것이며 네 몸의 자녀와 네 토지의 소산과 네 짐승의 새끼와 소와 양의 새끼가 복을 받을 것이며 네 광주리와 떡 반죽 그릇이 복을 받을 것이며 네가 들어와도 복을 받고 나가도 복을 받을 것이니라"(신 28:3-6)고 성경은 말씀합니다.

구약의 복인 신명기 28장의 복은 히브리어로 〈바라크 barak〉입니다. 이 말은 '무릎을 꿇다, 치유하다'라는 뜻입니다. 이 단어는 성공과 번영, 생산하고 장수하는 복까지 누리는 것을 의미합니다(대하 6:13). 복은 하나님이 주시는 것입니다. 하나님 앞에 무릎을 꿇는 그 자체가 하나님의 복을 구하는 것입니다. 교만하고 오만한 자는 전능하신 하나님께 무릎을 꿇지 아니합니다. 하나님만이 우리 인생에게 은혜와 복을 주시기 때문에 그분에게 무릎을 꿇고 의지하는 자는 아무리 고질적인 질병이 있더라도 고침 받고 강건하게 됩니다.

신명기 28장의 복 개념은 물질적인 복입니다. 그러므로 교회에서도 믿음이 약한 자에게는 일차적인 복을 강조합니다. 샤머니즘의 복은 나는 잘되고 너는 고난 받고 고생하라는 특징이 있습니다. 샤머니즘의 복 개념은 아주 사악한 것입니다.

구약의 복 개념은 하나님 잘 섬기고 믿으면 복 받고 건강하고 형통한 것입니다.

4,000여 년 전에 욥은 동방의 의인이었고 십 남매의 자녀들을 두고 물질적으로도 부유한 생활을 하였지만, 그가 고난을 받을 때에는 자녀들도 다 죽고 재산도 모두 잿더미가 되어버립니다. 신명기적인 축복관을 가진 욥의 세 친구는 욥과 변론하기 시작했습니다. "네가 진정 하나님을 잘 믿었더라면 이런 징계가 없었을 것이다."라고 서로 변론하지만 끝이 나지를 아니합니다. 욥은 시련을 당함으로 상급을 받고 살아계신 대속자 하나님을 바라보게 됩니다(욥 19:25).

믿음의 조상인 아브라함이 아들 이삭을 모리아 산에 결박한 사건은 그가 하나님께 더 가까이 나아가려고 한 믿음의 행위였던 것입니다. 인간적으로 보면 아브라함은 얼마든지 하나님을 원망할 수도 있었습니다. 아들을 주실 때는 그를 통하여 하늘의 별처럼 해변의 모래처럼 후손을 번성하게 하실 것이라고 약속하셨는데, 이제는 그 아들을 잔인하게 칼로 죽여 제물로 바치라는 것은 도무지 인간적으로 이해가 가지 않았을 것입니다. 그럼에도 불구하고 그는 사랑하는 아내와도 의논하지 아니하고 무조건 순종하여 삼일 길을 걸어 하나님께 가까이 나아갔던 것입니다. 순종하는 일에는 반드시 고통이 따르지만 하나님께 가까이 나아가는 길이므로 복의 통로가 되는 것입니다.

우리 구주 예수 그리스도께서 말씀하시는 복이란, 현실세계에 대한 복이 아니라 하나님께 가까이 가고 더 가까이 나아갈수록 복이 커진다고 말씀하시는 것입니다. 그러므로 주님이 말씀하시는 복은 일차적인 차원이 아닙니다. 성공하든지 실패하든지, 건강하든지 병들든지, 명예가 있든지 수치스럽든지, 주님과 가까이 있을 때가 복이 있다고 말씀하십니다. 물론 모든 사람들이 일차적인 복을 누리고 주님과 늘 가까이 하면 좋습니다. 주님 당시에 하루하루를 동냥하며 먹고 거지처럼 사는 사람이 무엇이 행복하겠습니까? 부유하게 사는 사람들은 거지를 보면 차라리 태어나지 않았으면 좋았을 것이라고 말할지도 모릅니다. 그러므로 교만한 자는 자신을 볼 수가 없습니다. 자신의 영적인 눈이 어둡습니다. 자신의 허물과 잘못을 알지 못하기에 그들은 저주를 받은 자인 것입니다.

주님께서는 부자와 거지에 대한 비유를 말씀하십니다. 한 부자는 자색 옷과 고운 베옷을 입고 날마다 호화롭게 세상 부귀영화를 누리며 삽니다. 다른 한 사람은 거지입니다. 헌데를 앓고 그 부자의 대문에 누워서 생활합니다. 가난한 것만도 서러운데 몸까지 병들었습니다. 하루살이 같은 어렵고 힘든 삶을 살아갑니다. 그런데 먹을 것을 주는 사람이 없으니 그 부자의 상에서 떨어지는 것으로 배를 채웁니다. 더 비참한 것은 개들이 와서 그 헌데를 핥아대는 것입니다. 그런데 그 거지가 죽어서 천사들에게 받들려 아브라함의 품에 들어갑니다. 부자도 죽어서 장사 되고 지옥에서 고통 중에 눈을 들어 멀리 아브라함의 품에 있는 거지 나사로를 보게 됩니다(눅 16:17-23). 세상에서 잘 먹고 향락을 즐기던 부자는 음부에서 고통을 영원토록 받고 있습니다.

"한 번 죽는 것은 사람에게 정해진 것이요 그 후에는 심판이 있으리니"(히 9:27)라고 성경은 말씀합니다. 죽은 후에 아무리 몸부림치고 예수 믿고 싶어도 아무 소용이 없습니다. 왜냐하면 심판이 이미 기다리고 있기 때문입니다. 세상에서 선지자들과 주의 종들을 통하여 예수를 믿으라고 아무리 권면해도 믿지 않았기에 오직 지옥 심판의 불만 남아있는 것입니다.

예수를 나의 구주로 믿기만 하면 구원이요 영생이요 천국에 들어가는 것입니다. 우리 구주 예수 그리스도는 "진실로 진실로 너희에게 이르노니 믿는 자는 영생을 가졌나니"(요 6:47)라고 말씀하십니다. 그러나 예수를 나의 구주로 믿지 않으면 절대로 구원이 없습니다. "믿지 아니하는 자는 하나님의 독생자의 이름을 믿지 아니하므로 벌써 심판을 받은 것이니라"(요 3:18)고 성경은 말씀합니다. 예수를 나의 구주로 영접한 자만이 구원을 얻게 되는 것입니다.

심령이 가난해야 할 이유가 어디에 있습니까? 심령이 가난해야 예수를 나의 구주로 믿을 수가 있기 때문입니다. 인생이 왜 구원을 받아야만 합니까? 예수를 나의 구주로 믿으면 영생이 보장되어 있기 때문입니다. 이 세상에서 아무리 지위와 명예 권세가 당당한 사람일지라도 우리 주 예수 그리스도를 믿지 아니하면 영원한 천국에 들어가지 못하는 것입니다. 그러나 곤고하고 어려운 환경에 처해있을지라도 예수를 나의 구주로 영접한 사람은 구원받은 하나님의 백성이 되는 것입니다(요 1:12). 죄인이었던 우리가 의인이 되고 하나님의 아들이 된 것은 이 세상에서 그 무엇보다도 바꿀 수 없는 감격이요 기쁨인 것입니다. 그러므로 천국 백성과 시민으로 살아가기 때문에 행복한 것입니다. 세상적인 기준에서 보는 것과는 전혀 다른 차원의 세계인 것입니다.

영국의 스펄전 목사는 추운 겨울날 불쌍하고 굶주린 자들을 종종 대접했다고 합니다. 그들이 식탁에 둘러앉을 때 그들이 가져온 주전자들은 가득 차 있지 않습니다. 그들 중의 어떤 사람은 빈 주전자를 가져옵니다. 그리고 빈 주전자를 채웁니다. 그리스도를 필요로 하는 모든 사람은 빈 주전자와 같다고 했습니다. 하늘을 바라보아야 주님의 긍휼을 맛보게 되는 것입니다.

시인 다윗은 "나는 가난하고 궁핍하오나 주께서는 나를 생각하시오니 주는 나의 도움이시요 나를 건지시는 이시라"(시 40:17)고 증언합니다. 다윗은 교만하지 않고 미래에 다가 올 환난을 예측하며 하나님의 도움을 호소한 것입니다. 사실 저 자신도 목회와 신학교 사역과 강해설교 연구 모임을 섬기면서 어려움에 처한 분들을 자주 보게 됩니다. 그분들의 호소를 듣고 피부로 느낄 때에 절실하고 간절하게 주님을 의지하는 기도가 나오게 됩니다. 무엇인가 있다고 느낄 때에는 기도도 그만큼 간절함이 결여될 때가 있음을 경험하게 되었습니다.

그리고 그는 "오직 나는 가난하고 슬프오니 하나님이여 주의 구원으로 나를 높이소서"(시 69:29)라고 증언합니다. 물론 가난한 자들도 자존심이 있습니다. 그 자존심마저 건드리면 안 됩니다. 그러나 주 예수 그리스도를 나의 주인과 왕으로 모신 자들은 하나님의 도우심을 받게 됩니다. 생활도 빈약하고 어려운데 마음까지 슬프니 얼마나 괴로운 일입니까? 그러나 시인은 주의 구원으로 높여달라고 애원하는 것입니다.

우리 주변에도 가난하고 슬픈 사람이 얼마나 많습니까? 더욱이 믿음이 없이 방황하고 흔들리는 갈대처럼 연약한 자들이 많이 있습니다. 이런 자들에게 우리는 주님의 복음을 전해야 합니다. 우리 구주 예수 그리스도를 영접해야 그들에게는 소망이 있는 것입니다. 이 세상을 아무리 바라보아도 조금은 좋아 보이지만 결코 영원한 소망은 없습니다. 교만한 자가 겸손하게 되고 부유한 자가 실패자가 되어 자신의 처절함을 절실히 느끼고 주님 앞에서 낮아지고 겸허해지는 것이 오히려 큰 은혜와 복이 되는 것입니다. 이렇게 겸손해질 수만 있다면, 그리고 자신은 아무것도 할 수가 없고 오직 전능하신 그 분 우리 주 예수 그리스도께서만이 나를 도우실 수가 있다고 믿으면 참으로 행복한 그리스도인이 되는 것입니다. 일단 심령이 가난해지고 나야 천국을 바라볼 수 있기 때문입니다. 심령의 가난은 영적 교만과 반대되는 것입니다.

영적으로 더 낮아지고 낮아지게 되니 얼마나 감사한 일입니까? 주님은 하늘 보좌를 버리시고 낮은 곳에 오셨고, 죄인보다 더 못한 종의 모습으로 오셔서 자신을 비워 종의 형체를 입으신 분입니다. 그분이 우리를 대신하여 저주의 십자가에서 죽으신 것입니다. 우리는 이 땅에 살면서 한 없이 교만하다가 땅에 떨어져 부끄러움을 당하는 경우가 얼마나 많습니까? 여기서 가난은 매우 중요한 것입니다. 교만하지 아니하고 하나님 나라에 들어가기까지 겸손할 수만 있다면 참으로 행복한 그리스도인이 되는 것입니다. 이것은 가난 자체가 문제가 아니라 이 가난이 영적인 보장을 받기 때문입니다. 우리 구주 예수 그리스도는 절망 자체를 복이 있다고 하신 것이 아니고, 낭패와 고통 자체를 축복하신 것도 아닙니다. 좌절되어 아무 소망이 보이지 않는 상황에서 그 고통이 원인이 되어 예수를 믿고 그들에게 천국이 주어질 때에 그들을 복이 있다고 선언하신 것입니다.

그러나 불행 중 다행으로 극빈생활로 혹은 사업실패로 가정이 깨어지고 각종 질병으로 소망 없이 죽어가는 자들이 얼마나 많습니까? 그러나 그것이 원인이 되어 예수를 알게 되고 믿어 구원을 얻게 되었다면 그 무엇과 비교하고 바꿀 수가 있겠습니까? 그러므로 가난과 질병으로 예수 그리스도를 만났다면 오히려 큰 은혜와 복이 되는 것입니다. 마음이 가난한 자에게 당장 주어지는 복이 천국의 복이라는 것입니다. 자신이 부요하다고 느낄지라도 마음이 가난하지 않을 수 있습니다. 라오디게아 교회는 나는 부자라 부요하여 부족한 것이 없다고 합니다. 그러나 주님은 그들을 향해 "네 곤고한 것과 가련한 것과 가난한 것과 눈먼 것과 벌거벗은 것을 알지 못하는도다"(계 3:17)라고 책망하십니다.

우리가 오랫동안 예수를 믿으면서도 영적으로 가난하고 눈이 멀고 수치스러운 것을 알지 못한다면 다시금 회복해야 할 것입니다. "오! 우리 구주 나의 하나님이시여! 우리에게 마음의 가난을 주시옵소서!" 부르짖고 또 외치고 간구합시다. 사실 교만한 사람은 자신을 잘 보지 못합니다. 라오디게아 교회는 주님으로부터 차지도 아니하고 뜨겁지도 아니하고 미지근한 교회라고 책망을 받습니다. 그 교회는 생명력과 생동감이 없는 교회입니다. 그러기에 주님은 너를 토하여 버리리라고 말씀하시는 것입니다.

사실 교만한 자는 자신을 자랑하지만 자신을 제대로 보지 못합니다. 그러나 심령이 가난한 자는 예수 그리스도의 보혈로 자신의 죄를 씻음 받은 것을 알기에 겸손하고, 모든 자랑도 모두 십자가 밑에 묻어 버리며 항상 자신을 낮추고 더 비우는 자입니다. 교만한 자는 자신이 왕이기 때문에 우리 구주 예수 그리스도에게 나의 왕이시라고 고백을 하지 못합니다. 자기 스스로 자신을 높이는 노예가 되기 때문입니다. 그러나 심령이 가난한 자는 오직 구주 예수 그리스도만 의지하고 그분만을 높입니다. 그 분이 나의 왕이시라고 고백합니다.

이 세상은 잘나고 명석한 사람을 원합니다. 한마디로 능력 있고 타협도 잘하고 수단 방법도 좋은 사람을 원합니다. 그러나 하나님 나라는 수단 좋은 사람이 들어가는 곳이 아닙니다. 우리 구주 예수 그리스도는 자신을 드러내고 능력 있고 수단이 좋은 사람을 찾지 아니하십니다. 하나님 앞에 겸허하게 자신을 낮추고 비우는 자를 원하십니다. 교만한 사람은 항상 자신이 넘치고 여유가 있다고 말합니다. 그러나 마음이 깨어지고 부서지고 녹아진 사람은 항상 자신의 부족을 느끼게 되는 것입니다. 내가 할 수 있는 것은 아무것도 없다고 고백합니다. 오직 주님만이 하실 수 있다고 고백하고, 우리 주 예수 그리스도의 주권을 믿는 것입니다. 그러므로 안전하게 되는 것입니다. 반대로 자신의 궁핍과 고통 속에서도 마음이 부요하게 될 수 있음을 성경은 말씀합니다.

소아시아에 있는 서머나 교회는 환난과 궁핍이 있었지만, 주님이 실상은 네가 부요한 자니라고 칭찬하십니다. 우리 그리스도인들의 관점은 무엇입니까? 심령이, 즉 마음이 가난해야 한다는 것입니다. 왜냐하면 마음이 가난한 그들만이 우리 구주 예수 그리스도의 통치를 받아들일 수 있기 때문입니다. 그들만이 신령한 기쁨에 넘쳐서 메시아의 지배를 환영하고 천국에 들어갈 수 있기 때문입니다.

러시아의 문호였던 도스토옙스키는 청년 시절에 방탕하며 도박에 깊이 빠져 있었다고 합니다. 인생의 낙오자가 될 지경까지 절벽으로 떨어지는 생활을 했습니다. 그러던 중에 예수 그리스도를 영접하고 그의 인생이 새롭게 변화되었습니다. 그는 신약성경을 27번 애독하였고 유명한 작품들을 남겼습니다. 심령이 가난한 자가 되어야 주님의 다스림을 받게 됩니다. 이렇게 사람이 보기에도 비참한 이런 존재를 주님은 복이 있다고 말씀하시는 것입니다. 우리 자신이 가난하다는 것을 알게 되면 참으로 행복한 자가 됩니다.

하나님은 가난한 자의 부르짖음을 잊지 아니하신다(시 9:12)고 성경은 말씀합니다. 우리들이 천국을 지향하면 세상을 덤으로 얻게 되지만, 세상으로 기울어지면 두 가지를 모두 잃게 될 것입니다. 예수 그리스도의 통치와 지배를 받기를 원하는 자들은 천국을 지향합니다. 비록 가난하게 살아도 주님을 의지하는 자는 천국을 소유하게 됩니다.

천국은 어떤 곳입니까? 천국은 밤이 없는 곳(계 22:5)이라고 성경은 말씀합니다. "다시 밤이 없겠고 등불과 햇빛이 쓸 데 없으니 이는 주(主) 하나님이 그들에게 비치심이라"고 말씀합니다. 천국은 고통이 없습니다. 이 세상에는 암과 고질병으로 고통 받고 고통 중에 살아가고 고통 하면서 죽어갑니다. 암보다도 더 무서운 것이 무엇입니까? 천국을 의심하고 부인하는 불신앙입니다. 천국의 소망이 없는 자들은 참으로 불행한 자들입니다. 그러나 가난한 마음을 가진 자는 하늘나라의 소망이 있습니다. 그 나라는 눈물과 한숨과 고통이 없습니다. 질병이 없고 죽음도 없습니다. 이 세상에서 100년은 살 수 있을지는 몰라도 영원히 살 수는 없는 것입니다. 왜냐하면 이 세상은 범죄한 인생이 영원히 살 수 있는 본향이 될 수 없기 때문입니다.

언젠가는 주님이 반드시 오실 것입니다. 우리는 그 주님을 사모해야만 합니다. 주님이 속히 오시도록 기도해야 하는 것입니다. 그래야 진정한 안식과 평화가 하나님 나라에서 이루어지는 것입니다. 우리 그리스도인들의 본향은 이 세상이 아니라 천국입니다. 오직 천국에서만이 전능하신 하나님을 뵈옵고 구주 예수 그리스도와 영원무궁토록 주님과 동고동락하며 살 수 있습니다. 천국은 변하지 않는 곳입니다. 이 지구상에는 모든 것들이 변하고 또 변합니다. 그것은 이 세상이 가변적이기 때문입니다. 땅과 바다가 변합니다. 미래학자들은 지구의 종말을 염려하고 경고합니다. 그러나 천국은 영원히 변하지 않는 곳입니다.

마지막으로 천국은 예수님이 계신 곳입니다. 누가 천국에 들어갑니까? 이 세상에는 물질의 가난과 질병으로 고생하면서도 여전히 교만한 사람들이 많습니다. 그러나 환난을 잘 견딤으로 자기 자신을 그리스도에게 복종시키는 자들에게 복이 있다고 말씀하십니다. 그러므로 마음이 가난해야만 합니다. 이것이 가장 중요한 것입니다. 왜냐하면 세상 물질과 건강을 잃었다고 하더라도 마음이 가난해짐으로 천국을 소유할 수만 있다면 가장 큰 복을 받은 것이기 때문입니다. 영적으로 가난해야 합니다. 주님이 아니고서는 단 하루도 한 시간도 일 분 일 초도 살아갈 수 없는 존재임을 고백하는 자라야 합니다. 그들에게 천국이 보상으로 주어집니다.

2. 천국의 의미는 무엇입니까?

1) 하나님이 거하시는 곳입니다.

이곳은 하나님의 보좌(마 23:22)를 의미합니다. 우리 구주 예수 그리스도 자신도 하늘에서 내려오시고 하늘 보좌에 올라가신 분이십니다(요 3:13). 하늘에서 내려오신 우리 구주 예수 그리스도는 당신의 뜻을 행하시는 분이 아니시고 하나님의 뜻을 행하십니다. 우리 구주는 하나님께서 보내신 자 중에 하나도 잃어버리지 아니하고 마지막 날에 다시 살리시는 분이십니다(요 6:38-39). 그러므로 마음이 가난한 자는 예수를 나의 구주로 영접하고 전인격적으로 그분만이 나의 구원자가 되심을 믿는 자인 것입니다. 어떤 희생과 죽음도 각오하고 좌로나 우로나 치우치지 아니하고 뒤돌아보지 아니하고 천국을 향하여 나가는 자입니다.

사도 바울은 유대교에서 기독교로 개종한 이후 한 번도 뒤를 돌아본 적이 없습니다. 하나님이 주실 상을 소망하며 걸어가지 아니하고 달려갔던 것입니다. "푯대를 향하여 그리스도 예수 안에서 하나님이 위에서 부르신 부름의 상을 위하여 달려가노라"(빌 3:14)고 성경은 말씀합니다. 그러므로 하나님이 거하시고, 우리 구주 예수 그리스도께서 하나님

우편 보좌에 계신 그곳이 천국입니다. 천국은 구원받는 자들만이 가는 곳입니다. 그러므로 천국은 영생복락이며 생명입니다. 우리가 기억할 것은 영생은 육신적으로 오래 사는 것이 아니라는 점입니다.

영생의 몸은 질적으로 새로워진 생명인 것입니다. "죽은 자의 부활도 그와 같으니 썩을 것으로 심고 썩지 아니할 것으로 다시 살아나며 욕된 것으로 심고 영광스러운 것으로 다시 살아나며 약한 것으로 심고 강한 것으로 다시 살아나며 육의 몸으로 심고 신령한 몸으로 다시 살아나나니 육의 몸이 있은즉 또 영의 몸도 있느니라"(고전 15:42-44)고 성경은 말씀합니다.

현세에서는 우리의 몸이 불완전하지만 천국에서는 주님처럼 부활의 몸을 가지고 영원히 사는 것을 의미합니다. 심령이 가난해질 때만이 천국이 우리의 것이라는 확신을 가지게 되는 것입니다. 세상의 제국들은 쇠하여지고 없어질 것입니다. 그러나 천국은 영원히 존재하는 것입니다. "그 성은 해나 달의 비침이 쓸 데 없으니 이는 하나님의 영광이 비치고 어린 양이 그 등불이 되심이라"(계 21:23)고 성경은 말씀합니다. 지상에서는 태양이 없으면 동물과 식물이 생존하기가 어렵지만 천국에서는 태양의 본질인 빛을 창조하신 그분이 계시기에 해와 달도 필요함이 없는 것입니다. 그리고 "사람들이 만국의 영광과 존귀를 가지고 그리로 들어가겠고"(계 21:26)라고 성경은 말씀합니다. 천국에 들어가지 못하는 자들은 참으로 불행한 자들입니다.

우리 그리스도인들에게 천국이 없다면 무슨 소망이 있겠습니까? 막연하게 하늘 공간에만 간다면 또한 무슨 의미가 있겠습니까? 천국을 소유하는 것은 하나님과 영원히 함께 사는 영생인 것입니다. 구원은 우리 죄인들이 예수를 구주로 믿고 질적으로 새로워진 생명을 가지는 것을 말합니다. 이 땅 위에서 아무리 경건하게 산다고 할지라도 우리의 몸은 질적으로 새로워질 수가 없습니다. 하나님 나라에, 즉 천국에 들어가는 날에 온전한 몸, 영혼과 육신이 완전하게 되는 것입니다. 행여나 육신은 멸하고 영혼만 구원받는다는 사상은 매우 위험한 것입니다. 육신이 없는 영혼은 불완전한 것입니다.

그러므로 이 세상에 살면서 아무리 비참하고 처절하고 곤고하게 산다고 할지라도 예수 믿고 심령이 가난한 자가 되어 천국에 들어간다면, 그는 매우 행복한 그리스도인이 되는 것입니다. 세상에서 온갖 부귀영화를 다 누리고 천 년을 두 번 산다고 할지라도 예수를 구주로 믿지 아니하다가 죽으면 영원한 지옥으로 떨어지는 것입니다. 이것은 불행 중에 최대 불행인 것입니다. 그러므로 세상에서 실패했어도 실망하지 말고 병들어 죽게 되었어도 좌절하지 맙시다. 우리 구주 예수 그리스도의 십자가 앞으로 가까이 올 수만 있다면 그에게는 소망이 있는 것입니다. 우리 모두 심령이 가난해지시기를 간절히 소원합니다. 왜냐하면 천국을 기업으로 얻을 수 있기 때문입니다. 천국의 기업뿐만 아니라 영원히 죽지 아니하는 영생의 삶 구원이 이루어지기 때문입니다.

우리 구주 예수 그리스도는 십자가를 통한 구원의 길을 마련해 놓으시고 우리들을 초청하십니다. "예수께서 이르시되 내가 곧 길이요 진리요 생명이니 나로 말미암지 않고는 아버지께로 올 자가 없느니라"(요 14:6)고 성경은 말씀합니다. 왜 예수만이 길과 진리요 생명이 되십니까? 원문에는 예수만이 '그 길이요 그 진리요 그 생명'이라고 성경은 말씀하기 때문입니다. 우리 주 예수 그리스도는 이 구원을 받도록 죄인들을 초대하십니다. 믿고 나오는 자들에게는 구원을 약속하시며 십자가에 못 박히신 우리 구주를 믿으라는 것입니다. 믿으면 구원이 선물로 주어지는 것입니다. 우리 주 예수 그리스도를 영접하기를 원한다면 믿어야 합니다. 믿는다는 것은 신뢰하는 것이며, 신임하고 기대는 것이고 의지하는 것입니다. 십자가에 못 박히시고 부활하신 그리스도를 의지하십시오. 그리스도를 신뢰하십시오. 그러면 그리스도께서 여러분을 구원하실 것입니다.

　여기서 기억해야 할 것이 있습니다. 나 자신은 아무것도 아닌 존재요 오직 하나님의 긍휼하심만이 필요하다고 고백하는 것입니다. 이 고백과 간증이 한평생 우리 마음속에서 입으로 지속 되어야 합니다. 이 사람이 심령이 가난한 자입니다. 우리 그리스도인들은 너무 낙심하거나 절망하지 말아야 합니다. 심령이 가난한 자에게 천국이 주어지기 때문입니다. 이 부르심은 어느 한 민족이나 국가를 상대로 한 것이 아니라 전 세계 모든 사람들에게 구원의 문을 여시고 부르시는 것입니다.

　독일 개혁교회에서 사용하는「하이델베르크 요리문답」12문에 보면 사람의 구원은 죄 용서와 죄의 제거와 모든 비참함으로부터 해방이라고 정의합니다. 우리 주변에도 우리 구주 예수 그리스도를 알지 못하고 가난하고 궁핍한 자들이 얼마나 많습니까? 그들을 주님께로 인도해야 합니다. 구원을 얻는 자가 주님과 영원히 살 수 있습니다. 영적 가난은 자기만족과 대조되는 것입니다.

　2) 우리 구주께서 우리의 마음을 다스리시는 것을 의미합니다.
　"하나님의 나라는 먹는 것과 마시는 것이 아니요 오직 성령 안에 있는 의와 평강과 희락이라"(롬 14:17)고 성경은 말씀합니다. 우리 그리스도인들의 가장 중요한 삶은 성령 안에서의 생활입니다. 하나님과 수직적인 관계에서 의를 누리고 평강과 기쁨의 생활을 날마다 유지해야 합니다. 이러한 삶을 하나님 나라에 들어가기까지 누리며 살아가야 합니다. 천국은 지상에 있는 어느 나라와도 비교할 수 없을 만큼 아름답고 좋은 곳입니다.

　천국에는 영원한 영광과 찬양과 기쁨이 있지만, 지옥에는 이런 영광이 존재하지 않고 기쁨 대신 고통뿐입니다. 천국에는 모든 것이 다 복되지만 지옥에서는 모든 것이 다 저주스러운 것입니다. 하늘나라에 속한 자들은 지옥으로 건너갈 수가 없는 것입니다. 지옥에서는 하나님을 뵐 수가 없습니다. 우리는 불타는 지옥으로부터 죄인들을 끌어내야 합니다. 현재의 불행보다 지옥에 가면 더 불행한 것입니다. 차라리 육적으로나 영적으로 완전히 파산된 거지처럼 살다가 예수 믿고 천국에 가는 것이 더 나은 것입니다. 지옥에서는 우리 구주 예수 그리스도와 교제가 없습니다. 그러나 천국에서는 우리 하나님과 영원히 동고동락 하는 영생의 삶을 살게 되는 것입니다. 그러므로 예수 그리스도를 믿은 후에 우리들의 삶은 마음이 가난한 자가 되어야 하는 것입니다.

천국은 하나님의 주권이 나타나는 곳입니다. 지금도 우리는 하나님의 주권이 나타나는 것을 믿습니다. 천국에서 하나님의 통치를 받는다는 것은 완전한 하나님의 나라가 이루어지는 것을 의미합니다. 그런데 이 천국은 아무나 들어가는 것이 아니라 자신의 죄를 회개하고 우리 구주 예수 그리스도의 보혈로 용서받은 자들만이 들어가는 곳입니다. 심령이 가난해지지 아니하고는 천국에 입성할 수가 없는 것입니다. 이 세상에서는 심령이 가난한 자가 인정을 받지 못하고 오히려 따돌림을 당하고 무시를 당하기도 합니다. 그러나 영적으로 자신을 비우고 자신의 자만이나 교만을 버린 사람은 성령 안에서 평강을 누리는 사람이 되는 것입니다.

가난하고 헐벗고 하루하루를 어렵게 살아가는 이들이 교회에 와서 은혜를 받아야 합니다. 그런데 이들이 은혜를 받지 못하고 스트레스를 받고 간다면 교회 공동체가 무슨 소용이 있겠습니까? 심령이 가난한 자들이 교회에 몰려와야 합니다. 처음 믿는 우리들이 그들을 신앙적으로 지도해주고 아름다운 신앙의 모범을 보여주어야 합니다. 죄 많은 세상에서도 은혜와 평강을 누리면 좋거든 하나님 나라에서 주님과 동고동락하며 성령의 지배를 받으며 의롭게 살고 평강과 기쁨을 누린다면 얼마나 복되고 귀한 은혜가 되겠습니까? 그러므로 마음의 가난을 소유한 자가 복이 있는 것입니다.

결 론

마음이 가난한 자가 복이 있습니다. 세상적인 정욕과 물질에 얽매이지 아니하고 전능하신 하나님만을 의지하며 사는 자는 행복한 사람입니다. 하나님 앞에서 교만한 마음이나 생각이 없이 거저 주시는 은혜에 만족하며 사는 자는 복이 있는 것입니다. 진정한 행복은 세상의 부와 영화로 오는 것이 아니라 하나님으로부터 은혜가 오기 때문입니다. "여호와는 마음이 상한 자를 가까이 하시고 충심으로 통회하는 자를 구원하시는도다"(시 34:18)라고 성경은 말씀합니다.

하나님은 교만하고 악한 자들을 물리치시고 자신의 무기력함을 철저히 느끼고 전능하신 하나님만을 의지하는 자에게 은총을 주시는데, 천국의 복을 주십니다. 우리가 현재는 은혜의 왕국에 살고 있습니다. 앞으로 우리가 들어가야 할 천국은 영광의 왕국입니다. 천국을 유업으로 받는 상속자는 복이 있는 사람입니다. 우리 자신은 아무것도 할 수가 없습니다. 우리가 하나님 앞에서 자신의 무능함과 무기력함을 철저하게 느끼는 것이 심령의 가난인 것입니다. 우리의 삶과 경제력까지 완전히 파산되었습니다. 그러므로 이제는 도저히 내 힘으로 살아갈 수가 없고 자신의 무능력을 철저하게 인정합니다. 그래서 살아계신 하나님만을 절대적으로 의지합니다. 이런 사람은 마음이 가난한 자로 살아갈 수가 있는 것입니다. 또한 물질의 부유함이 있어도 겸손한 자가 있습니다. 심령의 고요함을 기다리고 사모하는 자들이 있습니다. 전능하신 하나님이 나의 현재의 삶과 장차 나타날 미래의 삶을 주장하지 아니하시면 나는 아무것도 할 수 없다고 고백하는 자들도 있습니다. 그러나 이런 사람은 그렇게 많지 않은 것 같습니다. 우리들이 언제라도 가난한 마음을 소유할 수만 있다면 행복한 그리스도인이 될 수 있습니다. 영혼이 가난함을 느끼는 자들이 교회에 필요한 것입니다.

교회 안에서 부한 자와 가난한 자의 차별이 있어서는 안 됩니다. 가난하고 소외된 자들이 교회에서 마음껏 신앙생활 할 수 있도록 배려해 주어야 합니다. 그들이 신앙에 대한 열정을 가지고 싶지만 교회에서 있는 자와 없는 자의 차별을 둔다면 사회와 다를 것이 무엇이 있겠습니까? 우리는 이 사회와 이 민족에 귀한 일꾼들이 되어야 합니다. 우리 주변에도 우리 구주 예수 그리스도를 알지 못하는 자들과 구원 받아야 할 백성들이 아직도 많습니다. "내가 너와 함께 있으매 어떤 사람도 너를 대적하여 해롭게 할 자가 없을 것이니 이는 이 성중에 내 백성이 많음이라"(행 18:10)고 성경은 말씀합니다.

세상에서 부자나 소외된 사람들, 가난하고 병든 자들, 모두가 구원받아야 할 백성입니다. 우리는 주변에 많은 사람들 중에 누가 하나님의 구원에 동참할지 알 수가 없는 것입니다. 한 사람이라도 한 영혼이 우리 구주 예수 그리스도의 품으로 돌아오도록 기도하고 전도해야 할 것입니다.

우리들이 우리 주 예수 그리스도를 믿고 영적으로 가난해졌다면 얼마나 기쁘고 행복한 일입니까? 구원받은 백성은 우리 구주 예수 그리스도를 바라보면 볼수록 더욱 더 심령이 가난해질 것입니다.

주께서 우리들에게 믿음을 더하여 주시길 원합니다. 그리고 약속하신 복을 주시기를 원합니다. 우리의 남은 생애가 심령이 가난한 자로 살 수 있기를 간절히 소원합니다. 주님은 온 천하보다 귀한 한 영혼이 주님 앞으로 돌아오기를 기뻐하십니다. 그러므로 우리 주님이 가장 기뻐하시는 한 영혼을 전도하여 그들을 천국 백성으로 삼아 하나님 나라에 함께 들어가시기를 우리 주님의 이름으로 간절히 축원합니다.

죄에 대하여 슬퍼하는 자의 복

[마태복음 5:4]

서 론

　애통에는 두 가지가 있는데, 하나는 세상적인 애통으로 자신의 욕구가 충족되지 아니할 때에 슬퍼하고 괴로워하는 애통입니다. 소유하고 싶은 것은 많이 있지만 뜻대로 되지 않아 울며 괴로워하는 것이므로 인간의 욕망은 끝이 없는 것입니다. 인간의 욕심은 바닷물을 마시는 것과 같습니다. 바닷물은 아무리 마셔도 갈증이 해결 되지 아니하는 것입니다.
　다른 하나는 죄에 대한 애통입니다. 옛날의 청교도들은 매일 밤마다 죄를 솔직히 온전하게 고백하는 것을 하루 일과의 원칙으로 삼았다고 합니다. 주간 중에 지었던 죄를 토요일 밤까지나 주일 아침까지 가져가지 않았다는 것입니다. 그날그날의 실수와 불완전함과 잘못된 것을 바로 고백하였고, 죄에서 해방됨으로 믿음으로 승리를 배웠던 것입니다.
　주님은 애통하는 자들에게 복이 있다고 말씀 하십니다. 육체의 욕심과 본능을 따라서 사는 자들은 애통 자체를 싫어합니다. 왜냐하면 정욕적이고 자신의 욕망만을 채우기 위해 사는 사람은 죄에 대하여 슬퍼하는 것 자체가 어려운 것입니다. 이런 사람에게 하나님의 위로가 있는 것은 아닙니다. 오히려 가난과 질병을 통하여 주님을 믿고 하나님의 자녀가 된다면 주님의 무한하신 위로를 받게 될 것입니다.
　한걸음 더 나아가 그리스도인들에게는 하나님의 은혜를 통하여 성령께서 주시는 경건한 슬픔이 있어야 합니다. 즉 주님 뜻대로 살지 못한 것을 괴로워하기에 경건하게 살면 살수록 자신의 부족을 느끼게 됩니다. 흙탕물에 검정 잉크 몇 방울이 떨어졌다고 해서 흔적은 별로 나타나지 아니합니다. 그러나 흰 옷을 입은 사람에게 검정색 잉크 한두 방울은 확연하게 드러나는 것입니다. 믿음으로 견고하게 살려고 발버둥치는 사람에게 작은 실수와 허물이 드러나면 본인 자신은 얼마나 힘들고 괴롭겠습니까? 자신도 모르게 감정이 드러나고 혈기가 나오면 후회하고 또 안타까워하게 됩니다. 사실 이것이 영적으로 애통하는 것인데, 인간 본성 자체가 악하기 때문입니다. 그러므로 우리는 죄 밖에 가진 것이 없는 죄 덩어리 인생인 것입니다.

이 사실을 날마다 시인하면서 죄에 대하여는 철저하게 애통하며 경건하게 살기를 힘써야 하는 것입니다. 바울은 "나는 날마다 죽노라"(고전 15:31)고 증언합니다. 그만큼 영적으로 바로 사는 것은 자신과의 싸움입니다.

예수님은 지상에 계시면서 웃으셨다는 기록은 없지만, 주님이 눈물 흘리신 기록은 종종 나타나 있습니다. "그는 육체에 계실 때에 자기를 죽음에서 능히 구원하실 이에게 심한 통곡과 눈물로 간구와 소원을 올렸고 그의 경건하심으로 말미암아 들으심을 얻었느니라"(히 5:7)고 성경은 말씀합니다. 주님이 세상에 계실 때에 안락하고 평안한 생활을 하신 것이 아니라 하나님께 심한 통곡의 눈물과 간구의 소원을 올렸던 것을 볼 수 있습니다.

그러므로 죄인인 우리들은 거룩하고 경건하게 살기 위하여 죄에 대하여 철저하게 애통하는 마음을 가져야 합니다. 예수를 믿고 교회에 출석하면서도 애통하는 심령이 없다면 영적으로 비정상적인 상태에 머물게 됩니다. 하나님은 무릇 마음이 가난하고 심령에 통회하며 내 말을 듣고 떠는 자를 돌보십니다(사 66:2). 영적으로 깨어 있어 애통하며 하나님을 두려워하고 떨 줄 아는 사람은 진정으로 하나님을 만난 사람이요 그 사람이 바로 그리스도인입니다. 하나님은 통회하고 겸손한 자에게 함께 하시고 통회하는 자의 마음을 소생시키십니다(사 57:15). 자신의 죄를 통회할 수만 있다면 회복되는 것입니다.

언제까지 자신의 죄를 숨기고 살 것입니까? 자신이 죄를 숨긴다고 해서 숨겨지는 것이 아닙니다. 하나님이 죄를 밝히시면 밝은 대낮에 태양이 빛을 비추듯이 모든 것이 드러나게 되는 것입니다. 진정한 애통은 낮아진 마음에서부터 우러나오는 것입니다.

그러면 애통의 의미를 살펴보기를 원합니다.

1. 애통은 죄에 대하여 깊이 슬퍼하고 철저히 회개하는 것을 의미합니다.

1) 구원의 기쁨을 가지기 전에 죄의식이 있어야 하는 것입니다.

"애통하다"라는 단어는 헬라어로 〈클라이에인 Klaiein〉입니다. 이 말은 '눈물과 더불어 터져 나오는 슬픔'을 표현하는데, 곧 심장을 꿰뚫는 슬픔을 의미합니다. 이 슬픔은 사람의 위로로는 감당할 수 없는 것입니다. 한마디로 가슴이 메어지고 창자가 끊어질 듯한 뼈를 깎아내는 슬픔이라고 윌리암 바클레이 목사는 설명했습니다.

우리가 예수를 믿는다고 하지만 죄에 대한 슬픔은 가장 통렬한 애통이 되어야만 합니다. 단 한 번도 애통함이 없이 우리 구주를 믿었다면 다시 한 번 점검해 보아야 할 것입니다. 주님의 이름이 모독을 당하고 있을 때에 우리의 마음에는 칼로 찌르는 듯한 고통이 있습니까? 이런 상황을 보고도 안타까운 탄식의 눈물이 나오지 아니합니까? 우리는 나의 죄악과 조국의 영적 각성을 위해 애통해야 합니다.

그리고 우리 구주 예수 그리스도 안에서 누리는 기쁨도 가장 즐겁고 깊은 기쁨이 되어야 합니다. "만일 우리가 죄가 없다고 말하면 스스로 속이고 또 진리가 우리 속에 있지 아니할 것이요"(요일 1:8)라고 성경은 말씀합니다. 나는 죄가 없다고 말하는 사람은 상당히 교만한 사람입니다. 나중에는 죄가 밝혀짐으로 오히려 부끄러움을 많이 느끼게 되기 때문입니다.

영국의 스펄전 목사는 "사람이 애통한다는 것은 자신이 영적 궁핍의 상태를 슬퍼하는 것이다."라고 설명했습니다. 그러나 이것은 하나님의 은혜로 말미암아 그의 영혼 속에서 일하시는 성령님의 역사라고 강조합니다. 나는 조금도 죄가 없다고 하는 사람에게는 하나님의 진리가 있을 수가 없는 것입니다.

그러기에 사도 바울 자신은 "죄인 중에 내가 괴수니라"(딤전 1:15)고 증언합니다. 우리는 죄에 대하여 언제라도 민감한 반응을 가지고 살아야 합니다. 우리 자신도 바울처럼 언제라도 죄인 중에 괴수라고 고백할 수만 있다면 얼마나 좋겠습니까? 문제는 나는 의인이고 너는 죄인이라고 판정한다는 것입니다. 그리스도인이 짓는 죄는 아무리 작은 것이라도 그것은 하나님 앞에서 죄가 되는 것입니다. 정직하고 선량한 정치를 하는 왕에게 있어서 신하가 죄를 범한다면 용납될 수가 없는 것처럼, 우리는 신실하신 하나님 앞에서 작은 죄라도 범하였다면 죄가 성립이 되는 것입니다.

하나님은 예레미야 선지자를 통하여 말씀하십니다. "너는 오직 네 죄를 자복하라"(렘 3:13)고 성경은 말씀합니다. 우리가 하나님 앞에서 사는 길은 죄를 자복하는 것 밖에는 없는 것입니다. 죄를 뉘우치고 애통하면 하나님은 긍휼히 여기시고 용서하십니다. 잠 잘 시간에 우리는 깨어서 애통하는 기도를 드려야만 합니다. 남들이 먹고 쉴 때에 우리는 금식하면서 하나님의 공의를 무시하고 불법을 자행하고도 회개하지 않는 자들을 위하여 애통의 간구를 드려야만 합니다.

세상 사람들은 애통하는 것을 좋아하지 않습니다. 왜냐하면 슬픔을 복이라고 생각하지 않기 때문입니다. 자신의 욕망을 성취하고 즐기며 행복하게 사는 것을 복이라고 생각합니다. 마음이 가난한 자가 자신의 죄 때문에 애통하면 그것은 슬픔으로 끝나지 아니합니다. 성령께서 우리에게 깨닫게 하십니다. 즉, 우리 구주 예수 그리스도께서 나 같은 죄인을 위하여 십자가에 못 박히신 분이심을 깨닫게 하십니다. 하나님의 무한하신 사랑과 우리 구주 십자가의 사랑과 은혜를 경험하게 하십니다. 이것이 웬 은혜이며 웬 사랑이며 웬 축복입니까?

사람도 뱃속이 불편하면 속에 있는 모든 것들을 토해내야 합니다. 그렇지 않으면 어떤 음식도 먹고 소화 시킬 수가 없는 것입니다. 전적으로 타락한 인간 본성의 죄악을 하나님 앞에서 전적으로 다 토해내야 하는 것입니다. 그러므로 먼저 죄에서 자유를 얻는 것이 중요합니다. 왜냐하면 인간 본성 자체가 죄 덩어리이기 때문입니다. 죄의 근본적인 문제를 해결하지 아니하고는 진정한 기쁨이 없는 것입니다.

그리고 죄와 허물이 많은 우리 자신이 눈물을 흘릴 수 있다는 것은 하나님의 은혜인 것입니다. 자신을 살피며 과거의 모든 죄와 현재의 허물과 실수를 눈물로 뉘우치고 애통하는 것은 영적으로 복이 있는 것입니다. 그리고 애통의 눈물을 통하여 천국으로 한 걸음 한 걸음씩 더 나아가게 되는 것입니다. 이 눈물은 감상적인 눈물이 아니며 억울하고 서글픈 눈물이 아닙니다. 하나님과의 관계에 있어서 바르지 못한 죄와 사람과의 관계에서 저질러진 죄의 문제를 철저하게 뉘우치고 회개하는 것을 의미합니다.

2) 예수 믿기 전에 방탕했던 삶을 철저하게 회개해야 합니다.

통곡하는 회개가 없다면 진정한 그리스도인이 될 수가 없습니다. 통곡의 눈물이야말로 순도 높은 신앙인을 만들어내기 때문입니다. 자복의 눈물, 회개의 눈물만이 영적으로 깨끗하고 순수한 마음을 회복할 수 있는 것입니다. 그러므로 죄의 문제를 깨끗하게 해결 받기 전까지는 날마다 애통해야 하는데 이것이 천국의 기쁨을 소유하는 것입니다.

오늘날 이 시대가 왜 이렇게도 완악합니까? 피리를 불어도 울지 않는 이유가 무엇입니까? 어떤 이유로 눈물이 메마른 시대가 되었습니까? 그 이유는 간단합니다. 자신이 의롭다고 착각하며 살기 때문입니다. 나는 의인이요 다른 사람은 모두 죄인으로 보기 때문입니다. 그러기에 영적 교만에 사로잡혀 살고 있는 것입니다. 청교도들은 "눈물을 흘리는 십자가를 의지하지 않고는 천국에 들어갈 수 없다."라고 까지 강조했습니다.

눈물을 흘린 눈이 아니고서는 천국과 우리 구주 예수 그리스도를 볼 수 없을 것입니다. 두 줄기의 눈물이 우리의 볼을 타고 내려오는 경험을 하였을 것입니다. 일단 눈물로 애통하는 자는 거짓된 확신을 희미하게 보게 됩니다. 아무리 악한 상태에 있다 하더라도 십자가 구속의 은혜를 경험하면 영적으로 민감하게 되는 것입니다. 동시에 영적인 힘과 위로를 받게 되는 것입니다. 이 눈물이 우리 그리스도인들에게 보배가 되는 것입니다.

아담의 후손인 죄인들은 두 가지 죄가 있습니다. 하나는 원죄이고, 다른 하나는 자범죄입니다. 원죄는 출생하면서부터 가지는 죄와 우리 자신들이 짓는 자범죄가 있습니다. 이런 죄를 고범죄라고 합니다. 이런 죄만 가지고도 지옥에 가기에 충분한 것입니다.

예레미야 선지자는 악을 행하는 데 익숙한 백성들에게 "구스인이 그의 피부를, 표범이 그의 반점을 변하게 할 수 있느냐 할 수 있을진대

악에 익숙한 너희도 선을 행할 수 있으리라"(렘 13:23)고 증언합니다. 어떻게 검은 피부를 가진 흑인이 그 피부를 양털처럼 희게 할 수가 있겠습니까? 가능성이 없는 일일 것입니다. 설령 할 수가 있다면 다행입니다. 그러나 악에 익숙한 인간의 고질적인 부패한 마음을 변화시키는 것은 하나님만이 하실 수 있는 일인 것입니다. 그런데 이 죄가 가만히 침체되어 있는 것이 아니라 날마다 숨 쉬는 순간부터 계속 죄를 범하고 있는 것입니다. 우리 구주를 믿고 과거의 모든 먹과 같이 검은 죄와 진홍같이 붉은 죄를 모두 토해내야 하는 것입니다. 이것이 죄에 대한 애통입니다.

주님은 "지금 우는 자는 복이 있나니 너희가 웃을 것임이요"(눅 6:21)라고 말씀하십니다. 먼저 울어야 하고, 죄에 대하여 가슴을 치고 울부짖어야 합니다. 우는 자가 복이 있습니다. 하나님의 은혜가 떠나고 눈물이 메마르면 우리의 마음은 완악해지는 것입니다. 우리는 기억하고 명심합시다. 주님은 애통하는 자는 복이 있다고 말씀하십니다. 현재의 죄로 인하여 비통함과 눈물을 흘릴 준비가 되어있는 사람만이 궁극적으로 하나님 나라에 들어가게 될 것입니다. 자기 속에 부패성이 있는 줄을 아는 사람은 보통으로 회개해서는 안 되고 가슴을 치고 통곡해야 합니다. 죄는 하나님의 거룩한 마음을 분노하게 합니다. 죄가 하늘에 사무치면 결국에는 하나님의 거룩한 영이 죄 때문에 격노하시는 것입니다. 하나님의 눈이 정결하시기 때문에 모든 죄와 악에 대하여 그대로 묵인하지 아니하십니다.

그러므로 우리 구주 예수 그리스도께서는 우는 자가 복이 있다고 말씀하십니다. 이 애통이 없는 사람은 하나님 앞에서 위로가 없는 것입니다. 진흙 같은 우리 인생이 주님의 뜻을 이루어 가는 비결이 무엇입니까? 날마다 죄에 대하여 애통하고 주님 뜻대로 살기를 몸부림치는 삶인 것입니다. 경건하게 사는 것이 주님과 함께하는 삶입니다. 이것이 우리의 삶과 행위로 그리스도를 보여주는 것입니다.

영국의 로이드 존스 목사도, 교회가 세상에 충격을 주지 못하는 것 중의 하나가 잘못된 죄 의식과 죄 때문이라고 했습니다. 즉 죄에 대한 애통 후에 오는 기쁨을 발견해야 하는데, 애통이 없는 상대적인 기쁨에 젖어있다는 것입니다.

그러므로 구원의 즐거움과 참 기쁨이 있기 전에 죄에 대한 철저한 애통이 선행되어야 하는 것인데, 이것이 복음입니다. 복음은 죄를 지적하고 책망하고 돌이키게 하는 능력이 있는 것입니다. 우리 주 예수 그리스도의 복음만이 인간을 자유하게 하는 것입니다. 심지어 하나님이 없다고 하는 무신론자나 공산주의자라 할지라도 복음은 얼마든지 그들을 변화시킬 수가 있는 것입니다. 예수를 나의 구주로 믿고 구원 받은 사람이 죄에 대하여 애통하는 것은 그 자체가 하나님의 은혜입니다.

"인생의 마음에는 악이 가득하여 그들의 평생에 미친 마음을 품고 있다가 후에는 죽은 자들에게로 돌아가는 것이라"(전 9:3)고 성경은 말씀합니다. 이 말씀은 인간의 전적 타락에 대한 내용입니다. 죄악으로 가득한 인간은 예수 그리스도 앞으로 나와야 구원을 받게 되는 것입니다. 누구든지 우리 구주 예수 그리스도를 믿지 아니하면 소망이 없습니다. 하나님에 대하여 불신하고 반역하며 도전하였던 것에 대하여 애통해야 합니다.

주님의 비유 가운데 두 사람이 성전에 올라가서 기도합니다. 한 사람은 바리새인이고, 다른 한 사람은 세리입니다. 바리새인은 서서 따로 기도하기를 "하나님이여 나는 다른 사람들 곧 토색, 불의, 간음을 하는 자들과 같지 아니하고 이 세리와도 같지 아니함을 감사하나이다. 나는 이레에 두 번씩 금식하고 또 소득의 십일조를 드리나이다"라고, 그는 오직 자신의 결백과 자기의 의로운 것만을 드러냅니다.

그러나 다른 한 사람인 세리는 한마디로 죄인의 대명사입니다. 세리는 로마 정부를 위하여 유대인들에게 세금을 징수하고 봉급을 받고 있는 자들입니다. 대부분의 세리들은 그 외에도 잔인하게 세금을 착취하여 로마 정부와 반타작을 하기도 합니다. 참으로 유대인들에게는 경멸의 대상인 것입니다. 그런데 이 세리는 "멀리 서서 감히 눈을 들어 하늘을 쳐다보지도 못하고 다만 가슴을 치며 이르되 하나님이여 불쌍히 여기소서 나는 죄인이로소이다"라고 죄에 대하여 슬퍼하며 애통하고 자복합니다. 주님은 이 두 사람의 기도를 비유로 말씀하시면서 "내가 너희에게 이르노니 이에 저 바리새인이 아니고 이 사람이 의롭다 하심을 받고 그의 집으로 내려갔느니라"(눅 18:9-14)고 말씀하십니다.

아무리 유대교의 종교 의식과 전통을 잘 지키고 윤리 도덕적으로 완벽하다고 할지라도 그런 행위로 구원받는 것이 아닙니다. 하나님 앞에서 벌거벗은 모습으로 자신이 죄인이라고 고백할 수 있는 사람은 참으로 복이 있는 자요 주님께서 의롭다고 인정하십니다. 만약에 우리가 나이 들어 노년이 되었는데도 아직도 애통함이 없이 살아간다면 얼마나 안타까운 일입니까? 그런데 중요한 것은 애통 자체가 과거형으로만 끝나서는 안 된다는 것입니다. 주님은 애통하는 자는 복이 있다고 하기 때문입니다.

영광의 주님 우리 구주 예수 그리스도가 나의 죄와 허물 때문에 십자가에 죽으셨다는 것을 깨달아야 합니다. 그 애통함은 눈물의 선지자 예레미야처럼 통곡해야 할 것입니다. 우리들이 기도할 때마다 조국을 위한 눈물의 기도를 드릴 수 있기를 간절히 소원합니다. 그는 자기 동족의 교만함 때문에 통곡했습니다(렘 13:17). 우리 자신만을 위하여 기도하지 말고 더 나아가 나라를 위하여 기도해야 합니다. 국가가 안정되지 않으면 신앙생활에 많은 영향을 받습니다. 과거뿐 아니라 우리가 사는 세상 자체가 험악하기 때문에 지속적으로 이어져야 하는 것입니다.

오래 예수를 믿었다고 하지만 본성의 부패함과 마음속에 선한 것 보다는 악한 것을 행하는 자신을 깨닫게 됨으로 애통하게 되는 것입니다. 하나님을 믿는다고 하면서도 자신도 모르게 사회생활을 할 때는 불신앙적으로 행하는 타락한 요소들을 슬퍼해야 하는 것입니다. 우리에게도 여러 가지 것들을 경계해야 하는데, 자만과 교만과 오만을 뽑아내야 합니다. 하나님을 신뢰하지 못하고 자신을 믿고 행동하는 것은 인본주의 산물입니다.

고아의 아버지 죠지 뮬러는 말하기를, 회개 없이는 기도가 없다고 했습니다. 종교 개혁자 마틴 루터는 자기 자신의 죄에 대하여 너무나 고통스러워하고 고민한 끝에 졸도했다고 합니다. 시인 다윗도 자기 죄에 대하여 "내 죄악을 아뢰고 내 죄를 슬퍼함이니이다"(시 38:18)라고 고백했습니다. 그러므로 우리도 죄에 대하여 마음 아파하며 슬퍼해야 합니다. 어떤 사람은 예수 믿고 사십일을 울었다고 합니다.

3) 진정한 애통은 겸손으로부터 시작됩니다.

경건한 슬픔은 영혼을 하나님께로 향하게 합니다. "슬퍼하며 애통하며 울지어다 너희 웃음을 애통으로, 너희 즐거움을 근심으로 바꿀지어다"(약 4:9)라고 성경은 말씀합니다. 진정한 애통은 겸손으로부터 나옵니다. 하나님과 사람 앞에서 자신을 높이는 행동은 모두 다 거짓된 것이며 공허한 것입니다. 우리가 낮아지고 더 낮아짐으로 우리 구주 예수 그리스도만 더욱 높입시다. 자기를 겸허하게 낮추는 사람은 주님의 보혈 외에는 자기에게 소망이 없는 줄을 아는 사람입니다.

오늘날 현대인들은 죄에 대하여 애통하는 마음도 사라지고 눈물도 메말랐습니다. 성 프란치스코는 부유한 의복상의 아들로 출생했습니다. 그런데 불량배들과 어울리면서 어둠의 생활을 했다고 합니다. 그러나 하나님의 은혜로 예수를 믿고, 22세에 과거의 죄를 회개하고 애통한 후에 눈물의 사람이 되었습니다. 지나가는 사람들이 그에게 묻습니다. "당신의 아내가 죽었습니까? 자식들이 죽었습니까?" "아닙니다. 우리 구주 예수 그리스도의 구원의 은혜에 감격하여 웁니다."라고 말했다고 합니다.

성경은 애통하고 근심하라고 말씀합니다. 그러므로 우리의 죄를 날마다 슬퍼하고 근심해야만 합니다. 무엇 때문입니까? 자기 죄에 대하여 울라고 하는 것입니다. 슬퍼하며 애통하는 그 자체가 하나님의 은혜인 것입니다. 그것이 영적으로 자신이 사는 길이요 회복되는 길입니다. 자신의 옷을 찢으며 울기보다는 가슴을 치고 울어야 합니다. 소리 내어 통곡하면서 회개해야 합니다.

하나님은 사랑의 하나님이시면서 동시에 공의의 하나님이십니다. 장차 우리는 하나님 앞에 벌거벗은 모습으로 심판 받게 될 것입니다. 어떻게 전능하신 하나님의 눈을 피할 수가 있겠습니까? "의로우신 하나님이 사람의 마음과 양심을 감찰하시나이다"(시 7:9)라고 성경은 말씀합니다. 그러므로 악에서 떠나야 하고 죄악의 자리에 오래 머물면 머물수록 악해질 수밖에 없는 것입니다. 그리고 하나님은 교만한 눈을 낮추십니다(시 18:27).

토마스 아 켐피스는 기도합니다.

"주님! 나는 나의 죄를 고백하고 애통합니다. 언제나 당신에게 은혜와 위로를 간구하는 것 밖에 죄 많은 몸이 무엇을 할 수 있겠습니까? 나의 하나님, 당신께 간구하오니 내가 당신 앞에 설 때에 나의 호소를 너그럽게 들어주소서. 나는 내가 지은 모든 죄를 고백하고 애통하면서 다시는 죄를 범하지 않으려고 합니다. 이제 나는 회개하면서 최선을 다하여 고치고자 노력하겠습니다. 내 마음에 일어나는 모든 의심과 원한과 분노와 시기를 제거해 주옵소서. 오! 하나님, 당신의 거룩한 이름을 위하여 나의 죄를 사하여 주옵소서. 당신께서 그 고귀한 피로써 구속하신 나의 영혼을 구원하소서!"

우리는 죄에 대하여 심각하게 애통하며 울고 또 울어야만 합니다. 뉘우치고 애통할 때에 주님의 위로를 받게 됩니다. 울면서 애통해야 하늘 문이 열리고 기적이 일어납니다. 울면서 죄에 대하여 애통하고 슬퍼할 때에 하나님의 위로가 임하게 됩니다. 모든 사람들이 슬퍼하는 것은 아닙니다. 우리 구주 예수 그리스도의 마음과 천국을 소유하기 위하여 죄에 대한 슬픔과 애통이 있어야 하는 것입니다.

시인 다윗은 "그 죄가 나를 주장하지 못하게 하소서 그리하면 내가 정직하여 큰 죄과에서 벗어나겠나이다"(시 19:13)라고 고백합니다. 죄가 자신을 주장하면 죄의 종이 되기 때문입니다. 죄의 지배를 받지 않고 살 수만 있다면 얼마나 좋겠습니까? 그러나 인간은 전적으로 타락하였기에 죄의 지배에서 벗어날 수가 없습니다. 사는 길은 죄를 자복하고 통회하는 길뿐입니다.

기독교는 구원의 종교입니다. 생명입니다. 회개하고 뉘우치면 사는 것입니다. 그러므로 회개는 영적으로 회복하고 사명감당 하는 통로입니다. 그러므로 우는 자들과 함께 울어야 합니다. 죄 문제에 대하여 숨기지 말고 울면 용서를 받습니다. 애통하며 주님의 위로를 받게 됩니다. 본문에서 애통은 상한 마음을 의미합니다. "여호와는 마음이 상한 자를 가까이 하시고 충심으로 통회하는 자를 구원하시는도다"(시 34:18)

라고 성경은 말씀합니다. 상한 마음은 마음이 부서지고 속이 타는 마음을 의미합니다. 일반적으로 사람들은 마음이 상한 자를 멀리하지만 하나님은 마음이 깨어진 자에게 가까이 하십니다. 하나님은 애통하는 자를 물리치지 아니하십니다. 고통의 멍에를 벗기 위하여 주님께로 나와야 할 것입니다.

2. 애통하는 자에게 주시는 복이 무엇입니까? (4절)

1) 위로의 복을 주십니다.

"그들이 위로를 받을 것임이요"라고 성경은 말씀합니다. 여기서 "위로하다"는 단어는 헬라어로 〈파라칼레인 Parakalein〉입니다. 이 단어는 '위로하고 달래는 것'을 의미합니다. 부모가 자식을 달래주어도 위로가 되거든 하나님이 위로하신다면 얼마나 힘이 되겠습니까? 하나님의 위로는 제한적이지 않고 넘치는 위로인 것입니다. 자기 자신의 죄 때문에 창자가 끊어질 정도로 아픈 슬픔을 가지고 하나님께로 나아가는 사람은 위로를 받을 것입니다. 그뿐만 아니라 하나님의 위로는 죄인을 단순히 용납하는 것으로 끝나지 않습니다. 하나님께 애통하고 돌아오는 자를 하나님의 백성으로 받아들이시는 것입니다. 그러므로 하나님의 일에 참여하게 하시고 우리 구주 예수 그리스도의 증인으로 사역하도록 이끌어 주십니다.

또한 애통하는 자에게 주시는 위로는 하나님의 무한한 용서를 받게 되는 것입니다. 죄를 멀리하고 슬퍼할 줄 아는 사람은 진정으로 하나님의 마음에 합당한 사람입니다. 이런 사람에게 위로의 근원되시는 하나님으로부터 위로가 주어집니다. 사람의 위로는 상대적이지만 하나님의 위로는 절대적입니다. 하나님의 위로를 받는 자는 웃게 됩니다.

종교개혁자 요한 칼빈은 말하기를 "애통은 비참함으로 끝나는 것이 아니고, 애통은 슬픔과 탄식과 절망으로 마치지 아니하고, 위로의 복을 주신다."고 설명합니다. 왜냐하면 죄로 인하여 멸망할 수밖에 없는 인간에게 있어서 위로는 하나님의 구원 밖에 없기 때문입니다. 이 위로는 우리 주 예수 그리스도의 십자가의 보혈로 값없이 용서해주시는 것을 깨닫는 것입니다. 하나님이 주시는 위로만이 진정한 위로요 우리가 상상할 수 없는 지각에 뛰어난 평강을 주시는 것입니다.

영국의 존 뉴턴이라는 사람은 젊어서 노예를 매매하여 많은 돈을 모은 사람입니다. 그가 얼마나 잔인했는지, 대서양을 노예 선을 타고 횡단할 때에 도끼로 노예들의 팔과 다리를 잘라 바다에 던져 상어의 밥이 되게 할 정도로 난폭했습니다. 매우 잔인하고 눈물도 피도 없는 사람이었습니다. 어린 노예들이 살려달라고 울면서 애원하여도 듣지 아니하고 무차별하게 죽였습니다. 이런 죄인이 예수 믿고 회개했습니다. 얼마나 울고 또 울고 회개하며 통곡하였는지 눈물샘은 막히고 눈이 실명이 될 정도였다고 합니다. 복음만이 인간을 자유롭게 하고 죄의 문제를 해결해 줍니다.

그런데 오늘날 현대교회는 예배가 있고 설교는 있지만 복음이 없는 시대가 되고 말았습니다. 복음은 우리 구주 예수 그리스도입니다. 교회는 우리 구주의 십자가의 죽으심과 부활을 선포해야 합니다. 그리고 인간이 전적 타락함으로 구원 받아야 천국에 간다는 사실을 힘 있게 증언하는 교회가 되어야 합니다.

기독교는 자신의 만족을 채우기 위하여 믿는 종교가 아닙니다. 우리 구주 예수 그리스도를 믿으면 구원이 있고 믿지 않으면 하나님의 심판이 있다는 것을 경고해야 하는 것입니다. 그리고 종말에 심판주로 오실 우리 구주 예수 그리스도의 복음을 증언하는 것입니다. 복음의 말씀으로 은혜를 받지 못하면 영혼이 메마르고 곤고하게 됩니다. 그것이 지속되면 영적으로 무기력해지고 병들게 되는 것입니다. 복음으로 교회가 가득 차야 하며, 우리 구주 예수 그리스도의 십자가의 복음과 부활의 메시지가 우렁차게 전해져야 하는 것입니다. 윤리 도덕과 기복사상이 주류가 되어서는 안 됩니다.

복음전파에는 하나님의 주권이 나타나야 합니다. 우리 인생의 삶과 죽음과 성공과 실패가 하나님의 손에 달려있다는 것을 선포해야 합니다. 많이 드렸더니 많은 복을 받았다는 것은 상식적으로 맞는 이야기입니다. 그러나 나의 수고와 노력과 드림으로 인하여 복 받는다는 것은 인간의 자유의지를 강조하는 것입니다. 우리가 하나님의 복을 받는 것까지도 하나님의 은혜로 받는다는 것을 선포해야 합니다. 이것이 하나님의 주권인 것입니다.

청교도 설교는 죄를 강조하기에 청중들이 들으면 언제나 긴장하고 부담감을 가지게 됩니다. 말씀 중심대로만 선포하면 우리 구주 예수 그리스도 앞에서 철저한 회개와 애통을 하게 됩니다. 그런데 오늘날의 신자들은 자기 신세가 한탄스러워 원망하고 비관의 눈물을 흘리는데, 이것은 진정한 애통이 아닙니다. 세상적인 사람들은 먹고 마시고 즐기자, 이것이 생의 목표입니다. 그런데 그 목표가 언제까지나 가능한 것입니까? 200년, 300년을 지속할 수가 있겠습니까?

우리는 죄에 슬퍼하고 애통함으로 천국 시민으로 살아야 합니다. 작은 죄 한 가지만 있더라도 늘 울고 회개하며 기도해야 합니다. 왜냐하면 애통함으로써 정결한 심령을 가질 수 있기 때문입니다. 그러므로 어떻게 하면 더 좋은 것을 먹고 쾌락을 즐기느냐, 여기에 목숨을 걸어서는 안 되는 것입니다. 그러나 진정으로 이 세상에는 소망이 없습니다. 우리 구주 예수 그리스도에게로 돌아와야만 소망이 있는 것입니다. 소망은 주님에게만 있습니다.

저의 부친께서 충청북도 부강교회에서 농촌 목회를 하실 때 일입니다. 제가 청소년 시절에 앙고라토끼와 재래종 토끼를 사육했던 경험이 있습니다. 너무 배고픈 시절이었기에 아버님에게 책 산다고 돈을 달라고 하여 그 돈으로 찐빵과 만두를 사 먹었던 것과 여러 가지 문제로 회의를 느끼며 괴로워하는 죄 때문에 대전 보문산에 온 가족이 기도하러 올라갔습니다. 아버님은 어린 나를 붙드시고 얼마나 눈물로 간절하게 기도하셨는지, 저도 아버님의 손을 붙잡고 눈물과 콧물을 쏟으면서 회개했습니다. 소나무에 이마를 대고 치면서 애통하던 기억이 납니다. 지금도 아버님을 생각하면 기도하다가 울기도 하고 설교준비를 하면서도 눈물을 적시게 됩니다. 그러기에 하나님의 은혜를 많이 받고 애통의 눈물을 흘리게 되었고 오늘의 목사가 될 수 있었던 것입니다. 아버님이 천국 가시고 난 이후에는 아버님의 모습이 더 그리워지기만 합니다.

우리는 언제라도 애통하는 마음을 가져야만 합니다. 하나님으로 가득 채우기 위하여 애통하는 자가 되어야 합니다. 우리가 낮은 위치에서 주님을 섬길 때 애통할 수도 있습니다. 고달픈 인생길을 걸으면서 사람의 위로도 받지 못할 경우도 많이 있습니다. 그 때에 하나님은 우리에게 자비와 위로를 주시고 하나님의 끝없는 위로로 채워 주십니다. 애통하는 자에게 하나님은 용서하시고 구원을 주시며 힘과 소망을 주십니다. 하나님의 위로는 무한한 것이요 영원한 것이기 때문입니다. 마침내는 장차 우리 구주 예수 그리스도께서 재림하시는 날에 저 천국에서 주님이 우리의 눈물을 닦아 주실 것입니다. 주님이 계시는 저 천국에서 우리가 흘리는 애통의 눈물은 영원히 사라질 것입니다.

「웨스트민스터 소요리 문답」보다 100년 먼저 만들어진 「하이델베르크 요리문답」 제1문은 위로에 대하여 이렇게 말합니다. "삶과 죽음에 있어서 유일한 위로는 나의 육신과 영혼이 나의 것이 아니고 예수 그리스도에게 속해 있다." 그러므로 하나님의 뜻이 아니고는 머리털 하나도 다치지 않도록 보호하시고 만사가 나의 구원에 도움이 되게 하신다고 증언합니다. 애통이 위로로, 울음이 웃음으로 전환됩니다.

하나님께서 구원받은 백성들에게 "모든 눈물을 그 눈에서 닦아 주시니 다시는 사망이 없고 애통하는 것이나 곡하는 것이나 아픈 것이 다시 있지 아니하리니 처음 것들이 다 지나갔음이러라"(계 21:4)고 말씀하십니다. 애통하는 사람은 죄를 볼 때에 슬픔을 느낍니다. 애통하는 사람은 일시적인 웃음에 멈추지 아니하고 거룩하고 영적인 기쁨으로 즐거워합니다. 이 기쁨은 우리 구주 예수 그리스도께서 주시는 절대적인 기쁨입니다.

결론

이 세상에서 진정으로 행복한 자들은 자신의 욕망을 누리고 웃는 자가 아니라 죄에 대하여 애통하는 자들인 것입니다. 죄악 세상에서 쾌락을 즐기는 것을 자제하고 자신의 죄와 남의 죄와 사회와 민족의 죄를 바라보면서 애통하는 자가 복이 있는 자입니다. 하나님 나라에서 주님이 그들의 눈물을 닦아 주실 것이기 때문입니다.

이 애통함은 자신의 신세를 한탄하고 괴로워하는 것이 아니라 하나님의 뜻대로 하는 근심인 것입니다. "하나님의 뜻대로 하는 근심은 후회할 것이 없는 구원에 이르게 하는 회개를 이루는 것이요 세상 근심은 사망을 이루는 것이니라"(고후 7:10)고 성경은 말씀합니다. 그러므로 주의 뜻대로 근심하고 애통하여 구원받는 자는 복이 있는 것입니다. 왜냐하면 우리가 죄와 사망과 저주로부터 구원을 받았기 때문입니다. 죄에 대하여 민감한 반응을 가진 자들은 언제라도 죄 때문에 슬퍼합니다. 양심의 가책을 느끼고 뉘우치며 자복합니다. 전적으로 타락한 우리들은 허물과 죄로 죽었던 자들입니다. 그러므로 구원 받은 우리에게는 우리 구주 예수 그리스도 외에는 어떤 소망도 없는 것입니다.

영국의 요한 웨슬리 목사의 시에 이런 구절이 있습니다. "죽은 자들이 새 생명을 얻고 애통하는 자, 마음이 상한 자들이 기뻐하며 겸손하고 가난한 자들이 믿음을 얻으리라."

하나님은 위로의 근원이 되십니다. 모든 위로가 하나님께로부터 오는 것입니다. 하나님이 주신 위로를 받은 자는 흔들림이 없는 평강을 누리게 됩니다. 이 위로를 받으면서 우리는 행복해지기 시작하는 것입니다. 사람의 위로는 말로 하기에 한계가 있고 지속적이지 못합니다. 그러나 전능하신 하나님이 주시는 위로는 힘이 있습니다. 죄에 대하여 애통하는 형제들과 우리에게 위로의 근원이 되시는 구주 예수 그리스도께서 위로와 평강 주시기를 주님의 이름으로 간절히 축원합니다.

부드러운 마음을 가진 자의 복

[마태복음 5:5]

서 론

예수님 당시에 유대인들은 한 가지 간절히 애타게 기다리던 소원이 있는데, 그것은 다름 아닌 다윗과 같은 정치적인 인물이 나타나기를 원했던 것입니다. 심지어 종교지도자들도 유물론 사상으로 가득하고 언젠가는 유다 나라가 군국주의적인 왕국이 형성되어 행복하기를 소망했던 것입니다. 그러므로 로마 식민지로 있는 이 처지에서 속히 벗어나 힘을 과시하고 세력을 모아 로마를 정복하려고 하는 마음이 간절했던 시기였습니다. 지금까지는 힘이 없어 외세의 압박을 받고 있지만 이제는 공격하고 정복하자는 것입니다. 이런 정치적인 메시아사상이 유대인들에게 오랫동안 젖은 생각과 관심이었습니다.

그러므로 주님께서 하신 온유한 마음을 소유하라는 말씀은 그들에게 엄청난 충격이 되었을 것입니다.

1. 주님이 세상에 오신 목적

우리 구주 예수 그리스도께서 세상에 오신 목적은 죄인을 구원하시기 위한 것입니다. 그분은 힘과 능력을 과시하는 정치적인 메시아로 오신 것이 아니라 오히려 멸망당할 죄인들을 구원하시기 위하여 십자가에서 자신의 몸을 드리신 것입니다. 만약 우리 구주께서 십자가에 못 박히는 순간이라도 천군 천사를 동원하셨다면 로마의 황제와 총독과 군인들은 삽시간에 멸절 당했을지도 모릅니다. 구주를 비난하고 비방하던 많은 사람들이 모두 혼미 백산 되어 자취를 감추었을지도 모릅니다. 그러나 주님은 자신을 십자가에 못 박은 자들을 향하여 저들이 무지하오니 저들의 죄를 용서하여 달라고 하나님께 간구하셨습니다. 주님은 십자가에 못 박혀 돌아가시는 마지막 순간까지 당신의 권세와 능력도 하나님을 모독하고 도전하는 자들에게 사용하시지 않았습니다. 우리 구주 예수 그리스도는 끝까지 죄인들을 사랑하시기에 십자가에서 운명하셨던 것입니다.

주님은 참으로 온유하고 겸손하신 분이십니다. 온유한 사람은 예수님의 통치에 순종하는 자를 의미합니다. 또한 우리 구주 예수 그리스도의 마음을 소유한 자를 의미합니다. 마음이 가난한 자가 자신의 부족과 무가치함을 느끼는 사람이라고 한다면, 애통하는 자는 자신의 죄를 두려워하고 슬퍼하는 사람이라고 할 수 있습니다. 그리고 자신을 낮추고 비우는 자세로 얻어지는 은혜가 있다면 그것이 온유인 것입니다. 온유는 교만하지 아니하고 거칠거나 폭력적이 아니고 완고한 자세를 취하지 아니합니다. 주님이 악을 악으로 갚지 않으셨듯이, 온유한 사람은 악에 대하여 보복하는 마음이 없습니다. 온유한 자는 자만하거나 교만하지도 않고 오만 불손하지도 않고 시기와 질투도 없습니다. 그는 개인적인 성난 감정이나 복수심을 억제한 자들입니다. 오히려 자신을 향하여 돌을 던지고 죽이는 자들에게 용서를 베풀어 줍니다.

종교개혁자 요한 칼빈은 온유한 자는 온화하고 점잖은 성품을 지닌 자요, 즉 남들로부터 손해를 받아도 쉽게 화내지 않고 악인들에게 동일한 행동으로 보복하기보다는 무엇이든지 참고 견딜 준비가 되어 있는 자라고 설명했습니다. 그러므로 온유가 가장 위대한 힘인 것입니다. 성경이 말씀하는 온유함은 나약하거나 무기력하고 비겁한 마음이 아니라 활기 있는 정신과 용기와 위대함을 의미합니다.

2. 온유의 의미

온유란 단어는 헬라어로 〈프라우스 Praus〉입니다. 이 말은 히브리어 단어 중에 〈아나우 anaw〉를 번역한 것입니다. 이 말은 겸손하며 낮아진 것을 의미합니다. 시편에서는 순종함으로 하나님의 인도와 섭리를 받아들이는 자를 말합니다. 그리고 어떤 상황에서도 갑자기 분노하지 않는 자를 의미합니다. 또한 하나님이 모든 일들을 합력하여 선을 이루어 주실 것을 확신하는 자를 표현할 때에 사용된 단어인 것입니다.

그러므로 구약에서 강조하는 겸손함은 하나님과의 수직적인 특별한 관계를 의미합니다. 하나님은 겸손한 자의 소원을 들으시며 그들의 부르짖음을 응답하신다는 것입니다. "여호와여 주는 겸손한 자의 소원을 들으셨사오니"(시 10:17)라고 성경은 말씀합니다. 하나님은 교만한 자에게 귀를 기울이지 아니하시고 겸손한 자의 소원을 들으십니다. 하나님은 교만한 자를 멸시하며 자기를 낮추는 자에게는 은혜를 주시고 교만한 자를 물리치십니다. 누구를 막론하고 자신을 스스로 높이고 교만하면 하나님이 버리십니다. 그러므로 온유해지고 겸손할 때에 하나님의 사람으로 쓰임을 받게 되는 것입니다.

오늘날 현대 사회는 온유라는 것을 잘못 생각하여 힘이 없고 연약한 것으로 생각하는 경향이 있습니다. 그리고 비굴하고 불의에 굴복하는 것이나 스스로 독립하지 못하는 것, 혹은 타인을 위하여 도움을 주지 못하는 것으로 판단할 수도 있습니다. 왜냐하면 온유한 자는 부드럽다고만 생각하여 이렇게 저렇게 찔러보아도 줏대 없이 행동할 것으로 생각하기 때문입니다. 그러나 온유는 약하면서 부드러운 것이 아니라 강하면서도 매우 부드러운 것을 의미합니다. 그리고 온유라는 말은 친절함과 겸손과 동정심과 인정이 많은 것을 의미합니다. 그리고 허세를 부리지 아니합니다. 우리는 주님의 온유하심과 겸손의 모범을 본받고 살아야 할 것입니다.

3. 온유한 자의 특징 (5절)

5절에 보면 "온유한 자는 복이 있나니"라고 했습니다.

1) 온유한 자는 모든 사람에게 부드럽게 행합니다.

천국 백성은 교만하거나 무례히 행하지 아니하고 온유한 자로 살아가야 합니다.

다윗이 아들 압살롬의 반역으로 그의 신하들과 도피할 때에 감람 산 길로 올라가면서 맨발로 울며 갑니다. 이런 상황에서 시므이라는 사람이 다윗을 욕했을 때에, 아비새가 다윗 왕에게 "이 죽은 개가 어찌 내 주 왕을 저주하리이까 청하건대 내가 건너가서 그의 머리를 베게 하소서"라고 청하자, 다윗은 "그가 저주하는 것은 여호와께서 그에게 다윗을 저주하라 하심이니 네가 어찌 그리하였느냐 할 자가 누구겠느냐"(삼하 16:9-10), 이렇게 온유하게 대답합니다.

다윗은 고난을 당할 때에 보복하는 마음이 없이 모든 것을 전폭적으로 하나님께 맡겼던 것입니다. 평온한 날에 욕을 당해도 참기 어려운 일인데 환난 날에 저주를 당하는 것은 더욱 참기 어려운 일일 것입니다. 그럼에도 불구하고 그는 하나님의 주권과 섭리로 받아들였던 것입니다. 왜냐하면 온유한 자는 자신을 온전하게 하나님께 위탁하여 그분의 통제를 받고 살아가기 때문입니다.

물속에 있는 돌은 모가 나지 않듯이 우리의 마음도 성령의 인도와 지배를 받으면서 은혜의 강물 속에 잠겨 있으면 성령의 돌보심으로 온유한 심령을 보여 줄 수 있습니다. 그러기에 성령의 아홉 가지 열매 중의 하나가 온유인 것입니다. 우리 그리스도인들이 애통하고 슬퍼하기 전에는 온유함을 소유할 수가 없는 것입니다. 애통은 자신이 하나님께 위로 받으면 해결되지만, 온유함은 사람들과의 관계인 것입니다. 넓은 아량과 포용이 없으면 지도자로 일을 할 수 없습니다.

온유한 자는 주님의 뜻을 받아들이고 하나님의 절대 주권을 그대로 믿고 인정합니다. 죽이시는 분도 하나님이시고 살리시는 분도 하나님이심을 믿습니다. 그리고 하나님의 말씀을 그대로 받아들입니다. 그러기에 모든 사람들과의 관계에 있어서도 부드럽게 행동합니다. 그뿐만 아니라 온유한 자는 자신을 드러내지 않습니다.

온유한 자는 전능하신 하나님의 주권을 항상 믿는 자입니다. 다윗은 하나님의 주권을 믿기 때문에 시므이의 저주를 그대로 용납했던 것입니다. 온유한 자는 우리 구주 예수 그리스도를 사랑하며 겸손하고 온화하고 남들과 부딪치기를 싫어합니다. 다른 사람의 실수를 보고 당장 화를 내지 아니합니다. 만약에 온유한 자가 화를 낸다고 하여도 죄를 범하지는 않습니다. 왜냐하면 하나님께서 온유한 마음을 주셨기 때문입니다. 온유한 자는 무조건 분을 발하는 것이 아니고 악에 대하여서만 분노하기 때문입니다.

옛말에 "태양은 더 온유해지고 온유한 태양은 더 짧아진다."는 말이 있습니다. 온유는 나약한 것이 아니고 부드러우면서도 강직한 것을 의미합니다. 누구에게나 쉽게 굽히는 것이 아닙니다. 온유는 내적으로 침착하고 마음의 평강이 있는 것을 의미합니다.

영국의 스펄전 목사는 십자가에 못 박히신 온유한 예수 그리스도의 모습을 이렇게 설명합니다. 우리 구주 예수 그리스도는 십자가를 지시기 전에 로마 군인들에게 날카로운 작은 납덩어리가 달린 채찍으로 맞으십니다. 구주께서 입으신 옷을 벗기고 등과 가슴에 채찍으로 때리고 조롱하고 모독합니다. 그뿐만 아니라 그들은 가시로 관을 만들어 주님의 머리에 올려놓습니다. 그 가시가 깊이 머리에 박혀 머리와 이마에서 붉은 피가 떨어집니다. 주님은 진홍색 옷을 입으셨는데 원수들이 갈대로 칩니다. 여기 갈대는 강가에서 꺾어가지고 온 단순한 풀줄기가 아닙니다. 그보다 훨씬 억세고 거친 갈대인데, 갈대로 사람을 치는 것은 매우 모독적인 행위인 것입니다. 그리고 주님의 얼굴에 침을 뱉습니다. 주님은 우리 죄인들을 위하여 부끄럽고 굴욕적인 수치를 당하셨다고 증언하였습니다. 우리 주님은 세상에서 죄인보다 더 못한 종의 모습으로 내려가십니다. 정말 가장 밑바닥으로 떨어지는 가혹한 십자가상의 고난입니다. 채찍이 내려칠 때마다 주님의 의상에는 붉은 피가 고입니다. 그 분의 상처는 지혈되지 아니한 채로 붉은 살을 드러냅니다. 채찍에 맞으실 때마다 피를 흘리고 몸이 갈기갈기 찢어지며 상처 틈새로 주의 보혈이 솟구쳐 흐릅니다. 그 무거운 십자가를 지시고 갈보리 언덕에까지 가십니다.

우리 주님은 십자가에서 3시간 정도 매달리시는데 당신을 욕하고 조롱하는 자들에게 끝까지 온유한 모습을 보이십니다. 주님은 당신을 향하여 십자가에 못 박고 있는 자들과 경멸하는 자들에게 심판하여 달라고 간구하지 않으십니다. 마지막까지 우리 구주 예수 그리스도는 온유한 모습을 보이십니다.

주님은 "아버지 저들을 사하여 주옵소서 자기들이 하는 것을 알지 못함이니이다"(눅 23:34)라고 말씀하십니다. 주님이 이렇게 온유하신 분이십니다. 우리도 예수를 나의 구주로 믿고 바로 믿기만 한다면 주님의 온유하신 모습을 닮아갈 것입니다. 우리에게 아직도 부족한 것이 물질입니까? 건강입니까? 권력과 명예입니까? 주님을 위하여 조금 가난하게 살면 어떻습니까? 조금 낮아지면 어떻습니까? 이보다 더 중요한 것은 우리 그리스도인들에게 온유함이 부족하다는 것입니다. 우리 마음이 구주 예수 그리스도의 성품인 온유로 충만하다면 무슨 분쟁과 다툼이 있겠습니까? 우리 구주 예수 그리스도 자신이 온유하고 겸손하시기에 그분을 닮아가는 자들은 온유한 모습을 드러내는 것입니다.

"아무도 비방하지 말며 다투지 말며 관용하며 범사에 온유함을 모든 사람에게 나타낼 것을 기억하게 하라"(딛 3:2)고 성경은 말씀합니다. 우리들이 혹시라도 근거가 없는 비방을 한다면 이 죄는 도둑질 하는 죄보다 더 큰 죄가 됩니다. 도둑질한 것은 언제라도 갚아주면 되지만 증거가 없는 비난의 화살을 쏘아대는 것은 완전히 사람을 매장시키는 것이기 때문입니다. 비방을 한 사람은 두 다리를 뻗고 잘 수 있을지는 몰라도 상처받은 사람은 평생 고통을 받는 것입니다. 남을 비판하기 전에 자신을 살피고 자신의 들보를 먼저 발견해야 하는 것입니다.

온유하지 못한 사람은 언어와 행동의 통제가 되어있지 않기 때문에 나오는 대로 생각하고 판단하고 함부로 말하는 것입니다. 그러므로 자신이 악함에도 불구하고 남을 더 비방하게 되는 것입니다. 영국의 강해 설교자인 스펄전 목사는 "온유한 심령을 가진 사람이라도 천성적으로 매우 불같은 성질을 소유할 수가 있다. 그러나 그는 그 성격을 자제하게 하는 은혜를 받은 사람이다."라고 설명했습니다. 그러므로 나는 내 성격이 불같은 사람이라고 함부로 말해서는 안 된다는 것입니다.

여러분이 잘 아시는 테레사 수녀에게 이렇게 질문했습니다. "수녀님! 당신보다 잘 사는 사람이 많고 당신보다 지위가 높은 사람도 많고 칭찬받는 사람도 많은데, 당신은 질투하는 마음이 생기지 않습니까?" 그러자 그녀는 "허리를 굽히고 사는 사람은 위를 쳐다볼 여유가 없지요."라고 대답했다고 합니다. 온유는 활기가 있고 용서가 있으면서 강직한 것입니다. 비난을 받아도 화를 내지 않고 침묵합니다. 불쾌감은 있지만 예의를 가지고 있습니다. 감정이 나타낼 때에도 침착합니다. 쉽게 화를 내지 아니하고 마음을 쉽게 다스립니다.

종교 개혁자 마틴 루터가 1529년에 쓴 기록에 보면 이런 내용이 있습니다. "나는 거칠고 자만하고 격렬하며, 매우 호전적이고, 수많은 괴물과 악마와 대적해 싸우라고 태어난 사람이다. 그렇기에 거친 숲을 헤치고, 그루터기와 바위를 치우고, 넝쿨과 가시를 잘라내며 숲을 깨끗하게 하는 것이 나의 임무라면, 멜란히톤은 매우 부드럽고 친절하게 다가와 씨를 뿌리고, 물을 주며, 기쁨으로 키우며 섬기는 은사를 하나님께로부터 풍성히 받았다."고 하며, 자신보다 어린 친구이자 동료인 멜란히톤에 대해 존경을 표합니다. 한 번은 루터가 우레처럼 화를 내고 있었을 때에 멜란히톤은 한 마디 말로 그의 분노를 잠재웠던 적도 있었다고 합니다.

이런 루터의 솔직한 고백이 현대를 살아가는 우리에게도 부럽기만 합니다. 분노와 혈기가 가득하면서도 위선을 부리는 자들이 있는데 이것은 더 무서운 것입니다. 왜냐하면 겉으로 나타나지 않기 때문입니다.

"아무 일에든지 다툼이나 허영으로 하지 말고 오직 겸손한 마음으로 각각 자기보다 남을 낫게 여기고"(빌 2:3)라고 성경은 말씀합니다. 온유한 자만이 남을 나보다 더 높이게 됩니다. 도토리 키 재기 하는 것처럼 서로 비슷한 사람은 다투고 논쟁만 하게 됩니다. 그러나 부드러운 마음을 가진 자는 자신의 것을 나누기를 좋아합니다. 오히려 베풀며 선대하고 보답 받으려고 하지 아니합니다.

화란의 '헤르만 리더보스'라는 신학자는, 온유는 사실상 심령이 가난한 것과 동일한 것이라고 말합니다. 온유에는 고통을 올바른 방법으로 인내하는 것들이 들어있고, 스스로 복수하지 않는 것은 궁극적인 구원이 하나님으로부터 오기 때문이라고 했습니다. 여기서 말하는 온유한 자는 타인에게 선한 마음을 갖고 자신의 피조물 됨과 하나님이 창조주 되심을 시인하는 사람을 의미합니다. 복수하기보다는 용서하는 마음을 가집니다.

"노하기를 더디 하는 자는 용사보다 낫고 자기의 마음을 다스리는 자는 성을 빼앗는 자보다 나으니라"(잠 16:32)고 성경은 말씀합니다. 온유한 자는 자신이 가지고 있는 감정을 조절할 줄 아는 지혜로운 자입니다. 자신을 언제라도 다스릴 수만 있다면 훌륭한 지도자가 될 수가 있습니다. 먹는 음식도 잘 조절하여야 하지만 끓어오르는 감정을 통제할 수 있는 마음은 더 중요한 것입니다. 이것은 우리 구주 예수 그리스도의 성품으로 채워져야만 가능합니다. "부드러운 혀는 뼈를 꺾느니라"(잠 25:15)고 성경은 말씀합니다.

부드러운 자가 강한 사람입니다. 늙으면 치아도 약해지고 음식을 씹기가 어렵지만 혀는 마지막까지 남아 있습니다. 왜냐하면 혀는 부드럽기 때문입니다. 우리는 어떤 상황에서도 분노하는 것을 자제해야 합니다. 온유한 자는 자기 의지와 기분으로 살지 아니하고 모든 사람에게 평온하게 대하고 온화하면서 차분하고 조용합니다. 온유한 자는 부당하게 대우를 받아도 잘 참고 견딥니다. 죄로 인하여 고통을 받는다면 그것은 영광이 되지 못하지만 선을 행하다가 고난을 받으면 하나님께 영광이 되는 것입니다. 온유함이 일반 사람들에게는 결코 쉽게 이루어질 수가 없습니다. 우리 구주 예수 그리스도 안에서 애통하고 자유함을 얻은 사람만이 온유해지는 것입니다.

종교개혁자 요한 칼빈이 27세에 자기 조국 프랑스로 돌아가는 길에 하룻밤을 지내기 위하여 제네바에 가게 됩니다. 그보다 20년 연배인 윌리암 파렐이라는 분이 제네바에서 종교개혁을 함께 하자고 간절하게 권면함으로 그는 이것이 하나님의 뜻과 섭리인 줄 알고 함께 동참하게 됩니다. 그러나 제네바 사람들과 잘 맞지 아니하여 개혁에 반대하는 무리들로 인하여 3년 만에 추방당하는 신세가 되고 말았습니다. 1538년 시의회가 사흘의 기간을 주면서 제네바에서 떠날 것을 명령하자 그는 모든 활동을 중단하고 떠나기로 결심합니다. 그럼에도 불구하고 그는 아무도 원망하거나 불평하지 아니합니다. 보통 사람 같았으면 '오라고 할 때는 언제이고 떠나라고 하는 것은 무엇이냐?'라고 따지고 화를 냈을지도 모릅니다. 그는 존경 받는 대단한 인격자요 신앙의 모범을 보여 준 위인입니다. 그런데 칼빈이 없는 제네바의 시의회는 무질서하여 프랑스 난민을 위해 스트라스부르크에 와 달라는 마틴 부처의 간곡한 요청을 거절하지 못하고 그 해 9월에 다시 제네바에 정착하게 됩니다. 말로만 온유한 것은 누구나 할 수 있지만 행동으로 온유함을 보여주는 것은 쉬운 일이 아닙니다.

칼빈은 새벽 5시가 되면 일어나 기도하고, 비서가 오면 설교하고 강의하는 것을 받아 기록했다고 합니다. 그는 매일 오직 말씀연구와 몰두하는 시간이 10시간이 넘었습니다. 한마디로 우리 구주 예수 그리스도의 복음과 십자가로 충만한 지도자입니다. 부드러운 마음은 어떤 완악하고 강퍅한 마음도 녹일 수가 있습니다. 요한 칼빈은 한평생 하나님의 절대주권을 인정하고 하나님 앞에서 살았던 사람입니다. 왜냐하면 온유한 자는 하나님의 주권을 믿는 사람이기 때문입니다.

온유한 자는 자신의 계획대로 살지 않고 하나님의 인도를 받고 하나님의 섭리를 따라 행동합니다. 그리고 하나님께 전적으로 순종하며 사는 자입니다. 자연인들은 자기의 기분과 기질대로 삽니다. 조금만 자존심이 상하여도 참지를 못합니다. 왜냐하면 온유함이 결여되었기 때문입니다. 칼빈은 60세도 되기 전에 하나님 나라에 갔지만 그는 매우 굵고 짧게 살았지만 온유하게 살았습니다. 평생을 기도하고 경건한 삶을 한 평생 살아가는 겸허하고 온유한 사람이었습니다. 경건의 연습을 실천하고 본을 보여준 신앙의 위대한 인물입니다. 사실 이것도 인간 본성에 의한 것이라기보다는 하나님의 은혜로 주어진 것입니다. 온유한 사람이 주의 일을 감당하게 됩니다.

2) 성내기를 더디 합니다. (잠 15:1)
"유순한 대답은 분노를 쉬게 하여도 과격한 말은 노를 격동하느니라"(잠 15:1)고 성경은 말씀합니다.

영국의 윌리암 바클레이 목사는, 온유한 자는 자신이 모욕을 당할 때는 결코 화를 내지 않지만 다른 사람들에 대하여 가해진 모욕에 대해서는 화를 내야 한다고 했습니다. 왜냐하면 이기적인 분노는 항상 죄악이지만 사심이 없는 분노는 도덕적인 힘이 있기 때문이라고 증언했습니다. 우리에게 사심이 없는 대화가 절실하게 요구되는 이유는 나의 욕망을 채우기 위하여 타협하는 대화가 아닙니다. 사실 대화를 하는 것은 서로 주고받아야만 하고 한 사람만 일방적으로 말하고 상대방의 말을 듣지 아니하고 무시하는 것은 대화라고 할 수 없는 것입니다.
사나운 짐승보다도 이기적인 사람은 더 잔인한 것입니다. 왜냐하면 악인의 긍휼은 잔인하기 때문입니다(잠 12:10). 그러므로 이 세상에 악인들만 있다면 세상의 화평은 이미 깨어졌을 것입니다. 악한 사람은 아무리 재물이 많아도 가난하고 궁핍한 자를 돌보지 않습니다. 왜냐하면 악인의 긍휼은 잔인하기 때문입니다. 하나님을 사랑하는 우리는 이런 악인의 궁휼을 본받지 말아야 합니다. "미련한 자는 당장 분노를 나타내거니와 슬기로운 자는 수욕을 참느니라"(잠 12:16)고 성경은 말씀합니다.

온유한 자는 감정적인 폭발이 없으며 온갖 비난도 감수하고 참으며 이성적으로만 노를 발합니다. 온유한 자는 화를 낼만한 일을 당할 때에도 그 화를 부드럽게 참아내며 손해나 악을 그대로 갚기보다는 차라리 기꺼이 참습니다.

그러므로 온유한 자는 모든 것을 사랑하시고 돌보시는 하나님의 손에 의탁합니다. "사람이 성내는 것이 하나님의 의를 이루지 못함이라"(약 1:20)고 성경은 말씀합니다. 온유한 자는 화가 날만한 일에도 참으며 억울하고 답답한 때에도 할 말을 다하지 아니하고 부드러움을 남깁니다.

일본 춘추전국시대에 천하를 주름잡았던 세 인물이 있었습니다. '오다 노부나가, 도요토미 히데요시, 도쿠가와 이에야스'입니다. 어느 날 현자가 그들에게 울지 않는 앵무새를 보여주며 어떻게 할 것인가를 물었습니다. 제일 먼저, 오다는 "울지 않거든 죽여버리자."고 했고, 다음으로 도요토미는 "울지 않거든 울게 만들자."라고 했습니다. 그런데 마지막으로 도쿠가와는 "울지 않거든 울 때까지 기다리자."라고 제의했습니다.

그때에 현자는 도쿠가와에게 언젠가 천하를 통일할 것이라 말하고는 그 앞에 절을 했다는 것입니다. 그 이유는 "울지 않거든 죽여버리자."의 오다는 성격이 과격하고 다혈질이며 성급하기에 실패할 것이며, "울지 않거든 울게 만들자."의 도요토미는 목적을 위해서는 온갖 수단과 방법을 다 사용하는 권모술수자이므로 실패할 것이라고 했습니다.

그러나 "울지 않거든 울 때까지 기다리자."의 도쿠가와는 끈질긴 인내심을 가지고 때를 기다리는 인물로서 성공할 것이라고 대답했다는 것입니다. 현자의 예측대로 도쿠가와는 전국 시대를 평정시키고 막부가 되었습니다. 세상 사람들도 온유한 사람이 땅을 차지하고 존경을 받는다면 우리 그리스도인들은 주님 안에서 더욱 온유해지기를 간절히 소원합니다.

3) 온유한 자는 하나님의 말씀을 온유함으로 받는 자입니다. (약 1:21)

"그러므로 모든 더러운 것과 넘치는 악을 내버리고 너희 영혼을 능히 구원할 바 마음에 심어진 말씀을 온유함으로 받으라"(약 1:21)고 성경은 말씀합니다. 온유한 자는 겸손하게 말씀을 받아들이고 항상 배우기를 원합니다. 나는 다 배웠으니 공부할 것이 없다고 하는 사람처럼 어리석은 사람이 없습니다. 알아도 배워야 하고, 배우는 사람이 현명합니다. 그런데 하나님의 말씀을 배운다는 것은 끝이 없습니다. 우리의 작은 두뇌를 가지고 하나님을 알아간다는 것은 평생을 힘써도 다 알 수가 없습니다.

어항 속에 있는 물고기는 물 밖에 있는 세계를 전혀 알 수 없듯이 성령의 조명을 받지 아니하고는 하나님의 말씀을 알 수가 없는 것입니다. 그러나 교만한 사람은 말씀 배우기를 거부합니다. "말씀을 멸시하는 자는 자기에게 패망을 이루고 계명을 두려워하는 자는 상을 받느니라"(잠 13:13)고 성경은 말씀합니다. 이 말씀은 저 자신에게도 너무나도 두렵고 떨리는 말씀입니다. 교만하여 망한 사람이 너무나도 많기 때문입니다. 바로 왕이 그러했고, 이스라엘의 초대 왕이었던 사울도 하나님과 말씀을 무시했더니 최후의 삶은 너무나도 비참한 죽음을 초래하고 아들들까지도 모두 전쟁에서 전사함으로 왕의 대를 잇지 못하고 말았던 것입니다. 오만불손하고 예의와 상식도 없는 교만한 사람은 자신도

망하고 가정도 폐가망신하게 됩니다. 그것으로 끝나는 것이 아니라 하나님의 영광도 가리게 되는 것입니다.

그런데 세상의 우주 과학은 집중적으로 30번 이상 공부하면 그 학문에 전문가가 된다고 합니다. 그러나 하나님의 말씀은 무궁무진하여 평생 배우고 연구하여도 다 알지를 못합니다. 깊이 있는 말씀과 영적 통찰력과 분별력을 성령 하나님께서 주셔야만 깨달을 수가 있는 것입니다. 교만한 자에게는 말씀이 들어오지 아니할 뿐만 아니라 말씀 앞에 자신을 낮출 수가 없습니다. 교만한 사람은 자신이 하나님과 동등하려 하고 더 교만하면 자신이 하나님보다 더 높다고 생각합니다. 그러기에 방자하게 행하게 됨으로 교만이 그렇게도 무서운 것입니다. 사람이 권력을 갖기 전에는 매우 겸손을 오래 유지하는 것 같기도 합니다. 그리고 권세를 가진 후에도 몇 년은 겸손을 유지할 수도 있습니다. 그러나 권좌의 기간이 오래 지나면 지날수록 변질되기가 쉽습니다. 교만이 들어오면 그 후로는 하나님도 눈에 보이지 않게 되는 것입니다.

겸손한 자는 복이 있는 사람입니다. 겸손하고 부드러워지면 그는 참으로 행복한 자입니다. 그러므로 죄를 자복하고 깨어지고 부서진 마음이 되어야 합니다. 왜냐하면 부드러운 마음을 가진 자가 주님의 말씀을 받아들이기 때문입니다. 온유하고 유순하고 순종하는 것은 인간의 노력으로 되는 것이 아닙니다. 오직 하나님의 은혜로 새롭게 변화되어 부드러운 마음을 가진 자라야 말씀에 순종할 수 있는 것입니다. "여호와께서는 자기 백성을 기뻐하시며 겸손한 자를 구원으로 아름답게 하심이로다"(시 149:4)고 성경은 말씀합니다.

그리스도인에게 온유함이 가득하다면 그 어떤 보배보다도 더 귀한 것입니다. 관용하고 너그러운 마음은 주님께서 원하시는 마음입니다. 우리 주님 자신이 온유하다고 말씀하시기 때문입니다. 영국의 청교도 신학자 제임스 패커는 교만을 조심하라고 말합니다. 솔로몬은 "사람의 마음의 교만은 멸망의 선봉이요 겸손은 존귀의 길잡이니라"(잠 18:12)라고 증언합니다. 일단 사람은 교만하면 넘어지게 되어 있습니다. 그래도 깨닫지 못하면 수치를 당하고 파멸하게 되는 것입니다. 그러나 겸손하고 자신을 낮추고 더 낮춘다면 하나님께서 존귀하게 사용하실 것입니다.

우리가 항상 온유하고 겸손할 수만 있다면 하나님의 은혜입니다. 왜냐하면 온유한 자가 말씀을 깨닫기 때문입니다. 교만한 자는 말씀을 듣지도 않을 뿐 아니라 말씀을 무시합니다. 사울 왕은 하나님의 말씀을 무시하고 업신여겼기에 버림을 당하고 말았습니다. 그는 자신의 무기를 의지하여 항상 칼과 단창을 가지고 있었습니다. 하나님의 보호를 의심하는 사람이 되어버립니다. 그러나 하나님은 자기 백성을 사랑하시고 기뻐하십니다.

4. 온유한 자의 축복

1) 땅을 유업으로 받습니다.

본문 5절에 보면 "그들이 땅을 기업으로 받을 것임이요"라고 했습니다. 이 말씀은 시편 37편 11절의 인용입니다. "그러나 온유한 자들은 땅을 차지하며 풍성한 화평으로 즐거워하리로다"라고 성경은 말씀합니다. 즉 온유한 자만이 땅을 차지하는데, 온유한 자는 땅의 일부분만 얻는 것이 아니라 땅 전체를 소유하게 되는 것입니다.

하나님이 주시는 땅은 악인들의 땅을 정복하고 의인에게 주십니다. 그리고 우리가 이 세상에서 아무리 조롱과 모욕을 받아도 하나님이 위로와 용기를 주십니다. 모든 것을 소유하고 사는 사람이 있는 것 같아도 사실은 하나님 앞에서는 아무것도 없는 것이나 다름이 없습니다. 왜냐하면 하나님이 없는 부귀영화와 물질은 물거품에 불과하기 때문입니다. 하나님이 다스리시는 자연의 재난 앞에서는 그 어떤 것도 속수무책이기 때문입니다.

2011년 3월 11일 동일본 지진으로 인하여 삼만 명 이상이 사망했고, 행방불명 된 자도 1만 7천 명이 넘는다고 합니다. 그러나 온유한 하나님의 백성들은 이 땅에서 적은 소득으로 살아감으로 확고한 삶이 보장되지 못한 것 같아도 이 땅에서 염려와 걱정 없이 살아갈 수 있는 것입니다. 왜냐하면 하나님의 보호의 손길이 함께 하시기 때문입니다. 또한 이것이 온유한 자가 맛보는 하나님의 은혜입니다. 현실에서는 땅이지만 이보다 더 소중한 천국의 소유요 축복입니다. "겸손한 자는 먹고 배부를 것이며"(시 22:26)라고 성경은 말씀합니다. 왜냐하면 하나님은 겸손한 자를 붙들어 주시기 때문입니다(시 147:6). 온유한 자는 설령 세상에서 부귀가 아무리 클지라도 하나님의 은총과 축복을 더 소중히 여깁니다. 그러므로 궁핍한 처지에 있어도 모든 것이 풍부하고 풍족하다고 고백합니다(빌 4:8).

2) 온유한 자에게 말씀을 가르쳐주십니다. (시 25:9)

"온유한 자를 정의로 지도하심이여 온유한 자에게 그의 도를 가르치시리로다"(시 25:9)라고 성경은 말씀합니다. 온유한 자를 하나님이 지도하여 주십니다. 온유한 자에게 말씀을 가르쳐 주십니다. 왜냐하면 온유한 자는 하나님 앞에서 겸허하게 복종하기 때문입니다. 그리고 하나님의 말씀을 신뢰하고 그대로 믿고 받아들이기 때문입니다.

　이 얼마나 귀한 복입니까? 온유는 세계 정복의 원리입니다. "오직 내 말을 듣는 자는 평안히 살며 재앙의 두려움이 없이 안전하리라"(잠 1:33)고 성경은 말씀합니다. 즉 말씀을 듣는 자는 평안하게 생활한다는 것입니다. 교만한 사람은 말씀 듣기를 거부하고 말씀을 묵상하지도 않습니다. 그러나 온유한 자는 말씀의 도를 배우고 하나님께 인정을 받고 사람에게도 존경과 신임을 받음으로 승리자가 됩니다. 뿐만 아니라 온유한 자는 땅을 차지하고 부유하게 되며 하늘의 기업과 현세의 땅의 기업을 함께 소유합니다. 예수를 나의 구주로 영접한 온유한 백성은 참으로 행복한 사람이요 행복한 성도요 하나님의 자녀입니다. 온유한 자는 겸손하지만 교만한 사람은 온유할 수가 없습니다.

　행복한 사람들의 이야기 글을 읽으면서 감동된 것이 있기에 적어봅니다. 겸손은 땅처럼 낮고 밟히고 쓰레기까지 받아들이면서 그 곳에서 생명을 일으키고 풍성하게 자라 열매 맺게 한다는 것입니다. 그리스도인의 신앙 자세는 온유한 마음을 가져야 합니다.

　모든 대화를 온유함으로 풀어가야 하고 거칠거나 난폭하면 안 됩니다. 하나님을 떠나서 사는 사람은 온유하기가 참으로 어렵습니다. 친절함이 온유가 아니기 때문입니다. 친절함은 직업으로도 할 수가 있습니다. 그러나 온유함은 죄에 대한 철저한 애통이 일어난 후에 온유함이 생겨지는 것입니다. 죄에 대하여 멀리하고 주님과 가까워지며 주님의 보혈로 날마다 씻음 받음으로 정결하게 되고 온유하게 되는 것입니다.

결 론

　세상적인 논리로 보면 자신이 손해보고 당한 것만큼 갚으려는 속성이 누구에게나 있습니다. 왜냐하면 인간은 전적으로 타락한 존재이기에 인간 스스로가 너그러워 질 수가 없는 것입니다. 온유한 성품이 인간 본성에는 없습니다. 아무리 노력하고 수양을 한다고 하더라도 온유하기가 어렵습니다. "나는 마음이 온유하고 겸손하니 나의 멍에를 메고 내게 배우라 그리하면 너희 마음이 쉼을 얻으리니"(마 11:29)라고 주님은 말씀하십니다. 우리 구주 예수 그리스도만이 우리에게 온유함을 가르치실 수 있는 것입니다. 이 세상에 온유함보다 더 강한 것은 없습니다. 우리도 예수를 나의 구주로 바로 믿기만 하면 주님을 닮아가게 됩니다. 그리고 그분 안에서 평안과 안식을 누리게 될 것입니다. 우리 그리스도인이 꼭 소유할 것은 온유한 마음입니다.

영국의 청교도 매튜 풀 목사는, 온유한 자는 화를 낼 수도 있지만 하나님의 뜻에 순종하여 자신의 분노를 억제하는 자라고 했습니다. 오히려 부드러운 말로 다른 사람들의 분노를 잠잠하게 하는 자라고 설명합니다.

독도의 세찬 바람에도 꽃을 피우는 섬 초롱이 있습니다. 이 꽃은 우리나라 독도에만 피는 꽃입니다. 그 비결은 고개 숙임(겸손)에 있는 것입니다. 주님은 마음이 온유하고 겸손하신 분입니다. 우리가 억울하게 고난을 당할 때에도 오래 참고 인내해야 합니다. 주님도 위협을 받으실 때에 공의로 심판하시는 하나님께 다 맡기셨던 것입니다. 주님을 닮아가는 자의 모습은 온유함과 부드러움으로 나타납니다. 언성을 높일 필요가 없습니다. 모든 대화를 온유한 마음으로 풀어나가야 합니다.

마게도니아라는 나라에 안티오코스 왕이 있었습니다. 전쟁 중인지라 자신의 막사 안에서 집무를 하고 있는데, 막사 밖에서 보초를 서는 병사들이 왕에 대하여 서로 비난을 하고 있었습니다. 왕이 그 소리를 더 이상 듣다못해 천막을 거두고 이렇게 말합니다. 듣기가 민망하니 조금

멀리 가서 욕을 하면 좋겠다고 했다는 것입니다.

　너그러운 사람이 관용을 베풀 수가 있는 것입니다. 그러므로 원망하지 말고 조급하지도 말아야 합니다. 악인은 반드시 망하게 하십니다. 악을 행하고도 형통하는 사람을 부러워하지 말아야 할 것입니다. 왜냐하면 하나님이 악인을 심판하시기 때문입니다. 그러나 온유한 사람은 하나님이 은혜와 복을 주시고 말씀을 가르쳐 주시며 천국의 기업도 주십니다. 우리가 처한 환경에서 낮아지고 겸허하게 주님을 섬기고 온유한 마음을 모든 사람들에게 나타냄으로 진정한 그리스도인들이 되시기를 우리 주님의 이름으로 간절히 축원합니다.

의에 주리고 목마른 자의 복

[마태복음 5:6]

서 론

주리고 목마르다는 말은 인간의 욕망을 생생하게 표현해 주는 말이기도 합니다. 예수님 당시에는 팔레스타인에서 하루 노동자의 품삯은 한화로 추정하면 80원 정도였다고 합니다. 이러한 빈곤 가운데서는 대부분의 사람들이 여유로운 생활을 하기에 어려웠을 뿐만 아니라 이런 일자리 자체도 흔하지 아니했던 것입니다. 그들은 하루 일하고 다음 날 쉬는 이런 처지였기에 배고픔의 상황은 이루 말할 수 없었던 것입니다. 그러므로 그들에게는 실제적인 굶주림이 있었던 것입니다. 설상가상으로 기근까지 온다면 그들의 생존은 적은 소량의 음식이라도 먹지 않으면 언제 죽을지 모르는 처절한 환경이었던 것입니다.

목마름도 역시 마찬가지입니다. 예수님 당시의 고대 세계에서는 사람들이 물을 마시려면 시냇물과 우물에 의존할 수밖에 없었습니다. 하늘에서 비가 내리지 아니하면 식수의 위협까지 받게 되었고 땅바닥이 갈라지고 모래 바람이 불어오기도 했습니다. 사막을 여행하는 여행객들에게는 불어오는 모래바람으로 인하여 얼굴과 몸 전체를 천으로 감싸야 했던 것입니다. 그럼에도 불구하고 입과 목구멍, 코와 폐 속에는 매우 미세한 모래가루로 채워지게 되는 것입니다.

한국 군대 공수부대에서는 천리 행군이라는 훈련이 있습니다. 그 힘든 훈련이지만 그래도 수통에 물을 채우고 훈련합니다. 물을 마시지 않고 행군하면 도중에 낙오할 수도 있습니다. 그러나 여행객들에게는 물이 매우 부족함으로 물 없는 상태에서 순례해야만 하는 일들이 생기기도 합니다. 이런 상황에서 목마름과 갈증을 한 번 상상해 보시기 바랍니다. 배고픔을 경험해 본 사람만이 그리고 목마름의 상태를 체험해 본 사람만이 음식과 물을 찾게 되는 것입니다.

시인 다윗의 영혼은 물이 전혀 없는 메마른 땅에서 물을 구하듯이 하나님을 사모했습니다. "내가 간절히 주를 찾되 물이 없어 마르고 황폐한 땅에서 내 영혼이 주를 갈망하며 내 육체가 주를 앙모하나이다"(시 63:1)라고 성경은 말씀합니다. 물을 마시지 못하면 갈증으로 쓰러지게 되므로 배고픔의 고통보다 더 심각하다고 합니다. 목마름의 기간이 오래가면 갈수록 의식도 잃게 되는 것입니다.

마찬가지로 영적인 사람은 하나님으로 채워지지 아니하면 영적인 공허함을 크게 느끼게 되는 것입니다. 그리스도인들이 영적으로 고갈 당하면 어디에서 이것을 충족할 수가 있겠습니까? 배고플 때는 먹으면 되고, 목마르면 마시면 해결이 됩니다. 그러나 영적 기갈은 무엇으로 채워질 수 있습니까? 하나님의 말씀으로 채워지는 것입니다. "그러므로 우리가 여호와를 알자 힘써 여호와를 알자 그의 나타나심은 새벽 빛 같이 어김없나니 비와 같이, 땅을 적시는 늦은 비와 같이 우리에게 임하시리라 하니라"(호 6:3)고 성경은 말씀합니다.

우리가 영적으로 갈급함을 느끼면 하나님의 말씀으로 채워질 때만이 해결할 수 있는 것입니다. 우리 구주 예수 그리스도의 복음으로 주리고 목말라해 본 경험이 있으실 것입니다. 참으로 그때가 행복하고 지금도 주리고 목마른 자가 은혜 중에 사는 사람인 것입니다. 하나님은 이스라엘 백성들에게 "나는 인애를 원하고 제사를 원하지 아니하며 번제보다 하나님을 아는 것을 원하노라"(호 6:6)고 말씀하십니다. 화려하고 웅장한 제사보다는 하나님을 아는 것을 주님은 더 원하시는 것입니다. 그런데 아무리 하나님의 말씀을 들었다고 하여도 성령께서 감동을 주셔야 합니다. 즉, 하나님께서 은혜를 주지 아니하시면 아무 소용이 없는 것입니다. 하나님의 말씀을 인간적인 지혜와 지식으로 판단하고 제한시키면 은혜가 임하지 아니합니다.

우리의 신앙은 반석처럼 견고하여 언제라도 흔들림이 없는 그런 믿음은 아닌 것입니다. 믿음이 올라가기도 하고 내려가기도 합니다. 뜨겁게 열정을 품다가도 언젠가는 식어지기도 합니다. 이것이 인간입니다. 그러므로 매일매일 우리 주 예수 그리스도의 의로 가득 채워져야 하는 것입니다. "오호라 너희 모든 목마른 자들아 물로 나아오라 돈 없는 자도 오라 너희는 와서 사 먹되 돈 없이, 값없이 와서 포도주와 젖을 사라"(사 55:1)고 성경은 말씀합니다. 목마른 자들은 하나님 앞에 나와야 인생의 문제를 해결 받을 수가 있는 것입니다. 돈이 없어도 나와야 합니다.

우선 우리 자신의 몸을 드리고 마음과 중심을 쏟아야 합니다. 우리들은 과거보다는 편안한 생활을 하고 있습니다. 배고픔과 목마름을 종종 경험하기도 하지만 이런 상황이 매일 지속되는 것은 아닙니다. 이보다 더 시급한 것은 영적인 문제라고 할 수 있습니다. 내 영혼이 진정으로 살아계신 하나님을 얼마나 갈망하고 있습니까? 세상적인 기쁨과 쾌락은 매일 누리면서도 하나님과 교제하며 진리와 기뻐하는 시간은 얼마나 됩니까?

아모스 선지자는 "주 여호와의 말씀이니라 보라 날이 이를지라 내가 기근을 땅에 보내리니 양식이 없어 주림이 아니며 물이 없어 갈함이 아니요 여호와의 말씀을 듣지 못한 기갈이라"(암 8:11)고 외치고 있습니다. 기근은 기근인데 육신의 양식으로 인한 기근이 아니라 말씀으로 인한 기근이요, 하나님의 말씀을 듣지 못한 기갈이라고 성경은 말씀합니다.

홍수 후에 마실 물이 없는 것처럼 오늘날에도 설교는 많이 있지만 말씀이 부족한 시대라고 합니다. 육신의 양식도 없으면 굶주리고 허덕이는데 이보다 더 귀한 영혼의 말씀이 부족하다면 매우 심각한 것입니다. 하나님의 말씀은 깊이 알면서 넓게 알고 그 말씀이 우리를 지배하도록 해야 할 것입니다. 영혼의 양식을 먹지 못하여 배고픈 자들이 되지 아니하도록 말씀의 생수를 계속 파야 할 것입니다.

청교도들은 주장하기를 만약 강단이 메마르다면 우리 구주 예수 그리스도의 십자가와 부활의 복음이 없기 때문이라고 설명했습니다. 하나님의 말씀이 살아 움직여야 하고, 능력의 말씀이 불이 되어 우리 자신의 완악한 심령 속에 성령의 불이 활활 붙어야 하는 것입니다. 하나님의 말씀으로 기근을 만날 때에 심령이 메마르고 곤고하게 되는 것입니다. "사람이 이 바다에서 저 바다까지, 북쪽에서 동쪽까지 비틀거리며 여호와의 말씀을 구하려고 돌아다녀도 얻지 못하리니"(암 8:12)라고 성경은 말씀합니다.

사실 생각해보면 영적 궁핍과 기근은 육신의 양식인 기근보다 더 견디기 어려운 것입니다. 뜨거운 열기 속에서 목마른 갈증보다 더 심각하고 참기 어려운 것이 영적인 기근입니다. 왜냐하면 말씀의 기근을 만난 자는 하나님의 은혜를 체험할 수 없기 때문입니다. 만약에 우리에게도 하나님의 은혜가 떠난다면 어느 누구도 범죄하지 않는다고 장담할 수 없을 것입니다.

현재 아프리카에도 기근으로 많고 많은 사람들이 굶어 죽어가고 있습니다. 이 기근이 얼마나 무섭고 두렵습니까? 그러나 이 육신의 굶주림보다 더 심각한 것은 하나님의 말씀을 듣지 못하는 기갈인 것입니다. 이 영적 갈급함은 오직 우리 구주 예수 그리스도를 통해서만 해결될 수 있는 것입니다.

심령의 가난함을 느낀 자는 죄 때문에 애통할 것입니다. 죄로 인한 슬픔에 잠긴 자는 우리 구주 앞으로 나와야 합니다. 그리고 하나님의 구원을 기뻐하고 즐거워하기를 원하는 자는 온유해야 하고, 하나님 앞에서 더 겸허하고 낮아져야만 하는 것입니다. 그런데 오늘 본문에서는 중요한 해결책이 나타납니다. 그것은 우리가 의에 주리고 목마르다면 하나님께서 채워주실 것입니다.

오늘날 수없이 많이 쏟아지는 학위 논문이나 교양서적과 상담학과 철학이 있어도 그것으로 인간의 공허함을 해결할 수가 없습니다. 오직 성경만이 우리 심령을 새롭게 소생시키는 것입니다. 인간은 하나님의 형상으로 지음을 받았기 때문에 영적으로 하나님을 사모하고 갈망하며 살아가는 존재입니다. 즉 '의에 주리고 목마른 자'란 영적 식욕이 왕성하여 하나님의 의에 대하여 샘솟는 듯한 뜨거운 열망을 가진 자를 의미합니다.

아담이 타락하기 전에는 완전한 의를 소유했지만 타락한 후에는 모든 사람들이 자신을 통제할 능력을 상실한 것입니다. 이것을 전적 타락 혹은 전적 부패라고 말합니다. 영국의 스펄전 목사는 죄 안에서는 참된 행복을 누릴 수가 없고 거룩함이 복락의 본질적인 요소라고 했습니다. 그 요소가 빠지면 물고기가 불구덩이 속에서 살 수 없는 것과 마찬가지로 복락은 더 이상 존재할 수 없다고 강조했습니다.

그렇다면 우리 그리스도인들은 무엇으로 주리고 목말라야 합니까?

1. 의에 주리고 목마름의 의미 (6절)

여기서 "의"라고 하는 단어는 헬라어로 〈디카이오쉬네 dikaiosyne〉입니다. 영어로는 'righteousness'입니다. 이 말은 하나님께서 죄인인 우리에게 의롭다고 선언하신 의를 의미합니다. 이 의는 우리 구주 예수 그리스도께서 십자가에 돌아가시고 우리를 속량하신 의를 말하는 것입니다. 그러므로 아무리 큰 죄인이라 할지라도 구주 예수 그리스도의 십자가의 공로를 믿기만 하면 구원을 선물로 주십니다.

1) 의에 주리고 목말라해야 합니다.

인간 스스로는 절대로 의로워질 수가 없습니다. 인간의 선행은 예수 그리스도를 믿고 난 이후에 따라오는 것입니다. 예수를 믿기 전에 아무리 선행과 공로를 행했다고 하여도 그것으로 인간이 새로워지거나 구원에 이르는 것이 아닙니다. 사실상 인간의 의는 다 더러운 옷과 같습니다.

"무릇 우리는 다 부정한 자 같아서 우리의 의는 다 더러운 옷 같으며 우리는 다 잎사귀 같이 시들므로 우리의 죄악이 바람 같이 우리를 몰아가나이다"(사 64:6)라고 성경은 말씀합니다. 인간 본성 자체가 부정하므로 그 어떤 제사나 의식이나 방법으로도 인간의 죄를 깨끗이 대속할 수는 없습니다. 주리고 배고픈 사람에게 아무리 아름다운 연주회를 보여주어도 그 갈망은 채워질 수가 없는 것입니다.

목마르고 갈증에 사로잡힌 사람과 굶주림에 허덕이는 사람에게는 보석이나 귀중품이 소용이 없는 것입니다. 볼품없는 빵 한 조각과 물 한 모금이 더 큰 위로가 될 것입니다. 우리 인생에게 있어서 정신적으로 안정이 되고 물질적으로 풍족한 여유가 있다고 할지라도 영적으로 채워지지 아니하면 인간은 매우 공허한 존재가 됩니다. 왜냐하면 우리 인생은 하나님으로 가득 채워져야만이 행복한 인생을 살 수 있기 때문입니다.

하나님은 진리의 확실한 말씀을 깨닫게 하시는 분이십니다(잠 22:21). 만약에 우리가 하나님이 없는 삶을 산다면 부유하면서도 고독하게 되고 세상의 부귀영화와 권력과 명예를 한 손에 쥐고 있더라도 여전히 불안할 것입니다. 그 이유는 주님이 주시는 위로가 없기 때문입니다. 설령 우리에게 지독한 가난과 정신적인 아픔이 있을지라도 하나님으로 가득 채워진 경건한 삶을 사는 자에게는 그 누구도 부럽지 아니하는 기쁨이 있습니다. 그것은 하나님과 영적으로 교제하기 때문입니다. 의에 주리고 목마름은 인간의 영적인 마음의 본질을 정확하게 분석하고 있는 것입니다.

하나님은 사람들에게는 영원을 사모하는 마음을 주셨습니다(전 3:11). 그러므로 인생사는 동안에 영원한 하나님 나라를 사모해야 합니다. 지혜의 왕인 솔로몬은 "너는 청년의 때에 너의 창조주를 기억하라"(전 12:1)고 증언합니다. 우리는 하나님을 창조주 하나님으로 기억하고 예수 그리스도를 우리의 중보자요 구원자이심을 믿어야 합니다. 하나님의 선택과 예수 그리스도의 보혈로 구원받은 자는 언제라도 더욱 의에 주리고 목말라해야 할 것입니다.

아무리 웅장한 예배를 드렸다고 할지라도 영적으로 우리 구주 예수 그리스도의 복음으로 그 갈급함이 채워지지 않았다면 참으로 안타까운 것입니다. 예수 믿는 자를 의롭다고 하십니다. "곧 이 때에 자기의 의로우심을 나타내사 자기도 의로우시며 또한 예수 믿는 자를 의롭다 하려 하심이라"(롬 3:26)고 성경은 말씀합니다. 죄인이었던 우리가 의롭다 함을 받은 것은 내가 좀 의로워지기를 바람으로 의롭게 되는 것이 아닙니다. 즉, 이 의는 우리 자신이 깨끗하다고 인정받아서 의롭다는 것이 아닙니다.

우리는 주님을 믿는다고 하지만 부정하고 거짓을 행하고 죄에 넘어집니다. 예수 믿는 자를 의롭다고 인정하시는 것은 우리 자신들이 죄인임에도 불구하고 주님이 의롭다고 선언하시기 때문인 것입니다. 이것이 우리 구주 예수 그리스도께서 우리에게 주신 "의"를 의미하는 것입니다.

하나님께서 우리에게 의를 거두어 가신다면 우리는 영원히 어둠과 죄악에서 방황할 수밖에 없는 것입니다. 영원히 죽고 멸망당할 죄인에게 의의 선물을 주셨으니 세상적인 욕심과 정욕에 사로잡히지 말아야 합니다. 오직 우리 구주 예수 그리스도에 대한 의에 굶주리고 목말라 해야 하는 것입니다. 이것은 자신의 노력과 수고와 공로로 얻는 것이 아닙니다. 육신에 대한 배고픔과 목마름이 있어야 빵과 물을 구하듯이 우리가 구주 예수 그리스도와 그의 복음에 대하여 영적으로 항상 굶주리고 있는 부분을 채워야 하는 것입니다. 그래야 하나님의 품에서 평안히 안식할 수 있을 것입니다.

2) 그리스도의 보혈로 늘 충만해야 합니다.

하나님은 "제사와 예물을 기뻐하지 아니하시며"(시 40:6)라고 성경은 말씀합니다. 제사와 예물을 드림이 형제를 구원하지 못한다는 것입니다(시 49:7). 인간은 자기 자신을 볼 때에는 절망적이고, 전적으로 타락한 인간은 선을 행하는 능력보다는 악을 행하기가 쉽기 때문입니다. 그러므로 의롭게 살려고 노력을 하고 몸부림을 쳐도 자신도 모르게 거짓

되게 살며 죄의 영향을 받는 것입니다. 그러기에 고난의 사람 욥은 "인생이 어찌 하나님 앞에 의로우랴"(욥 9:2)고 탄식합니다. 인생은 하나님을 알지 못하기에 하나님을 믿지 아니하고 그분을 믿지 아니하는 자는 멸망이요 소망이 없는 것입니다.

아들 독생자 예수 그리스도를 지극히 사랑하시는 하나님은 이 절망적인 세상에 아들 예수를 보내신 것입니다. 예수 그리스도께서 당신의 보혈을 흘리시는 것은 자기 백성을 구원하시기 위함이었던 것입니다(마 1:21). 모든 인간은 오직 예수 그리스도의 피로만이 구원을 받을 수 있는 것입니다. 예수 그리스도의 보혈의 능력을 믿으시기 바랍니다. "그의 피로 말미암아 속량 곧 죄 사함을 받았다"(엡 1:7)고 성경은 말씀합니다. 구원 받은 우리가 보통 은혜를 입은 것이 아닌 것은 하나님이 구주를 사랑하신 것만큼이나 우리를 사랑하시기 때문입니다. 구원받은 하나님의 백성들은 우리 주 예수 그리스도의 십자가의 보혈로 날마다 시간마다 하나님의 은혜를 사모해야 합니다. 즉 목마르게 우리 주님의 의를 갈망해야 하는 것입니다. 그리고 선한 목자 되시는 주 예수 그리스도를 믿는 자는 그 분의 음성을 듣고 따르는 것입니다(요 10:27).

우리 구주 예수 그리스도는 의로운 자가 복이 있다고 말씀하시지 않고 의에 주리고 목마른 자가 복이 있다고 말씀하십니다. 예수 그리스도는 하나님의 공의(公義)를 만족시키기 위하여 십자가에서 돌아가셨고 하나님의 의를 선포하기 위하여 부활하신 것입니다. 과거에는 세상 부귀영화와 명예를 목마르게 갈망하던 사람이 예수 그리스도를 구주로 믿고 의로워진 후에는 예수의 의를 추구하게 됩니다. 이 의는 의식적이고 형식적인 바리새인의 의가 아니라 '하나님의 의'인 것입니다(눅 18:14).

인간 스스로는 하나님과의 올바른 관계에 들어갈 수 없고, 오직 하나님과 인간 사이의 중보자 되시는 구주 예수 그리스도를 믿음으로 바른 관계가 이루어지고 의롭다 함을 얻게 됩니다. 그리고 하나님의 은혜로 값없이 의롭다 하심을 받는 것입니다. "그리스도 예수 안에 있는 속량으로 말미암아 하나님의 은혜로 값없이 의롭다 하심을 얻은 자 되었느니라"(롬 3:24)고 성경은 말씀합니다. 예수 그리스도가 없는 세상은 저주와 멸망뿐인데 하나님은 저주와 멸망 받을 수밖에 없는 이 세상에 예수 그리스도를 보내신 것입니다. 예수 그리스도가 인류의 소망입니다. 골고다의 높은 언덕 나무 십자가에 달리신 주 예수 그리스도는 큰 갈증을 느끼시고 "내가 목마르다"(요 19:28)라고 말씀하셨습니다. 이 말씀은 예수를 나의 구주로 믿는 자들에게 그리스도의 의의 통치가 이루어지기를 바라는 것을 의미합니다.

아무리 예수를 수십 년 믿었다고 할지라도 우리의 성품이 변화되지 아니하면 주님의 다스림을 받을 수가 없습니다. 인간의 죄성과 악성과 독성을 매일매일 죽여야 합니다. 하나님과 사람 앞에서 우리의 감정과 혈기와 육성이 십자가에 못 박혀야만 합니다. 주님의 통치를 받는 사람만이 그리스도의 사람이 되는 것입니다. 이것이 우리 구주 예수 그리스도의 복음의 핵심인 것입니다. 예수 그리스도 안에서 하나님께서 우리의 구원을 성취시키신 것입니다. 그러므로 구주를 믿는 자들에게는 그리스도의 의를 주신 것입니다. 우리 구주 예수 그리스도께서 "우리에게 지혜와 의로움과 거룩함과 구원함이 되셨으니"(고전 1:30)라고 성경은 말씀합니다. 구주만이 죄인이었던 우리에게 거룩함과 구원을 주신 것입니다. 그러므로 우리 자신이 의에 주리고 목마른 삶을 살기만 하면 우리 구주께서 채워주실 것입니다.

영국의 캠벨 몰간 목사는 "의에 주리고 목마른 사람이란 심령이 가난하여 하나님의 통치에 복종하고 애통하는 중에 위로를 받았고 마음이 온유하여 땅을 소유하게 되었다. 그렇다면 무엇이 의를 위하여 주리고 목마른 것인가? 그것은 하나님이 원하시는 것만 따르고 복종하는 것을 의미한다."고 설명했습니다.

하나님이 원하시는 것은 의와 거룩함을 향하여 날마다 하나님께로 가까이 나아가는 것입니다. 소금물을 마시면 마실수록 갈증을 느낍니다. 세상적으로 선하게 산다고 해서 하나님 앞에 의롭게 될 수는 없습니다. 그러므로 우리들이 의에 주리고 목마름이 있다고 하는 그 자체가 행복인 것입니다. 이것은 영적으로 살아있다는 증거입니다. 하나님은 의를 위하여 굶주려 하고 목말라 한다면 결코 우리를 빈손으로 가게 하지는 않을 것입니다.

사도 바울은 오직 그리스도에게만 관심을 가졌습니다. "이는 내게 사는 것이 그리스도니 죽는 것도 유익함이라"(빌 1:21)고 성경은 말씀합니다. 우리 구주 예수 그리스도께서 바울 안에 사시므로 오직 주님의 지배만을 받고 있다는 것입니다. 그러므로 죽고 사는 것이 나의 의지에 달려있는 것이 아니라 주님의 손에 있다는 것입니다. 우리 구주 예수 그리스도의 주권을 믿은 것입니다. 그러기에 죽는 것도 손해가 아니라 유익하다는 것입니다.

진정으로 우리 자신이 구주 예수 그리스도의 의에 대하여 날마다 배고픔을 느끼고 목마름을 호소한다면 우리의 생명을 바친들 무엇이 아까울 것이 있겠습니까? 하나님을 알지 못하는 무신론자들이나 공산주의자들도 그들의 철학과 정치사상과 이론을 위하여 생명을 바치기도 합니다. 하물며 살아계신 하나님과 구주 예수 그리스도를 위하여 우리들이 생명 바쳐 하나님의 의를 사모한다면 모든 불의와 부정과 죄악에서 떠나게 될 것입니다.

무엇 때문에 나 자신이 높아지려고 명예욕에 빠지는 것입니까? 주님께서 가시관을 쓰시고 저주의 십자가를 지시고 죄인들을 구원하셨는데, 우리도 기쁨으로 십자가를 지고 따라야 할 것입니다. 오직 그리스도로 목이 마르고 오직 그리스도로 충만해야만 합니다. 이런 사람이 진정으로 행복한 자입니다. 우리 모두 오직 예수, 오직 그리스도의 의로 주리고 목마른 자가 되시기를 소원합니다.

2. 의에 주리고 목마른 자의 복

1) 배부름의 복입니다.

"그들이 배부를 것임이요"라고 성경은 말씀합니다. 여기서 "배부르다"라는 단어는 헬라어로 〈코르타조 chortazo〉입니다. 이 말은 '먹이다, 살찌게 하다'라는 의미입니다. 기본개념이 음식으로 만족하는 것입니다. 고대 세계에서는 굶주려 죽어가는 자들이 많았고 수많은 사람들이 기아에 허덕였습니다. 게다가 태양이 불볕같이 내려 쪼이고 모래 바람이 쉴 새 없이 불어오는 사막에서는 항상 목마름의 갈증을 느꼈던 것입니다. 이런 사람들이 먹을 것과 마실 물을 원하는 것처럼 우리 구주 예수 그리스도의 의를 생명 걸고 갈망하는 자들에게 배부름의 은총을 주시는 것입니다.

이 배부름의 뜻은 또한 토지가 비로 만족하는 것을 말합니다. 즉, 나무들이 진액으로 만족하는 것을 의미합니다. 그러나 이보다 깊은 의미는 단순한 음식으로 인하여 만족을 누리는 것보다 하나님을 믿고 아는 만족을 의미합니다. 우리 주님은 의에 주리고 목마른 자를 확실하게 채워주십니다.

하나님 나라에서는 그들의 의는 완전하게 될 것입니다. 여기서 "배부르다"는 말은 '예수로 충만해진다'라는 의미입니다. 우리에게도 주 예수 그리스도로 충만해지시기를 간절히 소원합니다. 의에 주리고 목마른 자들에게 주시는 것은 배부름의 복입니다. 세상적인 모든 좋은 것을 다 소유하였다고 할지라도 영적으로 배부름이 없다면 불행한 것이고 결코 행복할 수가 없습니다. 그리고 그것으로 구원을 얻는 것이 아닙니다.

"다른 이로써는 구원을 받을 수 없나니 천하사람 중에 구원을 받을 만한 다른 이름을 우리에게 주신 일이 없음이라 하였더라"(행 4:12)고 성경은 말씀합니다. 기독교 이외에 다른 종교를 통해서는 구원이 이루어지거나 하나님 나라에는 절대로 들어갈 수는 없는 것입니다. 그러나 예수를 나의 구주로 믿지 않으면 심판이지만 예수를 나의 구주로 영접하면 구원을 받는 것입니다. "아들을 믿는 자에게는 영생이 있고 아들에게 순종하지 아니하는 자는 영생을 보지 못하고 도리어 하나님의 진노가 그 위에 머물러 있느니라"(요 3:36)고 성경은 말씀합니다.

우리 구주 예수 그리스도를 믿으면 구원과 생명과 영생에 이르게 됩니다. 의에 주리고 목마른 자에게 주시는 배부름은, 즉 하늘에 속한 신령한 복으로 채워주시는 것입니다(엡 1:3). 이 땅 위에 살면서 무엇보다도 우리가 사모할 복은 신령한 복입니다. 이 세상에서 아무리 부귀영화를 누리며 산다고 할지라도 저 천국에서의 누릴 수 있는 복이 없다면 얼마나 불행한 일입니까?

성 어거스틴은 하나님은 장차 우리가 어떻게 될 모습을 보시고 사랑하신다고 증언했습니다. 지금은 미천하고 실수와 허물 많은 죄인이지만 우리 구주 예수 그리스도의 보혈로 날마다 정결하게 되어 거룩한 성도가 될 것입니다.

프랑스의 사상가요 철학가요 수학자인 파스칼은 말하기를 "하나님이 모든 사람의 마음속에 비워둔 공백 속에 예수로 채워지기까지는 그 공허함을 매울 길이 없다."고 했습니다. 그리스도인은 그리스도에게 속한 자이기에 의에 주리고 목마른 사람들입니다. 그러므로 그리스도의 의로 옷 입혀지고 의롭다 함을 받는 것입니다. 그리스도의 의로 채워지면 채워질수록 더 완전한 의를 위하여 주리고 목마르게 됩니다. 이것이 그리스도인에게 신령한 복이 되는 것입니다. 의를 위하여 목말라 하고 있습니까? 그리스도의 의를 위하여 몸부림치고 있습니까? 이 자체가 영적인 힘이요 은총인 것입니다.

화란의 헤르만 리델보스 박사는 "의에 주리고 목마름은 천국에서 만족을 얻을 것이다. 그렇지만 그 만족은 이미 이 시대에 시작되었다."고 설명했습니다. 의를 사모하며 뜨거운 열망을 가진 자는 하나님의 사람이요 성령의 사람이기 때문에 복 있는 자들입니다. 우리 주 예수 그리스도의 의에 굶주리고 목마른 자는 사람들로부터 지위나 명예나 권세를 구하지 않습니다. 의에 대한 갈증은 하나님만이 채워주실 것을 알기에 하나님의 은혜를 구하는 것입니다.

우리 구주 예수 그리스도께서 재림하시는 종말에 가서는 구주께서 의의 옷, 흰 옷을 입혀주실 것입니다. "이기는 자는 이와 같이 흰 옷을 입을 것이요 내가 그 이름을 생명책에서 결코 지우지 아니하고 그 이름을 내 아버지 앞과 그의 천사들 앞에서 시인하리라"(계 3:5)고 성경은 말씀합니다. 우리가 입었던 죄악의 누더기 옷은 다 벗겨질 것이고, 우리 구주 예수 그리스도의 보혈로 깨끗하게 씻은 의의 옷이 입혀질 것입니다.

의에 주리고 목마르다는 말은 매우 단순한 것입니다. 주님이 배부르게 채워주실 때까지 궁핍함을 의식하고 있는 것입니다. 이것은 우리 구주 예수 그리스도께서 만족시켜 주실 때까지 지속하는 마음을 의미하는 것입니다. 일시적으로 느끼는 감정이나 욕망이 아닙니다. 매일매일 새벽이나 오전이나 오후 그리고 밤 시간까지 언제라도 의를 사모하는 자입니다. 불철주야로 의를 목마르게 사모하는 자인 것입니다.

육신적인 굶주림이나 영적 기갈은 공통점이 있습니다. 배고픔을 느끼는 사람만이 어떤 음식이든지 가리지 아니하고 먹습니다. 영적으로 기갈 당한 사람은 영의 양식으로 채움을 받을 때만이 만족하게 되는 것입니다. 아버지 품을 떠난 탕자도 먹을 것이 없고 돼지가 먹는 열매로 배를 채우려고 할 때에 비로소 아버지 집으로 돌아오게 됩니다. 목마른 사람이 샘을 파고 목마른 자만이 생수를 원합니다.

"하나님이여 사슴이 시냇물을 찾기에 갈급함 같이 내 영혼이 주를 찾기에 갈급하니이다"(시 42:1)라고 성경은 말씀합니다. 목마른 사슴이 목을 길게 빼고 물을 마시는 것처럼 시인은 주를 사모하는 데 갈급했던 것입니다. 그런데 우리들은 현재 무엇으로 목말라 하고 있습니까? 죄에서 완전히 해방되기 위하여 가슴을 찢는 애통과 슬픔이 있었다면 이제는 한 단계 위로 올라가야 합니다. 의에 주리고 목마른 사람이 되어야 합니다.

우리 그리스도인들도 언제든지 주님을 사모하기만 하면 주의 말씀을 사모하는 자에게 풍성한 은혜를 주십니다. 의에 주리고 목마르다는 것을 무엇으로 확인할 수 있습니까? 그것은 간단합니다. 인생에 있어서 가장 큰 소원이 되며 생애에서 최상의 의욕으로 이어지는 것으로 가장 진실하고 정직하게 주님을 섬기는 것입니다. 그러므로 우리 구주 예수 그리스도의 모습을 닮아가는 생활인 것입니다. 즉, 주님처럼 살고 주님의 향기를 드러내다가 하나님 앞에 가는 것입니다. 주님은 이런 사람에게 배부름의 은혜를 주시는 것입니다.

"내가 그 피곤한 심령을 상쾌하게 하며 모든 연약한 심령을 만족하게 하였음이라"(렘 31:25)고 성경은 말씀합니다. 여기 '내'가 누구입니까? 전능하신 하나님이십니다. 전능자 하나님께서 연약한 심령을 만족시켜 주십니다.

2) 배부르다는 말은 세 가지 의미가 있습니다.

첫째: 만족하다, 둘째: 평안하다, 셋째: 충만하다는 의미입니다. 우리 그리스도인들이 예수를 나의 구주로 믿고 난 후에는 의에 주리고 목마른 경험을 하고, 구주로 만족하면 마음에 평안이 주어지는 것입니다. 모든 일에 힘들고 어려운 일이 있어도 마음의 고요함을 유지하게 되는데 이것이 평안입니다. 그리고 하나님의 은혜로 충만하고 우리 구주 예수 그리스도의 사랑으로 충만해야 합니다. 하나님으로 가득 차고 주님으로 충만하고 성령으로 지배 받는 삶을 살 수 있기를 간절히 소원합니다. 예수 그리스도의 의를 구하는 자에게는 예수님의 은혜로 충만하게 하십니다. 예수님의 모친 마리아는 찬양하는 중에 이렇게 표현합니다. "주리는 자를 좋은 것으로 배불리셨으며"(눅 1:53). 즉 하나님이 배부르게 하셨다는 것입니다.

하나님만이 우리에게 평안을 주시고 만족하게 하시며, 의에 주리고 목마른 자에게 행복을 주십니다. 왜냐하면 그들이 배부름을 얻을 수 있기 때문입니다. 이것은 인간의 노력이나 선행으로 얻어지는 것이 아닙니다. 전적으로 하나님의 은혜로 채워지는 것입니다. 이것이 복음의 능력입니다. 죄인이 어떻게 예수 그리스도의 의로 가득 채워질 수 있다는 말입니까? 이것이 상상이나 할 수 있는 일입니까? 그러나 하나님은 하실 수 있습니다. 우리 주 예수 그리스도의 구속을 통하여 심령이 가난해지고 주님에게 굴복 당하는 자들에게 주어지는 은혜인 것입니다. 그들만이 의에 주리고 목마름을 경험하기 때문입니다. 고기를 먹어본 자가 고기 맛을 알 수가 있듯이 고급 생선도 맛의 진미를 아는 자가 먹습니다. 마찬가지로 우리 구주 예수 그리스도의 의에 대하여 주리고 목마름을 경험하고 배부름을 얻는 자만이 하나님의 은혜로 만족하게 되는 것입니다.

지금도 타락한 가운데서 방황하는 자들은 소망이 없지만 예수 그리스도 안에서 의롭게 된 자들은 활기찬 모습으로 살아갑니다. 우리의 상황이 가난이든 질병이든 사탄의 유혹이든 관계가 없는 것은 예수 그리스도 안에서 부족한 것은 아무것도 없기 때문입니다. 영적인 욕망의 간절함은 만족과 기쁨에 비례합니다. 의에 주리고 목마른 사람만큼 구원의 큰 기쁨을 체험한 사람은 없습니다. 사도 베드로는 "우리 하나님과 구주 예수 그리스도의 의를 힘입어 동일하게 보배로운 믿음을 우리와 함께 받은 자들에게 편지하노니"(벧후 1:1)라고 증언합니다.

의에 주리고 목마른 자는 우리 주 예수 그리스도의 의를 힘입은 자를 의미합니다. 의에 주리고 목마른 자에게 보배로운 믿음이 주어지는 것입니다. 우리 구주 예수 그리스도를 믿지 아니하는 자들을 자연인이라고 합니다. 그들은 세상적인 쾌락을 좋아하고 자신의 욕망을 채우기 위하여 하나님의 의를 추구하지 않지만 하나님의 백성은 복음과 우리 구주 예수 그리스도에 대하여 항상 목말라 합니다. 그리고 배고픔을 충족하려고 합니다.

우리는 죄인이지만 예수 믿는 자를 의롭다고 성경은 말씀합니다(롬 3:26). 왜냐하면 예수 그리스도의 보혈로 정결하게 되었기 때문입니다. 하나님의 나라는 악한 것이나 불순한 것들이 전혀 없고 사탄의 유혹도 없습니다. 오직 의에 주리고 목마른 자들만이 천국에 들어갑니다.

결 론

죄는 우리 인간과 하나님 사이를 가로막습니다. 하나님을 떠나서는 의가 채워질 수 없습니다. 육신의 정욕과 세상 욕심으로 목마른 자들은 참으로 불행하고 비참한 자들입니다. 왜냐하면 그들의 목마름과 주림은 일시적일 뿐 결코 만족하게 채워지지 않기 때문입니다. 우리는 우리 구주와 그의 복음으로 목말라해야 할 것입니다. "그런즉 너희는 먼저 그의 나라와 그의 의를 구하라 그리하면 이 모든 것을 너희에게 더하시리라"(마 6:33)고 성경은 말씀합니다.

영국의 청교도 매튜 풀 목사는 "그의 나라와 그의 의"는 하나님의 존귀와 영광에 속하는 모든 것을 의미한다고 했습니다. 그러므로 우리는 그의 나라와 그의 의를 최우선으로 구해야 하는 것입니다. 의에 주리고 목마른 사람은 죄로 인하여 하나님과 멀어진 사실을 깨닫고 주님에게로 돌아오기를 바라는 사람입니다. 이 의는 우리 주 예수 그리스도로 가득 찬 사람을 의미합니다. 우리 주 예수 그리스도를 믿는 자에게 의롭다고 주님은 말씀하십니다. 그러므로 죄를 지으려고 하는 욕망으로부터 벗어나기를 애쓰는 사람입니다. 한마디로 죄의 유혹과 지배를 받고 싶어 하지 아니합니다. 성령 충만하여 우리 구주 예수 그리스도의 의로 충만하여지기를 원하는 사람입니다. 성령의 인도와 지배를 받으며 살려고 애씁니다.

그리고 주님 안에서 주님과 더불어 주님 뜻대로 행하기를 원하는 사람입니다. 주님이 하라고 하면 하고, 하지 말라고 하면 순종하려는 것을 말합니다. 주님을 모시고 사는 사람에게는 의에 대하여 목마름이 남보다 갈급하기 때문입니다.

그리스도인에게 있어서 의를 사모하는 것은 인생 최대의 목적이 되어야 하는 것입니다. 우리 인생이 어디로부터 와서 어디로 가는지를 아는 사람이 참으로 복된 사람입니다. 출생할 때는 각 나라와 지역과 언어가 다를 수 있지만 본향으로 돌아가는 길은 오직 하나뿐입니다. 즉 주님이 계시는 하늘나라입니다.

하나님과 화평을 누리고 있습니까? 평안을 소유하고 계십니까? 날마다 우리 주 예수 그리스도의 의로 채워지기를 원하십니까? 그렇다면 주님께서 채워주실 것입니다. 이것은 구주께서 약속하신 절대적인 진리입니다. 우리 구주 예수 그리스도는 "나는 생명의 떡이니 내게 오는 자는 결코 주리지 아니할 터이요 나를 믿는 자는 영원히 목마르지 아니하리라"(요 6:35)고 말씀하십니다.

예수를 나의 구주로 믿는 자에게는 주리지 않고 목마르지 않게 하십니다. 지속적으로 우리 마음이 의에 주리고 목마름을 느끼게 되면 현재의 고난도 극복하게 될 것입니다. 또한 주님께서 배부르게 하실 것입니다. 사람의 행복은 구주 예수 그리스도의 의로 오는 것입니다.

우리에게 안정되고 평안한 곳인 하나님 나라에 들어가기까지 만족스럽고 평안하고 우리 구주 예수 그리스도의 의로 충만해지시기를 주님의 이름으로 간절히 축원합니다.

긍휼히 여기는 자의 복

[마태복음 5:7]

서 론

우리가 일생을 살면서 하나님께로부터 받은 풍성한 은혜가 있다면 그것은 하나님의 긍휼입니다. 우리가 한평생 갚고 갚아도 결코 갚을 길 없는 것이 하나님의 긍휼인 것입니다. 왜냐하면 인간들의 생존은 하나님의 무한하신 긍휼하심에 달려 있기 때문입니다. "여호와의 인자와 긍휼이 무궁하시므로 우리가 진멸되지 아니함이니이다"(애 3:22)라고 성경은 말씀합니다. 우리 인간은 전적으로 타락하여 영원히 저주받아 죽을 수밖에 없었습니다. 이러한 죄인들인 우리가 예수를 나의 구주로 믿고 하나님의 백성이 되었으니 이것이 웬 사랑이요 웬 하나님의 은혜입니까?

하나님께서는 날이면 날마다 어리석고 부족한 우리들에게 크신 긍휼을 넘치게 부어주십니다. 그런데 우리가 그 분의 한없고 끝없는 너그러우심을 당연한 것으로만 생각하고 아예 하나님을 생각조차 안 한다면 합당하지 못한 일이며 배은망덕한 행위인 것입니다. 이러한 뻔뻔함을 가지고 우리 구주 예수 그리스도를 믿는다고 하는 것은 종교인에 불과할 것입니다. 우리가 하나님의 무한하신 긍휼을 받았기에 우리도 남은 생애를 모든 사람들에게 긍휼을 베풀며 살아가야 할 것입니다.

영국의 찬송가 작사자 아이삭 왓츠 박사는 이렇게 말합니다.

"오, 내 영혼아, 여호와를 송축하라. 그의 긍휼하심을 잊지 말고 감사하는 것도 잊지 말라. 끊임없이 찬송하다가 그에게로 돌아가라."

오늘 현대를 살아가는 사람들에게 있어서 가장 필요한 것은 긍휼이며 악한 자에게 부드러움을 주는 것은 온유함인 것입니다. 그런데 긍휼히 여기는 것은 이보다 조금 더 앞서가는 것입니다. 긍휼은 그리스도인에게 있어서 영적 자질 중에서 특별한 것인데, 그것은 불행과 소망이 없는 사람이 사랑을 받는 것을 의미하기 때문입니다. 긍휼은 비천하고 가난하고 가련한 사람에게 주어지는 것을 의미합니다. 그러므로 우리도 긍휼을 받기 위하여 다른 사람에게 긍휼을 베풀어야 하는 것입니다. 즉 의에 주리고 목마른 후에 주님으로 인해 배부르게 됩니다. 이런 사람은 우리 구주 예수 그리스도로부터 긍휼히 여김을 받았기에 다른 사람들도 긍휼히 여기게 되는 것입니다.

교부 '클레멘트'는 "긍휼을 베푸는 자의 보상은 하나님이 주시는 긍휼"이라고 설명했습니다. 그러나 이 말은 그리스도인들이 베푸는 긍휼은, 즉 하나님께서 긍휼을 베푸시는 계기가 된다는 의미입니다. 왜냐하면 우리가 하나님의 긍휼을 힘입었으므로 긍휼을 베푸는 사람은 하나님을 본받는 것이기 때문입니다. 하나님께서 우리에게 베푸시는 모든 긍휼하심은 우리에게 어떤 공로나 선행이 있어서가 결코 아닙니다. 자비하신 하나님께서 하나님의 백성에 대하여 가지고 계시는 긍휼 때문입니다.

1. 긍휼의 의미 (7절)

"긍휼히 여기는 자는 복이 있나니"라고 성경은 말씀합니다. "긍휼"이란 말은 구약성경에서 가장 중요한 단어입니다. 구약에서 긍휼이란 말 〈헤세드 hesed〉는 구약에서 150회 이상 나오는데, 하나님의 은혜를 표현하는 단어입니다. 이 말은 모든 은총 중에 최고를 의미합니다. 하나님의 사랑과 긍휼과 자비와 인자하심과 하나님의 선과 모든 축복을 포함하는 것입니다. 우리는 아담의 범죄로 인하여 영원히 멸망 받을 수밖에 없는 자들이었는데, 하나님의 그 크신 긍휼하심으로 구원을 얻은 것입니다. 하나님의 긍휼하심이 없었다면 인간은 죄에서 구원 받을 수가 없는 것입니다. 긍휼이란 말의 기본적인 의미는 사랑과 자비 혹은 다정한 마음입니다. 즉 하나님의 풍성한 사랑과 다정스러움이며, 이 긍휼은 하나님에게 속한 것으로 하늘에까지 충만한 것입니다.

"여호와여 주의 인자하심이 하늘에 있고 주의 진실하심이 공중에 사무쳤으며"(시 36:5)라고 성경은 말씀합니다. 이 긍휼은 일시적이 아니고 영원히 지속되는 것입니다. "내가 여호와의 인자하심을 영원히 노래하며 주의 성실하심을 내 입으로 대대에 알게 하리이다"(시 89:1)라고 성경은 말씀합니다. 하나님은 긍휼을 기뻐하시고, 사람이 사람에게 긍휼을 베푸는 것은 하나님의 다정함을 나타내는 것입니다. 하나님은 자연세계에까지 긍휼을 베푸시고 이 땅 위에 햇빛을 주시고 비를 주시는 것이 모두 하나님의 긍휼인 것입니다(욥 37:6).

신앙적인 면에서 우리의 기도를 물리치지 아니하시고 응답되는 것도 우리의 노력과 수고로 되는 것이 아니라 하나님의 긍휼입니다. "하나님을 찬송하리로다 그가 내 기도를 물리치지 아니하시고 그의 인자하심을 내게서 거두지도 아니하셨도다"(시 66:20)라고 성경은 말씀합니다. 그러므로 우리가 이 세상에 살고 있는 동안은 하나님의 긍휼이 없이는 하루도 살 수가 없는 것입니다.

오늘 본문의 "긍휼"이란 단어는 헬라어로 〈에레오스 Eleos〉입니다. 이 말은 '상대방의 피부 속으로 깊이 들어가서 그의 입장에서 이해하는 것'을 의미합니다. 그의 생각이나 감정과 경험 속에 동참하면서 사랑하는 것을 긍휼이라고 하는 것입니다. 영어로는 identification with him, 즉 '그와 나를 동등한 입장으로 하는 것'을 의미합니다. 긍휼은 하나님의 마음이기에 가난하고 소외당하고 병든 자에게 긍휼을 베풀 때는 나는 높은 위치에 있으면서 상대방은 낮은 자리에 있음을 보고 불쌍히 여기는 마음으로 구제해서는 안 되는 것입니다. 아무리 나의 신분이 높고 고귀하다고 할지라도 그와 나를 평등한 입장에서 보면서 긍휼을 베풀어야 하는 것입니다. 이 마음을 하나님이 우리에게 요구하시는 것입니다.

그리고 구약에서 긍휼은 히브리어로 〈라함 raham〉인데 여성의 태를 의미합니다. 젖을 빠는 아기에 대한 어머니가 가지는 반응입니다. "여인이 어찌 그 젖 먹는 자식을 잊겠으며 자기 태에서 난 아들을 긍휼히 여기지 않겠느냐 그들은 혹시 잊을지라도 나는 너를 잊지 아니할 것이라"(사 49:15)고 성경은 말씀합니다.

하나님의 긍휼하심은 영원부터 가지고 계십니다. "여호와여 주의 긍휼하심과 인자하심이 영원부터 있었사오니 주여 이것들을 기억하옵소서"(시 25:6)라고 성경은 말씀합니다. 하나님의 긍휼하심은 우리가 이 세상에 출생하기도 전부터 가지고 계신 속성입니다. 그러므로 긍휼히 여기는 자란 남에게 긍휼을 베풀어 자기 자신들에게 주신 하나님의 긍휼을 나타내 보이는 자들을 말하는 것입니다. 구체적으로는 긍휼은 측은한 마음과 행동이 결합된 것이므로 우리는 그리스도인으로 행동하기 이전에 먼저 그리스도인이 되어야 하는 것입니다. 긍휼은 불쌍한 사람에게 도움을 베풀며 불행한 자리에 있는 자에게 사랑을 베푸는 것을 의미합니다.

그런데 중요한 것은 긍휼은 우리 주 예수 그리스도의 십자가를 생각하여야만 한다는 것입니다. 죄와 허물로 죽었던 죄인들을 구원하시는 길은 오직 십자가뿐이었습니다.

그러기에 미국의 필라델피아 십대 장로교회의 전임 목사인 도널드 그레이 반하우스는 말하기를 "예수 그리스도의 십자가는 긍휼의 전부"라고 강조했습니다. 우리 구주 예수 그리스도께서 지신 십자가는 무서운 사형도구입니다. 십자가는 살인강도나 정치범과 군대에서 탈영병이 죽는 사형 틀인 것입니다. 그런데 죄가 하나도 없으신 우리 구주 예수 그리스도께서 십자가에서 못 박혀 죽으시고 죄에 대하여 대속제물이 되신 것입니다. 그리하여 하나님의 공의를 이루시고 죄인들에게 구원의 길을 주신 것입니다.

"죄의 삯은 사망이요 하나님의 은사는 그리스도 예수 안에 있는 영생이니라"(롬 6:23)고 성경은 말씀합니다. 여기서 은사는 선물을 의미합니다. 그러므로 죄인이 예수를 나의 구주로 믿으면 영생의 선물을 주시는 것입니다. "진실로 진실로 너희에게 이르노니 믿는 자는 영생을 가졌나니"(요 6:47)라고 성경은 말씀합니다.

이 영생의 선물을 받은 자는 참으로 복된 자인 것입니다. 그러므로 우리는 하나님의 무한하신 긍휼을 받은 자들이므로 모든 사람에게 긍휼을 베풀어야 합니다. 이것은 우리 구주 예수 그리스도께서 십자가에서 죽으심으로 하나님의 영광을 나타내신 것입니다. 하나님의 영광은 십자가의 영광인 것입니다. 만약에 구주께서 십자가에서 죽지 아니하셨다면 우리 인류는 멸망과 저주와 죽음 가운데서 신음할 수밖에 없는 존재들인 것입니다. 그러나 하나님께서 예수를 이 세상에 보내셔서 십자가에 죽게 하심으로 영원히 죽을 죄인들이 구원을 받았다는 것은 하나님의 긍휼입니다. 이보다 더 큰 긍휼은 없는 것입니다. 우리는 울어도 죄 때문에 울고 슬퍼하여도 죄 때문에 슬퍼합시다. 우리 자신이 영적으로 궁핍함을 느끼고 가난함을 느낀다면 하나님의 긍휼을 호소하게 되는 것입니다. 왜냐하면 하나님의 사랑이 예수 그리스도의 십자가에서 구체적으로 나타났기 때문입니다. 죄의 비참한 결과로 가련한 상태에 빠져있는 사람들을 하나님은 그대로 버려두지 아니하시고 긍휼히 여기신 것입니다. 이것이 예수 그리스도의 십자가의 사랑으로 우리에게 보여주신 것입니다. 한마디로 우리 구주 예수 그리스도의 십자가는 하나님의 사랑을 완전하고 완벽하게 보여주신 것입니다.

우리가 구주 예수 그리스도의 십자가의 죽음이 없이는 어떻게 구원을 받을 수가 있겠습니까? 우리가 구원을 받았다면 그것은 전적으로 하나님의 긍휼이며 인간의 어떤 선행이나 노력이나 공로가 아닙니다. 죄인이었던 우리들이 하나님의 긍휼로 구원을 받은 것입니다. 우리 주변에 아직도 구원받지 못하고 세상에서 방황하는 사람들을 주님께로 인도하려는 십자가의 사랑을 실천하는 긍휼의 마음을 가져야만 합니다. 그 이유는 우리들이 하나님의 긍휼하심으로 구원을 받았기 때문입니다.

영국의 스펄전 목사는 "우리 구주 예수 그리스도는 지금도 십자가로 가까이 나아오기를 기다리시며 양 팔을 벌리시고 우리 죄인들을 환영하시고 악한 죄인이면 죄인일수록 주님이 더욱 환영하신다."고 증언했습니다.

사람은 아무리 부드러운 사람이라 할지라도 인내의 한계점이 있으므로 자신에게 악하게 도전하고 해를 끼치는 사람은 멀리하게 되고 인간관계를 끊어버리려고 합니다. 그러나 인간이 아무리 악하고 큰 죄인이라고 할지라도 우리 구주 예수 그리스도에게 오기만 하면 자비하신 하나님은 긍휼을 베풀어 주십니다. 그가 우리 구주 예수 그리스도의 십자가의 보혈을 믿기만 하면 용서해 주십니다. 동이 서에서 먼 것과 같이 우리의 죄를 사하여 주십니다(시 103:12). 구원의 출발은 하나님의 긍휼로부터 오는 것이기 때문입니다.

우리 그리스도인들에게 무엇보다 가장 긴급한 일은 불쌍한 영혼들을 구주에게 데리고 나와 구원받도록 인도해야 하는 것입니다. 그 영혼이 구원을 받을 수 있도록 지속적으로 배려해주며 양육하여야 합니다. 예수 그리스도의 복음으로 초대를 받고 일시적으로는 교회에 나온다고 할지라도 지속적으로 연결을 시켜주지 않으면 중도에 탈락하는 경우가 많습니다. 교회에 한두 번 정도 나온 것으로 구원을 받는 것이 아니므로 새 신자가 교회에 나와서 정착하고 주님의 제자가 되기까지는 끊임없는 시간과 물질도 드려져야 하는 것입니다. 그뿐만 아니라 영적으로 날마다 기도해주고 긍휼을 베풀어야 합니다. 지속적으로 영혼을 불쌍히 여기는 마음을 가져야만 합니다. 긍휼은 구원받지 못한 영혼을 불쌍히 여기고 구원하려는 것을 말합니다.

만약 우리에게 하나님의 긍휼하심이 없다면 우리는 죄 값으로 진작 죽었을지도 모릅니다. 지금 이 순간도 하나님의 긍휼로 살아가기에 모든 사람들에게 긍휼의 마음을 가져야 합니다. 한마디로 긍휼은 측은히 여기는 마음과 행동이 합쳐진 것을 뜻하는 것입니다. 긍휼이란 고통 받는 자들에게 가까이 다가가서 애정과 호의를 베푸는 것을 의미합니다. 우는 자와 함께 우는 것이고, 고난 받는 자들과 고난을 함께 분담하는 것입니다. 긍휼을 베푸는 사람은 자비를 베풀고 보복하려는 마음도 사라지게 하는 것입니다. "악인은 꾸고 갚지 아니하나 의인은 은혜를 베풀고 주는도다"(시 37:21)라고 성경은 말씀합니다. 악인과 의인의 차이점이 이것입니다.

가난한 자에게 대한 도움은 국가도 해결하기가 어려운 것이지만 하나님의 사랑과 은혜와 축복을 많이 받은 우리 그리스도인들이 근검하고 절약하여 나눔을 실천한다면 아름다운 사랑의 공동체를 이루게 될 것입니다. 의인은 은혜를 베풀며 나누어줍니다. 의인이 넉넉하여 주기도 하지만 하나님으로부터 받은 것을 함께 나누는 것이므로 귀한 나눔인 것입니다.

도산 안창호 선생의 어록에 보면 "그대가 이 나라를 사랑하는가? 건전한 인격을 가지라."고 했습니다. 나라의 인물이 없는 것은 건전한 인격자가 없기 때문입니다. 지도자들의 지도력이 약해지는 것은 자신의 분노와 감정을 폭발할 때에 생기게 되고 존경을 받지 못하게 됩니다. 우리 그리스도인들은 언제라도 감정을 억제하면서 긍휼을 베푸는 자세가 중요한 것입니다. 심지어 우리를 괴롭히고 상처를 주는 사람이라고 할지라도 그들을 위하여 긍휼을 베풀어 달라고 기도해야 하지만 물론 쉬운 일은 아닙니다. 그러나 신앙이 돈독하고 성숙되면 성숙될수록 긍휼의 기도가 요구되는 것입니다.

오늘도 하나님의 긍휼하심이 있기에 우리가 생존하고 있는 것입니다. 긍휼이 풍성하신 하나님은 언약의 백성인 이스라엘에게 "내가 너를 내 손바닥에 새겼고"(사 49:16)라고 성경은 말씀합니다. 손바닥에 새겼다는 말씀은 하나님 자신의 마음에 새겨 놓고 항상 그들을 생각하신다는 의미입니다. 예수님 자신도 "내가 긍휼을 원하고 제사를 원하지 아니하노라"(마 9:13) 말씀하십니다. 우리 주 예수 그리스도는 제사나, 희생제물 보다 긍휼을 더 원하십니다. 예배가 얼마나 중요합니까? 예배는 살아계신 하나님을 만나는 것이 아닙니까? 그런데 이보다 더 중요한 것이 긍휼이라는 것입니다. 긍휼이 없는 제사와 예배는 아무 소용이 없는 것입니다.

"또 주린 자에게 네 양식을 나누어 주며 유리하는 빈민을 집에 들이며 헐벗은 자를 보면 입히며"(사 58:7)라고 성경은 말씀합니다. 그것은 먹을 것과 입을 것이 없는 자들에게 먹을 것과 입을 것을 주라는 말씀입니다. 굶주리고 있는 자들은 먹을 것이 없이는 한 시도 살아갈 수 없는 존재들입니다. "긍휼을 베푸는 자는 즐거움으로 할 것이니라"(롬 12:8)고 성경은 말씀합니다. 억지로 한다면 오래가지 못하겠지만 우리 구주 예수 그리스도의 마음인 긍휼을 가진 자는 즐거움으로 긍휼을 베풀 것입니다.

오늘날 이 시대는 살기 좋은 세상이 되었다고는 하지만 기쁨이 메마른 시대가 되었습니다. 그러나 주님 안에서 긍휼을 베푸는 자에게는 기쁨과 즐거움이 있습니다. 이 긍휼을 베푸는 것도 나의 힘으로 하는 것이 아니고 하나님의 은혜로 감당하기 때문인 것입니다. 전능하신 하나님은 무한한 긍휼을 베푸시는 분이시므로 즐거움으로 베푸는 자를 사랑하실 것입니다. 불쌍한 사람을 긍휼히 여긴다는 것은 하나님과 같은 마음으로 사람을 대하는 것을 의미합니다. 하나님의 감정으로 비천한 사람을 대하고 행동으로 나타내는 것을 말합니다. 그리고 우리 자신들이 의무감을 뛰어넘어 자원함으로 봉사한다면 세상에 대하여 그리스도의 사랑을 전달하는 수단이 되기도 합니다.

동시에 더 중요한 것은 영혼구원입니다. 복음을 증언하고 하나님을 알게 하고 우리 구주 예수 그리스도를 영접하게 하는 것입니다. 사실 우리 모두가 나그네 인생이기에 언제라도 주님께서 하늘나라에서 부르시면 가야만 합니다. 살아 숨 쉬고 생존하는 동안에만 선행이 필요하고 영혼구원이 주어질 뿐인 것입니다. 하나님 앞에서는 제 아무리 부자라도 혹은 비참하고 불쌍한 걸인이라도 구원받지 못한 영혼은 아무런 가치가 없는 존재인 것입니다. 누구라도 구원 받지 못하고 세상에서 죽는다면 무슨 소망이 있겠습니까? 긍휼을 베푸는 것은 하나님의 사랑을 전하는 것입니다.

2. 긍휼히 여기는 자의 복 (7절)

1) 긍휼히 여김을 받습니다. (7절)

"그들이 긍휼히 여김을 받을 것임이요"라고 성경은 말씀합니다. 사람이 밥만 먹고 산다면 동물과 다를 바가 하나도 없는 것입니다. 그러나 사람은 사랑을 먹고 사는 존재이기에, 인간은 누구나 하나님의 사랑 받을 존재로 태어난 것입니다. 긍휼의 씨앗을 풍성하게 뿌린 자만이 풍성하게 수확할 수가 있는 것입니다. 하나님은 "자비로운 자에게는 주의 자비로우심을 나타내신다"(시 18:25)고 성경은 말씀합니다.

주님은 "긍휼히 여기는 자는 복이 있나니 그들이 긍휼히 여김을 받을 것임이요"라고 말씀하십니다. 그러므로 우리가 하나님의 무한하신 축복과 긍휼을 받았기 때문에 당연히 긍휼을 베풀어야 하는 것입니다. 그들은 여유가 없기에 대신 갚아줄 수가 없는 것입니다. 우리는 구주 예수 그리스도를 위하여 긍휼을 베푸는 것으로 만족할 뿐입니다. "주는 것이 받는 것보다 복이 있다"(행 20:35)고 성경은 말씀합니다. 그러므로 가난한 자들에게 긍휼을 베푸는 자들은 복이 있는 것입니다.

야고보 사도는 "긍휼을 행하지 아니하는 자에게는 긍휼 없는 심판이 있으리라 긍휼은 심판을 이기고 자랑하느니라"(약 2:13)고 증언합니다. 믿음이나 소망도 중요하지만 긍휼만이 심판을 이길 수 있다고 성경은 말씀하는 것입니다. 우리들이 언제라도 긍휼이 넘치는 사랑을 베풀 수만 있다면 우리 교회와 우리 이웃과 사회는 지금보다 좀 더 밝아질 것입니다.

우리가 긍휼을 베풀면 즉 공급하시는 긍휼을 받게 됩니다(마 5:7). "인자한 자는 자기의 영혼을 이롭게 하고 잔인한 자는 자기의 몸을 해롭게 하느니라"(잠 11:17)고 성경은 말씀합니다. 즉, 남에게 동정과 자비를 나타냄으로써 자신도 기쁨이 넘치고 보람 있는 삶을 살 수 있게 되는 것입니다. 반대로 긍휼이 없는 자는 자신의 몸이 병들고 쇠약해지는 것입니다. 이것은 이기적인 목적으로 자신만을 위하고 욕심에 사로잡혀 사는 사람들이 누리는 욕망과 만족과는 비교도 안 되는 것입니다. "구제를 좋아하는 자는 풍족하여질 것이요 남을 윤택하게 하는 자는 자기도 윤택하여지리라"(잠 11:25)고 성경은 말씀합니다.

내 자신이 윤택해지기를 원한다면 남에게 구제를 많이 하면 할수록 풍족해질 것입니다. 그것이 곧 내가 윤택해지는 비결입니다. 구제도 나에게 주어진 물질이 차고 넘쳐서 하는 것이 아니라 먹을 것과 입을 것을 아끼고 나누는 것입니다. 자신에게는 지독하리만큼 인색하고 근검하면서 더 어려운 자들을 구제합니다.

이들이 받을 복에 대하여 "가난한 자를 불쌍히 여기는 것은 여호와께 꾸어 드리는 것이니 그의 선행을 그에게 갚아 주시리라"(잠 19:17)고 성경은 말씀합니다. 사람에게도 돈을 빌려주면 이자를 받는데 가난하고 의지할 곳 없는 자를 도와주는 것은 하나님께서 풍부하게 갚아주시는 조건이 됩니다. 그러므로 거짓이 없으신 하나님께서 우리에게 보상하실 때는 풍성하게 갚아주실 것입니다. 사람은 다 거짓되되 오직 하나님은 참되시기 때문입니다(롬 3:4). 사람은 거짓말을 하지만 하나님은 거짓말을 하지 아니하십니다. 그 분에게 꾸어주니 그 분이 넉넉하게 베풀지 아니하시겠습니까? "이웃을 업신여기는 자는 죄를 범하는 자요 빈곤한 자를 불쌍히 여기는 자는 복이 있는 자니라"(잠 14:21)고 성경은 말씀합니다.

종교개혁자 요한 칼빈은 "온 세상은 종종 배은망덕해서, 자비를 베푼 자들에게 가장 악한 것으로 되돌려줄 수 있지만 긍휼을 베푼 자들에게는 하늘의 은혜가 쌓인다."고 설명했습니다. 그러므로 긍휼과 자비를 베푸는 자가 복이 있는 것입니다. 주님도 "너희 아버지의 자비로우심 같이 너희도 자비로운 자가 되라"(눅 6:36)고 말씀하십니다. 어렵고 힘들게 살아가는 자들에게 긍휼을 베풀어야만 합니다. 사람들에게 긍휼을 베풀지 아니하는 자들은 하나님으로부터 긍휼하심을 기대할 수 없습니다.

우리들은 모든 것이 자동화 되는 시대를 살아가고 있습니다. 그래서 세상 살기가 편리해졌지만 이 세상 나라는 영원하지 않습니다. 정의로운 세상이 되기보다는 죄로 넘어지고 타락하기가 쉽습니다. 이런 상황에서 우리는 하나님께 은혜를 쌓아두어야 합니다. "주를 두려워하는 자를 위하여 쌓아 두신 은혜 곧 주께 피하는 자를 위하여 인생 앞에 베푸신 은혜가 어찌 그리 큰지요"(시 31:19)라고 성경은 말씀합니다. 다윗은 하나님께 쌓아둔 은혜가 많았는데 그것이 그의 긍휼인 것입니다. 하나님을 두려워하기 때문에 긍휼과 자비를 베풀었던 것입니다. 그러기에 그가 왕이 되면서 받은 분복은 후손들에게 300년 이상 은혜와 복으로 이어졌던 것입니다. 우리도 우리 구주 예수 그리스도의 마음을 가지고 긍휼의 사람들이 될 수 있기를 간절히 소원합니다.

2) 재앙의 날에 건짐을 받게 됩니다.

"가난한 자를 보살피는 자에게 복이 있음이여 재앙의 날에 여호와께서 그를 건지시는도다"(시 41:1)라고 성경은 말씀합니다. 우리가 조금씩만 절약한다면 그들을 도울 수 있습니다. 재앙의 날에 생존한다는 것은 하나님의 은혜요 기적인 것입니다. 그런데 대조적으로 악을 행하는 자에게는 긍휼하심이 없습니다. 하나님은 의인을 귀하게 여기십니다. 의인이 죽어야 할 상황이지만 하나님은 악인을 대치시키십니다. 인간적으로 보면 이해가 안 갈지도 모릅니다. 그러나 하나님은 의인을 휴지처럼 버리시는 분이 아니십니다.

우리 구주 예수 그리스도를 믿고 중생하고 새 사람이 되었습니다. 옛 사람은 죽어지고 새 삶이 시작이 됩니다. 이 사람이 주님을 본받고 긍휼을 베푸는 것은 지극히 당연한 것입니다. 예수를 믿는다고 하면서도 가난한 자에게 무관심 하는 것은 예수님의 마음이 아닌 것입니다. 매몰차게 거절하는 것은 우리 구주 예수 그리스도의 인격이 아닌 것입니다. 그러나 가난한 자에게 긍휼을 베푸는 자는 재앙의 날에 건짐을 받게 됩니다.

만약에 우리에게 긍휼이 없다면 허물이요 죄가 됩니다. 긍휼이란 뒤로 미루는 마음이 아니고 가난한 사람에게는 특별한 애정을 가지는 것입니다. 영국의 스펄전 목사는 말하기를 "가난한 성도는 특히 예수 그리스도의 그림을 항상 넣어두어야 하는 액자 속에 있는 그리스도의 초상"이라고 했습니다. 그러므로 긍휼은 즉각적인 행동으로 옮겨야 합니다. 사실 사람의 마음은 순간만 지나면 생각이 달라지는 것이 사실입니다. 하나님이 나누라고 우리에게 주신 물질을 하나님의 나라 확장을 위하여 선교를 위하여 물질을 사용하면 얼마나 좋습니까? 지금도 선교에 힘쓰고 하나님 나라를 확장하기 위하여 기도와 땀과 눈물과 정성을 다하여 후원하는 교회들이 있기에 선교사가 존재하게 되는 것입니다. 우리에게 주신 돈은 모두가 하나님이 주신 것이므로 가난한 자들에게 함께 나누어 주면 얼마나 보람 있겠습니까?

없는 사람은 하루하루 살아가기가 힘들고 벅찬 시대가 되었습니다. 하루살이 인생이기도 합니다. 돈을 사랑하는 것은 쾌락을 사랑하는 것으로 이어집니다. 긍휼을 베풀지 못하는 이유는 인간이 타락했고(롬 3:13) 교만하고 질투심에 빠져있기 때문입니다. 우리 구주 예수 그리스도가 없는 세상은 긍휼이 없는 세상인 것입니다. 하나님의 긍휼이 이 땅에서 사라진다면 이 세상은 아무런 소망이 없는 것입니다. 그러나 우리 구주 예수 그리스도를 믿고 하나님의 자녀가 된 우리는 그 크신 구원의 은혜를 받았기에 긍휼을 베풀면서 살아야 하는 것입니다.

오네시보로라는 사람은 바울을 로마에서 부지런히 찾아서 만난 자입니다. 그는 로마 감옥에 있는 바울에게 뒷바라지를 많이 한 사람이었기에, 이 봉사에 대하여 바울은 그를 위하여 "주의 긍휼을 입게 하여 주옵소서"(딤후 1:18)라고 기도해 줍니다. 우리가 상대방으로부터 받은 많은 사랑과 봉사가 있습니까? 그렇다면 그 형제자매들을 위하여 '주의 긍휼을 입게 하소서'라고 기도하면 됩니다. 받은 사랑을 다 갚을 수 없을 경우에는 기도보다 더 좋은 것은 없기 때문입니다.

우리에게 주신 건강과 지혜와 지식과 물질을 선하게 사용해야 합니다. 하나님의 긍휼을 베푸는 사람에게는 재앙의 날, 환난과 곤고한 날에 보호하시고, 형통하여 명성이 높아지는 복을 주십니다(시 112:5-9). 또한 재산이 증가되는 복도 주시고(잠 11:25), 범사에 복을 주십니다(신 15:10). 그뿐만 아니라 장수의 복도 주십니다. 마지막으로는 하나님이 갚아주십니다. "가난한 자를 불쌍히 여기는 것은 여호와께 꾸어 드리는 것이니 그의 선행을 그에게 갚아 주시리라"(잠 19:17)고 성경은 말씀합니다.

믿음과 인내의 사람 욥은 "부르짖는 빈민과 도와줄 자 없는 고아를 내가 건졌음이라"(욥 29:12)고 증언합니다. 우리의 모습이 이러해야 하는 것입니다. 우리가 긍휼을 베풀 수 있는 것도 사실은 내가 하는 것이 아니고 모두가 하나님의 은혜가 임하여야 가능한 것입니다. 긍휼은 당대의 복으로 끝나서는 안 되고 우리의 자손들이 이 복을 받게 해야 합니다. "그는 종일토록 은혜를 베풀고 꾸어 주니 그의 자손이 복을 받는도다"(시 37:26)라고 성경은 말씀합니다.

결 론

제임스 보이스 목사는 긍휼에 대하여 "주님은 비참의 거름더미 안에 있는 나에게 찾아오셨다. 그는 나의 비참함에도 불구하고 나를 사랑하셨고, 그는 길을 잃고 헤매고 있는 나를 구원하셨고, 그는 인자하시다. 얼마나 위대하신가?"라고 긍휼을 설명했습니다. 우리 자신들은 하나님의 긍휼을 이미 받았기 때문에 앞으로도 이 긍휼을 받으리라는 확신을 가지고 모든 사람들에게 긍휼을 베풀어야 하는 것입니다. 우리를 죄악 가운데서 구원하신 것은 하나님의 긍휼입니다(딛 3:5). 우리가 저 영원한 천국인 은혜의 보좌에서 주님을 만나게 될 것도 하나님의 긍휼인 것입니다(히 4:16).

그러므로 우리는 이 땅 위에 살면서 구주 예수 그리스도의 긍휼을 베풀며 살아가야 하는 것입니다. 긍휼이란 주 예수 그리스도를 따르는 제자들이 마땅히 가져야 할 자세입니다. 하나님의 마음인 긍휼이 우리 안에 풍성하게 거해야 합니다. 우리가 긍휼을 베풀어야 할 이유는 하나님이 긍휼을 기뻐하시기 때문입니다. 이 긍휼의 마음이 없는 자는 몰인정하고 무자비하고 잔인한 자입니다.

그리고 무엇보다도 예수 그리스도의 십자가의 사랑을 가지고 영혼을 구원하려는 복음의 열정이 불붙어야 합니다. 동시에 눈물과 고난이 많은 세상에서 고난 받고 어려움을 당하는 사람들에게 하나님의 긍휼과 자비를 베풀어야 합니다. 긍휼은 믿음의 가정뿐만 아니라(갈 6:10) 불신자에게까지 모든 사람에게 베풀어야 합니다(마 5:44-48).

긍휼의 능력이 무엇입니까? 긍휼은 심판을 이기고 자랑하기 때문입니다. 마지막 하나님 나라에서 심판을 이기는 것이 긍휼입니다. 심판대 앞에 선다는 것이 얼마나 두렵고 떨리는 일입니까? 진정으로 우리들은 강하고 담대하게 부끄러움이 없이 설 수 있다고 생각하십니까? 긍휼을 베푸는 사람은 심판을 이깁니다. "긍휼을 행하지 아니하는 자에게는 긍휼 없는 심판이 있으리라 긍휼은 심판을 이기고 자랑하느니라"(약 2: 13)고 성경은 말씀합니다.

최후 심판의 날에 우리 구주 예수 그리스도 앞에 설 때에 우리는 긍휼이 필요한 것입니다. 왜냐하면 구주께서 긍휼을 원하시기 때문입니다. 이 긍휼로 인하여 담대하게 설 수 있기 때문입니다. 우리 인간의 타락한 본성은 긍휼을 베풀기가 쉽지 않습니다. 그러나 우리들이 예수를 나의 구주로 믿고 난 이후로는 하나님의 긍휼을 힘입은 자들입니다. 지금도 하나님의 긍휼이 있기에 우리가 존재하는 것을 믿어야 합니다. 그러므로 우리에게 긍휼의 마음이 있다는 것은 하나님의 은혜입니다. 우리의 일상생활에서 긍휼을 베푸는 일들이 일어나시기를 간절히 소원합니다. 우리 자신이 이 세상에서 긍휼을 베풀므로 다시 긍휼을 받게 됩니다. 이미 긍휼을 받은 자이기에 긍휼을 또한 베풀게 되는 것입니다. 이것이 하나님의 택하신 백성의 자세요 의무이기 때문입니다.

주님은 한 영혼이라도 그리스도의 십자가를 바라보고 주님께로 돌아오기를 기다리십니다. 우리들이 한 영혼이라도 그리스도의 사랑과 긍휼의 마음을 품읍시다. 우리 자신의 선량함의 긍휼이 아니라 하나님의 긍휼의 마음을 가지고 기도하며 전도하여 주께로 돌아오는 이 민족과 백성들이 되시기를 우리 주님의 이름으로 간절히 축원합니다.

마음이 청결한 자의 복

[마태복음 5:8]

서 론

전적으로 타락한 인간의 본성은 하나님의 마음을 알 수 없으며 전능하신 하나님을 볼 수가 없습니다. 왜냐하면 죄 성과 악성과 독성으로 가득 찬 인간은 전적으로 부패했기 때문입니다. 사람이 우리 구주 예수 그리스도의 보혈로 거듭나기 전에는 새로운 피조물이 될 수가 없습니다. 이런 허물과 죄 투성이의 인간으로서는 천국을 결코 사모할 수가 없는 것입니다. 그러나 "나 여호와는 심장을 살피며 폐부를 시험하고 각각 그의 행위와 그의 행실대로 보응하나니"(렘 17:10)라고 성경은 말씀합니다.

시인 다윗은 "내가 죄악 중에서 출생하였음이여 어머니가 죄 중에서 나를 잉태하였나이다"(시 51:5)라고 증언하고 있습니다. 우리의 출생부터가 죄인이기에 실수와 허물로 죄인이 된 것이 아니라 죄악 중에 출생하였기에 죄 덩어리인 인생인 것입니다. "전에는 우리도 다 그 가운데서 우리 육체의 욕심을 따라 지내며 육체와 마음의 원하는 것을 하여 다른 이들과 같이 본질상 진노의 자녀이었더니"(엡 2:3)라고 성경은 말씀합니다. 즉 육신의 욕심과 욕망으로 인하여 정욕적인 삶을 살았다는 것입니다.

오늘 본문에 보면 특별히 주님이 말씀하신 산상수훈의 팔복은 모두 마음을 강조하고 있습니다. 인간이 가지고 있는 마음은 여러 가지 종류가 있습니다. 형식주의와 의식주의에 사로잡힌 바리새인들은 마음보다도 겉모양에만 치중했습니다. 예를 들어 잔과 주발의 겉만 관심을 가졌고, 사람에게 보이기 위하여 기도하며 구제하고 자신의 선한 행위를 드러내는데 마음을 쏟았습니다. 이 모든 것들이 사람들에게 보이려는 외식적인 행위에 불과하였던 것입니다. 그러나 주님이 예리하게 보시는 것은 그들의 외형적인 겉모습만 보시는 것이 아니라 저들의 속까지 다 들여다보시는 분이십니다. 왜냐하면 그들의 속에는 탐욕과 악독이 가득하였기 때문입니다.

하나님은 인간의 마음의 생각과 심사와 사상을 모두 아시는 분이십니다. 그 분의 눈에서 숨겨질 것이란 아무것도 없는 것입니다. 그들은 어리석게도 하나님보다는 사람의 눈을 의식하였던 자들입니다. 그러기에 외식이 습관화 된 것이고 그 형식으로 살아가는 것이 너무나도 자연스럽고 익숙하게 되었던 것입니다.

게다가 그들의 마음은 돈을 좋아하고 세속적인 욕망과 악독이 가득했던 것입니다. 어느 누가 돈을 싫어할 사람이 있겠습니까? 그렇지만 이 돈도 주님보다는 차선책이 되어야 합니다. 물론 돈이 없으면 가난하고 초라하여 좀 불편할 뿐입니다. 그러나 우리 그리스도인들은 의식과 형식이 율법화 되어서는 안 된다는 것을 기억해야 합니다. 이런 위선주의자들에게는 마음의 청결함이 없는 것입니다. 그러므로 당연히 살아계신 하나님을 볼 수가 없는 것입니다.

우리 구주 예수 그리스도께서 보시는 관점은 겉으로 나타나는 의식에 있지 않습니다. 오직 마음에 관심을 가지고 계십니다. 우리가 신령한 은혜를 사모하고 살아야 하는데 유혹 받기 쉬운 것이 하나 있습니다. 그것은 하나님 앞에서 청결한 마음이 아니라 사람에게 잘 보이려고 하는 외식인 것입니다. 이 외식이 한 번 마음속에 들어오면 누룩처럼 퍼져서 좀처럼 떠나지 아니합니다. 그런데 신앙에 교만이 들어오고 외식이 섞여 있으면 외식이 중심을 이루게 되는 것입니다.

우리는 기억합시다. 교만과 높은 산은 열매를 맺지 못하는 것입니다. 신앙의 교만은 더 무서운 독버섯입니다. 바리새인들은 돈을 좋아하고 칭찬 듣는 것에 매우 민감합니다. 자신의 영광을 위하여 하나님의 영광을 가로채기도 합니다. 일단 교만하고 외식에 치우치다 보면 이것은 마치 그리스도인 되기를 포기하는 것이나 다름이 없습니다. 성경 지식이 아무리 풍부하다고 할지라도 마음 상태가 하나님과의 올바른 관계를 형성하지 못하면 아무 소용이 없는 것입니다.

예수 그리스도를 믿고 신앙생활 하는데 있어서 가장 중요한 기초부분이 심령의 가난이며 마음의 청결함입니다. 이 기초가 무너지면 그 위에 어떤 교리와 지식을 아무리 쌓아도 무너질 수밖에 없는 것입니다. 기초공사가 부실한 건물 위에 60층, 100층을 올리면 무슨 소용이 있습니까? 오히려 그 건물은 삽시간에 무너지게 됨으로 더 위험하게 될 것입니다. 바로 왕과 같은 강퍅하고 완고한 마음과 교만한 마음이 있습니다. 높아지려는 마음이 어디까지인가 하면 하나님처럼 높아지려고 합니다. 그러기에 바벨탑을 쌓다가 망하게 되는 것입니다(창 11:4-9). 또한 불순종하고 굳어진 마음이 있고, 그런가 하면 비겁한 마음과 두려워 떠는 마음이 있는 것입니다.

오늘 본문에는 여섯 번째 복을 소개합니다. "마음이 청결한 자는 복이 있나니 그들이 하나님을 볼 것임이요"라고 주님은 말씀하십니다. 인간의 마음은 아담의 타락 이후로 불결해졌습니다(롬 1:21). 오늘의 본문을 원문으로 직역하면 "복되도다 마음이 깨끗한 사람들이여! 그들이 하나님을 볼 것이라"입니다.

인류의 조상 아담이 타락하여 모든 사람들이 죄 아래 머물게 되었습니다. 출생하면서부터 원죄를 타고 납니다. 우리 구주 예수 그리스도를 믿지 아니하면 영원히 지옥 형벌을 면할 수가 없습니다. 하나님의 은혜로 우리가 예수를 구주로 믿고 구원을 받았으니 얼마나 귀하고 복된 일입니까?

바울은 "오늘까지 나는 범사에 양심을 따라 하나님을 섬겼노라"(행 23:1)고 증언합니다. 바울은 양심으로도 한 점 부끄러움이 없을 만큼 하나님 앞에서 살았다는 것입니다. 우리 그리스도인들의 모습이 이런 삶이 되었으면 좋겠습니다. 주님은 마음이 깨끗한 자가 전능하신 하나님을 볼 수 있다고 말씀하십니다. 누가 복이 있는 사람입니까? 하나님을 보는 사람입니다.

아담의 후손으로 타락한 인간이 하나님을 본다는 것은 참으로 놀라운 일입니다. 여기서 예수 그리스도께서 강조하신 것이 무엇입니까? 마음이 깨끗한 것 자체보다는 하나님을 볼 것이라는 말씀을 더욱 강조하신 것입니다. 만약에 하나님을 볼 수 없다면 마음이 아무리 결백하다 할지라도 소용이 없기 때문입니다. 주님께서 의도하시는 마음이란 감정의 중심이 아닙니다. "속사람" 전체를 의미합니다(고후 4:16). 즉 마음이란 감정이 아니라 믿음의 근원을 말합니다. 하나님은 인간의 영혼 속을 보십니다. 그러므로 마음이 깨끗하다는 것은 사심이 없는 마음을 가리킵니다.

주님께서 우리에게 요구하시는 마음은 청결한 마음입니다. 인간의 마음은 아침저녁으로 변합니다. 그러나 지금은 얼마나 급속하게 변하는지 초 간격으로 변합니다. 사람에게는 변덕도 있고 기후와 기분에도 영향을 받습니다. 사소한 일이나 적은 염려에도 고통과 자극을 받습니다. 마음에서 부정과 불의 모든 죄악이 나옵니다. 이런 죄악 된 마음들을 성령과 말씀으로 갈아엎어야 하는 것입니다. 부드러운 흙은 비를 흡수하는 것입니다. 우리의 마음의 밭이 부드러워져야 합니다. 모든 불순물들을 제거해야만 합니다. 그래야 깨끗하고 순수한 마음이 되는 것입니다.

1. 청결의 의미

"청결"이란 단어는 헬라어 원어로 〈카다로스 katharos〉입니다. 이 말은 순수하게 물리적 의미에서 시작됩니다. 이 단어는 때가 묻어 더러워진 옷과 대조되는 깨끗한 옷을 비교할 때 사용되는 말입니다. 이것은 한마디로 '흠이 없는 것, 섞여지지 않은 것'을 의미합니다. 이물질이 없는 것을 말합니다. 포도주나 우유에 물을 섞으면 본래의 진 맛을 상실하게 됩니다. 그리고 이 말은 '깨끗한(Clean), 순결한(Pure) 것'을 의미합니다. 즉, 불결하고 더러운 것과 반대되는 것을 말합니다. 종교적인 의미로서 도덕적으로 순결한 것을 의미합니다. 정욕과 쾌락에 사로잡힌 마음으로서는 하나님을 볼 수가 없는 것입니다.

"주를 향하여 이 소망을 가진 자마다 그의 깨끗하심과 같이 자기를 깨끗하게 하느니라"(요일 3:3)고 성경은 말씀합니다. 즉, 우리는 우리 자신을 정결하게 해야만 합니다. 왜냐하면 우리가 먼저 하나님의 의 안에서 정결하게 되는 것이 먼저이기 때문입니다. 그리고 우리 주 예수 그리스도 안에 있는 참된 청결함을 볼 수 있어야 우리 자신들이 청결하게 될 수 있기 때문입니다. 마음이 불결한 자는 하나님을 볼 수 없고 마음이 청결한 자만이 하나님을 볼 수 있습니다.

바울은 "다만 네 고집과 회개하지 아니한 마음을 따라 진노의 날 곧 하나님의 의로우신 심판이 나타나는 그 날에 임할 진노를 네게 쌓는도다"(롬 2:5)라고 증언합니다. 아담의 후손인 우리는 타락한 인간의 본성을 소유하고 있으므로 돌이킬 수 없는 죄의 지배를 받고 있는 것입니다. "만물보다 거짓되고 심히 부패한 것은 마음이라 누가 능히 이를 알리요마는 나 여호와는 심장을 살피신다"(렘 17:9-10)고 성경은 말씀합니다. 이 말씀은 전적으로 타락한 인간의 모습을 그대로 보여주는 것입니다. 인간은 죄로부터 정결하게 되어야 전능하신 하나님을 볼 수가 있는 것입니다.

청결이란 말은 또 다른 의미가 있습니다. 전혀 합금이 되지 않은 순수한 순금을 의미합니다. 그뿐만 아니라 혈통에 있어서도 순수한 피를 의미했습니다.

욥기에서는 무죄함, 혹은 정직함(욥 4:7, 8:6, 11:4, 16:17)으로 증언합니다. 이러한 의인 욥도 고난을 많이 당합니다. 그가 당한 시련을 감당할 사람은 거의 없을 것입니다. 그럼에도 불구하고 그는 이렇게 증언합니다. "그러나 내가 가는 길을 그가 아시나니 그가 나를 단련하신 후에는 내가 순금같이 되어 나오리라"(욥 23:10)고 성경은 말씀합니다. 우리의 믿음은 순금 같은 신앙이 되어야 합니다. 고난을 받기 전에도 믿음이 순수해야 하지만 시련을 겪은 이후에는 더 정결하고 순수한 믿음으로 무장되어야 합니다. 그래야 귀로만 듣던 하나님을 눈으로 뵙게 되는 것입니다. 만물보다 거짓되고 심히 부패한 것은 마음(렘 17:9)이라고 성경은 말씀합니다.

주님은 사람의 마음속에서 나오는 것이 "음란, 도둑질, 살인, 간음, 탐욕, 악독, 사기, 방탕, 질투, 배신, 모독, 교만, 어리석음 같은 것들이라"고 말씀하십니다. 이러한 세상적인 욕망에 사로잡히게 되면 아무리 열심을 품고 주님을 섬긴다고 할지라도 하나님 앞에 바로 설 수가 없는 것입니다. 기도하고 세속적인 쾌락에 빠지면 아무 소용이 없는 것입니다. 이런 일들은 모두가 어둠에 속한 것이고 마귀의 지배를 받는 것입니다. 마귀가 거짓말 하게 하는 이유는, 마귀는 거짓의 아비이기 때문입니다(요 8:44).

화란의 신학자인 리더 보스박사는 말하기를 "마음이 청결한 자란 무죄를 뜻하는 것이 아니고, 진실됨과 동기의 순수함 그리고 내적 순수함 그리고 내적 체험과 외적 행위와의 일관성을 의미한다."고 했습니다. 교만하고 거만한 바리새인들은 완전 성결을 주장합니다. 바리새인은 분리주의자를 말합니다. 자기 자신을 남보다 크게 보고 특별화 시킵니다. 그러기에 그들은 자신들 이외의 모든 사람을 죄인으로 봅니다. 자신들은 죄가 없다고 고백할 뿐만 아니라 죄에 대한 욕망이나 생각조차도 가지지 않는다고 주장합니다. "만일 우리가 죄가 없다고 말하면 스스로 속이고 또 진리가 우리 속에 있지 아니할 것이요"(요일 1:8)라고 성경은 말씀합니다. 인간이 가진 것은 죄 덩어리 밖에 다른 것이 없습니다. 그러므로 죄 성과 악성과 독성을 날마다 죽여야 하는 것입니다.

우리 자신이 거룩해지기 위하여 날마다 하나님의 말씀과 기도로 훈련을 받아야 하는 것입니다(딤전 4:5). 경건의 형식이 아니라 경건의 능력을 소유해야 합니다. 인간의 작은 욕망이 점점 커지면 욕망의 세계에서 벗어나기가 어려운 것입니다. 그러므로 자신도 모르게 청결한 마음과 정직한 영을 상실하게 되는 것입니다. 어떻게 인간이 죄를 떠나서 살 수 있는 존재가 됩니까? 죄 속에서 출생하고 죄와 더불어 살아가면서 죄와 한평생 투쟁하면서 살아가는 것이 인간입니다. 한마디로 인간은 죄 덩어리인 것입니다. 죄에 넘어지고 율법을 전혀 지킬 수 없는 존재이기에 죄의 지배를 받고 있는 것입니다.

전적으로 타락한 인간은 하나님을 떠나서는 살 수가 없는 존재입니다. 우리는 연약하고 무기력하고 무능력한 존재들입니다. 하나님의 은혜가 아니면 단 1분도 서 있을 수가 없습니다. 믿음의 조상 아브라함도 본의 아니게 거짓말 했고, 하나님의 특별한 은혜를 입었던 의인 노아 자신도 포도주에 취하는 허물과 실수가 있었습니다. 아나니아와 삽비라 부부는 물질의 욕망 때문에 사도들을 속이려고 하였지만 그것은 사람에게 거짓말 한 것이 아니라 성령을 속이고 하나님을 속였기 때문에 죽게 된 것입니다. 물질의 일부를 감춤으로 인하여 사탄이 네 마음에 가득하다고 베드로 사도에게 책망을 받았던 것입니다. 바울 자신도 선을 행하기 원하지만 죄의 법을 섬김으로 자신의 곤고함을 호소했던 것입니다(롬 7:22-23).

아무리 경건하게 산다고 할지라도 늘 마음속에 찾아오는 유혹과 죄의 뿌리를 근본적으로 해결하는 것은 아닙니다. 즉 마음이 청결한 자란 자신의 죄를 늘 고백하고 인정함으로 내적인 죄로부터 깨끗하여진 자를 말합니다. 이 마음은 하나님과 사람을 진실하게 대하는 마음이기도 합니다. 또한 불결과 더러움이 없고 부도덕한 것에 치우치지 아니하는 것을 말합니다. "모든 지킬 만한 것 중에 더욱 네 마음을 지키라 생명의 근원이 이에서 남이니라"(잠 4:23)고 성경은 말씀합니다. 우리가 지켜야 할 것이 많지만 그 중에 무엇보다도 마음을 지키는 것이 가장 중요한 것입니다. 아버지의 마음이 흔들리고 무너지면 가정도 무너지게 됩니다. 목회자의 마음이 무너지면 교회도 붕괴되는 것입니다. 마음이 날마다 흔들린다면 어떻게 되겠습니까? 일시적으로는 흔들림이 있을 수 있습니다.

예수를 나의 구주로 믿는 자는 자기의 의를 자랑해서는 안 됩니다. 이것을 자랑하는 것은 은혜의 교만에 빠지게 되는 것입니다. 우리 자신을 남보다 조금 더 낫다고 평가하지 말 것은 하나님만이 우리를 판단하시기 때문입니다. 《그리스도인의 전신갑주》의 저자인 청교도 윌리엄 거널 목사는 "은혜의 교만이란 은혜의 값어치를 의지하는 것이다. 곧 은혜의 값어치를 의지함으로 하나님이 자신을 받아 주신다고 여기는 것이라"고 설명했습니다. 우리는 참으로 두렵고 떨리는 심정으로 마음의 청결을 유지해야 할 것입니다. 우리가 매 순간 하나님만을 의지하면서 순수하고 청결하게 살기를 원하는 자들은 자신이 깨끗해지는 증거입니다.

마음이 청결하다는 것은 사고와 행동의 동기와 기준이 순결하다는 것을 의미합니다. 외부적으로 나타나는 행동에도 힘쓸 뿐만 아니라 마음 자체가 세속에 물들지 않도록 항상 살피고 거룩하기를 애쓰는 것을 의미합니다. 마치 포도주가 순수하고 이물질이 섞여 있지 않아야 하는 것처럼 마음이 육신의 정욕으로 오염되거나 더럽혀지지 않는 것을 말합니다.

이것이 어떻게 가능합니까? 우리의 마음과 육신이 아무리 죄로 얼룩졌다고 할지라도 우리 구주 예수 그리스도의 피로 씻음 받은 자는 청결한 마음을 소유하게 되는 것입니다. 인간적으로 선하고 깨끗하다는 것을 강조하는 것이 아닙니다. 주님의 보혈의 능력으로 정결하게 되는 것입니다. 우리 구주 예수 그리스도의 피와 관계가 없는 자들은 인간의 욕심이 마음속에 들어오기 시작하면 그 마음은 순결을 유지할 수가 없는 것입니다.

주님의 제자 가룟 유다는 명석하고 두뇌가 좋은 제자입니다. 그러나 그의 눈에는 주님보다는 은화가 더 좋았던 것입니다. 주님도 따르고 돈도 소유하고 싶었기에 은 삼십에 주님을 로마 군인들에게 팔아버리고 말았던 것입니다. 그는 주님을 삼 년이나 따라 다녔지만 외식하는 자로 추종한 것뿐입니다. 우리는 물질이 아무리 필요하다고 할지라도 더러운 이익을(딛 1:11) 과감하게 거부해야 할 것입니다.

다윗은 삽십 세에 왕이 됩니다. 그리고 사십 년을 통치하는데 하나님 앞에서 하지 말아야 할 죄를 범합니다. 간음죄와 살인죄를 범합니다. 인간적으로 보면 권력을 행사하는 사람으로서 얼마든지 있을 수 있는 일이기도 합니다. 그러나 그는 하나님 앞에 죄를 지었다고 고백하고 철저하게 회개합니다. 그러기에 시인 다윗은 "하나님이여 내 속에 정한 마음을 창조하시고 내 안에 정직한 영을 새롭게 하소서"(시 51:10)라고 죄 고백의 기도를 드린 것입니다.

회개하고 난 뒤에 정한 마음을 소유한 것이 얼마나 귀하고 복된 일입니까? 이것을 하나님은 기뻐하신 것입니다. 하나님이 구하시는 것은 제사보다도 상한 심령인 것을 알았습니다. 상하고 통회하는 마음을 주께서 멸시하지 아니하심을 깨달았던 것입니다(시 51:16-17). 그러므로 하나님은 '내 종 다윗'이라고 말씀하십니다. 성경에 보면 내 종 다윗이라는 말씀이 많이 나옵니다. 하나님은 그를 통하여 하나님의 구원역사를 이루셨던 것입니다.

세상에서 뇌물 횡령으로 심문을 받게 되면 결판이 나기도 전에 목숨을 끊어버리는 사례가 얼마나 많습니까? 인간의 자존심 때문에 생명을 포기하는 일들이 너무나도 많습니다. 그러나 기독교는 생명의 종교입니다. 아무리 큰 죄악을 범하였다 할지라도 우리 주 예수 그리스도의 피로 용서 받을 수가 있는 것입니다. 죄 사함 받은 영혼은 기뻐 뛰며 찬송합니다. "우리가 마음에 뿌림을 받아 악한 양심으로부터 벗어나고 몸은 맑은 물로 씻음을 받았으니 참 마음과 온전한 믿음으로 하나님께 나아가자"(히 10:22)라고 성경은 말씀합니다. 우리 죄인들이 악한 양심으로부터 자유를 얻는다는 것이 얼마나 놀라운 은혜입니까? 이것이 하나님의 사랑입니다. 십자가에서 우리 구주 예수 그리스도는 완전한 사랑을 보여주신 것입니다. 우리 주변에 어떤 흉악한 죄인이라고 할지라도 주님 앞으로 나와야만 합니다. 그리고 그 분에게 모든 죄를 고백하고 죄 사함을 받으면 정결함을 입게 되는 것입니다. 그러므로 우리 주 예수 그리스도보다 더 귀한 것은 없는 것입니다. 아무리 세상의 부귀영화와 명예가 좋다고 하더라도 우리 주님과는 바꿀 수가 없는 것입니다. 변화 받은 영혼 그리고 마음이 정결하여 하나님을 볼 수 있는 사람은 얼마나 행복합니까? 인간은 겉모양 겉모습만 보지만 하나님은 인간의 마음 깊은 곳을 살피시기 때문입니다.

시인 다윗은 "여호와의 산에 오를 자가 누구며 그의 거룩한 곳에 설 자가 누구인가 곧 손이 깨끗하며 마음이 청결하며"(시 24:3-4)라고 증언합니다. 이 말씀은 단순한 도덕적인 정결이 아닙니다. 이 정결은 마음의 청결이요 내적인 정결입니다. 하나님은 사람의 중심을 보시는데, 이것은 인간의 지성이나 양심과 감정과 의지를 다 포함하는 것을 의미합니다.

영국의 스펄전 목사는 마음이 청결한 자들에 대하여 이렇게 질문합니다. "여러분은 옛 성품에 대하여 어떻게 생각하십니까?" 여러분이 계속 짊어지고 다니는 무거운 짐이 아닙니까? 여러분의 마음의 전염병이 하늘나라에서 가장 나쁜 역병이 아닙니까? 사람은 가만히 놔두면 언제나 죄로 기울어지는 성향 자체가 있습니다. 죄를 지으려는 소원이 인간에게 있는 것입니다. 이것은 우리 자신에게 끊임없는 슬픈 근심거리라고 느끼지 않습니까? 그리고 만일 여러분이 그것을 전적으로 제거할 수만 있다면 이 땅에서 여러분의 하늘이 시작될 거라고 느끼지 않습니까? 그처럼 거듭남의 교리를 아는 사람들은 마음이 청결한 자라고 했습니다. "믿음으로 그들의 마음을 깨끗이 하신다"(행 15:9)고 성경은 말씀합니다. 이 정결은 믿음에서 나오고 사랑에서 열매를 맺는 것입니다.

사도 바울은 믿음의 아들 디모데의 믿음을 "거짓 없는 믿음"이라고 칭찬합니다. 이 정결은 모든 위선과 허식에 반대되는 것을 말합니다. 더 나아가 세상적인 정욕과 탐욕으로부터 벗어나는 것입니다. 사도 바울은 젊은 목회자 디모데에게 "또한 너는 청년의 정욕을 피하고 주를 깨끗한 마음으로 부르는 자들과 함께 의와 믿음과 사랑과 화평을 따르라"(딤후 2:22)고 권면합니다. 청년의 때에는 유혹이 많기 때문에 정욕으로 더러워지기 쉽고 청년의 정욕은 노년에까지 이르게 될 수 있습니다. 젊은 시절의 욕망을 절제하지 못하다가 노년이 되어서 후회하는 자들이 있습니다. 어떤 사람은 젊어서는 청년의 유혹을 잘 극복하다가 노년에 가서 실수하고 자신을 통제하지 못하여 범죄하는 경우도 종종 보게 됩니다. 말년에 있어서는 안 될 부끄러움을 당하게 된 것입니다.

우리 인간은 하나님의 은혜로 붙들림을 받고 살 때만이 마음의 청결을 유지할 수 있는 것입니다. 하나님의 은혜에서 벗어나는 순간부터 예수를 믿는 것 같지만 믿는 것처럼 보일 뿐인 것입니다. 그러므로 육신의 정욕을 날마다 십자가에 못 박아야 하는 것입니다. 인간의 욕망을 우리 구주 십자가의 보혈로 정결함을 받고 날마다 자신을 쳐서 복종시켜야 합니다. 욕망의 노예가 되어 살면 유대의 분봉왕 헤롯처럼 욕망의 벌레에 먹혀 비참하게 죽게 되는 것입니다. 정욕은 정면으로 맞서서 대항하는 것이 아닙니다. 청년의 정욕을 피해야 하는 것입니다. 이것만큼은 대결해서 되는 것이 아니라 피해야 하는 것입니다. 청년 요셉이 보디발 장군의 아내가 동침하자고 유혹할 때에 뿌리치고 나갔기 때문에 몸을 더럽히지 않을 수 있었던 것입니다.

사람의 제일 되는 목적이 하나님을 영화롭게 하는 것입니다. 청결한 마음을 가진 자가 세상 욕심보다는 하늘의 것을 더 좋아하고 신령한 것을 더 사모하는 것입니다. 두 마음을 품은 자들은 하나님 나라의 일을 할 수가 없는 것입니다. 천국의 일들은 두 마음으로 일하는 자들에게는 숨겨지는 것입니다. 간교하고 교활한 자들은 마음의 정결을 유지할 수가 없으므로 회개하려고 하지 않습니다. 음모와 술수와 악을 행하는 사특한 자들은 하나님 나라에 들어갈 수가 없습니다. 그러므로 마음이 청결한 자는 복이 있는 자인 것입니다.

청교도 매튜 헨리 목사는 참된 신앙은 마음이 청결한 데 있다고 강조합니다. 또한 마음속이 청결한 자는 정결하고 더러움이 없는 경건의 (약 1:27) 능력 아래 있음을 스스로 보이는 법이라고 해석했습니다. 그러므로 인간 속에 있는 마음의 악은 씻어버려야만 합니다. 하나님은 예레미야 선지자를 통하여 말씀하시기를 "예루살렘아 네 마음의 악을 씻어 버리라 그리하면 구원을 얻으리라 네 악한 생각이 네 속에 얼마나 오래 머물겠느냐"(렘 4:14)라고 성경은 말씀합니다.

우리들이 가지고 있는 마음의 악이 있다면 즉시 씻어 버려야 합니다. 왜냐하면 악하고 복수심의 생각을 가지고 있는 동안에는 하나님을 볼 수가 없기 때문입니다. 또한 마음이 청결한 자는 마음에 뿌림을 받아 양심의 악을 깨닫는 자를 의미합니다. "우리가 마음에 뿌림을 받아 악한 양심으로부터 벗어나고 몸은 맑은 물로 씻음을 받았으니 참 마음과 온전한 믿음으로 하나님께 나아가자"(히 10:22)라고 성경은 말씀합니다.

영국의 유명한 강해설교자 아더 핑크 목사는 청결한 마음이란 "거룩의 아름다움에 관심을 가지면서 그 속에 청결한 대상을 모시고 있는 마음이다. 그것은 그 속에 주님에 대한 두려움이 심어져 있고 하나님께 대한 사랑이 가득 차 있는 마음이다. 그러므로 그것은 하나님이 미워하는 것을 미워하며, 하나님이 사랑하는 것을 사랑하는 마음이다. 마음이 청결하면 청결 할수록 마음속에 있는 더러움을 더욱 더 잘 깨닫게 된다."고 설명했습니다. 현세에서 거룩함은 완전히 이루어지지 않으나 내세에서는 완성 됩니다. 그러므로 깨끗한 손과 청결한 마음으로 하나님께 가까이 나아가야 하는 것입니다. 우리의 마음이 믿음으로 정결하게 되어 우리 주 예수 그리스도의 정결한 처녀로 드려져야 하는 것입니다(고후 11:2).

2. 마음이 청결한 자의 복이 무엇입니까? (8절)

"그들이 하나님을 볼 것임이요"라고 성경은 말씀합니다.

하나님은 모세에게 "나를 보고 살 자가 없음이니라"(출 33:20)고 말씀하시고 "내 영광이 지나갈 때에 내가 너를 반석 틈에 두고 내가 지나도록 내 손으로 너를 덮었다가 손을 거두리니 네가 내 등을 볼 것이요 얼굴은 보지 못하리라"(출 33:20, 22-23)고 했습니다. 하나님의 얼굴을 볼 수가 없고 등을 본다는 것입니다.

우리가 정오의 작열하는 태양을 눈으로 보면 눈이 부십니다. 도저히 햇빛을 볼 수 없습니다. 태양의 본질이 빛이고 우리는 태양도 볼 수 없는데 하나님을 본다면 아마 죽게 될 것입니다. 이 말씀의 의미는 무엇입니까? 하나님을 인간의 눈으로는 볼 수가 없고 하나님을 본다는 것은 하나님을 알게 된다는 것입니다.

"본다"라는 단어는 헬라어로 〈호라오 horao〉입니다. '마음으로 보고 인지하고 알고 이해한다'는 뜻입니다. 즉 하나님을 경험하는 것을 의미합니다. 마음이 깨끗한 자가 받는 복은 하나님을 보는 것인데, 하나님의 종 모세도 하나님을 정면으로 볼 수가 없었던 것입니다. 그런데 마음이 깨끗한 사람은 하나님을 만날 수 있다는 것입니다. 하나님을 본다는 것은 그 분과 영적으로 친밀해지고 교통하고 교제하는 것을 의미합니다.

하나님 앞에 마음이 깨끗한 자는 창조주 하나님과 우리 인간의 중보자이시며 구속자이신 우리 구주 예수 그리스도를 알게 되는 것입니다. 우리에게 있어서 이보다 더 큰 복이 어디 있겠습니까? 사람이 하나님을 보는 것은 경험할 수 있는 것 중에서 가장 큰 복이며 기적 중에 기적인 것입니다. 그러므로 하나님을 보는 것은 신앙생활에 있어서 최고의 행복이며 완성인 것입니다.

그러나 그리스도인들의 마음의 청결은 현세에서는 부분적으로 이루어집니다. 오직 내세에서 이루어지게 됩니다. 우리가 하나님의 얼굴을 보는 것은 천국에서 이루어집니다. "우리가 지금은 거울로 보는 것 같이 희미하나 그 때에는 얼굴과 얼굴을 대하여 볼 것이요"(고전 13:12)라고 성경은 말씀합니다. 그 당시의 거울은 동으로 만든 거울이어서 얼굴이 희미하게 보였습니다. 그러나 천국에서는 우리 구주 예수 그리스도의 얼굴을 바로 볼 수 있게 될 것입니다. "우리가 다 수건을 벗은 얼굴로 거울을 보는 것 같이 주의 영광을 본다"(고후 3:18)고 성경은 말씀합니다. 썩어지고 죽을 인생이 예수를 나의 구주로 믿으면 주님과 같은 형상으로 변하여 영광으로 영광에 이르게 된다고 말씀합니다. 즉 끊임없는 하나님과의 영적 교제는 죄가 없는 상태에 이르게 되는 것입니다.

하나님을 본다는 것은 하나님께 가까이 나아가 그 분과 영적으로 지속적으로 교통하고 교제하는 것을 의미하는 것입니다. 죄악이 인간과 하나님 사이를 분리시키는 것입니다. "오직 너희 죄악이 너희와 너희 하나님 사이를 갈라놓았고 너희 죄가 그의 얼굴을 가리어서 너희에게서 듣지 않으시게 함이니라"(사 59:2)고 성경은 말씀합니다. 거룩하신 하나님은 죄 때문에 듣지 아니하시는 것입니다. 그러므로 육신의 정욕과 안목의 정욕과 이생의 자랑으로는 하나님과 교제할 수가 없는 것입니다.

또한 하나님을 보는 것은 하나님으로 기뻐하고 즐거워하는 것을 의미합니다. "내가 여호와께 아뢰되 주는 나의 주님이시오니 주 밖에는 나의 복이 없다 하였나이다"(시 16:2)라고 성경은 말씀합니다. 이 세상에서 소유할 것들이 많이 있지만 오직 주님만이 나의 복이 되십니다. 이렇게 고백하는 자가 얼마나 멋있고 아름다운 신앙입니까? 오직 우리 구주 예수 그리스도만이 나의 주인이 되어 주시기를 소원합니다. 청결한 마음은 깨끗한 마음을 의미하는데, 원문의 뜻은 마음 안에 청결한 자는 복이 있다는 것입니다. 구주 예수 그리스도께서 말씀하시는 청결은 내적인 것입니다.

구약의 전통적인 의식으로서의 정결이 아닙니다. 성전 안에 들어갈 때에 손을 씻고 시체를 만지는 사람은 칠십일 동안 부정했습니다(민 19:11-13). 대속죄일에는 대제사장이 몸 전체를 깨끗한 물로 다섯 번 씻었고 손과 발은 열 번 씻어야 했습니다. 정결하게 하는 예식이 얼마나 힘들고 어렵습니까? 그러나 우리 구주 예수 그리스도는 의식적인 정결을 강조하시는 것이 아닙니다. 우리 마음 안에 있는 모든 죄를 몰아내고 죄에 오염된 것도 구주 예수 그리스도의 보혈로 씻음 받고 언제라도 하나님을 바라볼 수 있는 청결한 마음을 요구하시는 것입니다. 사람이 온유하고 겸손하지 못하면 교만하게 됩니다. "사람의 마음의 교만은 멸망의 선봉이요 겸손은 존귀의 길잡이니라"(잠 18:12)고 성경은 말씀합니다. 교만하고 거만한 사람이 어떻게 청결한 마음을 소유할 수 있겠습니까? 그것은 참으로 불가능한 것입니다.

1961년 당시에는 소련, 현재는 러시아의 우주인 유리 가가린이 인류

최초의 우주 비행을 성공적으로 마쳤습니다. 108분 동안 우주 비행성공을 한 사람입니다. 그는 말하기를 이 우주를 여행하여 보았지만 하나님은 전혀 보이지 아니하며 천국도 없다고 여러 학교에 다니면서 강연을 했습니다. 어느 날 초등학교의 순진한 소녀가 "당신은 하나님을 볼 만큼 마음이 순수하고 깨끗합니까?"라고 질문을 하자 아무 대답도 못했다는 것입니다.

마음이 정결하지 못한 자는 교회에서나 그 어떤 우주 공간에서도 하나님을 볼 수가 없는 것입니다. 그러나 마음이 청결한 자는 교회에서 예배할 때나 말씀을 신음하면서 묵상하게 될 때에 살아계신 하나님을 만나게 되는 것입니다. 과거의 모든 죄를 슬퍼하고 애통한 사람은 예수 그리스도의 보배로운 피로 정결함을 받은 사람입니다. 과거의 부끄러운 죄와 현재의 죄와 미래의 죄까지 우리 구주 예수 그리스도께서 모두 용서하신 것입니다. 그러므로 죄악 벗은 영혼은 기뻐하고 뛰고 즐거워하는 것입니다. 왜냐하면 예수 그리스도의 보혈로 깨끗해졌기 때문입니다. 자신의 죄가 사함 받았다는 것을 우리 주님 안에서 보는 것입니다.

여호와께서는 성결을 사랑하십니다(말 2:11). 성결하지 못한 자는 악을 행할 수밖에 없습니다. 그리고 마음에 분노로 가득 차고 악의와 시기로 충만한 자가 어떻게 정결하게 될 수가 있습니까? 악을 토하고 쏟아내지만 않아도 다행입니다. 교회에 성실하게 출석하고 성경 읽고 습관적으로 기도하는 자를 종교인이라고 할 수는 있겠습니다. 그러나 우리 구주 예수 그리스도의 예리한 눈으로 관찰하실 때에 우리의 생각과 마음이 하나님의 뜻에 맞지 아니한다면 청결한 자는 될 수가 없는 것입니다. 자신도 영적인 눈이 어둡고 남들도 육신의 눈은 크게 떴지만 신령한 것을 전혀 볼 수 없게 된 것입니다. 왜 이렇게 된 것입니까? 변화되지 아니하고 변질되었기 때문에 정결하게 될 수 없고 청결한 마음을 소유할 수 없는 것입니다. "너희 마음에 그리스도를 주로 삼아 거룩하게 하고"(벧전 3:15)라고 성경은 말씀합니다.

청결한 마음은 구주 예수 그리스도를 모시는 거룩한 마음인 것입니다. 마음은 사람의 존재와 인격의 중심이고, 지성과 의지와 감정을 모두 포함한 것입니다. 그러므로 마음은 전인격적인 것을 의미합니다. 주님이 항상 강조하시는 것은 마음입니다. 그런데 대조적으로 사탄의 지배를 받는 나쁜 생각은 사람의 마음속에서 악한 것들만이 나옵니다. 음란, 음욕, 도둑질, 살인, 탐욕, 악독과 시기, 방탕과 질투와 배신, 교만과 어리석음과 하나님을 도전하는 신성모독 등입니다. 이러한 마음을 가지고는 절대로 하나님을 볼 수가 없는 것입니다. 마음이 깨끗할 때에만 하나님을 볼 수가 있는 것입니다. 그렇다고 우리 육신의 눈으로 볼 수는 없습니다. 영적인 눈으로 하나님이 살아계신 존재와 능력을 보고 믿게 되는 것입니다.

그러므로 마음의 청결이란 정화되고 흠이 없는 것을 의미합니다. 이것은 자기 자신을 위하여 사는 것이 아니고 우리 인생 자체를 하나님의 영광을 위하여 사는 것입니다. "그런즉 너희가 먹든지 마시든지 무엇을 하든지 다 하나님의 영광을 위하여 하라"(고전 10:31)고 성경은 말씀합니다. 이것이 우리 그리스도인의 최고 목적과 목표가 되어야 하는 것입니다.

우리 가운데 두 마음이 섞여 있으면 안 됩니다. 빛과 어둠이 함께 공존할 수 없는 것처럼 우리는 빛 가운데서 살아야 하는 것입니다. 주님의 마음과 세속적인 마음을 혼합할 수가 없는 것입니다. 하나님은 하늘 위에 계시는 분이시고 초월자시요 영원 자존자이십니다. 미국 뉴욕의 엠파이어스테이트 130층 빌딩에서 아래를 내려다보았는데 사람들과 자동차가 너무나도 작게 보였습니다. 인간이 이 세상의 모든 지식을 다 습득하고 지혜와 지식이 부족함 없이 구비했다고 하더라도 하나님을 볼 수가 없는 것입니다. 여기에 인간의 한계점이 있는 것입니다. 사람은 영적으로 순수하고 정결하고 깨끗하지 아니하면 전능하신 하나님 창조주 하나님을 절대로 볼 수가 없는 것입니다. 하나님과 사람 앞에 깨끗한 마음을 소유합시다.

옛날이나 오늘날에도 위선자와 형식주의자와 간교한 자는 결코 하나님을 볼 수 없습니다. 예수님 당시의 바리새인들은 위선자입니다. 이들은 지독하게 자신들이 거룩하다고 하는 위선의 가면을 쓴 자들입니다. 가면의 껍질을 벗기지 아니하고 사람들 앞에 거룩한 행동을 드러냅니다. 그들은 본다고 하지만 주님을 바로 보지를 못하는 한마디로 영적 눈 먼 자들입니다. 차라리 처음부터 보지 못한다면 볼 수 있었을지도 모릅니다. 그러나 그들은 예수 그리스도에 대하여 무지합니다. 진리가 그 속에 없기 때문에 예수를 구주로 구세주로 믿지 못하는 것입니다. 그러기에 하나님과 자신을 볼 수 없는 것입니다. 형식주의자는 겉은 보아도 속은 볼 수 없습니다. 간교한 자는 하나님의 은혜를 받고도 진실하지 못하므로 하나님 나라를 볼 수가 없는 것입니다.

그러면 누가 하나님을 볼 수 있습니까? 마음이 청결한 자는 자연계에서 하나님을 볼 수 있습니다. 마음이 청결한 사람은 성경에서 하나님을 볼 수 있는 것입니다. 마음이 청결한 자는 어떤 슬픔 중에서도 행복으로 위로하여 주시는 하나님의 손을 볼 것입니다. 그가 드리는 찬송 중에서 하나님을 만나게 될 것입니다. 아침 햇살이나 추수한 곡식들에서 그리고 저녁노을에서 하나님의 미소를 볼 것입니다.

마음이 청결한 사람은 무의식중에도 스스로 영적인 세계를 기다리며 더 큰 하늘의 은사를 사모하게 됩니다. 사도 요한은 사랑하는 형제들에게 "그가 나타내심이 되면 우리가 그와 같은 줄을 아는 것은 그의 계신 그대로 볼 것이기 때문이라"(요일 3:2)고 증언합니다. 그리고 "다시 저주가 없으며 하나님의 얼굴을 볼 것이라"(계 22:4)고 성경은 말씀합니다. 하나님을 볼 수 있는 자의 특권은 마음이 청결한 자에게만 약속되어 있는 것입니다. 청결한 자가 아니고서는 하나님을 절대로 볼 수 없는 것입니다. 하나님의 은혜는 천국을 사모하고 하나님 뵙기를 간절히 앙망하는 자들에게 함께할 것입니다.

시인은 "일심으로 주의 이름을 경외하게 하소서"(시 86:11)라고 증언합니다. 즉, 한 마음으로 전인격으로 하나님을 경외하는 마음이 청결한 마음인 것입니다. 마음이 청결한 자는 천국의 지복(至福)인 하나님을 볼 것입니다. 하나님의 거룩함 앞에서는 어떤 거짓도 숨겨질 수가 없는 것입니다. 청결한 마음을 가진 자만이 하나님 나라에서 하나님을 볼 수 있는 것입니다. 하나님을 보게 되는 것은 구약에서는 하나님의 임재를 체험하는 것을 의미했습니다. 욥은 고난을 통하여 하나님을 만난 사람입니다. "내가 주께 대하여 귀로 듣기만 하였사오나 이제는 눈으로 주를 뵈옵나이다"(욥 42:5)라고 성경은 말씀합니다. 시련을 통하여 가장 낮아지는 자리에 처하게 될 때에 하나님을 볼 수 있었습니다.

마음의 청결을 사모하는 자는 사람의 눈을 의식하지 아니합니다. '하나님이 나를 어떻게 보시느냐?' 이것을 더 우선순위로 보는 것입니다. 우리 자신들도 이런 고백을 할 수 있기를 간절히 소원합니다. 하나님의 임재는 그리스도인이 경험하는 모든 체험, 즉 평안, 기쁨, 도움, 힘, 보호, 친밀함을 의미하는 것입니다. 마음이 청결한 자는 이런 체험을 맛보게 된다는 것입니다.

시인 다윗은 "여호와는 의로우사 의로운 일을 좋아하시나니 정직한 자는 그의 얼굴을 뵈오리로다"(시 11:7)라고 했고, "나는 의로운 중에 주의 얼굴을 뵈오리니 깰 때에 주의 형상으로 만족하리이다"(시 17:15)

라고 증언합니다. 우리가 구주 예수 그리스도께서 원하시는 청결한 마음을 유지하려면 자신의 정욕과 욕심과 이기심을 날마다 죽어야만 합니다. 내가 죽고 구주 예수 그리스도께서 내 안에 날마다 사시도록 해야 합니다. 이 길 밖에는 다른 방법이 없는 것입니다.

우리의 눈으로 보고 듣는 것들이 안목의 정욕과 세상적이고 세속적인 것들이 많습니다. 하나님의 말씀에 귀를 대고 듣고 읽어야 합니다. 하나님의 영광을 날마다 찬양하면서 영적으로 새 힘을 얻어야 합니다. 첫 숟갈에 배부를 수가 없듯이 한 번, 한 순간으로 청결이 이루어지는 것이 아니라 지속적으로 청결해지는 것입니다. 왜냐하면 우리는 아담의 후손으로 타락한 존재들이기 때문입니다. 인간의 심성이 선하고 착하다고 하여 하나님께 가까이 갈 수 있다고 생각하는 것은 인간의 교만입니다. 우리는 언제라도 내 힘으로는 하나님을 가까이 할 수가 없습니다. 오직 하나님이 은혜를 주심으로 하나님께 조금씩 더 가까이 갈 수 있는 것입니다. 비록 우리가 율법적으로는 완벽하지 못하지만 하나님이 받으실 정도로 두 마음을 품지 아니하는 자는 복된 자입니다. 전적으로 타락한 죄인들의 눈으로는 하나님을 알 수도 없고 볼 수도 없지만 우리 구주 예수 그리스도의 십자가의 보혈로 죄 사함을 받은 자는 내세에서 우리 주님의 얼굴을 보게 될 것입니다.

오늘날 현대인들은 안타깝고 슬프게도 자신들은 살아있다고 주장하지만 하나님을 잊어 버렸습니다. 하나님 없이도 살 수 있다고 큰 소리를 치지만 물고기가 물을 떠나서는 잠시도 살 수 없는 것처럼, 하나님의 은혜가 아니면 인간은 잠시도 살 수 없는 것입니다. 인간의 교만이 목구멍까지 올라왔고 머리까지 닿으려고 합니다.

어찌하면 좋습니까? 교만하고 우쭐거리는 마음을 내려놓고 더 낮아져야 합니다. 가슴을 치고 통곡하며 회개하고 애통과 통곡하는 회개가 거듭되어야 영적인 눈을 뜰 수가 있습니다. 우리 구주 예수 그리스도의 피로 죄 용서함을 받고 나면 그 마음은 정결해집니다. 정결해진 마음이 청결한 마음입니다. 그 마음으로 영적인 눈을 가지고 전능하신 하나님을 볼 수 있을 것입니다. "그가 나타나시면 우리가 그와 같을 줄을 아는 것은 그의 참모습 그대로 볼 것이기 때문이라"(요일 3:2)고 성경은 말씀합니다. '우리의 일생이 하나님 앞에서 청결한 마음으로 살게 하소서!'라고 기도하며 살아봅시다.

결 론

우리가 예수를 구주로 믿는 그 순간부터 하나님은 우리를 정결하게 해 주십니다. 우리가 죽어 천국에 들어가는 그 날에는 모든 악을 제거해 주실 것입니다. 현세에서는 우리 육신의 눈으로는 하나님을 볼 수 없습니다. 왜냐하면 하나님은 우리 인간처럼 형체가 있는 분이 아니시기 때문입니다. 하나님을 본다는 것은 하나님을 완전하게 알게 된다는 말씀입니다. 그리고 하나님과 영적으로 친밀해지는 사랑의 관계를 의미합니다. 그러므로 하나님과 날마다 영적인 교제를 하는 사람은 하나님의 이름만 불러도 가슴이 뭉클해집니다. 그리고 구원에 감격으로 벅찬 가슴을 가지고 하나님을 의지하고 살아가기에, 행복한 사람인 것입니다.

제가 감동받은 글을 소개합니다. 죠셉 하트의 기도문입니다.

> "마음을 정결하게 하고 영혼을 거룩하게 하는 일은 당신의 일이요, 모든 부분에 새로운 생명을 불어 넣어 전체를 새로 만드는 일은 당신의 일이옵니다."

우리가 예수 믿기 전에는 본질상 죄인들이었지만 예수를 나의 구주로 믿고 난 이후에는 용서받은 죄인입니다. 우리의 영혼을 더럽히는 작은 허물과 죄를 날마다 고백합시다. 마음이 청결한 자는 영적 통찰력과 분별력을 가진 사람입니다. 그 눈으로 하나님을 바라보며 하늘나라를 사모하는 사람입니다. 우리 구주 예수 그리스도 앞에 서는 그 날에 흠과 티와 주름 잡힌 것이 없이 설 수 있는 자랑스러운 그리스도인들이 되시기를 간절히 소원합니다. 우리 인간의 악한 본성을 날마다 우리 구주 십자가에 못 박아야 합니다. 욕심과 정욕을 매일매일 죽여야만 합니다. 이것이 우리가 해야 할 일입니다. 그리고 우리의 마음을 깨끗하게 하시는 분은 성령님이십니다. 우리를 당신이 기뻐하는 자로 사용하기를 원하십니다. 우리에게 주어진 시간은 너무나도 부족합니다. 한 영혼이라도 전도하고 변화 받게 하여 우리 주님이 계시는 하늘나라에서 함께 만나도록 합시다. 가까워지는 하늘나라에 소망을 두시고 청결한 마음으로 살아갑시다.

　거짓되고 불의하고 욕심과 정욕에 사로잡힌 자는 하나님을 볼 수가 없습니다. 전능하신 하나님을 볼 수 있는 특권은 마음이 청결한 자뿐입니다. 마음의 정결을 생명처럼 유지합시다. 우리는 날마다 우리 구주 예수 그리스도의 보혈로 깨끗이 씻음 받고 성령으로 거듭난 심령으로 살든지 죽든지 먹든지 마시든지 거하든지 떠나든지 오직 우리 구주 예수 그리스도만을 기뻐하고 즐거워하는 평강의 삶이 되시기를 우리 주님의 이름으로 간절히 축원합니다.

화평하게 하는 자의 복

[마태복음 5:9]

서 론

존 브라운은 말하기를, 유대인들은 일반적으로 이방 민족들을 경멸하고 증오했다고 합니다. 그들은 하나님의 거룩한 백성이라는 선민사상이 너무나도 강했기 때문에 이방인들을 어느 정도 멸시했는가 하면, 자신들이 이방인으로 태어나지 아니한 것을 감사한다고 하나님께 기도했습니다. 그들은 심지어 이방인을 자신이 키우는 개(犬)보다도 못한 존재로 취급했던 것입니다. 이것이 유대인의 교만이요 오만 불손입니다.

예수님 당시에 유대인들은 로마 정부에 식민지로 살았고 강대국에 의하여 정치 경제 문화와 사회 전반에 통치를 받고 살았습니다. 그들의 간절하고 애절한 한 가닥의 소망이라면 로마의 압박에서 해방되는 것이었습니다. 즉, 그들은 로마의 속국에서 벗어나 다윗과 같은 위대한 지도자가 통치해주기를 원했고, 언제라도 하얀 깃발에 큰 별을 달고 있는 정치적인 메시아를 원했던 것입니다. 특별히 국가적으로 국력이 강해지고 정치적으로 경제적으로 안정되기를 바라는 상황이었습니다. 가난과 헐벗음과 궁핍이 지속되면 평화가 깨어진다고 생각했던 것입니다. 지금은 힘이 약하여 로마의 지배를 받고 있지만 로마의 압제에서 해방되는 것이 그들의 소원이었던 것입니다. 그러므로 강대국인 로마와는 늘 적대감정으로 살아왔던 것입니다.

그들은 하나님의 선민의식이 강한 사람들인데 이렇게 고통을 당하고 있습니다. 선민사상이 얼마나 교만하게 하는지 그 자만심이 하늘 높이

치솟습니다. 그런데 힘이 없어서 타민족의 지배를 받고 있습니다. 이것이 기가 막힌 일이 아닙니까? 그러므로 강대국의 강제에 의한 평화(팍스 로마나, Pax Romana)는 원치 아니했던 것입니다. 자신의 권리 주장을 하지 못하고 언론의 자유함 없이 강제적으로 주어지는 평화는 싫다는 것입니다. 이것은 쌍방의 합의로 이루어지는 화평이 아닙니다. 안타깝게도 현재 로마라는 나라는 지구상에서 사라진지 오래되었습니다. 하나님은 한 사람 한 사람인 개인의 삶과 죽음도 주장하시고 국가와 민족의 흥망성쇠도 주관하시는데, 이것이 하나님의 주권입니다. 강대국이 약소국가에 피해를 주는 것을 하나님은 원치 아니하십니다. 사람들 가운데는 다툼과 불화를 심는 자가 있고 반면에 화평을 심는 자가 있습니다. 상대방이 만약 나에게 화를 내려고 할 때는 웃으면서 평(平)을 한다면 화평이 이루어질 것입니다. 언제라도 화를 평으로 바꿀 수만 있다면 하나님의 아들이 될 것입니다.

우리 주님은 화평하게 하는 자들은 복이 있다고 말씀하십니다. 일곱 번째의 복은 성품보다는 행위와 더욱 밀접한 관계가 있지만, 적극적인 화평을 이루기 위해서는 화평하게 할 수 있는 마음이 되어야 합니다. 성령께서는 하나 되게 하시고 화평을 이루시게 하는 영이십니다. 성령의 아홉 가지 열매 중에도 화평의 열매가 있습니다. 화평이 있는 곳에 천국이 이루어지고 초막이나 궁궐이나 주님을 모시는 곳에 평화가 있는 것입니다. 진정한 화평이 주어지는 곳에 전쟁과 위협과 공포가 사라지는 것입니다. 화평은 그리스도인에게 있어서 매우 중요합니다. 화평이 있는 곳에 분노가 사그라지고 미움도 사랑으로 바뀝니다.

그리스도인이 진정으로 화평을 누리기를 원한다면 악을 버리고 선을 행해야 합니다. "네 혀를 악에서 금하며 네 입술을 거짓말에서 금할지어다 악을 버리고 선을 행하며 화평을 찾아 따를지어다"(시 34:13-14)라고 성경은 말씀합니다. 우리는 말하는 것을 조심해야 하고 생각 없이 함부로 말해서는 안 되는 것입니다. 왜냐하면 내가 쏟아낸 말은 주어 담을 수가 없기 때문입니다. 사람을 일시적으로 속일 수는 있지만 살아 계신 하나님까지 속일 수는 없는 것입니다. 그러므로 작은 거짓이라도 금하고 악을 버려야 하는 것입니다. 사실 악인들은 화평을 말하지 아니하고 오히려 거짓말로 모략합니다(시 35:20). 예수 믿는 사람들은 화평의 사람이 되어야 하고 거짓된 말과 행동을 삼가야만 합니다. 위선과 거짓이 있는 한 결코 화평이 이루어질 수 없는 것입니다. 화평을 이루려면 자기주장이나 고집을 앞세우지 않고 독선적이지도 않아야 하는 것입니다. 예수 그리스도는 평화의 왕이시며 우리 구주 예수 그리스도는 화평하기를 원하십니다.

본문의 배경은 이스라엘이 로마의 지배를 받았을 때의 상황입니다. 식민지에 처하여 있는 작은 나라들은 억압과 착취의 속박으로부터 자유하기를 원했습니다. 로마의 군대가 주둔하는 관계로 유대인들은 로마에 저항하기 위하여 폭력과 살인과 약탈도 아랑곳 하지 않았던 것입니다. 이런 배경에서 예수님은 화평하게 하는 자는 복이 있다고 말씀하십니다.

키케로는 말하기를 "나는 정의로운 전쟁보다는 가장 불공평한 평화를 즐긴다."고 했고, "분노와 복수심은 파멸이지만 화평을 힘쓰는 것은 대립과 경쟁을 무마시키는 것"이라고 했습니다. 일본의 신학자 우찌무라 간조우(內村鑑三) 목사는 "평화를 지키는 것은 전쟁에서 승리하는 것보다 더 국가를 사랑하는 행위"라고 설명했습니다.

1. 화평의 의미

화평이란 히브리어로 〈샬롬 Shalom〉인데, 이 말은 '화목, 평강, 평화,

완전한 복지, 완전한 번영과 건강과 형통과 행복' 등으로 번역합니다. 그리고 이 말은 단순한 일반 인사가 아니고 우리의 이웃과 우리가 살고 있는 공동체가 잘되고 모든 만족과 아름다운 소원들이 이루어지기를 바라는 인사인 것입니다. 유대인들에게 화평은 다름 아닌 완전하고 부족함이 없는 행복한 상태를 의미합니다. 사람과 사람 사이에 있어서 친밀한 교제이므로 이것은 서로간의 신뢰가 없이는 이루어질 수가 없는 것입니다. 마음과 마음을 터놓고 대화할 수 있다는 것은 매우 중요한 것입니다.

평화는 단순히 전쟁이 끝나고 휴전된 것으로 이루어지는 것은 아닙니다. 굶주림과 폐허가 회복되었다고 해서 평화가 돌아왔다고 말할 수 있는 것도 아닙니다. 평화는 삶의 행복과 형통을 그리고 인간관계에 있어서 완전함을 말합니다. 그런데 불완전한 인간이 어떻게 부족함이 없는 완전한 인간관계를 이룰 수 있겠습니까? 그것은 인간 심성의 선함으로 이루어지는 것이 아닙니다.

오늘 본문에 나타난 "화평"이란 단어는 원문 헬라어로 〈에이레네 eirene〉입니다. 신약성경에 88회가 나옵니다. 샬롬은 히브리 사람들이 가장 최고선으로 생각하는 가치의 덕을 의미합니다. 그러나 이 샬롬의 단계에 오르기까지는 우리 구주 예수 그리스도의 화평이 마음속에 이루어져야만 합니다.

우리 구주 예수 그리스도께서 말씀하시는 화평은 무엇입니까? 모든 사람들과 갈등이나 부딪침이 없이 둥글둥글하게 살아가는 것을 말합니까? 이 사람도 좋고 저 사람도 다 좋다는 것입니까? 줏대가 없이 악을 행하는 자에게도 선이 있다고 말하는 것입니까? 그렇지 않습니다. 단순히 충돌을 피하고 되도록이면 협상하면서 다투지 않는 것을 화평이라고 말하는 것입니까? 이것은 일시적으로 다툼을 피하는 방법은 될 수 있습니다. 그러나 우리 구주 예수 그리스도께서 원하시는 화평은 아닙니다. 그러면 무엇입니까?

우리 구주 예수 그리스도께서 말씀하시는 화평〈에이레네〉는 어떤 환난이나 고난 중에서라도 흔들림 없이 주님을 바라보는 고요한 마음이 화평인 것입니다. 이런 마음을 가진 자는 하나님과의 관계에서도 견고한 신앙을 지키고 사람과 사람 사이에서도 얼마든지 거칠고 악한 자들이라 할지라도 그들을 용납하고 포용할 수가 있는 것입니다. 인간 스스로의 노력과 수양과 공로에 의하여 화평이 이루어지는 것은 어디까지나 한계가 있습니다. 수십 년을 다정다감하게 지내던 이웃이라 할지라도 이해타산이 생기고 명예와 권력이 개입되면 언제라도 갈등의 관계가 되기 때문입니다. 전적으로 타락한 인간의 심성으로서는 화평의 도구가 될 수 없는 것입니다.

일본 사람들은 개인적으로 힘이 없는 것처럼 보이는데, 집단의식과 공동체 훈련과 작업을 많이 하기에 뭉치는 힘이 있습니다. 이런 단결과 연합보다 더 중요한 것은 신앙적으로 화평이 이루어져야 하는 것입니다. 화평이라고 하여 이단 사설과도 무조건 화해하라는 것이 아닙니다. 우리 구주 예수 그리스도 안으로 들어와서 화평이 이루어져야 하는 것입니다. 그러므로 구주 예수 그리스도는 "화평하게 하는 자는 복이 있나니 그들이 하나님의 아들이라 일컬음을 받을 것임이요"라고 말씀하십니다. 우리 구주 예수 그리스도의 화평을 가지고 평화의 도구로 살아가는 사람은 참으로 위대한 사람입니다. 왜냐하면 아무리 물질과 명예와 권세가 있다고 하더라도 화평이 깨어지면 아무 소용이 없기 때문입니다.

마음의 평화, 가족과의 화평, 교회의 평강, 사회와 민족의 화평이 얼마나 중요한 것입니까? 평강이 주어질 때에 건강도 번영도 형통도 있게 되는 것입니다. 악조건적인 환경이라 할지라도 웃으면 좋고 혼자 웃을 때에도 에너지가 있지만 함께 웃으면 홀로 웃을 때보다 33배나 효과가 나타난다고 합니다. 그러므로 웃지 않는 인생은 낭비하는 삶이 되는 것입니다.

윌리엄 헨드릭슨 목사는 말하기를 "십자가로 말미암아 화목하게 된 우리는 말과 모범으로써 하나님을 사랑하고 형제간에 서로서로를 사랑하며 원수까지도 사랑할 뿐 아니라 또한 그들 가운데서 화평을 촉진하는 자들"이라고 했습니다. 그러기에 우리는 화목을 위하여 힘쓰고 노력해야 합니다. 화평하게 하는 자는 화평에 대하여 강하고 진지한 사랑을 갖는 것입니다. 그러므로 화평을 깨트리는 자에게는 화가 있는 것입니다.

2. 그리스도인의 화평에 대한 자세

1) 화평을 이루어내는 자가 되어야 합니다.

세상에 화평하게 하는 사람만 있다면 무슨 걱정이 있겠습니까? 우리 주 예수 그리스도를 믿는 하나님의 백성에게는 이런 일로 인하여 서로 다투거나 갈등과 대립을 일으켜서는 안 되는 것입니다. 우리도 눈에 보이는 물질보다는 평화를 더 소중하게 여겨야 합니다. 화평하게 하는 사람이란 자신이 평화로운 사람일 뿐만 아니라 평화를 만들어내는 사람이 되어야 합니다. 이 세상에는 악독과 투기를 일삼은 자, 가증스러운 자, 피차 미워하는 자가 존재하고 있습니다. "우리도 전에는 어리석은 자요 순종하지 아니한 자요 속은 자요 여러 가지 정욕과 행락에 종노릇 한 자요 악독과 투기를 일삼은 자요 가증스러운 자요 피차 미워한 자였다"(딛 3:3)라고 성경은 말씀합니다.

우리가 예수 믿기 이전에는 이런 증상을 가지고 살았던 죄인들입니다. 한마디로 주님의 말씀과 성령의 지배를 받지 못하며 살았고 마귀의 조종을 받으며 사탄의 지배를 받으며 그 죄 가운데서 헤어나지 못하고 살았던 것입니다. 죄가 있는 곳에는 증오와 싸움이 언제나 따라오기 마련입니다. 화평과 죄악은 서로 공존할 수가 없고 화평으로 죄를 이기든지 아니면 죄 가운데서 살든지 둘 중의 하나인 것입니다. 화평과 악독한 것과는 서로 분리될 수밖에 없습니다. 물과 기름이 하나가 될 수 없는 것처럼 화평과 미움은 연합이 불가능한 것입니다. "분을 내어도 죄를 짓지 말며 해가 지도록 분을 품지 말고 마귀에게 틈을 주지 말라"(엡 4:26-27)고 성경은 말씀합니다.

우리에게 하나님의 은혜가 떠난다면 정욕과 욕망대로 살게 될 것이고 분을 내고 혈기를 참지 못할 것입니다. 그런데 중요한 것은 마귀에게 틈을 주지 말라는 것입니다. 해가 지나기 전에 분을 더 이상 품지 말라는 것입니다. 마귀에게 틈을 주면 미움이 살인까지 이어지게 되는 것입니다. 우리는 죄는 멀리하고 우리 구주 예수 그리스도와는 가까이 할수록 좋습니다. 우리의 마음속에 죄가 머무르는 한 화평이 있을 수가 없습니다. 인간 본성이 하나님의 은혜로 사로잡히지 않으면 언제라도 죄로 기울어지는 경향이 있는 것입니다.

우리가 화평의 구주를 본받으려면 그분의 마음을 소유해야 하는 것입니다. 우리 구주 예수 그리스도께서 말씀하시는 평화를 만들어 내는 사람은 사실은 마음이 복잡하지 않고 마음속이 깨끗합니다. 마음이 더러운 사람은 미움과 시기와 질투로 가득 쌓여있기에 누구라도 칭찬하지를 못합니다. 정죄하고 비난하며 신랄하게 비판만 합니다. 왜냐하면 그 마음이 깨끗하지 않기 때문입니다.

종교개혁자 요한 칼빈은 화평하게 하는 자는 자신이 할 수 있는 한 화평을 구하고, 싸움이나 시비를 피하게 하고, 사람들 간에 이해관계를 해결하는 자라고 설명했습니다. 또한 모든 사람들에게 화평을 조언하고 미움이나 분쟁이 일어날 것을 제거하는 자를 의미한다고 했습니다. 분쟁이 일어나는 것은 어디까지나 자기 욕심에서 일어나는 것입니다. 하나님은 화평의 하나님이십니다.

"그러므로 우리가 믿음으로 의롭다 하심을 받았으니 우리 주 예수 그리스도로 말미암아 하나님과 화평을 누리자"(롬 5:1)라고 성경은 말씀합니다. 주님은 하나님의 아들로서 이 땅에 오실 때에는 종의 모습으로 오셨고 섬김의 모습을 보이셨습니다. 그런데 왜 우리는 주님의 이름으로 영광과 대접만 받으려고 합니까? 더 낮아지면서 섬긴다면 긴장관계도 해결되고 자신도 평화의 도구로 쓰임 받을 것입니다.

그리스도인의 화평은 어떠해야 합니까? 내가 피해를 입었다고 보복하고 원수가 악하다고 내가 더 악해야 하는 것입니까? 이것은 우리가 할 일이 아니며 주님이 원하시는 것이 아닙니다. 우리 구주 예수 그리스도는 "악한 자를 대적하지 말라 누구든지 네 오른편 뺨을 치거든 왼편도 돌려 대며 속옷을 가지고자 하는 자에게 겉옷까지도 가지게 하며 억지로 오 리를 가게 하거든 그 사람과 십 리를 동행하라"고 말씀하십니다. 그뿐만 아니라 "너희 원수를 사랑하며 너희를 박해하는 자를 위하여 기도하라"(마 5:39-44)고 말씀하십니다. 이것이 우리 구주 예수 그리스도의 복음입니다.

기독교인들이 로마 제국의 박해가 심할 때에 초대교회에서 일어난 사랑의 노래입니다. 로마의 원형경기장으로 끌려가 순교한 어느 무명 성도가 그리스도인들의 가슴을 뭉클하게 하고 울립니다.

"나를 저주하십시오. 당신들이 나를 저주하면 할수록 나는 당신들을 더 사랑할 것입니다. 내게 침을 뱉어 보십시오. 그러면 나는 사랑의 숨결을 뿜어낼 것입니다. 나를 구타하십시오. 나는 신음소리로 사랑을 고백할 것입니다. 나를 찌르십시오. 나는 당신을 사랑한다고 절규할 것입니다. 나를 짐승의 먹이로 던지십시오. 나는 사랑의 제물이 될 것입니다. 나를 불태우십시오. 그러면 나는 사랑의 열기로 당신의 증오의 가슴을 녹일 것입니다."

이 노래가 비참한 죽음의 형장에서 부른 사랑의 노래인 것입니다. 죽음의 장소로 옮겨진 자가 무슨 힘이 있기에 이런 노래가 나온 것입니까? 이것은 우리 구주 예수 그리스도의 마음을 소유했기 때문입니다. 그리고 진리가 그를 자유하게 했기 때문입니다. "진리를 알지니 진리가 너희를 자유롭게 하리라"(요 8:32)고 성경은 말씀합니다. 주님의 진리가 순교자들의 마음을 자유롭게 하였기 때문에 그들은 죽음의 상황에서도 조금도 흔들리지 아니하고 악한 자들 앞에서 자신의 고귀한 목숨을 초개처럼 버릴 수 있었던 것입니다. 그러기에 자기를 괴롭히고 위협하며 고문하는 자들에게 저주를 선포하지 않은 것입니다. 그들은 모든 고난을 감수하고 순교함으로 하나님께 영광을 돌린 것입니다.

만약에 악을 행한 자들이 모세의 법대로 적용한다면 행한 대로 실천하기만 하면 매우 간단합니다. 왜냐하면 행한 대로 갚아주면 되기 때문입니다. 즉, 눈은 눈으로 이는 이로 보복해야 합니다. 그러나 주님은 율법대로 복수 할 것을 말씀하신 것이 아닙니다. 원수까지도 사랑하라는 것입니다. 원수라는 것은 이름만 들어도 소름이 끼치고 잠자다가도 꿈에 나타날까 두려운 존재가 아닙니까?

세상적인 윤리 기준으로 보면 원수를 사랑하라는 것은 사치스러운 말이기도 합니다. 원수를 법대로 처리해도 마음이 풀리지 않거든 용서하고 사랑하는 것은 인간의 이성과 윤리 도덕을 뛰어넘는 것이 됩니다.

자연인으로서는 도저히 납득이 가지 않는 말씀이요 행위라고 볼 수 있습니다. 그러나 우리 구주 예수 그리스도가 십자가에 못 박혀 죽으시고 죄와 죽음으로부터 나를 구원하셨으니 우리가 얼마나 큰 은혜를 받은 것입니까? 교도소에 감금된 상태에서 무죄로 석방된 것만 해도 고맙고 감사한 일인데, 영원히 멸망 받고 지옥 형벌을 받아 죽을 죄인을 하나님의 백성으로 삼아주셨으니 이 얼마나 감사하고 감격스러운 일입니까? 이 은혜를 가슴 속에 깊이 느낀다면 원수도 사랑할 수 있다는 것입니다.

우리의 존경하고 사랑하는 신앙 선배들과 순교자들은 원수도 기꺼이 사랑하고 그들의 죄를 용서하여 달라고 하나님께 간구한 자들입니다. 우리도 순교자의 신앙을 소유합시다. 화평을 이루기 위하여 할 일은 겸손의 은혜를 구하는 것입니다. 교만에서는 다툼만 일어나는 것입니다 (잠 13:10). 그러므로 교만한 자와 사귀는 것은 자신이 손해를 보는 일입니다. 가장 교만한 시간은 남을 깔보는 시간입니다. 다툼을 피하라고 하는데 교만한 자는 남을 항상 무시하고 경멸하기 때문에 화평이 이루어질 수가 없는 것입니다.

그리고 온유함을 구해야 합니다. 온유는 내가 손해를 보고 어떤 희생을 치르더라도 자신의 뜻을 주장하지 않기 때문입니다. 그리스도인은 평화를 만드는 사람을 의미합니다. 개인적으로 사회적으로 국가적으로 세계적으로 평화가 요구되는 시대입니다. 그리고 하나님의 긍휼을 구해야 하는 것입니다. 화평하게 하는 자들은 무엇보다도 죄인들을 하나님께로 인도하여 전도의 사명을 감당해야 합니다.

2) 화평의 대상은 모든 사람입니다.
"할 수 있거든 너희로서는 모든 사람과 더불어 화목하라"(롬 12:18)

고 성경은 말씀합니다. 인간적인 의지의 충돌로 한번 감정이 상한 것은 서로 잘못을 시인하고 용서를 구해야 합니다. 실수를 인정하고 사과하는 것은 겸손한 자세입니다. 또한 그런 사람에게는 마음 문을 열고 서로 용서해 주어야 합니다. 아담의 후손인 우리는 인간 본성 자체가 죄를 범할 수밖에 없는 존재입니다. 전적으로 타락한 인간은 선보다는 죄로 기울어져 있기 때문에 선을 행하기보다는 악을 행하기가 쉬운 존재입니다.

"노엽게 한 형제와 화목하기가 견고한 성을 취하기보다 어려운즉 이러한 다툼은 산성 문빗장 같으니라"(잠 18:19)고 성경은 말씀합니다. 삼손은 문빗장을 어깨에 메고 걸어갔던 힘센 장수입니다. 견고한 성을 함락하기가 얼마나 어렵습니까? 수많은 희생과 죽음을 감수해야 할 것입니다. 그러나 이보다 더 어려운 것이 노엽게 한 형제와 화목하는 것입니다. 노여움을 가진 형제의 마음을 풀어주고 달래주며 화평하게 하는 것이 더 힘들다는 것입니다. 어느 정도의 노여움인지는 몰라도 자신을 무시하고 생명처럼 귀히 여기는 자존심이 무너질 때에는 아마도 적수가 되었을 것입니다. 일단 인간관계에 있어서 서로 무시를 당하게 되면 적수가 될 가능성이 많은 것입니다. 그러므로 화평을 깨뜨리는 자는 스스로 함정을 파는 자요 저주를 자청하는 자입니다.

시기와 질투와 미움과 다툼과 증오가 있는 곳에 화평을 심어야 합니다. 이 세상에 추하고 더러운 악취가 나는 곳에 사랑과 평화의 향기가 충만하도록 힘쓰고 노력해야 합니다. 화평의 사람이 되지 못하면 하나님 앞에서의 신전의식 사상이 결여되기가 쉽습니다. 그러나 죄로 인하여 애통하고 깨어지고 부서진 영혼들은 교만하지 아니하고 온유하며 화평을 이루기를 원합니다. 화평을 사랑하고 화평을 따르는 자는 불화를 화해시키고 분쟁을 가라앉게 하고 사랑의 띠로 하나 되게 합니다.

하나님의 일은 너무나 거룩하기에 다투어서는 안 되는 것입니다. "평안의 매는 줄로 성령이 하나 되게 하신 것을 힘써 지키라"(엡 4:3)고 성경은 말씀합니다. 그런데 중요한 것은 인간적으로 하나가 되는 것이 아니라 성령이 하나 되게 하신 것을 힘쓰라는 것입니다. 성령께서는 하나 됨을 원하십니다. 그 줄이 평안인 것입니다. 문화와 언어와 성격이 다른 사람들이 일반적으로 협력하고 협동하여도 좋거든 화평으로 하나의 줄이 된다면 얼마나 귀한 것입니까? 언제라도 마음속에 주님이 주시는 평화와 성령의 감동으로 깨닫는 평안이 충만하시기를 소원합니다. 나는 낮아지면 낮아질수록 좋고 남은 높이면 높일수록 좋습니다. 이것이 화평의 비결입니다. 이것은 인간 심성으로는 부족합니다. 주님께서 온유한 마음을 주시고 겸손의 은혜를 주셔야만 합니다. 이런 사람이 화평의 도구가 되는 것입니다.

"모든 사람과 더불어 화평함과 거룩함을 따르라 이것이 없이는 아무도 주를 보지 못하리라"(히 12:14)고 성경은 말씀합니다. 불화하고도 겉으로는 친구와 형제를 볼 수는 있지만 화평과 거룩함이 없이는 결코 주님을 볼 수 없다는 것입니다. 우리 구주 예수 그리스도가 이 세상에 다시 재림하실 때까지 화평은 계속 추구되어야 합니다. 완성되지 않는 화평이라 할지라도 이 화평을 위해 몸부림치며 기도하고 노력해야만 합니다. 그러므로 화평은 매우 중요한 것입니다. 우리 구주 예수 그리스도를 믿는 자들은 화평의 도구가 되어야만 합니다.

우리가 기도하는 순간에도 악한 마음이나 죄를 품고 기도한다면 그 기도는 막힐 것입니다. 하나님을 믿고 의지하며 살아가는 백성에게 기도가 막히는 것처럼 답답한 일이 어디 있습니까? 기도가 막힌다는 것은 이미 영적으로 쇠약해진 상태인 것입니다. 기도가 소통되지 아니하는데 무슨 일이 잘 된다고 보장할 수 있겠습니까? 어떤 면에서 기도가 중단되었다는 것은 영적으로 무지하고 무기력하고 무능력하다는 신호인 것입니다. 이것이 지속 되면 하나님의 깊은 뜻을 헤아릴 수가 없게 되며 영적으로는 죽은 목숨인 것입니다. 기도를 회복하려고 하니 왕복 거리를 다시 달려와야 하는 것입니다. 이것은 영적으로 이미 하나님과 단절된 것입니다.

기도가 막히지 아니하기 위하여 몸부림을 쳐 보신 적이 있는 줄 압니다. 식음을 전폐하고 죄 문제를 해결하여야 기도가 응답되는 것입니다. 미움이 사라지고 화평이 있는 곳에 주님을 뵈올 수 있게 되는 것입니다. 피아노 건반도 검은 건반으로는 연주할 수가 없고 흰 건반과 검은 건반을 자유자재로 터치해주어야 아름다운 소리를 낼 수가 있습니다. 불협화음은 소음이며 시끄럽기만 합니다. 악으로 도전하고 위협하는 사람이라도 화평하기를 바라는 마음을 가진 자는 우리 구주 예수 그리스도의 마음을 닮은 자이며 하나님의 은혜입니다.

시인 다윗은 "악인과 악을 행하는 자들과 함께 나를 끌어내지 마옵소서 그들은 그 이웃에게 화평을 말하나 그들의 마음에는 악독이 있나이다"(시 28:3)라고 증언합니다. 겉으로는 화평한 것 같지만 속에는 독이 있는 것입니다. 겉으로는 평화를 말하지만 속으로는 악독이 있기에 결코 화평을 이루지 못하는 것입니다. 사람이 선을 갖지 않고 독을 품고서야 어찌 화평을 이룰 수가 있겠습니까? "자기의 이웃을 은근히 헐뜯는 자를 내가 멸할 것이요 눈이 높고 마음이 교만한 자를 내가 용납하지 아니하리로다"(시 101:5)라고 성경은 말씀합니다.

이웃과 친구를 비난하는 것은 하나님이 멸하시겠다는 말씀입니다. 이웃과 친구 되기가 얼마나 어렵습니까? 한 형제가 배고픔에 처할 때에 돕지 아니하고 오히려 부담이 된다고 외면을 하고 비난까지 합니다. 이렇게 교만하고 눈이 높다고 하는 자들은 하나님이 그대로 두지 아니하십니다. 반드시 하나님이 멸하시겠다는 것입니다.

우리 그리스도인들이 죄는 미워하되 죄인은 사랑해야 하는 것입니다. 화평하기가 얼마나 어렵습니까? 화평하기가 얼마나 어려우면 '할 수 있거든'이라는 말을 했겠습니까? 겉으로 웃고 손만 잡아준다고 화평이 이루어지는 것입니까? 우리 구주 예수 그리스도의 겸손과 온유의 마음으로 가득 채워져야 화평이 이루어지는 것입니다. 화평하게 하는 자는 화평에 대하여 강하고 진지한 사랑을 갖고 화평을 기대하고 즐거워합니다. 설령 화평이 깨어졌을 때에도 화평을 회복합니다. 즉 형제와 이웃의 거리감을 좁히며 갈등을 해소시키고 분쟁을 조절하며 갈라진 틈바구니를 잇는 자입니다. "분을 쉽게 내는 자는 다툼을 일으켜도 노하기를 더디 하는 자는 시비를 그치게 하느니라"(잠 15:18)고 성경은 말씀합니다. 우리도 큰 약점이 있습니다. 분을 삼키는 것은 쉬운 일이 결코 아닙니다. 그러나 우리 주님의 마음이 온유와 겸손과 화평을 소유하기만 하면 가능해질 것입니다.

종교개혁 시대에 '에라스무스'라는 교수는 학자들 사이에서도 왕과 같은 존재였습니다. 그러나 그는 종교개혁자 마틴 루터가 종교개혁을 하는 일에 반대한 사람이요, 그는 로마 교황청의 위협을 이기지 못해 로마와 손을 잡았던 것입니다. 루터는 견디다 못해 그를 이렇게 표현했습니다. '그는 세상에서 가장 사악한 존재요, 독이 오른 독사, 세련미를 갖춘 쾌락주의자요 냉소주의자이며, 신자인 척하는 불신자요, 모든 종교의 적'이라고 몰아붙였던 것입니다. 그러나 말년에 가서 그를 향해 다시 편지하기를 "온 세계는 당신이 이룩한 학문적 업적을 잊지 말아야 합니다. 이 업적에 힘입어 우리는 성경을 참되게 깨닫게 되었습니다. 하나님이 내리신 이 은사가 당신 안에서 위대하고도 훌륭하게 나타난 것에 우리는 감사의 심정으로 바라봅니다."라고 기록했다고 합니다.

교부 클레멘트는 "자신의 영혼 속에서 발생하는 끊임없는 전쟁을 극복하는 사람은 복이 있다."고 했습니다. 성 어거스틴도 자신의 마음의 흔들리는 것을 가라앉히고 복종시키는 사람이 화평을 만드는 자라고 했습니다. 악인은 화평을 말하지 아니하므로 악인에게 기대할 것이 없고 하나님의 심판을 기다릴 뿐입니다. 비록 악한 사람이 죄를 짓고 악한 일을 한다고 하여도 그 사람을 너무나 미워해서는 안 됩니다. 죄만 미워해야 하는데 인격 자체를 완전히 생매장 시키면 안 됩니다. 왜냐하면 우리에게도 허물과 실수가 있고 아마도 50보 100보 차이일 것이기 때문입니다. 그것은 우리의 소관이 아니며 하나님이 심판하실 것입니다.

고라 자손의 시 가운데도 하나님은 그 백성, 그 성도에게 화평을 말씀하신다(시 85:8)고 성경은 말씀합니다. 그러므로 화평하게 하는 자와 화평을 반대하는 자는 마치 양과 염소가 섞여 있는 것과 같습니다. 우리 주님은 질서와 화평의 하나님이십니다. "여호와를 사랑하는 너희여 악을 미워하라 그가 그의 성도의 영혼을 보전하사 악인의 손에서 건지시는도다"(시 97:10)라고 성경은 말씀합니다. 그러므로 악을 미워해야 하는 것이지 사람 자체를 미워하지 말라는 말씀입니다. 하나님은 전능하신 분이시고 악을 미워하고 화평을 추구하는 자들은 절대적으로 보호하십니다. 악은 멀리멀리 떠나갈수록 좋습니다. "악은 어떤 모양이라도 버리라"(살전 5:22)고 성경은 말씀합니다. 즉 악한 흉내도 내지 말아야 하고 미워하는 모습이나 살인하려고 하는 태도나 감정 등을 버리라는 것입니다. 그러므로 화평하게 하는 자는 보통사람이 아닙니다. 화평하게만 할 수 있다면 그는 하나님의 아들이 되는 것입니다.

"다툼을 멀리하는 것이 사람에게 영광이거늘 미련한 자마다 다툼을 일으키느니라"(잠 20:3)라고 성경은 말씀합니다. 다툼과 논쟁과 분쟁을 일으키려고 한다면 그 장소를 떠납시다. 말도 하지 말고 말도 섞지 맙시다. 미련한 자는 다툼을 일으키지만 지혜로운 자는 다툼을 멀리하는 것입니다. "악인은 평온함을 얻지 못하고 그 물이 진흙과 더러운 것을 늘 솟구쳐내는 요동하는 바다와 같다"(사 57:20)고 성경은 말씀합니다. 악인이 평안하지 못한 이유는 계속 악을 행하기 때문입니다. 그리고 사람이 악으로는 굳게 설 수 없기 때문입니다(잠 12:3). 그러므로 조금이라도 악한 자의 세상적인 형통함을 부러워하지 말아야 합니다. 화평으로만이 사람이 굳건하게 서게 됩니다. 그러므로 화평을 좋아하는 사람은 하나님의 성품을 닮은 사람인 것입니다.

3. 화평하게 하는 자의 복 (9절)

1) 하나님의 아들이 됩니다.

이 복된 말씀 이후에 약속의 말씀이 나옵니다. 화평하게 하는 사람은 하나님의 아들로 일컬음을 받을 것입니다. 히브리 표현에서 "일컬음을 받는다"라는 말은 '인정을 받는다, 혹은 그러한 지위를 얻는다, 또는 생각된다, 그리고 간주된다'는 것을 의미합니다. 화평을 만들어내는 사람은 하나님의 아들로서 인정을 받게 되고 명예를 누리게 되는 것입니다. 평화롭고 원만한 자가 하나님의 아들이 되는 것입니다. 이 평화의 근원은 우리 구주 예수 그리스도이십니다. 십자가로 우리를 하나 되게 하셨습니다. 하나 됨을 파괴하는 것은 사탄이 하는 일입니다. 그런데 기억할 것은 무조건 하나 됨이 중요한 것은 아니라는 점입니다. 우리 구주 예수 그리스도의 마음으로만이 화평이 이루어진다는 사실입니다.

영국의 아더 핑크 목사는 "하나님의 아들이 된다는 것은 하나님의 형상과 모양으로 새롭게 회복되는 것이라"고 했습니다. 화평하게 하는 자는 가장 거룩하신 이의 아들이 되는 것입니다. 화평하게 하는 자는 그리스도인 중의 한 사람이고 하나님의 아들 중의 한 사람인 것입니다. 화평을 이루는 자는 세상의 군왕이나 군주의 아들이 되는 것이 아니라 전능하신 하나님의 아들이 되는 것입니다.

하나님의 아들이 되는 비결은 화평을 추구하며 화평을 만들어 내며 화평을 위하여 일하는 것입니다. 세상 사람은 부당한 이득을 취하지만 하나님의 아들은 화평을 나누어주는 자입니다. 시인 다윗은 고난을 많이 받은 사람입니다. 그는 "나는 화평을 원할지라도 내가 말할 때에 그들은 싸우려 하는도다"(시 120:7)고 고통을 호소했습니다. 화평하기를 원하지만 다투고 전쟁하려고 달려들 때에 어떻게 해야 합니까? 하나님께 호소하는 길 밖에는 없습니다. 사람에게 답변하여서 해결되는 것이 아닙니다. 전능하신 하나님이 화평을 깨뜨리려고 하는 자에게 손을 대셔야 하는 것입니다. 그러므로 화평하기를 원하는 자들은 잠잠히 침묵을 지킬수록 좋은 것입니다.

화평하게 하는 사람은 화를 내지 아니하고 성급하게 행동하지 아니하고 경솔한 말도 금합니다. 화평하게 하는 사람은 직설적으로 말하고 싶은 충동을 느낄지라도 함부로 말하지 아니하고 말을 무척 아끼는 것입니다. 자신의 혀를 제어하려고 애씁니다. 자신이 몫을 챙기거나 자기의 유익을 얻으려고 주위의 환경을 살피지 아니합니다. "나는 사랑하나 그들은 도리어 나를 대적하니 나는 기도할 뿐이라"(시 109:4)고 시인 다윗은 증언합니다. 비난 받고 조롱할 때에 맞대결하는 것이 아니라 기도하면 하나님의 공의가 나타날 것입니다. 얼마나 훌륭한 믿음의 사람입니까?

자기를 미워하는 사람을 위하여 사랑하는데 오히려 악을 품고 적대 감정으로 대합니다. 보통 사람 같으면 한두 번 하다가 중단할 것입니다. 그러나 그는 오히려 자신에게 고통 주는 사람을 위하여 기도합니다. 원수라도 그의 영혼을 위하여 기도하는 사람은 승리하는 것입니다.

왜 기도하게 됩니까? 사랑하기 때문에 기도하는 것입니다. 마지막 최후의 보루는 기도뿐입니다. 그러므로 기도하고 또 매달려 간구하면 하나님이 원수의 마음이라도 움직여 주십니다. 의무감에 사로잡혀 기도하는 것이 아닙니다. 하나님이 기도할 수 있도록 은혜를 주시기 때문에 기도하는 것입니다. 이것이 화평을 구하는 자의 자세입니다. 이런 사람이 하나님의 아들이 되는 것입니다.

2) 희락이 있습니다.

"악을 꾀하는 자의 마음에는 속임이 있고 화평을 의논하는 자에게는 희락이 있느니라"(잠 12:20)라고 성경은 말씀합니다. 날마다 악한 것을 생각하고 궁리하는 자들에게는 화평이 있을 수 없습니다. 그러나 화평을 말하고 화평을 도모하는 자들에게는 기쁨이 있다는 것입니다. 화평하게 하는 자는 자신을 높이지 아니 하고 자신은 한없이 낮아지고 상대방을 높여줍니다. 그러므로 자신도 남도 기쁨을 누리게 되는 것입니다. 형제들 사이에도 친구 관계에서도 함께 높이고 자랑하면 화평이 이루어지게 됩니다. 그 곳에 기쁨이 주어지는 것입니다. "평온한 마음은 육신의 생명이나 시기는 뼈를 썩게 하느니라"(잠 14:30)고 성경은 말씀합니다. 그러므로 시기는 제거할수록 좋고, 시간이 가기 전에 뽑아버리는 것이 지혜입니다. 육신적으로 오래 살기 위해서도 평안한 마음을 소유하는 것이 좋은 것은, 마음의 화평이 육신적으로도 생명을 연장시키기 때문입니다.

현재는 100세 시대가 되었다고 합니다. 그런데 100세를 사는 것이 중요한 것이 아닙니다. 100세 이상을 산다고 하여도 어떻게 평안한 마음을 가지고 살아가느냐가 더 중요한 것입니다. 하나님의 은혜로 충만하여 평안함과 평강을 유지하면서 사는 자는 천국의 삶을 사는 것입니다. 우리 주 예수 그리스도의 마음을 소유하면 화평하게 됩니다. 우리 구주의 마음은 온유하고 겸손하십니다. 이 마음을 품고 이 마음으로 형제에게 화평의 도구로 살아가는 것입니다. 미움이 있는 곳에 사랑을, 다툼이 있는 곳에 화평을 심을 수가 있는 것입니다.

"온전한 사람을 살피고 정직한 자를 볼지어다 모든 화평한 자의 미래는 평안이로다"(시 37:37)라고 성경은 말씀합니다. 우리가 현재 화평을 이루어야 장래에도 평안을 보장받을 수 있는 것입니다. 그러므로 화평은 우리들에게 필수적인 요소입니다. 화평으로 충만하여 찬송할 때에 하늘에 계신 우리 아버지께서 우리의 찬양을 들으시고 영광을 받으실 것입니다. 부로더스는 "세상에서 화평케 하는 일보다 더 하나님을 닮은 일은 없다."고 했습니다. 그런데 중요한 것은 화평을 만들기 위하여 자신이 손해를 볼 각오를 해야 한다는 것입니다.

결 론

하나님은 평강의 하나님이시며, 영원한 언약의 피로 우리를 구속하신 우리 구주 예수 그리스도는 평화의 왕이십니다. 그리스도는 죄가 전혀 없으시고 우리 죄인들을 구원하시기 위하여 고난을 받으신 분이십니다. 그는 욕을 당하셨으나 욕으로 갚지 아니하시고, 십자가의 고난을 받으셨지만 공의로우신 하나님께 맡기셨습니다. 주님은 십자가로 화평하게 하셨으므로 우리가 이 땅 위에 살면서 화평하면 복이 있습니다. 평화를 만들어 내는 사람은 우리 주님을 닮아가는 사람입니다. 이 복은 단순히 화평을 가진 자가 받는 것이 아니고 평화를 기대하는 자에게 주어지는 것도 아닙니다. 이 복은 서로 적대시 하는 인간관계 속에서 화평을 만드는 자에게 주어지는 복인 것입니다. 화평하게 하는 자는 하나님의 아들이 될 것이라고 미래 시제를 쓰지 않습니다. 화평하게 하는 사람은 하나님의 아들이라고 주님은 말씀하십니다. 우리 모두 화평하게 하는 도구로 하나님의 존귀한 아들들이 되시기를 간절히 소원합니다. 화평이 있는 곳에 미움과 시기와 질투가 물러갈 줄로 믿습니다.

평화를 만들어 내는 사람의 관심사는 모든 영광을 하나님께만 돌리는 것입니다. 우리 주 예수 그리스도는 십자가로 선민과 이방인을 하나로 만드셨습니다. 그리스도 안에서 우리는 하나이고, 둘이 될 수가 없습니다. 주님은 하나 되기를 원하십니다. 우리가 인간적으로는 화평을 만들기가 힘들어도 주님의 성품으로 가득 채워지면 하나님의 거룩하신 아들이 될 것입니다. 하나님의 아들로 존귀하게 쓰임 받고, 우리 구주 예수 그리스도의 화평의 마음으로 충만하시기를 우리 주님의 이름으로 간절히 축원합니다.

의를 위하여 박해 받은 자의 복

[마태복음 5:10-12]

서 론

　기독교는 박해를 통하여 교회가 부흥 발전되었고, 그리스도인의 숫자는 기하급수적으로 증가했습니다. 교부 터툴리안은 "그리스도인의 피는 교회의 씨앗이다."라고 했습니다. 그리스도인의 순교는 그리스도를 증언할 뿐만 아니라 교회에도 좋은 밑거름이 되며 많은 사람들의 신앙을 뜨겁게 한다고 설명했습니다. 순교의 피로 말미암아 교회는 영적인 자양분이 심겨지고 양적으로 부흥되고 질적으로 새로워지면서 성령 충만한 교회가 된 것입니다.

　기독교가 박해를 받게 된 근본적인 원인은 기독교와 로마 황제 사이에 있었던 충돌이었습니다. 로마의 황제는 신으로 숭배를 받았습니다. 그러나 황제라고 할지라도 그는 어디까지나 피조물인 사람이기에 언젠가는 죽을 수밖에 없는 존재인 것입니다. 박해 기간에 진실하고 하나님을 사랑하는 자들은 생명을 바쳐 그리스도를 증언했던 순교자들입니다.

　대부분의 사람들은 환난과 박해를 좋아하지 않습니다. 어느 누가 자원하여 박해 받기를 원하겠습니까? 설사 있다고 해도 소수에 불과합니다. 우리 주님은 산상수훈 처음에 심령이 가난한 자는 복이 있나니 천국이 그들의 것이라고 말씀하셨는데, 팔복의 마지막에서 의를 위하여 박해를 받은 자도 그 복은 천국이 그들의 것임이라고 하셨습니다. 그러므로 천국으로 시작하여 천국으로 마치신 것입니다. 여기서 의를 위하여 박해를 받음에 대하여 종교개혁자 칼빈은 "악한 일들을 반대하고 선한 일들을 옹호하다가 악인들의 미움과 분노를 불러일으키는 자들에 대한 것"이라고 설명했습니다. 즉 그리스도인들이 예수 그리스도 때문에 박해를 받은 자는 복이 있다는 것입니다.

1. 박해의 의미

"박해"란 단어는 헬라어로 〈디오그모스 diogmos〉인데, 이 말은 '쫓아내고 추방하고 심하게 박해하는 것'을 의미합니다. 초대교회에서 제1세기가 끝나기 전에 '증인'이라는 단어와 '순교자'라는 단어가 동일한 뜻으로 사용된 것입니다. 이 말은 헬라어로 〈말투스 martus〉입니다. 헬라 나라에서는 일반적인 뜻으로는 증인을 의미했습니다. 왜냐하면 그 시대의 증인들이 대부분 순교자였기 때문입니다.

"그 때에 사람들이 너희를 환난에 넘겨주겠으며 너희를 죽이리니 너희가 내 이름 때문에 모든 민족에게 미움을 받으리라"(마 24:9)고 성경은 말씀합니다. 구체적으로 우리 구주의 복음을 믿기 때문에 박해를 당하는 것입니다. 평상시에는 누가 예수를 잘 믿는지 알 수 없지만 박해를 통하여 순수하고 정결한 믿음을 찾아보게 되는 것입니다. 우리 주 예수 그리스도의 이름과 복음 때문에 박해를 받는다는 것은 쉬운 일이 아닙니다. 바울은 모범적인 데살로니가 교회의 성도들의 믿음에 대하여 "그러므로 너희가 견디고 있는 모든 박해와 환난 중에서 너희 인내와 믿음으로 말미암아 하나님의 여러 교회에서 우리가 친히 자랑하노라"(살후 1:4)고 증언합니다. 자랑할 수 있는 믿음이란 박해와 환난을 견디는 믿음입니다.

오늘날 현대인들은 조금만 피곤하고 힘들어도 교회를 쉬고 집에서 간단히 화면으로 예배를 드리는 시대가 되었습니다. 우리의 믿음은 안일무사를 구하여서는 안 될 것입니다. 죽으면 죽으리라는 일사각오의 신앙을 소유해야만 주님을 바로 섬길 수가 있는 것입니다. 베드로 사도는 "너희가 거듭난 것은 썩어질 씨로 된 것이 아니요 썩지 아니할 씨로 된 것이니 살아 있고 항상 있는 하나님의 말씀으로 되었느니라"(벧전 1:23)고 증언합니다. 하나님의 말씀과 성령으로 거듭난 자는 그리스도에게 속한 사람입니다. 그들은 우리 구주 예수 그리스도의 보배로운 피로 구속함을 받은 자들이기에 가장 복된 자들인 것입니다. 그러므로 우리가 허물과 실수와 범죄로 인하여 고난을 당한다면 아무런 의미가 없는 것입니다. 오직 우리 구주와 복음을 위하여 고난을 받을 때만이 하나님의 영광을 드러내는 것입니다.

"누구든지 사람 앞에서 나를 시인하면 나도 하늘에 계신 내 아버지 앞에서 그를 시인할 것이요 누구든지 사람 앞에서 나를 부인하면 나도 하늘에 계신 내 아버지 앞에서 그를 부인하리라"(마 10:32-33)고 성경은 말씀합니다. 예수를 나의 구주로 믿는 신앙고백은 창조주 하나님과 우리 구주 예수 그리스도이신 중보자 앞에서 부끄러움 없이 고백해야 하는 것입니다. 주님을 시인하면 구원을 받고 영생의 나라에 들어갈 것이고 부인하면 구원에서 제외될 것입니다.

"자기 목숨을 얻는 자는 잃을 것이요 나를 위하여 자기 목숨을 잃는 자는 얻으리라"(마 10:39)고 성경은 말씀합니다. 예수를 나의 구주로 믿는 하나님의 백성들은 박해가 올 때에 생명을 걸고 주를 믿어야 할 것입니다. 우리가 박해를 극복하려면 죽음을 각오해야 할 것입니다. 순교는 그리스도인의 최고의 증거이며 또한 완전한 증언입니다. 순교는 내가 하고 싶다고 해서 되는 것이 아니라 순교의 영광은 하나님께서 주시는 은총인 것입니다. 순교를 가능하게 하는 은총이 순교신앙이라고 할 수 있습니다.

저 자신도 일제 강점기에 십계명을 지키며 의를 위하여 박해를 받고 순교하신 주기철 목사님과 공산치하에서 순교하신 손양원 목사님 그리고 조부 되시는 순교자 조석훈 목사님처럼 살다가 죽는 밀알이 되기를 소원하지만, 막상 쉽지는 아니합니다.

순교 신앙을 요약하면 이러합니다. 살든지 죽든지 먹든지 마시든지 거하든지 떠나든지 하나님의 영광을 위하여 사는 것입니다. 하나님의 말씀대로 살고, 말씀대로 죽으려고 하는 정신입니다. 하나님께서 나 같은 죄인을 구원하여주신 구원의 감격과 은혜에 감사하여 살고 죽으려는 일사각오의 신앙입니다. 생명 바쳐 복음을 증언하는 신앙이요 교회를 사랑하는 신앙입니다. 또한 자신을 부인하고 십자가를 지는 신앙을 순교 신앙이라고 할 수 있습니다.

주님은 "그 때에 사람들이 너희를 환난에 넘겨 주겠으며 너희를 죽이리니 너희가 내 이름 때문에 모든 민족에게 미움을 받으리라"(마 24:9)고 말씀하십니다. 그런데 박해를 받고 죽임을 당하는 것이 다른 이유가 아닙니다. 우리 구주 예수 그리스도의 이름 때문에 죽음에 자리에까지 이르게 된다는 것입니다. 12절에서는 "불법이 성하므로 많은 사람의 사랑이 식어지리라"고 성경은 말씀합니다.

주님은 "세상이 너희를 미워하면 너희보다 먼저 나를 미워한 줄을 알라"(요 15:18)고 말씀하십니다. 하나님을 도전하는 악한 세상이 그리스도인들을 미워하는 것은 우리 주 예수 그리스도를 미워하는 것입니다. 그러므로 그리스도인이 미움을 받은 것은 지극히 당연한 것입니다. "너희가 세상에 속하였으면 세상이 자기의 것을 사랑할 것이나 너희는 세상에 속한 자가 아니요 도리어 내가 너희를 세상에서 택하였기 때문에 세상이 너희를 미워하느니라"(요 15:19)고 우리 구주 예수 그리스도는 말씀하십니다.

세상에 속하였더라면 박해를 받지 아니할 수 있는데 세상에 속하지 아니하였기 때문에 미움을 받는다는 것입니다. 그 뿐만 아니라 "사람들이 나를 박해하였은즉 너희도 박해할 것이요"(요 15:20)라고 주님은 말씀하십니다. 주님도 세상에서 비난과 조롱을 받으시고 박해도 받으셨기 때문에 우리도 박해를 받는 것은 당연한 것입니다. 우리가 세상 사람들에게 박해를 받는 것은 이상한 일이 아닙니다. 왜냐하면 그리스도인은 빛의 아들이기 때문입니다. 빛이 있는 곳에는 어둠이 물러가는 것입니다. 하나님을 알지 못하고 구주 예수 그리스도를 믿지 아니하는 자들은 어둠의 자식들입니다. 그러므로 어둠은 빛을 싫어하는 것입니다. 세상에서 사악한 자들은 하나님의 거룩한 백성들을 미워하기 마련입니다. 악한 것 중에 가장 사악한 것이 죄악 세상이므로 세상과 접촉하고 살면 세속화 되고 죄악에 물들기가 쉽습니다.

인간의 전적 타락은 부모로부터 타고 납니다. 믿는 사람이라 할지라도 주님의 은혜가 아니면 잠시라도 서 있을 수 없는 것입니다. 세상에 속한 자들은 하나님과 진리에 속한 것들도 증오하는 것입니다. 이 세상에 악인들에게 미움과 조롱을 받는 자는 복이 있다고 주님은 선포하십니다. 세상 사람들이 관심도 없고 무시하는 하나님의 백성들이 복이 있다는 말씀인 것입니다.

청교도 설교자 토마스 왓슨은 "반쪽 교인은 예수를 따라서 감람산까지는 갈 수 있으나 갈보리 십자가의 언덕까지는 갈 수 없다."고 증언했습니다. 이 의는 바로 예수 그리스도 자신입니다. 그러므로 예수 때문에, 위대한 진리 때문에 당하는 괴로움과 고난인 것입니다. "무릇 그리스도 예수 안에서 경건하게 살고자 하는 자는 박해를 받으리라"(딤후 3:12)고 성경은 말씀합니다.

우리가 날마다 거룩하고 경건하게 살면 살수록 하나님을 알지 못하는 악한 자들로부터 박해를 받게 되는 것입니다. 적당히 술도 마시고 쾌락도 즐기고 적당히 세상과 타협하며 예수를 믿는 자는 별로 박해도 없을 것입니다. 왜냐하면 예수를 믿는 것 같기도 하고 안 믿는 것 같기도 하는 혼합주의 신앙은 별로 욕을 얻어먹을 것이 없기 때문입니다. 이런 신앙은 예수 믿는 것처럼 보일 뿐이지 예수 믿는 것이 아닙니다. 죽은 벌이 꿀을 낼 수가 없듯이, 다른 복음(갈 1:7)이나 다른 교훈(딤전 1:3) 혹은 어리석은 변론(딛 3:9)으로는 죽은 영혼을 살릴 수가 없는 것입니다.

"주여! 우리에게 하나님의 말씀만 믿고 따라가는 순수한 믿음을 주옵소서! 세상에서 출세하고 성공을 부러워하기보다는 예수 잘 믿고 박해 중에서도 인내하는 믿음이 되게 하소서!"라고 우리는 기도해야 할 것입니다. 사도 바울은 "그를 믿을 뿐 아니라 또한 그를 위하여 고난도 받게 하려 하심이라"(빌 1:29)고 증언합니다.

그러므로 그리스도를 믿는 것은 우리 구주의 고난에 동참하는 것입니다. "나 요한은 너희 형제요 예수의 환난과 나라와 참음에 동참하는 자라 하나님의 말씀과 예수를 증언하였으므로 말미암아 밧모라 하는 섬에 있었더니"(계 1:9)라고 성경은 말씀합니다. 주님의 품에 기대어 온 통 사랑을 받던 제자 요한은 구주께서 십자가에 죽으시고 부활하신 이후에는 밧모 섬에 유배를 갔다고 전해집니다. 그가 밧모 섬에 가게 된 이유는 예수 그리스도의 환난과 그의 나라와 참음에 동참하였기 때문이라고 성경은 말씀하고 있습니다.

그리스도인들은 소극적으로 예수를 믿어서는 안 되고 우리 구주 예수 그리스도의 환난에 동참해야 합니다. 우리 구주 예수 그리스도를 믿는다는 것은 환난과 박해가 기다리는 것입니다. 주님을 따르는 길은 넓은 길이 아니라 좁은 길이며, 넓은 문이 아니고 좁은 문으로 들어가는 것입니다. 그리스도를 믿는 것은 안일 무사한 신앙생활이 아닙니다. 주님 때문에 고난도 받아야 하는 것입니다.

"이런 사람은 세상이 감당하지 못하느니라"(히 11:38)고 성경은 말씀합니다. 이런 사람이 누구입니까? 하나님을 위하여 조롱과 채찍질을 받고, 결박과 옥에 갇힌 사람들입니다. 돌로 치는 것과 톱으로 켜는 것과 시험과 칼로 죽임을 당한 사람들입니다. 양과 염소의 가죽을 입고 유리하여 궁핍과 환난과 학대를 받은 사람들입니다. 이런 사람은 세상이 감당하지 못한다고 성경은 말씀합니다. 그 당시의 그리스도인들은 하루하루를 불안과 공포 속에서 살아가야 했습니다. 가정에서도 누구에게 박해 받을지 모르는 상황이었고, 언제 어디서 재산을 몰수당하고 사회에서 추방당할지 모르는 절박한 상태였습니다.

그리스도인들이 박해를 받을 때에는 생명을 걸지 아니하고는 예수를 믿을 수가 없었습니다. 화형을 당하기 전에 칼과 창과 송곳 등으로 고문을 당하기도 하고, 마차 바퀴 사이에 묶여져 몸 전체가 찢어지기도 했습니다. 때로는 군마들이 사방으로 달림으로 사지가 갈기갈기 찢기는 죽임을 당하기도 했습니다. 그리고 어떤 사람들의 발은 점점 불에 타면서 머리에는 찬 물을 붓기도 했습니다. 빨리 죽지 않는 모습을 보며 쾌감을 느꼈던 것입니다. 등에다 불에 녹은 납을 붓기도 했습니다. 심지어 황제의 특별 사면을 받은 사람들이라 할지라도 두 눈이 불에 지져진 채 석방되었다고 합니다.

세상적인 기준으로 보면 그리스도인들은 미련하고 바보 같은 존재요 저주받은 자로 생각할 수 있습니다. 그러나 그들은 하나님 앞에서 가장 존귀한 자요 축복받은 자들입니다. 왜냐하면 그들은 자신을 위하여 살지 아니하고 우리 구주 예수 그리스도를 위하여 죽었기 때문입니다. 한마디로 그들은 우리 구주 예수 그리스도를 가장 완벽하게 증언한 증인들인 것입니다. 우리들이 주 예수 그리스도의 보배로운 보혈로 구원을 받았다면 우리들도 그리스도의 의를 위하여 박해를 받는 것이 당연하지 않겠습니까? 오늘날의 기독교는 지구촌 여러 지역에서 박해를 받고 있습니다. 그러나 어떤 나라는 박해가 없어서 기독교가 타락하고 있고 복음의 본질을 상실하고 있습니다. 그러나 초대교회 성도들은 예수 믿는 것으로 인하여 많은 박해를 받았습니다. 심지어 굶주린 사자의 밥이 되기도 했습니다.

지금도 이탈리아 로마에 가면 '카타콤(catacombe)'이라는 지하묘지가 있습니다. 초대 그리스도인들이 믿음을 지키기 위하여 지하에서 생활한 곳입니다. 토굴 속으로 들어가면 수십 갈래의 길이 있는데, 좌우에는 순교자들의 해골들이 진열되어 있는 것을 볼 수 있습니다. 그들은 지하 동굴에서 수백 년 동안 살면서 자신의 생명과 가족과 재산보다 믿음을 지키고 후손들에게 신앙을 물려주기 위하여 복음을 사수했던 것입니다.

하나님의 은혜를 많이 입었던 주교 '이그나티우스'는 굶주린 맹수에게 물어 뜯겨 죽어야 할 상황이었을 때에 "우리 주 예수 그리스도를 부인하기보다 차라리 짐승의 이빨에 가루가 되어 하나님의 깨끗한 빵이 되겠다."고 했습니다. 결국 그는 구주 예수 그리스도를 위하여 원형 경기장의 모래를 피로 붉게 물들이고 말았던 것입니다. 의를 위하여 박해받을 각오와 자세가 되어있는 사람이었던 것입니다.

북 아프리카에는 "신이 비를 내리지 않는 것은 그리스도인들 때문"이라는 속담까지 생겼습니다. 홍수가 나거나 가뭄이 들거나 기근이 임하거나 전염병이 돌면 사람들은 흥분한 채 "그리스도인들을 잡아 죽여라! 그리고 사자에게 던져라!"고 외쳤던 것입니다. 체포가 되면 재산을 몰수당하고 사람들과 접촉을 금했습니다. 그뿐만 아니라 그 지역에서 멀리 추방당하기도 했습니다.

오늘날 지구촌에도 이집트나 터키의 그리스도인들이 이슬람의 박해로 신앙의 자유를 찾기 위하여 주변국의 나라로 피난을 갑니다. 어머니의 품과 같은 정든 조국과 고향을 떠나는 것은 결코 쉬운 일이 아닙니다. 그들은 예수의 환난에 동참한 자들입니다.

예루살렘의 감독 시므온은 전임 감독인 주님의 친동생 야고보와 마찬가지로 광신적인 유대인들에게 고소를 당해 주후 107년에 120살의 나이로 십자가에 처형당했습니다. 이렇게 그 당시의 그리스도인이 된다는 것은 박해를 각오하지 않고는 우리 구주를 믿을 수가 없었던 것입니다. 진정한 신앙은 환난과 핍박 속에서도 뒤로 물러서지 아니하고 생명 바쳐 목숨을 다하여 복음을 전하는 것입니다. 의를 위하여 박해 받는 것을 두려워하지 아니하고 기뻐하고 즐거워하는 자들입니다. 이런 신앙의 사도들로 인하여 이 복음이 우리에게까지 전해진 것입니다.

2. 박해 받는 자의 자세

1) 기뻐하고 즐거워하는 것입니다. (11절)

11절에 보면 "나로 말미암아 너희를 욕하고 박해하고 거짓으로 너희를 거슬러 모든 악한 말을 할 때에는"이라고 성경은 말씀합니다. 여기서 "욕하다"라는 말은 '꾸짖고 비난하는 것'을 의미합니다. 예수님 때문에 큰 소리로 비난 받고 욕설을 받는 것을 말합니다. 또 11절에 "너희를 거슬러"라는 말은 '마주 대하여 적대적인 관계로 대항하는 것'을 의미합니다. 그런데 악의적으로 대항하는 것보다 더 심각하고 고통스러운 것이 있는데, 그것은 악한 말을 하는 것입니다. "악한 말"이란 단어는 헬라어로 〈포네로스 pone:ros〉입니다. 이 말은 '사악한'이라는 의미입니다.

구약성경에서 "사악하다"라는 말은 하나님을 도전하고 불순종하고 마음이 삐뚤어진 악인에게만 사용하는 말입니다. 사악한 사람은 자신의 악을 조금도 굽히지 아니하고 지속적으로 악을 행하는 자입니다. 거짓과 위선과 악을 행하는 것에 익숙한 자요, 선을 행하는 일에는 무지한 자를 말합니다. 그런데 경건하고 선하고 양심적인 사람을 사악하다고 말한다면, 보통 사람은 참고 인내하기가 어려울 것입니다. 자신에게 불이익이 떨어진다면 믿는 사람까지도 사회법정으로 가는 시대입니다. 그러나 십자가의 복음 때문에 박해를 받고 예수의 환난에 동참하는 자는 복이 있다고 주님은 말씀하십니다.

사실 박해를 받은 상황에서 욕하고 조롱하면서 고문당할 때에 즐거워하기란 참으로 어려운 것이므로 박해는 결코 환영할 만한 것은 못됩니다. 그러나 박해를 통하여 신앙의 진실과 충성이 증명될 뿐만 아니라 거짓과 위선이 드러나는 시금석이 되는 것입니다. 가증되고 위선적인 신앙은 환난의 날에 가서는 예수가 나의 구주이심을 부인하고 진주보다 값진 신앙이라도 쉽게 포기하는 것입니다. 그러나 의를 위하여 박해를 각오하는 자의 신앙은 우리 구주 예수 그리스도를 위하여 자신의 생명을 아낌없이 제물로 드리는 것입니다. 즉 순교를 각오하는 자요 주님의 진실한 증인이 되는 것입니다. 그러므로 주님은 의를 위하여 박해를 받을 때에 기뻐하고 즐거워하라는 것입니다. "너희 전에 있던 선지자들도 이같이 박해하였느니라"(12절)라고 성경은 말씀합니다.

우리들이 박해를 받고 있다면, 우리보다 먼저 박해를 받은 선지자들의 무리 가운데 우리도 있다는 것을 알아야 할 것입니다. 박해를 받은 사람들은 하나님께 속한 자들이고, 박해한 자들은 사탄의 자식들입니다. 역사적인 시간 속에서는 그들이 승리한 것 같지만 영원한 천국에서는 두 가지의 갈림길이 있습니다. 박해 받은 자들이 얼마나 고통 속에서 지냈습니까? 그러나 그들은 천국을 소유하였고 다시는 죽음이 없는 하나님 나라에서 영원히 하나님과 함께 살 것입니다. 박해자들도 이미 다 죽었습니다. 그들도 우리 구주 예수 그리스도의 재림 시에 부활할 것인데, 그들의 부활은 무엇입니까? 그들은 다시 살기 위해서가 아니라 영원히 멸망하기 위하여 부활하는 것입니다. 예수 그리스도의 피를 모독하고 멸시한 자들은 영원히 꺼지지 아니하는 지옥 불 속으로 들어가기 위하여 살아나는 것입니다. 순교자들이 예수 믿는 죄로 인하여 지상에서 비참한 고문을 받고 죽임을 당했습니다. 그런데 아무 보상도 없이 그대로 끝난다면 얼마나 처참하고 불행한 존재입니까? 그러나 하늘 나라의 유업이 있는데, 그것은 주님이 주시는 상급과 면류관입니다. 그러므로 기뻐하고 즐거워하라고 주님은 말씀하십니다.

우리는 하나님 앞에서 예수 믿는 자가 되어야 합니다. 우리 그리스도인들에게 환난 자체가 복이 아니고 예수 그리스도로 말미암아 겪는 환난이 복이라고 주님은 말씀하십니다. "우리가 하나님의 나라에 들어가려면 많은 환난을 겪어야 할 것이라"(행 14:22)고 성경은 말씀합니다. 그리스도인은 천국에 들어가기까지는 결코 안전하거나 안일한 것을 기대하지 말아야 합니다. 오히려 고난을 받을 때에 기뻐하라는 것입니다. 매우 불가능한 일처럼 보입니다.

그런데 10절에 복이 약속되어 있습니다. "천국이 그들의 것임이라"고 주님은 말씀하십니다. 특별히 산상 수훈 가운데 복을 두 번씩이나 강조한 구절은 오늘 본문뿐입니다. 10절에 복이 한 번 나오고 11절에 복이 나옵니다. 그러므로 복이 두 번 나옵니다. 우리는 기억합시다. 의를 위하여 박해를 받은 자는 두 배의 복이 보장되어 있는 것입니다.

주님은 산상수훈을 통하여 처음에 천국으로 시작하여, 천국으로 마무리 하십니다. 주님은 "인자로 말미암아 사람들이 너희를 미워하며 멀리하고 욕하고 너희 이름을 악하다 하여 버릴 때에는 너희에게 복이 있도다"(눅 6:22)라고 말씀하십니다. 그러므로 경건한 그리스도인은 박해를 각오하고 주님을 따라야 합니다. 종교의 자유가 보장된 국가에서는 관계없다고 하지만 아직도 전 세계 각처에서는 종교분쟁이 일어나고 살상과 약탈이 계속되고 수많은 사람들이 희생당하고 있습니다. 이것은 기독교인이기 때문에 박해를 받기도 하지만 더욱 중요한 조건은 의를 위하여 박해를 받는다는 것입니다. 주 예수 그리스도 때문에 박해를 받고 복음 때문에 고난을 당하는 사람은 복이 있는 것입니다.

일제 치하(1910-1945년)에서도 주기철 목사님을 비롯하여 순교하신 분들이 오십여 명이 되고, 공산 치하에서 1945-1950년과 6.25 전쟁과 1953년 사이에 200명 이상이 순교하였다고 합니다. 우리 주 예수 그리스도의 이름과 그의 복음 때문에 믿음을 지키기 위하여 고난 받은 자들에게 위로의 말씀이 있습니다. "보라 내가 속히 오리니 내가 줄 상이 내게 있어 각 사람에게 그가 행한 대로 갚아 주리라"(계 22:12)고 성경은 말씀합니다. 구주 예수 그리스도께서 재림하시는 날에 우리들이 상을 얻을 수 있기를 간절히 소원합니다. 상 받는 믿음은 주님이 인정하시는 신앙입니다. 그리스도인이 주를 위하여 생명을 바친 것은 주님을 끝까지 사랑하고 최후까지 전한 증언입니다. "의를 위하여 고난을 받으면 복 있는 자니 그들이 두려워하는 것을 두려워하지 말며 근심하지 말고"(벧전 3:14)라고 성경은 말씀합니다.

우리는 기억합시다. 우리가 주님의 복음과 그분의 의를 위하여 고난을 받는 것은 손해나 저주가 아니고, 복이 있다고 성경은 말씀합니다. 그러므로 의를 위하여 고난을 받을 때에 두려워하거나 근심하지 맙시다. "너희가 그리스도의 이름으로 치욕을 당하면 복 있는 자로다"(벧전 4:14)고 했고, "만일 그리스도인으로 고난을 받으면 부끄러워하지 말고 도리어 그 이름으로 하나님께 영광을 돌리라"(벧전 4:16)고 성경은 말씀합니다. 우리가 그리스도의 이름으로 수치를 당하고 고난을 받으면 이것이 징벌이나 저주가 아니라 하나님께 영광을 돌리게 된다는 것입니다. 우리가 하나님께 영광을 돌릴 수만 있다면 어떤 고난과 희생도 감수하여야 할 것입니다. 그리스도인들에게 불 시험이 올 수도 있는데 이것을 이상히 여기지 말라(벧전 4:12)고 성경은 말씀합니다.

이것은 우리를 연단하려고 오는 불 시험이기 때문에 이런 시험을 통과하면 상급과 면류관이 주어질 것입니다. 우리가 의를 위하여 고난당하는 것은 자신의 신앙이 신실하다는 것을 인정받는 것입니다. 왜냐하면 이 고난으로 말미암아 하나님께 영광을 돌려 드리기 때문입니다.

어떤 면에서 보면, 그리스도인들이 그리스도를 위하여 박해가 없이 예수를 믿는다는 것이 이상한 일인지도 모릅니다. 박해가 있을 때에 교회는 부흥되었고, 그리스도인의 신앙은 불같이 뜨겁게 순수하였고 순교를 각오했던 것입니다. 사악한 자들로부터 잔인한 대접을 받는다는 것은 얼마나 견디기 어려운 일입니까? 하나님과 우리 주 예수 그리스도와 복음을 위하여 고난을 받게 되면 고난으로 끝나는 것이 아니라 복을 주십니다. "너희가 그리스도의 이름으로 치욕을 당하면 복 있는 자로다 영광의 영 곧 하나님의 영이 너희 위에 계심이라"(벧전 4:14)고 성경은 말씀합니다.

세상적인 눈으로 볼 때는 불행하게 보일지라도 신앙적인 면으로 보면 그리스도의 이름으로 고난을 받음으로 하나님께 영광을 돌리게 되는 것입니다. 우리가 하나님께 예배하고 찬양을 드림으로 하나님께 영광을 돌립니다. 동시에 환난 날에 물러서지 아니하고 주님의 이름을 위하여 고난 받고 순교할 수만 있다면 하나님께 큰 영광을 돌리게 되는 것입니다. 신앙의 용기와 지조를 끝까지 지키는 자가 누구입니까? 의를 위하여 박해를 감수하는 자들이 아닙니까? 선교현장의 삶이 비록 힘들고 어려워도 그리스도의 이름으로 고난을 받고 박해를 받는 것을 기뻐하며 삽시다.

2) 하늘의 상을 기다리는 것입니다. (12절)

12절에 보면 "하늘에서 너희의 상이 큼이라"고 말씀합니다. 여기서 "상"이란 하나님이 보답하여 주시는 것을 의미합니다. 우리는 어떤 선행이나 공로가 있다고 하더라도 상 받을 만한 자격은 없는 자들입니다. 그러므로 우리가 하늘의 상급을 받는 것 자체가 하나님의 은혜입니다. 우리 그리스도인들이 하나님의 은혜로 구원받은 자이기 때문입니다.

저는 전능하신 주님 앞에 늘 부족하고 연약한 자이기에 하나님의 은혜를 좋아합니다. 일본 선교 현지에서 지금까지의 사역을 한 것도 주님의 은혜가 아니면 하루도 살 수가 없습니다. 앞으로도 우리는 주님의 은혜로만 사역할 것입니다. 대조적으로 비 진리를 위하여 박해를 받은 것은 복이 되지 않습니다.

주님과 복음을 위하여 고난을 받은 것이 가치가 있습니다. 일부러 매를 맞고 욕먹을 필요는 없지만 우리 주 예수 그리스도 때문에 복음 증언으로 인하여 욕을 먹든지 미움을 받는 것은 복이 있다고 주님은 말씀하십니다. 그리스도인이 고난이나 박해를 받는 것은 순전히 우리 구주 그리스도 때문입니다. 그리스도인들이 이유 없이 때로는 터무니 없이 박해를 받는 이유가 무엇입니까? 그것은 자신을 위하여 살지 아니하고 오직 우리 구주 예수 그리스도를 위하여 살기 때문입니다. 우리는 주님의 피 값으로 사신 피조물들입니다. 그러므로 신실한 그리스도인은 주님처럼 살다가 구주처럼 죽어야 할 것입니다. 그리스도인들이 의를 위하여 박해를 받으면 오히려 복이 있다고 성경은 말씀합니다.

12절에 보면 "너희의 상이 큼이라"고 말씀합니다. 세상 나라에서는 정당한 절차와 대우를 받지 못한다고 하여도 저 영원한 하나님 나라인 은혜의 왕국에서는 매우 존귀한 하나님의 백성으로 이전의 선지자들처럼 상을 받게 될 것입니다. 그러므로 어떤 수치와 멸시 천대를 받는다고 하여도 부끄러워하지 말고 고난당하는 자들을 서로 안아주면서 위로하며 삽시다. 우리가 가는 길은 비록 좁은 길이요 좁은 문이라 할지라도 천국에서는 영광의 문이 될 것입니다.

부모나 형제나 자식이나 부유함이나 명예나 자신의 공로를 자랑하지 말고 자랑한다면 여호와의 이름을 자랑하고 중보자요 구원자이신 우리 구주 예수 그리스도의 십자가만을 자랑합시다. 이런 무리들을 주님께서는 두 손 들고 환영하실 것입니다. 우리가 구주 예수 그리스도를 위하여 박해를 받고 욕을 당하는 것은 우리 자신들이 하나님의 선택 받은 사람인 것임을 알고 기뻐해야 하는 것입니다. 하나님 나라의 영광 보좌 위에 계신 주님이 기뻐하시고 칭찬하실 것입니다. 그러므로 잘 참고 인내하고 기다리고 기다리다 보면 그것은 하나님 나라에서 영광이 되는 것입니다. 또한 슬퍼하거나 낙망할 이유가 하나도 없는 것입니다. 하늘에서 상급이 크게 주어지기 때문입니다. 이런 환난과 박해로 말미암아 하나님 나라에서 풍성한 보상을 받게 될 것입니다. 우리 주 예수 그리스도를 위하여 수고한 섬김만이 아니라 고난도 함께 계산되고 포함될 것입니다.

우리가 그리스도를 위하여 손해 본 것처럼 보이겠지만 결국에 장차 하나님 나라에 가서는 그리스도께서 자비하신 손길로 어루만져 주시고 위로와 평강이 넘치는 상급으로 각 사람에게 채워주실 것입니다. 영국의 청교도 매튜 풀 목사는 "이 상급은 우리가 받을 만해서 받는 것이 아니라 순전히 은혜로 주어지는 것이다."라고 설명합니다. 왜냐하면 우리에게는 아무 공로가 없는데, 우리가 구주 예수 그리스도의 보혈로 죄 사함을 받고 구원을 얻었다면 우리 구주를 위하여 받는 고난은 지극히 당연하기 때문인 것입니다. 하나님은 그의 백성들이 당하는 모든 환난들을 다 알고 계십니다.

종교 개혁자 마틴 루터는 그의 명상록에 "시험이 많을수록 하나님의 자비는 증가되고, 고통이 더할수록 하나님의 은혜도 더하여진다."고 했습니다. 보석은 잃어버리면 다시 살 수 있지만 하나님의 은혜를 상실하면 모든 것을 잃어버리게 되는 것입니다. 오! 하나님의 은혜! "가장 좋은 기도는 하나님의 은혜가 우리에게 머무는 것이라"고 스펄전 목사는 증언했습니다. '주여! 우리에게 하나님의 은혜로 가득 채우소서! 아멘!' 그러므로 우리는 고난 속에서도 증가되는 하나님의 은혜를 날마다 체험합시다.

3) 왜 우리 그리스도인들이 박해를 받으면 기뻐해야 합니까?

(1) 이것은 그리스도를 위한 고난이기 때문입니다.

만약에 우리의 허물과 죄 때문에 당하는 고난이라면 아무런 의미가 없습니다. 오직 우리 주 예수 그리스도와 복음을 위해서 받는 고난이어야 가치가 있는 것입니다. 주님은 "그는 육체에 계실 때에 자기를 죽음에서 능히 구원하실 이에게 심한 통곡과 눈물로 간구와 소원을 올렸고 그의 경건하심으로 말미암아 들으심을 얻었느니라"(히 5:7)고 성경은 말씀합니다. 주님은 하나님과 동등하시고 하나이심에도 불구하고(요 10:30) 세상에 계실 때에 인간의 몸을 입으셨기에 통곡과 눈물의 기도를 하나님께 드렸던 것입니다. 우리 가운데 한평생 살면서 통곡과 눈물의 기도가 있었다면 한없는 주님의 위로와 평강을 체험하였을 것입니다. 그러므로 우리들도 연약하고 부족하지만 십자가에 죽으시고 부활하신 그리스도를 위하여 어떤 고난과 박해도 감수하며 신앙을 지켜야 하는 것입니다.

시인 다윗은 이리 저리 방랑과 도피생활을 하면서 자주 눈물을 흘렸습니다. 그러기에 시인은 "나의 눈물을 주의 병에 담으소서"(시 56:8)라고 증언합니다. 우리들이 하나님 앞에 기도할 때마다 눈물을 드릴 수만 있다면 그 간구는 곧 응답될 것입니다. 하나님은 자기 백성의 고난당하는 모습을 불쌍히 여기시는 마음과 자비로운 관심을 가지고 지켜보십니다.

하나님의 백성들이 비둘기처럼 아무에게도 해를 끼치지 아니하여도 기독교인이라는 이유 하나 때문에 고난을 당하기도 합니다. 그러나 낙심하거나 좌절하지 맙시다. 의를 위하여, 그리스도를 위하여 박해를 받은 자들의 피와 죽음이 주님의 눈에는 보배로운 것입니다. 하나님은 그의 백성들이 환난을 당한 기간에 따라서 그들을 위로하실 것입니다. 그리스도인이 우리 구주 예수 그리스도 때문에 고난을 당하는 것은 영원한 것이 아니고 잠깐일 뿐입니다.

영국의 스펄전 목사는 천국에 대하여 "오! 하늘의 예루살렘, 영원한 언덕이여. 그 성벽 안에 거하는 백성은 복되도다. 그곳은 황금 저택이니, 거기서 성도들이 영원히 노래하도다. 그곳은 하나님이 택하신 보좌, 또한 왕의 궁전이라. 하나님이 좌정하시고 영광 중에 다스리시네. 어린 양이 등불 되어 비추시니 결코 꺼지지 않는 빛이로다. 이 성에 접근하여 그 백성의 평화를 방해할 자 없으니 밤이나 낮이나 쉬지 않고 백성이 그들의 하나님을 영원히 노래하도다. 천국에는 염려나 죄가 우리를 훼방하지 못하고, 우리 눈에서 눈물은 사라지며 땅의 일들이 행복한 생각을 괴롭히지 못할 것이다. 만일 죽는 것이 예수님과의 끊임없는 교제 속으로 우리를 이끈다면 사망도 참으로 유익하고 사망의 검과 물방울들은 승리의 바다에 곧 삼켜지고 말 것이라"고 했습니다.

그리스도인의 고난에 대하여 성경은 "우리가 잠시 받는 환난의 경한 것이 지극히 크고 영원한 영광의 중한 것을 우리에게 이루게 함이니"(고후 4:17)라고 말씀합니다. 우리의 환난은 잠시 잠깐이지만 영광은 지극히 크고 영원하다고 했습니다. 대부분의 사람들이 순교자가 되기를 바라는 사람은 거의 없을 것입니다. 그러나 예수의 환난에 동참하고 복음을 위하여 생명을 드린 순교자는 우리 모두의 칭송의 대상이 될 것입니다.

우리가 천국 문으로 들어가는 유일한 길은 십자가에 못 박히신 그 분의 보혈을 믿는 것입니다. 순교자들은 예수처럼 살다가 주님처럼 죽기 위해 몸을 희생한 것입니다. 그러므로 우리 주 예수 그리스도께서는 순교자들을 더 귀히 여기실 것입니다. 순교자들이 아무리 그리스도를 위하여 극도의 고통을 받았다고 하더라도 구주께서 자기 지체들 속에서 고통을 함께 나누신 것을 우리는 압니다.

(2) 승리를 주시기 때문입니다. (롬 8:35, 37)

"누가 우리를 그리스도의 사랑에서 끊으리요 환난이나 곤고나 박해나 기근이나 적신이나 위험이나 칼이랴 그러나 이 모든 일에 우리를 사랑하시는 이로 말미암아 우리가 넉넉히 이기느니라"(롬 8:35, 37)고 성경은 말씀합니다. 옛 성도들은 신앙으로 인하여 위협과 박해를 당할 때에 겨우 간신히 이긴 것이 아니라 넉넉히 이겼습니다. 이렇게 "우리 구주 예수 그리스도와 의를 위하여 박해를 받은 자가 들어가는 곳이 천국인 것입니다.

천국은 하나님 아버지와 우리 구주 예수 그리스도가 계신 곳입니다. 우리가 그 분과 함께 있게 될 곳이며, 그 분의 영광을 볼 수 있는 곳입니다. 하나님의 영광을 본다는 것은 인간적으로 도저히 상상하거나 표현할 수 없는 것입니다. 우리의 마음을 도저히 억누를 수 없는 곳이 천국입니다. "기록된 바 하나님이 자기를 사랑하는 자들을 위하여 예비하신 모든 것은 눈으로 보지 못하고 귀로 듣지 못하고 사람의 마음으로 생각하지도 못하였다 함과 같으리라"(고전 2:9)고 성경은 말씀합니다. 이러한 천국은 하나님이 알도록 인도하셔야 볼 수 있고 깨닫게 되는 것입니다. 즉 하나님의 은혜만으로 천국을 느낄 수 있는 것입니다.

결 론

박해를 받고 있는 자들에게는 두려움이 있을 것입니다. 그러나 두려워하지 맙시다. 왜냐하면 하나님께서는 우리에게 두신 뜻을 반드시 이루실 것이기 때문입니다. 우리 구주 예수 그리스도를 위하여 위대한 사명을 감당하는 자들에게는 사람들의 오해와 배척을 각오해야 할 것입니다. 이런 무수한 시련과 박해를 통과한 자들에게는 하나님께서 반드시 상급을 주실 것입니다. 우리들이 예수 그리스도 때문에 고난을 당하는 것은 매우 복된 것입니다. 그것은 우리 구주 예수 그리스도의 남은 고난을 채우는 것입니다. 우리가 박해를 받는 것도 그리스도의 고난에서 모자라는 부분을 채우기 위한 고난임을 기억해야 합니다. "자녀이면 또한 상속자 곧 하나님의 상속자요 그리스도와 함께 한 상속자니 우리가 그와 함께 영광을 받기 위하여 고난도 함께 받아야 할 것이니라"(롬 8:17)고 성경은 말씀합니다.

우리는 구주 예수 그리스도와 그의 의를 위하여 박해를 감수하며 복음을 위한 고난이라면 기뻐합시다. 그리스도를 위하여 그리고 그의 이름을 위하여 고난을 받으면 낙심하지 말고 기뻐하고 즐거워합시다. 왜냐하면 하늘의 상급이 쌓여지기 때문입니다. 이 상은 작은 것이 아니라 크다고 주님은 약속하셨습니다. 그러므로 이제부터 박해를 받으면 하나님께는 영광을 돌리는 시간이 됩니다. "모든 은혜의 하나님 곧 그리스도 안에서 너희를 부르사 자기의 영원한 영광에 들어가게 하신 이가 잠깐 고난을 당한 너희를 친히 온전하게 하시고 굳건하게 하시며 강하게 하시며 터를 견고케 하시리라"(벧전 5:10)고 성경은 말씀합니다.

우리의 고난은 잠깐이므로 하나님 나라의 영광을 바라보면서 살아갑시다. 왜냐하면 영원한 영광에 들어가는 것은 은혜 중에 은혜이며 복 중에 복이 되기 때문입니다. 저의 스승이신 존경하는 고 박윤선 박사님은 밤 10시부터 12시까지 총신대학교 강단에서 기도회를 인도하시면서 "고생을 하라, 핍박을 받으라. 이것이 비정한 말 같지만 언제나 하고 싶은 말이다."라고 눈물로 호소하셨습니다. 우리가 구주 예수님처럼 살고 싶으면 자연히 박해를 받게 됩니다. 그리스도인에게 박해가 없다면 하나님께 영광을 돌릴 수가 없는 것입니다. 사도들처럼 그리스도를 위하여 그리스도의 이름 때문에 고난과 능욕 받는 것을 두려워하지 맙시다. 세상 사람들은 자기의 허물과 잘못으로 고난을 받습니다. 그러나 그리스도인들은 의롭고 경건하게 살기 때문에 고난을 받아야 하는 것입니다. 의를 위하여 박해를 받은 자는 하늘에서 상이 클 것입니다. 이 약속을 믿고 의지하면서 승리하시기를 우리 주님의 이름으로 간절히 축원합니다.

제2부

**구속사적
강해설교**

1
하나님과 동행하는 사람

[창세기 5:21-24]

서 론

인간이 하나님을 전적으로 의지하고 산다는 것은 은혜입니다. 믿음은 오직 전적으로 하나님만 바라고 의뢰하는 것이 믿음의 본질입니다. 믿음을 확고하게 소유하려면 인내하고 기도로써 하나님과 긴밀하게 접촉해야만 합니다. 한마디로 하나님을 만나야 하는 것입니다. 그러므로 믿음이란 아무 때나 마음만 먹으면 생기는 것이 아닙니다. 우리의 모든 것을 드려서 믿음의 능력을 가져야만 악한 영의 지배를 받지 아니하고 하나님과 동행이 이루어지는 것입니다. 하나님과 동행한 에녹은 하늘나라로 옮겨지기 전에 하나님을 기쁘시게 하는 자라 하는 증거를 받은 자입니다(히 11:5). 무엇으로 하나님을 기쁘시게 할 수가 있습니까? 그것은 믿음으로만이 하나님을 기쁘시게 할 수 있는 것입니다.

우리 그리스도인들은 우리의 자녀들에게 남겨줄 유산이 무엇이라고 생각하십니까? 재물보다 신앙의 유산을 남겨주어야 더 가치가 있고 소중한 것입니다. 그렇다고 물질적인 것을 전혀 배제하는 것은 아닙니다. 물질적인 것보다 더 중요한 것이 영적인 신앙의 유산입니다. 그러므로 경건한 후손을 많이 남기는 것이 하나님께 영광을 돌리는 것입니다. 오늘 본문에는 인류의 조상인 아담으로부터 의인 노아에 이르기까지 초기 십 대의 족보가 기록되어 있습니다. 에녹은 아담의 칠 대 후손입니다. 그리고 가인의 후손이자 아담의 삼대 손인 에녹과는 다른 사람입니다. 그 당시 사람들은 현재 우리의 수명과는 상상할 수 없을 정도로 그들은 장수하였던 자들입니다. 오늘 본문에 보면 아담의 후손인 누가 몇 세를 살다가 죽었다고 성경은 말씀합니다. 즉 그들의 연수가 계수되고 다 차서 예외 없이 죽음이 왔다는 것을 보여줍니다. 그 당시 상황으로 보면 거의 팔백세 이상을 살았다고 볼 수 있습니다.

그런데 놀라운 것은 에녹이라는 사람은 그들과 평범한 생활을 하면서 하나님과 동행하는 삶을 살았던 것입니다. 에녹은 죽음을 통과하지 아니하고 하나님 나라로 들어간 사람입니다. 즉, 에녹이 하나님과 동행하더니 하나님이 그를 데려가셨다고 성경은 말씀합니다. 그래서 세상에 있지 아니하였던 것입니다. 성경에 보면 죽음을 보지 않고 승천한 두 사람이 나옵니다. 본문에 나오는 에녹과 다른 한 사람은 엘리야입니다. 에녹은 평범한 일상생활을 통하여 하나님과 교제하고 경건생활을 유지했습니다. 엘리야는 모든 사람들이 존경하고 부러워할 만한 이적과 능력을 나타냈던 선지자였습니다. 그는 하나님의 특별한 은혜로 죽음을 보지 아니하고 하늘로 승천했습니다. 그런데 에녹은 엘리야처럼 큰 능력과 이적을 일으킨 일도 없습니다. 그러나 그는 하나님과 삼백년을 동행했던 것입니다.

아담 시대의 사람들 그리고 그의 후손들은 거의 장수한 자들입니다. 므두셀라는 구백육십구 세를 살았던 장수의 사람입니다. 약 천 년 가까이 살았던 사람입니다. 그러나 에녹은 그들에 비하면 약 삼분의 일 정도의 삶 밖에 되지 아니합니다. 하나님 앞에서는 육신적인 삶 자체가 중요한 것이 아닙니다. 얼마나 하나님 앞에서 경건하게 믿음으로 살았느냐가 더 중요한 것입니다.

우리의 일생을 전적으로 하나님께 아낌없이 드리는 삶을 살았느냐? 이것이 우리 그리스도인의 목표가 되어야 하는 것입니다. 얼마만큼 믿음으로 살면서 하나님을 기쁘시게 하며 영화롭게 하였는가? 이것이 우리의 삶의 목적이 되어야 합니다. 그러면 에녹이 하나님과 동행한 삶의 의미가 무엇인가 살피며 은혜 받기를 원합니다.

1. 에녹은 하나님과 동행한 사람입니다. (24절)

"에녹이 하나님과 동행하더니"라고 말씀합니다. "동행"이란 단어는 히브리어로 〈할라크 halak〉입니다. 이 말은 '함께 가고 오는 것'을 의미합니다. 일시적이 아니라 지속적으로 함께 나아가고 생활하는 것을 말합니다. 특별히 '친교, 우정, 친밀, 사랑'을 의미합니다. 이 단어가 성경에 약 500회 정도 나옵니다. 이 말은 배의 항해와 물의 흐름과 나팔소리의 커져감을 의미합니다.

하나님과 동행하면 동행할수록 깊은 영적 교제를 가지게 되는 것입니다. 하나님과의 동행은 한쪽만이 좋아서 되는 것은 아닙니다. 하나님의 마음에 합하지 아니하고는 하나님과 동행하기란 불가능한 것입니다. '동행했다'라는 말을 히브리어로 직역하면 "그 하나님과 함께 걷다"라는 의미인 것입니다. 여기서 "걷다"라는 말은 단순한 보행을 말하는 것이 아닙니다. 어떤 기준을 두고 행하는 적극적인 뜻이 있습니다. 우리가 하나님을 바라보면서 믿음을 지킬 때만이 신앙의 본질을 다시 회복하게 되는 것입니다. 즉 하나님과의 관계성을 유지하는 것입니다.

세속적인 세상에서 죄 짓지 아니하고 산다는 것이 얼마나 어렵습니까? 모든 사람들이 하나님이 없다고 불의와 거짓을 행하는데 자신만이 유독 신앙을 지킨다는 것은 참으로 힘들고 버거운 일일 것입니다. 그러나 우리는 기억해야 합니다. 하나님 없는 삶은 비본질적인 것에 치우치게 되는 것입니다. 사람을 의지하고 살면 형통하는 것 같으나 실패인 것입니다. "사람을 두려워하면 올무에 걸리게 되거니와 여호와를 의지하는 자는 안전하리라"(잠 29:25)고 성경은 말씀합니다.

에녹은 수많은 사람들이 하나님이 없는 것처럼 살아가는 시대에 사람을 의식하거나 두려워하지 아니하고 전능하신 하나님만을 믿고 의지하며 살았던 산 순교자인 것입니다.

유다 왕 여호사밧이 나중에 교제해서는 안 될 사람과 교제합니다. 그는 이스라엘 왕 아하시야입니다. 그는 하나님 앞에서 심히 악을 행한 자입니다. 두 왕이 서로 연합하고 배를 에시온게벨에서 만듭니다. 그러나 그 배들이 부서져서 다시스로 돌아오지 못하였던 것입니다(대하 20: 35-37). 왜냐하면 하나님은 경건한 자가 악인과 교제하는 것을 기뻐하지 아니하시기 때문입니다.

그러므로 우리는 이렇게 기도합시다.
'주여! 현재와 미래,
즉 천국에 들어가기까지 하나님과만 동행하게 하소서!
축복의 통로로 살아가게 하소서!'

일반적으로 악인과 동행하면 악한 영향을 받게 되고, 선한 사람과 동행하면 선한 영향을 받게 될 것입니다. 그러나 우리는 하나님과 동행하면 온전하게 될 것입니다. 사람을 하나님처럼 믿고 의지하면 실패와 좌절 속에서 살아가지만, 전능하신 하나님을 의지하고 나가면 큰 산이 가로막는다 할지라도 낮아지게 하실 것입니다. 그리고 마지막은 형통하는 것입니다.

"할렐루야 여호와를 경외하며 그의 계명을 크게 즐거워하는 자는 복이 있도다 그는 흉한 소문을 두려워하지 아니함이여 여호와를 의뢰하고 그의 마음을 굳게 정하였도다"(시 112:1, 7)라고 성경은 말씀합니다. 사람을 의지하지 아니하고 하나님을 믿고 의지하는 자가 복이 있는 것입니다. 그런데 중요한 것은 하나님과 여기서 "과"자가 중요합니다. 즉,

그 하나님과 '함께'라는 뜻입니다. "함께"라는 말은 '접근하다, 달라붙다'는 의미인 것입니다. 이것은 믿음의 사람 에녹의 삶이 하나님과 완전히 밀착 된 것을 의미합니다. 하나님과 분리할 수 없는 상태인 것입니다. 이러한 삶이 바로 하나님과 동행하면서 신앙생활에 승리할 수 있었던 비결인 것입니다. 우리는 남은 여생을 더욱 하나님과 밀착되어 날마다 동행하실 수 있기를 간절히 소원합니다.

감동을 받은 글귀가 있어서 소개합니다.

"어느 날 밤 꿈을 꾸었네/
주님과 함께 바닷가 거니는 꿈을 꾸었네/
밤하늘을 가로 질러 빛이 임한 그 바닷가 모래 위에
두 짝의 발자국을 보았네/
한 짝은 내 것 다른 한 짝은 주님의 것/
거기서 내 인생의 장면들을 보았네/
마지막 내 발자국이 멈춘 곳에서…
내 삶의 길을 돌이켜 보았을 때/
자주 내 삶의 길에 오직 한 짝의 발자국만 보았네/
그 때는 내 인생이 가장 비참하고 슬픈 계절이었네/
나는 의아해서 주님께 물었네/
주님, 제가 당신을 따르기로 했을 때
그 때 거기에는 한 짝의 발자국 밖에 없었습니다.
주님은 저를 떠나셨지요?/
주님께서 대답하시었네./
나의 귀하고 소중한 아이여 나는 너를 사랑했고
결코 너를 떠나지 않았단다.
네 시련의 때 고통의 때에도….
네가 본 오직 한 발자국 그것은 내 발자국이니라.
그 때 내가 너를 등에 업고 걸었노라."

주님과 동행하는 사람은 시련과 고난이 있어도 행복한 사람입니다. 시인은 "하나님께 가까이 함이 내게 복이라"(시 73:27)고 증언합니다. 하나님과의 동행은 하나님을 가까이 하는 것입니다. 우리가 하나님과 가까이 할 수 있는 것은 그분이 우리에게 가까이 다가오시기 때문입니다. 우리가 연약하고 부족하여도 하나님은 날마다 저와 여러분에게 변함없으신 분이십니다.

에녹 시대에 하나님과 동행하지 않고 교통을 단절하였던 사람들은 모두가 멸망했지만 평범하게 살면서도 하나님과 교통하던 에녹은 믿음의 영웅으로 나타났던 것입니다. 그 이유는 에녹은 하나님께서 자신의 전능하시고 거룩하시며 선하신 분이심을 알았기 때문입니다. 그러므로 하나님과 동행하는 사람은 환경도 문제가 되지 않고, 고난도 아픔도 모두 하나님께 맡기고 사는 사람입니다. 경건한 사람 에녹이나 능력의 선지자 엘리야 모두 우리들과 같이 성정을 가진 자들입니다. 타락한 인간의 본성을 가지고 출생한 자들입니다. 그들도 하나님으로부터 용서를 받고 의롭다 함을 받을 필요가 있었던 것입니다. 그러므로 믿음이 없이는 하나님을 기쁘시게 할 수 없는 것입니다. 아담의 후손들은 죄악 가운데서 태어났기에 모든 사람들이 하나님과 동행하는 것이란 결코 쉽지 않은 것입니다.

그렇다면 에녹이 하나님과 동행할 수 있었던 비결이 무엇입니까? "믿음으로 에녹은 죽음을 보지 않고 옮겨졌으니 하나님이 그를 옮기심으로 다시 보이지 아니하였느니라 그는 옮겨지기 전에 하나님을 기쁘시게 하는 자라 하는 증거를 받았느니라"(히 11:5)고 성경은 말씀합니다. 에녹은 지상 생활을 통하여 사람을 기쁘게 했다는 말이 없습니다. 전능하신 하나님을 기쁘시게 했다고 성경은 말씀합니다. 우리 그리스도인들이 진정으로 하나님과 동행하기를 원하십니까? 그렇다면 하나님을 기쁘시게 하는 사람들이 되시기를 간절히 소원합니다.

하나님을 기쁘시게 하는 사람에게 하나님이 무엇이든 주시지 않겠습니까? 무엇보다도 신령한 지혜와 지식과 하나님의 뜻을 아는 것으로 가득 채워주실 것입니다(골 1:9). 즉, 그는 하나님 나라로 옮겨지기 전에 하나님을 기쁘시게 하였다는 것입니다. 믿음으로 하나님을 기쁘시게 하였기 때문에 그는 하나님과 동행할 수 있었던 것입니다. 우리에게도 믿음만 있으면 하나님과 아름다운 교제를 할 수 있는 것입니다. 믿음이라고 하는 것은 하나님을 의지하는 것입니다. 인간은 한없이 무능한 존재인데 하나님을 의지하면 하나님이 은혜를 주시고 보살펴 주십니다. 그러므로 우리는 하나님을 의지하면 할수록 하나님을 기쁘시게 할 수 있는 것입니다.

에녹은 죄악이 많은 세상에서 사람을 기쁘게 하지 않고, 오직 하나님을 기쁘시게 한 자입니다. 에녹은 그 당시로 보면 짧은 인생을 살았지만 하나님을 기쁘시게 하는 사람으로 삼백 년을 동행한 것입니다. 우리도 남은 생애가 얼마가 되든지 세상과 타협하지 아니하고 전능하신 하나님과 동행하며 그분의 통제를 받으며 살아가야 할 것입니다. 우리 자신은 하나님의 은혜로 구원받은 존재이기에 남은 생애도 하나님의 은혜로 살아가야 할 자들입니다. 우리의 의를 내세울 것이 하나도 없습니다. 자랑한다면 우리 구주 예수 그리스도의 구속의 은혜를 자랑해야 할 것입니다. 그러므로 살든지 죽든지 주님만을 위하여 살고 죽어야 할 것입니다. 우리의 진정한 믿음은 하나님 앞에서 인내하며 기다리는 것입니다. 다른 사람에 비하여 수명이 짧았지만 삼백 년 동안 하나님을 기쁘시게 하였다는 것은 보통 인내로 되는 것이 아닙니다.

믿음은 관념적으로 믿는 것을 말하는 것이 아닙니다. 에녹은 하나님이 계시다는 것을 단순히 이해하는 정도가 아니라, 하나님의 절대 주권 사상을 가지고 하나님의 면전 앞에서 그분을 대하고 의식하며 살았던 것입니다. 그리고 절대적으로 하나님을 의지하고 믿는 신앙이었습니다. 우리는 행여나 하나님을 향하여 의심을 품어서는 안 될 것입니다.

더 나아가 믿음이란 오직 하나님 한 분에게만 영광 돌리는 것이고, 하나님만 바라보는 것을 의미합니다. 이것이 어떻게 가능한 것입니까? 한마디로 하나님의 은혜로 살아가는 것입니다. 하나님의 은혜가 얼마나 귀하고 복된 것입니까? 경건한 사람일수록 한쪽으로 치우치지 아니합니다. 중세 신학자들은 하나님의 말씀보다는 지성을 신앙의 원리로 삼았습니다. 그러자 이에 대한 반발로 하나님을 직접 만남을 갈망하는 신비주의자들이 나타난 것입니다. 그들은 주관적인 경험을 절대화 하여 말씀보다 체험을 더 중요시 했습니다. 신비적인 것도 중요하지만 이것을 너무나도 절대화 시켜서는 안 됩니다. 우리의 신앙 기준은 오직 성경인 것입니다. 우리는 너무나도 크고 놀라운 은혜를 받고 살아갑니다. 신구약 성경 66권을 가지고 믿음생활을 할 수 있다는 것이 얼마나 큰 은혜인지 모릅니다.

하나님과 동행하며 사는 자는 매일 기도와 말씀 묵상으로 훈련하며 자신이 성령 하나님과 말씀의 지배를 받으며 사는 것입니다. 이것이 느슨해지거나 소홀하고 중단되지 않도록 날마다 자신을 쳐서 복종시키며 살아야 하고(고전 9:27), 바울처럼 자신을 날마다 죽여야 하는 것입니다(고전 15:31). 나의 감정과 혈기와 욕망이 죽어지지 아니하면 거룩하신 하나님과 교제하거나 교통이 불가능하며 그분과 가까이 할 수도 없고 동행할 수가 없습니다. 그러므로 하루하루를 믿음으로 살려고 애쓰고 힘써야 하는 것입니다. 만약에 우리가 죄 가운데서 행한다면 하나님과 동행할 수 없고, 죄를 짓는 생활을 함으로 하나님과 사귐에서 멀어지게 됩니다. 하나님을 기쁘시게 하는 자만이 하나님과 동행을 하게 되는 것입니다. 에녹은 일상생활 자체에서 항상 하나님을 기쁘시게 한 사람입니다.

그리고 성경에 보면, 하나님과 동행한 또 한 사람이 있습니다. 그는 노아입니다. "노아는 의인이요 당대에 완전한 자라 그는 하나님과 동행하였으며"(창 6:9)라고 말씀합니다. 노아가 하나님과 동행할 수 있었던 비결이 무엇입니까? 하나님의 은혜를 입었기 때문입니다. 노아는 "여호와께 은혜를 입었더라"(창 6:8)고 성경은 말씀합니다. 하나님의 은혜를 받은 사람만이 하나님과 동행하는 것입니다. 포악하고 부패하고 죄 많은 세상에서 타협하지 아니하고 하나님과 동행한 노아와 그의 식구들을 하나님이 방주로 보호하셨던 것입니다. 즉 하나님은 노아 한 사람을 온 세상보다 더 귀하게 보신 것입니다. 하나님은 이 땅 위에 모래 알 같은 사람들이 아무리 많을지라도 하나님의 은혜를 입고 하나님과 동행하는 사람을 가장 존귀하게 여기시는 것입니다. 이렇게 하나님과 동행한 두 사람의 이름이 성경에 기록이 되어 있습니다. 그러나 삼백 년이라는 긴 세월을 온전히 하나님과 동행하며 하나님을 기쁘시게 하는 자라 하는 증거를 받은 자는 오직 에녹뿐이었습니다. 성경에서 우리는 이렇듯 의롭고 경건하게 온전히 하나님을 기쁘시게 하면서 살았던 사람을 찾아본다면 별로 많지는 못합니다. 다윗은 하나님을 의지하는 사람이었으나 승리하고 안정을 되찾은 후에는 간음죄와 살인죄로 범죄하고 말았던 것입니다.

에녹은 특별한 업적이나 공로를 세운 사람이 아닙니다. 에녹의 업적을 굳이 말한다면, 삼백 년 동안 하나님과 동행하면서 오직 자식을 낳았다는 것뿐입니다. 이로 보건대 삼백 년 동안의 그의 생활은 매우 평범했던 것이 분명합니다. 그는 성년이 되어 결혼을 하고 남편으로서 가정에 충실하며 살아갔다고 볼 수 있습니다. 남달리 수도원이나 기도 처소에 매달려 생활한 것이 아닙니다. 하루하루를 수고와 노력으로 살아가야만 하는 당시 문화 속에서 하나님을 기쁘시게 하면서 살았던 것입니다. 진정한 신앙이란 바로 평범하다는 것입니다.

앤드류 머레이 목사는 "아침에 일어나면 간밤에 주 예수의 이름으로 단잠을 자게 해 주신 것을 감사드리고, 밤에도 종일 베풀어 주신 은혜를 생각하고서 그의 이름으로 감사를 드리자. 지극히 평범한 일과로 진행되는 하루하루의 생활이 하나님께 감사를 드리는 대로 이어질 것이다."라고 했습니다. 우리의 신앙이 의식에만 치우친다면 외식이 될 가능성이 많은 것입니다. 이런 의식적인 신앙을 아무리 오랫동안 지켜왔다고 하더라도 하나님과의 영적 교제가 이루어지는 것은 아닙니다.

예수를 나의 구주로 영접한 사람은 수직적으로 하나님과의 올바른 관계성을 유지할 뿐만 아니라 평범한 가정 속에서도 이루어져야 합니다. 우리가 살고 있는 현실 생활에서 직장과 일터에서 경건의 능력이 나타나야 하는 것입니다. 가정에서도 자녀들에게 먹을 것과 입을 것을 주고 어린 소자에게 냉수 한 그릇이라도 주는 것은 매우 작은 일이지만 하나님과 동행하는 생활이 되는 것입니다. 왜냐하면 일용할 양식은 하나님이 주시기에 날마다 일용할 양식을 주시는 하나님의 은혜에 감사하며 사는 것이 하나님과 동행하는 것이기 때문입니다. 자녀들에게도 기쁨을 주지만 하나님을 더욱 기쁘시게 하는 일인 것입니다. 하나님은 우리가 날마다 평범한 생활 가운데서도 하나님과 동행하며 기쁘시게 하기를 원하십니다. 그런데 에녹의 생활은 지극히 평범할 뿐만 아니라 보잘것없었습니다.

창세기 4장에 보면 가인의 아들인 에녹이 나옵니다. 동명이인(同名異人)입니다. 그는 인류 최초의 살인자 가인의 아들입니다(창 4:17). 가인이 성을 쌓고 그의 아들의 이름으로 성을 이름하여 에녹 성이라고 했습니다. 야발이라는 사람은 큰 장막을 치고 많은 육축을 기르는 목축업의 조상이 되기도 합니다(창 4:20). 그리고 두발가인이라는 사람은 구리와 쇠로 여러 가지 기구를 만드는 자(창 4:22)입니다. 참으로 재능이 있는 많은 자입니다.

그러나 하나님과 동행한 에녹은 별다른 재주와 능력도 없는 사람입니다. 우리가 세상적으로 아무리 귀한 재능과 은사를 받았다고 하더라도 그보다 중요한 것은 우리 자신과 하나님과의 관계인 것입니다. 우리가 하나님을 일시적으로 기쁘게 한다고 하여 하나님의 체면이 유지되는 것이 아닙니다. 우리가 하나님과 동행하지 아니하면 사탄과 동행하게 되는 것입니다. 사탄은 악한 자입니다. 악한 자의 영향을 받으면 우리는 하나님과 멀어질 수밖에 없는 것입니다. 하나님과 교제가 중단되고 나면 악한 자의 길로 자신도 모르게 빠져버리는 것입니다. 그러므로 악을 행하는 것은 파멸뿐입니다.

에녹은 십 년 혹은 이십 년이 아니고 삼백 년을 하나님과 동행한 사람입니다. 참으로 거룩하고 경건한 사람입니다. 믿음의 조상인 아브라함은 기도의 제단을 남겼고, 이삭은 우물을 그의 후손들에게 유산으로 남기기도 했습니다. 그러나 에녹이 무엇을 남겼다는 기록은 없습니다. 그럼에도 불구하고 그는 그 누구보다 하나님을 기쁘시게 하였던 믿음의 사람입니다.

믿음으로 하나님을 기쁘시게 하였으니 그가 받은 칭찬은 컸을 것입니다. 사실 하나님을 기쁘시게 하는 사람은 믿음으로 사는 사람이요, 신앙으로 사는 사람은 하나님의 은혜로 말미암아 사는 것입니다. 에녹은 하나님 앞에서의 신전 의식을 가지고 살았던 사람입니다. 그의 신앙은 이론적이고 사색적인 것이 아닙니다. 단순히 하나님이 존재하신다는 생각만 한 것도 아닙니다. 그는 하나님 앞에서 두렵고 떨리는 심정으로 하나님이 자신과 함께 하신다는 것을 체험한 사람입니다. 삼백 년을 하루같이 매일매일 하나님을 의지하고 신뢰하며 동행했던 것입니다. 하나님을 친구처럼 생각하고 하나님과 교제했을 것입니다. 그리고 믿음으로 하나님을 기쁘시게 한 사람이었습니다.

캠벨이란 사람은 본래 겁이 많고 용기가 부족한 사람이었습니다. 그러나 하나님의 은혜를 입고 강하고 담대한 사람이 되었습니다. 그가 순교하기 전 이틀 밤을 편안하게 잠을 잤습니다. 그는 자기의 목을 자르려고 하는 단두대에서 이렇게 큰 소리로 외칩니다. "나는 여기서 하나님을 기쁘시게 한다. 나는 이 단두대를 왕궁과 바꾸지 아니하리라."고 순교의 제물이 되었던 것입니다.

우리 그리스도인들이 어느 정도 수준 높은 신앙에 도달하기를 원한다면 하나님이 늘 우리와 동행하심을 알아야 하는 것입니다. 전능하신 하나님은 모든 사람을 보실 뿐만 아니라, 인간의 심장과 폐부를 지으신 그분은 사람들의 사고와 생각과 뜻을 다 알고 계십니다. 하나님은 누구라도 당신과 동행하기를 원하십니다.

그런데 조건이 있다면 믿음으로 하나님을 기쁘시게 할 수 있어야 하는 것입니다.

2. 하나님과 동행하는 것은 영적인 교통을 의미합니다.

에녹은 전적으로 타락했던 암흑과 같은 세상에서 하늘의 혜성처럼 나타난 사람입니다. 왜냐하면 그의 삶이 하나님과 동행하는 삶이었기 때문입니다. '동행'이란 단어가 두 차례나 기록이 되어있습니다. 본문

22절에 보면 "하나님과 동행하며", 24절에는 "에녹이 하나님과 동행하더니"라고 성경은 말씀합니다.

우리 그리스도인들에게 신앙의 본질이 무엇입니까? 그것은 하나님과 동행하는 삶인 것입니다. 매사를 하나님과 함께하는 경건의 삶인 것입니다. 사람에게는 일시적으로 눈가림과 위선과 가식은 통할는지 몰라도 하나님 앞에서는 결코 용납될 수가 없는 것입니다. 우리는 일시적으로 하나님과 동행하는 것이 아니라 한평생을 좌우로 치우치지 아니하고 에녹과 같이 하나님과 동행해야 할 것입니다. 아담의 후손인 죄인들이 하나님 앞에 서는 것은 두렵고 떨리는 일입니다. 아무리 양심이 깨끗하다고 하여도 하나님 앞에서 자신의 정결을 말할 수가 없는 것입니다. 하나님과 동행하는 삶이란 그분의 은혜 속에서 동행하는 것입니다. 매일 매시간 하나님의 은혜로 살아가며 그분을 의지하고 사는 삶입니다.

그러나 이 세상에서 경건하지 못한 자들은 하나님 없이 자기의 욕심과 정욕대로 사는 자들입니다. 자신의 욕망대로 살려고 하니 하나님이 눈에 보이지 않는다고 합니다. 오히려 하나님은 존재하지 않는다고까지 말하며 하나님을 대적하며 살아갑니다. 심지어 독일의 허무주의자 니체는 하나님은 죽었다고까지 말하기도 했습니다. 이 시대는 너무나 악하고 험악한 세상입니다. 갈대로 가는 '막가파' 시대인 것 같기도 합니다.

그러나 경건한 사람은 하나님을 경외합니다. 기쁨으로 섬기면서 그분의 음성 듣기를 원합니다. 그리고 하나님의 능력과 얼굴을 구합니다. 왜냐하면 하나님이 우리를 지으셨고 또한 우리는 그 분의 백성이고 양이기 때문입니다(시 100:2-4). 그러므로 하나님과 날마다 동행해야 합니다. 외식하고 형식에 치우치는 자들은 기도를 소홀히 여기고 자신의 노력과 선행을 더 과대평가하기도 합니다. 그러나 하나님과 동행하는 사람은 날마다 숨 쉬는 시간마다 기도합니다.

　기도의 사람인 '이 엠 바운즈'는 "기도의 산책로를 따라 주님과 동행하면서 우리는 그 분을 닮게 되고 자신도 모르게 주님의 아름다움과 은혜를 다른 사람들에게 증언하게 된다."라고 했습니다. 하나님과 동행하는 사람은 언제라도 하나님 없이 사는 것을 두려워하는 것입니다. 사람과 사람 사이에도 마음이 같지 아니하면 동행하기가 어렵습니다. "두 사람이 뜻이 같지 않은데 어찌 동행하겠으며"(암 3:3)라고 성경은 말씀합니다. 친구가 동행을 하여도 마음과 뜻과 성격이 맞지 않으면 지속적인 교제가 어려운 것입니다. 하물며 하나님과 동행하는 것은 일시적이 아니라 천국에 들어가는 그날까지 지속되어야 하는 것입니다. 하나님과 동행한다는 것은 영적인 기도의 교통인 것입니다. 이것은 언제나 하나님 제일주의로 사는 것입니다. 그리고 하나님 앞에서 살아가는 것입니다. 하나님 앞에서의 신전의식 사상을 가지고 사는 것입니다.

　우리는 하나님 앞에서 '코람 데오'(Coram Deo)의 신앙으로 살아야합니다. 사람들이 나를 어떻게 생각할까, 나를 어떻게 평가할까, 여기에 관심이 있는 것이 아닙니다. 사람들이 나를 어떻게 본다고 할지라도 하나님 앞에서 '하나님이 나를 어떻게 보시느냐?' 여기에 더 중점을 두는 것입니다. 에녹 당시의 사람들은 세상과 더불어 살았지만 그는 하나님과 함께 살았던 것입니다. 그리고 그 시대의 사람들은 불의하게 살았기에 그들로부터 여러 가지 고난을 받았을 수도 있습니다. 한마디로 하나님을 경외함이 없는 사회에서 믿음을 지키고 산다는 것은 그리 쉬운 일은 아닌 것입니다. 그럼에도 불구하고 그는 평범하게 살면서 그러한 삶 가운데서 하나님과 영적인 교제를 나눈 사람입니다.

　신앙이라는 것은 환경의 지배를 받는 것이 아닙니다. 옛날 순교자들의 신앙과 삶을 보면 환난과 핍박이 문제가 되지를 않았습니다. 오히려 그런 고난들을 통하여 신앙이 확증 되고 하나님께는 영광을 돌리게 되었던 것입니다. 믿음의 사람 에녹은 하나님과 날마다 삼백 년 동안 영적으로 교통하고 교제하였던 것입니다.

사람과 사람 사이에는 서로의 만남이나, 편지의 교제와 전화로 소통할 수가 있습니다. 그러나 눈에 보이지 아니하는 하나님과의 교제는 영적으로 하나님과 속삭임을 가져야 하는 것입니다. 그는 무엇보다도 하나님과의 영적인 친교를 중요하게 여기며 생활한 사람입니다. 하나님의 명령과 뜻을 따라 하나님을 기쁘시게 한 사람입니다. 이것은 그가 하나님 앞에서 거룩한 생활을 유지한 것을 의미합니다. 그 영적 교통이 모든 사람에게 하나님을 증언하는 삶이었던 것입니다. 우리가 친히 나가서 복음을 전하지 않더라도 행동으로 보여주는 신앙의 삶은 더욱 중요한 것입니다.

에녹의 삶은 두 가지 특징이 있습니다. 하나는 경건한 삶이요, 다른 하나는 죽음을 보지 아니하고 영광스럽게 승천한 사건입니다. 특별히 그가 아들을 낳고 그 이름을 므두셀라라고 지었습니다. "므두셀라"라는 이름의 뜻은 '보낸다'는 것입니다. 그것이 무엇을 의미하는가 하면 바로 심판의 홍수인 것입니다. 므두셀라가 생존할 기간에는 홍수가 임하지 않았습니다. 그의 수명은 구백육십구 세입니다. 약 천 년 가까이 살았던 사람입니다.

창세기 5장의 계보 연대를 계산해보면 홍수는 므두셀라가 죽던 해에 시작되었습니다. 그 해에 노아가 육백 세입니다. "그가 죽는 날 홍수를 보내니라" 그는 곧 므두셀라란 이름입니다. 경건하게 하나님과 동행하면서 살던 에녹이 하나님의 은혜와 감동을 받고 이름을 지었다고 볼 수 있습니다. 하나님은 앞으로 홍수를 보내실 것을 아시기에 에녹을 통하여 그의 비밀을 알리신 것입니다.

"여호와의 친밀하심이 그를 경외하는 자들에게 있음이여 그의 언약을 그들에게 보이시리로다"(시 25:14)라고 성경은 말씀합니다. 여기서 "친밀"이란 말이 중요합니다. "친밀"이란 말은 '교통'을 의미합니다. 이 말은 다른 사람에게는 말 못할 정도의 최고의 비밀을 주고받는 것을 의미하는 것입니다. 우리가 흔히 신뢰할 만한 사람에게는 귓속말로 속삭이듯이 말입니다. 영어성경(NIV)에는 '신뢰하다, 신임하다'라는 뜻으로 번역했습니다. 안타깝게도 일본어 신공동번역성경에는 "친밀"이란 단어가 생략되었습니다. 하나님은 당신을 경외하는 자들에게 비밀을 알려주십니다.

믿음의 조상인 아브라함이 인본주의로 살 때에 그는 하나님과의 교통이 단절되었습니다. 그의 몸종인 하갈을 첩으로 얻고 동침하자 십삼 년 동안이나 하나님과의 교통이 끊어졌던 것입니다. 아브라함이 팔십육 세에 이스마엘을 낳고 십삼 년 동안이나 하나님과의 영적 교제가 단절되었던 것입니다. 언제 하나님과의 영적 교통이 이루어졌는가 하면, 그의 나이 구십구 세 되는 해에 하나님과의 영적인 교제를 다시 회복하게 되었던 것입니다.

우리 그리스도인들이 하나님과의 동행은 한 달 두 달 혹은 10년, 20년으로 끝나는 것이 아닙니다. 우리가 천국에 들어가는 그 날까지 지속되어야만 하는 것입니다. 에녹은 오십 년 혹은 백 년만 하나님과 교제하다가 중단한 것이 아닙니다. 하나님과 삼백 년을 변함없이 동행했던 것입니다.

에녹은 하나님과 동행하면서 영적으로 교통하는 기간을 한 번도 떠난 적이 없는 믿음의 사람입니다. 하나님과 동행하다가 자기가 싫증을 느끼거나 돌이킨 적도 없습니다. 한마디로 훌륭한 믿음의 모델이요 본보기인 사람입니다. 기도하는 성도들에게는 기도 자체가 하나님과 가까워지는 것입니다. 특히 일본 사람들은 좀처럼 속마음을 주지 않고 살아갑니다. 남에게도 무례한 행동을 삼가고 피해를 주지 않으려고 합니다. 그러나 하나님께는 가까이 가면 갈수록 좋습니다. 하나님과는 멀어지면 멀어질수록 손해입니다. 그러나 가까워지면 가까워질수록 은혜와 사랑을 받게 됩니다. 일반적으로 사람들이 부채가 늘어간다면 사람들의 슬픔도 그만큼 커지게 됩니다. 그러나 우리 하나님과 성도들의 관계에서 우리가 하나님께 더욱 많은 빚을 질수록 우리는 그만큼 더 기뻐하고 은혜가 유지되게 되는 것입니다.

에녹은 하나님과의 교제가 지속 될 뿐만 아니라 그의 영적인 삶이 더욱더 진보된 것임을 알 수 있습니다. 그가 삼백 년 동안 하나님과 동행하면서 전보다 더 많은 하나님의 은혜를 체험하고 더 뜨겁게 하나님을 사랑하였을 것입니다. 영적 교통으로 말미암아 더 많은 기쁨과 평안을 누리고 영적으로 수준이 높은 삶을 살았을 것이라고 확신합니다. 그는 공인이며 가정적인 사람입니다. 자신의 위치에서도 평범한 생활을 하면서 한평생 하나님과 동행했던 사람입니다. 우리의 처한 형편과 처지가 여러 모양으로 다르더라도 늘 찬송하고 기도하면서 주님을 높이고 험한 세상 가운데서도 흔들림이 없는 하나님과의 동행이 이루어지기를 바랍니다.

감동받은 글귀가 있어서 앤드류스의 기도문을 소개합니다.

"동행하여 주소서! 내 안에 계셔서 나를 강하게 하시고 내 밖에 계셔서 나를 붙들어 주소서! 내 앞에 계셔서 나를 인도해 주시고 내 위에 계셔서 나를 보호해 주시고 내 곁에 계셔서 나와 동행하여 주옵소서."

우리들도 날마다 하나님과 영적으로 교통하며 교제하는 삶이 지속되시기를 간절히 소원합니다.

3. 에녹은 다가올 심판을 경고하는 전도자로 살았습니다.

에녹이 사역하던 시대는 유다서에서 그 배경이 나옵니다. "아담의 칠대 손 에녹이 이 사람들에 대하여도 예언하여 … 이는 뭇 사람을 심판하사 모든 경건하지 않은 자가 경건하지 않게 행한 모든 경건하지 않은 일과 또 경건하지 않은 죄인들이 주를 거슬러 한 모든 완악한 말로 말미암아 그들을 정죄하려 하심이라"(유 1:14-15)고 성경은 말씀합니다.

하나님과 동행하는 경건한 사람이 경건하지 않은 사람들에 대하여 심판을 경고한다는 것은 결코 쉬운 일이 아닙니다. 하나님의 진리를 의도적으로 거부하는 사람들은 탐욕과 정욕대로 사는 자들입니다. 그러므로 그들 스스로가 하나님 앞으로 나오기가 어려운 것입니다.

그들의 마음이 완악하고 강퍅하여짐으로 양심이 마비가 되어 회개하기가 불가능한 것입니다. 그 결과 하나님의 공의로운 심판을 피할 길이 없는 것입니다. 이것이 하나님 앞에서 두려워함이 없는 사람들의 특징입니다. 사람의 권력은 두려워하지만 오늘날 현대는 하나님 두려워하는 사상이 없는 시대가 되고 말았습니다. 눈 두 개 달린 사람이 정상임에도 불구하고 눈 한 쪽 가진 사람들의 공동체에서 살아가는 것과 다름이 없습니다. 정상적인 사람이 비정상적인 사람들 속에서 비난 받는 것과 같습니다.

그 당시의 사람들은 어떤 사람들입니까? 한마디로 "이 사람들은 원망하는 자며 불만을 토하는 자며 그 정욕대로 행하는 자라 그 입으로 자랑하는 말을 하며 이익을 위하여 아첨하느니라"(유 1:16)고 성경은 말씀합니다.

　포이에르바하라는 사람이 하나님을 모독하였는데, 매우 불신앙적이고 배타적인 말입니다. "교황청에서 교황을 몰아내기 전에 하나님의 보좌에서 하나님을 몰아내라. 그래야 인간이 자유하게 된다. 네 양심 속에 있는 하나님을 죽여라. 그래야 네가 자유인이 된다." 아주 극단적인 악마의 소리인 것입니다. 양심이 마비된 사람은 양심이 화인 맞은 것이기에 하나님의 존재의식을 전혀 깨닫지 못하고 자신의 욕망대로 삽니다. 오늘 먹고 마시고 쾌락을 즐기다가 죽는 것 이외에는 아무런 소망이 없는 자들입니다. 한 번 죄 짓고 가슴이 두근거릴 때 회개하면 다행일 터인데 반복하여 죄 짓고 무뎌지게 되면 완전 범죄를 생각하고 꿈꾸게 되는 것입니다.

　경건하지 아니하고 악한 자들과 함께 살면 살수록 죄의 유혹을 더 많이 받을 수 있습니다. 죄악의 무게는 우리 구주 예수 그리스도를 더욱 짓누르고 있습니다. "또 아는 것은 우리는 하나님께 속하고 온 세상은 악한 자 안에 처한 것이며"(요일 5:19)라고 성경은 말씀합니다. 세상 죄악으로 인하여 우리 구주 예수 그리스도의 마음을 아프게 하여서는 안 됩니다. 오히려 험한 세상에서 믿음으로 승리하기 위하여 하나님을 더욱 의지하고 살아야만 합니다. 또한 이전보다 더욱 우리 주님을 믿고 의지하며 나아가야 합니다. 그러나 하나님을 무시하고 도전하는 자들에게 복음을 선포하고 산다는 것이 보통 어려운 일은 아닙니다. 생명의 위협을 받을 수도 있습니다. 그러나 우리 그리스도인들은 담대하게 복음을 선포하며 죄를 지적해야 합니다. 죄와 타협하여서는 안 됩니다. 사람이 밝히지 않아도 언젠가는 하나님이 모두 밝히실 것입니다. 우리는 육신의 정욕과 자기만족을 위한 쾌락을 위하여 살지 말아야 할 것입니다.

자기중심적으로 사는 사람은 반드시 하나님의 심판을 받게 됩니다. 왜냐하면 하나님은 다 보시고 계시기 때문입니다. "하나님은 허망한 사람을 아시나니 악한 일은 상관하지 않으시는 듯하나 다 보시느니라"(욥 11:11)고 성경은 말씀합니다. 사람이 볼 수 없는 부분이 있지만 전지전능하신 하나님은 다 알고 계시고 모두 보고 계시는 것입니다. 그러므로 하나님을 속이고 양심을 마비시키면 안 됩니다.

지금까지의 삶이 허망하고 물거품처럼 살았다고 할지라도 하나님께 돌아옵시다. 우리 구주 예수 그리스도를 믿으면 구원을 받습니다. 이 구원이 곧 영생입니다. 에녹의 삶은 한마디로 세상에서 바보 취급을 받고 소외되는 기분이었을 것입니다. 그럼에도 불구하고 에녹은 하늘나라의 소망을 가지고 살았던 것입니다. 하나님의 뜻을 따라 믿음을 견고하게 지키며 살아갔습니다. 그는 하나님과의 영적 교통과 교제가 더 우선순위에 있었기 때문에 이것을 가장 소중히 여긴 것입니다.

우리에게도 남모르는 고통과 눈물이 있습니까? 하나님과 영적 동행하시기를 바랍니다. 하나님과 동행하면 위로를 받고. 평안을 누리며, 하나님이 안전하게 지켜주십니다. 지금도 불평과 불만만을 토로하는 사람들과 살면 사람이 좁아지게 됩니다. 그리고 큰 그릇이 될 수 없습니다. 어려운 환경과 죄로부터 벗어나고 살아있는 믿음이 아니고는 하나님과 동행할 수 없는 것입니다. 아마도 그들은 에녹의 신앙을 비웃고 조롱하였을지도 모릅니다. 그러나 에녹은 조금도 흔들리지 아니하고 하나님을 기쁘시게 한 사람입니다. 즉 에녹은 장차 메시아 예수 그리스도가 오실 것과 그가 오심으로 경건하지 않은 자들이 심판을 받게 될 것을 예언한 것입니다.

이렇게 경건하게 사는 사람의 결과는 무엇입니까? 하나님이 그에게 죽음을 보지 않게 하시고 승천하게 하신 것입니다. 본문 24절에 보면 "하나님이 그를 데려가심으로 세상에 있지 아니하였더라"고 성경은 말씀합니다.

그가 옮겨진 것은 삼백육십오 세 때입니다. 그 당시 족장들에 비하면 절반도 살지 못한 것입니다. 홍수 이전의 족장들 중에는 그보다 단명한 사람은 하나도 없었습니다. 하나님과 삼백 년을 하루 같이 친밀한 교제를 나누며 동행하였던 그가 어느 날 갑자기 자취를 감추고 말았던 것입니다. 이 세상에서는 더 이상 그를 찾아볼 수 없게 된 것입니다. 아마도 그들을 정죄하고 심판하는 말을 듣고 그들은 분노하였을지도 모릅니다. 그럼에도 불구하고 에녹은 하나님과 동행하면서 경건하지 않은 자들을 심판하신다고 담대히 경고했던 것입니다.

에녹은 이 땅 위에 있지 아니하고 하늘나라에 들어간 것입니다. 에녹은 과거에도 하나님과 함께 있었고 지금도 같이 있는 것입니다. 다만 죽음만 보지 않았던 것입니다. 그 이유는 단 한 가지입니다. "그는 옮겨지기 전에 하나님을 기쁘시게 하는 자라 하는 증거를 받았느니라"(히 11:5)고 성경은 말씀합니다. 에녹이 육체를 가지고 하나님 나라로 들어간 것입니다. 그러므로 그 나라는 관념과 공상의 나라가 아닙니다. 실제적인 하나님의 나라인 것입니다. 즉 에녹이 하늘로 승천한 사건은 믿음으로 하나님을 기쁘시게 한 결과인 것입니다.

그렇다면 하나님이 에녹을 데려가신 목적이 무엇입니까? 하나님은 더 이상 그를 악한 세상에 남겨 두시기를 원치 아니하셨기 때문입니다. 그가 세상의 빛과 소금의 사명을 다한 것을 하나님이 기뻐하셨기 때문에 천국으로 데려가신 것입니다. 특별히 하나님께서 사랑하시는 자들은 일찍 불러 가시는 경우가 있습니다. 가변적인 세상에서는 시간을 잃어버리는 것 같지만 하나님 나라에서 그보다 더 큰 위로와 은혜를 주시기 때문입니다.

"우리가 다 잠잘 것이 아니요 마지막 나팔에 순식간에 홀연히 다 변화하리니"(고전 15:51)라고 성경은 말씀합니다. 우리 주 예수 그리스도를 믿는 우리들도 마지막 나팔 소리가 날 때에 이런 부활을 체험하게 될 줄로 믿습니다. 에녹을 천국에서 만날 것입니다. 우리 그리스도인들의 최종적인 삶은 지상이 아니라 하늘나라입니다. 노인들이 오래 장수한다고 하여 영예를 누리는 것만은 아닙니다. 하나님을 경외하며 악에서 떠난 자가 되어야 합니다.

종교개혁자 마틴 루터가 임종하기 이틀 전에(1546년 2월 16일) 이런 말을 남겼습니다. "우리들은 거지입니다." 이것은 진실입니다. 이 말은 무슨 의미가 있는 것입니까? 하나님은 우리를 거지의 신분으로 낮추신 것입니다. 그리고 은총의 선물을 받게 한다는 뜻입니다. 루터는 이 세상에 살면서 많은 것을 가지고 살았을 것입니다. 그러나 이 세상에 출생할 때에는 아무것도 가지고 온 것이 없습니다. 그리고 지금 죽어가는 그 시간에도 그 어떤 것을 가지고 갈 수 없습니다. 즉 내가 살면서 누린 것은 모두가 다 하나님의 은혜라는 것입니다.

"그런즉 우리는 몸으로 있든지 떠나든지 주를 기쁘시게 하는 자가 되기를 힘쓰노라"(고후 5:9)라고 성경은 말씀합니다. 즉 살아서 복음 전하여 하나님 나라를 확장하게 하는 것이 하나님을 기쁘시게 하는 일이며, 살게 하시고 떠나서 하나님이 손으로 짓지 아니하신 천국으로 인도하시든지 하나님만을 기쁘시게 하기를 원한다는 것입니다. 하나님의 주권을 인정하면서 우리의 모든 삶 전체가 그분에게 드려져야 하는 것입니다. 내 생각과 내 의지대로 사는 것이 아닙니다. 전적으로 우리 구주 예수 그리스도가 우리를 지배하시는 삶을 살아야만 합니다.

결 론

　에녹은 하나님의 면전에서 믿음으로 한평생을 살았던 사람입니다. 믿음을 가지고 하나님을 기쁘시게 한 사람입니다. 그는 하나님과 영적인 친교와 우정을 가졌고 하나님을 신뢰했습니다. 즉 그는 하나님과 친밀한 교통을 하면서 동행한 사람입니다. 하나님과의 동행은 지속적으로 이루어져야 합니다. 이것이 하나님을 기쁘시게 하는 믿음인 것입니다. 그는 그의 수명이 다하기까지 하나님과 동행한 사람입니다. 삼백년 동안 하나님과 영적으로 교제하는 기쁨의 시간을 가진 것입니다. 우리가 아무리 세상에서 고달픈 생활을 한다고 하더라도 하나님과 동행하면 새 힘을 얻을 것이며, 더 많은 은혜를 누리게 될 것입니다. 우리도 믿음의 사람 에녹과 같이 하나님과 동행합시다.
　하나님과 동행하는 사람에게는 걱정과 염려도 제거해 주십니다. 왜냐하면 하나님의 거룩한 삶을 본받고 있기 때문입니다. 우리의 환경이 좋든지 나쁘든지 관계없이 하나님과 동행하시기를 간절히 소원합니다. 하나님과 동행하는 사람은 어떤 환경 속에서도 강하고 담대하며 능력 있게 살 수가 있습니다.

　미국의 '제르손 베이가'가 이런 말을 남겼습니다. "날마다 하나님과 동행할 때 우리는 무거운 짐을 견딜 수 있다." 옳습니다. 우리의 남은 여생이 얼마가 되든지 간에 하나님의 마지막 부르심을 받는 그 순간까지 오고 오는 미래의 많은 사람들에게 하나님과 동행하는 위대한 증언의 삶이 이루어지시기를 우리 주님의 이름으로 간절히 축원합니다.

2
최상의 선택
[창세기 13:5-18]

서 론

　인간은 일평생 중요한 선택을 하면서 살아갑니다. 진학하려면 학교를 선택하고 전공과목을 선택해야 합니다. 졸업 후에는 직장과 기업 혹은 유학을 선택하기도 합니다. 그 후에는 배후자를 선택해야 하는데, 성격과 외모와 능력을 봅니다. 경건한 사람일수록 신앙의 돈독함을 보고 선택할 것입니다. 심지어 일상생활에 있어서는 의복이나 음식에 이르기까지 매일 선택을 하며 살아갑니다. 어떤 면에서는 선택이 쉽기도 하지만 어렵기도 합니다. 인간은 한평생 세상적인 일에도 선택을 해야 하고, 특별히 신앙적인 면에서는 선택을 더 신중하게 해야만 합니다. 그리고 때로는 하나님을 위하여 자신의 소중한 것들을 포기해야 할 경우도 있습니다. 왜냐하면 하나님의 영광을 드러내고 신앙의 유익을 위하여 결단해야 하기 때문입니다.

　오늘 본문에 보면, 인생의 중요한 방향을 신앙으로 결정하지 못한 사람인 '롯'과 하나님의 절대주권만을 바라보며 믿음의 길을 선택한 '아브라함'을 대조시키고 있습니다. 믿음의 조상인 아브라함이 애굽에서 나와서 남방으로 올라갑니다.
　남방은 '네게브'지역을 말합니다. 네게브는 황무지를 뜻하는데, 이스라엘 남부 지역이 거의 건조한 사막으로 이루어져 있어서 이스라엘 국토의 대략 60%를 차지하기도 합니다. 나중에 아브람은 남방에서 북쪽으로 올라가면서 육축과 은과 금이 풍부하게 됩니다(창 13:2).

이런 그의 부유함은 정당한 방법으로 얻은 것이 아닙니다. 그가 약속의 땅인 가나안에 들어갔지만 먹을 것이 없었습니다. 그 땅에 기근이 들므로 할 수 없이 민생고를 해결하기 위하여 하나님의 뜻을 물어보지 아니하고 단독으로 애굽으로 내려간 것입니다. 그리고 이방 왕인 바로에게 자신의 목숨이 위태로울 것을 생각하여 그의 아내를 누이라고 이방 왕에게까지 거짓말을 합니다. 이것은 하나님도 속이고 자신의 양심도 속인 행위입니다. 그러자 바로 왕이 아브람의 아내를 왕궁으로 이끌어 들이고 이 일로 인하여 바로 왕이 아브람에게 후대하여 양과 소와 노비와 암수 나귀와 낙타를 주었던 것입니다. 이렇게 그의 재물은 범죄의 대가로 얻은 부정하고 불의한 재물이었던 것입니다.

하나님의 사람들은 하나님이 하늘 문을 여시고 절대적으로 축복해 주셔야만 복을 누리게 되는 것입니다. 하나님의 사람이 이방인의 도움을 받았다고 하여 복이 주어지는 것이 아닙니다.

아브람은 남방에서 올라와 오래 전에 장막을 쳤던 벧엘과 아이 사이에 정착하여 그가 처음으로 단을 쌓은 곳에서 여호와의 이름을 부릅니다(3-4절). 아브라함은 75세 때에 가나안에 처음 들어갈 때에도 여호와의 이름을 부르면서 단을 쌓았습니다. 여호와의 이름을 불렀다는 것은 예배를 드렸다는 뜻입니다. 그는 전능하신 하나님의 절대주권만 바라보며 영적인 교제를 위하여 예배를 회복했던 것입니다. 우리에게 지금 당장 시급한 일들보다 가장 긴급한 것은 예배회복입니다. 날마다 하나님을 경외하는 삶을 살아야 합니다.

그런데 오늘 본문에 보면 문제가 하나 발생합니다. 재산문제로 인하여 아브람의 목자와 조카 롯의 목자들이 서로 다투었던 것입니다. 아브람은 모든 사람들에게 하나님의 복을 전할 사명이 있는데 주변 사람들에게 분쟁하는 모습을 보이는 것은 참으로 안타까운 일인 것입니다. 물질이 없이 가난한 경우에는 다툼도 별로 없습니다. 그런데 식생활에 걱정 근심이 없고 여유로워지고 모든 것이 풍족해짐으로 서로서로 분쟁하고 긴장감이 팽팽하게 감돌았던 것입니다. 특별히 두 가족이 동거하기에는 장소가 비좁고 물도 부족했습니다. 사람이 마시고 가축들이 마실 물이 넉넉해야 하는데 자원이 부족하고 풀도 모자랐습니다. 더욱이 가나안 사람과 브리스 사람들인 이방인까지 있으므로 가축을 위한 자원이 많이 필요했던 것입니다.

아브람은 믿음의 사람이고 믿음의 조상입니다. 그는 세상 모든 만민에게 하나님의 신령한 복과 은혜를 나누어 주어야 할 사명이 있는 자입니다. 그런데 믿음의 조상 아브람의 가정이 재산 때문에 서로 다투고 갈등한다는 것은 얼마나 부끄러운 일입니까? 아브람과 롯이 애굽에서 가난을 면치 못할 때에는 서로 다툼이 없었습니다. 그러나 재물의 풍부함으로 목자들끼리도 서로 마찰이 일어났던 것입니다. 조카 롯은 사실 삼촌 아브람을 따라갔기 때문에 복을 받았고, 아브람은 조카를 자식처럼 양육했습니다. 그는 믿음의 동반자 역할을 하려고 했지만 불행하게도 믿음이 견고한 자가 아니었습니다.

오늘 본문에서 물질의 복이 중요하기는 하지만 재물로 인하여 두 주인을 섬길 수 없기에 아브람은 현명한 판단을 내립니다. 그것은 아브람이 하나님의 영광과 그분의 주권을 인정함으로 선택권을 포기한 것입니다. 그러므로 아브람이 먼저 제의를 합니다. "아브람이 롯에게 이르되 우리는 한 친족이라 나나 너나 내 목자나 네 목자나 서로 다투게 하지 말자 네 앞에 온 땅이 있지 아니하냐 나를 떠나가라 네가 좌하면 나는 우하고 네가 우하면 나는 좌하리라"(8-9절)고 성경은 말씀합니다.

그렇다면 아브람은 물질이 필요 없기 때문에 롯에게 선택권을 먼저 준 것입니까? 그렇지 않습니다. 아브람도 자신과 아내를 위하여 물질이 필요합니다. 그러나 그는 무엇보다 하나님의 주권을 바라보는 신앙의 소유자였기에 양보한 것입니다. 이 본문을 통하여 롯의 선택과 아브람의 선택의 기준을 살펴보며 은혜 나누기를 원합니다.

1. 롯의 선택의 기준은 현실중심인 물질이었습니다. (11절)

"그러므로 롯이 요단 온 지역을 택하고 동으로 옮기니 그들이 서로 떠난지라"라고 성경은 말씀합니다. 롯이 눈을 들어 인간적인 안목으로 보았기에 아름답고 비옥한 땅들을 선택합니다. 그는 욕심 때문에 삼촌과 혈육의 정을 끊을 것까지 각오하고 이기적인 선택을 한 것입니다. 부유함 자체는 죄가 아닙니다. 그러나 물질을 관리하는 면에 있어서는 신앙적인 방법이 뒤따라야 하는 것입니다. 롯의 신앙생활은 소극적이며 피동적이며 적당주의적인 신앙입니다. 그는 삼촌과 동행했을 뿐 자발적으로 성장하는 신앙이 아니었습니다.

아브람은 가는 곳마다 여호와의 이름을 부르고 제단을 쌓으므로 예배를 최 우선순위로 여겼습니다. 조카 롯도 삼촌이 여호와의 이름을 부르면서 예배드리는 모습을 눈으로 보았을 것입니다. 그럼에도 불구하고 그는 단 한 번도 여호와의 이름을 불러본 적이 없습니다. 여호와 앞에 제단을 쌓거나 감사했다는 기록이 전혀 나타나지 않습니다. 그는 인간적으로는 성공하고 물질적으로는 부유하였을지는 몰라도 신앙적인 안목으로 보면, 하나님께 예배하는 일에 있어서는 철저한 실패자인 것입니다. 하나님은 잘나고 훌륭하고 수단과 능력이 좋은 사람보다는 어리석게 보이지만 경건하고 거룩한 백성을 더 소중하게 여기시는 것입니다. 그는 자신의 장막을 옮길 때에 하나님의 뜻을 구하는 것이 아니라 눈에 보이는 대로 현실중심으로 세속적인 욕망을 가지고 선택한 것입니다.

오늘날에도 교회 안에서 신앙생활 하면서 반쪽으로 신앙생활을 하는 이들이 많습니다. 물론 현대 생활 자체가 시달리고 피곤하기 때문에 쉬고 싶은 심정은 충분히 이해가 됩니다. 그러므로 주일 성수를 하는 것도 반쪽이며 십일조 생활도 반쪽입니다. 그러나 신앙생활은 적당히 할 선택사항이 아닌 것입니다. 물론 신앙생활을 안 하는 것 보다는 낫습니다. 사람이 보기에는 그나마 괜찮다고 하겠지만 하나님은 결단코 반쪽 신앙을 원하지 아니하십니다. 하나님도 섬기고 세상도 섬기는 것은 하나님을 무시하는 행위인 것입니다. 왜냐하면 그리스도인은 두 주인을 섬길 수 없기 때문입니다. 하나님도 섬기고 물질도 동시에 섬길 수는 없는 것입니다.

그러나 안타깝게도 롯은 재물이 늘어나고 안정된 삶이 이루어지자 들어가서는 안 될 소돔 성까지 장막을 옮기게 된 것입니다. 세상 재물이란 하나님이 보호하시는 상황에서만 가치가 있는 것입니다. 이 세상의 물질은 언젠가는 날아가 버리고 어차피 썩어질 물질인 것입니다. "악인의 소득은 고통이 되느니라"(잠 15:6)고 성경은 말씀합니다. 그런데 대부분의 사람들은 악인의 소득을 부러워합니다.

그러나 우리는 기억합시다. 악인의 소득은 고통이 된다고 성경은 분명히 말씀합니다. "가산이 적어도 여호와를 경외하는 것이 크게 부하고 번뇌하는 것보다 나으니라 채소를 먹으며 서로 사랑하는 것이 살진 소를 먹으며 서로 미워하는 것보다 나으니라"(잠 15:16-7)고 성경은 말씀합니다. 물질적으로 풍족하여 하나님을 떠나서 사는 삶보다는 가난해도 여호와를 경외하며 사는 삶이 더 나은 것입니다. 왜냐하면 물질은 있다가 없어질 수 있지만 여호와 하나님을 경외하는 자는 번뇌가 없기 때문입니다. 그뿐만 아니라 하나님은 우리 인생을 감찰하시고 주관하시기 때문입니다. 그러므로 가난도 부유함도 모두가 하나님께 속한 것입니다.

롯은 영적으로 무지하고 미련한 사람이기에 그의 눈에는 하나님이 보이지 아니하고 비옥한 땅만 보였습니다. 그러므로 물질을 곧 하늘처럼 섬겼습니다. 그는 삼촌을 따라가기만 하였지 자발적인 신앙이 전혀 없는 자입니다. 그는 안타깝게도 믿음이 좋은 아브람의 영향을 조금도 받지 못한 자입니다. 그는 믿음이 없는 사람이요 믿음이 부족한 사람이요 세속주의로 물들어 버린 현실주의자입니다. 이런 사람은 신본주의가 아닌 인본주의자이며 반쪽 그리스도인입니다.

아무리 신앙이 좋은 사람이라고 할지라도 죄악의 도성에 살다 보면 죄에 오염되기가 쉬운 것입니다. 경건한 자가 타락하는 것도 한순간입니다. 왜냐하면 하나님의 은혜가 떠나버리면 그 순간부터 하나님의 사람이 아니기 때문입니다. 그런데 하물며 자신의 믿음 하나도 제대로 지키지 못하는 롯이 소돔성에 들어간 것은 자신과 가정을 파멸시키는 결과가 되고 말았던 것입니다. 롯의 그 많던 재물은 소돔과 고모라 성이 유황불로 불타 버릴 때에 모두 사라지고 말았던 것입니다. 여호와께서 유황과 불을 소돔과 고모라 성에 비같이 내리셨습니다. 그 성들과 온 들과 성에 거주하는 모든 백성과 땅에 난 것을 다 엎어 멸하셨습니다. 그런데 롯의 아내는 뒤를 돌아보다가 소금 기둥이 되어 버린 것입니다(창 19:24-26).

우리도 신앙생활을 잘 하다가 잠시라도 세상으로 눈을 잘못 돌리면 죄에 오염되기가 쉽습니다. 세상 유혹에 한 발자국 두 발자국 빠졌다면 다시 한 번 돌이켜 우리 주님께로 돌아와야 할 것입니다. 조카 롯이 아브람을 따라갈 때에는 그래도 경건한 삼촌과 동행을 했습니다. 반쪽 신앙이라도 있었고 부끄러운 신앙이라도 가지고 있습니다. 그러나 삼촌 아브람과 헤어진 이후에는 신앙의 지도를 받을 길이 없었던 것입니다. 영적으로 가련한 신세가 된 것은 그에게 믿음의 동반자가 없었기 때문입니다. 그는 하나님 앞에서 큰 죄인이었던 소돔 사람들과 교제만 하므로 육신의 욕망만을 위해 살았던 것입니다.

"육신을 따르는 자는 육신의 일을 영을 따르는 자는 영의 일을 생각하나니 육신의 생각은 사망이요 영의 생각은 생명과 평안이니라"(롬 8:5-6)고 성경은 말씀합니다. 우리는 세상에 발을 딛고 살지만 육신의 일에만 매달리지 않아야 할 것입니다. 육신의 생각은 사망을 가져오지만 영의 생각은 생명과 평안을 주는 것입니다. 롯이 소돔성에서라도 육신적인 생각을 버리고 영적인 일에 매달렸다면 혹시 달라졌을지도 모릅니다. 그러나 그는 소돔성에서 소돔화되고 세속화되고 말았던 것입니다.

반쪽 종교인 롯은 한마디로 하나님을 떠난 자입니다. 그는 형식적으로 하나님을 섬기는 것처럼 보였을 뿐이고 참 그리스도인이 아닙니다. 인생은 언젠가는 이 세상을 떠나서 돌아갈 존재들입니다. 하나님의 품으로 안기든지 아니면 멸망의 길인 지옥으로 떨어지든지 돌아갈 티끌과 같은 자들인 것입니다.

"주께서 사람을 티끌로 돌아가게 하시고 말씀하시기를 너희 인생들은 돌아가라"(시 90:3)고 성경은 말씀합니다. 즉, 사람은 티끌과 먼지로 돌아가는 존재들인 것입니다.

일본에서는 사람이 죽으면 없어졌다고 말합니다. "나쿠나리마시다"(亡くなりました)라고 표현합니다. 사람이 죽으면 없어지는 것입니까?

아닙니다. 티끌로 돌아간다고 성경은 분명히 말씀합니다. 생명의 부활로 나타나든지 아니면 심판의 부활로 나오든지 둘 중에 하나인 것입니다. 지금 이 시대에도 하나님은 의인을 찾으십니다. 하나님이 원하시는 의인이 되어야 하는 것입니다. "여호와께서 자기를 위하여 경건한 자를 택하신 줄 너희가 알지어다 내가 그를 부를 때에 여호와께서 들으시리로다"(시 4:3)라고 성경은 말씀합니다. 우리는 남보다 성공하지 못하였어도 경건한 자가 되도록 합시다. 왜냐하면 하나님은 경건한 자를 택하시기 때문입니다.

우리는 기억합시다. 죽음과 지옥은 우리를 조금도 기다려 주지 않는다는 것입니다. 인생은 무기력하고 무능하지만 하나님은 전능하십니다. 그러므로 사람을 의지하지 말고 전능하신 하나님, 우리의 방패와 피난처와 요새가 되시는 하나님을 의지합시다. "여호와를 의지하는 자는 시온 산이 흔들리지 아니하고 영원히 있음 같도다"(시 125:1)라고 성경은 말씀합니다. 우리의 목표는 세상이 아니고 천국입니다. 그러므로 예수 믿고 출세하고 성공하는 것이 인생의 전부가 아닙니다. 구원 받은 우리는 예수를 믿되 죽을 때까지 예수를 잘 믿고 천국에 가야 합니다. 만약에 우리에게 구원과 천국이 없다면 세상에서 가장 어리석은 자들일 것입니다.

우리는 언제라도 최상의 선택을 하여야만 합니다. 두 주인을 절대로 섬길 수가 없습니다. 물질과 하나님을 동시에 섬길 수 없는 것입니다. 돈이 하나님이 되어서는 안 됩니다. 아무리 궁핍하고 절박하더라도 물질보다는 하나님을 의지하고 섬깁시다.

로마의 콘스탄틴 황제의 아버지인 콘스탄티니우스 황제의 일화입니다. 그는 예수를 믿지 않고 기독교를 조금 박해하기도 했습니다. 기독교가 부흥되면서 자기 주변에 있는 신하들도 예수 믿는 자들이 늘어난 다는 소문이 들립니다. 그는 결단을 내리기를 신하들을 불러놓고 둘 중에 하나를 선택하라고 말합니다. 예수 믿는 기독교를 선택하든지 아니면 관직을 포기하든지, 둘 중에 하나를 선택하라고 했습니다. 그런데 이상하게도 자신의 충성스러웠던 신하들이 관직을 포기하고 예수를 믿겠다고 기독교를 선택합니다. 이상하게도 놀라운 일은 예수를 믿겠다고 선택한 부하들이 세상에서 더 평안하고 여유 있고 자유롭고 당당하게 살아가더라는 것입니다.

본문 13절에 보면 "소돔 사람은 여호와 앞에 악하며 큰 죄인이었더라"고 성경은 말씀합니다. 모든 사람이 하나님 앞에 죄인이지만 당시 소돔 성의 사람들은 더 완악하고 거칠고 마음이 강퍅한 자들이었던 것입니다. 롯은 물질만을 가까이 하다가 하나님과 멀어지고 말았던 것입니다.

"하나님께 가까이함이 내게 복이라"(시 73:28)고 성경은 말씀합니다. 세상을 가까이하면 할수록 죄의 유혹을 받지만 하나님을 가까이 하면 할수록 은혜와 복을 누리게 되는 것입니다. 우리는 땅 위에만 소망을 두지 말고 저 영원한 하늘나라를 바라보아야 합니다. 그리하여 날마다 하나님과 가까이 동행하는 은혜가 함께하시기를 간절히 소원합니다.

2. 아브람의 선택의 기준은 하나님의 절대주권을 믿는 것입니다. (9절)

"네 앞에 온 땅이 있지 아니하냐 나를 떠나가라 네가 좌하면 나는 우하고 네가 우하면 나는 좌하리라"고 성경은 말씀합니다. 아브람이 롯에게 선택권을 먼저 준 것은 그의 양보나 아량 때문이 아닙니다.

아브람은 하나님의 말씀인 약속을 믿는 자입니다. "여호와께서 아브람에게 이르시되 너는 너의 고향과 친척과 아버지의 집을 떠나 내가 네게 보여 줄 땅으로 가라"(창 12:1)고 성경은 말씀합니다. 이것은 아브람이 생각하고 선택하는 땅이 아닙니다. 여호와 하나님께서 아브람에게 보여 줄 땅인 것입니다. 그 땅이 가나안 땅(6절)이라고 성경은 말씀합니다. 여호와께서 아브람에게 보여줄 땅이 구체적으로 나타난 것입니다. 그 땅을 하나님은 아브람에게 주시겠다고 말씀하신 것입니다.

그러므로 우리는 나그네 삶을 사는 동안에 하나님의 약속을 꼭 붙들고 살아야만 합니다. "하나님은 불의하지 아니하사 너희 행위와 그의 이름을 위하여 나타낸 사랑으로 이미 성도를 섬긴 것과 이제도 섬기고 있는 것을 잊어버리지 아니하시느니라"(히 6:10)라고 성경은 말씀합니다. 전능하신 하나님은 우리의 섬김과 봉사를 기억하고 계십니다. "내가 결코 너희를 버리지 아니하고 너희를 떠나지 아니하리라"(히 13:5).

하나님은 절대주권을 가지고 택한 백성들을 끝까지 지키시고 도와주십니다. 아브람은 하나님이 자신의 기업이 되심을 확신하였고 아브람은 역사를 주관하시는 분은 하나님이심을 믿었던 것입니다. 전능하신 하나님이 역사의 주인이시며 통치자이십니다. 이 세상 우주 만물은 만유의 주께로부터 나오는 것을 믿은 것입니다. 그러므로 조금도 흔들림 없이 하나님의 절대주권만을 바라볼 수 있었던 것입니다.

롯 자신도 믿음이 있다고 하지만 아브라함에 비하면 상대적으로 신앙이 너무나도 약했습니다. 그는 눈을 들어 세상물질만을 바라보았습니다. 눈을 들어 하늘을 바라보지 못합니다. 전능하신 하나님의 얼굴을 구하지 않습니다. 요단 들을 바라보니 비옥하고 기름진 땅이요 축복의 땅이라고 생각했을 것입니다. "여호와께서 소돔과 고모라를 멸하시기 전이었으므로 여호와의 동산 같고 애굽 땅과 같았더라"(창 13:10)고 성경은 말씀합니다. 그는 눈을 들어 믿음의 눈으로 하나님을 바라보지 못하고 현실적인 안목만 가지고 선택했던 것입니다.

대조적으로 "여호와께서 아브람에게 눈을 들어 너 있는 곳에서 북쪽과 남쪽 그리고 동쪽과 서쪽을 바라보라"(창 13:14)고 말씀하십니다. 롯은 하나님의 절대적인 주권을 바라보지 못하고 소알 성을 선택합니다. 그러나 그가 받은 소알 성과 소돔과 고모라 성은 하나님으로부터 선물 받은 것이 아닙니다. 하나님께서 죄악의 성을 심판하실 때에는 소돔과 고모라 성은 흔적도 없을 정도로 모두 불타버리고 말았던 것입니다. 그러기에 아브라함은 롯에게 본문 9절에 보면 "네가 좌하면 나는 우하고 네가 우하면 나는 좌하리라"고 성경은 말씀합니다. 이 말씀을 깊이 살펴보시기 바랍니다.

아브람과 롯에게 가난과 궁핍이 있을 때에는 두 사람을 갈라놓지 않았습니다. 그러나 재산이 증가됨으로 두 사람을 분리시킨 것입니다. 차라리 가난하여 서로 형제가 사랑하고 협력하는 것이 더 낫지 않습니까? "욕심이 많은 자는 다툼을 일으키나 여호와를 의지하는 자는 풍족하게 되느니라"(잠 28:25)고 성경은 말씀합니다. 우리가 부유하게 되기를 원하십니까? 인간적인 욕심을 버리고 하나님을 의지하면 풍족하게 되는 것입니다. 부모의 시신을 앞에 두고도 물질 욕심으로 인하여 형제들이 마음이 상하고 서로 다투고 갈라서고 혈육의 정을 매정하게 끊기도 합니다. 심지어는 얼굴도 보지 아니하고 원수처럼 지내기도 합니다. 이것은 불신사회에만 있는 것이 아니라 믿음의 형제들 사이에도 얼마든지 있는 일입니다.

아브람은 하나님의 절대주권을 믿는 사람입니다. 그가 롯에게 '네가 좌하면 내가 우하고 네가 우하면 내가 좌하리라'는 말은 아브람은 물질보다는 하나님의 계획과 섭리와 절대주권만을 믿고 의지하겠다는 선포인 것입니다. 이것은 아브람의 양보 정신이 아닙니다. 아브람도 인간인지라 의식주를 위한 땅과 재산이 필요합니다. 그러나 아브람은 애굽에 내려갔다가 아내를 이방인 왕인 바로에게 빼앗긴 경험이 있습니다. 그 고통을 그는 기억했을 것입니다. 게다가 바로 왕에게 수치스러운 물질을 받은 것을 마음에 새겼을 것입니다. 아브람은 이 세상의 재물은 가변적이고 언제라도 바람처럼 사라지고 불타버릴 수밖에 없음을 깨달았던 것입니다. 그러므로 그는 온유하고 겸손한 심정으로 전능하신 하나님만을 의지하며 하나님의 절대주권을 믿음의 눈으로 바라보았던 것입니다.

아브람은 이전에 주신 하나님의 약속을 굳게 믿었습니다. 그러므로 우리도 하나님의 절대주권만을 믿고 주님과 교회를 섬깁시다. 하나님의 절대주권을 믿기만 하면 안전합니다. 절대 보호와 삶의 보장을 받습니다. 이 우주 만물의 소유주가 하나님이시기 때문입니다. "여호와께서 아브람에게 나타나 이르시되 내가 이 땅을 네 자손에게 주리라 하신지라 자기에게 나타나신 여호와께 그가 그 곳에서 제단을 쌓고"(창 12:7)라고 성경은 말씀합니다. 하나님은 아브람에게 젖과 꿀이 흐르는 약속의 땅을 그의 자손들에게 주실 것을 미리 말씀하신 것입니다.

우리는 여기서 하나님의 주권을 인식하고 기억해야 합니다. 이 말씀은 전능하신 하나님이 아브람과 조카 롯이 재산관계로 서로 목자들이 다투고 긴장감이 고조되기 전에 약속을 주신 것입니다. 그러므로 아브람은 하나님의 절대주권인 약속을 확실히 믿었기 때문에 조카 롯에게 선택권을 먼저 주었던 것입니다. 그러나 롯은 자신의 의지로 결단하고 선택합니다. 롯은 선택권을 받자마자 조금도 사양하지 아니합니다. 어르신 대접을 전혀 하지 아니합니다. 그리고 삼촌인 아브람에게 인사 한

마디 없이 바로 떠나가 버립니다. 아브람은 마음속으로 매우 섭섭했을 것입니다. 자식처럼 양육하였지만 결국은 물질적인 문제로 혈육의 정도 끊어버리고 갔기 때문입니다. 무엇보다 더 마음이 아픈 것은 하나님 중심적인 신본주의를 버리고 인본주의이며 세속주의로 헤어졌기 때문입니다.

이 세상에서 돈이면 모두 해결된다고 생각합니다. 그래서 아무리 명예와 학위가 있고 배움이 많더라도 돈이 없으면 무시를 당합니다. 소위 무능한 사람이라고 판단해 버립니다. 그러나 물질이 인생의 전부가 아닌 것입니다. 신앙이 없는 물질과 하나님이 없는 부유함은 심판 날에 망하게 되는 것입니다. 왜냐하면 "재물은 진노하시는 날에 무익"하기 때문입니다(잠 11:4). 재물은 내가 살 수 있는 동안에만 필요한 것이지 하나님이 심판하시는 날에는 전혀 가치가 없는 것입니다. 욕심을 부리면 부릴수록 악의 뿌리가 깊어지는 것입니다. 그러므로 은혜 가운데 살면서 물질을 다스릴 수 있는 것이 지혜요 복인 것입니다.

그러므로 아브람은 선택권까지도 하나님께 맡겼던 것입니다. 그는 하나님의 절대주권만을 바라보았기 때문에 요단 들판에서 안정되고 여유 있게 살기보다는 건조한 사막이라도 하나님과 함께 살기를 원했던 것입니다. 소돔 사람들처럼 악하고 욕심이 많고 정욕적으로 혼합 신을 섬기는 것은 아브람에게는 도저히 용납될 수 없는 일이기 때문입니다. 세상의 물질로 자신의 욕망을 채우는 롯을 부러워하기보다는 하나님의 나라와 그 의를 구하며 살기를 결심했던 것입니다. 자신은 비록 초라한 산악지대에서 거처하지만 그 언젠가는 자신의 노년에도 복을 주시고 그의 후손들에게도 영적으로 육신적으로 그리고 내세에서는 영원한 상급으로 은혜 주시고 복 주실 것을 믿었던 것입니다.

"아브라함이 나이가 많아 늙었고 여호와께서 그에게 범사에 복을 주셨더라"(창 24:1)고 성경은 말씀합니다. 아브라함이 중년에는 고생을 하였지만 노년에는 하나님이 범사에 복을 주신 것입니다. 이렇게 그는 하나님만을 바라보는 신본주의의 신앙이 있었기 때문에 조카 롯에게 선택권을 준 것입니다. 롯은 눈에 보이는 대로 선택했습니다. 눈을 들어 요단 지역을 바라보는데 소돔 땅의 평지가 보이고 물이 넉넉함을 봅니다. 중동 지방의 사람들은 우물을 많이 가질수록 부유한 자입니다. 그러기에 물이 부족하면 분쟁하고 싸우게 됩니다. 그러므로 그는 자신의 지혜로 현명하게 판단하고 비옥한 요단 온 지역을 선택한 것입니다. 마치 그곳은 에덴동산 같기도 하고 그 계곡이 너무나도 전망이 좋습니다. 그는 이렇게 기름진 땅을 선택하면 그 곳에서 큰 부자가 되고 오랫동안 살 줄로 생각했던 것입니다.

그러나 아브람은 눈에 보이는 것을 선택하지 아니하고 오히려 초라하고 볼품없는 산악지대인 나머지 땅을 선택합니다. 그는 눈에 보이는 대로 선택한 것이 아닙니다. 롯은 아마도 눈에 보이는 땅이면 최고요 가장 큰 행복의 요소라고 생각했을 것입니다. 하나님이 없고 물질만 섬기는 자는 악한 자인 것입니다. 롯의 눈은 이미 영적인 눈이 어두웠던 것입니다. 왜냐하면 그는 들어가서는 안 될 소돔 땅 지역으로까지 거주지를 옮겼기 때문입니다. 그는 소돔 사람들이 악하다는 것에 무관심한 것입니다. 소돔 사람은 여호와 앞에 악하며 큰 죄인이었던 것입니다. 이들은 죄 짓기로 생각하고 결심한 후에 행동으로 옮기는 죄인들이었습니다.

어떤 사람이 악한 자입니까? 사람 앞에서도 거짓증언하고 사기치고 간음과 살인하는 것도 악한 것입니다. 그러나 더 악한 것은 하나님 앞에 악한 것입니다. 하나님을 정면으로 도전하고 하나님이 없다고 하고 신은 죽었다고 말하는 무신론 사상인 것입니다. 이것은 하나님 앞에 악할 뿐만 아니라 하나님 앞에서 큰 죄인인 것이라고 성경은 증언합니다.

하나님 앞에서는 모두가 죄인인데 소돔에 거주하는 자들은 큰 죄인이라고 말씀합니다. 우리가 경건하고 선한 자와 동행을 하면 경건의 영향을 받습니다. 그러나 악한 자와 죄인과 동행을 하면 악한 영향을 받게 되는 것입니다.

그런데 롯은 하나님이 악하다고 판정하시는 소돔지역까지 더 큰 부자가 되겠다는 욕망을 채우기 위하여 들어간 것입니다. 이곳은 접근 금지지역인 곳입니다. 들어가서는 안 될 지역입니다. 들어가면 망하는 곳입니다. 자신도 죽고 가족도 함께 멸망하는 곳입니다. 결국에는 소돔 성이 유황불로 불타버릴 때에 그의 모든 재산은 다 불타버렸습니다. 한 순간에 잿더미가 되어버렸습니다. 그리고 사랑하는 그의 아내는 불타버리는 재물에 미련을 버리지 못하고 뒤를 돌아다보다가 소금기둥이 되어버리고 맙니다.

"여호와를 경외함이 네 보배니라"(사 33:6)고 성경은 말씀합니다. 하나님을 경외하지 아니하고 잘되고 형통하는 것은 저주요 파멸인 것입니다. 세상적으로 보면 보배는 값진 보석과 다이아몬드일 것입니다. 그런데 성경은 여호와를 경외하는 것이 보배라고 말씀합니다.

우리는 후손들에게 신앙의 유산을 물려줍시다. 하나님을 경외하는 것 자체가 복입니다. 우리 구주 예수 그리스도의 보혈로 씻음 받고 예수를 나의 구주로 믿는 것 자체가 행복인 것입니다. 그러므로 예수 잘 믿고 구원받아야 합니다. 언제까지입니까? 죽을 때까지 예수 잘 믿어야 하는 것입니다. "너희 성도들아 여호와를 경외하라 그를 경외하는 자에게는 부족함이 없도다"(시 34:9)라고 성경은 말씀합니다.

롯은 인간적인 선택을 하고 멸망 받았지만 아브라함은 하나님을 경외하고 그의 후손들 중에서 메시아 예수 그리스도를 선물로 받는 부족함이 없는 복을 누렸습니다. 우리가 신앙생활을 할 때에 물질적인 것에 우선순위를 두지 맙시다. 하나님 편에 섭시다. 사람의 생각과 지식과 지혜로 판단하지 맙시다. 믿음으로 사는 길은 돋는 햇살 같은 것입니다. "의인의 길은 돋는 햇살 같아서 크게 빛나 한낮의 광명에 이르거니와 악인의 길은 어둠 같아서 그가 걸려 넘어져도 그것이 무엇인지 깨닫지 못하느니라"(잠 4:18-19)고 성경은 말씀합니다.

아브람은 하나님의 절대주권을 믿고 살기에 광명의 삶을 살게 되지만, 하나님을 떠난 롯의 삶은 어둠으로만 달려가는 것이기에 결국에는 파멸에 이르게 되고 말았던 것입니다. 그러나 아브람은 거칠고 메마른 산악지대에 장막을 치고 사는데 초라하고 궁핍해 보입니다. 그는 잠시 있다가 떠나가는 여행객에 불과한 것처럼 보입니다. 그러나 하나님 앞에서 여호와의 이름을 부르며 사는 아브람은 지상의 것 보다는 하늘의 신령한 복을 더 간절히 사모했습니다. 그러기에 애굽의 나일강보다는 그리고 소돔의 비옥한 땅보다는 바위와 돌이 많은 산악지대를 선택한 것입니다. 가장 가까운 혈육과 골육이며 친척이며 형제라고 할지라도 신앙이 맞지 아니하면 물과 기름인 것입니다. 결코 연합할 수가 없는 것입니다. 그러나 인간의 위기와 절망의 순간에는 하나님이 간섭하십니다.

15절에 보면 "보이는 땅을 내가 너와 네 자손에게 주리니 영원히 이르리라"고 성경은 말씀합니다. 롯이 동쪽에 있는 요단 들판을 선택했다면 아브람은 그 반대편에 있는 서쪽의 가나안 땅을 선택한 것입니다. 이것은 무엇을 의미하는 것입니까? 아직은 가나안 원주민들이 거주하고 있지만 언젠가는 그 온 땅을 아브람과 그의 후손에게 주실 것이라는 약속입니다. 그러므로 아브람의 믿음이 커지면 커질수록 하나님의 축복도 정비례하여 커진다는 말씀인 것입니다. 아브람이 하나님의 절대주권을 바라보는 믿음이 커지면 커질수록 하나님의 축복의 문이 더 커지는 것입니다. 하나님의 약속과 아브람의 믿음과 순종은 정비례하는 것입니다.

그리고 아브람의 믿음이 크면 클수록 하나님께서 큰 상급이 되어 주시는 것입니다. 전능하신 하나님은 아브람에게 "이후에 여호와의 말씀이 환상 중에 아브람에게 임하여 이르시되 아브람아 두려워하지 말라 나는 네 방패요 너의 지극히 큰 상급이니라"(창 15:1)고 말씀하십니다. 우리의 상급은 세상적인 것이 아니라 하나님 자신입니다. 하나님께서 아브람에게 약속하신 축복은 땅의 티끌처럼 창대해지는 복을 주시겠다고 약속하신 것입니다(16절). 땅의 티끌을 셀 수 없는 것처럼 아브람의 자손도 셀 수 없이 증가할 것을 하나님은 말씀하신 것입니다. 이 약속은 나중에 "하늘의 별"(창 15:5, 22:17, 26:4)처럼 많아지게 하고, 더 구체적으로 "바다의 모래"(창 22:17, 32:12)처럼 수효가 늘어날 것을 말씀하십니다.

아브람은 장차 전능하신 하나님이 주실 복을 기다리는 것입니다. 그는 우주만물의 창조주시요 역사의 수레바퀴를 주관하시는 하나님의 절대주권을 바라본 것입니다. 롯은 선택권을 행사하였으나 아브람은 영원히 변치 아니하는 하나님의 약속을 부여 받은 것입니다. 이것이 하나님 중심과 인간 중심의 차이의 관점인 것입니다. "이는 내 생각이 너희의 생각과 다르며 내 길은 너희의 길과 다름이니라 여호와의 말씀이니라 이는 하늘이 땅보다 높음 같이 내 길은 너희의 길보다 높으며 내 생각은 너희의 생각보다 높음이니라"(사 55:8-9)고 성경은 말씀합니다.

우리는 명심해야 합니다. 인간의 좁은 생각과 하나님의 생각은 전혀 다릅니다. 사람의 길과 하나님의 길이 비교가 되지 아니합니다. 그러므로 인생 만사에 사람의 생각을 넣지 말고 하나님의 생각과 하나님의 마음으로 채우시기를 간절히 소원합니다.

아브람은 하나님을 절대적으로 믿고 의지합니다. 그러므로 그 언젠가는 썩어질 현실적인 땅보다는 장차 미래에 자신을 통하여 구원받을 영적인 아브람의 후손들이 많아질 것을 내다 본 것입니다. 즉 하나님의 약속이 성취될 은혜와 복을 더 사모한 것입니다. "자녀이면 또한 상속자 곧 하나님의 상속자요 그리스도와 함께 한 상속자니 우리가 그와 함께 영광을 받기 위하여 고난도 함께 받아야 할 것이니라"(롬 8:17)고 성경은 말씀합니다.

우리는 기억합시다. 신앙생활에는 고난이 따르지만 장차 하나님 나라에 가서는 영광도 함께 주어지는 것입니다. 환난은 잠깐인 것이고 우리가 누릴 영광은 영원한 것입니다. 그러므로 잠시 받는 환난을 우리 구주 예수 그리스도의 기쁨으로 극복합시다. 내세의 영원한 영광을 날마다 바라보며 소망 중에 기다립시다.

알렉산더 대왕은 세계를 다 정복하고도 자신이 더 소유할 땅이 없다는 이유로 땅바닥에 주저앉아 울었다는 일화가 있습니다. 그러나 땅 몇 평도 없는 자들은 고난과 시련 중에서도 기뻐하고 즐거워하는 자들이 있습니다. 왜냐하면 행복은 밖에 있지 아니하고 마음속에 있기 때문입니다.

하나님은 이스라엘 백성들에게 "내가 오늘 하늘과 땅을 불러 너희에게 증거를 삼노라 내가 생명과 사망과 복과 저주를 네 앞에 두었은즉 너와 네 자손이 살기 위하여 생명을 택하고 네 하나님 여호와를 사랑하고 그의 말씀을 청종하며 또 그를 의지하라 그는 네 생명이시요 네 장수시니 여호와께서 네 조상 아브라함과 이삭과 야곱에게 주리라고 맹세하신 땅에 네가 거주하리라"(신 30:19)고 말씀하십니다. 그러므로 우리는 살기 위하여 하나님 절대주권 신앙을 선택합시다. 하나님 중심으로 살면 복을 주시되 장수와 물질의 복도 주십니다. 아브람은 노년에 복을 받습니다. 그뿐만 아니라 아브라함이 받은 복은 당대의 혈통에서 끝난 것이 아닙니다. 유대인이든지 이방인이든지 예수를 나의 구주로 믿은 자들은 아브라함의 영적 축복을 받게 되는 것입니다.

바울은 "또 하나님이 이방을 믿음으로 말미암아 의로 정하실 것을 성경이 미리 알고 먼저 아브라함에게 복음을 전하되 모든 이방인이 너로 말미암아 복을 받으리라 하였느니라 그러므로 믿음으로 말미암은 자는 믿음이 있는 아브라함과 함께 복을 받느니라"(갈 3:8)고 증언합니다. 우리와 같은 이방인들이 예수를 나의 구주로 믿고 아브라함의 영적 후손이 되어 아브라함과 함께 복을 받게 된 것입니다. 이 얼마나 큰 은혜요 사랑이요 축복입니까?

결 론

아브람은 자신의 고향과 친척과 아버지의 집을 떠나는 순간부터 여호와의 말씀을 따라 가나안에 들어간 것입니다. 그는 어떤 지도나 이정표나 나침반 하나도 없이 말씀을 따라 순종하고 떠난 것입니다. 물질적인 것으로 인하여 분쟁하고 화평이 깨질 수 있으나 그는 하나님의 절대주권을 바라볼 때 하나님께서 그에게 영적으로 복을 주시고 물질적인 것도 풍족하게 채워주신 것입니다. 우리는 어떤 상황에서도 사람을 의지하지 말고 하나님을 더욱 의지합시다. 하나님이 우리와 함께 하시고 그분의 능력으로 보호를 받는다면 다시 회복되고 앞날의 소망이 나타날 것입니다.

예레미야 선지자는 "그러나 무릇 여호와를 의지하며 여호와를 의뢰하는 그 사람은 복을 받을 것이라"(렘 17:7)고 말씀합니다. 예전이나 현재나 여호와를 의지하는 자가 복을 받습니다. 사람을 의지하면 실족하고 낙심할 수 있지만 여호와를 의지하면 사시사철 가무는 해에도 걱정 근심 없이 결실하는 복을 누리게 됩니다.

영국의 스펄전 목사는 "영혼들이여 천국의 아름다운 보고를 열 수 있는 열쇠는 하나뿐입니다. 그 열쇠는 우리 구주 예수 그리스도의 십자가의 열쇠라"고 증언합니다. 예수 잘 믿고 신앙을 지키는 것이 가장 큰 기쁨이요 은혜와 복인 것입니다. 우리에게 진정한 보배는 하나님을 경외하는 것입니다.

"믿고 세례를 받는 사람은 구원을 얻을 것이요"(막 16:16)라고 성경은 말씀합니다. 예수를 나의 구주로 믿고 영생을 얻는 것처럼 큰 복은 없습니다. 우리 구주 예수 그리스도께서 구원하신 백성들에게 하나님은 하늘의 썩지 아니하는 유업을 주실 것입니다. 믿음의 조상인 아브라함에게 주신 은혜와 복을 우리에게도 주시기를 우리 주님의 이름으로 간절히 축원합니다.

3
고난을 은혜로 바꾼 사람
[창세기 28:10-22]

서 론

한평생을 살면서 하나님의 은혜를 입은 사람들에게는 이 세상의 어떤 출세나 명예나 성공보다도 그 은혜가 더 귀한 것입니다. 왜냐하면 하나님의 은혜는 우리에게 변함없는 약속과 축복을 주시기 때문입니다. 그리스도인들에게 시련과 고통은 은혜와 축복의 통로가 되므로 하나님의 약속을 더 은혜롭게 만듭니다. 그뿐만 아니라 시련은 그리스도인들에게 기도에 뜨거운 열정을 불어 넣습니다. 고난은 나를 주님의 발 앞으로 이끌고 나 자신을 낮추어 주님이 계신 곳에 머물게 하는 것입니다. 은혜 안에서 자라가는 참된 성장은 거룩하게 되는 고난의 결과인 것입니다.

창세기에 나오는 야곱이 당한 고난과 그의 아들 요셉이 당한 고난을 비교하여 볼 때에, 그 양자는 전혀 다른 의미를 갖고 있음을 알 수 있습니다. 야곱은 자기의 많은 허물과 죄로 인하여 고난을 당했지만, 요셉은 자신의 실수나 허물없이 당한 고난입니다. 요셉이 당한 고난은 순전히 가정의 미움과 시기로 인한 형제들의 죄를 짊어진 결과로 온 것입니다. 여기서 우리는 고난이라는 인간적 비극의 성격을 생각하게 됩니다. 요셉은 모든 수난을 통하여 영화에 이르게 되고 야곱은 그의 고난을 통하여 성화에 이르게 됩니다.

그러면 우선 야곱의 고난을 통하여 그가 어떻게 성화에 이르게 되는지를 살펴보며 은혜를 나누려고 합니다.

오늘 본문의 배경을 설명 드리면 이삭의 가정에 두 아들 에서와 야곱이 있었습니다. 그런데 두 아들 사이에 이미 싹튼 형제의 불화가 점차적으로 드러납니다. 기회만 있으면 동생을 죽이려는 사실을 알게 된 야곱은 원치 아니하는 도피자의 삶을 살게 됩니다. 그리하여 정든 고향을 떠나 북방 밧단아람, 현재의 시리아로 피신을 간 것입니다. 그가 집을 떠나 한 곳에 이르니 해가 졌던 것입니다. 그 장소는 벧엘입니다. 야곱의 고향 땅 브엘세바에서 약 250리 정도 떨어진 곳입니다. 날은 이미 어두워지고 캄캄한 밤이 왔는데 이미 피곤할 대로 지쳐있는 몸이고 방향 감각조차 분별하기 어려웠던 상황이었습니다. 그는 해가 지기까지 250리 길을 걸었던 것입니다. 어떤 면에서 보면 걸었다기보다는 뛰면서 빠르게 걸었다고 볼 수 있습니다. 복수하려고 하는 형을 피하여 도망가는 그의 마음이 얼마나 불안하고 초조하였는지를 보여줍니다.

본문 11절에 보면 "한 곳에 이르러는 해가 진지라 거기서 유숙하려고 그 곳의 한 돌을 가져다가 베개로 삼고 거기 누워 자더니"라고 성경은 말씀합니다. 250리 길을 마다하지 않고 달려온 그는 피곤에 지쳐 깊이 잠이 들었던 것입니다. 그가 달려온 길은 황량한 광야 길이요 산 비탈길이었을 것입니다. 그는 인적이 없는 외로운 곳에서 차가운 땅을 침상으로 삼고 딱딱한 돌을 베개 한 후에 찬 공기를 마시며 밤을 보냅니다. 그는 온종일 걸어왔기 때문에 온 몸이 땀으로 젖어있고 체력은 떨어지고 뼈마디가 쑤셨을 것입니다.

그런데 야곱의 휴식은 오히려 위험에 노출된 상태입니다. 동서 사방에서 어떤 사나운 맹수가 나올지도 모르는 상황에서 그는 피곤을 견디지 못하여 정신없이 잠들었던 것입니다. 사람은 의식 없이 잠들 때가 가장 위험한 상태라고 말합니다. 왜냐하면 그것은 자기가 스스로를 방어할 수 없고, 잠들다가 일어나지 못하면 그대로 죽을 수밖에 없기 때문입니다. 고독한 야곱에게 밤하늘에는 별들이 반짝일 뿐 이 쓸쓸한 외로움을 누구에게 호소할 수 있겠습니까? 아직도 갈 길은 멀고 험한데 몸은 이미 피곤하고 지쳐있습니다. 몇 일이 될는지 몇 달이 경과될는지 알지 못하는 길을 떠나는 형편이고, 도중에 강도와 도적의 위험도 무릅쓰고 가야만 하는 여정입니다. 그리고 언제 어느 시간에 형이 보복하려고 추격할지도 모릅니다. 아무런 방어 자세가 전혀 없는 상태에 그대로 누워 있었고, 너무나 지치고 피곤한 몸이기에 그대로 쓰러져 잠을 자게 되었던 것입니다.

이렇게 잠든 잠자리에서 그는 꿈을 꾸게 되고 하나님의 은혜를 받게 됩니다. 그는 하나님의 말씀을 들었고 전능자의 이상을 보게 된 것입니다. 그 외롭고 정처 없이 방황하던 그 날 밤은 야곱에게 있어서 평생 잊지 못할 하나님의 은혜를 체험하는 밤이었습니다. 우리들이 가장 절박하고 위기 상황에 있을 때에 하나님은 찾아오십니다.

우리도 고해와 같은 세상을 살아가는 동안에 인생의 여러 가지 위기를 만날 때가 있습니다. 건강이 악화되어 죽을 지경에 이르고 경제적인 파산으로 고독하고 절망할 때도 있습니다. 그러나 하나님은 믿음으로 살고 경건하게 신앙을 지키려는 자에게 반드시 찾아오십니다. 야곱은 들 사람이 아니고 조용한 사람이요 장막에 거하는 경건한 사람이고 하나님의 약속을 이미 받은 사람이기에 전능하신 하나님이 지켜주시는 것입니다. "여호와께서 그에게 이르시되 두 국민이 네 태중에 있구나 두 민족이 네 복중에서부터 나누이리라 이 족속이 저 족속보다 강하겠고 큰 자가 어린 자를 섬기리라 하셨더라"(창 25:23)고 성경은 말씀합니다.

그러므로 하나님의 약속과 축복은 형 에서에게 있는 것이 아니고 동생 야곱에게 있는 것입니다. 야곱이 비록 부모님 곁을 떠나고 형으로부터 목숨을 건지기 위해 피신하는 몸이라 할지라도 하나님은 야곱에게 축복하시는 섭리가 있기에 그를 책임지고 지키시고 보호하시는 것입니다. 그는 아마도 깊은 잠에 들었을 것입니다. 그러나 하나님으로부터 위로와 용기와 소망을 얻는 꿈을 꾸었습니다. 그는 땅에서부터 하늘까지 닿은 사닥다리를 본 것입니다. 천사들이 사닥다리 위로 오르락내리락 하였고 하나님이 친히 그 꼭대기 위에 계신 것을 보았던 것입니다. 이것은 야곱이 아버지 집을 떠나 안식할 수 없는 나그네의 삶을 산다고 할지라도 하나님의 자비하신 사랑의 손길과 인도하심이 따른다는 것을 보여줍니다. 그리고 전능하신 하나님의 보살핌과 거룩한 천사들의 도움이 있게 됨을 알게 한 것입니다. 우리들도 부족하고 연약하지만 믿음을 버리지 아니하고 살기만 하면 전능하신 하나님의 보호와 인도하심을 받게 될 줄로 믿습니다. 그러면 우리 인생들에게 주어진 고난은 무엇을 의미합니까?

1. 경건한 자에게 고난은 은혜를 체험하는 기회가 됩니다.
   (창 25:27)

"그 아이들이 장성하매 에서는 익숙한 사냥꾼이었으므로 들 사람이 되고 야곱은 조용한 사람이었으므로 장막에 거주하니"(창 25:27)라고 성경은 말씀합니다. 형 에서는 외향적인 성격이며 남성적인 반면에, 야곱은 내성적이고 조용한 사람이었습니다. 이것을 가지고 좋다 나쁘다 할 것은 없습니다.
  그러나 야곱에게는 조용한 성격 때문에 그 신앙에 결정적인 은혜를 받게 된 것입니다. 에서의 활달한 성격은 그로 하여금 들 사람을 만들었고, 야곱은 그의 평온한 성격으로 장막에 거하기를 좋아하였기에 부모의 신앙교육을 많이 받았을 것입니다. 그는 부모를 통하여 조상 아브라함과 이삭과 자기 가문에게 약속하신 하나님의 언약이 얼마나 소중하였는지를 배웠을 것입니다. 특별히 그의 어머니 리브가는 아직 그 아들이 태중에 있을 때에 받은 말씀을 기억하였을 것입니다. "큰 자가 어린 자를 섬기리라"(창 25:23)는 말씀은 하나님의 절대주권적인 은혜인 것입니다.

하나님의 주권은 결코 사람이 취소하거나 거절할 수가 없습니다. "하나님께서 행하시는 일을 보라 하나님께서 굽게 하신 것을 누가 능히 곧게 하겠느냐"(전 7:13)라고 성경은 말씀합니다. 이 말씀은 하나님이 하시는 일을 사람이 간섭하거나 방해할 수가 없다는 뜻입니다. "그는 뜻이 일정하시니 누가 능히 돌이키랴 그의 마음에 하고자 하시는 것이면 그것을 행하시나니"(욥 23:13)라고 성경은 말씀합니다. 전능하신 하나님의 뜻은 일정하심으로 그 누구도 늦추거나 변경할 수가 없는 것입니다. 야곱이 어린 자이지만 형 에서가 섬기는 자가 된다는 것이며, 하나님이 계획하신 것은 그 누구도 변경할 수가 없는 것입니다. 이 말씀은 어머니 뱃속에서부터 하나님이 약속하신 것입니다. 그러므로 어머니 리브가는 이 말씀에 따라서 둘째 아들 야곱에게 특별한 관심을 가지고 신앙으로 양육하였을 것입니다.

그러므로 야곱이 하나님의 언약의 존귀함을 알고 어떻게 해서든지 그 언약이 자신에게 이루어지기를 사모하게 되었던 것은 일찍부터 말씀으로 교육받은 결과라고 할 수 있습니다. 사도 바울도 하나님이 임신 중인 리브가에게(롬 9:10-12) 11절에는 그 자식들이 아직 나지도 아니하고 무슨 선이나 악을 행하지 아니한 때에 택하심을 따라 되는 하나님의 뜻이 행위로 말미암지 않는다고 하였고, 12절에는 리브가에게 이르시되 큰 자가 어린 자를 섬기리라 하시고, 13절에는 기록된바 내가 야곱은 사랑하고 에서는 미워하였다고 성경은 말씀합니다. 여기에 놀라운 진리가 숨어 있습니다. 우리 인간 모두는 죄인이고, 에서나 야곱도 모두 죄인입니다. 그런데 하나님은 야곱을 선택하셨습니다. 내가 하나님을 선택한 것이 아니라 하나님이 나와 당신을 선택하신 것입니다. "곧 창세 전에 그리스도 안에서 우리를 택하사 우리로 사랑 안에서 그 앞에 거룩하고 흠이 없게 하시려고 그 기쁘신 뜻대로 우리를 예정하사"(엡 1:4-5)라고 성경은 말씀합니다. 그러므로 선택은 하나님의 은혜인 것입니다. 그리고 선택한 자에게 은혜를 주시고 하나님의 뜻을 이루십니다.

그러므로 큰 자가 어린 자를 섬기리라는 전능하신 하나님의 언약을 야곱은 인내로써 기다려야만 했던 것입니다. 그리고 하나님의 언약을 인간적인 수단 방법으로 성취하려고 한 야곱과 어머니 리브가의 태도는 근본적으로 큰 허물과 실수가 되었던 것입니다. 하나님이 인도하시고 간섭하실 때까지 경건의 훈련을 받으며 야곱은 기다리고 인내해야 했던 것입니다. 왜냐하면 하나님의 뜻은 반드시 이루어질 것이기 때문입니다. 하나님의 신실한 약속의 말씀을 받았으면 인내심을 가지고 끝까지 기다려야 하고 인간적인 수단과 방법으로 행동하지 말아야 합니다. 기다리지 못하면 조급하게 되고 경솔한 행위가 나타나는 것입니다. 하나님이 우리에게 기다리라고 말씀하시면 힘들어도 기다려야 하는 것입니다.

시인 다윗은 "내가 여호와를 기다리고 기다렸더니 귀를 기울이사 나의 부르짖음을 들으셨도다"(시 40:1)라고 증언합니다. 그러므로 기다림의 신앙이 중요한 것입니다. 우리는 기도하고 또 기다리고 다시 기다려야 합니다. 기다리고 또 기다리면 좋은 일들이 나타나는데, 하나님이 기도에 응답을 주십니다. 우리는 하나님의 계획보다 우리 자신의 계획이 앞서서는 안 되는 것입니다. 매우 안타깝게도 인간적인 수단을 동원하여 아버지에게 거짓말까지 하면서 복을 받으려고 했던 것이 문제였던 것입니다.

그러므로 야곱의 고난은 여기서부터 시작이 되었고, 어머니 리브가도 큰 슬픔을 당합니다. 형 에서의 분노를 본 어머니의 말은 이러합니다. "내 아들아 내 말을 따라 일어나 하란으로 가서 내 오라버니 라반에게로 피신하여 네 형의 노가 풀리기까지 몇 날 동안 그와 함께 거주하라"(창 27:43-44)고 했으나, 야곱은 몇 날이 아니라 20년의 피난 생활을 감수해야만 했던 것입니다(창 31:41). 또 다른 한편으로 볼 때에 장막에만 거하기를 좋아하던 조용한 성격의 사람 야곱이 20년 동안 들사람으로 살아야 했던 것도 정신적으로나 육신적으로 많은 고통이었을 것입니다. 온순하고 평온하게 살아야 할 사람이 20년 동안 머슴과 나그네로 산다는 것은 얼마나 고독하고 외로운 삶인 것입니까?

그러나 경건한 사람은 어떠한 시험과 고난이 있어도 참고 또 참는 인내가 필요한 것입니다. 참을 인(忍)은 칼로 마음을 찌르고 또 찔러 누르는 것을 참는 것이므로, 보통 인내력이 없이는 쉽지 아니한 것입니다. 친구에게 배신을 당하는 일, 형제와 형제가 서로 등을 돌리는 일이 있을 때에 참는다는 것은 대단히 어려운 일입니다. 야곱에게 있어서는 안 될 일이지만 그는 고난의 생애가 지속 됩니다.

하나님 앞에서 은혜를 유지하기 위하여 참을 수만 있다면 그 분은 우리에게 비전을 주시고 앞날을 계획하시며 복을 주십니다. 사도 바울은 젊은 목회자 디모데에게 "그러므로 너는 내가 우리 주를 증언함과 또는 주를 위하여 갇힌 자 된 나를 부끄러워하지 말고 오직 하나님의 능력을 따라 복음과 함께 고난을 받으라"(딤후 1:8)고 증언합니다. 구약의 옛 언약은 축복이지만 신약의 새 언약은 고난이므로, 하나님이 우리에게 고난을 주시는 것은 유익하게 하심인 것을 깨달아야 합니다. "고난당한 것이 내게 유익이라 이로 말미암아 내가 주의 율례들을 배우게 되었나이다"(시 119:71)라고 성경은 말씀합니다. 고난은 자신의 믿음이 성숙되어가는 과정이고, 우리 구주 예수 그리스도의 형상을 닮아가는 기초인 것입니다.

본문 12절에 보면 "꿈에 본즉 사닥다리가 땅 위에 서 있는데 그 꼭대기가 하늘에 닿았고"라고 성경은 말씀합니다. 여기서 "사닥다리"라는 단어는 히브리어로 〈술람 sullam〉입니다. 이 사닥다리가 서 있는 것은 그 자체가 서 있는 것이 아니라 다른 어떤 힘에 의하여 서 있는 상태를 의미하는 것입니다. 이 사닥다리는 오늘날 흔히 생각하는 사다리가 아니고 고대 지구라트에서 볼 수 있는 것과 같은 일종의 계단을 말합니다. 사람이 만든 사닥다리가 아니라 하나님께서 연약한 야곱에게 함께 하신다는 증거로 보여주신 사닥다리인 것입니다. 야곱은 부모나 친척이나 어떤 사람의 도움도 받을 수 없는 자리에 있을 때에 하나님의 은혜가 나타나는데, 그것이 바로 은혜의 사닥다리였던 것입니다. 이 사닥다리는 무엇을 의미합니까?

영국의 매튜 헨리 목사는 그리스도의 중보이며 예수 그리스도는 사닥다리를 의미한다고 했습니다. 아래쪽 끝은 인성(人性)으로 땅에 닿아 있고, 위쪽 끝은 신성(神性)으로 하늘에 닿아 있습니다. 하늘과 땅의 모든 교류는 이 사닥다리 되시는 예수 그리스도를 통해서만이 가능한 것입니다. "예수께서 이르시되 내가 곧 길이요 진리요 생명이니 나로 말미암지 않고는 아버지께로 올 자가 없느니라"(요 14:6)고 성경은 말씀합니다. 우리 구주 예수 그리스도께서 오직 그 길이 되십니다. 그리고 하나님의 은혜가 나타나는 것도, 우리의 봉사가 하늘에 상달되는 것도 모두 그리스도를 통하여 이루어지는 것이라고 했습니다. 그러므로 이 사닥다리 되시는 예수 그리스도를 통하지 아니하고는 어느 누구도 하늘나라에 들어갈 방법이 없는 것입니다. 전능하신 하나님은 고독과 번민과 불안에 사로잡혀있는 야곱에게 이 사닥다리로 꿈을 보여주신 것입니다.

이 사닥다리 위에 전능하신 하나님이 서서 계십니다. 이것은 무엇을 의미합니까? 하나님의 은혜와 보호와 위로와 그분과 교통하고 교제하는 것을 의미하는 것입니다. 세상적으로 보기에 허물과 실수가 있어도 인간적으로 보면 인생 낙오자처럼 보이는 야곱이지만, 하나님이 야곱에게 은혜를 주시겠다는 것입니다. 은총을 주시고 그의 인생길이 비록 험하고 갈 길이 멀어도 전능하신 하나님은 그를 눈동자처럼 보호하시고 지켜주시겠다는 것입니다. 뿐만 아니라 인생길이 지치고 고달플지라도 하나님은 그에게 하늘의 위로를 주시고 교통하고 교제하시기를 원한다는 것입니다. 이 얼마나 큰 위로와 힘이 됩니까?

저와 여러분의 인생길에도 전능하신 우리 하나님이 인도하여 주시기를 원합니다. 그것이 무엇입니까? 우리와 영원토록 함께 하시는 구주 예수 그리스도가 우리에게 사닥다리가 되심으로 우리가 가난하고 병들고 눈물 흘릴 때에도 사닥다리 되시는 주님은 우리에게 위로와 평안을 주실 것입니다.

"야곱의 집이여 이스라엘 집에 남은 모든 자여 내게 들을지어다 배에서 태어남으로부터 내게 안겼고 태에서 남으로부터 내게 업힌 너희여 너희가 노년에 이르기까지 내가 그리하겠고 백발이 되기까지 내가 너희를 품을 것이라 내가 지었은즉 내가 업을 것이요 내가 품고 구하여 내리라"(사 46:3-4)라고 성경은 말씀합니다. 우리가 출생하여 늙고 하늘나라에 들어가는 시간이 가까워질 때에도 우리를 품어주시고 구하여 주십니다. 중보자이시며 사닥다리 되시는 우리 구주 예수 그리스도만이 우리 인생여정을 보호하실 것입니다.

2. 하나님의 약속이 주어집니다. (13-15절)

전능하신 하나님은 그의 조부 아브라함과 부친 이삭에게 주신 약속들을 야곱에게 반복하시고 또한 확증시키십니다. "또 본즉 여호와께서 그 위에 서서 이르시되 나는 여호와니 너의 조부 아브라함의 하나님이요 이삭의 하나님이라 네가 누워 있는 땅을 내가 너와 네 자손에게 주리니"(13절)라고 성경은 말씀합니다. 그러므로 경건한 조상들의 신앙의 발자취를 따르는 자들은 그들의 언약과 특권을 함께 누리게 됩니다.

우리도 믿음의 선조들이 걸었던 신앙의 길을 일사각오 신앙으로 주님을 따라가면, 우리와 우리 후손들도 귀한 은혜를 누리게 됩니다. 우리 자신들도 하나님의 말씀대로 살고 준행하여 우리의 후손들이 하나님의 구원에 동참할 수 있도록 인도해야 합니다. 더 나아가 내가 예수 믿고 구원받은 이 기쁜 소식을 많은 사람들에게 알리어 그들이 구원받아 구름 떼와 양 떼처럼 몰려드는 역사가 일어나기를 간절히 소원합니다. "네가 누워 있는 땅을 내가 너와 네 자손에게" 주시겠다고 약속하십니다(13절). 그 땅은 젖과 꿀이 흐르는 가나안 땅이며 그의 후손을 창성하게 하시겠다고 약속하십니다. 즉 그의 후손들이 땅의 티끌처럼 무수하게 번성하게 될 것이라고 말씀하십니다(14절). 그뿐만 아니라 야곱을 통하여 땅의 온 족속들이 복을 받게 될 메시아 예수 그리스도가 그의 허리에서 나오게 될 것이라고 말씀하십니다.

예수 그리스도는 이 세상에 있는 사람들에게 소망이 되시고 구원의 은총을 주십니다. "예수께서 또 말씀하여 이르시되 나는 세상의 빛이니 나를 따르는 자는 어둠에 다니지 아니하고 생명의 빛을 얻으리라"

(요 8:12)라고 성경은 말씀합니다. 예수 그리스도는 구원의 통로요 길과 진리요 생명이십니다. 어느 민족이나 방언이나 족속에 속하였어도 예수 그리스도를 통해서만 구원을 받는 것입니다. "다른 이름"(행 4:12)이나 "다른 복음"(갈 1:7)을 가지고는 절대로 구원을 받을 수가 없습니다. 우리의 선행과 율법적인 규정, 공로로는 구원에 이르지 못하는 것입니다. 율법 하나를 못 지키면 율법 전체를 범하는 것이 되기 때문입니다. 우리가 율법과 선행으로 구원을 받는다고 생각하면 할수록 실패와 좌절 밖에 없는 것입니다. 죄 덩어리의 인생인 우리가 하나님의 은혜로 구원 받았기에 더 감격스럽고 감사한 일인 것입니다.

그러면 야곱에게 주신 하나님의 약속은 무엇입니까?

1) 임마누엘의 약속입니다. (15절)

"내가 너와 함께 있어"(15절). 즉 전능하신 하나님께서 함께하시겠다는 '임마누엘'의 약속입니다. 이것이 하나님께서 야곱에게 주신 은혜인 것입니다. 하나님의 은혜는 죄 사함을 받는 것이나 시련과 고난을 극복하는 것이나 회복되는 모든 일들이 그분으로부터 자유롭게 값없이 주어지는 것입니다. 야곱이 허물과 실수가 많이 있다고 할지라도 하나님께서 일방적으로 그를 사랑하시고 은혜를 베푸시겠다고 성경은 말씀합니다.

야곱은 정든 고향과 부모님 곁을 떠나는 순간부터 20년이라는 긴 세월을 타향에서 힘들고 어렵게 보냅니다. 그리고 안타깝게도 나그네 생활을 하던 중에 그의 어머니가 세상을 떠납니다. 자기를 위하여 염려하며 앞날이 잘되기를 고대하던 그립고 보고 싶었던 어머니의 얼굴을 영원히 보지 못했습니다. 이 세상의 부모 형제와 친구는 우리와 영원히 함께 할 수가 없지만 임마누엘 되시는 전능하신 하나님은 야곱을 떠나지 않으십니다. 전능하신 하나님은 야곱의 현재뿐만 아니라 미래에도 함께하시는 분이십니다. "여호와께서 야곱에게 이르시되 네 조상의 땅 네 족속에게로 돌아가라 내가 너와 함께 있으리라"(창 31:3)고 성경은 말씀합니다. 언약 백성에게 임마누엘은 큰 은혜입니다. 이 말씀은 야곱에게 현재뿐 아니라 미래까지도 함께하신다는 약속입니다. 전능자 하나님은 우리의 형편과 처지를 잘 아시기 때문에 온 세상이 나를 버린다고 할지라도 주님은 우리 곁을 떠나지 아니하십니다. 야곱은 히브리 민족에서 볼 때에 삼대 족장입니다. 그는 조상 때부터 내려오는 큰 축복의 상속자입니다. 전능하신 하나님은 언약 백성들을 임마누엘로 함께하십니다.

2) 보호의 약속입니다. (15절)

"네가 어디로 가든지 너를 지키며"라고 성경은 말씀합니다.

영국의 스펄전 목사는 "그리스도인의 후손이 되는 것은 우리에게는 왕의 후손이 되는 것보다 훨씬 더 명예로운 일이다."라고 그리스도인 됨을 강조했습니다. 조부 아브라함의 하나님이요, 부친 이삭의 하나님이 야곱을 떠나지 아니하고 함께 하시겠다는 말씀인 것입니다. 야곱이 형의 낯을 피하여 가는 도중이므로 현재는 시련을 겪고 있지만, 하나님은 그를 보호하시고 먹을 것과 입을 옷도 주셨습니다. 전능하신 하나님은 그에게 천사를 보내어 보호하신 것도 놀라운 일이지만, 이제는 하나님 자신이 야곱과 함께 하시겠다고 말씀하십니다. 즉 임마누엘의 축복은 모든 복들의 근원이 되는 것입니다.

건강과 재복과 형통이 누구로부터 오는 것입니까? 이것을 아는 자는 지혜로운 사람일 것입니다. 은혜의 근원은 하나님으로부터 오는 것이므로 그분이 우리와 함께하셔야만 축복의 열매를 맺게 되는 것입니다. 그리스도인들의 신앙생활은 영적 전투이므로 하나님이 함께 하시는 일은 승리하고 실제적으로 돕는 은혜를 받게 되는 것입니다.

"만일 하나님이 우리를 위하시면 누가 우리를 대적하리요"(롬 8:31)라고 성경은 말씀합니다. 전능하신 하나님이 우리와 함께하시고 도우신다면 누가 감히 도전하고 방해할 수가 있겠습니까? 힘이 없고 부족하고 무능하게 보이는 사람이라 할지라도 하나님이 나와 함께 하신다는 말씀에 위로와 힘을 얻으실 수 있기를 간절히 소원합니다. 국가의 어느 한 장관이 우리를 도와주어도 힘이 되는데 우주 만물을 창조하신 하나님이 함께 하신다는 것은 참으로 놀랍고 감격스러운 일이 됩니다.

야곱은 외삼촌 집에서 소처럼 20년을 쉴 틈도 없이 열심히 수고하고 봉사하였는데도 불구하고 외삼촌의 얼굴을 보니 안색이 좋지 아니했습니다. 그것은 야곱이 외삼촌의 소유를 다 빼앗고 재물을 모았다고 외삼촌의 아들들이 말했기 때문입니다. 이런 가슴 아픈 긴박한 상황에서 하나님은 야곱에게 네 조상의 땅 네 족속에게로 돌아가라고 말씀하신 것입니다. 네 조부 아브라함과 부친 이삭의 땅으로 돌아가라는 것입니다. 인간적으로 야곱은 자신의 욕심을 채우기 위하여 외삼촌 집에서 더 봉사하고 재산을 증식하려고 했을 것입니다. 그러나 더 이상 다투지 말고 네 조상의 땅인 네 족속으로 돌아가라는 것입니다. "의인은 영영히 이동되지 아니하여도 악인은 땅에 거하지 못하게 되느니라"(잠 10:30)라고 성경은 말씀합니다.

하나님은 악인을 돕지 아니하시고 의인을 도와주시고 흔들림이 없도록 보호하십니다. 세상에서 순탄하고 안정된 길이라고 할지라도 하나님이 허락하지 아니하시면 그 길은 헛수고일 뿐이고, 아무리 비천하고 힘든 고생길이라 할지라도 하나님이 인도하시면 순탄한 대로가 열리게 되는 것입니다. 전능하신 하나님은 과거에도 함께 하셨고 현재도 함께 하시고 미래에도 함께 하시기 때문입니다. 세상의 사람들이나 심지어 혈육이라 할지라도 이해관계가 성립될 때에는 등을 돌리고 원수처럼 대하게 되는 경우가 있지만 하나님의 긍휼과 자비는 무궁하십니다.

3) 변함없으신 하나님의 은혜의 약속입니다. (히 13:8)

"예수 그리스도는 어제나 오늘이나 영원토록 동일하시니라"(히 13: 8)고 성경은 말씀합니다. 전능하신 하나님은 과거와 현재와 미래를 동시에 보시는 분이시므로 우리와 함께 하시는 일에 있어서 가장 완벽하고 안전하고 평온하게 이끌어 주십니다. "나 여호와는 변하지 아니하나니 그러므로 야곱의 자손들아 너희가 소멸되지 아니하느니라"(말 3:6)고 성경은 말씀합니다. 우리가 험악한 죄악 세상 속에서도 쓰러지지 아니하고 살아가고 있는 것은 자비하신 하나님의 변함없으신 은혜 때문입니다. 만약에 하나님이 우리의 죄악을 즉각적으로 심판하시고 징벌하신다면 모든 사람은 그분 앞에 감히 설 수 없을 것입니다. 우리와 함께 하시는 하나님은 언제 들어도 참으로 위로와 용기를 얻게 됩니다. "우리의 사귐은 아버지와 그의 아들 예수 그리스도와 더불어 누림이라"(요일 1:3)고 성경은 말씀합니다. 우리를 시기하고 질투하고 분쟁하려고 하는 자들이 있을지라도 두려워할 것이 없는 것은 그분이 우리와 함께하시기 때문입니다.

우리는 어떤 고난과 절망의 문제 상황에 부딪친다고 할지라도 그분이 우리와 함께 하시고 계심을 믿어야 합니다. 야곱은 그의 말년에 아들과 손자들에게도 임마누엘의 말씀을 전합니다. "이스라엘이 요셉에게 또 이르되 나는 죽으나 하나님이 너희와 함께 계시사"(창 48:21)라고 성경은 말씀합니다. '이스라엘'은 야곱의 새 이름입니다. 믿음의 조상 아브라함과 함께하신 하나님은 그의 부친 이삭과 함께 하셨고, 야곱은 말년에 가서는 그의 아들과 손자들에게까지 하나님이 함께 하신다는 축복기도를 한 것입니다.

우리도 언젠가는 이 세상을 떠나게 되지만 믿음의 후손들에게는 전능하신 하나님이 함께하실 것입니다. "그가 친히 말씀하시기를 내가 결코 너희를 버리지 아니하고 너희를 떠나지 아니하리라"(히 13:5)고 성경은 말씀합니다. 시인 다윗은 "만군의 여호와께서 우리와 함께 하시니 야곱의 하나님은 우리의 피난처시로다"(시 46:7)라고 했습니다. 세상은 변해도 여호와 하나님은 불변하십니다. 옛 청교도들의 신앙의 중요한 대화의 중심은 하나님이었습니다. 그들은 오직 전능하신 하나님과 묵상하고 교제하고 교통했습니다. 우리들이 세상 사는 동안에 언행과 개인의 경건뿐만 아니라 공동체의 모든 삶에 있어서 전능하신 하나님이 우리와 함께 하심을 피부로 느끼고 살아가야 합니다. 우리 구주 예수 그리스도 안에서 영생의 복을 누리며 은혜를 지속하는 삶을 누려야 합니다. 이런 인생이야말로 참으로 행복하고 존귀한 하나님의 백성의 삶인 것입니다. 그러므로 우리는 우리의 모든 일들을 하나님께 전적으로 맡기는 것이 좋습니다.

영국의 존 번연은 1628년 영국 잉글랜드의 베드포드 근처에서 땜장이의 맏아들로 태어났습니다. 그는 어려서부터 총명했지만 가난으로 인하여 정규 교육을 받지 못하고 아버지가 하던 땜장이의 일을 했습니다. 그는 음악을 좋아했지만 악기를 살 돈이 없어 땜장이 실력을 발휘하여 쇠로 바이올린을 만들기도 했습니다. 하나님의 은혜로 어떤 여인들을 통하여 예수 그리스도를 영접했고 설교하기 시작했습니다. 1660년 군사독재 정치 때에 그는 집회 허가를 거절당했지만 복음을 전하고자 하는 열망으로 그 해 11월에 불법으로 집회를 열자 '집회 및 시위에 관한 법률'에 저촉되어 베드포드 감옥에 수감되었습니다. 그 후에 자유의 몸이 된 뒤에도 설교금지의 명령을 거절하다가 형량이 1672년까지 연장됩니다.

그럼에도 불구하고 그는 절망하지 아니하고 감옥에서 계속 글을 썼습니다. 모든 사건들을 하나님의 뜻으로 받아들이고 저술했는데, 놀라운 작품들이 나오게 됩니다. 바로《유익한 명상과 그리스도인의 행동》, 《거룩한 성》,《죄인의 괴수에게 넘치는 은혜》등의 책을 저술했던 것입니다. 그의 12년 동안의 감옥생활은《천로역정》을 쓰게 만들었고, 고난을 은혜로 바꾸는 삶을 살게 됩니다. 왜냐하면 하나님이 옥중에서도 그와 함께 하셨기 때문입니다. 그는 고난 중에 있었지만 하나님의 은혜로 석방되어 베드포드 교회에서 설교할 수 있는 자격을 얻게 되었습니다. 그는 설교자요 복음 전도자로서 은혜로운 삶을 살았던 것입니다.

믿음의 사람들이 고난의 자리에 있습니까? 고난은 은혜를 체험하는 기회가 됩니다. 주변의 사람들이 우리를 비난하며 조롱하고 떠날지라도 우리 하나님은 우리를 떠나지 아니하십니다. 심지어 온 세상이 나를 버린다고 할지라도 하나님은 우리를 버리지 아니하십니다.

"너를 떠나지 아니하리라"(15절), 이 말씀은 야곱에게 약속하신 말씀이면서 동시에 넓은 의미에서는 우리에게도 떠나지 아니하신다는 약속인 것입니다. 하나님의 변함없는 은혜의 약속입니다. 왜냐하면 우리 구주 예수 그리스도는 어제나 오늘이나 영원토록 동일하신 분이시기 때문입니다. 하나님이 야곱에게 약속하신 말씀은 너를 떠나지 아니하리라는 것입니다. 안타깝게도 형 에서에게는 "너를 떠나지 아니하리라"는 약속이 전혀 없고 전능하신 하나님이 에서를 보호하고 지키신다는 약속도 없습니다. 그의 현재와 미래를 보장하고 책임지시며 에서를 축복하시겠다는 성경의 구절은 한 곳도 없습니다. 왜냐하면 에서는 하나님을 경외하지 아니하고 자신의 노력과 힘으로 살아가는 인본주의자요 칼을 의지하고 과시하는 무신론자이기 때문입니다. 그러나 야곱에게는 "너를 떠나지 아니하리라" 이 말씀은 내가 너와 영원토록 함께하시겠다는 말씀이요 하나님의 뜻을 다 이루시겠다는 축복의 언약입니다. 이것이 임마누엘(하나님이 우리와 함께 계시다)의 은총인 것입니다.

부모 형제와 친구와 이웃들에게 따돌림을 당했다 할지라도 두려워하지 마십시오. 전능하신 하나님이 우리와 함께 하시고 우리를 떠나지 않으신다는 그 약속을 굳게 붙잡고 믿음으로 전진하시기를 간절히 소원합니다. 전능하신 하나님은 사랑하시는 백성들을 절대로 떠나지 아니하십니다. "여호와께서 자기 백성에게 힘을 주심이여 여호와께서 자기 백성에게 평강의 복을 주시리로다"(시 29:11)라고 성경은 말씀합니다.

하나님의 관심사는 자기 백성들에게 복 주시기를 원하시는 것입니다. 그러므로 하나님을 의지하고 믿을 수 있도록 하나님이 힘을 공급하여 주시는 것입니다. 우리는 비록 약하고 넘어지고 좌절하기도 하지만 하나님은 우리와 함께하십니다. "내가 너희에게 분부한 모든 것을 가르쳐 지키게 하라 볼지어다 내가 세상 끝 날까지 너희와 항상 함께 있으리라 하시니라"(마 28:20)고 성경은 말씀합니다. 우주 만물을 창조하시고 통치하시는 우리 구주 예수 그리스도께서 세상 끝 날까지 변함없이 함께하실 것입니다. 하나님은 야곱과 동행하시고 보호하사 다시 돌아오게 하실 것을 언약하셨습니다. 이것은 하나님의 놀라운 은혜요 축복입니다.

16절에 "여호와께서 과연 여기 계시거늘 내가 알지 못하였도다"라고, 야곱이 꿈에서 깨어 이렇게 말합니다. 하나님은 안 계신 곳이 없습니다. 즉 무소 부재하신 분이십니다. 그리고 능력이 무한하신 분이십니다. 하나님은 갈대아 우르와 하란이라는 지역에만 제한되어 계시는 분이 아니라 벧엘에도 계시는 분입니다. 하나님은 온 우주 공간에 아니 계신 곳이 없는 분이십니다. 이것을 신학적인 용어로 하나님의 편재성(遍在性)이라고 합니다.

오늘 본문에 보면 과연 하나님이 여기 계시다고 말합니다. 이것은 야곱이 잠들기까지는 하나님께서 자기와 같이 하시는 것을 알지 못하였다는 말이 됩니다. 사실 그때까지는 그의 마음은 불안과 공포와 고독과 슬픔의 눈물로 싸여있었을 것입니다. 이렇게 연약하고 가련한 그를 전능하신 하나님은 그의 곁을 떠나지 아니하시고 밤새도록 지키신 것입니다. 이런 야곱을 하나님께서는 자기 사자들을 보내셔서 날이 새도록 보호하신 것입니다. 하늘과 땅에 사다리가 놓이고 하나님의 사자들이 오르락내리락 했고 그 위에 여호와께서 서서 계셨던 것입니다. 이 말씀은 위태로운 환경에서 하나님의 보호하심을 체험하고 이렇게 고백했던 것입니다.

여기서 깨닫는 교훈은 우리는 우리 자신의 믿음이 돈독해졌을 때에 하나님의 인도와 보호를 받는 것으로 생각하지만 오히려 그 입장이 반대일 때가 있습니다. 우리가 하나님을 잊어버리고 있을 그 때에 하나님은 우리에게 다가오십니다. 그리고 새로운 은혜를 주시고 격려하시는 것입니다. 야곱은 육신의 피곤함으로 지쳐 쓰러졌으나 하나님은 불철주야로 그를 서서 지켜주신 것입니다. 이 얼마나 하나님의 은혜가 고맙고 감사한 일입니까? 그러므로 야곱은 일어나 새 힘과 용기를 얻고 돌기둥을 세워 기름을 붓고 그 곳의 이름을 '벧엘'이라고 불렀던 것입니다. 그는 꿈속에서 믿음의 조상 아브라함과 부친 이삭에게 주어진 하나님의 언약이 자신에게 계승될 것을 계시로 받게 된 것입니다(창 28:13-14). 또 그가 어디를 가든지 하나님께서 그를 지키시며 인도하실 것을 약속하십니다(창 28:15). 즉 하나님의 불변하신 약속입니다.

그는 거기에서 하나님의 은혜에 감격하여 돌을 가져다가 기둥으로 세웁니다. 그리고 하나님 앞에서 서약을 하는데 그의 서약이 얼마나 간절했는가는 그 위에 기름을 부은 것만으로도 충분히 알 수가 있습니다. 그 기름은 그 어머니가 피난 가는 아들에게 준 유일한 여비였을지도 모릅니다. 그것을 아낌없이 부었다는 것은 그의 간절한 헌신을 의미하는 것입니다. 하나님께서는 그의 소원대로(창 28:20) 어디를 가든지 그와 함께 하셨고, 그의 길을 지켜 주셨고, 먹을 양식과 입을 옷을 공급하여 주셨습니다. 그리고 마침내는 아버지의 집으로 편안히 돌아가게도 하셨습니다.

그리스도인들이 천국 문에 들어가기까지는 많은 환난을 겪어야 합니다. "또 우리가 하나님의 나라에 들어가려면 많은 환난을 겪어야 할 것이라"(행 14:22)고 성경은 말씀합니다. 야곱이 전능하신 하나님을 발견하고 그 분의 도우심을 받기까지는 험악한 세월을 지냈던 것입니다. 그도 때로는 자식을 잃어버렸고 심한 기근을 만나기도 했습니다. 그러므로 신실한 그리스도인들은 고난을 피해 가리라는 기대를 해서는 안 되는 것입니다. 항상 만사형통만을 기대하고 있다면 그만큼 실망도 클 것입니다.

믿음의 족장들이 고난을 받았고 우리의 신앙의 선조들이었던 청교도들과 신앙의 선배들인 순교자들은 극악무도한 박해를 받을 때에도 뒤로 물러서지 아니하고 우리 구주 예수 그리스도를 완전하게 증언했습니다. 우리에게도 무수한 환난과 고통이 온다고 하더라도 천국 문이 가까이 있다는 사실을 알게 될 때에 능히 이길 수가 있는 것입니다. 경건하게 살고 하나님을 의지하며 살기로 작정한 사람은 고난의 불을 통과해야 하는 것입니다. 불신앙을 가진 사람이 세상에서 부귀영화를 누리고 형통하게 사는 것이 부럽습니까? 아니면 신앙으로 고난을 극복하면서 하나님이 주시는 분복을 누리며 성화되기를 원하십니까?

본문 19절에 보면 "그 곳 이름을 벧엘이라 하였더라 이 성의 옛 이름은 루스더라"고 성경은 말씀합니다. 루스라고 하는 장소는 변하여 벧엘, 즉 하나님의 집이 됩니다. 우리들은 어떤 악조건적인 상황에 처하더라도 낙심할 것이 없습니다. 왜냐하면 전능하신 하나님이 어떤 장소에서든지 우리를 만나주실 것이기 때문입니다. 어떠한 환경이라도 문제가 되지 않습니다. 우리가 거하는 장막이 초막이든지 궁궐이든지 어느 곳이든 하나님이 우리와 함께하시는 곳이 천국이 됩니다. 그 옛날에 황야와 같은 루스 들판에서 고독하고 외롭게 잠든 야곱에게 하나님의 언약을 보여주신 것입니다.

결 론

연약한 그리스도인들이 있으십니까? 낙망 속에 주저앉아 있지 마십시오. 우리 인생은 물이 다 말라버린 샘과도 같습니다. 펌프가 마르면 그곳에 물을 부어주어야 합니다. 만약에 그 물도 없다면 우리 주 예수 그리스도에게 나아가야만 살 수 있습니다. 세상 친구들에게 가기보다는 우리 주님에게 나아가시기 바랍니다. 실망하는 자들에게는 오직 주님만이 우리를 도와주실 수 있는 것입니다. 우리 주님이 여러분 곁에 계시면 낙원이 됩니다. 그러므로 우리 주님의 십자가 앞으로 나아오십시오. 나는 아무런 가치와 능력도 없지만 주님을 영접하면 그 분이 우리의 인생길을 끝까지 인도해줄 것입니다. 신앙의 길에 들어서기만 하면 천국까지 인도하여 주실 것입니다.

우리는 오실 메시아가 아닌 오신 메시아 구주 예수 그리스도를 믿고 있지 않습니까? 우리 죄를 대신하여 십자가에 죽으시고 부활하사 승천하시고 다시 오실 주님을 믿습니다. 그 주님이 우리의 인생길을 구원의 길로, 영생과 평안의 길로 인도하시고, 믿지 아니하는 영혼들이 우리를 통하여 주 앞으로 돌아오는 구원의 역사가 나타나시기를 우리 주님의 이름으로 간절히 축원합니다.

4
하나님의 집으로 올라가자
[창세기 35:1-15]

서 론

인간의 최대 행복은 하나님을 우리 아버지라고 부를 수 있는 기도에 달려 있습니다. 하나님을 우리의 아버지로 개인적으로는 나의 아버지로 모시고 살 때 인생길이 아무리 어렵고 힘들더라도 하나님은 우리의 갈 길을 인도하시고 빛을 비추어 주십니다.

야곱이 도망하였다는 소식을 들은 형 에서가 추격해 온다면 누가 막을 수 있겠습니까? 에서는 추격하는 일에는 아주 단련된 사람입니다. 그를 추격하기 위하여 갖은 방법을 동원했을 것입니다. 그 지역은 들짐승과 강도들이 우글거리는 곳입니다. 그러나 이때가 하나님이 택하신 축복의 시간이었습니다. 전능하신 하나님이 연약한 야곱에게 가까이 하시는 때였던 것입니다. 왜냐하면 그 곳에도 하나님은 계셨기 때문입니다. "주는 나를 돕는 이시니 내가 무서워하지 아니하겠노라 사람이 내게 어찌하리요"(히 13:6)라고 성경은 말씀합니다. 사람이 돕는 것도 힘이 되고 위로가 되는데 전능하신 우리 주님이 돕는 것은 얼마나 안전한지 모릅니다. 그는 형이 자신을 죽이려고 하는 형편을 듣고 외삼촌 집으로 피신했습니다. 목적지에 이르기 전에 적막한 광야 허허 벌판에 처하게 되었고 외로운 땅에서 차가운 돌을 베개 삼고 잠을 자게 됩니다. 그러나 외롭고 적막한 장소가 전능하신 하나님을 만나는 기회가 된 것입니다. 야곱은 하나님이 자기와 함께 하시고 보호하신다는 약속을 믿고 위로를 받게 됩니다.

그는 거기서 돌 위에 기름을 붓고 하나님께 서원을 합니다. 하나님이 나의 가는 길을 지키시고 먹을 양식과 입을 옷을 주사 나로 평안히 아버지 집으로 돌아가게 하시오면 내가 기둥으로 세운 이 돌이 하나님의 집이 될 것이라고 서원했던 것입니다. 그리고 그곳 이름을 '벧엘(bet'el)' 곧 '하나님의 집'이라고 불렀습니다. 〈벤 bet〉이란 말은 집이란 뜻이요, 〈엘 EL〉이란 하나님을 의미합니다. 그러므로 하나님의 집을 말합니다.

그러나 야곱은 타향에서 고생을 많이 했지만 하나님의 은혜와 복을 많이 받아 다복한 가정과 많은 재물을 소유하게 되었습니다. 그럼에도 불구하고 그는 벧엘로 올라가지 아니했습니다. '세겜'이라는 장소에서 땅을 사고 자기를 위하여 집을 짓고 삽니다. 하나님의 뜻을 거역하고 서원을 망각한 행동을 한 것입니다. 그 곳에서 8년에서 약 10여 년의 세월을 하나님과 멀어지는 생활을 하게 됩니다. 영적으로 무뎌지고 하나님과 단절된 생활을 하게 된 것입니다. 육신의 정욕으로만 살게 되면 하나님을 기쁘시게 할 수가 없는 것입니다.

야곱은 세상적으로는 성공하고 물질적으로는 윤택한 삶을 삽니다. 그는 특별히 숙곳이라는 지역에 이르러서는 자기를 위하여 집을 지었습니다(창 33:17-18). 하나님의 집에 올라가서 기둥으로 세운 돌을 회복하고 십일조를 드려야 함에도 불구하고, 그는 오직 자신만을 위하여 집을 지은 것입니다. 하나님의 나라와 그분의 의를 구하지 아니하고 의식주 문제만을 위하여 심혈을 기울였던 것입니다.

그는 하나님의 집에는 전혀 관심이 없었습니다. 우선 자식들 교육이 시급했을 것입니다. 이곳에서 공부시키면 자식들이 성공할 것으로 생각했을 것입니다. 벧엘은 시골이고 변두리입니다. 그러므로 머리 회전이 빠른 야곱은 벧엘을 멀리하였고, 그렇다고 아버지 이삭의 집으로도 가지 아니했습니다. 왜냐하면 아버지 주위에는 우물을 파기만 하면 흙으로 우물을 메우는 포악한 블레셋 사람들이 있었기 때문입니다. 야곱은 금전에 밝은 자이기에 아버지 집으로 가면 도움을 받는 것이 아니라 도움을 주어야 했기 때문에 멀리한 것입니다. 그에게 가장 시급한 것은 신앙회복임에도 불구하고 신앙을 뒷전으로 했습니다. 부모 공경도 하지 아니했습니다. 오직 자식들 뒷바라지 하는 것이 급선무라고 생각했던 것입니다. 이런 행동은 매우 위험한 처사인 것입니다. 세상에서 자녀를 교육하는 것보다 더 중요한 우선순위는 신앙교육인 것입니다. 세상교육을 아무리 많이 받아도 하나님을 믿지 아니하면 무신론자가 될 수밖에 없기 때문입니다. 세상교육을 조금 덜 받는다 하더라도 신앙교육을 철저히 시켜야 합니다.

야곱의 실패는 자식들의 신앙교육에는 전혀 관심이 없었기 때문입니다. 전능하신 하나님의 보호를 받고 고달픈 인생길을 걸었던 그는 자식들에게도 하나님을 경외하는 신앙을 물려주어야만 했을 것입니다. 그런데 야곱은 체험적인 신앙이 있는데 자식들에게는 이런 신앙을 보여주지 아니합니다. 매우 안타까운 일입니다. 하나님의 일에 최선을 다하고 헌신하고 섬기지 않았기에 가정에 큰 시련이 온 것입니다. 벧엘에 있는 하나님의 전의 기둥이 견고한지 아니면 낡았는지 이런 일에는 신경도 쓰지 아니했습니다. 오직 자기 장막에만 관심이 있고 현실주의로 자기 욕망만 채우면서 살아갑니다. 하나님을 경외하는 신앙심이 떨어지면 자기 욕심에 사로잡혀 하나님도 없고 부모도 아랑곳없고 자신도 모르게 물질의 노예가 되어버립니다. 영적으로는 매우 곤고하고 메마른 삶을 살게 됩니다.

그러면 야곱이 세겜에 정착하게 된 동기는 무엇입니까? 전능하신 하나님이 야곱과 함께 하신다는 확신을 잃어버렸기 때문입니다.

믿음이라는 것은 고정되어 있는 것이 아닙니다. 마치 흔들리지 아니하는 큰 바위처럼 수십 년 전이나 지금이나 견고히 우뚝 서 있는 물체가 아닙니다. 믿음이라는 것은 유동하는 물체와도 같습니다. 신앙이라는 것은 하나님 중심으로 살고 주님의 은혜와 평강 속에서 살면, 우리의 믿음은 독수리처럼 창공을 향하여 높이높이 올라갑니다. 그러나 자신을 의지해서 살고 주님의 도우심이 없이 산다면, 그 믿음은 한 없이 땅으로 추락할 수밖에 없는 것입니다. 그러므로 자신이 믿음 좋다는 말을 함부로 해서는 안 되는 것입니다. 왜냐하면 자신도 모르게 믿음이 내려가기 때문입니다. 언제라도 올라가기도 하고 내려가기도 하는 것이 믿음입니다. 믿음이 항상 변치 않으면 얼마나 좋겠습니까? 그러나 믿음이 좋은 사람도 때로는 실족하여 떨어지기도 합니다. 그러다가 다시 믿음을 회복하는 경우도 있습니다.

야곱은 벧엘로 올라가지 못하고 세상에만 머물러 있었기에 그의 신앙은 계속 내리막길로만 치닫게 된 것입니다. "이 세상이나 세상에 있는 것들을 사랑하지 말라 누구든지 세상을 사랑하면 아버지의 사랑이 그 안에 있지 아니하니 이는 세상에 있는 모든 것이 육신의 정욕과 안목의 정욕과 이생의 자랑이니 다 아버지께로부터 온 것이 아니요 세상으로부터 온 것이라 이 세상도, 그 정욕도 지나가되 오직 하나님의 뜻을 행하는 자는 영원히 거하느니라"(요일 2:15-17)고 성경은 말씀합니다. 야곱이 세상을 사랑하면 사랑할수록 더 이상 벧엘 하나님의 집에 거하지를 못하는 것입니다. 우리도 세상을 사랑하면 세속적으로 자꾸 물들게 되지만, 하나님의 집에서 예배하고 하나님의 뜻을 행하면 그분 안에 영원히 거하게 될 것입니다.

우리는 기억합시다. 하나님이 우리에게 베푸신 은혜와 복을 시간이 지나면서 망각해서는 안 됩니다. 인생의 삶에 있어서 여러 가지 긴급하고 중요한 일이 있더라도, 가장 중요한 것은 신앙 회복입니다. 물질과 건강도 있어야 합니다. 그러나 물질도 언젠가는 없어지고 건강도 쇠약해질 때가 찾아옵니다. 그러나 신앙을 잃어버리면 영원한 내세에서 누리는 구원을 상실하게 될 수 있는 것입니다. 그러므로 가장 시급한 것이 있다면 신앙회복인 것입니다.

야곱은 세겜 땅에서 약 10여 년이라는 세월을 신앙적으로는 헛되고 헛된 무의미한 삶을 살았습니다. 세겜 지역에서 벧엘까지는 약 50km 밖에 되지 아니합니다. 지금 교통수단으로는 매우 가까운 거리입니다. 구체적으로 표현한다면 세겜에서 벧엘까지의 여정은 그 당시 상황으로 보아도 하룻길 밖에 되지 아니하는 길입니다. 그럼에도 불구하고 10여 년 동안 단 한 번도 벧엘에 올라가지 아니했던 것입니다. 이것이 야곱의 실패의 원인이 되었던 것입니다.

신앙을 포기한 자들이라도, 예수 믿다가 시험이 든 자라도 사람을 바라보지 말고 십자가에 못 박히신 우리 구주를 바라보고 속히 신앙을 회복해야 할 것입니다. 이 세상에서 아무리 화려하고 풍족한 삶을 살았다고 할지라도 하나님의 말씀대로 살지 못하고 그 인생을 마친다면 참으로 안타깝고 불행한 일인 것입니다. 우리는 모든 일들이 형통하고 매사가 순탄할 때에 조심해야 합니다. 그 때에 믿음 지키기가 더욱 힘든 것입니다. 야곱이 세겜에 사는 것은 자기중심의 삶이요 인본주의요 하나님 중심의 삶이 아니었습니다. 하나님이 없는 세상의 형통과 부귀영화는 그리스도인에게는 아무런 가치가 없는 것입니다.

신앙생활을 소홀히 하는 것은 사탄이 좋아하는 일입니다. 그러므로 그리스도인은 내가 믿음 안에 있는가? 아니면 믿음 밖에 있는가? 점검하고 자신의 신앙을 확증해야 합니다. 하나님과 영적으로 교제하지 못한 야곱은 세겜 땅에서 큰 환난을 당하게 됩니다. 또 다른 한 가지는 야곱은 자신이 눈에 보이는 세겜 사람들을 더 의식하며 그들을 두려워하며 살았던 것입니다. 그가 벧엘의 하나님을 찾으며 날마다 기도하고 경건하게 살았다면 자신이 약한 자라는 의식을 갖지 않고 살았을 것입니다. 그러나 눈에 보이지 아니하는 하나님보다 눈에 보이는 거칠고 억센 사람들을 두려워함으로 하나님과의 영적인 교제가 단절되었던 것입니다. 이것이 야곱 가정의 비극의 원인이 되었던 것입니다.

교회에 예배드리는 것을 한두 달 정도 빠질 때에는 두려움도 갖게 되고 양심도 가책이 됩니다. 그러나 1년 이상 3년, 5년 넘으면 무감각해집니다. '어느 때라도 교회에 나가면 되지!' 하고 안일한 생각에 빠지게 되는 것입니다. 이런 신앙은 반쪽 신앙도 못 되는 것입니다. 영적으로 고갈 당한 상태가 아니라 이미 영적으로 죽어진 상황인 것입니다. 자기 스스로 하나님을 찾지 못할 때입니다. 이 때는 하나님이 직접 손을 대셔야 하는 것입니다. 세상 사람들은 죄를 지어도 죄가 죄인 줄 모르고 살아갑니다. 오늘 먹고 마시고 배 불리고 자신의 정욕을 위하여 삽니다. 향락주의는 오늘만의 행복을 추구함으로 내일이 없습니다. 오늘의 쾌락이 낙원으로 생각되어 먹고 마시고 죽자는 것입니다. 하나님이 선택한 백성이라고 할지라도 자부심만 가지고 사는 것이 아닙니다. 우리 주님의 자녀로서의 합당한 생활을 해야 하는 것입니다.

야곱은 그의 조상 부친 이삭과 조부 아브라함이 있었지만 그들의 아름다운 신앙을 본받지 못하였던 것입니다. 오히려 이 시점에 와서는 조상보다 못한 후손이 되고 말았던 것입니다. 일단 신앙생활이 중단된 것입니다. 날마다 기도하고 찬송하고 이방인에게 모범을 보이며 전도하며 살아가야 할 가정이 이방인에게 수치를 당하고 말았던 것입니다. 구원받은 하나님의 백성들이 지금 당장 신앙생활을 쉬고 있다면 큰일인 것입니다. 어서 속히 우리 주구 예수 그리스도 앞으로 나와야 합니다. 그래야 소망이 있는 것입니다. 하나님을 찾지 아니하면 하나님은 쓰라린 고통과 환난을 주셔서라도 하나님을 찾게 하십니다. 이것이 하나님의 징계이지만 사랑이기도 합니다.

야곱에게 외동 딸 하나가 있습니다. 이름은 "디나"입니다. 그 당시 약 20세 미만으로 볼 수 있습니다. 그 딸이 지역 주민의 여자를 보러 나갔다가 지방 원주민의 추장 아들로부터 강간을 당합니다. 이 사건은 야곱의 가정교육과 신앙교육 부재에서 온 것입니다. 아버지로서의 야곱은 자신의 딸이 이질적인 문화를 가지고 하나님 없이 살아가는 이방 여인들과 교제하는 것을 미리 방지해야만 했던 것입니다.

하나님을 경외하지 아니하는 가나안 사람들과의 접촉은 신앙의 손해만 있을 뿐입니다. 디나의 능욕 사건은 성적이며 윤리 도덕적인 것임에도 불구하고, 성경은 "더럽힘"이라는 단어를 사용합니다. 이 말은 히브리어에서 〈타메 tame〉라는 말로 표현합니다. 이 말은 '불결해지다'라는 뜻입니다. 또한 제의적인 정결의 문제를 의미합니다.

디나의 사건은 한마디로 야곱 가정의 수치일 뿐만 아니라 하나님의 백성으로서의 자격이 상실된 것을 의미하는 것입니다. 하나님의 백성이 이방인에게 수치 당함을 말하는 것입니다. 미물 짐승들도 강간이라는 것이 없습니다. 새들도 수컷이 암컷에게 갖은 애교의 춤을 추어서 교합하기를 원합니다. 그러나 암컷이 싫어하면 강제로는 결합이 안 되는 것입니다. 그러나 타락한 인간은 죄로 가득하기에 부끄러움을 서슴지 아니하는 것입니다. 하나님을 모르는 이방인에게 하나님의 자녀가 수치를 당한 것입니다. 그러기에 추장의 아들이 자기 집에 가두고 욕을 보일 뿐만 아니라 이 딸을 아내로 맞이하게 해 달라고 요청합니다. 또한 추장의 자부로 달라고 요청을 합니다. 그리고 동침했습니다.

디나의 부끄러움은 누구의 탓입니까? 세겜입니까? 아니면 자신입니까? 이것은 아버지 야곱의 탓이기도 합니다. 아버지가 신앙적으로 아버지 노릇을 잘하지 못한 것입니다. 즉, 자녀들에게 믿음의 본을 잘못 보였기 때문입니다. 아버지의 교육은 하나님의 말씀으로 양육하는 것이라야 합니다. 야곱은 물질적으로는 성공하였을지는 몰라도 자녀들의 신앙교육에 있어서만큼은 실패자입니다.

종교개혁자 마틴 루터는 부모는 제2의 하나님이라고 했습니다. 부모의 사명이 얼마나 큰 것임을 알려주는 것입니다. 오늘날 우리 자식들을 신앙으로 바로 교육하지 못하여 그들이 주의 길에서 벗어난다면 부모의 책임은 말할 수 없이 큰 것입니다. 우리의 자식들은 내 소유가 아니고 하나님이 우리에게 위탁하신 자식일 뿐입니다. 그러므로 내 욕심과 내 의지와 뜻대로 자식 교육을 시켜서는 안 되는 것입니다. 야곱이 벧엘을 찾지 아니하였던 결과로 온 징계인 것입니다. 야곱이 온 가족과 더불어 이런 불행한 사건이 일어나기 한두 달 전에만 아니 한 주일 전에만 미리 벧엘로 올라갔더라면 어떠했겠습니까? 아마 이런 끔찍한 간음과 살인사건은 없었을 것입니다. 일이 이 정도로 진행되다 보니 매우 심각한 상황이 벌어집니다.

야곱의 아들들은 자기 여동생이 창녀 취급을 받으며 모욕을 당한 것에 대하여 분노를 느낍니다. 그 일로 인하여 야곱의 아들들인 시므온과 레위는 여동생 디나의 사건을 보복하기 위하여 신앙을 빙자한 속임수를 씁니다. 이것은 하나님이 원하시는 것이 아닙니다. 즉 할례를 이용한 속임수인 것입니다. 할례를 하게 하여 그들이 통증을 느끼고 있을 때에 그 부족들을 살해하고 약탈하는 행위를 서슴지 않고 행했습니다. 한 마디로 피의 복수를 행한 것입니다. 무지하게도 야곱의 아들들은 신앙이라는 것을 이용하여 대학살을 감행하고 있는 것입니다. 야곱의 신앙으로서는 아들들의 통제능력이 상실된 상황인 것입니다. 야곱 자신이 하나님을 의지하기보다는 세겜 성에서 평안하게 살기를 원하였으니 믿음 없이 살아가는 아버지에게 신앙의 영향을 받지 못한 것이 분명합니다. 오히려 이제는 세겜 성 사람들의 복수가 두려워 떨며 걱정 근심에 사로잡혀 있을 뿐입니다(창 34:40).

이 일을 어찌하면 좋습니까? 우리에게도 이런 환경은 없습니까? 그러기에 이제는 역전이 되어 그들의 공격을 받으면 전쟁이 일어날 정도입니다. 매우 위급한 상황입니다. 왜 이런 지경에까지 이르게 된 것입니까? 믿음의 조상들을 가지고 있으면서도 올바로 신앙생활을 하지 못한 결과입니다. 하나님의 백성들이 신앙으로 살지 못하면 죽은 목숨이나 다름없는 것입니다. 하나님의 말씀대로 살지 못하고 말씀과 성령의 지배를 받지 아니하고 산다면 껍데기 신앙에 불과한 것입니다. 최근에 와서 안타까운 것은 형식적인 신앙마저도 없는 시대가 되어가고 있다는 것입니다. 기독교가 작금에 와서 비난 받는 것을 우리는 가슴을 치고 울고 회개해야 할 것입니다. 어떤 교수는 통곡할 시기보다 더 심각하다고까지 말했습니다. 야곱의 가정은 하나님이 없는 안일 무사한 생활을 하다가 큰 시련을 겪게 된 것입니다.

고난보다 더 무서운 것이 번영입니다. 번영하고 창대해질 때에 긴장감을 가지고 더 많이 기도하고 은혜를 사모하면서 살아야 합니다. 성공하고 형통할 때에 신앙적으로 나태해지고 넘어질까 조심해야 합니다. 신앙생활이 결코 쉽고 순탄한 것만은 아닙니다. 야곱이 그 동안 하나님 없이 살았던 결과가 이렇게 나타난 것입니다. 그러기에 야곱 가문은 그 지역에서 멸절 위기에 처하게 됩니다. 야곱 가족들은 더 이상 정착할 수 없는 최악의 위기를 만났던 것입니다. 야곱의 가족이라고 해야 몇 명이나 됩니까? 수가 적습니다. 세겜 부족이 일시에 습격해 오면 살아남을 자는 아무도 없는 상황입니다. 이렇게 숨 막히는 가장 위급한 시기에 하나님이 음성으로 들려주십니다.

본문 1절에 "하나님이 야곱에게 이르시되 일어나 벧엘로 올라가서 거기 거주하며 네게 나타났던 하나님께 거기서 제단을 쌓으라"고 했습니다. 이것이 야곱이 살 수 있는 해결책이었던 것입니다. 야곱의 가정이 있어야 할 처소는 세겜이 아니라 벧엘이었습니다. 우리의 가정도 신앙으로 집중되어야 할 곳은 하나님의 집인 교회입니다. 우리가 하나님의 집을 떠나서는 형통하게 된다고 해도 두려운 것입니다. 왜냐하면 그것으로 인하여 망할 수 있기 때문입니다. "무릇 주를 멀리하는 자는 망하리니 음녀 같이 주를 떠난 자를 주께서 다 멸하셨나이다 하나님께 가까이 함이 내게 복이라 내가 주 여호와를 나의 피난처로 삼아 주의 모든 행적을 전파하리이다"(시 73:27-28)라고 성경은 말씀합니다. 하나님을 멀리하면 망하지만 하나님을 가까이 하면 복이 되는 것입니다.

야곱 가정의 가장 심각한 문제는 벧엘로 가까이 하지 못했기 때문에 발생한 것입니다. 우리에게 교회를 선정하는 것은 무엇보다도 중요합니다. 내 영혼이 살아야 하고 내 심령이 은혜와 진리로 충만해야 우리의 영혼이 성숙되기 때문입니다. 야곱이 벧엘로 올라가야 할 이유는 그가 벧엘에서 하나님께 서원했기 때문입니다. 하나님을 하나님으로 섬기고 하나님의 집을 세우고 십일조를 드리겠다고 약속한 장소가 벧엘이었기 때문입니다. 하나님은 야곱에게 벧엘을 요구하시는 것입니다. 하나님의 백성이 아무리 좋은 세상에서 부귀영화를 누리고 권세와 명예를 누린다고 하여도 벧엘의 하나님을 찾지 아니하면 물거품의 생활을 하다가 마치는 것입니다. 죽은 벌이 꿀을 낼 수 없듯이 영적으로 죽어 있는 삶은 아무런 의미가 없는 것입니다.

만약에 야곱이 벧엘을 찾지 아니한다면 그의 생애의 마지막은 참으로 비참해졌을 것입니다. 우리들이 영적으로 견고하고 안정되게 살 수 있는 비결이 어디에 있다고 생각하십니까? 벧엘로 올라가는 것입니다. 하나님께서는 야곱에게 세겜으로 가라고 말씀하시지 않습니다. 벧엘로 올라가라는 것입니다. 우리는 벧엘, 즉 하나님의 집에 올라가되 속히 올라가야 할 것입니다. "나는 벧엘의 하나님"(창 31:13)이라고 성경은 말씀합니다. 야곱에게는 세겜이 아니라 벧엘이 목적지입니다. 야곱이 찾아야 할 곳은 세겜이 아니고 숙곳도 아닙니다. 오직 벧엘입니다. 그 곳을 찾아야 삽니다. 이 나라 이 민족이 살 수 있는 길은 오직 살아계신 하나님을 찾아야 하는 것입니다.

1. 벧엘은 어떤 곳입니까?

1) 하나님의 기도하는 집이요 하나님의 음성을 듣는 곳입니다.
　 (창 28:13)

"나는 여호와니 너의 조부 아브라함의 하나님이요 이삭의 하나님이라 네가 누워 있는 땅을 내가 너와 네 자손에게 주리니"라고 성경은 말씀합니다. 벧엘은 그 지역이나 지형 자체로는 대단한 곳이 아닙니다. 산이 북쪽에서 남으로 띄엄띄엄 길게 뻗어있는 곳이고, 황폐하고 비바람에 침식된 동쪽의 비탈은 아래로는 요단강까지 이어져 있습니다. 서쪽의 비탈은 사람들이 비교적 많이 거주하는 팔레스타인 지역과 연결되어 있습니다. 거친 산길로 이루어진 통행로요 평탄하지 않은 계곡 길입니다. 산 위에는 바위로 온통 뒤덮여 있고 산등성이 풀밭에는 경작지 하나도 보이지 않습니다. 야생 동물인 들 염소가 보일 뿐입니다.

　그러나 야곱에게 벧엘은 자신의 운명을 바꾸는 거룩한 장소가 되었던 것입니다. 벧엘에 오기 전까지 야곱과 그의 가족들은 영적으로 무뎌지고 퇴보하는 생활을 했습니다. 영적 태만은 갑자기 오는 것이 아니라 자신도 모르게 서서히 다가옵니다. 눈치 채지 못할 정도로 엄습해 오는 것입니다. 지나간 오랜 세월을 한 번 더듬어 본다면 자신의 육신의 장막과 자신과 가족들만을 위해 살았던 삶입니다. 그의 나라와 그의 의를 구하는 생활은 거의 나타나지 아니했습니다. 그러므로 야곱에게는 환난과 고통이 필연적으로 있어야만 했던 것입니다. 고난이 없이 하나님을 찾는다는 것은 불가능한 일이 아닙니까? 어떤 면에서 그리스도인에게 역경은 하나님을 만나는 좋은 길이 됩니다. "그런즉 너희는 먼저 그의 나라와 그의 의를 구하라 그리하면 이 모든 것을 너희에게 더하시리라"(마 6:33)고 성경은 말씀합니다. 그의 나라와 그의 의는 하나님의 존귀와 영광을 구하는 것을 말합니다.

우리가 하나님의 통제권 안에 있기만 하면 날마다 하나님의 영광을 위하여 살 수 있는 것입니다. 인생에게 있어서 의식주 문제는 매우 소중합니다. 그러나 이보다 더 중요하고 긴급한 것은 하나님의 나라와 그의 의를 구하는 것입니다. 우리가 이 세상에 존재하는 것은 나 홀로 잘되고 우리 가정만 평안하게 사는 것이 목적이 아니라 하나님 나라를 더 확장시켜야 할 의무가 우리에게 있는 것입니다. 야곱의 한 가정만 하나님을 경외하고 끝나는 것이 아니라 모든 이방인에게까지 하나님의 나라를 확장시켜야 할 의무가 있는 것입니다.

전능하신 하나님은 야곱으로 하여금 벧엘에서 한 맹세를 기억하게 하시고 그것을 이행하게 하십니다. 그는 과거에 고통과 괴로움으로 한 밤을 지낼 때에 이렇게 말했습니다. 내가 평안히 아버지 집으로 돌아가게 하시오면 이 돌이 하나님의 집이 될 것이라고 서원했던 것입니다(창 28:21-22). 하나님은 그의 서원을 다 이루어 주셨고 먹을 것과 입을 것을 풍족하게 주셨습니다. 그는 재산도 풍족하게 되었고 대가족도 이루어 고생 끝에 낙을 누리게 된 것입니다. 그러나 그는 하나님과의 약속을 잊었든지 아니면 서원을 너무 미루었다고 봅니다.

가장 시급한 것은 기도 회복입니다. 하나님의 집에서 무엇을 해야 합니까? 찬양하고 기도하여 영적으로 새 힘을 하나님으로부터 공급 받아야 합니다. 찬양의 위력은 대단하여 찬양을 듣기만 하여도 마음이 움직입니다. 찬송을 부르면 찬송이 하늘 보좌로 올라가는 것을 체험하게 됩니다. 찬송의 힘을 얻으면 기도가 불붙고 뜨거워지게 되는 것입니다. 지금은 우리가 믿음의 조상인 아브라함이나 이삭이나 야곱처럼 하나님의 음성을 들을 수는 없습니다. 그러나 기도하면서 기도의 힘과 능력을 하나님으로부터 받아야만 살 수 있는 것입니다. 육신의 정욕과 욕망들이 시시각각으로 우리들을 유혹합니다. 기도만 한다고 해결이 되느냐 적당히 하고 타협하라고 마귀는 속삭입니다. 아닙니다. 그리스도인은 기도해야 영혼이 삽니다. 하나님의 집에서 하나님을 날마다 만나는 영적 체험이 있어야 합니다. 신앙생활은 종교 의식이나 전통과 습관이 아닙니다. 어떤 규율과 틀에 박혀있는 형식도 아닙니다.

나의 영혼이 하나님을 만나는 영적 체험이 없는 신앙생활은 아무런 의미가 없는 것입니다. 성경을 많이 아는 것도 중요합니다. 그러나 더 중요한 것은 영적 체험이 선행되어야 합니다. 십자가에 못 박히신 주님의 사랑이 내 마음속에서 구원의 감격으로 솟아오르는 체험이 있어야 합니다. 왜 벧엘의 체험을 해야만 합니까? 오직 벧엘에서만이 하늘 문이 열리기 때문입니다. 곤고하고 낙심하고 좌절한 인생에게는 하늘 문이 열려야만 소망이 있기 때문입니다. 하늘 문이 열려야 인생의 고달픈 문제와 죄의 문제가 해결되기 때문입니다. 벧엘을 통과하는 애통과 자복이 있을 때 구원의 길이 열리는 것입니다.

2) 하나님이 임마누엘로 함께하고 보호하시는 곳입니다. (창 28:15)

"내가 너와 함께 있어 네가 어디로 가든지 너를 지키며 너를 이끌어 이 땅으로 돌아오게 할지라 내가 네게 허락한 것을 다 이루기까지 너를 떠나지 아니하리라"고 하나님이 약속하신 장소입니다. 형이 사백 인을 거느리고 야곱에게 옵니다. 얼마나 두렵고 떨렸겠습니까? 야곱이 형을 이십 년 만에 상면하면서 몸을 일곱 번 땅에 굽히고 형에게 가까이 나아갑니다. 그 순간 형 "에서가 [동생에게] 달려와서 그를 맞이하여 안고 목을 어긋맞추어 그와 입 맞추고 서로 우니라"(창 33:3-4). 수십 년 동안 쌓이고 쌓였던 분노와 복수심이 일순간에 사라지고 서로 사랑으로 화해하게 됩니다. 이것이 모두 하나님이 우리와 함께하시는, 즉 '임마누엘' 보호하심 속에서 이루어진 것입니다.

전능하신 하나님은, 사람은 변하고 망각하고 은혜를 잊어버렸어도 어제나 오늘이나 영원토록 변함이 없으신 분입니다. 자비하신 하나님은 야곱이 하란 땅에서 도피 생활 20년 동안을 눈동자처럼 지키시고 보호하여 주셨던 것입니다.

3) 하나님께 서원했던 곳입니다. (창 28:22)

"하나님께서 내게 주신 모든 것에서 십 분의 일을 내가 반드시 하나님께 드리겠나이다"라고 성경은 말씀합니다. 그러나 그는 세겜에 정착하고 편안하게 살면서 하나님께 드리겠다고 서원한 것을 망각하고 말았던 것입니다. 육신의 안일과 평안을 위하여 살다 보니 하나님께 서원한 것과 자신이 하나님께 드려야 할 모든 예물을 자신과 가족을 위하여 모두 사용하고 말았던 것입니다. 하나님은 서원한 것을 이행하기를 원하십니다.

하나님은 모두 보시고 기억하시는 분입니다. 자신의 정욕을 위하여 살기 때문에 하나님을 멀리하고 신앙도 모두 붕괴되고 말았던 것입니다. 하나님을 떠난 인생은 언제나 영적으로 고독한 것입니다. 아무리 세상 재물이 많다 하더라도 그것으로 절대 만족은 없는 것입니다. 하나님으로 가득 채워지지 않은 공간은 매우 허무한 인생을 살게 되는 것입니다. 하나님 없이 부귀영화를 누리는 것보다는 하나님과 함께 고난과 핍박을 받으면서 사는 것이 더욱 복된 것입니다. 왜냐하면 세상적인 것은 언젠가는 다 불타버리게 될 때가 오기 때문입니다. 그러나 성전을 떠나지 아니하고 기도하던 여인 한나는 아들을 주시면 하나님께 바치겠다고 서원하고, 아들 사무엘을 하나님께 드렸고 거룩한 서원을 이행한 여인입니다. 허물이 많고 실수를 반복하고 죄 가운데 사는 우리들이라 할지라도 우리 하나님은 벧엘로 올라가라고 말씀하십니다.

2. 벧엘로 올라가는 자의 자세는 무엇입니까?

1) 우상을 깨끗이 청산해야 합니다. (2절)

너희 중에 있는 이방 신상들을 버리라고 야곱은 가족들에게 말합니다. 4절에 보면 야곱의 자식들이 이방 신상과 자기 귀에 있는 귀고리들을 아버지에게 줍니다. 그들이 귀에 걸고 있던 귀고리도 일종에 부적과 같은 것입니다. 어떤 면에서 야곱은 그동안 자기 집안 식구들이 이방 신들을 숭배하고 있다는 것을 알면서도 묵인했을지도 모릅니다. 그의 가족들이 밧단아람 지역의 우상이나 가나안 사람들의 토착 종교에 영향을 받은 것을 의미하기도 합니다. 그들은 미신을 섬기되 양심에 가책되고 고통 주는 일을 서슴지 않고 행했던 것입니다.

그리스도인에게도 실패와 고통이 있다면 우상을 철저하게 발견하고 제거해야만 합니다. 새겨진 조각과 형상을 섬기는 것도 우상이지만 하나님보다 더 사랑하는 것이 있다면 그것도 우상이 되는 것입니다. 마음의 우상과 생각의 우상이 있을 것입니다. "너를 위하여 새긴 우상을 만들지 말고 또 위로 하늘에 있는 것이나 아래로 땅에 있는 것이나 땅 아래 물속에 있는 것의 어떤 형상도 만들지 말며"(출 20:4)라고 성경은 말씀합니다. 왜냐하면 하나님은 질투하는 분이시며 우상을 가장 미워하시기 때문입니다. 그러므로 야곱의 가정이 우상 섬김을 회개하고 벧엘로 올라가면 전능하신 하나님을 만날 수 있는 것입니다. 하나님으로 가득 차 있는 것이 경건입니다. 우상으로 채워져 있는 것은 사탄의 지배를 받는 것이 아니고 무엇이겠습니까? 야곱은 이방 신상들을 세겜 근처 상수리나무 아래에 묻었습니다.

철저한 개혁이 없이는 진정한 변화가 나타나지 않는 것입니다. 우상을 묻었다는 것은 다시 찾아가지 못하게 하기 위한 것입니다. 하나님보다 더 좋아하는 돈이나 명예나 권세나 모든 것들은 우상이 됩니다. 하나님보다 자식을 더 사랑합니까? 하나님보다 세상 애착에 관심이 많습니까? 하나님께로 나오는 길에 방해가 됩니까? 이런 것들을 과감하게 정리해야 합니다. 야곱이 벧엘로 조금이라도 서둘러 올라갔더라면 그런 어려움은 없었을 것입니다. 신앙은 미루거나 지체하면 안 됩니다. 병들고 실패하고 넘어지기 전에 속히 하나님께로 돌아와야 합니다. 하나님께로 돌아와야만 살 수 있습니다. 야곱은 이렇게 자신과 가족들을 정결하게 한 후에 벧엘을 향하여 올라간 것입니다.

우리 자신들도 하나님 앞으로 나아갈 때에 우상적인 요소를 모두 제거해야 합니다(출 20:3-6). 하나님이 임재하시는 거룩한 집을 올라갈 때에 옛 모습 그대로 올라갈 수는 없는 것입니다. 거친 세상에서 실패했습니까? 실망과 좌절을 맛보셨습니까? 다시 재기하고 회복하는 길은 벧엘로 올라가는 것입니다. 과거의 모든 죄악을 청산합시다.

2) 자신을 정결하게 하고 의복을 새로 입어야 합니다. (2절)

"자신을 정결하게 하고 너희들의 의복을 바꾸어 입으라"고 야곱은 충고합니다. 특히 야곱의 아들들 중에 시므온과 레위는 분노와 혈기가 많았습니다. 그들은 여동생의 부끄러운 일로 말미암아 성읍을 기습하여 사람들을 무차별하게 살해했던 것입니다(창 34:25-26). 이 정도가 되니 가족과 지역 사이에 전쟁이 일어날 분위기가 되어 버린 것입니다. "사람이 성내는 것이 하나님의 의를 이루지 못함이라"(약 1:20)고 성경은 말씀합니다. 어떤 사람은 예수를 믿으면서도 자신의 성격을 절제하지 못하여 감정을 폭발하고 상처를 주는 경우를 종종 보게 됩니다. 이것은 옛 사람이 아직 완전히 죽지 못했기 때문입니다. 예수 믿는 사람이라도 혈기와 감정을 다스리지 못하면 불신자들의 모습이나 다를 것이 하나도 없는 것입니다. 하나님은 사람의 피 흘리는 것을 원치 아니하십니다.

하나님을 모르는 사람이 악을 행하여도 심판이 있거든 하물며 하나님을 섬기는 백성으로서는 도저히 있을 수 없는 일입니다. 그들에게는 손에 피가 묻어 있고 피로 얼룩진 의복을 벗어야만 했던 것입니다. 그러나 그들이 벧엘로 올라가니 하나님께서 복수의 칼을 들었던 세겜 성 사람들이 야곱의 가족을 두려워하여 추격을 포기하게 만들어 버렸던 것입니다.

하나님을 전적으로 의지하고 나간다면 하나님이 방패가 되어 주시는 것입니다. 이것이 하나님의 주권입니다. 그러므로 단호하게 회개의 결단을 내려야 하는 것입니다. 우리 자신들도 과거의 허물과 죄와 현재의 모든 죄악을 우리 구주 예수 그리스도의 십자가의 보혈로 씻음을 받아야만 합니다. 세상에서 아무리 큰 죄인이라 할지라도 예수 그리스도의 피는 얼마든지 죄를 사하실 수가 있는 것입니다.

"모든 무거운 것과 얽매이기 쉬운 죄를 벗어 버리고 인내로써 우리 앞에 당한 경주를 하며"(히 12:1)라고 성경은 말씀합니다. 신앙의 경주는 무거운 것을 벗어버려야만 합니다. 운동 경기자는 매우 가벼운 옷차림으로 달려야 합니다. 벧엘을 향하여 나가는 자들에게는 신앙에 방해물이 되는 것이 있다면 과감히 벗어버려야 하는 것입니다. 죄악을 청산하고 올라가야 하는 것입니다. "이는 큰 환난에서 나오는 자들인데 어린 양의 피에 그 옷을 씻어 희게 하였느니라"(계 7:14)고 성경은 말씀합니다. 모든 사람은 죄인이기에 우리 구주 예수 그리스도의 보혈로 씻음 받아야만 구원을 받게 되는 것입니다.

3) 예배를 회복하는 것입니다. (3절)

"나와 함께하신 하나님께 내가 거기서 제단을 쌓으려 하노라"고 성경은 말씀합니다. 야곱의 이 말은 하나님이 "제단을 쌓으라"(1절)고 명령하신 말씀에 대한 순종의 고백입니다. 벧엘에 올라가는 것은 단순히 올라가는 행위만이 아닙니다. 14절에 보면 "야곱이 하나님이 자기와 말씀하시던 곳에 기둥 곧 돌 기둥을 세우고"라고 성경은 말씀합니다. 야곱은 그 동안 삼십여 년 동안 영적으로 방황하는 생활을 했습니다. 그러나 이제는 다시 벧엘에 올라와 하나님께 서원했던 그 자리에서 돌 기둥을 세웁니다. 얼마나 감격스러운 순간입니까?

한번 상상해 보시기 바랍니다. 우리들도 분주한 세상에 살면서 돈 벌기에 바쁘다는 핑계로 삼 년을 신앙생활을 중단했다고 가정해 봅시다. 만약에 우리가 십 년만 신앙생활을 중단해도 완전히 메마른 장작더미처럼 될 것입니다. 그러니 삼십 년을 영적으로 방황하고 믿음을 지키지 못하였다면 예수 안 믿는 사람처럼 되었을지도 모릅니다. 그러나 하나님이 사랑하시는 자는 징계해서라도 주 앞으로 돌아오게 하십니다. 그 순간은 얼마나 행복하고 감격스러운 시간입니까? 야곱은 비록 늦게나마 하나님께 서원한 것을 이행했던 것입니다.

전능하신 하나님과 거룩한 예배를 회복하고 기념하는 기념물로 돌 기둥 위에 전제물과 기름을 부었던 것입니다. 여기서 전제물은 하나님에게 제물로 쏟아드리는 액체를 의미합니다. 우리 그리스도인에게 있어서 예배는 절대적으로 중요한 것입니다. 예배는 드려도 되고 안 드려도 되는 것이 아닙니다. 주일은 내 날이 아니고 주님의 날입니다. 우리가 주의 거룩한 날에 무엇을 해야 합니까? 하나님께 감사와 찬송과 영광과 존귀를 돌리며 예배를 드려야 합니다. 야곱이 전제물을 드렸던 것처럼 우리도 우리의 몸과 마음과 뜻과 정성과 생명을 바쳐 전인격적으로 예배를 드려야 합니다. 예배를 회복하는 길은 영적으로 성숙하는 길입니다. 개인이 살고 가정이 회복되고 교회가 생동하며 성장하는 통로입니다.

예배를 내 환경과 시간에 맞추어 대충 드려서는 안 됩니다. 예배는 대단히 중요한 것입니다. 그리스도인들은 매 주일 예배도 드려야 하지만 매일 예배하는 마음으로 살아야 합니다. 예배와 생활이 분리되어서는 안 되는 것입니다. 그 동안 야곱은 외삼촌 집에서 이십 년 타향생활 하면서 제단을 쌓았다는 기록을 볼 수가 없습니다. 물론 세겜 땅에서도 하나님과 단절된 삶을 살았고 예배가 중단되었던 것입니다. 십일조는 밀리면 다음에 드리기라도 할 수 있지만, 예배를 쉬는 행위는 그 무엇으로도 보답할 길이 없는 것입니다. 그동안 예배의 실패자가 되었으니 하나님의 집인 벧엘에서 예배를 회복해야 심령이 회복될 수 있는 것입니다.

3. 벧엘로 올라간 후에 받은 은총은 무엇입니까?

1) 하나님의 절대 보호를 받은 것입니다. (5절)

"그들이 떠났으나 하나님이 그 사면 고을들로 크게 두려워하게 하셨으므로 야곱의 아들들을 추격하는 자가 없었더라"고 성경은 말씀합니다. 야곱의 아들들이 비인간적인 악행을 행함으로 말미암아 세겜 사람들이 크게 분노한 것은 사실입니다. 그러나 전능하신 하나님께서 절대적인 주권으로 보호하여 주시니 안전하게 길을 떠날 수 있었습니다. 그들의 보복과 복수심을 하나님이 억제하시고 막아 주시니 누가 감히 대적할 수 있겠습니까? 하나님의 보호는 일시적이 아니고 부분적이 아닙니다. 전체적으로 보호하여 주십니다.

하나님의 집을 향하여, 하나님을 만나기 위하여 올라가는 그 길에는 원수들의 세력도 막아주십니다. 야곱의 집에 죄가 가득하였을 때에는 세겜 사람들을 두려워하고 떨었습니다. 그러나 우상을 제거하고 벧엘로 올라가니까 대조적으로 그들이 두려워하게 되었습니다. 우리 그리스도인들이 하나님을 만나기 위하여 가는 그 여정에는 하나님이 절대적으로 보호하여 주십니다.

2) 야곱에게 다시 복을 주십니다. (9절)

"하나님이 다시 야곱에게 나타나사 그에게 복을 주시고"라고 성경은 말씀합니다. 우리 하나님은 일시적으로 한 번만 복 주시는 분이 아닙니다. 하나님의 얼굴을 구하고 찾고 회개하고 돌아오면 다시 복 주시는 분입니다. 환난과 근심에 처하여 있는 야곱을 긍휼히 여기시고 나타나셔서 복을 주신 것입니다. 그것은 다름 아니라 9절에 보면, 야곱이 밧단아람에서 하나님께로 돌아왔기 때문이라고 성경은 말씀합니다. 결국에 야곱은 약 삼십여 년 만에 벧엘로 돌아옵니다. 야곱에게 얼마나 긴 세월입니까? 그 동안 외삼촌 집에서 수고하며 이십 년을 보내었을 것입니다. 믿음의 조상을 자랑하는 야곱이지만 형편없는 신앙생활이었던 것입니다.

우리도 대대로 예수 믿는다는 것을 자랑하지 말고, 현재 예수를 잘 믿어야만 소망이 있습니다. 하나님의 집인 벧엘로 올라가기 전에 영적으로 많은 방황을 했습니다. 그러니 하나님과 거리가 멀어진 삶을 살 수밖에 없었던 것입니다. "하나님을 가까이 함이 내게 복이라"(시73:28)고 성경은 말씀합니다. 왜냐하면 하나님이 우리의 피난처가 되시기 때문입니다. 우리의 피난처는 세상이 아닙니다. 우리의 지혜나 지식도, 기술과 능력도 믿을 것이 못됩니다. 전능하신 하나님이 한 번 불어 버리시고 흩으신다면 아무 소용이 없는 것입니다. 이렇게 영적으로 황폐해지고 가정의 문제가 복잡하였을 때 하나님의 집으로 올라갔던 것입니다. 우리도 고난을 당할 때에 좌절하고 실망해서는 안 됩니다. 그 때가 하나님을 찾을만한 때요 벧엘로 올라가야 하는 적절한 기회가 되는 것입니다.

자비하신 하나님은 야곱을 책망하시지 아니하고 다시 그를 만나 주십니다. 하나님은 야곱을 위하여 준비하신 복을 주십니다. 우리는 명심하고 기억해야 합니다. "부자 되기에 애쓰지 말고 네 사사로운 지혜를 버릴지어다"(잠 23:4)라고 성경은 말씀합니다. 내가 수고하고 노력해서 받은 복이 있습니다. 그러나 궁극적으로 복은 하나님이 주셔야 받는 것입니다. 그러므로 내가 복 받으려고 수고하고 노력하는 것도 중요하지만, 하나님 중심으로 살면서 하나님께로부터 복을 구하여야 그 복이 지속되는 것입니다. 은혜와 긍휼과 자비가 풍성하신 하나님께로 우리가 돌아오고 돌아오기만 하면 해결이 됩니다. 사람은 과거를 캐묻고 그것을 가지고 사람의 약점을 이야기하지만 하나님은 과거를 묻지 아니하시고 우리에게 복을 주시고 또 다시 복을 주시는 것입니다.

3) 이름을 개명하여 주십니다. (10절)

"네 이름을 다시는 야곱이라 부르지 않겠고 이스라엘이 네 이름이 되리라 하시고 그가 그의 이름을 이스라엘이라 부르시고"라고 성경은 말씀합니다. 하나님은 야곱이란 이름을 이스라엘로 바꾸어 주십니다. '야곱'이란 말은 아버지를 속이고 팥죽 한 그릇으로 형의 장자 권을 취득한 수단을 가진 이름입니다. 거짓말의 의미가 담겨 있습니다. 그러나 이제는 이름을 이스라엘로 바꾸어 주십니다. '이스라엘'이란 말은 '하나님의 황태자'라는 의미입니다. 이런 새 이름을 주신 이유는 가나안 이방 사람들에 대한 두려움을 제거시키기 위하여 주신 것입니다. 즉 하나님이 함께 하는 황태자에게 무슨 두려움이 있겠습니까? 그러므로 우리 그리스도인들은 항상 강하고 담대하게 살아야 합니다.

4) 후손이 잘 되는 복까지 허락하십니다. (11-12절)

생육하고 번성하는 복을 주시고 왕들을 주시는 복을 받게 됩니다. 하나님을 만난 야곱에게 다시 생육하고 번성하는 복을 약속하십니다. 후손에서 왕들을 출생하게 하십니다. 우리 그리스도인들에게 많은 복이 있지만 당대로 끝나는 복이 되어서는 안 됩니다. 우리의 후손들이 영적으로 하나님을 잘 섬기는 신앙의 가문을 이어주어야 합니다. 예수 믿지 아니하고 세상에서 잘되고 형통하는 사람을 보고 부러워할 것이 아닙니다. 왜냐하면 하나님을 경외하지 아니하고 잘 되는 것은 망하는 길이기 때문입니다. 오히려 우리의 후손들이 우리보다 신앙생활을 더 잘할 수 있도록 그들을 위하여 기도하고 신앙의 유산을 물려주어야만 합니다.

결 론

우리는 세상에서 아무리 피곤하고 지친 생활을 한다고 해도 세상에서는 진정한 안식과 평안함이 없습니다. 오직 전능하신 하나님만이 우리의 견고한 피난처가 되십니다. 하나님을 떠난 안식처는 결코 안전한 피난처가 될 수 없는 것입니다. 하나님은 우리가 벧엘 밖에서 거할 때에는 복을 주시지 아니합니다. 그러나 벧엘에 거하고 믿음을 지켜나갈 때에는 약속하신 복을 주실 것입니다. 안달하거나 주저하거나 지체하지 맙시다. 우리의 환경이 아무리 어렵고 힘들지라도 벧엘로 올라갑시다. 전심으로 하나님을 구하고 그분의 거룩하신 성호를 찬양하시기를 간절히 소원합니다. 야곱을 만나주신 하나님이 우리들을 만나주실 것입니다. 하나님을 만난 사람은 하나님께서 도우시고 앞길을 인도하여 주십니다. 하나님께로 돌아오는 자에게는 결코 실패로 끝나지 아니합니다.

　자비하신 하나님은 예수 그리스도의 십자가의 피를 믿고 돌아오는 자에게는 긍휼을 베푸십니다. 구원받는 백성으로 삼으십니다. 그리고 하나님의 자녀가 되게 하십니다. 그러므로 우리 구주 예수 그리스도에게 빨리 나올수록 좋은 것입니다. 파멸과 좌절의 인생길이라 하더라도 낙심하지 맙시다. 주님께로 돌아오기만 하면 새로운 피조물로 살아가게 되는 것입니다. 전능하신 하나님은 메마른 광야에서도 물을 주실 것입니다. 풀 한 포기 없는 사막에서도 수로를 만드십니다. 지금까지 나 중심으로 살았던 삶을 하나님 중심으로 바꿉시다. 예수 그리스도의 수액을 통하여 하나님을 만납시다. 우리의 사랑하는 부모형제와 친척과 친구와 이웃들을, 그리고 선교현장에 있는 한 영혼을 우리 구주 예수 그리스도에게 인도해야 할 것입니다. 지금도 이슬람 형제들이 코란을 버리고 성경을 읽고 개종하여 예수를 나의 구주로 영접하는 놀라운 일들이 나타나고 있습니다.

　우리는 당대에만 예수 잘 믿고 끝나서는 안 됩니다. 우리가 예수를 나의 구주로 믿은 신앙을 다음 세대에 지속적으로 이어지게 해야 하는 것입니다. 이 믿음으로 하나님을 만나고 천국에 가서 우리 구주 예수 그리스도를 만나야 할 것이기 때문입니다. 날마다 하나님의 집으로 올라가는 영적 체험을 통하여 우리 주변에 죽어가는 형제자매들과 믿지 아니하는 이웃들과 지구촌의 한 영혼들을 주께로 인도하실 수 있기를 우리 주님의 이름으로 간절히 축원합니다.

5
쳐다본즉 살더라
[민수기 21:4-9]

서 론

그리스도인에게 있어서 믿음은 삶의 기준일 뿐만 아니라 일상적인 삶의 표준이어야 합니다. 우리는 천국의 일을 할 때나 세상의 일을 할 때에 하나님을 전적으로 의지하는 믿음을 소유해야 합니다. 우리가 세상 유혹에 빠지지 아니하고 믿음으로 살기 위하여 하나님을 의지하는 믿음의 삶을 살아야 하는 것입니다. 진실하고 정직하게 하나님을 섬긴다면 비록 성공하지 못한다고 하더라도 최소한 양심의 부끄러움을 느끼지는 아니할 것입니다. 하나님을 신뢰하고 그분에게 피하여 살겠다고 작정하는 사람은 어디를 가든지 승리의 길로 인도하실 것입니다. 과거나 현재나 역사의 수레바퀴를 주관하시는 분은 오직 전능하신 하나님 한 분이십니다. 이것은 하나님의 주권에 속한 것이기도 합니다. 우리 그리스도인들이 언제라도 깊이 마음에 새기고 또 간직해야 할 사상은 하나님 주권인 것입니다.

하나님의 주권이라는 것은 한마디로 우주 안에서 이루어지는 모든 일들을 하나님 마음대로 주권을 가지고 행사하신다는 뜻입니다. 여호사밧 왕은 "주의 손에 권세와 능력이 있사오니 능히 주와 맞설 사람이 없나이다"(대하 20:6)라고 증언합니다. 온 우주 만물과 나라와 족속과 방언 가운데서도 전능하신 하나님과 대결할 자는 하나도 없다는 것입니다.

세상 모든 나라와 민족의 흥망성쇠는 모두 하나님의 손에 달려 있습니다. 전쟁에서 이기고 지는 것이 모두 하나님의 손에 달려있는 것입니다. 그 뿐만 아니라 인간의 생사화복과 잘되고 형통하는 것 모두가 하나님의 손길에 달려있다는 것을 기억해야만 합니다. 그 누구라도 하나님이 낮추시면 낮아질 수밖에 없는 것이고, 하나님이 거름 더미 같은 환경에서라도 올리시면 높아지는 것입니다. 그러므로 우리 그리스도인들은 매사에 하나님의 주권을 인정하고 존귀하신 하나님께 찬양과 영광을 돌려야 하는 것입니다. 왜냐하면 전능하신 하나님은 온 땅의 왕이시기 때문입니다(시 47:6-7). 여호와 하나님을 자기 하나님으로 삼고 경외하는 백성은 참으로 복이 있는 자들입니다.

우리 인생이 세상의 아름다움을 보고 싶다고 하여 이 세상에 출생한 것이 아니라, 하나님이 나를 세상에 보내신 목적이 있기 때문에 나온 것입니다. 창조도 하나님이 하시고, 심판도 하나님이 하시고, 역사의 진행과정도 모두가 하나님이 하십니다.

이스라엘 백성들이 애굽 땅에서 430년 동안 죽음만도 못한 처절한 노예생활을 하다가 하나님의 특별하신 은혜로 해방을 맞이하게 됩니다. 이스라엘 백성들이 홍해를 건너가야 하는데 뒤에는 바로 왕의 특별 병거 육백 대가 추격해 옵니다. 그런데 홍해 바다는 갈라지지 않았습니다. 그들이 얼마나 두렵고 떨렸겠습니까? "여호와께서 너희를 위하여 싸우시리니 너희는 가만히 있을지니라"(출 14:14)고 성경은 말씀합니다. 하나님께서 모세에게 "지팡이를 들고 손을 바다 위로 내밀어 그것이 갈라지게 하라 이스라엘 자손이 바다 가운데서 마른 땅으로 행하리라"고 말씀하십니다. 모세가 이 말씀에 순종하고 바다 위로 손을 내밉니다. 여호와께서 큰 동풍으로 밤새도록 바닷물을 물러가게 하시니 물이 갈라져 바다가 마른 땅이 됩니다. 이스라엘 자손이 바다 가운데를 육지로 걸어가고 물은 그들의 좌우에 벽이 되는 초자연적인 기적이 일어납니다.

그러나 애굽 사람들과 바로의 말들 병거들과 그 마병들이 이스라엘 자손의 뒤를 추격하여 바다 가운데로 들어올 때에 여호와께서 애굽 군대를 보시고 어지럽게 하십니다. 바로의 병거 바퀴를 벗겨서 달리기가 어렵게 하시고 바다의 힘이 회복되게 하사 애굽 사람들을 바다 가운데 엎으십니다. 바다 가운데 들어간 병거들과 기병들을 덮고 바로의 군대를 다 덮어버리시니 하나도 남지 아니하고 바다 속에 모두 수장이 되고 말았던 것입니다(출 14:16-28).

이러한 하나님의 크신 은혜와 능력과 큰 기적을 목격하였음에도 불구하고 출애굽한지 불과 한 달 밖에 되지 않았을 때 이스라엘 백성들은 모세와 그의 형 아론을 향하여 원망합니다. 애굽 땅에서 고기 가마 곁에 앉았던 때와 떡을 배불리 먹던 때에 여호와의 손에 죽었더면 좋았을 것이라는 허망한 말을 합니다. 이스라엘 백성들은 원망하는 일에는 모두 단합이 된 것 같기도 합니다. 가나안 땅을 정탐한 열두 사람 중에 열 명은 부정적인 사람들이었습니다. 그들이 부정적이고 소극적인 보고를 함으로 온 회중이 소리를 높여 부르짖으며 밤새도록 울고 백성이 애곡했습니다. 그런데 놀라운 것은 이스라엘 자손이 다 모세와 아론을 원망했다는 것입니다. 즉 한 사람도 예외가 없이 원망하였는데 그 불평은 우리가 애굽 땅에서 죽었거나 이 광야에서 죽었더면 좋았을 것이라고 원망했던 것입니다. 하나님은 그들을 비참한 노예 생활 가운데서 해방시켰는데 차라리 애굽에서 죽었더라면 더 좋았을 것이라니 이게 말이나 되는 소리입니까?

우리 자신들도 지금까지 베풀어 주신 은혜를 망각하지는 않았습니까? 우리에게 하나님이 형통만 주셨다면 우리들이 교만하며 방자하게 주님을 떠났을지도 모릅니다. 우리에게도 적당한 시련과 고난을 주신 것은 하나님의 은혜입니다. 이 고난이 없이는 주님의 깊은 은혜를 헤아릴 수가 없기 때문입니다. 이스라엘 백성들은 하나님이 놀라우신 능력과 기적을 베풀어 주신다고 하여도 이제는 더 이상 소용이 없다고 삶을 포기하는 자들입니다. 죽음의 문제를 그렇게 간단히 생각해서는 안 되는 것입니다. 이스라엘 백성들은 "어찌하여 여호와가 우리를 그 땅으로 인도하여 칼에 망하게 하려 하는고 우리 처자가 사로잡히리니 애굽으로 돌아가는 것이 낫지 아니하랴" 이렇게 원망하고 불평했습니다. 전능하신 하나님께서 애굽에서 건져주신 은혜는 깨끗이 잊어버리고 다시 애굽으로 돌아가겠다는 것입니다.

신앙생활에 있어서 가장 두려운 적은 하나님을 원망하고 불평하는 것입니다. 작은 것 하나에도 감사하지 못하면 바벨탑을 쌓을 정도로 많은 것을 받았다 할지라도 역시 원망과 불평이 솟구치는 것이 완악한 인생인 것입니다. 인간의 심성이 죄 성과 독성과 악성으로 뿌리 깊게 박혀있는 것이므로 물과 성령으로 거듭나지 아니한 인생은 결코 새로워질 수가 없고, 하나님 나라에 결코 들어갈 수가 없습니다. 이 세상에서는 부귀영화와 권력과 명예, 이런 것들이 인생에 있어서 성공의 기준이라고 합니다. 그러나 하나님이 보시는 기준은 악을 행하면서 성공하는 것은 하나님 앞에서 불행한 것입니다. 오히려 하나님을 섬기는 데에 걸림돌이 된다면 심각한 것입니다.

물질 때문에 하나님을 덜 섬기고 권력 때문에 겸손하기 어렵다면 얼마나 불행한 것입니까? 우리 주 예수 그리스도보다 세상 명예가 더 좋다면 지금까지 신앙생활 한 것이 무슨 의미가 있는 것입니까? 이런 것들이 모두 전적 타락의 결과인 것입니다. 저 자신을 포함하여 우리 그리스도인들이 원망과 불평의 삶을 살지 않기를 원합니다. 부족하면 부족한대로 조금 불편하더라도 감사하며 살 수 있기를 소원합니다. 그러기에 지혜와 평강의 왕 솔로몬은 "인생의 마음에는 악이 가득하여 그들의 평생에 미친 마음을 품고 있다가 후에는 죽은 자에게로 돌아가는 것이라"(전 9:3)고 증언합니다. 이것이 본질상 전적으로 부패하고 타락한 인간의 모습인 것입니다. 사람이 악이 가득하다는 것은 세상에서는 행동으로 나타나는 것만 봅니다. 마음속에 있는 것까지는 조사가 안 되는 것입니다. 그러나 인간은 전적으로 타락하였기에 마음속까지 악이 가득한 것입니다. 악이 가득하니 선한 행동이 나올 수가 없고 나쁜 나무가 좋은 열매를 맺을 수가 없을 뿐만 아니라 악으로부터 선함이 나타날 수가 없는 것입니다. 그러므로 범죄한 인생은 평생 미친 짓을 하고 정신 나간 행동을 하다가 죽고 마는 것입니다.

이스라엘 백성들이 애굽에서 모진 고역과 착취를 당할 뿐만 아니라 감독의 채찍질과 정신적인 고통을 당했습니다. 그들은 영적으로 하나님의 절대주권을 믿지 못했던 것입니다. 그러나 자비하신 하나님은 그들을 약속의 땅 가나안으로 들어가도록 인도하셨습니다. 이 과정에서 많은 사람들이 광야에서 죽고 가나안 땅에 들어가지 못하게 되는데 매우 안타깝기만 합니다. 자유와 기쁨이 없고 전혀 소망이 보이지 아니하는 애굽 땅에서 구원받았는데 들어가지 못하면 이것처럼 유감스러운 일이 어디 있겠습니까?

오늘 본문의 내용은 하나의 사건이면서 동시에 우리 모든 사람들에게 거울로 보여주는 교훈이기도 합니다. 본문에 보면 이스라엘 백성들이 하나님을 원망하는데 이 원망이 무엇인지 살펴보면서 교훈과 은혜를 나누기를 원합니다.

1. 백성들이 원망한 이유가 무엇입니까? (5절)

5절에 보면 "백성이 하나님과 모세를 향하여 원망하되 어찌하여 우리를 애굽에서 인도하여 내어 이 광야에서 죽게 하는가"라고 성경은 말씀합니다. 즉, 하나님과 지도자 모세를 향하여 원망하고 있는 것입니다. 그것은 무엇을 의미하는 것입니까?

1) 하나님의 은혜를 망각하고 원망하는 것입니다. (5절)

"사람이 자기의 아들을 안는 것 같이 너희의 하나님 여호와께서 너희가 걸어온 길에서 너희를 안으사"(신 1:31)라고 성경은 말씀합니다. 이 세상에 하나님을 원망하는 사람보다 더 어리석은 사람이 어디에 있습니까? 아버지가 아들을 안아 주어도 안전한데 그보다 더 안전하게 안아주시고 보호하시는 분은 전능하신 하나님이십니다. 사람이 이 세상에 존재한다는 것 그 자체가 하나님의 은혜요 섭리 가운데 달려있는 것입니다. 내가 숨 쉬고 먹고 마시고 일하고 살아가는 일생 전체가 내 힘과 노력으로 사는 것 같아도, 모두가 하나님의 손 안에 있는데 이것이 하나님의 절대주권입니다.

하나님께서 이스라엘 자손을 홍해 바다를 육지로 만드시고 걸어가게 하신 것처럼 평탄하고 안전한 길로 인도하지 아니하신 이유가 무엇입니까? 왜 하나님은 모세를 통하여 이스라엘 자손을 황무지 광야로 인도하고 계시는 것입니까? 그 이유는 그들에게 애굽에서 하나님을 잊어버리고 애굽에서의 노예근성을 제거시키기 위함이었던 것입니다. 노예의 근성이 깊이 몸에 익숙할수록 하나님과 멀어질 수밖에 없기 때문입니다. 그들은 애굽에서 사백삼십 년 동안 노예와 같이 살았음에도 불구하고 아직도 힘들고 어려운 일이 생기기만 하면 하나님의 구원의 손길보다 세상 애굽이 더 좋다고 생각했습니다. 그렇게 자손 대대가 비참한 종살이 생활을 하였는데도 아직도 정신을 못 차리고 있는 것입니다. 참으로 안타까운 일입니다.

우리 자신들도 육신의 정욕으로 종노릇 하는 것이 좋다면 무슨 소망이 있겠습니까? 죄와 죽음으로부터 구원을 받았음에도 불구하고 때로는 세상의 쾌락이 좋아서 곁길로 간다면 얼마나 부끄러운 일입니까? 우리 주 예수 그리스도를 나의 구주로 모시고 사는 사람은 세상 욕심도 포기할 줄 알아야 합니다. 그들은 죄의 종 노릇 하는 이것이 그들에게 큰 문제가 된 것입니다.

이스라엘 백성들이 수백 년 동안 종살이 하면서 안식일에는 성소에 가서 예배하였다는 기록이 없습니다. 하나님께 금식하며 울부짖으며 예배를 회복시켜 달라고 호소한 내용도 없습니다. 이스라엘 자손은 하나님이 선택하신 백성들임에도 불구하고 그들은 영적으로 회복하지를 못했던 것입니다. 그들은 안타깝게도 애굽 사람들에게 인격적인 대우를 받지 못하고 멸시와 천대를 받고 짐승처럼 매일 매일 일의 노예가 되었던 것입니다. 육신적인 고통도 참기 어려운 일인데 설상가상으로 그들은 전능하신 하나님의 은혜를 망각하고 말았던 것입니다. 그 결과 하나님의 존재와 거룩하심에 도전하는 악한 행위를 행했던 것입니다.

만약 하나님께서 모세로 하여금 이스라엘 백성을 북쪽으로 인도하셨다면 별로 멀지 않은 곳에 블레셋 사람들의 땅이 있는 곳으로 가게 하실 것입니다. 그렇다면 그곳에서 그들에게 필요한 양식과 도구들을 강제로라도 얻게 하셨을지도 모릅니다. 그러나 하나님은 의도적으로 이스라엘 백성들을 남쪽으로 인도하여 모세로 하여금 홍해 바다를 건너 광야로 들어가게 하신 것입니다(출 15:22). 그러니 참을성이 없는 이스라엘은 원망하기 시작하며 그 원망은 계속 불평으로 이어졌습니다. 작은 원망과 불평이 큰 원망이 되는 것입니다. 사람이 망하려면 감사가 식어지고 끝없는 원망만 하다가 무덤으로 가는데, 이스라엘 백성들의 원망은 하나님도 모세도 함께 원망하는 것이었습니다. 지도자 모세를 원망하는 것은 하나님을 원망하는 것입니다. 왜냐하면 하나님이 세우신 지도자이기 때문입니다.

그런데 그들은 전능하신 하나님까지 향하여 원망했습니다. 그 원망이 무엇입니까? "어찌하여 우리를 애굽에서 인도해 내어 이 광야에서 죽게 하고, 어찌하여 우리를 살려가지고 다시 죽게 하는 것입니까? 차라리 건져내지 마시고 애굽 땅에서 죽게 하시는 것이 더 낫지 않습니까?"라는 것이었습니다. 그들의 마음은 완고하여 질대로 굳어진 것입니다. 마음속에서 부글부글 끓어오르는 분노와 불평과 원망은 하늘을 향하여 치솟고 있는 것입니다. 이런 사람들에게는 그 어떤 긍휼과 자비도 들어오지 않는 것입니다.

그들은 하나님의 은혜를 너무나 자주 망각하고 잊어버렸습니다. 하나님은 택하신 백성들을 구원하시고 은혜 주시며 복 주시고 평강 주시는 것이 하나님의 뜻입니다. 그럼에도 불구하고 이스라엘 백성은 자기들을 광야에서 죽게 한다고 투덜거리고 원망했던 것입니다.

하나님은 우리 그리스도인들에게 이 세상 우주와 바꿀 수 없을 만큼 귀한 구원의 은혜를 주셨습니다. 이 구원의 은혜를 받은 이후에도 좁은 길과 좁은 문으로 들어가는 길이 힘들다고 투덜거리고 원망해서는 안 되는 것입니다. 우리는 오히려 이스라엘 백성들의 고난과 불신앙을 거울로 보면서 역행하는 삶을 살아야만 합니다. 주님이 가신 길이 고난의 길이요 죽음의 길입니다. 십자가의 길은 땀과 눈물과 피를 요구합니다. 아무리 힘들고 어려운 일이 많을지라도 뒤로 물러서지 아니하고 감수하면서 전진하고 또 나아가야만 하는 것입니다. 이것이 그리스도인들이 천국을 향하여 나가는 길인 것입니다.

우리 죄 많은 인생에게는 하나님의 은혜로 얻게 되는 구원이 가장 우선순위인 것입니다. 만약에 우리 죄인들을 그대로 방치하고 계셨다면 우리 인생은 가장 비참한 존재로 떨어졌을 것입니다. 많고 많은 모래알 같은 사람들 가운데서 내가 창세 전에 하나님의 선택을 받고(엡 1:4) 그리스도 안에서 그의 은혜의 풍성함을 따라 예수 그리스도의 피로 말미암아 죄 사함을 받은 것은(엡 1:7) 큰 은혜요 축복인 것입니다. 영원히 죽어야 할 죄인이 구원 받은 백성이 된 것은 너무나도 신비한 은혜입니다. 잠을 자다가도 깨면 놀랍고 경이로운 일인 것입니다. 그러니 우리가 하나님을 섬기는 일에 있어서 무수한 고난이 닥친다 하더라도 두려워하지 말아야 합니다. 애굽과 같은 세상 권세가 혹은 사탄의 세력이 우리를 엄습하고 위협한다고 할지라도 담대하게 삽시다. 우리는 비록 약하고 무능하고 부족할 찌라도 전능하신 하나님을 바라보아야만 합니다.

사실 우리 인생이 살고 있다는 이것 자체가 모두 하나님의 은혜인 것입니다. 내가 살고 싶다고 사는 것이 아니라 하나님의 도우심으로 지금까지 살아 있는 것입니다. 그러므로 살아 숨 쉬는 동안에 내가 받은 구원을 한 사람이라도 더 전도하면서 살 수 있기를 간절히 소원합니다. 이스라엘 백성들은 조금 전에 하나님이 주신 승리에 대해서도 불만을 표시한 사람들입니다.

1절에 보면 남방 왕이 이스라엘이 들어옴을 알고 있었습니다. 이스라엘이 여호와께 간구합니다. 2절에는 "주께서 만일 이 백성을 내 손에 넘기시면 내가 그들의 성읍을 다 멸하리이다"라고 모세는 서원까지 합니다. 그래서 하나님이 그들에게 승리를 보장하시고 여호와께서 이스라엘의 소리를 들으시고 승리를 주십니다. 3절에 보면 그리하여 그들과 그 성읍을 다 멸하게 하십니다. 이러한 승리를 맛보았음에도 불구하고 하나님을 원망하는 것입니다. 과거에 베푸신 은혜, 애굽에서 죽음만도 못한 비참한 종살이 한 그들을 해방시키십니다. 그럼에도 불구하고, 이런 승리를 주셨음에도 불구하고 하나님을 향하여 직접 원망하는 것입니다.

  진정한 자유가 없는 억압과 신앙 때문에 고문을 겪어 보셨습니까? 우리의 신앙의 옛 선배들은 그런 경험을 하고 순교의 제물까지 되었던 것입니다. 이스라엘 백성들은 이제 와서는 차라리 애굽의 노예생활인 종살이가 낫다고 하는 것입니다. 어떻게 종살이가 낫다는 것이며 죽는 것이 좋다는 것입니까? 죽음보다도 더 비참한 노예 생활이 좋다는 것입니다. 얼마나 한심하고 가련한 말입니까? 이것은 불신앙의 극치인 것입니다. 우리는 살아도 주를 위하여 살고, 죽어도 주를 위하여 죽어야 합니다. "우리가 살아도 주를 위하여 살고 죽어도 주를 위하여 죽나니 그러므로 사나 죽으나 우리가 주의 것이로다"(롬 14:8)라고 성경은 말씀합니다. 그러므로 내 마음대로 살아서도 안 되고 내 기분대로 죽어서도 안 되고 함부로 죽어서도 안 되는 것입니다. 우리가 숨 쉬고 살아가는 날까지 찬송합시다. 그리고 감사하며 기도하고 영적으로 날마다 무장하고 살아갑시다.

  우리는 영적 가나안인 천국에 날마다 소망을 가집시다. 그런데 이스라엘 자손들은 가나안 복지의 소망도 축복도 이제 와서는 아무 소용이 없다는 것입니다. '어찌하여 우리를 애굽에서 인도해 내어 이 광야에서 죽이려고 합니까?'라는 이야기입니다. 수백 년 동안 종살이 하던 그들을 하나님의 기적으로 인도하였는데 자기들을 죽이려고 한다는 것입니다. 지도자 모세에 대하여 악심을 가지고 보복하려는 자세입니다. 그러므로 그들은 인생의 생존을 포기하고 죽고 싶다고 하는 것입니다. 죽고 싶다 죽고 싶다고 말하면 사실 말이 씨가 됩니다. 그들이 죽고 싶다고 한 이 말이 하나님의 귀에 들려집니다. 하나님은 그들이 말한 대로 행하시겠다고 말씀하십니다. 이 얼마나 두렵고 떨리는 말씀입니까? "내 귀에 들린 대로 내가 너희에게 행하리니 너희 시체가 이 광야에 엎드러질 것이라"(민 14:28-29)고 성경은 말씀합니다. 이 원망 죄가 결정적인 원인이 되었기에 하나님이 그들을 심판하시는 것입니다. 원망이 커지면 커질수록 죽음을 향하여 나가는 것입니다. 원망은 긁어서 부스럼을 만드는 것과 같습니다. 그리고 이스라엘 백성들은 과거의 사건만 원망하는 것이 아니라 현재도 원망하고 앞으로 하나님이 인도하실 계획까지도 모두 원망하고 있는 것입니다. 그 원망이 하늘에 사무치고 상달한 결과로 인하여 그들이 광야에서 쓰러져 죽게 되었던 것입니다.

2) 광야에서 방황함으로 원망합니다. (4절)

4절에 보면 "길로 말미암아 백성의 마음이 상하니라"고 성경은 말씀합니다. 여기 "상하니라"라는 단어는 히브리어로 〈카차르 qatsar〉입니다. 이 말은 '참을 수 없다, 초조해하다, 슬퍼하다'라는 뜻입니다. 이스라엘 자손들이 길로 인하여 마음이 초조해지고 참을 수 없는 슬픈 상황에 빠져있었던 것입니다. 그러나 이 말씀을 보면 참으로 안타깝기만 합니다. 애굽에서 백성들이 나와서 홍해를 육지 같이 마른 땅으로 건넜고 홍해를 건너간 백성들은 이스라엘 백성들이 장정만 육십만 명이고 허다한 잡족들까지 합치면 약 삼백만 명으로 보고 있습니다. 모세가 이런 큰 무리들과 홍해를 건너갔습니다. 거기서 요단강을 건너 가나안 땅에 들어간다고 하여도 15일 정도면 충분합니다.

그런데 왜 하나님은 그들에게 광야에서 40년 동안 방황하게 하신 것입니까? 그 이유는 그들을 거룩한 백성으로 다듬어 만들어가기 위함입니다. 이스라엘 백성들을 강하게 훈련시키려는 것입니다. 이스라엘 백성들은 우선 가까운 길을 확보하지 못했습니다. 기나긴 행진으로 지칠 대로 지쳐 기진맥진한 것입니다. 아마도 그 길이 거칠고 울퉁불퉁하고 더럽고 먼지도 많았을 것입니다. 그리고 에돔 지역으로 바로 통과하지 못하고 우회하여 갔기에 길이 더 멀고 험하였으므로 짜증과 원망이 있었을 것입니다. 이스라엘 백성들은 길로 인하여 마음이 상하여 하나님의 은혜를 잊어버리고 불만과 불평으로 가득 찬 것입니다.

　마음의 불만은 언제라도 자신을 불편하게 만드는 것입니다. 하나님이 우리들을 다듬고 훈련시키실 때가 좋습니다. 곁길로 가지 아니하고 바른 길로 인도하여 주시기 때문입니다. 이스라엘 백성들은 빨리 지나갈 수 있는 지름길이 있음에도 불구하고 원수들의 방해로 돌아가야 하는 길이 있으니 마음이 상할 수밖에 없었습니다. 인간적으로는 충분히 이해가 됩니다. 그러나 하나님은 그들이 애굽에서 종살이 하던 노예근성을 완전히 제거시키기 위하여 그들을 훈련시키신 것입니다.

　하나님의 강한 손에 이끌려 연단을 받을 때에 침묵을 지키는 것이 좋습니다. "분을 그치고 노를 버리며 불평하지 말라 오히려 악을 만들 뿐이라"(시 37:8)고 성경은 말씀합니다. 인간 본성의 아집이 깨어지고 부서져야 부드러운 마음을 소유하게 됩니다. 이것은 하나님이 이스라엘을 강하게 훈련시키기 위한 목적이기도 합니다. "주께서 인생으로 고생하게 하시며 근심하게 하심은 본심이 아니시로다"(애 3:33)라고 성경은 말씀합니다. 그러므로 하나님이 주시는 연단과 시련 속에서 하나님의 주권을 인정할 수만 있다면 체념하고 고난을 기꺼이 감수하는 것이 좋을 것입니다. 히브리서 기자는 "주께서 그 사랑하시는 자를 징계하시고 그가 받아들이시는 아들마다 채찍질하심이라 하였으니 너희가 참음은 징계를 받기 위함이라 하나님이 아들과 같이 너희를 대우하시나니"(히 12:6-7)라고 증언합니다. 인간 마음속에 깊이 뿌리박고 있는 죄성과 악성이 제거되어야만 합니다.

　하나님은 아무리 작은 죄악이라도 용납하시지 않기 때문입니다. 그러므로 죄에 대한 징계가 나타나는 것은 우리들을 사랑하시는 증거입니다. 죄를 물마시듯이 날마다 짓고 있음에도 불구하고 하나님의 진노가 나타나지 않는다면, 그것은 하나님이 버리신 증거가 되는 것입니다.

금 속에 얼마나 많은 불순물이 섞여 있습니까? 금이 불 속에서 녹아지고 그 불순물을 제거해야 정금이 되어 나오는 것입니다. 우리 인간의 본성 속에 교만하고 반역적인 불순물을 제거해야 하나님의 거룩한 백성이 되는 것입니다.

그러므로 원망하는 자들에게는 더 큰 징계가 주어지는 것입니다. 우리 자신들에게도 하나님이 불꽃같은 눈으로 감찰 하실 때는 부패한 요소가 많이 있습니다. "그들 가운데 어떤 사람들이 원망하다가 멸망시키는 자에게 멸망하였나니 너희는 그들과 같이 원망하지 말라"(고전 10:10)고 성경은 말씀합니다. 사실 원망은 원망 자체로 끝나는 것이 아닙니다. 원망은 악을 심는 기초가 되므로 악을 뿌리면 재앙을 거두게 되는 것입니다(잠 22:8). 우리 그리스도인들이 믿음의 길로 바로 가지 아니할 때에 하나님은 신앙의 길로 가도록 인도하시는 것입니다.

3) 양식으로 인하여 원망합니다. (5절)

5절에 보면 "우리 마음이 이 하찮은 음식을 싫어하노라"고 성경은 말씀합니다. 여기서 "싫어하다"라는 단어는 히브리어로 〈쿠츠 quts〉입니다. 이 말은 '몹시 싫어하다, 소름 끼칠 정도로 싫어하다, 혐오하다'라는 뜻입니다. 이스라엘 백성들은 자신들이 오래 먹었던 음식을 하찮은 것으로 여기고 원망한 것입니다. 그들의 불평은 전능하신 하나님께 도전하고 경멸하는 행위이고 그의 종 모세를 거부하고 하늘로부터의 양식을 무시한 것입니다. 그들이 하늘로부터 온 양식에 대하여 단순한 싫증을 느낀 것이 아니라 소름이 끼칠 정도로 혐오하였던 것입니다. 길로 인하여 마음이 상하고 음식으로 인하여 만족함을 누리지 못하였기에 그들은 지속적인 원망과 불평의 삶을 살게 된 것입니다. 사실 그들은 하나님이 공급하신 양식이 충분하였기에 먹고도 남을 만큼 양식이 있었습니다. 그럼에도 불구하고 이제 와서는 이 양식을 싫어했는데, 이 말은 단순히 싫어하는 것이 아니고 짜증나고 보기 싫어서 증오한다는 의미입니다. 하나님이 주신 양식에 대하여 싫증을 느끼고 지금은 먹기 싫다고 불평과 원망을 합니다. 한마디로 하찮은 식물은 보잘것없는 음식이라는 것입니다.

이스라엘 백성들이 애굽의 소산을 원한다면 결국은 애굽의 불 뱀들을 만나게 될 것입니다. 하나님께 대한 불순종과 원망이 결국은 불행한 결과를 가져오게 되는 것입니다. 그들이 음식에 대한 불평은 단순한 것이 아니고 하나님께 하는 것임을 주목해야 합니다. 생명을 살려주시고 연장시켜주신 분이 하나님이 아니십니까? 그렇다면 먹는 것이 그렇게 문제가 되어야 합니까? 지금도 한 시간 간격으로 아프리카와 가난한 나라에는 수많은 사람들이 양식이 없어 굶어 죽어가고 있습니다.

토마스 아 켐피스는 하나님의 은혜에 대하여 "우리의 영혼과 지니고 있는 모든 것은 당신의 은혜입니다. 좋은 것은 모두 당신으로부터 받고 있습니다. 당신께서는 인자하시고 선하시고 은혜로우십니다. 비록 누구는 많고 누구는 적게 받는다 할지라도 모든 것이 당신의 것입니다. 당신이 없다면 작은 복도 받을 수 없습니다."라고 고백하였던 것입니다.

이스라엘 백성들에게는 양식이 없는 것이 아니라 다만 저들의 입에 맞는 음식이 없다는 불평입니다. 이들이 40년 동안 먹은 음식이 만나입니다. '만나'라는 것은 밀가루에 꿀을 섞은 과자입니다. 이 음식을 계속 먹다 보니 음식에 싫증이 난 것입니다. 이 양식이 박한 음식이라고 말하는 것입니다. 이제 만나 자체가 싫다는 것입니다. 언제라도 원망하고 불평하는 사람들은 하나님의 은혜를 망각하는 사람들입니다.

자비하신 하나님은 광야에서 반석을 쪼개시어(시 78:15) 그들에게 물을 흡족히 주셨습니다. 이스라엘 백성들이 그들의 탐욕대로 양식을 구했을 때에 하나님은 만나를 비같이 내려 먹이셨습니다. 만나를 하늘 양식으로 먹여(시 78:24) 주셨습니다. 하나님은 그들에게 양식을 충족히 공급하시고 그뿐만 아니라 고기를 티끌같이 내리셨습니다. 그들이 먹고 배부르도록 그들의 소욕을 채워 주셨습니다. 그럼에도 불구하고 그들이 욕심에서 떠나지 아니하고 목이 곧은 대로 하나님께 불평합니다. 이스라엘 백성들이 하나님의 은혜로 반석에서 물을 마셨고 '만나'를 먹었지만 현재의 환경이 간난하고 병들고 힘들기 때문에 하나님이 주신 모든 은혜와 축복을 부정하는 것입니다.

종교개혁자 마틴 루터도 건강하던 시절에는 종종 나흘 동안 금식을 하기도 했습니다. 하루의 식생활도 청어 한 조각과 빵 한 조각으로 하루를 지내던 날도 많았다고 합니다. 그는 "순수하고 선량하고 평범하고 소박한 식사"를 좋아했다고 합니다. 그의 식탁기도는 매우 짧고도 은혜가 됩니다. 라틴어로 이렇게 기도합니다. "Dominus Jesus Sit Potus et esus"(주 예수께서 음료와 음식이 되소서). 어떤 상황에서든지 하나님이 주신 은혜에 감사하면서 살 수만 있다면 행복한 사람입니다.

종교개혁자 요한 칼빈도 후반 인생은 하루에 한 끼만 먹고 경건한 삶을 살았다고 합니다. 하루에 12시간을 기도하고 말씀을 연구하고 주석을 쓰고 강해하는 시간으로 보낸 경건한 인물입니다. 그러기에 먹고 마시는 것에 치중하지를 않았습니다. 신실한 그리스도인들이여! 기도와 말씀에 한번 흠뻑 젖어보시기를 소원합니다. 먹고 마시는 문제를 초월할 수는 없지만 자족하는 생활은 그리스도인들에게 큰 경건이 되기 때문입니다.

"그들이 구한즉 메추라기를 가져오시고 또 하늘의 양식으로 그들을 만족하게 하셨도다 반석을 여신즉 물이 흘러나와 마른 땅에 강 같이 흘렀으니"(시 105:40-41)라고 했고, "그러나 그들은 그가 행하신 일을 곧 잊어버리며 광야에서 욕심을 크게 내며 사막에서 하나님을 시험하였다"(시 106:13-14)고 성경은 말씀합니다.

21절에는 애굽에서 큰일을 행하신 그의 구원자 하나님을 그들이 잊었다고 성경은 말씀합니다. 하나님을 잊었다는 것이 그들이 시련과 연단을 받게 된 동기요 배경이 된 것입니다. 우리들도 하나님이 베푸신 은혜와 복들을 망각하고 있지는 않습니까? 이스라엘 백성들은 하나님의 오묘하고 신비한 능력과 기적을 체험하였음에도 불구하고 곧 하나님의 은혜를 망각해 버렸습니다. 우리 그리스도인들도 하나님의 은혜를 많이 받고 살면서도 종종 그 은혜를 잊을 때가 있습니다. 하나님의 은혜를 기억하는 것이 행복의 비결입니다.

영국의 스펄전 목사는 말하기를, 인간의 다른 어리석음은 최고의 양식인 하나님의 말씀 먹기를 거절하는 것이고 하나님의 진리를 믿기를 싫어하는 것이라고 했습니다. 오늘날 이것이 현대인들의 문제점인 것입니다. 하나님은 우리의 연약한 체질을 아시는 분이십니다. 질그릇처럼 깨어지기 쉬운 존재입니다. 상처를 잘 받습니다. 그러므로 잠시라도 하나님의 은혜가 떠나 버리면 살 수가 없는 연약한 존재인 것입니다. 찬송은 감사와 기쁨을 생산하지만, 원망과 불평은 저주와 죽음을 초래하게 됩니다. 그러나 우리 그리스도인들은 현재의 고난이 어렵고 힘들더라도 과거에 하나님이 베푸신 은혜를 기억하면서 살아야 원망과 불평을 극복할 수가 있는 것입니다.

2. 하나님의 심판 (6절)

6절에 보면 "여호와께서 불 뱀들을 백성 중에 보내어 백성을 물게 하시므로"라고 성경은 말씀합니다. 그 이유는 무엇입니까? 무엇보다도 이스라엘 백성들 가운데 불 뱀이 온 것은 그들이 하나님이 자상하게 인도하시는 길과 그 분이 주시는 양식을 멸시했기 때문입니다. 하나님의 지혜와 은혜로 주신 그 길을 그들은 원치 않았던 것입니다. 자기들이 걸어가기 힘들다고 원망하고 불평하였던 것입니다. 인생 여정이 너무나도 힘들고 고달프기에 죽고 싶을 정도로 힘든 길이라고 말했던 것입니다.

그러나 그것은 여전히 하나님의 길이었던 것입니다. 하나님이 인도하신 길은 낮에는 구름기둥이요 밤에는 불기둥이었습니다. 또한 하나님의 종 모세와 아론이 마치 양 떼를 인도하듯이 그들을 인도하였던 것입니다. 그럼에도 불구하고 그들은 하나님을 기뻐하지 않았습니다. 그들이 에돔 땅을 지나가는 것도 하나님의 은혜이며 합당한 길인 것을 인정해야 했습니다. 그럼에도 불구하고 그들은 하나님과 다투고 말았던 것입니다. 하나님이 인도하시는 길로만 가면 되는데 인내하지 못하고 말았던 것입니다.

그러므로 하나님은 원망 불평하는 자들을 심판하시는 증거로서 그들에게 불 뱀을 보내십니다. "여호와께서 불뱀들을 백성 중에 보내어 백성을 물게 하시므로" 수많은 사람들을 물어 죽였습니다. 이 뱀들은 아마도 침상과 식탁에까지도 들어왔을지 모릅니다. 이사야 선지자는 이러한 뱀들을 "날아다니는 불뱀"(사 14:29)이라고 증언합니다. 실제로 그 불뱀들은 날아다니며 상당한 높이만큼 튀어 올랐기 때문입니다. 그러므로 이스라엘 백성들은 이 불뱀들로부터 늘 위험을 안고 있었던 것입니다. 그들이 걸어온 광야 길에는 불뱀들이 많았습니다(신 8:15). 그러나 하나님이 그들을 지켜주시고 보호해 주심으로 단 한 사람도 해를 받은 자가 없었습니다. 그러나 그들이 원망하고 불평함으로 하나님이 심판하시는 것입니다.

이 뱀들을 불뱀이라고 하는 것은 물리는 즉시 열이 오르고 갈증이 심하여 기진해서 쓰러져 죽게 되기 때문입니다. 물이 없다고 할 때는 반석에서 샘물이 터져 생수를 주셨고, 고기가 먹고 싶을 때에는 메추라기를 주셨는데, 그럼에도 불구하고 이 백성들이 광야에서 죽을 것이라는 불신앙적인 말을 했던 것입니다. 그러나 하나님은 그들의 말을 그대로 받아들이시고 그들에게 심판하시고 실제로 죽게 하신 것입니다.

하나님은 악한 자를 반드시 보응하시는데 불의한 자에게는 환난으로 행악자에게는 불행으로 하신다(욥 31:3)고 성경은 말씀합니다. 그러므로 하나님이 주시는 재앙을 미리 피하기 위하여 완악하고 고집스러운 마음을 버려야 하고 굳은 마음을 제거하여야 합니다. 이것이 사는 길입니다. 본문 6절 하반절에 보면 "이스라엘 백성 중에 죽은 자가 많은지라"고 성경은 말씀합니다. 이런 결과를 보고 그들이 정신을 차립니다. 모세에게 나아가서 회개합니다. "우리가 여호와와 당신을 향하여 원망함으로 범죄하였사오니" 우리를 용서해 달라고 기도합니다. 모세는 완악하고 원망하는 백성이지만 그들을 위하여 기도할 때에 하나님이 치료하는 길을 열어주십니다.

제가 사역하는 일본 효고현 가코가와시에 있는 어느 벽보에 이런 글귀가 적혀있는 것을 보고 감동을 받았습니다. "하나님께 대한 태도를 아는 것은 회개하는 것이다." 사실입니다.

일본이 영적으로 살고 회복될 수 있는 길은 오직 하나입니다. 잡신들과 우상을 버리고 회개하고 돌아오면 하나님이 받아주실 것입니다. 비단 일본뿐이 아니라 이 지구촌에 있는 각 나라와 방언과 족속들이 모두 이방 신을 버리고 회개하고 돌아와야 합니다. 그래야 소망이 있는 것입니다.

3. 하나님의 치료방법 (9절)

1) 구리 놋뱀을 믿음으로 쳐다보는 것입니다.

9절에 보면 "모세가 놋뱀을 만들어 장대 위에 다니 뱀에게 물린 자가 놋뱀을 쳐다본즉 모두 살더라"고 성경은 말씀합니다. "쳐다보다"라는 단어는 히브리어로 〈나바트 nabat〉입니다. 이 말은 '주목하여 보는데, 지속적으로 보는 것'을 의미합니다. 하나님은 불뱀에게 물려 고통 당하는 자들에게 우선 구리 놋뱀을 쳐다보면 살게 해 주시겠다고 말씀하십니다. 하나님은 모세에게 구리 놋뱀을 만들게 하셨습니다. 이스라엘 백성들은 하나님께서 불뱀들을 떠나게 해주시기를 기도하였으나(7절), 하나님은 그런 방법을 사용하지 않으시고 놋뱀을 쳐다보라는 것입니다.

이것은 매우 간단한 것으로 불뱀에게 물려 죽어가는 순간이지만 일단 구리 놋뱀을 쳐다보라는 것입니다. 이것이 어려운 일입니까? 이것은 실제로 불뱀에게 물려 죽어가는 자들을 위한 것입니다. 그들의 얼굴에 죽음의 그림자가 있고, 그 핏줄들이 불뱀의 맹렬한 독으로 불타고 있던 자들을 위한 것입니다. 시간이 지날수록 그들은 통증과 목마름으로 인해 고통이 가중되었을 것입니다. 호흡과 맥박도 거칠어지고 언어장애도 왔을 것입니다. 하나님이 제시하시는 치료는 다른 방법이 없습니다. 수술하고 독을 제거하는 것이 아니라 오직 놋뱀을 쳐다보라는 것이었습니다. 뱀에게 물려 죽어가는 자들에게 또 다시 뱀을 쳐다보라는 것입니까? 그들에게 죽음을 가져다 준 것이 또한 생명을 준다는 말입니까? 놋뱀 자체는 아무런 독이 없습니다. 다만 불뱀의 모양을 취한 것 뿐입니다.

2) 십자가에 달리신 예수를 바라보아야 합니다.

마찬가지로 우리 구주 예수 그리스도는 자신을 낮추시고 이 세상에 오셔서 우리를 위하여 저주를 받으셨습니다. "그리스도께서 우리를 위하여 저주를 받은바 되사 율법의 저주에서 우리를 속량하셨으니 기록된바 나무에 달린 자마다 저주 아래에 있는 자라 하였음이라"(갈 3:13) 라고 성경은 말씀합니다. 죄와 사망과 저주는 이제는 죽은 뱀과도 같은 것입니다. 그러므로 십자가에 달리신 우리 구주 예수 그리스도를 바라보면 은혜와 기쁨이 넘치는 것입니다. 아무리 흉악한 죄인이라 할지라도 우리 구주 예수 그리스도의 십자가의 공로를 믿으면 구원을 얻게 됩니다.

예수 그리스도는 저주를 받으심으로 우리를 저주에서 속량하시고 우리 죄로 말미암아 십자가에서 죽으심으로 죄를 멸하신 것입니다. 예수 그리스도는 옛 뱀에 의하여 발꿈치를 상하심으로써 뱀의 머리를 밟으신 것입니다. 그러므로 만약 우리가 살기를 원한다면 오직 십자가에 달리신 예수 그리스도를 바라보아야만 합니다. 이것만이 죄인이 살 수 있는 길입니다. 긍휼을 받지 못하는 것은 누구의 잘못입니까? 그것은 자신입니다. 왜냐하면 하나님은 진노 중에서도 긍휼을 베푸시기 때문입니다. 이제 마지막 기회를 줍니다. 믿음으로 결단하는 시간입니다. 현재 불뱀에게 물려서 죽어가지만 믿음으로 구리 놋뱀을 쳐다보라는 것입니다. 쳐다보기만 하면 산다는 것입니다. 그런데 왜 쳐다보지 아니하고 죽으려고 하는 것입니까?

하나님의 치유방법은 죄인들과 병든 자들에게 필요한 것입니다. 우리 구주 예수 그리스도를 통한 하나님의 은혜는 실제적으로 타락하고 범죄한 자들을 위한 것입니다. 하나님께 범죄한 인간들은 하나님의 진노를 받기에 합당한 자들이기 때문입니다. 불뱀에게 물려 독이 퍼져나가는 시간이 길어지면 결국 온 몸에 독이 퍼짐으로 죽게 되는 것입니다. 이 불뱀은 독이 펄펄 끓어오르는 뱀이라고 합니다. 불뱀에게 물린 자들 중에 고집부리고 장대에 높이 달린 놋뱀을 쳐다보지 아니하고 죽은 자들이 있듯이, 우리 구주 예수 그리스도의 십자가를 바라보지 아니하고 죽어가는 자들이 많습니다.

3) 예수 그리스도의 십자가 보혈을 믿는 것입니다.

우리 구주 예수 그리스도의 십자가의 보혈만이 우리를 죄와 저주와 죽음으로부터 구원하는 능력이 있는 것입니다. 우리의 선행과 의는 누더기에 불과하므로 이것으로는 정결함을 받을 수가 없는 것입니다. 그러므로 고통 받는 이스라엘 백성들에게 놋뱀을 쳐다보기만 하면 회복시키고 살려주신다는 것입니다. 광야 주변에 불뱀들이 이스라엘 백성들을 괴롭히는 동안에도 찬란하게 태양에 빛나는 놋뱀은 서 있는 것입니다. 그 동안 원망하며 불평하고 인생을 포기하고 좌절했던 불신앙의 죄와 교만 죄가 모두 뱀(사탄)으로부터 온 것입니다. 결국 죄는 뱀같이 물고 독사 같이 쏩니다(잠 23:32). 심지어 그 달콤한 것까지도 독사의 쓸개로 변합니다.

무엇보다 이스라엘 백성들이 하나님의 주권과 능력을 부인한 죄를 회개하는 의미에서 놋뱀을 쳐다보라는 것입니다. 구리 놋뱀을 쳐다보면 살리라, 간단한 치료방법입니다. 하나님의 긍휼하심을 바라보라는 것입니다. 왜냐하면 하나님의 인자하심은 우리의 생명 자체보다 귀한 것이기 때문입니다. 구리 놋뱀을 바라보아라, 아마도 구리 놋 뱀을 쳐다본 사람들은 회개하고 용서를 구하는 마음으로 바라보았을 것입니다. 그럼에도 불구하고 끝까지 불신앙으로 쳐다보지 아니한 자들은 불뱀에게 물려 그대로 죽어갔을 것입니다.

주님은 "모세가 광야에서 뱀을 든 것 같이 인자도 들려야 하리니 이는 그를 믿는 자마다 영생을 얻게 하려 하심이니라"(요 3:14-15)라고 말씀하십니다. 인자가 들린다는 말씀은 예수님이 십자가에 달리시는 것을 의미합니다. 예수를 나의 구주로 믿는다는 것은 십자가에 못 박히신 우리 주 예수 그리스도를 믿는 것입니다. 십자가에 달린 한 편 강도를 보십시오. 그가 자기 곁에 달린 예수 그리스도를 바라보았을 때에 이렇게 고백합니다. "예수여 당신의 나라에 임하실 때에 나를 기억하소서 하니 예수께서 이르시되 내가 진실로 네게 이르노니 오늘 네가 나와 함께 낙원에 있으리라 하시니라"(눅 23:42-43)고 했습니다. 예수 그리스도를 믿을 때에 우리의 죄가 사하여지는 것입니다.

4) 그리스도의 십자가만이 구원의 길입니다.

만일 우리들이 예수 그리스도를 믿지 아니한다면 우리에게는 아무런 소망도 없는 것입니다. 믿음은 자신을 나타내지 아니하고 하나님을 자랑하는 것입니다. 그러므로 하나님은 우리를 구원하시는 방편으로서 믿음을 선택하신 것입니다. 그것은 놋뱀을 바라보는 것입니다. 만일 우리들이 구원받았다면 그것은 구원 받을 자격이 전혀 없는 자에게 값없이 주시는 하나님의 은혜인 것입니다. 즉 하나님이 단독으로 행사하시는 하나님의 주권적인 은혜입니다. 그러므로 하나님의 주권적인 은혜를 날마다 찬송하고 감사하는 고백이 넘쳐야 하는 것입니다.

예수를 구세주로 믿는다는 것은 세상 지식으로 아는 것이 아니라 믿음으로 믿고 받아들이는 것입니다. 이 세상 사람들은 구원받아야 할 대상인 것입니다. 인종과 피부와 남녀노소 계급을 초월하여 모든 사람들이 십자가에 못 박히신 우리 구주 예수 그리스도를 믿어야만 구원이 있는 것입니다. 죄인인 우리가 하나님의 긍휼을 받지 못하고 산다면 항상 지옥을 경험할 수밖에 없는 것입니다. 그리고 어느 누구라도 구원받지 못하고 죽는다면 지옥에 갈 수밖에 없는 것입니다.

"하나님이 그 아들을 세상에 보내신 것은 세상을 심판하려 하심이 아니요 그로 말미암아 세상이 구원을 받게 하려 하심이라"(요 3:17)고 성경은 말씀합니다. 구리 놋뱀을 쳐다보는 것은 영적으로 십자가에 달리신 예수 그리스도를 믿음의 눈으로 바라보는 것입니다.

에이든 토저 목사는 "믿음은 곧 그리스도를 온 마음으로 응시하는 것이다"라고 했습니다. 불뱀에게 물린 자들이 장대 끝에 매달린 놋뱀을 보는 것은 단순히 보는 것만을 의미하지 않습니다. 즉 구리 놋뱀을 쳐다보는 것은 하나님의 약속을 붙잡고 신뢰하는 마음으로 바라보는 것을 의미하는 것입니다. 우리 자신이 구원을 받을 수 있는 유일한 길은 우리 구주 예수 그리스도 밖에는 없다는 것을 알고 우리의 영혼을 다하여 그리스도를 바라보아야 하는 것입니다. 그것이 곧 믿음인 것입니다. 이스라엘 백성들이 불뱀에게 물려 죽어가고 있는데 믿음으로 놋뱀을 쳐다본 사람은 구원을 받았습니다. 그들이 쳐다보는 행위 때문에 고침을 받은 것이 아닙니다. 하나님의 약속을 의심하지 아니하고 쳐다보기에 하나님의 은혜가 그들을 구원하셨던 것입니다. 그러므로 구리 놋뱀을 쳐다본다는 것은 우리 구주 예수 그리스도의 십자가를 믿는다는 것입니다.

오늘날 많고 많은 사람들이 있지만 중요한 것은 의심하지 말고 쳐다보는 것입니다. 십자가에 달리신 예수를 바라보라고 성경은 말씀합니다. '구원! 구원! 구원!'을 받아야만 합니다. "믿는 사람은 구원을 얻을 것이요"(막 16:16)라고 성경은 말씀합니다. 믿어야 하며 예수를 나의 구주로 믿으시기 바랍니다. 우리 하나님께서는 죄 없으신 독생자 예수 그리스도를 세상에 사람의 몸으로 보내셨습니다. 높고 높은 보좌에서 낮고 천한 죄인들을 위하여 말구유까지 내려오신 것입니다. 십자가에 죽는 것은 저주받으심을 의미하는 것입니다.

우리 죄인들을 구원하시기 위하여 무덤까지 내려가신 그리스도가 부활하시고 죄인들에게 구원의 길을 열어 놓으신 것입니다. 예수를 나의 구주로 믿는 것은 간단한 것입니다. 나를 위하여 십자가에 못 박혀 죽으시고 부활하신 우리 구주 예수 그리스도를 의심 없이 믿는 것입니다. 하나님은 아들 예수를 십자가에서 죽게 하심으로 하나님의 사랑을 구체적으로 보여주셨는데 이것이 십자가의 사랑인 것입니다.

이스라엘 백성들이 광야에서 불뱀에 물려 죽어가고 있지만 고통 속에서라도 장대에 달린 놋뱀을 바라보면 깨끗이 치료되었던 것처럼, 십자가에 달리신 우리 주 예수 그리스도를 바라보아야 합니다. 십자가에 못 박히신 예수를 나의 구주로 영접하여야 구원을 받게 되는 것입니다. "영접하는 자 곧 그 이름을 믿는 자들에게는 하나님의 자녀가 되는 권세를 주셨으니 이는 혈통으로나 육정으로나 사람의 뜻으로 나지 아니하고 오직 하나님께로부터 난 자들이니라"(요 1:12-13)고 성경은 말씀합니다.

기독교는 복잡하지가 않고 매우 단순한 진리의 종교입니다. 인생의 길과 진리요 생명(요 14:6)되신 우리 구주 예수 그리스도를 믿기만 하면 구원을 얻게 되는 것입니다. 우리는 평생토록 죽을 때까지 예수를 나의 구주로 믿어야만 합니다. 예수를 오래 믿은 사람이나 새로 믿은 사람이나 누구든지 예수 잘 믿고 천국에 들어가야 합니다. 이 세상에 살면서 믿음이 좋다는 칭찬을 주님으로부터 받으실 수 있기를 간절히 소원합니다. 오늘도 주님은 죄인들을 향하여 구원의 길로 돌아오라고 말씀하십니다.

　어린 아이들이 모래 터에서 소꿉장난을 하고 있습니다. 모래성을 쌓고 높이높이 쌓습니다. 해 넘어가는 시간이 되었는데도 장난치며 놀고 있습니다. 그러나 어머니가 '애들아' 하고 부르면 아이들은 자기 집으로 돌아가는데 고아는 돌아갈 곳이 없습니다. 집으로 갈 곳이 없는 아이는 불행한 아이입니다. 이 세상에서 먹고 마시고 똑같이 일하다가 주님이 인생들을 부르실 때에 십자가에 못 박히신 아들 구주 예수 그리스도를 믿는 백성에게는 돌아갈 본향인 천국이 있는 것입니다. 그러나 하늘나라로 돌아갈 곳이 없는 사람은 참으로 비참하고 불행한 것입니다. 세상에서 부귀영화와 권세를 다 누렸다고 하더라도 돌아갈 천국이 없다면 무슨 소용이 있겠습니까?

결 론
　하나님의 생각들은 항상 부드럽고 신실하고 지혜롭고 신중하기만 합니다. 이 세상에 하나님의 주권이 미치지 않는 곳은 하나도 없습니다. 우리는 그 분의 눈길에서 벗어날 수가 없습니다. 주님은 살아계시고 우리에게 구원의 길을 제시하고 계십니다. 거룩하신 하나님은 죄인들을 가까이 할 수가 없으십니다. 그러나 그의 아들 예수 그리스도를 세상에 보내주셨습니다. 그리고 그 아들이 십자가에서 못 박혀 죽으신 것입니다. 하나님의 사랑은 십자가에서 완전히 나타난 것입니다. 우리 중에 환난과 고통 가운데 계신 분이 있습니까? 하루 속히 주님에게로 돌아오라는 신호이기도 합니다. 십자가에 높이 달리신 그리스도를 바라보시고 우리 구주 예수 그리스도를 만나시기 바랍니다. 오늘 이 시간에 구원 받으시기를 간절히 소원합니다.

오늘을 놓치지 마십시오. 믿는 자에게는 영생이 있습니다(요 6:47). 우리가 살 길은 주 예수 그리스도를 나의 구주로 영접하는 것입니다. 만일 인생의 목적이 하늘에 있지 않다면 인생은 영원히 풀려지지 않는 미궁에 빠지게 될 것입니다. 그러나 그리스도인의 최종 목적지는 천국입니다. 예수 그리스도는 전능하신 하나님이시고 하나님의 아들이십니다. 우리의 구세주요, 구원이요, 구원자가 되시므로 우리는 구원을 받아야만 합니다. 또한 구원받지 못한 백성들을 구원해야 합니다. 현실에 고난과 아픔이 있을지라도 낙심하거나 절망하지 마십시오.

하나님은 지금도 우리를 돌보시고 무한하신 사랑을 베푸십니다. 지금 이 시간에 십자가에 못 박히신 우리 구주에게 나아와 하나님의 긍휼하심을 힘입어 구원의 은총을 누리시며 살아가시기를 우리 주님의 이름으로 간절히 축원합니다.

6
하나님이 생각하신 사람

[사무엘상 1:10-20]

서 론

우리 그리스도인들에게 때로는 거센 풍랑이 있을 수 있습니다. 그러나 기도하는 사람들에게는 그 풍랑이 우리의 배를 은혜의 항구로 급히 몰아가는 기회가 되는 것입니다. 이 풍랑으로 인하여 하나님께 더 빨리 나가는 지름길이 되기도 하는 것입니다. 우리가 열악한 환경에서 하나님으로부터 기도하는 법을 배울 수만 있다면 고통의 눈물을 한 번도 경험하지 못한 자들이 우리를 보고 부러워할 것입니다. 그러므로 슬픔에 잠길 때마다 기도해야 하는 것입니다. 하나님께서 우리에게 어려움을 주시는 목적은 하나님께로 나오게 하는 싸인(sign)입니다.

오늘 본문에 나오는 경건한 한나라는 여인을 슬프고 괴롭게 만든 구체적인 원인은 다름 아닌 일부다처제입니다. 이것을 구약에서는 하나님이 묵인하셨지만 언제나 가정의 불행한 요소가 되었던 것입니다. 믿음의 조상 아브라함도 자신의 몸종을 취하여 씨를 이으려고 하다가 가정의 분란이 일어나고 그 가정에 기쁨과 즐거움이 사라졌던 것입니다. 하나님의 축복을 많이 받았던 야곱도 일부다처제 때문에 가정의 불화를 겪었고, 다윗도 이 문제로 인하여 가정이 비극으로 점철되었던 것입니다. 평화와 지혜의 왕 솔로몬도 일부다처제로 말미암아 하나님을 일시적으로 떠나기까지 했던 사실을 성경에서 찾아볼 수 있습니다.

본문에 보면 남편 엘가나도 두 여인을 거느림으로 자식을 낳지 못하는 본처 한나에게 극심한 고통을 줍니다. 한나가 남편의 사랑을 많이 받고 있음에도 불구하고, 그녀의 적수인 브닌나의 시기와 질투로 인하여 마음이 편한 날이 없었던 것입니다. 한마디로 한나는 마음이 슬픈 여자가 된 것입니다. 그녀에게는 하루하루의 생활이 고독과 눈물로 이어진 비참한 삶이었습니다. 오늘날 이런 일부다처 제도가 기독교에서 사라진 것은 참으로 다행한 일입니다. 왜냐하면 두 여자 사이에서 울 일이 없어졌기 때문입니다. 그러나 한나는 짓누르는 슬픔을 억제할 수가 없었습니다.

마음이 슬픈 여자에게 웃으라고 말하는 것은 참으로 괴로울 뿐만 아니라 모욕하는 일입니다. 그것은 유익이 없는 것입니다. 슬픔은 아픔 그대로 인정해야 합니다. 슬픈 감정에 사로잡혀있는 사람에게 하나님의 징계로 고통을 당하는 것이라고 말하는 것은 매우 잔인한 말이기도 합니다. 마음이 슬픈 사람에게는 어떤 인간의 말도 사실은 위로가 되지 못하는 것입니다. 그러나 슬픈 마음이 있더라도 경건한 마음만 소유하고 있다면 하나님의 은혜와 평강을 누리게 되는 것입니다. 한나는 자신이 자식을 낳지 못하는 것으로 인하여 마치 저주나 받은 것처럼 괴로워하였는지도 모릅니다.

자신을 괴롭히고 고통을 주며 심히 격분하게 하는 적수인 첩 브닌나는 자식이 있었으므로 자식에 대한 열등감으로 인하여 더 큰 고통을 받았던 것입니다. 그러므로 그 끓어오르는 고통과 슬픔을 끌어안고 여호와의 전에서 하나님께 부르짖어 기도를 했습니다. 얼마나 애절하고 간절히 기도했는지 입술만 움직이고 소리는 들리지 않을 정도로 기도한 것입니다. 그러나 하나님은 우리 목소리도 들으시지만 간절한 마음과 중심을 보시는 분이십니다. 우리의 신음 소리와 몸부림치는 간구를 결코 외면하지 아니하십니다. 위에 계신 분이 낮은 자리에까지 내려오셔서 귀를 기울이십니다.

본처인 한나의 고통은 영적으로나 정신적으로 압박이 많았을 것입니다. 자식이 없는 것도 서러운데 설상가상으로 적수인 첩 브닌나라는 여인에게 고통을 받았습니다. 본처가 첩에게 멸시와 천대를 받는 신세가 되었으니 주객이 전도되어도 이만 저만이 아닌 것입니다. 얼마나 심적 고통이 크겠습니까?

슬픔으로 가득 찬 사람들이 고통을 계속 받게 되면 몸속에서 산(酸)이 발생한다고 합니다. 그 산이 강해지면 접촉하는 모든 사람들에게 마음을 상하게 합니다. 그러므로 슬픔을 통제하지 못하면 격분하고 분노를 일으키게 되는데, 한나에게는 특별히 격분되는 일이 일어나 울고 먹지 아니합니다(7절). 그리하여 그의 남편이 물질로 사랑을 베풀고(5절) 말로 위로합니다. 8절에 보면 "내가 그대에게 열 아들보다 낫지 아니하냐"라고 격려를 해주어도 위로가 되지 않고 환경이나 문제가 해결되지 않았던 것입니다. 그러면 한나가 감당할 수 없는 문제들을 해결 받은 비결이 무엇입니까? 그것은 한나가 고통을 모두 전능하신 하나님께 맡기고 기도하였기 때문입니다.

누가 하나님을 의지합니까? "여호와여 주의 이름을 아는 자는 주를 의지하오리니 이는 주를 찾는 자들을 버리지 아니하심이니이다" 라고 성경은 말씀합니다. 온 세상 날 버려도 우리 구주 예수 그리스도는 어제나 오늘이나 동일하신 분으로서 결코 우리를 잊지 아니하시고 기억하십니다. 본문의 말씀을 가지고 한나의 눈물의 호소가 어떤 기도였는가를 살펴보며 은혜 나누기를 원합니다.

1. 한나의 기도의 특징이 무엇입니까?

1) 자신의 심정을 토로하는 기도입니다. (15절)

"여호와 앞에 내 심정을 통한 것뿐이오니"라고 성경은 말씀합니다.

여기에 "심정"이란 말은 '영혼과 생명'을 의미합니다. 그리고 "통하다"라는 단어는 히브리어로 〈샤파크 shapak〉입니다. '따르다, 붓다, 쏟다'라는 뜻인데, 특별히 '피를 붓고 쏟는다'는 것을 의미합니다. 우리의 몸 속에서 피를 쏟는다는 것은 자기의 생명과 직접적으로 관련이 되는 것입니다. 만약에 임산부가 계속 하혈을 한다면 위험하게 되는 것입니다. 한나의 기도는 보통으로 평범하게 기도한 것이 아닙니다. 자신의 영혼과 생명을 피를 쏟듯이 기도하였다는 것입니다.

우리에게 상황과 입장과 모양은 달라도 낙심되고 절망적인 상황에 처할 때가 있습니다. 이 때에 우리의 기도는 물과 피를 쏟는 심정으로 기도해야 합니다. "백성들아 시시로 그를 의지하고 그의 앞에 마음을 토하라 하나님은 우리의 피난처시로다"(시 62:8)라고 성경은 말씀합니다. 전능하신 하나님 앞에 자신의 내면에 있는 깊은 탄식과 소원을 시시로 토해내야 응답을 받게 됩니다. "주여 나의 모든 소원이 주 앞에 있사오며 나의 탄식이 주 앞에 감추이지 아니하나이다"(시 38:9)라고 성경은 말씀합니다.

우리 자신들이 어떤 고난 중에 있다고 할지라도 우리의 탄식을 하나님 앞에 숨길 수가 없는 것입니다. 한나는 슬픔의 무게를 더 이상 견딜 수 없을 때에 자신의 심정을 쏟아낸 것입니다. 왜 그토록 한나가 물과 피를 쏟는 심정으로 기도해야만 했습니까? 6절에 보면 "그의 적수인 브닌나가 한나를 심히 격분하게 하여 괴롭게 하더라"고 성경은 말씀합니다. 브닌나는 한나가 자식을 낳지 못하는 것에 대하여 무시하고 경멸과 조롱하고 비난했던 것입니다. 브닌나는 남편이 한나를 더 생각하고 애정을 표시하는 것에 대하여 질투를 느꼈습니다. 브닌나는 너그럽지 못하고 매우 비열하고 야만적입니다. 그러므로 한나에게는 공허한 마음과 희망이 사라지므로 하루하루 견디기가 무척 힘들었을 것입니다. 언제 자신의 소원과 간구가 응답될지 모르는 기다림이 계속 이어졌을 것입니다. 한나의 괴로움은 매우 비통하고 아픈 마음입니다. 여인에게 있어서 자존심이 상하고 부끄러운 것은 불임과 출산을 못하는 괴로움입니다.

영국의 스펄전 목사는 "쥐방울 나무처럼 무화과는 흠이 생김으로써 무르익고, 자신이 피를 흘려봄으로써 상처 난 다른 사람들에게 부드럽게 대할 수 있으며, 자신이 상처를 당함으로써 다른 사람들의 실수로 말미암아 입을 수 있는 어떤 상처도 더욱 잘 참아낼 수 있다."고 했습니다. 즉 역경도 잘 활용하면 유익하고 아름다운 증거를 남길 수 있다고 한 것입니다. 한나는 가정의 불화와 자신의 모든 문제를 기도로 해결 받았던 것입니다. 하나님 앞에 간구할 때는 죽기 살기로 기도해야만 합니다.

전능자 하나님은 우리를 인내의 터널로 들어가게 하십니다. 그리고 약한 믿음을 강하게 연단시키시는 것입니다. 우리의 생명이 다하기까지 포기하지 않고 기도하면 하나님을 감동시킬 것입니다. 우리가 아무리 힘들고 절망스러운 상황에 있다고 하더라도 용기를 잃지 마십시오. 하나님 앞에 기도하다가 죽겠다는 심정으로 간절히 생명 걸고 기도해 봅시다. 기도하는 자에게 하나님께서 슬픔이 변하여 기쁨이 되게 하실 것입니다. "주께서 나의 슬픔이 변하여 내게 춤이 되게 하시며 나의 베옷을 벗기고 기쁨으로 띠 띠우셨나이다"(시 30:11)라고 성경은 말씀합니다. 문제를 놓고 고민할 것이 아니라 전능자 하나님께 간절히 기도하면 우리에게 은혜 베푸시고 도우실 것입니다.

2) 자신이 기도한 것을 그대로 믿는 기도입니다. (17절)

17절에 보면 "평안히 가라 이스라엘의 하나님이 네가 기도하여 구한 것을 허락하시기를 원하노라"고 성경은 말씀합니다. 조금 전까지만 해도 한나는 마음이 슬픈 여자요 낙심과 절망으로 사로잡혀 있었습니다. 한나의 눈이 충혈된 것은 포도주로 인하여 붉어진 것이 아니라 눈물 때문이었습니다. 전지전능하신 하나님이 인간의 심장과 폐부를 감찰하시고 사람의 언어를 다 알고 계시므로 그분에게 피를 쏟아 붓듯이 영혼 전체를 쏟아놓고 기도할 때에 평안의 은총을 누리게 된 것입니다. 이것은 제사장 엘리가 여호와의 이름으로 축복한 내용인 것입니다.

"이스라엘의 하나님이 네가 기도하여 구한 것을 허락하시기를 원하노라." 우리는 기도할 때에 믿고 간구하여야 할 것입니다. 우리는 언제라도 신실하신 하나님이 말씀하신 것은 믿음으로 받아들이기만 하면 됩니다. 여기에 '만약'이라는 말을 삽입하여서는 안 되는 것입니다. 영원토록 변함이 없으신 하나님은 말씀하신 것을 그대로 이루실 것이기 때문입니다. 한나는 늘 마음이 슬프고 고통 속에 있었지만 평안함을 얻은 것은 기도의 응답을 확신하였기 때문입니다. 엘리 제사장의 말을 듣고 한나는 "가서 먹고 얼굴에 다시는 근심 빛이" 없어졌던 것입니다.

한나는 아직 기도의 응답을 받은 상태가 아니라 하나님의 은혜와 축복을 기다리는 상황일 뿐입니다. 그러나 한나는 하나님의 약속을 믿고 받아들였던 것입니다. "무엇이든지 기도하고 구하는 것은 받은 줄로 믿으라 그리하면 너희에게 그대로 되리라"(막 11:24)고 성경은 말씀합니다. 기도는 우리의 일처럼 생각이 되지만, 사실은 하나님의 일인 것입니다. 왜냐하면 기도를 통하여 하나님이 응답 주시고 그분이 영광을 받으시기 때문입니다. 어떻게 보면 기도는 내 힘과 수고와 노력으로 되는 것 같지만 이것도 하나님이 은혜를 주셔야만 합니다. 우리가 기도하여 내 목적과 뜻을 이루는 것 같지만 사실은 기도함으로 하나님의 뜻을 이루는 것입니다. 우리가 연약함에도 불구하고 기도할 수 있도록 마음에 평안함을 주시는 것입니다.

주님은 우리가 애절한 기도를 드릴 때에 눈물을 닦아 주시는 분이십니다. 고난과 슬픔을 통하여 평강을 체험하는 신앙입니다. 우리들도 각각 상황이 다르다고 하여도 하나님의 약속을 받은 자들입니다. 기도한 것을 믿고 받은 줄로 알아야 합니다. 한나는 극한 슬픔으로 인하여 기도의 응답을 받은 여종입니다. 고난이 유익이 되고, 슬픔이 평강으로 전환되시기를 간절히 소원합니다. 우리에게 힘들고 어려운 상황이 지속될지라도 근심을 가지고 기도하는 것과 평강을 가지고 기도하는 것은 하늘과 땅만큼 차이가 큰 것입니다. "환난 날에 나를 부르라 내가 너를 건지리니 네가 나를 영화롭게 하리로다"(시 50:15)라고 성경은 말씀합니다.

평상시에도 매일 기도해야 하지만 환난 날에는 더 많이 기도해야 할 것입니다. 그리하면 어떤 절박한 환경에 처해 있을지라도 하나님이 건져 주실 것입니다. 아무리 인생이 힘들고 지치고 죽을 지경에 이른다 할지라도 전능하신 하나님께서 강물 같은 평강과 샘솟는 기쁨을 주시면 능히 고난을 극복할 수 있는 것입니다.

11절에 보면 "만일 주의 여종의 고통을 돌보시고 나를 기억하사"라고 성경은 말씀합니다. 하나님은 우리에게 항상 은혜와 긍휼을 베푸시는 분이십니다. 그런데 언제 하나님이 우리를 기억하십니까? 하나님 앞에 간절한 소원을 아뢰고 기도할 때입니다. 죽을 만큼이나 힘들고 고통스러울 때 신음하는 그 기도는 하늘 보좌를 움직이는 것입니다. 한나는 자신의 마음속에 있는 모든 비밀을 인간의 귀에다가 쏟아낸 것이 아니고 전능하신 하나님께 자신의 고통과 모든 슬픔을 속삭이듯이 토해내었던 것입니다. 그는 마음이 괴롭고 쓰리고 아플 때에 하나님께 절박하게 기도했습니다. 하나님은 반드시 우리를 기억하시고 소원을 들어 주실 것입니다. 우리의 상처 난 마음은 언제라도 하나님께 위로를 받을 뿐만 아니라, 기도의 여종 한나를 기억하여 주신 하나님은 오늘 우리들도 기억하여 주시는 분이십니다. 하나님은 가련하고 슬픈 여인 한나를 생각하여 주시니 임신이 되고 아들 사무엘을 득남하게 된 것입니다. 그 동안 적수 브닌나에게 무시당하고 심히 격분하여 괴로웠던 그 시절은 이미 다 지나가 버린 것입니다. 마음이 슬프고 상하니 매일 섭취해야 할 양식도 먹지 아니하였으니 몸도 많이 수척하였을 것입니다. 아무리 남편이 위로한다고 하여도 사람의 위로는 한계가 있는 것입니다. 오직 하나님의 위로만이 우리의 슬픔과 고통을 극복할 수 있습니다. 그러나 하나님이 한나를 생각하여 주심으로 모든 문제는 깨끗하게 해결되었던 것입니다.

우리의 관계에서 사람은 사랑하면 사랑할수록 좋고, 하나님은 믿고 의지하면 의지할수록 더욱 좋은 것입니다. 사람에게 괴로움을 가져다 주면 부담을 느낍니다. 그러나 전능하신 하나님께 우리의 괴로움을 맡기면 그분이 해결해 주십니다. 한나는 사람을 의지하지 아니하고 전능하신 하나님을 의지하였기에 하나님이 생각하여 주신 것입니다. 문제는 하나님이 생각하여 주시느냐에 달려있는 것입니다.

인간의 노력과 수고도 중요하지만 그 위에 하나님의 은혜가 더 임하여야 합니다. 즉 모든 매사를 하나님이 생각해 주셔야 모든 일에 편안함과 안정감이 있는 것입니다. 인간의 생육이 부부간의 노력으로 되는 것 같지만 전능하신 하나님이 절대적으로 은혜를 베푸셔야 되는 것입니다. 그러므로 모든 만사를 하나님이 생각해 주셔야만 해결이 되는 것입니다. 우리 하나님에게는 불가능한 것이 없음을 믿으시기를 바랍니다. 아무리 부족한 사람일지라도 하나님이 약속하신 말씀을 의심하지 말고 그대로 믿고 기도하시기를 소원합니다. 우리가 전적으로 하나님을 믿고 기도할수록 기도에 큰 효험이 나타나게 되는 것입니다.

기도는 하나님의 교회와 그 백성들에게 큰 효력을 발휘합니다. 이 기도는 교회가 세상을 향하여 하나님의 전능하신 능력을 보여주는 것입니다. 전능이란 단어의 의미는 하나님이 하시고자 하시는 일들을 의미하는 것입니다. 하나님은 못하시는 것이 있습니다. 그것은 자신을 부인하지 못하는 것이요, 다른 하나는 거짓말을 못하시는 것입니다. 그러므로 전능하신 하나님이 우리를 생각하여 주시면 불가능한 일이 전혀 없는 것입니다. 그러므로 기도는 불과 같아서 불은 좋은 연료가 공급될 때에만 활활 타오르게 되는 것입니다. 이 기도의 연료는 다름 아닌 하나님의 말씀인 것입니다. 말씀대로 이루어질 것을 믿고 말씀대로 세상이 심판 받을 것을 믿고 기도해야 합니다.

기도가 약해지는 것은 육신적 안락과 욕망 때문에 오는 것입니다. 우리에게 문제가 주어지고 남모르는 고통이 있을 때에 더 많이 기도하시기 바랍니다. 이 풍랑으로 인하여 하나님께 더욱 가까이 갈 수 있기 때문입니다. 자신과 가정과 교회와 나라의 장래문제까지 모두 하나님이 생각해 주셔야만 안전한 것입니다.

3) 하나님의 주권을 믿고 드리는 기도입니다. (11절)

"주의 여종을 잊지 아니하시고 주의 여종에게 아들을 주시면 내가 그의 평생에 그를 여호와께 드리고"라고 성경은 말씀합니다. 누가 감히 고통의 통제권 안에서 진정한 자유와 기쁨을 줄 수가 있습니까? 전능하신 하나님만이 절대주권을 행사하십니다. 그분이 고통을 주면 우리는 고통을 받을 수밖에 없는 것입니다. 그런데 이 고난의 자리에서 벗어나게 하는 것도 하나님의 통제권 안에 있는 것입니다. 한나는 이 사실을 믿고 주의 여종을 잊지 말아 달라고 애원하면서 아들을 주시면 가정에서 행복하게 살겠다는 것이 아니고 절대주권을 가지신 하나님께 드리겠다고 서원한 것입니다(11절). 누가 사람의 고통을 파도가 잠잠하듯이 고요하게 돌볼 수가 있습니까? 우리의 고난을 평정으로 다스리시는 분은 하나님이시고 그분은 사람을 높이기도 하시고 낮추기도 하십니다. 한나의 처지와 입장과 모양은 인간적으로 볼 때에 참으로 처절하고 무시당하는 상황입니다. 이러한 거름더미와 같은 환경에서 위로 끌어 올리실 분은 전능하신 하나님만이 하실 수 있는 일인 것입니다.

하나님의 주권이란 하나님께서 단독적으로 행사하시는 것을 의미합니다. 사람과 협의하지 아니하고 하나님이 홀로 일을 처리하시는 것을 말합니다. 보통의 일들은 사람과 사람 사이에 의논과 약속을 통하여 이루어지지만 하나님이 하시는 일은 인간과 협동하여 일하시는 것이 아닙니다. "하나님께서 행하시는 일을 보라 하나님께서 굽게 하신 것을 누가 능히 곧게 하겠느냐"(전 7:13)라고 성경은 말씀합니다. 하나님이 굽게 하신 것은 사람이 펼 수 없고 하나님이 펴신 것은 사람의 능력으로 구부릴 수가 없는 것인데, 이것이 하나님의 절대 주권인 것입니다. 인간이 하나님의 절대주권에 도전하는 것은 계란으로 바위를 치는 무지한 행위입니다. 하나님의 영역은 온 우주의 삼라만상과 지구와 나라와 민족과 방언과 족속 그리고 인간의 모든 생사화복에 대하여 하나님의 절대주권이 행사되는 것입니다. 개인이나 나라와 민족이 잘되고 형통하고 번영하는 것은 하나님의 절대적인 주권적 은혜가 나타나야 되는 것입니다.

하나님의 주권적 은혜가 나타나지 아니한다면 이 세상은 피로 물들고 멸망하게 될 것입니다. 이 주권적인 은혜는 나라와 민족뿐만이 아니라 교회와 개인에게도 적용이 됩니다. 특히 본문에 나타난 슬픈 여자인 한나의 문제는 사람의 힘으로 해결되는 것이 아닙니다. 전능하신 하나님이 개입하셔야 간단하고 손쉽게 응답이 되는 것입니다. 우리가 여호와 앞에 자신의 문제와 고통을 낱낱이 아뢰고 부르짖을 때에 하나님은 과거에도 함께 하셨듯이 오늘도 내일도 우리가 알지 못하는 미래까지도 변함없이 개입하여 주십니다. 그러기에 한나는 하나님 앞에 이렇게 기도한 것입니다. "여호와 하나님이여! 제가 자식을 낳지 못하는 이 비통하고 괴로운 고통을 한번 기억하여 주십시오!" 그리고 단 한번만이라도 생각하여 주시기를 간절하게 바라는 심정으로 기도하였다고 봅니다. 즉, 자신의 비참한 모습을 외면하지 마시고 기억하여 달라는 것입니다. 한마디로 이 기도는 그의 피 맺힌 애절한 절규의 기도입니다.

그러나 이것은 한나가 자신의 괴로움과 고통만을 호소하는 기도가 아니었습니다. 아들을 주시면 그 아들을 방패로 삼고 적수인 브닌나에게 앙갚음이라도 하겠다는 것도 아닙니다. 아들을 주시면 내 소유로 평생 삼지 아니하고 그 아들을 하나님께 드리고 그 아들을 통하여 하나님께 영광을 돌려 드리겠다고 서원한 것입니다. 그 증거로 삭도를 그의 머리에 대지 않겠다고 서원한 것입니다.

사무엘이 출생하기 이전에 이스라엘은 영적으로 매우 어둠에 둘러싸인 시대였습니다. 그뿐만 아니라 사무엘이 출생한 이후에도 사무엘은 어려서부터 엘리 제사장의 집에서 여호와의 음성을 들었는데 엘리의 성역에 대한 여호와 하나님의 저주의 음성까지 듣게 되었던 것입니다(삼상 3:11-18). 성전 안에서 이교의 다신 제사가 이루어졌을 뿐만 아니라 아울러 술 취함과 성적 부도덕과 거룩하지 않게 제물을 먹는 일들이 자행되었기 때문입니다. 전능하신 하나님은 엘리 제사장을 통하여 하나님의 뜻을 이루시기를 원하지 아니하시고 엘리 시대의 대를 이어 하나님의 경륜을 일으킬 자를 원하시고 계셨던 것입니다.

이것은 어느 정도 상당한 기간이 필요한 것인데, 본문 9절을 보면 엘리 제사장의 일상 모습이 나타납니다. "그 때에 제사장 엘리는 여호와의 전 문설주 곁 의자에 앉아 있었더라"고 성경은 말씀합니다. 문설주는 문 기둥을 의미하는데, 문 기둥 곁에서 기도했다는 말이 없고 피곤하고 힘든 몸이기에 그냥 앉아 있었을 뿐입니다. 제사장은 매일 자신과 백성들을 위하여 기도해야 하는 직책이 있는 자입니다. 그럼에도 불구하고 그는 여호와의 전으로 들어가서 기도는 하지 아니하고 문설주 곁 의자에 앉아있기만 했던 것입니다.

오늘날에 지도자들의 영적 무기력은 기도가 부족함에서 오는 것입니다. 왜냐하면 기도는 휴식이나 휴일이 없기 때문입니다. 사람이 호흡을 하지 아니하면 죽듯이 영적 호흡은 죽을 때까지 해야 하는 것입니다. 엘리 제사장은 기도는 뒷전으로 하고 자신의 몸을 더 보살피기 위하여 휴식만 취하였던 것입니다. 우리가 이 세상에 영원한 미련을 두어서는 안 됩니다. 언젠가는 우리의 건강과 물질과 명예와 권세도 다 두고 떠날 때가 올 것입니다. 세상의 미련은 버릴수록 좋고, 하나님 나라는 사모하면 사모할수록 좋습니다. 우리가 진정으로 바라고 소원하였던 하나님 나라에 가까이 갈 시간이 되면 될수록 우리는 더 기도를 지속해야만 합니다.

엘리 제사장이 무엇을 하였다는 것입니까? 그가 의자에 앉아 있었다는 것은 그는 무기력하고 무능한 사람이었음을 의미하는 것입니다. 육신의 평안함과 안일함을 좋아하였다는 것입니다. 지도자에게 안일 무사와 게으름은 자멸하는 길입니다. 하나님의 일을 게을리 하는 것은 하나님께 저주를 자청하는 일입니다. 우리에게는 시간을 잘 관리해야 하는 지혜가 필요한 것입니다. 사명을 감당하는 일에 있어서는 늘 깨어 기도하고 긴장하면서 살아야 합니다. 우리는 언제라도 신앙적으로 교만하거나 위선을 부려서는 안 됩니다. 왜냐하면 스스로 섰다고 하는 자는 넘어질까 조심해야 하기 때문입니다. 우리는 언제 어느 순간에 무슨 일을 당할는지 알 수 없는 안개와 같은 인생이기 때문입니다. 기도해야 할 사람이 잠을 잔다는 것은 사망의 잠을 잘 수 있습니다.

평범한 여인이 울부짖어 기도할 때에 제사장이라면 더 기도해야 하지 않겠습니까? 한나라는 여인은 음식도 먹지 아니하고 울고 괴로워하면서 지내고 있습니다. 그리고 너무도 마음이 괴로워 여호와께 기도하고 있습니다. 그러나 제사장인 엘리는 기도하지 않았습니다. 자신과 백성들과 이스라엘 나라의 번영과 평안을 위하여 기도하지 않았던 것입니다. 영적인 지도자가 기도하지 않으면 자신도 무기력해지고 백성들은 영적으로 고갈 당할 수밖에 없는 것입니다. 기도가 중단되면 자신의 영적 생활도 곤고할 뿐만 아니라 다른 사람에게까지도 심령의 고갈을 주기 때문입니다.

엘리 제사장은 한 번만 앉아 있었던 것이 아닙니다. 이스라엘 백성들이 블레셋 군대와 전쟁하는 상황에서도 그는 기도하지 않았던 것입니다. 어떻게 전쟁 상황에서도 긴장하지 않고 기도를 중단할 수 있다는 것입니까? 그런데 엘리 제사장은 안락한 자세 그대로 자기의 의자에 앉아있었던 것입니다(삼상 4:13). 그러자 나중에 슬픈 소식을 듣게 되는데, 자신의 두 아들이 전쟁에서 전사하고 하나님의 법궤를 빼앗겼다는 비보를 듣고야 그는 의자에서 뒤로 넘어져 문 곁에서 목이 부러져 죽었던 것입니다. 이 사건은 이스라엘 시대의 영적으로 황폐하고 타락한 모습을 전적으로 보여주는 것입니다. 그러나 한나라는 평범한 여인은 엘리 제사장과는 대조적으로 조용히 울면서 간절히 기도하고 있었습니다.

그런데 이상한 것은 전혀 기도 하지 않는 제사장이 한나의 입을 주목했다는 것입니다. 기도를 많이 하는 사람은 남이 기도하는 것을 보지 아니합니다. 그런데 문 기둥 옆 의자에 앉아있던 제사장은 한나의 간절하고 애절한 기도가 입술만 움직이고 음성이 들리지 아니함으로 취한 줄로 착각하였던 것입니다. "취한 줄"이라는 말은 '술 취한 것'을 의미합니다. 사사 시대 당시의 타락한 모습을 보여주는 것입니다. 그런 관점에서 보던 엘리 제사장은 한나에게 포도주를 끊으라고 한 것입니다.

오히려 제사장에게 위로를 받지도 못했던 것입니다. 이 때의 한나의 대답은 무엇입니까? 나는 마음이 슬픈 여자입니다. 포도주나 독주를 마신 것이 아닙니다. 그리고 당신의 여종을 악한 여자로 여기지 말아 달라고 말합니다(16절). 여기서 "악한 여자"는 '무가치하고 무익하고 쓸모없는 여자'라는 뜻입니다.

전능하신 하나님은 한나의 괴로운 심정과 속상함과 분함과 노여움과 격분과 슬픔을 다 아시는 분이십니다. 왜냐하면 전능자 하나님은 인간의 심장과 폐부를 지으신 분이시기 때문입니다. 제사장 엘리는 문설주 곁 의자에 앉아서 안일무사를 추구하였고, 영적으로 성막을 돌볼 수 있는 지도력이 상실된 것입니다. 지도력이 마비되고 상실된 것은 참으로 슬픈 일입니다. 인간적으로 보면 하나님의 불 심판이 어서 속히 떨어지면 좋은데 자비하신 그분이 너무나도 오래 기다리시기 때문에 속히 회개하지를 않는 것 같습니다. 늙은 제사장이 기도사명을 감당하지 못할 때에는 속히 내려앉아야 합니다. 그러나 대조적으로 슬픔에 잠긴 여인 한나는 여호와 하나님 앞에 기도하고 통곡하며 서원합니다. 한나가 서원한 것은 하나님께 맹세하였다는 것입니다. 서원은 사람과 사람 사이에 하는 것이 아니라 하나님께 하는 것입니다. 그러므로 서원은 신중해야 하고 서원을 한 바에는 그대로 지켜야 하는 것입니다.

그런데 오늘 본문에서 중요한 핵심 말씀이 나옵니다. 5절에 보면 "여호와께서 그에게 임신하지 못하게 하시니"라고 성경은 말씀합니다. 이 말씀이, 즉 하나님의 주권임을 알아야 하는 것입니다. 하나님은 임신하게 하심으로 자식을 생산하게 하실 수도 있는 분이시고, 임신을 막으시는 분이시기도 하십니다. 생산 능력뿐만 아니라 죽고 사는 것이 모두가 하나님의 주권입니다. 성공과 실패도 하나님의 손에 달려있는 것입니다. 그러므로 우리는 날마다 하나님의 주권을 인정해야만 합니다.

역사의 진행과정과 종말이 모두 하나님의 손에 달려있다는 것을 기억해야 합니다.

2. 기도의 결과는 무엇입니까?

1) 언어의 변화입니다.

한나가 기도하기 전에는 브닌나의 자극적이고 격동하는 말을 참을 수가 없었습니다. 브닌나는 거칠고 예의도 없고 교만하며 예절이나 상식도 없는 사람이고 한없이 우쭐 되고 매우 거만했습니다. 그는 자신감을 가지고 살기는 하였지만 하나님의 복을 누리지는 못한 여인이었습니다. 경건한 여인 한나는 적수인 브닌나로부터 많은 상처를 받은 사람입니다. 상처와 아픔이 아물기도 전에 계속하여 마음을 상하게 했습니다. 그러나 한나는 그에게 충돌하거나 보복하지 않았습니다. 과거에 한나는 슬픔에 깊이 잠겨 괴로워 음식도 먹지 아니하고 목 놓아 슬피 울던 여인이었습니다. 매년 절기 때에 적수인 브닌나가 한나에게 마음의 고통을 주었을 때에 한나는 성소에 홀로 들어가 울었던 여인입니다. 사실 한나는 매우 온유하고 부드러운 사람입니다.

그러나 기도하고 난 이후에는 언어가 달라졌습니다. 엘리 제사장의 억울한 말을 들었음에도 불구하고 늙은 제사장에게 자신의 심정을 이야기만 합니다. 14절에 보면 "엘리가 그에게 이르되 네가 언제까지 취하여 있겠느냐 포도주를 끊으라"고 성경은 말씀합니다. 한나는 여호와 앞에 오래 기도하는데 입술만 움직이고 음성이 들리지 아니하므로 엘리 제사장은 한나가 취한 줄로 생각했던 것입니다. 한나는 이런 억울한 소리를 들음에도 불구하고 제사장에게 단 한 번도 퉁명스럽게나 신경질적으로도 대답을 하지 아니했습니다. 그의 허물과 실수도 용납하고 반박하지도 아니했습니다. 어쨌든 억울한 비난을 잘 참아냈던 것입니다. 자신만이 가지고 있는 슬픔의 비밀을 사람에게 쏟지 아니한 것입니다. 참으로 지혜로운 여인이며 말을 아끼는 자입니다.

"사람을 두려워하면 올무에 걸리게 되거니와 여호와를 의지하는 자는 안전하리라"(잠 29:25)고 성경은 말씀합니다. 사람은 연약하고 무능하고 무기력하지만 하나님은 강하시고 능력이 많으신 분이십니다. 사람은 불완전하지만 하나님은 완전하신 분이십니다. 그러므로 전능하신 하나님을 의지하면 안전하게 평안을 누리게 되는 것입니다. 그는 제사장 엘리가 평안히 가라는 말에 순종하고 집으로 돌아와 더 이상 슬퍼하지 않았던 것입니다. 전능하신 하나님께 전적으로 애원하고 기도할 뿐입니다.

자신의 문제를 사람들에게 이야기 하는 것은 일시적으로 위로는 있을 수 있습니다. 그러나 문제의 본질을 해결 받을 수 있는 것은 하나님께 전적으로 위탁하고 기도하는 것뿐인 것입니다. 그러므로 마음이 슬프고 괴로울 때에 찬송을 더 많이 부르고 기도에 생명을 걸어야 하는 것입니다. 기도와 찬송은 하나님을 더 가까이 하는 방편이 됩니다. 경건한 여인 한나는 슬픈 감정을 하나님 앞에 기도로 쏟아낸 다음에는 언어에까지 변화가 있게 되었던 것입니다. 우리 그리스도인들은 기도한 이후에는 무엇보다도 언어생활에 순화가 있어야 하는 것입니다.

2) 마음의 평안을 소유하게 된 것입니다. (18절)

"이르되 당신의 여종이 당신께 은혜 입기를 원하나이다 하고 가서 먹고 얼굴에 다시는 근심 빛이 없더라"고 성경은 말씀합니다. 기도 응답의 확신을 갖고 나니 얼굴에 근심이 사라진 것입니다. 아무리 기도를 많이 한다고 하여도 늘 근심에 싸여 있다면 은혜를 유지하기가 어려운 것입니다. 하나님의 은혜를 일단 받기만 하면 평안을 선물로 얻게 되는 것입니다.

가장 좋은 최선의 기도는 무엇입니까? "여호와여 내게 은혜를 베푸소서"(시 41:4)인 것입니다. 이보다 더 아름답고 좋은 기도는 없을 것입니다. 우리의 공허하고 상처 있는 마음을 누가 해결할 수 있습니까? 일단 먼저 하나님의 은혜가 우리 안에 들어와야 하는 것입니다.

하나님의 은혜만 있으면 어떤 고난도 슬픔도 역경도 극복할 수가 있는 것입니다. 근심이 사람의 마음에 있으면 그것으로 번뇌케 되는 것입니다(잠 12:25). 그러나 "마음의 즐거움은 얼굴을 빛나게 하는 것입니다(잠 15:13). 그러므로 근심이 많은 자는 자신의 뼈를 녹게 하고 생명을 단축시키는 것입니다. 근심이 있는 사람은 얼굴빛이 어둡고 뼈를 상하게 합니다. 몸은 지치고 마음에는 기쁨과 평강이 사라지게 되지만 한나의 상황은 전혀 다릅니다. 마음의 평안을 소유하게 되었습니다. 그 평안은 〈샬롬 Shalom〉입니다. 그 말은 평화롭고 안전하고 건강하게 되었다는 것입니다.

기도하기 전에는 한나는 항상 슬픔에 잠긴 여인이었습니다. 모든 무거운 짐을 끌어안고 사는 여인이었습니다. 얼굴에 근심 걱정과 염려로 가득 찬 얼굴이요 우는 모습이었을 것입니다. 그러나 이제 기도하고 난 이후에는 얼굴도 편안하고 마음에는 평안함을 누리게 되었던 것입니다. 이 모습은 실제적으로 기도의 응답이 이루어지기 전의 일입니다. 그가 기도한 대로 이루어질 것을 믿은 기도입니다.

마음이 슬펐던 여인 한나는 하나님 앞에서 평안함을 얻었습니다. 화살 통에 화살이 가득한 것처럼 자식을 가진 브닌나는 자신감이 넘치고 교만함으로 복을 받지 못했습니다. 우리가 처해 있는 상황이 숨 막히며 곤고한 환경이라고 할지라도 문제가 될 것이 없습니다. 왜냐하면 전능하신 하나님께서 우리의 슬픔을 돌아보시면 슬픈 환경 속에서도 풍성한 은혜와 복을 주시기 때문입니다. 기도하는 일에 있어서 무엇보다도 중요한 것은 아무것도 염려하지 말라는 말씀인 것입니다. 기도를 하면서도 근심이 가득하다면 어떤 면에서 불신앙으로 기도하는 것입니다. 구체적으로 간구하면서 염려하지 말아야 하는 것입니다.

이렇게 기도하면 어떤 결과가 나타납니까? "모든 지각에 뛰어난 하나님의 평강이 그리스도 예수 안에서 너희 마음과 생각을 지키시리라" (빌 4:6-7)고 성경은 말씀합니다. 하나님은 당신의 평강으로 사랑하는 자녀들에게 마음과 생각까지도 지켜주십니다. 마음이 슬프고 격분되었던 여인 한나는 하나님의 평강으로 충만하게 되었던 것입니다. 그가 기도하기 전에는 마음이 괴롭고 슬펐지만 기도 중에 평강을 체험하고 마음에 근심이 사라졌던 것입니다. 어려움은 하나님께 가까이 나아가는 지름길인 것입니다. 고난의 거센 비바람이 부는 것은 우리를 기도의 항구로 인도하는 것입니다. 그러기에 이 풍랑 인연하여 더 빨리 가게 되는 것입니다.

평안할 때에 기도는 간절하지도 않지만, 고난 중에 기도하는 것은 절박하고 애절한 것입니다. 하나님이 즉각적으로 응답하지 않으시면 죽을 것만 같은 심정인 것입니다. 슬픈 마음이 있더라도, 상처가 깊은 곳이 있어도 우리는 기도해야만 하는 것입니다. 어려운 문제는 시간이 지남으로 해결이 되는 것이 아닙니다. 그것은 기도로 해결할 수밖에 없습니다.

3) 대인 관계의 회복인 것입니다. (7절)

7절에서 "울고 먹지 않았던" 한나가 기도한 후에, 18절에 보면 "가서 먹었다"고 성경은 말씀합니다. 전에는 한나가 가족들과 어울려 함께 먹지 않았고, 기본적인 예의도 없고 양심도 없는 원수 같았던 브닌나와는 옆에 앉아있지도 않았을 것입니다. 그러나 기도한 이후에는 함께 식사를 했던 것입니다. 브닌나가 화해를 신청한 것도 아니고 그녀가 용서를 빈 것도 아니고 그렇다고 남편이 사과를 한 것도 아닙니다. 한나의 환경과 처지와 입장과 모양은 그대로이며 하나도 변한 것이 없었습니다.

평강이 마음속에 이루어지면 사람관계도 회복됩니다. 그것은 한나 자신의 마음에 하나님의 평강을 소유하고 있었기에 먼저 찾아간 것입니다. 시기와 질투가 있는 가정에서는 한 밥상에서 서로 마주보고 밥을 먹는 것도 고통스러운 일입니다. 인간적으로 보면 유리조각처럼 깨어지고 부서진 복잡한 가정이지만 그녀는 그 가정을 외면하지 아니하고 가정으로 돌아간 것입니다. 한나가 성전에서 기도한 이후에 그 가정에는 더 이상 다툼과 불화가 없어졌습니다. 안식과 평안이 넘쳐야 할 가정이지만 문제없는 곳은 없습니다. 부모 자식과의 관계가 미묘하게 힘들고 까다로운 가정도 많습니다. 겉으로는 웃지만 속으로는 우는 사람들도 많습니다. 그러나 해결 방법은 인간적인 것으로 해결이 안 됩니다. 기도로 문제를 해결해야 합니다. "너희 중에 고난당하는 자가 있느냐 그는 기도할 것이요"(약 5:13)라고 성경은 말씀합니다.

우리도 고난당할 때에 실망하거나 좌절하지 말고 더 힘써 기도해야 할 것입니다. 기도하고 응답 받게 되면 하나님께 찬송하게 되는 것입니다. 한나는 고통과 슬픔을 이겨냄으로써 위대한 하나님의 구원 역사를 이루는 증인이 되었던 것입니다.

4) 자손의 복을 주십니다. (20절)

"한나가 임신하고 때가 이르매 아들을 낳아 사무엘이라 이름하였으니 이는 내가 여호와께 그를 구하였다 함이더라"고 성경은 말씀합니다. 한나의 임신과 출산은 의학적으로 생물학적으로 이루어진 것이 아니니다. 한나의 임신은 전적으로 하나님의 은혜요 선물이며 축복인 것입니다. 즉 하나님의 주권적인 역사인 것입니다. 전능하신 하나님은 생명을 주시기도 하고 거두기도 하시는 분이십니다. 하나님이 한나의 태의 문을 열어주심으로 아들을 임신하게 된 것입니다. 한나는 슬픔으로 인하여 기도의 응답을 받았고 그 응답을 활용하는 은혜도 받았습니다. 그녀에게 슬픔이 없었더라면 사무엘에게 훌륭한 어머니가 되지 못했을 것입니다. 한나는 생각이 깊은 여인이며 신앙의 심지가 견고한 어머니입니다. 농사 중에 가장 좋고 훌륭한 농사는 자식 농사입니다. 이것은 인간의 지혜와 능력으로 얻어지는 것이 아니고 하나님이 복 주셔야 하는 것입니다. 한나가 기도한 이후에 얻은 응답은 기도의 사람 사무엘을 득남하였다는 것입니다. 사무엘은 히브리어로는 〈셰무엘〉입니다. 그는 보통 사람이 아닙니다. 사무엘이란 말은 '하나님에 대하여 들음'을 의미합니다.

　사무엘은 마지막 사사이자(삼상 7:15) 모세 이후 최초의 선지자이며 선견자이며 또한 주전 11세기의 제사장이기도 합니다. 그는 하나님의 절대적인 은혜와 축복으로 얻어진 아들입니다. 그것은 하나님이 그의 모친 한나의 간절한 눈물의 기도를 들으시고 기억하시고 생각해 주셨기 때문입니다. 하나님의 은혜로 얻은 아들인 사무엘은 평생 기도 쉬는 죄를 범하지 아니한 선지자요 제사장으로 사명을 감당하며 살아갔습니다. 그뿐만 아니라 그의 기도는 한 마디도 땅에 떨어지지 아니한 모범적인 기도의 사람인 것입니다. 엘리 제사장은 성전 문설주 기둥 곁에 앉아있기만 하고 기도는 중단한 사람입니다. 그러나 사무엘 선지자는 평생 기도하는 사람이 됩니다. 이것이 하나님의 은혜가 아닙니까?

　한나는 자신의 수치와 비난을 면하기 위하여 아들을 원했습니다. 그러나 사실은 그 사랑하는 아들을 한평생 하나님의 것으로 기꺼이 드린 것입니다. 어머니는 자기 아들을 곁에 두기를 원합니다. 그러나 한나는 하나님께 서원하였기에 하나님께 드린 것입니다. 그녀는 짧은 기간에 아들 사무엘을 신앙으로 양육했습니다. 우리 그리스도인들은 자녀를 나의 소유물로 생각하여서는 안 되는 이유가 만약 자신의 소유물이라고 생각하면 자식은 성장하여 부모를 재산으로 보게 될 것입니다. 내가 낳은 자식이지만 하나님의 은혜로 주신 기업인 것입니다. 그분의 말씀과 교훈을 따라서 신앙으로 양육하여야 그 자녀의 미래에 소망이 있고 은혜와 복을 주시는 것입니다.

한나가 아들을 신앙으로 양육한 것을 어떻게 알 수 있습니까? 한나가 그를 성소에 데려다 준 날부터 아이 사무엘이 여호와를 섬겼기 때문입니다. 한나는 "아들을 주시면 내가 그의 평생에 그를 여호와께 드리고 삭도를 그의 머리에 대지 아니하겠나이다"라고 서원한 것입니다.

서원은 매우 중요한 것입니다. 왜냐하면 서원은 항상 하나님께 드려지는 것이기 때문입니다. 결코 인간과 인간 사이의 약속이 아닌 것입니다. 그러므로 경솔한 서원은 피해야 합니다(잠 20:25). 그러나 기도의 여종인 한나는 아들을 선물로 받고 그대로 서원한 것을 이행하였던 것입니다. 하나님의 절대 주권과 간섭과 그분의 긍휼과 자비하심으로 출생한 사무엘을 보십시오. 얼마나 아름답고 귀한 아들입니까? 한나 자신은 자식이 보고 싶을 때 보고 안고 키우면서 품에서 양육하기를 원했을 것입니다. 그러나 그의 깊은 신앙을 보시기 바랍니다.

사실 한나가 아들을 원한 것은 자신을 위해서가 아니라 하나님을 위하여 애원하였던 것입니다. 처음 한나의 슬픔은 내면에서 자신을 무척이나 괴롭혔지만 하나님과 영적 교통을 함으로써 고통을 이겨낼 수가 있었던 것입니다. 그러므로 하나님의 은혜로 받은 아들인 것입니다. 그러기에 이 아이가 젖을 떼면 곧 바로 하나님의 집에 데리고 가서 하나님께 바치려고 결정하였던 것입니다. 그리고 절기 때만 보러 가기로 마음먹었던 것입니다.

　이것이 인간적으로 가능한 일입니까? 자식이 눈에 밟히지 않겠습니까? 점점 자라는 이 아들이 자신에게 오는 것처럼 느껴지지는 않겠습니까? 그러나 한나는 하나님이 주신 아들이기에 이 아들 사무엘은 가정의 기쁨이요 보배요 자랑거리였으나 하나님의 집에서 성별 되게 양육되기를 원하였던 것입니다. 참으로 한나는 기도하는 여종이요 경건한 믿음의 어머니인 것입니다. 참으로 하나님이 기뻐하시는 여종이었던 것입니다. 이렇게 기도하고 하나님의 뜻대로 살기 원하는 한나에게 하나님은 자식을 생산하는 복을 주십니다. 즉 다섯 배의 복을 더 주십니다. 세 아들과 두 딸을 주십니다(삼상 2:21). 사무엘을 하나님께 드림으로 하나님이 한나를 권고하시고 은혜와 복을 주십니다. 슬픔이 변화여 기쁨으로 충만하게 된 가정입니다.

　이것은 기도 자체의 능력으로 응답되기보다는 하나님이 절대적으로 은혜를 주셔야만 합니다. 하나님의 은혜가 없이는 아무리 기도를 많이 하여도 소용이 없는 것입니다. 공중에 메아리에 불과한 것입니다. 그러나 한나는 자신에 기도의 힘을 의지한 것이 아닙니다. 하나님의 은혜를 갈망하였던 것입니다. 한나는 11절에서 자신을 생각하여 달라고 간구합니다. 예수를 구주로 믿는 하나님의 백성들은 하나님의 은혜가 없이는 단 일 분도 서 있을 수가 없는 것입니다. 사람이 도와주어도 힘이 되고 살 길이 열립니다. 하물며 전능하신 하나님이, 우주를 창조하시고 섭리하시고 통치하시는 그 분이 생각해주시면 못할 일이 무엇이 있겠습니까?

　한나는 구체적으로 아들을 주시면 자신의 안정과 유익과 미래를 위하여 살겠다는 것이 아닙니다. 전적으로 하나님의 은혜로 받은 아들이기에 하나님께 드리겠다는 것입니다. 하나님은 자신의 입장을 생각하여 달라고 애절하게 부르짖는 한나의 기도를 응답하여 주십니다. 생육과 생산의 복은 사람에게 속한 것이 아니라 하나님께 속한 것입니다. 이 세상에 생명이 태어나는 것은 모두가 하나님이 주관하시는 것입니다. 하나님의 통제권 안에서 모든 일들이 이루어지는 것입니다. 그런데 불행하게도 하나님이 간섭하지 아니하고 자신들의 행복을 위하여 쾌락적인 삶을 사는 것이 문제인 것입니다. 그러나 한나에게는 하나님의 절대적인 은혜가 임하였기에 그녀를 생각하여 주셔서 아들 사무엘을 득남 할 수가 있었던 것입니다. 궁극적으로 사무엘은 한나가 기도로 얻은 아들입니다.

그가 한평생 하나님 앞에서 선지자와 제사장의 사명을 충실히 감당하게 된 것은 어머니의 기도가 배후에서 있었기 때문입니다. 그리고 사무엘 자신도 이스라엘 백성들을 위하여 한평생 기도합니다. "나는 너희를 위하여 기도하기를 쉬는 죄를 여호와 앞에 결단코 범하지 아니하고 선하고 의로운 길을 너희에게 가르칠 것인즉"(삼상 12:23)이라고 성경은 말씀합니다. 선지자 사무엘이 이스라엘 백성들을 선하고 의로운 길로 인도하기 위해서는 기도 쉬는 죄를 범하지 않겠다고 선포하였던 것입니다.

여기서 우리는 한 가지 더 중요한 교훈을 받게 됩니다. 그것은 인간의 노력으로 기도만 하였다고 다 되는 것은 아니라는 점입니다. 기도 이후에도 하나님이 지속적으로 은혜를 주셔야 합니다. 그리고 절대적인 하나님의 간섭을 받아야 하는 것입니다. 우리들이 처해 있는 문제와 상황이 서로 다르다고 할지라도 기도하면서 늘 '하나님이 생각하여 주십시오'라는 겸허한 고백이 있어야 하는 것입니다. 전능하신 하나님이 우리를 그리고 조국과 열방과 온 세계를 생각하여 주시기를 소원합니다. 구원 받아야 할 모든 백성들을 생각하여 주시기를 간절히 소원합니다. 하나님이 생각하여 주시는 것 자체가 하나님의 은혜인 것입니다.

우리는 연약하고 부족하여도 하루하루 살아가는 비결은 하나님의 은혜로 생명이 이어지는 것입니다.

결 론

우리들에게도 여러 가지 모양으로 어려운 난관들을 만날 수가 있습니다. "악인에게는 많은 슬픔이 있으나 여호와를 신뢰하는 자에게는 인자하심이 두르리로다"(시 32:10)라고 성경은 말씀합니다. 우리는 거룩하시고 신실하신 하나님 앞에서 그분만을 의지하고 신뢰합시다. 악인은 슬픔이 있을지라도 하나님을 신뢰하는 자에게는 하나님의 은혜와 긍휼과 자비와 인자하심이 함께할 것입니다. 그러므로 성도에게는 고난이 오히려 유익이 되는 것입니다. 비록 우리에게 슬픔이 있을지라도 염려하지 마시기 바랍니다. 하나님께서 그 슬픔을 성별하여 주시면 슬픔은 풍성한 은혜와 복을 가져다주는 것입니다. 어둠은 사라지고 밝은 빛이 나타날 것입니다. 고난이 고통의 연속으로 끝나는 것이 아닙니다. 하나님의 뜻대로 살기를 원하는 성도들에게는 고난을 통하여 하나님의 은혜가 크게 나타나는 것입니다.

한나와 같이 마음이 괴롭고 슬플 때도 있지 않습니까? 우리들의 마음 깊은 곳에 있는 상처와 슬픔과 말 못할 사정과 억울함이나 고통과 괴로움을 모두 전능하신 하나님 앞에 쏟아놓읍시다. 부족한 우리에게도 하나님께서 크신 은혜와 평강을 주실 것입니다. 슬픔의 여인이었던 한나가 기쁨의 사람이 되어 하나님의 평강을 누렸던 것처럼 우리들도 고난의 현장에서 하나님의 은혜를 회복하는 역사가 나타나시기를 우리 주님의 이름으로 간절히 축원합니다.

7
축복의 통로
[시편 1:1-6]

서 론

오늘날 현대 사회는 실용주의입니다. 아무리 지식과 능력이 많아도 돈이 없으면 인정받지 못하는 사회입니다. 그러나 하나님 나라의 일꾼은 세상의 지혜와 지식과 능력으로 되기보다는 하나님의 말씀으로 교육받고 훈련 받은 자를 하나님께서 사용하십니다. 하나님 나라의 일꾼은 거룩하고 진실하고 정직한 자를 사용하십니다.

신년이 되면 새해 인사를 할 때 "복 많이 받으세요."라는 인사를 나누게 됩니다. 일본 사람들은 복을 받기 위하여 절을 찾아가고 신사를 찾아가서 소원의 내용을 적어서 성취하려고 합니다. 어떤 사람은 복 주머니를 사기도 합니다. 그러나 복은 사람이 주는 것이 아니고 하나님께서 주십니다. 전능하신 하나님이 "아브라함에게 네게 복을 주어 네 이름을 창대하게 하리니 너는 복이 될지라"(창 12:2)고 성경은 말씀합니다. 즉, 이 말씀은 너는 복이 되라는 명령사인 것입니다. 아브라함 자신이 복을 받을 만한 자격과 능력이 있는 것이 아니라 하나님의 절대 주권으로 명령하시는 복인 것입니다. 그러므로 설령 아브라함에게 허물과 실수가 있어도 그의 믿음을 보시고 하나님은 그에게 복을 주시어 그의 이름을 창대하게 하시겠다는 말씀입니다.

하나님이 그에게 복을 주시는데 적당하게 주시지 아니하고 창대하게 주십니다. 인간은 누구를 막론하고 행복을 추구하며 살아갑니다. 사람들은 이런 행복을 외적인 조건에서 찾으려고 합니다. 우선 몸이 건강하고 재물이 많고 높은 위치와 안정된 생활이 보장이 된다면 행복하다고 생각합니다. 그러나 이런 행복은 영원히 보장하지를 못합니다. 언제 어디서 고난과 슬픔을 당할는지 모르기 때문입니다. 그러므로 복 있는 사람은 하나님의 절대 주권을 믿고 따라갑니다.

하나님의 절대적인 주권적 은혜가 우리와 함께 하셔야만 축복의 통로로 살아가는 것입니다. "여호와는 죽이기도 하시고 살리기도 하시며 스올에 내리게도 하시고 거기에서 올리기도 하시는도다 여호와는 가난하게도 하시고 부하게도 하시며 낮추기도 하시고 높이기도 하시는도다"(삼상 2:6-7)라고 성경은 말씀합니다. 이것은 하나님의 절대주권입니다. 인간의 삶과 죽음이 사람에게 있는 것이 아니고 하나님께 달려 있습니다. 성공과 실패와 건강과 질병 명예와 수치가 모두 하나님의 손에 있는 것입니다.

오늘 시편 본문에서 말씀하는 최고의 행복은 복 있는 상태를 의미하는 것입니다. 이런 복들이 이중 삼중으로 쌓여있는 것을 말합니다. 그런데 복이 있는 사람도 여전히 고통과 질병으로 고생할 수 있습니다. 그럼에도 불구하고 그는 축복의 통로를 여는 사람입니다. 그러면 진정으로 복이 있는 사람은 어떤 사람인가에 대하여 살펴보며 은혜 나누기를 원합니다.

1. 복 있는 자의 의미 (1절)

시편 1편은, 여호와의 율법을 즐거워하고 사랑하는 자는 복된 인생이며 풍부한 결실을 맺는 평안하고 안정된 삶이라고 찬양하고 있습니다. 그런데 대조적으로 악인은 뿌리가 없어 열매를 맺지 못하고 공허하며 소망 없는 인생으로 마치게 된다는 것을 성경은 말씀합니다. "복 있는 사람은" 참으로 하나님 앞에서 존귀하고 행복한 자인 것입니다. 여기서 "복"이란 단어는 히브리어로 〈에세르〉입니다. '행복(happiness), 복(blessedness), 지복(bliss)'을 의미합니다. 복 있는 사람은, 즉 복된 사람은 똑바로 가거나 걷는 것을 말합니다. 하나님 앞에서 복된 사람은 하나님을 신뢰합니다. "여호와께 피하는 모든 사람은 다 복이 있도다"(시 2:12)라고 성경은 말씀합니다. 사람이 누리는 복은 언제나 한계가 있습니다. 하나님께 피하고 그분을 경외하는 자에게 부족함이 없이 복을 주십니다.

복된 사람은 여호와의 율법을 따라 행하고 증거들을 지키고 전심으로 여호와를 구합니다(시 119:1-2). 복 있는 자는 말씀에 주의하여 좋은 것을 얻습니다(잠 16:20). 복 있는 자는 그의 길을 걸으며(시 128: 1) 하나님의 도를 지킵니다(잠 8:32). 하나님 앞에서 좌우로 치우치지 아니하고 똑바로 정도의 길을 걸어가는 자가 복이 있는 자입니다. 하나님을 경외하는 사람은 자신의 지혜와 지식을 의존하고 살기보다는 하나님의 말씀에 귀를 기울이고 말씀대로 준행하며 살기 때문에 실수함이 없는 것입니다. 비둘기는 솔개를 피하여 날아갈 뿐만 아니라 솔개에서 떨어지는 깃털의 냄새까지도 역겨워합니다. 경건하게 살고자 애쓰는 사람은 악한 냄새와 색깔까지도 꺼려하고 피하는 것입니다. 복 있는 사람은 하나님께로 피하여 피난처를 삼습니다.

2. 복 있는 자의 지혜

1) 악한 자를 따르지 아니합니다. (1절)

"악인들의 꾀를 따르지 아니하며"라고 성경은 말씀합니다. 여기서

"악인"이란 '사악한 자'를 의미합니다. 사악한 자의 특징은 마음의 품은 악을 지속적으로 행하는 자입니다. 죄악 속에서 불법을 행하고 포학하고 탐욕스럽고 음모를 꾸미고 함정을 파며 가난한 자를 압제하는 자를 의미합니다. 사악한 자에 대하여 성경은 구체적으로 말씀합니다. 사악한 자의 길에는 들어가지도 말고(잠 4:14-15) 만일 실수하여 들어갔다면 떠나야 하는 것입니다. 사악한 자는 그 마음 자체가 구불구불하고 삐뚤어졌기 때문에 자신이 원한다면 그대로 실행해 버립니다. 하나님을 떠난 사람들이 욕심을 증가시키는 것처럼 자신의 정욕과 욕망을 채우는 자인 것입니다. 왜냐하면 악인의 길은 어둠 같아서 걸려 넘어진다고 하여도 무엇인지 깨닫지 못하기 때문입니다(잠 4:19).

축복의 통로로 살아가는 자는 악한 자를 따라가서는 결코 안 됩니다. 예수 믿는 자들이 인간적으로 순수할 수가 있는데, 지혜와 말씀의 통찰력이 부족하면 악한 자의 유혹을 받기가 쉽습니다. 하나님을 알지 못하는 자들은 어둠의 자식으로 악을 선하다고 하고 선을 악하다고 말하기 때문입니다(사 5:20). 그러므로 이런 악한 자들의 음모와 계획에 빠져서는 안 될 것입니다. 그들은 거짓으로 끈을 삼아 죄악을 끄는 자들이기도 합니다(사 5:18). 복 있는 자들은 하나님의 말씀대로 살 때만이 그분이 주신 행복을 유지할 수가 있는 것입니다.

영국의 매튜 헨리 목사는, 악인들이라는 말은 정착되지 않아서 요동하며 확실한 목표도 없고 분명한 원칙을 따라서 행하는 것도 없이 매번 욕망이 시키는 대로 유혹이 손짓하는 대로 행동하는 자들을 의미한다고 했습니다. 이런 사람은 하나님을 미워하고 섬기지 아니합니다. 다윗은 "너희 행악자들이여 나를 떠날지어다 나는 내 하나님의 계명들을 지키리로다"(시 119:115)고 했고, "여호와는 악인을 멀리 하시고 의인의 기도를 들으시느니라"(잠 15:29)고 성경은 말씀합니다. 세상의 통치권을 가진 왕인 다윗도 내 하나님의 계명들을 지키겠다고 증언합니다. 그가 인간적으로 무엇이 부족할 것이 있겠습니까? 그러나 그는 만유의 주재 이신 하나님으로부터 복이 온다는 것을 터득하였기에 계명들을 지키겠 다는 것입니다.

의인은 하나님을 경외하고 그분께 간절히 매달립니다. 그러므로 그 는 축복의 통로로 살아가게 되는 것입니다. 하나님께서 악인은 멀리 하 시고 의인의 기도를 응답하십니다. 복 있는 사람은 악인들의 꾀를 따르 지 아니하고 하나님께 피함으로 보호를 받고 악인의 꾀, 즉 악인의 충 고와 조언을 받지 아니합니다.

여기서 "악인의 꾀"는 하나님이 없다는 무신론 사상을 의미합니다. 악인의 마음에는 언제라도 하나님이 없다고 주장함으로 세상의 세속주 의로 살아가는 것입니다. "어리석은 자는 그의 마음에 이르기를 하나 님이 없다 하는도다 그들은 부패하고 그 행실이 가증하니 선을 행하는 자가 없도다"(시 14:1)라고 성경은 말씀합니다. 하나님은 우주 만물을 창조하신 창조주로서 지금도 우주 만물을 통치하시고 섭리하십니다. 그런데 무신론자들은 하나님이 없다고 하니 얼마나 어리석습니까?

어리석은 자는 그 마음이 전적으로 타락한 자요 행실도 가증하므로 선을 행할 수가 없습니다. "악을 꾀하는 자의 마음에는 속임이 있다" (잠 12:20)고 했고, "악한 꾀는 여호와께서 미워하시나 선한 말은 정결 하니라"(잠 15:26)고 성경은 말씀합니다. 정정 당당하게 땀 흘리며 수고 하여 먹고 살아야 할 터인데 남을 속이려고 하니 얼마나 잔꾀가 필요 하겠습니까? 악을 뿌리는 자는 재앙을 거둘 것이며(잠 22:8), "악을 행 하는 자는 사악한 입술이 하는 말을 잘 듣고 거짓말을 하는 자는 악한 혀가 하는 말에 귀를 기울이느니라"(잠 17:4)고 성경은 말씀합니다.

우리는 명심하고 기억해야 할 것입니다. 사악한 자의 입은 악을 행하고 거짓을 진실처럼 말하는 자들이라는 것입니다. 그러므로 앞뒤가 전혀 맞지 아니하는 말들을 하고 방금 잘못을 시인했다가 다시 뒤집어서 아니라고 그런 적이 없다고 말해 버립니다. 그러므로 축복의 통로로 살아가기를 원하는 자들은 사악한 자들의 꾀에 넘어가거나 그들의 자리에 함께 동참하지 말아야 합니다. 즉, 복 있는 자는 악인의 꾀를 따르지 아니하고 죄인들의 길에 서지 아니합니다. 왜냐하면 악을 떠나는 것은 축복의 통로로 살겠다는 증거이기 때문입니다. "악을 떠나는 것은 정직한 사람의 대로이니 자기의 길을 지키는 자는 자기의 영혼을 보전하느니라"(잠 16:17)고 성경은 말씀합니다. 소극적으로 악을 떠나기만 하여도 자신의 영혼을 보존하게 되는 것입니다.

적극적으로 복 있는 사람은 어떻게 사는 것입니까? 시인 다윗은 "주의 말씀이 심히 순수하므로 주의 종이 이를 사랑하나이다"(시 119:140)라고 증언합니다. 복 있는 사람은 악을 떠날 뿐만 아니라 주의 말씀을 사랑합니다. 축복의 통로로 살아가기를 원하는 자들은 주의 말씀을 묵상하고 사랑하는 것입니다. 비록 우리가 아담의 범죄로 인하여 전적으로 타락하고 부패한 인간이지만 예수를 구주로 믿고 그 말씀대로 순종하면 축복의 통로로 살아갈 수 있는 것입니다. 예수를 나의 구주로 믿고 구원을 받은 언약 백성들은 참으로 행복한 자들입니다(요 1:12).

2) 죄인들의 길에 서지 아니합니다. (1절)

"죄인들의 길에 서지 아니하며"라고 성경은 말씀합니다. 여기서 "죄인들"이란 죄를 마음에 품고 생각하다가 죄 짓기로 결심하고 행동으로 옮기는 자들을 의미합니다. 그러나 의인들은 죄인들의 길로 들어서지 아니합니다. 악인들은 침상에서 죄악을 꾀하며 스스로 악한 길에 서고 악을 거절하지 아니합니다(시 36:4). 어떠한 사람도 죄인들의 길에 들어서면 하나님의 은혜와 축복이 중단되므로 죄인들의 길에 접근하는 것을 조심해야 합니다.

하나님은 우리 인생을 사랑하시는데 우리가 거룩하고 정결하기를 원하십니다. "그러므로 사랑을 받는 자녀 같이 너희는 하나님을 본받는 자"(엡 5:1) 되기를 원하십니다. 언제라도 어느 순간이라도 사람의 외식을 따르지 아니하고 하나님을 본받는 자는 그분의 사랑을 받게 되는 것입니다. "진실로 생명의 원천이 주께 있사오니 주의 빛 안에서 우리가 빛을 보리이다"(시 36:9)라고 성경은 말씀합니다. 짧은 인생이요 한 뼘 길이만큼 밖에 안 되는 인생을(시 39:5) 우리는 값있게 살아야 할 것입니다. 왜냐하면 생명의 원천 자체가 하나님께 있기 때문입니다. 우리는 살아 숨 쉬는 동안 예수 잘 믿고 구원받아야 합니다. 우리 주님이 우리를 언제 부르실지 모르기 때문입니다.

축복의 통로로 살아가는 사람은 죄인들의 길에서 떠나기 때문에 하나님의 은혜를 호소하며 사는 것입니다. 내 삶과 가정과 학업과 직장과 일터와 생업과 자녀들에게 은혜를 달라고 몸부림치는 자입니다. "여호와여 우리에게 은혜를 베푸시고 또 은혜를 베푸소서"(시 123:3)라고 다윗은 증언합니다. 왜냐하면 심한 멸시가 우리에게 넘치기 때문이라고 호소합니다. 우리에게도 오직 예수, 오직 믿음, 오직 말씀으로 살기 때문에 멸시와 조롱이 있습니까? 낙심하지 맙시다. 그럴수록 죄인의 길에서 더 멀리 떠나고 하나님의 은혜로 가득 채워져야 합니다.

사도 바울은 "속지 말라 악한 동무들은 선한 행실을 더럽히나니"(고전 15:33)라고 증언합니다. 우리는 경건한 사람과 가까이할수록 자신에게 유익이 됩니다. 축복의 통로로 사는 사람은 하나님의 은혜로 살면서 죄 짓는 것을 두려워합니다.

3) 오만한 자들의 자리에 앉지 아니합니다. (1절)

"오만한 자"는 다른 사람들을 경멸하고 모욕하고 조롱하는 일을 서슴지 아니합니다. 오만한 자는 죄와 심판을 업신여기고 조롱합니다. 이런 사람은 살아계신 하나님께 도전하고 모독하며 하늘을 향하여 욕하는 자들입니다.

대제사장과 바리새인과 서기관들과 유대인들은 참으로 오만한 자들이었습니다. 예수님이 로마 군인들에게 체포되어 가야바 대제사장의 관저로 끌려가십니다. 대제사장인 가야바가 "네가 하나님의 아들이냐"라고 물을 때에 "내가 그로다"라고 주님이 말씀하십니다. 그러자 대제사장이 흥분하여 자기 옷을 찢습니다(눅 26:57, 63-68). 구약 율법에 의하면 제사장이 옷을 찢는 행위는 반드시 금지되어 있습니다. 그런데 대제사장이 감정을 억누르지 못하고 옷을 찢은 행위는 하나님을 모독하는 행위인 것입니다. 유대인들이 예수의 얼굴에 서슴지 아니하고 침을 뱉습니다. 만약에 상대방이 실수로라도 내가 있는 방향으로 침을 뱉는다면 매우 기분이 좋지 아니할 것입니다. 만약에 상대방이 고의적으로 내 몸에 침을 뱉는다면 서로 몸싸움을 하게 될지도 모릅니다. 그런데 예수님의 얼굴에 침 뱉고 수많은 사람들이 비웃고 조롱합니다. 참으로 오만 불손한 자들입니다. 이런 행위는 거룩하신 하나님을 향한 도전이요 모독이었던 것입니다. 하나님은 이런 오만한 유대인들을 세계로 흩어 버리신 것입니다.

오만한 자의 특징은 한마디로 교훈과 책망을 싫어하고 거부하는 자입니다(잠 13:1). 오만하고 거만한 자는 하나님을 모독하고 사람을 경멸하기에 그들에게는 예비한 심판이 있습니다(잠 19:29). 그런데 이상한 것은 "거만한 자들은 거만을 기뻐한다"(잠 1:22)고 성경은 말씀합니다. 그러므로 성경은 "거만한 자를 책망하지 말라 그가 너를 미워할까 두려우니라 지혜 있는 자를 책망하라 그가 너를 사랑하리라"(잠 9:8)고 말씀합니다. 오만불손하고 거만한 자들은 교훈과 책망을 싫어하지만 지혜 있는 자들은 책망을 달게 받습니다. "교만이 오면 욕도 오거니와 겸손한 자에게는 지혜가 있느니라"(잠 11:2)고 성경은 말씀합니다. 오만하고 교만하면 반드시 욕을 당하게 되지만 겸손하면 지혜와 은혜도 주십니다.

축복의 통로로 살아가기를 원하십니까? 의인들은 악을 행하는 자들을 멀리하고 양심이 마비된 자와 동행하지를 아니합니다. 왜냐하면 악을 행하는 것은 망하는 길 밖에 없기 때문입니다. 술에 취한 자리는 오만한 자리인 것입니다. 그리고 독주에 취한 자들이 다윗을 두고 노래하는 것도 오만한 행위인 것입니다(시 69:12). 보통 때보다 사람이 독주에 취하면 하지 아니할 말들도 서슴지 않고 하게 되는 것입니다. 술에 취하지 않아도 악인들의 생각은 의인을 괴롭히고 고통을 주는데, 술에 취한다면 얼마나 많이 하나님을 향하여 모독하고 망언된 말을 하겠습니까? 술에 취하여 말하고 행동하는 것은 죽음과 멸망을 가져올 뿐인 것입니다. 다윗은 "사람의 행사로 논하면 나는 주의 입술의 말씀을 따라 스스로 삼가서 포악한 자의 길을 가지 아니하였사오며"(시 17:4)라고 증언합니다. 그에게 악인과 다른 점이 있다면 주의 말씀을 따라 살았던 것입니다.

우리는 "범사에 헤아려 좋은 것을 취하여"야 합니다(살전 5:21). 우리는 지혜롭게 범사에 헤아릴 줄 알아 좋은 것을 취하여야 합니다. 복 있는 사람은 악인들의 꾀를 따르지 아니하고 그들이 계획하고 모의하는 자리에도 앉지 아니하고 그들과 의논하지도 아니합니다. 하나님이 축복의 통로가 되기를 원하는 사람은 악인들이 아무리 지혜롭고 영악하다고 할지라도 그들과 관계를 맺어서는 안 되는 것입니다. 복 있는 자는 하나님께 도전하고 모독하는 사람들을 피하여 교만하거나 오만한 자리에 앉지 아니합니다. 또한 악인들의 꾀를 따르지도 아니합니다. 하나님이 미워하시는 것 가운데 하나가 "곧 교만한 눈"(잠 6:17)입니다. 악인의 눈에는 하나님을 두려워하는 빛이 없습니다(시 36:1).

우리는 교만한 자를 거울로 삼아 자신을 더 낮추고 하나님 앞에 겸손하고 겸비하게 되어 쓰임을 받읍시다. "사람의 마음의 교만은 멸망의 선봉이요 겸손은 존귀의 길잡이니라"(잠 18:12)고 성경은 말씀합니다. 하나님은 교만한 자를 물리치시고 겸손한 자에게 은혜를 주십니다(약 4:6). 그러므로 우리가 존귀하게 쓰임 받으려면 교만의 껍질을 날마다 벗기고, 우리 구주 예수 그리스도의 온유하고 겸손의 옷을 입어야 합니다.

3. 복 있는 자가 따르는 길 (2절)

"오직 여호와의 율법을 즐거워하여 그의 율법을 주야로 묵상하는도다"라고 성경은 말씀합니다. 시인 다윗은 "여호와의 율법을 즐거워하여 그의 율법을 주야로 묵상하는도다"라고 자신의 심정을 고백합니다. 여기서 "묵상"이란 히브리어 단어는 〈하가 hagah〉입니다. 이 말은 '신음하다, 슬퍼하다, 으르렁거리다'라는 뜻입니다. 사자가 낮잠을 자고 있다가 배가 고파 일어나려면 자기의 꼬리를 가지고 얼굴을 사정없이 내리칩니다. 눈에서 불이 나기까지 계속 때리므로 자기를 자극시킵니다. 그러다 보면 눈빛이 밝아지고 독기가 생김으로 뒤쳐지는 짐승들을 집중적으로 달려가서 자신의 먹이로 삼는 것입니다. 사자는 풀을 먹지 못하고 고기만 먹는데 매일 30kg에서 70kg을 먹어야 생존하는 것입니다. 그러므로 사자가 신음하여 으르렁거리는 것은 먹이를 구하겠다는 싸인인 것입니다.

우리도 하나님의 영혼의 양식을 얻어먹기 위하여 이런 신음하는 자세가 필요한 것입니다. 하나님의 말씀에 대하여 목마르고 갈급하여 한 말씀이라도 더 깊이 연구하고 깨닫고 실천하기 위하여 몸부림치는 신음의 자세가 우리에게 필요한 것입니다. 말씀에 대하여 신음하고 또 신음하는 통증의 자세를 가져야 할 것입니다.

바울은 "생명의 말씀을 밝혀 나의 달음질이 헛되지 아니하고 수고도 헛되지 아니함으로 그리스도의 날에 내가 자랑할 것이 있게 하려 함이라"(빌 2:16)고 증언합니다. 그는 로마 옥중에서 순교하기까지 평생을 생명의 말씀을 밝힌 자입니다. 무엇보다도 교회는 말씀의 토대 위에 서야 합니다. 교회가 교회되는 것은 하나님의 말씀입니다. 말씀이 살아있는 교회는 세속화 되지 아니하고 부패한 교회를 개혁합니다. 우리가 하나님의 말씀을 숙고하고 묵상하는데 신음하는 고통이 따라야 합니다. 하나님이 우리 영혼에 역사하시는 놀라운 일은 죄를 뉘우치고 통회하며 자복하게 하시는 것입니다.

다윗은 하나님 앞에서 범죄했던 행실에 대하여 "하나님이여 주의 인자를 따라 내게 은혜를 베푸시며 주의 많은 긍휼을 따라 내 죄악을 지워 주소서"(시 51:1)라고 증언합니다. 우리가 진정으로 하나님 앞에서 사는 길은 은혜로 회복하는 것 밖에는 그 어떤 것도 없는 것입니다. 왜냐하면 하나님의 은혜가 우리에게 떠난다면 우리는 어떤 허물과 죄에 빠질지 모르기 때문입니다. 한마디로 하나님의 은혜가 없이는 우리는 단 하루도 살 수가 없다는 것입니다. 우리에게 죄와 부끄러움과 고통과 슬픔이 가득할지라도 하나님의 은혜와 긍휼은 더 풍성한 것입니다. 하나님의 은혜를 회복하기 위하여 말씀을 깊이 묵상하고 신음하는 시간이 늘어나야 하나님의 사람으로 존귀하게 쓰임을 받게 됩니다. "내가 나의 침상에서 주를 기억하며 새벽에 주의 말씀을 작은 소리로 읊조릴 때에 하오리니 주는 나의 도움이 되셨음이라 내가 주의 날개 그늘에서 즐겁게 부르리이다"(시 63:6-7)라고 성경은 말씀합니다. 그는 침상에서도 주의 말씀을 갈망하고 사모하였더니 주께서 도움이 되셨다고 증언합니다.

하나님의 말씀을 신음하는 자세로 묵상하여 영적으로 새로워지고 예배가 회복되며 하나님과의 지속적인 교통과 교제가 이루어져야 하는 것입니다. 그는 "나의 반석이시요 나의 구속자이신 여호와여 내 입의 말과 마음의 묵상이 주님 앞에 열납되기를 원하나이다"(시 19:14)라고 성경은 말씀합니다. 다윗은 삶과 예배가 회복되기를 간절히 소원했던 것입니다. 율법은 하나님의 말씀이므로 이 말씀을 매일 묵상하고 날마다 되씹으며 살 때 말씀이 우리를 지배합니다. 말씀에 지배 받는 삶을 살면 잘되고 창대하고 형통하여 마침내 복을 누리게 되는 것입니다.

시인 다윗은 하나님의 말씀을 즐거워하여 주야로 묵상하고 실천하였던 사람입니다. 그는 어느 정도로 하나님의 말씀을 사모하였습니까? 그는 주의 말씀의 맛이 내게 어찌 그리 단지요 내 입에 꿀보다 더 달다고 고백합니다(시 119:103). 그는 주의 법이 천천 금은보다 더 좋고(시 119:72), 금 곧 순금보다 더 사랑하고(시 119:127), 탈취물을 얻는 것처럼 나는 주의 말씀을 즐거워하나이다(시 119:162)라고 성경은 말씀합니다. 그리고 "내가 주의 법을 어찌 그리 사랑하는지요 내가 그것을 종일 작은 소리로 읊조리나이다"(시 119:97)라고 고백합니다.

하나님 앞에서 복 있는 자의 상태로 살았던 다윗은 이와 같이 말씀의 참 맛을 알고 그 말씀을 사랑하고 종일 묵상하고 신음하며 살았던 것입니다. 예수를 나의 구주로 믿는 사람은 아마도 이렇게 사는 것이 정상적일 것입니다. 아무리 분주하고 바쁜 세상에 산다고 할지라도 새벽과 밤에 잠깐 주어지는 휴식 공간에서라도 우리 주님의 말씀을 묵상하여 봅시다. 성경은 이런 사람이 복이 있다고 말씀합니다. "주의 법을 사랑하는 자에게는 큰 평안이 있으니 그들에게 장애물이 없으리이다"(시 119:165)라고 성경은 말씀합니다.

우리 인생의 방해물들이 얼마나 많습니까? 그러나 하나님의 말씀대로 준행하고 살기만 하면 장애물이 제거되고 실족함이 없는 것입니다. "그의 마음에는 하나님의 법이 있으니 그의 걸음은 실족함이 없으리로다"(시 37:31)라고 성경은 말씀합니다. 우리가 험한 세상에서 실족하지 아니하는 비결은 하나님의 법인 말씀대로 살고 따라가는 것뿐입니다. 우리는 하나님의 말씀의 법을 따라 살아야 온전한 삶을 살 수 있습니다. 하나님께서 모세의 후계자인 여호수아에게 "이 율법책을 네 입에서 떠나지 말게 하며 주야로 그것을 묵상하여 그 안에 기록된 대로 다 지켜 행하라 그리하면 네 길이 평탄하게 될 것이며 네가 형통하리라"(수 1:8)고 성경은 말씀합니다. 하나님의 율법책을 묵상하고 모두 지켜 행하면 우리의 인생길이 평탄하고 형통하게 될 것입니다. 그러므로 우리에게 가장 중요하고 긴급한 것은 율법책을 주야로 묵상하는 것입니다. 그 결과는 반드시 평탄하게 되고 형통한 삶을 살게 되는 것입니다.

언제라도 우리에게 하나님의 법이 우리 자신들을 다스리기만 하면 실족함이 없는 생활을 하게 됩니다. 다윗은 간음죄와 살인죄를 지으므로 하나님의 심판을 받아야 마땅하지만 그래도 하나님의 긍휼과 도우심을 포기하지 않은 사람입니다. 하나님의 말씀으로 녹아지고 회개하여 새 사람이 됩니다. 다윗의 간절한 소원을 예레미야 선지자는 "내가 주의 말씀을 얻어먹었사오니 주의 말씀은 내게 기쁨과 내 마음의 즐거움"(렘 15:16)이라고 증언합니다.

험한 세상에서 실족하지 아니하고 곁길로 가지도 아니하고 믿음으로 바로 사는 길은 주의 말씀을 깊이 묵상하는 것입니다. 그 말씀이 나에게 기쁨과 즐거움이 되도록 큰 은혜를 사모해야 할 것입니다. 하나님의 말씀을 묵상한다는 것은 하나님의 말씀 속으로 깊이 들어가 그 속에 담겨진 하나님의 크신 일들과 능력을 마음속으로 체험할 때까지 말씀에 깊이 착념하는 것이고, 그분과 교통하며 교제하는 것입니다. 이것은 습관적으로 몇 분을 묵상하는 것으로 끝나는 것이 아니라 주야로 묵상하는 것을 의미합니다. 잠에서 깰 때에도 여전히 주님과 함께 하는 것입니다.

시인은 "주께서 율례를 내게 가르치시므로 내 입술이 주를 찬양하리이다"(시 119:171)라고 증언합니다. 우리의 찬양도 내 기분과 감정으로 하는 것이 아니라 하나님의 말씀에서 은혜를 받고 찬양하는 것이 더 좋은 것입니다. 택하신 백성들을 인도하시는 하나님은 "나는 네게 유익하도록 가르치고 너를 마땅히 행할 길로 인도하는 네 하나님 여호와라"(사 48:17)고 성경은 말씀합니다.

우리를 유익한 길로 인도하시는 하나님은 우리가 하나님의 은혜와 복을 누림으로 형통하기를 원하십니다. "모든 지킬 만한 것 중에 더욱 네 마음을 지키라 생명의 근원이 이에서 남이니라"(잠 4:23)고 성경은 말씀합니다. 인생의 최대 행복은 마음을 다스리는 것입니다. 우리가 성공하고 잘 되는 것은 마음의 문제를 다루는 것입니다. 우리에게 마음이 무너지면 모든 것이 다 무너지게 됩니다. 그러므로 말씀을 늘 묵상하고 신음하는 자세로 하나님의 은혜를 갈망하고 살면 축복의 통로로 살아갈 수가 있는 것입니다.

우리에게는 생각의 틀이 중요합니다. 생각의 틀이 언제나 낙심하고 절망하는 마음으로 기울어지면 희망이 보이지 아니합니다. 왜냐하면

침울한 감정이 생기므로 얼굴이 그늘지고 어두워지기 때문입니다. 전능하신 하나님은 이스라엘 백성들에게 베푸신 기적과 역사를 지금도 나타내십니다. 바위를 쪼개어 생수를 주시고 동풍을 불게 하심으로 메뚜기로 먹게 하시고 낮에는 구름기둥과 밤에는 불기둥으로 인도하신 하나님은 지금도 우리를 선한 길로 인도하십니다.

우리에게 당장 큰 재물과 성공이 없어도 하나님의 말씀으로 가득 채우고 묵상하는 것이 좋습니다. 목동 다윗은 양을 치면서 양의 배설물을 치우며 살았지만 그는 하나님의 말씀을 주야로 묵상하였기에 마침내 이스라엘의 지도자요 왕이 되었던 것입니다. 인간의 공허한 마음을 채워서 만족하며 살 수 있는 길은 오직 하나님의 말씀과 은혜인 것입니다. 창조주 하나님을 경외하고 그분을 기억하며 사는 것이 가장 지혜로운 삶입니다.

시험하는 자가 사십 일을 밤낮으로 금식하신 주님께 나아와 이 돌들로 떡 덩이가 되게 하라고 시험합니다. 주님은 "사람이 떡으로만 살 것이 아니요 하나님의 입으로부터 나오는 모든 말씀으로 살 것이라"(마 4:4)고 말씀하십니다. 아무리 굶주리는 고통 속에서도 중요한 것은 떡이 아니요 하나님의 말씀이라고 주님은 말씀을 강조하신 것입니다.

그러면 우리 그리스도인들에게 진정한 진리는 예수 그리스도이십니다. "진리를 알지니 진리가 너희를 자유롭게 하리라"(요 8: 32)고 성경은 말씀합니다. 진리 자체이신 예수 그리스도를 깊이 알게 될 때에 죄와 율법과 저주와 심판과 죽음으로부터 자유롭게 되는 것입니다. 시인 다윗은 "내 영혼이 진토에 붙었사오니 주의 말씀대로 나를 살아나게 하소서"(시 119:25)라고 증언합니다. 육신을 살리는 약은 많이 있을지라도 영혼을 살리는 것은 하나님의 말씀뿐입니다.

사도 바울도 "내 속 사람으로는 하나님의 법을 즐거워한다"(롬 7:22)고 증언합니다. 하나님이 살아계시고 존재하신다는 사실을 믿는 자들에게는 하나님의 법을 즐거워하는 것이 당연한 것입니다. 하나님의 말씀을 듣는 자는 평안히 살고 재앙의 두려움이 없이 안전하게 됩니다(잠 1:33). 하나님의 율법을 지키는 자는 지혜로운 아들이 되고(잠 28:7), 하나님의 지혜의 말씀을 높이며 하나님이 높여 주시고, 그분을 품으면 그분이 우리를 영화롭게 해 주십니다(잠 4:8). 우리 자신이 지혜롭게 살려고 노력해서 되는 것이 아니라 하나님의 말씀 자체가 지혜이기 때문에 말씀을 높이면 우리도 높아지게 되는 것입니다.

미국의 유명한 외과 의사인 '벤 카슨'은 인간의 뇌는 140억 개의 뇌세포로 되어졌는데, 그의 저서《크게 생각하라》에서 140억 개의 뇌세포는 우리가 마주치는 모든 것을 수용한다고 했습니다. 저속적인 책을 많이 읽으면 사람이 정욕적이고 동물화가 되지만 생명의 말씀을 깊이 읽고 묵상하면 하나님을 닮아가게 되는 것입니다. "주의 말씀은 내 발에 등이요 내 길에 빛이니이다"(시 119:105)라고 성경은 말씀합니다. 캄캄하고 어두운 세상에 인생의 밝은 빛은 오직 하나님의 말씀뿐입니다. 축복의 통로로 살아가는 사람은 어두운 세상에 진리의 빛을 증거하는 사람인 것입니다.

이 세상은 심히 혼돈하고 다원화 되어가고 있습니다. 은혜를 회복하는 것만이 교회와 나라의 소망입니다. 말씀이 떠나가고 하나님의 은혜가 사라지면 사람들은 자기 멋대로 방자하게 행하는 것입니다. 그러므로 하나님의 말씀에 더하지 말고(잠 30:6) 하나님의 말씀이 가는 데까지 가고 하나님의 말씀이 멈추는 곳에서 머물러야 합니다. 이것이 축복의 통로로 살아가는 자의 삶인 것입니다.

4. 축복의 통로를 여는 사람 (3절)

"그가 하는 모든 일이 다 형통하리로다"라고 성경은 말씀합니다. 한 마디로 형통은 앞으로 나아가고 발전하고 번영하는 것을 의미합니다. 그런데 악인의 형통은 오래가지 못하고 일시적인 것입니다. 전체적으로 표현하면 의인은 복된 사람입니다. 하나님은 의인을 축복하시고 그 축복은 의인을 복되게 하는 것입니다. 하나님은 다윗에게 영적인 축복만 아니라 육신적으로도 강건하게 하시고 이스라엘의 왕으로 세우시고 부귀영화와 권세와 능력을 주셨는데, 이보다 더 귀한 것은 영적인 지혜와 지식을 더 주셔서 여호와 하나님을 나의 왕으로 섬길 수 있었던 것입니다.

인간이 소유하고 있는 재물도 영원한 것이 되지 못합니다(잠 27: 24). 왜냐하면 하나님께서 물질을 주시기도 하시고 거두기도 하시기 때문입니다. 하나님이 주시는 형통이란 건강하고 근심과 걱정과 고민과 우울함이 없고 내적으로 평안을 누리고 외적으로는 전쟁이나 기근이나 지진과 혼란이 없이 평온한 중에 사는 삶을 의미합니다. "여호와께서 자기 백성에게 힘을 주심이여 여호와께서 자기 백성에게 평강의 복을 주시리로다"(시 29:11)라고 성경은 말씀합니다. 의인은 축복의 통로자입니다. 하나님은 정직히 행하는 자에게 좋은 것을 아끼지 아니하십니다(시 84:11). 그리고 진실한 자를 보호하시고 교만하게 행하는 자에게 엄중히 갚으십니다(시 31:23). 하나님이 우리에게 주시는 복은 선함과 거룩함으로 이어지는 것이며 복 그 자체입니다.

미국의 모 연구 기관에서 두 사람의 가문을 조사했습니다. 한 사람은 미국의 유명한 대각성 운동의 선구자였던 '조나단 에드워드' 가문이고, 다른 한 사람은 '맥스 쥬크'라는 사람의 가문이었습니다. 두 사람은 1700년대 미국의 뉴잉글랜드 지역에서 같은 동네에서 자란 친구였습니다. 그런데 이 두 사람의 가계는 150년이 지난 이후에는 현저한 차이를 보였습니다.

조나단 에드워드는 미국을 대표하는 영적 부흥운동을 주도한 목사였고 프린스턴 대학 총장까지 역임한 존경 받는 지성인이요 영적 지도자였습니다. 그의 가문 1,394명의 자손들 중에서 부통령 1명, 상하의원 5명, 대학총장 13명, 교수 65명, 주지사 3명, 판사 30명, 변호사 100명, 의사 56명, 군 고위장성 100명, 선교사 80명, 연방정부의 고위관리 3명, 대도시 시장, 미국 재무성의 감사관이 배출되었습니다.

반면에 맥스 쥬크라는 사람의 가문은 너무나도 대조적이었습니다. 이 사람은 방탕한 생활과 자신의 욕망을 채우며 알코올 중독으로 살았던 사람입니다. 그의 후손은 1,292명이었는데 너무나도 충격적이었습니다. 그 자손 중 나이가 어릴 때 사망한 사람이 309명, 헐벗은 거지가 310명, 불구자가 440명, 알코올 중독자가 100명, 흉악한 범죄자로 150명이 교도소에서 복역하고 있었습니다. 살인범이 70명이고, 여자 후손들의 절반은 창녀생활을 하고, 그 이외의 평범한 생활을 하는 자는 53명에 지나지 않았습니다. 그의 후손들이 미국정부에 피해를 주었던 것은 19세기 달라 가치로 125만 달러였습니다.

하나님을 알지 못하고 죄를 범하는 죄인들은 처음부터 죄를 짓기로 결심하고 행동으로 옮기는 자입니다. 그러므로 악한 일을 도모하고 교만하고 오만불손하게 행하는 것입니다. 그러나 하나님을 경외하는 자들은 죄 짓는 것을 두려워하고 떱니다. 우리 구주 예수 그리스도 안에서 은혜 중에 머물기를 원합니다.

하나님의 말씀을 사모하고 즐거워하고 주야로 묵상하는 자이기에 그의 현재와 미래는 형통한 것입니다. 그리스도인들이 당대에만 형통한 것은 안타까운 일입니다. 다윗이 하나님을 의지하고 그의 율법을 즐거워하고 묵상하였더니 그에게 주신 하나님의 은혜와 축복은 350년 이상 왕권이 계승되는 복을 누린 것입니다. 그뿐만 아니라 다윗의 혈통에서 우리 구주 예수 그리스도가 탄생하신 것입니다. 혈통의 복은 개인의 복뿐만 아니라 자손들에게 지속적으로 이어지는 복인 것입니다.

말씀 때문에 바로 살기 위하여 묵상하고 신음하는 자들은 열매를 맺으며 잎사귀도 마르지 아니합니다(3절). 이런 자들이 축복의 통로로 자신을 낮추고 하나님만을 높이며 그분에게 영광을 돌리며 사는 자들입니다. 우리도 부족하고 연약하지만 예수 그리스도의 수액을 받기만 하면 형통한 삶을 살 수 있습니다. "너희가 내 안에 거하고 내 말이 너희 안에 거하면 무엇이든지 원하는 대로 구하라 그리하면 이루리라"(요 15:7)고 성경은 말씀합니다. 그러므로 우리가 날마다 우리 구주 예수 그리스도의 수액을 받아야 풍성한 열매를 맺게 됩니다. 이 사람이 축복의 통로로 살아가는 것입니다. 죄인이라도 예수 믿고 죄를 회개하고 그리스도 안으로 들어와 예수의 수액을 받기만 하면 잎사귀도 마르지 아니하는 복과 무엇을 하든지 어디로 가든지 축복의 통로로 살아가게 될 것입니다.

요한계시록에서는 생명수 강가에서 생명나무가 열두 가지 열매를 맺되 달마다 그 열매를 맺고 그 나무 잎사귀들은 만국을 치료하는(계 22:2) 것이라고 성경은 말씀합니다. 그리고 의인은 의인대로 악인은 악인대로 살아가게 됩니다. "불의를 행하는 자는 그대로 불의를 행하고 더러운 자는 그대로 더럽고 의로운 자는 그대로 의를 행하고 거룩한 자는 그대로 거룩하게 하라"(계 22:11)고 성경은 말씀합니다.

의인은 끝까지 축복의 통로로 살아가야 할 것입니다. 왜냐하면 하나님은 악인을 멀리하시고 의인에게 복을 주시기 때문입니다. 복 있는 사람은 여호와의 율법을 즐거워하고 그의 율법을 주야로 묵상하는 자입니다. 주야로 말씀을 신음하고 묵상하면서 살아가기에 그는 물가에 심겨진 나무처럼 될 것입니다.

우리는 본래 돌 감람나무 같은 자이었지만 예수를 나의 구주로 믿고 난 이후에는 참 감람나무가 된 것입니다. 저절로 나무 자체가 선하게 될 수는 없는 것입니다. 선한 나무가 될 수 있는 것은 하나님의 은혜에 의하여 심겨졌기 때문입니다. 하나님의 은혜로 심겨진 나무가 우리 구주 예수 그리스도의 수액을 받기만 하면 풍성한 열매를 맺게 되는 것입니다. 당장 구체적으로 우리에게 나타난 것이 없을지라도 하나님의 은혜로 살아간다는 것이 큰 축복인 것입니다.

하나님의 '은혜'를 표현하는 히브리어 단어는 〈헤세드 hesed〉입니다. 이 말은 모든 은총 중의 최고를 의미합니다. '하나님의 긍휼, 자비, 인자하심, 하나님의 선, 모든 축복'을 의미합니다. "나를 사랑하고 내 계명을 지키는 자에게는 천 대까지 은혜를 베푸느니라"(신 5: 10)고 성경은 말씀합니다. 이것은 문자적으로만 천 대가 아니라 하나님을 지속적으로 사랑하고 계명을 지키는 자에게는 무한대로 복을 주시는 것입니다. 그런데 반드시 기억할 것은 예수를 나의 구주로 영접하는 조건인 것입니다.

성경에 보면 내 종 다윗(시 89:20)이 많이 나옵니다. "또 그의 후손을 영구하게 하여 그의 왕위를 하늘의 날과 같게 하리로다"(시 89:29)라고 했고, "그의 후손이 장구하고 그의 왕위는 해 같이 내 앞에 항상 있으며"(시 89:36)라고 성경은 말씀합니다. 이것이 종합적인 하나님의 은혜와 긍휼과 자비와 인자가 포함된 '헤세드'입니다. 하나님의 말씀대로 살고 말씀을 깊이 묵상하며 믿음의 길로 사는 개인과 가정과 사회와 국가는 하나님이 은혜와 복을 주시고 이런 의인들은 결코 망하지 아니합니다. 왜냐하면 "그 잎사귀가 마르지 아니함 같으니"라고 성경은 말씀하기 때문입니다. 악인은 선한 열매가 없고 자신의 의를 나타내려고 하기 때문에 그 잎사귀마저 다 말라 버리지만 의인은 선하고 아름다운 열매를 맺음으로 항상 푸르고 싱싱한 나무처럼 성장할 수 있게 됩니다. 시인은 "그러나 나는 하나님의 집에 있는 푸른 감람나무 같음이여 하나님의 인자하심을 영원히 의지하리로다"(시 52:8)라고 증언합니다.

하나님의 말씀을 즐거워하고 주야로 묵상한 자의 복은 항상 푸른 감람나무처럼 싱싱하고 생동감 있게 살아갑니다. 이 세상에서 가장 행복하고 축복의 통로로 살아가는 사람은 우리 구주 예수 그리스도의 십자가의 피로 구원을 받은 자들입니다.

5. 복 있는 사람과 악인의 대조현상 (4절)

"악인들은 그렇지 아니함이여 오직 바람에 나는 겨와 같도다"라고 성경은 말씀합니다. 복 있는 사람은 형통하지만 악인은 오직 바람에 나는 겨와 같습니다. 얼마나 대조적입니까? 죄는 언제나 위험하고 해로운 것입니다. 악인은 겨들 중에서도 가장 가벼운 겨와 바람에 날려가는 티끌과 같기에 아무 곳에도 쓸모없는 존재입니다. 악인의 속은 텅 비어 있고 아무것도 알갱이 하나가 없고 성실함이나 신중한 것과 견고한 것이 하나도 없습니다. 악인에게 세상 지식은 있을지 몰라도 하나님을 경외하는 지식이 없으므로 미련하고 결국은 심판을 받고 망하게 되는 것입니다.

하나님은 교만한 자들을 사막 바람에 불려가는 검불 같이 흩으십니다(렘 13:24). 악인은 겨와 같기 때문에 "잠시 후에는 악인이 없어지리니 네가 그 곳을 자세히 살필지라도 없으리로다"(시 37:10)고 성경은 말씀합니다. 악인들에게 멸시와 수모를 당한 자들이 악인을 보려고 해도 하나님은 그들을 깨끗이 제거시켜 버리는 것입니다. 더 이상 악인을 살

필 필요가 없게 하십니다.

　악인은 땅에서 끊어지겠고 간사한 자는 땅에서 뽑히리라"(잠 2:22)고 했고, "악인은 엎드러져서 소멸되려니와 의인의 집은 서 있으리라"(잠 12:7)고 했고, "악한 자의 집은 망하겠고 정직한 자의 장막은 흥하리라"(잠 14:11)고 성경은 말씀합니다. 사람이 귀를 돌려 율법을 듣지 아니하면 그의 기도는 가증한 것입니다(잠 28:9). 그러므로 우리는 악인과 교제하지 말고 그의 충고를 받아서도 안 되고 그와 동행하지도 말아야 합니다. 왜냐하면 자신도 모르게 함정에 빠질 수 있기 때문입니다.

　최종적으로 악인들은 하나님의 심판을 견뎌내지를 못합니다(5절). 바람이 겨를 몰아가서 흩어버리면 더 이상 자취를 찾아볼 수 없는 것처럼, 하나님의 심판은 그들을 순식간에 쓸어버리실 것입니다. 겨는 일시적으로는 알곡 곁에 있을지 몰라도 하나님이 진노하시는 날에는 그 흔적도 찾아볼 수 없게 되는 것입니다(시 35:5; 사 17:13). 악인들이 심판을 견디지 못하는 이유는 그들의 죄를 하나님께서 밝히시어 그들이 부끄러움과 당혹함으로 머리를 숙이게 되기 때문입니다. 이런 심판은 현실에서도 나타날 것이고, 최종적으로는 우리 구주 예수 그리스도께서 심판주로 재림하시는 날에 성취될 것입니다.

　악인들은 의인들의 공동체에 들어오지를 못합니다(5절). 최후의 날인 우리 구주께서 심판하시는 날에는 천국에 동참하지 못하게 될 것입니다. 거룩하지 못한 자들과 부정한 자들과 거짓말 하는 자들과 사악한 자들은 그 누구를 막론하고 하나님 나라에 들어가지 못하는 것입니다. 우리 주님께서 세상 끝 날에는 천사들이 와서 의인 중에서 악인을 갈라내어 풀무 불에 던져 넣으리니 거기서 울며 이를 갈리라(마 13:49)고 말씀하십니다.

본문 6절에 보면 "무릇 의인들의 길은 여호와께서 인정하시나 악인들의 길은 망하리로다"라고 성경은 말씀합니다. 복 있는 자는 축복의 통로가 되어 하나님께서 모든 범사를 인정하시고 형통하게 하시지만, 악인은 불행의 통로가 되어 그와 접촉하는 자들까지도 하나님의 심판을 받고 결국은 멸망의 길로 빠지게 되는 것입니다.

자만하고 오만한 자의 결과는 너무나도 두려운 것입니다. "악인은 죽을 때에 그 소망이 끊어지나니 불의의 소망이 없어지느니라 의인은 환난에서 구원을 얻으나 악인은 자기의 길로 가느니라"(잠 11:7-8)고 성경은 말씀합니다. 악인이 자신의 욕망대로 세상을 살 때에는 가장 행복하게 보일지 모르지만 죽으면 소망은 끊어지는 것입니다. 그러나 의인은 환난 중에서도 건짐을 받는 것입니다. 왜냐하면 행악자는 장래가 없고 악인의 등불은 꺼지기 때문입니다(잠 24:20). 악인의 최후는 소멸되어 사라지게 됩니다. "이는 강포한 자가 소멸되었으며 오만한 자가 그쳤으며 죄악의 기회를 엿보던 자가 다 끊어졌음이라"(사 29:20)고 성경은 말씀합니다. 이것이 악인의 마지막 길입니다. 왜냐하면 악인이 행했던 것을 그대로 책임을 져야 하기 때문입니다.

하나님의 말씀대로 살아보려고 신음하며 고통 하는 자들은 세상적인 관점에서 보면 어리석게 보이지만 이것만이 영혼이 살고 회복되는 길입니다. 즉, 축복의 통로로 살아가는 자는 모든 만사가 형통이요 번영이지만, 파멸의 통로로 살아가는 자는 모든 만사가 근심과 고민과 번민으로 이어가는 고통의 삶입니다. 복 있는 사람이 아무리 악인들에게 시달리고 곤욕을 당할지라도 하나님은 의인의 길을 아시고 그들의 마음을 감찰하시는 분이십니다(렘 12:3). 그리고 하나님의 백성들이 은밀하게 기도하는 것을 모두 아십니다(마 6:6).

우리는 분명히 기억해야 합니다. 사람이 악으로는 견고하게 되지를 못한다는 것입니다. "사람이 악으로서 굳게 서지 못하거니와 의인의 뿌리는 움직이지 아니하느니라"(잠 12:3)고 성경은 말씀합니다. 죄악으로는 절대로 사회와 국가가 견고해 질 수 없는 것입니다.

그러나 복 있는 자인 의인은 형통하고 번영하며 창대해 집니다(잠 4:18-19). "대저 의인은 일곱 번 넘어질지라도 다시 일어나려니와 악인은 재앙으로 말미암아 엎드러지느니라"(잠 24:16)고 성경은 말씀합니다. 의인도 넘어지고 쓰러집니다. 그러나 하나님이 다시 일으켜 세우시는 것입니다. 하나님은 의인들의 길을 인정하십니다(6절). 왜냐하면 여호와의 율법을 즐거워하여 주야로 묵상하고 신음하기 때문입니다. 우리 모두 매일 매 순간 하나님의 말씀으로 은혜 받고 그 말씀대로 살기 위하여 몸부림치는 결단과 기쁨이 넘치시기를 소원합니다.

하나님을 멀리하면 망하지만 그분에게 가까이하면 할수록 복이 됩니다. "무릇 주를 멀리하는 자는 망하리니 음녀 같이 주를 떠난 자를 주께서 다 멸하셨나이다 하나님께 가까이 함이 내게 복이라"(시 73:27-28)라고 성경은 말씀합니다. 우리는 날마다 매 순간 순간마다 하나님을 가까이 합시다. "하나님을 가까이하라 그리하면 너희를 가까이하시리라"(약 4:8)고 성경은 말씀합니다. 우리는 하나님을 가까이 하여 그분을 만나야 하며 하나님의 말씀을 주야로 묵상하고 신음하는 자리에 날마다 이르러야 할 것입니다.

결 론

의인은 축복의 통로로 살아갑니다. 의인은 윤리 도덕적으로 흠이 없는 완벽한 자가 아니라 예수를 나의 구주로 영접하고 하나님의 말씀대로 순종하고 살아가는 자를 의미합니다. 예수 믿고 지나치게 내 욕심과 정욕을 채우려는 기대를 버리고 평범하게 살더라도 하나님의 말씀의 통치를 받고 살면 축복의 통로로 살아가게 됩니다. 그러나 악인은 저주와 불행의 통로로 살아갑니다. 악인은 자기 소견대로 행하기 때문입니다(사 21:25).

우리는 구약의 선지자들이 우리에게 물려준 하나님의 율법과 신약의 사도들이 전하여준 그리스도의 십자가의 복음과 부활의 신앙을 가지고 살아야 합니다. 그리고 신앙의 옛적 길 선한 길로 가야 합니다. 진리는 예수 그리스도이십니다. "진리를 알지니 진리가 너희를 자유롭게 하리라"(요 8:32)고 성경은 말씀합니다. 진리만이 우리를 죄와 율법과 저주로부터 자유롭게 합니다. 우리는 아직도 우리 구주 예수 그리스도의 진리를 알지 못하는 자들에게 복음을 전해야만 합니다. 왜냐하면 그들이 예수 믿고 구원받아 축복의 통로로 살아가야 하나님이 기뻐하시기 때문입니다. 다른 이름과 다른 복음으로는 절대로 구원이 없습니다.

하나님은 악인의 길을 굽게 하시고 의인들을 세상에서 명백하게 반드시 높이실 것입니다. 죄인들의 길은 일시적으로 형통하게 보일지라도 결국은 망하게 될 것입니다. 우리는 복 있는 자로 복된 사람으로 여호와의 율법을 즐거워하고 주야로 묵상하며 살 때 우리의 현재와 앞날이 형통하게 될 것입니다. 전능하시고 자비하신 하나님이 우리에게 힘을 주시고 은혜와 평강의 복 주시기를 우리 주님의 이름으로 간절히 축원합니다.

8
인생의 앞날을 주의 손에
[시편 31:14-24]

서 론

인간은 고난과 시련을 통하여 신앙이 성숙됩니다. 우리에게 고난이 없이 평탄하게 살 수만 있다면 얼마나 좋겠습니까? 그러나 인간의 고난은 우연이 아니고 출생하면서부터 고난이 시작되는 것입니다. "사람은 고생을 위하여 났으니 불꽃이 위로 날아가는 것 같으니라"(욥 5:7)고 성경은 말씀합니다. 즉 인간이 고난을 당하는 것은 필연적인 것이라는 것입니다. 동방의 의인 욥은 "나에게는 평온도 없고 안일도 없고 휴식도 없고 다만 불안만이 있구나"(욥 2:26)라고 했고, 그러나 그의 인생을 하나님께 맡기고 난 이후에는 "내가 가는 길을 그가 아시나니 그가 나를 단련하신 후에는 내가 순금 같이 되어 나오리라"(욥 23:10)고 성경은 말씀합니다. 그림자가 있어야 빛의 소중함을 알 수 있는 것처럼, 우리가 이 세상의 죄악과 고통을 알지 못한다면 천국이 지극히 복된 곳임을 알 수가 없는 것입니다.

올해도 새 시대가 전개되지만 이 세상은 혼란합니다. 그러면 우리는 어떻게 살아야 합니까? 본문을 통하여 교훈을 받으며 은혜 나누기를 원합니다. 다윗이 고난을 받은 배경을 보면 왕권은 물론이고 생명까지도 위협을 당한 상황입니다.

9절부터 13절에 보면 그가 당한 위기와 절박한 상황을 알 수가 있습니다. 그러나 그는 하나님을 의지하는 믿음은 변함이 없으며 "나의 앞날이 주의 손에 있사오니"라고 증언합니다. 그는 과거의 쓰라린 고통이 있었습니다. 블레셋 장군 골리앗을 죽이고 난 이후에 사울 왕의 미움을 받아 정처 없이 유리방황 하는 신세로 살아갑니다. 무려 유대 광야에서만 10년 동안 방랑생활을 합니다. 그가 진정으로 하나님을 의지하는 마음이 없이 살았다면 진작 신앙을 포기하고 세상으로 돌아갔을지도 모릅니다. 그에게도 허물과 실수는 있지만 그의 위대한 장점은 하나님의 절대 주권을 믿고 살았다는 것입니다.

본문 15절에 보면 "나의 앞날이 주의 손에 있사오니"라고 증언합니다. 여기서 "손"은 '능력'(Power)과 '힘'(strength)을 의미합니다. 그러므로 주의 손은 하나님의 전능하신 능력을 표현하는 말씀입니다.

여호사밧 왕은 아람 나라와의 전쟁에서 두려워하여 하나님께 간구합니다. 그리고 그는 이렇게 증언합니다. "주의 손에 권세와 능력이 있사오니 능히 주와 맞설 사람이 없나이다"(대하 20:5)라고 성경은 말씀합니다. 이 세상의 왕권과 권력의 손들이 있지만 하나님의 손과 비교할 손은 없는 것입니다. 주의 손이 우리와 함께 하시면 연약하지만 힘 있고 능력 있는 삶을 살게 되는 것입니다. 부유함도 우리에게 속한 것이 아니고 하나님에게 속한 것입니다. 우리의 성공과 실패도 내게 속한 것이 아닙니다. 삶과 죽음은 내게 속한 것이 아니라 이 모두가 하나님께 속한 것입니다. 그러므로 우리의 앞날이 나의 의지와 목표에 따라 결정되는 것이 아닙니다. 전적으로 하나님께 달려 있는 것입니다.

시인은 "주의 팔에 능력이 있사오며 주의 손은 강하고 주의 오른손은 높이 들리우셨나이다"(시 89:13)라고 증언합니다. 그뿐만 아니라 하나님의 손은 짧지 아니합니다. "여호와의 손이 짧아 구원하지 못하심도 아니요 귀가 둔하여 듣지 못하심도 아니라"(사 59:1)고 성경은 말씀합니다. 하나님의 손은 우리를 구원하시는 손이요 강하고 능력 있는 손이십니다. 그리고 주의 손은 천지를 창조하신 손입니다. 그 손으로 우주를 다스리시고 섭리하시고 보존하십니다.

그러면 다윗이 왕권이 흔들리고 생명의 위협을 당하는 상황에서 어떻게 하나님 앞에서 살았는지 살펴보며 은혜 나누기를 원합니다.

1. 하나님의 절대주권을 믿는 신앙입니다. (14절)

"여호와여 그러하여도 나는 주께 의지하고 말하기를 주는 내 하나님이시라 하였나이다"라고 성경은 말씀합니다. 절대주권이란 말은 역사 속에서 그분의 목적을 이루어가고 계시는 그분의 통치를 의미합니다. 하나님의 절대 주권은 모두가 그분의 뜻이 있어서 되는 것을 의미합니다. 나라와 민족과 개인에게까지 선한 일만 아니라 악한 일도 포함이 됩니다.

다윗은 바로 하나님의 절대주권을 믿었습니다. "그러하여도"라는 말씀을 보면 9절부터 10절까지의 고통이 나옵니다. 9절에 보면 "내가 근심 때문에 눈과 영혼과 몸이 쇠하였나이다"라고 하였고, 10절에는 "내 일생을 슬픔으로 보내며 나의 연수가 탄식으로 보냄이여"라고 성경은 말씀합니다. 이러한 위기 상황임에도 불구하고 다윗은 고백합니다. "여호와여 그러하여도 주는 내 하나님이십니다."라고 하나님의 절대주권을 믿고 있습니다.

그뿐만 아니라 하나님의 뜻은 일정하십니다. "그는 뜻이 일정하시니 누가 능히 돌이키랴 그의 마음에 하고자 하시는 것이면 그것을 행하시나니 그런즉 내게 작정하신 것을 이루실 것이라 이런 일이 그에게 많이 있느니라"(욥 23:13-14)고 성경은 말씀합니다. 그러므로 하나님의 뜻은 일정하고 변함이 없는 것입니다. 다윗은 생명의 위기를 만날 때에 내 하나님이시라고 말한 것처럼 우리들도 하나님의 절대주권을 조금도 의심 없이 믿읍시다. 전적으로 주는 내 하나님이십니다. 확신을 가지고 살아가시기 바랍니다.

　14절에 보면, 다윗은 생명의 위기를 만날 때에 주는 내 하나님이시라고 성경은 말씀합니다. 그 뜻은 하나님은 나의 소유자, 혹은 주인이라는 뜻입니다. 우리의 하나님은 전능하신 분이십니다. 그러므로 그분에게는 불가능이 없으십니다. 하나님만이 인간의 생명을 주관하십니다. 아무리 큰 죄인이라고 할지라도 우리 구주 예수 그리스도에게 오기만 하면 구원을 선물로 받게 됩니다. "아버지께서 내게 주시는 자는 다 내게로 올 것이요 내게 오는 자는 내가 결코 내쫓지 아니하리라"(요 6:37)고 성경은 말씀합니다. 그리스도 밖에서는 저주와 심판과 죽음뿐이지만, 그리스도 안으로 들어오기만 하면 생명과 구원이 있는 것입니다.

　우리는 기억하고 명심합시다. 하나님의 뜻을 최고의 법으로 삼아야 합니다. 하나님은 우리를 항상 선하신 대로 인도하십니다(삼상 3:18). 우리가 혹시라도 불안하고 염려가 있을지라도 이것이 내 운명이라고 생각해서는 안 됩니다. 하나님의 섭리요 하나님의 주권인 것입니다. 하나님의 주권은 인간의 운명보다 확실하고 더 분명한 것입니다. 하나님의 진리대로 사는 자는 승리합니다. 아무리 힘들고 어려운 삶이 있더라도 하나님의 말씀대로 살아봅시다.
　전적으로 하나님만을 믿고 신뢰할 때에 우리의 앞날을 선한 길로 인도해 주시는 것입니다. "주께 피하는 자들을 그 일어나 치는 자들에게서 오른손으로 구원하시는 주여 주의 기이한 사랑을 나타내소서"(시 17:7)라고 성경은 말씀합니다. 우리의 산성과 방패와 피난처가 되시는 하나님께 피하는 자만이 하나님의 절대 보호를 받게 되는 것입니다. 다윗은 이것을 믿었습니다. 그는, 악인은 보응하시고 의인은 붙들어주심을 믿었습니다(시 37:17). 그리고 그는 하나님께서 자신의 생명을 사망에서 건지셨다고 증언합니다(시 56:13). 하나님은 주의 백성들이 고난당할 때에 건져주시는 분이시므로 이 세상 살아가는 동안에 하나님의 절대주권만을 믿고 살아갑시다.

왜 그리스도인이 하나님의 절대주권을 믿어야 합니까? 하나님이 처음부터 우리를 택하셨기 때문입니다(살후 2:13). 예수를 나의 구주로 믿는 자들은 처음부터 하나님이 선택하신 자들입니다. 우리의 일생과 모든 생사가 하나님의 손에 달려 있음을 믿읍시다. 즉 하나님의 절대 주권을 믿어야 하는 것입니다.

2절에 보면 "내게 귀를 기울여 속히 건지시고 내게 견고한 바위와 구원하는 산성이 되소서"라고 성경은 말씀합니다. 다윗은 하나님의 절대주권을 믿었기에 자신이 생명의 위협을 당하는 순간에도 흔들리지 않습니다. 왜냐하면 하나님이 견고한 바위가 되시기 때문입니다. 그리고 산성이라고 믿습니다. 산성은 안정된 것을 의미합니다. 작은 바위가 아니라 거대한 바위입니다. 이런 바위는 확고부동한 안전함을 상징하는 것입니다. 이 반석은 우리 구주 예수 그리스도이십니다. 다윗 자신도 고난을 당하고 있었지만 그가 하나님 앞에 인격적으로 흠이 없거나 완벽한 자는 아닙니다. 그렇지만 허물이 있어도 '거룩하시고 영원불변하시고 위대하신 하나님이 내게 주가 되어 주십시오'라는 신앙을 고백하는 것입니다. 나는 무능하고 무력하여도 하나님의 전능하심과 절대주권을 믿겠다는 것입니다.

우리에게 견고한 바위와 산성과 요새는 예수 그리스도이십니다. "다 같은 신령한 음식을 먹으며 다 같은 신령한 음료를 마셨으니 이는 그들을 따르는 신령한 반석으로부터 마셨으매 그 반석은 곧 그리스도시라"(고전 10:3-4)라고 성경은 말씀합니다. 모세가 반석을 쳤더니 이스라엘 백성들이 샘물을 마십니다. 그 반석이 영적으로 예수 그리스도라고 성경은 말씀합니다.

우리 구주 예수 그리스도는 갈라진 반석입니다. 우리가 믿는 예수 그리스도께서 아무리 병자를 많이 고치시고 기적을 행하셨다고 하더라도 우리의 진정한 구원자는 될 수가 없습니다. 예수는 당신 스스로 이 땅에 오신 분이 아니십니다. 하나님께서 하나님의 구원계획을 이루시기 위하여 예수를 세상에 보내신 것입니다. 우리 구주 예수 그리스도께서 십자가에서 못 박혀 죽으셨기 때문에 우리의 구원자가 되시는 것입니다. 예수 그리스도는 갈라진 반석이요, 즉 쪼개진 반석입니다. 자신의 몸을 십자가에서 희생하셨습니다. 우리 주님의 못 자국과 창 자국을 보십시오. 그리고 우리 주님의 심장에서 피가 쏟아진 것을 바라보시기 바랍니다.

우리 구주께서 십자가에서 죽으심으로 죄인들이 의인이 된 것입니다. 그 은혜로 하나님의 백성이 된 것입니다. 그뿐만 아니라 천사도 흠모할 만한 귀한 직분까지 주신 것입니다. 그러므로 감사하면서 주님을 섬깁시다. 은혜가 충만하여 교회를 섬기고 영혼을 사랑합시다. 그러므로 누구든지 우리 구주 예수 그리스도를 믿는 자는 부끄러움을 당하지 아니하는 것입니다(롬 10:11). 인간이 고난에서 건짐 받는 것도 중요하고 가난함에서 부유하게 되는 것도 급한 일입니다. 그러나 이것보다 더 중요하고 긴급한 일은 예수를 나의 구주로 영접하여 그분의 자녀가 되는 것입니다. 그렇습니다. 예수를 믿기에 환난과 박해를 당하고 죽임을 당하는 것이 수치스러운 것처럼 보일지는 몰라도 주를 위하여 박해와 순교를 당하는 일은 하나님께 영광을 돌리는 것입니다.

그리고 본문 5절에 보면 다윗은 자신의 영혼까지 하나님께 위탁합니다. 이것은 하나님의 절대주권에 맡기는 행위인 것입니다. "내가 나의 영을 주의 손에 부탁하나이다 진리의 하나님 여호와여 나를 속량하셨나이다." 다윗은 왕권이 흔들리고 생명의 위기를 만날 때에 자신의 생명을 하나님께 부탁했습니다. 보통사람 같으면 자포자기하고 왕에서 내려와 외국으로 도피했을 지도 모릅니다. 그러나 그는 자신의 생명을 하나님께 위탁한 것입니다. 우리는 우리 자신을 구원할 수가 없습니다. 오직 전능하신 하나님만이 우리를 구원 하십니다.

"구원은 여호와께 있사오니 주의 복을 주의 백성에게 내리소서"(시 3:8)라고 성경은 말씀합니다. 우리가 죄에서부터 구원받아 천국에 들어가는 것뿐만 아니라 가난과 질병에서 구원받는 모든 것들이 여호와 하나님께 속한 것입니다. 다윗이 처한 상황은 전혀 변한 것이 없습니다. 대적들에게 욕을 먹고(11절), 비방을 당하며 둘러싸여 있는 상태입니다. 깨어진 그릇(12절)과 유리 조각 같은 신세입니다. 아무리 값지고 비싼 그릇이라도 깨어진 것은 아무 쓸모가 없는 것입니다.

사람이 토기장이의 그릇을 한 번 깨트리면 다시 완전하게 할 수 없는 것(렘 19:11)처럼, 다윗은 유리 조각처럼 깨어진 상황입니다. 심지어 원수들이 생명을 빼앗으려고 포위망에 걸려있는 처지이니, 다윗은 인간적으로 보면 낙심과 깊은 절망만 있습니다. 그렇지만 동서사방이 모두 막혀 있을 때에 그는 하나님을 바라보았습니다. 자신의 영혼을 맡기는 것은 가장 고요하고 평안할 때에 오는 것입니다. 하나님의 주권은 변하지 않습니다.

우리에게도 만약에 전쟁과 지진 기근과 재난이 있다면 우리의 가진 모든 소유는 물거품에 불과한 것입니다. 그 물질이 나를 곤경에서 구원할 수가 없습니다. 언젠가 죽음의 문턱에 이를 때에는 어떤 부귀영화 물질도 가져갈 수가 없습니다. 그러나 우리가 하나님을 우리의 피난처로 삼고 산다면 슬픔이 변하여 기쁨이 될 것이고, 근심이 변하여 평강이 될 것입니다. 다윗이 믿은 하나님의 주권은 이것입니다. 즉 "진리의 하나님 여호와여 주는 나를 속량하셨나이다"(5절)라고 성경은 말씀합니다. 특별히 속량하셨다는 단어는 이런 뜻이 있습니다. 현재 당하고 있는 절박한 고난에서 건져주심을 의미합니다. 그러므로 우리가 이 세상을 살아가면서 당하는 모든 사건들을 하나님의 섭리로 받아들여야만 합니다. 여기에는 원망과 불평이 있을 수가 없고 더욱 하나님의 주권을 인정해야 할 것입니다. 이 세상에는 상식과 기본이 있지만 완전한 진리는 하나님의 말씀인 것입니다.

하나님의 진리를 경험한 자는 혀가 땅 속에 붙을 정도로 곤고하여졌어도 다시 소성함을 얻게 됩니다. 시인은 "이 말씀은 나의 고난 중의 위로라 주의 말씀이 나를 살리셨기 때문이니이다"(시 119:50)라고 말씀의 능력을 강조합니다. 우리들이 아무리 힘들고 어려운 일이 있더라도 하나님의 말씀대로 살아봅시다. 전적으로 다윗처럼 '주님만이 내 하나님이십니다.'라고 고백하며 살아갑시다. 시인 다윗도 "나는 주의 것이오니 나를 구원하소서"(시 119:94)라고 증언합니다.

우리 인생의 앞날을 하나님께만 맡기고 그분을 의지하며 삽시다. 우리의 생명도 나의 것이 아니고 하나님의 것입니다. 우리 대한민국도 하나님에게 속한 것입니다. 한반도에 전쟁의 위협이 있지만 전쟁은 사람에게 속한 것이 아니고 하나님께 속한 것입니다. 하나님이 전쟁을 허락하셔야 되는 것입니다. 그러므로 절대주권자이신 하나님을 더욱 의지해야 합니다. 우리가 더욱 하나님을 힘써 알고 회개하고 하나님께로 돌아오기만 하면 전능자 하나님께서 한반도의 위기도 지켜주실 것입니다. 그러므로 우리는 하나님의 절대주권을 믿고 기다립시다. "그러나 여호와께서 기다리시나니 이는 너희에게 은혜를 베풀려 하심이요 그를 기다리는 자마다 복이 있도다"(사 30:18)라고 성경은 말씀합니다. 우리 인생은 연약하고 꺼져가는 등불과도 같지만 하나님은 기다리십니다.

왜 하나님이 기다리십니까? 우리에게 은혜를 주시기 위한 것입니다.

하나님이 힘없는 인생에게 은혜를 주시면 소생하고 힘과 용기도 얻게 되고 샘솟는 열정과 의욕도 일어납니다. 어떤 고난의 현장에 있을지라도 주는 내 하나님이시라고 고백하고 간증할 수 있기를 소원합니다. 왜냐하면 하나님을 기다리는 자에게는 복이 있기 때문입니다. 다윗은 생명의 위협을 느끼고 왕권이 흔들리는 위기 상황에서도 초조하지 아니하고 주는 내 하나님이시라고 고백하며 하나님의 절대주권을 믿었던 것입니다.

하나님은 은하계를 창조하셨는데 천억 개가 넘는 은하계 가운데 그 높고 높은 별들 속에서 지구를 보면 지구가 보이지 아니합니다. 우리는 지구가 넓다고 생각하고 살아가지만 이 지구는 별들의 세계에서 보면 보이지 아니합니다. 그 전능자 하나님께서 우리에게 은혜를 주시려고 기다리십니다.

우리에게 뜻하지 아니하는 고난과 슬픔이 있더라도 낙심하지 맙시다. 하나님을 기다립시다. 아프리카 선교사 데이비드 리빙스톤은 말하기를 "사명자는 죽지 않는다."고 했습니다. 우리의 환경과 여건이 깨어진 그릇과 같을지라도 두려워하지 맙시다. 우리 구주 예수 그리스도께서 우리가 비록 질그릇이라 할지라도 복음이 담겨있는 보배로운 그릇으로 사용하실 것입니다.

감리교의 창시자인 영국의 요한 웨슬리 목사는 "당신이 삼일 안에 죽을 수밖에 없음을 안다면 무엇을 할 것인가?"라는 질문에 이렇게 대답합니다. "나는 하려고 이미 계획했던 것, 즉 이곳에서 봉사하고 다른 곳에 설교자들을 보내고 또 다른 곳에 머물며 내 영혼을 주신 분에게 영혼을 돌려드리도록 부름 받는 시간이 올 때까지 그렇게 하겠다."고 그의 소신을 밝혔습니다.

2. 주권자 되시는 하나님께 기도하는 신앙입니다. (17절)

"여호와여 내가 주를 불렀사오니 나를 부끄럽게 하지 마시고 악인들을 부끄럽게 하사 스올에서 잠잠하게 하소서"라고 성경은 말씀합니다. 그의 위대한 점은 여러 가지 핍박과 조롱과 비방 가운데서도 낙심하지 아니하고 기도한 신앙인 것입니다. 그는 하나님의 절대주권을 믿었기 때문에 주권자 되시는 주께 기도하는 것입니다.

기도가 없다면 은혜도 없지만, 아무리 절박한 상황에서도 주를 부르는 자에게는 하나님의 은혜가 있는 것입니다. 기도의 줄이 끊어지지 아니하고 기도가 막히지 아니하는 자는 은혜 가운데 있는 자입니다. "주여 나의 모든 소원이 주 앞에 있사오며 나의 탄식이 주 앞에 감추이지 아니하나이다"(시 38:9)라고 다윗은 증언합니다. 사람의 허물과 실수는 사람들에게 가리면 가릴수록 좋고, 하나님께는 보이면 보일수록 좋습니다.

다윗은 고난을 피하기 위하여 동굴로 숨지 아니합니다. 그는 진리를 손상시키려고 하나님께 욕 돌리지도 아니합니다. 그는 생명의 위협을 받고 있지만 대적들을 위협하지 아니하고 그들과 대화의 문을 열고 타협하거나 사정하지도 아니합니다. 세상과 나는 간 곳이 없을 만큼 그는 하나님께 기도할 뿐입니다.

종교개혁자 마틴 루터는 깊은 기도에 대하여 이렇게 말합니다. "입으로만 기도하지 않도록 허락해 주시고, 내 마음 깊은 곳에서 우러나오는 기도를 하도록 도와주소서." 종교개혁을 앞두고 그는 긴장과 초조와 불안 속에서 떨기도 했습니다. 그러나 하나님의 영광을 위하여 개혁하겠다는 마음으로 절박한 상황에서 애절하게 기도할 때에 그는 큰 힘을 얻었던 것입니다. 그는 기도를 마친 후에 이렇게 선언합니다. "나는 승리했다." 우리도 주어진 환경과 처지와 입장과 모양이 서로 다르지만 하나님의 절대주권을 믿고 기도하고 승리를 선언하며 살아갑시다.

우리의 기도는 언제라도 마음속 깊은 자리에서 쏟아져 나와야 합니다. 기도는 항상 열려있는 창문이고, 우리가 기도할 수 없는 환경이란 있을 수 없습니다. 기도는 전투 중에 언제라도 무료로 사용할 수 있는 무기입니다. 각종 무기들은 고액의 값을 지불해야 합니다. 그러나 기도는 돈 내고 하는 것이 아닙니다. 우리 부모님들이 자기 자식을 위하여 돈으로 다 해결할 수 있다고 말한다면 매우 어리석은 것입니다. 돈으로 해결 못하는 부분이 있습니다. 오직 하나님의 은혜로 해결되는 것이 있습니다. 그것이 돈으로 되는 것이 아니고 기도인 것입니다. 그러므로 오늘도 우리에게 건강을 주시고 호흡과 맥박을 고르게 하시고 하루의 생명을 연장시켜 주신 하나님께 감사기도하며 삽시다.

다윗이 유대 광야에 있었을 때에 "주는 나의 도움이 되셨음이라 내가 주의 날개 그늘에서 즐겁게 부르리이다"(시 63:7)라고 성경은 말씀합니다. 인간적인 눈으로 보면 사울 왕의 아들 요나단이 후계자가 되어야 하지만 하나님은 목동 다윗을 왕으로 삼으십니다. 사울 왕은 하나님의 말씀을 멸시한 자입니다. 그러므로 하나님이 그를 버리신 것입니다. 하나님의 말씀을 무시하는 행위는 살아계신 하나님을 모독하는 것입니다. 그러기에 그는 전쟁에서 패전하고 그의 아들인 장남 요나단을 포함하여 세 아들이 함께 전사한 것입니다. "사람이 악으로서 굳게 서지 못하거니와 의인의 뿌리는 움직이지 아니하느니라"(잠 12:3)라고 성경은 말씀합니다. 사람이 악을 행하면 절대로 성공한다고 보장할 수 없는 것입니다. 악을 행하는 자는 서서히 소멸되어가고 결국에는 멸망하는 것입니다.

　죄인이 범하는 악행은 사람의 눈은 피할 수 있어도 하나님은 결코 밝히실 것입니다. 악을 행하고 성공하고 부귀영화를 누리는 것은 행복이 아니라 불행인 것입니다. 지옥 불에 떨어지기 전에 이 세상에서도 영구히 살 수 없기 때문입니다. 그리고 악한 자의 집은 망하겠고 정직한 자의 장막은 흥하는 것입니다(잠 14:11). 그러므로 사울 왕의 집은 점점 미약해지고 다윗의 집은 점점 강해졌던 것입니다.

　우리는 기억하고 명심합시다. 우주 만물을 창조하시고 통치하시며 인간의 삶과 죽음을 주장하시는 전능하신 하나님이 우리의 친구가 되신다면, 우리는 사람들 앞에서 조금도 굽실거릴 필요가 없는 것입니다. 왜냐하면 하나님이 나의 도움이 되시기 때문입니다. 다윗의 일생을 보면 그는 성공을 자신에게 돌리지 아니했습니다. 그는 장군이요 시인이요 과감한 추진력도 있었습니다. 사나운 맹수 앞에서도 용맹스럽고 사려 깊은 지혜로운 사람입니다. 그는 지금도 그리스도인들과 유대인들에게 존경 받는 인물입니다. 그러나 그는 자신의 힘으로 인생을 개척하고 성공하였다고 말하지 아니합니다. 오히려 다윗은 겸손하게 "이 하나님이 나를 위하여 보복해 주시고 민족들이 내게 복종하게 해주시도다"(시 18:47)라고 성경은 말씀합니다. 그는 하나님이 자신의 고난에 개입하여 주시기 때문에 자신은 도움을 받았다는 것입니다.

　우리가 아무리 큰 시련과 고통이 있을지라도 하나님만 개입하여 주시면 문제될 것이 없는 것입니다. 우리의 건강과 생명까지도 하나님이 간섭하셔야 안전한 것입니다. 사람이 보기에는 죽을 일처럼 보이지만 하나님은 인간을 창조하신 분이십니다. 역경 중에도 나의 힘으로 감당할 부분은 조금 밖에 되지 아니합니다. 그러나 하나님이 개입하여 주시면 악조건적인 상황과 문제 자체를 해결하여 주시기 때문입니다.

그렇다면 하나님의 도움을 받는 것은 어디로부터 오는 것입니까? 전능하신 하나님께 기도하는 것입니다. 기도하면 악한 원수들이 사방에 몰려 있을지라도 부끄러움을 당하지 아니합니다. 오히려 악인들을 부끄럽게 하시는 것입니다. 그렇다면 하나님은 다윗에게 한 번만 도움을 주신 것입니까? 아닙니다. 전능하신 하나님은 다윗의 일생을 통하여 도움을 주시고, 그의 아들 솔로몬과 후손들에게 300년 이상 복을 주시고 도움을 주신 것입니다.

우리 자신들도 부족하고 무능하지만 "주는 내 하나님이십니다."라고 부르짖어 기도합시다. 그리하면 우리와 우리 후손들에게도 은혜를 주시고 복을 주실 것입니다. 의인은 고난이 많으나 여호와께서 그의 모든 고난에서 건져주십니다. 그의 모든 뼈를 보호하여 주시고 그 중에서 하나도 꺾이지 아니하게 하십니다(시 34:19-20).

우리가 아는 대로 솔개의 수명은 70년입니다. 그런데 40세가 되면 큰 위기가 옵니다. 부리와 날개가 시들어지고 발톱이 빠집니다. 지혜로운 솔개는 30년을 더 살기 위하여 피나는 노력을 한다고 합니다. 자기의 부리를 바위에 부딪쳐서 피를 흘립니다. 발톱도 바위에 충격을 주어 피를 흘립니다. 그렇게 되면 나중에는 부리와 발톱이 새로 나고 견고하여지고 날개도 새로 난다고 합니다. 그리하여 30년을 더 연장하는 것입니다. 그렇지 않으면 40세에 죽는 것입니다. 마찬가지로 우리가 영적으로 피눈물 나는 절박한 기도를 하나님께 드려야 합니다. 우리는 육신의 부모나 환경도 자신의 무능함도 탓하지 맙시다. 전능하신 하나님께 부르짖어 기도합시다.

본문 22절에 보면 "내가 부르짖을 때에 주께서 나의 간구하는 소리를 들으셨나이다"라고 성경은 말씀합니다. 가장 진실한 기도는 절박한 상황에서 "하나님, 저를 도와주세요."라고 부르짖는 기도인 것입니다. "내가 환난 중에서 여호와께 아뢰며 나의 하나님께 부르짖었더니 그가 그의 성전에서 내 소리를 들으심이여 그이 앞에서 나의 부르짖음이 그의 귀에 들렸도다"(시 18:6)라고 성경은 말씀합니다. 자비하신 하나님은 우리의 부르짖는 기도를 들으시는 분이십니다. 이 기도는 울부짖음의 기도입니다. 다윗처럼 '주는 내 하나님이십니다.'라는 말씀을 굳게 붙잡고 기도해야 합니다. 우리들이 성령의 감동을 받고 기도하면 응답 받는 확신이 옵니다.

일본 선교지에서는 일본어 예배드릴 때에 종종 눈물이 납니다. 신앙 고백 하면서 울고 찬송하다가 울기도 하고 때로는 설교하다가 눈물을 적시고 결론을 맺지 못하고 눈물로 마무리 할 때도 있습니다. 그리고 축도할 때에도 목이 매여서 눈물을 손수건으로 닦고 마치는 경우도 있었습니다. 이것은 전적으로 자비하신 하나님이 우리에게 주신 은혜인 것입니다.

그러면 다윗이 기도한 결과는 무엇입니까? 수치를 당하지 않게 하십니다. 17절에 보면 "여호와여 내가 주를 불렀사오니 나를 부끄럽게 하지 마시고 악인들을 부끄럽게 하사"라고 다윗은 기도합니다.

중요한 것은 '진정으로 하나님만 의지하고 기도하는가?' 이것이 문제입니다. 여기에 더하기 물질이나 사람이 있어서는 안 됩니다. 사람도 의지하고 하나님께 기도하는 것입니까? 우리가 기도는 하였지만 응답받지 못하는 것은 우리가 기도한 후에 보증하는 하나님의 말씀이 전혀 없었기 때문입니다. 다윗처럼 "주는 내 하나님이십니다"라고 기도합시다. 《천로역정》의 저자인 존 번연은 "기도는 영혼의 방패요 하나님께 드리는 제물이며 사탄을 향한 채찍이다."라고 설명했습니다. 우리가 극한 상황에서라도 하나님께 기도하면 언제라도 응답하실 것입니다. "환난 날에 나를 부르라 내가 너를 건지리니 네가 나를 영화롭게 하리로다"(시 50:15)라고 성경은 말씀합니다. 우리는 평온할 때나 환난의 날에는 더욱 소리 높여 주께 기도해야 할 것입니다.

시인은 "저녁과 아침과 정오에 내가 근심하여 탄식하리니 여호와께서 내 소리를 들으시리로다"(시 55:17)라고 증언합니다. "네가 부를 때에는 나 여호와가 응답하겠고 네가 부르짖을 때에는 내가 여기 있다 하리라"(사 58:9)고 성경은 말씀합니다. 우리들도 응답의 말씀을 붙잡고 기도하고 기다립시다. 우리가 고난 중에 있을 때에 기도하지 않으면 오히려 더 어려움이 가중될 수도 있습니다. 그러나 기도하는 사람은 결코 부끄러움을 당하지 아니합니다.

인생의 유일한 소망은 우리 구주 예수 그리스도를 발견하는 것입니다. 그분이 나를 위하여 십자가에 못 박히시고 구원을 우리에게 약속하신 것을 믿기만 하면 되는 것입니다. 그분이 우리 인생의 책임자이심을 믿고 순종하고 따라가기만 하면 됩니다. 우리 구주 예수 그리스도를 믿기만 하면 천국으로 인도하시고 인생의 삶에 개입하시어 영적으로나 육신적인 모든 문제를 해결하여 주십니다.

전능하신 하나님은 우리에게 어떠한 분이십니까? 그의 노여움은 잠깐이요 그의 은총은 평생인 것입니다(시 30:5). 우리에게 고난과 슬픔보다는 기쁨과 은혜와 복이 오래 지속되기를 간절히 소원합니다. 하나님께 부르짖는 자는 부끄러움을 당하지 아니하고 기도하는 사람은 수치를 당하지 않습니다.

한국교회가 많은 비난을 받고 있습니다. 반기독교 세력으로 인하여 많은 곤경에 빠지고 있습니다. 성경이 악서라고 하여 서명을 천만 명을 받았다고까지 합니다. 그러나 두려워하지 말고 우리의 허물과 죄를 자복하기만 하면 됩니다. 한국교회가 회복되는 비결은 우리의 마음을 찢고 철저하게 회개하고 통곡하는 것뿐입니다. 기도하는 개인과 민족은 망하지 아니하고 회개하고 기도하면 부흥이 일어납니다. 다윗의 기도를 들으신 하나님께서 우리들의 기도도 들으실 줄로 믿습니다. 하나님은 우리의 기도에 귀를 기울이시는 분이십니다.

또한 시인은 하나님이 간섭하실 것을 의심하지 않았던 것입니다. 본문 19절에 보면 "주를 두려워하는 자를 위하여 쌓아두신 은혜"라고 성경은 말씀합니다. 하나님을 경외하고 하나님만을 의지하는 자가 받은 복입니다. 여기서 '쌓아두신 은혜'는 두 가지를 의미합니다.

1) 하나님께서 인간이 예측할 수 없는 때에 주시는 축복을 의미합니다.

다윗이 전에는 근심과 슬픔에 싸여 있었습니다. 원수들에게 욕을 당하고 회복되기 힘든 깨진 그릇과 같은 신세였습니다(12절). 그리고 무리의 비방 소리에 두려움에 사로잡히고 생명의 위협까지 당하기도 했습니다. 그러나 하나님을 두려워하며 섬겼던 다윗에게는 하나님이 쌓아두신 은혜가 있었던 것입니다.

우리에게도 평소에 하나님을 잘 섬기고 교회를 섬기며 생명 바쳐 충성봉사 하며 전도하고 선교하는 일들은 모두가 하나님께 쌓아지는 것입니다. 다윗은 아무리 절박한 상황에 있더라도 하나님을 절대적으로 의지하는 믿음과 하나님에게 꼭 붙어있기를 바라는 신앙이 그에게 있었던 것입니다.

그러므로 하나님은 그에게 다시 왕권을 회복시켜 주십니다. 22절에는 "내가 주께 부르짖을 때에 주께서 나의 간구하는 소리를 들으셨나이다"라고 성경은 말씀합니다. 우리들도 하나님의 절대주권을 믿고 매일 기도하면서 쌓아둔 하나님의 은혜가 있어야 합니다. 우리는 평상시에 기도를 많이 하고 하나님을 더 의지하고 우리 구주와 몸 된 교회를 위하여 충성봉사 하고 헌신을 많이 해야 할 것입니다.

주의 일은 결코 작은 일이 아닙니다. 영혼을 구원하는 일은 위대한 사역이며 하나님이 기뻐하시는 일인 것입니다. 하나님께 쌓아둔 은혜가 많으면 많을수록 좋습니다. 왜냐하면 우리가 절박한 위기를 만날 때에 쌓아 둔 은혜로 보상받기 때문입니다. 하나님이 우리에게 쌓아두신 은혜를 생각하면 이것은 말로 다 표현할 수 없는 넘치는 은혜인 것입니다. 그는 만일 하나님이 자기를 인도하여 주지 않으셨다면 자신이 이 영광의 자리에까지 오르게 된 것은 불가능하다고 느꼈을 것입니다.

다윗은 지난날의 삶은 시련과 고난과 미움과 박해와 방랑생활과 배신 등이었으나 이것들까지도 전적으로 하나님이 선한 길로 인도하심을 알았던 것입니다. 다윗의 노년에 고백은 "하나님이여 내가 늙어 백발이 될 때에도 나를 버리지 마시며 내가 주의 힘을 후대에 전하고 주의 능력을 장래의 모든 사람에게 전하기까지 나를 버리지 마소서"(시 71:18)라고 간절하게 기도합니다. 그는 과거에 늘 곤고하고 결핍되어 있었기 때문입니다. 그러기에 전능하신 하나님의 힘을 전적으로 의지하지 않았더라면 결코 지금까지 생존할 수 없음을 절실하게 깨달았던 것입니다. 우리는 기억합시다. 분명하고 확실한 것은 하나님의 절대주권을 믿고 의지하는 마음은 세월이 지날수록 깊어지기에 성숙한 그리스도인들은 믿음이 더욱 견고해질수록 자신에 대하여는 나는 아무것도 아니요 하나님이 모든 것을 다 이루신 것이요 하나님의 은혜였을 뿐이라고 강조합니다.

특별히 우리 구주 예수 그리스도와 그의 복음을 위하여 수고하고 헌신하며 충성봉사 하였던 자들에게 쌓아두신 은혜가 클 것입니다. 그리고 어떤 고난과 박해에도 굴복하지 아니하고 우리 구주와 복음을 위하여 생명을 바친 순교자들과 그의 후손들에게 쌓아두신 은혜는 풍성할 것입니다. 우리에게 주시는 자연은총 중에 햇빛이 밝은 것이지만 그 햇빛보다 더 밝은 영광이 장차 임하게 될 것입니다. 십자가에 못 박히신 예수를 나의 구주로 영접한 백성들과 그분을 위하여 십자가와 부활의 복음을 증언하는 자들에게는 영원토록 가장 밝게 빛나는 천국에 들어가게 될 것입니다. 그러므로 구원받은 백성은 하나님이 우리를 위하여 쌓아두신 은혜에 항상 감사하며 살아야 하는 것입니다.

하나님이 쌓아두신 은혜와 복을 받기를 원하십니까? 우리 구주 예수 그리스도와 그의 복음을 위하여 낮아지고 더 낮아집시다. 그리고 주님과 교회와 형제자매들을 섬겨봅시다. 그리하면 반드시 높여주시고 쌓아두신 은혜의 창고를 열어주실 것입니다. 우리 구주 예수 그리스도의 은혜의 생수는 아무리 많이 마시고 마셔도 조금도 모자라지 아니하는 것입니다. 우리에게 하나님과 교제할 수 있는 평온한 마음과 힘과 지혜는 세상으로부터는 전혀 기대할 수 없는 것입니다.

그러므로 하나님이 우리를 위하여 쌓아두신 은혜를 기억하고 감사하며 삽시다. "자기 아들을 아끼지 아니하시고 우리 모든 사람을 위하여 내주신 이가 어찌 그 아들과 함께 모든 것을 우리에게 주시지 아니하겠느냐"(롬 8:32)라고 성경은 말씀합니다. 세상은 우리에게 주는 것이 인색하다 할지라도 하나님은 우리에게 언제나 풍족하게 주십니다. 왜냐하면 독생자이신, 즉 독특하신 아들 예수 그리스도까지 우리에게 아낌없이 주셨기 때문입니다. 우리가 실족하고 절망상태에 있을 때에 생각지도 않았던 은혜를 주시는 것입니다.

다윗은 여덟 명의 아들 중 막내아들로 목동 시절을 보냈는데, 그는 부모도 알아주지 않았습니다. 가족회의에 참석도 못했습니다. 그는 마음 아팠던 고백을 이렇게 합니다. "내 부모는 나를 버렸으나 여호와는 나를 영접하시리이다"(시 27:10)라고 성경은 말씀합니다. 얼마나 그의 상처가 깊이 박혀 있는지를 알 수 있습니다. 그는 심지어 자기를 낳아주신 부모에게도 버림을 받은 사람입니다.

그 당시에 양을 치는 목동은 별로 알아주지 아니하는 직업입니다. 그러나 하나님은 다윗을 사랑하고 은혜를 베푸시며 그를 따뜻하게 영접하십니다. 그에게 일곱 명의 형들이 있었지만 하나님은 그들을 택하지 않으셨습니다. 하나님의 은혜로 다윗이 선택을 받습니다.

그는 평생에 하나님의 은혜로 세 번이나 기름부음을 받았습니다. 첫 번째는 사무엘 선지자가 장차 왕이 될 다윗에게 기름을 부은 것입니다. 두 번째는 유다 사람들이 다윗에게 기름을 부어 그를 이스라엘 민족의 일부를 다스리게 했습니다. 세 번째는 헤브론에서 온 이스라엘이 함께 나아와서 다윗을 자신들의 왕으로 삼는 엄숙한 예식을 행사할 때에 기름부음을 받았던 것입니다. 그러므로 그는 하나님이 자신의 왕권을 견고하게 하신 것으로 믿었던 것입니다.

다윗은 완전한 사람은 아닙니다. 실수도 있고 허물도 많은 사람입니다. 사울 왕이 죽은 후에도 그는 스스로 왕이 되겠다고 하지 않았습니다. 기회가 왔으니 '내가 왕이다'라고 선포하지도 않고 그는 매사에 하나님께 물어봅니다. '하나님 어떻게 할까요?' 묻습니다. 그때에 하나님께서 다윗에게 헤브론으로 가라고 말씀하십니다. 그러기에 다윗은 순종하고 헤브론으로 가서 거기서 왕이 됩니다. 다윗은 파란만장한 시련과 죽음의 고비를 모두 통과한 사람이고, 산전수전을 이미 다 겪은 사람입니다. 하나님은 내 종 다윗이라고 칭찬하십니다. 연단과 시련이 다 끝난 이후에 하나님은 그에게 왕권을 주시고 그의 나이 삼십 세에 왕위에 오르게 됩니다. 그 후에 사십 년을 통치합니다(삼하 5:4).

놀라운 것은 전쟁을 하면 하나님이 모두 이기게 하십니다. "다윗이 시온 산성을 빼앗았으니 이는 다윗 성이더라"(삼하 5:7). 이 모두가 하나님이 쌓아두신 은혜를 주신 것입니다. 그러므로 하나님은 다윗이 어디로 가든지 승리를 주십니다. "다윗이 에돔에 수비대를 두되 온 에돔에 수비대를 두니 에돔 사람이 다 다윗이 종이 되니라 다윗이 어디로 가든지 여호와께서 이기게 하셨더라"(삼하 8:14)라고 성경은 말씀합니다. 전능하신 하나님이 우리와 함께 하시면 어디서든지 승리의 개가를 부르게 되는 것입니다.

2) 성도에게 주시는 축복은 측량할 수 없는 풍성한 것임을 의미합니다.

우리는 하나님의 사랑을 전혀 측량할 수가 없을 뿐만 아니라 그분의 사랑은 길이나 높이나 너비가 무한합니다. 하나님의 은혜가 너무나도 넓고 크기 때문에 대서양과 태평양의 바다를 먹물로 삼고 하나님의 은혜를 기록한들 어찌 다 기록할 수가 있겠습니까? 입으로 글로 다 표현할 수가 없는 것입니다. 하나님의 축복도 마찬가지입니다. 이 축복이 자기 조국에서 누린다고 하여도 일부분이요 한 점에 불과합니다. 그러나 하나님의 소유는 이 우주 전체입니다. 세상 나라가 모두 하나님의 소유인 것입니다. 천상의 세계와 땅과 바다의 모든 경계선이 다 주의 것입니다. 하나님이 우리에게 주시는 복은 측량할 수 없는 복입니다.

세상의 물질은 자원이 고갈 당할 수도 있습니다. 전 세계의 자원을 보더라도 물이나 석유가 항상 풍족한 것만은 아닙니다. 만약에 이런 수질 자원이 바닥이 난다면 전쟁을 할 수도 있는 것입니다. 금과 은과 돈이 부족하여 부도가 난다면 나라도 붕괴될 수가 있는 것입니다. 그러나 하나님의 자원은 모자람이 전혀 없습니다. 세상의 자원과 은총은 한계가 있습니다. 그러나 하나님의 나라는 부족함과 모자람이 전혀 없습니다. "또 그가 수정 같이 맑은 생명수의 강을 내게 보이니 하나님과 어린 양의 보좌로부터 나와서 길 가운데로 흐르더라 강 좌우에 생명나무가 있어 열두 가지 열매를 맺되 달마다 그 열매를 맺고 그 나무 잎사귀들은 만국을 치료하기 위하여 있더라"(계 22:1-2)고 성경은 말씀합니다.

우리의 굶주림을 해결하는 것도 중요합니다. 그러나 우리가 예수 믿고 구원받았다면 천국에 들어가야 합니다. 천국에서 생명수의 강을 주실 분은 오직 어린양이신 우리 구주 예수 그리스도로부터 오는 것입니다. 이제 다윗은 "주의 종을 후대하여 살게 하소서 그리하시면 주의 말씀을 지키리이다"(시 119:17)라고 증언합니다.

우리는 기억합시다. 하나님이 우리를 후대하여 주시면 은혜와 복을 받습니다. 이것이 하나님의 은복이며 하나님이 후대하시는 복입니다. 그리고 다윗은 하나님께 다시 기도합니다. "나를 더욱 창대하게 하시고 돌이키사 나를 위로하소서"(시 71:21)라고 성경은 말씀합니다. 사람이 창대하고 성공하고 싶다고 하여 복 받는 것이 아니라 하나님이 창대하게 하셔야 복을 받게 됩니다.

사도 바울은 빌립보 교회에 대하여 "나의 하나님이 그리스도 예수 안에서 영광 가운데 그 풍성한 대로 너희 모든 쓸 것을 채우시리라"(빌 4:19)고 증언합니다. 하나님은 우리에게 복을 주시되 풍성하게 주십니다. 내가 노력해서 채우는 것보다 더 안전한 것이 무엇입니까? 전능하신 하나님이 채워 주시는 것입니다. 하나님이 은혜와 복을 주시면 복을 받는 것입니다. 이름도 빛도 없이 선교지에서 현지인들을 위하여 묵묵히 사역하는 선교사님들에게도 하나님이 측량할 수 없는 은혜와 복을 주실 것입니다.

다윗은 유난히 하나님의 은혜와 복을 많이 받은 사람입니다. 하나님은 다윗을 보통 다윗이라고 부르시지 아니하고 "내 종 다윗"(시 89:3-4)

이라고 말씀하십니다. 특별히 하나님은 다윗에게 애정을 많이 쏟아 주시고 복을 약속하시는데 "내가 내 종 다윗을 찾아내어 나의 거룩한 기름을 부었도다 내 손이 그와 함께 하여 견고하게 하고 내 팔이 그를 힘이 있게 하리로다"(시 89:20-21)라고 말씀하십니다.

"내 종 다윗"이라는 말이 신구약 성경 여러 곳에 많이 나옵니다. 연약하고 실수와 허물도 많은 다윗이지만 하나님이 견고하게 하시고 그에게 힘을 주시겠다는 말씀인 것입니다. 우리도 하나님과 그의 나라와 그의 의를 구합시다(마 6:33). 우리 구주 예수 그리스도와 그의 복음을 위하여 수고해 봅시다. 몸도 드리고 시간과 물질과 우리 자신까지 드려봅시다. 주님의 증인으로 순교정신을 가지고 주님과 교회를 섬겨봅시다. 하나님은 우리의 섬김과 행위를 기억하시고 은혜와 복 주실 줄 믿습니다.

히브리서 기자는 "하나님은 불의하지 아니하사 너희 행위와 그의 이름을 위하여 나타낸 사랑으로 이미 성도를 섬긴 것과 이제도 섬기고 있는 것을 잊어버리지 아니하시느니라"(히 6:10)고 성경은 말씀합니다. 성도만 섬겨주는 것도 하나님은 모두 잊지 아니하시고 기억하십니다. 다윗은 노년에 이르기까지 은혜를 주시고 그 후손에게까지 복을 주십니다. "네 수한이 차서 네 조상들과 함께 누울 때에 내가 네 몸에서 날 네 씨를 네 뒤에 세워 그의 나라를 견고하게 하리라 그는 내 이름을 위하여 집을 건축할 것이요 나는 그의 나라 왕위를 영원히 견고하게 하리라"(삼하 7:12-13)라고 성경은 말씀합니다. 다윗이 받은 복은 당대에만 누린 것이 아닙니다. 그의 후손들에게 지속적으로 주셨습니다.

3. 하나님께만 소망을 두는 진실한 신앙입니다. (23절)

23절에 보면 "너희 모든 성도들아 여호와를 사랑하라 여호와께서 진실한 자를 보호하시고 교만하게 행하는 자에게 엄중히 갚으시느니라"고 성경은 말씀합니다. 왜냐하면 하나님은 진실한 자를 사랑하시기 때문입니다. 하나님은 진실한 자를 원하시고 성실한 사람을 사랑하십니다. 여기서 진실한 사람은 하나님의 절대 주권을 믿는 사람을 의미합니다. 세상에서는 진실한 사람이 외면을 당할 수 있지만 하나님은 진실한 자를 들어서 하나님 나라의 지도자로 사용하십니다. 시인 다윗은 "내가 성실한 길을 택하고 주의 규례들을 내 앞에 두었나이다"(시 119:30)라고 증언합니다. 우리들도 하나님 앞에서 성실한 길을 택합시다. 하나님은 우리가 어떠한 환경에 있든지 진실하기만 하면 은혜와 복을 주십니다.

우리에게 가난과 질병과 근심이나 사별과 극심한 고난이 있습니까? "보라 내가 너를 연단하였으나 은처럼 하지 아니하고 너를 고난의 풀무 불에서 택하였노라"(사 48:10)고 성경은 말씀합니다. 하나님이 우리를 연단하시는 것은 믿음과 은혜를 주시기 위한 것입니다. 거칠고 험악한 세상을 믿음 없이는 살 수가 없습니다. 고난의 현장에서라도 우리는 연단을 통과함으로 하나님의 은혜로만 만족할 수가 있는 것입니다. 하나님은 우리들이 어떤 형편과 처지에 있든지 건져주십니다. "만군의 여호와께서 우리와 함께 하시니 야곱의 하나님은 우리의 피난처시로다"(시 46:7)라고 성경은 말씀합니다.

사람들은 우리의 협력자는 될 수 있지만 인간의 피난처가 되지는 못합니다. 전능하신 하나님만이 우리의 생명과 죽음을 주장하시고 성공과 실패를 주관하시므로 우리의 소망을 항상 하나님께 두어야 합니다. 고요한 연못에 돌을 던져도 그 순간은 파장을 일으켜도 조금 후에는 다시 고요합니다. 우리가 하나님께 기도하여 응답 받았다고 기뻐하기보다는 하나님 때문에 더 기뻐하며 살아야 합니다. "여호와로 인하여 기뻐하는 것이 너희의 힘이니라"(느 8:10)고 성경은 말씀합니다.

하나님과 날마다 영적으로 교통과 교제를 나누고 영적으로 우리 구주 예수 그리스도로 충만한 것이 하나님 앞에서 진실한 삶을 사는 것입니다. 자신을 낮추고 더 낮추고 마음을 비우고 더 비우며 사소한 일에 신경 쓰지 말며 사람이 우리를 비난하고 비방하여도 예민하게 대응하지 않아야 합니다.

영국의 스펄전 목사는 사람에게 도움을 구하는 것은 허망한 것이라고 했습니다. 왜냐하면 사람에게 무시를 받아도 하나님이 은혜 주시고 복 주시면 높은 위치에도 올라갈 수 있기 때문입니다.

다윗은 사울 왕에게 박해를 받고 떠돌이 방황하는 삶을 유다 광야에서만 10년 정도 살았지만 일정한 처소가 없었습니다. 결국에는 따돌림을 당하고 조국을 떠나 이방인의 땅 블레셋 지역까지 들어가 망명 생활을 하였지만, 마침내 하나님이 그를 높여 주시고 왕권을 허락해 주셨습니다. 다윗은 허물과 실수가 많은 사람이었지만 진실한 신앙의 소유자였습니다. 다윗을 대적하였던 원수들은 갈수록 상황이 악화되었지만 하나님의 절대 주권을 믿고 살았던 다윗은 회복되고 영광스러운 삶을 살게 된 것입니다.

우리에게도 이 세상의 파도는 계속 밀려옵니다. 아무리 방파제를 견고하게 쌓아도 파도를 막을 수가 없습니다. 그런데 하나님이 주시는 은혜의 파도는 사람의 힘으로 막을 길이 없습니다. 우리는 하나님을 믿음으로 소망 중에 살아가며 사람을 무시하지 맙시다. 후배라도 어린아이라도 무시하지 맙시다. 인격적인 사람을 함부로 모독하고 무시하면 적대관계가 됩니다. 이것을 매우 조심스럽게 행동해야 하는 것입니다.

이것을 꼭 기억합시다. 우리 구주 예수 그리스도를 믿는 자의 삶은 교만을 버리고 겸손하게 하나님을 섬기고 진실한 삶을 사는 것입니다.

할 수만 있으면 죄를 기억하며 삽시다. 왜냐하면 하나님은 진실한 자를 사랑하시기 때문입니다. 세상에서는 아부를 떨고 간교하며 위선을 부리는 자가 형통할 수도 있습니다. 그러나 전능하시고 우리의 마음을 불꽃같은 눈으로 살피시는 하나님은 진실한 사람을 사랑하십니다.

보통 사람들이 왜 거짓되게 사는 것입니까? 진실과 거짓이 절반씩 섞여있기 때문입니다. 진실할 수만 있다면 얼마나 기쁘고 즐거우며 행복하고 아름다운 일입니까? 진실이 부족하여 악으로 치우칠 수가 있는 것입니다. 사람은 하나님의 은혜가 떠나게 되면 자신도 모르게 악으로 치우치는 경향이 있습니다. 그러므로 하나님과 사람 앞에 진실한 자가 소망이 있고 존귀하게 쓰임 받게 되는 것입니다. "너희는 진실과 성심을 다하여 여호와를 경외하라"(대하 19:9)고 성경은 말씀합니다.

우리에게 주어진 날들이 많은 것 같지만 사실은 적은 날에 불과합니다. 종교개혁자 요한 칼빈은 우리는 하나님이 주신 기회를 조금이라도 빈둥거리며 살아서는 안 된다고 시간을 강조했습니다. 만약에 이런 날들이 우리에게 있다면 모두가 하나님 앞에서 잃어버린 날들인 것입니다. 이제부터라도 우리 인생의 앞날을 주의 손에 맡기고 살아갑시다. 전능하신 하나님이 우리 인생 전반을 도와주실 것입니다. "하나님은 나를 돕는 이시며 주께서는 내 생명을 붙들어 주시는 이시니이다"(시 54:4)라고 성경은 말씀합니다. 하나님만이 인생의 앞날을 주관하시고 생명을 연장시켜 주시고 인도하십니다.

본문 24절에 "여호와를 바라는 너희들아 강하고 담대하라"고 성경은 말씀합니다. 진실한 자는 하나님께 소망을 두고 살아갈 것입니다. 우리에게 주어진 시간을 잘 활용하며 알차고 보람 있게 보내며 이웃을 사랑하며 하나님께 영광 돌리는 삶을 살아갑시다. 우리 구주 예수 그리스도를 알지 못하는 자들에게 복음을 전하며 삽시다. 이것이 우리 인생의 본분인 것입니다. 그 이유는 우리 인생의 하루하루가 모두 하나님의 손에 달려 있기 때문입니다.

하나님의 말씀을 날마다 깊이 묵상하고 연구하고 신음하여 봅시다. 예수를 나의 구주로 믿고 회개하고 돌아오면 수치가 오히려 은혜와 복이 됩니다. "너희 수치 대신에 보상을 배나 얻으며"(사 61:7)라고 성경은 말씀합니다. 우리들에게도 부끄러움이 있는 것이 오히려 하나님께서 두 배로 보상하여 주시는 것입니다. 우리의 허물과 죄는 예수 그리스도의 십자가의 피로 깨끗이 씻겨지고 가려지고 용서를 받은 것입니다. 예수님이 십자가에서 운명하시기 전에 로마 군인이 창으로 옆구리를 찌를 때에 심장이 파열되면서 물과 피를 다 쏟으셨습니다. 죄인이었던 자들이 예수를 구주로 믿고 두 배로 보상을 받은 자들이 된 것입니다. 남은 생애를 내 뜻과 욕망대로 살지 말고 인생 전폭을 전능하신 하나님의 손에 맡기고 삽시다.

결 론

하나님을 전적으로 의지하는 사람은 복이 있는 사람입니다. 하나님의 절대주권에 달려 있습니다. 우리에게 고난과 연단이 많은 것도 은혜요 복으로 받아들여야 할 것입니다. 왜냐하면 우리의 앞날이 하나님의 손에 달려 있기 때문입니다. 시인 다윗은 인생의 길이가 한 뼘 길이와 같다고 증언합니다. 우리 일생은 하나님 앞에서는 없는 것과 같은 것입니다. 그러나 소망을 하나님께 두고 살면 됩니다.

하나님의 은혜와 복을 누리시기를 원하십니까? 나의 앞날이 형통하기를 소원하십니까? 그리고 하나님께 존귀하게 쓰임 받기를 바라십니까? 소망 중에 여호와 하나님을 사랑하고 진실하게 삽시다. 자비하신 하나님은 진실하게 살아가는 자에게 은혜를 주십니다. 우리는 기억합시다. 주님은 나를 위하여 가시관을 쓰셨는데 우리는 수치의 관이라도 씁시다. 반드시 우리 구주 예수 그리스도께서 우리를 도우실 것입니다. 아무리 어렵고 고비고비가 힘들어도 염려하지 맙시다. 생명의 위기를 만날 때에 절대 주권자이신 하나님께 기도합시다.

하나님의 절대주권을 믿으시기를 간절히 소원합니다. 그리고 우리의 생명이 다하는 날까지 소망 중에 진실하게 신앙을 지키며 우리 구주를 믿지 아니하는 자들에게 전도합시다. 인생의 앞날을 전폭적으로 하나님께 맡깁시다. 자비하신 하나님이 우리 모두에게 은혜와 복 주시기를 우리 주님의 이름으로 간절히 축원합니다.

9
주의 얼굴빛을 비추소서
[시편 80:1-7]

서 론

이 세상에 존재하는 모든 것들은 새로워져야만 생존합니다. 왜냐하면 그 어떤 피조물들도 스스로 살아갈 수 없기 때문입니다. "주의 영을 보내어 그들을 창조하사 지면을 새롭게 하시나이다"(시 104:30)라고 성경은 말씀합니다. 하늘을 찌를 듯한 나무들도 하늘에서 내려오는 비를 마시고 땅에 숨겨진 양분들을 흡수해야 합니다. 인간의 목숨도 하나님으로부터 오는 새 힘을 받지 못하면 결코 유지될 수가 없는 것입니다. 우리의 경건생활도 하나님의 은혜가 없이는 결코 유지 될 수가 없는 것입니다. 오늘날 현대인들의 삶은 평안한 것 같지만 마음 깊은 곳에는 가중한 스트레스와 염려와 불안이 도사리고 있습니다.

일본에는 4명 중에 한 명이 우울증이나 정신질환으로 고생하며 살아갑니다. 어떤 일본인 청년은 목사님께 전화하면서 '여보세요?' 하고 전화를 끊습니다. 전화를 너무 사랑하는 것입니다. 어떤 자매는 인터넷 메일을 너무나 사랑합니다. 목사님께 보낸 메일이 수를 헤아릴 수 없을 만큼 많습니다. 열어보지 아니한 메일이 3,700통이 넘는다고 합니다. 선교지 일본에서 한 가지 소망이 있다면 지도자와 백성들이 예수 잘 믿는 것 밖에는 없습니다. 차세대 젊은이들에게 예수 그리스도의 복음만이 그들이 진정으로 살 수 있는 길인 것입니다.

'오직 예수! 오직 예수! 오직 예수!'만이 소망이요 기쁨이요 구원인 것입니다.

　본문 시편 80편은 주전 722년에 북 이스라엘이 강대국 앗수르에게 멸망당한 그 시기에 지은 시입니다. 아마도 아삽 자손 중 한 사람이 하나님께 호소하는 민족의 슬픔에 대한 시라고 볼 수 있습니다. 역사적으로 볼 때에 북 이스라엘은 하나님이 가장 미워하는 우상숭배와 잡신과 하나님을 함께 섬기는 혼합종교에 깊이 빠져 있었습니다. 그들은 마음과 생각에서 멀리 하나님을 떠났고 하나님의 뜻에 불순종하는 삶을 살았습니다.

　종교적으로 보면 하나님과 잡신을 섬겼습니다. '하나님'은 영어로 'God'인데, '잡신'을 사용할 때는 소문자 'god'입니다. 하나님은 전능하신 분이신데 어떻게 잡신과 비교할 수가 있습니까? 전능하신 하나님은 우주와 만물을 창조하시고 인간을 하나님의 형상대로 창조하신 분이십니다. 우상은 사람이 만든 조각물과 형상에 불과한 것이기에 사람에게 아무런 유익이나 도움을 주지 못합니다. 한마디로 우상은 허무하고 공허한 것이므로 아무것도 아닌 것입니다.
　그런데 어떻게 하나님도 섬기며 말 못하고 듣지도 못하고 감각과 반응도 없는 사람이 만든 형상에 불과한 목상에게 복을 달라고 하니 이 얼마나 어리석은 일입니까? 북 이스라엘이 지금이라도 멸망 가운데서도 한 가지 회복될 수 있는 유일한 길은 우상을 제거하고 회개하고 용서받는 것입니다. 즉 하나님의 무한하신 긍휼이 나타나는 것 외에는 아무것도 없습니다. 즉 하나님으로부터 사랑을 받느냐 못 받느냐, 이것이 큰 관점이었던 것입니다.
　그러므로 우리는 값없이 주시는 은혜의 복음을 온전히 받아들여야만 합니다. 개인의 영혼이 소생하고 교회가 영적으로 뜨거워지고 부흥되어야 민족과 국가의 소망이 있는 것입니다. 교회가 쇠퇴할 때는 영적으로 식어진 때입니다. 영국 교회가 세계 선교를 중단하고 사회복지에만 관심을 가질 때에 그 찬란했던 교회가 영적으로 무기력해졌던 것입니다.

선교하지 아니하는 교회는 부흥과 비전이 없습니다. 신앙생활은 종교인으로 교회에 출석하는 것이 아니라 마음과 뜻과 목숨을 다하여 신앙을 지켜야 합니다. 영적인 죽음을 피하려고 한다면 "주여 우리를 새롭게 하소서! 우리를 부흥시키소서! 우리를 회복시키소서!"라고 큰 소리로 외쳐야 하는 것입니다. "누구든지 주의 이름을 부르는 자는 구원을 받으리라"(롬 10:13)고 성경은 말씀합니다.

복음에는 인종과 피부와 신분과 남성과 여성의 차별이 없습니다. 누구든지 십자가에 못 박히신 예수를 나의 구주와 구세주로 믿기만 하면 구원을 받는 것입니다. 하나님의 공의만 나타난다면 우리 인간들은 모두가 죽어야 마땅한 죄인들입니다. 그러나 긍휼과 자비가 풍성하신 하나님께서 독생자로 주신 구원자 예수를 믿기만 하면 영생을 주십니다. 이것이 복음의 핵심인 것입니다. 이 지구촌에서 버려진 영혼들이 구원을 받는다는 것은 정말로 가장 중요하고 시급하고 위대한 선교사역인 것입니다.

세계 선교사의 무덤이라고 하는 일본 땅에서도 한 영혼이 예수 믿고 구원받는 것은 너무나도 놀라운 일입니다. 기독교와 천주교를 합하여 지금도 200명 중에 한 사람이 예수를 믿습니다. 그러므로 한 영혼이 예수를 나의 구주로 믿고 주님께로 돌아온다는 것은 참으로 가슴이 벅차며 감격스러운 일인 것입니다. 전능하신 하나님이 우리에게 영적으로 소생하고 회복되는 부흥을 주신다면, 우리는 이해와 조건을 초월하여

한 마음이 될 것입니다. 한 사람의 영혼이 구원받는 것보다는 두 사람이, 백 명보다는 천 명이, 천 명보다는 만 명이 구원받는 것을 하나님은 더 기뻐하실 것입니다.

우리가 더 큰 영광을 하나님께 돌리기 위하여서는 무엇보다도 영적인 부흥이 필요한 것입니다. 교회가 존재하는 것은 세상에서 방황하는 영혼을 구원하는 것이며, 그 영혼들을 양육하고 제자 삼아 다시 재생산하여 하나님을 영화롭게 하는 것입니다.

그러면 오늘 본문을 통하여 우리 자신까지도 신앙으로 회복되는 비결이 무엇인가 살펴보면서 은혜를 나누기를 원합니다.

1. 주의 얼굴을 비춰주셔야만 합니다. (3, 7절)

3절에 보면 "하나님이여 우리를 돌이키시고 주의 얼굴빛을 비추사 우리가 구원을 얻게 하소서"라고 하였고, 7절에도 "만군의 하나님이여 우리를 회복하여 주시고 주의 얼굴의 광채를 비추사 우리가 구원을 얻게 하소서"라고 성경은 말씀합니다. 여기서 "주의 얼굴빛"과 "주의 얼굴의 광채"라는 말씀이 두 번 나옵니다. "빛"이란 단어와 "광채"라는 단어는 히브리어로 〈오르 or〉입니다. 이 말은 '밝아지다, 밝게 된다, 빛나다, 빛을 주다, 빛나게 하다'라는 뜻입니다. 즉, 북 이스라엘이 멸망과 좌절과 낙심과 절망에서 살아나게 되는 비결은 주의 얼굴빛과 주의 얼굴의 광채를 비추어 주셔야만 된다는 것입니다. 멸망 직전에 있는 북 이스라엘에게 소망의 빛을 비추어 주실 때만이 그들은 절망에서 벗어날 수 있고, 개인과 국가가 생존할 수 있는 것입니다.

그러면 주의 얼굴은 무엇을 의미하는 것입니까? 이것은 '하나님의 호의', 즉 '하나님의 은혜'를 의미하는 것입니다. 하나님이 당신의 얼굴을 이스라엘 백성들에게 비추어 주시면 은혜로 회복이 되고 평강을 소유하게 됩니다.

　오늘날 현대인들이 생존경쟁에 너무나도 시달립니다. 이 세상에는 두 종류의 사람들로 분류됩니다. 여호와 하나님을 경외하면서 살아가는 인생과 하나님을 알지 못하고 멀리 떠나 고독하게 사는 인생입니다. 하나님을 모르는 자들이나 하나님을 섬긴다고 하면서도 두 주인을 섬기는 자들은 어디까지나 자신의 자유의지를 가지고 몸부림칩니다. 그러므로 그들은 하나님을 대적하여 아주 완강하게 버티고 하나님의 말씀에 복종하지 않습니다. 이것이 전적으로 부패한 죄인들의 본성인 것입니다.
　하나님 앞에서 전적으로 타락한 인간은 자기 자신을 온갖 편견과 선입견들로 요새처럼 둘러싸고 있기에 좀처럼 하나님의 은혜를 구하려고 하지 않습니다. 하나님의 말씀을 들을 수 있는 기회가 주어짐에도 불구하고 다음 기회로 미루는 자들은 하나님의 얼굴빛이 들어갈 수가 없는 것입니다. 가장 지혜롭고 영적인 사람은 신앙의 부흥을 위하여 내일로 미루지 아니하고 오늘이라고 하는 시간에 하나님의 은혜와 긍휼을 구합니다. 그러나 내일로 미루는 자들은 영원히 하나님의 은혜를 거부하고 홀로 살다가 비참하게 될지도 모릅니다.
　현실적으로 대부분의 사람들은 소망이 보이지 않는다고 하여 절망하고 자살도 합니다. 사람이 절망하기 시작하면 절망에 점점 익숙해지게 되는데, 그것은 마치 북극의 추위와 같이 사람을 점점 무감각하게 만들어 버립니다. 세월이 지나다 보면 자신도 모르게 낙담의 잠에 빠져 죽어 버리게 되는 것입니다. 그러나 이 절망도 하나님의 은혜만 있으면 해결됩니다.
　하나님은 인간의 완고한 쇠 빗장을 부수실 수 있을 뿐 아니라 놋 성문들을 산산조각 내실 수 있으십니다. 우리 인간의 내면에 우리 자신을 꽁꽁 묶고 있는 죄악과 의심의 성벽들이 무너지고 깨어져야 합니다. 과거의 얼룩진 상처와 우울함과 답답함에서 해방되어야 합니다. 전능하신 하나님은 낙심과 절망과 의심에 사로잡힌 자들을 지하 토굴에서 건져 올려서 견고한 반석 위에 두시는 전능하신 분이십니다. 우리 가운데에 아직도 힘들고 지치고 곤고한 자들이 있습니까? 하나님의 은혜를 속히 구하시기 바랍니다. 우리 가운데 하나님의 얼굴빛과 주의 광채가 온 종일 비추게 되기를 간절히 소원합니다.

사람이 햇빛 속으로 들어갈 때에 따뜻함을 느끼듯이 우리도 하나님의 얼굴 빛 속으로 더 가까이 나아갈 때에 하나님의 은혜와 기쁨을 더 크게 누리게 되는 것입니다. "여호와 내 구원의 하나님이여 내가 주야로 주 앞에서 부르짖었사오니"(시 88:1)라고 성경은 말씀합니다. 고라 자손들은 구원의 하나님께 부르짖었습니다.

전능하신 하나님 앞에 울부짖으며 간구하는 자에게 소망이 있고 은혜가 위로부터 내려옵니다. 아무리 하나님 앞에서 울고 싶어도 울지 못하는 것은 하나님의 은혜가 없기 때문입니다. 그러나 작은 일 하나에도 제대로 충성하지 못하고 믿음으로 살지 못한 것을 뉘우치며 울 수 있는 사람은 하나님의 은혜를 힘입은 자인 것입니다. 그러므로 새벽에도 낮에도 밤에도 부르짖어 간구해야 새 힘과 용기와 능력을 소유하게 됩니다. 무지개가 없어지면 우리는 더 이상 그것을 볼 수가 없습니다.

햇빛과 무수하게 많은 작은 물방울들로 만들어진 무지개는 왜 잠시 잠깐만 보입니까? 무지개는 환상적인 것이기 때문에 영원하지 않습니다. 환상은 아름답지만 사라지면 슬퍼지는 것입니다. 우리의 소망은 보이다가 사라지는 환상이 아니라 우리를 죄와 죽음과 저주로부터 구원하신 우리 구주 예수 그리스도이십니다. 오직 그리스도만을 구하는 자가 복이 있습니다. 하나님은 오늘의 하나님이실 뿐만 아니라 내일의 하나님이십니다. 오늘도 하나님의 임재를 기다리고, 내일은 하나님의 얼굴빛을 기다리고, 모레는 하나님의 뜻이 주의 은혜를 기다리는 모든 자들에게 이루어지기를 간절히 소원합니다.

하나님의 사람 모세는 "아침에 주의 인자하심이 우리를 만족하게 하사 우리를 일생 동안 즐겁고 기쁘게 하소서"(시 90:14)라고 증언합니다. 우리 인생은 마치 깨어진 유리 조각을 밟고 때로는 가시 밭 길을 걸어가는 존재들입니다. 그러나 주의 인자하심이 함께 하시면 우리 인생여정의 삶을 즐겁고 기쁘게 살 수 있는 것입니다. 우리의 형편과 처지와 입장과 모양이 초라하고 어렵더라도 낙담하지 맙시다.

은혜를 베푸시는 것은 하나님의 본성입니다. 은혜를 베풀고 계시는 그 기간에 우리는 주의 얼굴빛을 사모해야 합니다. 즉, 부족하고 무기력한 인간이지만 하나님의 은혜가 나타나기만 하면 척박한 황무지 땅에 장미꽃이 피게 됩니다. 거친 광야를 푸른 초장이 되게 하시고 사막을 물이 풍부한 전답으로 바꾸십니다. 그러나 이보다 더 큰 역사는 죄와 허물로 인하여 냉랭하고 곤고한 영혼이 하나님의 은혜와 사랑으로 회복되어 강건하고 행복한 삶을 살아가는 것입니다. 하나님께만이 무한하신 은혜와 사랑과 호의와 능력이 있는 것입니다.

그러므로 지혜로운 사람은 하나님의 은혜를 받고 살기에 활기차고 생동감이 넘치는 것입니다. 본문 7절 하반절에 "우리가 구원을 얻게 하소서"라고 성경은 말씀합니다. 하나님이 당신의 얼굴 광채를 그의 백성들에게 비추시는 것은 생명의 빛을 비추시는 것을 의미합니다. 그러므로 그들의 영혼을 구덩이에서 이끌어 내십니다(욥 33:10). 해는 아무리 그 빛을 비추어도 마치 자신의 빛을 쌓아둔 양 늘 변함이 없습니다. 왜냐하면 빛을 비추는 것은 해의 본성이기 때문입니다.

해가 비추지 아니하는 북극 지역에 사는 에스키모 사람들은 참으로 살아가기 어렵고 힘이 듭니다. 근래에는 의사들이 하루에 30분 이상 햇빛을 받으면서 걸어가면 비타민 D를 많이 받게 된다고 말합니다. 비타민 D를 많이 받으면 받을수록 건강에 좋다는 것입니다. 태양을 창조하신 하나님은 해보다 더 많은 은혜와 긍휼과 자비를 베푸십니다. "나는 긍휼이 많은 자라 노를 한없이 품지 아니하느니라 여호와의 말씀이니라"(렘 3:12)라고 성경은 말씀합니다.

사람은 분노를 참지 못하여 화약을 터트리는 것처럼 폭발하지만, 하나님은 노를 끝까지 품지 아니하십니다. 이 지구촌에 일어나는 전쟁과 기근과 지진과 종교분쟁과 테러, 이런 일들은 사람이 보기에는 살벌하지만 이곳에 주의 얼굴빛인 그분의 은혜가 나타날 때에 소망이 보이는 것입니다.

전능하신 하나님이 한국교회와 일본과 각 나라와 방언과 족속들에게 주의 얼굴빛을 비춰주셔야 합니다. 이것만이 영혼들이 살 길입니다. 우리는 "나라와 민족과 종족을 축복하여 주옵소서!"라고 기도를 합시다. 우리는 하나님을 알지 못하는 민족과 백성들과 공산권이나 이슬람 종교와 타 종교까지라도 그들에게 하나님의 얼굴빛이 비추어 주시기를 간구해야 합니다.

아프리카 동북부 수단에서 '메리암야타 이브라임'이라는 여 의사가 이슬람에서 기독교로 개종했다고 태형 100대를 맞고 사형선고를 받았습니다. 그녀는 임신 8개월이 되었는데 국가에서는 사형을 연기하려고 하지만 감옥에서 아기를 낳았습니다. 그녀는 이슬람교도로 출생했지만 성인이 된 후에는 기독교인과 결혼하면서 기독교로 개종했습니다. 아버지는 이슬람교 신자이지만, 어머니는 정통 기독교인입니다. 첫 아들을 출산하고 둘째를 임신하고 행복하게 살던 어느 날, 2014년 2월에 20개월 된 첫 아들과 함께 경찰에 체포되어 교도소에 수감된 것입니다. 이슬람교에서는 타 종교인과 결혼을 금지하고 있기에 그것을 위반한 죄로 사형까지 언도를 내렸던 것입니다.

예수 그리스도를 믿는 신앙에서 흔들림이 없는 그녀에게 이슬람 학자들이 들어가서 설득하고 사형기간을 4일 연기했지만 요동하지 아니하고 하나님을 신뢰했습니다. 4일 안에 개종하면 석방시키겠다고 약속했지만 거부했습니다. 세계 여론과 유엔과 국제사면위원회는 종교의 자유를 인정하지 아니하는 수단 정부를 비난하여 그녀는 특별 사면을 받고 이탈리아를 거쳐 미국으로 망명하게 되었던 것입니다. 이브라임은 이슬람 학자 앞에서 4일 기간 중에 이렇게 자신의 신앙을 고백했습니다. "하나님께 대한 믿음 이것이 저에게는 전부였습니다."

자비하신 하나님의 얼굴빛을 비추시면 죽을 인생도 다시 회복되고 구원에 이르게 되는 것입니다. 아무리 가련한 인생이며 범죄한 백성이라 할지라도 하나님의 얼굴빛을 비추어 주시면 구원받게 되는 것입니다. 타 종교를 믿는 사람일지라도 우리 구주 예수 그리스도의 십자가의 모습을 꿈으로 생생하게 만난 자들은 예수를 나의 구주로 믿고 새로운 피조물이 됩니다. 옛날이나 지금이나 기생은 천하게 봅니다. 그러나 구원받는 길에는 신분이나 지위의 차별이 없는 것입니다.

우리가 지금까지 죄악의 자리에서 방황하였다고 할지라도 하나님의 말씀을 들으면 사는 것입니다. "배역한 자식들아 돌아오라 내가 너희의 배역함을 고치리라"(렘 3:22)고 성경은 말씀합니다. 우리가 전적으로 타락한 존재이기에 죽는 날까지 자신의 잘못된 행실을 온전히 회개하기가 어렵지만 그럼에도 불구하고 하나님은 우리를 버리지 않으실 것입니다. 자비하신 하나님께서는 우리의 허물과 실수가 많지만 있는 모습 그대로 받으실 것입니다.

　우리 인생은 너무나도 연약하고 부족하기에 하나님의 은혜가 없이는 잠시도 서 있을 수가 없습니다. 그러므로 하나님의 은혜의 얼굴빛을 비춰주셔야만 생존할 수 있는 것입니다. 하나님의 은혜를 무시하고 사는 자는 교만한 사람입니다. 그러나 매 순간마다 하나님의 은혜가 없이는 살 수 없다고 고백하는 자는 참으로 복된 사람입니다.

　시인 다윗은 "주의 얼굴을 주의 종에게 비추시고 주의 율례로 나를 가르치소서"(시 119:135)라고 하나님께 간구합니다. 전능하신 하나님이 얼굴을 비춰주셔야 주의 율례를 깨닫게 되는 것입니다. 나 자신이 살고 죽는 것이 모두 주의 얼굴빛을 비추어 주셔야만 합니다.

　우리 가정과 교회와 사회와 어머니의 품과 같은 우리 조국과 선교지들과 하나님을 알지 못하는 열방들과 민족들 위에 주의 얼굴에 광채가 나타나기를 간절히 기도합시다. 이것만이 개인과 교회와 국가가 사는 축복의 통로인 것입니다. 복음의 핵심은 우리 구주 예수 그리스도의 십자가와 부활입니다. 예수 그리스도만이 길이요 진리요 생명입니다(요 14:6). 십자가의 사랑과 구원의 빛은 우리 구주 예수 그리스도부터 나옵니다. 우리 구주 예수 그리스도만이 구원의 길이요 영원불변의 복음의 진리입니다.

　본문 1절에도 "빛을 비추소서"라고 성경은 말씀합니다. 그러므로 하나님의 은혜로운 빛이 우리 한국만이 아니라 일본과 지구촌 위에 비추어지기를 간절히 기도합시다. "우리 방패이신 하나님이여 주께서 기름 부으신 자의 얼굴을 살펴보옵소서"(시 84:9)라고 성경은 말씀합니다. 이는 하나님이 특별하게 기름 부으신 자를 살펴달라는 것입니다. 주의 사명을 감당하기 위하여 몸부림치고 생명 걸고 사역을 감당하는 자들을 살펴주셔야 주님의 뜻을 이룰 수 있기 때문입니다.

우리가 성령의 기름부음을 받았습니까? 그의 나라와 그의 의를 위하여 헌신하고 봉사하고 선교합시다. 여호와 하나님은 해요 방패이십니다(시 84:11). 사람이 햇빛을 등지고 걸어가면 사람의 얼굴은 어두워집니다. 그러나 몸을 돌이켜 해를 바라보고 가면 햇빛이 가득 퍼지게 되는 것입니다.

우리 인생에 있어서 가장 긴급하고 중요한 것은 하나님의 은혜입니다. 하나님의 은혜는 결코 마르지 아니합니다. 우리에게는 가난이나 실패나 질병과 환경이 문제가 아닙니다. 왜냐하면 하나님의 얼굴빛을 한 번 비추시면 해결되기 때문입니다. 하나님이 가난한 자에게 은혜를 주시면 부유한 자가 되고, 하나님이 병든 자에게 은혜를 주시면 강건하게 됩니다. 자비하신 하나님께서 인생이 파산되어 길거리에 앉게 되고 죽음 직전에 있는 절망의 밤을 맞은 자에게라도 은혜를 주시면 희망의 새 아침을 맞이하게 됩니다. 긍휼이 풍성하신 하나님께서 믿음 없는 자에게 은혜를 주시면 믿음의 대장부가 됩니다. 전지전능하신 하나님께서 미련한 자에게 은혜를 주시면 지혜롭게 되고 지식과 통찰력이 생기게 됩니다. 인생길을 인도하시는 하나님이 게으른 자에게 은혜를 주시면 부지런한 자가 됩니다. 인자하심과 사랑이 많으신 하나님이 완고한 사람에게 은혜를 주시면 사랑의 사도가 되는 것입니다.

'오! 하나님이여! 주의 얼굴빛을 날마다 비추어 주옵소서!'

자비하신 하나님께서 우리에게 주의 얼굴빛을 비추시면 절망과 의심의 자리에서 떠나게 될 것입니다. 침울하고 우울하지도 않을 것입니다. 우리가 이 세상을 사는 동안에는 언제나 사탄 마귀가 우리에게 불화살과 독이 묻어있는 화살을 한두 번만 쏘는 것이 아닙니다. 수십 번 수백 번까지 쏠지도 모릅니다. 그러나 믿음의 방패를 가지고 막아내면 불화살을 소멸할 수가 있는 것입니다. 우리는 믿음의 방패와 기도의 방패를 사용합시다.

수년 전에 인도네시아에서 기독교 복음의 능력이 확산되었다고 합니다. 미국 시사 주간〈타임〉지는 무슬림 인구가 지배적이었던 인도네시아에서 기독교가 급격한 성장을 하고 있다고 보도했습니다. 이런 일들이 어떻게 인간의 방법으로 가능하겠습니까? 긍휼과 자비의 하나님이 그의 얼굴빛을 비추어주셔야만 하는 것입니다. 하나님은 빛이시라 그에게는 어둠이 조금도 없으십니다(요일 1:5). 태양보다 더 밝은 빛이신 자비하신 하나님이 우리 모두에게 빛을 비추어주시기를 간절히 소원합니다.

2. 하나님이 능력을 베풀어주셔야 합니다. (2절)

"주의 능력을 나타내사 우리를 구원하러 오소서"라고 성경은 말씀합니다. 여기서 "주의 능력"은 '하나님의 능력'을 의미하고, 그분의 강력한 행사를 말합니다. 전능하신 하나님은 애굽에서 430년 동안 노예생활을 하던 이스라엘 백성들을 건져주시는데, 마치 독수리 날개로 업어 인도하신 것처럼 그들을 애굽 사람들의 고역에서 이끌어 내셨다(출19:4)고 성경은 말씀합니다. 이런 사건이 하나님이 그들에게 베풀어주신 능력인 것입니다. 이러한 일들이 하나님의 강력한 행사요 능력인 것입니다.

우리에게도 학업이나 직장이나 생업과 현재일과 미래의 구원이 완성되어 천국에 들어가는 날까지 전능하신 하나님께서 궁극적으로 흠과 티가 없이 전적으로 보호해 주셔야만 합니다. 하나님의 간섭과 도움이 없이는 우리는 한 순간도 이 땅에 서 있을 수가 없습니다. "의인은 고난이 많으나 여호와께서 그의 모든 고난에서 건지시는도다"(시 34:19)라고 성경은 말씀합니다. 하나님은 우리가 어떤 역경에 처해 있다고 하더라도 건지시는 분이십니다. 하나님을 섬기는 것이 우선순위가 되어야 물질적인 복도 주시고 육신의 질병도 치료해 주실 것입니다.

그러나 대조적인 말씀을 구약성경 예레미야에서 볼 수 있습니다. 우리가 하늘의 여왕을 섬겼을 때에는 먹을 것이 풍부하였지만 지금은 모든 것이 궁핍하게 되었다고 말하는 자들이 있습니다. 이것은 불 경건한 자들의 말하는 방식인 것입니다(렘 44:17-18). 환난과 고통은 불경건한 자들에게는 형벌입니다. 그러나 하나님의 얼굴빛을 구하는 자에게는 하나님께서 능력을 베풀어 주시는 것입니다.

우리가 믿는 하나님은 어떤 분이십니까? 이에 대하여 성경은 "기약이 이르면 하나님이 그의 나타나심을 보이시리니 하나님은 복되시고 유일하신 주권자이시며 만왕의 왕이시며 만주의 주시요 오직 그에게만 죽지 아니함이 있고 가까이 가지 못할 빛에 거하시고 어떤 사람도 보지 못하였고 또 볼 수 없는 이시니 그에게 존귀와 영원한 권능을 돌릴지어다 아멘"(딤전 6:15-16)이라고 성경은 말씀합니다. 하나님은 유일하신 주권자이십니다. 하나님을 볼 수 있는 사람은 이 세상에 아무도 없습니다. 아무리 세상에서 부유하고 권세가 있는 자라도 하나님이 부르시면 티끌로 돌아갈 수밖에 없는 존재입니다. 국가도 마찬가지이고 강대국과 약소국가도 하나님이 간섭하십니다.

마찬가지로 북 이스라엘이 회복되는 것도 하나님이 능력을 베풀어주셔야 하는 것입니다. 나라의 흥망성쇠는 지도자에게 달려있지 않고 하나님께 있는 것입니다. 왜냐하면 역사를 주관하시는 하나님은 온 땅의 심판자이시기 때문입니다. 전능하신 하나님이 능력을 베푸셔야 우리가 곤고한 자리에서 구원을 얻게 되는 것입니다. 즉 이 말씀은 우리 자신으로는 구원할 능력 자체가 없다는 것을 의미합니다. 우리가 고난과 죽음 직전에 있을지라도 구원받는 길은 오직 하나님께서 능력을 베푸셔야 하는 것입니다. 이것이 하나님의 은혜입니다.

지금은 기도할 때입니다. 기도하여 하나님의 능력을 받아야 할 비상한 시대입니다. 우리 중에 혹시라도 나는 은혜 받을 자격이 없는 자라고 할지라도 낙심하지 맙시다. 하나님께 겸손히 머리 숙이고 낮아집시다. 그리하면 하나님의 구원하시는 능력이 나타날 것입니다. 그것은 구체적으로 우리 구주 예수 그리스도를 통해서만 구원을 얻게 되는 것입니다.

"우리가 아직 죄인 되었을 때에 그리스도께서 우리를 위하여 죽으심으로 하나님께서 우리에 대한 자기의 사랑을 확증하셨느니라"(롬 5:8)고 성경은 말씀합니다. 우리 자신들이 죄악의 길에서 벗어나지 못할 때에 우리를 대신하여 우리 구주 예수 그리스도께서 십자가에서 죽으신 것입니다.

그런데 중요한 것은 주의 얼굴빛을 구하기 전에 할 일이 있습니다.

3. 하나님이 우리를 돌이켜 주셔야만 합니다. (3절)

3절을 보면 "하나님이여 우리를 돌이키시고"라고 성경은 말씀합니다. "돌이키다"라는 말은 우리 마음을 하나님께로 향하는 것을 의미합니다. 마음을 돌이키되 적당하게 절반쯤 돌이키는 것이 아닙니다. 우리 마음을 전폭적으로 하나님께 향하는 것을 의미합니다. 그러므로 우리도 회개하지 아니하면 망하게 되는 것입니다(눅 13:3). 그리고 돌이키는 것은 마음의 악을 씻어버리고 악한 생각을 제거해야 하는 것입니다(렘 4:14). 즉 악한 생각이 우리의 마음속에 오래 머물지 아니하도록 마음을 정결하게 해야 합니다.

우리가 하나님 없이 만족하기를 원한다면 그것은 고난이 되고 저주가 되는 것입니다. 즉 돌이키는 것은 뉘우치고 자복하고 회개하는 것을 의미합니다. 그런데 우리가 꼭 기억하여야 할 것이 있습니다. 이것은 신앙인에게 매우 중요한 것입니다. 내가 스스로 깨닫고 회개하고 돌아오는 것이 아닙니다.

여기서 우리는 깊은 영적인 교훈을 받게 됩니다. "돌이키시고"라는 말씀에는 깊은 뜻이 숨겨져 있습니다. 이것은 능동적으로 자발적으로 행동하는 것이 아닙니다. 이 단어는 사역형태로 쓰인 단어입니다. 그러므로 죄인이 깊은 죄악으로부터 죄를 청산하고 돌이키는 것 까지도 하나님이 하나하나를 전적으로 간섭하시는 것을 의미합니다. 즉 하나님의 은혜가 없이는 그 누구도 하나님께로 돌아올 수 없는 것입니다. 전적으로 타락한 인간은 인간 본성 자체가 악하기 때문에 자신의 힘으로는 하나님께로 돌아오지를 못합니다. 날개가 부러진 새는 스스로 날아가기가 어려운 것입니다. 인간의 죄만큼 사람을 고통스럽게 하는 것은 없습니다. 사람이 교만하게 되는 것은 일순간이고, 교만하면 모든 것을 아는 것 같지만 아무 것도 알지 못한다고 성경은 말씀합니다(딤전 6:4). 그러므로 죄인이 하나님 앞으로 돌아오는 것도 하나님이 은혜를 주셔야만 하는 것입니다. 즉 하나님의 긍휼이 있어야만 하나님께로 돌아오게 되는 것입니다. 돌아오지 않으면 망하지만 돌아오면 용서받고 은혜로 회복됩니다.

하나님께서는 "슬프다 내가 장차 내 대적에게 보응하여 내 마음을 편하게 하겠고 내 원수에게 보복하리라"(사 1:24)고 말씀하십니다. 하나님을 떠나서 우상을 섬기고 자신의 욕망을 따라서 사는 자들을 죄 값으로 바로 징계하셨다면, 나라와 민족과 개인도 진작 심판 받았을 것입니다. 그럼에도 불구하고 자비하신 하나님은 보응하고 심판하리라고 말씀하시면서도 도리어 참고 인내하시고 그 크신 긍휼을 베풀어 주신 것입니다. 우리 각자와 사회와 국가가 하나님께로 돌이킬 수 있기를 간절히 기도합시다.

돌이키고 또 돌이키고 하나님께로 전심으로 돌이키면 우리의 심령이 살고 은혜를 유지하면서 살아가게 되는 것입니다. 긍휼과 자비가 풍성하신 하나님은 오늘의 하나님이실 뿐만 아니라 내일의 하나님이시기도 합니다. 오늘 죽는 일이 있다고 해도 하나님이 살리시면 내일의 소망이 보이는 것입니다.

허물과 죄로 가득한 인생이 근본적으로 새롭게 되는 것은 우리 구주 예수 그리스도의 보혈과 그 능력으로만이 가능한 것입니다. 자비하신 하나님께서 우리 주변에 있는 사람들을 긍휼히 여기사 돌이켜 주시기를 간절히 소원합니다. 십자가에 못 박히신 예수가 나의 구주로 믿어지는 것, 이 자체가 하나님의 간섭이요 하나님의 전적인 은혜입니다. 아직도 우리 주변에는 잃어버린 자들이 많습니다. 그들을 주께로 인도할 사명이 우리에게 있습니다.

피지 섬은 남태평양에 한 가운데 위치한 작은 섬입니다. 뉴질랜드의 오클랜드에서 2,100km 떨어진 북쪽에 있는 섬입니다. 오세아니아에 있는 작은 섬나라입니다. 피지에는 약 330여개의 섬이 있는데 대부분이 화산섬입니다. 이 피지라는 섬에 물고기가 잡히지 않아 동네 어민들이 생존문제로 인하여 고통하며 고민하고 괴로워합니다. 이 문제를 해결하기 위하여 마음과 뜻을 같이 하며 하나님을 경외하는 주의 종들이 모여서 주의 임재를 위하여 간절히 기도합니다. 주님의 얼굴과 뜻을 구하는 기도입니다. 그들은 3일 동안 집중적으로 이렇게 기도합니다.

첫날은 하나님의 임재를 위하여 매일 기도합니다. 둘째 날은 하나님의 얼굴을 위하여 기도합니다. 즉 하나님의 은혜가 나타나기를 기도합니다. 셋째 날에는 하나님의 뜻을 구하는 기도를 드립니다. 이렇게 3일 기도가 끝나자 하나님께서 기도의 응답을 주십니다. 물고기들이 사방에서 몰려오는데 그물이 찢어지는 기적이 나타납니다.

피지 섬에 물고기가 없어서 생존문제가 시급했지만 하나님이 창조하신 바닷길에 물고기들을 동서남북으로부터 몰아주시니 어민들이 만선의 기쁨을 맛보게 된 것입니다.

"너희는 여호와를 영원히 신뢰하라 주 여호와는 영원한 반석이심이로다"(사 26:4)라고 성경은 말씀합니다. 하나님을 영원히 신뢰하는 것만이 우리의 심령이 살고 열정적으로 주님과 복음을 증거하며 사명의 삶을 살 수 있는 것입니다.

전지전능하신 하나님은 우주를 창조하시고 육지와 바다의 비율도 정확하게 조정하십니다. 육지와 물은 아주 작은 부분까지도 서로 균형을 이루고 있어서 어느 한 부분이 더 많아지거나 적어질 수가 없습니다. 만약에 이 균형이 깨어져 버리면 바다가 육지를 다 덮어 버릴 것입니다. 바다는 염분으로 되어 있어서 썩지 아니합니다. 바다는 고인 물이 아니라 조류를 따라 움직이기 때문에 썩지 않습니다. 바다는 증발하기 때문에 너무 많이 불어나서 땅을 뒤덮는 일들이 일어나지 않습니다. 만일 바닷물의 염도가 지금보다 높아지거나 낮아진다면 수많은 물고기들이 떼죽음을 할 것이고 대양의 부력도 상당히 달라질 것입니다. 대양의 규모와 풀잎에 맺히는 이슬은 서로 관계가 있는 것입니다. 이 모든 일들은 전능하신 하나님의 창조의 지혜입니다.

"주의 길이 바다에 있었고 주의 곧은 길이 큰 물에 있었으나 주의 발자취를 알 수 없었나이다"(시 77:19)라고 성경은 말씀합니다. 우리가 어떻게 주의 길이 바다에 있었다는 것을 알 수 있습니까? 우리는 성경을 배우고 안다고 하지만 저 자신을 비롯하여 너무도 모릅니다. 성경이 우리에게 주의 길이 바다에 있었다고 말씀합니다. 그리고 "바다와 육지도 그의 손이" 지으신 것입니다(시 95:5). 그러므로 창조주이신 우리 하나님이 절대주권으로 우리에게 능력을 베풀어 주시면 놀라운 기적의 현장이 되는 것입니다. 육지와 바다의 소유권은 사람에게 있는 것이 아니라 하나님께 있는 것입니다.

우리는 기억합시다. 천 번 만 번의 결심보다 한 번의 기도가 더 나은 것입니다. "나의 대적이여 나로 말미암아 기뻐하지 말지어다 나는 엎드러질지라도 일어날 것이요 어두운 데에 앉을지라도 여호와께서 나의 빛이 되실 것임이로다"(미 7:8)라고 성경은 말씀합니다. 우리가 여러 번 넘어진다고 해도 두려워하지 맙시다. 하나님은 우리를 일으켜 세워주십니다. 어둠 속에서 잠시 방황한다고 할지라도 전능하신 그분께서 우리에게 빛을 비추실 것입니다. 빛이 없다면 눈이 아무 소용이 없듯이 하나님 없이는 인간의 영혼은 아무 소용이 없습니다. 죄인인 우리들에게는 하나님의 자비하신 얼굴빛이 있어야만 우리가 숨 쉬며 호흡하며 그분을 의지하고 그분의 영광을 위하여 살 수 있는 것입니다.

타조라는 짐승은 자신이 낳은 알들을 내버려두고 가기 때문에 그 알들은 사람들의 발에 밟혀서 깨져 버리고 마는 것입니다. 그러나 긍휼과 자비가 많으신 하나님은 잠시도 우리를 잊어버리거나 버리지 않으십니다. 우리의 진정한 피난처는 하나님 안에 있습니다. 이 세상에 장차 최악의 재앙들이 일어난다고 할지라도 우리는 두려워하지 아니하고 안전할 수 있습니다.

하나님은 당신의 권능과 지혜로 바다의 경계선을 정하십니다(욥 38: 10-11). 만약에 하나님이 바다의 경계선도 간섭하지 아니하신다면 온 세상은 물바다가 될 것입니다. 어떻게 사람의 지혜와 능력과 방법으로 대서양 바다와 태평양 바다를 막을 수 있겠습니까? 온 우주 삼라만상과 바닷물의 한계점과 파도의 높이를 전능하신 하나님이 주관하시는 것입니다.

우리가 기억할 것은 눈부신 해 앞에서 별들은 빛을 잃어버리게 되는 것입니다. 하나님의 얼굴빛이 영광스럽게 빛을 비추고 있기에 하나님의 백성들은 머리를 숙이고 "여호와여 영광을 우리에게 돌리지 마옵소서 우리에게 돌리지 마옵소서 오직 주는 인자하시고 진실하심으로 주의 이름에만 영광을 돌리소서"(시 115:1)라고 말할 수밖에 없는 것입니다. 행성에게 태양이 필요하듯이 인간에게는 하나님의 은혜가 절대적으로 필요한 것입니다. 하나님은 결코 실수하거나 실패하는 일이 없으십니다.

우리는 지혜로운 것 같지만 하나님의 은혜가 떠나면 우둔하고 미련하게 됩니다. 우리는 강한 것 같지만 하나님의 은혜가 머물지 아니하면 무기력한 존재가 되고 맙니다. 우리는 현재 일어나는 일은 알 수 있지만 하나님의 은혜가 아니면 미래 일을 예측하거나 장담할 수가 없습니다. 그러므로 오늘도 내일도 모레도 한평생, 아니 하나님 나라에 들어가는 그 날까지 하나님의 은혜의 얼굴빛이 필요한 인생들인 것입니다. 우리가 비록 남보다는 세상적으로 성공하지는 못했다고 할지라도 관계가 없습니다.

하나님 앞에서는 99퍼센트 헌신된 100명보다는 100% 헌신하는 1명이 더 나은 것입니다. 연약하고 부족한 우리들에게도 주의 얼굴빛이 항상 나타나시기를 간절히 소원합니다. 우리의 간구 가운데 하나님의 뜻이 날마다 이루어지기를 소원합니다. 하나님의 은혜와 평강과 축복이 우리의 예배와 삶 속에서 이루어지기를 간절히 소원합니다.

결 론

3절과 7절을 함께 읽읍시다. 3절에 "하나님이여 우리를 돌이키시고 주의 얼굴빛을 비추사 우리가 구원을 얻게 하소서"라고 했고, 7절에는 "만군의 하나님이여 우리를 회복하여 주시고 주의 얼굴의 광채를 비추사 우리가 구원을 얻게 하소서"라고 했습니다. 고난당하는 백성에게 회복의 길은 오직 하나님께만 있는 것입니다. 인간은 강건한 것 같지만 연약하고, 시간과 환경을 지배하고 사는 것 같지만 오히려 지배를 당하고 삽니다. 하나님이 우리에게 건강도 주시고 마음속에 여유로움과 은혜와 감동을 주셔야 하나님께로 돌아오게 됩니다.

종교개혁자 요한 칼빈은 말하기를 "나의 심장을 주님께 드립니다."라고 고백했습니다. 우리 자신들도 한 번 우리의 심장을 하나님께 드려 봅시다. 그리고 우리의 영혼을 우리 구주 예수 그리스도에게 맡깁시다. 날마다 작은 죄악들이라도 주님의 보혈을 의지하여 죄 사함을 받읍시다. 그러면 하나님께서 우리들을 받아 주실 것입니다. 살아서 하나님의 말씀을 선포하며, 우리 구주 예수 그리스도를 증언하는 복된 삶이 되시기를 간절히 소원합니다. 전능하신 하나님께서 지혜와 능력으로 우리에게 은혜와 복 주시기를 우리 주님의 이름으로 간절히 축원합니다.

10
눈물 골짜기가 은혜의 샘으로

[시편 84:1-7]

서 론

이 세상을 살아가는 사람들은 평탄한 길로만 갈 수는 없습니다. 출생하면서 부모와 형제로부터 상처와 버림을 받은 자들도 있습니다. 오늘날 현대 사회는 생존경쟁이 무한하기에 자기 스스로 독립하고 일어나는 것이 어렵다고만 합니다. 그러나 축복의 근원은 사람이 아니고 하나님으로부터 오는 것입니다. 사람이 아무리 애쓰고 땀 흘려 수고하고 샘을 판다고 할지라도 하늘에서 비가 내려야 샘이 채워지게 되는 것입니다. 축복의 소나기와 장마 비는 땅에서 솟아나는 것이 아니라 위로부터 쏟아 부어주셔야만 되는 것입니다.

본문의 이 시는 순례자의 시로 성전에 올라가는 노래입니다. 순례자들이 하나님을 사모하며 예배를 그리워합니다. 세상에 어떤 것들을 버린다고 할지라도 주님을 향한 신앙을 끝까지 지키는 것입니다. 특별히 시인은 하나님의 장막을 사랑합니다. 이 장막은 하나님의 집입니다. 그러면 시인은 하나님의 집을 어떻게 섬기고 있습니까?

1. 시인이 하나님의 집을 섬기는 방법

1) 주의 장막을 사랑합니다. (1절)

"주의 장막이 어찌 그리 사랑스러운지요"라고 성경은 말씀합니다. 하나님은 초라한 장막이라도 얼마나 사랑하시는지 모릅니다. 여기서 장막은 성막인데, 이스라엘 백성들이 광야에서 이동할 수 있는 텐트 성소를 의미합니다. 이동식 천막인 성막은 창문이 하나도 없는 해달의 가죽으로 덮개를 만든 텐트입니다(출 26:14). 성막에는 밝은 태양 빛이 비추기는 하지만 창문이 하나도 없습니다. 언제라도 등불을 켜지 아니하면 어둡고 캄캄한 장소에 불과한 것입니다. 오랫동안 세월이 흐름에 따라 비바람과 햇빛을 맞으며 이동하였기에 그 성막의 겉모양은 웅장하거나 화려함이 없고 볼품이 없는 초라한 색깔로 되었다고 볼 수 있습니다. 그럼에도 불구하고 그 성막 안에 하나님이 임재하신 것입니다. "환난 날에 여호와께서 네게 응답하시고 야곱의 하나님의 이름이 너를 높이 드시며 성소에서 너를 도와주시고 시온에서 너를 붙드시며"(시 20:1-2)라고 성경은 말씀합니다. 하나님은 택한 백성들을 도우시는데 특별히 성소에서 도와주십니다.

우리가 기억할 것은 거룩한 예배는 외적인 환경에 지배를 받지 아니한다는 것입니다. 왜냐하면 거룩함의 아름다움은 영적인 것이기 때문입니다. 주님을 모신 곳은 초막이나 궁궐이 모두 하늘나라가 되는 것입니다. 시인은 하나님의 제단 가까운 곳에 둥지를 튼 작은 새 들을 부러워합니다. 이것은 하나님의 집을 사모하는 그의 마음이 매우 순수하고 고결한 것을 의미합니다. 시인 자신도 그런 새들과 같았으면 좋겠다고 생각하는 것입니다.

3절에 보면 "나의 왕 나의 하나님 만군의 여호와여 주의 제단에서 참새도 제 집을 얻고 제비도 새끼 둘 보금자리를 얻었나이다"라고 성경은 말씀합니다. 시인은 성막의 예배들로부터 멀리 떨어져 있었을 때에, 하나님이 임재하시는 그 거룩한 성소 가까이에 둥지를 튼 새들을 부러워했던 것입니다. 우리에게 예배드릴 수 있는 처소가 있는 것은 참으로 다행이요 복입니다. 아무리 비천한 사람일지라도 우리 구주 예수 그리스도 안에서 하나님께 예배할 수 있다면 그는 진정으로 행복한 사람입니다. 그러나 세상적으로는 부러울 것이 없는 사람일지라도 그리스도 안에서 예배하지 못하는 자들은 불행한 것입니다. 만약에 그리스도인들이 하나님께 드리는 예배가 없다면 우리가 그분에게 우리의 생명과 존재를 온전히 의지한다는 것을 어떻게 말할 수 있겠습니까? 그러므로 어떤 환경에서든지 하나님께 예배할 수 있는 사람은 복된 사람인 것입니다.

우리가 하나님께 예배하는 날을 구별하여 세상의 줄을 모두 끊어버려야 합니다. 우리에게 무거운 멍에와 얽매이기 쉬운 장애물들을 제거하여야 합니다. "모든 무거운 것과 얽매이기 쉬운 죄를 벗어 버리고 인내로써 우리 앞에 당한 경주를 하며 믿음의 주요 또 온전하게 하시는 이인 예수를 바라보자"(히 12:1-2)라고 성경은 말씀합니다. 세상의 무거운 짐들과 걱정들, 죽음 앞에서 겁을 내는 자들이여, 인간의 삶과 죽음을 주장하시는 전능하신 하나님을 의지하고 십자가에 못 박히신 우리 구주 예수 그리스도를 바라봅시다.

그 옛날 영국의 청교도들은 어떤 박해 속에서도, 목이 잘리는 단두대에서나 몸이 불태워지는 장소에서도 우리 주님과의 황홀한 교제를 누릴 수만 있다면 자신의 목숨을 아끼지 아니하고 기꺼이 내놓았던 것입니다. 오늘날 현대인들에게 예배가 회복됨으로 하나님께 영광을 돌려야 합니다. 시인은 하나님의 성소에 가까이 있는 참새를 부러워합니다. 공중에 나는 참새 한 마리도 하나님이 허락하지 아니하시면 땅에 떨어지지 아니합니다. 말 못하는 미물인 새 한 마리도 하나님의 주권 속에 달려 있습니다. 허물과 죄로 죽었던 인간이 하나님의 은혜로 구원받은 것은 복 중의 복이요 은혜 중에 은혜인 것입니다. 참새도 하나님의 제단에서 제 집을 얻었다면 우리도 하나님의 집으로 나아가 찬송하고 기도하고 죽기 전에 예배를 회복합시다. "아버지께서 내게 주시는 자는 다 내게로 올 것이요 내게 오는 자는 내가 결코 내쫓지 아니하리라"(요 6:37)고 성경은 말씀합니다.

우리가 하나님의 은혜로 먼저 구원을 받았다면 우리 주변에 예수 믿지 아니하는 자들을 우리 구주에게 인도해야 합니다. 그들이 부유하든 가난하든, 유식하든 무식하든, 남녀 구별하지 말고 주님께로 인도해야 합니다. 만일 우리에게도 하나님의 그 크신 사랑과 긍휼이 없었더라면 이 세상에 존재하지도 못하였을 것이지만 하나님의 은혜로 우리가 예수 믿고 구원받았으니 웬 사랑이요 웬 은혜요 웬 축복입니까? 그러므로 우리는 날마다 하나님의 은혜로운 말씀으로 채워져야만 합니다. 언제라도 하나님의 은혜의 보좌 앞에 나아가 부끄러움을 무릅쓰고 그분을 바라보고 갈망하는 자에게는 자비하신 하나님의 손길이 견고하게 붙잡아 줄 것입니다. 시인은 종종 비둘기처럼 광야로 날아가 쉬기를 원한 때도 있었습니다(시 55:6). 그런 외로움이 있음에도 불구하고 그는 하나님의 전에서 살기를 원하였던 것입니다.

진정한 인생의 안식처는 예수 그리스도의 품인 것입니다. 주님은 "수고하고 무거운 짐 진 자들아 다 내게로 오라 내가 너희를 쉬게 하리라"(마 11:28)고 말씀하십니다. 무거운 짐을 내가 짊어지고 있는 것이 편합니까? 아니면 그 짐을 우리 구주에게 내려놓는 것이 편합니까? 주님은 언제라도 수고와 죄악에 시달린 무거운 짐들을 다 내게로 가져오라고 말씀하십니다. 그 짐을 날마다 맡겨버리시기 바랍니다. 우리도 은혜의 문이 열려 있을 때에 교회 안으로 속히 들어가야 합니다. 항상 구원의 문이 열려있는 것이 아니기 때문입니다. 우리 그리스도인들이 하나님의 집, 즉 교회를 사랑한다는 것은 매우 중요합니다. 왜냐하면 "하나님이 자기 피로 사신 교회"(행 20:28)이기 때문입니다. 동시에 교회를 떠나서는 구원이 없기 때문입니다. 그러므로 우리는 주의 장막을 사랑해야 합니다. 우리가 하나님의 교회를 사랑하는 것은 우리 구주 예수 그리스도께서 피로 사신 교회를 사랑하는 것입니다(행 20:28).

2) 하나님을 만나기를 소원합니다. (2절)

"내 영혼이 여호와의 궁정을 사모하여 쇠약함이여 내 마음과 육체가 살아 계시는 하나님께 부르짖나이다"라고 성경은 말씀합니다. "사모한다"는 단어는 히브리어로 〈카사프 kasap〉입니다. 이 말은 '간절히 바라다, 갈망하다, 열망하다'라는 뜻입니다. 시인은 볼품없고 초라한 성막이지만 여호와의 궁정으로 알고 사모한 나머지 몸이 쇠약해지기까지 합니다. 우리가 건강할 때에는 교회에 나가서 예배하기가 쉽지만 몸이 병들거나 불편하면 때로는 병원에서 집에서 예배할 때도 있습니다. 그러면 종종 건강이 회복되어 한 번이라도 교회에서 예배 드렸으면 하는 소원이 간절하다고 합니다. 시인도 멀리서 성전을 바라보기만 하고 사모하고 갈망한 나머지 몸이 더욱 쇠약해진 것입니다.

영국의 강해설교자 알렉산더 맥클라렌 목사는 "우리의 몸이 굶주린다고 해서 굶주림 자체가 먹을 것을 가져다주지는 않는다. 그러나 우리 영혼이 하나님을 갈망할 경우 그 굶주림은 결코 헛되지 않을 것이다. 왜냐하면 그 갈망은 곧 만족이 오리라는 것을 알리는 확실한 선구자이며 틀림없는 예언자이기 때문이다."라고 설명했습니다.

어린 아기가 엄마의 품을 그리워하듯이 시인은 하나님을 너무나도 사모하여 지치고 쇠약했습니다. 전능하신 하나님의 은혜가 단 한 순간이라도 떠난다면 자신은 살 수 없음을 고백하는 것입니다. 평화의 상징인 비둘기가 자기의 짝을 애타게 기다리는 것처럼 시인은 하나님의 궁정을 간절하게 사모합니다. "하늘에서는 주 외에 누가 내게 있으리요 땅에서는 주 밖에 내가 사모할 이 없나이다"(시 73:25)라고 성경은 말씀합니다. 나그네 삶을 살아가는 우리가 하늘에서 누구를 바라며 진정 땅에서 그분 외에는 사모할 이가 없습니다. 왜냐하면 시인은 그곳에 살아 계신 하나님이 현존하시기 때문이라고 증언하는 것입니다. "여호와의 눈은 온 땅을 두루 감찰하사 전심으로 자기에게 향하는 자들을 위하여 능력을 베푸시나니"(대하 16:9)라고 성경은 말씀합니다. 그러므로 우리는 언제라도 전심으로 하나님을 바라보고 의지하여야 합니다. 왜냐하면 하나님을 전심으로 찾는 자에게 능력과 은혜를 베푸시기 때문입니다. 그리스도인이 언제 힘이 생깁니까? 사람의 지혜와 수단이 아닌 하나님이 능력을 주실 때에 힘이 나타나고 강하게 되는 것입니다.

"그가 사모하는 영혼에게 만족을 주시며 주린 영혼에게 좋은 것으로 채워주심이로다"(시 107:9)라고 성경은 말씀합니다. 목마른 사슴이 시냇물을 사모하듯이 우리도 하나님의 말씀과 은혜를 사모해야 합니다. "하나님이여 사슴이 시냇물을 찾기에 갈급함 같이 내 영혼이 주를 찾기에 갈급하니이다 내 영혼이 하나님 곧 살아 계시는 하나님을 갈망하나니 내가 어느 때에 나아가서 하나님의 얼굴을 뵈올까"(시 42:1-2)라고 고라 자손들은 증언합니다. 그들의 소원은 세상의 부귀영화나 명예와 권세를 갈망한 것이 아니라 하나님을 뵙기를 목마른 사슴이 시냇물을 찾는 것처럼 갈망하였던 것입니다. 경건한 신자는 그의 마음속에 오직 하나님으로 가득 차 있는 것을 의미합니다. 즉, 하나님의 은혜로 채워짐으로 세속적인 욕망을 따르지 아니하고 말씀대로 순종하고 말씀이 인도하는 대로 사는 자를 의미하는 것입니다.

우리가 매 주일 예배를 드리고 평일에도 기도회와 예배를 드립니다. 그런데 예배는 한마디로 사람이 전능하신 하나님을 만나는 것입니다. 예배는 하나님을 사모하고 갈망하는 것이므로 하이포드는 "예배를 드리면 예배드리는 자는 그가 예배하는 자의 형상으로 변해간다."고 했습니다. 예배는 살아계신 하나님을 사모하고 갈망하는 것입니다. 그리스도인은 하나님으로 늘 기뻐하고 그분의 은혜의 기름을 날마다 채워야만 합니다. 하나님의 은혜의 샘은 결코 마르는 법이 없습니다.

"헐몬의 이슬이 시온의 산들에 내림 같도다 거기서 여호와께서 복을 명령하셨나니 곧 영생이로다"(시 133:3)라고 성경은 말씀합니다. 하나님께서는 마침내 영생으로 확대되는 영적인 생명을 거기서부터 솟아나와 흘러가도록 하십니다. 그러므로 성도들은 언제나 이 우물에서 물을 길어내는 것입니다. 물을 한 번만 길어내는 것이 아니라 지속적으로 길어내야 합니다. "하나님을 찾는 너희들아 너희 마음을 소생하게 할지어다"(시 69:32)라고 성경은 말씀합니다. 즉 하나님을 찾는 자들의 마음은 살리라는 것입니다. 그러나 반대로 하나님을 사모하지 아니하고 갈망하지 않고 찾지 아니하는 자들은 그 영혼이 죽을 수밖에 없는 것입니다. 은혜 안에 있는 영혼은 마치 벌이 이 꽃과 저 꽃을 돌아다니며 꿀을 얻는 것처럼 은혜를 더욱 사모하고 갈망하여 풍성한 은혜로 그 자신을 채우는 것입니다. 우리의 남은 생애를 하나님을 날마다 갈망하며 살아감으로 영생으로 확대되는 영적인 생명이 풍성하여 그분의 위로가 넘칠 것입니다.

시인이 간절히 하나님께 부르짖는 것은 온 몸과 온 영혼으로 주님을 갈망하며 바라보는 강렬한 소원입니다. 하나님의 궁정에 다시 가고 싶어서 몸부림치는 모습을 상상해 보시기 바랍니다. 그는 너무나 사모한 나머지 지쳐 쓰러질 정도로 사모하는 기도를 드렸던 것입니다. 그는 하나님 앞에 생명과 운명을 걸고 하나님을 만나기를 간절히 간구합니다. 그러기에 하나님의 궁정에서 돌아가는 것이 매우 안타깝기만 하였던 것입니다.

　구약에서는 왕궁이고 신약에서는 우리가 성전입니다. "너희는 너희가 하나님의 성전인 것과 하나님의 성령이 너희 안에 계시는 것을 알지 못하느냐"(고전 3:16)라고 성경은 말씀합니다. 하나님이 우리에게 요구하시는 것은 무엇보다도 거룩한 생활입니다. 우리 구주 예수 그리스도를 위하여 몸과 마음과 정성과 생명까지 아낌없이 드려 봉사하고 충성한다고 하더라도 거룩함이 없이 헌신하는 것은 아무런 의미가 없습니다. 왜냐하면 하나님의 성령이 우리 안에 계심으로 우리의 몸을 더럽히지 아니하고 날마다 성결하게 살아야 하기 때문입니다. 그러니 인간이 누릴 수 있는 모든 부귀영화와 권세를 누렸다고 할지라도 하나님께 예배할 수 있는 장막이 없다면 얼마나 안타까운 일입니까? 시인 다윗은 "기도를 들으시는 주여"(시 65:2)라고 증언합니다.

　우리 하나님은 기도할 때에 들으시는 분이십니다. 그런데 조건이 있습니다. 우리가 아무리 기도를 많이 한다고 하여도 하나님이 우리를 긍휼히 여겨주셔야 그 기도가 응답되는 것입니다. 다윗은 "여호와여 내가 소리 내어 부르짖을 때에 들으시고 또한 나를 긍휼히 여기사 응답하소서"(시 27:7)라고 증언합니다. 그러므로 우리의 기도에는 반드시 하나님의 긍휼하심이 있어야만 하는 것입니다.

　북 아메리카의 인디언의 선교사요 기도의 성자인 데이비드 브래이너드 목사는 기도의 거룩한 생활로 모범을 보인 자입니다. 그는 항상 고상한 규칙을 따라 기도했습니다. 그의 일기에는 금식과 명상, 은거에 대한 기록으로 가득합니다. 그는 하루에 몇 시간씩을 개인 기도에 힘썼습니다. "집에 돌아와 묵상과 기도 금식에 전념하면 내 영혼은 금욕과 자기 부정, 겸손, 그리고 세상의 모든 것들과의 결별을 갈망한다. 세상에서 할 일은 아무것도 없다. 다만 세상에서 하나님을 위하여 살려고 정직하게 애쓸 뿐이다. 나는 단 한 순간도 세상이 주는 것을 위하여 살고 싶지 않다."

이것이 주님과 복음을 위해 헌신했던 선교사 브레이너드의 말입니다. 우리도 얼마를 살든지 간에 우리 구주 예수 그리스도를 위하여 삽시다. 우리의 인생은 결코 길지 않고 짧은 인생의 순례자로 살아갈 뿐입니다. 말씀을 묵상하고 매일 하나님을 만나며 그분과 교제하며 삽시다. 세상이 주지 못하는 위로를 전능하신 하나님이 주십니다.

찰스 스텐리는 말하기를 "피곤하고 지칠 때도 있지만 주님과 홀로 시간을 보내고 나면 주님께서 우리 몸에 에너지와 힘과 능력을 주입해 주신다는 것을 발견하게 된다."고 강조했습니다. "너는 내게 부르짖으라 내가 네게 응답하겠고 네가 알지 못하는 크고 은밀한 일을 네게 보이리라"(렘 33:3)고 성경은 말씀합니다. 우리 그리스도인들은 하나님께 부르짖어야 하는데 특별히 자신과 가정과 교회와 국가를 위하여 이웃 나라 일본까지도 위하여 함께 기도해야 합니다.

종교 개혁자 마틴 루터도 기도에 대하여 이렇게 말합니다. "얼마나 기도가 능력이 있는지 또 어떤 영향을 끼칠 수 있는지 체험한 사람이 아니면 아무도 모른다. 이것은 기도를 해야 할 매우 극한 상황일 때 아주 중요하다. 내가 진정으로 기도할 때마다 내 기도를 충분히 들으셨고 난 기도한 것 이상으로 받게 되었다. 실제로 하나님께서는 가끔 지체하시기도 했지만 마침내 오셨다."고 했습니다.

시인이 그토록 하나님의 집을 사모하는 것은 사실 하나님의 장막이라기보다는 살아계신 하나님을 만나는 것이었습니다. 그는 영적으로 회복하고 전능하신 하나님을 만나기 위하여 간절하게 부르짖은 것입니다. "우리의 사귐은 아버지와 그의 아들 예수 그리스도와 더불어 누림이라"(요일 1:3)고 성경은 말씀합니다. 인간이 거룩하신 하나님을 만나기 전에는 매우 연약한 존재입니다. 왜냐하면 하나님이 없는 사람은 공허하고 외로움과 슬픔과 고독이 있는 존재이기 때문입니다. 아무리 세상의 은금 보화를 다 소유하였다 하더라도 하나님이 없다면 어떤 기쁨도 없는 것입니다. 인간에게는 하나님과의 만남이 있어야 합니다. 그 만남은 하나님을 믿는 것입니다. 그러므로 하나님을 사모하고 갈망해야 합니다. 우리는 예배시간마다 거룩하신 하나님을 만나야만 합니다. 예배는 하나님을 만나는 시간입니다.

3) 하나님께 찬양합니다. (4절)

"주의 집에 사는 자들은 복이 있나니 그들이 항상 주를 찬송하리이다"라고 성경은 말씀합니다. 우리가 기억할 것은 하나님의 집에 사는 백성들은 항상 찬송하며 살아야 한다는 것입니다. 우리에게 찬양은 예배와 생활에 일부분이 아니라 전체가 되어야 합니다. 매일 마음과 영으로 입술로 찬양하고 감사해야 하는 것입니다. 언제 어디서나 무엇을 하든지 찬양을 할 수 있습니다. 찬양의 장소는 제한 받지 아니할 수 있습니다. 지극히 높으신 하나님께 찬양하고 우리의 중보자이신 우리 구주 예수 그리스도의 은혜를 깊이 묵상하고 찬양해야 할 것입니다. 여기서 복은 행복과 지복을 의미합니다. 우리는 예수를 나의 구주로 믿고 난 이후로는 항상 찬송하며 살아야 합니다.

여기서 "찬송한다"는 단어는 깊은 뜻이 있습니다. 히브리어로 〈할랄 halal〉입니다. 이 말은 '밝게 비추다, 자랑하다, 미치다'라는 뜻입니다. 우리가 마음속 깊은 곳으로부터 감사하며 찬양하는 것은 하나님을 높이고 자랑하는 것입니다. 이 찬양은 조용한 찬양이라기보다는 즐거이 노래하고 외치는 것입니다. 어떤 환경과 처지에 있더라도 내 안에 계신 그리스도를 높이고 하나님께 찬양하는 자들은 그 얼굴에 기쁨이 넘치고 심령 속에 은혜와 평강이 넘칠 것입니다. 돌 같이 굳은 마음을 녹여 주시고 살 같이 부드러운 심령을 주시는 성령님께 감사하고 찬양해야 합니다. "너희 만민들아 손바닥을 치고 즐거운 소리로 하나님께 외칠지어다"(시 47:1)고 했고, "하나님께서 즐거운 함성 중에 올라가심이여 여호와께서 나팔소리 중에 올라가시도다"라고 했고, "여호와는 위대하시니 우리 하나님의 성, 거룩한 산에서 극진히 찬양 받으시리로다"(시 48:1)라고 성경은 말씀합니다.

우리들이 처한 형편과 처지와 입장과 모양이 서로 다를지라도 전능하신 하나님께 소리 높여 찬양하는 것은 복이 되는 것입니다. 찬양과 기쁨은 함께 가는 것입니다. 찬양은 거룩하시고 위대하신 하나님을 기쁘시게 하는 행위인 것입니다. 찬양이 있는 곳에 염려와 근심과 슬픔이 사라집니다. 찬양은 창조주이시고 구원자이신 하나님 앞에서 드릴 의무이며 특권입니다. "할렐루야 여호와께 감사하라 그는 선하시며 그 인자하심이 영원함이로다"(시 106:1)라고 성경은 말씀합니다. 우리의 호흡과 맥박이 정상적으로 뛰고 있을 때에 여호와 하나님께 찬양합시다.

영국 북부의 한 석탄 채굴 갱에서 눈물겨운 사고가 발생했습니다. 많은 광부들이 갱 밑에 내려가서 일을 하는데 그 갱의 꼭대기가 무너져 내린 것입니다. 갱은 완전히 막혀 버리고 말았습니다. 그 아래에 있었던 광부들은 어둠 속에서 서로 끌어안고 찬송하고 기도했습니다. 그들은 마지막으로 숨을 쉴 수 있는 공기가 있는 곳으로 모여들었습니다. 그곳에서 그들은 모여 앉자 공기가 공급되지 않는 이유로 불이 꺼질 때까지 찬송을 열정적으로 불렀습니다. 그들은 밀폐된 공간에 완전히 갇혀있었던 것입니다. 그러나 그들 중에 한 사람이 수년 전에 작업하면서 그 갱과 폐쇄된 갱이 연결되어 있다는 것을 들은 적이 있다고 말했습니다. 그는 그곳이 사람이 바닥 위에 바짝 엎드려 내내 기어들어가지 않으면 통과할 수 없는 통로라고 했습니다. 통로는 매우 길었지만 광부들은 그곳을 기어서 통과하기 시작했습니다. 드디어 그들은 다른 갱 바닥에 있는 빛으로 나왔고 그들의 목숨은 구원을 받았던 것입니다.

하나님 앞에서 찬송할 때에 놀라운 역사와 기적이 일어납니다. 영국의 매튜 헨리 목사는 이 땅 위에 천국이 있다면 그것은 하나님을 지속적으로 찬양하는 것이라고 했습니다. 그러므로 우리는 지속적으로 하나님께 찬양하여야 합니다. 메마른 영혼에 기쁨이 솟아나는 비결은 찬양하는 것입니다. "새노래로 여호와께 노래하라 온 땅이여 여호와께 노래할지어다"(시 96:1)라고 했고, "여호와는 위대하시니 지극히 찬양할 것이요 모든 신들보다 경외할 것임이여"(시 96:4)라고 성경은 말씀합니다. 또 "새 노래로 여호와께 찬송하라 그는 기이한 일을 행하사 그의 오른손과 거룩한 팔로 자기를 위하여 구원을 베푸셨음이로다"(시 98:1)고 했고, "나팔과 호각소리로 왕이신 여호와 앞에 즐겁게 소리칠지어다"(시 98:6)라고 성경은 말씀합니다. 하나님께 찬양하고 찬송하는 것은 전능하신 하나님을 높이고 존중히 여기는 것입니다. 우리에게 구원을 베풀어 주신 하나님은 찬송을 받으시기에 합당하신 분이십니다. 우리는 언제 어디에서라도 살아계신 하나님께 기쁨으로 전심을 다하여 찬양해야 하는 것입니다. 그러므로 우리는 날마다 하나님께 찬양 드리면 은혜와 평강으로 충만하게 됩니다.

영국의 스펄전 목사는 "그 분 예수 그리스도는 노래로 둘러싸여 있다. 자비가 춤을 추며 그 분을 에우고 모든 것이 은혜의 승리를 선포하고 있다."고 했습니다. 하나님과 예수 그리스도는 하나이십니다. "나와 아버지는 하나이니라"(요 10:30)라고 성경은 말씀합니다.

하나님을 진정으로 섬기기를 원하십니까? 낮이나 밤이나 새벽이든지 언제라도 우리 주님에게 찬양하는 것입니다. 찬양의 위력은 매우 위대한 것입니다. 찬양을 통하여 하나님께 영광과 존귀를 돌리게 되는 것입니다. 동시에 인간의 영혼이 하나님의 은혜로 충만해지게 됩니다. 또한 영적으로 정신적으로 쇠약해졌던 부분이 치유되고 강건해지게 됩니다. 할 수만 있으면 하루에 몇 시간이라도 마음으로 찬양하고 영으로 찬양하는 것입니다. 입을 열어 찬양하고 악기로 연주하여 우리 하나님께 영광 돌립시다.

2. 거룩한 예배를 사모한 자들이 받는 복

1) 하나님께 힘을 얻습니다.

5절에 보면 "주께 힘을 얻고"라고 성경은 말씀합니다. 하나님의 장막을 사랑하는 자는 하나님이 힘을 주십니다. 하나님으로부터 힘을 받은 사람은 지치거나 쓰러지지 아니합니다. 여기서 "힘"이라는 단어는 히브리어로 〈오즈 oz〉입니다. 이 말은 '힘과 세력'을 의미합니다. 이 힘은 사람이 주는 것과 다릅니다.

우리가 이 세상 살아가기가 얼마나 힘들고 버겁습니까? 많은 젊은이들이 취업으로 인하여 좌절하고 절망하고 자살하기도 합니다. 그러나 하나님의 언약의 백성들은 전능하신 하나님으로부터 힘과 세력을 얻어야만 합니다. 이 힘을 받은 자들은 자신을 이기고 세상과 정욕을 극복하며 사탄의 세력도 공격하여 승리할 수가 있는 것입니다. 우리가 연약하고 피곤할 때에 하나님으로부터 힘을 얻어야 강건해지고 소생할 수 있는 것입니다. 그들은 절기를 지키기 위하여 여러 지역에서 많은 사람들이 올라갑니다. 순례자들은 찬양하며 올라갑니다. 어떤 사람들은 예루살렘에 가까이 갈수록 더욱 힘과 용기와 생기가 넘칩니다.

영국의 청교도들은 매주 토요일만 되면 주일을 지키기 위하여 가슴에 감격으로 가득 찼다고 합니다. 우리에게도 토요일이 되면 우리 구주 예수 그리스도의 십자가의 사랑과 구원의 감격으로 가슴이 벌렁벌렁 거리는 사건들로 계속 채워져야 할 것입니다. "의인은 그 길을 꾸준히 가고 손이 깨끗한 자는 점점 힘을 얻느니라"(욥 17:9)고 성경은 말씀합니다. 점점 힘을 얻는 사람은 복이 있는 사람입니다. 무엇보다도 예배에서 기도와 찬양을 통하여 힘을 얻는 사람은 영성이 있는 그리스도인입니다. 본문 5절에 "주께 힘을 얻고"라고 했는데, 이 힘은 영적인 힘입니다.

우리에게 여러 가지 힘이 필요한데 그 중에 경제적인 힘도 필요합니다. 만약에 이것이 뒷받침되어지지 않는다면 생활의 곤고함이 따를 것입니다. 그러나 이런 힘보다 더 중요한 힘이 있다는 것을 기억해야 합니다. 이것이 바로 영적인 힘인 것입니다. 하나님으로부터 오는 영적인 힘을 얻어야 하는 것입니다. 영성의 사람이 되어야 합니다. 우리는 하나님으로부터 오는 영적인 새 힘만 얻을 수 있다면 문제될 것이 없습니다. 이 힘을 얻기만 하면 다른 모든 것들은 순탄하게 해결이 되는 것입니다. 이 힘을 얻어야 답답하고 험악한 세상에서 승리할 수가 있는 것입니다. 힘들고 살기 어려운 세상에서 피곤치 아니하게 되고 새 힘을 얻게 되는 것입니다.

"오직 여호와를 앙망하는 자는 새 힘을 얻으리니 독수리가 날개 치며 올라감 같을 것이요 달음박질하여도 곤비하지 아니하겠고 걸어가도 피곤하지 아니하리로다"(사 40:31)라고 성경은 말씀합니다. 독수리는 비가 오고 바람이 불어도 창공으로 더 높이 떠오릅니다. 그리고 비바람이 몰아치는 폭풍에서는 기류를 따라 올라갑니다.

현대인들이 이 세상을 살아가는 것은 만만하지 않습니다. 인간의 지혜와 지식과 기술과 능력이 모두 필요하지만 그리스도인들에게는 무엇보다도 영적인 힘을 하나님으로부터 공급받아야 세속에 물들지 아니하고 살아갈 수 있습니다. 매일 매 순간 주님으로부터 영적인 새 힘을 얻어야 고해와 같은 세상에서도 지칠 줄 모르는 강건함을 소유하게 되는 것입니다. 이 힘이 어디서 오는 것입니까? 주께로부터 오는 것입니다. 주님께 나와 거룩한 예배를 드린 자들이 영적인 새 힘을 얻게 됩니다.

2) 고난을 극복하고 목적지에 이르게 됩니다. (6-7절)

거룩한 예배를 통하여 은혜를 받고 시련을 극복하는 자들은 복이 있습니다. 6절에 보면 "눈물 골짜기"가 나옵니다. 눈물 골짜기는 광야가 연상됩니다. 그곳은 비 한 방울 내리지 아니하고 풀 한 포기 볼 수 없는 사막입니다. 눈물 골짜기를 종교개혁자 요한 칼빈은 메마른 골짜기라고 했습니다. 어떤 학자들은 그들 앞에는 수많은 물이 가득한 골짜기가 있다고 말합니다. 예루살렘 성전을 향하여 올라가는 순례자들은 그 길이 평탄한 길이 아닙니다. 눈물 골짜기입니다. 비가 웅덩이들을 가득 채우게 되면 흙탕물이 됩니다. 그리하여 골짜기를 건너가는 것이 어려워지게 됩니다. 그럼에도 불구하고 그들은 고난을 무릅쓰고 거룩한 절기를 참석하기 위하여 올라갑니다. 그들은 주저하거나 망설이지도 아니하고 장애물을 보지 않고 나아간 것입니다. "나의 재난을 기뻐하는 자들이 함께 부끄러워 낭패를 당하게 하시며 나를 향하여 스스로 뽐내는 자들이 수치와 욕을 당하게 하소서 나의 혀가 주의 의를 말하며 종일토록 주를 찬송하리이다"(시 35:26, 28)라고 성경은 말씀합니다.

시인은 고난이 심할 때에는 악인들이 수치를 당하도록 간구했고, 자신의 혀로는 온종일 주를 찬송하기를 원하였던 것입니다. 우리가 은혜를 사모하고 갈망하지만 앞에 있는 장애물들로 인하여 주저해서는 안 될 것입니다. 순례자들은 눈물 골짜기가 있고 심지어 죽음의 골짜기로 둘러싸여 있어도 담대하게 성전으로 올라간 것입니다. 하나님의 은혜를 받는 것은 결코 평탄하지는 아니합니다. 왜냐하면 캄캄한 밤중에 성전을 향하여 올라가는 길은 악한 짐승과 강도의 위험도 무릅쓰고 가야 할 것이고, 교통수단이 불편했던 그 당시로서는 모두가 도보로 행진하기에 육체적으로 피곤하고 지쳤을 것입니다.

그럼에도 불구하고 성전을 향하여 순례할 때에 축복의 장마 비를 경험하게 되는 것입니다. "그 곳에 많은 샘이 있을 것이며 이른 비가 복을 채워 주나이다"(6절)라고 성경은 말씀합니다. 여기서 "복"이란 비옥한 농작물을 의미합니다. 성전을 올라가는 순례자들이 그들 자신의 수고로 물을 대고 위로는 하늘로부터 하나님이 비를 내리심으로 샘물이 풍성하여 열매를 거두게 되는 것입니다. "샘"은 우물이나 저수지가 아니라 샘물을 의미합니다. 이것은 산중턱이나 계곡의 틈바구니에서 흘러나오는 물을 말합니다. 샘은 바다의 샘(잠 8:28)이라고 성경은 말씀합니다. 하나님은 눈물 골짜기요 메마른 골짜기에 샘이 터지게 하십니다. 전능하신 하나님에게는 불가능이 없습니다.

"땅이 그의 소산을 내어 주었느니 하나님 곧 우리 하나님이 우리에게 복을 주시리로다 하나님이 우리에게 복을 주시리니 땅의 모든 끝이 하나님을 경외하리로다"(시 67:6-7)라고 성경은 말씀합니다. 땅이 소산을 내고 농작물에 결실이 맺혀지는 것은 모두가 하나님이 햇빛과 바람과 비를 주시기 때문에 복을 누리게 되는 것입니다.

"광야와 메마른 땅이 기뻐하며 사막이 백합화 같이 피어 즐거워하며 무성하게 피어 기쁜 노래로 즐거워하며 레바논의 영광과 갈멜과 사론의 아름다움을 얻을 것이라 그것들이 여호와의 영광 곧 우리 하나님의 아름다움을 보리라"(사 35:1-2)고 성경은 말씀합니다. 황무지가 변하여 기름진 땅이 되어 백합화가 피는 것도 하나님의 은혜요 복인 것입니다. 여기서는 우리 구주 예수 그리스도의 복음이 들어오면 사막과 같은 영혼들이 회개하고 하나님의 은혜로 웅장하게 서 있는 레바논의 백향목의 영광을 보게 될 것입니다. 아무리 풀 한 포기 볼 수 없는 사막이라 할지라도 하나님의 은혜가 임하면 광야에도 샘물이 솟는 역사가 일어나게 되는 것입니다. 이것이 바로 하나님의 영광이자 아름다움인 것입니다.

　순례자들이 비록 피곤하고 고달픈 몸으로 성전을 올라가지만 눈물의 골짜기를 두려워하지 아니하고 담대히 통과하기만 하면 자비하신 하나님은 그들의 슬픔과 고통을 위로하시고 싸매어 주실 것입니다. 하나님은 그들의 눈물을 당신의 병에 담으실 것이고, 그 눈물이 가득 차면 눈물의 샘을 우물로 바꾸어 주실 것입니다.

　우리가 험난한 세상에서 믿음을 지키기가 얼마나 어렵습니까? 가난과 질병과 상처와 아픔이 많은 자들이 있습니다. 세상을 살다 보니 육신의 정욕과 안목의 정욕과 이생의 자랑 등으로 한 순간이라도 주의하지 않으면 유혹을 받기가 쉽습니다. 그런 상황에서 '예수 그리스도는 전능하신 하나님이시며 하나님의 아들이시다.'라는 신앙으로 무장하고 살아가기만 한다면 그들이 쏟아낸 눈물들이 고이고 쌓이다 보면 하나님의 은혜의 샘이 될 줄로 믿습니다. 그 눈물은 하늘나라의 다이아몬드가 될 것이고, 우리에게는 하나님의 은혜와 복이 될 것입니다. 전능하신 하나님은 이스라엘 백성들이 광야에서 굶주릴 때에 기름과자인 만나를 주시고, 고기가 먹고 싶을 때에는 동풍을 불게 하여 메추라기로 먹이십니다. 그들이 수십 일 동안 목말라 할 때에는 반석을 쳐서 샘물을 마시게 하십니다.

　하나님은 지금도 살아계셔서 우리의 모든 필요를 채워 주십니다. 그분은 어제나 오늘이나 영원토록 동일하신 분이십니다. 하나님은 우리를 실망시키신 적이 없습니다. "그가 친히 말씀하시기를 내가 결코 너희를 버리지 아니하고 너희를 떠나지 아니하리라"(히 13:5)고 성경은 말씀합니다. 우리가 슬픔의 골짜기와 눈물의 골짜기와 소름이 끼치는 죽음의 골짜기를 지날 때에도, 전능하신 하나님은 우리와 늘 함께 하셨고, 지금도 함께 하시고 앞으로도 함께 하시고 도우시고 지켜 주실 것입니다. 왜냐하면 내가 하나님을 선택하기 전에 먼저 하나님이 우리를 선택하셨고, 내가 먼저 예수 믿기 전에 성령의 감동으로 우리를 예수 믿도록 인도하셨기 때문입니다.

빈들의 마른 풀도 하나님이 창조하셨고 그 풀을 자라게 하시는 분도 하나님이십니다. 이 볼품없고 초라한 풀도 하나님의 은혜와 능력을 힘입어 자라나는 것입니다. 우리가 눈물의 골짜기를 지나가면서도 비틀거리지 아니하고 서게 되는 것은 하나님이 도우시기 때문입니다. 하나님의 도우심은 하나님의 일을 하는데 촉진시킬 뿐만 아니라 도움을 받는 자에게 힘을 더하여 주기 때문에 자신에게도 복이 되는 것입니다. 그러므로 우리에게 눈물 골짜기가 있어도 낙심하지 말고 기도하고 감사합시다.

7절에 보면, 그들은 하나님 앞에 각기 나타나게 됩니다. 즉 목적지에 이르게 된 것입니다. 그 이유가 무엇입니까? 7절에 "그들은 힘을 얻고 더 얻어 나아가 시온에서 하나님 앞에 각기 나타나리이다"라고 성경은 말씀합니다. 여행객들은 다른 길을 가다가 목표 지점을 잃고 방황하며 무더운 사막 열기에 질식하고 모래 폭풍으로 지치고 쓰러집니다. 때로는 악한 짐승의 위협과 강도와 도둑에 의하여 목숨을 잃기도 합니다. 그러나 하나님을 사랑하며 순례의 길을 걸어가는 자들에게는 하나님의 보호하심으로 목적지에 도착하여 하나님 앞에 나타나게 됩니다. 하나님 앞에 서게 된 것은 곧 그들이 하나님으로부터 힘을 얻었기 때문입니다.

"여호와 외에 누가 하나님이며 우리 하나님 외에 누가 반석이냐 이 하나님이 힘으로 내게 띠 띠우시며 내 길을 완전하게 하시며"(시 18:31-

32)라고 성경은 말씀합니다. 아무리 연약하고 무능한 자라도 하나님이 힘으로 띠 띠우시면 완전한 길로 가게 되며, 아무리 강한 자라 할지라도 하나님이 흩으시면 낮아지게 되는 것입니다. 하나님으로부터 힘을 얻는 자들은 물질의 부유함도 주십니다. "네 하나님 여호와를 기억하라 그가 네게 재물 얻을 능력을 주셨음이라 이같이 하심은 네 조상들에게 맹세하신 언약을 오늘과 같이 이루려 하심이니라"(신 8:18)고 성경은 말씀합니다.

우리가 신앙생활을 하면서 눈물 골짜기를 통과할 때가 있을 것입니다. 영적으로도 새 힘을 얻어야 할 것이고 물질적으로도 하나님께로부터 복을 받아야 안전하고 평안하게 되는 것입니다. 인간적으로 아무리 노력하고 수고하여 얻은 재물이라고 할지라도 하나님이 기뻐하시지 않는 물질은 바람을 타고 날아갈 수도 있기 때문입니다. 우리도 힘을 얻고 더 얻으며, 은혜 위에 은혜를, 능력 위에 능력을 갑절로 얻읍시다. 하나님께 드리는 예배에 마음과 뜻과 생명을 다한다면 매일 매 순간 힘을 얻고 더 얻게 될 것입니다.

"다만 이뿐 아니라 우리가 환난 중에도 즐거워하나니 이는 환난은 인내를, 인내는 연단을, 연단은 소망을 이루는 줄 앎이로다 소망이 우리를 부끄럽게 하지 아니함은 우리에게 주신 성령으로 말미암아 하나님의 사랑이 우리 마음에 부은 바 됨이니"(롬 5:3-5)라고 성경은 말씀합니다. 우리가 잘 아는 대로 가짜 보석은 시험하는 것을 겁내고 두려워하지만 진짜 다이아몬드는 시험을 겁내지 아니합니다.

위선적인 경건을 지키려는 자들은 시험을 감당하기가 어렵지만 신실한 그리스도인들은 시험을 능히 극복하고 온갖 시험 당하는 것을 기쁨으로 여기는 것입니다. 눈물 골짜기를 통과하고 나면 많은 샘들을 보게 될 것이며 환난과 연단을 통과하면 소망을 이루게 될 것입니다. 성전 순례자들이 하나님 앞에 서게 된 비결은 힘을 얻고 더 얻어 나아갔기 때문입니다. 한 번만 힘을 얻어도 힘이 솟는데 힘을 더 얻으니 얼마나 생기와 생동감이 넘치겠습니까?

3) 안전한 곳으로 이르게 됩니다. (7, 12절)

여기서 "힘"이란 요새화 된 것을 의미합니다. 힘을 얻고 더 얻어 하나님께 가까이 가면 갈수록 자비하신 하나님은 우리들을 더욱 더 안전한 길로 인도하십니다. 눈물 골짜기를 통과한 사람이 은혜의 샘으로 복을 누리는 조건이 있습니다. 그것은 여호와를 의지하는 자에게 주어지는 복인 것입니다.

12절에 보면 "만군의 여호와여 주께 의지하는 자는 복이 있나이다"라고 성경은 말씀합니다. 여기서 나오는 "의지하다"라는 단어는 〈바타흐 batach〉입니다. 이 말은 '믿다, 신뢰하다, 안심하다, 안전하다'라는 뜻입니다. 그리스도인에게 있어서 '믿음'이라는 말은 '하나님을 믿는 것'(Believe in God)을 의미합니다. 나는 약하고 무능하지만 전능하신 하나님을 믿고 의지하는 것입니다. 나의 지혜와 지식은 부족하고 한계가 있지만 완전하신 하나님의 지혜를 의지하는 것이 믿음인 것입니다. 경건한 자의 중심은 언제나 하나님을 신뢰하는 것입니다.

아브라함이 바랄 수 없는 중에 바라고 하나님을 믿었던 것처럼, 거룩한 자는 하나님을 바라고 의지하는 것입니다. 하나님을 의지하면 의지할수록 마음에 평안과 위로와 힘을 더욱 얻게 될 것입니다. 왜냐하면 하나님은 우리의 방패가 되시기 때문입니다. 9절에 보면 "우리 방패이신 하나님이여 주께서 기름 부으신 자의 얼굴을 살펴 보옵소서"라고 성경은 말씀합니다. 하나님은 우리의 방패가 되실 뿐만 아니라 우리의 피난처시요 힘이십니다(시 46:1).

우리의 해와 방패 되시는 하나님은(11절) 은혜와 영화를 주시며 정직하게 행하는 자에게 좋은 것을 아끼지 아니하십니다. 하나님은 해가 되시기에 우리의 어두움을 제거하여 주시고 방패가 되시므로 악한 자들로부터 우리를 보호하여 주실 것이고 은혜를 주심으로 우리가 강하고 견고하여 품위 있고 모든 사람들로부터 인정을 받게 하실 것입니다. 즉 은혜는 하나님이 우리를 향하신 하나님의 선하신 뜻인 것입니다. 영화는 하나님께서 우리를 당신의 백성으로 삼으심으로써 하나님 나라의 유업을 누릴 것을 보장하여 주시는 것입니다. 그러므로 하나님은 영화를 누릴 준비 단계로서 이 세상에서 당신의 백성들에게 은혜와 복을 주시는 것입니다. 특별히 정직하게 행하는 자에게 좋은 것을 아끼지 아니하십니다. 하나님 앞에서 정직하고 우리에게 주신 날들 중에서 주일을 거룩하고 성별 되게 지키고 영과 진리로 예배하는 자들에게는 하늘의 신령한 복과 이 땅에서도 좋은 것들로 가득 채워주실 것입니다.

"여호와는 의로우사 의로운 일을 좋아하시나니 정직한 자는 그의 얼굴을 뵈오리로다"(시 11:7)라고 성경은 말씀합니다. 정직한 자에게 영적으로 주시는 복은 하나님의 얼굴을 뵈옵는 것이고 이 세상 살아가는데 있어서 필요한 모든 것들도 채워주실 것입니다. "온갖 좋은 은사와 온전한 선물이 다 위로부터 빛들의 아버지께로부터 내려오나니 그는 변함도 없으시고 회전하는 그림자도 없으시니라"(약 1:17)고 성경은 말씀합니다. 전능하신 하나님을 믿고 의지하며 사는 자에게는 하나님의 광채를 받아 그 얼굴이 빛날 것이고 그분으로부터 은혜와 영화를 지속적으로 누리게 될 것입니다.

결 론

그리스도인은 하늘나라에 들어가기까지 성전을 순례하는 순례자와 같습니다. 때로는 무거운 짐을 지고 가는 나그네와 객과 같은 존재들입니다. 그러나 우리가 잊지 말 것은 시인처럼 주의 장막을 사모하고 사랑하며 살아가야 한다는 것입니다. 왜냐하면 주의 집에 거하는 자들이 복이 있기 때문입니다. 서로 상부상조하는 사랑의 공동체를 이룸으로 주의 집에서 기도하고 찬송하며 서로의 짐을 덜어주고 격려하며 삽시다. 아무리 힘들고 어려운 메마른 골짜기를 올라간다고 해도 협력하고 협동하면 주께로부터 힘을 얻고 또 힘을 얻어 주님께 나아갈 줄로 믿습니다. 이 땅 위에는 어느 곳이든지 절대 안전지대란 없습니다. 하나님 나라에 들어가야 안전합니다.

그러므로 우리는 날마다 종말 신앙으로 살아가야 하는데, 하루를 살아도 주를 위하여 살고, 죽어도 주를 위하여 죽는 것입니다. 전능하신 하나님은 성전으로 돌아오는 자들에게 해와 방패가 되어주시고 정직하게 행하는 자들에게 좋은 것을 아낌없이 주실 것입니다. 우리들을 안전한 곳 저 천국으로 인도하시기까지 주님을 섬기는 삶에는 눈물 골짜기라 할지라도 은혜의 샘이 될 것입니다. 주의 복 되신 은혜가 우리와 이 나라 위에 함께 하시기를 우리 주님의 이름으로 간절히 축원합니다.

11
예루살렘을 사랑하라
[이사야 66:10-14]

서 론

예수 그리스도의 피로 속죄함을 받은 사람은 그 누구보다 주님을 더 사랑합니다. 그들은 우리 주님과 헤어지는 것보다는 차라리 부모나 형제나 친족을 떠나 주님을 따르기를 원합니다. 그들은 세상이 주는 위로에는 별로 감각이 둔하지만 주님의 크신 사랑은 가슴에 꼭 안고 다닙니다. 세상에서 무능하고 부족한 사람이라 할지라도 예수를 나의 구주로 믿고 그의 피로 구원받은 사람은 존귀한 자로 그는 하나님의 생명책에 기록된 자가 된 것입니다. 하나님의 백성이 세속적인 방법대로 살지 아니하고 하나님의 말씀대로 살고 있다면, 그는 진정으로 행복한 자가 되는 것입니다. "예루살렘"이라는 뜻은 '거룩한 성, 거룩한 토대'를 의미하는데, 이 예루살렘을 하나님이 직접 세우셨다(시 147:2)고 성경은 말씀합니다. 구약에서 예루살렘은 하나님께서 임재하시고 하나님의 백성들과 만나는 장소를 의미합니다.

사도 바울은 "하나님이 자기 피로 사신 교회"(행 20:28)라고 증언합니다. 이런 의미에서 신약의 교회를 예루살렘이라고 말씀합니다. 성경에 보면 "위에 있는 예루살렘"(갈 4:26)과 "하늘의 예루살렘"(히 12:22) 그리고 "새 예루살렘"(계 21:2, 9-10)이라고 했습니다. 그러므로 본문의 예루살렘은 영적으로 교회를 의미합니다.

영국의 역사학자 아놀드 토인비는 "세상이 아무리 어둡고 절망적이라고 할지라도 아직 희망은 있는데 그 희망은 교회다."라고 설명했습니다. 그런데 중요한 것은 교회가 세속화 되지 아니하고 거룩한 교회가 되는 것입니다. 인본주의 교회가 아니라 하나님 중심의 신본주의 교회만 될 수 있다면, 하나님은 마지막까지 교회를 사랑하시고 보존하여 주십니다. 왜냐하면 교회를 떠나서는 구원이 없기 때문입니다. 오직 우리 주님만이 길이요 진리요 생명이십니다(요 14:6). "다른 이로써는 구원을 받을 수 없나니 천하 사람 중에 구원을 받을 만한 다른 이름을 우리에게 주신 일이 없음이라 하였더라"(행 4:12)고 성경은 말씀합니다.

타 종교에도 구원의 가능성을 말하지만 그 이름으로는 절대로 구원이 없습니다. 오직 예수 그리스도의 이름으로만이 죄에서부터 우리가 구원을 받는 것입니다(마 1:21). 사도 바울은 하나님의 교회를 "진리의 기둥과 터"(딤전 3:15)라고 증언합니다. 기둥과 터가 건물을 받들 듯이 교회는 진리를 받들고 진리만을 선포하고 진리의 말씀을 후손들에게 전수하고 보존해야 합니다. 영어의 '쳐치(Church)'는 주님에게 속한 것이라는 헬라어 〈큐리아코스 Kuriakos〉에서 나온 말로서, 이 말은 교회는 어디까지나 우리 구주 예수 그리스도에게 속한 것이지 사람에게 속한 것이 아님을 시사하는 것입니다. 교회가 사람의 이름을 드러내기 위하여 존재해서는 안 되는 것입니다. 헌신하고 물질을 드리는 자에게 약속이 보장되어 있습니다. 그러므로 예루살렘을 사랑하는 자에게 하나님의 축복이 약속되어 있습니다.

1. 예루살렘인 교회를 사랑하는 자의 자세 (10절)

1) 예루살렘을 기쁨으로 사랑하는 것입니다. (10절)

"예루살렘을 사랑하는 자들이여 다 그 성읍과 함께 함께 기뻐하라

다 그 성읍과 함께 즐거워하라 그 성을 위하여 슬퍼하는 자들이여 다 그 성의 기쁨으로 말미암아 그 성과 함께 기뻐하라"고 성경은 말씀합니다. 여기서 "기뻐하라"는 단어는 히브리어로 〈길 gehl〉인데, 이 말은 종교 의식상의 축제적인 기쁨을 의미합니다. 이 기쁨은 과거와 현재에 있어서 하나님의 구원행위로 인한 공적 표현인 것입니다. 아무리 우리가 힘들고 어려운 일을 만난다고 할지라도 구원의 기쁨과 감격만 충만하다면 예수 그리스도의 기쁨으로 충만하게 되는 것입니다. 우리가 하나님을 직접 뵈올 수는 없지만 우리 구주 예수 그리스도를 나의 구주로 믿고 나면 하나님을 만나게 되는 것입니다.

우리가 교회에서 하나님께 영과 진리로 예배할 때에 기쁨이 가득해야 합니다. 기쁨으로 드리는 예배를 하나님은 받으시고 은혜와 복을 주십니다. "너희 의인들아 여호와를 기뻐하며 즐거워할지어다 마음이 정직한 너희들아 다 즐거이 외칠지어다"(시 32:11)라고 성경은 말씀합니다. 우리는 어떤 상황에서도 항상 기뻐하며 즐거워하면서 주님 앞에 나아갑시다.

오늘 본문에 예루살렘을 사랑하는 자는 기뻐하라고 말씀합니다. 슬픔을 같이 나누면 슬픔은 반으로 축소되고, 기뻐하면 기뻐할수록 기쁨이 배가 됩니다. 이 말씀은 하나님이 그의 백성들에게 하시는 말씀입니다. 그리고 우리 구주 예수 그리스도를 믿는 자들에게 향하신 말씀입니다. 먼저 예수를 나의 구주로 믿는 자들은 교회를 사랑하는 일에 있어서 먼저 기뻐하라는 말씀입니다. 기쁨이 없이 하나님을 섬기고 교회를 사랑한다는 것은 참으로 힘들고 어려운 것입니다. 의무감으로 교회를 사랑한다면 피곤하여 지칠 수 있습니다. 그러나 기쁨으로 즐거움으로 섬긴다면 지칠 줄 모르는 건강과 의욕과 열정을 하나님이 주시는 것입니다.

기쁨은 그리스도인의 영성의 척도입니다. 기쁨이 크면 클수록 예루살렘을 더욱 사랑할 것입니다. 예루살렘을 사랑하는 자는 불꽃이 해를 중심으로 올라가듯이 하나님 중심으로 교회를 사랑하게 됩니다. "너는 마음을 다하고 뜻을 다하고 힘을 다하여 네 하나님 여호와를 사랑하라"(신 6:5)고 성경은 말씀합니다. 하나님의 백성들은 예루살렘을 사랑하고 예루살렘과 함께 또는 예루살렘을 위하여 슬퍼하는 자들입니다. 즉 하나님을 사랑하는 자들은 어떤 상황에서든지 교회를 최우선으로 사랑합니다. 교회의 일은 진심으로 몸과 마음과 물질과 생명까지도 다 드리며 충성합니다. 그들은 교회가 부흥할 때에 함께 기뻐하고 교회가 어려움을 당할 때에 슬퍼하고 웁니다. 그러므로 우리가 예루살렘 즉 교회와 함께 기뻐하면 하나님을 사랑하는 것입니다.

세상에 살면서 보람 있는 일을 한다는 것은 참으로 아름다운 일입니다. 그런데 세상만사가 자신의 생각과 뜻대로 다 이루어지는 것은 아닙니다. 기뻐할 일보다 오히려 근심하고 슬퍼할 일도 많이 있기 때문입니다. 그러나 기독교는 기쁨과 희락의 종교입니다. 어떤 상황에서라도 주님이 주신 기쁨을 소유할 수만 있다면 영성의 사람이 되며 예루살렘인 교회를 생명 바쳐 사랑하게 되는 것입니다.

한국교회가 벼랑 끝에 와 있다고 한국교회를 염려하는 목회자들이 있습니다. 일제치하에서는 우상 앞에서 절하지 아니하고 일사각오의 신앙을 지키고 투옥되고 순교했습니다. 그리고 공산치하에서는 생명을 걸고 믿음을 지키다가 순교했습니다. 그러나 작금의 한국교회는 우리 구주 예수 그리스도와 복음을 위하여 수난 받는 시대가 아니라 종교적인 면에서는 미국의 번영신학과 세속주의가 들어오고, 윤리 도덕으로 몸살을 앓고 있습니다. 복음을 위하여 고난 받던 시대가 오히려 부러울 정도의 세대가 되고 말았습니다.

우리가 기억해야 할 것은 하나님이 목회자를 사용하시는 동안만큼만 교회가 성장한다는 것입니다. 영적으로 메마르고 죽으면 불꽃처럼 타올랐던 열심도 안개처럼 사라지는 것입니다. 특별히 성직자가 타락하면 더 크게 불명예스러운 것입니다.

영국의 존 뉴턴 목사는 과거 청년 시절 아프리카에서 노예상인이었고, 그 중에서도 가장 악명이 높은 자였습니다. 건장한 흑인 노예들을 물건처럼 값싸게 흥정하여 아프리카에서 유럽으로 팔아넘겼습니다. 노예장사를 하여 많은 돈을 벌게 됩니다. 그러던 어느 날 어찌 된 은혜요 사랑인지 하나님의 은혜로 예수를 믿게 됩니다. 예수를 나의 구주로 영접하고 회개하는데 통곡하며 웁니다. 그는 얼마나 많은 회개의 눈물을 흘렸는지 그의 눈이 실명될 정도였고, 하나님의 은혜로 목사가 됩니다. 그는 토마스 아 켐피스(1725~1807)의《그리스도를 본받아》라는 책을 읽고 감동을 받고 예수를 나의 구주로 영접합니다. 그의 어머니도 아들이 목사가 되기를 간절히 눈물의 기도를 드렸습니다. 어머니의 그 기도가 응답이 되어 하나님의 은혜로 그는 과거의 부끄러운 모든 죄를 철저히 회개하고 새 사람이 되고 목회자가 된 것입니다.

그리고 그는 하나님의 말씀인 역대상 17장 16-17절을 근거로 하여 "나 같은 죄인 살리신"(Amazing Grace) 찬송을 작사했습니다. 그 내용은 "다윗 왕이 여호와 앞에 들어가 앉아서 이르되 여호와 하나님이여 나는 누구이오며 내 집은 무엇이기에 나에게 이에 이르게 하셨나이까"라는 말씀에 기초한 것입니다. 존 뉴턴 목사님도 무익한 사람이 유익하게 쓰임 받게 된 것을 감사하여 작사한 것입니다.

그가 노년에 몸이 너무나 쇠약해져서 영국 메리 울노스 교구 교회의 강대상까지 걸어갈 수가 없어서 들것에 실려 가서 말씀을 전합니다. 그의 친구들은 "뉴턴 목사, 당신은 너무 쇠약해졌으니 이제 정말 그만두어야 해."라고 말합니다. 그러자 뉴턴 목사는 말합니다. "과거에 아프리카에서 노예장사를 하며 하나님을 욕되게 했던 이 자가 숨이 붙어 있는 동안 어떻게 죄악의 자리에서 건져주신 하나님의 은혜를 전하는 것을 그만 둘 수 있겠는가? 절대로 그렇게 못 하네."라고 대답했다고 합니다. 즉 강단에서 말씀을 전하는 것보다 강단을 떠나는 것이 더 어려운 일이었을 것이라고 판단이 됩니다. 그것은 우리 구주 예수 그리스도의 사랑이 강권하고 우리 가슴 속에서 불붙고 타오르기 때문인 것입니다. 우리는 주님으로 말미암아 기뻐하고 즐거워해야 합니다. 어떤 고난 속에 처하여 있다고 하더라도 흔들리지 말고 주님을 찬양합시다.

우리는 하나님으로 인하여 기뻐하고 즐거워합시다. 왜냐하면 주 밖에는 나의 복이 없기 때문이라(시 16:2)고 성경은 말씀하고 있기 때문입니다. 우리가 예루살렘인 교회를 사랑하는 것은 기쁨과 즐거움으로 감당해야 하는 것입니다. 만약 우리에게 기쁨과 즐거움으로만 주님을 사랑하고 교회를 섬길 수만 있다면 은혜 위에 은혜를 더하는 것입니다. 왜냐하면 주님이 교회를 당신의 피로 사셨기 때문입니다. 교회 외에 다른 어떤 것과는 주님과의 연합을 주장할 수 없고 그분과 사랑의 교제를 나눌 수 없기 때문입니다. 주님으로 인한 기쁨은 견고하고 지속적인 것입니다. 아무리 바라보아도 그 위에 허영은 보이지 않습니다. 그것은 이 세상에서뿐만 아니라 저 영원한 하나님 나라에서까지 영원한 기쁨을 유지할 것입니다.

2. 예루살렘인 교회를 사랑하는 자가 누리는 은혜와 복 (11-14절)

1) 만족과 즐거움을 누립니다. (11절)

"너희가 젖을 빠는 것 같이 그 위로하는 품에서 만족하겠고 젖을 넉넉히 빤 것 같이 그 영광의 풍성함으로 말미암아 즐거워하리라"고 성경은 말씀합니다. 어린아이가 엄마의 품을 떠나면 매우 위험합니다. 잠시도 아기는 안전할 수가 없는 것입니다. 어린 신자가 어머니의 품인 교회를 떠나서는 신앙이 성장할 수 없습니다. 아기가 엄마 품에 있는 것이 가장 행복하고 이것이 아기의 만족과 즐거움인 것입니다.

오늘 본문에 나타난 배경은 하나님의 백성들이 예루살렘을 위하여 울며 슬퍼했던 날들은 끝나게 되고, 환난을 받았던 날들만큼 하나님께서 위로를 주실 것이라고 성경은 말씀합니다. 예루살렘의 모든 백성들이 예루살렘의 기쁨에 동참하는 것은 하나님의 뜻인 것입니다. 왜냐하면 하나님은 세상의 어떤 기관보다도 예루살렘을 아끼시고 사랑하시고 보호하시기 때문입니다. 하나님은 예루살렘인 교회를 통하여 복 주시고 하나님을 사랑하고 하나님의 성전을 가까이 하는 자들에게 은혜와 평강을 주십니다. 매일 매일 하나님의 전을 가까이 하면 할수록 영적으로는 성숙이 되고 물질적으로도 풍족하게 채워주실 것입니다.

우리가 우리 구주 예수 그리스도를 위하여 받는 고난이 크면 클수록 만족과 즐거움도 큰 것입니다. 우리에게 고난이 많으면 위로를 주시고 절망이 깊을수록 소망이 넘치게 할 것입니다. 십자가의 고통이 우리에게는 장차 영광이 될 것입니다. 하나님 앞으로 나오는 자에게는 무거운 짐을 벗겨주시고 가볍게 하십니다.

그리고 슬픔의 베옷을 벗겨주시고 기쁨의 옷을 입혀주십니다. 이 기쁨은 세상이 주는 것이 아니고 하나님이 주시는 것입니다. 하나님이 주시는 기쁨에서 만족과 즐거움을 누리게 되는 것입니다. 우리 그리스도인들에게 하나님이 주시는 기쁨이 강물처럼 넘치고 즐거움이 충만하시기를 소원합니다. 시인 다윗은 "주께서 내 마음에 두신 기쁨은 그들의 곡식과 새 포도주가 풍성할 때보다 더하니이다"(시 4:7)고 했고, 8절에는 "내가 평안히 눕고 자기도 하리니 안전히 살게 하시는 이는 오직 여호와이시니이다"라고 성경은 말씀합니다.

저는 일본선교 하면서 초창기에 3년 이상을 불면증으로 엄청나게 고생을 했습니다. 늘 언어의 어려움과 긴장과 답답함이 많았습니다. 그 어려운 중에서도 매일 성경 읽는 중에 은혜를 받고 기도하고 성경 보고 기도 중에 깨끗하게 치유가 된 것입니다. 말씀을 계속 묵상하고 신음하는 중에 큰 은혜와 기쁨을 누리고 불면증이 모두 사라져 버렸던 것입니다.

하나님이 주시는 기쁨은 절대적인 것입니다. 상황에 얽매이지 아니합니다. 세상 기쁨과 즐거움은 상대적이므로 성공하고 출세하면 기쁘고, 실패하고 빈곤하게 되면 슬퍼하고 탄식합니다. 건강하고 형통하면 기쁘지만 병들고 죽어가면 신세를 타령하고 원망하게 됩니다. 그러나 하나님이 주신 즐거움은 물질적인 것에 지배를 당하지 아니합니다. 프랑스의 나폴레옹은 세상부귀 영화와 권력을 다 누렸지만, 그는 말하기를 한평생을 통하여 3일 밖에 기쁨이 없었다고 고백했습니다. 세상 기쁨은 언제나 조건적이고 상대적이지만, 하나님이 주시는 영적 기쁨은 환경에 영향과 타격을 받지 아니하는 절대적인 기쁨입니다. 영국의 스펄전 목사도 그리스도인은 가장 즐거운 사람이 되어야 한다고 증언합니다. 그리스도인의 기쁨은 영적 기쁨이요 즐거움입니다. 이 기쁨은 예루살렘을 사랑하는 자들에게 주십니다. 하나님의 교회를 내 몸처럼 사랑하는 자들에게 즐거움을 주십니다. 즐거움이 있는 자는 행복한 사람입니다. 하나님이 우리의 기쁨과 즐거움이 되시기 때문입니다.

2) 평강입니다. (12절)

12절에 보면 "내가 그에게 평강을 강 같이"라고 성경은 말씀합니다. 하나님이 주신 평강은 마치 강물처럼 평강이 임합니다. 평강은 히브리어로 〈샬롬 Shalom〉입니다. '샬롬'이란 말은 '평화, 평안, 기쁨, 건강, 온전, 번영과 형통'이란 의미가 있습니다.

시편 122편은 예루살렘에서의 평화의 시입니다. 6-7절에 보면 "예루살렘을 위하여 평안을 구하라 예루살렘을 사랑하는 자는 형통하리로다 네 성안에는 평안이 있고 네 궁중에는 형통함이 있을지어다"라고 성경은 말씀합니다. 전능하시고 자비하신 하나님이 교회를 내 몸처럼 사랑하고 충성하고 봉사하는 자들에게 평강의 복을 주시기를 간절히 소원합니다. 평강이 오면서 강건해지고 가정이 화목하고 생업과 일터 위에 번영과 형통이 넘치시기를 바랍니다.

"네가 만일 하나님을 찾으며 전능하신 이에게 간구하고 또 청결하고 정직하면 반드시 너를 돌보시고 네 의로운 처소를 평안하게 하실 것이라 네 시작은 미약하였으나 네 나중은 심히 창대하리라"(욥 8:5-7)고 성경은 말씀합니다. 거룩하신 하나님은 우리가 정직하여 은혜와 복을 누리기를 원하십니다. "주께서 인생으로 고생하게 하시며 근심하게 하심은 본심이 아니시니라"(애 3:33)고 성경은 말씀합니다. 긍휼과 자비가 풍성하신 하나님은 저주와 심판보다는 은혜와 평강을 주시고 복 주시기를 원하십니다. 무엇보다도 우리들이 영적으로 믿음의 장부가 되시기를 원하시는 것입니다. 이런 자들에게는 보장된 말씀이 있는데 처음에는 미미한 것 같아도 나중은 번성하고 번영하고 창대해진다고 성경은 말씀합니다. 전도가 부족하여도 교회가 교회답게 평안하면 부흥이 되는 것입니다. 하나님은 우리에게 평강 주시기를 원하십니다.

그러므로 예수를 나의 구주로 믿는 자들에게는 평강이 넘쳐야 합니다. 한마디로 평강의 사람이 되어야 하는 것입니다. 예루살렘을 사랑하는 자는 평안을 구하라는 것입니다. 예루살렘이 평안해야 우리도 안전하고 평화로운 생활을 하게 되는 것입니다. 왜냐하면 예루살렘은 하나님의 선물이고 예루살렘을 통하여 하나님께 가까이 나아갈 수 있기 때문입니다.

그러면 영적으로 예루살렘인 교회를 누가 세우신 것입니까? 우리 주 예수 그리스도께서 십자가에 죽으심으로 그 피 값으로 교회가 탄생된 것입니다. 교회는 건물이 아닙니다. 왜냐하면 하나님의 은혜가 떠나면 하나의 건축물에 불과한 것이기 때문입니다. 주님의 이름으로 모여 예수를 구주라고 고백하는 공동체가 교회인 것입니다. 그러기에 다윗은 하나님의 성전을 몹시도 사모했습니다. "내 마음에 내 하나님의 성전을 사모하였다"(대상 29:3)고 말씀합니다. 그가 성전을 위하여 드린 물질은 말할 것도 없고 자신이 소유한 금과 은으로 내 하나님의 성전을 위하여 드렸다고 성경은 말합니다. 이렇게 예루살렘을 사랑하는 자에게 평강을 주시고 형통함을 주시는 것입니다.

나라와 백성과 교회들이 평강하기를 위하여 기도할 사명이 우리 그리스도인들에게 있는 것입니다. 그리스도인에게 주시는 평강은 하나님의 선물입니다. 악인에게는 평강이 없습니다. 그러나 하나님은 자기 백성들에게는 힘을 주시고 은혜와 평강을 주십니다. "여호와께서 자기 백성에게 힘을 주심이여 여호와께서 자기 백성에게 평강의 복을 주시리로다"(시 29:11)라고 성경은 말씀합니다. 하나님은 자기 백성들에게 평강을 주시는데 그들에게 좋고 아름답고 보배로운 것들을 주시되 지속적으로 채워주십니다. 평강을 주시되 마치 바다에 합류할 때까지 끊임없이 불어나는 강물처럼 주십니다.

영국의 매튜 헨리 목사는 이것은 환난의 댐들로 가로막거나 돌려놓을 수 없으며 세상의 모래로 메울 수 없는 평강의 강이라고 설명했습니다. 그리고 우리를 끝없이 펼쳐진 지극한 복의 대양으로 데려다 줄 평강의 강인 것이라고 덧붙여 증언합니다.

"주께서 심지가 견고한 자를 평강하고 평강하도록 지키시리니 이는 그가 주를 신뢰함이니이다"(사 26:3)라고 성경은 말씀합니다. 예루살렘을 사랑하는 자는 심지가 견고한 자입니다. 그에게 평강을 주십니다. 한 번 평강이 아니라 평강에서 평강으로 지켜 인도하여 주십니다. "그의 종의 평안함을 기뻐하시는 여호와"(시 35:27)라고 성경은 말씀합니다. 하나님은 당신의 백성들이 평안함을 기뻐하십니다. 그러므로 하나님은 우리에게 평강 주시기를 기뻐하십니다. 우리가 슬퍼하고 낙심하는 것을 원하시지 않습니다. "여호와는 그 얼굴을 네게로 향하여 드사 평강 주시기를 원하노라"(민 6:26)고 성경은 말씀합니다. 전능하신 하나님께서 우리에게 은혜와 평강 주시기를 간절히 소원합니다.

3) 위로입니다. (11-13절)

11절에 보면 "너희가 젖을 빠는 것 같이 그 위로하는 품에서 만족하겠고 젖을 넉넉히 빤 것 같이 그 영광의 풍성함으로 말미암아 즐거워하리라"고 성경은 말씀합니다. 어린아이가 가장 안전하게 안식하고 평안히 안기고 보호받는 곳은 어머니의 젖가슴입니다. 어린아이가 가장 행복한 품이 어머니의 품인 것입니다. 어린 아기가 고급호텔이나 궁궐에 있다고 행복한 것이 아닙니다. 어머니의 품이 없는 장소는 아무 소용이 없는 것입니다. 이처럼 우리 그리스도인들이 가장 위로를 받는 곳은 예루살렘인 교회인 것입니다.

12절에 보면 "너희가 그 성읍의 젖을 빨 것이며 너희가 옆에 안기며 그 무릎에서 놀 것이라"고 성경은 말씀합니다. 여기서 "성읍"은 예루살렘을 의미합니다. 즉 예수를 나의 구주로 믿는 자들에게는 교회가 주는 위로에 동참하게 되는 것입니다. 교회가 주는 위로는 무엇입니까? 그것은 교회가 하나님의 은혜와 진리의 말씀으로 풍성한 젖가슴입니다. 교회에서 이 진리의 말씀이 강단에서 흐르고 생수가 터지고 흘러가야 하는 것입니다. 즉 교회에 하나님의 진리의 말씀의 젖이 풍족하기만 하면 하나님의 백성들은 하나님의 은혜의 바다 속에 깊이 잠기게 되고 교회는 평안해지고 부흥됩니다.

13절에 보면 "어머니가 자식을 위로함 같이 내가 너희를 위로할 것인즉 너희가 예루살렘에서 위로를 받으리니"라고 성경은 말씀합니다. 교회는 믿음이 약한 자들의 유모가 됩니다. 종교개혁자 요한 칼빈은 "교회는 어머니이다."라고 설명했습니다. 어린 핏덩이가 어머니 품속에 있어야 안전하듯이 어린 영혼들은 교회에서 하나님의 말씀으로 풍족하게 받아먹어야 그 영혼이 성숙하게 됩니다.

그러므로 교회는 하나님의 사랑과 진리의 말씀으로 충만하여야만 합니다. 교회에 세속적인 것이 들어오지 못하도록 차단시켜야 합니다. 이단과 사이비 잘못된 사상이 침투하지 못하도록 해야 합니다. 교회는 하나님의 사랑이 충만하고 그 사랑의 공동체에서 진리의 생수가 흘러 넘쳐나야만 합니다. 하나님의 진리와 은혜의 생수는 결코 마르지 아니합니다. 부모가 자식을 위로함 같이 하나님이 예루살렘, 하나님의 교회를 사랑하는 자에게 위로를 주십니다.

위로 중에 큰 위로는 하나님의 위로입니다. '위로'라는 말에 영어는 'Comfort'입니다. 이 단어는 '왔다'(come)라는 단어와 '힘'(force)이라는 단어의 합성어입니다. 즉 '힘이 왔다'는 뜻입니다. 어디로부터 힘이 옵니까? 하나님께로부터 오는 것입니다. 사람의 위로도 중요합니다. 그러나 위로 중에 위로는 하나님의 위로이며, 구주 예수 그리스도의 위로이며, 성령의 위로입니다. 사람의 위로를 열 번 받는 것보다 하나님의 위로를 한 번 받는 것이 더 큰 힘과 용기와 격려가 되는 것입니다.

고달픈 현실에서 이 위로를 받고 승리할 수만 있다면 참으로 존귀한 삶을 사는 것입니다. "그리스도의 고난이 우리에게 넘친 것 같이 우리가 받는 위로도 그리스도로 말미암아 넘치는도다 우리가 환난 당하는 것도 너희가 위로와 구원을 받게 하려는 것이요 우리가 위로를 받는 것도 너희가 위로를 받게 하려는 것이니 이 위로가 너희 속에 역사하여 우리가 받는 것 같은 고난을 너희도 견디게 하느니라"(고후 1:5-6)라고 성경은 말씀합니다. 이것이 곧 위로의 힘입니다. 그리스도의 복음을 위하여 고난을 받으면 위축되고 뒤로 물러서는 것이 아니라 고난 후에는 반드시 하나님께서 위로를 주십니다. 그 환난을 당함으로 위로를 경험하게 하시고 넘치는 위로를 주십니다.

먼저 고난을 받아본 자는 나중에 시련을 당하는 자를 위로할 수가 있습니다. 이 위로가 위로 받는 자에게 역사하여 고난을 극복하게 되는 것입니다. 그러나 우리의 힘은 완력이나 금력이 아닙니다. 우리의 힘은 우리의 피난처가 되시는 하나님께로부터 오는 것입니다. 모든 세속적인 복은 덧없는 것이고 언제 무너질지도 모르며 이것은 세상에 속한 것입니다. 그러나 우리 구주 예수 그리스도로부터 오는 위로는 영원한 것입니다. 그 위로는 주님 자신인 것입니다.

미국의 대각성 운동의 선구자인 조나단 에드워즈 목사는 임종 시에 이렇게 말했다고 합니다. "나의 오래된 신실한 친구, 나사렛 예수는 어디에 계십니까? 내가 그의 도움을 필요로 하는 지금, 그가 내 곁에 있을 줄 나는 압니다. 실제로 우리 구주 예수 그리스도께서는 그의 곁에 계셨습니다. 왜냐하면 이 신실한 종은 승리 가운데서 죽었기 때문입니다. 그것은 예수 그리스도가 나를 위해 죽으신 것입니다."

우리는 기억합시다. 이 세상의 모든 지식과 지혜를 다 잃어버렸다고 하더라도 우리 구주께서 나를 위하여 십자가에서 못 박히신 분이시며, 그분만이 나의 구원자이십니다. 이것만큼은 잊지 맙시다. 우리들도 죄 많은 세상을 떠나서 하나님의 품으로 옮겨지기 전에 주님의 위로가 있기를 간절히 소원합니다. "이스라엘의 하나님은 그의 백성에게 힘과 능력을 주시나니 하나님을 찬송할지어다"(시 68:35)라고 성경은 말씀합니다.

하나님의 위로를 받기 원하신다면 교회를 내 몸처럼 사랑하고 하나님을 찬송합시다. 그리하면 위로의 근원 되시는 주님이 위로하시고 힘과 능력을 주실 것입니다. 고난이 많으면 주님의 위로가 더 크게 넘칠 것입니다. 절망이 깊을수록 소망은 더 클 것입니다. 십자가의 고통이 우리에게는 장차 영광이 될 것입니다. 사도 바울은 "나의 나 된 것은 하나님의 은혜로 된 것이라"(고전 15:10)고 말씀합니다.

우리가 존재하고 하나님을 섬기고 교회를 사랑하고 봉사하는 것 이 자체가 하나님의 은혜인 것입니다. 하나님의 은혜가 없이는 우리는 단 일 분 일 초도 서 있을 수가 없는 것입니다. 우리들이 교회를 사랑하기에 교회를 위하여 충성 봉사할 때에 고난도 많이 따릅니다. 그러나 고난 후에는 하나님의 위로가 따릅니다. 지금도 뒤돌아보면 하나님의 위로가 아니었더라면 어떻게 되었을까? 많은 생각을 해보기도 합니다. 이것이 하나님의 위로요 보호인 것입니다. 하나님의 위로는 우리들을 평안하게 합니다. 왜냐하면 위로는 하나님으로부터 오는 힘이기 때문입니다.

4) 영광도 받게 됩니다. (12절)

"그에게 뭇 나라의 영광을 넘치는 시내 같이 주리니"라고 성경은 말씀합니다. 이 말씀은 이방인들이 회심하여 교회 안으로 들어오게 될 것을 암시하는 내용입니다. 복음은 유대인에게만 속한 것이 아니라 온 세상 나라와 민족과 열방에게 속한 것입니다. 그러므로 우리는 땅 끝까지 모든 나라와 민족과 아직도 복음이 들어가지 아니한 종족에게까지 복음을 전해야 하는 것입니다. 복음이 전파되는 곳에는 하나님께로 회개하고 예수를 나의 구주로 영접하고 남은 여생을 그리스도를 위하여 살기로 작정하는 변화의 삶이 일어나는 것입니다.

그러므로 교회는 평강과 은혜와 축복의 강물이 지속적으로 흘러가게 되는 것입니다. "이 천국 복음이 모든 민족에게 증언되기 위하여 온 세상에 전파되리니 그제야 끝이 오리라"(마 24:14)고 성경은 말씀합니다. 우리 구주 예수 그리스도의 복음이 들어가지 못한 종족에게까지 다 전파되어야 주님이 다시 오시는 것입니다.

사도 바울은 "네가 만일 네 입으로 예수를 주로 시인하며 또 하나님께서 그를 죽은 자 가운데서 살리신 것을 네 마음에 믿으면 구원을 받으리라"(롬 10:9)라고 증언합니다. 중요한 것은 예수를 주로 시인하는 것인데 이것은 단순히 예수를 주라고 고백하는 것만이 아니고 마음으로 믿는 것입니다. "사람이 마음으로 믿어 의에 이르고 입으로 시인하여 구원에 이르느니라"(롬 10:10)라고 성경은 말씀합니다.

우리의 남은 여생을 내 중심대로 살지 아니하고 주님의 말씀대로 살겠다고 결단하는 자에게 구원이 주어지는 것입니다. 복음은 능력이 있습니다. 복음은 예수 그리스도의 십자가의 죽음과 부활입니다. 이 복음은 사람을 구원하는 능력이 있습니다. 그러므로 복음이 전파되는 지역마다 영혼들을 살리는 것입니다. 복음이 전파됨으로 회개하고 하나님께로 돌아오는 놀라운 일들이 나타나게 됩니다.

3. 하나님의 백성은 보호하시고 악인에게 주어지는 보응 (14절)

"여호와의 손은 그의 종들에게 나타나겠고 그의 진노는 그의 원수에게 더하리라"고 성경은 말씀합니다. 여호와의 손은 그의 종들을 보호하시고 붙들어 주십니다. 하나님은 의인 한 사람을 많은 악인의 숫자보다 귀하게 여기십니다. 소돔과 고모라 성에는 의인 열 명이 없어서 유황불로 멸망당한 것입니다.

이스라엘 공동체의 기본이 열 명이기 때문에 하나님은 의인 열 명을 요구하신 것입니다. 우리는 하나님 앞에서 완전할 수는 없지만 의롭게 살기를 힘쓰고 자신을 날마다 쳐서 복종시켜야 하는 것입니다. 죄악에 물들고 습관적으로 죄를 범하는 자들은 조금 죄를 범한다고 하여 양심에 가책을 별로 느끼지 아니합니다.
그러나 거룩하게 살려고 몸부림치면 칠수록 죄인 의식을 강하게 느끼게 되는 것입니다. 우리가 어찌 알곡에 겨를 비교할 수 있겠습니까? 진짜 다이아몬드와 모조품의 가치를 어떻게 따질 수 있겠습니까? 어떻게 우리 주 예수 그리스도와 세상의 부귀영화와 명예를 비교할 수 있겠습니까?

이사야 선지자는 "그 날에는 단단한 곳에 박혔던 못이 삭으리니 그 못이 부러져 떨어지므로 그 위에 걸린 물건이 부서지리라 하셨다 하라 나 여호와의 말이니라"(사 22:25)라고 증언합니다. 못이 단단한 곳에 박혔을 때에는 어떤 옷이나 물건도 올려놓을 수가 있습니다. 그러나 못이

삭아버려서 빠져 버릴 때에는 걸려 있던 모든 것들이 다 떨어지게 되는 것입니다. 우리에게 하나님을 사랑하고 교회를 사랑하는 사랑의 못이 깊이 박혀지고 들어가야만 합니다.

우리는 종종 주인의식으로 교회를 사랑한다고 말하는데, 그러나 이것은 좀 어색하고 잘못된 말입니다. 회사 사장이 나는 주인의식을 가지고 회사를 경영한다고 말하지 않습니다. 회사 사장은 주인이지 주인의식으로 일하지 않습니다. 우리 그리스도인들은 교회의 주인이 되어야 합니다. 교회의 머리 되시는 주님의 지체로서 겸허하게 주신 사명을 감당해야 합니다. 우리 구주 예수 그리스도께서 갈보리 언덕에서 십자가에 달리실 때에 붉은 피 한 방울까지 아낌없이 나를 살리기 위하여 흘리신 것입니다. 멸망 받고 저주 받아야 할 죄악 세상으로부터 우리를 구원하신 것입니다.

그러므로 우리는 살든지 죽든지 우리 주 예수 그리스도를 위하여 살고 하나님의 영광만을 위하여 살 때에 우리 구주 예수 그리스도를 사랑하는 사랑의 못이 깊이깊이 박히게 되는 것입니다. 만약에 이 못이 삭아지는 날에는 하나님의 영광을 가리게 됩니다. 그리고 우리 자신들은 죄의 자리로 비참하게 추락하게 되는 것입니다. 그러나 하나님과 교회와 이웃을 사랑하는 사랑의 못이 삭아지지만 않는다면 교회는 소망이 있고 선교의 문은 열리는 것입니다.

본문 14절에 보면 여호와의 손은 그의 종들을 보호하시고 붙들어 주신다고 성경은 말씀합니다. 하나님은 예루살렘인 교회를 사랑하는 자들을 보호하시고 그들을 하나님의 절대주권으로 붙들어 주십니다. 하나님의 손은 능력과 구원의 손길입니다. 하나님의 자비하시고 선하신 손길이 그의 종들에게 지금도 나타나십니다. 우리가 범죄하면 하늘에는 큰 슬픔이 되지만 하나님을 섬기고 예루살렘을 사랑하면 하늘에는 큰 기쁨과 영광이 되는 것입니다. 우리는 주님의 몸 되신 교회를 한 순간도 빠짐없이 평생 사랑하며 삽시다. 하나님은 예루살렘을 변함없이 사랑하고, 우리 주 예수 그리스도를 변함없이 사랑하는 자들에게 은혜를 주시고(엡 6:24), 평강을 주시고 보호하십니다. 하나님의 종들이 기쁨과 즐거움과 평강과 위로를 받는 것이 우리에게는 복이요 하나님께는 영광이 되는 것입니다.

결 론

우리의 남은 생애는 나 자신만을 위하여 살지 맙시다. 일본 선교현장에서는 한 영혼 때문에 마음이 아파서 울고, 한 영혼 때문에 크게 기뻐하는 경우가 종종 있습니다. 하나님과 우리 구주 예수 그리스도의 복음을 위하여 삽시다. 예루살렘인 교회를 진정으로 사랑합시다. 우리 구주와 몸 되신 교회를 변함없이 사랑하는 모든 자들에게 은혜 주시기를 간절히 소원합니다.

주일 예배와 모든 예배에 하나님이 기뻐 받으시는 영적인 예배를 드림으로 하나님을 더욱 기쁘시게 할 수 있기를 바랍니다. 우리의 몸과 마음과 뜻과 성품과 전 인격을 다하여 하나님을 사랑하실 수 있기를 간절히 소원합니다. 전능하신 하나님과 예루살렘을 사랑하는 자에게는 기쁨을 주시고 평강을 주십니다. 이 기쁨은 메마르지 아니하는 기쁨이요 평강인 것입니다. 그뿐만 아니라 만족과 형통을 주십니다.

교회는 주님의 피 값으로 사신 곳입니다. 이 지상에서 어떤 기관보다도 더 중요하고 아름다운 곳이 교회입니다. 또한 교회는 하나님이 가장 사랑하시는 기관입니다. 그러므로 교회를 이전보다 더 충성스럽게 잘 섬겨야 하는 것입니다. 구주 예수 그리스도의 피로 구원을 받은 우리들은 참으로 복된 사람들입니다. 그리고 이 세상에서 부귀영화를 누리지 못하더라도 가치가 있는 존재들입니다. 구원 받은 우리들이 주님을 사랑하고 몸 된 교회를 섬기는 것은 무엇보다도 큰 영광이요 기쁨이요 특권이기도 합니다. 하나님의 교회는 크든지 작든지 하나님은 변함없이 사랑하십니다. 하나님이 우리 모두에게 은혜와 복을 주실 것입니다.

우리의 남은 여생을 하나님을 위하여 교회를 사랑하며 주변에 믿지 않는 사람들이 구원받도록 눈물로 기도하며 복음 전하는 기쁘고 보람 있는 평강의 삶이 되시기를 우리 주님의 이름으로 간절히 축원합니다.

12
하나님의 은혜를 회복하라
[호세아 14:4-8]

서 론

우리가 잘 아는 대로 초목이나 곡식이 자라는 데는 비도 있어야 하지만 꼭 필요한 것은 이슬입니다. 뜨거운 태양 빛에 시들고 메말랐던 곡식들이 죽을 것 같아도 하늘에서 내린 이슬로 말미암아 생기를 얻고 소성하게 됨을 보게 됩니다. 이슬의 본성은 곡식과 초목을 싱싱하고 새롭게 하며 꽃이 피고 열매를 맺게 하는 것입니다. 우리 주변에 이슬이 내리는 것을 느끼면 곧 빗소리가 진동하게 되는 것을 알게 됩니다.

언제 이슬이 내립니까? 낮에 내리지 아니하고 밤에 내립니다. 한낮에는 이슬의 신선함을 유지하기가 어려운 것입니다. 그러나 새벽과 아침의 이슬은 우리의 솜털을 흠뻑 적실 때까지 그 위에 내립니다. 그리스도인에게 은혜의 이슬방울은 고난과 고통의 밤에는 더 무겁게 떨어집니다. 약속의 별들은 고뇌의 어둠 속에 있을 때에 더 영광스럽게 반짝거립니다.

이슬이 내린다는 것은 심령이 소생되는 것을 의미합니다. "내 뿌리는 물로 뻗어나가고 이슬이 내 가지에서 밤을 지내고 갈 것이며"(욥 29:19)라고 성경은 말씀합니다. 밤이 깊고 새벽이 가까워질 때 이슬은 내립니다. 이슬은 높은 산에는 없고 낮은 골짜기로 내려가야 볼 수 있습니다. 우리의 심령도 낮아지고 겸손한 자리에 머물게 될 때에 은혜가 임하게 됩니다.

이슬은 하나님의 은혜와 축복을 상징합니다. 우리가 변화무쌍한 시대에 살면서 영적으로 생존하고 승리하려면 하나님의 은혜를 받아야 살 수 있습니다. 이 세상은 험난한 바다와 같이 힘들고 갈수록 곤고한 일들이 많습니다. 그러나 은혜를 받고 은혜 속에서 살면 감사와 찬양이 넘치게 됩니다. 오늘도 감사하고 내일도 감사하고 평생 감사하고 찬양하고 살 수 있게 됩니다. 우리는 더 낮아지는 자세와 모습으로 겸손한 그릇을 준비하고 은혜를 사모할 수 있기를 바랍니다. 그러므로 그리스도를 위하여 전심전력하며 기도하고 수고하면 하나님이 이슬 같은 은혜를 주시고 힘을 주십니다. 그리하면 지금보다 더 좋은 날이 올 것이므로 매일 기도하고 간구해야 합니다. 그리스도인들은 하나님의 은혜인 이슬로 충만해야 합니다. 왜냐하면 이슬이 가득할 때에 소낙비가 쏟아질 수 있기 때문입니다. 그러므로 회개의 눈물로 결단과 헌신의 눈물로 은혜를 회복해야만 합니다.

영국의 스펄전 목사는 "불변의 진리는 거짓말로 그 품위를 떨어뜨릴 수 없고 영원한 성실하심은 무관심으로 그 가치를 내릴 수 없다. 하나님은 자신의 아들을 복 주셔야 하고, 또 그것에 대해 그 분과 맺은 언약을 이루셔야 한다."라고 설명했습니다.

오늘 본문을 보면 하나님의 사랑을 찾아볼 수 있습니다. 그것이 무엇입니까? 하나님의 사랑의 증표가 무엇입니까?

1. 이스라엘의 반역을 고치는 것입니다. (4절)

4절에 "내가 그들의 반역을 고치고"라고 했습니다. 여기 "반역"이란 단어는 히브리어로 〈메슈바 meshuba〉입니다. 이 말은 '뒤로 돌아감, 타락, 배교, 배신, 변절'을 의미합니다. 즉 신앙적으로 퇴보를 의미하는 것입니다. 하나님을 잘 섬기겠다는 이스라엘 백성들이 하나님을 배반하고 배교하고 돌아간 것입니다. 그러나 자비하신 하나님이 그들의 반역을 고쳐주십니다. 그러므로 그들에게는 살 길이 열린 것입니다.

하나님은 아무리 범죄하고 되돌아간 백성들이라 할지라도 하나님께로 회개하고 돌이키면 그들을 받아주십니다. 즉 회개하고 돌아오기만 하면 하나님은 그들을 너그러이 받아들이십니다. 그들을 용납하시고 긍휼을 베푸시고 만나주십니다.

하나님은 인간의 삶과 죽음을 간섭하시는 분이십니다. "이제는 나 곧 내가 그인 줄 알라 나 외에는 신이 없도다 나는 죽이기도 하며 살리기도 하며 상하게도 하며 낫게도 하나니 내 손에서 능히 빼앗을 자가 없도다"(신 32:39)라고 성경은 말씀합니다. 이것을 하나님의 주권이라고 말합니다. 살고 죽는 것이 나의 노력과 의지에 달려있는 것이 아닙니다. 병들고 치료받는 것과 가난하고 부유함 자체도 모두 하나님의 손에 달려있는 것입니다. 한마디로 성공과 실패가 하나님께 있다는 것입니다.

우리는 기억합시다. 하나님이 우리를 사랑하신다면 반드시 죄에 대한 보응이 있다는 것을 알아야 할 것입니다. 닭이 병들면 눈을 감듯이 성도들도 병들면 눈을 감습니다. 교회도 병들면 눈을 감고 말씀을 들으려고 하지 아니합니다. 신앙이 병들면 뒤로 물러가게 됩니다.

이스라엘의 반역이 무엇입니까? 구체적으로 표현하면 하나님께 대하여 신앙이 변질되고 변절된 것을 의미합니다. 아내가 남편에게 변절이 되어도 참기가 어렵습니다. 하물며 이스라엘과 하나님과는 부부관계이기도 합니다. 그런데 하나님을 반역하고 다른 신을 섬기는 것은 얼마나 전능하신 하나님을 모독하는 일입니까? 그러기에 호세아 선지자는 "내 백성이 끝끝내 내게서 물러가나니 비록 그들을 불러 위에 계신

이에게로 돌아오라 할지라도 일어나는 자가 하나도 없도다"(호 11:7)라고 증언합니다. 즉 전능자 하나님께로 돌아오는 자가 한 사람도 없다는 것입니다. 그러므로 전적으로 배신이요 배반이요 변절된 것입니다. 그러므로 하나님의 징계와 심판을 계속 쌓아 놓는 것입니다. 그들이 한때는 유일신 하나님을 섬기다가 하나님을 반역하고 우상숭배에 몰두하였던 것입니다.

그러면 이스라엘 백성들이 하나님의 진노가 두려워서 그 진노에서 벗어나기 위하여 돌아오는 것입니까? 하나님께서는 범죄한 이스라엘이 회개하고 돌아오면 그 분의 진노가 떠날 것을 약속하십니다. 이것이 하나님의 신실하심입니다. 하나님의 진노가 중단 될 때에 그분의 은총이 보장되는 것입니다. 왜냐하면 회개하고 돌아오는 자에게 축복의 통로가 열려있기 때문입니다. "주께서 전에는 내게 노하셨사오나 이제는 주의 진노가 돌아섰고 또 주께서 나를 안위하시오니 내가 주께 감사하겠나이다 할 것이니라"(사 12:1)고 성경은 말씀합니다. 공의로우신 하나님은 죄인들에게 징벌하시고 노하시는 것이 마땅하지만 하나님의 진노는 영원한 것이 아닙니다. 그 진노는 떠날 수 있습니다. 하나님의 심판을 멈추게 할 수 있습니다.

본문 4절에 보면 "나의 진노가 그에게서 떠났음이니라"고 성경은 말씀합니다. "진노"라는 단어가 히브리어로 〈아프 'ap〉입니다. 이 말은 우리 신체 중에 일부를 의미합니다. '코, 콧구멍, 얼굴, 분노'를 의미합니다. 하나님은 화를 내시는데 더디신 분입니다. 그 분이 화를 내기까지는 오래 걸린다는 사상이 구약성경에 나타나 있습니다. 하나님은 자비하셔서 오래 참으시는 분이십니다. 그 분은 화를 내지 않으신 채 길고 깊은 숨을 내쉰다는 뜻이 내포되어 있습니다.

하나님의 분노는 그 분을 괴롭히며 매우 불쾌하게 하는 백성들의 죄와 관련이 되어 있습니다. 죄는 하나님의 사랑에 변질된 것이고 그 분의 마음에 상처를 입히는 것입니다. 이것에 대한 하나님의 감정적인 반응은 하나님의 진노인 것입니다. 이 분노는 극렬한 것입니다. "평화로운 목장들이 여호와의 진노하시는 열기 앞에서 적막하게 되리라"(렘 25:37)고 성경은 말씀합니다. 그러나 하나님께로 돌아오기만 하면 하나님은 그 분노를 거두시는 분이십니다. 죄인들이 불의에서 회개하고 돌이키면 됩니다. 그리하면 하나님의 진노는 떠나게 됩니다. 하나님과 화해하고 그 분의 기쁘신 뜻을 온전히 받아들이면 하나님은 그들을 받아들이십니다. 하나님은 그들에게 이슬과 같은 은혜를 주시고 회복시켜 주십니다.

또한 하나님은 이스라엘의 반역을 고치셨듯이 우리들을 고치시는 분이십니다. 이스라엘은 반역으로 인하여 그들은 재앙을 만났을 것입니다. 또한 질병도 있었을 것입니다. 그러나 하나님이 개입하시어 그들의 모든 반역을 치료해주시는 것입니다. 고통을 주시는 분도 하나님이시고 고난을 거두시는 분도 하나님이십니다. 하나님을 반역하고 뒤로 물러가고 낙심되어 신앙생활을 중단하는 것은 영혼의 큰 질병이기도 합니다. 그리고 영적으로 깊은 상처가 됩니다. 그럼에도 불구하고 그것은 불치병이 아니라 고칠 수 있다는 것입니다. 아무리 하나님을 떠나 죄악에 깊이 빠져 있었어도 회개하고 돌이킬 때에는 하나님은 죄인의 과거를 묻지 아니하십니다. 인간들은 그 사람의 과거가 어떠했느냐에 대단한 관심을 가집니다. 과거의 허물이 드러나면 물고 늘어집니다. 그러나 하나님은 과거와 미래를 보지 아니하시고 오직 현재만 보십니다. 앞으로 신앙생활을 잘 하겠다고 결심할 필요도 없습니다. 현재가 중요합니다.

하나님은 전능하시기에 인간의 과거와 미래를 현재를 보듯이 보고 계시는 분이십니다. "배역한 자식들아 돌아오라 내가 너희의 배역함을 고치리라"(렘 3:22)라고 하였고, 본문 8절에도 보면 "에브라임의 말이 내가 다시 우상과 무슨 상관이 있으리요"라고 성경은 말씀합니다. 이 말씀은 에브라임이 회개하고 삶을 고친 것을 의미합니다. 과거에 에브라임은 그들의 우상과 깊이 연합되어 있었습니다(4:17). 우상들을 매우 좋아하고 깊이 빠져 있었기에 그것들과 떨어지는 것은 불가능한 것처럼 보였습니다. 그러나 하나님께 돌아오는 자들을 변화시킵니다. 하나님은 자신들의 죄를 뉘우치고 회개하고 돌아오는 자들을 멸망하지 않도록 긍휼을 베푸시는 분이십니다. 하나님은 듣고 계십니다(렘 8:6). 사람들이 자기의 죄를 회개 하는지를 보고 듣고 계십니다. 그러므로 중요한 것은 죄악의 자리에 오래 머물지 아니하고 하나님께로 돌아와야만 살 길이 있다는 것입니다.

하나님은 에브라임에게 "나의 사랑하는 아들 기뻐하는 자식이라"(렘 31:20)고 말씀하십니다. 하나님은 에브라임을 사랑하시는데 어느 정도로 사랑하십니까? "내가 그를 위하여 내 창자가 들끓으니 내가 반드시 그를 불쌍히 여기리라 여호와의 말씀이니라"고 성경은 말씀합니다. 이것이 하나님의 사랑입니다. 하나님이 언제 기뻐하십니까? 죄인들이 회개하고 스스로 하나님 앞으로 돌아올 때가 아니겠습니까? 우리가 죄를 죽일 수는 없습니다. 그러나 회개하고 돌이키고 하나님께로 돌아오면 그의 아들 우리 구주 예수 그리스도의 피로 우리의 죄를 정결하게 하십니다. 즉, 십자가의 보혈의 능력이 나타납니다. 일단 죄에서 떠나고 하나님께로 돌아오는 자에게는 소망이 있는 것입니다.

이사야 선지자와 예레미야 선지자가 한 말씀의 공통점이 무엇입니까? 하나님은 자비로우신 분이시기에 범죄하였어도 주께로 돌아오기만 하면 용서하시고 고치신다는 것입니다. 진노 중에서도 긍휼을 베푸시는 하나님이 우리들을 고쳐주시기를 원합니다. 그러기에 본문 4절에는 "내가 그들의 반역을 고치고 기쁘게 사랑하리니"라고 성경은 말씀합니다. 즉 그들을 기쁘게 사랑하신다는 것입니다.

하나님의 사랑은 받은 자 외에는 아무도 알지 못합니다. 이스라엘이 계속해서 범죄할 때에는 하나님이 그들을 미워하셨습니다(9:15). 그들이 악을 행할 때에는 위에 계신 분이 미워하십니다. 그러나 그들이 회개하고 돌아옴으로 이제는 그들을 사랑하시는 것입니다. 하나님의 진노는 그칠 때에 그들에게 복을 주십니다. 이슬 같은 은혜를 영적으로 회복하고 하나님과 더욱 가까워지도록 신령한 은혜와 영적 복을 주십니다. 하나님은 용서받은 그의 백성들에게 상대적이 아닌 절대적인 복을 주십니다. 그것은 그 분의 백성들을 온전히 사랑하시기 때문입니다.

그뿐만 아니라 하나님은 그의 자녀들에게 후하게 주시고 아낌없이 복을 주십니다. 그의 백성들이 하나님께 회개하고 돌아와 하나님의 얼굴을 구함으로 하나님도 그들에게 은총을 회복해주시는 것입니다. 하나님은 언제나 자신에게 돌아오는 자들을 옛날이나 지금이나 긍휼이 여기시고 만나주십니다. 즉 우리 죄인들이 선한 기도로 하나님께 간구하면 하나님은 선하신 약속의 말씀으로 우리에게 응답해 주시는 것입니다.

2. 하나님이 기쁘게 사랑하는 것입니다. (4절)

"기쁘게 그들을 사랑하리니"라고 했습니다. 여기서 "기쁘게"라는 단어는 히브리어로 〈네다바 nedaba〉입니다. 이 말은 '자발적인 것, 자유의지'를 의미합니다. 하나님은 회개하고 돌아오는 백성들에게 자발적으로 자원하여 사랑하시는 것입니다. 하나님의 절대주권으로 사람의 간섭을 받지 아니하시고 사랑하여 주시는 것입니다. 그러므로 하나님께 돌아오기만 하면 회복이 됩니다. "하나님이여 주께서 흡족한 비를 보내사 주의 기업이 곤핍할 때에 주께서 그것을 견고하게 하셨고"(시 68:9)라고 성경은 말씀합니다. 즉 하나님은 자발적으로 비를 보내주십니다. 그리하여 그의 산업을 회복시키시고 찬양을 받으시는 것입니다.

하나님은 그들을 기쁘게 사랑하시는데 이것이 복음입니다. 이스라엘은 완악하고 패역함에도 불구하고 그들을 사랑하십니다. 하나님은 우리가 죄인임에도 불구하고 우리를 의롭다고 하시고 사랑하십니다. 우리가 복 받을 일을 하였기에 하나님이 사랑하시는 것이 아닙니다. 죄인임에도 불구하고 은혜를 베푸셔서 사랑하시는 것입니다. 하나님이 이스라엘을 기쁘게 사랑하시는 것은 배역하였던 자들에게 주시는 하나님의 초청장이기도 합니다. 죄악의 자리에서 떠나고 회개하고 돌이키고 돌아오기만 하면 그들을 아무 조건 없이 기쁘게 사랑하신다는 말씀인 것입니다.

우리 주 예수 그리스도를 믿는 자에게는 심판이 면제되고 영원히 사는 영생이 주어지는 것입니다. 이것이 구원입니다. 우리의 남은 여생이 하나님께 달려 있습니다. 이것이 하나님의 주권입니다. 하나님의 주권을 인정하면서 살든지 죽든지 십자가에 못 박히신 우리 구주 예수 그리스도를 증언하면서 우리가 전도한 영혼들이 하나님으로부터 기쁘게 사랑 받는 사람들이 될 수 있기를 소원합니다.

3. 하나님의 은총을 허락하십니다. (5절)

"내가 이스라엘에게 이슬과 같으리니"라고 성경은 말씀합니다. 여기서 "이슬"이란 말은 '밤안개' 이슬을 의미합니다. 팔레스타인은 밤과 낮의 극심한 온도 차이로 인해 많은 이슬이 내렸던 것입니다. 여름의 가뭄이 있을 경우에는 이슬이 초목을 살리기도 했습니다. 이슬은 하늘에서 내린 선물입니다. 모세는 이스라엘을 이렇게 축복합니다. "이스라엘이 안전히 거하며 야곱의 샘은 곡식과 새 포도주의 땅에 홀로 있나니 곧 그의 하늘이 이슬을 내리는 곳에로다"(신 33:28)라고 하였고, 하나님은 공중에서 이슬이 내리게 하신다(잠 3:20)고 성경은 말씀합니다. 이것은 하나님의 백성들이 받아 누릴 약속의 말씀인 것입니다.

고대 근동 지방에서 우물은 큰 재산 목록 중의 하나이며, 우물을 가지고 있는 자는 부자입니다. 곡식이 있으니 배고플 염려가 없는데 더 풍성한 새 포도주가 있습니다. 포도주는 잔치 집에 있어서 중요한 음료인데 포도주가 영적으로는 기쁨을 상징하기도 합니다. 그런데 이슬은 하나님께서 불순종한 자들에게는 그쳐집니다. "그러므로 너희로 말미암아 하늘은 이슬을 그쳤고"(학 1:10)고 성경은 말씀합니다. 그러나 하나님이 은혜 주시는 시기에는 이슬이 주어졌던 것입니다.

신앙 시인인 조지 허버트는 "풀잎은 이슬을 달라고 기도해 본 적이 없습니다. 그럼에도 불구하고 모든 풀잎에는 이슬이 맺혀 있습니다."라고 설명했습니다. 우리들이 하나님 앞에 은혜의 이슬을 달라고 울부짖어 기도하는데 하늘의 이슬이 내리지 않는다고 말할 수 있습니까? 이것은 있을 수 없는 일입니다.

오늘날에도 교만하고 자신의 욕망을 채우는 자들은 하나님의 은혜가 넘침에도 불구하고 거부하기 때문에 그 호의를 체험해 보지도 못하고 죽어가는 자들이 많습니다. 우리에게 날마다 일용할 양식을 주시는 하나님은 이슬 같은 은혜도 주시는 분이십니다. "이르시되 내가 은혜 베풀 때에 너에게 듣고 구원의 날에 너를 도왔다 하셨으니 보라 지금은 은혜 받을 만한 때요 보라 지금은 구원의 날이로다"(고후 6:2)라고 성경은 말씀합니다. 우리에게 은혜 베푸실 때에 지체하지 말고 하나님께로 나옵시다. 구원의 날에 우리 구주 예수 그리스도의 선물인 영생을 얻으시기를 간절히 소원합니다. 한쪽 눈을 감지 말고 두 눈을 뜨고 귀를 활짝 열고 하나님의 은혜의 말씀에 귀를 기울입시다.

그러므로 하나님의 은혜를 날마다 사모하고 은혜 속에서 살아야 합니다. 하나님의 은혜가 우리에게 오늘도 내일도 모레도 지속적으로 하나님 나라에 들어가는 그 날까지 풍성하실 수 있기를 간절히 소원합니다. "하늘은 이슬을 내리리니 내가 이 남은 백성으로 이 모든 것을 누리게 하리라"(슥 8:12)고 성경은 말씀합니다. 이슬도 아무나 받는 것이 아니라 남은 백성이 누린다는 것입니다. 우리가 살아가면서 하나님이 주시는 이슬을 체험하시기 바랍니다. 남이 누리지 못하는 놀랍고 신비스러운 은혜를 누리시기를 간절히 소원합니다.

이슬은 은혜와 축복을 상징합니다. 성경은 이슬을 은혜로 상징하여 우리에게 보여줍니다. 하나님의 교훈이 무엇입니까? 그것을 이슬이라고 말씀합니다. "내 교훈은 비처럼 내리고 내 말은 이슬처럼 맺히나니 연한 풀 위의 가는 비 같고 채소 위의 단비 같도다"(신 32:2)라고 성경은 말씀합니다.

하나님의 말씀도 우리에게 임하면 은혜와 생명을 주고 활기가 넘치게 만듭니다. 하나님의 교훈을 날마다 받으며 묵상하고 말씀 속에서 영적인 통찰력을 받아 하루 일과를 시작하는 자는 어떤 상황에서도 지치지 아니하고 영적인 힘과 용기와 능력을 체험하게 됩니다. 솔로몬은 "왕의 은택은 풀 위에 이슬 같으니라"(잠 19:12)고 증언합니다. 백성이 왕의 총애만 받아도 평민은 한평생 먹고 살 수 있는 혜택이 주어지거든, 하나님의 교훈을 받고 이슬 같은 축복을 받는 자는 일평생이 아니라 자손 천대까지 복을 누리게 되는 것입니다.

"나를 사랑하고 내 계명을 지키는 자에게는 천 대까지 은혜를 베푸 느니라"(신 5:10)고 성경은 말씀합니다. 이삭은 아들 야곱에게 "하나님은 하늘의 이슬과 땅의 기름짐이며 풍성한 곡식과 포도주로 네게 주시기를 원하노라"(창 27:28)고 축복합니다. 즉 하나님의 교훈이 비가 되고 주의 말씀이 이슬이라는 것입니다. 하나님의 말씀으로 인하여 은혜를 회복하면 위로와 힘과 용기를 얻게 됩니다.

사실 우리의 영혼이 항상 윤택하게 되고 성숙하는 데는 이슬과 같은 은혜가 꼭 필요한 것입니다. 팔레스타인 지역은 일 년에 2대 우기가 있습니다. 성경에서는 이른 비와 늦은 비가 있다고 증언합니다. 이른 비는 10월경에 오고, 늦은 비는 4월 봄에 오는 비를 의미합니다. 이와 같이 2대 우기 외에는 별로 비가 오지 아니합니다. 그러므로 대부분이 메마른 땅입니다. 그 대신 성지에는 밤마다 이슬이 많이 내리기 때문에 초목이나 곡식이 자라게 되는 것입니다. 우리의 메마른 심령에도 이슬의 은혜가 충만이 내려지기를 간절히 소원합니다.

그뿐만 아니라 나중에는 물 댄 동산처럼 심령에 평강을 누리게 됩니다. "여호와가 너를 항상 인도하여 메마른 곳에서도 네 영혼을 만족하게 하며 네 뼈를 견고하게 하리니 너는 물 댄 동산 같겠고 물이 끊어지지 아니하는 샘 같을 것이라"(사 58:11)고 성경은 말씀합니다.

하나님이 우리를 어디로 인도하시든지 영혼이 만족하는 은혜를 주실 것입니다. 하나님께서 이스라엘 백성들에게 메추라기로 먹이실 때에도 아침에는 이슬이 맺히게 하셨던 것입니다(출 16:13). 하나님께서 이슬을 통하여 그들에게 양식을 주신 것처럼 우리에게도 하늘로부터 오는 양식을 주십니다.

우리 구주 예수 그리스도는 우리에게 생명의 떡을 주십니다. "나는 하늘에서 내려온 살아 있는 떡이니 사람이 이 떡을 먹으면 영생하리라 내가 줄 떡은 곧 세상의 생명을 위한 내 살이니라 하시니라"(요 6:33)고 성경은 말씀합니다. 우리 구주 예수 그리스도께서 십자가에서 피를 흘리시고 살을 찢어 주신 것은 우리의 죄악을 대속하시기 위한 것입니다. 그러므로 예수를 나의 구주로 믿는 자에게 영생의 복이 주어지는 것입니다. 우리가 육신적으로 힘을 얻고 회복되는 것이 필수적인 것처럼 영적으로도 매일 하나님의 말씀과 은혜로 회복되어야만 합니다. 왜냐하면 하나님의 은혜가 없이는 단 하루도 살 수 없기 때문입니다.

여기서 중요한 교훈을 받아야만 합니다. 이슬은 하늘에서 내리고, 그 이슬은 낮은 곳에 맺힙니다. 그러므로 우리의 마음이 낮아져야만 합니다. 우리의 심령이 낮은 곳에 머무를 때에 주님이 은혜를 주십니다. 겸손하고 낮아지는 곳에 은혜 위에 은혜를 주십니다. 구약의 의인 욥이 이전에 누린 번영도 가지 위에 내린 이슬에 비유하고 있습니다. "내 뿌리는 물로 뻗어나가고 이슬이 내 가지에서 밤을 지내고 갈 것이며"(욥 29:19)라고 성경은 말씀합니다.

과거에 이스라엘 백성들이 믿음 없이 방황하고 하나님을 떠나서 우상을 섬길 때에는 잠시 있다가 사라지는 이슬과 같았던 것입니다. 호세아 선지자의 탄식이 나옵니다. "이러므로 그들은 아침 구름 같으며 쉬 사라지는 이슬 같으며 타작 마당에서 광풍에 날리는 쭉정이 같으며 굴뚝에서 나가는 연기 같으리라"(호 13:3)고 성경은 말씀합니다. 왜냐하면 에브라임이 우상숭배에 깊이 빠짐으로 국가로서의 에브라임이 곧 멸망하게 될 것을 비유로 선포하신 것이기 때문입니다. 우상을 섬기면서도 양심의 가책이 없고 평안을 누린다면 이것은 하나님의 심판을 피할 길이 전혀 없는 것입니다.

이스라엘 백성들이 얼마나 잘나고 교만했습니까? 모든 이방인들을 사람 취급이나 했습니까? 이방인들을 모두 지옥의 땔감으로 여겼던 자들입니다. 그러면 그들은 더 하나님을 잘 섬겨야 하지 않습니까? 그런데 이런 교만과 자기 우쭐한 것이 올무가 되었던 것입니다. 그런 사람들이 하나님을 더 잘 섬긴 것이 아닙니다. 하나님을 겸손한 마음으로 경외하기보다는 자신을 의지하고 다른 우상을 하나님처럼 경배하고 말았던 것입니다.

우리는 기억해야 합니다. 남을 무시하고 자신을 한없이 높이는 사람들에게는 결코 이슬 같은 은혜가 내려지지 않습니다. 한 없이 자신을 낮추고 낮아지고 낮아지면 하나님이 높이십니다. 하나님의 형상대로 지음 받은 인간을 무시하는 것은 하나님을 경멸하는 행위인 것입니다. 은혜를 구하는 사람은 교만하지 않습니다. 그러므로 은혜가 떠나면 자기 생명은 죽은 것으로 알고 있습니다. 이런 사람이 진정으로 행복한 자인 것입니다. 언제라도 잘못하고 실수하였다면 무릎을 꿇고 '하나님께 잘못했습니다.'라고 용서를 구해야 합니다. 하나님께 두 손을 들고 항복을 하고 돌아오는 자에게는 과거를 묻지 아니하시고 이슬 같은 은혜를 내려주십니다. 눈물로 회개하고 통회하고 자복하며 뉘우침으로 죄악의 자리에서 떠나 하나님께로 돌아오는 자에게 복을 주십니다.

누구에게 이슬 같은 말씀을 주십니까? 죄를 멀리하고 온유하고 낮아지는 마음속에 하나님의 이슬 같은 말씀이 임재하는 것입니다. 은혜 중에 은혜가 무엇입니까? 은혜 받았다고 말들은 많이 하는데, 어떤 은혜를 받았다는 것입니까? 고생한 이야기 간증입니까? 은사를 나눈 이야기입니까? 그러나 영원히 변하지 아니하는 은혜가 있습니다. 그것은 하나님께로부터 오는 말씀의 은혜인 것입니다. 오직 말씀입니다. 말씀이면 전부요 말씀이면 최고입니다.

우리 인생들은 세상의 쾌락과 오락 문화로부터 많이 도전 받고 있습니다. 우리 마음속에 하나님의 말씀이 들어올 공간을 많이 차단시키고 있습니다. 그러므로 "주여 말씀하시옵소서 제가 듣겠나이다"라는 심정으로 우리의 마음 문을 날마다 활짝 열어 놓아야 합니다. 온 세상이 흔들리고 요란해서 복잡하게 세계정세가 시끄러워도 우리가 평온하게 살 수 있는 비결은 은혜 받아야 하는 것입니다. 즉, 은혜를 체험하고 회복하여야 합니다. 우리가 예수를 나의 구주로 믿고 받은 복은 신령한 복입니다. "찬송하리로다 하나님 곧 우리 주 예수 그리스도의 아버지께서 그리스도 안에서 하늘에 속한 모든 신령한 복을 우리에게 주시되"(엡 1:3)라고 성경은 말씀합니다. 신령한 복이란 영적인 축복으로 하나님이 우리에게 베푸시는 복 중에 가장 큰 복인 것입니다. 이 복은 예수를 나의 구주로 믿는 자들에게 하나님이 주시는 복입니다. 우리가 세상에서 조금 성공하지 못하였다고 할지라도 신령한 복을 받았다면 최고의 복을 누리는 것입니다.

그런데 이스라엘이 회복되는 비결은 이스라엘의 반역을 고치시겠다는 약속의 말씀이 뒤에 나옵니다. 그 이유는 죄를 용서하시는 하나님의 긍휼에는 언제나 새롭게 하시는 은혜가 있기 때문입니다. 하나님이 주시는 은혜는 결단코 헛되지 아니합니다. 그 은혜를 받으면 받을수록 영혼들을 자라게 하고 참된 은혜는 점점 성숙하게 됩니다. 그것이 무엇입니까?

1) 백합화 같이 됩니다. (5절)

"그가 백합화 같이 피겠고"라고 성경은 말씀합니다. 이 백합은 팔레스타인에서 자랍니다. 색깔은 짙은 청색이며 갈릴리 호수 근방에 봄이 되면 이 백합꽃이 만발하게 된다고 합니다. 그 빛깔이 붉은색, 자주, 푸른색, 흰색 등으로 다양하여 온통 푸르러 보입니다. 구약성경 아가서에서 "골짜기의 백합화"나 백합화를 뜯어 먹는 쌍태 어린 사슴은(아 2:1-2,

4:5) 아름다운 젊은 여인의 자태를 표현한 것입니다. 그리고 "백합화에 풍성한 열매"가 맺혔다는 것은 여성의 '자궁' 혹은 '태'를 의미하는 것입니다. 또한 백합화 모양의 조각은 솔로몬 성전 기둥들의 꼭대기까지 (왕상 7:19, 22) 백합은 성전에서 형상으로까지 사용된 것입니다.

오늘 본문 5절에서 "그가 백합화 같이 피겠고"라는 말씀은 이스라엘이 회개하고 하나님께로 돌아온 후에 회복될 풍요로움을 말씀하는 것입니다. 우리에게 가장 중요하고 긴급한 것이 무엇입니까? 우리의 모든 과거의 죄악을 하나님 앞에서 낱낱이 눈물로 깨끗이 청산하고 주께로 돌아와야만 하는 것입니다. 이것만이 개인이 살 길이요 가정과 교회와 국가가 견고하게 회복될 수 있는 빠른 지름길인 것입니다.

오늘날 교회가 사회의 비난의 대상이 되어 참으로 마음이 괴롭고 힘듭니다. 그러나 다시 회복되는 길이 있습니다. 머리를 숙이고 재를 무릎 쓰고 가슴을 치고 통곡하고 눈물로 금식하며 회개하는 것입니다. 죽으면 죽으리라는 심정으로 기도하고 또 기도해야 할 것입니다. 남을 비판하고 정죄하기 전에 먼저 자신을 돌이켜 보고 기도해야 합니다. 죄인 중에 괴수라고 자신을 인정하고 기도한다면 하나님이 우리를 기꺼이 받으시고 회복시켜 주실 것입니다.

예전이나 오늘이나 하나님의 사랑은 변함이 없으십니다. 사람의 마음은 아침저녁으로 바뀔 수가 있지만 전능하신 하나님의 뜻은 변하지 아니하십니다. 죄에 대하여는 그 어떤 것도 용납하지 아니하십니다. 죄악을 계속 쌓아놓으면 하나님의 진노의 손길을 피할 수가 없는 것입니다. 그러므로 하나님은 오늘이라는 시간에 당신의 백성들이 회개하고 돌아오기를 기다리십니다. "하나님은 곤고한 자를 그 곤고에서 구원하시며 학대당할 즈음에 그의 귀를 여시나니"(욥 36:15)라고 성경은 말씀합니다. 하나님은 자기 백성들을 구원하시기를 원하십니다. 아버지가 탕자가 오기를 날마다 기다리고 기다리듯이 하나님의 품으로 돌아오기를 기다리고 계십니다.

　백합화도 이슬을 먹을 때에 아름답게 성장합니다. 밤새도록 조용히 내린 이슬을 머금은 백합화가 얼마나 싱싱하고 아름답겠습니까? 백합화는 위로 자라고 더 번성하여 집니다. 백합화는 매우 빠르고 신속하게 자라는 것이 특징입니다. 백합화의 뿌리는 겨울 동안에는 땅 속에서 죽은 듯이 보이지만 봄의 이슬을 맞을 때에 다시 새 힘을 받고 단 시간 내에 높게 위로 자랍니다. "주의 권능의 날에 주의 백성이 거룩한 옷을 입고 즐거이 헌신하니 새벽이슬 같은 주의 청년들이 주께 나오는도다"(시 110:3)라고 성경은 말씀합니다.

　지금은 한국과 일본 미국과 유럽 지구촌의 모든 젊은이들이 주께 헌신하고 나아와야 할 때입니다. 하나님이 은혜 주시는 그 기간에 속히 나와야 할 것입니다. 우리도 하나님의 이슬 같은 은혜를 흡족히 받으면 백합화처럼 생동하고 생기 있는 사람들이 되는 것입니다. 즉, 거룩함의 아름다움은 새벽이슬에 의하여 만들어지는 것입니다. 과거의 죄악을 깨끗이 청산하고 하나님께로 돌아오면 그 신앙은 백합화와 같이 신속하게 성장하고 성숙하게 됩니다. 여기서 한 가지 기억할 것은 백합화가 신속하게 자라는 반면에 쉽게 시들어 버린다는 것입니다. 들의 백합화는 오늘 있다가도 내일 아궁이에 던져질 가능성이 있습니다. 그러므로 우리는 언제라도 신앙의 거룩함을 유지해야만 합니다.

　그리스도인은 어디를 가더라도 그리스도의 사람입니다. 유명한 교회 음악의 대가인 헨델은 '메시아'를 작곡하기 위하여 20일 동안 한 끼의 음식도 먹지 아니하고 그 곡을 완성했다고 합니다. 그가 그 곡을 완성했을 때에는 마음이 너무나 기뻐서 펜이 춤을 출 정도였다고 고백했습니다. 우리들의 마음속에서 하나님의 은혜가 떠나지 아니하도록 깨어 기도해야 합니다.

우리의 가정과 교회에는 이슬 같은 은혜가 회복되어 가고 있습니까? 오직 은혜가 필요한 것입니다.

2) 백향목과 같이 됩니다. (6-7절)

6절에 보면 "그의 향기는 레바논 백향목 같으리니"라고 성경은 말씀합니다. 하나님은 이스라엘에게 그 뿌리가 깊이 박혀서 뽑히지 않는 레바논 땅의 백향목 같이 깊이 뿌리가 박히게 될 것이라고 말씀하십니다. 이스라엘 북쪽에 있는 백향목은 지중해에서 올라오는 이슬을 먹고 뿌리를 내립니다. 백향목 나무는 그 수분을 사람에게 의존하지 않습니다. 백향목은 높은 반석 위에 서 있으므로 사람이 주는 물로 성장하는 것이 아닙니다. 전능하신 하나님이 주시는 이슬을 먹고 자라는 것입니다. 우리들도 은혜의 이슬을 먹고 자라면 백향목처럼 깊은 신앙의 뿌리를 내리고 살 수 있습니다. 백향목은 폭풍우가 있어도 넉넉히 견딜 수 있습니다. 물의 수액이 충분하기에 모질게 바람 부는 강한 추위 속에서도 그 푸르름을 유지할 수가 있는 것입니다. 그 가지는 퍼집니다(6절). 가지는 버릴 것이 없는 나무입니다.

또 백향목은 향기롭고 썩지 아니하며 그 향기는 매우 대단하다고 합니다. 솔로몬은 성전의 기둥으로 백향목을 사용했습니다. 백향목은 언제든지 향기를 드러내고 뿌리를 깊이 내립니다.

백향목은 눈과 바람에도 잘 견디고 30미터 이상 자라고 수명은 700년에서 1,000년이라고 합니다. 이 백향목 나무가 솔로몬 성전의 기둥과 왕궁의 기둥으로 사용됩니다. 레바논의 백향목의 성장과 웅장함이 은혜의 이슬을 먹고 자라는 그리스도인의 모습이기도 합니다. "의인은 종려나무 같이 번성하며 레바논의 백향목 같이 성장하리로다"(시 92:12)라고 성경은 말씀합니다. 백향목은 향기가 많은 나무입니다. 하나님의 은혜를 많이 받은 사람은 향기가 나타납니다. 즉 그리스도의 향기와 복음의 향기를 어디에서든지 풍겨냅니다.

하나님의 말씀으로 은혜를 받았다면 행동으로 아름다운 행실로 우리 구주 예수 그리스도의 향기를 나타내야만 하는 것입니다. 내가 손해를 받았다고 더 큰 악을 저질러서는 안 되는 것입니다. "악에게 지지 말고 선으로 악을 이기라"(롬 12:21)고 성경은 말씀합니다. 왜냐하면 악을 갚는 것이 내게 있는 것이 아니고 하나님께 달려있기 때문인 것입니다. 그러므로 우리는 살든지 죽든지 그리스도의 복음의 향기가 되어야 합니다. 백향목이 성전과 왕궁의 기둥으로 쓰임 받았던 것처럼 하나님의 은혜를 회복하는 자들에게는 하나님과 모든 사람들에게 존귀하게 쓰임을 받게 됩니다.

3) 감람나무와 같은 복을 주십니다. (6절)

"그의 아름다움은 감람나무와 같고"라고 성경은 말씀합니다. 감람나무는 올리브 나무, 즉 올리브를 의미합니다. 올리브는 고대 근동지방에서나 현재에도 가치 있는 나무입니다. 열매와 기름과 목재로도 유명하고 음식물에도 사용됩니다. 성경에서는 등불을 밝히는 기름으로도 사용되었습니다. 이 기름은 약과 향수로도 사용되었습니다. 감람나무로부터 흘러내리는 금 기름은(슥 4:12) 선한 행실이 가득한 것을 의미합니다. 시인 다윗 자신도 일찍이 자기 자신을 "하나님의 집에 있는 푸른 감람나무 같음이여"(시 52:8)라고 증언합니다.

감람나무는 특별히 아름다운 점은 없습니다. 그러나 본문에는 "그 아름다운 감람나무와 같다"고 말씀합니다. 회색이 섞여있는 나무둥치나 안쪽이 하얀 암갈색의 작은 잎새에도 아름다운 점은 없습니다. 열매까지도 아름다운 것은 아닙니다. 그러나 감람나무는 많은 수확이나 풍부한 기름을 제공합니다. 감람나무는 다른 나무들이 자랄 수 없는 곳에서 자랍니다. 더욱이 감람나무는 약간만 경작하거나 돌보아 주어도 많은 열매를 맺습니다. 한 그루의 감람나무에서 약 20갈론의 기름을 낼수 있습니다. 얼마나 풍부한 열매입니까? 그러한 면에서 이 감람나무는 참으로 아름다운 것입니다. 우리 그리스도인들이 겉모양 겉모습이 아름답지 않을 수 있습니다. 그러나 남들이 소유하지 못한 믿음을 회복하여야 합니다. 아프리카 사람들은 안타깝게도 땅 바닥에 비치는 유리를 더 좋아하고 다이아몬드를 귀하게 여기지 않았던 무지한 자들입니다. 그 가치를 모르는 자들은 참으로 어리석고 불쌍한 자들인 것입니다. 이 세상에서도 다이아몬드는 아무리 작아도 가치가 있는 것입니다.

신앙적인 세계에서도 우리에게는 아무리 작은 믿음이라고 할지라도 그 믿음은 고귀하고 저력이 있는 것입니다. 작은 믿음이라도 잘 간직하고 지켜야 합니다. 이 믿음이 계속 성숙되고 견고하여지도록 주의 은혜를 사모해야 합니다. 주님의 제자들이 고백한 대로 "주여 믿음을 더하소서" 믿음의 장부가 되기를 간구하여야 할 것입니다. 그리고 하나님이 은혜를 주실 때에 그 은혜를 회복해야 합니다. 우리들이 언제라도 영적으로 충실한 열매를 맺기만 한다면 사람들에게는 유익이 되고 하나님께는 영광이 되는 것입니다.

4) 푸른 잣나무 같게 하여 주십니다. (8절)

"푸른 잣나무 같으니"라고 성경은 말씀합니다. 하나님의 은혜를 회복한 자에게 주시는 복인 것입니다. 여름 잣나무의 특징은 이상하게도 모기가 없다고 합니다. 그 지역의 잣나무는 매우 크고 우람하여 뜨거운 태양열과 비를 피하기에 좋은 나무입니다. 이것은 하나님 앞에 진정으로 회개하고 돌이키는 자들에게 안식처와 피난처가 되어주심을 의미하는 것입니다. 신앙생활에는 승자와 패자가 따로 있는 것이 아닙니다.

날마다 회개하고 우리 구주 예수 그리스도의 보혈로 죄 씻음을 받고 새 사람으로 살아가야만 하는 것입니다. 과거에 신앙이 좋았다고 현재도 변함없이 좋은 것은 아닙니다. 신앙이라고 하는 것은 고정적인 것이 아닙니다. 1년 전에 신앙이 1년 후에 다를 수가 있습니다. 더 좁게는 한 달 전의 신앙이 한 달 후보다 올라갈 수도 있고 내려갈 수도 있는 것입니다.

그러므로 우리의 마음속에 하나님의 은혜의 이슬방울이 가득 채워져야 하는 것입니다. 은혜의 이슬이 다 매 말라 버리면 인간의 마음은 완악하고 강퍅하여지는 것입니다. 눈물도 없고 인정도 없는 사랑도 시들어버리는 사람이 되는 것입니다. 그러므로 날마다 시간마다 하나님의 은혜를 구하여야 살 수가 있는 것입니다. '오! 주여! 우리에게 가정과 교회와 이 민족과 우리 조국과 북한 땅 위에 하나님의 은혜를 베푸소서!'

더 넓게는 지구촌에 하나님의 은혜가 임하여야 하는 것입니다. 우리의 신앙은 항상 현재적인 것입니다. 현재가 매우 중요한 것입니다. 그뿐만 아니라 열매를 맺게 하십니다. 그 열매가 무엇이든지 간에 우리는 하나님께 감사와 찬송과 영광을 돌려야 합니다. 사람은 은혜의 이슬만 받으면 인생관이 달라집니다. 고난을 통하여 은혜를 주실 때 오히려 감사할 수 있기를 간절히 소원합니다.

결론

우리 인생길은 안개와 같기에 하나님의 은혜가 없이는 단 하루도 살아갈 수가 없습니다. 지치고 피곤하고 고달픈 인생길을 걸어가시는 우리들에게 우리 하나님께서 이슬 같은 은혜를 내려주시기를 원합니다.

이슬은 밤에 내립니다. 한 치 앞도 내다 볼 수 없는 인생행로에서 갈피를 잡지 못하는 분들은 없습니까? 캄캄하고 어두운 밤에 하나님을 만나시기 바랍니다. 하나님과의 만남은 기도를 통해서 이루어지는 것입니다. 새벽이든지 한밤중이든지 어떤 시간이라고 좋습니다. 오직 은혜는 하나님으로부터 옵니다. 그 은혜의 통로는 하나님을 의지하고 매달리는 기도에 달려있습니다.

하나님은 환난과 고난 중에 있는 자들에게 이슬 같은 은혜를 주실 것입니다. 이슬은 낮은 곳에 내리고, 밤에 내리고, 조용히 내립니다. 겸허한 마음으로 하나님의 은혜를 사모하시기 바랍니다. 이 귀하고 아름다운 이슬을 남에게 빼앗기지 않기를 바랍니다. 우리의 남은 여생은 우리 모두가 하나님의 마음에 꼭 들어맞고 그 분의 마음에 합한 자들이 되기를 간절히 소원합니다. 날마다 이슬 같은 은혜와 복으로 충만하시기를 우리 주님의 이름으로 간절히 축원합니다.

13
불순종에서 순종으로
[요나 1:1-17, 3:1-5]

서 론

아담의 후손인 우리는 죄악 중에서 출생하여 죄 중에서 먹고 마시며 살아가다가 죄 가운데서 죽게 됩니다. 그러나 예수를 나의 구주로 믿는 자들에게는 원죄와 우리가 짓고 있는 모든 죄도 용서를 받게 되는 것입니다. 그러므로 구원 받은 백성들은 하나님 앞에서 수직적인 관계를 맺고 있습니다. 사람이 보기에는 심상하게 보이는 죄 같지만 하나님 앞에서는 죄를 가볍게 여기지 말아야 합니다. 왜냐하면 하나님은 거룩하신 분이시기 때문입니다. 죄가 사소한 것 같지만 죄를 버리지 않으면 독이 되고 자신도 모르게 죄에 감염되는 것입니다. 특별히 하나님 앞에서 우상숭배는 철저하게 심판하십니다. 말하지 못하고 듣지도 못하는 우상을 하나님처럼 섬기는 자들이라도 회개하면 소망이 있습니다. 하나님의 진노의 손길이 머리 위에 있다고 할지라도 우리 구주 예수 그리스도의 보혈로 씻음 받으면 새로운 피조물이 되는 것입니다.

하나님은 요나에게 앗수르의 수도인 니느웨로 가서 하나님의 심판을 경고하라고 말씀하십니다. 역사적 배경으로 보면, 이스라엘과 앗수르는 매우 적대적이었으므로 서로 살아남기 위해서는 적을 침략해야 하는 긴장관계였습니다. 나라와 나라가 긴장관계에 오래 머물다 보면 개인이나 민족이 원수 관계로 들어가게 되는 것입니다. 그러나 요나가 활동하던 북 이스라엘은 대체로 안정적이었습니다.

남북으로 분단된 후에 북 이스라엘은 여로보암 왕 2세가 통치하는데 정치적으로는 안정이 되고, 군사적 경제적으로도 부강했습니다. 그러기에 북 이스라엘의 백성들은 요나를 비롯하여 적국 앗수르의 공격을 두려워하지 아니할 정도로 안정되었던 것입니다. 이런 상황에서 하나님은 요나를 부르시는데 예수님의 고향인 나사렛에서 가까운 곳에서 부르셨습니다(왕하 14:25). 그를 선지자로 세우시고 당시 최고 강대국인 앗수르의 수도인 니느웨 성의 멸망을 예고하게 하십니다. 너는 속히 적국인 니느웨로 가서 내가 심판할 것을 선포하라고 말씀하십니다. 그들에게 하나님의 심판을 경고하고 회개하도록 가르치라고 명령하신 것입니다.

그러나 요나의 마음은 두 가지입니다. 하나님의 선택 받은 이스라엘만 구원받으면 될 터인데, 무엇 때문에 이방나라인 적국이 구원을 받아야 합니까? 그에게는 우리 민족을 괴롭히고 고통을 주는 나라는 망해야만 한다는 편견이 있었던 것입니다. 한마디로 이스라엘은 하나님의 보호를 받고 생존하는 것이 당연하지만, 하나님을 멀리 떠나고 우상숭배 하는 앗수르 만큼은 멸망해야 한다고 생각한 것입니다. 인간적인 면에서는 현명한 것 같지만 그는 하나님의 무한하신 사랑과 긍휼을 전혀 깨닫지 못한 선지자입니다. 하나님은 긍휼과 자비가 무한하심으로 우상숭배하고 범죄한 나라라고 할지라도 회개하고 구원받기를 원하십니다. 이것이 하나님의 사랑의 속성인 것입니다. 우리는 하나님의 긍휼과 자비가 우리와 원수처럼 지내는 나라와 민족에게는 없어야 한다고 생각해서는 안 됩니다. 하나님의 자비하심은 온 우주와 지구촌에 있는 영혼들을 사랑하시는 것입니다.

"하나님은 모든 사람이 구원을 받으며 진리를 아는 데에 이르기를 원하시느니라"(딤전 2:4)고 성경은 말씀합니다. 우상숭배로 인하여 마땅히 죽고 멸망 받아야 할 백성들임에도 불구하고 회개하고 돌아오기를 하나님은 기다리시고 모든 사람이 구원 받기를 원하십니다. 요나는 자신의 짧은 지혜와 지식 때문에 하나님의 구원의 경륜을 이해하지 못하고 우주적인 복음을 스스로 제한시켰던 것입니다. 그러기에 그는 하나님의 명령을 거부하고 자신의 판단으로 결정했던 것입니다. 그는 하나님께서 가라고 하신 니느웨로 가지 아니하고 다시스로 갑니다. 다시스는 지금의 지명으로는 스페인으로 인구가 약 4,000만 명 정도이고 90% 이상이 천주교 국가입니다.

불순종한 요나는 신속하게 배를 타기 위하여 항구로 나가 거기서 웃돈을 주고 다시스로 가는 배를 탑니다. 그 당시 다시스는 세상의 끝이란 별명이 붙은 도시입니다. 그는 마음속으로 생각했을 것입니다. 아마도 요나는 세상의 끝으로 도피한다면 안심할 것이라고 생각했을지도 모릅니다. 그러나 우리는 하나님의 주권적인 계획을 바꿀 수가 없습니다. 하나님은 아무리 죄악이 많은 국가라고 할지라도 긍휼을 베푸시는 하나님의 구원 계획이 있는 것입니다. 요나서의 전체 주제는 하나님의 주권입니다. 하나님은 모든 역사의 흥망성쇠와 인간의 생사화복을 홀로 주장하시며 자비하신 분이십니다. 죄악의 도성, 니느웨 성에 하나님의 자비가 나타납니다. 그러면 본문을 통하여 죄가 무엇인가를 살펴보며 은혜를 나누기를 원합니다.

1. 죄가 무엇입니까?

1) 하나님으로부터 멀리 떠나는 것입니다. (3절)

3절에 보면 "그러나 요나가 여호와의 얼굴을 피하려고"라고 성경은 말씀합니다. 요나가 하나님의 얼굴을 피하려고 도피하지만 인간은 하나님이 계시는 영역에서 벗어날 수가 없습니다. "여호와여 주께서 나를 살펴보셨으므로 나를 아시나이다 주께서 내가 앉고 일어섬을 아시고 멀리서도 나의 생각을 밝히 아시오며 나의 모든 길과 내가 눕는 것을 살펴보셨으므로 나의 모든 행위를 익히 아시오니"(시 139:1-3)라고 성경은 말씀합니다. 전지전능하신 하나님은 우리의 모든 일거일동을 다 아시고 살피시는 분이십니다. 전능하신 그분 앞에서 우리는 조금이라도 숨길 수가 없습니다. "하나님은 허망한 사람을 아시나니 악한 일은 상관하지 않으시는 듯하나 다 보시느니라"(욥 11:11)라고 성경은 말씀합니다.

하나님은 우리 인간의 과거만 보시는 것이 아니라 과거와 현재와 미래를 동시에 보시는 분이십니다. 어찌 하나님의 불꽃같은 눈을 인간이 피할 수가 있겠습니까? 사람의 눈은 불완전하기에 못 볼 수가 있고 잘못 착각할 수도 있습니다. 그리고 사람이 아무리 정확하게 본다고 하여도 육신의 눈은 한계가 있어 겉은 볼 수 있으나 사람의 마음속까지는 볼 수가 없습니다. 그러나 전능하신 하나님은 우리의 속과 겉을 다 보고 계십니다. 한마디로 모든 것을 다 알고 계시는 분이십니다. 시인은 "내가 새벽 날개를 치며 바다 끝에 가서 거주할지라도 거기서도 주의 손이 나를 인도하시며 주의 오른손이 나를 붙드시리이다"(시 139:9-10)라고 증언합니다. 전능하신 하나님은 우주 만물 온 천지에 어느 곳이든 다 계시는 분이십니다. 사람이 하나님을 피하여 숨을 곳은 어떤 장소도 없는 것입니다.

하나님은 요나 선지자에게 너는 일어나 저 큰 성읍 니느웨로 가서 그것을 쳐서 외치라고 말씀하십니다. 하나님이 명령하시고 가라고 하는 곳에는 우리는 순종하고 그리스도의 복음을 증언해야 합니다. 복음의 증인으로 사는 것만큼 기쁘고 즐겁고 보람 있는 일은 없습니다. 하나님께서 요나에게 외치라는 것은, 그들이 우상숭배를 철저히 회개하고 구원받을 것을 선포하라는 말씀인 것입니다.

그런데 요나는 하나님의 명령을 어기고 다시스로 갑니다. 니느웨란 지역은 현재의 이란, 이라크 지역이고 다시스는 스페인 지역입니다. 그렇다면 아주 정반대 방향입니다. 니느웨의 악을 외치라고 하나님은 명령하셨지만, 요나는 "그러나" 즉 불순종으로 반응합니다. 여기서 '그러나'라는 접속사는 인간이 하나님의 뜻을 거부하고 도전할 때에 쓰는 용어입니다. 니느웨 성은 가로질러서 삼 일 길을 걸어가야 하는 큰 도성입니다. 당시로는 최 강대국 앗시리아의 수도입니다. 성벽의 둘레가 77킬로미터나 되고 넓고 견고한 성읍이며 악독이 가득한 피의 도성입니다. 이곳에 하나님은 요나를 보내셔서 니느웨 성 한 복판에서 공개적으로 선포하게 하신 것입니다.

사십 일이 지나면 니느웨가 무너진다는 선전포고와 경보를 울리게 하시려는 것입니다(욘 3:4). 그것도 원수의 나라에 가서 회개의 복음을 전하게 하신 것입니다. 요나의 생각과 하나님의 생각이 다르기에 요나는 말씀에 거부반응이 생겼습니다. 악독이 하나님 앞에 상달한 이 죄악의 도시 니느웨는 철저히 하나님의 심판을 받고 멸망 받아야 한다는 것이 요나의 생각이요 판단이었을 것입니다. 다른 이유가 있다면 선민 이스라엘만 구원 받으면 되지 원수의 나라인 이방 민족이 회개하고 구원받는다는 것에 대한 시기와 질투심이기도 했습니다. 그러나 하나님의 생각과 사람의 생각은 다르며, 하나님의 계획과 사람의 계획은 전혀 다른 것입니다.

아무리 우상숭배를 많이 하고 범죄한 민족이라 할지라도 하나님은 그들에게 긍휼과 자비를 베푸심으로 구원받기를 원하십니다. "너희는 여호와를 만날 만한 때에 찾으라 가까이 계실 때에 그를 부르라 악인은 그의 길을, 불의한 자는 그의 생각을 버리고 여호와께로 돌아오라 그리하면 그가 긍휼히 여기시리라 우리 하나님께로 돌아오라 그가 너그럽게 용서하시리라"(사 55:6-7)고 성경은 말씀합니다. 문제는 죄 많은 인간이 머뭇거리지 말고 속히 하나님께로 돌아와야만 하는 것입니다. "보라 지금은 은혜 받을 만한 때요 보라 지금은 구원의 날이로다"(고후 6:2)라고 성경은 말씀합니다.

   은혜 받을 만한 때에 은혜를 받아야 하고 구원의 날에 영생의 복을 누려야만 합니다. 이 기회가 무한정으로 있는 것이 아니므로 하나님이 은혜를 주시는 기회를 놓쳐서는 안 되는 것입니다. 지금 지구촌에서 아직도 복음을 알지 못하는 자들이 예수 믿고 구원받아야 할 때입니다. 그러므로 우리 그리스도인들은 하나님이 어떤 명령을 주시더라도 아멘으로 화답해야 합니다. '아니요', 혹은 '그러나 이것만큼은 안 됩니다.'라고 반응한다면 주님의 명령을 거역하게 되는 것입니다. 하나님의 얼굴을 피하려는 자세는 하나님을 욕되게 하는 것입니다.

   그는 하나님의 명령을 거부하고 니느웨로 가지 않고 다시스로 도망갑니다. 그는 하나님의 얼굴을 볼 수 없는 곳으로 가겠다고는 생각지 아니했을 것입니다. 요나는 하나님이 간섭하시는 명령이 괴롭고 부담스럽고 싫기에 하나님의 말씀 듣기를 거부하고 이스라엘의 유명한 항구였던 욥바로 내려가서 배 삯을 주고 배에 승선한 것입니다. 이것을 보면 하나님이 그에게 도피할 기회를 주신 것 같기도 합니다. 그래서 순풍의 돛을 달고 마음대로 원하는 곳으로 가게 하신 것 같습니다. 하나님으로부터 멀리 떨어져가더라도 일들이 순조롭게 진행되었다고 생각할 수도 있습니다. 요나는 니느웨로만 가지 않는다면 어디로 가든지 상관이 없다고 판단했을 것입니다. 요나의 교훈을 통하여 우리는 불순종하다가 순종하지 말고 처음부터 순종하여 복음을 전하는 자들이 됩시다.

2) 사망의 잠을 자는 것입니다. (5절)

5절에 보면 "요나는 배 밑층에 내려가서 누워 깊이 잠이 든지라"고 성경은 말씀합니다. 이 잠은 하나님의 명령인 복음전파의 사명감을 포기하는 사망의 잠입니다. 이 잠이야말로 풍랑을 만나는 잠이요 죽음을 불러일으키는 잠을 의미합니다. 만약에 우리들이 깨어있지 못하고 계속 사망의 잠을 잔다고 한다면 우리는 심판과 징계를 면치 못할 것입니다. 잠자는 것은 매우 위험한 상황입니다. "사람들이 잘 때에 그 원수가 와서 곡식 가운데 가라지를 덧뿌리고"(마 13:25) 갔다고 성경은 말씀합니다. 농사 하나 짓는 것도 잠자는 것을 주의해야 하거든 하물며 신앙생활 하는 중에 사망의 잠을 잔다고 하면 얼마나 두렵고 떨리는 일입니까? 하나님은 불순종하고 허망한 요나의 일거일동을 모두 알고 다 보고 계십니다. 사람이 못 볼 수는 있지만 하나님은 다 보고 계십니다. 요나가 어찌하여 이렇게 가련한 신세가 된 것인지 참으로 안타깝습니다.

그러나 믿음의 사람인 다윗은 "하나님이여 나를 살피사 내 마음을 아시며 나를 시험하사 내 뜻을 아옵소서 내게 무슨 악한 행위가 있나 보시고 나를 영원한 길로 인도하소서"(시 139:23-24)라고 증언합니다. 그는 하나님 면전에 서 있기에 자신을 시험하시고 자신을 살펴달라는 것입니다. 얼마나 신전의식이 강한 사람입니까?

그런데 요나는 복음 전파의 사명을 포기하고 자신을 숨기려고 배 밑층에서 잠을 잡니다. 하나님 앞에서의 두렵고 떨리는 의식도 전혀 없고 자신을 살펴달라는 고백이 없습니다. 그러나 다윗은 하나님 앞에서 자신을 살펴달라고 간구합니다. 이것이 그의 경건이며 기도와 찬양인 것입니다. 오늘 우리도 '하나님이여 나를 살펴주옵소서!'라고 기도합시다. 사망의 잠에서 자고 있다면 깨어납시다.

우리 동족인 북한에서는 지하 동굴 속에서 예배를 드리는데 성경책이 없어서 노트에 성경을 기록한 것을 서로 나누어 읽으면서 눈물로 말씀을 읽고 신앙고백을 한다고 합니다. 죽음만도 못한 삶을 살고 있는 현실입니다. 그리스도인이 신앙의 자유가 없으니 얼마나 답답한 일입니까? 찬송도 소리 내어 부르지 못합니다. 기도하는 것도 숨죽여 가며 기도합니다. 감옥에서 생활할 때는 눈만 감고 있어도 기도하는 것으로 오해를 받으니 참으로 비참한 현실입니다. 그들이 자유가 있는 대한민국에 월남하게 되면 그 동안 마음껏 부르지 못한 찬송을 목이 터지도록 부른다고 합니다. 우리에게는 너무나 신앙의 자유가 많지만 찬송하지 못하고 기도가 중단되어 있지는 않습니까?

이 지구촌에 영적으로 육신적으로 죽어가는 영혼들이 얼마나 많습니까? 복음을 전혀 듣지 못하고 죽어가는 영혼들을 우리가 불쌍히 여기는 마음을 가져야만 합니다. 우리가 하나님을 사랑한다는 것은 예수 그리스도를 알지 못하고 믿지 아니하는 자들에게 복음을 전하는 것입니다. 이것이 하나님을 기쁘시게 하는 일입니다.

그런데 복음을 전하는 것도 중단하고 사망의 잠을 잔다는 것이 말이나 되는 일입니까? 배 안에 선원들은 폭풍에 놀라 기겁을 하고 있음에도 불구하고 당사자 요나는 태평하게 잠을 자고 있습니다. 선원들이 각자의 신을 부르고 두려움에 떨고 있습니다. 이교들도 풍랑을 만나서 죽음 앞에 이르렀을 때에는 그들의 신의 이름을 부르며 기도하는데 요나는 풍랑의 원인이 자신에게 있음에도 불구하고 안일 무사하게 잠을 잔 것입니다. 그는 배 밑층에 내려가서 누워 있다가 깊이 잠이 든 것입니다. 외부의 소란한 고함소리가 있었을 것이고 상황은 더 악화되어 배가 거의 깨어져가는 상태입니다. 그러나 그는 깊은 사망의 잠에 빠져있습니다. 어떤 면에서 보면 위기로부터 벗어났다는 안도감에서 곤하게 잠들었을지도 모릅니다.

성경에 보면 졸거나 잠을 자다가 실패한 자들이 많습니다. 당대에 의인이라고 불리는 노아는 포도주에 취하여 벌거벗고 잠자다가 자식에게 수치를 당했습니다. 노아는 실수로 포도주에 취한 것이 아니라 의도적으로 포도주를 마시고 취하여 벌거벗고 잠을 잤던 것입니다. 이 결과로 인하여 함이라고 하는 아들은 저주를 받기까지 합니다. 노아의 의도적인 실수로 인하여 그 잠은 자식들에게까지 영향을 미치게 됩니다(창 9:20-21). 둘째 아들인 함은 그의 형 셈과 동생 야벳을 섬기는 족속이 되었던 것입니다. 함 족속은 당대만이 아니라 평생 피부가 검은 족속으로 멸시와 학대를 받았던 족속이 되고 말았던 것입니다.

사울 왕이 평지에 진영을 세워 놓고 그곳에서 자고 있을 때, 아비새는 창을 잡은 채 다윗에게 "내가 창으로 그를 찔러서 단번에 땅에 꽂게 하소서 내가 그를 두 번 찌를 것이 없으리이다"(삼상 26:8)라고 말했습니다. 잠자는 사람은 자신의 모든 것과 생명까지도 잃을 수가 있습니다. 그러므로 우리 그리스도인들은 깨어 있지 못하고 잠자는 것은 매우 위험한 순간임을 명심해야만 합니다.

전에도 후에도 없는 거인이었던 힘이 센 장사 삼손은 이방 여인 들릴라의 무릎을 베고 잠자다가 두 눈이 뽑혔던 것입니다(삿 16:21). 과거에 사자의 입을 맨 손으로 염소새끼 입을 찢은 것처럼 죽였고, 블레셋 가사 성의 성 문짝들과 두 문설주와 문빗장을 빼어 가지고 모두 어깨에 메고 헤브론 앞산 꼭대기로 올라갔던 자입니다(삿 16:3). 정말 상상할 수 없을 정도로 초자연적인 힘이 넘쳤던 사람입니다. 그러나 그가 사망의 잠을 자다가 마지막에는 처절하고 비참하게 연자 맷돌을 돌리는 비참한 신세가 되어 죽게 됩니다. 정욕과 욕망을 즐기는 잠은 사망의 사촌이고 잠자는 사람은 무덤 입구에 누워있는 신세가 되는 것입니다. 왜냐하면 잠을 자는 환경에서는 아무것도 할 수 없는 무방비 상태에 있기 때문입니다.

　시스라라고 하는 장군은 이스라엘과 전쟁에서 패전하고 걸어서 도망갑니다. 그리하여 야엘이라고 하는 여인의 장막에서 잠을 잡니다. "그가 깊이 잠드니 헤벨의 아내 야엘이 장막 말뚝을 가지고 손에 방망이를 들고 그에게로 가만히 가서 말뚝을 그의 관자놀이에 박으매 말뚝이 꿰뚫고 땅에 박히니 그가 기절하여 죽으니라"(삿 4:21)고 성경은 말씀합니다. '관자놀이'라는 단어는 눈과 귀 사이에 있는 태양혈을 말하고 방망이는 망치를 의미합니다. 연약한 여인이지만 이스라엘을 괴롭히는 원수 시스라 장군이 깊이 잠들어 버렸을 때에 망치로 말뚝 못을 박아 죽인 것입니다. 여인의 손에 가장 비참하게 죽은 것입니다. 얼마나 깊이 못이 박혔으면 땅에 박힐 정도였습니다. 시스라 장군의 부하들이 한 사람도 남지 아니하고 모두 칼에 전사했는데, 자기 혼자 살겠다고 도망가서 깊이 잠들어 있다가 처참하게 살해된 것입니다.

　또 이스보셋이라는 사람은 낮잠 자다가 원수에게 배에 찔림을 받고 죽었는데, 이런 잠들은 모두가 사망의 잠인 것입니다.

　우리 주님은 십자가를 앞에 두시고 겟세마네 동산에서 기도하실 때에 흐르는 땀방울이 땅에 떨어지는데 핏방울 같이 됩니다. 얼마나 간절하게 기도하셨으면 핏방울 같이 된 것입니까? 주님은 우리 인간과 동일한 인성을 가지신 분이십니다. 목마르고 피곤하고 고달픈 삶을 체험하신 분이십니다. 그런데 예수님을 누구보다 아끼고 사랑한다고 하는 제자 베드로는 겟세마네 동산에서 기도하지 못하고 잠자다가 주님을 세 번 부인하게 됩니다.

그것도 처음에는 부인하다가, 압박을 계속 당하니까 맹세하다가 마지막 순간에는 예수를 저주까지 했습니다. 주님이 제자들에게 "한 시라도 깨어 있을 수 없느냐"(마 26:40)라고 말씀하십니다. 우리가 기도하는 시간이 얼마가 되든지 간에 그 시간만큼은 깨어 있어야 할 것입니다. 기도하지 아니하면 무기력해지지만 기도하면 영성이 회복되는 것입니다. 그러므로 어느 시간이라도 늘 깨어 기도해야만 하는 것입니다. 만약에 주님의 제자들이 잠자지 아니하고 한 시간이라도 깨어 기도했다면 믿음이 붕괴되지 않았을 것입니다.

그러므로 우리는 항상 주의하고 깨어 있어야만 합니다. 왜냐하면 그 때가 언제인지 알지 못하기 때문입니다(막 13:32-33). 깨어 있지 못하고 사는 삶은 죽은 삶인 것입니다.

시인 다윗은 "여호와 내 하나님이여 나를 생각하사 응답하시고 나의 눈을 밝히소서 두렵건대 내가 사망의 잠을 잘까 하오며 두렵건대 나의 원수가 이르기를 내가 그를 이겼다 할까 하오며 내가 흔들릴 때에 나의 대적들이 기뻐할까 하나이다"(시 13:3-4)라고 증언합니다. 그리스도인이 깨어 있지 못하고 사망의 잠을 잔다면 자신이 무기력하고 무능해지며 교회도 약해집니다. 그러나 사망의 잠에서 깨어 일어나 기도하면 회복되고 생동감이 있고 영적 생명이 살아납니다.

죄는 사람을 무감각하게 하고 우둔하게 만드는 성질을 갖고 있습니다. 우리는 언제든지 죄의 유혹과 미혹으로 인하여 우리의 마음이 둔하여지고 완고하게 되지 않도록 자제하여야 합니다. 사망의 잠을 자지 않도록 늘 깨어 있어야 합니다. 가정의 풍랑이 있습니까? 교회의 풍랑과 나라의 어려움이 있습니까? 하나님께 눈물로 기도하고 호소하면 거친 풍랑도 잔잔해질 것입니다. 하나님은 우리의 눈물의 기도를 받기를 원하십니다.

2. 하나님의 징계의 3단계

1) 첫 번째 징계는 물질적인 손해입니다. (4절)

"여호와께서 큰 바람을 바다 위에 내리시매 바다 가운데 큰 폭풍이 일어나 배가 거의 깨지게 된지라"고 했고, 5절에는 "또 배를 가볍게 하려고 그 가운데 물건들을 바다에 던지니라"고 성경은 말씀합니다. 요나가 탄 배는 다른 배들보다 더 심하게 요동했고 더 큰 위험에 빠졌기 때문입니다. 왜냐하면 하나님이 풍랑을 주셨기 때문입니다.

하나님이 풍랑을 주시면 사람이 막을 길이 없습니다. 그 일단계가 물질적으로 손해를 보게 하시는 것입니다. 배가 깨어지니 물이 배 안으로 들어왔을 것이고, 배의 무게가 무거우니 귀한 재산들을 아까워하지 않고 바다에 던지게 되니 얼마나 큰 손해입니까? 이것은 다른 사람의 원인이 아닙니다. 하나님의 명령을 거역한 요나가 사망의 잠을 잔 것이 풍랑의 원인이었던 것입니다.

요나는 배 삯을 주고 배에 승선하였으나 목적지까지 도달하지 못했습니다. 그는 배 삯만 주고 손해를 본 것입니다. 하나님의 명령과 뜻을 거스르고 떠나는 자에게는 그와 동행한 자들까지 피해를 주게 됩니다. 하나님을 떠나면 만사형통할 것 같지만 만사가 불통이고 동서남북이 다 막혀버립니다. 왜냐하면 전능하신 하나님이 막으시기 때문입니다.

성경을 자세히 보면 요나 1:4에는 '큰 바람, 큰 폭풍'이란 말이 나오고, 요나 1:7에는 '재앙'이 나옵니다. 요나 2:3에는 '큰 물, 주의 파도,

큰 물결'이란 단어가 나옵니다. 이런 구절들은 하나님의 징계를 의미합니다. 하나님이 바다 위에 큰 폭풍을 내리심으로 큰 물과 파도와 풍랑이 일어납니다. 하나님이 바람을 원하시는 방향으로 불게 하심으로 광풍을 일으키신 것입니다. 하나님이 우리에게 풍랑을 주시기 전에 고귀한 사명을 잘 감당하실 수 있기를 바랍니다.

2) 두 번째 징계는 이방인들에게 비난을 당합니다. (10절)

"네가 어찌하여 그렇게 행하였느냐"라고 성경은 말씀합니다. 요나는 언제나 하나님을 경외하고 섬겨오다가 단 한 번의 불순종으로 자신의 사명을 감당하지 못하고 도피한 것 밖에 없는데, 하나님은 이렇게 철저하게 징계하십니다. 하나님은 사랑하는 자일수록 더욱 철저하게 징계하십니다. 우리는 하나님의 은혜의 울타리 안에서 벗어나지 아니해야 합니다.

시인 다윗은 죄 때문에 괴로워하면서 "나의 죄로 말미암아 내 뼈에 평안함이 없나이다"(시 38:3)라고 탄식합니다. 우리들도 마찬가지입니다. 죄가 있으면 불안하고 공포에 시달리며 고뇌에 사로잡힙니다. 죄가 있는 동안에는 은혜와 기쁨과 평강이 사라지는 것입니다. 시인 다윗은 "죄가 나의 머리털보다 많으므로 내가 낙심하였음이니이다"(시 40:12)라고 증언합니다.

죄 때문에 낙심하며 밤잠을 이루지 못하고 고민하여 본 적이 있습니까? 시인은 얼마나 죄가 많으면 머리털보다 많다고 했습니까? 경건하게 살수록 자신이 더 회개하고 반성하게 됩니다. 그런데 경건하지 않은 자들의 삶은 항상 웃고 즐거워하는 것처럼 보입니다.

경건한 사람인 요나가 하나님의 얼굴을 피하여 도망가다가 이제는 이방인들에게 부끄러움을 당하고 있는 것입니다. 불신자인 선원들이 비난하기를 '네가 어찌하여 이렇게 행하였느냐? 네가 바다와 육지를 지으신 하나님을 경외한다고 하면서, 어찌하여 그리 어리석게도 하나님의 얼굴을 피하여 도피할 수 있을 것이라고 생각했단 말이냐?' 이런 뜻의 말입니다. 그것은 참으로 이해할 수 없고 알 수 없는 일이라고 비난하는 것입니다.

신앙을 가진 자들이 잘못된 일을 하면 신앙이 없는 자들에게 책망과 비방을 받게 됩니다. 하나님을 알지 못하고 믿지 아니하는 이방인들은 언제나 그리스도인들의 행위를 봅니다. 그들은 비록 하나님을 믿지 아니하지만 계속 예의 주시하고 있습니다. 그러므로 우리 구주 예수 그리스도의 향기를 나타내야 할 사람들이 고약한 냄새를 피워서는 안 되는 것입니다. 믿지 아니하는 자가 범죄하는 것은 흔한 일입니다. 옛날이나 지금이나 보편적으로 있는 일입니다. 그러나 그리스도인이 범죄하는 것은 하나님의 영광을 가릴 뿐만 아니라 교회의 부흥과 전도의 문을 막게 되는 것입니다.

하나님의 사람이 기도하고 전도하는 일에 전력을 기울여야 함에도 불구하고 잠을 잔다는 것은 얼마나 수치스러운 일입니까? 피곤하여 잠자는 일은 이해가 가지만 요나는 하나님의 뜻을 거역하고 반대로 행동하다가 피곤해진 것입니다. 이런 피곤은 아무런 의미나 효과가 없는 것입니다. 하나님을 멀리멀리 떠난 사람은 처량하고 곤고한 삶을 살게 되는 것입니다. 부모 형제를 멀리 떠나도 고독하고 외롭지 않습니까? 그런데 하나님은 아니 계신 곳이 없으시고 능력이 무한하신 분이십니다. 하늘이나 바다나 땅 어디에서도 하나님의 눈을 피할 수가 없습니다. 우리 자신들이 하나님을 볼 수 없을 뿐이지 하나님은 우리의 모든 일거일동을 다 보고 계시는 분이십니다. 현재 이방인들에게 비난을 당하는 것도 우리 하나님은 다 보고 계십니다. 이것은 자신의 부끄러움만이 아니라 하나님의 교회와 전능하신 하나님에게까지 영광을 가리는 것이 됩니다.

8절에 보면 "네 생업이 무엇이며"라고 성경은 말씀합니다. 먼저 직업을 묻습니다. 요나는 일반 직업을 가진 자가 아니라 선지자입니다. 선지자가 지금 망신을 당하고 있는 것입니다. 그리고 "네 나라가 어디며 어느 민족에 속하였느냐"라고 묻습니다. 고국이 어디며, 자기 민족에 대한 것인데, 이것은 국제적인 망신입니다. 불순종하는 자의 결말은 비난과 부끄러움과 고난입니다.

요나는 질문 공세를 받고 나서 그는 이렇게 답변합니다. 9절에 보면 "나는 히브리 사람이요 바다와 육지를 지으신 하늘의 하나님 여호와를 경외하는 자"라고 성경은 말씀합니다. 그는 하나님께 선택 받았다는 긍지가 있는 자요 선지자요 하나님의 말씀이 임하였던 사람입니다. 그럼에도 불구하고 그는 자신이 복음 증거하는 사명을 감당하지 못한 자입니다. 그러기에 그는 자신의 부끄러움을 스스로 고백하고 있는 것입니다. 다시 말하면 하나님께 불순종하여 도피하다가 이 모양이 되었다고 말합니다. 얼마나 부끄럽고 창피한 고백입니까? 우리는 불신자들에게 조롱의 대상이 되어서는 안 됩니다. 우리는 하나님의 자녀들입니다. 세상을 심판할 권세까지 주셨는데 사명에 살고 사명에 따라 죽읍시다.

3) 세 번째는 나 자신이 죽어지는 것입니다. (12절)

12절에서 요나는 "나를 들어 바다에 던지라 그리하면 바다가 너희를 위하여 잔잔하리라 너희가 이 큰 폭풍을 만난 것이 나 때문인 줄을 내가 아노라"고 성경은 말씀합니다. 큰 폭풍이 일어나는 바다가 잠잠하기 위해서는 자신을 바다에 던지라는 것입니다. 여기서 그는 겸허하게 자기의 죄를 인정하는 모습을 볼 수 있습니다.

오늘날 하나님을 알지 못하고 믿지 아니하는 자들에게도, 그리고 믿는 자들에게도 종종 자기가 범한 죄를 인정하지 아니하는 것을 보게 됩니다. 그것이 불신의 씨가 되어 더 큰 허물을 면치 못하는 경우를 보게 됩니다. 바다에 풍랑이 일어나고 생명과 재산이 위태롭게 될 때에 이것은 바로 나의 죄 때문이라고 말할 수 있어야 합니다. 우리들이 하나님 앞에 민족 통일을 원하면서도 자신의 허물과 죄를 자복하고 형제와 동족을 미워하고 저주했던 것이 있다면 회개해야 할 것입니다. 그런데 요나는 자신을 바다에 던지라고 말하는 것을 보면 참으로 위대한 선지자인 것입니다.

요나가 던져진 바다는 지정학적으로 쿠웨이트라고 말합니다. 요나는 자신이 죽어지기를 원하였는데 그러면 사는 것입니다. 그러나 자신이 거짓말을 해서라도 살기를 원한다면 죽게 됩니다. 이제 요나는 솔직히 자신의 허물과 잘못을 시인하는 모습을 보게 됩니다. 풍랑의 원인이 기후 조건이나 풍랑의 대세에 있는 것도 아니고 다른 사람에게 있는 것도 아니고 모두가 내 탓이라고 하는 것입니다. 물질적인 손해를 보았어도 풍랑이 잔잔하지 않고 어려움을 당하는 것은 내가 죽는 길 밖에 없다는 것입니다. 날마다 주님과 함께 십자가에 죽어져야 합니다. 나는 더 이상 살만한 가치가 없는 존재라는 것입니다. 그러므로 바다를 잠잠하게 할 방법은 다른 길이 없으니 나를 들어 바다에 던지라는 것입니다. 폭풍을 몰고 온 자가 바로 나 자신이기에 나를 바다에 던지면 풍랑도 잔잔하게 될 것이라고 말한 것입니다.

우리 가정에 폭풍이 있습니까? 혹시 교회와 사회에 풍랑이 일어납니까? 누구의 탓이라고 돌리기 전에 나 자신을 한 번 점검해 보시기 바랍니다. 나의 이기심과 욕망과 욕심이 십자가에서 죽어지면 내가 사는 것이 아니고 그리스도가 내 안에서 살기 때문입니다(갈 2:20). 매일매일 십자가에 우리의 정욕과 욕심을 못 박아버립시다. 죽은 자는 말이 없습니다. 내가 지금도 혈기와 고집에 사로잡혀 있다면 가정과 공동체는 어려움을 당하게 될 것입니다.

그러므로 내가 죽어지고 우리 구주 예수 그리스도가 사시기를 간절히 소원합니다. 우리에게도 폭풍의 회오리바람이 한 번 지나가게 되면 많은 상처와 손해를 보게 됩니다. 선원들이 요나를 살리고 싶어서 힘써 노를 저어 배를 육지에 돌리고자 해도 오히려 바다가 더 흉용합니다. 요나를 안전하게 육지에 내려주고 결별하면 아무 이상이 없겠다고 생각하고 아무리 애쓰고 수고하였지만 소용이 없었던 것입니다. 인간의 방법으로 아무리 죄인을 감싸고 보호하려고 하여도 하나님의 진노의 손길에서는 구해낼 수가 없는 것입니다. 선원들도 자신들이 살 수 있는 비결은 요나를 바다에 던지는 길이라고 생각하고 바다에 던질 수밖에 없었던 것입니다.

그러나 선원들은 피 흘리는 죄를 범치 않기로 하나님께 부르짖어 기도합니다. 14절에 보면 "이 사람의 생명 때문에 우리를 멸망시키지 마옵소서 무죄한 피를 우리에게 돌리지 마옵소서"라고 간구합니다. 만약에 우리가 그의 생명을 살려 준다면 우리는 모두 바다에서 죽을 수밖에 없사오니 우리가 그를 바다에 던져 버린다고 하여도 우리의 생명을 안전하게 지켜달라는 것입니다. 심지어 이방인들도 죽음 앞에서는 진지하게 기도합니다. 그런데 감동되는 것은 14절에는 "주 여호와께서는 주의 뜻대로 행하심이니이다"라고 성경은 말씀합니다. 그들도 하나님의 주권을 인정하는 것을 볼 수 있습니다. 하나님은 자신의 주권적인 의지를 가지시고 당신의 뜻대로 행사하시는 분이십니다. 이방인 선원들도 자신들이 무죄하다는 것을 아시고 주의 뜻대로 이루어지기를 바랐던 것입니다. 하나님을 모르는 이방인들까지도 하나님의 절대주권을 고백하고 시인한 것입니다. 요나를 바다에 던지게 하는 것도 주의 뜻으로 믿고 행동하겠다는 것입니다.

그리고 요나를 들어 바다에 던집니다. 놀라운 현상이 나타납니다. 요나를 바다에 던진 결과는 15절에 보면 "바다가 뛰노는 것이 곧 그친지라"고 성경은 말씀합니다. 요나를 바다에 던지니까 바다가 잠잠해졌다는 것입니다. 그러므로 요나가 죽어지면 해결되고 불순종의 요나가 던져져야 풍랑이 사라지게 됩니다. 어떤 요나가 죽어져야 합니까? 불순종하는 내가 죽어져야 합니다. 하나님을 알지 못한다는 이방민족이 망해야 한다는 요나가 죽어야 자신도 살고 남도 살리는 것입니다. 선교를 포기하겠다는 요나가 죽어져야만 다시 하나님의 긍휼과 자비가 나타나게 되는 것입니다. 그리고 기도의 능력과 중요성을 알면서도 기도하지 못하는 요나가 죽어져야만 합니다. 이런 요나들이 죽어질 때에 소망이 생기는 것입니다.

어떤 사람은 자신은 별로 기도하지 않으면서도 다른 사람에게 기도하라고 말합니다. 당신이 기도가 부족해서 이 공동체가 어렵다고 말합니다. 이렇게 말해서는 안 됩니다. 먼저 자신이 기도의 사람이 되어야 합니다. 나의 기도가 부족해서 우리 가정이 어려움을 당하고 교회가 침체된다고 말해야 할 것입니다. 나의 기도가 중단되어서 이 사회와 국가의 어려움이 있다고 말해야 할 것입니다.

교회에서도 사명을 감당한다고 말하면서도 감당하지 못하는 요나가 죽어져야 교회가 다시 생명을 주는 교회가 되는 것입니다. 오늘 그리스도인이라고 말하는 사람들 가운데서도 불순종하고 곁길로 가려는 육의 사람이 죽어져야 합니다.

앞날의 비전이 보이는 것입니다. 전도하고 영혼을 건져야 할 사명이 우리에게 있습니다. 이것은 특별한 사람만 하는 것이 아닙니다. 예수를 나의 구주로 믿는 모든 그리스도인들은 전도해야 하는 것입니다. 전도는 은사가 아닙니다. 전도는 하나님을 알지 못하는 자들에게 우리 구주 예수 그리스도의 십자가와 부활의 복음을 증언하는 것입니다. 지구촌에 있는 자들이 주 예수를 믿기만 하면 구원을 얻는 것입니다.

우리에게 주어진 사명 중에 전도만큼 귀한 사명이 어디 있습니까? 주 예수 그리스도에 대한 복음을 전하지 않음으로 듣지 못하여 죽어간다면 이것은 우리의 사명을 다 감당하지 못한 것입니다. 서로 분쟁하고 다투는 시간을 절약하여 한 영혼 구원하는 일에 최선을 다합시다. 우리의 가정과 교회와 사회와 민족과 국가에 풍랑이 잔잔해 지려면 요나와 같은 사람이 사라져야 합니다. 요나는 하나님과 영적인 교제를 많이 나눈 사람임에도 불구하고 한 번의 불순종과 죄로 말미암아 이렇게 큰 폭풍을 몰고 온 것입니다.

그렇다면 우리의 죄와 허물로 말미암아 하나님이 풍랑을 주신다면 어떻게 방어할 수가 있겠습니까? 요나가 바다에 던져졌기 때문에 하나님이 순식간에 폭풍을 잔잔하게 하셨습니다. 이것이 하나님의 절대 주권입니다. 하나님이 주신 고난의 목적이 이루어지면 역경도 제거시켜 주십니다. 지금까지 우리에게 주신 고난의 길이 많았다고 할지라도 미래에는 시련과 연단보다는 하나님의 은혜와 평강과 축복이 지속적으로 이어지기를 간절히 소원합니다. 가장 중요한 문제는 우리 자신들이 죄악으로부터 돌아서는 것입니다. 그리고 눈물로 간절하게 회개하고 뉘우치면 하나님은 심판을 거두십니다.

이 바다는 비록 죽음의 바다이지만 하나님이 고요하게 하십니다. 하나님이 하시는 일은 인간이 막을 수가 없는 것입니다. "하나님께서 행하시는 일을 보라 하나님께서 굽게 하신 것을 누가 능히 곧게 하겠느냐"(전 7:13)라고 성경은 말씀합니다. 이것이 하나님의 주권적 능력인 것입니다.

우리 자신은 부족하고 무능력하여도 낙심하거나 절망하지 맙시다. 우리는 전능하신 하나님을 믿고 창조주 하나님을 믿는 것입니다. 지금도 하나님은 살아계십니다. 그리고 모든 우주 만물의 통치권을 십자가에 죽으시고 부활하시고 승천하신 우리 구주 예수 그리스도에게 주신 것입니다. 우리 주님이 이 우주 만물을 붙들고 계십니다. 그러므로 우리가 살아 숨 쉬는 동안 우리 주 예수 그리스도를 증거하며 삽시다. 주님의 심판대 앞에 설 때에 흠과 티와 주름 잡힌 것이 없이 서도록 자신을 쳐서 복종시키는 삶을 살아갑시다.

영국의 마이어 목사는 요나가 파도 아래로 들어간 것은 하나님의 품 안에 들어간 것이라고 말합니다. 이 세상 어디에 거하더라도 하나님의 품 안에 거하는 자들은 안전하게 되는 것입니다. 우리가 매우 미약한 존재라고 할지라도 하나님의 품에 안길 수만 있다면 가장 행복한 사람입니다. 하나님은 우리의 피난처와 안식처가 되십니다. "하나님은 우리의 피난처시요 힘이시요 환난 중에 만날 큰 도움이" 되십니다(시 46:1). 전능하시고 창조주이신 하나님만이 우리의 영원한 피난처가 되시고 하나님의 지혜와 지식과 모략은 무한한 것입니다. 인간이 감히 상상하거나 측량할 수 없는 것입니다. 우리가 살고 있는 작은 세상에서는 하나님의 무한하신 우주의 세계를 능히 헤아릴 수가 없는 것입니다.

하나님의 깊고 오묘한 섭리 속에서 요나를 보호해 주십니다. 그것은 요나가 바다 속에 수장되지 않도록 미리 물고기를 예비하신 것입니다. 즉 하나님의 오묘하신 섭리가 나타난 것입니다. 주님은 "요나가 밤낮 사흘 동안 큰 물고기 뱃속에 있었던 것 같이 인자도 밤낮 사흘 동안 땅 속에 있으리라"(마 12:40)고 말씀하십니다. 우리의 생명은 나의 것이 아니고 하나님의 것입니다. 오늘 하루를 살아도 주를 위해 삽시다.

"여호와의 말씀이 두 번째로 요나에게 임하여 일어나 저 큰 성읍 니느웨로 가서 내가 네게 명한 바를 그들에게 선포하라"고 말씀하십니다. 요나가 여호와의 말씀대로 일어나서 사흘 동안 걸어갑니다. 그가 그 성읍에 들어가서 하루 동안 다니며 외칩니다. 사십 일이 지나면 니느웨가 무너지리라고 외쳤더니 니느웨 사람들이 하나님을 믿고 금식을 선포하고 높고 낮은 자를 막론하고 굵은 베 옷을 입고 회개합니다(욘 3:1-5).

하나님은 개인이나 가정과 교회와 국가가 회개하면 용서하십니다. 하나님은 그들이 악한 길에서 돌이켜 떠난 것을 보시고 하나님의 뜻을 돌이키십니다. 그들에게 내리리라고 말씀하신 재앙을 내리지 아니하신 것입니다. 불순종하던 요나가 죽어지고 다시 여호와 하나님의 말씀에 순종하여 회개를 경고할 때에 그들이 구원받게 된 것입니다. 우리는 기도하는 일과 전도를 내일로 미루지 맙시다.

기도는 아무리 많이 해도 부족함을 느낍니다. 내일은 나의 날이 아니기 때문입니다. 내일은 하나님이 우리에게 허락하셔야만 내 날이 될 수 있는 것입니다. 그러므로 우리는 먹든지 마시든지 죽든지 살든지 우리 구주 예수를 존귀하게 여기며 그리스도의 복음을 선포하며 삽시다. 이 삶이 가장 보람된 삶인 것입니다. 죄악을 심판하시는 하나님께 복음 증거의 사명을 감당하여 은혜와 복을 누립시다.

결 론

자비하신 하나님은 왜 우리들을 징계하십니까? 그것은 우리를 너무나도 사랑하시기 때문입니다. 사랑은 징계요 채찍이지만 우리에게 영적으로 유익을 주시는데, 그 이유는 우리가 하나님의 자녀이기 때문입니다. 징계라는 말 속에는 교육이라는 의미가 있습니다. 하나님께서 징계하시는 목적은 우리를 말씀으로 교육하고 신앙으로 훈련시키기 위함인 것입니다.

세속적인 자연인이라도 일단 회개하면 새 생명을 얻고 회복합니다. 회개하면 새로운 피조물이 되고 새 사람이 됩니다. 우리 죄를 자백하면 우리 죄를 사하시고 모든 불의에서 깨끗하게 하십니다(요일 1:9). 하나님 앞에서 진심으로 회개하면 우리의 죄를 기억하지도 않으십니다. 우리의 허물을 빽빽한 구름 같이, 우리의 죄를 안개 같이 사라지게 하십니다(사 44:22). 다시는 우리의 죄를 기억하지 아니하십니다(렘 31:34). 그러므로 죄를 회개하기만 하면 개인과 가정과 교회와 나라와 모든 민족과 종족이 살게 되는 것입니다.

우리의 생명이 연장되는 기간은 기도하고 전도해야 하므로 이 기간을 헛되이 낭비해서는 안 됩니다. 꿀벌은 10그램의 꿀을 얻기 위하여 6만 송이의 꽃을 찾아다닌다고 합니다. 그리고 한 송이를 60번씩 왕복하여 꿀을 따온다고 합니다. 그러므로 한 숟가락의 꿀을 얻어내기 위하여 그 작은 벌은 36만 번을 지속적으로 반복하여 찾아다니는 것입니다.

주님께서 우리를 죄로부터 구원하신 목적은 전도의 사명을 감당하라는 것입니다. 한 영혼을 위하여 힘써 눈물로 기도하고 순교신앙을 회복하여 우리들로 말미암아 전도의 열매 주시기를 우리 주님의 이름으로 간절히 축원합니다.

14

소금이 되라

[마태복음 5:13]

서 론

1998년 권위 있는 영국의 의학잡지 〈란셋〉에 소금에 대한 충격적이고 놀라운 논문이 게재되었습니다. 알다만 박사는 25~75세의 사람들 207,729명을 대상으로 국민 영양조사를 실시했습니다. 염분의 하루 평균 섭취량을 네 그룹으로 분류하여 각각 비교하였는데, 놀라운 것은 염분 섭취량이 가장 많은 그룹의 사망률이 가장 낮았고, 염분 섭취량이 적어질수록 사망자가 많았다는 것입니다. 고혈압을 비롯하여 뇌졸중과 심근경색 같은 순환기질의 사망률이 높았다는 것입니다. 소금은 사람의 인체에 있어서도 매우 중요한 일을 합니다. 이것은 인간의 신체뿐만이 아니라 영적인 면에서도 매우 소중한 역할을 감당하는 것입니다.

"너희는 세상의 소금이다"라는 주님의 말씀은 우리 구주의 열두 제자들뿐만 아니라 넓은 의미에서 그리스도인들 모두에게 주시는 말씀입니다. 이것은 교회의 본질이요 사명입니다. 교회가 궁극적으로 세상에 존재하는 목적은 세상을 변화시키기 위한 것입니다. 우리가 소금 노릇을 하지 못하면 스스로 변질되고 마는 것입니다. 그러므로 우리 주님이 주신 말씀을 따라 세상에 소금이 되어야만 하는 것입니다. 우리 그리스도인들이 진정으로 전투하고 싸워야 할 대상은 하나님의 다스림이 이루어지지 않은 모든 영역인 것입니다. 특별히 우리 자신과의 영적 전쟁인 것입니다. 보통 사람들은 내가 예수 그리스도를 믿으면 더 이상 죽을 것이 없다고 말합니다. 그래서 날마다 의인의 모습으로 당당하게 살아간다고 힘을 주어 말하고 있습니다. 자신의 의로움을 앞세우고 삽니다. 그러나 성경을 분명히 알아야 합니다.

사도 바울은 "나는 날마다 죽노라"(고전 15:31)고 했고, "내가 그리스도와 함께 십자가에 못 박혔나니"라고(갈 2:20) 성경은 말씀합니다. 여기서 주의할 점은 "못 박혔나니"라는 말씀의 원어는 현재완료형입니다. 바울이 십자가에 못 박힌 것은 과거에 일어난 사건이지만 지금까지도 나에게 영향력을 행사하고 있다는 것입니다. 그러므로 언제라도 주님 앞에서 겸허하게 매일 회개함이 없이는 거룩한 삶을 지속할 수가 없는 것입니다. 우리 구주 예수 그리스도께서 우리들에게 세상의 소금이 되라는 말씀은 대단히 중요한 말씀입니다. 자신의 죄 성과 육체의 욕망과 날마다 싸워야만 합니다. 종교개혁자 요한 칼빈은 그리스도께서 사도들에게 "너희는 세상의 소금이니"라고 말씀하시는 것은 세상에 소금을 쳐서 맛을 내는 것이 그들의 직임이라는 것을 의미한다고 설명했습니다. 왜냐하면 하늘의 가르침이라는 소금으로 맛을 내지 않으면 사람들 속에는 맛없고 무미건조한 것 외에 다른 것이 전혀 없기 때문이고, 그들에게 맡겨진 가르침이 선한 양심과 경건하고 정직한 삶과 매우 밀접하게 연결되어 있기 때문에 타락한 모습이 타인에게는 용납이 되더라도 제자들에게는 몹시 가증스러운 것이 되는 것을 보여주시는 것이라고 강조했습니다.

넓은 의미에서 주님의 제자들만이 아니고 예수를 나의 구주로 믿는 사람은 모두가 소금의 진 맛을 내야 할 것입니다. 그들의 탁월한 가치는 오직 짠 맛을 내는 데 있기 때문입니다. 만약에 우리들 때문에 우리 구주 예수 그리스도가 모욕을 당하고 하나님의 영광을 가린다면 아무런 쓸모가 없는 존재들인 것입니다.

우리가 잘 아는 대로 포도나무의 가치는 포도 열매가 큰 상품인 것입니다. 만약에 포도나무에 열매가 없다면 그 나무로는 어떤 가구를 만들 수도 없고 오직 불에 던져질 땔감 밖에 될 수 없는 것입니다(겔 15: 2-3). 그러므로 우리가 하나님의 은혜로 구원을 받은 존재들이라면 소금의 사명이 얼마나 소중한 것인가를 재확인 할 필요가 있습니다. 소금은 매우 중요한 역할을 합니다. 소금은 인체 생리학적인 면과 혈액의 필수적인 요소로서 인간의 몸을 유지하는데 도움이 됩니다. 소금은 일상생활에 있어서도 필요한 것입니다. 소금은 음식을 부패하지 않게 할 뿐 아니라 신선하고 맛있게 하여 줍니다. 유대인들은 소금을 방부제로도 사용하였고 제물로도 드렸습니다(레 2:13). 그리고 소금은 언약의 표시이기도 했고(민 18:19) 해독제로도 사용되었습니다.

너희는 세상의 소금이라고 주님께서 말씀하신 것은 타락하고 썩어지는 세상에서 부패를 방지하고 지연시키는 일을 감당하라는 말씀인 것입니다. 귀중품은 없어도 살 수 있지만 소금이 없다면 살기가 어려운 환경이 되고 말 것입니다. 그러기에 소금은 인간에게 매우 유익을 주는 가치 있는 생필품입니다. 예수님께서 사랑하는 제자들에게 너희는 세상의 소금이라고 하신 것은 타락하고 죄악 된 세상을 복음으로 변화시키라는 말씀이기도 합니다.

오늘날 현대는 윤리 도덕도 붕괴되어 가는 시대입니다. 동성애로 인하여 유럽은 물론 한국도 매우 심각하며 가정들이 쉽게 파괴되어 갑니다. 정신적인 우울증으로 인하여 젊은 청소년들도 많이 방황하고 자살도 시도합니다. 소망 없이 살아가는 젊은이들에게는 오직 복음만이 그들을 변화시킬 수 있는 것입니다.

그러면 오늘 본문을 중심으로 소금의 사명이 무엇인가에 대하여 생각하며 은혜를 나누기를 원합니다.

1. 소금의 짠맛을 그리스도인이 보여주어야 합니다. (13절)

"소금이 만일 그 맛을 잃으면 무엇으로 짜게 하리요"라고 우리 주님은 말씀하십니다. "소금"이란 단어는 헬라어로 〈할라스 halas〉입니다. 이 명사는 시적으로는 '바다'를 의미합니다. 생선을 요리해서 먹을 때에 소금도 함께 먹게 됩니다. 그리고 생선에 소금을 쳐서 말리기도 합니다. 그 이유가 무엇입니까? 생선은 언제나 소금 바다에서 살고 있기 때문입니다. 소금 바다에 싱싱한 고기가 많이 살고 있는 것입니다. 우리가 흔히 아는 것처럼 바닷물을 달여서 소금을 만듭니다. 즉 소금을 바다에서 얻는 것처럼, 우리 그리스도인들은 우리 주님으로부터 받은 십자가의 구속의 은혜와 사랑을 가지고 소금처럼 세상 속으로 침투해야 합니다.

그리스도인은 결코 고립하여 살 수 없는 존재인 것입니다. 홀로 신앙을 유지하기 위하여 세상을 도피하는 것은 바람직한 것이 아닙니다. 세상 속으로 들어가서 우리 구주 예수 그리스도의 십자가와 부활의 복음을 전파해야 하는 것입니다. 주님께서는 본문에서 너희는 세상의 소금이라고 말씀하십니다. 그 이유는 세상의 성향이 본질적으로 타락하고 범죄하였다고 말씀하시기 때문입니다.

예수님 당시보다는 현 시대가 갈수록 죄악이 하늘에 사무칩니다. 범죄가 잔인하기 그지없습니다. 우리 그리스도인들이라도 진정으로 방부제 역할을 하지 않으면 참으로 사회가 어둡기만 하게 됩니다. 그러므로 언제라도 우리는 하나님의 사랑과 우리 주 예수 그리스도의 보혈의 공로와 성령의 인치심으로 구원받은 존재임을 기억해야만 합니다. 이 신앙을 가지고 믿지 아니하는 세상 속으로 직장과 일터와 학원과 군대와 여러 장소에 침투하여야 합니다. 즉 이 세상이 하나님의 말씀으로 짜게 되어 맛을 내야 하는 것이 하나님의 뜻인 것입니다. 그러므로 다른 음식을 아무리 훌륭하게 만든다고 하여도 소금이 없다면 아무 의미가 없는 것입니다. 소금은 '염화나트륨'(NaCl)이라는 화학 합성물입니다. 짜게 하는 소금의 속성을 자칫하면 상실할 수가 있는 것입니다.

본문에서 우리 구주 예수 그리스도는 팔레스타인에서 사용하는 정결하지 못한 소금 중의 하나를 예를 들어 말씀하신 것입니다. 즉, 물리적인 분해나 바람에 날려 온 석고 가루와 혼합되어 소금의 진 맛을 잃을 수 있다고 하신 것입니다. 이 말씀을 늘 마음속에 새기시기를 바랍니다. 소금에 절인 것처럼 그리스도인은 이런 짠 맛을 보여주어야 하는 것입니다. 소금은 자신을 드러내지 않으면서도 효력을 발휘하는 것입니다. 즉 겸손하고 겸허한 모습으로 소금 역할을 해야 하는 것입니다. 부패를 지연시키는 것보다 더 깊은 의미가 있는 것입니다. 소금이 없는 세상은 잠시는 견딜 수 있다고 할지라도 만약에 소금이 사라진다면 더 부패하고 냄새 나는 세상이 될 것입니다. 우리가 살고 있는 이 세상은 급속도로 변화 되고 있으며 여러 가지로 변질되고 부패되어 가고 있습니다.

그러므로 그리스도인의 사명은 짠 맛의 역할을 감당하여야 합니다. 소금처럼 녹아지고 변화되기만 하면 국내 전도와 해외 선교적인 사명을 감당하게 될 것입니다. 우리 주님께서 제자들과 넓은 의미에서 우리들에게 세상의 소금이라고 말씀하신 것은 하나님 나라 운동은 겨자씨와 같이 작은 것이 크게 확장될 것을 확신하신 것입니다(막 4:30-32; 마 13:33). 긴 안목으로 지난 2,000년의 역사를 볼 때에 주님의 말씀은 성취되신 것입니다.

"싱거운 것이 소금 없이 먹히겠느냐 닭의 알 흰 자위가 맛이 있겠느냐"(욥 6:6)고 성경은 말씀합니다. 소금은 단 맛을 내는 것이 아닙니다.

시거나 쓴 맛을 내는 것도 물론 아닙니다. 짠 맛을 내야 소금이 소금 되는 것입니다. 여러 가지 음식에 소금이 들어갑니다. 소금이 들어가기 전에는 맛을 내지 못합니다. 고기 국에도 꼭 소금이 필수적으로 사용됩니다. 음식에 짠 맛을 내 주어야 음식의 가치를 얻게 됩니다. 소금의 기능은 인간의 건강뿐만 아니라 맛을 내는 것입니다.

고대 근동지방에서도 양들에게 필수적인 양식은 소금입니다. 양들에게도 소금을 먹여야 생기를 얻고 활동한다는 것입니다. 그러므로 소금은 그 어떤 비싼 금이나 보석보다 더 소중한 것입니다. 소금이 생명에도 필수적인 요소인 것처럼 우리 그리스도인들에게도 소금처럼 신앙의 맛을 보여주는 생활이 필요한 것입니다. 그리스도인은 소금처럼 세상 속으로 침투하여야 합니다. 어둡고 죄로 얼룩진 세상 속에 복음을 전하고 그들이 변화 받도록 해야 합니다. 너희는 세상의 소금이라는 말씀은 그리스도인들은 반드시 소금의 맛을 보여주어야만 한다는 말씀인 것입니다. 소금이 소금 노릇만 한다면 썩어지는 세상 부정과 불의가 가득한 세상을 막아주는 방부제 구실을 합니다. 그리고 선하고 아름다운 가치를 보존하게 될 것입니다.

고대 세계에서 사용되던 대부분의 소금은 소금물을 증류하여 얻은 것이 아닙니다. 염분이 있는 늪지 등에서 추출된 것이기 때문에 불순물이 많이 섞여 있었습니다. 진짜 소금은 불순물보다 쉽게 녹기 때문에 용해되어 나오기 쉬웠고 남은 나머지는 거의 쓸모가 없었던 것입니다. 그러나 좋은 소금은 하얗고 작으며 가루로 빻아지는 것이지만 매우 강렬합니다. 소금이 침투하여 녹아지기만 하면 얼마든지 부패를 방지할 수 있습니다. 고기 표면에는 균들이 붙어 있습니다. 이 균들은 짐승으로부터 오기도 하고 다른 공기로부터 오기도 합니다. 그러므로 고기를 부패시킬 위험성이 따릅니다. 그러기에 소금을 적당하게 넣어주면 고기를 보존할 수 있게 되는 것입니다.

"소금이 그 맛을 잃으면"이란 말씀은 깊은 교훈을 남겨줍니다. 여기 "그 맛을 잃으면"이라는 단어는 헬라어로 〈모라이노 mo:raino:〉입니다. 이 말의 원래 의미는 '얼빠진' 것을 의미합니다. 즉 '어리석다, 어리석게 행동하다, 어리석음을 보이다'라는 것을 뜻합니다. 지도자나 일반적으로 신앙을 고백하는 그리스도인들 모두에게 해당되는 말씀인 것입니다. 만일 소금이 그 맛을 잃어버려 순수한 믿음과 삶의 온전한 행위를 상실하여 버린다면 아무런 가치가 없는 존재로 세상 사람들에게 여겨질 것입니다. 맛을 잃은 소금은 쓸모가 없습니다. 이런 것은 심지어 해롭게 하기까지 합니다. 거름더미에도 유익이 없게 되는 것입니다. 이렇게 밟히는 것을 우리에게 교훈해 주는 것입니다.

역사적으로 볼 때에 영국의 청교도 리차드 백스터 목사가 키더민스터에서 목회할 때의 일입니다. 그의 유명한 저서가 《참 목자상》입니다. 그 분은 참으로 겸손하고 뜨거운 목회자입니다. 그가 목회할 당시 자기 키더민스터 지역에 한 블록만 제외하고는 모두 예수 믿고 구원 받는 부흥운동이 일어났던 것입니다. 그 지역이 복음화 되도록 매일 기도하고 성도들을 심방하며 전도할 때에 교회도 부흥되고 교회 밖의 많은 사람들이 회개하고 회심하여 교회 안으로 들어오게 되었던 것입니다. 그러나 작금에 영국 교회도 많이 무기력해졌습니다. 기독교인 수가 점점 감소되고 있는 추세입니다.

한국 교회가 삼일운동 당시 1919년에는 기독교인이 약 30만 명 정도 되었다고 합니다. 국가 전 인구의 1.8%였습니다. 그런데 현재 2016년 한국 기독교는 18.3%라고 합니다. 그러나 소금의 영향력은 매우 부족한 상태에 있는 것을 기억해야 합니다. 우리들이 잘 아는 대로 소고기 1 킬로그램에 소금 200 그램을 비벼서 넣으면 소고기가 상하지 않습니다. 아무리 뻣뻣한 배추라도 굵은 소금을 여기저기에 뿌리면 부드러워집니다. 생선에도 소금이 들어가면 부패되지 아니합니다. 소금이 녹아지기만 하면 소금의 효력이 나타나는 것입니다. 그러므로 우리 그리스도인도 소금처럼 녹아지고 또 녹아져야만 합니다. 소금처럼 썩어지고 냄새 나는 곳에 침투해야 합니다. 더 이상 부패되지 아니하도록 소금의 역할을 해야 합니다.

바닷물이 짜지만 소금은 불과 3%정도 밖에 되지 않습니다. 지극히 적은 양이지만 소금이 바다에 녹아 있기 때문에 물이 썩지 않는 것입니다. 한국교회의 진실한 그리스도인들이 20퍼센트만이라도 부패하여 가는 이 사회에 소금 노릇만 감당할 수 있다면 교회와 사회는 밝아질 것입니다. 문제는 소금이 수없이 많은 장소에서 그 맛을 잃었다는 것입니다. 그리스도인이 그리스도인 되지 못한 것에 대한 책임을 깊이 느끼게 되는 것입니다. 특별히 교회도 이 사명을 감당하지를 못하고 사회도 소금 역할이 부족하다는 데 문제가 있는 것입니다.

처음에는 올바르고 정직하게 시작하였다가도 나중에는 물질로 인하여 마음을 빼앗기고 믿음이 흔들리는 경우를 많이 보게 되는 것입니다. "하나님을 따라 의와 진리의 거룩함으로 지으심을 받은 새 사람을 입으라"(엡 4:24)고 성경은 말씀합니다. 우리 그리스도인들은 우리 구주 예수 그리스도를 믿고 난 이후로부터는 의롭고 거룩하게 살아야 합니다. 새 사람으로 살고 옛 사람을 벗어버려야 하는 것입니다. 새 옷을 입기 위해서는 헌 옷을 벗어야 하듯이 새 사람으로 새롭게 살아가야 하는 것입니다. 주님은 제자들에게 너희는 세상의 소금이라고 말씀하시고, 또한 넓은 의미에서는 예수 믿는 그리스도인들을 향하여 소금이 되라고 경고하시는 말씀이기도 합니다. 그리스도인은 예수를 나의 구주로 믿고 주님을 닮아가는 사람을 의미합니다.

그러면 주님의 모습을 본받으며 살아가는 것이 무엇입니까?

구체적으로 표현한다면 그것은 소금이 되라는 것입니다. 그러므로 우리 그리스도인들도 그리스도인이 되기 위하여 소금의 짠 맛을 내야 하는 것입니다. 만약에 소금이 그 맛을 잃게 되면 밟혀서 아무 쓸모가 없는 무용지물이 되고 마는 것입니다. "소금이 좋은 것이나 소금도 만일 그 맛을 잃으면 무엇으로 짜게 하리요 땅에도 거름에도 쓸 데 없어 내버리느니라"(눅 14:34-35)고 성경은 말씀합니다. 소금은 싱거운 것을 짜게 하는 것이 특징인데 짠 맛이 없다면 그런 소금은 전혀 소용이 없는 것입니다. 즉 소금이 제 효능과 자극성을 잃으면 아무 소용이 없다는 것입니다. 그리스도인이 된 우리들이 소금의 짠 맛을 잃어버리면 맥 빠지게 되는 것입니다. 그것은 사람들에게도 밟힐 뿐 아니라 그 어느 곳에서도 사용할 수 없는 무용지물이 되고 마는 것입니다. 고대근동지방에서 사용되던 소금은 야채 부스러기나 다른 광물 찌꺼기가 섞여있는 경우가 많았다고 합니다. 그러므로 이런 것은 본래 소금이 가지고 있는 소금기가 다 빠져나가 버린 상태입니다. 남은 것은 이물질의 덩어리뿐입니다.

오래 전에 브라만교의 신도가 어느 선교사에게 편지를 썼습니다. "우리는 당신을 알고 있습니다. 당신의 책(성경) 만큼 선하지 않습니다. 만일 당신의 사람이 당신의 책만큼 선하다면 인도는 5년 안에 그리스도에게 정복당할 것입니다." 얼마나 두려운 말입니까? "범사에 네 자신이 선한 일의 본을 보이며 교훈에 부패하지 아니함과 단정함과 책망할 것이 없는 바른 말을 하게 하라 이는 대적하는 자로 하여금 부끄러워 우리를 악하다 할 것이 없게 하려 함이라"(딛 2:7-8)고 성경은 말씀합니다. 그리스도인은 무엇보다 선한 일로 본을 보여야 할 것입니다. 언어와 행동이 인격적으로 부끄러움이 없어야 소금 노릇을 잘 감당하게 되는 것입니다. 우리가 소금의 사명을 선하게 감당할 때에 부패한 세상을 바꿀 수 있게 하는 것입니다. 소금기가 없는 소금 덩어리는 더 이상 쓸모가 없는 돌덩어리에 불과한 것입니다. 이런 것들이 길 바닥 여기저기에 버려지는 경우가 있었습니다. 만약에 그리스도인들이 가정과 사회에서 소금의 사명을 감당하지 못한다면 이렇게 될 위험성이 있는 것입니다.

한마디로 소금이 맛을 잃어버린다는 것은 무엇을 의미합니까? 중세시대에 '데시데리우스, 에라스무스'(Desiderius, Erasmus)라고 하는 인문주의 학자는 소금이 소금 되지 못하게 하는 것 세 가지가 있다고 했습니다. 그것은 '명예욕과 물욕과 색욕'이라고 했습니다. 이 세 가지 중에 한 가지라도 올무에 걸리면 소금의 사명을 감당할 수가 없는 것입니다. 그리스도인이 기도와 찬송과 전도의 열정이 식어지는 것을 심각하게 느끼지 못하는 것 자체가 소금의 사명을 감당하지 못하기 때문입니다. 세상과 가까워지고 하나님과 멀어지는 것이 영적으로 병들었다고 하는 것 자체를 모르는 것이 매우 슬픈 일인 것입니다.

백합이 썩으면 쓰레기보다 더 냄새가 독하다고 합니다. 믿지 않는 불신자보다 그리스도인이 썩으면 더 악하고 고약한 냄새를 피우게 되는 것입니다. 이 사명을 상실해 버리면 기독교도 소망이 없고 세상은 파멸로 치닫게 될 것입니다. 그리스도인은 홀로 고립하여 사는 존재가 아닙니다. 세상에 속해 있지 않으나 세상 안에 살고 있습니다. 오히려 세상 속으로 깊이 들어가야만 합니다. "너희는 택하신 족속이요 왕 같은 제사장들이요 거룩한 나라요 그의 소유가 된 백성이니 이는 너희를 어두운 데서 불러내어 그의 기이한 빛에 들어가게 하신 이의 아름다운 덕을 선포하게 하려 하심이라"(벧전 2:9)고 성경은 말씀합니다.

우리가 우리 구주 예수 그리스도를 믿기 전에는 어둠과 사탄의 종이 었습니다. 그러나 우리 구주를 믿고 난 이후에 우리의 신분이 이렇게 존귀하게 변화된 것입니다. 기독교는 여러 개의 종교 가운데 하나의 종교가 아닙니다. 기독교는 한마디로 생명입니다. 누구든지 예수를 나의 구주로 믿으면 구원을 받는데, 이 구원을 생명이라고도 하고 영생이라고도 표현합니다. 만약에 우리가 교회에 출석하고 예배를 드리면서도 아직도 신앙의 짠 맛을 내지 못한다면 해를 끼칠 수가 있는 것입니다. 그러므로 소금의 짠 맛을 나타내는 신실한 그리스도인들이 됩시다.

2. 소금처럼 은밀하게 복음을 전파해야 합니다.

소금의 영향력은 누룩처럼 퍼지는 역사가 나타납니다. 오늘날 현대는 물질문명이 극도로 팽창한 시대입니다. 영국의 스펄전 목사가 목회하던 당시에는 주로 빈곤층에 있는 사람들이 많았다고 합니다. 또한 길 거리에서 술에 취해 방황하는 젊은이들이 많았습니다. 그러나 이들이 그의 설교를 듣고 변화되기 시작했습니다. 새로운 피조물로 거듭난 것입니다. 이것이 복음의 능력입니다. 그리스도인은 부패한 세상에 총과 칼을 가지고 개혁하는 것이 아닙니다. 한 움큼의 작은 소금이라 할지라도 조용히 복음 전파의 사역을 감당할 수만 있다면 세상에서도 놀라운 변화가 일어나게 될 것입니다.

복음의 가르침은 마치 소금과 같은 것입니다. 복음의 능력이 나타나면 심령이 살아나고 마비된 양심이 회개하고 나태한 심령이 부지런하게 됩니다. 우리 주님의 열두 제자들은 '가룟 유다'를 제외하고 모두 주님의 복음을 전하다가 순교했습니다. 그들은 주님의 복음 때문에 소금의 사명을 감당하다가 주님의 증인이 된 자들입니다. 한마디로 소금과 같이 녹아지는 사명을 다하고 간 자들입니다. 우리 그리스도인들도 소금처럼 복음을 은밀하게 증거하고 순교 정신을 각오하고 사명을 감당해야 합니다.

주후 303년에 디오클레티아누스 황제는 기독교를 박해한 매우 잔인한 자로서 세 가지 칙령을 내렸습니다. 기독교 교회들을 모두 철거하고 모든 성경 사본들을 불사르고, 모든 그리스도인들에게서 공직과 시민권을 박탈하고, 마지막으로 한 사람도 예외 없이 다 신들에게 제사를 드리지 않으면 처형된다는 것이었습니다. 이런 기가 막힐 법이 2년간의 공포 정치를 불러왔던 것입니다. 무쇠와 강철, 불과 칼, 고문과 십자가, 맹수들과 짐승 같은 사람들이 목적을 위하여 동원되었던 것입니다. 가이샤랴, 두로, 이집트에서 이런 핍박이 시작되었습니다. 예배당들이 철거되고 성경책들이 장터에 피워놓은 불에 던져지고 성직자들이 색출되어 고문을 당합니다. 그 고문이 얼마나 잔인한지 원형극장에서 짐승들에게 찢겨졌고, 나중에는 칼도 피와 기름이 응고되어 무뎌지고 부러졌으며, 형 집행관들도 지칠 대로 지쳐 교대해야 했지만 진실한 그리스도인들은 마지막 호흡을 몰아 쉴 때까지도 전능하신 하나님께 찬미와 감사의 찬송을 드렸던 것입니다.

이러한 순교자들이 가장 악하고 혹독한 세상 가운데서도 소금의 역할을 감당했던 것입니다. 은밀하게 전한 복음은 나중에 확장되었습니다. 빛이 그 자체를 숨길 수 없는 것처럼 복음은 드러나기 마련인 것입니다. 기독교의 복음이 순교자들의 피에 의하여 부흥되고 헬레니즘 사상을 변화시켰습니다. 이것이 복음의 능력인 것입니다. "항상 우리를 그리스도 안에서 이기게 하시고 우리로 말미암아 각처에서 그리스도를 아는 냄새를 나타내시는 하나님께 감사하노라"(고후 2:14)고 성경은 말씀합니다.

　복음의 향기와 그리스도의 향기는 복음 전파에서 나오는 것입니다. 우리의 남은 여생이 얼마가 되든지 우리 주 예수 그리스도의 십자가의 복음을 전하고 살아가시기를 간절히 소원합니다.

3. 소금은 정결하게 하고 화목하게 하는 사명입니다.

　성경에 보면 소금으로 갓 태어난 아기를 닦았습니다(겔 16:4). 이것은 정결하게 하는 의미가 있습니다. 또한 생명 보존을 위하여 소금을 사용했던 것입니다. 그리고 엘리사 선지자가 처음 사역을 할 때에 여리고에서 깨끗하지 못한 물을 고친 일이 있습니다. 여리고의 물이 더러웠던 것은 의심할 여지없이 누구든지 이 도시를 재건하는 사람은 저주를 받으리라고 선언된 결과였던 것입니다(수 6:26). 엘리사는 그들에게 새 그릇에 소금을 담아 가져오게 한 다음 물 근원으로 가서 거기에 소금을 던집니다. 그리고 "여호와의 말씀이 내가 이 물을 고쳤으니 다시는 죽음이나 열매 맺지 못하는 일이 없을 것이다"라고 선포할 때 고쳐졌다(왕하 2:19-22)고 증언합니다. 엘리사는 하나님의 말씀을 의지하고 선포할 때에 그 물이 깨끗한 물로 고쳐진 것입니다.

　이것이 우리에게 주는 교훈은 무엇입니까? 이것은 썩어지는 것을 막아내는 것이며 정결하게 하는 일인 것입니다. 우리 그리스도인들은 언제라도 정결한 삶을 살아야 합니다. 그 뿐만 아니라 소금은 하나님과 그의 백성 사이에 "언약의 소금"으로 사용되어진 것입니다(레 2:13). 하나님과 이스라엘 백성 사이에 엄숙한 관계가 있기에 결코 파기될 수 없는 것이었습니다. 여기에서 희생 제물에 소금을 치는 관습이 나온 것입니다(출 30:35; 겔 43:24). 소금이 인간에게 있어서 필요한 것처럼 희생 제물에 있어서도 하나님과 인간관계에 있어서도 필수적이었던 것입니다. 그러므로 그리스도인은 마땅히 소금이 되어야만 합니다.

"너희 속에 소금을 두고 서로 화목하라"(막 9:50)고 성경은 말씀합니다. 화목을 이루는 것이 하나님의 뜻입니다. 여기서 소금은 즉 믿음과 혹은 성령의 지혜로 말미암아 얻어지는 선한 맛을 내는 것을 소금으로 표현하고 있습니다. 소금은 물리적인 변화만이 아니고 영적이고 신앙적인 변혁을 이루는 것입니다. 하나님은 우리에게 화목 하는 삶을 원하시기 때문입니다. 예수를 나의 구주로 믿고 난 이후에는 하나님과 화목하는 삶을 살아야 합니다.

"그러므로 우리가 믿음으로 의롭다 하심을 받았으니 우리 주 예수 그리스도로 말미암아 하나님과 화평을 누리자"(롬 5:1)라고 성경은 말씀합니다. 죄인인 인간은 누구보다도 먼저 하나님과 화목해야 합니다. 수직적으로 하나님과 화평하고 수평적으로 사람과 화평하여야 합니다. 주님은 주 너의 하나님을 사랑하고 네 이웃을 사랑하라(마 22:37-39)고 말씀하십니다. 하나님과 화평을 누린 사람은 하나님을 사랑하고 이웃도 나 자신처럼 사랑해야 하는 것입니다. 이것이 소금의 영향력을 발휘하는 삶인 것입니다. "너희 말을 항상 은혜 가운데서 소금으로 맛을 냄과 같이 하라 그리하면 각 사람에게 마땅히 대답할 것을 알리라"(골 4:6)고 성경은 말씀합니다. 화목을 유지하기 위하여 은혜로운 말을 해야 한다는 것입니다.

세상에 여러 가지 말들이 많은 중에 우리는 남을 비판하고 모독하는 말을 하기보다는 은혜로운 말을 많이 해야 합니다. 은혜로운 말은 용서하고 감싸주는 말이요 위로와 용기를 주며 격려를 주며 칭찬하는 말입니다. 은혜로운 말들이 많으면 많을수록 가정이 화목해지고 대인관계도 순탄하며 교회 공동체 안에서도 웃음과 기쁨이 충만하게 되는 것입니다. 한마디 칭찬이 열 마디 충고보다도 나은 것입니다.

우리 자신들이 하나님의 은혜 속에서 살기 때문에 하나님의 은혜가 고갈이 되면 자신도 영적으로 곤고해지게 됩니다. 그리고 자신도 모르게 죄에 오염이 되어 살 수가 있습니다. 우리는 날마다 온갖 세속적이고 어리석은 것들과 부패한 것들로부터 정결하게 되려면 하나님의 은혜로 충만해져야 하는 것입니다. 즉 영적인 지혜로 가득 채워져야만 합니다.

그리고 은혜라는 말은 기쁨이란 뜻입니다. 우리가 매사에 상대방에게 기쁨을 준다면 대인관계에 있어서도 성공하게 될 것입니다. 녹아지지 아니하는 소금은 소금의 효능을 나타낼 수 없습니다. 마찬가지로 화목함이 없는 신앙은 어떤 유익도 없는 것입니다. 소금처럼 녹아지는 삶이 일어날 때에 온유하고 부드러운 사람으로 쓰임 받게 됩니다.

결 론

우리 그리스도인들은 세상의 소금입니다. 소금의 특징은 오직 맛 그대로 짠 맛을 내는 것입니다. 우리 그리스도인 한 사람 한 사람이 우리 구주 예수 그리스도의 팔복을 체험할 수만 있다면 진정한 주님의 제자가 될 것입니다. 죄에 대하여 애통하고 슬퍼하고, 온유한 자가 되며, 의에 주리고 목말라 우리 주님과 복음만을 사모해야 할 것입니다. 모든 사람들을 동등한 입장에서 보살펴 주고 마음이 늘 청결하며 모든 자들과 화목해야 할 것입니다. 환난 날에 낙심하지 아니하고 우리 구주 예수 그리스도를 위하여 박해를 잘 참고 견디는 자는 주님의 상급이 클 것입니다.

이런 모습으로 자신을 지키며 신앙의 유산을 자손들에게 물려주며 소금 역할을 하는 그리스도인이 된다면 어두운 사회가 밝아지고 우리 구주를 알지 못하던 자들이 주님께로 돌아올 줄로 믿습니다. 그러므로 우리는 범죄하고 타락한 세상 속에서 악을 방지하는 방부제 역할을 해야 합니다.

교회의 강단에서 우리 구주 예수 그리스도의 십자가와 부활의 복음이 계속 외쳐져야만 합니다. 왜냐하면 부활의 복음이 증언될 때에 은혜를 받기 때문입니다. 우리가 십자가와 부활의 복음을 확신 있게 선포하면 복음의 능력이 나타나는 교회가 됩니다. 세상 속으로 침투하여 우리 주 예수 그리스도의 십자가의 복음을 증언하여 자신과 가정과 교회와 사회와 국가가 그리스도의 복음으로 변화되는 역사가 나타나게 되기를 우리 주님의 이름으로 간절히 축원합니다.

15
빛의 사명
[마태복음 5:14-16]

서 론

　사람이 태양 빛을 보지 못하고 캄캄한 동굴에서만 있다면 생존하기가 어려울 것입니다. 사람에게 햇빛이 비칠 때에 활동하게 되며 생명이 주어지는 것입니다. 지혜의 왕 솔로몬은 "빛은 실로 아름다운 것이라 눈으로 해를 보는 것이 즐거운 일이로다"(전 11:7)라고 증언합니다. 만약에 태양의 본질인 빛이 이 세상에 없다면 지구촌에는 암흑으로 뒤덮일 것입니다.

　하나님께서 모세를 통하여 애굽 땅 위에 재앙을 내리실 때에 "흑암이 있게 하라 곧 더듬을 만한 흑암이리라"고 말씀하십니다. 하나님의 사람인 모세가 하늘을 향하여 손을 내밀매 캄캄한 흑암이 삼 일 동안 온 땅에 있게 됩니다. 그 동안은 사람들이 서로 볼 수가 없게 됩니다. 자기 처소에서도 일어나는 자가 없지만 이스라엘 자손들이 거주하는 곳에는 빛이 있었다(출 10:21-23)고 성경은 말씀합니다.

　삼 일 동안만 빛이 없어도 서로 알아 볼 수 없는 상황이요 거동하기가 불편한데 평생 빛을 보지 못하고 산다면 얼마나 불행하겠습니까? 우리가 어둠을 이기고 승리하려면 우리 구주 예수 그리스도와 함께 하여야 할 것입니다. 그분 앞에서 어둠의 일을 완전히 벗어버리고 죄를 단호하게 처분하여야 합니다. 왜냐하면 우리는 은혜언약을 통하여 죄를 극복할 은혜를 받았기 때문입니다. 구주 예수 그리스도께서 우리와 세상 끝 날까지 함께 하시겠다고 약속하셨기 때문에 우리 내면에서 일어 나는 악한 정욕과 욕망을 십자가의 보혈로 씻어내야 하는 것입니다. 우리 주님이 말씀하시는 '세상의 빛'이란 단어는 종종 태양을 의미하는 표현입니다.

"빛"이란 말의 헬라어는 〈포스 pho:s〉입니다. 이 말은 근본적인 뜻으로는 '빛, 광채(광휘), 햇빛, 횃불, 불빛, 시각, 새벽'을 의미하는 것으로 사용되었습니다. 우리는 태양 빛으로 말미암아 사물을 눈으로 볼 수 있습니다. 그러므로 아름다움과 추함도 알 수 있는 것입니다. 그리고 비유적으로는 생명의 빛, 즉, 생명 자체를 의미합니다.

또 다른 면에서는 인간에게 주어지는 구원과 진리와 지식과 선행과 행복도 의미한다고 볼 수 있습니다. 세상은 우리 구주 예수 그리스도가 오시기 전에는 암흑 상태인 것입니다. 빛보다는 어둠을 더 좋아하고 사랑하였던 것입니다. 우리 구주의 은혜를 체험하지 못한 자는 모두가 어둠에 빠지게 되는 것입니다.

그런데 이 빛이라는 단어가 하나님께 속한 것을 의미합니다. 빛은 하나님의 속성입니다. "하나님은 빛이시라 그에게는 어둠이 조금도 없으시다"(요일 1:5)라고 성경은 말씀합니다. 그리고 빛은 하나님께서 거하시는 곳의 영광인 것입니다. "오직 그에게만 죽지 아니함이 있고 가까이 가지 못할 빛에 거하시고 어떤 사람도 보지 못하였고 또 볼 수 없는 이시니 그에게 존귀와 영원한 권능을 돌릴지어다 아멘"(딤전 6:16)이라고 성경은 말씀합니다.

모든 사람들은 다 죽지만 하나님은 죽지 아니하시고 사람이 도저히 접근할 수 없는 빛에 거하심으로 사람이 볼 수 없는 분이십니다. 우리 그리스도인은 우주보다 크시고 빛 되신 그분을 본받고 세상에 그 빛을 반사하여야 하는 것입니다.

1. 빛의 사명은 어두운 세상을 비추는 것입니다. (16절)

"이같이 너희 빛이 사람 앞에 비치게 하여"라고 성경은 말씀합니다. 여기서 중요한 것은 우리 구주 예수 그리스도께서는 그 빛을 비추어야 할 대상에 대하여 말씀하셨다는 것입니다. "사람"이란 말이 헬라어 성경 원문에는 "그 사람들로" 복수로 기록되어 있습니다. 그리고 "앞에"라는 말은 두 가지 의미가 있습니다. 하나는 장소적으로 다른 사람들 앞을 의미합니다. 또 다른 하나는 시간적으로도 다른 사람들보다 앞서 행한다는 것을 의미합니다. 우리 그리스도인들은 그 시대의 사람들 앞에서 빛을 비추어야 하는 것입니다.

작은 촛불이라도 있는 곳에는 어둠이 물러갑니다. 밝은 전기 불이 있으면 주변을 환하게 합니다. 그렇다면 본질적인 우리 구주 예수 그리스도의 빛은 얼마나 선하고 아름답고 영광스러운 광채가 나타나겠습니까? 이 아름다운 영광의 빛을 모든 사람들에게 비추라고 주님은 말씀하십니다. 만약에 내가 예수 믿는다고 하면서도 어둠에서 방황한다면 주님의 영광스러운 빛을 가리게 되는 것입니다.

오늘날 이 시대는 과학만능 시대요 물질문명과 황금만능시대로 세속화된 시대입니다. 자신의 욕망을 위해서라면 수단과 방법도 가리지 아니하고 살아가는 탕자 문명권의 시대입니다. 자신의 욕심과 정욕을 채우기 위해서는 어떤 부끄러운 일도 서슴지 아니합니다. 그들은 날이면 날마다 죄의 본성을 따라 살아가기를 원합니다. 그러나 우리는 역행하며 살아가야 합니다. 죽은 고기는 물에 떠내려갑니다. 그러나 살아있는 고기는 물을 거슬러 올라가는 것입니다.

우리가 잘 아는 대로 태양이 자연계의 근본적인 빛이라면 우리 주 예수 그리스도는 영적 세계의 빛이십니다. 사도 요한은 예수를 빛이라고 설명합니다. "그 안에 생명이 있었으니 이 생명은 사람들의 빛이라"(요 1:4)고 성경은 말씀합니다. 예수 그리스도 자신이 길과 진리와 생명이 되시고, 그분만이 인생의 빛이 되십니다. 주님은 "나는 세상의 빛이니 나를 따르는 자는 어둠에 다니지 아니하고 생명의 빛을 얻으리라"(요 8:12)고 말씀하십니다. 예수 그리스도 자신이 세상의 빛이시므로 그분을 믿고 의지하는 자는 어둠을 밝힐 것입니다. 우리가 생명의 빛 되신 주님을 따르기만 하면 어둡고 캄캄한 세상에 비록 작은 빛이지만 생명의 빛을 반사할 수가 있는 것입니다. 그러므로 우리 구주 예수 그리스도를 믿는 자들에게 세상의 빛이라고 선언하시는 것입니다.

그뿐만 아니라 우리 구주는 "나는 빛으로 세상에 왔나니 무릇 나를 믿는 자로 어둠에 거하지 않게 하려 함이로라"(요 12:46)고 말씀하십니다. 이 말씀은 주님이 세상에 계시는 동안에는 세상의 빛이신 것을 의미합니다(요 9:5). 예수를 한낱 종교지도자나 선지자로 생각하던 자들은 어둠에서 방황할 것이지만 예수를 나의 구주로 믿는 자들은 어둠에 다니지 아니하고 생명의 빛을 얻게 될 것입니다. 사도 바울은 "너희가 전에는 어둠이더니 이제는 주 안에서 빛이라 빛의 자녀들처럼 행하라"(엡 5:8)고 증언합니다.

그러므로 생명의 빛을 받은 우리는 어둠에 거하지 않아야 합니다. 왜냐하면 어둠은 무지요 죄책과 죄악이요 이를 갈고 슬피 우는 곳이요 사탄이 지배하는 장소이며 심판 받을 멸망성이기 때문입니다. 우리가 그리스도 안에 있는 자들이라면 우리는 세상의 빛인 것입니다. 이 빛을 우리는 도저히 감출 수가 없습니다. 그 이유는 빛은 나타나기 때문입니다. 비록 아무리 작은 반딧불 같은 것이라도 캄캄하고 어두울 때는 주변을 비춥니다. 우리 구주 예수 그리스도가 세상의 빛이십니다. 그분의 빛을 받아 우리가 그 빛을 반사해야만 하는 것입니다. 우리는 우리 구주 예수 그리스도의 빛을 받은 자로 빛을 비추며 살아야 할 것입니다.

빛은 어둠과 함께 결코 공존할 수가 없기 때문에 빛의 자녀들은 착하고 정직하고 담대하게 주의 일을 행하고 어둠의 일들은 어둠의 자식들에게 넘겨주어야 합니다. 세속화 된 세상에서 착하게 사는 것은 바보처럼 보이고, 의롭게 사는 것은 위선자처럼 취급을 받게 되고, 진실하게 살면 매장을 당하는 시대이기도 합니다. 그럼에도 불구하고 우리는 예수 그리스도의 생명의 빛을 받아서 어두운 세상을 밝혀야 합니다. 특별히 성경에서 말씀하는 빛은 하나님을 아는 참 지식을 의미합니다. 기독교는 무조건 믿사오니 하는 종교가 아닙니다. 자칫 잘못하면 하나님을 바로 알지 못하고 믿는 것은 샤머니즘과 이단과 사이비로 전락할 수가 있는 것입니다.

우리가 '경건'이라는 말을 사용합니다. 종교개혁자 요한 칼빈은 경건이란 하나님을 아는 것이라고 설명하고 있습니다. 그는 "하나님을 경외와 찬양의 대상으로 이해하는 것만으로는 충분하지 못하다. 왜냐하면 그것이 언제나 상투적이기 때문이다. 오히려 그분이 모든 좋은 것의 근원이시며 그분 밖에서는 아무 것도 찾아서는 안 된다는 것을 깨닫는 것이 더 중요하다. 그분만이 우주를 무한의 권능으로 다스리기 때문이다. 참된 지혜, 빛, 의, 권능, 진리 등 어느 것도 하나님으로부터 나오지 않은 것은 없다. 하나님 이외는 어디에도 이러한 탁월한 것이 존재하지 않는다. 그러므로 하나님만을 구해야 한다."고 강조했습니다.

시인 다윗은 "진실로 생명의 원천이 주께 있사오니 주의 빛 안에서 우리가 빛을 보리이다"(시 36:9)라고 증언합니다. 우리는 생명의 원천이 되시는 주의 빛 안에서 말씀을 깊이 깨닫는 밝은 빛에 거하여야 합니다. 날마다 기도하고 말씀의 빛이 충만하여 모든 사람들에게 복음의 빛을 비추어야 하는 것입니다. 이 빛은 물리적인 빛보다 더 밝은 빛인 것입니다.

주님은 제자들에게 "눈은 몸의 등불이니 그러므로 네 눈이 성하면 온 몸이 밝을 것이요 눈이 나쁘면 온 몸이 어두울 것이니 그러므로 네게 있는 빛이 어두우면 그 어둠이 얼마나 더하겠느냐"(마 6:22-23)라고 말씀하십니다. 육신의 눈도 이물질이 들어가지 아니하고 온전하면 자유롭게 걸어갈 수 있습니다. 그러나 눈이 성치 않으면 어둠은 너무나 커서 한 걸음도 옮길 수 없게 될 것입니다. 우리 속에 주님이 주신 생명의 빛이 사라지면 얼마나 답답한 일입니까? 자신의 욕심에 이끌려 살고 집착하면 빛의 열매를 맺지 못하게 됩니다. 육신의 눈도 밝아야 시야를 보게 되고 사람과 물체의 거리 감각도 보고 느끼게 되는 것입니다. 이와 반대로 어둠은 인간의 부패와 절망과 최악의 상태를 의미하는 것입니다. 죄가 무르익어 악한 열매를 맺는 곳에는 모두가 어둠으로부터 오는 것입니다.

종교개혁자 요한 칼빈은 스위스 제네바 시에서 목회할 때에 술과 도박을 제거하고 그 시를 성시화하겠다는 목표를 세웠습니다. 술을 가까이하는 것은 폭력과 강도와 성적 범죄에 이르게 되는 것입니다. 술을 마시기보다는 물을 많이 마시면 몸에도 좋습니다. 그러기에 제네바 시의 표어를 '어둠 후에 빛'이라고 정했던 것입니다.

"너희는 다 빛의 아들이요 낮의 아들이라 우리가 밤이나 어둠에 속하지 아니하나니 그러므로 우리는 다른 이들과 같이 자지 말고 오직 깨어 정신을 차릴지라"(살전 5:5-6)고 성경은 말씀합니다. 그리스도인은 하나님의 영광을 드러내는 빛의 아들과 낮의 아들입니다. 예수를 나의 구주로 믿고 생명의 빛이 되시는 그분을 모시고 사는 사람은 더 이상 어둠에 속한 자가 아닙니다. 과거에는 어둠에 속하였지만 이제는 더 이상 어둠이 아니라 빛의 아들인 것입니다.

 그리스도인으로 빛을 비추는 삶을 살면 과거의 모든 더럽고 추한 정욕들을 주님이 제거하시고 치료하여 주십니다. 이전에 불경건하고 세속적이며 죄악에 깊이 빠져있던 악한 사람이 선하고 거룩하게 됩니다. 그러므로 이 빛을 어두운 세상과 사람들에게 비추어야 하는 것입니다. 일상적인 삶에서 우리는 구주 예수 그리스도의 진리와 영광의 빛을 드러내는 삶을 살아야 하는 것입니다. 우리는 하나님의 영광의 빛을 드러내기 위하여 잠자기를 좋아하지 말고 깨어 있어야 합니다. 우리 교회들이 세상 속에서 빛을 비추어야 합니다.

 교회가 역사적으로 부흥할 때는 말씀과 성령이 충만하던 때입니다. 그러나 말씀이 희박해지고 종교의식과 전통으로 형식만 유지할 때에는 교회는 힘을 잃고 쇠퇴하여진 것입니다. 강단에서 말씀이 살아있지 못할 때에 18세기의 독일교회에는 합리주의 사상이 들어와 강단에서 설교제목까지도 세속화 되고 말았습니다. 그 예를 들면 '하나의 음료로서의 커피의 가치'입니다. 작금에 와서 영국은 이슬람 종교를 합법적으로까지 인정했고 동성애를 수용했습니다. 예전에 부흥하던 유럽교회들이 쇠퇴하고 현재는 영적으로 더 무기력해지고 교회 유지도 어려운 상황입니다. 현재의 한국교회는 세속주의가 교회를 어지럽히고 있습니다.

 우리가 잘 아는 대로 하늘의 명랑한 달이 아무리 밝아도 태양이 없이는 그 빛을 비칠 수가 없는 것입니다. 우리들이 아무리 빛을 비추고 싶어도 우리 스스로는 빛을 발할 수가 없습니다. 생명의 빛이신 우리 구주 예수 그리스도로부터 빛을 받아야 어두운 세상에 빛을 반사할 수가 있는 것입니다. 말씀의 빛을 가정과 교회와 사회에 비추어 그대로 실천해야 할 것입니다. "대저 명령은 등불이요 법은 빛이요 훈계의 책망은 곧 생명의 길이라"(잠 6:23)고 성경은 말씀합니다. 즉 하나님의 말씀이 등불이고 빛인 것입니다. 우리가 믿음을 지키고 영혼을 보존하는 것은 다름 아닌 하나님의 말씀의 법입니다. 이것을 무시하고 소홀히 여기면 유혹을 받아 넘어지게 될 수도 있습니다.

솔로몬 왕은 열왕기상 10장까지는 하나님 앞에서 순수하게 살았지만 11장부터는 후궁을 1,000명씩이나 두면서 자신의 욕망을 채우는 삶을 살았습니다. 이 세상에서 부귀영화를 다 누려보았던 그는 결국 전도서에서 "헛되고 헛되도다 모든 것이 헛되도다"(전 12:8)라고 증언합니다. 그러므로 우리는 어둠과 정욕의 자리에서 날마다 벗어나야 합니다. 우리는 부족하여도 생명의 빛 되신 주님을 모시고 살면 어둠 속에서 방황하지 않게 됩니다. 이 어둠은 영적 흑암을 말합니다.

우리는 세속주의에 물들지 아니하고 이단과 사이비 종교를 배격하고 용납하지 말아야 합니다. 하나님의 말씀에 정면으로 위배되는 동성애를 철저하게 차단시켜야만 할 것이고 그들을 그리스도의 빛과 사랑으로 치료해 주어야 할 것입니다.

웨스트코트 주교는 "만일 우리가 그리스도를 따르지 않는다면, 또한 그리스도가 행한 것처럼 실천하지 않는다면, 우리는 빛을 잃는다. 만일 세월이 점점 축적되어 갈수록 그리스도의 빛이 많이 반사된다면 그것은 우리의 믿음이 가져다주는 놀라운 영광이다. 우리가 슬프고 절망적으로 우리 자신의 길을 추구하도록 버려져 있지 않은 것은 얼마나 복된 일인가? 우리가 가는 길은 빛의 길이요, 이 길은 다만 우리가 주춤거릴 때만 희미해진다. 그리스도인은 이미 얻은 것 안에 안주할 수 없다."고 그리스도의 빛을 강조했습니다.

주님은 "흑암에 앉은 백성이 큰 빛을 보았고 사망의 땅과 그늘에 앉은 자들에게 빛이 비치었도다"(마 4:16)라고 말씀하십니다. 소망이 전혀 없는 흑암에 속한 자들이 예수 그리스도의 빛을 볼 때만이 자유와 평안과 구원을 얻게 되는 것입니다. 우리는 더 이상 주저앉아서는 안 됩니다. 왜냐하면 우리를 구주 예수 그리스도께서 그의 보혈로 구원하여 그분의 백성을 삼으셨기 때문입니다. "그가 우리를 흑암의 권세에서 건져내사 그의 사랑의 아들의 나라로 옮기셨으니 그 아들 안에서 우리가 속량 곧 죄 사함을 얻었도다"(골 1:13-14)라고 성경은 말씀합니다. 우리가 예수를 알기 전에 믿지 아니할 그때에는 사탄의 지배를 받았지만 우리 구주 예수 그리스도의 십자가의 보혈로 죄 용서함을 받음으로 하나님의 나라로 옮겨진 것입니다. 이보다 더 큰 은혜와 사랑과 축복이 어디에 있습니까?

우리가 이 땅에 살면서 해야 할 급한 일은 우리 구주의 빛을 통하여 죄악으로 빠져가는 사람들을 구원하는 것입니다. 그러므로 그리스도인들은 지옥으로 떨어지는 불쌍한 영혼들을 천국으로 인도해야 하는 것입니다. "주께서 이같이 우리에게 명하시되 내가 너를 이방의 빛으로 삼아 너로 땅 끝까지 구원하게 하리라"(행 13:47)고 성경은 말씀합니다. 우리는 구주로부터 받은 빛을 작은 지역만이 아니라 이방 민족까지 널리 비추어야 합니다. 왜냐하면 우리 구주 예수 그리스도가 없는 세상은 어디든지 어둠이기 때문입니다(요 1:5).

5세기경에 헬라의 철학자 '디오게네스'라는 사람은 대낮에도 등불을 들고 다녔다고 합니다. 그 이유는 이 땅 위에 빛이 없어 어둡기 때문이라고 했습니다. 이 세상에 생명의 빛은 오직 우리 구주 예수 그리스도이십니다(요 8:12). 즉 우리 구주 예수 그리스도는 세상의 어둠을 물리치는 빛이십니다. 어둠에 속한 죄인들은 오직 예수 그리스도만을 통해서 구원받을 수 있는 것입니다.

주님은 본문 14절에서 "너희는 세상의 빛이라"고 말씀하십니다. 예수를 나의 구주로 믿는 그리스도인은 세상의 빛입니다. 이 빛이 어둡지 아니하도록 비추어야 합니다. 영국의 강해설교자 아더 핑크 목사는 "너희의 위치와 상태는 너희의 말과 행위로 드러나므로 너희의 모든 행위로 하나님을 기쁘시게 하라"는 뜻이라고 강조했습니다. 세상 사람들은 아담 안에서 전적으로 타락했고 주님을 거부할 뿐만 아니라 영적으로는 어둠 속에서 방황하고 있는 것입니다. 그리고 사망의 그늘에 앉아있는 불행한 자들인 것입니다. 특히 복음 전하는 자들에게는 세상의 빛이라는 사명을 잘 감당해야 하는 것입니다.

본문 14절에 보면 "산 위에 있는 동네가 숨겨지지 못할 것이요" 라고 주님은 말씀하십니다. 유대 나라의 마을은 대부분이 산의 능선이나 정상에 자리 잡고 있었습니다. 그러므로 멀리 떨어진 곳에서도 동네 마을들을 잘 볼 수 있었던 것입니다. 우리 주님께서 산 위에 있는 동네를 말씀하실 때에 이런 동네들을 염두에 두신 것입니다. 우리들이 주님의 제자들처럼 빛을 비추는 생활을 해야 하는 것입니다. 자신의 위치와 인격이 고상할수록 더 조심하고 주님의 모습을 드러내야 하는 것입니다. 만약에 우리의 모습에서 우리 구주를 격하시키는 행위가 있을 때에는 빛이 아니라 어둠 속에 빠지게 되는 것입니다. 눈부신 태양은 모든 사람이 보게 되고, 동네는 이웃 마을에서 보게 되고, 등불은 가족 식구들에 의해서 보게 되는 것입니다.

그러면 어떻게 우리 구주 예수 그리스도의 빛을 비출 수 있습니까?

착한 행실로서의 빛을 비추어야 합니다. 16절 "그들로 너희 착한 행실을 보고 하늘에 계신 너희 아버지께 영광을 돌리게 하라"고 우리 주님은 말씀하십니다. 여기에 "착한 행실"이란 단어는 헬라어로 〈카라 에르가 kara erga〉입니다. '선하고, 좋고, 아름답고, 고상한 행위'를 의미합니다. 그런데 원문에는 복수로 나타납니다. 빛의 사명을 감당하는 그리스도인들에게는 착한 행실은 단 한 번으로 나타나는 것이 아닙니다. 빛으로 살아가는 사람들에게는 지속적으로 열매 맺는 삶을 살게 되는 것입니다. 교회 공동체 안에서도 착한 행실의 열매가 맺혀지게 됩니다.

교회 자체는 불완전하지만 예수를 나의 구주로 믿는 자들이 빛의 생활을 하기만 하면 아름다운 선한 열매가 나타나는 것입니다. 그러므로 예수를 온전하게 믿으면 선한 사람이 된다는 것입니다. 선한 사람이 빛의 사명을 감당하게 되는 것입니다. 구주 예수 그리스도의 보혈로 구원받은 백성들은 착하고 의롭고 진실된 삶을 살아야 합니다. "빛의 열매는 모든 착함과 의로움과 진실함에 있느니라"(엡 5:9)고 성경은 말씀합니다.

예수를 나의 구주로 믿는 사람은 사납거나 불의하거나 거짓과 이간하는 행위를 해서는 결코 안 될 것입니다. 우리가 빛의 열매를 맺었다면 하는 일마다 착하고 의롭고 진실해야 하기 때문입니다. 오늘날 인간관계가 어려운 것은 진실함이 오래 지속되지 못하기 때문입니다. 아담의 후손인 인간은 아무리 오랫동안 예수를 믿어도 악성과 죄성이 남아 있습니다.

어떻게 하면 죄성이 사라지는 것입니까? "하나님의 말씀과 기도로 거룩하여짐이라"(딤전 4:5)고 성경은 말씀합니다. 세상의 철학과 윤리가 인간을 고상하게 한다고 하여 거룩하게는 할 수 없습니다. 오직 하나님의 말씀으로 날마다 은혜 받고 변화 받으며 기도하여 자신이 주님의 보혈로 정결해질 때 거룩하게 되는 것입니다. 기도가 부족하면 부족할수록 믿음도 약해집니다.

세상을 변화시키는 것은 우리의 착한 행실 자체가 아닙니다. 그 착한 행실의 원천이 되는 하나님의 진리의 말씀에 의하여 변화되는 것입니다. 개인이나 가정이나 사회나 국가가 하나님의 말씀에 얼마만큼이나 통제를 받고 실천하느냐에 달려있는 것입니다. 착한 행실은 내가 스스로 노력해서 나타나는 것이 아닙니다. 예수를 나의 구주로 믿고 주님으로부터 생명의 빛을 반사하면 빛의 사명을 감당하게 되는 것입니다. 예수를 믿기는 믿어도 나의 욕망이 앞서고 정욕의 지배를 받는다면 참다운 열매를 맺을 수가 없는 것입니다. 내가 날마다 죽어지고 우리 구주 예수 그리스도가 내 삶의 주인이 되신다면 살아있는 영혼이 됩니다. 착한 행실은 참된 믿음으로부터 나오는 생활의 열매인 것입니다. 그러므로 예수를 진정으로 나의 구주로 믿기만 하면 진실의 열매는 맺혀지게 되는 것입니다.

우리는 기억해야 합니다. 우리 그리스도인들은 좋은 모범이나 나쁜 행실, 이 두 가지로 사람들에게 영향을 끼칠 수가 있는데, 우리는 복음의 빛을 나타내야 합니다. 이것을 실현하는 것은 우리들이 우리 구주 예수 그리스도의 생명의 빛을 비춤으로 착한 행실을 드러내는 것입니다.

영국의 위대한 작가 윌리엄 셰익스피어는 "선행은 촛불같이 죄 많은 세상에서 빛을 밝게 비추고 있다."고 했습니다. 우리가 크고 위대한 선을 행하지는 못한다고 해도 작은 선행이라도 하면 세상은 조금씩이나마 밝아질 것입니다. 가난하고 헐벗고 배고픈 자들에게 우리 구주의 은혜와 사랑을 받은 우리들이 작은 선행을 할 수만 있다면 어둠이 서서히 물러갈 것입니다. 선한 행위로 많은 사람들에게 착한 행실을 보여주어야 하는 것입니다.

그러면 착한 행실이 무엇을 의미하는 것입니까? 착한 행실 속에는 하나님의 마음과 뜻을 나타내는 모든 의로움과 선행이 있어야 하는 것입니다. 그 뿐만 아니라 많은 사람들에게 이 빛이 드러나야 하는 것입니다. 이 빛 때문에 많은 사람들이 하나님께로 돌아오는 영광이 있는가 하면, 반면에 이 빛을 비춤으로 박해를 받을 수도 있는 것입니다.

스티어는 "선행이 없는 선한 말은 아무 소용이 없다"라고 했습니다. "이웃을 업신여기는 자는 죄를 범하는 자요 빈곤한 자를 불쌍히 여기는 자는 복이 있는 자니라"(잠 14:21)고 성경은 말씀합니다. 그리스도인은 언어와 행실이 일치가 될 때에 진정한 믿음과 그리스도의 빛을 비추게 되는 것입니다.

바울은 마게도냐 교회의 성도들이 환난의 많은 시련 가운데서 풍성한 연보를 한 것을 고린도 교회가 본받도록 권면합니다. 그들은 헌금을 내도록 설득하거나 말로 유혹할 필요가 없었습니다. 왜냐하면 그들은 먼저 자신을 주께 드렸기 때문입니다(고후 8:5).

우리 그리스도인들은 주님 앞에서의 신전의식 사상을 가질 뿐만 아니라 사람 앞에서도 늘 자제하는 것이 좋습니다. 선행을 하는 것도 자신을 드러내거나 과시욕을 가져서는 안 됩니다. 작은 선행 하나라도 은밀하게 하는 것이 되어야 합니다. 왜냐하면 주님은 "네 구제함을 은밀하게 하라 은밀한 중에 보시는 너의 아버지께서 갚으시리라"(마 6:4)고 말씀하셨기 때문입니다. 우리들의 착한 행실이 하나님께는 영광이 되어야 하고 믿지 않는 자들에게는 복음을 전하는 계기가 되어야 합니다. 그러므로 작은 선행 하나라도 내 힘과 노력과 공로로 해서는 안 되는 것입니다. 착한 행실과 작은 선행 하나까지도 모두가 하나님의 은혜로 되는 것입니다. 우리의 힘과 의지와 노력으로는 아무것도 할 수 없습니다. 하나님의 은혜로 겸손하게 실천하는 착한 행실은 자연스럽게 사람들의 관심과 존경을 얻게 되는 것입니다.

조선에 의료선교사로 헌신한 미국 여성 '로제타 셔우드 홀'이라는 분이 있습니다. 그녀는 1885년 20세에 설교를 듣고 은혜를 받았습니다. 교직에 몸을 담았던 그녀는 다시 의과대학에 입학하여 열심히 공부하고 의사가 됩니다. 특별히 "인류를 봉사하려거든 아무도 가려고 하지 않는 곳으로 가라."고 외친 미국 최초 여성신학교 마운트홀리요크의 대학 설립자인 메리 라이언의 영향을 받았습니다. 그는 부유한 가정에서 출생하였고 대학에서도 우등생으로 공부한 미래가 총망한 자였습니다. 그럼에도 불구하고 그의 모든 출세나 명예를 버리고 의료 선교사의 꿈을 가지고 조선으로 가기를 결심했습니다.

그녀는 조선이 어디인지도 모르고 알려지지 않은 동방의 작은 나라인 조선에 배를 타고 부산에 1890년에 입국했습니다. 의료 사역을 하던 중 의사 남편인 제임스 홀이 2년 후에 장티푸스와 이질 등에 감염되어 세상을 떠납니다. 안타깝게도 첫돌을 지난 아들이 있었고 뱃속에 유복자로 태어날 딸이 있었는데, 그 사랑스러운 딸도 태어나서 2년 후에 풍토병에 걸려 숨을 몰아쉬면서 세상을 떠났습니다. 이런 모질고 감당하기 힘든 시련을 겪으면서 조선에서 43년 동안 의료선교를 하고 복음의 빛을 비추었던 것입니다. 남편은 평소에 말하기를 "나는 주님을 위하여 기꺼이 평양에 갔고 평양 선교사가 된 것을 한 번도 하나님께 원망하지 않는다."는 말을 남겼습니다.

그들 부부는 인간의 생명보다 더 강한 신앙의 힘으로 어두운 세상에 가장 밝은 빛을 비추었던 선교사들입니다. 자신의 조국보다 조선을 더 사랑하였고 주님이 말씀하신 세상의 빛을 비추었던 훌륭한 선교사들인 것입니다. 로제타 홀 선교사는 빌립보서 2장 5절 말씀을 사랑하고 묵상했습니다. "너희 안에 이 마음을 품으라 곧 그리스도 예수의 마음이니" 이 말씀을 실천하고 빛을 비추었던 자입니다. 양화진 묘지에 남편과 딸의 묘지 옆에 묻혀있고 그들의 후손들이 지금도 복음의 빛을 비추고 하나님께 영광을 돌리고 있습니다.

주님은 "너희는 세상의 빛이 되라"고 말씀하십니다. 우리 그리스도인들은 하나님의 은혜를 힘입고 주어진 환경 내에서 최선을 다할 수 있기를 소원합니다. 즉 우리 구주 예수 그리스도의 빛이 있을 동안에 이 사명을 감당하여야 하는 것입니다.

2. 궁극적으로는 모든 영광을 하나님께만 돌려야 합니다.

16절에 보면 "하늘에 계신 너희 아버지께 영광을 돌리게 하라"고 주님은 말씀하십니다. 즉, 우리 구주 예수 그리스도께서 제자들과 넓은 의미에서 우리에게 명령하신 말씀을 마음에 새기고 그대로 실천할 때 그 행위들은 착한 행실이 될 수 있는 것입니다. 우리는 구제하는 일에도 사람에게 보이려고 하지 말아야 할 것입니다. 외식하는 자들은 사람에게서 영광을 받으려고 회당과 길거리에서 나팔을 붑니다. 그러나 주님은 나팔을 불지 말고 오른손이 하는 것을 왼손이 모르게 하라고 말씀하십니다. 왜냐하면 은밀한 중에 보시는 아버지께서 갚아주시기 때문입니다(마 6:1-4). 외식하는 자들이 형식적으로 하는 구제는 이미 그들이 상을 받아버린 것이지만 우리 구주 예수 그리스도께서 명하신 대로 착한 행실을 실천하는 자들은 하늘에 계신 아버지께 영광을 돌리게 되는 것입니다.

우리 구주 예수 그리스도께서 제자들에게 "너희가 열매를 많이 맺으면 내 아버지께서 영광을 받으실 것이요 너희는 내 제자가 되리라"(요 15:8)고 말씀하십니다. 우리가 구주로부터 생명의 빛을 받아 빛을 반사하듯이, 구주 예수 그리스도로부터 지속적으로 수액을 받을 때만이 많은 열매를 거둘게 될 것입니다. 우리는 하나님의 고유하고 본질적인 영광에는 그 어떤 것도 더하고 뺄 수가 없습니다. 혹이라도 우리의 선행과 고상한 행위들이 하나님의 은혜로 나오지 아니하고 인간의 노력과 의지로부터 나온다면 그런 선행으로는 결코 하나님 아버지께 영광을 돌릴 수가 없는 것입니다. 그러므로 영광은 조금이라도 사람이 받아서는 안 되고 교회가 받는 것도 아닙니다. 안타깝게도 오늘날에는 하나님이 영광 받으시기보다는 어느 개인이나 교회가 영광 받으려고 합니다. 그것은 하나님을 모독하고 도전하는 행위인 것입니다. 모든 영광은 온전히 하나님만이 받으셔야 합니다.

요한 칼빈의 말대로 "모든 수고는 내가 하고 모든 영광을 하나님께"만 돌려야 합니다. 그는 '자신의 심장을 하나님께 드립니다.'라고 하며 한평생 목회와 저술 작업을 했습니다. 우리가 기억할 것은 주를 위하여 충성하고 봉사하고 마지막엔 순교의 제물이 되었다고 할지라도 우리가 받을 영광은 없고 오직 하나님께만 영광을 돌려야 한다는 것입니다.

우리 그리스도인들은 우리 주님으로부터 빛을 공급받아야 합니다. 나의 빛이 아니라 우리 구주 예수 그리스도께서 주신 생명의 빛입니다. 이 빛이 우리 속에 거하여 새로운 성품과 거룩한 삶이 이루어져야 하는 것입니다. 착한 행실의 빛을 비추어야 합니다. 우리 주위에 있는 모든 사람들에게 어둠을 미워하고 빛을 사랑하는 마음을 심어주어야 하는 것입니다.

결론

소금의 기능이 짠 것이라고 한다면, 빛의 사명은 비추는 것입니다. 우리의 착한 행실로 우리 주님을 증언합시다. 또한 복음의 빛으로 이방에 비추는 빛의 사명을 감당합시다. 하나님이 이스라엘을 이방의 빛으로 삼아 구원을 베푸신 것처럼, 우리도 가정과 이웃과 사회와 민족, 더 나아가 이방에 빛을 비추는 사명을 감당합시다. 빛과 어둠 사이에 중간

지대는 없는 것입니다. 모든 사람들의 마음속에는 어둠과 빛이 공존합니다. 예수 믿고 구원받은 사람은 더 이상 어둠에 머물러서는 안 됩니다.

우리 구주 예수 그리스도로부터 생명의 빛을 받았기에 어두운 세상에 주님의 빛을 비추어야만 합니다. 그리스도 안에서 생활하고 그리스도의 빛이 충만하여 우리의 빛이 반사되는 그곳에 불의와 부정과 부패가 사라지고 정의와 정직이 회복되는 가정과 교회와 사회가 될 것입니다. 우리 구주께서 우리에게 이러한 은혜와 복 주시기를 우리 주님의 이름으로 간절히 축원합니다.

16
두려워하지 말고 믿기만 하라
[마가복음 5:35-43]

서 론

우리 인생은 사실상 예수 그리스도 없이는 살 수가 없습니다. 의사가 환자의 증상과 아픔을 알 듯이, 주님은 우리 인생의 상처와 아픔을 다 알고 계십니다. 주님만이 인생의 구원자요 영생의 근원이시며 소망이십니다. "너희는 인생을 의지하지 말라 그의 호흡은 코에 있나니 셈할 가치가 어디 있느냐"(사 2:22)라고 성경은 말씀합니다. 인생을 의지하는 것은 흔들리는 담장을 의지하는 것과 같이 불안한 것입니다. 우리 믿음의 대상은 구주 예수 그리스도이십니다. 인생의 책임자이신 우리 구주에게 현재 일이나 장래 일 모두를 맡겨야 합니다. 우리의 약함과 허물을 사람에게는 자신의 부끄러움을 감추면 감출수록 좋고 전능하신 하나님께는 드러내면 드러낼수록 좋은 것입니다. 하나님은 인생을 구원하실 뿐만 아니라 모든 영적 질병과 육신의 병까지 치료하시는 분이십니다.

믿음이란 구원 문제에 있어서 자신의 힘을 의지하지 않고 하나님만 믿고 의지하는 것입니다. 우리가 꼭 기억해야 할 것은 하나님을 전적으로 신뢰하고 그분에게 일단 맡겼으면 우리로서는 그 일에 간섭하지 말고 무조건 믿고 의심하지 말아야 한다는 것입니다. 불행이나 행운은 내가 노력하여 결정지어지는 것이 아닙니다. 전능하신 하나님이 개입하셔야 모든 문제가 해결됩니다.

"너희 염려를 다 주께 맡기라 이는 그가 너희를 돌보심이라"(벧전 5:

7)고 성경은 말씀합니다. 이 세상을 살아가는 동안 염려 없이 지내는 자들은 없습니다. 돈이 많으면 불안하고, 재물이 없으면 살 길이 난감하고, 지위와 명예가 높으면 높을수록 염려와 근심과 불안도 깊어진다고 합니다. 이러한 크고 작은 염려들을 인간 스스로는 해결할 수가 없습니다. 인생의 죽음보다 더 중요한 내세 문제는 우리 구주 예수 그리스도만이 인생의 해결자가 되시는 것입니다. 인생의 복잡다단한 염려를 주님께 맡긴 자와 스스로 해결하려는 자는 현저한 삶의 변화가 있는 것입니다. 염려뿐만 아니라 생명과 장래까지도 주님께 맡기고 사는 사람은 평안함을 누리게 됩니다. 염려거리가 아무리 많이 있어도 내일 일은 내일 염려하라고 우리 구주 예수 그리스도는 "한 날의 괴로움은 그 날로 족하니라"(마 6:34)고 말씀하십니다.

나의 사전에 불가능은 없다고 말한 영웅 나폴레옹도 세인트 헬레나 섬에 귀양살이 하면서 벨트란 장군과 함께 하나님의 아들 예수 그리스도에게 항복하고 말았습니다. 그는 말하기를 "나는 사람들을 안다. 그러나 예수 그리스도는 사람이 아니다. 그리스도의 모든 것은 나를 놀라게 한다. 그분과 이 세상 사람들과는 비교가 안 된다. 그분에게 가까이 갈수록 우리 주 예수 그리스도의 모든 것이 나의 위에 있다."라고 했습니다. 우리 구주 예수 그리스도께서 오늘도 우리들에게 은혜와 평강 주시기를 소원합니다. 미국의 빌 하이벨스 목사는 「믿고 기다리기」라는 기도의 글에서 영적인 많은 유익을 얻는 비결은 고통과 상처, 혼란과 실망을 통해 얻을 수 있게 된다고 말합니다. 우리 구주 예수 그리스도를 움직이는 것은 오직 겸손한 기도입니다.

그 분은 우주를 움직이시고 인간의 모든 삶과 죽음을 주장하십니다. 왜 그리스도인들에게 시험을 주십니까? 그것은 나 자신을 바로 보기 위한 것입니다. 편안하고 안일한 가운데서는 자기 자신을 바로 볼 수가 없는 것입니다. 고난의 비바람이 몰아치고 광풍이 있을 때에 자신이 신앙의 심지가 견고한 것인가, 아닌가를 판가름 할 수 있는 것이기 때문입니다.

오늘 본문 말씀의 배경을 보면 갈릴리 호숫가에 가버나움이라는 동네가 있는데 그 곳에 회당 하나가 서 있습니다. 이 회당에서 사역하는 회당장 야이로라는 사람에게 무남독녀 외동딸이 있는데 그 아이가 점점 죽어갑니다. 23절에 보면 "죽게 되었사오니"라고 했고, 마태복음 9:18에는 "내 딸이 방금 죽었다"고 했고, 누가복음에는 열두 살 된 외딸이 있어 "죽어감이러라"(눅 8:42)고 성경은 말씀합니다. 확실한 것은 이 소녀는 죽음의 길로 가고 있다는 것입니다.

그러나 우리 구주 예수님은 이 어린 딸을 말씀 한마디로 살리십니다. 헬라어 원문에는 〈탈리다 쿠미〉라는 아람 방언을 우리 주님께서 사용하십니다. 이 말은 '내가 네게 말하노니 일어나라', 즉 일어서라는 뜻입니다. 이 어린 소녀는 방금 숨이 끊어지려는 순간에 살리신 것이 아니라, 이미 숨이 끊긴 상태에서 전능하신 구주께서 살리신 것입니다. 집 안에는 슬픔과 절망의 통곡소리로 가득한 그 곳에 들어가셔서 말씀 한 마디로 죽은 소녀를 살리신 것입니다. 이것은 우리 구주 예수 그리스도가 전능자가 되심을 보여주시는 것입니다. 죽은 자를 살리시고 병든 자를 고치시고 시간과 공간을 초월하셔서 역사하시는 주님이심을 알게 하시는 것입니다.

그러면 회당장 야이로에게 어떻게 이런 기적의 현주소가 나타났는지를 본문에서 몇 가지로 생각하며 은혜 나누기를 원합니다.

1. 예수께 겸손하게 나와 간구하는 믿음입니다. (22절)

"회당장 중의 하나인 야이로라 하는 이가 와서 예수를 보고 발 아래 엎드리어"라고 성경은 말씀합니다. 이 말씀을 보면 그의 겸손을 볼 수가 있습니다. 여기서 "엎드리다"라는 단어는 헬라어로 〈핍토 pipto〉입니다. 이 말은 수직의 위치에서 아래로 떨어지는 것을 의미합니다. 그 당시 유대나라에서 존경과 사랑을 한 몸에 지닌 회당장이 나사렛 목수의 아들 청년 예수에게 수직적으로 몸을 굽히고 엎드린 것은 참으로 놀랄 일이고 감탄할 사건입니다. 우리 구주 예수 그리스도의 발아래 엎드렸다는 것은 자신의 지위와 명예와 권위의 자리에서 스스로 떨어짐으로 그리스도만이 구원자이시고 생명의 구주이심을 믿고 그분의 발아래 겸허히 무릎을 꿇고 주님을 가장 높이고 경배 하였다는 것을 의미합니다.

사람이 하나님 앞에서 자신의 지위와 명예와 권세를 포기하고 주님 앞에 엎드릴 수 있다는 것은 참으로 복된 일입니다. 고개를 빳빳하게 들고 어깨에 힘을 주고 목이 굳어지고 눈이 한 없이 높은 사람은 낮아지고 겸손하기가 어려운 것입니다. 겸손이 무엇입니까? 겸손이란 흙이란 뜻입니다. 즉, 땅바닥으로 내려간다는 의미입니다. 사람이 하나님 앞에서 내려가면 내려갈수록 좋습니다. 왜냐하면 내려가는 순간부터 하나님이 올려 주시기 때문입니다.

영국의 변증학자인 씨 에스 루이스(C. S. Lewis)는 말하기를 "진실로 위대한 사람인지를 확인하는 첫 번째 시험 과목은 겸손이다."라고 했습니다. 즉 겸손한 마음은 지적으로나 영적인 면에서 자신은 온전하지 못하다는 것을 깨달을 때에 오는 것입니다. 한마디로 자신의 부족을 느끼면 느낄수록 겸손하게 되는 것입니다. 보통 사람들은 천재를 부러워합니다. '나도 그 사람처럼 머리가 좋았으면' 하고 흠모합니다. 그러나 반대로 질문을 해 봅니다. 과연 천재가 겸손할 수 있습니까? 겸손은 천재가 되는 것보다 더 귀한 것입니다. 우리 자신들이 겸손할 수만 있다면 얼마나 다행한 일입니까? 겸손할 시간에 자신을 드러내고 자랑할 수도 있기 때문입니다.

"하나님은 교만한 자를 대적하시되 겸손한 자들에게는 은혜를 주시느니라"(벧전 5:5)고 성경은 말씀합니다. 하나님은 교만한 자를 적대관계로 여기시고 그들을 철저하게 낮추시고 보응하십니다. 사람 앞에서 교만하고 우쭐 되는 것도 보기가 민망한 일인데 창조주 하나님이요 절대 주권자이신 하나님 앞에서 교만한 말과 행동을 일삼는 자는 참으로 어리석은 자인 것입니다. 사람이 교만하면 하나님이 일차적인 경고로 낮추시고 그래도 오만불손하면 하나님이 징계하시다가 결국에는 소망없이 죽게 됩니다. "여호와께서 이와 같이 말씀하시되 지혜로운 자는 그의 지혜를 자랑하지 말라 용사는 그의 용맹을 자랑하지 말라 부자는 그의 부함을 자랑하지 말라"(렘 9:23)고 성경은 말씀합니다. 현대는 신자나 불신자나 할 것 없이 물질 만능시대가 되어 돈이 없는 자는 비굴하게 되고, 있는 자는 교만합니다. 그러나 성경은 사람의 지혜나 용맹이나 부함을 자랑하지 말라고 말씀합니다.

인간은 조금만 지식을 가지고 있어도 자신을 드러내는 존재입니다. 전적으로 타락한 인간은 선보다는 악으로 기울어져 있기 때문에 교만하기가 쉽고 겸손하기는 참으로 어렵습니다. 인간의 지혜나 모략이나 힘과 부유함을 자랑해서는 안 됩니다. 우리의 작은 두뇌로 하나님을 알아가는 것을 평생 힘쓰고 그분의 절대주권을 믿으며 통치를 받는 삶이 되어야 할 것입니다. 하나님은 겸손한 자에게 은혜를 주십니다.

그 당시 회당장은 회당 예배를 인도하는 사람입니다. 회당에서 경건하게 예배를 주관하고 부지런히 성경을 가르치는 존경 받는 인물이었을 것입니다. 그 당시 회당에서는 어떤 동물이나 다른 제물들을 희생제물로 드리지 않았습니다. 회당에서는 오직 기도와 성경공부를 위한 모임이었던 것입니다. 짐승을 잡아서 예배 드렸던 시대보다는 말씀과 기도가 예배의 기본과 중심이었을 것입니다. 신분상으로 보면 사회적으로도 존경과 신임을 받고 종교적인 지위와 명예도 있는 사람입니다.

그러나 이 회당장은 매우 겸손하고 공손한 태도로 예수님께 아룁니다. 예수를 보고 발아래 엎드렸다는 것은 그 동안 존경 받았던 회당장이 예수 그리스도를 겉보기와는 다르게 훨씬 더 큰 자로 높이고 대우했음을 의미하는 것입니다. 그리고 자신이 긍휼하심을 받는 유일한 비결은 오직 우리 구주 예수 그리스도에게만 있다는 것을 알았던 것입니다. 그러므로 그는 자존심을 낮추고 대단히 끈기 있고 진실하게 간절히 간청했던 것입니다. 자신에게 있는 소중한 어린 딸입니다. 그것도 하나밖에 없는 외동딸입니다. 그 딸이 지금 죽게 되었다는 것입니다. 그러기에 갈릴리의 청년인 나사렛 목수의 아들에게 겸허하게 엎드려 간구합니다. 불쌍하게 죽어가는 외동딸의 가련한 모습을 보고 안타까워하면서 구주의 발아래 엎드려 살려달라고 애원합니다. 그의 간구는 무엇입니까? 우리 구주 예수 그리스도께서 오셔서 죽어가는 딸에게 손을 얹어 주기만 하신다면 딸이 죽음의 문 앞에까지 갔다고 하더라도 다시 소생할 것을 믿었던 것입니다.

예수 그리스도를 최후의 피난처로 삼는 자는 복이 있습니다. 그리고 전능하신 우리 구주 예수 그리스도와 친밀하게 대화하는 자는 복이 있는 사람입니다. 왜냐하면 우리 구주 예수 그리스도는 우리의 확실한 인생의 피난처가 되어주시기 때문입니다. 겸손의 기도는 전능하신 하나님의 아들 예수 그리스도와 접촉하는 것입니다. 그리고 이 땅에 일어나는 사건과 문제들을 해결하도록 그분을 움직이는 것입니다. 이 기도는 어떤 장소에서든지 가능하며 모든 것에 역사가 나타납니다. 능력의 근원은 하나님이십니다. 능력과 축복의 통로는 기도입니다. 종교개혁자 요한 칼빈은 기도란 "믿음의 중요한 훈련"이라고 말합니다.

회당장 야이로는 지금 절박한 상황에서 기도 훈련을 받고 있다고 볼 수 있습니다. 우리 그리스도인들 모두에게 항상 필수적인 훈련은 기도입니다. 대부분 기도의 훈련은 고난 중에서 배우게 됩니다. 평안하고 안일 무사할 때에는 보통으로 기도할 수 있습니다. 그러나 삶과 죽음의 고비를 넘기는 경우에는 애절하고 절박하게 분초를 다투면서 기도하게 됩니다. 우리에게 기도는 이만큼 하면 됐다고 생각해서는 안 되며 아무리 기도를 많이 해도 그것이 나의 자랑이나 공로가 되어서는 안 되는 것입니다. 왜냐하면 기도 자체도 내 힘으로 하기보다는 하나님이 은혜를 주셔야 할 수 있기 때문입니다. 진정한 기도는 하나님 아버지를 향한 기도인 것입니다.

청교도 목회자 토마스 왓슨은 "기도는 하늘에 계신 아버지의 품 안에서 영혼이 호흡하는 것이다."라고 했습니다. 기도는 하나님과 사귐인 것입니다. 우리는 대부분 문제가 일어날 때에 그것을 해결하기 위한 방책으로만 기도를 하는 경우가 있습니다. 그러나 더 중요한 것은 언제 어디서나 하나님과 깊이 영적으로 교통하는 사귐의 기도가 중요한 것입니다. 기도하는 하루는 힘이 있고 능력이 있는 삶을 살게 합니다. 왜냐하면 나를 의지하지 아니하고 전능하신 하나님을 의지하고 살아가기 때문입니다. 전능하신 하나님은 우리 구주 예수 그리스도 안에서만 우리에게 하늘의 보화를 열어주십니다. 또한 우리 자신에게는 없는 것이 예수 그리스도 안에 풍성하게 넘치게 하시기 때문입니다.

우리 구주 예수 그리스도께서 회당장에게 하신 말씀이 무엇입니까? 본문 36절에 보면 "두려워하지 말고 믿기만 하라"고 주님은 말씀하십니다. 그런데 23절에 보면 그는 보통으로 기도한 것이 아니라 매우 간절하고 애절하게 기도합니다. 기도는 수학공식이 아니고 간구하는 숫자가 중요한 것도 아닙니다. 얼마나 간절하고 간곡하게 기도하느냐?

이것이 중요한 것입니다. "나의 눈물을 주의 병에 담으소서"(시 56:8)라는 말씀은 시인의 눈물이 흐를 때마다 하나님이 그의 눈물을 받으셨다는 것을 의미합니다. 영원토록 불변하신 하나님은 두려워 떨고 간구하는 자의 심정을 잘 알고 계십니다. 간구하는 영혼은 간절한 심정과 주님만을 앙모하는 자세로 오직 눈물 어린 눈으로 하늘을 올려다 볼 뿐이지만 그때 그 떨어지는 눈물방울은 그대로 기도가 됩니다. 자비하신 하나님은 우리의 기도를 들으실 뿐만 아니라 그것을 들으시는 것을 좋아하십니다.

하나님은 유창하고 고상한 기도를 기뻐하지 아니하시고 종교적인 의식과 습관적인 허세와 허식을 좋아하시지 않습니다. 인간적으로 볼 때에 초라하고 볼품이 없어도 실망과 좌절에 처한 마음, 쓰라린 고통과 괴로움에 떨고 있는 입술, 마음 속 깊은 곳에서 탄식하고 울부짖는 신음소리가 있는 곳에 여호와 하나님의 마음은 열려서 기도에 응답을 주시는 것입니다. 그러므로 간절하고 애절한 신음소리의 기도는 우주를 움직이고, 주님은 우주에서 일어나는 모든 만물을 다스리시고 지배하십니다. 기도는 응답의 열쇠입니다.

회당장은 구주에게 나와서 간절하게 간구합니다. 23절에 보면 "오셔서 그 위에 손을 얹으사 그로 구원을 받아 살게 하소서"라고 성경은 말씀합니다. 즉 내 딸에게 손을 얹으소서 그리하면 살게 될 것이라고 애원하며 간청합니다. 그 이유가 우리 주님은 능력이 많으신 분이시며 치료자이심을 믿기 때문입니다. 그리스도인들에게도 원치 아니하는 고통과 괴로움이 많이 있을 줄 압니다. 그러나 이 고통을 스스로 해결하려고 몸부림치는 사람이 있는가 하면, 우리 구주에게 나와서 해결해 달라고 겸손하게 간구하는 자들이 있습니다. 기도는 내가 할 수 없는 것들을 하나님이 하게 하시는 것입니다. 전능하신 우리 구주 예수 그리스도가 하게 하시는 것입니다.

　어떤 기도가 능력이 있습니까? 전능하신 우리 구주에게 기도가 상달하기까지 간구하는 기도입니다. 그러므로 기도는 보배로운 특권인 것입니다. 아마도 회당장은 과거에는 형식과 의식에 얽매여 많이 기도하였을 것입니다. 직무 관계로 회당에서 다양한 기도문들과 축복문 등의 기도를 많이 했을 것입니다.

　그러나 지금 이 순간에는 가장 슬프고 괴로운 시간에 기도하는 것입니다. 힘없이 싸늘하게 죽어가는 어린 외동딸의 모습을 보고는 종교적인 전통과 의식과 습관에 젖어있는 기도가 아닐 것입니다. 구주의 발 아래 겸손히 엎드려 절박하게 간구하고 있습니다. 전능하신 하나님은 우리들이 부르기 전에 미리 들으시고 우리의 간구를 기다리십니다. 그 이유는 우리를 하나님의 영광의 도구로 삼으시기 위함인 것입니다.

　"너는 내게 부르짖으라 내가 네게 응답하겠고 네가 알지 못하는 크고 은밀한 일을 네게 보이리라"(렘 33:3)고 성경은 말씀합니다. 언제 부르짖어야 합니까? 가장 절망적이고 낙심하고 좌절하기 이전에 부르짖어야 합니다. 겨자씨만한 작은 믿음이라도 붙잡고 간절하게 간구해야만 합니다. 우리는 간절히 기도하면 하나님을 움직일 수가 있습니다. 하늘에 계신 그분이 역사하시면 하늘과 땅도 정복할 수 있을 것입니다. 우리가 실패한다면 기도 부족의 결과인 것입니다. 하나님은 우리들에게 때로는 환난을 주시기도 하고 질병을 통하여 기도하게 하십니다. 배부르고 걱정 염려가 없는 사람은 기도의 필요성을 느끼지 못할 것입니다. 그러나 기도하는 날이 복된 날입니다. 부르짖을 때에 하나님의 능력을 체험하는 시간이 되는 것입니다.

　전능하신 하나님이 하시는 일은 인간의 일과 전혀 방법이 다른 것입니다. 우리가 당하는 고난이 아무리 힘들고 어렵다고 할지라도 그것은 모두 하나님의 절대 주권 안에 달려있음을 믿어야 하는 것입니다. "하나님은 헤아릴 수 없이 큰일을 행하시며 기이한 일을 셀 수 없이 행하시나니"(욥 5:9)라고 성경은 말씀합니다. 큰일을 행하시는 분은 사람이 아니라 하나님이십니다.

사람이 하는 것은 하나님께서 보실 때에는 매우 작은 것에 불과합니다. 그러나 전능자 하나님이 하시는 일은 큰일을 행하시는데, 이것도 한두 가지만이 아니라 헤아릴 수 없는 큰일을 행사하시는 것입니다. 인간의 두뇌로 측량할 수 없을 만큼 기적적인 일들을 행사하시는 것입니다. 이것이 하나님의 권능이요 하나님의 주권적인 행사인 것입니다. 이 사실을 깨달은 사람이라면 언제라도 마음속에 은혜와 평강을 유지하게 되는 것입니다.

회당장은 자신의 사랑하는 외동딸이 방금 죽었다는 소식을 구주 예수 그리스도에게 알립니다. 그리고 내 딸에게 손을 얹어달라고 간구한 것입니다. 회당장 야이로는 전능하신 하나님의 아들 구주께서 손을 얹어주시면 자기의 딸이 소생할 것을 확신했던 것입니다. 우리 구주 예수 그리스도는 치료의 광선을 베푸시는 분이십니다. 오늘도 주님에게 나오는 백성들을 외면하지 아니하시고 치료하여 주십니다. 우리도 교회 공동체 안에서 믿음이 강한 자들은 교만에 빠지지 않도록 약한 자들을 위해서는 낙심하거나 절망하지 않도록 기도해 주어야 합니다.

2. 온갖 조롱과 비난도 감수하고 견뎌야 합니다. (38-40절)

38절에 보면 "회당장의 집에 함께 가사 떠드는 것과 사람들이 울며 심히 통곡함을 보시고"라고 성경은 말씀합니다. 주님은 사람들이 울고 떠들고 소란을 피우고 통곡하는 것을 기뻐하지 아니하십니다. 사람이 죽으면 희망이 없다고 판단하기에 슬퍼하고 소동하고 통곡합니다. 그러나 주님은 회당장 가정의 최악의 슬픔인 죽음 앞에서도 최선의 결과를 주시는 분이십니다.

39절에 보면 "들어가서 그들에게 이르시되 너희가 어찌하여 떠들며 우느냐 이 아이가 죽은 것이 아니라 잔다 하시니"라고 주님은 말씀하십니다. 사람 편에서 볼 때는 이 소녀가 분명히 죽은 것으로 판단되지만, 주님은 죽음으로 보지 아니하고 잠자는 것이라고 말씀하십니다. 우리는 기억해야 합니다. 하나님의 생각과 사람의 생각은 전혀 다릅니다. "이는 내 생각이 너희의 생각과 다르며 내 길은 너희의 길과 다름이니라 여호와의 말씀이니라 이는 하늘이 땅보다 높음 같이 내 길은 너희의 길보다 높으며 내 생각은 너희의 생각보다 높음이니라"(사 55:8-9)고 성경은 말씀합니다. 사람은 죽었다고 슬퍼하고 절망하지만 우리 주님은 죽은 것이 아니라 잠잔다고 말씀하십니다. 왜냐하면 잠자는 자는 어느 순간에 깨어나고 일어날 수 있기 때문입니다. 그럼에도 불구하고 떠들고 소란을 피우고 곡하는 자들은 주님의 말씀을 무시하고 귀담아 듣지 아니하고 오히려 비난합니다.

40절에 보면 "그들이 비웃더라"라고 성경은 말씀합니다. 우리도 믿음을 바로 지키며 주님의 뜻대로 살려고 하는데 예기치 아니하는 어려움으로 비웃음을 살 때가 있을 것입니다. 그러나 자존심이 무너지는 이 순간이 올 때라도 잘 참고 견뎌야 합니다. 우리 구주 예수 그리스도는 인간의 질병과 죽음도 해결하십니다. 지금 회당장은 우리 구주 예수 그리스도를 모시고 동행합니다. 일분일초가 아쉬운 시간일 것입니다. 사람이 위독한 경우에는 1분 사이에 죽기도 하고 살기도 합니다. 일본에서 지진과 쓰나미로 피해를 입은 경우에는 3초가 늦어서 생명을 잃기도 했습니다. 지금 회당장에게는 시간에 쫓기는 길이기에 일분일초가 귀한 황금시간이었을 것입니다.

그런데 주님은 길 가던 도중에 열두 해를 혈루증이라는 병으로 고생하던 여인을 외면하지 않으시고 만나주시고 그 여인을 치료해주시고 평안히 가게 하십니다. 그러자 곧 회당장의 딸이 죽었다는 절망적인 소식을 듣게 됩니다. 마지막 한 가닥의 소망의 빛줄기까지 완전히 끊어지게 됩니다.

35절에 보면 "당신의 딸이 죽었나이다 어찌하여 선생을 더 괴롭게 하나이까"라고 회당장의 집에서 사람들이 와서 말합니다. 즉 '당신의 딸이 죽었으니 그리스도라 할지라도 이제는 너무 늦었으니 포기합시다.'라는 비관적인 말을 한 것입니다. '더 이상 예수 선생을 괴롭게 하지 마십시오! 회당장님!' 이런 의미가 아니겠습니까? 그러기에 회당장 자신도 이제는 모든 것이 끝났으니 자포자기할 수가 있고 이것이 하나님의 섭리인가 보다 하고 받아들일 수 있고 '남은 장례식 절차만 조용히 마무리하렵니다.'라고 말할 수 있었을 것입니다.

그러나 자비하신 우리 구주 예수 그리스도는, 36절에 "두려워하지 말고 믿기만 하라"고 위로의 말씀을 들려주십니다. 회당장이 자기의 딸이 죽었다는 슬픈 소식을 듣고 나서는 절망할 수밖에 없었습니다. 왜냐하면 그는 우리 구주 그리스도께서 죽어가는 딸을 살려주실 것을 간절하게 애원했기 때문입니다. 그러나 우리 구주 예수 그리스도의 말씀은 절망 속에 있는 그에게 소망의 말씀을 주시는 것입니다. "두려워하지 말고 믿기만 하라"는 것입니다. 우리 구주 예수 그리스도께서 한 번 말씀하신 것은 그대로 이루어집니다.

회당장의 딸의 죽음은 인간적으로 보면 슬픔과 절망으로 보이지만, 우리 구주 예수 그리스도 앞에서는 어떤 방해나 문제가 되지 아니합니다. 다만 회당장에게 불안과 공포로 인하여 불신앙에 사로잡히지 않기를 조심하라고 경고하시는 것입니다. 우리 구주 예수 그리스도께서 회당장에게 "믿기만 하라"고 하신 말씀은 그가 구주의 말씀을 믿기만 한다면 그분의 능력으로는 능히 하지 못할 것이 없다는 사실을 알려주는 것입니다. 우리에게도 작은 믿음이 있으면, 이 믿음은 매우 귀한 것입니다. 다이아몬드가 아무리 작아도 가치가 있는 것처럼 우리 그리스도인들에게 매우 작은 믿음이라도 이것은 매우 소중한 것입니다. 이런 작은 믿음이라도 잘 간직하고 활용해야 하는 것입니다.

믿음은 갑자기 성장하는 것이 아닙니다. 믿음이 들어가고 성숙되는 시간이 오래 걸립니다. 어떤 면에서 고난을 많이 받게 되면 믿음이 견고해지고 질적으로 성숙한 신앙의 사람이 됩니다. 우리들에게도 감당할 수 없는 시험과 어려움들이 산재해 있습니까? 혹시 그렇다면 우리 구주에게 맡기시기를 바랍니다. "나의 영혼아 잠잠히 하나님만 바라라 무릇 나의 소망이 그로부터 나오는도다 오직 그만이 나의 반석이시요 나의 구원이시요 나의 요새이시니 내가 흔들리지 아니하리로다"(시 62:5-6)라고 성경은 말씀합니다. 하나님만이 우리의 견고한 반석이시고 소망이시고 구원이십니다.

스코틀랜드의 종교개혁자 존 낙스 목사는 "그리스도 안에서 살라. 그리하면 죽음도 두려워할 필요가 없다."고 했습니다. 우리 인생의 마지막 종착역이라고 하는 죽음까지도 주님께 맡기십시오. 왜냐하면 삶과 죽음이 모두 주님의 손에 달려 있기 때문입니다. 우리의 인생 전폭을 주님께 맡기면 주님이 완전하게 도우시고 책임을 져 주십니다. 하나님의 말씀은 모두가 예만 있을 뿐입니다. 아멘만 있습니다. 두려움과 슬픔에 잠긴 자들을 치유하는 유일한 방법은 곧 믿음입니다. 우리 구주 예수 그리스도를 믿고 의지해서 슬픔과 두려움을 극복하고 지속적으로 신뢰하고 의지하면 그리스도는 우리에게 최상의 것으로 주실 것을 믿어야 합니다. 그러므로 두려워하지 말고 믿기만 하라는 것입니다. 그러나 우리 구주 예수 그리스도는 죽어가는 사람이라고 하여 살릴 가능성이 있으시고 죽은 자라고 하여 가능성이 없다고 말씀하시는 분이 아니십니다. 전능하신 우리 구주 예수 그리스도는 말씀 한마디로 살리십니다.

구주께서 이런 고난의 쓴 잔을 회당장에게 주신 것은 그의 신앙의 깊이를 시험하시려는 것입니다. 우리 그리스도인들에게도 종종 시험을 주십니다. 믿음의 깊이를 측정하십니다. 구약의 의인 욥에게도 까닭 없는 고난이 찾아옵니다. 감당하지 못할 시험을 주십니다. 그러나 우리에게는 감당할 시험을 주십니다. 회당장에게도 감당할 수 있는 시험을 주신 것입니다. "내 형제들아 너희가 여러 가지 시험을 당하거든 온전히 기쁘게 여기라"(약 1:2)고 성경은 말씀합니다. 보통 사람들은 한 가지 시험만 당하여도 숨을 쉬지 못할 경우가 있습니다. 그런데 여러 가지 시험이 한꺼번에 온다면 어떻게 감당할 것입니까? 그러나 시험을 당할 때에 온전히 기쁘게 여기라는 것입니다. 그 이유는 시련이 인내를 이루기 때문입니다. 인내를 이루면 부족함이 없는 자리에 이르게 되는 것입니다 시련을 통하여 겸손을 배우고 하나님을 더욱 알아 갈 수만 있다면 그는 고난의 대학에서 영광스러운 졸업장을 받게 될 것입니다.

회당장의 집에서 아마도 친족들과 이웃들이 울며 슬퍼하는 것을 볼 때에 이 어린 소녀는 주변의 사람들로부터 많은 사랑을 받았을 것입니다. 아름답고 고운 꽃이 채 피기도 전에 시들어진 것처럼, 이 아이는 성년으로 성장하기도 전에 시들어진 것입니다. 이 외동딸이 죽었다는 것은 논리가 아니라 너무나도 명백한 현실입니다.

38절에 보면 우리 주님께서 떠드는 것과 사람들이 울며 심히 통곡함을 보십니다. 떠드는 자들은 초상집에서 고용되어 돈을 받고 울어 주는 자를 말합니다. 팔레스타인 문화로 볼 때에 아마도 피리 부는 자들을 고용하고 그들이 애절하고 구슬프게 소리를 냈을 것입니다. 초상집의 슬픈 분위기를 만들어가기 위하여 처량하고 슬픈 곡을 연주합니다. 통상적으로 악사들이 있다는 것은 죽음의 절차가 끝나고 구체적인 장례식이 진행되는 것을 알려주는 것입니다. 슬픔에 젖어있는 예식 위에 구슬픈 피리 소리가 올라갈 때에 장례식 분위기를 더 우울하게 만드는 것입니다. 이런 것들은 이방인들의 예식입니다. 슬픔을 덜어내기 위하여 한다는 것이 오히려 상한 마음과 슬픔을 부추기는 것이 되었던 것입니다.

회당장의 딸이 죽은 집이기에 멀고 가까운 곳에서 문상하러 온 자들도 많았을 것입니다. 마음을 같이한다고 울어주는 여인들도 있어서 절망과 낙심의 장소가 되었을 것입니다. 그들은 죽은 자를 위하여 하는 일이기에 주님은 그들에게 물러가라고 하십니다. 주님은 이 이적에 대한 증인이 되기에 합당하지 않은 자들을 내보내십니다. 자기 자신의 슬픔에 빠져서 시끄럽게 울고 이성을 잃는 사람들, 그리고 우리 구주의 뜻에 무지하고 비웃음으로 경멸하는 자들을 밖으로 나가라고 하십니다.

40절에 보면 "예수께서 그들을 다 내보내신 후에"라고 성경은 말씀합니다. 주님은 그들과 함께 하시기를 원치 아니하십니다. 주님은 성전 안에서 돈 바꾸는 자들과 장사하는 자들을 모두 쫓아내셨습니다. 우리 주님은 슬픔을 당한 집에서 돈으로 고용하여 곡하는 자들과 피리 부는 자 들을 모두 밖으로 내 보내신 것입니다. 그들은 모두 불신앙의 사람들이기 때문입니다. 우리 구주 예수 그리스도의 몸 된 교회에도 부정적인 소리를 내는 자들이 사라지면 교회가 조용하여 지고 은혜 중에 부흥이 되는 것입니다.

인간적으로 보면 절망일 때에 하나님은 위기를 기적으로 보여주십니다. 주변 사람들이 보는 시각은 딸이 죽었기에 죽음을 끝으로 보고 있는 것입니다. 그러나 주님은 이 소녀가 죽은 것이 아니라 잔다고(39절) 말씀하십니다. 그 말씀을 듣고 주변의 사람들은 어떤 반응을 보입니까? 그들이 비웃습니다(40절). 즉, 슬퍼하고 떠들고 통곡해주는 자들이 비웃었다는 것입니다. 그들의 비웃음은 전능하신 하나님의 아들 예수 그리스도를 업신여기는 것입니다. 만 왕의 왕 되신 주님을 무시하고 비방하는 웃음인 것입니다. 앞으로 재림하시고 심판하실 종말의 주를 경멸하는 행위인 것입니다.

만약에 주님이 조롱을 당하신다면 우리들은 어떻게 해야 하겠습니까? 온갖 수치와 고통을 당한다고 하여도 우리는 그 수치의 관이라도 달게 받아야 하지 않겠습니까? 우리 구주 예수 그리스도께서 우리를 생각하시고 기억하여 주신다면 어떤 고난도 감수하여야 하지 않겠습니까? 이 시간에 우리 구주 예수 그리스도가 보시는 관점은 죽음이 아니고 잠이라는 것입니다. 사람들은 죽음이라고 하면 인생의 마지막 종착역으로 생각합니다. 죽음 하면 모든 것이 끝났다고 말합니다. 그러나 전능하신 주님은 죽은 것이 아니라 잠을 잔 것이라고 말씀 하십니다. 이 소녀가 죽은 것이 아니라 잔다고 말씀하실 때에 주변의 사람들은 비웃습니다.

아마도 죽은 자는 소망이 없는 것이라고 조롱하고 비난을 거듭하였을 것입니다. 그러나 이런 와중에서도 주님은 회당장에게 조롱과 조소를 참고 견디기를 원하십니다. 우리에게도 하나님의 놀라운 은혜와 복을 주시는 때에 주변 사람들에게 비난과 무시를 당할 때가 있습니까? 그래도 마음으로 괴로워하거나 슬퍼하지 맙시다. 우리 구주 예수 그리스도의 십자가의 고난을 묵상하면서 인내할 수 있기를 간절히 소원합니다.

3. 두려워하지 말고 믿기만 해야 합니다. (36절)

"두려워하지 말고 믿기만 하라"고 성경은 말씀합니다. 우리 구주 예수 그리스도는 시간과 공간을 초월하셔서 역사하십니다. 병든 자와 귀신들린 자들도 고치시고 죽은 자들도 살리시는 분이십니다. 우리 구주 예수 그리스도는 인생의 책임자이십니다. 무기력하고 무능력한 인간은 우리 구주 예수 그리스도를 의지하고 바라보아야 문제를 해결할 수가 있습니다. 우리는 아무리 절박한 상황에 이른다고 할지라도 하나님의 절대 주권을 믿어야 합니다.

그런데 우리가 어떻게 두려워하지 아니하고 평안한 마음을 소유할 수가 있겠습니까? 그것은 하나님의 주권 사상을 믿는 것입니다. 청교도들은 그리스도의 주권 사상을 믿었습니다. 하나님은 우리 인생을 파멸로 내려놓기도 하시고 올리시기도 하십니다. 때로는 죽이기도 하시고 살리기도 하십니다. 성공과 실패가 모두 하나님의 손 안에 달려있는 것입니다. 이것이 하나님의 주권인 것입니다. 우리는 아무리 절박하고 힘든 상황이라 할지라도 주님의 말씀을 믿읍시다. 두려워하지 말고 믿기만 하라, 우리 구주 예수 그리스도께서 은혜를 베푸시면 모든 만사가 해결되는 것입니다. 누가 복음서에는 "두려워하지 말고 믿기만 하라 그리하면 딸이 구원을 얻으리라"(눅 8:50)고 주님은 말씀하십니다. 영국의 스펄전 목사는 "나를 믿기만 해라. 죽음이 정말 거기에 있다고 할지라도 흔들리지 말라. 나는 죽음보다 더 큰 자로다."라고 설명했습니다.

무엇을 두려워하지 말고 믿어야 합니까? 39절에 보면 "이 아이가 죽은 것이 아니라 잔다"라고 우리 구주 예수 그리스도께서 말씀하십니다. 성경은 여러 곳에서 "죽었다는 것"을 나타내기 위하여 "잔다"라는 표현을 사용합니다. 주님은 나사로에게도 "우리 친구 나사로가 잠들었도다 그러나 내가 깨우러 가노라"라고 말씀하십니다(요 11:11). 여기서 우리 구주 예수 그리스도는 잠과 죽음을 구별하여 말씀하십니다. 그리고 죽었던 딸이 다시 살아나게 될 것에 대한 기대를 주변의 사람들에게 보여주십니다. 이 말씀의 깊은 의미는 '너희가 죽었다고 생각하는 딸이 다시 살아나게 될 것을 너희는 보리라.'는 뜻입니다. 우리 구주 예수 그리스도는 생명의 주관자가 되십니다. 병든 자를 고치시고 죽은 자를 살리시는 분이십니다.

조금 전까지만 해도 사람들이 울며 심히 통곡했고 떠들고 소란을 피우고 우는 분위기입니다. 세속적인 애곡에만 몰두 되었던 그들이 주님의 말씀을 받아들이기가 어려웠던 것입니다. 우리가 경건하게 신앙생활을 한다는 것은 참으로 다행이요 은혜 중의 은혜요 복인 것입니다. 우리 구주 예수 그리스도의 보혈과 능력을 제한하는 자들은 전능하신 하나님을 모독하는 것입니다. 그러나 주님은 "이 아이가 죽은 것이 아니라 잔다"고 말씀하셨음에도 불구하고 그들은 믿지 아니하고 비웃습니다. 이 비웃음은 우리 구주 예수 그리스도의 능력을 무시하는 처사인 것입니다. 불신앙에 속한 자들은 어찌할 도리가 없는 것입니다. 우리들도 주님께서 하신 말씀을 의심하지 말고 믿고, 성경 66권 진리의 말씀을 하나님의 말씀으로 믿어야 합니다. 인간의 이성으로 이해가 가지 않아도 믿어야 합니다. 이것이 믿음인 것입니다.

41절에 보면 주님께서 "달리다굼 하시니 번역하면 곧 내가 네게 말하노니 소녀야 일어나라 하심이라"고 성경은 말씀합니다. 우리 구주 예수 그리스도는 그 소녀에게 익숙한 모국어로 말씀하신 것입니다. 누가복음서에는 "예수께서 아이의 손을 잡고 불러 이르되 아이야 일어나라 하시니"(눅 8:54)라고 성경은 말씀합니다. 우리 주님은 싸늘하게 죽어있는 소녀의 차갑고 움직이지 않는 손을 잡아주신 것입니다. 이것은 그리스도의 음성이 큰 권능이 있음을 보여주는 것입니다. 그리고 "그 영이 돌아와 아이가 곧 일어나거늘"(눅 8:55)이라고 성경은 말씀합니다. 유대인들의 풍습은 의사가 환자에게 약을 줄 때에 네 병에서 일어나라고 말하였다고 합니다. 이 말은 네가 곧 일어나 치유되고 회복되기를 바란다는 뜻입니다.

그러나 전능하신 우리 구주 예수 그리스도는 죽은 딸에게 신앙적으로 죽은 주변의 사람들 가운데서 일어나라고 말씀하십니다. 이 말씀 속에는 깊은 영적 교훈이 있습니다. 죽은 자는 스스로 일어날 수가 없습니다. 죽은 자는 일어날 힘도 없습니다. 그러므로 우리 구주 예수 그리스도께서 죽은 자를 일어나도록 힘을 주시는 말씀이 주어진 것입니다. 성 어거스틴은 "당신이 명하는 것을 주시고 당신이 원하는 것을 명하소서."라고 했습니다. 우리 주님은 명령하시면서 역사하십니다.

그러므로 주님은 당신 자신이 기뻐하시는 대로 죽은 소녀에게 일어나라고 명령하신 것입니다. "소녀야 일어나라"(탈리다 쿠미)라고 말씀하십니다. 여기서 〈탈리다〉라는 말은 '소녀'라는 말이고, 〈쿠미〉라는 말은 아람어로 '일어나라'라는 뜻입니다. 전능하신 우리 구주 예수 그리스도께서 말씀하시니 죽었던 딸이 살아나자마자 일어나서 걸어갑니다. 지금도 우리 구주 예수 그리스도는 말씀으로 이 우주를 붙들고 보존하시고 통치하시며 섭리하십니다. 인간 피조물인 어린 소녀에게 "소녀야 일어나라"(탈리다 쿠미)라고 명령하실 때에 곧 바로 살아나는 기적의 현주소가 나타납니다.

본문 42절에 보면, 우리 구주 예수 그리스도께서 말씀하시니 그대로 이루어집니다. "소녀가 곧 일어나서 걸으니 나이가 열두 살이라 사람들이 곧 크게 놀라고 놀라거늘"이라고 성경은 말씀합니다. 주변의 사람들이 보고 크게 놀라고 놀랐다는 말은 크게 황홀하였다는 뜻입니다. 특히 부모들 편에서 놀라고 황홀하였을 것입니다. 조금 전까지만 하여도 그들은 우리 구주 예수 그리스도의 말씀을 조롱하고 비웃고 비난하던 자들입니다. 그러나 시간과 공간을 초월하여 역사하시는 우리 구주 예수 그리스도는 죽은 소녀를 살리심으로 하나님의 영광을 드러낸 것입니다. 이 놀라운 사건은 우리 구주 예수 그리스도께서 회당장에게 하신 말씀 "두려워하지 말고 믿기만 하라"는 그 말씀이 응답된 것입니다.

43절에 보면 "이에 소녀에게 먹을 것을 주라"고 주님은 말씀하십니다. 이 소녀는 며칠 동안 아무것도 먹지 못하였을 것입니다. 그러나 사랑의 주님은 죽은 소녀를 살리실뿐만 아니라 먹을 것을 주게 하심으로써 소녀의 살아있는 모습을 확실하게 확인시켜 주십니다. 그러니 완악하고 완고한 자들이 이 놀라운 능력을 어찌 부인할 수가 있겠습니까? 그러므로 구원받은 하나님의 백성들은 어떤 위기적인 환경에 처한다고 해도 두려워하지 말고 우리 구주 예수 그리스도의 능력을 믿어야 합니다. 그리고 주님은 이 소녀에게 먹을 것을 주라고 말씀하십니다. 이 말씀은 소녀의 건강이 회복되었다는 것을 보여주는 것입니다. 주님은 병들어 죽어가는 자를 아니 죽은 자를 살리시는 분이십니다. 우리의 병든 환경 비참한 상황이라고 할지라도 구주께서 치료하시면 회복됩니다.

우리는 무엇보다도 우리의 마음이 병들지 말아야 합니다. 불신앙적인 말과 행동을 삼가야 합니다. 불신앙의 사람은 죽음을 가장 두려워합니다. 그러나 믿음의 사람은 사망의 두려움이 오더라도 겁내지 아니합니다. 사람을 두려워하면 올무에 걸리지만 하나님을 의지하면 안전하게 되는 것입니다(잠 29:25). 주님이 하신 말씀, 즉 두려워하지 말라는 말씀을 우리는 절대적으로 믿어야 합니다. 사람의 말은 절대적이라고 할 수 없습니다. 항상 불완전하고 가변적이기 때문에 변할 수가 있습니다. 그러나 "예수 그리스도는 어제나 오늘이나 영원토록 동일하시니라"(히 13:8)고 성경은 말씀합니다.

예수 그리스도는 하나님의 아들이시고 전능하신 하나님이십니다. 그분은 만유의 주시며 만 왕의 왕이시고 모든 인생의 책임자가 되십니다. 그분은 우주 만물을 보존하시고 섭리하시고 통치하실 뿐만 아니라 인간의 생사화복을 모두 주장하시는 분이십니다. 사람에게는 불가능이 있을지라도 우리 구주 예수 그리스도에게는 불가능이 전혀 없으십니다. 내 계획과 자신의 생각을 앞세우지 말고 우리 구주 예수 그리스도의 섭리 속에 맞추어야 합니다.

영국의 《천로역정》의 저자 존 번연이 어느 날 기도하는 중이었습니다. 유혹자가 와서 속삭입니다. 너에게는 하나님의 자비도 그리스도의 보혈도 관계가 없다고 합니다. 그러니 기도하는 일은 헛수고라고 합니다. 그러나 번연은 계속 기도하겠다고 말합니다. 그러자 유혹자는 그래도 네 죄는 그대로 남아있어 용서받지 못한다고 속삭입니다. 번연은 그래도 나는 계속 기도하겠다고 합니다. '주님! 저는 주님만이 구원자요 구원하실 것을 믿습니다.' 이렇게 간절히 기도하는 순간에 어떤 사람이 뒤에서 그의 등을 힘껏 때리는 것처럼 그의 마음속에 '오! 내 아들아, 네 믿음이 크도다!'라는 주의 음성을 듣게 됩니다. 기도하면 우리 하나님이 붙들어 주십니다. 그러므로 우리 구주 예수 그리스도의 말씀만 의심하지 아니하고 그대로 믿으면 모든 문제는 해결되는 것입니다.

결 론

우리가 고난 중에서도 연단을 잘 통과하면 큰 유익이 됩니다. 시인은 "우리가 불과 물을 통과하였더니 주께서 우리를 끌어내사 풍부한 곳에 들이셨나이다"(시 66:12)라고 증언합니다. 시련과 고통이 눈물과 피를 쏟는 것 같지만 결국은 하나님의 은혜의 바다로 들어가게 되는 것입니다. 우리 주 예수 그리스도를 의지하는 것은 하나님의 선물입니다. 사람을 믿고 의지하는 것은 한계가 있습니다. 그러나 전능하신 하나님을 의지하고 사는 사람은 복을 받습니다. 이 세상을 살다 보면 인생 한계 상황에 도달할 때가 있습니다. 그러나 하나님은 두려워하지 말라, 놀라지 말라고 말씀하십니다. 우리 구주 예수 그리스도도 두려워하지 말고 믿기만 하라고 말씀하십니다. 두려워하지 말라는 말씀을 우리 심장에 새기고 그대로 믿고 의지하게 될 때에 실망과 좌절과 절망도 사라지게 되며 새 생명을 찾게 됩니다.

하나님의 생각과 인간의 생각이 다르고 하나님의 계획과 사람의 계획이 판이하게 다른 것입니다. 우리들이 어떤 형편과 처지에 있든지 전능하신 우리 구주 예수 그리스도의 은혜는 영원토록 동일합니다. 하나님의 구원은 언제나 한결같습니다. 그러므로 두려워하지 말고 전능하신 하나님의 손길을 날마다 믿고 승리하시기를 우리 주님의 이름으로 간절히 축원합니다.

17
강권하여 내 집을 채우라
[누가복음 14:15-23]

서 론

 인생은 두 종류로 살아갑니다. 하나님의 구원 계획과 그분의 사랑을 알고 우리 구주 예수 그리스도를 영접하여 예수를 믿으면 믿을수록 '벌레 같은 내가 감히 하나님의 자녀가 되고 예수 그리스도의 친구가 되다니' 하고 감사하고 감격하며 살아가는 인생이 있습니다. 반면에 내가 왜 구원받아야 하는지에 대하여 알지 못하고 살아가는 사람이 있습니다. 그는 하늘과 땅을 찾아다니며 지혜롭게 사는 것 같지만 전혀 하나님의 사랑과 우리 구주의 십자가의 은혜를 경험하지 못한 자들입니다. 이런 자들은 홀로 의롭다고 자칭하는 자들이기에 죄를 쉽게 버리려고 하지 않습니다. 즉 자기의 의를 계속 주장하는 것입니다. 예수를 나의 구주로 영접하고 그의 피로 죄 용서 받는 것을 인정하려고 하지 않습니다. 그러나 하나님의 강권하는 사랑을 기쁨으로 받아들이는 자는 영원히 죽지 아니하고 천국에 들어가는 구원의 선물을 받게 되는 것입니다.
 오늘 본문의 배경은 그리스도의 복음이 전파되는 장소에 하나님이 거저 주시는 은혜와 긍휼이 나타남을 보여주는 것입니다. 어떤 사람이 큰 잔치를 베풀었다는 것은, 하나님은 가난하고 세상에서 소외된 사람들이 잘 먹고 소생할 수 있도록 진수성찬을 차려놓은 것을 의미합니다. 메시아 시대는 잔치와 더불어 시작됩니다. "만군의 여호와께서 이 산에서 만민을 위하여 기름진 것과 오래 저장되었던 포도주로 연회를 베푸시리니 곧 골수가 가득한 기름진 것과 오래 저장하였던 포도주로 하실 것이며"(사 25:6)라고 성경은 말씀합니다. 이 잔치가 복음서에 또 나옵니다. 본문과 마태복음(마 22:1-10)에 나옵니다. 하나님은 먼저 하나님이 선택하신 유대인들을 초청하셨습니다.

우리 구주 예수 그리스도는 복음을 위한 집만 준비하신 것이 아니라 그 집을 항상 열어두고 계십니다. 오늘날도 교회의 문은 열려있고 교회 안으로 들어오라고 주님은 말씀하시는데, 이는 복음의 공동체가 형성되어진 것을 의미합니다. 주인은 이제 모든 것이 준비되어 종들을 보내어 초청하십니다. 그러므로 초청받은 자들은 오기만 하면 되는 것입니다.

특별히 본문에서 모든 것이 준비되었다는 말씀은 지금은 은혜 받을 때인 것을 의미하는 것입니다. 지금은 은혜 받을 만한 때이지만 이 문이 항상 열려있는 것만은 아닙니다. 언젠가는 이 문이 닫힐 때가 올 것입니다. 그러므로 지금 와야 하는 것입니다. 지금 순종하고 와서 잔치에 참여하여 먹고 복음을 받아들여야 하는 것입니다. 우리 구주 예수 그리스도 앞으로 하루라도 빨리 오는 것이 좋습니다.

1. 큰 잔치에 초대받은 자의 변명이 무엇입니까?

공통점은 "다 일치하게 사양하여"(18절), 한결같이 일치하여 사양하였다는 것입니다. 여기 "사양하다"라는 단어의 헬라어는 〈파라이데오마이 Paraideomai〉입니다. 이 말은 거절하고 거부하는 것이고 일축하고 멸시하는 것을 의미합니다. 이 세 사람은 주인의 잔치자리에 가고 싶지 않다고 솔직히 말한 것이 아닙니다. 그들이 간곡하게 요청을 받았다면 모두 일치한 마음으로 왔어야 할 것입니다. 그렇지만 그들은 나름대로 핑계와 변명을 대고 오지 않았던 것입니다. 이것은 유대인들이 처음에 초청을 받았지만 거의 대부분이 우리 구주 예수 그리스도의 복음의 초대를 거부하고 부정하고 받아들이지 아니한 것을 의미하는 것입니다. 그들은 예수를 나의 구주로 구세주로 믿지 아니하고 인간 목수의 아들로만 생각하였던 것입니다. 한마디로 복음 잔치를 경멸했던 것입니다. 즉 그들은 이해가 될 만한 이유거리도 없이 즉석에서 모두 일치하게 사양하였던 것입니다.

사도 바울은 "보라 지금은 은혜 받을 만한 때요 보라 지금은 구원의 날이로다"(고후 6:2)라고 증언합니다. 유대인이나 이방인의 관계없이 하나님이 은혜주실 때에 은혜를 받아야 합니다. 은혜가 항상 주어지는 것이 아닙니다. 은혜 받을 기회를 놓쳐버리면 평생 예수 믿지 못하고 죽을 수도 있기 때문입니다. 십자가에 못 박히신 우리 구주 예수 그리스도께서 양팔을 벌리시고 죄인들을 초청하실 때에 주님 앞으로 겸손하게 나와야 합니다. 인생이 이 세상의 모든 것을 소유하였다 할지라도 우리 주님이 안 계신다면 모든 것을 잃은 것이나 다름이 없습니다. 그러나 이 세상의 것을 모두 잃어버렸다고 할지라도 예수 그리스도가 나의 구주시요 구세주이심을 믿고 사는 자는 영생의 복을 누리게 되는 것입니다.

죄인이 사는 길은 자비하신 우리 주님의 초청에 달려가는 것입니다. 그러기에 이 복음이 유대인에게서 이방인으로 넘어가게 된 것입니다. 이방인인 우리는 이스라엘 밖에 있던 자들입니다. 하나님의 율법과 약속을 받지 못한 자들입니다. 그럼에도 불구하고 이방인인 우리들이 복음을 받게 된 것은 은혜 중에 은혜인 것입니다. 우리가 복음을 듣지 아니하고 예수를 구주로 영접하지 아니하였다면 영원히 멸망할 수밖에 없는 존재들입니다. 그러나 복음 초대의 잔치 집에 초대받은 사람들은 특권과 영광이 있는 것입니다. 이 잔치에 참여한 자들은 육신적인 것만 배부름을 얻는 것이 아니라 저 영원한 천국 문에 들어갈 수 있는 특권을 가졌기 때문입니다.

영적으로 거듭나지 아니한 자연인들은 이상하게도 영적인 일에는 별로 관심을 갖지 아니합니다. 일시적이고 순간적인 복권 당첨에는 큰 관심을 가질 수 있지만 복음에 대한 관심은 없는 자들이 많습니다. 육신의 쾌락과 정욕을 위해서는 시간과 물질을 아낌없이 쏟아내기도 합니다. 그리고 돈이 없어서 가지 못함을 안타까워합니다. 물과 성령으로 거듭나기 전에는 하나님 나라에 대한 생각조차도 못하게 되는 것입니다. 우리는 진리를 알아야만 합니다. 왜냐하면 진리가 우리를 자유하게 하기 때문입니다. 진리는 예수 그리스도이십니다.

그러면 첫 번째 사람은 왜 사양했습니까?

1) 첫 번째 사람은 재산 증식 때문에 사양했습니다. (18절)

18절에 보면 "나는 밭을 샀으매"라고 성경은 말씀합니다. 나는 밭을 샀으매 갈 수 없다는 것입니다. 여기서 "밭"이란 말은 헬라어로 〈아그로스 agros〉입니다. 이 말은 '들'이나 '경작된 땅의 한 부분 밭, 전원시골'을 의미합니다. 아마도 이 사람은 좋은 조건으로 나와 있던 밭 일부분을 샀을 것입니다. 그래서 그 밭이 좋은 땅인지 아닌지 살펴보려고 가봐야 하겠다는 것입니다. 그의 마음은 재산 증식에만 온통 신경을 쓰고 있기 때문에 아무리 잔치 상이 좋아도 갈 수가 없다는 것입니다.

그러나 이런 마음을 가진 사람은 참으로 어리석은 자입니다. 새로 구입한 밭을 보러 간다는 것은 그 다음 날에 가도 되지 않겠습니까? 바쁘다 보면 며칠 후에 가도 되는 것입니다. 그 밭이 갑자기 다른 곳으로 옮겨질 것도 아니고 다른 사람의 이름으로 등기가 이전이 될 것도 아닙니다. 그대로 두어도 전혀 관계가 없음에도 불구하고 무엇이 그렇게 염려가 되었는지 밭을 샀으매 갈 수가 없다고 사양한 것입니다. 밭을 샀기 때문에 못 간다는 이유는 사실상 타당하지 않은 이유입니다. 왜냐하면 이미 주인과의 행정적 서류가 끝난 이상은 하루 더 늦어진다고 해도 자신에게는 손해 볼 일이 없기 때문입니다. 그가 아무래도 나가 보아야 하겠다는 말은 단순히 자기 자신의 마음일 뿐입니다.

현대인들은 너무나 생존경쟁이 심한 사회에서 살아갑니다. 한 순간도 여유가 없이 일에 노예가 될 정도입니다. 육신적인 일에만 너무나 얽매이다 보면 세상의 염려들로 마음이 여러 갈래로 분산되는 것입니다. 그러므로 하나님 앞에 나아가 전심을 다할 수가 없고 점점 하나님과 멀어지게 됩니다. "육신을 따르는 자는 육신의 일을, 영을 따르는 자는 영의 일을 생각하나니 육신의 생각은 사망이요 영의 생각은 생명과 평안이니라"(롬 8:5-6)라고 성경은 말씀합니다. 육신의 생각은 사망인데 이 사망은 영원한 사망이며, 생명과 평안은 천국에서 누릴 온전한 평안을 의미하는 것입니다.

우리는 세상에서 곤고하고 어렵게 산다고 하더라도 하나님의 말씀대로 살면서 은혜 중에 거하고, 죽어서는 천국에서 영원한 생명을 누려야 할 것입니다. 우리는 하나님의 형상대로 지음 받은 인간이므로 그 분을 사랑하고 경외하면서 살아가는 것이 정상인 것입니다. 그러나 거룩한 삶을 살지 못하면 짐승보다도 못한 삶을 살게 되는 것입니다. 그러니 이런 사람은 아무리 복음의 초대장을 보내고 종들을 보내어도 전혀 구원에 관심이 없는 자들인 것입니다.

종교개혁자 요한 칼빈은 말하기를 "덧없는 재물이나 세상이 주는 여러 가지 좋은 것들보다 하나님의 나라를 택하는 사람은 백 명 중에 한 명이나 있을까 말까 하다. 모든 사람이 동일한 병에 걸려있는 것은 아니지만 각 사람은 자신의 욕망을 따라 어그러진 길로 가고 있기 때문에 그 결과로 모든 사람이 제각각 온갖 어그러진 길에서 방황하여 헤매고 있다."고 했습니다. 게다가 안타까운 것은 불경건한 자들은 아주 그럴듯한 핑계를 대고서 하나님의 은혜를 거부한다고 강조했습니다.

하나님의 은혜를 거절하는 사람은 오직 세상적인 일에만 관심이 있는 것입니다. 그러기에 그들은 하나님 나라나 천국에 대하여는 전혀 무관심한 사람들입니다.

그러나 이런 일들은 이 세상 나라에 있을 때에만 적용되는 것입니다. 우리 주 예수 그리스도께서 세상에 다시 오시는 날에는 그들의 최후는 매우 비참하게 될 것입니다. 밭이나 세상 물질이 모두 불타버리게 되는 그 날이 올 것입니다. 심판의 날에 그 재물이 무슨 소용이 있습니까? 그 물질이 공의로 판단하시는 주님 앞에서 나를 구원할 수 있겠습니까? 우리 구주에게 나아오기만 하면 그분은 우리를 기쁨으로 환영하십니다.

2) 두 번째 사람은 농사일 때문에 변명했습니다. (19절)

"나는 소 다섯 겨리를 샀으매 시험하러 가니"라고 성경은 말씀합니다. 첫 번째 사람이 세상 속에서 도취되어 안주하는 생활을 하는 자라면, 두 번째 사람은 세상일에 지나치게 염려하고 걱정하는 자입니다. 소가 건강한지 밭을 잘 갈 수 있는지, 주인의 말을 잘 들어서 부릴 수 있는가를 시험한다는 것입니다. 얼마나 의심이 많으면 소 한 마리도 아니고 소 다섯 겨리를 다 시험한다는 것 아닙니까? 혹시라도 이 사람이 소를 시험한다는 것이 소를 사기는 샀지만 일을 잘하는지 아니면 길이 잘 들여지지 않았는지 시험했을지도 모릅니다.

이렇게 세상적인 일에만 매여 있는 사람은 복음을 받아들일 수가 없는 것입니다. 예수를 나의 구주로 믿는 것은 단순한 사건입니다. 그러나 기억할 것이 있습니다. 아무나 예수를 나의 구주로 믿는 것 같아도 하나님의 은혜가 임하시 아니하면 우리 주 예수 그리스도를 믿지 못한다는 것입니다. 이 두 사람의 경우, 영혼보다는 육신적인 일에 너무나 사로잡혀 있기 때문에 영적인 것을 소홀히 여기고 있습니다. 지상에서 영원히 살 줄 알고 하나님 나라에 대하여는 준비를 하지 못한 자들입니다.

이런 일들은 인간적으로 볼 때는 치밀하고 준비성이 많아 지혜로운 자처럼 보이지만 세속적인 일에 너무나도 집착하다 보면 신앙적인 일에 치명적인 영적 손실을 가져오게 되는 것입니다. 일반적으로 실수하여 법규를 위반하여 벌금을 내는 경우에도 얼마나 손해를 느낍니까? 물질적인 것에 대한 손해만이 손해가 아닙니다. 신앙적으로 손해 보는 것은 물질적인 것과 다르므로 이것은 돈으로 해결되는 것이 아닙니다. 우리는 어떤 환경에서라도 믿음을 손해 보지 않도록 주의해야 할 것입니다. 그러므로 우리는 영적인 일에 손실이 되지 않도록 세상일들을 잘 관리할 수 있는 지혜가 필요한 것입니다.

3) 세 번째 사람은 집안 사정으로 거절했습니다. (21절)

21절에 보면 "나는 장가들었으니 그러므로 가지 못하겠노라"라고 성경은 말씀합니다. 그렇다면 천국 문에 들어갈 시간에 나는 가정 형편 때문에 보류하겠다고 말해야 하는 것입니까? 이것은 매우 어리석은 행위입니다. 우리가 아내를 사랑한다고 하여 잔치 집에 가지 못할 이유는 없는 것입니다. 남편과 아내의 관계는 둘이 아니라 하나요 한 몸입니다. 그러므로 함께 행동을 해야 하는 것입니다. 차라리 아내를 집에 두고 갈 바에는 함께 가야 합니다. 아내 때문에 갈 수 없다고 핑계한 것은 합당한 이유가 되지 못합니다. 사실은 잔칫집이라고 할지라도 가정에서 아내와 단란하게 있는 것이 더 좋다고 생각했던 것입니다. 그러므로 마음속으로는 갈 마음이 없었던 것이 분명합니다.

우리가 신앙생활의 의무를 감당하는 일이 싫어지면 그 어떤 것도 실천하기가 어려운 것입니다. 율법에 의하면 결혼한 사람은 일 년 동안은 전쟁에 나가는 것이 면제되었습니다(신 24:5). 그러나 모든 남자들이 여호와의 절기에 의무적으로 올라가 참석하는 그 자리까지는 핑계를 될 수가 없는 것입니다. 이것은 전쟁터에 싸우러 나가는 것이 아니기 때문입니다. 하나님을 만나고 높으신 그 분에게 경배하러 가는 것이기 때문입니다. 이 절기는 사람이 만든 절기가 아닙니다. 여호와 하나님이 명령하신 절기인 것입니다. 이 절기보다 더 확실한 우리 구주 예수 그리스도의 복음 잔치에까지 사양한다는 것은 나는 구원을 포기하며 살겠다는 것이나 다름이 없는 것입니다.

우리의 혈육으로 인하여 하나님께 가까이 나가는 것이 방해를 받는다면 이것을 극복하지 않으면 안 되는 것입니다. 차라리 아내와 동행하여 잔치에 참여하였더라면 더 환영 받았을 것입니다. 우리의 마음속에 우리 구주 예수 그리스도께서 왕으로 좌정하신다면 밭도 더 잘 경작이 될 것입니다. 그리고 농사일도 풍작을 이룰 것입니다. 또한 가정생활에도 은혜와 평강이 함께하기 때문에 더욱 행복해질 것입니다. 본문에 나오는 세 사람의 인간적인 사정을 들어보면 이해는 갑니다. 그러나 천국에 들어가는 일을 세상일 때문에 거절한다면 이 얼마나 어리석은 일입니까? 그러므로 그들은 주인의 요청에 한결같이 핑계를 대고 사양했던 것입니다.

본문 21절에 보면 "종이 돌아와 주인에게 그대로 고하니"라고 성경은 말씀합니다. 이 종은 신실한 종입니다. 왜냐하면 있는 그대로 상황을 솔직하게 보고했기 때문입니다. 그 종들은 초대하는 일을 하였지만 결국 헛수고를 하였던 것입니다. 하나님의 종들은 언제라도 사실 그대로 하나님께 보고해야 합니다. 이런 무례한 행동으로 인해 주인은 노하였던 것입니다(21절). 그 이유는 복음의 초대를 받고도 잔치를 무시했기 때문입니다. 복음으로 초대받은 것은 이 세상에서 어떤 잔치나 축제보다도 더 귀하고 복된 자리입니다. 복음의 초청이 아닌 것은 우리에게 아무리 화려하고 웅장한 초대라고 할지라도 거기에는 구원과 생명은 없습니다. 십자가에 못 박히신 우리 구주 예수 그리스도에게 오는 자가 아니면 결코 구원에 이르지 못하는 것입니다. 이들이 한결같이 십자가의 복음 초대를 거부한 것은 엄격한 의미에서 하나님을 멸시한 행위인 것입니다. 타락한 죄인을 구원하시려는 하나님의 의도를 정면으로 도전한 것입니다.

하늘의 달도 하나님 앞에서는 명랑하지 못하거든 하물며 전적으로 타락한 벌레 같은 우리 인생이 하나님의 긍휼하심을 악용한다면 더 무서운 심판이 내려지는 것입니다. 이것은 사람이 하나님의 두려운 심판을 막을 수 없는 것입니다. 하나님의 은혜를 거절하면 불경건한 사람인 에서가 장자권을 상실한 것처럼 은혜를 잊어버리게 되는 것입니다. 우리 주 예수 그리스도를 믿음으로 영접할 수 있는 기회를 거부한다면 우리 구주를 믿으려고 할지라도 믿지 못하게 되는 때가 오는 것입니다.

복음 잔치에 초대를 받은 사람들이라 할지라도 그 초청을 가볍게 여기고 사양한다면 영원히 그 잔치에 참여할 수 없게 되는 것입니다. 천국 문이 닫히는 그 날에는 어리석은 처녀들처럼 비참하게 천국에 들어가지 못하게 되는 것입니다. 그러므로 공평하게 복음을 받았음에도 불구하고 불신앙으로 사양한 자들은 마지막 심판대 앞에서 우리 주님의 최후의 심판을 받게 될 것입니다. 그러므로 주인은 종들에게 다시 다른 사람들에게 초대하라고 말씀합니다.

2. 주인은 또 다시 어떻게 명령했습니까?

1) 세상에서 가난하고 병든 자들을 초대했습니다. (21절)

21절에 보면 "그 종에게 이르되 빨리 시내의 거리와 골목으로 나가서 가난한 자들과 몸 불편한 자들과 맹인들과 저는 자들을 데려오라

하니라"고 성경은 말씀합니다. 영국의 매튜 헨리 목사는 "세관에서 나오는 상인들과 상점 문을 닫고 있는 장사꾼들은 초청하지 말라. 그들은 핑계를 대고자 할 것이다. (상인들은 장부 정리를 위하여 경리과로 가야 한다고 할 것이고 장사꾼들은 친구와 술 한잔하러 가야 한다고 할 것이다.) 그러므로 오직 기쁜 마음으로 오고자 하는 자들만을 초청하라."고 했던 것입니다. 주인은 길과 시내로 나가서 가난한 자들과 몸이 불편한 자들을 차라리 데리고 오라는 것입니다. 이런 자들은 세상에서는 홀대를 받기도 합니다. 그런데 이 주인에게는 이런 사람들이 환영을 받고 있다는 것입니다. 우리 주님 앞으로 나오는 자들은 부유한 자가 주 앞으로 나오는 확률보다 가난하고 병들고 소외당한 자들이 나오기가 쉽다는 것입니다. 이런 사람들을 우리 주님은 쌍 손으로 받으시고 환영하여 주시는 것입니다.

"누구든지 주의 이름을 부르는 자는 구원을 얻으리라"(롬 10:13)고 성경은 말씀합니다. 여기에는 어떤 선행이나 공로를 가지고 오라는 조건이 없습니다. 유대인이든지 이방인이든지 주의 이름을 부르기만 하면 구원을 얻는 것입니다. 이 세상에서 가장 큰 은혜와 복은 물질적인 부유함이나 지위와 명예를 얻는 것이 아니라 주님이 주시는 부요입니다. 이것이 그리스도인이 누릴 구원인 것입니다.

잠시 잠깐 있다가 사라지는 안개와 같은 인생이 부질없는 것에 매달리지 말고 예수 잘 믿고 구원받아야 할 것입니다.

2) 어디서든지 강권하여 내 집을 채우라는 것입니다. (23절)

"사람을 강권하여 데려다가 내 집을 채우라"고 성경은 말씀합니다. "강권하다"란 말의 단어는 헬라어로 〈아낭카조 anangkazo〉입니다. 이 말은 '억지로나 압박하여 강제로 시키다, 강요하는 것'을 의미합니다. 그리고 이 말은 간곡하게 청하고 권하는 것입니다. 또한 재촉하는 것을 말합니다. 우리 주님께서 종들을 통하여 복음 잔치에 정중하게 초대를 했습니다. 그러나 그들이 그 호의를 거절하고 배은망덕한 행동을 했습니다. 그렇다면 이제는 세상에서 가장 소외되고 불쌍한 사람들을 다 모아서 잔치하실 것을 말씀하시는 것입니다.

부족한 저 자신도 예수를 믿지 아니하였더라면 쓰레기 중에서도 가장 더러운 죄인이 되었을 것입니다. 그러나 예수를 나의 구주로 믿고 구원을 받았으니 얼마나 놀라운 축복이요 은혜인지 모릅니다. 우리 하나님은 사랑이십니다. 우리가 하나님을 사랑한 것이 아니요 하나님이 우리를 사랑하신 것입니다(요일 4:10). 그 분은 우리의 허물과 죄를 다 알고 계십니다. 우리 자신의 무능력과 무기력도 다 보고 계십니다. 그럼에도 불구하고 그 모든 것을 용납하시고 이제는 주께로 돌아오라고 말씀하십니다. 죄인이 살 길은 돌아오는 것입니다(호 6:1-2).

우리 구주 예수 그리스도에게 돌아오기만 하면 구원의 선물을 주시는 것입니다. 그러므로 길과 산울타리로 가서 사람을 강권하라고 말씀합니다. 시골 길이라도 가서 할 일 없이 떠도는 사람이나 밭에서 도랑을 만들고 있는 사람과 울타리를 만드는 사람들을 강권하여 데려오라는 것입니다. 어떻게 말입니까? 간곡하게 강권해야 하는 것입니다. 강제성을 띠어서라도 오게 하라는 것입니다. 왜냐하면 하나님의 은혜는 변함이 없기 때문입니다.

사람은 변하고 강산도 달라집니다. 그러나 하나님의 사랑은 변함이 없으십니다. 하나님이 구원하시기로 작정된 사람들은 반드시 구원하실 것이기 때문입니다. "나를 보내신 이의 뜻은 내게 주신 자 중에 내가 하나도 잃어버리지 아니하고 마지막 날에 다시 살리는 이것이니라 내 아버지의 뜻은 아들을 보고 믿는 자마다 영생을 얻는 이것이니"(요 6:39-40)라고 성경은 말씀합니다. 이것이 하나님의 주권입니다. 그럼에도 불구하고 이 위대한 초청을 망설이고 결정을 못 내리는 사람들이 있을 수 있는 것입니다. 그러므로 한 번 강권하여 듣지 않으면 들을 때까지 물고 늘어져야 하는 것입니다. 설령 어떤 사람이 거절하였다고 할지라도 하나님이 선택하신 사람이라면 그 초대를 감사함으로 받아들일 것입니다.

우리 주 예수 그리스도의 복음이 가난한 자들에게 은혜를 베푸신다는 것은 참으로 크신 사랑입니다. 그러므로 우리들도 가난한 자들에게 자비를 베푸는 것이 마땅한 것입니다. 여기서 "길"이란 말은 헬라어로 〈호도스 hodos〉입니다. 이 단어는 '작은 길'을 의미합니다. 또한 이스라엘 바깥의 이방인 지역으로 통했던 길을 말합니다.

우리 하나님은 당신이 선택한 유대인들을 초청하였지만 그들은 미리 약속이라도 한 것처럼 모두 거절했습니다. 그러므로 복음이 유대인으로부터 이방인에게 넘어간 것입니다. 그리하여 이방인인 우리들에게도 복음이 전수 되어진 것입니다. 얼마나 감사한 일입니까?

복음의 역사는 놀랍게 나타납니다. 복음을 순수하게 받아들일 것이라고는 기대하지도 않았던 지역에서 복음을 영접하는 놀라운 일들이 일어나기도 합니다. 주님은 세상에서 죄인이 대명사인 세리들과 창기들이 서기관들과 바리새인들보다 먼저 하나님 나라에 들어갔다고 말씀하십니다. 주님의 제자 중에 마태는 세리 출신입니다. 로마정부에 아부하고 유대인들에게 세금을 착취하는 매국노이기도 합니다. 이런 사람이 변화되어 우리 주님의 제자가 된 것입니다(마 10:3). 복음서에는 "세리 마태"로 기록되어 있습니다. 그러므로 처음 된 자가 나중 되고 나중 된 자가 먼저 된다고 성경은 말씀합니다.

우리가 자신의 죄에 대하여 크게 생각하면 할수록 절망에 빠지게 됩니다. 그러나 염려할 것이 없습니다. 주님의 초대를 받고 모든 죄를 회개하고 복음을 받아들이면 그 때부터는 우리 주 예수 그리스도만 생각하며 살 수 있게 될 것입니다. 이것이 구원받은 자의 고백인 것입니다. "주 여호와의 말씀이니라 죽을 자가 죽는 것도 내가 기뻐하지 아니하노니 너희는 스스로 돌이키고 살지니라"(겔 18:32)고 성경은 말씀합니다. 우리 하나님은 인간이 죄 값으로 망하고 죽는 것을 원하지 아니하십니다. 스스로 돌이키고 살라고 말씀하십니다. "여호와께서 말씀하시되 오라 우리가 서로 변론하자 너희의 죄가 주홍 같을지라도 눈과 같이 희어질 것이요 진홍같이 붉을지라도 양털 같이 희게 되리라"(사 1:18)고 성경은 말씀합니다. 여호와 하나님에게로 돌아와야 죄 문제가 해결되는 것입니다.

죄 많은 곳에 은혜도 많이 나타납니다. 그러므로 우리 주님은 강권하여 내 집을 채우라고 말씀하시는 것입니다. 그리고 "산울타리"라는 말은 '말뚝으로 둘러싼 것'을 의미합니다. '산울로 둘러막은 땅, 경내'를 말합니다. 즉 가시로 만든 가시 울타리인 것입니다. 주인이 종들을 보내어 시내의 거리와 골목으로 나가서 데려오라고 하였는데 아직도 자리가 있다는 것입니다. 그러므로 이제는 이것 가지고 안 되는 것입니다. 주인은 잔치 자리를 가득 채우기까지 작은 길과 가시 울타리 길까지 가서 강권하여 데려오라고 말씀합니다. 도시에 있는 사람들이 많이 몰려오면 좋을 터인데 그렇지 못합니다. 작은 길과 가시로 만든 산울타리까지 가서 사람들을 만나는 대로 강권하여 데려오라는 것입니다. 하나님 앞에서 한 영혼이 얼마나 귀합니까? 오지 않는 자들은 할 수 없습니다. 그러나 빈자리를 가득 채우기 위하여 강제성을 가지고 사람들을 데려오라는 말씀입니다.

우리 구주 예수 그리스도는 "아버지께서 내게 주시는 자는 다 내게로 올 것이요 내게 오는 자는 내가 결코 내쫓지 아니하리라"(요 6:37)라고 말씀하십니다. 주님은 우리 죄인들을 위하여 십자가의 고난을 받으셨습니다. 고난 받으시는 주님은 기둥에 묶여 무서운 채찍을 맞으시고 결국 십자가에 달려 손을 벌리고 발은 못에 단단히 고정되었습니다. 죽어 가시면서 신음 소리를 내십니다. 그리고 당신이 가지고 계신 물과 피를 다 쏟으시고 마지막으로 다 이루었다고 말씀하십니다.

우리 죄인들을 대신하여 십자가에 못 박히신 우리 주님은 "내게 오는 자는 결코 내쫓지 아니하리라" 말씀하십니다. 진심으로 마음속으로부터 감격스럽기만 합니다. "주 예수를 믿으라 그리하면 너와 네 집이 구원을 받으리라"(행 16:31)고 성경은 말씀합니다. 그러므로 우리는 신속하게 나가야 합니다. 본문 21절에 보면 "빨리 시내의 거리와 골목으로 나가서"라고 주인이 종들에게 명령합니다. 즉, 모든 것이 준비되었으므로 빨리 나가라는 것입니다. 연기하면 시간을 낭비하고 그 짧은 시간에 복음의 초청을 받을 사람이 죽을 수도 있기 때문입니다. 그러므로 속히 서둘러 신속하게 한 영혼을 만나야만 하고 그 영혼이 주님의 초청 잔치에 참여하도록 최선을 다해야 할 것입니다. 누구든지 만나기만 하면 오늘이라고 하는 그 시간을 놓치지 말고 강권하여 데리고 와야 합니다. 왜냐하면 오늘은 하나님이 초청받은 자들에게 주시는 주권적인 섭리와 구원의 날이기 때문입니다.

은혜 받을 날이 오늘이라면 오늘 이 시간을 주님께 드려야 하는 것입니다. 구원 받는 날이 오늘이라면 모든 만사를 제쳐놓고서라도 초청 받은 오늘이라고 하는 시간에 꼭 와야만 하는 것입니다. 왜냐하면 그 시간을 놓쳐버리고 죽는다면 영원히 죽음의 길로 갈 수밖에 없기 때문입니다.

여기서 말하는 "강권"이란 무엇입니까? 사랑의 마음으로 진리를 깨우치는 것을 의미합니다. 동시에 강요하고 강제성을 가지는 것을 말합니다. 왜냐하면 신앙은 자발적인 것이지만 강제력이 주어질 때에 순수하게 따르는 일도 나타나기 때문입니다. 그러므로 사람의 강요에 못 이겨 왔든지 자발적으로 왔든지 우리 구주에게 오기만 하면 그는 사망에서 생명으로 옮겨지는 구원의 복을 누리게 되는 것입니다. "진실로 진실로 너희에게 이르노니 믿는 자는 영생을 가졌나니"(요 6:47)라고 성경은 말씀합니다. 누구든지 예수를 나의 구주로 믿기만 하면 영생, 즉 구원을 누리게 되는 것입니다.

우리 구주 예수 그리스도는 우리에게 복음을 전하라고 명령하십니다. "너희는 온 천하에 다니며 만민에게 복음을 전파하라"(막 16:15), 그 다음에 약속이 주어집니다. "믿고 세례를 받는 사람은 구원을 얻을 것이요 믿지 않는 사람은 정죄를 받으리라"(막 16:16)고 성경은 말씀합니다. 매우 두렵고 떨리는 말씀입니다. 하나님은 살아 계신 분이시며 우리의 모든 일거일동을 다 보고 계시는 분이십니다.

그 분 앞에서 피할 자는 아무도 없고 하늘 높이 올라간다고 하여도 바다 속 깊이 내려간다고 할지라도 하나님 앞에서는 숨길 수가 없는 것입니다. 이 세상 나라에서 영원히 살 것으로 착각해서는 안 됩니다. 우리 주님께서 믿으라고 할 때에 순순하게 믿는 것이 좋습니다. 그리고 언젠가 우리는 하나님의 심판대 앞에 서게 될 것입니다. 이것을 의심하여서는 안 됩니다.

"썩을 양식을 위하여 일하지 말고 영생하도록 있는 양식을 위하여 하라 이 양식은 인자가 너희에게 주리니 인자는 아버지 하나님께서 인치신 자니라"(요 6:27)라고 성경은 말씀합니다. 썩을 양식은 이 세상 살아가는 동안에 필요한 것들이지만 "영생하도록 있는 양식"은 현세에서 천국의 소망을 바라보고 사는 삶을 의미합니다. 왜냐하면 믿음은 영혼의 생명이기 때문에 고달픈 세상에서 하나님의 은혜로 사는 것만이 가장 복된 삶이기 때문입니다.

우리는 영생을 목표로 삼고 살아야 할 것입니다. 현재 구원의 문이 열려있을 때에 복음증거도 가능한 것입니다. 우리 구주 예수 그리스도의 긍휼의 문이 만약에 닫히는 날에는 아무리 소리치고 몸부림쳐 봐도 아무 소용이 없는 것입니다. 천국 문은 열리지 않기 때문입니다. 그러므로 주님은 이 시간에도 많은 사람들에게 초청장을 보내십니다. 주님은 우리에게 어떤 공로를 요구하시지 않고 값없이 은혜를 주십니다. 예수 그리스도를 나의 구주로 믿는 자들에게는 하나님의 의가 주어집니다. 이것은 누구에게든지 차별이 없는 하나님의 의입니다. 그리고 의롭다 함을 받는 것은 값없이 주어지는 것입니다. "그리스도 예수 안에 있는 속량으로 말미암아 하나님의 은혜로 값 없이 의롭다 하심을 얻은 자 되었느니라"(롬 3:24)고 했고, 예수 믿는 자를 의롭다(롬 3:26)고 성경은 말씀합니다.

결 론

우리 주님이 우리를 세상에 존재하게 하시는 목적은 구원 받을 사람을 강권하시기 위함입니다. 복음을 듣든지 안 듣든지 관계없이 우리는 복음을 전하고 한 영혼을 설득하고 구원의 길로 인도해야 할 것입니다. 우리는 부족하고 연약하지만 하나님은 전능하십니다. 그러므로 우리는 한 영혼을 구원하기 위하여 고민하고 가족과 이웃을 위하여 울며 기도합시다. 이것 외에 어떤 것이 더 필요하겠습니까?

사람은 상대적이기 때문에 자기에게 악하게 대하면 악으로 대하려고 합니다. 그러나 우리 주님에게는 악하면 악할수록 우리 구주께서 사랑으로 용납하십니다. 우리 주 예수 그리스도의 이름으로 강권하여 주의 집을 채우실 수 있기를 주님의 이름으로 간절히 축원합니다.

18
응답되는 기도
[누가복음 18:1-8]

서 론

고아의 아버지 죠지 뮬러는 기도에 대하여 이렇게 설명합니다. "기도를 하면 하늘의 문이 열리고 답답했던 나의 마음에 환한 빛이 들어온다. 기도를 하면 불가능하다고 생각했던 일들이 가능해진다. 기도를 하면 꼬여있던 일들이 풀린다. 기도를 하면 온갖 문제의 해결책이 떠오른다. 기도를 하면 하나님의 신비한 섭리가 나타난다. 기도를 하면 나도 모르는 사이에 무사히 함정도 지나가 버린다. 기도를 하면 내게 감추어졌던 미래의 복들이 나타난다. 기도를 하면 내 인생의 놀라운 계획이 펼쳐지기 시작한다. 기도를 하면 이 놀라운 계획 앞에 천사들의 손길이 돕기 시작한다. 기도를 하면 문제는 작아지고 올려보던 문제를 내려다보게 된다. 이 놀라운 약속과 복이 기도에서 얻어진다. 오직 빈곤이 있다면 그 빈곤은 게으른 빈곤 기도의 빈곤일 뿐이다."

그러므로 기도를 말하는 사람보다 기도하는 영혼은 더 귀하고 복된 것입니다. 기도는 그리스도인에게 의무요 특권입니다. 기도는 특권 중에서도 고귀하고 신성한 특권입니다. 그런데 기도는 특권만이 아니라 그리스도인들에게 도구가 되면 하나님께서 응답하시는 조건이 되는 것이기도 합니다. 우리에게 기도는 하나님의 도움을 얻도록 정해진 조건입니다. 하나님이 우리에게 도움을 주신다면 하나님의 무한하신 능력이 나타나게 되는 것입니다. 그러므로 기도를 사소하게 여기거나 하찮게 생각해서는 안 되는 것입니다. 아무리 부족한 기도라고 할지라도 하나님의 뜻에 합당하면 기도는 넓어지고 깊어지게 되는 것입니다. 문제를 만났을 때에 기도하면 하나님은 주시겠다고 약속하십니다.

　기도는 하나님께 다가가는 것이고 하나님을 기쁘시게 하는 일입니다. 하나님께 구하는 일을 확신하는 것은 매우 즐거운 것이며 기도의 생명을 유지하는 것입니다. 기도함으로 자신의 무가치함을 깨닫게 되는 것이고 하나님께 우리의 부족을 은혜와 능력으로 채워달라는 간청인 것입니다. 우리는 물처럼 한없이 약하지만 전능하신 하나님을 통하여 얻는 힘으로 위대한 일을 감당하게 되는 것입니다. 그러므로 우리에게는 기도를 대신 할 수 있는 것은 아무것도 없습니다.

　기도 없이 살 수 없고 기도를 중단해서도 안 됩니다. 하나님과 기도로 교통하고 교제하면 은혜와 축복이 넘칩니다. 그럼에도 불구하고 슬프게도 우리는 기도를 많이 하지 못함을 고백하게 됩니다. 모든 염려와 두려움과 절망과 영적인 결핍에서 벗어나는 일은 기도로써만이 이루어지는 것입니다. 우리들이 아무리 희망이 보이지 아니하는 절망적인 상태에 있더라도 낙망하지 말 것은 우리가 기도할 수 있기 때문입니다. 예수 그리스도의 십자가 보혈을 의지하고 주님께 기도하면 우리 영혼이 소생하며 심령이 평온하게 되는 것입니다.

　기도는 그리스도인에게 있어서 의무와 부담감으로 다가오기보다는 기쁨과 특권이며 동시에 영광입니다. 종교개혁자 요한 칼빈은 말하기를 "기도는 믿음의 영속적인 행사"라고 했습니다. 기도하는 사람만이 믿음을 지속할 수 있기 때문에 언제라도 그리스도인들은 기도해야 할 의무와 사명이 있는 것입니다. 구약성경을 보면 하나님은 특별히 과부를 사랑하십니다. 하나님은 "고아와 과부를 위하여 정의를 행하신다" (신 10:18)고 성경은 말씀합니다. 사람의 정의보다 더 정확한 판단은 하나님이 판단하시는 것입니다. 재판관이 정의를 따라 행사하지만 그도 인간인지라 잘못 판단할 수도 있고 오류를 남길 수도 있습니다. 그러나 인간 재판장보다 더 예리한 눈으로 판단하시는 분은 전능하신 하나님이십니다.

궁휼과 자비와 사랑이 풍성하신 하나님은 과부의 한 맺힌 원한을 풀어주시는 분이십니다. 그 하나님은 사람을 외모로 보지 아니하십니다. 사람은 상황에 따라서는 뇌물도 받습니다. 그러나 하나님은 재판장이 뇌물을 받고 재판을 불의하게 하는 것을 용납하지 아니하십니다. "너는 과부의 옷을 전당 잡지 말라"(신 24:17)고 했고, "과부의 송사를 억울하게 하는 자는 저주를 받을 것이라 할 것이요 모든 백성은 아멘 할지니라"(신 27:19)고 성경은 말씀합니다. 얼마나 두렵고 떨리는 말씀입니까? 공정하지 못한 재판을 하는 자에게는 이런 심판이 따른다는 것입니다.

사람이 언제라도 교만하면 무너지게 되어 있습니다. 이 과부는 고독하고 외로운 과부요 힘없는 사람입니다. 그런데 재판장은 하나님이 마음에 없는 사람입니다. 사람을 무시까지 하니 얼마나 문제 해결에 방해물이 많은 것입니까? 그녀는 자존심과 부끄러움을 무릅쓰고 애절하게 원수의 한을 갚아 달라고 매달리는 것입니다. 이 청원은 차라리 죽음보다 더 괴롭고 고통스러웠을 것입니다.

그러면 이 본문을 통하여 응답 받는 기도에 대하여 함께 은혜를 나누려고 합니다. 응답 받는 기도는 어떤 기도입니까?

1. 낙심하지 아니하는 진실한 기도입니다. (1절)

"낙심하지 말아야 할 것을" 예수님은 비유로 말씀하십니다. 여기서 "낙심하다"라는 단어는 헬라어로 〈엥카케오 enkakeo:〉입니다. 이 말은 '용기를 잃고 축 늘어진 상태'를 의미합니다. 즉 피곤하고 지쳐서 쇠퇴하는 것을 말합니다. 그러나 기도하는 백성은 언제라도 새 힘과 용기와 능력을 주님께로부터 얻게 되는 것입니다. 주님께서 우리에게 주시는 비유의 교훈은 절대로 기도하는 일에 있어서는 낙심하지 말라고 위로와 격려를 주시는 말씀입니다.

오늘 본문의 말씀을 보면 이 여인은 낙망할 만한 조건이 있었습니다. 우선 재판장이 살아계신 하나님을 두려워하지 않는 사람이고, 사람의 인격을 존중하지 아니하고 무시합니다. 사람이 사랑을 받지 못하는 것도 서러운데 설상가상 무시까지 당하면 얼마나 마음이 속상합니까? 자존심이 강한 사람은 자기 성질을 억누르지 못하여 되돌아갈지도 모릅니다. 그런데 이 재판장은 그것도 모자라 양심도 마비된 사람이며 매우 고약한 성품의 소유자라고 할 수 있습니다. 이 여인이 애원할 때마다 독을 토하는 분노가 나타났을지도 모릅니다. 냉정하고 날카로운 태도를 보이고 그 일에 관심이 없는 모습을 보였을지도 모릅니다.

그러나 이 여인은 어떻게 합니까? 5절에 보니, 그를 번거롭게 합니다. "번거롭게 하다"는 단어는 헬라어로 〈코포스 kopos〉입니다. 이 말은 '치다, 매질, 고된 일, 고통, 곤란'을 의미합니다. 이 여인이 하나님을 알지 못하고 두려워함이 없는 재판장에게 가서 고통거리를 준 것입니다. 어떤 학자는 "그 여인이 나를 상하게 하니"라고 해석했습니다. 마음을 상하게 하였는지 몸을 상하게 하였는지 어쨌든 이 여인이 재판관을 상하게 한 것이라고 볼 수 있습니다. 그러기에 이 재판장은 이런 일로 내가 괴로울 바에는 차라리 이 여인의 호소를 들어주자는 것이었습니다. 재판장이 불친절하고 여인의 의견을 무시하고 외면당하는 일이 있어도 개의치 아니하고 끈질기게 졸라대기에 그는 여인의 소원을 들어주는 것이 낫겠다고 판단한 것입니다.

우리의 기도도 마찬가지입니다. 기도하는 일에 있어서 큰 장애물은 무엇보다도 낙심하는 것입니다. 즉 낙망하는 것입니다. 그러나 성경은 기도하는 일에 힘쓰라고 말씀합니다. "기도를 계속하고 기도에 감사함으로 깨어 있으라"(골 4:2)고 성경은 말씀합니다. 우리가 잠시라도 낙심하면 기도를 포기하게 됩니다. 우리가 만약에 기도를 중단하면 우리가 하나님께로부터 받아야 할 은혜와 분복을 놓치게 되는 것입니다. 이 세상에서 수많은 그리스도인 일꾼들이 더 큰 영향력을 미치지 못하는 이유는 딱 하나입니다. 그것은 기도하지 않고 일하기 때문입니다.

북아메리카의 기도의 성자로서 존경 받는 데이비드 브레이너드 선교사는 육신이 매우 연약한 사람이었으나 영적으로는 용맹 있는 하나님의 사람이었습니다. 수년 동안 폐결핵을 앓아 고생을 많이 했습니다. 결국 폐병 4기로 29세의 젊은 나이에 하나님의 품에 안기게 됩니다. 그는 하나님의 인도하심을 받고 북아메리카 인디언들 가운데서 선교사역을 했습니다. 그는 종종 겨울 밤, 때로는 숲 속으로 들어가 발이 푹푹 빠지는 차가운 눈밭에서 무릎을 꿇고 찬 이슬을 맞아가며 몇 시간을 간절히 기도했습니다. 하나님은 그의 기도를 응답하셨고 예전에 기대하지도 못한 놀라운 부흥의 역사를 북아메리카 인디언들에게 주신 것입니다.

우리에게 강력한 영적 삶이 이루어지지 않는 것은 기도 부족 때문입니다. 그러므로 기도하지 않는 것은 죄가 되는 것입니다. 그리스도인이 끈기 있게 기도한다는 것은 매우 아름다운 미덕 중의 하나입니다. 기도가 즉시 응답되지 않는다고 하여 기도를 중단해서는 안 되는 것입니다. 그러다 보면 기도의 열정까지도 식어질 수가 있습니다. 설령 기도 응답이 이루어지지 않는다고 해도 낙심하지 아니하는 자세가 더 중요한 것입니다. 이것이 오히려 믿음이 있다는 증거일 수 있는 것입니다.

그러므로 주님은 제자들에게 그리고 넓은 의미에서 우리에게 낙심하지 말고 기도하라고 권면하시는 것입니다. 이 비유에서 주님은 냉정하고 몰인정한 재판장과 가난한 과부를 소개하십니다. 하나님을 알지 못하고 사람을 무시하는 재판장은 이 가련한 과부의 소원을 무시하고 묵살하려고 했을지도 모릅니다. 매일 매 순간 이 여인을 보면 차가운 눈길을 보내며 신경 쓰고 싶지 않다는 모습을 보였을지도 모릅니다.
　그러나 이 과부는 억울한 사정이 쌓여있는 한 맺힌 여인입니다. 우선 남편이 없는 과부요 자녀들이 있는지 없는지는 알 수 없으나 자녀가 있다면 멍에요 없다고 한다면 한 없이 외로울 것입니다. 재산도 넉넉하지 못하여 하루하루 먹고 사는 민생고도 어려웠을 것이고 하루살이 인생입니다. 그런데 이 재판장은 남의 일처럼 생각하는 것 같습니다. 어떻게 보면 과부의 원수가 저지른 악행을 묵인하고 시간만 지나면 무혐의 처리가 되리라고 생각했을 것입니다. 그렇다고 이 여인에게는 주변의 사람들이 앞장서서 도움을 줄 수 있는 형편도 되지 못합니다. 더욱이 자신의 재물이 풍족하여 재판장에게 뇌물을 줄만한 입장도 아니었다고 봅니다. 속으로는 욕하고 원망했을지는 모르나 이웃들에게도 시원하게 비난을 하지는 못했을 것입니다. 그러니 날마다 시간은 지나가고 세월은 흘러가는데 그 심정이 얼마나 괴롭고 힘들었겠습니까?
　그럼에도 불구하고 이 여인은 매일 끈질기게 청원했던 것입니다. 보통 여인으로서는 감당할 수 없는 일이며 상상할 수도 없는 일입니다. 남편이 있어서 동행해도 힘들 일인데, 남편도 없는 과부가 홀몸으로 끈질기게 요청하는 것은 보통 일이 아닌 것입니다. 만약에 이 여인이 낙심하였다면 문제는 해결이 안 되었을 것이 확실합니다. 연약한 여인이 불의한 재판장에게 억울한 사연을 지속적으로 애원한 것도 소원이 이루어졌다면, 하나님의 자녀들이 드리는 기도를 하나님은 반드시 들어 주시지 않겠습니까? 하나님이 없다고 하는 재판장은 낯선 여인의 간청을 들을 적마다 불쾌하다고 생각했을 것입니다.

이 여인은 낮이나 밤이나 시간을 가리지 아니하고 "내 원수에 대한 나의 원한을 풀어주소서"(3절)라고 성경은 말씀합니다. 이 말은 매우 간단하면서도 매우 긴급한 절규입니다. 변호사에게 줄 만한 소송비가 없었을 것이기에 무작정 법적 절차를 밟지 아니하고 재판장에게 직접적으로 애걸하는 것입니다.

이 재판장은 이 여인이 날마다 나를 괴롭게만 한다고 생각하였을 것입니다. 그러나 은혜와 자비가 풍성하신 하나님은 우리들의 간구 소리를 귀 담아 들으시는 분이십니다. 특히 7절에 "그 밤낮 부르짖는 택하신 자들"이라고 성경은 말씀합니다. 밤낮 부르짖는다는 것은 우는 것을 의미합니다. 우리는 인생을 살면서 항상 순탄하지는 않습니다. 경건한 하나님의 백성들이 현세에서 당하는 온갖 고난들은 그들로 하여금 그것을 해결하여 주시도록 하나님께 간절하게 기도하게 만듭니다.

우리가 험악한 세상을 살다 보면 때로는 원치 아니하는 피눈물 나는 고통의 때가 한 번쯤은 오는 것입니다. 이때는 생명 바쳐 목숨 바쳐 기도해야만 합니다. 우리의 진실한 기도가 하나님을 움직일 것입니다. 하나님은 우리의 고통과 신음 속에서 부르짖는 것을 다 보고 계시는 분이십니다. 신대륙을 발견한 콜럼버스는 낯선 지상의 새들과 떠다니는 해초와 나뭇조각들을 보고 육지에 도착한 것입니다. 마찬가지로 우리들도 작은 징조들을 보고 종종 놀라운 축복의 시간이 다가옴을 확실히 느끼는 것입니다. 그러므로 이 기도가 지속되어야 하는 것입니다. "너희가 내게 부르짖으며 내게 와서 내게 기도하면 내가 너희들의 기도를 들을 것이요 너희가 온 마음으로 나를 구하면 나를 찾을 것이요 나를 만나리라"(렘 29:12-13)고 성경은 말씀합니다. 우리는 위기를 만날 때에 무엇보다 부르짖어 기도해야 합니다.

우리가 하나님께 부르짖어 기도할 때에 전적으로 매달려야 합니다. 성령 안에서 간절히 간구해야 합니다. 기도하면 할수록 지치는 것이 아니라 하나님이 더 힘을 주실 것입니다. 우리가 기도를 쉰다면 영적으로 우리는 죽을 수밖에 없지만 기도하면 영적으로 회복이 되고 심령이 강해지게 됩니다. 기도하는 것은 하나님의 은혜를 사모하는 것입니다. 오직 주님만이 우리의 소망이시고 우리의 생명인 것입니다. 그러므로 낙심하지 말고 낙망하지 아니하고 기도해야 합니다. "여호와의 눈은 온 땅을 두루 감찰하사 전심으로 자기에게 향하는 자들을 위하여 능력을 베푸시나니"(대하 16:9)라고 성경은 말씀합니다. 우리가 가장 절박한 상황에서 전심으로 생명 걸고 기도한다면 하나님의 능력과 역사가 반드시 나타날 것입니다.

우리는 모든 매사에 기도할 때에는 끈질기게 전심으로 주님에게 부르짖어야 합니다. "이 과부가 나를 번거롭게 하니 내가 그 원한을 풀어 주리라"(5절)라고 성경은 말씀합니다. 즉 고통과 곤란함을 주기 때문에 원한을 해결해 주겠다는 것입니다. 여기서 교훈을 받는 것은 이 과부가 재판장의 마음을 끊임없이 괴롭게 만들기 때문에 내가 그 과부의 호소를 들어주는 것이 편하겠다는 것입니다. 그리고 재판을 통하여 그 원한을 풀어주겠다고 말하는 것입니다. 그것은 그 여인이 내게 시끄럽게 항의함으로 내 평판이 나빠질까 염려하는 것도 아니고 그 위치에서 이동될까 두려워서도 아닙니다. 이것은 재판장 자신의 업무에 있어서 날마다 방해가 되기 때문에 날이면 날마다 애원함으로 자신도 괴로웠던 것입니다. 그것으로 인하여 자신이 피곤하지 않기 위해서라도 그 청원을 들어주겠다는 것입니다. 그리하여 이 과부는 끈질기고 지속적으로 간청함으로 억울한 사정을 풀게 되었던 것입니다. 비록 재판장은 악할지라도 이 여인은 자신의 원한을 해결 받았던 것입니다.

그러므로 우리도 하나님께 기도할 때에 낙심하지 아니하고 기도해야 하는 것입니다. 주실 줄 믿고 기도해야 하는 것입니다. 우리 주님은 "너희가 기도할 때에 무엇이든지 믿고 구하는 것은 다 받으리라"(마 21:22)고 말씀하십니다. 신실하신 하나님 앞에서 기도하는 자들은 의심하지 말고 기도해야 합니다.

《천로역정》의 저자 존 번연은 기억할 수 없을 정도로 기도 응답을 받았다고 했습니다. 우리 자신도 되돌아보면, 기도응답을 받은 것이 손으로 헤아려 볼 수 없을 정도로 많을 것입니다. "그들이 부르기 전에 내가 응답하겠고 그들이 말을 마치기 전에 내가 들을 것이며"(사 65:24)라고 성경은 말씀합니다. 가장 중요한 것은 기도는 하나님이 들으신다는 것입니다. "우리가 무엇이든지 구하는 바를 들으시는 줄을 안즉 우리가 그에게 구한 그것을 얻은 줄을 또한 아느니라"(요일 5:15)고 성경은 말씀합니다. 우리의 기도를 통하여 궁극적으로 하나님은 영광을 받으시고 우리에게는 은혜와 복을 주십니다.

2. 항상 기도하는 것입니다. (1절)

"항상 기도하고 낙심하지 말아야 할 것을 비유로 말씀하여"라고 성경은 말씀합니다. 영국의 청교도 목회자인 매튜 풀 목사는 여기에서 "항상"은 '자주, 통상적인' 것을 의미한다고 했습니다. 즉 우리는 어느 때라도 기도할 수 있으면 항상 기도하는 것이라고 강조했습니다. "그러므로 각처에서 남자들이 분노와 다툼이 없이 거룩한 손을 들어 기도하기를 원하노라"(딤전 2:7)라고 성경은 말씀합니다. 우리들이 어느 시간이든지 장소에 구애 없이 항상 자주 기도해야 하는 것입니다. 항상 기도하는 사람만이 어려운 환경과 악조건도 극복할 수 있습니다.

지속적으로 기도하는 사람은 실망으로부터 희망을 배우며 불안과 염려가 있을지라도 인내의 사람이 됩니다. 위험과 위기에 처할지라도 강하고 담대함을 가지게 됩니다. 온갖 비난을 받을지라도 주님의 도우심을 의지하는 것입니다. 왜냐하면 우리 주 예수 그리스도를 보증삼고 그 분에게 달려가기 때문입니다. 특별히 이 본문에서는 우리의 기도는 원한의 기도를 강조하는데, 이 말은 남들과 원수 관계를 맺은 원한의 기도를 의미하는 것이 아닙니다. 이 말씀의 깊은 의미는 우리에게 있어서 가슴에 무엇인가 맺힌 것을 가지고 간절히 기도하라는 것입니다.

이 기도를 지속적으로 하라고 주님은 말씀하십니다. 우리 그리스도인들은 하나님의 존귀한 이름이 이 땅에서 비난 받는 것을 볼 때에 마음 아파해야 합니다. 우리 주 예수 그리스도의 가장 아름다운 이름이 조롱당할 때에 가슴을 치며 기도해야 하는 것입니다. 왜냐하면 그리스도인이 괴로움과 원한의 문제는 성도 개개인에 속한 것이 아니고 하나님과 관계된 것이기 때문입니다. "쉬지 말고 기도하라"(살전 5:17)고 성경은 말씀합니다.

우리가 공적으로 기도하든, 은밀하게 기도하든 기도에 힘써야 할 것입니다. 학업과 직장과 생업의 휴가는 있어도 기도에는 휴일이 없습니다. 기도하면 나의 옛 사람은 죽어지고 우리 구주 예수 그리스도가 우리 속에서 내 자아를 지배하시고 왕으로서 좌정하시는 것입니다. 그러므로 중단하지 말고 기도해야 하는 것입니다. 옛날의 강대국 병사들은 항상 전투를 준비하고 있었습니다. 언제라도 나팔을 불고 공격하는 명령이 떨어지면 나가서 싸웠던 것입니다. 우리에게도 항상 기도하는 자세가 준비되어 있어야만 합니다. 기도하고 싶을 때만 기도하는 것이 아닙니다. 가끔씩 많이 기도하는 것도 좋지만 기도가 중단되어서는 안 됩니다. 매일매일 하늘나라를 향하여 부르짖어야 할 준비 자세가 되어 있어야만 하는 것입니다. 항상 기도의 능력을 힘입고 있으라는 의미인 것입니다. 기도는 모든 것을 거룩하게 합니다. 모든 일 가운데서 기도하면 주님께서 앞장서서 선하고 평탄한 길로 인도해주시는 것입니다.

항상 기도해야 완악하고 강퍅한 재판장의 마음도 움직이고 문제도 해결되는 것입니다. 우리의 기도는 항상 낙심하지 아니하는 기도여야 합니다. 하루도 쉬지 아니하고 매일 드리는 기도야말로 참으로 저력 있는 기도입니다. '항상'이라는 자체가 매우 중요한 것입니다. 주님과 좀 더 교통하고 친밀해지려면 기도해야 하는 것입니다. 기도의 목표는 하나님이 응답하실 때까지 기도하고 기다리는 것입니다.

기도의 사람 이 엠 바운즈 목사는 "적게 기도하는 것은 타락한 시대와 타락한 교회의 특징인데, 즉 기도가 부족하게 되면 영적 파산이 임한다."고 했습니다. 왜냐하면 기도의 부족은 또한 믿음의 부족이고, 신앙이 부족한 것은 기도가 부족하기 때문입니다. 영국의 청교도들이 사역하던 시대에도 신앙고백자들이 기도하지 못하고 잠을 자는 것에 대하여 한탄을 했던 것입니다. 지금 시대에도 기도 부족으로 인하여 개인이 시험이 들고 가정에 풍파가 오고 교회에도 파장이 일어납니다. 기도 부족은 믿음의 부족입니다. 자기 자신을 위해서도 기도하지 않으니 남을 위하여 기도하는 것은 얼마나 부족한 일입니까?

우리 주님이 비유로 말씀하시는 두 사람은 결코 동등하지가 않습니다. 하나님을 알지 못하고 사람을 무시하는 악한 재판장과 긍휼이 무한하신 하나님과는 감히 비교할 수 없는 것입니다. 그러나 애절하고 간절한 탄원이 냉혹한 재판장의 마음을 움직일 수가 있다면 구원 받은 백성들이 자비가 풍성하신 하나님께 간절하게 지속적으로 기도하면 거절당할 이유가 없다는 교훈을 주는 것입니다. 완고한 재판장도 불쌍한 과부가 끈질기게 요청하는 것으로 인하여 결국 청원을 들어주고 말았다면 하나님의 자녀들이 인내심을 가지고 기도하면 하나님은 그 기도를 반드시 들어주실 것입니다.

하나님은 우리의 간구에 귀를 기울이고 들으시는 분이십니다. "기도를 들으시는 주여 모든 육체가 주께 나아오리이다"(시 65:2)라고 성경은 말씀합니다. 전능하신 하나님을 알지 못하는 재판장이 소외된 과부의 청원을 들어주었다면 자비하신 하나님은 우리의 심장과 폐부를 살피시는 분이십니다. 이 과부의 끈질긴 소원은 불의한 재판관을 찾아가고 계속해서 찾아갑니다. 자신의 소원이 이루어지기까지 마음의 흔들림이 없었던 것입니다.

우리의 기도도 마찬가지입니다. 우리의 기도가 당장 응답되지 않아도 실망하지 맙시다. 우리가 죽은 이후에라도 기도는 응답될 것입니다. 그리고 기도의 응답이 늦어진다면 우리 후손들에게 가서라도 응답이 주어질 것입니다. 하나님은 기도하는 백성들을 기뻐하시고 우리의 기도하는 마음과 생각과 뜻까지 다 알고 계시는 분이십니다. 어찌 인자와 긍휼과 자비가 풍성하신 하나님이 우리의 기도를 외면하시겠습니까? 전능하신 하나님은 우리의 체질을 잘 알고 계시는 분이십니다.

사람은 조금 과로만 해도 피곤하고 지치는 인생입니다. 우리 인생은 일이 형통하고 번영하면 교만하게 되고 실패하면 절망하는 연약한 존재입니다. 죄로 인하여 넘어지기 쉽고 유혹을 받기 쉬운 자들입니다. 이런 체질을 잘 아시는 하나님은 자기 백성들이 하나님 앞에서 무릎을 꿇고 간절히 기도하기를 원하시는 것입니다. 때와 장소를 가리지 말고 기도하는 것은 하나님의 은혜의 보좌로 나아가는 길입니다. "그러므로 우리는 긍휼하심을 받고 때를 따라 돕는 은혜를 얻기 위하여 은혜의 보좌 앞에 담대히 나아갈 것이니라"(히 4:16)고 성경은 말씀합니다.

기도하면 내 심령이 살고 생동하고 내 영혼이 소생하고 다른 사람에게도 기도의 영향력을 미치게 되는 것입니다. 기도는 시작한 것으로만 된 것도 아니고, 옳게 한 것으로 된 것도 아니고, 얼마 동안 계속하는 것만도 아니고, 하나님이 응답하실 줄 믿고 받기까지 기도해야 하는 것입니다. 그러나 우리가 기도하지 않으면 넘어지고 쓰러질 수밖에 없습니다. 한 순간이라도 단 하루라도 하나님이 붙들어 주시지 아니하시면 살 수 없는 연약한 인생입니다.

시인 다윗은 "여호와여 내가 소리 내어 부르짖을 때에 들으시고 또한 나를 긍휼히 여기사 응답하소서"(시 27:7)라고 증언합니다. 기도는 내가 몸부림치고 절규해야 응답이 오는 것이 아니라 하나님이 우리를 긍휼히 여겨주셔야만 응답이 오는 것입니다.

그리스도인은 기도해야 그리스도인이 되는 것이고, 교회는 기도해야 생동하는 것입니다. 우리는 위에 계신 하나님을 바라보지 않으면 살 수 없는 피조물입니다. 그러므로 기도해야 힘을 얻고 은혜로 살아가는 피조물인 것입니다.

저는 일본 선교지에서 힘들고 어려울 때면 '주님! 오직 주님! 임마누엘 예수! 임마누엘 아멘!' 이름을 수백 번씩 부르고 기도했습니다. 이것이 저 자신에게는 목회와 선교사역과 강해설교 연구를 섬기는 일에 큰 원동력이 되었던 것입니다. 지금도 주님의 은혜가 아니면 단 하루도 살아갈 수 없는 연약한 사람입니다.

일본의 남쪽 지역인 미야자키는 경관이 너무나도 아름다운 곳입니다. 아내와 함께 하와이에 가보았지만 미야자키가 더 아름답다고 생각했을 정도입니다. 태평양 바다가 길게 동경까지 뻗어있는 지역입니다. 바다를 바라보면 좋지만 너무나도 외롭기 때문에 바다가 저를 부르는 것처럼 느껴졌습니다. 고독만큼 이겨내기 힘든 것이 없었습니다. 처음에는 적응이 잘 되지 않아 우울증에 사로잡히기도 했습니다. 그러나 지금 와서 가만히 생각해 보면 하나님이 저를 고독하게 훈련시키시는 목적을 알게 되었습니다. 고독을 통하여 하나님과 더 가까워지게 되었습니다. 친구 선교사님이 고독도 즐길 줄 알아야 한다고 말하기에 처음에는 이해가 되지 않았지만 고독도 일종의 훈련임을 알게 되었습니다. 날마다 기도하고 언어공부와 말씀 연구에 몰두하고 매일 전도하는 훈련을 시키신 것입니다. 영적으로 정신적으로 육신적으로 곤고할 때에 3~5시간 찬양과 기도 속에서 힘을 얻고 다시 힘을 또 얻게 되었던 것입니다. 오직 주님을 찾을 때에 나 자신도 모르게 힘이 솟고 다시 용기를 회복하게 되었던 것입니다.

3. 항상 기도의 결과는 하나님이 응답하십니다. (7절)

본문 7절에 보면 "하물며 하나님께서 그 밤낮 부르짖는 택하신 자들의 원한을 풀어 주지 아니하시겠느냐 그들에게 오래 참으시겠느냐"고 성경은 말씀합니다. 결국은 지속적으로 기도하는 자들에게 응답하신다는 것입니다. 우리가 기억할 것은 하나님을 믿지 않는 일은 우리에게 있어서 불가능한 일이 되어야 하고, 하나님을 신뢰하는 일이 아주 자연스러운 일이 되어야 한다는 것입니다. 우리는 언제라도 하나님을 믿는 일이 몸과 마음에 자리 잡고 있어야 하는 것입니다.

하나님을 전혀 알지 못하며 그 분을 두려워하지도 않는 재판장은 아마 교만한 사람이었을지도 모릅니다. 하나님이 미워하시는 것 중에 제일 먼저 나오는 것이 "교만한 눈"(잠 6:17)이라고 성경은 말씀합니다. 교만하면 개인도 망하고 나라도 위태롭고 역사에서 사라진 나라들도 있습니다. 하나님을 두렵고 떨리는 마음으로 섬기는 사람은 교만을 가장 큰 적으로 알아야만 합니다. 교만하면 죽고 패망하게 되기 때문입니다. 기도의 응답을 받는 일에 교만한 재판장이 장애가 되었는데 얼마나 힘들고 어려운 일입니까? 그러나 이런 사람도 하나님이 움직이시면 기적의 역사가 일어나는 것입니다.

이런 재판장도 가련한 과부의 눈물 어린 호소를 들었다면 긍휼과 자비가 무한하신 하나님이 어찌 우리의 부르짖음을 듣지 아니하시겠습니까? "사람은 다 거짓되되 오직 하나님은 참 되시다 할지어다"(롬 3:4)라고 성경은 말씀합니다. 참되신 하나님은 우리의 절박한 소원들을 귀를 기울이시고 들으십니다.

우리가 밤과 낮으로 간절히 기도해도 즉시 응답이 없다고 낙심해서는 안 됩니다. 하나님은 우리가 끝까지 인내하기를 원하시며 낙망하지 말고 항상 기도하라고 말씀하십니다. 하나님의 응답은 우리가 기도를 얼마만큼이나 실천하느냐 이것으로 결정이 되고 응답되는 것입니다. 여기에는 한 시의 오차도 없이 정확하게 하나님의 도우시는 은총이 찾아오는 것입니다.

우리의 기도는 나의 힘으로 기도하는 것이 아니라 기도하는 것 자체도 하나님이 힘을 주셔야 되고 하나님의 은혜로 시작하는 것입니다. 왜냐하면 하나님의 은혜로부터 모든 축복이 나오기 때문입니다. 호흡이 있는 자가 찬양해야 하듯이 숨 쉬고 있는 사람은 기도해야 살 수 있는 것입니다. "엘리야는 우리와 성정이 같은 사람이로되 그가 비가 오지 않기를 간절히 기도한즉 삼 년 육 개월 동안 땅에 비가 오지 아니하고 다시 기도하니 하늘이 비를 주고 땅이 열매를 맺었느니라"(약 5:17-18)고 성경은 말씀합니다. 엘리야는 우리와 동일한 사람인데 그의 간절한 기도는 하늘 문이 닫히기도 하고 하늘 문이 열리기도 했던 것입니다.

우리들이 항상 기도하는 곳에 하나님은 놀라운 은총과 기적을 베푸십니다. 우리들이 낙심할 시간이 있다면 그 시간은 기도할 때입니다.

그 시간에 바싹 무릎 꿇고 엎드려 절박하게 울부짖어야 합니다. 그래야 문제가 해결되는 것입니다. 건강할 때보다 오히려 병들고 연약할 때에 더 많이 기도해야 합니다. 기도하다가 죽기를 각오하고 기도해야 합니다. 죽을힘을 다하여 기도하면 내 힘이 모자랄 때에 하나님이 은혜를 주시고 힘과 용기를 공급해 주시는 것입니다.

지속적으로 기도해야 할 이유가 있습니다. 7절에 "택하신 자들"이 나옵니다. 우리는 하나님의 선택을 받았기 때문에 그 기도를 중단할 수 없는 것입니다. 하나님으로부터 무조건 선택 받은 백성은 복이 있는 것입니다. 그런데 이 험악한 세상을 살려고 하니 내 힘과 노력과 의지로만은 살 수 없고 하나님이 도와주셔야만 합니다.

때를 따라 도우시는 하나님의 은혜를 받기 위하여 우리는 날마다 기도해야 하고 생명 바치는 순교신앙으로 하나님의 영광을 위하여 살겠다고 결단하는 자들에게 힘주시고 복 주십니다. 7절 말씀을 다시 보면 "밤낮"이라는 단어가 나오는데, 우리의 기도는 밤낮 부르짖어야 합니다. 낮에만 기도하는 것이 아니고 밤에도 기도하는 것이므로, 밤낮 기도는 항상 기도인 것입니다. 기도는 시간이 날 때만 하는 것이 아니라 항상 해야만 합니다.

기도가 끊어질 때에 영적으로 병들고 시들어지지만 항상 기도하면 은혜 위에 은혜가 더 머물게 되는 것입니다. 우리가 항상 기도할 때에 기도가 기도다워지고, 기도해야만 능력의 사람이 되고 은혜 위에 은혜를 받습니다. "너희가 내 이름으로 무엇을 구하든지 내가 행하리니 이는 아버지로 하여금 아들로 말미암아 영광을 받으시게 하려 함이라 내 이름으로 무엇이든지 내게 구하면 내가 행하리라"(요 14:13-14)고 성경은 말씀합니다.

우리의 기도는 공기를 마시는 것과 같으므로 공기를 들이마시지 못하면 모든 사람이 죽습니다. 마찬가지로 기도하지 못하면 우리의 영혼은 메마르고 하나님과 단절되어 영적으로 죽게 됩니다. 인간은 약하지만 기도하는 사람은 강한 것입니다. 하나님은 우리에게 희망과 용기를 주시기 원하십니다. 그리고 택한 백성들의 부르짖는 소원들을 들으시고 응답하여 주십니다.

8절에 보면 "내가 너희에게 이르노니 속히 그 원한을 풀어 주시리라 그러나 인자가 올 때에 이 세상에서 믿음을 보겠느냐 하시니라"고 성경은 말씀합니다. 우리 주님이 재림하시는 그 날에는 많은 사람들이 환난을 이기지 못하고 믿음에서 떨어지게 될 것입니다. 이런 주님의 경고를 깊이 되새기고 하나님 앞에 낙심하지 말고 믿음의 기도를 드려야 할 것입니다.

우리는 우리 구주 예수 그리스도를 절대적으로 믿고 의심치 아니하고 무한히 믿어야 합니다. 세상의 염려와 근심과 걱정으로 가득하여도 십자가를 붙잡고 눈물로 부르짖는 기도는 하늘나라의 보고를 끌어내는 열쇠인 것입니다. 우리가 어떤 절박한 상황에서도 낙심하지 아니하고 하나님 앞에 항상 드리는 믿음의 기도는 하늘 문이 열리고 또 열려질 것이며 주께서 은혜와 복을 주실 것입니다.

결 론

우리가 주님을 절대 주권을 가지신 분으로 믿고 인생의 책임자요 보호자로 믿는다면 조금도 의심 없이 철저하게 믿고 간절히 기도해야 할 것입니다. 사소한 일로 마음이 상하여 기도하지 못한다면 우리만 영적으로나 육신적으로 손해를 보는 것입니다. 낙심하지 않고 항상 기도하는 사람이 기도의 응답을 받습니다. 기도는 더 이상 검증되어야 하는 것이 아니고, 기도는 우리 주님께서 기도하신 것처럼 습관이 되어야 하는 것입니다. 모든 일 가운데서 최우선이 되어야 하고 일상생활에서 반복되어야 합니다. 기도를 실천하는 사람은 하나님을 사랑하는 사람들인데, 그 이유는 기도를 사랑하는 사람은 하나님을 사랑하기 때문입니다.

신학자 라인홀드 니이버의 기도문이 감동되어 소개합니다.

"주여, 저희가 고칠 수 없는 일은 그것을 받아들일 수 있는 평온한 마음을 주시고, 변경해야 될 것은 과감히 고칠 수 있는 용기를 주시고, 그 둘 사이의 차이를 헤아릴 수 있는 지혜를 주옵소서."

우리 그리스도인은 기도로 살아가는 사람들입니다. 우리의 삶을 육체 중심으로 살 것이냐? 아니면 영적으로 기도하며 살 것인가? 이 둘 중에 하나를 선택해야 합니다. 영적으로 새 힘과 능력과 응답을 받으며 살기를 원하십니까? 낙심하지 말고 기도하고, 조금도 실망하거나 좌절하지 말고 항상 기도하고, 인내하면서 응답을 기다리시기를 소원합니다. 하나님 앞에 항상 믿음의 기도를 드리면 그분은 그 기도를 물리치지 아니하시고 곧 응답해주실 것입니다. 우리 모두 한평생 경건하게 기도하는 그리스도인으로 주님을 닮아가는 복된 삶이 이루어지시기를 우리 주님의 이름으로 간절히 축원합니다.

19
영과 진리로 예배하라
[요한복음 4:19-26]

서 론

일본 신도(神道)의 '카미'(神)는 절대적인 신(神)이라기보다는 도덕적인 선악에 구애 받지 않는 존재로 여겨집니다. 카미(神)에는 여러 종류가 있습니다. 귀한 카미, 천한 카미, 강한 카미, 약한 카미, 좋은 카미, 나쁜 카미가 있습니다. 개미가 아닙니다. 일본 사회에서는 아기가 태어나면 먼저 신사에 가서 복을 달라고 기도합니다. 청년이 되어 결혼할 때에는 성당이나 교회에서 결혼식을 올리고, 죽을 때가 되어 장례식을 할 경우에는 불교식으로 합니다. 이들의 종교의식은 하나의 종교를 갖기 보다는 둘이 낫고 둘보다는 세 가지 종교가 낫다고 생각합니다. 한마디로 범신론적인 사상이 강합니다. 범신론이 무엇입니까? 온 우주에 신이 있다고 믿는 것입니다. 돌 하나도 호박 하나에도 복을 달라고 절하면 신이 된다는 것입니다.

일본인의 범신론적인 사상은 현세 중심적인 구원이고, 내세가 없습니다. 얼마나 어리석은 짓입니까? 그러나 기독교는 유일신 하나님을 경배하고 섬깁니다. 하나님 이외에 다른 신을 섬기거나 우상 형상을 만들고 숭배하는 것을 성경은 금하고 있습니다. 예배는 인간이 누릴 수 있는 최고의 영광입니다. 인간은 하나님을 예배하기 위하여 창조된 것입니다.

예배신학자 '로버트 웨버'는 예배에 대하여 다음과 같이 말합니다. "예배란 예수 그리스도의 십자가의 죽으심과 부활을 통하여 완성된 하나님의 전능하신 구원의 행위를 찬양하는 것"이라고 설명합니다. 예배는 예수 그리스도의 십자가의 사랑과 감격과 동시에 부활의 능력을 체험하고 고백하는 시간이 되어야 합니다. 우리들이 아무리 고달프고 바쁜 현실을 살아간다고 하여도 주님과의 영적 교제가 날마다 이루어져야만 합니다. 그리고 하나님께 예배해야 할 여유로움을 가지고 살아야 합니다. 이것을 위하여 우리 신앙의 선배들은 위험을 무릅쓰고 생명을 걸고 예배하였던 것입니다.

청교도들은 1620년에 메이플라워호를 타고 긴 항해 끝에 미국 보스턴에 있는 플리머스 항구에 도착했습니다. 그들이 도착할 시기는 초겨울이었기에 배고픔과 추위와 풍토병으로 죽어갔습니다. 그 때에 메이플라워 선장이 영국으로 다시 배를 돌려가기 전에 청교도들에게 물어 봅니다. "여러분 가운데 영국으로 다시 돌아가 좋은 의료 시설에서 치료받고 싶은 사람은 없습니까?" 살고 싶은 사람은 저와 함께 영국으로 돌아가자고 제의합니다. 그러나 그들은 선장에게 "아닙니다. 우리는 이곳에서 죽더라도 하나님께 예배드리고 찬송하고 감사하며 살겠습니다."라고 말했던 것입니다. 그들은 세 가지를 감사했습니다. 살아 있음에 감사하고, 일곱 채의 통나무집이 있어서 감사하고, 먹을 것이 있어서 감사하였다는 것입니다. 그들의 신앙과 하나님을 경외하던 예배가 오늘의 미국을 이루었던 것입니다.

영국의 로이드 존스 목사는 말하기를 "예배는 그리스도인이 이 땅에 살면서 체험할 수 있는 가장 황홀한 사랑"이라고 정의했습니다. 그렇다면 우리는 하나님께 드려지는 예배가 얼마나 소중하고 존귀하며 가치가 있다는 것을 깨달아야 합니다. 왜냐하면 하나님은 예배를 통하여 영광을 받으시기 때문입니다. 그리스도인은 예배를 소홀히 여기거나 경시해서는 안 되는 것입니다. 그럼에도 불구하고 오늘날 그리스도인들 중에는 예배에 대한 용어를 잘못 인식하는 경우를 보게 됩니다. 예배를 본다는 말은 참으로 조심스러운 말이 됩니다. 하나님께 예배하는 곳은 연극이나 영화를 보거나 음악 감상하는 자세로 예배에 참여하여서는 안 됩니다.

하나님께 예배하는 자는 혹은 예배드리는 자는 일반 종교 의식에 참여하듯이 예배해서는 안 되는 것입니다. 하나님께 드리는 예배는 믿음으로 드려야 합니다. 그리스도인들이 믿음으로 예배하느냐, 아니면 의식과 형식과 습관에 매여 예배하느냐에 따라서 하나님이 예배를 받으시기도 하고 거부하시기도 합니다.

오늘 본문에 보면 사마리아 여인이 나옵니다. 이 여인은 사회적으로 비난을 받고 소외된 사람이요 남편이 다섯이나 되었습니다. 윤리 도덕적인 면에서 깨끗하지 못한 사람입니다. 그러나 예수님은 이 여인을 만나 주십니다. 이 여인의 관심사는 예배의 장소였기에 예수님께 묻습니다. '예배할 곳이 예루살렘입니까? 아니면 그리심 산입니까?' 그러나 주님에게는 예배의 장소가 중요한 것이 아니고 예배드리는 장소를 제한하시지 않습니다. 우리 구주 예수 그리스도를 만나는 이 순간이 바로 예배하는 것이라고 말씀합니다. 우리 구주 예수 그리스도가 함께 하시지 않는 장소에서는 진정한 예배가 될 수 없는 것입니다. 우리의 모습이 추하고 정결하지 않아도 주님은 있는 그대로 받아들이십니다. 우리가 의인의 모양으로 주 앞에 서지 못해도 죄인 된 그 모습으로도 주님 앞에 예배할 수가 있는 것입니다.

우리 하나님은 긍휼과 자비와 은혜가 풍성하신 분이십니다. "오라 우리가 서로 변론하자 너희의 죄가 주홍 같을찌라도 눈과 같이 희어 질 것이요 진홍같이 붉을지라도 양털 같이 희게 되리라"(사 1:18)고 성 경은 말씀합니다. 우리의 형편과 처지와 모양이 먹보다도 더 검은 죄가 있을지라도 하나님 앞에 죄인 된 모습 그대로 나오기만 하면 됩니다.

그리고 하나님의 긍휼과 자비하심을 받아야 곤고한 우리 영혼이 살 수가 있습니다. 우리가 자비하신 하나님을 만나는 그 순간에 죄 용서함 을 받게 되는 것입니다. 비록 죄 많은 이 세상에 살고 있지만 주님 앞 으로 돌아오고 거룩하신 하나님을 만날 때에 비로소 예배가 드려지는 것입니다. 그러면 예배는 어떠한 자세로 드려야 합니까?

1. 영적으로 예배 드려야 합니다. (24절)

"하나님은 영이시니 예배하는 자가 영과 진리로 예배할지니라"고 성 경은 말씀합니다. 하나님은 우리 인간처럼 뼈와 살로 이루어진 유형적 인 존재가 아닙니다. 하나님은 영적인 존재이시고 스스로 계시는 분이 십니다(출 3:14). 그분의 존재의 독립성을 우리는 자존성이라고도 말합 니다. 그러므로 모든 피조물들은 하나님을 의존해야 살 수 있는 것입니 다.

하나님은 사람처럼 유한하거나 변하지도 아니하십니다. 이것을 하나 님의 불변성이라고 말합니다. 하나님은 영원히 불변하십니다. 우리는 피조물로서 하나님의 형상대로 지음을 받은 인간입니다. 우리가 하나 님을 영화롭게 하는 가장 기본적인 자세는 예배입니다. 예배(Liturgy)는 한마디로 하나님을 만나는 것입니다. 영으로(in spirit) 예배하는 것은 영 적으로 하나님께 예배하는 것을 의미합니다. 영적으로 하나님께 예배 하는 것은 형식적이고 육신에 속하는 외적인 예배와는 반대되는 것을 말합니다. 하나님을 높이고 존중하는 애정의 마음으로 경배하는 것이 영적인 예배입니다.

그렇다면 경배와 예배가 다른 것입니까? 아닙니다. 예배와 경배는 동일한 의미입니다. 그러므로 주님은 예배는 "영과 진리로 예배할지니라"라고 말씀하십니다. 이것은 우리 구주 예수 그리스도께서 명령하시는 것이지 우리에게 부탁하시는 것이 아닙니다.

우리는 하나님을 섬기든지 아니면 우상을 섬기든지 둘 중에 하나를 선택해야 하는 것입니다. 여호수아는 이스라엘 백성들에게 여호와 하나님을 섬기든지, 이방 신을 섬기든지 선택하라고 증언합니다. "만일 여호와를 섬기는 것이 너희에게 좋지 않게 보이거든 너희 조상들이 강 저쪽에서 섬기던 신들이든지 또는 너희가 거주하는 땅에 있는 아모리 족속의 신들이든지 너희가 섬길 자를 오늘 택하라 오직 나와 내 집은 여호와를 섬기겠노라"(수 24:15)라고 성경은 말씀합니다. 그러므로 우리에게는 선택의 여지가 없는 것입니다. 다른 것으로 대치할 수가 없다는 것입니다.

이 예배는 우리에게 생활화가 되어야 합니다. 예배와 생활이 분리될 수가 없습니다. 예배는 생활로 연결되어야만 합니다. 창조주 하나님을 알고 우리를 구속하신 우리 구주 예수 그리스도를 아는 경건은 일상생활에서도 예배자의 자세로 살아가야 할 것입니다.

그러면 영은 무엇을 말합니까? 영은 성령으로 새롭게 출생한 성품을 의미하는 것입니다.

우리 주님께서 바리새인 중에 한 사람인 니고데모에게 "사람이 물과 성령으로 나지 아니하면 하나님의 나라에 들어 갈 수 없느니라"(요 3:5)고 말씀하셨습니다. 여기서 "물"이라는 것은 우리가 마시는 생수를 말하는 것이 아닙니다. 우리 주님이 말씀하시는 "물"이란 '하나님의 말씀'을 의미합니다. "이는 곧 물로 씻어 말씀으로 깨끗하게 하사 거룩하게 하시고"(엡 5:26)라고 성경은 말씀합니다. 한마디로 예배는 성령으로 거듭난 자가 하나님을 만나는 사건입니다.

중세 시대에 1,000년 역사는 참으로 암흑의 시대였습니다. 성경이 있으나 성경을 성도들이 제대로 읽을 수가 없었습니다. 심지어 주교나 사제들도 라틴어 성경에 익숙하지 못하므로 읽거나 설교하기가 무척 어려웠습니다. 그러므로 예배가 말씀 중심이 아니라 의식 중심의 예배로 기울어졌던 것입니다. 성상과 십자가에 입 맞추고 엎드려 경배해야 미사가 되는 줄 알았습니다. 오히려 거룩하신 하나님의 이름을 더럽히는 것이 되는 것입니다. 이교도들은 거짓 신에게 절하지만 전능하신 하나님은 형상에 절하지 말라고 말씀하십니다.

"너를 위하여 새긴 우상을 만들지 말고 또 위로 하늘에 있는 것이나 아래로 땅에 있는 것이나 땅 아래 물 속에 있는 것의 어떤 형상도 만들지 말며 그것들에게 절하지 말며 그것들을 섬기지 말라"(출 20:4-5)고 성경은 말씀합니다. 십자가가 기독교를 상징하지만 나무 십자가에 절하지 말라고 성경은 말씀합니다. 경배의 대상은 조각 형상이 아닙니다. 오직 하나님만이 경배를 받으실 분이십니다. 새긴 우상을 만들지도 말아야 합니다. 왜냐하면 우상의 가르침은 나무뿐이기 때문입니다(렘 10:8). 우상을 계속 만들면 눈에 보이는 우상으로 섬길 수 있기 때문입니다. 우상은 피조물인 인간이 만든 나무나 조각 형상에 불과한 것입니다. 그러므로 우상과 하나님은 비교가 안 되는 것입니다. "여호와여 주와 같은 이 없나이다 주는 크시니 주의 이름이 그 권능으로 말미암아 크시니이다"(렘 10:6)라고 성경은 말씀합니다.

하나님은 창조주이시고 예수 그리스도는 인간의 중보자이시고 그분만이 구원자이십니다. 우리가 영이신 하나님께 예배하며 십자가에 못 박히시고 부활하신 우리 구주 예수 그리스도가 예배의 중심이 되어야 영적으로 예배를 드릴 수가 있는 것입니다. 사마리아 여인은 공적으로 예배를 드릴 장소에 대하여 주님께 말씀을 드렸습니다. 여인 자신이 하나님께 예배를 드려야 한다는 것을 알았기 때문입니다. 또한 예배를 올바로 드리기를 원하였던 것입니다. 예배가 중요하다는 사실은 유대인과 사마리아인 사이에는 생각이 일치하였다고 봅니다. 그런데 유대인들과 사마리아인들의 견해 차이는 어떤 장소에서 예배를 드려야 하는가 하는 것이 문제가 되었던 것입니다. 그러나 주님은 "이 산에서도 말고 예루살렘에서도 말고 너희가 아버지께 예배할 때가 이르리라"고 말씀하십니다. 예배의 대상은 유일하신 하나님 한 분 뿐이시기 때문입니다.

오늘날에도 예배의 장소는 특정 지역에 제한 된 것이 아닙니다. 어디서든지 하나님께 예배드리는 것이 하나님의 뜻이요 하나님이 함께하시는 곳입니다. 솔로몬 성전이나 예루살렘 성전에서 예배드려야 예배가 되는 것처럼 착각하지 말라는 말씀입니다. 예루살렘 성전은 거룩함의 상징이며, 율법과 축복이 선포된 그리심 산도 고정적인 예배 장소가 아니라는 것입니다. 윌리암 바클레이라는 성경학자는 말하기를 "진정한 영적 예배는 사람이 영을 통하여 하나님과 더불어 우정과 친밀함을 느낄 때에 존재한다."고 설명했습니다.

그러므로 우리 그리스도인들에게 가장 중요한 것은 하나님과의 영적 친밀함, 영적 교제인 것입니다. 영적 친밀함을 유지하기 위해 매일 찬송을 많이 부르면 부를수록 좋습니다. 하나님께 드리는 찬양에 인색하지 말아야 할 것은 찬송으로 우리 자신의 마음이 열리기 때문입니다. 찬송하면 걱정과 근심도 사라지며 마음과 뜻과 생각과 중심이 하나님께 집중이 되는 것입니다. 또한 기도가 간절하고 애절하게 지속적으로 이루어져야 합니다. 이렇게 될 때에 영적 친밀함을 유지하게 되는 것입니다.

　영적 예배는 장소의 문제도 아니요 의식과 어떤 방법이나 절차에 있는 것도 아닙니다. 눈에 보이지 아니하는 하나님을 우리가 영적으로 만나는 것이 예배인 것입니다. 사람을 만나는 것보다 더 소중한 것이 예배에서 하나님을 만나는 것입니다. 살아계신 하나님을 언제 만나는 것입니까? 영적으로 예배할 때에 만나게 됩니다.

　이사야 선지자는 하나님의 성전을 수 없이 출입하였을 것입니다. 그러나 자신의 가증되고 부정한 모습을 성전에서 발견하고 죄 용서 받은 선지자는 전능하신 하나님을 만나게 됩니다. "그 때에 내가 말하되 화로다 나여 망하게 되었도다 나는 입술이 부정한 사람이요 나는 입술이 부정한 백성 중에 거주하면서 만군의 여호와이신 왕을 뵈었음이로다 하였더라"(사 6:5)고 성경은 말씀합니다.

　우리는 모든 예배에서 하나님을 만나는 경험이 있어야만 할 것입니다. 왜냐하면 하나님을 만나는 순간에 예배가 시작되기 때문입니다. 하나님은 우리와 같은 피조물이 아닙니다. 하나님은 스스로 존재하시는 분이십니다(출 3:14). 하나님은 유한하신 분이 아니십니다. 무한하시고 영원부터 영원까지 존재하시는 분이십니다. 사람의 육체로 거하지 않으시고 물질이 아니시며 인간의 눈으로 볼 수 있는 분이 아니십니다. 우리의 눈으로 정오의 햇빛을 바라볼 수가 없습니다. 일본은 오전 9시만 되어도 자외선이 강하여 정오 12시의 햇살을 보는 것과 같습니다. 우리는 온 우주를 창조하시고 거대한 우주보다 크신 하나님을 육신의 눈으로는 절대로 볼 수가 없는 것입니다. 하나님을 보는 순간에 우리는 죽게 될 것입니다. 하나님은 영이시기 때문에 영적으로 예배하지 않으면 안 됩니다. 영으로 예배 드려야만 그 이름에 합당한 영광과 존귀와 찬양을 돌릴 수 있는 것입니다. 그 분은 전지전능하신 분이십니다. 사람의 생각과 마음과 심장을 살피시는 분이십니다. "나 여호와는 심장을 살피며 폐부를 시험하고 각각 그의 행위와 그의 행실대로 보응하나니"(렘 17:10)라고 성경은 말씀합니다.

그분은 인간의 머리털까지도 다 세시는 분이십니다(마 10:30). 하나님은 거룩하신 분이십니다. "기록되었으되 내가 거룩하니 너희도 거룩할지어다 하셨느니라"(벧전 1:16)고 성경은 말씀합니다. 즉 하나님께 드리는 예배는 형식과 가식으로는 하나님이 결코 받지 아니하십니다. "오직 너희를 부르신 거룩한 이처럼 너희도 모든 행실에 거룩한 자가 되라"(벧전 1:15)고 성경은 말씀합니다. 우리가 세상에 살면서 무엇보다도 행실에 거룩하기란 무척 어렵습니다. 말을 하는 것은 잘 하지만 행실에 거룩함과 경건함이 유지된다는 것은 하나님의 은혜로 붙들어 주지 아니하면 안 됩니다. 우리가 하나님께 드리는 영적 예배의 문은 넓은 것이 아니고 좁기 때문입니다.

영적으로 예배하는 것은 하나님께 찬양을 통하여 하나님의 영광을 드러내는 것입니다. 하나님의 긍휼과 자비를 구하기 전에 하나님의 이름을 높이고 거룩하신 성호를 찬양하는 것입니다. 찬양 몇 장을 불러서 되는 것이 아닙니다. 메마른 찬송이나 준비 되지 못한 빈약한 기도가 있어서는 안 됩니다. 오늘날 현대 교회의 예배가 지루하다고 하는 자들이 있다면 매우 심각한 것입니다. 예배가 그리스도 안에서 성령으로 충만한 예배는 결코 지루할 수가 없는 것입니다. 그렇다고 예배가 코미디와 웃음으로 진행되면 영감 있는 예배가 되지 않습니다. 왜냐하면 예배는 은혜와 진리가 충만하고 성령이 충만해야 하기 때문입니다. 종교 개혁자 요한 칼빈은 예배의 궁극적인 목적은 하나님의 영광이라고 설명했습니다. 즉 하나님이 모든 영광을 받으시도록 예배를 드려야 하는 것입니다.

예배 시간에 사람이 영광 받고 박수갈채를 받아서는 안 됩니다. 오직 영광은 하나님만 받으셔야 합니다. 타락하고 범죄한 인간은 받을 영광이 하나도 없는 것입니다. 무엇보다 하나님은 찬송을 통하여 영광을 받으십니다. 하나님을 하나님 되게 하셔야 합니다. 우리 구주를 주 되게 하셔야 합니다. 특히 예배를 통하여 하나님께 영광을 드러내야 하는 것입니다. 우리의 삶 자체가 "하나님 앞에서"〈코람 데오 Coram Deo〉신앙으로 살아가야 합니다.

하나님 앞에서 사는 삶은 사람의 눈을 의식하는 것이 아닙니다. 하나님의 목전에서 살아가기에 하나님의 영광을 위해서 사는 것입니다. 우리 하나님은 거룩하시고 자비하시며 은혜 주시기를 기뻐하시는 분이십니다. 그러므로 우리가 하나님 앞에 예배하는 자는 유대인이든 사마리아인처럼 이방인이든 간에 관계가 없는 것입니다. 민족과 국가와 방언의 장벽을 우리 구주 예수 그리스도께서 모두 철폐하신 것입니다.

하나님 앞에는 예배의 장소도 중요한 것이 아닙니다. 하나님이 예루살렘을 사랑하시고 예루살렘 성전을 통해서 영광 받으신 것은 사실입니다. 그러나 종교지도자들의 타락으로 성전이 기도하는 처소가 되지 못하고 장사하는 집으로 전락되었습니다. 그러므로 주님은 강도의 소굴을 만든다고 책망하셨습니다. 교회가 교회로서의 예배 사명을 감당하지 못할 때에 이런 위기를 만나게 됩니다. 하나님은 예루살렘 성전에서 예배해야만 예배를 받으시는 것이 아닙니다. 그리스도께서 제정하신 규례대로 예배 드려야 하는 것입니다. 이것이 영적으로 예배하는 것입니다.

전능하신 하나님 앞에 예배하는 자들은 영적으로 예배해야 합니다. 즉 영국의 매튜 헨리 목사는 말하기를, 예배할 때에는 성령께서 힘을 주시고 붙들어 주시며 우리 영혼을 감동 감화시키도록 간절히 애쓰고 기도해야 한다고 강조했습니다. 우리의 심령을 다하고 전인격을 다하여 하나님께 예배해야 합니다. 바울은 내 심령으로 섬기는 하나님이라고 증언합니다(롬 1:9). 바울의 삶 자체가 하나님을 심령으로 섬겼던 것입니다. 우리 그리스도인들이 심령을 다하여 예배할 때에 하나님이 우리의 예배를 받으시고 은혜와 평강과 영적 축복을 주실 것입니다.

2. 진정으로 예배 드려야 합니다. (24절)

진정으로 예배한다는 말은 '진리로'(in truth) 예배하는 것을 말합니다. 진리가 없는 예배는 생명이 없는 것입니다. 우리 주 예수 그리스도가 없는 설교는 아무런 능력이 없는 것입니다. 진리는 예수 그리스도이십니다. 말씀과 진리로 충만한 예배가 되어야 하는 것입니다. "진리를 알지니 진리가 너희를 자유롭게 하리라"(요 8:32)라고 성경은 말씀합니다. 진리만이 인간을 죄의 사슬로부터 자유롭게 하는 것입니다. 예배에서 진리 되시는 우리 구주 예수 그리스도를 만나야 합니다. 그리고 진정으로 예배는 진실의 예배를 의미합니다. 진실로 예배하는 것은 하나님이 우리에게 보여주시고 일러주신 그대로 진리에 따라 예배하는 것입니다. 그리고 하나님이 받으시기에 합당한 예배를 말합니다. 예배는 우리 자신을 전적으로 주님께 드리는 것입니다.

예배는 하나님의 마음, 생각과 뜻을 향한 우리의 마음과 생각, 우리의 뜻의 움직임인 것입니다. 또한 예배는 삶의 방식입니다. 삶의 방식으로서의 예배란 하나님을 향한 넘치는 사랑의 삶을 살아가는 것입니다. 우리 그리스도인들의 진실함과 성실성은 하나님을 기쁘시게 하는 열쇠인 것입니다. 예레미야 버로우즈는 "사람들이 경솔하게 하나님께 예배드리는 이유는 그들이 영광 중에 계신 하나님을 뵈옵지 못하기 때문이다."라고 했습니다. 이것은 충심으로 신실하게 드리는 예배를 의미합니다. 하나님 앞에 드리는 예배자들은 진리로 진실하게 예배해야 하는 것입니다. 진리와 진실이 결여되면 공허한 예배가 됩니다. 신구약 육십육 권의 말씀이 우리를 지배하고 그 말씀을 따라 살면서 하나님께 예배해야 할 것입니다. 우리 그리스도인들은 어떤 상황에 처하더라도 진리의 예배를 드려야만 합니다. 우리 구주 예수 그리스도만이 진리이십니다. 진리 없는 예배 프로그램과 이벤트 중심의 예배는 아무런 의미가 없습니다.

모세가 하나님의 율법 십계명을 받기 위하여 시내 산에 올라가 사십 주야를 기도했습니다. 그의 기도는 떡도 먹지 아니하고 물도 마시지 아니하는 단식 기도였습니다. 금식 기도는 물은 마십니다. 금식 기도 사십일만 해도 죽음을 각오하고 기도하게 됩니다. 모세는 하나님의 산에서 단식 기도를 마치고 두 돌비인 십계명을 하나님으로부터 받게 됩니다.

그런데 문제가 생깁니다. 이스라엘 백성들이 모세가 산에서 내려옴이 더딤을 보고 모세의 형 아론에게 이렇게 요구했습니다. 우리를 인도할 신을 만들라는 것입니다. 애굽에서 430년 동안 노예생활 하던 그들을 해방시키신 분은 전능하신 하나님이십니다. 그런데 또 다른 신을 만들어 달라는 것입니다. 잡신을 많이 섬기는 나라일수록 하나님도 섬기고 다른 신도 섬깁니다. 기왕이면 하나의 신보다는 둘이 낫고 셋이면 더 좋다는 것입니다. 일본 선교지도 예외는 아닙니다. 죽음보다 못한 비참한 삶을 살고 있던 그들을 기적적으로 이끌어 내신 분이 하나님이십니다. 다른 신을 만들어 달라는 것은 이스라엘의 불신앙인 것입니다. 이것이 감히 말이나 되는 소리입니까? 그럼에도 불구하고 제사장 아론은 그들의 욕구를 만족시켜 줍니다. 여기서 문제가 발생합니다. 그는 절대로 해서는 안 될 일을 행했습니다. 그는 말하기를 너희 아내와 자녀의 귀의 금 고리를 가져오라고 하여 그것으로 송아지 형상을 만들었습니다. 그 결과 이스라엘 백성들이 송아지 형상을 보고 자기들을 애굽에서 이끌어 낸 신이라고 말합니다.

얼마나 망령된 말이고 방자한 행동입니까? 이것은 살아계신 하나님을 정면 도전하는 것이고 모독하는 행위입니다. 하나님이 기뻐하시는 예배가 아닙니다. 결국에는 하나님께서 금송아지를 깨트리시고 우상에 가담한 자들을 심판하십니다(출 32:1-4, 27-28).

제사장 아론의 두 아들 나답과 아비후도 하나님이 원하시지 아니하는 다른 불을 드리다가 그들을 죽이셨습니다(민 3:4). 그들이 죽임 당한 이유는 정해진 "번제단의 불"(레 10:1-2)이 아닌 다른 불로 분향했기 때문입니다. 하나님은 인본주의 중심으로 다른 불로 분향하는 것을 결코 용납하지 아니하십니다. 하나님은 당신이 지시하신 방법 그대로 행하기를 원하십니다. 그들은 제사장의 아들이지만 하나님이 원하시는 방법대로 예배하지 아니하고 인간 중심으로 다른 불을 드리다가 무서운 심판을 받게 된 것입니다. 즉 그들은 자신들의 종교적 특권을 남용한 것입니다. 이것은 더 나아가 거룩하신 하나님을 무시하고 업신여긴 행위입니다. "우리 하나님은 소멸하는 불이심이라"(히 12:29)고 성경은 말씀합니다. 우리가 하나님을 사랑과 자비와 은혜와 긍휼이 풍성하신 하나님으로는 잘 알고 있지만 진노하시고 심판하시는 하나님으로는 별로 강조하지를 않는 것 같습니다. 그리하여 자유주의 신학자들은 지옥은 열차의 대합실 정도라고까지 말합니다. 그러나 하나님은 소멸하시는 불이시라고 성경은 말씀합니다. 두렵고 떨리는 심정으로 우리가 예배드리기 전에 우리 자신의 마음과 생각과 뜻을 살펴보아야 할 것입니다. "나의 반석이시요 나의 구속자이신 여호와여 내 입의 말과 마음의 묵상이 주님 앞에 열납되기를 원하나이다"(시 19:14)라고 성경은 말씀합니다.

오늘날에도 우리가 아무리 훌륭하고 장엄한 예배를 드린다고 해도 진리가 결여된 인본주의 예배는 하나님이 받지 않으십니다. 민수기 16장에 보면 고라 자손들 250명도 인간의 탐욕으로 향로를 가지고 제사하였지만, 하나님을 모독하는 행위였기에 땅이 입을 벌려 그들을 삼켜서 멸절시켰던 것입니다. 참으로 두렵고 떨리는 말씀입니다. 오늘날에도 이렇게 즉각적으로 하나님이 심판하신다면 누가 감히 하나님 앞에 설 수가 있겠습니까? 청교도 리처드 스틸은 하나님을 예배하는 일에 있어서 산만한 생각들이 크게 방해한다고 정곡을 찔렀습니다. 진리가 아닌 비 진리로 예배하는 것은 하나님의 신성을 모독하고 도전하는 것이 됩니다. 예배에서 무엇보다 중요한 것이 하나님의 말씀을 듣는 시간입니다.

예수님은 제자들을 위한 중보 기도를 하시면서 요한복음 17장에서 이렇게 말씀하십니다. "그들을 진리로 거룩하게 하옵소서 아버지의 말씀은 진리니이다"(요 17:17). 여기서 우리가 기억할 것은 우리는 남을 위한 중보기도를 한다고 말합니다. 그러나 조심할 것은 중보기도는 우리 구주 예수 그리스도만이 하시는 것입니다. 하나님과 인간 사이의 중보자는 오직 한 분이신 예수 그리스도이십니다. 우리 인간의 머리로는 절대로 하나님을 알 수가 없습니다. 중보자 우리 구주 예수 그리스도의 보혈로 구원을 얻은 자만이 하나님을 알 수 있는 것입니다. 우리는 단지 서로를 위하여 교회 공동체와 선교사와 하나님 나라를 위하여 협력 기도를 하는 것입니다. 그런데 우리 주님께서는 사랑하는 제자들에게 오직 진리로만 거룩해질 수 있다고 말씀하십니다. 오늘날 그리스도인이 되는 비결은 오직 진리로만 거룩하게 되는 것입니다.

하나님의 진리가 우리 마음속에 들어와 우리의 전 인격을 진리에 복종시켜야 합니다. 우리 자신들이 진리의 지배를 받아야 합니다. 일단 진리의 지배를 받기만 하면 어떤 원수나 사탄의 세력도 진리를 물리칠 수가 없는 것입니다. 우리도 바울처럼 진리를 위하여 살고 진리의 말씀을 증거하고 진리 때문에 순교도 하게 될 것입니다. 예수님 자신이 진리이기 때문에 우리도 진리이신 예수 그리스도를 만나기 위하여 진리로 예배를 드려야 하는 것입니다.

그러면 우리가 거룩해야 하는데 어떻게 거룩해지는 것입니까? "하나님의 말씀과 기도로 거룩하여 짐이라"(딤전 4:5)고 성경은 말씀합니다. 즉 하나님의 말씀이 진리입니다. 우리의 심령이 거룩해지려면 기도해야 하는 것입니다. 기도는 어떤 주문을 외우는 것이 아니요 형식에 매인 기도문을 읽는 것도 아닙니다. 기도하는 중에 살아계신 하나님을 만나야 하는 것입니다. 기도로 그분과 깊은 속삭임의 교제가 있어야 하는 것입니다. 기도는 이론이 아닙니다. 기도는 기도로만 해결됩니다. 그러므로 진리로 예배해야 하는 것입니다.

그러면 무엇이 진리입니까? 복음서의 주제는 예수 그리스도의 십자가의 죽음과 부활입니다. 우리 구주 예수 그리스도의 십자가를 바라보아야 합니다. 그리고 죽음을 이기시고 부활하신 주님께 무릎을 꿇고 경배해야 합니다. 예배란 말 자체가 꿇어 엎드려 경배하는 것입니다. 그리스도 안에서, 즉 그리스도 중심적으로 예배하는 것입니다. 이러한 진리의 예배를 우리 하나님이 원하시는 것입니다. 십자가의 진리가 생략된 예배는 심령이 메마르게 됩니다. 그러나 곤고한 세상에서 시달린 영혼이 그리스도의 십자가를 바라볼 때에 새 힘과 용기와 능력을 체험하게 됩니다.

그리고 예배는 진실하게 드려야 합니다. "진실"이란 말의 뜻은 라틴어로 '왁스를 칠하지 않은 것'(without wax)을 의미합니다. 보통 사람들은 자신의 신분을 노출시키지 않으려고 마스크를 쓰기도 하고 검은 안경을 쓰기도 합니다. 라틴 사람들은 자신의 마스크를 신속하게 교환하여 쓸 줄 아는 사람이 인격자라고 했습니다. 소위 교양인이라는 것입니다. 우리들이 하나님 앞에 진실하게 예배해야 합니다. 신학자 칼 바르트는 "예배는 가장 중요하고 가장 긴급하고 가장 영광스러운 행동"이라고 설명했습니다.

이 세상에서 그 어떤 일보다도 가장 중요한 일이 예배하는 일이요 아무리 긴박한 일이 하더라도 가장 긴급한 일이 예배입니다. 이 세상에 아무리 영광스러운 일이 있다 하더라도 예배보다 더 영광스러운 것은 없습니다. 우리에게 만일 살아있는 예배를 영과 진리로 드리는 마음이 빠져있다면 찬양이나 경건한 기도문도 공허할 뿐인 것입니다. 그러나 우리의 몸과 마음과 뜻과 정성과 전 인격을 다하여 드리는 예배는 생명만큼이나 소중한 것입니다.

3. 정직한 마음으로 예배해야 합니다. (18절)

"너에게 남편 다섯이 있었고 지금 있는 자도 네 남편이 아니니 네 말이 참되도다"라고 성경은 말씀합니다.

진정으로 예배하는 것은 진리로 예배하는 것이요 진실과 정직으로 예배드리는 것을 의미합니다. "하나님의 이름을 욕되게 하지 말 것이며"(레 21:6)고 했고, "너희는 나의 성호를 속되게 하지 말라"(레 22:32)라고 성경은 말씀합니다. 왜냐하면 하나님은 거룩과 진실을 요구하시기 때문입니다. 거룩함이 없이는 진실과 정직이 없기 때문입니다.

주님은 이 여인에게 네 남편을 불러 오라고 하십니다. 이 여인은 자신의 죄를 감추려고 무척 애를 씁니다. 그럼에도 불구하고 무의식중에 이 여인은 자기의 죄를 드러내는데 나는 남편이 없다고 말합니다(17절). 남편을 주님에게 데려오면 자기의 부끄러움이 나타날 것을 두려워했기 때문입니다.

　사마리아 여인은 미혼 여성인지 과부인지는 자세히 알 수 없습니다. 이 여인의 놀라운 과거가 드러납니다. 너에게 남편 다섯이 있었다고 주님은 경책하십니다. 주님은 그녀의 과거에 더러운 부분을 책망하시기 보다는 그녀의 죄를 지적하신 것입니다. 과거의 행실이 불결하고 깨끗하지 못한 일이 여러 번 있었을지도 모릅니다. 동시에 주님은 현 상황에서도 죄에 대하여 언급하십니다. 지금 있는 자도 네 남편이 아니라고 말씀하십니다. 현재 남자와도 정식 혼인이 아니라는 것입니다. 그러니 평생을 간음 속에서 살아왔던 여인이라고 볼 수 있습니다. 이런 여인에게 주님은 네가 남편이 없다 하는 말이 옳다고 하신 후에 네 말이 참되다고 말씀하십니다. 주님은 이 여인의 과거의 수치스러운 생활을 지적하신 동시에 죄와 허물을 고백하게 하신 것입니다.

　그러면 주님의 보좌 앞에 담대히 설 수 있는 사람이 누구입니까? 양심의 악을 깨닫고 우리 구주 예수 그리스도의 보혈로 씻음을 받은 자가 아니면 누구이겠습니까?

　먹과 같이 검은 죄라도 진홍같이 붉은 죄악이 있어도 우리 주님 앞에 나오기만 하면 우리 주님은 당신의 피로 정결하게 하시고 용서해 주십니다. 바리새인처럼 의를 행하고 외식적으로 기도하고 다른 사람들에게 보이기 위하여 구제하고 나팔 부는 사람입니까? 그것은 아닙니다. 진실함이 없이 드리는 예배는 심각한 속임수가 됩니다. 하나님의 존엄성을 침범하고 조롱하는 행위가 되는 것입니다. 위선자의 예배를 하나님은 가장 미워하십니다.

　최근에 와서는 젊은 청소년들이 예배 시간에도 하나님의 말씀을 듣지 아니하고 핸드폰을 가지고 오락을 즐긴다고 합니다. 더 마음이 아픈 것은 피곤하다고 인터넷과 텔레비전 앞에서 예배한다는 것입니다. 이해는 될 것 같지만 이런 행위는 하나님 앞에 바른 예배가 아닌 것입니다. 피곤하여 예배하기 때문에 커피 마시고 간식 먹으면서 누워서 예배할 수도 있기 때문입니다. 참으로 있을 수 없는 충격적인 사건입니다.

교회 자체 내에서 영적으로 바로 지도하지 않으면 미래에 교회는 매우 염려가 됩니다. 이것은 비단 한국뿐만이 아니라 미국과 유럽 세계의 교회들이 이런 현상이 일어나고 있다는 것입니다. 하나님은 거짓을 미워하십니다. "하나님은 사람이 아니시니 거짓말을 하지 않으시고 인생이 아니시니 후회가 없으시도다 어찌 그 말씀하신 바를 행하지 않으시며 하신 말씀을 실행하지 않으시랴"(민 23:19)라고 성경은 말씀합니다. 그러므로 거짓말을 하지 못하는 분이십니다. 즉 그분은 당신 자신을 부인할 수 없으신 분이십니다. 사람이 사람을 속일 수 있어도 하나님은 속일 수가 없는 것입니다. 그 분은 우리에게도 "너희 각 사람은 자기 이웃을 속이지 말고 네 하나님을 경외하라 나는 너희의 하나님 여호와이니라"(레 25:17)고 성경은 말씀합니다. 사람과 사람 사이에도 속임을 당하면 얼마나 불쾌하고 마음이 상하겠습니까? 하물며 하나님을 속이는 예배는 있을 수가 없는 것입니다. 하나님을 인간이 기만할 수가 없는 것입니다. 왜냐하면 하나님은 인간의 심장인 지정의를 살피시고 사람의 머리털까지도 다 헤아리시는 분이십니다. 또한 전능하신 하나님은 인간의 과거와 현재와 미래를 동시에 보시는 분이시기 때문에 그분 앞에서는 조금도 거짓이 용납될 수 없는 것입니다.

우리가 하나님 앞에서 진솔하게 회개하고 진실하고 정직하게 예배하면 하나님은 우리의 죄악을 기억하지도 않으시고 용서하십니다. 우리의 과거의 죄악이 높은 산에 쌓이고 하늘에 사무친다고 할지라도 우리 구주 예수 그리스도 앞에 죄를 고백하고 용서함을 받는 자가 담대히 주 앞에 서게 되는 것입니다. 주님 앞에 죄 용서 받은 심령으로 정결하고 진실해지고 정직한 영을 가지고 엎드릴 때에 진정한 예배가 이루어지는 것입니다. 예배는 내가 드리고 싶다고 하여 드리는 것이 아닙니다. 우리 구주 예수 그리스도가 초청해 주셔야 예배를 드릴 수가 있는 것입니다. 하나님과 예수 그리스도는 하나이십니다. 그러므로 거룩하신 하나님 앞에서 그리스도 중심적으로 예배하는 자들은 정직하고 진실한 마음으로 주께 나와서 예배를 드려야 하는 것입니다. 여기에는 위선과 거짓이 없는 것입니다. 교만과 오만함이 함께 하지 아니하는 예배입니다.

인간의 공로를 자랑하거나 남보다 다르다는 특별 의식을 가져서도 안 됩니다. 목에 힘을 주거나 어깨에 힘이 들어가거나 높아지려고 해서는 안 됩니다. 하나님 앞에서는 인종이나 계급이나 문화 장벽이 있을 수가 없습니다. 모두 동등하고 공평한 것입니다. 한을 품거나 억울한 심정을 가지고 예배해서도 안 됩니다. 과거에 상처받은 울분을 터트리는 마음을 가져서도 안 됩니다. 예배하는 시간만큼은 진실해야 합니다. 솔직하고 정직하고 깨끗한 마음으로 예배하여야 합니다. 마음이 답답한 자가 있습니까? 우리 주님이 시원하게 하실 것입니다. 우리 주님을 간절히 사모하는 자는 주께서 우리와 교통하고 교제하실 것입니다. 사람과 사람 사이에 맺힌 것이 있다면 주님이 풀어 주실 것입니다. "이 백성이 입술로는 나를 공경하되 마음은 내게서 멀도다"(마 15:8-9)라고 성경은 말씀합니다. 이사야 선지자 시대의 백성들이 형식적인 신앙만 가졌기에 입으로만 하나님을 존경하였고, 마음은 하나님과 멀어진 상태에 있었던 것입니다.

태양이 가장 가까울 때에 가장 뜨거운 열이 있는 것처럼 우리 구주 예수 그리스도에게 가장 가까이 있게 될 때에 진실해지는 것입니다. 우리 그리스도인들은 사람들에게도 진실해야 합니다. 그렇다면 살아계신 하나님 앞에서는 얼마나 더 진실해야 하겠습니까?

오늘 본문에 나오는 사마리아 여인은 자신의 죄와 허물을 감추려고 노력한 모습이 나옵니다. 그러나 무의식중에 자신도 모르게 죄를 드러냅니다. 나는 남편이 없다고 주님께 말합니다. 즉 진실한 고백을 한 것입니다. 진실 되고 깨끗한 영혼이 주님을 만나게 되는 것입니다. 진실하고서야 예배가 예배다울 수 있는 것입니다. 진실을 잃어버리는 것은 모든 것을 잃어버리는 것이기 때문입니다. 우리의 심장과 폐부를 지으시고 감찰하시는 하나님 앞에서 무엇을 숨길 수 있겠습니까?

왜 우리들이 진실하게 예배를 드려야 합니까? 거짓말 하는 자들에게는 천국 문이 닫혀 있기 때문입니다. "거짓말 하는 모든 자들은 불과 유황으로 타는 못에 던져지리니 이것이 둘째 사망이라"(계 21:8)고 성경은 말씀합니다. 참으로 두렵고 떨리는 말씀입니다. 거짓을 버리고 진실을 회복하고서야 진정으로 하나님을 만나게 됩니다. 그리고 우리 구주 예수 그리스도 중심적으로 예배하고 성령으로 예배하게 되는 것입니다. 우리가 하나님 앞에서 예배하는 그 시간만이라도 죄를 멀리해야 합니다. 또한 악을 미워해야 합니다. "여호와를 사랑하는 너희여 악을 미워하라 그가 그의 성도의 영혼을 보전하사 악인의 손에서 건지시느니라"(시 97:10)라고 성경은 말씀합니다. 악은 그 어떤 모양이라도 버려야 합니다(살전 5:22). 우리 주님 앞에 허물과 죄를 회개하고 진실과 정직으로 예배할 때에 우리의 과거의 죄악을 용서하여 주십니다. 이 예배가 그리스도 안에서 드려지는 예배입니다. 왜냐하면 우리의 모든 허물과 실수와 죄악이 우리 구주 예수 그리스도의 보혈로 정결해졌기 때문입니다. 그러므로 하나님은 우리에게 죄인임에도 불구하고 의롭다고 선포하십니다.

결 론

우리 중에 가난하고 실패하고 병들고 낙심하고 좌절하는 자가 있습니까? 과거의 죄악으로 고민하고 방황하는 자들이 있습니까? 현재 있는 모습 그대로 주님 앞에 나와야 할 것입니다. 지체하지 말고 부끄러워하지 맙시다. 우리 주님은 의인을 부르러 오신 것이 아닙니다. 죄 속에서 태어나서 죄에서 먹고 마시며 방황하는 죄인을 구원하시기 위하여 오신 것입니다. 우리 구주 앞에 나오기만 하면 주님이 환영하시고 우리의 연약한 손을 붙잡아 주실 것입니다. 예수 앞에 나오면 모든 죄를 사함 받고 자비하신 주님의 품에 안기며 마음에 기쁨과 평강이 넘치며 감사하는 생활을 하게 됩니다. 지금이라도 우리 구주 예수 그리스도의 십자가 앞으로 속히 나오시기 바랍니다.

그리스도는 우리를 위하여 저주를 받으시고(갈 3:13) 죄인들을 구원하신 분이십니다. 십자가에 못 박히신 그리스도에게 위로를 얻지 못한다면 세상 어디에서 기쁨을 얻을 수 있겠습니까? 십자가에 달리신 우리 예수님만 의지하고 오직 그 분을 위하여 살면 영과 진리로 예배하는 예배자가 될 것입니다. 바로 그 순간에 살아계신 하나님을 만나게 될 것입니다. 영과 진리로 진실함으로 드려지는 예배에 하나님이 은혜와 복을 주실 것입니다.

모든 예배하는 곳에서 감사와 기쁨과 즐거움으로 예배하고 은혜와 진리가 충만한 그리스도인으로 살아가시기를 우리 주님의 이름으로 간절히 축원합니다.

20
성경과 초대교회로 돌아가자
[사도행전 2:36-47]

서 론

오늘날 한국교회는 강단의 위기를 만난 시대라고 말합니다. 이단이 독버섯처럼 증가하여 이단 교회들은 부흥하는데 기독교는 현재 침체된 상황입니다. 특별히 안타까운 것은 자유주의자들은 예수 그리스도의 십자가 사건도 제거하자고 주장하는 상황이기도 합니다. 성경에서 예수 그리스도의 십자가 사건이 없다면 기독교가 될 수 없고 더 이상 예수 그리스도는 죄인의 구세주가 될 수 없는 것입니다. 미국 필라델피아에 소재한 웨스트민스터 신학교를 설립한 그레샴 메이천 박사는 한마디로 자유주의는 기독교가 아니라고 강조했습니다. 현재 우리는 종교적으로도 혼합된 위기 중의 위기의 시대를 살아가고 있습니다.

영국의 마틴 로이드 존스 목사는 "교회사에 있어서 쇠퇴기는 언제나 말씀의 선포가 약화 되었던 시기"라고 했습니다. 인간의 언변으로는 바위처럼 버티고 앉아있는 청중들에게 은혜와 감동을 줄 수가 없습니다. 도대체 무엇으로 상처받은 심령들에게 위로를 줄 수 있습니까? 인간의 말은 공허한 것이고 오직 하나님의 말씀만이 인간을 변화시키는 것입니다. 하나님의 말씀이 선포될 때에 성령의 역사가 나타나는 것입니다. 그러나 오늘날 한국교회 안에는 세속주의와 번영신학이 침투하여 복음의 본질을 흐리게 하고 있는 상황입니다.

우리 교회들이 회복하는 한 가지 유일한 길이 있다면 그것은 성경과 초대교회로 돌아가는 것입니다. 그러면 초대교회가 어떻게 부흥되었는지를 살펴보며 함께 은혜를 나누기를 원합니다.

1. 하나님의 말씀이 능력 있게 선포될 때에 부흥이 일어났습니다. (36절)

"그런즉 이스라엘 온 집은 확실히 알지니 너희가 십자가에 못 박은 이 예수를 하나님이 주와 그리스도가 되게 하셨느니라 하니라"고 성경은 말씀합니다. 베드로 사도는 청중들을 향하여 이스라엘 온 집이 예수를 십자가에 못 박았던 장본인들이라고 증언합니다. 우리는 구주 예수 그리스도의 십자가와 부활의 복음으로 늘 충만해야 합니다. 왜냐하면 십자가의 보혈의 복음이 가장 힘이 있기 때문입니다. 십자가에 못 박히신 우리 구주 예수 그리스도를 선포하는 교회는 복음의 능력이 나타나고 교회가 생동감이 넘치게 됩니다.

베드로 사도의 설교는 사람의 지혜나 지식으로 아름다운 말을 사용하지 않았습니다. 그의 설교는 완악한 심령을 쪼개고 감동 주며 회개를 촉구하는 간곡한 선포입니다. 여기서 "그런즉 이스라엘 온 집은 확실히 알지니"라고 말씀합니다. 이스라엘 집은 하나님이 약속하신 우리 구주 예수 그리스도께서 오실 것이라는 고백을 했습니다. 그러나 그가 누구인지는 알지 못하였던 것입니다. 그러므로 베드로 사도는 그들이 그토록 멸시하고 조롱하던 "예수를 주(Lord)"로 고백하고 인정하라고 증언하는 것입니다. 이 말씀은 하나님이 약속하신 예수 그리스도 이외에 어떤 정치적인 메시아도 기다려서는 안 된다는 말씀인 것입니다. 그리고 예수께서 주와 그리스도가 되신 것은 하나님 아버지께서 그에게 영광과 존귀를 주셨기 때문인 것입니다. 유대인들은 구속주가 기름부음을 받아야 교회의 머리가 되시고 만물에 대한 통치권을 부여 받는다는 것을 알고 있었던 것입니다.

그러므로 베드로는 주라고 하는 호칭을 그리스도와 연결하여 "주와 그리스도"라고 증언하고 있습니다. 바울은 "성결의 영으로는 죽은 자들 가운데서 부활하사 능력으로 하나님의 아들로 선포되셨으니 곧 우리 주 예수 그리스도시니라"(롬 1:4)고 증언합니다. 즉 하나님께서는 예수를 죽은 자 가운데서 살리심으로 주 되심을 천명하신 것입니다. 이것은 우리가 인정하든 안 하든 간에 관계없이 하나님의 아들로 선포하신 것입니다. 하나님께서는 인류 가운데서 나사렛 예수를 끌어 올리시고 그를 주(Lord)의 자리에 앉히십니다.

여기서 "주"(Lord)라는 단어는 매우 중요한 의미가 담겨 있습니다. 이 말은 종말에 다시 오실 재림주요 심판의 주님을 의미하는 것입니다. 그러므로 십자가의 복음을 받아들이는 자는 구원을 받고 거부하는 자는 심판에 이르게 되는 것입니다. "그를 믿는 자는 심판을 받지 아니하는 것이요 믿지 아니하는 자는 하나님의 독생자의 이름을 믿지 아니하므로 벌써 심판을 받은 것이니라"(요 3:18)고 성경은 말씀합니다.

사도들이 전한 복음은 십자가에 못 박히신 예수 그리스도입니다. 물론 그들이 자신들의 손으로 그리스도를 십자가에 못 박은 것은 아닙니다. 그러나 확실한 것은 그들이 그리스도를 십자가에 못 박아 죽이도록 강력하게 요구한 것은 유죄로 남을 수밖에 없는 것입니다. 사도들은 유대인의 윤리와 도덕의 덕목을 증언한 것이 아닙니다. 예의 바르고 친절하고 봉사하면서 살라고 하는 것이 복음이 아닙니다.

복음의 핵심은 예수 그리스도입니다. "이 예수를 하나님이 그의 피로써 믿음으로 말미암는 화목제물로 세우셨으니 이는 하나님께서 길이 참으시는 중에 전에 지은 죄를 간과하심으로 자기의 의로우심을 나타내려 하심이니"(롬 3:25)라고 성경은 말씀합니다. 우리 구주는 화목제물만 되실 뿐만 아니라 십자가에서 저주를 받으신 그리스도이십니다. 그러므로 사도들이 전한 복음은 예수 그리스도의 십자가의 죽으심과 그의 부활인 것입니다. 이것이 복음의 가장 중요한 핵심인 것입니다.

우리에게 구원의 길은 열려 있습니다. 그러므로 죄인인 인간이 예수를 나의 구주로 믿으면 구원을 선물로 받게 됩니다. 그리고 예수를 나의 구주로 영접하지 아니한다면 심판을 받게 되는 것입니다. 오늘날 강단의 위기는 십자가와 부활의 복음의 결핍인 것입니다. 사람들이 듣기 좋아하는 설교만 하려고 합니다. 그러나 복음은 예수 그리스도께서 십자가에 못 박히신 사건과 예수의 부활인 것입니다. 안타깝게도 해가 지지 아니하는 대영제국인 영국도 작금에 와서는 복음이 많이 식어 교회를 바겐세일하고 교회가 예배드리는 신성한 장소가 변질이 되어 버렸습니다. 백화점과 티켓 판매소와 극장과 유흥업소로까지 변해갑니다. 영국 런던의 버스 정류장이 80여 곳이 있는데 그곳에 팻말이 이렇게 적혀 있습니다. "아마도 신은 없을 것이다. 그러므로 편안하고 안일 무사하게 살라." 이것은 무신론자와 실존주의자들에게 영향을 받은 것입니다.

세상은 갈수록 악하고 하나님의 신성을 모독합니다. "십자가의 도가 멸망하는 자들에게는 미련한 것이요 구원을 받는 우리에게는 하나님의 능력이라"(고전 1:18)고 성경은 말씀합니다. 보통 사람들이 예수 없이 지금처럼 살아간다면 장차 어떻게 되겠습니까? 죄인을 죄로부터 구원할 구주도 없고 하나님 앞에서 당신을 변호해 줄 중보자가 없이 죽는다면 어떤 소망도 없는 것입니다. 그러나 죄인을 죄로부터 구원할 이가 예수 그리스도이신 것입니다. 십자가의 복음만이 죄인을 죄에서부터 구원하는 것입니다. 이것이 복음의 능력입니다. "말씀을 들은 사람 중에 믿는 자가 많으니 남자의 수가 약 오천이나 되었더라"(행 4:4)고 성경은 말씀합니다. 이렇게 사도들을 통하여 하나님의 말씀이 능력 있게 선포될 때에 이런 부흥이 일어난 것입니다. "하나님의 말씀이 점점 왕성하여 예루살렘에 있는 제자의 수가 더 심히 많아지고 허다한 제사장의 무리도 이 도에 복종하니라"(행 6:7)고 성경은 말씀합니다. 제사장의 무리가 어떻게 말씀에 복종할 수 있습니까? 그것은 하나님의 말씀에 생명과 권능이 있기 때문입니다.

'동양사와 서양사는 읽으면 좋은 책이다. 감동이 있다.' 정도는 됩니다. 그러나 성경은 하나님의 말씀이기 때문에 생명력이 있습니다.

우리의 영혼과 심령을 쪼개고 그 속으로 말씀이 파고 들어오는 것입니다. 강단에서는 하나님의 말씀이 살아 움직여야 합니다. 하나님의 말씀이 온전하게 가감 없이 선포될 때에 놀라운 영혼의 변화가 일어나는 것입니다. 초대교회의 부흥은 다름 아닌 하나님의 살아있는 말씀이 점점 왕성해졌기 때문입니다. 헬렌 켈러 여사는 "성경의 안내를 받는 사람은 결코 방향감각을 잃지 않는다."라고 말합니다. 복음을 들은 그리스도인들도 목숨을 다하여 우리 구주 예수 그리스도의 복음을 증언해야 하는 것입니다. 하나님의 말씀을 우리의 심장을 주께 드리는 심정으로 증언하여 모든 영광을 하나님께 돌리시고 우리에게는 한없는 은혜와 기쁨을 주시기를 소원합니다.

2. 철저한 회개운동이 일어날 때에 부흥이 일어났습니다.
   (37-38절)

회개는 돌같이 굳은 마음이 살같이 부드러워지는 기이한 일인 것입니다. 진정한 회개는 사람이 하는 것이 아니라 오직 하나님이 회개의 영을 부어주셔야 회개가 되는 것입니다. 그러므로 회개는 하나님이 주시는 선물입니다. 37절에 보면 "그들이 이 말을 듣고 마음에 찔려"라고 성경은 말씀합니다. 여기에 "찔려"라는 단어는 헬라어로 〈카타넛소 katanusso〉입니다. 이 말은 마음에 예리한 고통을 주는 것을 의미합니다. 즉, 하나님의 말씀이 날선 검이(히 4:12) 되어서 예리하게 그들의 마음을 찌를 때에 회개가 일어난 것입니다. 그들은 유대인들입니다. 베드로의 설교는 모든 구절마다 예수 그리스도를 증언합니다. 십자가에 못 박히신 그리스도를 선포합니다.

말씀 한 구절구절이 완고한 심령을 부서뜨리는 메시지였던 것입니다. 유대인들은 자신들의 죄로 인하여 애통하고 슬퍼하는 것이 회개의 시작인 것입니다. 이것이 경건하고 거룩한 삶으로 들어가는 입구인 것입니다. 한평생 예수를 믿는다고 하면서도 죄 고백을 한 번도 철저하게 해 보지 아니하는 자들이 있습니다. 그런데 오늘 본문에 나오는 유대인들은 말씀의 찔림을 받습니다. 얼마나 귀하고 보배롭고 아름다운 일입니까? 너희가 십자가에 못 박은 이 예수라고 베드로는 증언합니다(36절). 유대인들이 베드로 사도의 설교를 듣고 그들은 통렬한 슬픔과 후회로 마음이 찔렸던 것입니다. 그리고 그 날에 삼천 명이 세례를 받습니다.

사람이 아무리 완악하고 죄가 많을지라도 회개하면 새 사람이 됩니다. 하나님의 영으로 변화되면 옛 사람이 새 사람으로 됩니다. 베드로의 설교를 들은 자들은 회개하여 변화 받고 새 사람이 됩니다. 사도 베드로는 마음에 찔림을 받은 자들에게 "너희가 회개하여 각각 예수 그리스도의 이름으로 세례를 받고 죄 사함을 받으라 그리하면 성령을 선물로 받으리니"(38절)고 증언합니다. 마음에 찔림을 받은 것은 놀라운 일입니다. 변화되는 시발점입니다.

그러나 예수 그리스도의 이름으로 세례를 받으라고 말씀합니다. 형식적이고 종교적인 세례가 아닙니다. 물과 성령으로 거듭나는 죄 사함을 받는 것입니다. 어떤 전통적인 예식에 동참하기 때문에 구원을 받는 것이 아닙니다. 우리 구주 예수 그리스도의 보혈로 우리의 먹과 같이 검은 죄와 주홍같이 붉은 죄가 깨끗하게 씻음을 받아야 하는 것입니다. 그리스도의 보혈로 우리의 더러운 죄가 지워지고 정결하게 되어야 구원을 얻는 것입니다. 우리가 아시는 대로 병약한 자가 몸이 악화되어 몇 가지 암 덩어리를 가지고 있다면 결코 건강할 수가 없는 것입니다. 죄악에서 돌이키는 것은 마음과 영을 새롭게 하는 것입니다(겔 18:31). 우리들 개인과 가정과 이웃과 사회와 민족 전체가 돌이키고 또 돌이키고 하나님께로 돌아올 때에 소망이 있고 살 길이 열리는 것입니다. 죄에 대한 하나님의 형벌을 알지 못한다면 우리 구주 예수 그리스도의 십자가의 사랑을 깨달을 수가 없는 것입니다.

예수를 믿는다는 것은 그분을 나의 구주로 혹은 구세주로 그리고 주로 믿는 것입니다. 지금까지 내 의지대로 살아왔던 모든 죄의 정욕을 십자가에 못 박아 버리는 것입니다. 이제부터는 내가 그리스도와 함께 살고 그리스도와 함께 죽는 것입니다. 예수를 나의 구주로 믿고 난 이후에는 성령을 선물로 주십니다. 우리가 어떻게 주님에게 속한 자가 될 수 있습니까? 주님에게 속한 자는 그리스도인인 것입니다. 죄 사함을 받고 성령을 받아야 하나님의 사람이 되는 것입니다.

영국의 청교도 목사인 '리차드 백스터'는 그의 저서 《회심》에서 "악인은 반드시 회개해야 합니다. 그렇지 않으면 죽는다는 것은 불변하는 하나님의 법입니다."라고 외쳤습니다. 영국의 조셉 얼라인 목사는 "양심의 가책으로 부분적인 행실이 바뀌는 것은 회심이 아니다."라고 설명합니다. 우리가 예수를 구주로 믿지 아니할 때에는 자신의 욕망에 사로잡혀 살았습니다. 그런데 예수 믿고 성령을 받으니 새 사람이 됩니다. 우리 주님이 주신 평강이 넘치고 성령의 사람이 됩니다. 이것이 웬 은혜이며 사랑이며 축복입니까?

우리는 명심합시다. 성령 받아야 우리는 성령의 사람이 됩니다. 성령 받으면 마음에 평안함이 있는 것입니다. 하나님의 영은 거룩합니다. 성령을 예수의 영이라고 말합니다. 그러므로 내가 사는 것도 내가 주인이 아니라 주님이 주인이시고 왕이신 것입니다. 우리가 어떻게 주님과 동행할 수 있으며 기쁜 마음으로 주의 뜻을 행할 수 있습니까? 성령이 함께 하시기 때문입니다.

그러므로 날마다 세상 모든 욕망과 정욕을 십자가에 못 박읍시다. 그래야 좁은 길도 찬송하며 달려갈 줄로 믿습니다. 그 때에 베드로 사도의 설교를 들은 사람들은 세례를 받습니다. "이 날에 신도의 수가 삼천이나 더하더라"(41절)고 성경은 말씀합니다. 죽을 죄인이라도 죄의 어리석음에서 돌이켜 하나님께로 돌아온다면 그것은 복된 회심인 것입니다. 그러므로 회개하고 주님 앞으로 돌아오면 마음이 살처럼 부드러워질 것입니다.

미국의 대각성 운동의 선구자인 조나단 에드워드 목사는 미국 노쌤프턴(Northampton)교회의 담임목사였습니다. 그가 영적 부흥의 불길을 일으키는 도구로 하나님은 그를 사용하십니다. 그의 유명한 회개 설교가 있습니다. 그것은 '하나님의 진노하시는 손에 있는 죄인'이라는 설교 내용인 것입니다. 그의 설교는 가슴에 폭탄이 터지는 설교입니다. 그리고 성령의 불방망이 같은 심령을 쪼개는 설교입니다. 그의 설교는 지식의 전달이 아닙니다. 성령의 역사가 나타납니다. 그의 설교를 들을 때에 성도들이 울면서 강단 아래로 엎드려 회개합니다.

에드워드 목사도 울면서 설교합니다. 그의 설교의 내용은 이러합니다. "하나님은 이스라엘 백성들을 진노하십니다. 진노의 대상일 뿐만 아니라 회개하지 아니하면 지옥에 던지십니다. 우리들도 회개하지 아니하면 불타는 지옥에 던져질 수밖에 없습니다. 그러므로 속히 지옥 구덩이로부터 빨리 나오십시오. 오! 죄인들이여, 여러분은 지옥의 구덩이 위에 단 하나의 널빤지를 깔고 그 위에 서 있고 그 널빤지는 썩어있다는 것을 기억하십시오. 여러분은 지옥의 구덩이 위에 한 줄의 밧줄로 매달려 있습니다. 그런데 보십시오! 그 밧줄이 지금 끊어지려고 끽끽 소리를 내고 있습니다. 이 설교를 들은 청중들은 교회 기둥을 붙잡습니다. 오! 하나님, 저를 지옥 밖으로 떨어지지 않게 하옵소서."라고 눈물로 통곡하고 자복하는 회개의 기도를 합니다.

　영국의 조지 휫필드 목사는 20세에 은혜 받고 22세부터 설교합니다. 그는 처음에는 자신의 연약함과 부족을 느끼고 낙심했습니다. 헌팅턴 여사가 그에게 전도하자 그는 "나는 망했습니다."라고 하자, 그녀는 "그리스도께서는 망한 사람을 구원하시기 위해 오셨습니다."라고 말합니다. 그는 이 복음을 믿고 위대한 복음 전도자가 되었던 것입니다. 그는 부흥회 할 때마다 두렵고 떨림으로 설교했습니다.
　온유하고 겸손한 조나단 에드워드 목사는 12살이나 연하인 조지 휫필드 목사의 설교를 듣는 중에 내내 흐느껴 웁니다. 그는 어린아이처럼 마음이 순진합니다. 그리고 청중들의 파란 눈에는 눈물로 젖어 있고 눈물로 고여 있어 진정한 부흥을 이루었던 것입니다. 우리는 하나님 앞에서 두렵고 떨리는 마음으로 회개해야만 합니다. 회개는 해도 되고 안 해도 되는 것이 아닙니다.

　우리는 반드시 자신들의 죄를 회개하고 우리 구주 예수 그리스도의 보혈로 죄 용서를 받아야만 합니다. 우리 구주 예수 그리스도를 믿는 것은 선택 사항이 결코 아닙니다. 마음을 절반 정도만 드려서 회개한 사람은 진정으로 회개한 것이 아닙니다. 우리 주님이 우리의 죄를 생각나게 하시는 대로 밤과 낮과 새벽으로 철저하게 회개하여야 할 것입니다. 전도자 무디는 "예수님이 이 세상에 남기고 가신 것은 그의 피"라고 했습니다. 거룩함의 도가 높을수록 죄책감은 더욱 강해지는 것입니다. 사도 바울은 "죄인 중에 내가 괴수"(딤전 1:5)라고 했고, "오호라 나는 곤고한 사람이로다 이 사망의 몸에서 누가 나를 건져내랴"(롬 7:24)고 증언합니다.

1894년 청일전쟁이 발발할 때에 북한의 평양은 향락의 도성이요 한국의 소돔과 고모라 성으로 불렸습니다. 그런데 불과 15년이 지나지 않은 1907년에 평양은 동방의 예루살렘으로 불릴 정도로 변화되었던 것입니다. 1907년 평양 대부흥운동이 일어나기 전에 영적 준비 기도회를 개최합니다. 1906년 12월 28일입니다. 길선주 장로가 강단에서 설교합니다. 교회에서 회개운동이 일어나니까 도둑놈이 많은가 보다 하여 포졸인 방은덕이라는 자를 보냅니다. 길 장로는 설교 제목이 "지옥이냐 천국이냐"라는 내용을 가지고 말씀을 선포합니다. 포졸이 생각하기를 '물건 훔친 도둑은 잡을 수 있지만 마음속에 자리 잡고 있는 도둑은 잡을 수가 없구나' 하고 포졸이 회개합니다. '아이구! 선생님! 제가 죄인입니다.' 진땀을 흘리며 회개하였던 것입니다. 어떤 여인은 자신의 음행 죄를 회개합니다. 놀라운 것은 남편이 알고 용서합니다. 승려가 승려 복을 입은 채로 회개하기도 합니다. 천주교 신부가 회개합니다. 이것이 성령의 역사가 아닙니까? 길선주 장로는 목사 되기 전에 지었던 모든 죄를 솔직하게 눈물로 철저하게 회개합니다. 가장 가까운 친구가 죽고 과부의 돈을 재산정리 해 주는 과정에서 미화 100불 정도를 갈취하였던 것입니다. 설교하면서 공개적으로 눈물로 회개할 때에 회개운동이 일어난 것입니다.

회개운동이 일어날 때에 평양시내 일대는 집집마다 곡소리가 납니다. 그 당시는 대가족시대입니다. 본처와 후처의 갈등이 심했습니다. 남편이 본처에게 후처를 위하여 이부자리를 깔라고 합니다. 남편에게 순종하라고 하니 순종합니다. 예수를 나의 구주로 믿고 나니 본처가 후처를 용서합니다. 남편이 예수 믿고 성경을 읽고 후처에게 집에서 나가라고 합니다. 후처가 떠나면서 하는 말이 당신과 이별하는 것은 괜찮지만 형님하고 이별하는 것이 섭섭하다고 합니다.

베드로 사도는 "너희가 회개하여"(행 2:38)라고 하며, 회개를 강조합니다. 회개한다는 것은 사람이 전인격적으로 새로워져서 완전히 다른 새 사람이 되는 방향전환인 것입니다. 종교개혁 시대 이전에는 교회가 교황제도 아래 있었습니다. 그러므로 회개가 외적인 종교의식으로 변질되고 말았습니다. 사제에게 가서 자기 죄를 고백하면 용서 받은 것으로 만족해합니다. 회개는 이런 전통과 종교의식이 아닌 것입니다. 하나님의 말씀에 찔림을 받고 회개하고 전인적으로 새 사람이 되는 것이 회개인 것입니다. "마음을 새롭게 함으로 변화를 받아"(롬 12:2)라고 성경은 말씀합니다. 새 사람이 되어야만이 참된 회개인 것입니다. 베드로는 유대인들에게 먼저 '회개'를 강력하게 촉구하고 이후에 죄 사함을 증언합니다. 우리도 날마다 예수 그리스도의 피로 죄 용서를 받고 주 안에서 강건하여지고 승리하는 삶을 삽시다.

3. 모이기를 힘쓸 때에 교회가 부흥되었습니다. (46-47절)

"날마다 마음을 같이하여 성전에 모이기를 힘쓰고"라고 성경은 말씀합니다. 어떤 교회가 부흥됩니까? 모이기를 힘쓰는 교회입니다. '마펫'

박사는 현대인이 교회에 오기 싫어하는 세 가지 이유를 말합니다. 첫째: 기독교인이 된 것을 부끄러워하기 때문이다. 둘째: 사람이 까다롭기 때문이다. 셋째: 교만하기 때문이라고 말합니다.

일본 사람들은 자기 조상들이 천주교와 기독교 박해 시에 순교한 것을 부끄러워하여 교회에 나오기를 꺼려합니다. 우리가 신앙으로 산다는 자부심이 없이는 주님 앞으로 나오기가 어려운 것입니다.

그러나 초대교회의 성도들은 설교자가 없이도 열심히 모였습니다. 모이라는 권면이 없어도 열심히 모였습니다. 종교개혁자 요한 칼빈은 초대교회 성도들이 성전에 모이기를 힘썼던 이유는, 성전이 복음을 전파하는데 더 좋은 기회와 여건을 마련해 주었기 때문이라고 말합니다. 그들은 율법에 속한 그림자들이 이미 사라진 것을 알고 있었기 때문에 성전이 거룩해서 거기에 모인 것이 아니라고 말합니다. 성전에 모이는 자들은 하나님으로부터 멀어지는 개인적인 관심사들을 다 제쳐 놓은 자들입니다. 오직 하나님을 만나기 위하여 찾아온 경건한 자들이 많았기 때문에 제자들은 이런 자들을 만나기 위하여 늘 성전에 있었던 것이라고 증언합니다.

"오직 권하여 그 날이 가까움을 볼수록 더욱 그리하자"(히 10:25)고 성경은 말씀합니다. 주님의 날이 가까이 오는 것을 알고 더욱 모이기를 힘써야 하는 것입니다. 우리는 그날이 가까움을 볼수록 주일을 거룩하게 지키는 신앙을 사수하여야 합니다.

주일은 내 날이 아니고 주님의 날입니다. 주님의 날은 하나님께 예배하는 날입니다. 주일을 지키는 것은 해도 되고 안 해도 되는 선택사항이 아닙니다. 주일을 지키기 위하여 우리의 신앙의 선배들은 많은 박해를 받았습니다. 가정에서 추방당하고 직장을 잃고 불이익을 당합니다. 심지어 죽음도 감수해야 했던 것입니다. 우리도 주일을 지키기 위하여 생명을 걸고 예수를 믿어야 하는 것입니다. 일단 모이면 교회가 생동합니다. 생기가 있고 생명을 주는 역사가 나타납니다. 그러므로 모여서 찬양하고 기도하고 예배하는 것이 우리 그리스도인의 삶인 것입니다. 초대교회는 모이는 일에 힘씁니다. "믿는 사람이 다 마음을 같이 하여"(행 5:12), "믿고 주께로 나아오는 자가 더 많으니 남녀의 큰 무리더라"(행 5:14)라고 성경은 말씀합니다. 사도행전 1장 4절과 6절과 15절에도 "모였다"는 말이 세 번 나옵니다. 이 모임에는 집회 때마다 결석하였던 의심 많은 제자인 도마까지도 모입니다. 숯도 한 곳에 모아야 불이 잘 붙습니다. 물도 한 곳에 모여야 배가 뜹니다. 교회에도 계속 모여야 일이 됩니다. 부흥이 일어납니다.

우리도 주님 재림의 날이 가까이 올수록 더욱 모이기를 힘씁시다. 모이는 교회는 부흥됩니다. 세월은 유수처럼 흐릅니다. 죽음은 쏜살같이 접근해 오고 있습니다. 지금이 우리 구주 예수 그리스도 앞으로 나올 때입니다. 이 경고를 가볍게 여기지 말아야 합니다. 당신이 멸망으로부터 벗어날 마지막 은혜의 초청일 수 있기 때문인 것입니다. 우리는 기억합시다. 처음 믿는 자나 중간에 믿은 자나 모태 신앙이든지 예수 잘 믿고 구원받읍시다. 이것이 우리의 소원이 되어야 합니다. 하나님 나라에 들어가기까지 열심히 모여 기도하고 예배함으로 견고한 신앙을 사수합시다.

4. 전적으로 기도에 힘쓸 때에 부흥이 일어난 것입니다.
  (행 1:4, 4:29-31)

사도행전 1장 14절에 보면 "여자들과 예수의 어머니 마리아와 예수의 아우들과 더불어 마음을 같이하여 오로지 기도에 힘쓰니라"고 했는데, 이 기도에는 회개 기도가 포함되어 있습니다. "오로지 기도"가 무엇입니까? 땀과 눈물을 흘리고 애원하며 간절히 기도하는 것을 의미합니다.

1738년 영국의 모라비안 교도들이 예배에 참석하여 새벽 3시까지 간절히 기도하다가 성령 충만을 받습니다. 요한 웨슬리 목사가 성령 충만하여 기도하고 설교할 때에 놀라운 역사가 일어납니다. 극장이 문을 닫고 술집이 문을 내립니다. 성령의 역사가 강력하게 나타납니다. 존 스타트 목사는 "성령 충만이 없는 교회는 교회가 아니다."라고 증언합니다. 교회의 규모가 크든지 작든지 이것이 문제가 아닙니다. 기도하는 교회는 성령의 충만을 받습니다. 기도하는 교회는 건강한 교회요 저력이 있습니다. 기도하는 교회는 성령 충만하여 교회의 사명을 감당합니다. 기도 많이 하는 교회는 성령 충만하여 반드시 부흥되고 더 부흥된다고 성경은 말씀합니다. "여자들과 예수의 어머니 마리아와 예수의 아우들로 더불어 마음을 같이하여 오로지 기도에 힘쓰니라"(행 1:4). 기도에 힘쓰는 교회는 부흥됩니다. 기도가 식어지고 중단되는 교회는 교회가 쇠퇴합니다. "빌기를 다하매 모인 곳이 진동하더니 무리가 다 성령이 충만하여 담대히 하나님의 말씀을 전하니라"(행 4:31)고 성경은 말씀합니다.

그러면 그들이 어떤 기도를 드린 것입니까? 30절에 보면 "손을 내밀어 병을 낫게 하시옵고 표적과 기사가 거룩한 종 예수의 이름으로 이루어지게 하옵소서 하더라" 이 기도를 드린 것입니다. 주님의 제자들은 이렇게 간절히 기도할 때에 성령의 충만을 받고 담대히 하나님의 말씀을 선포할 수 있었던 것입니다. 그리고 치유의 역사도 일어난 것입니다.

우리가 왜 약하고 무능하고 힘이 드는 것입니까? 우리 자신의 힘과 지식과 지혜로는 한계가 있기 때문입니다. 그러므로 우리의 가슴 속에 성령의 불이 붙어야 합니다. 성령의 불길이 내 가슴 속에서 타오를 때에 하나님의 말씀을 담대히 전할 수 있는 것입니다. 하나님은 기도하는 개인과 가정과 사회와 민족을 버리지 아니하십니다. 교회가 교회로 새롭게 회복되는 비결은 기도하는 것 이외에는 다른 방도가 없습니다. "쉬지 말고 기도하라"(살전 5:17)고 성경은 말씀합니다.

기도에는 휴일이 없는 것입니다. 우리 인생에 휴가는 있어도 기도는 중단이 없는 것입니다. 매일 5분이라도 10분 혹은 20분 30분 1시간 이상 기도하면 신앙에 도움이 됩니다. 영적으로 살아납니다. 심령이 강건해지고 회복됩니다. "모든 기도와 간구로 하되 항상 성령 안에서 기도하고 이를 위하여 깨어 구하기를 항상 힘쓰며 여러 성도를 위하여 구하라"(엡 6:18)고 성경은 말씀합니다. 언제 어디서라도 기도만 할 수 있다면 행복한 사람입니다. 기도하는 사람이 사탄과의 싸움에서 승리합니다. "그러므로 각처에서 남자들이 분노와 다툼이 없이 거룩한 손을 들어 기도하기를 원하노라"(딤전 2:8)고 성경은 말씀합니다. 우리의 손이 허물과 실수가 있고 실패한 손이라 할지라도 두 손을 높이 들고 자신과 가정과 교회와 조국과 세계선교를 위하여 기도합시다.

"만물의 마지막이 가까이 왔으니 그러므로 너희는 정신을 차리고 근신하여 기도하라"(벧전 4:7)고 성경은 말씀합니다. 우리는 기도를 하되 정신을 차리고 기도해야 합니다. 현대인들은 너무나도 생존경쟁에 시달려 피곤하게 살아갑니다. 그러므로 기도할 시간이 없다고 말합니다. 그러나 우리가 영적으로 살기 위해서는 반드시 기도해야 합니다. 기도해야 내 심령이 사는 것입니다.

기도의 사람인 바운즈는 "하나님과의 깊은 관계는 하루아침에 이루어지지 않는다. 무심코 혹은 급하게 주님께 방문하곤 하는 자에게는 은사를 주시지 않는다. 홀로 주님과 함께 많은 시간을 갖는 것이 그 분을 알고 그 분과 영향력을 함께 가지는 비결이다. 주님은 그 분을 아는 끈기 있는 믿음에 기꺼이 응답하신다. 집요함의 진지함뿐만 아니라 지속성을 가지고 사모함과 감사함을 확신하는 사람들에게 신령한 은사를 충만히 부어주신다."라고 증언합니다. 지금은 기도할 때 입니다. 내 교회와 내 조국만이 아니고 기도의 눈을 높이 들어 세계를 바라보며 기도합시다.

5. 사랑으로 교제할 때에 부흥이 일어났습니다. (행 2:42-47)

"그들이 사도의 가르침을 받아 서로 교제하고"라고 성경은 말씀합니다. "교제"란 단어는 헬라어로 〈코이노이아 koinonia〉입니다. 코이노니아는 공동체(Community)의 어원입니다. 성도의 교통은 성부와 성자와 성령의 교통, 즉 삼위 하나님의 교통입니다(고후 13:13). 그리스도인들의 하나 된 모임이라는 뜻입니다. 수직적으로는 하나님을 사랑하고 수평적으로는 성도들이 서로 사랑으로 교제하는 것입니다. 코이노니아, 즉 교제라는 말은 여러 가지 의미가 있습니다. 교제, 사귐, 참여, 교통, 나눔, 동정, 연보, 구제, 통용, 상통, 분배, 친교입니다.

초대교회의 교제는 한마디로 하나님께 예배하고 하나님을 사랑하는 자들이 우리 구주 예수 그리스도의 십자가의 사랑으로 서로 서로 교제하는 것입니다. 집에서 개인적으로 기도하는 것으로는 충분하지 않습니다. 성도들이 함께 모여서 기도하고 교제하는 것이 더 중요한 것입니다. 그러므로 함께 기도한다는 것은 그 자체가 신앙고백인 것입니다.

초대교회의 성도들은 한마디로 우리 구주 예수 그리스도의 십자가의 사랑을 각 형제들에게 나누어 주었던 것입니다. 그러므로 이 사랑은 조건 없는 사랑이요 이해타산이 없는 순수하고도 아낌없는 사랑인 것입니다. 이 사랑은 십자가에서 흘리신 보혈의 사랑입니다. 나 같은 죄인이 구원을 받았습니다. '이 벌레만큼도 못한 죄인이 주님의 사랑을 받습니다. 감사하고 또 감사합니다.'라는 심정으로 주님을 사랑하고 주님에게 속한 형제들을 내 지체처럼 그리고 내 심장처럼 사랑하는 것입니다. 이것이 주님 안에서의 진정한 교제인 것입니다. '내가 그리스도를 사랑합니다.'라는 사랑의 고백 위에 개인적인 신앙고백을 하는 것입니다. 그러므로 "교제"는 자신이 출발점이 아니고 하나님으로부터 출발하는 것입니다. 자식이 부모를 낳는 것이 아니라 부모가 자식을 낳는 것입니다.

초대교회는 사랑의 공동체를 이룹니다. 유대인과 헬라인이 하나가 됩니다. 남녀 성의 신분이 하나가 됩니다. 예수님 당시의 여자가 사회로부터 받는 취급은 이러합니다. 남자가 돈이 없고 화가 나면 시장에 가서 여자를 노예처럼 팔아버립니다. 그러므로 주 안에서 여자를 사랑하라는 것은 매우 큰 혁명이었던 것입니다. 우리 구주 예수 그리스도 안에서는 모두가 사랑의 대상인 것입니다. 한 분 하나님, 한 분 예수 그리스도, 한 분 성령을 믿고 고백하면서 성도의 교통과 교제가 이루어지는 교회가 되어야 하는 것입니다. 교회 공동체 안에는 어떤 사람이 개인화 되거나 특별하게 부각되어서는 안 됩니다. 자기중심적이고 이기적인 성향에 빠져서는 안 되는 것입니다.

진정한 교제는 우리 구주 예수 그리스도의 용서와 사랑을 배우는 것입니다. 죄인임에도 불구하고 용납하시는 그리스도의 마음을 배워야 합니다. 그것은 바로 남을 나보다 낮게 여기는 사랑인 것입니다. 그러므로 예수님처럼 사랑이 충만하면 허물을 말하고 그렇지 못하면 허물을 말하지 말아야 합니다. 하나님의 교회는 성부와 성자와 성령 삼위 하나님과 교제하고 서로 존중하고 사랑하는 생명의 피가 진동할 때에 부흥되었던 것입니다. 그리고 교제란 함께 나누는 것을 의미합니다. 영적으로 물질적으로 함께 나누는 것을 말합니다. 기쁨도 슬픔도 함께 나누는 것입니다. 그리고 가난한 자를 보살핍니다.

초대교회의 성도들은 아낌없이 사랑의 공동체를 이룹니다. 입으로만 사랑한다고 하는 것은 위선입니다. "누가 이 세상의 재물을 가지고 형제의 궁핍함을 보고도 도와 줄 마음을 닫으면 하나님의 사랑이 어찌 그 속에 거하겠느냐 자녀들아 우리가 말과 혀로만 사랑하지 말고 행함과 진실함으로 하자"(요일 3:17-18)라고 성경은 말씀합니다. 우리의 사랑은 입술로만 서비스 하는 것으로 되어서는 안 됩니다. 46절에는 "집에서 떡을 떼며"라고 성경은 말씀합니다. 이 말씀은 가정에서도 교회가 있었다는 것을 의미합니다. 가정교회입니다. 즉 가정예배를 드렸던 것입니다. 집에서도 식사 교제를 나눈 것입니다. 그러므로 애찬의 나눔은 천국에 들어가기 전에 느끼는 은혜요 기쁨인 것입니다. 우리는 지상교회에서도 이 천국의 기쁨을 누려야 하는 것입니다. 왜냐하면 교회는 공동체이기 때문입니다.

교회는 사랑의 공동체요 십자가의 공동체인 것입니다. 천국에서는 유대인이나 이방인이나 차별이 없습니다. 성찬식에서도 인종과 민족과 피부와 남녀의 구별이 없습니다. 예수를 나의 구주로 믿는 자들에게는 누구도 동일하게 참여할 수가 있는 것입니다. 초대교회의 성도들은 주님의 십자가의 죽으심을 기념하면서 떡을 나누었던 것입니다. 이것이 하나님의 영광을 드러내는 것입니다. 그러므로 있는 자는 없는 자들에게 사랑의 떡을 나누면서 삽시다. 우리의 소유도 내 것이 아니고 하나님이 주신 것이기 때문입니다.

44절에 보면 "믿는 사람이 다 함께 있어 모든 물건을 서로 통용하고"라고 성경은 말씀합니다. 이 말씀은 소유권을 폐지한 것이 아닙니다. 이기주의를 제거한 것을 의미하는 것입니다. 초대교회에는 이기주의와 자기중심주의가 없었던 것입니다. 모두가 서로 아낌없이 주고 베풀었던 것입니다. 그리고 45절에 보면 "또 재산과 소유를 팔아 각 사람의 필요를 따라 나눠 주며"라고 성경은 말씀합니다. 이것은 성령의 은혜를 받고 자원함으로 봉사하는 것을 의미합니다. 그러므로 성령 받으면 하나님이 기뻐하시는 일을 합니다. 남을 도우며 봉사하며 살게 됩니다. 성 어거스틴은 "가난한 자는 부자를 위하여 존재하고, 부자는 가난한 자를 위해 존재한다."고 증언했습니다. 그러므로 부한 자는 가난한 자를 도우며 살아야 합니다. "구제를 좋아하는 자는 풍족하여 질 것이요 남을 윤택하게 하는 자는 자기도 윤택하여지리라"(잠 11:25)고 성경은 말씀합니다.

하나님은 아낌없이 구제하고 돕는 자들을 축복하십니다. 이것이 성경의 원리입니다. "과도히 아껴도 가난하게 될 뿐이니라"(잠 11:24)고 성경은 말씀합니다.

우리에게 주신 분복을 따라서 하나님을 잘 섬기고 교회를 봉사하고 주위에 가난한 자와 해외에 불쌍한 영혼들을 위하여 구제하고 선교하며 삽시다. 불꽃들이 불의 중심인 해를 향하여 올라가듯이 우리들의 사랑도 사랑의 근원이신 하나님을 향하여 올라갈 때에 교회는 생동하며 부흥되는 것입니다. 하나님을 사랑하고 형제와 자매를 사랑하는 통로가 교회의 중심이 되어야 합니다. 신앙이라는 것은 자발적인 것입니다. 만약에 그렇지 않다면 신앙은 거짓된 것이기 때문입니다.

결 론

교회가 교회되기 위해서는 성경과 초대교회의 모습으로 돌아가야 합니다. 교회의 진정한 부흥은 말씀이 능력 있게 선포되고 받은 말씀에 회개의 역사가 나타나야 합니다. 회개하면 죽을 죄인도 소망이 생깁니다. 자신과 가정과 교회가 회복되는 것은 우리 자신들의 옷을 찢는 것이 아니라 마음을 찢어야 합니다.

하나님 앞에 회개하고 서로 용서하고 사랑을 회복하여 아름다운 교제를 이룹시다. 교회가 우리 주님이 원하시는 교회만 되면 이 세상과 세계를 복음으로 변화시킬 것입니다. 생명 바쳐 기도하고 순교정신과 순교신앙으로 전도하고 선교합시다. 우리 구주 예수 그리스도께서 우리에게 은혜와 영생의 복 주시기를 우리 주님의 이름으로 간절히 축원합니다.

21
그 이름을 위하여
[사도행전 5:41-42]

서 론

대영제국이었던 영국의 병사들은 여왕의 이름만 생각하여도 마음과 가슴이 두근거린다고 합니다. 그러기에 그들은 전투하는 중에도 자신의 군주와 나라를 생각하고 자신의 목숨도 아낌없이 기꺼이 바쳤습니다. 그러나 우리 구주 예수 그리스도의 군사들은 그보다 더 훨씬 강하고 담대한 자들이어야 합니다. 왜냐하면 우리 구주 예수 그리스도께서 갈보리 언덕에서 우리 죄인들을 대신하여 수치스러운 십자가의 고난을 받으셨기 때문입니다. 그러므로 사도들은 우리 구주를 위하여 몸과 마음과 생명의 위협을 무릅쓰고 담대하게 복음을 전하였던 것입니다. 우리도 복음의 증인들로서 생명 바쳐 우리 구주 예수 그리스도의 복음을 증언합시다.

오늘 본문 배경을 보면, 사도들은 마치 죄인으로 취급을 받아 매를 맞고 예수의 이름으로 전하지 못하게 협박을 받고 풀려나게 됩니다. 그리하면 부끄러워하고 복음을 전하지 않을 줄로 생각하였는데, 사도들은 그 이름을 위하여 능욕 받는 일에 합당한 자로 여기심을 기뻐합니다. 즉 사도들은 우리 구주와 그의 진리를 위하여 어떤 고난도 두려워하지 아니하고 담대하게 복음을 전하였던 것입니다.

사도 바울은 빌립보 교회의 성도들에게 "그리스도를 위하여 너희에게 은혜를 주신 것은 다만 그를 믿을 뿐 아니라 또한 그를 위하여 고난도 받게 하려 하심이라"(빌 1:29)고 증언합니다. 우리는 예수를 나의 구주로 믿고 구원받은 것만도 감사한 일이 아닙니까? 그 외에도 하나님의 은혜를 받지 아니한 것이 하나도 없습니다. 그렇다면 받은 은혜를 유지하고 지속하는 것은 우리 구주 예수 그리스도를 위하여 남은 생애를 고난도 감수하면서 살아가는 것입니다. 사람은 무엇을 생각하느냐에 따라서 자신의 운명과 미래가 결정되는 것입니다. 사람은 밥만 먹고 사는 존재가 아닙니다. 그렇다면 짐승이나 다를 바가 없을 것입니다. 먹고 마시고 취하고 세상 쾌락을 즐기는 것을 생의 목적처럼 사는 자들도 있습니다. 그러나 이런 육신의 욕망만을 채우는 삶은 허무하고 공허하며 파멸에 이르게 되는 것입니다.

"육신을 따르는 자는 육신의 일을, 영을 따르는 자는 영의 일을 생각하나니 육신의 생각은 사망이요 영의 생각은 생명과 평안이니라"(롬 8:5-6)고 성경은 말씀합니다. 그러므로 우리는 살든지 죽든지 먹든지 마시든지 영적인 생각을 함으로 생명과 평안을 얻어야 할 것입니다. 사도들이 전한 복음은 영혼을 구원하는 생명의 말씀인데, 이 말씀을 복음이라고 합니다. 그들은 우리 구주의 이름으로 기적도 일으킵니다.

베드로와 요한이 성전에 올라갈 때 나면서 못 걷게 된 이를 사람들이 메고 옵니다. 그가 베드로와 요한에게 구걸할 때에 베드로가 그에게 "은과 금은 내게 없거니와 내게 있는 이것을 네게 주노니 나사렛 예수 그리스도의 이름으로 일어나 걸으라 하고 오른손을 잡아 일으키니 발목이 곧 힘을 얻고 뛰어 서서 걸으며 그들과 함께 성전으로 들어가면서 걷기도 하고 뛰기도 하며 하나님을 찬송"합니다(행 3:1-8). 여기서 이름은 '능력과 권세'를 의미합니다. 우리는 아무런 힘과 능력이 없지만 우리 구주 예수 그리스도의 이름은 권세와 능력이 있는 것입니다.

사도들이 복음을 전할 때 이렇게 놀라운 복음의 능력과 표적이 나타납니다. 아나니아와 삽비라 부부가 자기의 소유를 팔아 그 값에서 얼마를 감추는데 아내도 압니다. 얼마만 가져다가 사도들의 발 앞에 둡니다. 베드로 사도가 "아나니아야 어찌하여 사탄이 네 마음에 가득하여 네가 성령을 속이고 땅 값 얼마를 감추었느냐" 책망합니다. 이것은 사람에게 거짓말 한 것이 아니고 하나님께 한 것이라고 증언합니다. 이 말을 듣고 엎드러져 혼이 떠납니다. 그 아내도 주의 영을 속이다가 베드로 사도의 발 앞에 엎드러지고 혼이 떠나 죽습니다. 사도들이 주의 복음을 전할 때에 하나님께 거짓말 하고 성령을 속이다가 그들의 혼이 떠납니다(행 5:1-10). 이 얼마나 두렵고 떨리는 일입니까?

이런 기적이 일어날 때에 대제사장들과 사두개인 당파가 시기가 가득하여 사도들을 체포하여 감옥에 가두었던 것입니다. 하나님은 사도들이 고난당할 때에 비상수단을 사용하십니다. 주의 사자가 옥문을 열고 사도들을 끌어냅니다. 그리고 "가서 성전에 서서 이 생명의 말씀을 다 백성에게 말하라"(행 5:20)고 성경은 말씀합니다. 대제사장과 관리들과 장로들과 서기관들이 아무리 이스라엘의 최고 법정인 산헤드린의 권력을 가지고 있다고 하더라도 두려워하지 말고 생명의 말씀을 증언하라는 것입니다. 박해하는 세력이 두려워서 침묵하지 말고 생명의 말씀을 다 증언하라는 것입니다.

우리가 평상시에도 전도를 잘하지 못한다면 박해 때에는 전도하기가 더 어려울 것입니다. 그러므로 우리는 때를 얻든지 못 얻든지 항상 말씀을 선포하고 전도해야 하는 것입니다. 기독교의 생명력은 오직 하나님의 말씀인 것입니다. 우리는 우리 구주 예수 그리스도와 그의 복음을 부끄러워해서는 안 됩니다. 부끄러워한다면 우리의 믿음 없는 것을 부끄러워해야 합니다. 우리도 사도들처럼 우리 구주 예수 그리스도의 이름을 위하여 고난과 능욕 받는 일을 기뻐하면서 복음을 전해봅시다. 우리 자신들도 우리 구주의 생명의 복음을 전하며 영혼을 건질 때에 놀라운 역사와 기적도 나타날 줄로 믿습니다.

선교 현장에서는 종종 이런 일들이 일어나기도 합니다. 그러므로 우리가 살든지 죽든지, 거하든지 떠나든지, 먹든지 마시든지 무엇을 하든지 하나님의 영광을 위하여 삽시다. 매일 매 순간 서로 공동체 의식을 가지고 십자가의 복음을 위하여 힘을 모읍시다. 사적이고 자신의 사리사욕을 위한 모임을 갖지 말고 한 영혼이라고 구원하는 전도사역에 우리의 운명과 생명을 바칩시다.

오늘 본문에 보면 사도들은 감옥에서 석방된 것으로 기뻐하지 않았습니다. 오히려 주님을 위하여 고난과 능욕 받는 것을 더 기뻐했던 것입니다. 그렇다면 무엇을 위하여 고난을 받는 것입니까?

1. 그리스도의 이름을 위하여 고난 받는 것입니다. (41절)

41절에 보면 "사도들은 그 이름을 위하여 능욕 받는 일에 합당한 자로 여기심을 기뻐하면서 공회 앞을 떠나니라"고 성경은 말씀합니다. 그 이름은 예수 그리스도의 이름인 것입니다. 그리스도의 이름 때문에 고난을 감수하는 것입니다.

여기서 "합당한 자로 여기다"라는 단어는 헬라어로 〈카타크시오오 kataxioo:〉입니다. 이 말은 '가치 있게 여기다'라는 의미입니다. 즉 사도들은 고난과 수치를 기쁨으로 받아들이고, 불명예를 명예로 가치 있게 여겼던 것입니다. 우리는 무엇을 가장 가치 있는 것으로 여겨야 하는 것입니까? 사도들은 세상적으로 출세하고 정치적으로 명성을 얻는 것이 그들의 목적이 아니었습니다. 예수를 나의 구주로 믿고 구원받아 사도로 쓰임 받은 이후에는 자신의 영달을 위하여 살지 아니하고 오직 그리스도의 이름으로 고난 받는 것을 가장 가치 있고 보람 있게 여겼던 것입니다. 우리 생의 안정과 행복을 위하여 미래에 물질을 창고에 가득 쌓는 것만이 가치 있는 것입니까? 우리 구주와 복음을 위하여 고난 받는 것이 가장 가치 있고 보람된 일일 것입니다.

주님은 베드로에게 "내 이름을 위하여 집이나 형제나 자매나 부모나 자식이나 전토를 버린 자마다 여러 배를 받고 또 영생을 상속하리라"(마 19:29)고 말씀하십니다. 그리고 마가복음 10장 30절에는 백 배의 축복을 약속하셨습니다. 그러므로 예수를 나의 구주로 믿는 하나님의 백성들은 주님과 복음 때문에 고통과 시련을 당한다고 하여도 이것을 가치 있게 여겨야 할 것입니다. 왜냐하면 우리 구주 예수 그리스도께서 우리를 대신하여 저주의 십자가에서 모진 고난과 치욕을 친히 담당하셨기 때문입니다. 우리 구주의 복음을 전하고 선교현장에서 크고 작은 고난을 받는 것은 오히려 영광이 될 것입니다.

제가 존경하는 총신대학교 전 총장이신 김의환 목사님은 주를 위하여 복음을 전하다가 투옥되고 박해 받는 일이라도 있으면 감사하겠다고 말씀하신 것이 기억납니다. 예수님을 따르던 오천 명 군중들은 무리입니다. 예수님을 따라가지만 육신의 빵 문제 해결만을 위하여 따라갑니다. 그러나 주님의 사도들은 예수님을 본받고 고난의 좁은 문이요 좁은 길인 순교자의 길을 따라갑니다. 그리스도를 위하여 모욕을 당하는 것을 영광으로 알았던 것입니다. 그리스도의 이름을 위하여 핍박을 받는 것은 진정한 승진이기도 합니다. 왜냐하면 우리 구주를 본받아 갈 수 있기 때문입니다.

일본에 기독교가 1549년에 들어옵니다. 신자들이 예수를 믿고 처절한 박해를 받을 때에 그들은 담대하지 못하고 숨은 그리스도인 '가쿠

레 기리시단'(隱れキリシタン)이 되어버리고 말았던 것입니다. 오랫동안 긴 세월을 일본 기독교인들은 박해를 견뎌내지 못하고 피신하여 살았기 때문에 복음의 능력이 나타나지 아니하였던 것입니다.

사도 바울은 "무릇 그리스도 예수 안에서 경건하게 살고자 하는 자는 박해를 받으리라"(딤후 3:12)고 증언합니다. 적당하게 타협하고 신앙을 지킨다면 박해 받을 것도 없을 것입니다. 사도들이 그리스도의 신앙을 고백하고 그의 이름을 증언함으로 더욱 더 박해와 능욕이 컸던 것입니다. 사도들은 예수 그리스도의 부활의 증인들입니다. "이 예수를 하나님이 살리신지라 우리가 다 이 일에 증인이로다"(행 2:32)고 성경은 말씀합니다. 사도 베드로는 유대인들에게 설교하기를 "그런즉 이스라엘 온 집은 확실히 알지니 너희가 십자가에 못 박은 이 예수를 하나님이 주와 그리스도가 되게 하셨느니라"(행 2:36)고 증언합니다. 사도들은 예수께서 십자가에 죽으시고 부활하신 것을 직접 목격한 자들입니다. 그들은 우리 구주의 증인들인 것입니다. 증인은 우리 구주께서 십자가에 죽으심과 부활하시고 장차 심판의 주로서 오심을 증언하는 자들인 것입니다.

현재는 미얀마이지만 과거에는 버마에서 사역하던 저드슨 선교사는 선교의 장애가 많았고 종종 회의도 느꼈습니다. 어떤 사람이 그에게 "어떻게 그 고난을 극복하였습니까?"라고 질문하자 그는 이렇게 대답했다고 합니다. "우리 구주 예수 그리스도의 십자가의 사랑을 생각하면 아무리 어려운 고난도 견딜 수가 있습니다."

우리 주님의 십자가는 수치와 멸시와 저주의 상징입니다. 노예나 흉악범이나 군대에서 탈영병이나 살인강도와 정치범들을 처형하던 형틀이 십자가입니다. 로마 시민에게는 이런 끔찍한 십자가의 처형 법이 없었습니다. 그러나 우리 주님은 하늘 보좌를 버리시고 낮고 낮은 이 땅에 오십니다. 사람이 되시고 죄인의 모습으로 오십니다. 그리고 죄인보다 더 못한 종의 모습으로 십자가에 못 박히시고 죽으신 것입니다.

영국의 청교도 목회자들은 주님의 십자가를 하루도 묵상하지 아니하는 날은 심령이 메마르다고 증언합니다. 주님의 십자가를 생각하면 우리의 욕심과 교만과 위선도 사라지게 됩니다. 세상적인 헛된 욕망도 물러갑니다. 우리 주님의 십자가의 은혜와 사랑으로 살아갑시다. 우리가 아는 대로 기독교는 박해를 받을 때에 교회는 순결해지고 강해졌던 것입니다. 교회가 세상과 타협하지 아니할 때에 교회의 본래의 모습을 그대로 유지할 수 있었던 것입니다.

오늘 본문의 배경을 살펴보면 대제사장과 사두개인 당파가 시기가 가득하여 일어나 사도들을 제거하려고 합니다(행 5:33). 그럼에도 불구하고 그들은 조금도 낙담하지 아니합니다. "사람보다 하나님께 순종하는 것이 마땅하니라"(행 5:29)고 성경은 말씀합니다. 그들은 사도들을 위협하기를 "도무지 예수의 이름으로 말하지도 말고 가르치지도 말라"(행 4:19)고 경고합니다. 그러나 베드로와 요한은 "하나님 앞에서 너희의 말을 듣는 것이 하나님의 말씀을 듣는 것보다 옳은가 판단하라"(행 4:19)고 담대하게 증언합니다.

우리는 하나님 한 분 외에는 사람을 두려워해서는 안 됩니다. 사람은 존경하고 사랑할 대상이지 하나님처럼 믿을 존재가 아니기 때문입니다. 사도들은 권력을 가진 대제사장과 성전 맡은 관리들과 사두개인들을 두려워하지 아니하고 하나님의 말씀을 더 높이고 존중히 여겼던 것입니다. 지혜의 왕인 솔로몬은 "사람을 두려워하면 올무에 걸리게 되거니와 여호와를 의지하는 자는 안전하리라"(잠 29:25)고 증언합니다. 사도들은 사람들인 대제사장이나 성전 관리보다 하나님 중심입니다. 그러므로 언제나 하나님을 의식하고 하나님의 뜻을 높이며 하나님의 절대주권을 믿습니다.

그러나 대제사장과 사두개인 당파가 보낸 성전 맡은 자와 부하들은 사도들을 체포하였지만 강제로 하지 못합니다. 그 이유는 백성들에게 돌에 맞아 죽을까 봐 자신들의 몸을 도사렸기 때문입니다. 이들은 상당히 비겁한 자들입니다. 사람들에 의하여 돌에 맞아 죽는 것은 두려워하여도 하나님의 공의의 심판은 전혀 의식하지 못했던 어리석은 자들인 것입니다. 그러나 사도들은 돌에 맞아 죽고 주님처럼 십자가에 매달려 죽더라도 자신의 생명을 아끼지 아니하고 강하고 담대하게 복음을 선포하였던 것입니다. 우리에게도 이런 신앙의 담대함을 우리 구주께서 주시기를 간절히 소원합니다.

사도 바울은 "나는 너희를 향하여 담대한 것도 많고 너희를 위하여 자랑하는 것도 많으니 내가 우리의 모든 환난 가운데서도 위로가 가득하고 기쁨이 넘치는도다"(고후 7:4)라고 증언합니다. 바울은 환난 가운데서도 기쁨이 넘쳤다고 증언합니다. 어떻게 이것이 가능한 것입니까? 바울은 십자가에 죽으신 고난의 주님과 부활의 주 예수 그리스도를 본 받았기 때문입니다. "내가 그리스도를 본받는 자가 된 것 같이 너희는 나를 본받는 자가 되라"(고전 11:1)고 성경은 말씀합니다. 그러므로 우리도 주님을 본받고 주님의 이름을 위하여 고난 받는 것을 가치 있게 여깁시다.

일본 선교지에 와서 가장 힘들었던 것은 전도하는 일이었습니다. 전도지를 단순히 나누어주는 것보다 개인 전도를 했습니다. 왜냐하면 일본이라는 문화 특성 자체가 그들이 처음부터 마음 문을 쉽게 열지 아니하기 때문입니다. 좋은 인간관계를 오래 유지하다가 그들에게 다가서서 대화하고 식사 교제하면서 복음의 교제가 이루어지는 것입니다. 우리가 전도하다가 상대방의 반응이 좋지 아니하고 반대현상을 보일 때에 낙심해서는 안 됩니다.

주님은 "욕을 당하시되 맞대어 욕하지 아니하시고 고난을 당하시되 위협하지 아니하시고 오직 공의로 심판하시는 이에게 부탁하시며"(벧전 2:23)라고 성경은 말씀합니다. 우리 구주 예수 그리스도는 십자가를 지시고 모욕을 당하시고 고난을 당하실 때에 침묵하셨습니다. 오직 하나님께 자신의 영혼을 부탁하셨던 것입니다.

사도들의 관심사는 자신들이 받은 환난 중에서도 늘 고요한 평안함과 은혜를 유지하면서 복음증거의 사명을 감당하려고 했던 것입니다. 어떻게 박해 중에 있는데 마음에 고요한 평안이 있을 수 있습니까? 이것이 주님의 은혜인 것입니다.

우리 구주 예수 그리스도의 은혜가 머무는 동안은 언제든지 세상풍파가 사라지고 근심과 염려와 두려움도 물러가는 것입니다. 그러므로 하나님이 주시는 사랑과 주님의 은혜로 고난과 핍박을 견디어 내는 것입니다. 사도들은 주님의 이름과 그리스도의 복음을 위하여 채찍질 당하고 수치와 능욕 받는 것을 조금도 두려워하지 않았던 것입니다.

"다른 이로써는 구원을 받을 수 없나니 천하사람 중에 구원을 받을 만한 다른 이름을 우리에게 주신 일이 없음이라 하였더라"(행 4:12)고 성경은 말씀합니다. 이 세상에 다른 이름과 다른 복음으로는 절대 구원이 없는 것입니다. 사도 바울은 다른 복음이 없다(갈 1:7)고 증언합니다. 왜냐하면 다른 복음을 전하면 하늘로부터 온 천사라도 저주를 받는다고 성경은 말씀하고 있기 때문입니다(갈 1:8-9).

무엇 때문에 사도들이 그리스도의 이름에 생명까지 바쳐가며 복음을 전한 것입니까? 예수 그리스도의 이름 외에 다른 이름이 없고 다른 복음이 없기 때문에 복음을 증언하다가 고난 받고 채찍질 당하는 것을 가치 있게 생각했던 것입니다. 이 세상 어느 곳에서든지 다른 이름으로는 구원이 절대로 없는 것입니다. 어떤 교주나 어떤 종교의 이름과 의식으로도 결코 구원이 없다고 성경은 말씀합니다. 다른 이름을 내세우고 구원을 받겠다고 하는 것은 전능하신 하나님을 모독하는 행위입니다. 그리고 우리 구주 예수 그리스도의 십자가의 보혈을 헛되게 하는 행위인 것입니다. 우리는 우리 구주 예수 그리스도의 이름 외에는 결코 구원이 없음을 믿어야 합니다.

사도들은 "우리는 보고 들은 것을 말하지 아니할 수 없다"(행 4:20)고 증언합니다. 사도들이 보고 들은 것이 무엇입니까? 예수 그리스도의 십자가에 못 박히심과 그의 부활을 그들이 보고 들은 것을 의미합니다. 그러므로 사도들은 예수 그리스도의 십자가와 부활의 증인이라는 것입니다. 역사적으로 확실하고, 사도들은 개인적으로 주님의 십자가 사건과 부활을 목격했기 때문에 그들은 보고 들은 것을 말하지 아니할 수 없다고 증언하는 것입니다.

그러나 사두개인들은 어떤 반응을 보입니까? "사도들이 백성에게 말할 때에 제사장들과 성전 맡은 자와 사두개인들이 이르러 예수 안에 죽은 자의 부활이 있다고 백성을 가르치고 전함을 싫어하여"(행 4:1-2)라고 성경은 말씀합니다. 사두개인들은 예수의 부활과 내세를 믿지 아니하는 자들입니다. 그들은 현실주의자요 세속주의자들입니다. 이런 사람들의 영향을 받으면 예수를 나의 구주로 믿기가 어려운 것입니다. 결국에는 자신들도 천국에 들어가지 못하고 다른 사람들까지도 천국의 문을 막는 결과가 나타나는 것입니다.

그들에 의하여 사도들이 체포됩니다. 그러나 놀라운 부흥이 일어납니다. "말씀을 들은 사람 중에 믿는 자가 많으니 남자의 수가 약 오천이나 되었더라"(행 4:4)고 성경은 말씀합니다. 아마도 회개하고 변화 받은 사람들의 숫자까지 포함되었을 것입니다. 초대교회의 부흥은 말씀선포에 따른 부흥입니다. 말씀선포가 중심이었습니다. "믿음은 들음에서 나며 들음은 그리스도의 말씀으로 말미암는다"(롬 10:17)고 성경은 말씀합니다. 그리스도의 말씀이 교회부흥의 기초가 되는 것입니다. 사도들은 생명의 위기를 느끼는 박해 중에서도 그리스도의 이름을 선포합니다. 복음의 능력이 나타나고 복음이 확장됩니다. 그리고 사도들이 "우리는 이 일에 증인이요"(행 5:32)라고 성경은 말씀합니다.

우리도 우리 구주 예수 그리스도의 증인입니다. 증인은 '순교자'라는 뜻입니다. 순교자는 주님의 복음을 가장 완전하게 증언한 자입니다.

최근에 이슬람에 합류한 테러단체인 아이시스(ISIS; Islamic State of Iraq and Syria)가 있습니다. 아이시스 무장세력에게 체포되어 목 베임을 당한 21명의 이집트 콥틱 형제들이 순교했습니다. 그들이 죽어가면서 마지막으로 남긴 고백은 "주 예수 그리스도"였습니다. 사물엘 에트타파노스 카멜과 비쇼이 에스타파노스 카멜은 23세, 25세의 두 형제입니다. 이 동생을 동시에 잃은 형 베샤르 카멜은 기자 인터뷰에서 "믿음을 부인하지 않고 순교한 동생들의 죽음이 자랑스럽다."고 고백했습니다. "만일 그리스도인으로 고난을 받으면 부끄러워하지 말고 도리어 그 이름으로 하나님께 영광을 돌리라"(벧전 4:16)고 성경은 말씀합니다.

우리는 기억해야 합니다. 그리스도인으로서 예수의 이름 때문에 고난 받고 순교까지 한다면 하나님께 영광을 돌리게 되는 것입니다. 영국의 청교도 목사인 윌리엄 거널은 "그리스도의 몸 전체가 십자가에 달렸으니 그 어떤 지체도 십자가를 피해서는 안 된다."고 했습니다. 사도 바울은 "나는 주 예수의 이름을 위하여 결박당할 뿐 아니라 예루살렘에서 죽을 것도 각오하였노라"(행 21:13)고 증언합니다. 결국에 그는 예루살렘에서 체포되고 마지막 로마 옥중에서 순교하게 됩니다.

순교는 아무나 하는 것이 아닙니다. 우리 구주 예수 그리스도와 그의 복음을 사랑하기 때문에 하는 것입니다. 순교자들은 우리 구주 예수 그리스도께서 십자가에 못 박히신 그 사랑과 보혈의 능력을 온전하게 선포한 자들입니다. 사도들은 감옥에 있든지 자유하든지 환경이 문제가 되지 않았습니다. 주님의 이름 때문이라면 어떤 고난과 능욕도 부끄러워하지 아니하고 영광으로 생각하였던 것입니다. 우리도 우리 구주 예수 그리스도께서 우리를 위하여 가시관을 쓰셨으니 우리는 수치의 관이라도 쓰고 사명을 감당해야 할 것입니다.

그리스도인들이여! 우리는 당당하게 살아갑시다. 어떤 고난 속에서도 전능하신 하나님이 우리와 함께 하시면 평안한 것입니다. 십자가에 못 박히신 우리 주님이 온 우주의 통치자이십니다. 그분은 멀리 계시지 아니하고 우리와 함께 하십니다. 그리스도의 이름 때문에 욕을 먹고 비난과 조롱을 받으면 받을수록 하늘의 상급은 클 것입니다. "주님은 모든 것을 버리고 주를 따른 베드로에게 "또 내 이름을 위하여 집이나 형제나 자매나 부모나 자식이나 전토를 버린 자마다 여러 배를 받고 또 영생을 상속하리라"(마 19:29)고 말씀하십니다.

우리가 지상에서 받는 복은 크고 작음이 있을지라도 하늘나라에서 받을 구원의 복인 영생은 이 세상의 어떤 보화나 물질로도 도저히 비교가 되지 아니하는 것입니다. 우리는 당대만 예수 잘 믿고 끝나서는 안 되는 것입니다. 하나님은 이스라엘 백성들에게 약속하시기를 "나를 사랑하고 내 계명을 지키는 자에게는 천 대까지 은혜를 베푸느니라"(신 5:10)라고 말씀하십니다. 우리의 신앙을 자손 대대로 믿음의 유산으로 물려주고 우리 구주 예수 그리스도의 이름을 위하여 경건하게 살도록 격려하고 힘을 주어야 할 것입니다.

2. 복음 전파의 사명을 지속적으로 감당하는 것입니다. (42절)

"저희가 날마다 성전에 있든지 집에 있든지 가르치기와 전도하기를 쉬지 아니하니라"고 성경은 말씀합니다. 사도들은 성전과 같은 공적인 장소에서나 사적인 장소인 각 집에서 하나님의 말씀을 가르치고 전도를 쉬지 아니합니다. 과거의 그들은 우리 구주 예수 그리스도께서 로마 군인에게 체포되셨을 때 우리 구주를 버리고 도망간 자들입니다. 그러나 지금은 당당하고 담대하게 우리 구주 예수 그리스도를 위하여 자신들의 믿음을 굳게 지킬 뿐만 아니라 고난과 채찍질을 당해도 복음을 증언합니다. 여기서 "날마다"는 시간의 연장을 의미합니다. 사도들은 그들이 체포를 당했던 성전에까지 들어가서 가르치고 전도하였던 것입니다. 이것은 현저한 승리를 의미합니다. 그들이 전한 복음의 주제가 예수는 그리스도라고 증언한 것입니다. "예수"라는 말은 '구원하다'라는 뜻입니다.

이 지구촌에서 가장 아름다운 이름은 "예수" "오직 예수"입니다. 영국의 스펄전 목사는 "예수! 그 이름은 우리의 모든 기쁨과 생명이다. 다른 어떤 이름보다 더 매력적이고, 더 보배로운 이름이 있다면 그것은 바로 그 이름이다. 그리고 오 예수여! 당신의 능력, 당신의 은혜, 당신의 공의, 당신의 인자, 당신의 진실, 당신의 위엄, 그리고 당신의 불변하심은 하늘과 땅에서 한 번도 본 적이 없는 인간, 아니 신인(神人)을 이루고 계신다."라고 증언했습니다. 그러므로 우리는 예수만이 인간을 죄에서 구원하신다는 이 대속의 기초가 흔들려서는 안 되는 것입니다.

죄인이었던 우리가 예수를 나의 구주로 믿기만 하면 구원을 받습니다. 그분이 우리를 모든 죄로부터 구원하십니다. "아들을 낳으리니 이름을 예수라 하라 이는 그가 자기 백성을 그들의 죄에서 구원할 자이심이라"(마 1:21)고 성경은 말씀합니다. 그러므로 예수 그리스도는 죄인을 구원하시는 구원자인 것입니다. 그 어떤 사람도 인간을 죄로부터 구원할 수 없습니다. 오직 우리 구주 예수 그리스도만이 인간을 죄와 죽음과 저주로부터 구원하실 수 있는 분이십니다.

베드로 사도는 우리 구주께서 친히 나무에 달려 그 몸으로 우리 죄를 담당하셨다(벧전 2:24)고 하였고, "그리스도께서도 단번에 죄를 위하여 죽으사 의인으로서 불의한 자를 대신 하셨다"(벧전 3:18)고 증언합니다. 이사야 선지자는 "그가 징계를 받으므로 우리는 평화를 누리고 그가 채찍에 맞으므로 우리는 나음을 받았도다"(사 53:5)고 증언합니다. 사도들은 우리 구주께서 십자가에 죽으시고 부활하신 것을 직접 본 목격자들입니다. 그들은 죄인들을 대신하여 십자가에 못 박히시고 채찍질 당하신 우리 구주 예수 그리스도를 높이며 그 이름을 위하여 전 생애를 바친 자들입니다. 그들은 자신을 높이지 않았고 자신을 자랑하지도 아니합니다. 오직 우리 구주의 십자가와 부활의 복음만을 자랑합니다. 우리 구주 예수 그리스도를 자랑하고 높이며 십자가와 부활의 복음을 선포하였던 자들입니다.

스코틀랜드의 존 낙스 목사는 하나님께 이렇게 기도했습니다. "하나님이여, 저에게 12명의 제자를 주십시오. 그러면 제가 나의 조국 스코틀랜드를 흔들어 버리겠습니다." 결국 그의 기도가 응답됩니다. 1560년 스코틀랜드의 종교개혁을 승리로 이끌어 냅니다. 그는 스코틀랜드의 장로교 창시자가 되었던 것입니다. 그는 메리 여왕의 박해 당시 사형선고를 받고 그의 동료들에게 이렇게 말합니다. "죽음을 물리치시고 다시 부활하시어 믿는 자를 구원하심으로 그의 이름을 찬양 받으실 영원하신 하나님께 돌아갑시다. 만일 우리가 하나님께로 돌아가면 혼돈과 두려움은 기쁨과 영광이 될 것입니다."

우리는 매일 매 순간 우리 구주께서 십자가에 못 박히신 사건과 부활의 신앙으로 무장합시다.

로마 제국시대에 기독교인들은 매우 악조건적인 상황 속에서 살았습니다. 기독교를 신흥종교라고 말합니다. 기독교의 뿌리는 유대교에서 출발하였지만 신흥종교로 인식이 됩니다. 로마 사람들에게는 십자가에서의 죽음은 가장 처절한 처형법이었던 것입니다. 십자가는 수치와 연약함과 굴종과 무기력과 무능력 그리고 저주를 증명하는 증표였던 것입니다. "나무에 달린 자는 하나님께 저주를 받았음이니라"(신 21:23)라고 성경은 말씀하기 때문입니다. 그러므로 사람이 돌에 맞아 죽는 것보다 나무 십자가 매달려 죽는 것은 수치 중에 수치요 저주 중에 저주였던 것입니다.

그럼에도 불구하고 로마 제국의 박해에서도 신실한 그리스도인들은 주의 이름을 위하여 고난과 능욕 받는 일을 두려워하지 않았던 것입니다. 왜냐하면 우리 구주 예수 그리스도께서 당신을 구주로 믿는 자들에게는 십자가에서 우리를 의인으로 이름을 바꾸어 주셨기 때문입니다. 로마 황제들의 박해가 기독교를 막지 못하였던 것입니다. 오히려 피를 흘리면 흘릴수록 교회는 더욱 양적으로 부흥되고 질적으로 새로워지고 성령 충만하였던 것입니다.

영국의 감리교 요한 웨슬리 목사는 옥외에서 텐트를 치고 전도할 때에 많은 박해를 받았습니다. 방해꾼들이 썩은 계란과 감자를 던지기도 합니다. 그리고 오물을 쏟기도 합니다. 때로는 돌에 맞아 피를 흘리기도 합니다. 그는 생명을 걸고 복음을 전파합니다. 그 이유는 우리 구주 예수 그리스도의 복음에 생명이 있기 때문에 복음을 전하는 일을 주저하지 않았던 것입니다. 그 때에 성령의 역사가 나타남으로 수백 명의 사람들이 회개하고 주님께로 돌아오는 기적이 일어났던 것입니다.

"범사에 기한이 있고 천하만사가 다 때가 있나니"(전 3:1)라고 성경은 말씀합니다. 은혜의 문이 열렸을 때에 전도합시다. 전도할 때가 있고 열매를 거둘 때가 있습니다. 지금은 기도하고 전도할 때입니다. 이것을 내일로 미루지 맙시다. 오늘 기도하고 전도하지 않으면 내일도 못하는 것입니다. 오늘 하지 아니하고 내일로 미루는 것은 어리석은 일입니다. "너는 내일 일을 자랑하지 말라 하루 동안에 무슨 일이 일어날는지 네가 알 수 없음이니라"(잠 27:1)고 성경은 말씀합니다. 왜냐하면 믿지 않는 자는 무덤에 들어갈지 모르고 믿는 자는 우리 하나님의 품에 안길지 모르기 때문에 내일 일을 자랑해서는 안 될 것입니다. 오히려 복음을 증언하는 일을 기대해야 할 것입니다.

"많은 사람을 옳은 데로 돌아오게 한 자는 별과 같이 영원토록 빛나리라"(단 12:3)고 성경은 말씀합니다. 하늘의 수백 억 만개의 별들이 있지만 복음을 전하여 하나님께로 돌아오게 한 자는 별과 같이 영원토록 빛나게 되는 것입니다. 사도 바울은 믿음의 아들 디모데에게 "너는 말씀을 전파하라 때를 얻든지 못 얻든지 항상 힘쓰라"(딤후 4:2)고 성경은 말씀합니다. 우리는 시간을 사야 합니다. 흘러가는 유수와 같은 빠른 시간을 내 것으로 만들어야 합니다. 그 시간은 결코 기다려 주지 아니합니다. 시간을 영혼 구원하는 데 한 번 더 사용해 봅시다. 1년 12달은 8,760시간입니다. 시간이라는 선물만큼 소중한 것은 없습니다. 잃어버린 돈은 다시 찾을 수 있지만 잃어버린 시간은 결코 되찾을 수 없는 것입니다. 전도는 은사가 아니고 사명인 것입니다.

우리 주변에 상처받은 영혼들이 얼마나 많습니까? 가장 사랑을 많이 받아야 할 자녀들이 부모로부터 상처를 받습니다. 결손가정에서 자식들이 사랑의 부족으로 탈선을 합니다. 학교에서 왕따를 당하여 차별을 받습니다. 그러기에 내성적인 아이들은 참다가 결국에는 곁길로 떠나게 됩니다. 우리 그리스도인들은 그들을 복음으로 치유할 사명이 있는 것입니다. 주님의 말씀처럼 한 영혼이 온 천하보다 귀합니다. 그러기에 한 영혼 때문에 울고, 한 영혼 때문에 금식하고 운명과 생명을 걸게 됩니다. 왜냐하면 복음 증거는 영혼을 살려내는 일이기 때문입니다.

 일본의 엘리트인 젊은이들이 득도(得道)를 합니다. 세상의 명예와 돈과 권력도 필요 없다고 합니다. 시골 집 다다미에 누워서 득도를 합니다. 불교의 도사처럼 득도의 경지에 이르기를 기대합니다. 이들에게는 미래에 대한 아무런 꿈이나 비전이 없어 안타깝기만 합니다. "믿고 세례를 받는 사람은 구원을 얻을 것이요 믿지 않는 사람은 정죄를 받으리라"(막 16:16)고 성경은 말씀합니다. 그러므로 우리는 자신들이 우리 구주의 십자가와 부활의 복음을 믿고 그 복음을 전하여 사람들로 하여금 믿게 해야 합니다. 믿고 세례를 받도록 가르쳐야 합니다.

 선교학자들의 연구에 의하면 앞으로 2030년도가 되면 중국이 예수 믿는 사람들이 가장 많을 것이라고 예고합니다. 이것은 유럽을 중심으로 하였던 기독교 신자들이 아시아로 전향된 것을 보여주는 것입니다. 우리는 주님의 말씀을 그대로 믿읍시다. "진실로 진실로 너희에게 이르노니 믿는 자는 영생을 가졌나니"(요 6:47)라고 성경은 말씀합니다. 인생에 있어서 가장 중요한 결단은 예수를 나의 구주로 영접하는 것입니다. 지금까지는 내 욕심만을 위하여 살고 성공 위주로 살아오던 목적과 목표가 예수 그리스도 중심으로 사는 것입니다. '이제부터는 예수님이 나의 왕이 되시고 나의 구주가 되시기를 바랍니다.'라는 심정으로 마음의 왕좌에 주님을 모시는 것입니다. 이것이 주님을 믿는 것입니다. 개인적으로 예수를 나의 구세주로 영접한 자만이 영생을 얻게 되는 것입니다. 이 영생이 구원이요 생명인 것입니다.

 일본 땅은 아직도 복음의 황무지요 척박한 땅입니다. 인간적으로 보면 소망이 보이지 않습니다. 이들은 신 앞에서 양심이라는 것이 없습니다. 그러므로 사람들의 눈만 의식하고 있습니다. 그들의 삶의 목적은 열심히 일하고 돈 많이 벌어서 남은 생애를 여행하며 편하게 사는 것입니다. 그러므로 남에게 피해도 주지 말고 간섭도 받기를 싫어합니다. 이것이 그들의 일생일대의 삶의 최종 목적이기도 합니다. 이렇게 살다가 죽으면 결국에는 지옥에 갈 수밖에 없습니다. 그러므로 일본 땅이 살고 회복되는 길은 피 묻은 우리 구주 예수 그리스도의 복음 밖에는 아무것도 없습니다. '오! 하나님이여! 일본 땅을 성령의 불로 타오르게 하옵소서! 일본 열도 오키나와부터 홋카이도까지 8,000 교회들을 축복하여 주옵소서! 복음의 불꽃이 다시 한 번 회복되게 하옵소서!'라고 기도합시다.

우리도 사도들처럼 우리 구주 예수 그리스도의 이름을 위하여 생명까지 아낌없이 드려봅시다. 우리 주님이 약속하신 복이 보장되어 있습니다. 현실에서만 안주하는 것이 아니라 내세에서 우리는 반드시 영생의 복을 누려야 하기 때문입니다.

'베버리지'라는 영국의 주교는 임종 시에 친구나 심지어 아내까지도 몰라봅니다. 그러나 어떤 사람이 몸을 굽히고 "주 예수 그리스도를 아십니까?"라고 속삭이자 "그는 알고말고요. 그 이름을 잊을 수가 없지요."라고 고백했다고 합니다.

결론

사도들은 우리 구주 예수 그리스도와 복음을 위하여 능욕 받는 일에 합당한 자로 여깁니다. 그리고 가치 있게 받아들이고 기뻐합니다. 이것은 상대적인 기쁨이 아니고 절대적인 기쁨입니다. 우리도 사도들처럼 예수 그리스도의 이름과 복음을 위하여 증언할 사명들이 있습니다. 사실 순교자들은 자신을 위하여 살지 아니하고 오직 우리 구주 예수 그리스도의 이름과 복음만을 위하여 산 자들입니다. 그들은 일부분만 우리 구주를 증언한 것이 아니라 몸 전체로 우리 구주의 진리의 말씀을 증언한 자들입니다. 그들은 생명의 관을 얻기 위하여 화형과 단두대에서 참수형이나 창이나 검이나 굶주린 사자와 거친 맹수의 밥이 되기도 했습니다. 그들은 하나님 앞에서 담대하고 자랑스럽게 서기 위하여 기꺼이 자신의 고귀한 생명까지도 아낌없이 드린 자들입니다.

사랑의 사도인 사도 요한은 "하나님의 아들을 믿는 자는 자기 안에 증거가 있고 하나님을 믿지 아니하는 자는 하나님을 거짓말하는 자로 만드나니 이는 하나님께서 그 아들에 대하여 증언하신 증거를 믿지 아니하였음이라"(요일 5:10)고 증언합니다.

우리의 남은 생애가 얼마가 되든지 그리스도의 이름을 위하여 고난받는 것을 기뻐합시다. 온 천하보다 귀한 한 영혼을 위하여 기도하고 전도합시다. 알렉산더 맥클라렌 목사는 "우리들이 그리스도의 것이 될 때에 모든 것이 우리들의 것이 됩니다."라고 증언합니다. 아직도 죄악의 길에서 방황하는 자들에게 그리스도의 복음을 전하며 살아가시기를 우리 주님의 이름으로 간절히 축원합니다.

22
모범적인 교회로 서가는 교회
[사도행전 11:19-30]

서 론

　교회가 세상에 존재하는 동안에는 예수 그리스도의 십자가와 부활의 복음을 전해야 합니다. 사도들은 우리가 보고 들은 것을 말하지 아니할 수 없다고 증언했습니다(행 4:20). 사도들이 주 예수의 부활을 증언한 결과는 무리가 큰 은혜를 받았다고 성경은 말씀합니다(행 4:33). 부활의 복음은 능력이 있습니다. 우리에게 심지어 살 소망이 끊어진 상태라고 할지라도 부활신앙을 소유한 자는 결코 절망하지 아니하게 되는 것입니다. 그리고 교회는 사탄과 더불어 끊임없이 전투해야 합니다. 우리는 복음 전파에 어떤 장애물이 있어도 사도들처럼 담대히 하나님의 말씀을 전파해야 할 것입니다.
　예루살렘에서 출발한 초대교회는 짧은 기간에 성령의 역사하심으로 온 유대로 확장되어 하나님의 은혜로 그 중심이 안디옥 교회가 됩니다.

　안디옥이라는 도시는 주전 64년에 폼페이우스가 시리아를 합병하였는데, 안디옥은 로마 치하에 있으면서도 시리아의 수도로 발전하게 되었습니다. 그러나 안디옥은 우상의 도시였고 '아데미' 신전과 '아폴로' 신전이 있는 곳이기에 많은 사람들이 신전에 와서 우상을 섬겼던 것입니다. 그뿐만 아니라 음란의 도시여서 윤리 도덕으로 타락한 곳입니다.
　그럼에도 불구하고 우리 구주 예수 그리스도의 복음이 들어가자 그곳에 모범적인 교회가 설립된 것입니다. 우리 구주 예수 그리스도의 교회 가운데 복음이 땅 끝까지 전파되어 가는 과정에서 첫 번째 선교사를 파송한 교회가 안디옥 교회입니다. 또한 처음으로 파송 받은 선교사가 바나바와 바울입니다. 안디옥은 현재 터키이고 안디옥 교회의 규모는 그리 크지 아니합니다. 그곳에는 기독교 시초의 교회라는 글귀가 적혀져 있습니다.

안디옥 교회는 유명한 교회라기보다는 모범적인 교회였습니다. 안디옥 교회가 모범적인 교회가 된 것은 자동적으로 된 것이 아닙니다. 특별히 주를 섬겨 금식하였다(행 13:2)고 성경은 말씀합니다. 이 섬김은 제사장이나 종들이 성전에서 집행하는 모든 섬김이며, 기도와 금식을 포함하는 예배이기도 합니다. 이런 금식은 자신의 경건을 위한 것이라기보다는 오히려 성령님을 전적으로 의지한 것을 의미하는 것입니다. 안디옥 교회가 하나님의 음성을 들은 것이 확실하다면 그것은 자원하여 자발적으로 모여 금식하고 기도한 무리들이 증가되었다고 볼 수 있습니다.

오늘날에는 교회의 규모가 크고 작은 것으로 인하여 상대평가를 하기도 합니다. 그러나 저력 있는 교회는 교회의 크기가 작더라도 성령님을 전적으로 의지하는 교회입니다. 성령의 역사와 능력을 제한하지 아니하고 성령의 인도와 지배를 받는 교회입니다. 이런 교회가 세상을 향하여 복음을 전할 때에 복음의 능력이 나타나는 것입니다.

오늘날 유럽교회들과 한국교회가 비난을 받는다는 것은 참으로 슬픈 일입니다. 환난과 핍박을 통하여 교회가 어려움을 당한다면 오히려 하나님께 영광이 되는 것입니다. 성령의 역사가 나타나는 교회는 복음의 향기가 나타납니다.

그러므로 안디옥 교회의 사역자들은 규칙적으로 예배를 드리면서 금식하였던 것입니다. 이곳에서 성령의 역사하심으로 그들이 영적으로 훈련되어가는 모습을 보게 됩니다. 이런 섬김 가운데에 성령의 음성을 들을 수 있게 되었던 것입니다. 성령께서 바나바와 바울을 따로 세우게 하십니다. 이것은 우리 주 예수 그리스도의 복음이 예루살렘에만 제한 되어있는 것이 아님을 알려주는 것입니다.

주님의 복음은 한 곳에 머무르는 것이 아니고 우주적이고 전 세계로 복음이 전파되어야만 합니다. 그러므로 복음을 전혀 알지도 못하고 듣지도 못한 이방인들에게 복음이 전파될 수 있도록 복음을 증언해야 합니다. 그리고 그들을 선교사로 파송하게 됩니다. 선교하는 교회는 모범적인 교회요 우리 주님에게 칭찬받는 교회입니다. 아무리 규모가 작은 교회라고 할지라도 선교하는 교회는 저력 있는 교회요 능력이 나타나는 교회입니다. 인간적으로 보기에 큰 교회라고 할지라도 선교하지 아니하는 교회는 하나님이 기뻐하시지 아니하는 교회인 것입니다.

성령 충만을 주시는 목적은 두 가지입니다. 하나는 구원의 확신을 주시기 위함이요, 다른 하나는 전도하고 더 나아가 세계를 향하여 선교하라고 주시는 것입니다. 선교사를 많이 파송하는 교회일수록 하나님께서 은혜와 복을 주시는 것입니다. 예루살렘 교회가 사도들에 의하여 설립 된 어머니 교회라고 한다면, 안디옥 교회는 주후 1세기에 기독교 선교에 중심 역할을 한 모범적인 교회라고 할 수 있습니다.

이 시간에는 모범적인 안디옥 교회에 대하여 살펴보면서 은혜를 나누기를 원합니다.

1. 박해 중에서 성장한 교회입니다. (19절)

19절에 보면 "그 때에 스데반의 일로 일어난 환난으로 말미암아 흩어진 자들이 베니게와 구브로와 안디옥까지 이르러 유대인에게만 말씀을 전하는데"라고 성경은 말씀합니다. 여기에 "구브로"는 '키프로스'이고, "베니게"는 '페니키아'라는 지역입니다. 은혜와 성령이 충만한 스데반 집사가 순교하고 그 날에 예루살렘에 있는 교회에 큰 박해가 있어 사도 외에 두려움에 싸인 사람들은 모든 땅으로 흩어지게 된 것입니다.

20절에 보면 "그 중에 구브로와 구레네 몇 사람이 안디옥에 이르러 헬라인에게도 말하여 주 예수를 전파하니"라고 성경은 말씀합니다. 여기서 "헬라인"은 '헬라파 유대인'들을 의미합니다. 그리스도인들을 박해함으로 모든 땅으로 흩어진 자들이 우상의 도시인 안디옥에 있는 헬라파 유대인들에게까지 복음을 전할 수 있게 된 것입니다. 이렇게 복음이 확산될 때에 하나님의 은혜와 축복이 나타난 것입니다.

21절에는 "주의 손이 그들과 함께 하시매 수많은 사람들이 믿고 주께 돌아오더라"고 성경은 말씀합니다. 전능하신 하나님께서는 흩어진 형제들이 이방인들에게 복음을 전할 때에 즉각적으로 귀한 열매들을 주셨던 것입니다. 이것은 복음이 유대인에게만 국한된 것이 아니라 우주적인 복음으로써 이방인들에게도 전파되어 예수 그리스도를 믿는 자들에게는 구원의 차별이 없음을 보여 주신 것입니다.

그리스도인들은 복음의 씨를 뿌릴 뿐입니다. 내가 복음을 전하였더니 이런 열매가 맺었다고 말해서는 안 됩니다. "나는 심었고 아볼로는 물을 주었으되 오직 하나님께서 자라나게 하셨나니 그런즉 심는 이나 물 주는 이는 아무것도 아니로되 오직 자라게 하시는 이는 하나님뿐이니라"(고전 3:6-7)라고 성경은 말씀합니다. 박해로 인하여 모든 땅으로 흩어진 자들이 그리스도의 복음을 전할 때에 주의 권능과 힘이 함께 하심으로 수많은 사람들이 구주를 믿고 주께로 돌아오게 된 것입니다.

그러므로 우리 구주 예수 그리스도를 완전하게 증언하였던 스데반 집사의 순교의 피가 안디옥 교회의 선교의 출발점이 되었던 것입니다.

순교는 우리 구주 예수 그리스도를 마지막까지 완전하게 증언하는 것이고, 구주를 위하여 생명을 바쳐 희생의 제물이 된 것은 주님을 가장 끝까지 사랑한 증거요 증표이기도 합니다. 유대인들은 예수를 십자가에 못 박아 죽이고 사도 야고보를 처형하며 베드로와 요한을 여러 번 감금함으로써 복음에 대한 불신과 증오를 드러내었습니다.

오늘 본문에는 스데반 집사를 돌로 쳐 죽이고 박해를 가하였던 것입니다. 그러나 이 비참한 운명은 유대인들의 민족정신과 세력을 약화시키기는 하였지만 우리 구주 예수 그리스도의 복음만큼은 막을 수가 없었던 것입니다. 예루살렘 교회가 큰 핍박을 받을 때에 스데반 집사가 순교함으로 인하여 흩어진 자들이 북쪽과 서쪽으로 복음을 전하기 시작하여 안디옥에까지 이르게 된 것입니다. 그곳에서 안디옥 교회가 설립 되었기에 안디옥 교회는 환난 중에 잉태된 교회요 구원의 방주요 사랑의 저수지였던 것입니다. 그리스도인들도 환난 중에 모두가 도피할 만도 하지만 그들은 자신의 일상생활로 돌아가지 아니합니다. 흩어진 자들이 가는 곳마다 우리 구주 예수 그리스도의 십자가와 부활의 복음을 전합니다. 그리하여 지방의 교회 설립을 위한 기초를 놓게 된 것입니다. 구브로와 구레네의 배경을 가진 헬라파 유대인들은 오래된 유대인의 편견을 버렸습니다. 안디옥에 있는 이방인인 헬라 인들에게도 복음을 전파하였던 것입니다.

그 복음 증거에 하나님의 능력이 나타났고, 그 결과로 안디옥에 십자가의 공동체가 세워집니다. 대부분이 할례 받지 아니한 이방인들을 중심으로 교회가 설립된 것입니다. 그들이 얻은 특권은 유대인들과 동등한 입장에서 생활하게 된 것입니다. 이방 도시인 안디옥에 아름다운 교회가 세워진 것은 복음전파의 선교 전략으로 볼 때에도 대단히 중요한 것입니다. 그 당시의 안디옥은 로마와 알렉산드리아 다음으로 로마 제국에서 세 번째로 가는 중요한 도시입니다. 그러므로 안디옥은 복음 전파의 새로운 중심지가 되었고 안디옥 교회의 성도들은 그 핵심을 이루었던 것입니다. 이 교회로부터 우리 구주 예수 그리스도의 복음의 메시지는 로마제국 전 지역에 전파되었던 것입니다. 안디옥은 기독교 신앙을 위한 전초 기지였을 뿐만 아니라 모 교회인 예루살렘 교회와의 친밀한 교제를 할 수 있는 장소였기 때문입니다.

이 작은 교회가 지역을 대표하는 모범적인 교회로 칭찬 받게 된 것입니다. 왜냐하면 그 교회가 환난과 핍박 중에 이방인들 중심으로 세워진 교회이지만 하나님이 엄청난 은혜를 부어 주셨기 때문입니다. 오늘날 교회가 크기와 규모를 떠나서 하나님의 은혜가 이슬과 생수처럼 풍성하게 넘치는 교회가 건강하고 좋은 교회인 것입니다. 하나님의 은혜가 메마른 교회는 아무리 웅장하다고 할지라도 건축물에 불과합니다. 그러나 비록 중형 교회나 소형 교회라고 할지라도 하나님의 은혜가 충만한 교회는 하나님이 기뻐하시는 일들을 감당하고 선교함으로 하나님의 영광을 높이 드러냄으로 생동감이 넘치는 교회가 되는 것입니다.

주의 손이 함께 하시매 수많은 사람들이 믿고 주께 돌아 왔다고 성경은 말씀합니다(21절). 여기서 "주의 손"은 우리 구주 예수 그리스도의 복음이 선포되는 곳에 실제적으로 나타나는 표적과 이적으로 도와주시는 하나님의 능력을 의미하는 것입니다. 특히 척박한 일본 선교현장에서는 무엇보다도 하나님의 능력의 손이 나타날 때에 복음의 효율성을 거두게 됩니다. 이 기록을 볼 때에 상당수의 기독교인들이 양적으로 증가된 것을 보여줍니다. 그러므로 안디옥에서 좋은 소식과 은혜와 감동을 주는 복된 소식이 예루살렘 교회에 알려진 것입니다.

전 세계 교회의 기독교 역사를 보면 대부분이 핍박을 받는 중에 교회가 왕성하게 된 사실을 알 수 있습니다. 기독교는 생명의 종교이기에 핍박을 받으면 버섯이 태양 빛에 시들어지는 것처럼 사라지는 종교가 아니라 박해를 받으면 받을수록 더 숫자가 증가되며 불길 같이 일어나고 부흥되며 확장되었습니다. 천사의 얼굴과 같았던 스데반 집사의 순교의 피는 완악하고 포악하며 강퍅한 사울을 이방인의 선교사로 만들었고, 바울이 로마 감옥에서 순교함으로 기독교 제국으로 변화시켰던 것입니다.

안디옥 교회는 박해 가운데서도 은혜로운 소문이 퍼져나가기 시작합니다. 22절에 보면 "예루살렘 교회가 이 사람들의 소문을 듣고"라고 성경은 말씀합니다. 이 사람들의 소문이란 모범적인 안디옥 교회의 성도들을 의미합니다. 그 소문이 무엇입니까? 주의 손이 그들과 함께 하시므로 수다한 사람이 예수를 믿고 하나님께로 돌아왔다는 것입니다. 교회 부흥은 인간의 힘과 능력이나 수단 방법으로 되지 아니합니다. 주의 손이 함께 하셔야 합니다. 이것이 하나님의 은혜입니다. 주님의 은혜가 교회에 충만하고 풍성히 임해야 교회가 교회답게 성장하게 됩니다.

2. 성령의 감동을 받고 선교하는 교회입니다. (22절)

22절에 보면 "예루살렘 교회가 이 사람들의 소문을 듣고 바나바를 안디옥까지 보내니라"고 성경은 말씀합니다. 어머니 예루살렘 교회가 바나바를 선교사로 파송한 것은 인간적인 계획과 전략으로 이루어진 것이 아니라 성령의 감동으로 된 것입니다. 선교는 인간의 수고와 계획과 노력으로 되는 것이 아니라 성령께서 교회에 감동을 주시고 은혜를 부어주실 때에 선교사를 파송하게 됩니다. 작은 교회라고 할지라도 선교사를 파송하고 후원하는 교회는 은혜와 성령이 충만한 교회이며 저력 있는 교회입니다. 선교하는 교회는 하나님이 은혜를 주시고 부흥되며 성도들에게는 복을 주십니다.

미국의 장로교 선교사인 언더우드 목사 부부가 한국에 첫발을 내디딘 날은 1885년 4월 5일이었습니다. 그는 1884년에 목사 안수를 받고 미국 북 장로교회의 소속된 선교사로 한국에 파송 받아 입국했던 것입니다. 그는 25세에 젊은 선교사로 입국하여 1886년 7월 11일에 한국인 노도사라는 성도에게 비밀리에 세례를 주었는데, 이것은 한국 장로교회를 조직하면서 예배행위가 공적으로 시작된 것을 보여줍니다. 1887년 7월에 새문안교회를 설립하고 그 이후에 지속적으로 회집되는 주일 예배에는 한국 사람도 참석하게 되었는데, 주로 외국인들이 경영하는 병원과 학교 기타 기관에서 종사하는 자들이었습니다. 그리고 1907년에 독노회 조직과 1912년에는 제1회 총회가 조직되었습니다.

　이렇게 한국교회에 주신 영적인 은혜와 복은 풍성했습니다. 그리고 제중원을 설립하였는데 오늘날 세브란스 병원이고 경신학교는 연희전문학교의 모태가 된 것입니다. 신학교로는 두 곳을 설립하였는데 장로교 평양신학교와 피어슨 성경학원을 설립하였고, YMCA를 조직했습니다. 이와 같이 선교사들의 헌신적인 사역은 한국교회들을 성장시키는 데 밑거름이 되었던 것입니다.

　로마가 복음이 왕성하여 선교할 때에 1,000년 동안 세계를 주도하는 복을 받았고, 영국이 세계선교를 감당할 때에 500년 동안 복을 받고 해가 지지 아니하는 대영제국의 나라로 세계를 주도했습니다. 윌리암 캐리(인도 선교사), 허드슨 테일러(중국 선교사), 데이빗 리빙스톤(아프리카 선교사)을 파송하였고, 인도와 중국과 아프리카에 복음이 전해져 교회들이 세워지는 귀한 열매가 맺혔던 것입니다.

　내 교회만 부흥되고 잘 되기를 바라는 마음은 너무나도 협소한 마음입니다. 한국과 일본에도 선교사들이 오지 않았더라면 어떻게 복음을 들을 수가 있었으며 교회가 설립될 수 있었겠습니까? 예루살렘 교회가 안디옥 교회에 선교사 바나바를 파송한 이유는 바로 이것입니다. 흩어진 유대인들에 의하여 세워진 교회에 대한 애착과 책임감을 느꼈기 때문입니다. 바나바를 파송한 것은 안디옥 교회를 그들이 간섭하고 수중에 넣기 위한 것이 아닙니다. 예루살렘 교회가 바나바를 선택한 이유도 명백하게 밝혀집니다. 바나바는 헬라화 된 구브로 사람으로(행 4:36) 그의 동족이나 이방인들과 함께 협력하기에 가장 적절하고 합당한 사람이었기 때문입니다. 바나바는 정식 사도가 아니고 동역자로 사도들과 친밀하게 지낸 사람에 불과합니다. 그러나 그는 매우 착하고 성령과 믿음이 충만한 사람입니다. 이러한 점에서 그를 안디옥 교회에 선교사로 파송한 것은 매우 지혜로운 일이었던 것입니다.

바나바가 안디옥에 도착하였을 때에 그는 하나님의 은혜를 보았습니다(23절). 그가 안디옥에서 복음을 듣고 신앙 생활하는 헬라인들과 구브로와 구레네 몇 사람들을 만나보니 그들 가운데 하나님의 은혜가 역사하심을 분명히 깨달을 수 있었던 것입니다. 안디옥 교회의 성도들에게 칭찬할 만한 점이 어떤 것이든 간에 그 모든 것을 하나님의 은혜로 보았던 것입니다. 하나님의 교회는 여러 가지가 필요하지만 무엇보다도 하나님의 은혜가 충만해야 합니다. 건강한 교회가 되고, 지역을 대표하는 교회로 성장하고, 지구촌의 열방과 방언들에게 선교하는 교회는 은혜가 충만한 교회입니다. "여호와여 우리에게 은혜를 베푸소서 우리가 주를 앙망하오니 주는 아침마다 우리의 팔이 되시며 환난 때에 우리의 구원이 되소서"(사 33:2)라고 성경은 말씀합니다.

우리에게 가장 좋은 기도는 하나님이 은혜를 베푸시는 것입니다. 이 은혜가 매일 매일 지속되어야 할 것입니다. 우리 조국과 일본과 이 지구촌에 하나님이 은혜를 베풀어 주셔야만 합니다. 하나님의 은혜를 날마다 사모합시다. 왜냐하면 하나님의 은혜는 무한하기 때문에 결코 마르는 법이 없습니다.

　안디옥 교회는 박해로 인하여 흩어진 자들이 복음을 전하는데, 안디옥에 이르러 교회를 세웠던 것입니다. 기독교가 박해를 받은 것은 그만큼 복음의 위력이 있다는 것을 의미합니다. 그런데 아무리 환난과 고통이 심할지라도 견디고 승리하는 것은 하나님의 은혜인 것입니다. 하나님의 은혜만 있으면 몸과 마음과 뜻과 생명까지도 초개처럼 여기고 우리 구주 예수 그리스도를 증언합니다. 하나님의 은혜를 지속하려면 우리 구주 예수 그리스도를 사랑해야 합니다. "우리 주 예수 그리스도를 변함없이 사랑하는 모든 자에게 은혜가 있을지어다"(엡 6:24)라고 성경은 말씀합니다. 우리는 부족하고 연약하여 주님을 사랑한다고 하지만 뜨거웠다가 식기도 하고 강해졌다가 약해지기도 합니다. 그러나 주님은 우리를 변함없이 사랑하십니다. 우리도 어제나 오늘이나 영원토록 동일하신(히 13:8) 우리 구주 예수 그리스도를 변함없이 사랑합시다. 무기력하고 무능력하고 자주 실망하고 낙심하는 우리에게 하나님의 은혜가 얼마나 좋습니까? 하나님의 은혜는 내가 할 수 없는 일들을 하나님께서 하신 일입니다. 교회가 부흥되는 것도 하나님의 은혜로 되고 전도하여 한 영혼이 자라고 성숙되는 것도 하나님의 은혜로 됩니다.

　다른 것이 부족하여도 하나님의 은혜만 지속적으로 이어진다면 그는 행복한 사람이요 존귀한 자가 되는 것입니다. 바나바가 그들에게 권면합니다. 23절에 보면 "모든 사람에게 굳건한 마음으로 주와 함께 머물러 있으라 권하니"라고 성경은 말씀합니다. 이것은 예루살렘 교회가 바나바를 파송한 것은 새 신자들이 말씀으로 교육을 받고 성숙한 그리스도인들이 되도록 하기 위한 선교전략이었던 것입니다.

　선교지에서 현지인들에게 여러 가지 선교활동을 하지만 그 중에서 무엇보다 중요하고 긴급한 것은 영혼들을 말씀으로 양육하는 것입니다. 기독교의 기본 진리인 예수 그리스도의 십자가의 복음과 부활의 복음을 성경대로 가르치는 것이 매우 시급하고 중요한 것입니다. 그러므로 바나바가 하나님의 은혜를 보고 기뻐한 것입니다. 사도들이 그를 가리켜 바나바라고 부른 이유가 여기에 있습니다. 바나바라는 뜻은 '위로자, 위로의 아들, 권면하는 자'를 의미합니다. 그가 하는 일마다 너무나도 착하고 선한 일을 많이 하였기에 '위로자'(바나바)라고 하는 이름을 붙여준 것입니다.

바나바의 권면을 받은 안디옥 교회의 성도들은 그대로 순종하고 믿음을 견고하게 지켰더니 크게 부흥이 일어납니다. 24절에 보면 "이에 큰 무리가 주께 더하여지더라"고 성경은 말씀합니다. 부흥하는 교회의 특징은 우리 주 예수 그리스도에게 붙어있는 교회입니다.

하나님의 교회가 양적으로 부흥되고 질적으로 새로워지고 영적으로 성령 충만한 교회는 흔들리지 아니하는 마음으로 주께 붙어있는 교회입니다. 교회는 건물이 아니라 성도들 한 사람 한 사람의 지체가 모여서 하나님께 예배하는 자들의 공동체인 것입니다. 하나님의 은혜가 넘치는 교회가 교회로서의 구실을 감당할 수 있는 것입니다. 굳건한 마음으로 주께 모여 예배하는 십자가의 공동체가 교회인 것입니다. 성전도 하나님의 영과 은혜가 있을 때만이 교회의 사명을 감당할 수 있는 것이고, 만약에 하나님의 영과 은혜가 떠난다면 성전은 건축물에 불과한 것입니다. 한마디로 성령 충만한 교회가 저력 있고 능력 있는 교회요, 지역에 영향력을 주고 세계선교를 주도할 수 있는 것입니다.

그리스도인은 무엇보다도 우리 구주 예수 그리스도의 기쁨을 소유하여야 합니다(요 17:13). 우리 주님의 기쁨이 차고 넘쳐서 환난과 고통과 슬픔을 극복할 때에 복음의 능력이 나타나게 되는 것입니다. 하나님의 몸 된 교회를 섬길 때에 내 자신의 열정과 수고보다는 성령의 능력을 힘입고 감당하는 것이 좋습니다. 즉 그리스도인 각자 각자가 우리 구주 예수 그리스도의 기쁨으로 충만하며 거룩함을 가지고 주를 섬겨야 합니다. 주님이 피로 사신 교회는 구원 받은 형제와 자매들이 우리 구주 예수 그리스도를 교회의 머리로 우리는 지체로 그분을 섬기는 것입니다. 안디옥 교회는 예루살렘 교회로부터 분열된 교회가 아니라 이름도 빛도 없는 무명의 그리스도인들에 의하여 세워진 교회입니다. 그러나 이 교회를 하나님께서 붙들어 주시고 그 지역을 대표할 뿐만 아니라 로마와 알렉산드리아의 선교의 가교 역할을 하게 하신 것입니다.

독일의 니콜라스 진젠돌프 백작은 귀족 출신입니다. 그가 청년 시절에 뒤셀도르프의 미술관을 지나다가 「에세 호모」(Ecce Homo, 보라 이 사람이로다)라는 작품을 보게 되었습니다. 그림 속이지만 그는 가시관을 쓰신 예수 그리스도의 모습을 보고 충격과 마음에 깊은 감동을 받게 됩니다. 눈물이 흐릅니다. 우리 주 예수 그리스도의 사랑을 체험한 그는 체코 동부 지역에 사는 모라비안 사람들 약 300여 명에게 주님의 사랑을 전하였던 것입니다. 우리도 성령의 감동을 받고 국내전도와 해외전도에 더욱 박차를 가합시다.

3. 모범적인 그리스도인을 탄생시킨 교회입니다. (26절)

26절에 "제자들이 안디옥에서 비로소 그리스도인이라 일컬음을 받게 되었더라"고 성경은 말씀합니다. "그리스도인"이란 말은 '그리스도에게 속한 자'를 말합니다. 유대인들은 주님의 제자들에 대해 악평하기를 "나사렛 이단"(행 24:5)이라고 말했던 것입니다. 그러나 그들은 악마나 사탄에게 속한 것이 아니라 우리 구주 예수 그리스도에게 속한 자들이었기에 그리스도를 담대하게 증언했던 것입니다. 그들이 그리스도를 증언한 목적이 무엇입니까? 영혼구원인 것입니다. 우리가 예수 믿으면서도 한 사람의 영혼도 책임지지 못한다면 얼마나 부끄러운 일입니까? 지옥으로 떨어지는 불쌍한 영혼들을 구원하는 것이 전도입니다.

그리스도인이란 이 거룩한 이름이 바로 안디옥 교회에서 태동되어 전 세계를 향하여 전파되어 하나님의 영광을 드러냈던 것입니다. 그 이전에 예루살렘에도 사마리아에도 예수를 믿는 자들이 있었습니다. 그럼에도 불구하고 그리스도인이라는 말이 나오게 된 배경은 안디옥 교회였던 것입니다. 왜냐하면 그리스도인이라는 이름이 나온 그때로부터 기독교 신앙의 전체는 오직 그리스도의 이름으로 지칭되었기 때문입니다. "다른 이로써는 구원을 받을 수 없나니 천하사람 중에 구원을 받을 만한 다른 이름을 우리에게 주신 일이 없음이라 하였더라"(행 4:12)라고 성경은 말씀합니다.

우리의 구원은 다른 이름도 아니고 다른 복음도 아닌. 우리 구주 예수 그리스도의 이름으로 구원을 받고 그의 십자가의 보혈의 공로와 부활을 믿는 신앙으로 영생을 누리게 되는 것입니다. 그러므로 오직 예수 그리스도의 이름으로만 구원을 받는 것입니다. 예수 그리스도의 이름이 아니고는 이 세상에 어떤 종교로도 구원이 없는 것입니다. 이것은 기독교의 독선이거나 우월종교를 의미하는 것이 아닙니다. 기독교는 종교가 아니라 생명이요 영생인 것입니다. "아들을 믿는 자에게는 영생이 있고 아들에게 순종하지 아니하는 자는 영생을 보지 못하고 도리어 하나님의 진노가 그 위에 머물러 있느니라"(요 3:36)고 성경은 말씀합니다. 아들은 하나님의 아들이신 예수 그리스도이십니다.

예수 그리스도의 이름은 이 세상에서 가장 아름답고 존귀한 이름입니다. 왜냐하면 "예수"라는 이름 자체가 '구원'이라는 뜻이기 때문입니다. 그분은 하늘과 땅의 모든 권세를 지니신 분이십니다. 우주 만물을 창조하시고 통치하시고 섭리하시며 죄인을 구원하시는 구원자이시요 장차 재림하셔서 모든 나라와 민족과 족속을 양과 염소를 구별하듯이 심판하실 분이십니다.

그러므로 성령 충만한 사도들도 우리 구주 예수 그리스도의 복음을 전하면서 고난과 박해를 받은 목적은 그리스도의 이름을 위하여 받았던 것입니다. "사도들은 그 이름을 위하여 능욕 받는 일에 합당한 자로 여기심을 기뻐하면서 공회 앞을 떠나니라"(행 5:41)고 성경은 말씀합니다. 주님의 사도들은 감옥 안에 있든지 감옥 밖에 있든지 환경의 문제가 아니라 그리스도의 이름을 위하여 고난 받는 것을 기뻐하였던 것입니다. 안디옥이라는 우상 잡신과 음란의 도시에서 그리스도인이라는 이름이 나온 것은 하나님의 은혜였던 것입니다.

진젠돌프의 영향을 받은 모라비안 인들은 24시간 릴레이 기도를 진행하면서. 하루도 빠짐없이 지속적으로 기도하는 기간이 무려 100년 세월이 넘도록 기도하고 선교한 결과가 아름답게 나타납니다. 1752년까지 30여 년 동안 헤른후트의 모라비안 교회는 장로교 교회가 200년 동안 파송한 선교사 수보다 더 많은 선교사를 파송하는 저력 있는 교회 공동체가 되었던 것입니다.

성령 안에서 성령 하나님을 전적으로 의지하는 교회와 성도들은 하나님께서 우리 구주 예수 그리스도의 복음을 전할 수 있도록 선교의 문을 열어주십니다. 하나님은 지금도 일하고 계시고 선교하라고 명령하십니다. 선교사를 파송하고 기도하고 물질로 후원하는 것은 하나님의 뜻입니다. 그러므로 그리스도인이란 그리스도에게 속한 자를 의미합니다. 그 당시에는 그리스도인이란 이름이 그리스도를 따르는 사람들을 비난하고 조롱하는 말로 사용 된 이름이었습니다. 이 명칭으로 그리스도인과 유대인을 구분하게 되었고 이제는 더 이상 그리스도인들이 유대주의의 한 분파로 여겨지지 않게 된 것입니다.

그러나 지금은 그리스도인이란 이름은 더 이상 부끄러운 이름이 아니라 영광스러운 이름인 것입니다. 왜냐하면 그리스도인이 되지 아니하고는 결단코 천국에 들어갈 수 없기 때문입니다. 그리스도인 한 사람 한 사람을 볼 때에, 하나님 앞에서 그리스도의 보혈의 가치로 볼 때에, 그들은 하늘나라의 기업을 받는 존귀한 자들인 것입니다. 이제는 그리스도인으로서 고난을 받을 수는 있어도 이방인들에게 더 이상 부끄러움을 당하는 이름이 아닙니다. 진정한 그리스도인만이 천국에 들어가는 것입니다.

그리스도인이란 예수를 나의 구주로 믿고 그의 말씀인 신구약 66권의 말씀을 절대적인 권위로 믿는 자들을 의미하는 것입니다. 또한 그리스도인은 우리 구주 예수 그리스도에게 소속한 자이기에 이 세상에 살면서도 주님의 지상명령에 순종하고 그분의 지시를 받으며 그분의 뜻대로 사는 자들인 것입니다. 그러기에 제자들은 서로를 향하여 형제라고 불렀고(행 1:15), 주님의 그 도를 따르는 사람으로 생각했던 것입니다(행 9:2). 그리스도인이란 말이 비록 다른 사람들에게 의하여 불려졌지만 이 이름은 매우 즐겨 사용하게 된 것입니다.

그리스도인은 세상에 살고 있지만 세상에 속한 자가 아니고 우리 구주 예수 그리스도에게 속한 자입니다. 우리는 마귀에게 속하든지 아니면 주님에게 속하든지 둘 중의 하나인 것입니다. 중간 지대는 없는 것입니다. 예수 그리스도에게 속한 자를 하나님의 자녀라고 부릅니다(요 1:12). 주님은 "세상이 너희를 미워하면 너희보다 먼저 나를 미워한 줄을 알라"(요 15:18)고 말씀하십니다. 사실 우리 그리스도인들이 세상 사람들에게 미움을 받기 전에 주님이 먼저 미움을 받으신 것입니다. 만일 그리스도인으로 고난을 받으면 부끄러워하지 말고 도리어 그 이름으로 하나님께 영광을 돌리라(벧전 4:16)고 성경은 말씀합니다.

기독교 순교역사를 살펴보면 놀라운 사건들을 많이 발견하게 됩니다. 진정한 그리스도인은 고난을 영광으로 받아들이기에 순교할 때에도 얼굴을 찡그리지 아니하고 미소를 짓고 두 손으로 우리 구주를 증언하면서 죽었던 것입니다.

루시안이라는 사람은 이단과 9년 동안 투쟁하다가 감옥에 투옥 생활을 하게 되었습니다. 311년 '맥시미아노' 황제가 박해할 때 그도 잡혀서 끌려 나가 심문을 받게 됩니다. 황제는 루시안이 위대한 학자임을 고려하여 배교하면 목숨을 살려주고 부귀까지 주겠노라고 약속하며 대답을 기다렸습니다. 그러나 그는 다만 "나는 크리스천입니다." 한 마디만 말할 뿐이었습니다. 법관들 앞에서도 일체 말하지 않고 다만 "나는 크리스천입니다."만 반복했습니다. 고향이 어디냐고 물어도 "나는 크리스천입니다." 이름이 무엇이냐고 물어도 "나는 크리스천입니다." 감옥에 그를 면회하러 찾아온 성도를 보고 자기는 판자에 쇠사슬로 묶여 누워 있으면서도 도리어 자기를 방문한 신자를 보고 신앙을 끝까지 지킬 것을 권면했습니다. 그리고 그가 쇠사슬에 묶여 누워있는 그의 가슴을 제단으로 삼아 그 위에서 성찬 예식을 거행하고는 그 다음 날 끌려 나가 목이 잘리는 참수형을 당하고 순교하였던 것입니다.

우리는 언제 어디서나 누구에게나 "나는 크리스천입니다."라고 고백할 수 있어야만 합니다. 세상의 어떤 유혹과 타협이 들어와도 이것을 숨기거나 신앙을 포기해서는 안 되는 것입니다. 그러므로 우리 생활의 중심은 어디서든지 그리스도인답게 살아야 합니다. 그뿐만 아니라 그리스도인은 예수 그리스도를 닮은 자를 말합니다. 예수를 오래 믿고 주님 닮아가기를 힘쓰고 경건하게 사는 사람들은 예수님의 모습을 닮아가게 됩니다. 주님에게 속한 자는 겉모습만 닮는 것이 아니라 전도하기를 힘쓰는 자를 의미합니다. 전도는 말과 행실로 보여 주어야 합니다.

기독교 2,000년 역사를 볼 때에 예루살렘 교회가 '예수는 그리스도이시다'라고 전도할 때에 부흥되었고, 안디옥 교회가 전도할 때에 성장되었던 것입니다. 주님은 세상에 오셔서 "때가 찼고 하나님의 나라가 가까이 왔으니 회개하고 복음을 믿으라"(막 1:15)고 말씀하십니다. 무조건 복음을 믿는 것이 아니라 회개하고 복음을 믿으라는 것입니다. 회개하기 전에는 사탄에게 사로잡혔지만 회개하고 복음을 믿으면 구원을 얻게 되는 것입니다. 우리가 예수 믿기 전에는 허물과 죄로 죽었던 자들입니다(엡 2:1). 그러나 하나님의 은혜로 그의 아들 예수 그리스도의 피로 속량 곧 죄 사함을 받은 것입니다(엡 1:7). 이 은혜는 나 홀로 예수 믿고 구원받는 것이 아니라 아직도 우리 구주 예수 그리스도를 믿지 아니하는 자들에게 복음을 전하여 할 사명이 있는 것입니다. "믿고 세례를 받는 사람은 구원을 얻을 것이요 믿지 않는 사람은 정죄를 받으리라"(막 16:16)고 하였고, "주 예수를 믿으라 그리하면 너와 네 집이 구원을 받으리라"(행 16:31)고 성경은 말씀합니다. 개인과 가정과 이웃과 사회와 민족과 국가가 사는 길은 예수를 나의 구주로 영접하고 우리 주님의 뜻대로 살아야 구원에 이르게 되는 것입니다.

"진실로 진실로 너희에게 이르노니 믿는 자는 영생을 가졌나니"(요 6:47)라고 성경은 말씀합니다. 여기서 영생은 구원과 생명을 의미합니다. 한마디로 오래 예수를 믿은 사람이나 새 신자 모두가 예수 잘 믿고 영생에 이르러야 하는 것입니다. 우리는 지금도 죄의 자리에서 방황하는 이들을 그리스도에게 인도하여 그들로 예수를 구주로 믿게 하여야 하며, 예수를 나의 구주로 믿게 하기 위해서는 복음을 증언해야 하는 것입니다. 인간적인 편견을 버리고 누구에게든지 복음을 전파해야 합니다. 왜냐하면 복음은 능력이기 때문입니다. 스코틀랜드의 존 낙스 목사가 복음을 전하기 전에는 그 나라의 윤리 도덕이 수준 이하였습니다. 음란과 방탕과 사치와 쾌락의 소굴이었지만 그가 우리 구주 예수 그리스도의 복음을 전한 이후에는 스코틀랜드의 윤리 도덕은 전 세계의 표준이 되었다는 것입니다.

그리스도인이란 그리스도에게 속한 자요 그리스도를 증언하는 자입니다. "많은 사람을 옳은 데로 돌아오게 한 자는 별과 같이 영원토록 빛나리라"(단 12:3)고 성경은 말씀합니다. 우리가 하늘의 별처럼 영원토록 빛나기를 원하십니까? 전도하시기 바랍니다. 우리는 듣든지 안 듣든지 전도해야만 합니다. 전도하는 것은 우리들의 몫입니다. 내가 사람을 인도하는 것이 아니고 하나님이 이끌어주셔야 하는 것입니다. 전도의 열매는 하나님이 맺게 하여 주십니다. 한 사람의 영혼이 새로워지는 것은 하나님의 주권에 속해 있는 것입니다. 우리 그리스도인들에게 은혜의 성령이 우리 안에 거하시면 우리가 은혜로운 자가 됩니다. 남에게 복음을 증거하고 주님의 생명을 드러내게 되는 것입니다.
우리의 남은 여생을 담대하고 온유한 행동으로 우리 구주 예수 그리스도를 전파하며 삽시다.

4. 이웃의 고난에 사랑으로 동참하는 교회입니다. (28-30절)

예루살렘으로부터 온 선지자 중의 한 사람인 아가보가 천하에 크게 흉년 들 것을 예언하는데 이 예언이 그대로 성취됩니다. 그 흉년의 시기가 로마 황제 글라우디오(주후 41~44)의 통치 때에 나타난 것입니다. 흉년으로 인하여 수많은 사람들이 굶고 고통당하며 죽어가고 있을 때에 안디옥 교회는 이웃 교회에 동참했던 것입니다. 안디옥 교회 그리스도인들은 유대지방의 기독교인들을 위하여 헌금을 거두었던 것입니다.

29절을 보면 제자들이 각각 그 힘대로 유대에 사는 형제들에게 부조를 보내기로 작정합니다. 그들은 적당히 부담 없이 헌금한 것이 아니라 각자가 그 힘대로 헌금을 하였다고 성경은 말씀합니다. 여기서 "부조"란 말의 원어는 〈디아코니아 diakonia〉입니다. 이 말은 '봉사'인데, 여기서는 다른 사람들을 돕기 위한 '연보'를 의미합니다. 그들은 봉사할 뿐만 아니라 정성껏 모금을 했습니다. 연보라는 말은 복이라는 뜻인데, 복은 하나님이 주시는 것입니다. 구제하는 교회는 하나님이 윤택하고 풍성하게 채워주십니다. 봉사는 나의 유익을 구하는 것이 아니고 남의 유익을 구하는 것입니다. 또한 봉사란 내 몫을 챙기는 것이 아닙니다. 그러기에 안디옥 교회 그리스도인들은 그 힘대로 헌금을 했던 것입니다. 하나님은 구제하는 일에 인색하지 말라고 말씀하십니다.

예루살렘 모 교회가 흉년으로 어려움을 당하게 됩니다. 이 때에 안디옥 교회 성도들은 즉시 장로들의 손길을 통하여 도움을 줍니다. 예루살렘을 중심으로 한 인근 지역이 큰 흉년으로 인하여 고생할 때에 안디옥 교회 그리스도인들은 힘과 정성을 다하여 구제의 손길을 보낸 것입니다. 사랑의 공동체의 좋은 모범이 됩니다. "적게 심는 자는 적게 거두고 많이 심는 자는 많이 거둔다"(고후 9:6)고 성경은 말씀합니다. 이것이 성경의 원리인 것입니다. 적게 심으면 많이 거두지 못하고, 많이 심으면 적게 거두지 아니하는 것이 자연법칙인 것이며 성경의 교훈인 것입니다. 예루살렘 교회가 영적인 면에서 복음을 안디옥 교회에 심어주었다면, 안디옥 교회는 물질적으로 고통당하는 예루살렘 교회를 협력하고 협동한 것입니다.

종교개혁자 요한 칼빈도 스위스 제네바에서 목회 할 때에 구제헌금을 특별히 드림으로 교회 내에서 어려운 자와 교회 밖에서 가난한 자들에게 절반씩 구제 항목으로 도움의 손길을 주었습니다. 이것으로 인하여 교회 내에서는 사랑과 희락의 공동체를 이루고, 외부적으로는 소금과 빛의 사명을 감당하고 전도의 기회가 되었던 것입니다. 구제는 개인과 교회적으로 힘써야 할 것입니다. "구제를 좋아하는 자는 풍족하여질 것이요 남을 윤택하게 하는 자는 자기도 윤택하여지리라"(잠 11:25)고 성경은 말씀합니다. 우리가 구제하면 우리의 물질이 빠져나감으로 손해를 보는 것이 아니라 전능하신 하나님께서 풍족하게 채워주시는 것입니다.

"선한 눈을 가진 자는 복을 받으리니 이는 양식을 가난한 자에게 줌이니라"(잠 22:9)고 성경은 말씀합니다. 하나님이 우리에게 일용할 양식 주심에 날마다 감사한다면 주변에 굶주리고 있는 자들에게 사랑의 손길을 나누게 될 것입니다.

본문 30절에 보면 "이를 실행하여 바나바와 사울의 손으로 장로들에게 보내니라"고 성경은 말씀합니다. 여기서도 구제헌금을 투명성 있게 다루기 위해 하나님 앞에서 신실하고 정직한 지도자들에게 모금한 것을 전달했던 것입니다. 이 귀한 헌금이 영혼들을 위로하고 육신적으로 고통당하는 자들에게 생명을 소생하게 하는 역할을 하게 된 것입니다.

안디옥 교회는 설립 된지 일 년 만에 그리스도인을 배출하고 흉년으로 고생하는 가난한 예루살렘 교회의 형제들에게 이웃 사랑을 실천하는 모범적인 교회로 서가게 되었던 것입니다. "우리는 기회 있는 대로 모든 이에게 착한 일을 하되 더욱 믿음의 가정들에게 합시다"(갈 6:10). 한마디로 안디옥 교회는 이웃의 고난에 동참한 교회입니다. 하나님은 수직적으로 하나님을 사랑하고, 수평적으로 이웃을 내 자신 같이 사랑하기를 원하십니다. 안디옥에 사는 사람들이 우상과 잡신을 섬기고 음란과 사치로 자신의 욕망을 즐기며 살던 자들이 예수를 나의 구주로 믿고 난 이후에는 새롭고 더 새롭게 변화됩니다.

우리 구주 예수 그리스도는 죄인이었던 우리를 위하여 저주의 십자가에서 자신의 피를 흘리셨는데 우리는 그분에게 무엇을 드려야 할 것입니까? 우리에게 가장 소중한 피와 같이 느껴지는 물질과 몸과 마음과 생명까지도 드릴 수는 없겠습니까?

결론

모범적인 교회는 복음을 증언하는 교회이며 선교하는 교회입니다. 모든 그리스도인들은 복음의 나팔을 불어야 합니다. 이 복음의 나팔이 녹슬어 있으면 아무 효력이 없는 것입니다. 환난과 핍박이 있어도 약하여지지 아니하며 생명을 바쳐 우리 주님을 위하여 죽기로 결심한다면 복음의 불길이 더 뜨겁게 나타나고 죽은 영혼들을 살리는 능력이 나타납니다. 복음은 능력입니다.

사람을 두려워하지 말고 살아계신 하나님을 두려워하시기 바랍니다. 우리 구주 예수 그리스도의 복음은 이 세상의 힘으로도 칼과 무력으로도 막을 수가 없는 것입니다. 지금 이 시대는 핍박이 없기에 교회 성장이 둔화된 것입니다. 하나님은 고난 중에라도 우리 구주 예수 그리스도의 십자가의 복음을 증언하는 교회를 사랑하십니다. 어떤 미움과 고통이 따르더라도 고난을 영광으로 생각하고, 받은바 은혜와 은사를 최대한 활용하며, 하나님 나라를 확장하며 살아가시는 신앙의 주역들이 되시기를 우리 주님의 이름으로 간절히 축원합니다.

23
선교를 위한 바울의 기도와 사명
[로마서 1:8-17]

서 론

선교는 하나님이 가장 기뻐하시는 일입니다. 이 세상에 보람 있고 가치 있는 일이 아무리 많아도 영혼을 건지는 사역만큼 귀한 것은 없다고 봅니다. 선교는 사람의 일이 아니고 하나님이 분부하신 일입니다. 하나님은 사람을 선교의 도구로 사용하시며 선교의 모델 되신 분이 우리 구주 예수 그리스도이십니다. 선교지를 결정하는 것도 사람이 결정하는 것 같지만 결국은 하나님의 섭리와 주권으로 되는 것입니다.

바울은 아시아에서 복음을 전하려고 하였지만 예수의 영이 허락하지 아니하시고, 마게도냐 사람 하나가 서서 그에게 청하여 마게도냐로 건너와서 우리를 도우라는 환상을 하나님이 그에게 보여주십니다. 바울은 하나님이 보여주신 환상을 보고 마게도냐로 떠나기를 힘쓰고 마게도냐에 속한 빌립보 지역에 이르게 됩니다. 선교는 해도 되고 안 해도 되는 선택사항이 아니라 교회가 반드시 해야만 하는 필수적인 사역입니다. 왜냐하면 선교는 우리 주님의 지상명령이기 때문입니다. 그런데 선교는 무엇보다도 기도가 뒷받침이 되어야 합니다.

이방인의 선교사인 바울은 로마를 방문하기 원하였는데, 자신의 기도와 소원을 9-10절에서 증언하고 기도합니다. 그런데 이 기도는 오랜 세월이 지난 후에 응답되어 바울이 원하는 전도자의 신분이 아닌 죄수의 몸으로 로마에 호송됩니다.

바울의 기도 내용은 먼저 감사로 시작합니다. 본문 8절에 보면 "너희 모든 사람에 관하여 내 하나님께 감사한다"고 성경은 말씀합니다. 이것은 하나님께서 바울을 과거에도 신실하게 대해주심에 대한 감사이고 또한 미래에도 신실하게 보호하여 주실 것을 신뢰하는 것을 의미하는데, 즉 신실하신 하나님께 감사하는 것입니다. 우리에게도 과거에 신실하신 하나님이 미래에도 신실하게 도움 주시고 지켜주실 것입니다.

그러면 감사의 내용이 구체적으로 무엇입니까?
8절에 보면 "너희 믿음이 온 세상에 전파됨이로다"라고 성경은 말씀합니다. 여기서 "온 세상"은 '로마제국'을 가리킵니다. 그 당시 클라우디우스 황제의 칙령으로 말미암아 모든 유대인들이 로마로부터 추방당함으로 사방으로 흩어집니다. 그러다가 하나님의 은혜로 대부분의 유대인 개종자들이 다시 로마로 돌아옴으로 그들이 머물렀던 교회로부터 그들의 돈독한 신앙 때문에 아름다운 칭찬이 널리 알려지게 된 것입니다. 그들이 그리스도의 고난에 동참하였기에 이런 선하고 기쁜 결과가 나타난 것입니다. 만약에 로마의 성도들이 고난과 박해를 극복하지 못하였더라면 이런 명성을 얻지 못하였을 것입니다. 로마교회는 제국의 수도에 자리 잡은 교회이었기에 다른 지역에서 일어나는 모든 사건들을 손쉽게 정보를 얻을 수 있었을 것입니다. 로마교회는 부흥되었고 로마교회의 성도들은 구약시대의 신앙의 선진들처럼 믿음의 좋은 증거를 보여준 것입니다(히 11:2). 그러므로 바울은 로마에 있는 그리스도인들의 믿음이 온 세상에 알려진 것에 대하여 하나님께 감사하는 것입니다. 바울은 자신이 재정적인 지원을 많이 받았기에 감사하다는 것이 아니라 복음이 널리 전파되고 확장되는 것을 보고 감사하는 것입니다.

여기서 "너희 믿음"이란 말은 처음에 구원을 얻는 믿음이 아니라, '믿음에 서 있는 상태'를 의미합니다. 로마에 있는 기독교인들이 믿음에 뿌리를 내리고 신앙생활을 잘하고 있는 모습을 보고 감사하는 것입니다. 바울이 로마에 가서 교회를 세우지 않았음에도 불구하고 복음이 널리 전파되어 그 곳에서 우리 구주 예수 그리스도를 믿는 그리스도인들이 생긴 것입니다. 이것이야말로 하나님의 경륜이요 복음의 승리입니다. 즉 로마에 있는 기독교인들이 살아계신 하나님의 산 증인들이라는 것입니다.

그런데 너희 믿음이 온 세상에 전파된다는 말은 소식을 가져온다는 것을 말합니다. 그리고 근원이 어떤 사람으로부터 알리는 것이고 미리 널리 알리고 멀리 알리는 것을 말합니다. 사실 복음의 전파는 믿는 자들의 믿음이 이웃과 조국을 넘어 이방 땅에까지 멀리멀리 전파되는 것입니다. 바울은 모범적인 데살로니가 교회에 대하여 "주의 말씀이 너희에게로부터 마게도냐와 아가야에만 들릴 뿐 아니라 하나님을 향하는 너희 믿음의 소문이 각처에 퍼졌으므로 우리는 아무 말도 할 것이 없노라"(살전 1:8)고 성경은 말씀합니다.

그러므로 그리스도인들에게 믿음의 소문은 가장 아름다운 일이고 이러한 소문은 멀리 멀리 전파되어야만 합니다. 이것이 주님을 증언하는 것이고 교회가 견고하게 세워지는 비결인 것입니다.

1. 선교를 위한 바울의 기도 (9절)

그런데 하나님의 복음 전파의 섭리를 알아보려면 기도해야 하는 것입니다. 바울은 기도의 시간에 대하여 말합니다. 9절에 보면 "항상 내 기도에 쉬지 않고 너희를 말하며"라고 성경은 말씀합니다. 여기서 "항상"이라는 말은, 바울이 로마 교회의 성도들을 위하여 날마다 기도를 빼놓지 않았다고 증언하는 것이며, 그들에 대한 사랑이 지극히 크고 깊은 것임을 확증하는 것입니다. 즉, 바울은 기도할 때마다 로마 교회 성도들을 위하여 특별한 관심을 가지고 기도를 끊임없이 하였다는 것입니다. 우리 그리스도인들 자신도 모든 매사에 주님과 바울을 본받고 기도에 힘써야 할 것입니다.

기도는 하나님과 교통하고 사귐을 가지는 것입니다. 바울이 하나님께 기도한 것도 하나님을 사랑하고 그분과 교제를 원하였기 때문입니다. 바울의 기도는 로마에 있는 성도들을 위하여 항상 쉬지 아니하고 기도했던 것입니다. 바울이 이방인의 선교를 성공적으로 수행할 수 있었던 것은 그의 탁월한 지식이나 지혜보다는 전능하신 하나님을 의지하는 기도에 있었던 것입니다.

그러면 기도란 무엇입니까? 나의 힘으로는 아무것도 할 수 없고 전능하신 하나님만이 하실 수 있음을 시인하는 것입니다. 선교현장에서도 기도를 쉬지 아니하고 지속적으로 간구하는 교회는 하나님께서 은혜와 복을 주십니다. 바울은 로마에 있는 그리스도인들을 위하여 쉬지 않고 기도하고 그들을 기억한 것입니다. 그들에게 지대한 사랑과 관심이 있다는 것을 말할 때 바울은 "하나님이 나의 증인이 되신다"(9절)고 성경은 말씀합니다. 보통 사람은 하나님이 나의 증인이 되신다는 말을 하기가 어려울 것입니다. 그러나 바울은 로마 교회를 위하여 기도하는 것은 하나님이 나의 증인이 되신다고 증언한 것입니다. 즉 내가 너희 로마교회를 위하여 끊임없는 기도가 있음을 의심하지 않기를 바란다는 뜻입니다.

저는 하나님의 은혜로 대한예수교장로회 합동교단인 경기노회 소속인 일본 선교사로서 긍지와 자부심을 갖습니다. 그것은 은혜와 성령이 충만한 숭인동에 우뚝 솟은 파송 교회인 숭인교회와 선교에 뜨겁게 관심을 가진 협력교회들과 친구 동역자와 선후배 목사님들이 계시기 때문입니다. 특별히 일본 선교를 위하여 부족한 종과 국제교회와 신학교

사역과 강해설교 연구 섬김을 위하여 불철주야로 기도하여 주심으로 일본 선교에 보람을 가지게 된 것입니다.

종교 개혁자 마틴 루터는 종교 개혁을 앞두고 매일 2시간 기도했습니다. 그는 바쁘기 때문에 기도하고, 더 많이 바쁠 때는 3시간 기도했습니다. 1521년 독일 보름스 회의에서 그의 생명이 매우 위태로운 상황이었습니다. 저녁에는 무슨 말을 하고 어떤 행동을 해야 할지 묵상한 후에 간절히 기도하는데, 새벽까지 무릎을 꿇고 애절하게 간구합니다. 이 광경을 첩자가 보고 난 후에 주인들에게 돌아가서 말합니다. '저렇게 끈질기게 기도하는 사람을 누가 이길 수 있겠습니까?'라고 말하였다고 합니다.

스위스 제네바의 개혁자요 목회자인 종교개혁자 요한 칼빈은 매일 새벽 4시에 일어나 기도하는 기도의 사람이었습니다. 한평생 인간적으로나 가정생활은 불행하고 고독한 삶을 살았지만 하나님 앞에서의 그의 삶은 기도하고 연구하는 삶을 살았던 것입니다. 그는 기도하고 연구하는 시간을 매일 12시간 이상 주님을 위하여 드린 사람입니다. 우리도 비록 부족하고 무능하지만 전능하신 하나님께 간절히 간구하면 우리의 소원들도 응답하여 주실 줄 믿습니다.

그러면 바울의 기도 내용은 무엇입니까?
10절에 보면 좋은 길을 얻게 해 달라는 것입니다. 여기 "좋은 길을 구하다"라는 말씀은 문자적으로 좋은 길로 인도를 받는다는 의미입니다. 우리 그리스도인들에게는 어떤 길이든지 하나님이 좋은 길로 인도해 주셔야만 길이 열리는 것입니다. 그런데 언제 좋은 길이 열리는 것입니까? 10절에 보면, 하나님의 뜻 안에서입니다. 그러므로 하나님의 뜻이 이루어질 때에 가장 좋은 길이 열리는 것입니다. 나의 뜻과 하나님의 뜻은 다릅니다. 하나님의 생각과 인간의 생각이 다릅니다. 어느 정도로 다릅니까? 하늘과 땅만큼 차이가 있는 것입니다. "이는 내 생각이 너희의 생각과 다르며 내 길은 너희의 길과 다름이니라 여호와의 말씀이니라 이는 하늘이 땅보다 높음 같이 내 길은 너희의 길보다 높으며 내 생각은 너희의 생각보다 높음이니라"(사 55:8-9)고 성경은 말씀합니다. 그러므로 우리는 내 의견과 주장을 내세울 것이 아니라 하나님의 생각과 하나님의 뜻을 분별하고 깨닫는 통찰력이 필요한 것입니다.

그런데 13절에 보면 "지금까지 길이 막혔도다"라고 성경은 말씀합니다. "막혔도다"라는 말을 직역하면 '그러나 막혔도다'라는 의미입니다. 바울은 여러 번 로마를 방문하기를 원하였지만, 그러나 길이 막혔다는 것입니다. 그렇다면 바울은 단순히 로마를 방문하려는 소원만 가진 것이 아니고, 여러 번 실제의 방문 계획을 세운 것을 알 수 있습니다. 바울이 이처럼 여러 번 로마를 방문하기를 간절히 원하고 열망한 이유가 있습니다.

로마서 후반부에 보면, 그는 로마를 방문하고 그들과 잠시 교제를 나눈 후에 스페인(서바나)에 선교 여행을 계획하였고, 그 후에는 그들의 후원을 얻기를 원하였던 것입니다(롬 15:22-24). 바울은 선교 전략상 복음이 이미 전파된 곳보다는 복음이 전파되지 않은 곳인 스페인 선교를 향해 떠나면서 로마를 방문하기를 원하였던 것입니다. 그런데 무슨 이유인지는 몰라도 로마 방문의 길이 막혔던 것입니다. "막혔다"라는 동사는 하나님께서 그의 길을 막으셨다는 뜻입니다. 그러므로 우리의 길을 막으시는 것도 하나님의 주권적인 권능과 섭리인 것입니다.

우리는 이 세상을 살면서 내 뜻과 소원이 모두 이루어지기를 바라고 있습니다. 그럼에도 불구하고 우리의 간절한 소원이 더디 이루어질 때도 있습니다. 왜냐하면 하나님이 막으시기 때문입니다. 하나님이 우리의 길을 막으실 때는 위에 계신 그분의 뜻을 따라가야 하는 것입니다. 바울이 로마에 가서 복음을 전하기를 원하였지만 하나님께서 그 길을 허락하지 아니하시고 막으신 것입니다. 하나님이 열면 닫을 자가 없고 하나님이 닫으시면 열 자가 없는 것입니다. 영혼을 살리는 긴급한 일이라 할지라도 전능하신 하나님이 그 길을 열어 주셔야만 복음이 전파되는 것입니다. 바울의 개인적인 소원이 강하였지만 하나님께서는 바울에게 보다 긴급한 일을 맡기셨기에 어쩔 수 없었던 것입니다.

바울은 자신의 의지대로 움직이고 행동하는 선교사가 아니고, 하나님의 뜻대로 선교 사역을 하고 신실한 종으로 살아왔던 것입니다. 그러나 이제는 그에게 장애물을 제거시켰기에 로마 방문의 길이 열리게 된 것입니다. 하나님이 일시적으로 길을 막으신다고 해도 기도하는 자는 기도의 응답을 기다려야 하는 것입니다. 끈질기게 기도하는 사람은 때때로 간절히 소원하는 축복으로 가슴에 채우기 위해 왕이 나아올 때까지 문 앞에서 탄원하는 사람처럼 하나님의 은혜를 기다리는 것입니다.

눈물의 선지자 예레미야는 그의 기도가 하나님 앞에 상달되지 아니한 것은 주께서 구름으로 자신을 가리었다(애 3:44)고 증언합니다. 이처럼 기도하는 그리스도인들은 자신의 기도가 열정이 없거나 부족해서가 아니라 주권자 되시는 하나님이 당신의 기뻐하시는 뜻을 따라 행하시는 것을 보고 기뻐해야 하기 때문에, 응답이 없어도 오랫동안 참고 기다려야 하는 것입니다. 그러나 우리는 기도의 응답이 지체된다고 낙심해서는 안 됩니다.

사탄이 기도를 방해한다고 할지라도 두려워하지 말고 하나님의 절대 주권을 믿고 하나님의 때가 이르면 적당한 기회에 소원을 들어주실 것입니다. 우리 구주 예수 그리스도께서 저와 여러분에게도 좋은 길로 인도해 주시기를 간절히 소원합니다.

2. 바울에게 로마교회를 위한 선교사명의 목적은 세 가지입니다.

1) 신령한 은사를 나누어 주는 것입니다. (11절)

"어떤 신령한 은사를 너희에게 나누어 주어"라고 성경은 말씀합니다. "신령한"이란 단어는 헬라어로 〈프뉴마티코스 pneumatikos〉입니다. 이 말은 '영적인' 것을 의미합니다. 그리고 "은사"라는 단어는 〈카리스마 charisma〉입니다. 이 말은 '은혜의 선물'을 의미합니다. 바울은 로마교회의 성도들에게 신령한 은사를 나누기를 원한 것입니다.

그러면 신령한 은사는 무엇입니까? 하나님의 은혜로 바울에게 주신 가르침과 권면과 바울의 설교 사역과 관련된 것을 신령한 은사라고 부르는 것입니다. 하나님은 성도들에게 다양한 은사를 주시기 때문에 자기에게 주어진 은사를 서로 공유하고 나누어주는 것이 당연한 것입니다. 우리에게도 세상 정보도 중요하지만 더 가치 있는 것은 영적으로 나누는 말씀의 연구와 교제인 것입니다.

하나님의 교회 안에 여러 가지 프로그램이 필요하지만 무엇보다도 귀한 것은 신령한 은혜의 말씀입니다. 하나님의 교회는 하나님의 말씀으로 가득 채워지고, 그 말씀이 충만하여 모든 사람들의 가슴 속에 깊이 새겨질 때에 마음의 평강을 누리게 되는 것입니다.

지혜의 왕인 솔로몬은 "삼가 말씀에 주의하는 자는 좋은 것을 얻나니 여호와를 의지하는 자는 복이 있느니라"(잠 16:20)라고 증언합니다. 여기서 "좋은 것"이란 '지혜'입니다. 하나님이 우리에게 지혜를 주시면 존귀하게 쓰임 받고 성공하게 되는 것입니다. 그리고 경건하게 살면 살수록 하나님을 의지하기 때문에 복을 주십니다. 문제는 신령한 은사를 홀로 간직하는 것이 아니라 서로 나눔으로 견고하게 세워야 한다는 것입니다.

일본 선교지에서의 영적인 갈급은 이루 말할 수가 없습니다. 한국은 다양한 설교 매체를 통하여 듣고 볼 수 있지만 선교지에서는 모든 것이 제한되어 있어서 듣고 은혜 받을 만한 기회도 적습니다. 다행히 CGN TV 안테나를 선교사에게 무상으로 공급해주는 혜택을 수년 전에 받고 밤과 낮으로 시청함으로 영적으로 새 힘과 많은 은혜를 받고 있습니다. 하루에 적어도 2~3시간 이상은 은혜로운 말씀과 성경연구를 공유할 수 있기 때문입니다. 때로는 한국어와 일본어 설교를 청취함으로 영적인 진전이 있게 된 것을 온누리교회에 감사드립니다.

하나님은 모든 그리스도인들에게 다양하게 주신 은혜와 은사들이 많습니다. 이것을 홀로 간직만 하고 있다면 쓸모없는 휴지조각에 불과할 것이지만, 함께 나누고 또 나누면 수십 배 수백 배 수천 배의 시너지 효과가 나타날 것입니다. 사도 바울은 "이 모든 일은 같은 한 성령이 행하사 그의 뜻대로 각 사람에게 나누어 주시는 것이니라"(고전 12:11)고 증언합니다.

우리도 교회 공동체와 사역의 현장에서 주님이 각 사람에게 주신 은혜의 선물을 함께 나누고 함께 기도하면 더 큰 유익을 얻게 될 것입니다. 우리에게도 말씀과 영적 은사가 항상 요구됩니다. 말씀으로 인하여 심령들이 변화되기 때문입니다. 그러므로 우리는 신령한 은사와 은혜를 나누는 일에 열심을 내야 합니다(계 3:19).

영국의 스펄전 목사는 만일 당신의 영혼이 회심하는 것을 보기 원한다면, 만일 당신이 "이 세상 나라들이 우리 주님의 나라가 되었다는 외침을 듣기 원한다면, 만일 당신이 우리 구주 예수 그리스도의 보좌를 높이 받들기를 원한다면 열심을 내십시오. 왜냐하면 하나님 아래에서 세상의 회심은 교회의 열심을 통해 이루어지기 때문입니다."라고 증언 했습니다. 그러므로 우리는 신령한 은사와 은혜를 서로 나누는 일에 최선을 다합시다. 이 세상 살아가는 지혜는 하나님의 말씀의 인도를 받는 것입니다. 그런데 우리는 이 세상에서 사는 동안은 영적인 분별력이 있어야 합니다.

영적인 은혜가 없이 사는 사람은 정신없이 이곳저곳으로 뛰어다니기는 하지만 헛되이 힘만 쓰는 야생마와도 같은 것입니다. 예수를 나의 구주로 믿은 사람은 평범하게 신앙생활 하여 겨우 자신의 신앙만 유지할 정도가 되어서는 안 됩니다. 영적인 일에서는 두말할 것도 없이 신령한 은사를 사모하고 발견한 것을 서로 나누어야 할 것입니다. 우리는 창세 전에 하나님의 선택을 받고 신령한 복을 받은 자들입니다. 그 복은 하늘에 속한 모든 신령한 복(엡 1:3)이라고 성경은 말씀합니다. 이 신령한 복이 영적인 복입니다. 하나님께서는 우리 죄인들을 긍휼히 여기사 그의 아들 예수 그리스도의 피로 우리를 죄에서 속량하신 것입니다. 그러므로 죄인이었던 우리는 예수 그리스도의 속죄를 믿음으로 우리의 죄는 이 순간, 영원히 사함을 받은 것입니다. 이 진리는 얼마나 오묘하며 우리에게 큰 기쁨을 주는지 모릅니다. 이것이 웬 은혜요 웬 사랑이며 웬 축복입니까?

십자가의 보혈의 사랑과 한 영혼 한 영혼들이 우리 구주의 보혈로서 구원받은 것을 볼 때에 한 영혼의 가치는 온 천하보다 더 귀한 것입니다. 우리의 죄가 얼마나 많습니까? 우리의 죄를 생각한다면 죄로부터 정결하게 한 보배로운 핏방울은 얼마나 소중한 것입니까? 이러한 속죄의 은혜와 사랑을 깊이 깨달은 자들은 서로 상호간의 신령한 은사를 나누며 교제하여야 할 것입니다.

2) 믿음을 견고하게 하는 것입니다. (11절)

"너희를 견고하게 하려 함이니"라고 성경은 말씀합니다. 여기서 "견고하게 하다"(스테리크데나이; sterikdenai)라는 동사는 '강하게 하다, 굳게 세우다, 확증하다'라는 의미입니다. 여기서 바울은 다시 한 번 로마 그리스도인들을 향한 자신의 관심과 소원을 간절하게 증언합니다. 즉, 하나님에 의하여 견고하게 된다는 의미입니다. 신령한 은사는 소유한 본인뿐만 아니라 다른 사람들에게까지도 영향을 줍니다. 이런 의미에서 신령한 은사는 교회에 생동하는 힘을 넣어주는 활력소가 될 수 있는 것입니다. 그것은 자신뿐만 아니라 교회 공동체와 선교지역 공동체에까지 큰 유익을 주게 됩니다. 사도 바울은 로마교회의 성도들이 영적으로 무르익은 성숙한 성도들이 아니라 아직도 신앙적인 초보에 머무르는 자들임을 알기에 그들에게 믿음의 견고함을 심어주기를 원한 것입니다.

히브리서에 보면 그 당시 성도들은 복음을 받아들인 지 30년이 넘었어도, 그 신앙이 장성하지 못하고 어린아이에 속한 초보 신앙에 머물러 있었던 것입니다. "하나님의 말씀의 초보에 대하여 누구에게서 가르침을 받아야 할 처지이니 단단한 음식은 못 먹고 젖이나 먹어야 할 자가 되었도다 이는 젖을 먹는 자마다 어린 아이니 의의 말씀을 경험하지 못한 자"(히 5:12-14)라고 성경은 말씀합니다.

마찬가지로 로마 교회 안에도 신앙의 초보자들이 말씀으로 양육을 잘 받아 장성한 자들이 되기를 원하였던 것입니다. 그러므로 바울은 로마교회의 성도들이 영적으로 신령한 은사와 은혜의 교제를 나눔으로 그들의 믿음이 견고해지고 신앙의 진전이 있기를 소원했던 것입니다.

영국의 청교도 목사인 매튜 풀은 "견고하게 세우는 은혜는 모든 그리스도인들에게 필요한 은혜이다."라고 설명했습니다. 우리 그리스도인들에게 신앙의 표준은 사람이 아니고 그리스도이십니다. 교회 안에는 믿음이 약한 자가 있고 강한 자가 있습니다. 약한 자는 강해져야 할 것이고, 강한 자는 더 견고한 신앙으로 다져져야 할 것입니다. 왜냐하면 아무리 훌륭한 신앙인이라 할지라도 죄악 세상에서 사는 동안에는 더욱 더 견고하게 서야 할 필요가 있고, 신령한 은사와 은혜는 우리가 견고하게 서는데 큰 효력을 주기 때문입니다.

다윗은 "하나님이여 우리를 위하여 행하신 것을 견고하게 하소서"(시 68:28)라고 증언합니다. 우리의 건강과 지혜를 견고하게 하는 것도 중요하지만 믿음이 견고하게 되는 것은 더 긴박한 문제인 것입니다. 모세시대의 성소에서 타오르던 등잔이 꺼지지 않도록 날마다 새 기름이 보충되어야 했듯이, 우리의 믿음도 하나님의 은혜의 기름으로 채워져야만 살 수 있습니다. 우리는 이것을 하나님의 말씀과 신령한 은혜와 은사로 얻을 수 있는 것입니다.

만일 우리의 등잔에 은혜의 기름을 공급받지 못하면 어리석은 처녀들처럼 될 것이므로 항상 기도와 말씀으로 충만해야만 하는 것입니다. 만약에 세상을 창조하신 분이 그것을 보존하지 아니하신다면 세상은 끔찍한 종말을 초래하고 인류는 불행하게 될 것입니다. 그러므로 우리는 언제라도 예수 잘 믿고 구원받도록 시간마다 주님께 은혜와 능력을 구해야 하는 것입니다. 하나님의 은혜가 우리에게 있는 한 우리는 결코 패배하지 않고 승리할 것입니다.

3) 피차 위로를 받는 것입니다. (12절)

"이는 곧 내가 너희 가운데서 너희와 나의 믿음으로 말미암아 피차 안위함을 얻으려 함이라"고 성경은 말씀합니다. 바울이 로마를 방문하는 궁극적인 동기는 "피차 안위함을 얻기" 위한 것이었습니다. 이 동사는 '너희와 함께 위로를 받다'라는 의미를 가지고 있습니다. 즉 우리 서로의 신실함과 충실함으로 피차 위로를 받는다는 뜻입니다. 12절에 보면 "너희와 나의 믿음으로 말미암은" 것이라고 성경은 말씀합니다. 원문의 의미는 곧 '다른 사람의 믿음을 통하여 서로 위로를 받는' 것을 뜻합니다.

예수를 나의 구주로 믿는 사람들의 공동체는 서로 형제요 자매인 것입니다. 성도의 교제와 은택은 얼마나 큰 위로가 되는지 모릅니다. 철이 철을 서로 날카롭게 하는 것처럼 서로 위로를 나누면 피차 힘과 용기를 얻게 되는 것입니다. 즉, 바울은 로마에 있는 그리스도인들의 견고한 믿음을 통해서 위로를 받고, 로마 기독교인들은 바울의 믿음을 통하여 격려를 받는 것을 의미합니다.

14절에 보면 "헬라인이나 야만인이나 지혜 있는 자나 어리석은 자에게 다 내가 빚진 자라"고 성경은 말씀합니다. 여기서 "야만인"은 교양이 없고 헬라 문화를 받아들이지 않는 모든 자를 의미합니다. 그리고 바울은 지혜 있는 자나 어리석은 자에게 모두 빚을 지고 있다고 증언합니다. 하나님의 복음은 지식이 있는 자나 무식한 자나 가난하든 부하든 간에 모든 사람들에게 전해져야 합니다.

그러면 바울이 빚을 졌다는 말은 어떤 의미입니까? 과거에 바울은 기독교를 핍박하였던 사람입니다. 그러나 이제는 하나님의 은혜로 이방인 구원을 위해 그를 사도로 부르시고 그에게 구원의 은총을 주신 것을 의미합니다. 바울에게 평생 동안 맡겨진 사명과 책임이 있다면 그것은 이방인들에게 복음을 전하고 구원 얻게 하는 것입니다. 이 복음은 한 번 듣고 회심으로 끝나는 것이 아닙니다. 언제나 새롭게 들려져야만 하는 것입니다.

로마의 그리스도인들은 이미 복음을 받고 주님의 자녀들로 부르심을 받았습니다. 그러나 그들의 신앙이 견고하고 강건하게 성장하기 위해서는 언제나 복음이 새롭게 들려져야 했던 것입니다. 우리가 예수 그리스도의 증인이라면 하나님께 빚진 자입니다. 왜냐하면 문화와 인종과 피부, 남녀노소 유 무식에 관계없이 누구에게든지 복음을 전해야 하기 때문입니다. 복음의 빚진 자는 하나님의 영광을 위하여 사용하도록 맡겨진 능력이기 때문입니다. 사람에게 능력이 있는 것이 아니고 복음자체에 능력이 있기 때문입니다. 우리는 비록 질그릇처럼 깨어지기 쉬운 존재이지만 우리 속에 예수 그리스도의 복음이 담겨져 있기 때문에 존귀한 자로 쓰임을 받게 되는 것입니다.

그러므로 바울은 "로마에 있는 너희에게도 복음 전하기를 원하노라"(15절)고 증언합니다. 여기서 원한다는 말은 바울이 복음 전파를 위해서라면 마음을 굳게 먹고 단단한 준비한 것을 의미합니다. "너희를 부르시는 이는 미쁘시니 그가 또한 이루시리라"(살전 5:24)고 성경은 말씀합니다. 내가 하나님을 찾은 것이 아니고 하나님이 먼저 우리를 부르셨으므로 그분이 구원을 이루실 것입니다. 우리는 복음의 빚진 자입니다. 이 사명을 감당하기 위해 어떻게 할 것입니까?

토마스 플러는 "우리의 약함은 하나님 앞에 도움을 받는 지름길이라"고 했습니다. 기도는 하나님께 도움을 청원하는 것입니다. 이 도움은 나의 뜻이 이루어지는 것이 아니라 하나님의 뜻과 섭리가 이루어지는 것입니다. 그러므로 바울처럼 기도의 사람이 되어야 합니다. 어떤 기도입니까? 감사 기도입니다. 어떻게 해야 합니까? 쉬지 말고 항상 기도하는 것입니다. 바울의 기도로 선교의 문이 열리고 복음의 열매가 맺히고 모든 영광을 하나님께 돌립니다. 우리도 그리스도 예수 안에서 피차 위로함으로 하나님의 몸 된 교회를 든든히 세워갑니다.

3. 복음은 구원을 주시는 하나님의 능력입니다. (16절)

"내가 복음을 부끄러워하지 아니하노니 이 복음은 모든 믿는 자에게 구원을 주시는 하나님의 능력이 됨이라"고 성경은 말씀합니다. 복음이란 무엇입니까? 복음이란 좋은 소식, 혹은 기쁨의 메시지를 의미합니다. 좋은 소식(Good News)은 곧 하나님의 소식(God News)입니다. 복음이란 우리 구주 예수 그리스도께서 십자가에 죽으시고 부활하신 사건인 것입니다. "내가 받은 것을 먼저 너희에게 전하였노니 이는 성경대로 그리스도께서 우리 죄를 위하여 죽으시고 장사 지낸 바 되셨다가 성경대로 사흘 만에 다시 살아나사"(고전 15:3-4)라고 성경은 말씀합니다. 우리 구주는 성경대로 우리를 대신하여 십자가에 죽으시고 성경대로 사흘 만에 다시 살아나신 분이십니다.

그분만이 세상에서 유일한 구주요 구세주이시며 구원자가 되시는 것입니다. 다른 이름으로써는 구원을 얻을 수가 없고 오직 예수 그리스도의 이름으로만이 구원을 얻는 것입니다(행 4:12). 그러므로 복음이란 죄와 율법과 저주와 사망에서 고통당하는 죄인들에게 구원을 주시는 하나님의 능력인 것입니다.

바울은 "미쁘다 모든 사람이 받을 만한 이 말이여 그리스도 예수께서 죄인을 구원하시려고 세상에 임하셨다 하였도다 죄인 중에 내가 괴수니라"(딤전 1:15)라고 증언합니다. 가련하고 불쌍한 죄인으로 하여금 죄로부터 구원을 받아 하나님 나라에 들어갈 수 있도록 하시는 것은 하나님의 지혜와 능력과 자비와 신실하심인 것입니다.

그러므로 우리 구주 예수 그리스도를 믿는 자는 결코 두려워할 필요가 없습니다. "진실로 진실로 너희에게 이르노니 믿는 자는 영생을 가졌나니"(요 6:47)라고 성경은 말씀합니다. 이 복음은 일시적이고 제한적인 복음이 아니라 영원한 복음입니다. "또 보니 다른 천사가 공중에 날아가는데 땅에 거주하는 자들 곧 모든 민족과 종족과 방언과 백성에게 전할 영원한 복음을 가졌더라"(계 14:6)고 성경은 말씀합니다.

우리는 아직도 그리스도의 복음을 한 번도 듣지 못하고 알지도 못하는 모든 민족과 종족과 방언에게 기쁨의 소식을 전해야 하는 것입니다. 선교학에서 '미전도 종족'이라는 용어를 사용하는데 이 말은 복음에 대하여 숨겨져 있는 사람들을 의미합니다. 세계 인구의 40% 정도를 차지하는데, 이 범주에 약 11,000개의 미전도 종족 집단이 속해 있습니다. 이 그룹들 중에는 3,800개의 무슬림 그룹과 2,700개의 부족그룹, 18,000개의 힌두그룹, 900개의 불교그룹, 900개의 중국인 그룹, 그리고 900개의 기타 그룹들입니다. 2015년 6월 CGNTV 방송을 통한 통계에 의하면 전 세계 인구 중 29%인 21억 2천명이 한 번도 복음을 들어보지 못했다고 합니다. 이런 미전도 종족에게 이르기까지 복음을 전파해야 할 것입니다.

그 당시에 바울은 세상의 통치자들과 권력자들이 복음에 대하여 조롱과 비난이 있다고 할지라도 그는 복음을 부끄러워하지 않는다고 담대히 증언합니다. 왜냐하면 복음이 세상 사람들의 시선으로 보면 곱게 보이는 것이 아니라 멸시와 경멸을 받을만한 요소가 있는 것처럼 보이지만, 복음은 죄인들이 하나님께로 돌아오게 하는 구원을 주시는 하나님의 능력이기 때문입니다. 하나님은 전도의 미련한 것으로 믿는 자들을 구원하시기를 기뻐하십니다(고전 1:21). 하나님이 죄인을 구원하시는 것은 전도를 통하여 이루십니다. 교회부흥은 하나님의 말씀이 선포되고 전도에 총력을 기울이고 그들을 개별적으로 양육하고 성숙시킬 때에 이루어집니다. 한평생 다 갚아도 갚을 수 없는 것이 전도일 것입니다. 전도하는 것도 열매를 맺게 하는 것도 모두가 하나님이 하시는 일입니다. 즉 하나님의 은혜가 충만할 때에 복음의 빚진 자로 살아가며 이 사명을 감당하게 될 것입니다. 하나님께서는 특별히 이방인 구원을 위하여 바울을 부르시고 선교의 사명과 특권을 주신 것입니다.

그러기에 바울은 "내가 복음을 전할지라도 자랑할 것이 없음은 내가 부득불 할 일임이라 만일 복음을 전하지 아니하면 내게 화가 있을 것이로다"(고전 9:16)라고 증언합니다. 그는 과거에 유대교에 깊이 빠져 예수 믿는 자들을 박해하고 위협과 살기가 등등하던 자입니다. 예수 믿는 자들을 만나면 남녀를 막론하고 결박하여 예루살렘으로 잡아오려고 했습니다. 그러나 그가 다메섹에서 변화 받고 새 사람이 된 이후에 주께서 그에게 사명을 주십니다. "주께서 이르시되 가라 이 사람은 내 이름을 이방인과 임금들과 이스라엘 자손들에게 전하기 위하여 택한 나의 그릇이라"(행 9:15)고 성경은 말씀합니다.

바울이 이방인 때문에 사도로 부르심을 받고 구원의 은총을 누린 자였기에 그가 그들에게 복음을 전하는 것은 지극히 당연한 것입니다. 그러므로 그가 평생 복음의 빚진 자로 살아가는 것은 자기 동족이 구원을 받을 뿐만 아니라 이방인들에게 복음을 전하는 것입니다. 우리도 부모형제와 가족과 친척과 형제와 자매들에게 전도하고 더 나아가 선교하는 일에 힘을 모아야 할 것입니다. "하나님은 모든 사람이 구원을 받으며 진리를 아는 데에 이르기를 원하시느니라"(딤전 2:4)고 성경은 말씀합니다. 우리는 한 영혼이라도 예수 믿고 구원받게 해야 합니다. 지금도 우리 구주 예수 그리스도의 복음을 듣지 못하고 죽어가는 영혼들이 얼마나 많습니까? 온 천하보다도 귀한 한 영혼을 마음에 품고 기도하고 강권하여 주의 집으로 인도합시다.

우리 구주를 믿지 않고 죽은 자들은 가장 불행한 자이지만 예수를 나의 구주로 믿고 구원받은 자는 새 생명을 소유한 자요 영생이 보장된 자인 것입니다. "믿고 세례를 받는 사람은 구원을 얻을 것이요 믿지 않는 사람은 정죄를 받으리라"(막 16:16)고 했고, "주 예수를 믿으라 그리하면 너와 네 집이 구원을 받으리라"(행 16:31)고 성경은 말씀합니다. 예수를 나의 구주로 믿으면 구원과 영생을 누리게 되는데, 이것은 한 사람 한 사람 각자가 모두 예수를 나의 구세주로 영접하여야 구원의 은총을 얻게 되는 것입니다.

요한 칼빈은 '구원'이라는 단어는 단지 '멸망'이라는 단어와 반대되는 의미로만 알고 있지만, 복음은 영원한 죽음을 의미하는 멸망과 저주로부터 사람들을 건지는 것이기 때문에 복음으로 인한 구원은 영원한 생명이라고 설명합니다. 바울은 예수 그리스도와 그가 십자가에 못 박히신 것 외에는 아무것도 알지 아니하기로 작정한 것입니다(고전 2:2). 그의 마지막 생애는 우리 주 예수 그리스도의 십자가만을 자랑하고(갈 6:14) 복음을 전하다가 순교했던 것입니다.

하나님의 아들이신 우리 구주 예수 그리스도는 이 땅에 오셔서 항상 복음을 전하셨습니다. 사마리아 우물가에서, 예루살렘 성전에서, 게네사렛 호숫가에서, 산과 빈들에서 복음을 전하셨습니다. 우리 주님은 식사할 겨를도 없이 밤낮으로 하나님의 나라를 선포하신 것입니다. 구원받은 그리스도인들도 주님을 본받아 복음 전하는 자들이 됩시다. 구름과 바람과 비를 염두에 두지 말고, 계절을 가리지 말고 우리 구주 예수 그리스도를 증언합시다. 왜냐하면 복음을 믿는 자들이 구원받은 우리들과 같이 그리스도의 피로 속량 받게 되기 때문입니다.

우리 주님께서 "이 성중에 내 백성이 많음이라"(행 18:10)고 말씀하신 것처럼 우리 주변에도 아직도 구원받아야 할 사람들이 많은 것입니다. 아무리 흉악한 죄인이라 할지라도 마음이 돌 같고 굳은 바위 같은 사람일지라도 윤리 도덕적으로 타락하고 자신의 정욕과 욕망대로 사는 사람일지라도, 심지어 알코올 중독자나 마약에 빠진 자라 할지라도 우리 구주 예수 그리스도 앞으로 나아와 그분이 지신 십자가를 바라보고 회개하면 구원에 이르게 되는 것입니다. 왜냐하면 복음에는 하나님의 의가 나타나기 때문입니다(17절).

우리가 하나님 안에 있는 생명인 영생을 구하려면, 먼저 하나님의 의를 구해야 합니다. 왜냐하면 하나님의 의를 힘입을 때만이 그분의 죄 사함을 얻고 화목할 수 있기 때문입니다. 하나님은 우리가 부끄러운 죄인임에도 불구하고 '하나님의 의'를 주신다고 성경은 말씀합니다. 이 말은 법정적인 용어입니다. 죄인이 유죄 판결을 받고 언제 죽을지 모르는 상황인데 재판장이 무죄라고 판결을 내리면 그는 자유의 몸이 되는 것입니다. 우리가 예수 믿기 전에는 전적으로 타락한 존재이기에 영원한 멸망을 받아야 마땅하지만 예수 그리스도의 보혈로 죄 용서를 받은 이후에는 하나님이 죄인임에도 불구하고 의롭다고 선언하시는 것입니다. 이것이 기독교의 진리인 것입니다.

세상에서는 상대적인 죄인이 있지만 하나님 앞에서는 모든 사람이 근본적으로 죄인인 것입니다. 하나님은 어떤 죄인이라 할지라도 예수 믿는 자를 의롭다고 말씀하십니다. 왜냐하면 그리스도의 보혈로 예수 믿는 자를 속량하여 주셨기 때문입니다. 이것은 하나님이 값없이 우리를 자신과 화목하게 하시기 위하여 영원히 죽어야 할 우리들을 다시 회복하게 하신 것입니다.

17절에 보면 "오직 의인은 믿음으로 말미암아 살리라 함과 같으니라"고 성경은 말씀합니다. 의인은 세상의 기준을 따라 사는 것이 아니라 믿음으로 사는 것입니다. 하나님의 면전에서 오직 의로 살아가는 것입니다. 그러므로 우리의 의는 믿음으로 말미암아 살아야 하는 것입니다. 살리라는 말씀이 미래 시제로 되어있는 것은 의인의 삶이 일시적으로 사는 것이 아니라 지속적으로 사는 것을 의미하는 것입니다. 의인이 믿음으로 사는 삶은 죽어서 천국에 들어가기까지 변함없이 우리 구주 예수 그리스도를 사랑하고 믿음을 지키는 삶이 되어야 하는 것입니다.

믿음은 우리를 하나님과 연결시키고, 믿음은 우리에게 하나님의 능력의 옷을 입혀줍니다. 믿음은 지옥의 권세들을 물리치며 하나님의 권능을 더욱 의지하게 합니다. 거룩하지 못한 자들은 평안하다 안전하다 할 그 때에 멸망이 갑자기 그들에게 이르므로(살전 5:3) 피하지 못하기 때문입니다. 잠시 잠깐 사는 우리 인생 나그네 길은 내일 일을 알지 못하는 안개와 같은 삶이고 그림자에 불과한 삶인 것입니다. 우리가 살아서 천국에 들어가기까지 영속적인 생명을 얻는 길은 오직 믿음뿐인 것입니다.

"예수 그리스도는 어제나 오늘이나 영원토록 동일하시니라"(히 13:8)고 성경은 말씀합니다. 살든지 죽든지, 먹든지 마시든지, 거하든지 떠나든지 우리는 언제나 동일하신 우리 구주 예수 그리스도를 믿고 의지할 때만이 흔들리지 아니하고 견고하게 서게 되는 것입니다. 여기서 교훈 받아야 할 것은 우리가 오직 하나님의 긍휼하심으로 말미암아 믿음으로 의롭다 하심을 얻은 것임을 기억해야 합니다. 만약에 하나님의 긍휼하심이 없었더라면 우리는 이 세상에 존재할 수도 없는 자들이었기 때문입니다. 그 크신 하나님의 긍휼로 우리가 예수 믿고 구원받았으니 몸과 마음과 물질과 생명까지 아낌없이 우리 구주 예수 그리스도의 복음과 선교에 동참합시다.

하나님의 불변의 진리는 인간의 속임수로 그 품위를 떨어뜨릴 수 없고, 하나님의 영원한 신실하심은 사람의 무관심으로 그 가치를 제한할 수가 없는 것입니다. 하나님은 예수를 나의 구주로 믿는 모든 자들에게 구원의 은총을 주시고 은혜와 복을 주시며 또한 그분과 맺으신 언약을 이루시는 분이십니다.

결 론

우리가 세상에 존재하는 목적은 예수를 잘 믿는 것입니다. 초신자나 오래 믿은 자나 관계없이 예수를 나의 구주로 믿고 흔들림이 없어야 합니다. 우리는 현재 복음으로 북한과 통일되어야 합니다. 먼저 우리는 분단된 우리 조국이 멀지 않아 통일될 것을 바라보며 간절히 북쪽에 있는 우리 동족을 위하여 기도해야 할 것입니다. 우리는 우리 구주 예수 그리스도의 마음을 품고 그들에게 가까이 다가가야 할 것이며, 더 나아가 지구촌에 복음이 들어가지 못한 곳까지라도 복음을 증언해야 할 것입니다.

우리의 남은 여생이 어떤 형편과 처지와 입장과 모양에 처해 있을지라도 바울처럼 기도의 사람들이 됩시다. 그리고 미래의 사역에 좋은 길을 열어주실 것을 하나님께 맡기시기 바랍니다. 그 언젠가는 우리 하나님께서 복음의 열매들을 아름답게 맺게 해 주실 것입니다. 우리는 복음의 빚진 자로서 우리 구주 예수 그리스도께서 우리에게 모범으로 보여 주신 사명을 신실하게 감당하는 그리스도인들이 되시기를 우리 주님의 이름으로 간절히 축원합니다.

24
바울의 힘
[고린도후서 12:5-10]

서 론

미국 사람들은 네 가지 힘을 자랑한다고 합니다.

첫째는 금력인데 돈만 있으면 살아갈 수 있다고 믿기에 돈의 힘은 막강합니다. 이 세상은 돈으로 행복을 살 수 있다고 생각합니다. 그러나 돈이 인생의 전부는 아닙니다. 왜냐하면 이 물질도 내 소유가 된다고 보장할 수가 없기 때문입니다. "진실로 각 사람은 그림자 같이 다니고 헛된 일로 소란하며 재물을 쌓으나 누가 거둘는지 알지 못하나이다"(시 39:6)라고 성경은 말씀합니다. 물질은 가변적인 것이기 때문에 언제 떠날지 모르는 것입니다.

둘째는 정치의 힘입니다. 미국은 세계의 경찰국가라고 합니다. 그러나 이런 힘도 한계가 있는 것입니다.

셋째는 권력입니다. 사람들이 권력을 좋아하지만 그러나 이 권력도 오래가지는 못합니다. 내가 앉고 있는 회전의자가 언제까지 갈지는 자신도 모르는 것입니다. 프랑스의 사상가 볼테르는 유명한 인물이었지만 그도 죽음을 앞에 두고 자기를 치료하는 주치의사에게 이렇게 호소했다고 합니다. "나는 하나님과 사람들에게 버림을 받았습니다. 당신이 나를 6개월만 더 생명을 연장시켜 준다면 내가 갖고 있는 것의 절반이라도 주겠습니다." 인간의 명예와 권력도 100년 이상 갈 수가 없는 것입니다. 오늘날 변화무쌍한 시대에서는 권력자가 졸지에 망명신세가 되기도 하기 때문입니다. 돈 많은 부자가 하루아침에 쪽박신세가 되는 경우도 있기 때문입니다. "사람은 존귀하나 장구하지 못함이여 멸망하는 짐승 같도다"(시 49:12)라고 성경은 말씀합니다. 존귀한 인간이 왜 짐승처럼 살며 망하게 됩니까? 인간에게 하나님이 없는 삶은 매우 공허하고 물거품과 같은 것입니다. 권력이 아무리 좋다고 하지만 그것도 영원한 것이 못됩니다.

넷째는 완력입니다. 소위 주먹의 힘도 노쇠하면 오래가지 못하고 시들어지고, 이 모든 힘들은 한계가 있고 상대적일 뿐입니다. 절대적인 것이 되지를 못합니다. 전능하시고 무한하신 하나님의 힘에 비하면 바닷물 가운데 한 방울의 물에 불과한 것입니다.

오늘 본문에 보면 바울은 힘을 얻은 사람인데, 그는 사람으로부터 힘을 얻은 것이 아니라 십자가에 죽으시고 부활하신 우리 주 예수 그리스도로부터 힘을 얻었다고 증언하고 있습니다. 자신이 사탄의 사자로부터 고통을 당할 때에 그는 우리 구주 예수 그리스도에게 능력을 구한 것입니다. 즉, 그리스도의 능력이 자신에게 머물기를 간구하였던 것입니다. 그러면 바울에게 있어서 힘의 원천이 무엇인가에 대하여 함께 은혜를 나누기를 원합니다.

1. 바울에게 있어서 힘의 원천이 무엇입니까? (7, 10절)

7절에 보면 "내 육체에 가시"라고 성경은 말씀합니다. 여기 "가시"란 단어는 헬라어로 〈스콜롭스 skolops〉입니다. 이 단어는 '뾰족한 것, 뾰족한 막대기', 특히 '말뚝, 가시나무 조각'을 의미합니다. 그런데 원어가 의미하는 것은 훨씬 더 강력한 괴로움을 암시하고 있습니다. 영국의 유명한 강해설교자 알렉산더 맥클라렌 목사는 바울에게 주어진 가시는 손가락 끝에 찔린 작은 가시가 아니고 무시무시한 형벌을 집행하는데 사용 되는 끔찍한 말뚝이라고 해석합니다. 바울에게 육체의 가시는 바울에게 분명히 만성적인 육체의 질병을 나타내는 것을 말합니다. 학자들의 여러 견해를 종합하면 '학질, 안질, 간질, 불면증 편두통, 구토성 두통' 등입니다.

왜 하나님은 바울처럼 위대한 사도에게 육체의 가시를 주신 것입니까? 그것은 바울이 자신의 분수를 넘어서서 자만하지 않게 하시기 위하여 육체의 가시를 주신 것입니다. 육신의 가시와 아픔을 통하여 괴롭히려고 하였지만 하나님은 고난을 통하여 바울을 겸손하게 하는 도구로 사용하신 것입니다.

하나님께서 남달리 바울에게 큰 계시들을 주신 후에는 그를 더 낮추신 것입니다. 이는 하나님으로부터 받은 지극히 큰 은혜로 인하여 스스로 교만하게 될 것을 방지하기 위한 하나님의 섭리였던 것입니다. 우리에게도 하나님이 크신 은혜를 주셨는데, 육체의 가시로 고난 받을 수가 있습니다. 그러나 사실은 육체의 가시가 있음으로 교만하지 않게 되고 은혜를 유지하는 것입니다. 즉 바울은 자신을 너무나도 사랑하시는 분이 하나님이시기에 가시를 주신 것은 하나님의 선물이었던 것입니다. 그는 다른 사람이 상상도 못할 정도의 무한한 은혜와 신비로운 체험을 한 사도입니다. 지식과 지혜 면에서 그를 능가할 사람이 없습니다. 영적인 면에서도 영적인 체험을 한 사람입니다. "그는 낙원에 이끌려 가서 사람이 가히 이르지 못할 말을 들었다"(고후 12:4)고 성경은 말씀합니다. 하나님이 바울에게만 특별하게 보여주신 환상과 계시와 영적 경험으로 인하여 그는 남보다 교만할 수가 있었던 것입니다. 바울 자신은 그 위험을 보지 못하였지만 하나님은 보시고 그에게 육체의 가시를 주신 것입니다.

우리들이 항상 조심해야 할 것은 교만입니다. 언제라도 사람이 교만하면 하나님이 물리치십니다. "말씀을 멸시하는 자는 자기에게 패망을 이루고 계명을 두려워하는 자는 상을 받느니라"(잠 13:13)고 했고, "사람의 마음의 교만은 멸망의 선봉이요 겸손은 존귀의 길잡이니라"(잠 18:12)고 성경은 말씀합니다. 왜냐하면 하나님은 교만한 자를 사용하시지 않기 때문입니다. 다윗은 골리앗 장군을 죽이고 자신의 공로를 자랑하지 않았습니다. 사실 다윗은 칭찬과 상급과 훈장을 받아 마땅한 사람입니다. 그럼에도 불구하고 그는 엘라 골짜기에서 죽인 블레셋 사람 골리앗의 칼을 성막 안 '에봇 뒤'에 두어 하나님께서 친히 다윗의 손을 통하여 행하신 일의 기념물로 삼게 하였을 뿐인 것입니다. 이렇게 겸손한 다윗을 하나님은 높여주시고 위대하게 사용하신 것입니다(삼하 7:9). 그가 어디를 가든지 승리를 얻게 하십니다(삼하 8:14).

사도 바울이 바울 되고 교만하지 않도록 하기 위하여 가시의 선물을 주신 것은 참으로 다행한 일입니다. 사도 바울은 고린도 교회의 성도들에게 "그러나 내가 나 된 것은 하나님의 은혜로 된 것이니"(고전 15:10)라고 증언합니다. 바울 자신이 다른 사도보다 더 많이 수고하였지만 내가 한 것이 아니요 오직 나와 함께 하신 하나님의 은혜라고 성경은 말씀합니다. 바울이 이방인의 선교사로서 복음을 전하고 많은 업적을 남긴 것은 바울이 아니라 하나님이 하신 것이고 모든 것이 하나님의 은혜라고 성경은 말씀합니다.

바울에게 가장 큰 고통거리인 육체의 아픔을 알고 있는 갈라디아 교회 성도들은 그를 너무나도 많이 아꼈습니다. "너희가 할 수만 있었더라면 너희의 눈이라도 빼어 나에게 주었으리라"(갈 4:15)라고 하였고, 그 뿐만 아니라 그는 자신의 몸에 예수의 흔적을 지니고 있다(갈 6:17)고 성경은 말씀합니다. 바울은 육신적으로 너무나도 연약한 사람입니다. 그러나 그는 하나님의 전능하신 손에 붙들림을 받은 위대한 사도였던 것입니다. 우리도 육신적인 연약함으로 인하여 실망하거나 실족하지 맙시다. 우리의 약함을 아시는 하나님께서 그분의 오른손으로 우리를 붙드실 것입니다.

　오늘날 많은 경건한 그리스도인 가운데서도 육신의 연약함이 있음에도 불구하고 주님을 섬기고 복음을 위하여 수고하는 자들이 많습니다. 오히려 우리는 육신의 약함을 가지고 더 겸손하고 주님의 은혜를 사모할 수만 있다면 기쁨인 것입니다. 사도 바울은 영적으로는 강하고 담대한 자이었으나 육체의 약함이 너무나도 많았던 것입니다. 이런 것들이 바울에게 있어서 육체의 가시였던 것입니다. 바울에게 아내와 가족이 있습니까? 물질이 넉넉합니까? 그렇다면 주님의 복음을 위해서 생명 바쳐 일하겠다는 바울에게는 건강이라고 주셔야 되지 않겠습니까? 그러나 한두 가지도 아닌 여러 가지 질환으로 고생합니다.

　그런데 사탄의 사자가 바울을 칩니다. 7절에 보면 "나를 쳐서"라고 성경은 말씀합니다. 여기서 "쳐서"라는 단어는 헬라어로 〈콜라피조 kolaphizo〉입니다. 이 말은 '주먹으로 치다'라는 뜻입니다. 대제사장과 온 공회가 예수님의 얼굴에 침 뱉으며 주먹으로 치고 혹은 손바닥으로 때린 것을(마 26:67) 연상할 수 있습니다.

　사도 바울은 우리 구주 예수 그리스도의 고난을 본받고 있기에 그는 약한 것만을 고백하고 자랑하는 것입니다. 죄 없으신 우리 구주 예수 그리스도가 인간 제사장에게 모독을 당하며 멸시 천대를 받았습니다. 만약에 주님께서 모욕과 수치 당하시는 것을 참지 않으시고 그들을 향하여 하늘의 천군 천사를 동원하여 심판하셨더라면 우리는 영원히 구원받지 못하고 저주와 멸망과 파멸만 있었을 것입니다. 그러나 주님께서 우리 죄인들을 대신하여 십자가에 죽으심으로 우리가 구원을 받고 의인이 된 것을 감사하고 찬양하고 영광과 존귀를 하나님께만 돌리는 삶을 사는 것입니다. 바울 자신도 예수 믿기 전에는 주님과 교회와 성도들을 박해하는데 앞장섰던 사람이지만 이제는 우리 구주 예수 그리스도와 복음을 위하여 고난을 받습니다. 그런데 바울은 얼마든지 교만할 수 있는 자이기에 그를 자만하지 않도록 육체의 가시를 주신 것입니다. 우리에게도 육체의 가시가 있는 것은 불편한 것이지만 겸손하고 더욱 주님을 의지할 수 있는 계기가 되는 것입니다.

우리가 주님의 제자로서 좁은 길을 선택하며 걸어간다면 어떤 고난도 감수하며 주를 따라가야 할 것입니다. 왜냐하면 주님을 위하여 고난받는 것은 영광이기 때문입니다. 바울은 자신의 고난에 대하여 "바로 이 시각까지 우리가 주리고 목마르며 헐벗고 매 맞으며 정처가 없었다"(고전 4:11)라고 성경은 말씀합니다. 한마디로 바울의 생애는 고난과 박해의 생애입니다. 사탄의 사자는 정면에서 바울을 계속 치고 있지만 바울은 이렇게 된 것 모두가 하나님의 뜻으로 받아들입니다. 우리에게도 어떤 고난과 시련이 있어도 하나님의 섭리와 뜻으로 받아들인다면 능히 고난을 헤치고 승리하게 될 것입니다.

종교개혁자 요한 칼빈은 얼마나 질병이 많았는지 '걸어 다니는 종합병원'이라는 별명이 붙었던 사람입니다. 그에게는 피부병, 위장병, 결핵과 치질과 각기 여러 가지 질환이 있었기 때문입니다. 그럼에도 불구하고 그는 말씀연구하고 주석을 집필하고 논문을 발표하는 일에 분주하였던 사람입니다. 무려 하루에 10시간 정도 연구하는 일에만 몰두한 인물입니다. 몸이 불편할 때에는 양식도 하루에 한 끼만 먹고 기도하고 연구하였던 사람입니다. 그러나 그는 자신을 비관하거나 원망하지 않았습니다. 이러한 악조건적인 상황에서도 그는 우리 구주의 기쁨으로 충만하였다고 고백합니다. 그는 종종 기쁨이 충만하여 "나에게 질병들이 없었다면 나는 영적인 바보가 되었을 것이다"라고 말했습니다. 우리 그리스도인들에게는 기쁨이 영성입니다. 이 기쁨이 충만하다면 어떤 악조건적인 상황에서도 우리 구주께서 주신 사명을 감당할 수가 있는 것입니다.

그는 불편한 몸을 이끌고 깊이 연구하여 지금까지 전해지는 불후의 명작인《기독교 강요》를 저술하고 신구약 주석을 남겼던 것입니다. 그는 보통 사람이 500년에 걸쳐서 해야 할 일을 50년에 마친 위대한 신앙인이요 천재 신학자인 것입니다. 그는 신학의 천재이면서 동시에 지속적으로 연구하는 신학자요 목회자입니다. 그의 평생 표어는 '모든 수고는 내가 하고 모든 영광을 하나님께' 돌리는 것이었습니다. 보통 사람은 곤란한 일만 당하여도 답답해하고 기력이 쇠하여집니다. 어떻게 사람이 고난을 받으면 약해지기 마련인데 기뻐할 수가 있겠습니까? 왜냐하면 바울의 약한 것들이 그로 하여금 하나님의 능력을 붙잡는 동기가 되기 때문인 것입니다.

영국의 강해설교자 아더 핑크 목사는 고난에 대하여 "고난은 나 자신이 얼마나 약하고 무가치한 존재인가를 발견하게 만든다. 그리고 하나님이 얼마나 크고 위대하신 분이신가를 깨닫게 한다."고 설명했습니다. 그러므로 우리 그리스도인들에게 주어진 고통이 있다면 그것을 제거시키는 것보다는 고난의 목적을 바로 깨닫는다면 더욱 성숙된 신앙의 소유자가 될 수 있는 것입니다. 시인 다윗은 "고난당한 것이 내게 유익이라 이로 말미암아 내가 주의 율례들을 배우게 되었나이다"(시 119:71)라고 증언합니다. 고난 자체는 힘들고 어려운 것이지만 고난을 통하여 자신이 겸손해지고 낮아지는 훈련을 받게 됩니다. 그러므로 영적으로도 성숙해지는 것입니다. 환난은 인내를, 인내는 연단을, 연단은 소망을 이루게 됩니다(롬 5:3).

영국의 스펄전 목사는 "수금은 현을 튕겨보지 않으면 그 음악이 어떠한지 알 수 없고 포도는 틀에 넣고 짓밟지 아니하면 그 즙의 맛을 즐길 수 없고 계피는 빻지 아니하면 그 좋은 향기를 맡을 수 없고 숯은 완전히 타지 아니하면 그 불의 온기를 느낄 수 없다."고 말합니다.

바울의 원수들은 이제 그를 죽이려고 작정하여 "하나님이 사도인 우리를 죽이기로 작정된 자 같이 끄트머리에 두셨으매 우리는 세계 곧 천사와 사람에게 구경거리가 되었노라"(고전 4:9)고 하였고, 동족의 박해와 이방인의 위험이 계속 따르고 세상의 더러운 것과 만물의 찌꺼기같이 되었던 것입니다(고전 4:13). 그는 구경거리 인생이요 만물의 찌꺼기 같은 삶을 살았지만, 고린도 교회 성도들에게 사랑하는 자녀같이 대합니다.

바울의 힘은 환경으로부터 오는 것이 아니고 성공하고 출세하는 힘이 아닙니다. 그는 모욕을 당하면 축복하고 박해를 받으면 참습니다. 어떻게 이것이 가능하다는 것입니까? 바울의 힘은 자신의 약함과 고난으로부터 왔던 것입니다. 그러기에 그는 약하고 고통 받을 때에 그리스도의 능력을 체험하였던 것입니다.

그런데 놀랍게도 복음의 증인으로 사는 바울은 복음의 기쁨으로 충만했던 것입니다(빌 2:4). 그는 인간적으로 보면 불쌍하고 비참한 존재입니다. 그러나 그는 외적으로 당하는 고난을 두려워하지 않았습니다. 오히려 그는 기뻐하기를 로마 감옥에 있으면서도 "주 안에서 항상 기뻐하라 내가 다시 말하노니 기뻐하라"(빌 4:4)고 증언합니다. 하나님을 향하여 원망하고 불평하지 않았습니다. 그리고 자포자기하거나 짜증내는 것이 아닙니다. 선지자 엘리야처럼 로뎀나무 아래 앉아 죽기를 구하는 자세가 아닙니다. 고난을 받으면 받을수록 그는 더욱 강해지고 환난과 핍박을 기뻐합니다. 어떻게 이것이 가능합니까? 그러므로 박해를 가함으로 바울을 불행하게 만들 수가 없었던 것입니다. 오히려 더욱 신앙이 견고하여집니다. 왜냐하면 바울의 힘은 우리 주 예수 그리스도로부터 오는 것이기 때문입니다.

그는 "나의 간절한 기대와 소망을 따라 아무 일에든지 부끄러워하지 아니하고 지금도 전과 같이 온전히 담대하여 살든지 죽든지 내 몸에서 그리스도가 존귀하게 되기를"(빌 1:20) 바라고 있습니다. 중요한 것은 전과 같이 이제도 입니다. 전에는 담대하였는데 지금은 비겁한 것이 아닙니다. 전에는 주님을 존귀하게 하였는데 지금은 열정이 식은 상태가 아닙니다. 전에나 지금이나 아무 일에든지 부끄럽지 아니한 것입니다. 전과 같이 지금도 온전히 담대한 것입니다. 우리에게는 항상 현재가 중요한 것입니다. 바울은 스스로 순교를 자초하지는 않았습니다. 그러나 그는 순교나 또는 그 이상 그리스도를 위한 일이라면 어떤 일도 두려워하지 않았던 것입니다. 얼마나 멋지고 훌륭한 신앙고백입니까?

약한 것들은 바울에게 육신적인 질병입니다. 눈이 좋지 않습니다. 즉 시력이 장애입니다. 책을 읽거나 글을 쓰는데 어려움이 많았을 것입니다. 그리고 간질병이 있다고 신학자들은 말합니다. 간질병이 있는 사람은 옛날이나 지금이나 공적인 일을 감당하기가 어렵습니다. 왜냐하면 언제라도 발작할 수 있는 가능성이 있기 때문입니다. 만약에 바울이 피곤하고 지쳐서 갑자기 쓰러져 거품을 품어내는 증상을 보인다면 어떻게 되겠습니까? 대부분의 사람들은 자신의 약점을 감추고 장점만을 드러냅니다. 그뿐만 아니라 자신의 작은 장점을 부풀어 이야기도 합니다.

그런데 바울은 이상하게도 자기의 약점만을 자랑합니다. 5절에 보면 "나를 위하여는 약한 것들 외에 자랑하지 아니하리라"고 성경은 말씀합니다. 어느 누가 고난 받는 것을 좋아하고 가난한 것을 원하며 박해 받는 것을 기뻐하며 육신의 약한 것을 자랑하겠습니까? 대부분의 사람들은 자신의 약점은 감추고 작은 장점을 크게 드러냅니다. 그래서 주변의 사람들이 자신을 알아주기를 원하고 있습니다. 그런데 바울은 주님을 가장 모범적으로 본받은 자임에도 불구하고 자신의 약한 것을 자랑하는 것입니다. 바울은 "내가 그리스도를 본받는 자가 된 것같이 너희는 나를 본받는 자가 되라"(고전 11:1)고 증언합니다. 바울은 우리 주님의 섬김의 본과 겸손과 사랑과 전도의 본을 본받은 사람이요 훌륭한 인격자입니다. 우리들도 그리스도를 가장 많이 본받으면서 자신의 약점만을 자랑할 수 있다면 얼마나 좋겠습니까? 우리 모두 하나님 나라인 천국에 들어갈 때까지 약점을 자랑하는 경건의 사람들이 될 수 있기를 간절히 소원합니다.

종교개혁자 마틴 루터는 1518년에 95개조 논제 논쟁을 벌입니다. 그 당시 주교 및 사제의 성직자 계급 수도회로부터 강한 비난과 공격과 정죄를 받습니다. 루터 자신도 그때는 너무나도 가난하고 무력한 수도사로서 예견하지 못한 반응에 처음에는 공포에 질리기도 합니다. 그의 친구들 중에 한 사람은 "친구여 자네는 진실을 말했지만 이룰 수 있는 것은 아무것도 없네. 그러니 골방에 들어가 하나님의 자비를 구하라."는 조언까지 받게 됩니다. 그러나 나중에 루터는 고백하기를 내가 가장 약할 때에 나는 더욱 큰 용기를 얻었다고 말합니다. 내가 하나님의 이름과 영광을 위해 시작한 것이기에 자신의 생명을 기꺼이 바칠 준비가 되어있었다고 자신의 심정을 토로합니다. 그리고 그가 독일에 바르트부르크 성에서 11개월 동안 연금되어 있는 동안 비장한 각오를 가지고 일을 합니다. 그의 추종자들은 학교를 잃은 어린이들과 대장을 잃은 병사들과 같았던 것입니다. 그리하여 종교개혁이 참담한 실패로 끝날 위기에까지 봉착하게 됩니다. 설상가상으로 그는 여러 가지 지병과 질병들을 가지고 삽니다. 때때로 엄습해 오는 결석과 두통으로 크게 고생하였고 어지러움증을 느끼고, 실신하는 때도 있었다고 합니다. 특히 1527년이라는 중요한 해에는 거의 죽음의 문턱까지 가기도 합니다. 그럼에도 불구하고 그는 낙담하거나 좌절하지 아니합니다. 이런 루터의 기도는 참으로 애절합니다.

"은혜로우신 하나님! 저는 주께서 우리의 아버지이시며 하나님이심을 압니다. 그러나 주께서는 주님 자녀를 박해하는 자들을 제거해 주실 것을 믿습니다. 왜냐하면 만약 주께서 그 일에 실패하신다면 우리와 연결되어 있는 주님의 뜻이 위태로워질 것이기 때문입니다. 그 일은 전적으로 주님 자신의 일입니다. 우리는 주님이 원하시므로 그 일에 참여해왔습니다. 그러니 주께서 우리의 방패가 되어 주실 것입니다."

이 기도를 들은 동료 신학자인 멜란히톤은 내 속에서 불처럼 뜨거운 것이 타오르는 것 같았다고 했습니다. 그 비결이 무엇입니까? 가장 약하다고 느낄 때에 하나님이 강력한 힘을 주시기 때문입니다. 사람의 도움을 받아도 힘을 얻는데 전능하신 하나님이 힘을 주시니 얼마나 큰 힘과 능력이 됩니까? 그는 낙심하지 아니하고 새 힘을 얻게 됩니다. 그는 종종 큰 포부와 깊은 절망의 벽을 오락가락 하면서도 주님으로부터 힘을 받고 불굴의 업적인 독일어 성경을 번역하게 됩니다.

그리스도인들이 고난과 연단이 없이 물 흘러가듯이 편안하게 산다면 평범한 삶으로만 끝나게 될 것입니다. 그러나 바울에게 약함이 오히려 강한 것이 되었듯이, 저와 여러분에게도 약한 것들이 오히려 강한 것들이 되시기를 소원합니다.

2. 바울의 고난은 그리스도를 위한 것입니다. (10절)

10절에 보면 "그러므로 내가 그리스도를 위하여"라고 성경은 말씀합니다. 그가 그리스도를 위한 것이 구체적으로 무엇입니까? "약한 것들과 능욕과 궁핍과 박해와 곤고를 기뻐하노니 이는 내가 약한 그 때에 강함이라"고 성경은 말씀합니다. 영국의 청교도 매튜 풀 목사는 "바울 자신이 은혜 가운데서 더욱 강함을 알기 때문이다."라고 설명했습니다.

어느 누가 자신의 약점을 벌거벗은 것처럼 드러내기를 원합니까?
 보통 사람들은 자신의 부족과 허물은 감추고 포장하려고만 합니다. 그러나 겸손한 신앙인들은 자신의 부유함과 건강과 성공을 자랑하기 보다는 자신의 약함을 자랑하는 것입니다. 바울은 "내가 부득불 자랑할진대 내가 약한 것을 자랑하리라"(고후 11:30)고 증언합니다. 이것이 바울이 하나님 앞에서 위대하게 쓰임 받게 된 비결입니다. 또한 바울이 바울 될 수 있었던 비결이기도 합니다.
 인간은 누구나 고난을 받으며 살아가는데 그 고난이 누구를 위한 고난이냐가 중요한 것입니다. 만약에 나의 죄로 말미암아 연단과 고난을 받는다면 마음 아픈 것입니다. 사람에게 말하기도 부끄러운 일입니다. 그러나 박해와 고난이 그리스도를 위하여 받는 것이라면 참으로 가치가 있고 보람이 있는 것입니다. 보통 사람들은 자신의 삶이 불쌍히 여김을 받아야 하는 것처럼 말하는 자들도 있습니다.

 영국의 스펄전 목사가 말한 대로, "마치 우리가 쟁기 아래에 있는 두꺼비나 소금 통 안에 있는 달팽이보다도 잘 살지 못하는 것처럼 말한다. 우리는 우리의 삶이 순교자의 운명인 것처럼 그리고 숨을 쉬는 것이 고통인 것처럼 애처로운 소리를 낸다. 그러나 그것은 사실이 아니다."라고 말했습니다. 그와 같은 행위는 오히려 주님의 명예를 훼손하는 것이라고 설명합니다. 왜냐하면 우리의 삶에는 슬픔과 어려움도 있는 것이 사실이지만 헤아릴 수 없을 만큼 기쁨과 축복도 있기 때문이라고 했습니다.
 우리의 신앙의 선배들은 고난을 받을 때에 기쁨으로 감당했습니다. 근래에 들려지는 감동적인 이야기를 들었는데 현재의 부유함보다는 과거의 가난이 그립다는 것입니다. 왜냐하면 가난하고 병들고 어려울 때에 더 간절히 은혜를 사모하였기 때문이라는 것입니다. 지금은 모든 것들이 여유가 있음에도 불구하고 원망이 많다는 것입니다.

그리스도를 위하여 받는 고난은 영광입니다. 바울은 인간적으로 보면 자랑할 것이 많은 사람입니다. 그는 히브리 사람입니다. 이스라엘 사람이요, 아브라함의 후손입니다(고후 11:22). 그는 율법의 의로는 흠이 없는 사람입니다(빌 3:6). 그리고 "무엇이든지 내게 유익하던 것을 내가 그리스도를 위하여 다 해로 여긴다"(빌 3:7)고 하였고, 8절에서는 내가 그를 위하여 모든 것을 잃어버리고 배설물로 여긴다고 성경은 말씀합니다. "배설물"은 오물인데, 영어 성경에는 '똥'이라고 번역되었습니다. 이것은 사실 냄새 나고 더러운 것이고 티끌과 먼지와 쓰레기를 의미합니다. 바울은 그리스도를 위해서라면 자신의 유익한 모든 것까지도 쓰레기로 여긴 것입니다.

바울은 지혜와 지식이 많을 뿐만 아니라 영적인 면에서도 능력과 은사를 소유한 사람입니다. 신비한 천국 세계도 경험하였고, 신유의 능력도 나타냈습니다. 때로는 바울의 손수건만 환자의 머리 위에 올려놓아도 깨끗하게 치유됩니다. 심지어 독사를 만져도 해를 받지 않습니다. 이런 능력 있는 위대한 사도 바울이 자신의 약한 것들만 자랑하고 가난과 궁핍과 곤고한 것을 기뻐합니다. 모든 것을 그리스도를 위하여 배설물로 여깁니다. 왜요? 그는 그리스도를 위하여 고난 받기 때문입니다. 그리스도를 위한 고난을 기쁘게 받아들이기 때문입니다. 이것이 바울의 힘의 원천이요 동기입니다.

바울은 유대교에서 기독교로 개종한 이후로는 십자가만을 자랑합니다. "그러나 내게는 우리 주 예수 그리스도의 십자가 외에 결코 자랑할 것이 없으니"(갈 6:14)라고 증언합니다. 얼마나 멋지고 아름다운 신앙고백입니까? 십자가만을 자랑할 때에 그리스도를 위해 고난을 달게 받게 됩니다.

십자가는 고난이요 고통이요 눈물과 땀과 피를 요구함으로 그리스도인에게는 괴로움입니다. 그러나 경건한 자에게만 주어지는 몫입니다. 십자가는 눈물과 땀과 피를 요구하기도 합니다. 그러나 바울은 세상 학문과 명예를 자랑하지 아니하고 십자가만을 자랑합니다. 십자가를 자랑하는 것은 바로 그리스도를 위한 전도자의 삶입니다.

3. 고난을 주시는 목적은 겸손을 유지하기 위함입니다. (7절)

　7절에 보면 "이는 나를 쳐서 너무 자만하지 않게 하려 하심이라"고 성경은 말씀합니다. 여기에 "자만"이라는 이 말은 '스스로 높이다, 오만하다'라는 뜻입니다. 즉, 자신을 위로 올려서 의기양양하게 만드는 것을 의미합니다. 만약에 사도 바울에게 육체의 가시가 없었더라면 자신도 모르게 스스로 높아지고 오만하였을지도 모릅니다. "오만한 자들이 주의 목전에 서지 못하리이다"(시 5:5)라고 성경은 말씀합니다.

　우리 예수 믿는 사람들은 언제라도 한 순간이라도 교만하거나 오만 불손하여서는 안 됩니다. 자신만만한 자만과 높은 마음인 교만과 하늘에 계신 하나님을 향하여 도전하는 행위는 잘못된 것입니다. 그러나 하나님 앞에 낮아지면 겸손한 자의 소원을 들어 주십니다(시 5:17). 그러므로 하나님이 바울에게 육체의 가시를 주신 것은 참으로 은혜입니다. 그리고 이 단어가 구체적으로 표현되었습니다.

　우리 주님은 재림하시기 전에 나타날 멸망하는 자들에 대하여 말씀하십니다. "그는 대적하는 자라 신이라고 불리는 모든 것과 숭배함을 받는 것에 대항하여 그 위에 자기를 높이고 하나님의 성전에 앉아 자기를 하나님이라고 내세우느니라"(살후 2:4)고 성경은 말씀합니다. 사람이 자신을 스스로 높이고 오만해지고 한없이 우쭐 되면 하나님의 자리에까지 침범하게 되는 것입니다. 오늘날 이단들은 자신이 감람나무요 예수라고 하지 않습니까? 자기가 하나님이요 구원자라고 합니다. 그러나 이런 이단들도 오래가지를 못합니다. 역사적으로 볼 때에 이단이 있다가 사라지기도 합니다. 그러므로 바울 자신에게도 바울이 바울 되기 위해서는 바울 자신을 쳐야 하는 것입니다. 자기 자신을 쳐서 복종시키지 아니하면 자기 이름을 드러내게 됩니다. 자신이 나타나고 높아지면 주님은 낮아지게 되는 것입니다. 주님을 낮추고 자신을 높이면 자만하게 되는 것입니다. 자만은 스스로 구덩이를 파는 것입니다.

  이런 하나님의 은혜가 지속적으로 유지되기 위해서는 반드시 고난이 필요하다는 것입니다. 고난이 주어짐으로 겸손할 수만 있다면 참으로 다행인 것입니다. 사람은 무엇인가 남보다 낫다고 생각할 때에 교만하게 됩니다. 그리스도인에게 있어서 무엇보다도 교만은 금물입니다. 교만 때문에 자신이 실패하고 남을 무너지게 합니다. 스스로 겸손하면 남을 높이며 자신도 올라가게 됩니다. 그러므로 주님이 주시는 고난은 겸손을 유지하게 하는 특효약이 되는 것입니다. 고난이 지속되기를 바라는 것이 아닙니다. 고난은 손해가 아니라 도움이 되는 것입니다. 고난을 통하여 더욱 주를 의지하고 주님만 바라보게 하는 것입니다. 고난이 없으면 인간은 교만하고 오만불손하게 됩니다.

  9절에 보면 "나에게 이르시기를 내 은혜가 네게 족하도다"라고 성경은 말씀합니다. 여기서 은혜는 사랑을 의미합니다. 바울은 육체의 가시를 제거해 달라고 하였지만 그러나 하나님의 은혜와 사랑이 족하다는 것입니다. "족하도다"라는 단어는 원어로 〈아르케오 arkeo〉입니다. 이 단어는 '넉넉하다, 충분하다, 적당하다, 위험을 피하다'라는 뜻입니다. 이 말씀은 그리스도의 은혜가 바울에게 충만하게 거한다는 뜻입니다. 즉, 사도 바울에게 주어진 육체의 가시가 아무리 크다고 할지라도 혹은 여러 가지 고난이 있어도 주님의 은혜는 바울에게 충분하다는 뜻입니다. 비록 바울에게 헐벗고 굶주리고 질병으로 아픈 가시가 많고 심지어 박해와 추방이 있어도 그 곤경 속에서도 주님의 은혜가 네게는 충분하다는 것입니다. 이런 위기상황에 처한다 할지라도 내가 주님의 사랑을 지속적으로 느낄 수만 있다면 충분하다는 말씀인 것입니다. 이것은 하나님께서 하나님의 백성들에게 주어진 은혜요, 주님의 은혜가 임하시므로 위험도 막아주신다는 것입니다.

오늘날 우리들이 이 말씀을 굳게 붙잡아야만 합니다. '주님의 은혜가 네게 족하도다.' 우리가 받은 고난과 괴롬이 아무리 절박하다고 할지라도 하나님은 우리에게 족한 은혜를 주신 것입니다. 왜냐하면 우리는 구주 예수 그리스도로부터 은혜 위에 은혜를 받았기 때문입니다. 지금 이 순간에도 주님의 은혜가 족한 것입니다. 그리고 이 은혜는 날마다 새로운 것입니다. 우리가 생각지도 않은 고통을 만난다고 하여도 두려워하지 맙시다. 왜냐하면 더 큰 은혜와 사랑을 주시는 섭리가 있기 때문입니다. 어떤 상황에서라도 하나님의 은혜가 있기만 하면 복된 상태인 것입니다. 하나님의 은혜만 있으면 우리 구주 예수 그리스도를 위하여 몸과 마음과 물질과 자신의 생명까지도 아낌없이 희생할 수가 있기 때문입니다. '우리에게 하나님의 은혜를 충만하게 주옵소서!' 날마다 간구합시다. 바울은 자신에게 있는 육체의 가시를 제거하기 위하여 하나님께 세 번 간구합니다.

8절에 보면 "이것이 내게서 떠나가게 하기 위하여" 무슨 뜻입니까? 원문을 그대로 직역하면 '내게서 영원히 떠나도록 하기 위하여'라는 뜻입니다. 오죽하면 바울이 육체의 가시로 고통을 심각하게 받았으면 육체의 모든 질병이 영원히 떠나기를 원하였겠습니까? 그것도 한 번이 아니고 세 번 기도합니다. 이것은 매우 간절한 기도를 의미합니다. 얼마나 그의 기도가 간절하고 애절하였겠습니까? 그럼에도 불구하고 주님은 내 은혜가 네게 충분하다고 말씀하십니다. 바울에게 비록 만족할 만한 은혜는 아니지만 충분하다는 것입니다. 바울에게는 육체의 가시가 있어야만 교만하지 않을 수 있다는 것입니다.

9절에 보면 "내 능력이 약한 데서 온전하여짐이라"고 성경은 말씀합니다. "온전하다"라는 말은 '마치다'라는 뜻입니다. 이 온전하다는 말은 목적을 수행하고 완성하고 완전하게 한다는 뜻입니다. 즉, 목적을 달성하고 성취하고 최고 단계에 이르는 것을 의미합니다. 마치 과일이 익는 것처럼 무르익은 것을 말합니다. 바울 자신은 육체의 가시가 많기에 무능하고 무기력합니다. 그러나 바울의 능력은 약한 데서 목적을 달성하고 성취한다는 말씀인 것입니다. "이는 그리스도의 능력이 내게 머물게 하려 함이라"고 성경은 말씀합니다. 왜냐하면 바울 자신의 능력이 사라지면 우리 구주 예수 그리스도의 능력이 들어설 여지가 생기는 것이기 때문입니다. 우리 자신의 경건함을 나의 노력이나 선행 공로로 감당할 수가 없는 것입니다. 만약에 그렇게 된다면 그리스도의 능력이 머무를 수가 없는 것입니다.

우리는 한 번도 실패와 좌절을 경험하지 못한 사람을 부러워할 필요가 없습니다. 그런 사람은 하나님의 능력에 대하여 잘 알지 못합니다. 그리고 항상 승승장구만 하는 사람은 스스로의 만족은 있을지 몰라도 하나님의 귀한 능력을 피부로 경험하지는 못하는 것입니다. 배고픔을 겪어 본 사람만이 빵 한 조각의 가치를 알게 되는 것입니다. 즉 배고픈 사람의 심정을 이해하게 되는 것입니다. 그리고 환난을 당해본 사람만이 하나님의 크신 능력을 체험하게 됩니다. 큰 환난을 통해서 하나님 자신이 큰 능력을 드러내는 것입니다. 쓰리고 아픈 상처가 없이는 진주가 만들어지지 않습니다. 그러므로 고난이 없는 그리스도인은 없는 것입니다.

　제2차 세계대전 때에 런던 시내가 크게 폭격을 당합니다. 그때에 6시간 반 동안이나 무너진 집에서 구출된 여자가 있었습니다. 어린 딸은 죽었고, 그 여인은 입원한 지 5주 후에 눈이 완전히 실명한 것으로 나타납니다. 간호사가 안타까워하면서 불쌍히 여기는 마음으로 웁니다. 그러자 그 여인은 간호사를 도리어 위로하기를 "내게는 소경 된 것이 조금도 문제가 안 됩니다. 나에게는 우리 구주 예수 그리스도를 보는 영적인 눈이 있습니다. 이것이 얼마나 소중한지 모릅니다."라고 대답했다고 합니다.

　전능하신 하나님은 인간의 능력보다 연약함을 사용하십니다. 우리는 약하다고 좌절하지 맙시다. 약한 것이 좋은 것은 아니지만 약해져야 하나님의 능력을 체험할 수 있는 것입니다. 우리 주님은 능력이 많으신 분임에도 불구하고 스스로 낮아지심으로 십자가의 승리를 이루신 것입니다. 구주 예수 그리스도를 믿고 따르는 우리 그리스도인들은 연약한 자리에 있을지라도 참고 인내해야 합니다. 저는 지금도 앞으로도 단 하루라도 우리 구주 예수 그리스도의 은혜가 아니면 주님이 말씀하신 지상명령의 사역을 감당할 수가 없는 것입니다. 하나님은 우리 자신들이 스스로 높이고 오만 방자하게 되는 것을 기뻐하지 않으십니다. 차라리 고난의 현장에서 다듬어지고 새로워지기를 원하시는 것입니다.

　우리를 눌러 내리는 환난을 당하면 당할수록 하나님의 능력을 더 귀하게 드러내는 것입니다. 그러므로 우리는 비록 가난하더라도 주님이 가난하기를 원하신다면 원망과 불평 없이 그대로 받아들여야 하는 것입니다. 왜냐하면 주님의 은혜가 충분하기 때문이라는 것입니다. 우리가 환난을 만나 추방당하고 비참한 환경에 처한다고 할지라도 주님의 은혜를 깊이 깨닫는다면 즐거이 더욱 고난을 극복하게 될 것입니다. 그러므로 주님의 은혜는 날마다 새롭기만 한 것입니다. 지식의 교만보다 특히 신앙의 교만은 멀리해야 합니다. 저는 부친으로부터 늘 귀에 못이 박이도록 들은 말씀이 생각나는데 "언제라도 백지로 돌아가고 겸손하고 교만하지 말아라."는 말씀이 저의 마음을 사로잡고 있습니다.

제가 삼십 세에 대전노회에서 목사 안수를 받을 때의 일입니다. 아버님이 저의 머리에 손을 얹으시고 안수하실 때에 목이 메는 음성으로 "고난의 길 십자가의 좁은 문턱을 극복하는 종이 되기를 원합니다."라고 기도하신 것이 지금도 메아리처럼 제 귀에 들리는 것 같습니다. 저는 저의 일생을 온전히 주님께 자신을 드리겠다고 다짐하며 감격의 눈물을 흘렸습니다. 그러나 수년이 못 가서 새 풀이 돋아나듯이 마음의 교만이 조금씩 싹트는 것을 알게 되었습니다. 사람이 너무 교만하다 보면 자신도 모르게 하나님처럼 되어 버리는데 이것이 문제입니다. 바울에게 있는 육체의 가시는 복음 전하는 데 있어서는 아무런 지장이 없다는 것입니다. 자만하지 아니할 그 때에 강해지고 온전하게 되는 것입니다.

하나님은 에스겔 선지자를 통하여 예루살렘의 백성들에게 말씀하십니다. "인자야 포도나무가 모든 나무보다 나은 것이 무엇이랴 숲 속의 여러 나무 가운데에 있는 그 포도나무 가지가 나은 것이 무엇이랴"(겔 15:2)고 성경은 말씀합니다. 이 말씀은 하나님의 백성들의 겸손을 위하여 주신 말씀입니다. 그들은 하나님의 포도나무로 불리는데 그들이 본질적으로 다른 백성들보다 나은 것이 무엇입니까? 그들은 하나님의 은혜로 좋은 땅에 심겨진 포도나무입니다. 그런데 안타깝게도 아름다운 열매를 맺지 못한다면 무슨 소용이 있는 것입니까?

세상에서 부족함이 없이 산다고 하여도 하나님의 은혜가 없다면 불행한 것이고, 힘겹게 살아가고 고난 중에 있어도 하나님의 충분한 은혜가 있다면 어려운 환경과 처지에서도 능히 극복할 수 있는 것입니다. 만약에 우리에게 하나님의 은혜가 없다면 그것은 상상만 해도 아찔할 것입니다.

스코틀랜드 사람들은 지천에 널려있는 엉겅퀴를 싫어하고 원망도 했습니다. 그런데 어느 짙은 야밤에 바이킹 족(해적)들이 스코틀랜드를 정복하기 위하여 침입하였다가 엉겅퀴로 인해 곳곳에서 비명소리가 들려왔습니다. 스코틀랜드 사람들은 깨어나 바이킹 족을 물리치고 그 후에 엉겅퀴를 국화로 정했던 것입니다. 하나님은 식물로서 스코틀랜드를 지켜주셨고, 이 곳에서 그 유명한 종교개혁자 존 낙스 목사가 출생한 것입니다. 존 낙스의 저력 있는 기도는 트럼펫 100개의 연주보다 더 강력한 힘을 발휘하였다고 합니다. 기도하는 한 사람의 힘은 이렇게도 위대한 것입니다. 지금 우리 자신들에게 가시 같은 어떤 일들이 있다고 하여도 하나님은 장차 국화로 만들어 주실 것입니다.

성군 다윗도 "우리가 종일 주를 위하여 죽임을 당하게 되며 도살할 양같이 여김을 받았나이다"(시 44:22)라고 증언합니다. 우리가 가족이나 형제나 친구들이나 믿지 아니하는 이방인들로부터 여러 시간만 고통을 당해도 힘들고 어려운데 하루 종일 고통 받는 것은 죽음에 이르기까지 하는 것입니다. 그런데 다윗은 '주를 위하여' 죽임을 당한 것입니다. 얼마나 가치 있고 보람 있는 고난입니까?

고난은 우리의 신앙을 강하게 만들어 줍니다. 견고하게 합니다. 고난과 연단을 극복한 자는 두려울 것이 없는 사람입니다. 그러나 우리가 고난 속에서 인내하면 반드시 승리를 거두게 되는 것입니다. "의인은 고난이 많으나 여호와께서 그의 모든 고난에서 건지시는도다"(시 34:19)라고 성경은 말씀합니다. 그러므로 고난이 있어도 두려워하지 맙시다.

약할 때 강하여지기 때문입니다. 존귀하신 주님이 우리를 도와주십니다. 견디게 하십니다. 육체의 찌르는 가시와 힘겨운 환경에 처하였어도 좌절하거나 낙심하지 아니하면 하나님은 우리에게 충분한 은혜를 주십니다.

저도 일본선교 하면서 힘들었던 일이 기억납니다. 우리가 기도하는 것까지도 나의 수고와 노력과 공로로 되었다면 그것은 하나님의 은혜가 아닌 것입니다. 기도할 수 있는 믿음과 은혜도 하나님이 주셔야만 합니다. 하루에 5~6시간 기도하는 것을 자랑할 수 있습니다. 그러나 기도를 10시간 이상 한다고 해도 교만해서는 안 됩니다. 하나님의 은혜가 아니면 평생 기도를 지속할 수가 없기 때문입니다.

부족한 저 자신도 전적으로 이 모두가 내가 가장 약할 때 ,그리고 주저앉아 이제는 더 이상 힘이 없다고 판단하고 낙심하여 쓰러지기 일보 직전에, 하나님이 주신 긍휼이요 은혜일뿐입니다. 주님의 능력은 가장 약한 가운데서 역사하기를 원하십니다. 다만 우리는 우리 자신들의 약함을 인정하고 그 곤고함을 주 앞으로 가지고 나와야만 합니다. 자신의 약한 것들을 발견할 수만 있다면 그때가 가장 강함이 되는 시간입니다. 우리의 힘은 사람으로부터 나오지 않고 우리 주 예수 그리스도로부터 나오는 것입니다.

그리고 그분으로부터 힘을 얻는 비결은 오직 겸손인 것입니다. 내가 강하다고 느낄 때에는 가장 약한 순간이 되는 것입니다. 그러나 내가 가장 곤고하고 무능하고 무기력하다고 느끼는 그 순간에 가장 강한 힘을 부어주시는 것입니다. 우리 주님은 인간의 능력과 지혜와 명철보다도 우리의 연약함을 사용하십니다. 우리는 날마다 전능하신 하나님을 절대적으로 의지합시다. 가장 절박하고 긴급한 기도를 드리는 그 순간에 구주 예수 그리스도는 응답해 주십니다. 우리의 약함을 주님에게 드릴 때에 주 예수 그리스도의 능력이 나타나는 것입니다. 자비하신 하나님이 우리 모두에게 은혜 주시고 복 주시기를 소원합니다.

결 론

우리들의 힘의 원천이 어디라고 생각하십니까? 우리 구주 예수 그리스도의 능력은 자신이 강하다고 말하는 사람에게는 역사하지 않습니다. 능력 있고 잘 난 사람보다는 사람의 약한 부분을 통하여 능력을 부어주십니다. 우리가 가장 약하고 힘들고 인간의 한계성을 느끼게 되는 그 순간에 하나님은 우리에게 다가오셔서 힘이 되어주십니다. 우리 주님이 영광을 받으신다면 어떤 약함도 감수합시다. 내가 스스로 약한 것을 인정하는 그때가 하나님이 가장 강하게 역사하는 시간입니다.

우리들이 가장 사랑하는 그 이름이 있습니다. 그 이름이 복된 예수입니다. 갈보리 언덕에서 우리를 위하여 십자가에서 그 몸을 내어주신 그 분이 우리 주 예수 그리스도이십니다. 매 순간 약하다고 느껴질 때에 주님은 우리의 강함이 되시는 것입니다. 무능하고 무기력할 때에 더 강건해지고 그 힘으로 주님을 사랑하고 복음을 증언하는 신실한 그리스도인들이 되시기를 우리 주님의 이름으로 간절히 축원합니다.

25
성령의 충만을 받으라
[에베소서 5:15-21]

서 론

러시아의 대 문호였던 도스토예프스키는 28세에 사회주의 혁명단체에 가입했다는 죄명으로 사형을 당하게 됩니다. 영하 50도가 넘는 시베리아 벌판에 세 개의 사형 틀이 놓여있습니다. 8명의 사형수가 있는데, 그는 세 번째 중간 기둥에서 총살형을 받게 되었습니다. 그에게 남은 시간이란 마지막 5분뿐입니다. 28년을 살아왔지만 5분의 짧은 시간은 그에게 너무나도 소중한 시간이었습니다. 그는 5분을 이렇게 나눕니다. 2분은 부모형제를 생각하는데, 자신도 모르게 눈물이 떨어집니다. 순식간에 2분이 지납니다. 그리고 자신의 삶에 대한 반성을 하는 동안에 눈물이 비 오듯이 쏟아집니다. '이제 1분 후에는 나는 과연 어디로 갈 것인가?' 생각하니 눈앞이 캄캄해집니다. 28년이란 세월을 한 순간 한 순간 아껴 쓰지 못한 것이 후회스럽기만 합니다. 바로 그 때였습니다. 멀리서 한 병사가 황제의 특사를 가지고 사형 집행을 멈추라고 하며 하얀 손수건을 흔들며 달려옵니다. 그는 그 이후로 시간의 고귀함을 평생동안 잊지 않고 주어진 시간을 매일 값있게 살았다는 것입니다.

오늘 본문 16절에 보면 "세월을 아끼라 때가 악하니라"고 성경은 말씀합니다. 사도 바울은 에베소 교회의 성도들을 향하여 15절에 권면합니다. "그런즉 너희가 어떻게 행할지를 자세히 주의하여 지혜 없는 자 같이 하지 말고 오직 지혜 있는 자"가 되라고 증언합니다. 즉, 하나님의 은혜로 구원받은 성도의 삶은 사랑 안에서 빛의 자녀들처럼 행하는 것입니다(엡 5:8).

에베소서의 총 주제는 '성령으로 충만하여 사랑이 넘치는 교회'입니다. '사랑'이라는 단어가 22회 나오고, '성령'이라는 단어는 1장부터 6장까지 나옵니다. "성령으로 인치심"(엡 1:13), 너는 하나님의 자녀라고 구원을 보장해 주십니다. "한 성령 안에서 아버지께 나아감"(엡 2:18), 즉 성령의 인도를 받아 아버지 하나님께 나아갑니다. "그의 성령으로 말미암아 너희 속사람을 능력으로 강건하게 하시오며"(엡 3:16), 여기서 속사람은 영의 사람을 의미합니다. "성령이 하나 되게 하신 것을 힘써 지키라"(엡 4:3), 성령은 하나 되게 하십니다. "성령으로 충만함을 받으라"(엡 5:18), "성령의 검 곧 하나님의 말씀을 가지라"(엡 6:17)고 성경은 말씀합니다.

그러므로 에베소서의 총 결론은 '사랑이 넘치는 교회'입니다. 그러면 성령 충만한 삶과 그 결과에 대하여 생각하며 함께 은혜를 나누려고 합니다.

1. 성령 충만한 삶을 사는 자의 자세

1) 영적으로 지혜로운 자가 되어야 합니다. (15절)

"그런즉 너희가 어떻게 행할지를 자세히 주의하여 지혜 없는 자 같이 하지 말고 오직 지혜 있는 자 같이 하여"라고 성경은 말씀합니다. 이 말씀은 아직도 어둠의 일에 동참한 자들에게 책망하고 자신을 깊이 살피라는 의미입니다.

11절에 보면 "너희는 열매 없는 어둠의 일에 참여하지 말고 도리어 책망하라"고 성경은 말씀합니다. 사실 예수 믿는 자들은 다른 사람들의 악한 행실을 책망해야 합니다. 왜냐하면 우리를 빛의 자녀로 불러 주셨기 때문입니다(8절). "빛의 열매는 모든 착함과 의로움과 진실함에 있느니라"(9절)고 성경은 말씀합니다. 여기서 착함은 선을 행하고 자비와 긍휼을 베푸는 것을 의미합니다. 과거에 예수 믿기 전에 이방인으로 있을 때에는 어둠에 속했습니다. 그러나 우리가 어둠에서 빛으로 들어온 것은 하나님의 은혜인 것입니다. 주 밖에 있었을 때는 어둠의 삶을 살았지만, 예수를 나의 구주로 믿고 난 이후에는 주 안에서 빛이기 때문입니다. 이 세상이 급속도로 변하는데 세속적으로는 놀랄 정도로 타락해 갑니다. 이 세대를 보는 영적인 안목이 없이는 자신도 죄악에 물들게 되는 것입니다.

12절에 보면 "그들이 은밀히 행하는 것들은 말하기도 부끄러운 것들이라"고 성경은 말씀합니다. 어둠에 속한 자들은 미련하고 어리석은 자들입니다. 왜냐하면 자신들이 악을 행하는 것이 악인지 모르고 행하기 때문입니다. 자신의 영혼을 파멸시킴에도 불구하고 무지하여 지옥의 길로 달려가게 됩니다. 우리는 이런 자들과 교제하지 않도록 해야 합니다. 악을 행함에도 불구하고 그들을 동조하거나 묵인하는 일은 동참 죄에 속하는 것입니다. 그들과 교제하기보다는 오히려 충고하고 책망하여야 할 것입니다. 만약에 어둠에 속한 자들이 악을 행하는데 예리하게 책망하지 아니하면 그들과 함께 합세하는 것이 되고 맙니다. 그러므로 우리는 이 시대를 영적 분별력을 가지고 지혜롭게 행동하여야 하는 것입니다.

13절에 보면 "그러나 책망을 받는 모든 것은 빛으로 말미암아 드러나나니 드러나는 것마다 빛이니라"고 성경은 말씀합니다. 영국의 청교도 매튜 풀 목사는 "책망을 받는 모든 것"은 '책망 받아 마땅한 열매 없는 어둠의 일들'을 가리킨다고 설명했습니다. 그리고 "빛"은 말로 책망할 때에 그 속에 들어있는 말씀이 진리의 빛과 선한 모범을 통한 책망 속에서 비쳐 나오는 거룩한 생명의 빛을 의미한다고 했습니다. 책망을 받을 때에 죄인들의 마음과 양심은 그들이 행하는 악의 정체성이 드러나게 되는 것입니다.

사도 바울은 빌립보 교회의 성도들을 향하여 "어그러지고 거스르는 세대 가운데서 하나님의 흠 없는 자녀로 세상에서 그들 가운데 빛들로 나타내라"(빌 2:15)고 증언합니다. 이 세상은 하나님을 도전하고 거역하는 세대입니다. 우리는 그리스도의 빛과 작은 선행의 빛을 비추는 것이 합당한 것입니다.

15절에 보면 "자세히 주의하여"(행하라)고 성경은 말씀합니다. "자세히"란 말은 '정확하고, 엄밀하고, 부지런히'라는 뜻이고, "주의하여"란 말은 '보다'라는 의미입니다. 그러므로 '정확하게 부지런히 보라'는 뜻입니다. 우리가 예수 그리스도 안에서 거룩하고 믿음의 길을 가기 위하여 영적인 지혜와 통찰력을 소유하여야 합니다. 지혜 없는 자는 창조주 하나님을 알지 못하고 우리 구주 예수 그리스도의 구속의 은혜를 모르는 자입니다. 그들은 한 영혼이 온 천하보다 귀하다는 영적 가치를 모르는 자입니다. 어둠에 속한 자들은 하나님의 무한하신 은혜를 깨닫지 못합니다. 하루하루의 삶을 예수 없이 무모하고 허무하게 살아가는 자는 참으로 어리석은 자입니다. 하나님의 은혜와 성령의 도우심이 없이 자기 계획대로 살다가 스스로 파멸하게 됩니다.

그러므로 우리는 지혜 있는 자가 되어야 합니다. 날마다 하나님의 말씀을 묵상하고 배우고 위로부터 주시는 지혜를 얻어야 하는 것입니다. 저녁에도 말씀을 묵상하고 기도하며, 아침에도 눈을 뜨면 기도하고 말씀을 묵상하여 그 말씀으로부터 영적인 지혜를 얻어야 합니다. 예수를 믿으면 믿을수록 영적 지혜와 지식이 풍부해야 합니다. 왜냐하면 영적 지혜가 있는 자는 경솔하거나 부주의하지 않고 하나님 앞에서 자신의 경건을 유지하는 자이기 때문입니다.

16절에 보면 "세월을 아끼라 때가 악하니라"고 성경은 말씀합니다. "세월을 아끼라"는 말씀은 '시간을 다시 사다, 기회를 사라'는 뜻입니다. 이 말은 상인들이 상거래를 위하여 부지런하여 물건을 판매하고 구입하여야 할 때를 정확히 알아내는 것에 대한 비유입니다. 우리가 세월을 아끼는 것은 지혜요 선한 일을 도모하는 것입니다. 하루의 짧은 시간이라도 아끼면 일평생을 통하여 많은 시간을 절약하게 되고, 인생을 하나님 안에서 은혜롭게 지내게 되는 것입니다. 즉, 시간을 산다는 말은 시간을 최대한으로 활용하라는 의미인 것입니다. 지혜로운 자의 삶은 주어진 기회를 최대한 선하고 아름답게 활용하며 삽니다. 기회란 한 번 가면 다시 오지 않습니다.

서양의 어떤 시에 돌아오지 아니하는 것, 세 가지가 있다고 합니다. 첫 번째는 과녁을 향해서 쏜 화살이고, 두 번째는 급히 내뱉은 말이며, 마지막으로는 황금 같은 시간이라고 했습니다. 우리의 삶의 목적은 하나님을 기쁘시게 하고 그분의 영광을 위하여 사는 것입니다. 그렇지만 현실적으로 일하고 먹고 쉬는 시간을 아껴서 남은 부스러기 시간이라도 보람 있게 사용하여야 하는 것입니다.

우리는 세월을 아껴야만 합니다. 왜냐하면 때가 악하기 때문입니다. 시간을 사고 기회를 얻는 자만이 세상의 유혹을 이길 수가 있습니다. 하나님이 우리에게 힘과 능력을 주시는 동안에 선을 행하며 살 수 있고 세속에 물들지 아니하고 승리할 수 있습니다.

금세기의 최고의 창의적 경영자였던 스티브 잡스가 마지막 남긴 말이 있습니다. "타인의 눈에 내 인생은 성공의 상징이다. 잃어버린 물질적인 것들은 다시 찾을 수 있다. 그러나 인생은 한 번 잃어버리면 절대 되찾을 수 없는 유일한 것이다."라는 말을 남겼습니다.

감옥에 있는 죄수들에게 '무엇이 가장 큰 낭비라고 생각합니까?'라고 물으면, 시간을 무의미하게 보내는 것이라고 말합니다. 낭비한 시간은 결코 돌아오지 아니합니다. 우리는 시간을 사야 하고 기회를 얻어야만 합니다. 우리에게 주어진 일반적인 시간은 내 것이 아니라 하나님이 모든 사람들에게 주신 공평한 기회요 재산입니다. 이 시간을 기도하고 말씀 묵상하고 경건하게 보내야 합니다. 왜냐하면 때가 악하기 때문입니다. 여기서 때가 악하다는 것은 바울 당시의 사람들이 악하다는 뜻과 불신자들이 하나님의 백성들을 괴롭히고 미워하며 복음전도를 방해함으로 악하다는 것입니다.

오늘날 이 시대는 세계가 경악할 정도로 테러와 살해가 곳곳에 일어나고 있습니다. 죄악의 세력은 점점 확장되며 이 시대가 가면 갈수록 포악해져 갑니다. 그러므로 이런 위기를 극복하는 것은 성령 충만해야 개인과 가정과 교회와 국가가 생존할 수 있는 것입니다.

영국의 요한 웨슬리 목사는 "나는 늘 서두르기는 하지만 결코 허둥대지는 않는다. 왜냐하면 나는 영혼의 평정을 유지할 수 있는 만큼 일하기 때문이다."라고 증언했습니다. 그러므로 그리스도 안에서 사는 삶만이 진정한 삶이요 가장 가치 있고 보람된 것입니다. 사도 바울은 고린도 교회 성도들을 향하여 "견실하며 흔들리지 말고 항상 주의 일에 더욱 힘쓰는 자들이 되라 이는 너희의 수고가 주 안에서 헛되지 않은 줄 앎이라"(고전 15:58)고 증언합니다. 우리가 세상일을 하는 것에도 최선을 다하여야 합니다. 무엇보다 우리 구주 예수 그리스도를 위하여 흔들림이 없이 힘써 봉사하면 그 수고는 당대에도 복을 주실 것이고, 하늘나라에서도 상급으로 채워주실 것입니다.

2) 주의 뜻을 이해하며 살아야 합니다. (17절)

"그러므로 어리석은 자가 되지 말고 오직 주의 뜻이 무엇인가 이해하라"고 성경은 말씀합니다. "이해하라"는 단어는 헬라어로 〈쉬니에미 synie:mi〉입니다. 이 말은 '지각하다, 깨닫다, 들음으로 받아들이고 알아차리다'를 의미합니다. 우리의 지혜는 하나님의 말씀을 깨달음으로부터 주의 뜻을 이해하는 것입니다. 우리가 어리석은 자가 되지 않기 위해서는 주의 뜻이 무엇인가를 부지런히 살펴야 하는 것입니다. 때가 악하기 때문에 사람들은 더 악해질지도 모르는 것입니다.

시인 다윗은 "주는 나의 하나님이시니 나를 가르쳐 주의 뜻을 행하게 하소서"(시 143:10)라고 증언합니다. 시인은 왕이며 정치적으로나 물질적으로 부족함이 없는 사람이지만 그럼에도 불구하고 나의 하나님이 나를 가르쳐 주시기를 소원합니다. 왜냐하면 하나님이 자신의 부족함을 깨우쳐 주시고 가르쳐 주셔야만 주의 뜻을 행할 수 있기 때문입니다. 우리도 세상이 악할 때는 원망과 불평하기 쉽습니다. 그러나 우리는 모든 매사에 하나님의 뜻을 물어야 할 것입니다.

다윗은 블레셋 군대와 전쟁할 때에도 먼저 여호와께 묻습니다. "내가 블레셋 사람에게로 올라가리이까 여호와께서 그들을 내 손에 넘기시겠나이까 하니 여호와께서 다윗에게 말씀하시되 올라가라 내가 반드시 블레셋 사람을 네 손에 넘기리라"(삼하 5:19)고 성경은 말씀합니다. 다윗은 이 응답을 받고 블레셋을 쳐서 승리한 것입니다. 우리도 매사에 중대한 문제를 놓고 결정할 시기에 하나님께 기도하고 응답을 기다려야 할 것입니다. 주의 뜻을 이해하는 것은 우리의 이성으로 되는 것이 아니라 하나님께서 말씀의 통찰력을 주셔야만 합니다.

18절에 보면 "술 취하지 말라 이는 방탕한 것이니"라고 말씀합니다. 왜냐하면 술에 취하는 것 속에 방탕과 정욕과 욕망이 있기 때문입니다. 온갖 음란과 쾌락이 술 취함으로부터 오는 것입니다. 지혜의 왕 솔로몬은, 재앙은 술에 잠긴 자에게 있고 혼합한 술을 구하러 다니는 자에게 있다(잠 23:29-30)고 증언합니다. 알코올 중독자는 자신의 몸을 망치고 정신적으로 피폐하고 영적으로는 혼미하게 되는 것입니다. 우리는 술 취함 대신에 성령으로 충만하여야 합니다.

바울 당시에 이방인들은 그들의 신을 숭배하는 과정에서 신에게 바치는 술을 올렸던 것입니다. 그들은 술을 마시고 또 마시면 사람이 술에 취하여 이성을 잃고 자신의 욕망을 채우기 위하여 음란한 행위를 저지르게 된 것입니다. 육신에 속한 자들은 술에 잠기고 취함으로 그것으로부터 기쁨과 만족을 누리려고 하지만 그것은 잠시 잠깐이요 물거품에 불과한 것입니다. 사람이 일단 술에서 깨어나면 다시 허무하고 공허하게 됩니다. 영적으로는 하나님과 단절된 상태요 정신적으로는 희미해지고 육신적으로는 몸이 쇠약하여지고 망가지게 되는 것입니다.

주님은 우리에게 경고하십니다. "너희는 스스로 조심하라 그렇지 않으면 방탕함과 술 취함과 생활의 염려로 마음이 둔하여지고 뜻밖에 그 날이 덫과 같이 너희에게 임하리라"(눅 21:34). 그러므로 우리는 스스로 조심하여야 합니다. 세상의 쾌락과 향락을 버려야 합니다. 왜냐하면 방탕과 술 취하면 무절제하게 되고 무질서한 삶을 살게 되기 때문입니다. 우리는 염려하지 않도록 생활의 염려를 주께 맡깁시다. 우리는 하나님의 나라와 그의 의를 구합시다(마 6:33). 이것만이 우리의 살 길입니다. 우리가 오랫동안 천국을 기다리지 못하면 자신도 모르게 세상의 정욕과 짝할 수밖에 없기 때문입니다.

그러므로 우리는 주의 뜻을 이해하기 위하여 날마다 하나님의 은혜를 구해야 합니다. 다윗은 "여호와여 내게 은혜를 베푸소서 내가 주께 범죄하였사오니 나를 고치소서"(시 41:4)라고 증언합니다. 만약에 우리가 하나님의 은혜를 구하지 아니하면 은혜가 썰물처럼 빠져 나갈 수 있기 때문입니다. 왜 사람들이 교만한 것입니까? 자신을 살피지 않기 때문입니다. 자기 자신을 점검하지 않는 자는 자신도 모르게 어둠에 속하게 되는 것입니다. 그러나 영적 분별력을 가지고 주의 뜻을 이해하는 자는 하나님의 은혜를 구하는 사람입니다. 그러므로 가장 좋은 기도는 하나님이 우리에게 은혜를 베푸시기를 간구하는 기도입니다.

3) 성령 충만한 삶을 사는 것입니다. (18절)

"오직 성령으로 충만함을 받으라"고 성경은 말씀합니다. 그러면 성령 충만이란 무엇을 말하는 것입니까? 성령 충만이란 물 컵에 물을 가득 채우듯이 우리 마음에 채우는 것이 아닙니다. 성령은 물체나 기구가 아니라 거룩한 하나님의 영으로 인격적인 분이십니다. 성령의 이름은 "그리스도의 영"(롬 8:9), "아들의 영"(갈 4:6), "예수의 영"(행 16:7)이라고 불립니다. 성령 충만이란 성령에 의하여 전적으로 지배 받고 통제 받는 삶을 의미합니다. 이것은 예수를 나의 주(Lord)로 고백하고 선언하는 것을 말합니다. "하나님의 영으로 말하는 자는 누구든지 예수를 저주할 자라 하지 아니하고 또 성령으로 아니하고는 누구든지 예수를 주시라 할 수 없느니라"(고전 12:3)고 성경은 말씀합니다.

우리는 성령 충만하여 그분의 통치를 받아야만 합니다. 예를 들면 손이 장갑을 조정하는 것 같이 성령께서 우리 자신을 전적으로 통치하시는 것을 말합니다. "누구든지 그리스도의 영이 없으면 그리스도의 사람이 아니라"(롬 8:9)고 성경은 말씀합니다. 놀이터에서 어린 아이들이 시소를 탑니다. A쪽이 올라가면 B쪽이 내려갑니다. B쪽이 올라가면 A쪽이 내려갑니다. 우리가 육신의 정욕으로 지배를 받으면 성령의 사람이 내려가고, 우리가 하나님의 영으로 지배 받을 때는 육의 사람이 죽어지는 것입니다.

"무릇 하나님의 영으로 인도함을 받는 사람은 곧 하나님의 아들이라"(롬 8:14)고 성경은 말씀합니다. 환난과 풍파가 있어도 하나님의 영으로 인도함을 받기만 하면 은혜 안에 거하게 됩니다. 아무리 세상적으로 성공하고 부족함이 없다 할지라도 성령의 인도를 받지 않는 삶은 매우 위험하고 불행합니다. 이것은 마치 고급 스포츠 차에 브레이크 장치가 없는 것과도 같은 것입니다. 속력을 많이 내면 낼수록 제어장치가 든든해야 하는 것입니다. 만약에 급속도로 달리는데 제동장치가 고장이 났다면 달린 속력만큼 큰 희생과 피해를 입게 될 것입니다.

우리는 큰일이나 작은 일이나 모든 매사에 성령의 인도함을 받아야만 합니다. 왜냐하면 성령의 인도를 받지 않으면 마귀의 유혹을 받을 수 있기 때문입니다. 내 지혜와 능력과 수단으로 할 수 있는 일까지라도 모두 하나님의 영으로 인도를 받아야 실족함이 없는 것입니다. 지치고 피곤한 인생길을 갈 때도 성령의 인도함을 받아야 합니다. 마음에 평안이 없고 답답할 때에도 하나님의 영으로 인도함을 받아야 할 것입니다. 염려와 근심에 사로잡힐 때에도 성령의 인도를 받으면 그분이 은혜와 평강으로 충만하게 하실 것입니다. 세상의 욕심과 정욕으로 가득할 때에는 예수 그리스도의 보혈로 씻음을 받고 나면 성령의 인도함을 받게 될 줄로 믿습니다. 세상에서 방황하고 흔들렸던 삶이라도 예수의 영으로 인도함을 받으면 좁은 문 좁은 길도 능히 통과할 것입니다.

R. A. 토레이 목사는 기도하기를 "주여! 제가 성령 충만하게 될 때에 인생에 있어서 위대한 일을 결정하게 하소서. 성령 충만하지 아니할 때에 함부로 말하지 않게 하소서."라고 부르짖었습니다. 우리는 평상시에는 말을 많이 아껴야 할 것입니다. 말을 많이 하게 되면 허물과 실수가 나타나기 마련입니다. 그러나 성령 충만하여 말하면 남에게도 유익을 주고 좋은 영향을 받게 될 것입니다. 행복한 삶을 살기 원한다면 성령 충만한 그리스도인과 사귀면 사귈수록 행복하게 될 것입니다. 반대로 불행하고 싶으면 우울하고 원망하는 사람과 사귀면 됩니다.

세상 향락과 술에 미치지 말고 오직 성령의 충만을 받아 하나님을 기쁘시게 합시다. 성령 충만을 받으면 우리 구주 예수 그리스도의 군사가 되는 것입니다. 성령 충만하여 성령의 검 하나님의 말씀을 가져야 합니다(엡 6:17). 우리는 성령의 검을 가지고 악한 마귀를 대적하여야 하는 것입니다. "근신하라 깨어라 너희 대적 마귀가 우는 사자 같이 두루 다니며 삼킬 자를 찾나니 너희는 믿음을 굳건하게 하여 그를 대적하라"(벧전 5:8-9)고 성경은 말씀합니다. 성령 충만하여 믿음에 굳게 설 뿐만 아니라 마귀를 대적하는 승리의 자리에까지 이르러야 하는 것입니다. 성령 충만은 죄악 세상을 이기는 것을 의미합니다.

성령 충만할 때에 죄악의 옛 사람이 죽는 것입니다. 사도 바울은 "내가 그리스도와 함께 십자가에 못 박혔나니 그런즉 이제는 내가 사는 것이 아니요 오직 내 안에 그리스도께서 사시는 것이라"(갈 2:20)고 하였고, 그는 "나는 날마다 죽노라"(고전 15:31)고 증언합니다.

바울이 주님과 함께 십자가에 못 박히는 삶은 한 번으로 끝나는 것이 아니라 지속적으로 못 박히는 삶을 사는 것을 말합니다. 그는 어쩌다가 가끔 죽어지는 것이 아니라 날마다 죽는다고 고백합니다. 우리의 옛 사람인 혈기와 감정과 육의 욕심과 욕망과 세속적인 유혹을 날마다 죽여야 하는 것입니다. 죽지 않으면 언제라도 우리 옛 사람의 악한 본성이 나오게 되는 것입니다.

우리는 날마다 십자가에 못 박히신 우리 구주 예수 그리스도를 바라봅시다. 영국의 스펄전 목사는 "믿음으로 십자가를 바라보면 수치의 상징이 아니라 영광의 증거로 본다."고 증언했습니다. 그러므로 우리는 성령 충만을 지속적으로 받아야 합니다. 매일 매일 1년 365일 성령 충만할 때에 우리는 마귀의 간계를 능히 대적할 수 있는 것입니다. 흘러간 물은 물레방아를 돌릴 수 없습니다. 현재 흐르는 물만이 물레방아를 돌립니다. 세례 요한도 모태로부터 성령 충만하였고(눅 1:15), 예수님 자신도 성령의 충만하셨습니다(눅 4:1). 우리도 이 시대의 위기를 영적으로 분별하여야 합니다. 성령 충만하면 걱정과 근심과 염려와 고독도 물러갑니다.

2. 성령 충만의 결과는 무엇입니까? (19-21절)

1) 찬송과 신령한 노래가 나옵니다.

19절에 보면 "시와 찬송과 신령한 노래들로 서로 화답하며 너희의 마음으로 주께 노래하며 찬송하며"라고 성경은 말씀합니다. "신령한 노래들"은 하나님의 말씀이 교훈적이고 예언적이며 역사적인 노래들 전체를 의미하는 것입니다. 하나님의 말씀은 교훈적인 것입니다. 성령 충만하고 말씀 충만하면 찬송과 신령한 노래들로 화답하고 주께 찬송하는 것입니다. 세속적인 사람은 세상 노래나 가요를 부를 것입니다. 그러나 성령 충만한 사람들은 시와 찬송과 신령한 노래들로 충만할 것입니다. "호흡이 있는 자마다 여호와를 찬양할지어다 할렐루야"(시 150:6)라고 성경은 말씀합니다. 이 말씀은 살아 숨 쉴 때까지 찬양하라는 뜻이 있는 것입니다.

신령한 노래들과 찬송이 성령으로 충만할 때에 기적이 일어납니다. 믿음이 약한 자가 강하게 됩니다. 무능한 사람이 능력 있는 자가 됩니다. 실망과 좌절에 빠진 자에게 소망의 빛이 보입니다. 더 나아가 진정한 찬양은 입술로만이 아니라 마음 깊은 곳에 나오는 것입니다.

본문 19절에 보면 "너희의 마음으로 주께 노래하며 찬송하며"라고 성경은 말씀합니다. 성령 충만한 사람은 항상 찬양하기를 기뻐합니다. "새 노래로 여호와께 노래하라 온 땅이여 여호와께 노래할지어다 여호와께 노래하여 그의 이름을 송축하며 그의 구원을 날마다 전파할지어다"(시 96:1-2)라고 성경은 말씀합니다. 우리는 공기가 없으면 살 수 없듯이 하나님의 은혜가 없으면 살 수가 없는 것입니다. 하나님의 은혜를 날마다 유지하는 것은 오직 성령으로 충만한 삶인 것입니다. 예수를 나의 구주로 믿는 백성들은 성령 충만할 때 기쁘고 즐겁게 노래하게 됩니다. 찬송은 마음 깊은 곳으로부터 나오는 것입니다.

우리는 마음으로 노래하고 영으로 노래해야 합니다. 우리의 목소리로만 노래하는 것이 아니라 항상 마음과 영으로 하나님께 찬양하고 하나님을 높여야 합니다. 다윗은 자신의 마음을 하나님께 정한 이후에 "내가 노래하며 나의 마음을 다하여 찬양하리로다"(시 108:1)라고 증언합니다. 우리도 하나님께 마음을 정한 후에 마음을 다하여 찬양합시다.

종교개혁자 마틴 루터는 마귀를 화나게 하는 일은 찬송하는 것이라고 설명했습니다. 전능하신 하나님, 지존하고 거룩하신 하나님께 찬양하고 그분의 이름을 높이는 것은 구원받은 백성들의 의무요 특권인 것입니다. 우리는 평생토록 하나님을 찬양하여야 할 것입니다.

다윗은 "나는 항상 소망을 품고 주를 더욱 더욱 찬송하리이다"(시 71:14)라고 하였고, "내가 평생토록 여호와께 노래하며 내가 살아 있는 동안 내 하나님을 찬양하리로다"(시 104:33)라고 증언합니다. 우리가 날마다 주님을 찬양하면 하나님의 진노는 사라지고 주 안에서 평안을 누리게 되는 것입니다. 우리의 생명이 다하는 날까지 맥박과 호흡이 정상적으로 뛰고 멈추는 날까지 전능하신 하나님을 찬양합시다.

2) 범사에 하나님께 감사합니다. (20절)

"범사에 우리 주 예수 그리스도의 이름으로 항상 아버지 하나님께 감사하며"라고 성경은 말씀합니다. 성령 충만한 사람은 일시적으로 감사하지 아니하고 항상 감사합니다. 우리에게 성령 충만을 주신 것은 마음과 입술과 영으로 하나님을 찬양할 뿐만 아니라 감사하는 것입니다. 내적 감사를 조금이라도 억제하여서는 안 됩니다. 우리는 범사에 어떤 상황이 일어난다고 할지라도 감사해야 할 것입니다. 성공과 실패와 명예와 수치, 건강과 병듦, 어떤 환경에 처할지라도 감사해야 합니다. 인생길이 항상 순탄하고 승승장구 한다면 교만하기 쉽습니다. 그러나 실패와 좌절과 연약함으로 우리 주님을 더 의지하여 믿음이 견고해지면 더 감사하게 되는 것입니다. 성령 충만은 말씀 충만이요, 사랑 충만이요, 감사 충만이기 때문입니다.

감사가 찬양의 중심인 것입니다. 감사로 하나님의 이름을 높이며 존귀하게 하고, 지존하신 하나님의 거룩한 성호를 찬양하게 되는 것입니다. 성 어거스틴은 말하기를 "초대교회의 그리스도인들은 그들이 만날 때마다 반드시 '하나님께 감사드립니다(Deo gratias!)'라고 말하고 헤어졌다."고 했습니다. 그러므로 성령 충만한 자들은 어떤 형편과 처지에 있더라도 범사에 감사합니다. 병들어도 감사하고 건강해도 감사합니다. 이들은 고통스러운 침상에서도 원망하지 아니하고 주의 이름을 부르며 참고 견디는 것입니다. 임종을 바라보는 상황에서도 몸짓으로 찬양하고 천국에 들어가기를 소망합니다. 왜냐하면 성령의 지배를 받기 때문입니다.

영적으로 축복을 받을 때만이 아니라 영원한 내세를 바라보고 감사해야 합니다. 이스라엘 백성들은 이집트에서 해방되어 약속의 땅인 가나안으로 가면서도 하나님과 모세를 원망하고 불평했습니다. 그러나 여호수아와 갈렙은 하나님의 절대주권을 믿고 흔들리지 아니하고 불평하지 않고 온전히 하나님을 따랐던 신앙의 용장들입니다. 우리는 원망하려면 끝이 없고 반대로 감사하려면 헤아릴 수 없이 감사할 조건과 증거들이 많은 것입니다.

바울은 모범적인 데살로니가교회 성도들을 향하여 "범사에 감사하라 이것이 그리스도 예수 안에서 너희를 향하신 하나님의 뜻이니라"(살전 5:18)고 증언합니다. 우리는 어려운 환경과 악조건 속에서도 하나님께 찬양하고 감사해 봅시다. "감사로 제사를 드리는 자가 나를 영화롭게 하나니"(시 50:23)라고 성경은 말씀합니다. 우리 믿는 자들은 어떤 상황에서도 원망이나 불평하지 맙시다. 왜냐하면 우리가 주를 위하여 고난 받고 손실이 있었던 것보다 하나님은 우리에게 더 많은 것을 영적으로 물질적으로도 많이 주셨기 때문입니다. 힘들고 어려워도 감사하고 또 감사하면 자신에게는 은혜와 복이 되고 하나님께는 영광을 돌리는 것입니다. 모든 범사에 감사하는 것이 하나님의 뜻임을 우리는 알아야 합니다.

3) 피차 복종하는 삶을 삽니다. (21절)

"그리스도를 경외함으로 피차 복종하라"고 성경은 말씀합니다.

우리 구주 예수 그리스도는 모든 권세의 근원이 되십니다. 그분을 중심으로 우리는 죄를 멀리하고 범죄하지 않도록 두려운 마음을 가져야 합니다. 성령 충만하기 전에는 서로 다투고 분쟁하였지만 하나님의 영으로 충만한 이후에는 피차 복종하는 삶을 살게 됩니다. 복종은 겸손의 표시입니다. 성령 충만한 그리스도인들은 서로 간에 복종합니다. 부부 사이에도 서로 복종하는 자세를 가집니다. 피차 복종함으로 자신의 고집과 주장이 사라질 때 가정이 행복합니다. 피차 복종함으로 남을 나보다 낫게 여기고 그를 높이고 존중히 여깁니다. 이것이 우리 주님의 마음인 것입니다.

"마음을 같이하여 같은 사랑을 가지고 뜻을 합하며 한마음을 품어 아무 일에든지 다툼이나 허영으로 하지 말고 오직 겸손한 마음으로 각각 자기보다 남을 낫게 여기고"(빌 2:2-3)라고 성경은 말씀합니다. 성령 충만한 자들은 자기를 드러내지 아니하고 주님을 드러내며 모든 지체들에게 복종하는 마음을 가집니다.

성 프란치스코는 예수를 믿고 자기의 재산을 가난한 자들에게 나누어 주고 주님을 섬깁니다. 그가 예수 믿고 성령 충만하게 될 때에 얼굴에는 자비와 미소가 넘치고 온유하고 겸손한 사람이 되었습니다. 제자들의 말에 의하면 예수님의 모습을 가장 많이 닮은 사람은 '성 프란치스코'였다고 합니다. 우리가 성령 충만하게 될 때에 피차 서로 상대방을 높이게 되고 겸손한 사람이 됩니다. 하나님은 겸손한 자를 들어 사용하십니다.

3. 성령 충만을 주시는 목적

1) 우리를 거룩하게 하심입니다. (18절)

"술 취하지 말라 이는 방탕한 것이니"라고 성경은 말씀합니다. 술 취하지 아니하고 방탕하지 않게 하기 위하여 성령 충만을 주십니다. "방탕"이란 단어는 헬라어로 〈아소티아 asotia〉입니다. 이 말은 '거칠고, 무질서하고 방종과 사치'를 의미합니다. 술에 취하면 방탕한 길로 나아가게 됩니다. 아무리 경건한 사람이라고 할지라도 자신의 거룩함을 장담할 수는 없습니다. 거룩한 처소에서 잠시라도 죄악의 길로 빠져 나가면 우리의 영혼이 죄의 유혹을 받기 때문입니다. 일단 방탕하면 하나님의 거룩함을 상실하게 됩니다.

"여호와께서 모세에게 명령하신 말씀 중에 "너희는 내 성호를 속되게 하지 말라 나는 이스라엘 자손 중에서 거룩하게 함을 받을 것이니라 나는 너희를 거룩하게 하는 여호와요"(레 22:32)라고 성경은 말씀합니다. 우리 구주 예수 그리스도께서 십자가를 짊어지고 고난 받으시기 위하여 영문 밖으로 나가셨습니다. 우리도 세상 죄와 우리를 부정하게 하는 곳으로부터 떠나야 합니다. "그런즉 우리도 그의 치욕을 짊어지고 영문 밖으로 그에게 나아가자"(히 13:13)고 성경은 말씀합니다.

우리는 하나님의 은혜가 한 순간도 없다면 살 가치가 없는 존재입니다. 그러나 우리를 죄로부터 우리 구주의 보혈로 구원하여 주신 은혜를 깨닫는다면 부끄러움을 무릅쓰고 고난의 문으로 나아가야 할 것입니다. 주님은 세상에 속한 분이 아니십니다. 우리가 진정 우리 구주의 제자라면 그분을 본받아야 할 것입니다. 방탕이란 무절제한 삶을 말합니다. 사람이 술에 취하면 마음과 생각과 영적 분별력이 흐려집니다. 우리가 깨끗하고 거룩하게 되는 것은 하나님의 말씀인 것입니다(엡 5:26). 하나님의 영으로 충만하면 우리의 마음이 정결해지고 거룩한 삶을 살게 되는 것입니다. 왜냐하면 하나님의 영은 우리의 부정하고 불결하고 추하고 더러운 욕망을 정결하게 하시기 때문입니다.

사도 베드로는 "오직 너희를 부르신 거룩한 이처럼 너희도 모든 행실에 거룩한 자가 되라 내가 거룩하니 너희도 거룩할지어다"(벧전 1:15-16)라고 증언합니다. 우리가 세상과 타협하면 결코 거룩한 자가 될 수가 없습니다. 그러나 우리가 하나님의 은혜로 그리스도를 따라 거룩한 처소에서 흔들리지 아니하면 면류관을 얻게 될 것입니다. 성령 충만은 말씀 충만입니다. "하나님의 말씀과 기도로 거룩하여짐이라"(딤전 4:5)고 성경은 말씀합니다. 매일 매일 말씀의 깊은 묵상과 기도로만이 거룩하여지는 것입니다.

"너희는 성령을 따라 행하라 그리하면 육체의 욕심을 이루지 아니하리라 육체의 소욕은 성령을 거스르고 성령은 육체를 거스르나니 이 둘이 서로 대적함으로 너희가 원하는 것을 하지 못하게 하려 함이니라"(갈 5:16-17)고 성경은 말씀합니다. 육체의 소욕은 무력과 다툼을 일으킵니다. 타락한 자들은 육체의 욕심과 욕망을 채우기 위하여 양심의 가책도 별로 느끼지 아니합니다. 그러나 성령의 소욕은 이런 갈등들을 철저히 저항하여 굴복시키는 것입니다. 성령 충만한 사람은 육체의 의지와 욕망을 대항하여 그 원하는 것을 이루지 못하게 하는 것입니다. 자신의 욕망과 의지와 목적을 내려놓고 성령의 소욕을 따라 거룩하게 살아갑니다.

2) 전도하게 하기 위함입니다. (18절)

"오직 성령의 충만을 받으라"고 성경은 말씀합니다. 왜 우리가 성령 충만을 사모하고 받아야 하는 것입니까? 무능하고 무기력한 사람이 권능을 받기 때문입니다. "오직 성령이 너희에게 임하시면 권능을 받고 예루살렘과 온 유대와 사마리아와 땅 끝까지 이르러 내 증인이 되리라 하시니라"(행 1:8)고 성경은 말씀합니다. 성령의 권능을 받아야 전도할 수 있기 때문입니다.

본문에 "오직"이란 단어는 헬라어로 〈알라 Alla〉입니다. 이 말은 '그러나'라는 뜻입니다. 과거에 우리 구주 예수 그리스도를 모르고 믿지 아니하였을 때에는 어둠의 백성이었습니다. 그러나 성령 충만을 받고 보니 어둠에 속한 일들을 벗어 버립니다. 성령 충만하면 악한 사람이 선해지고, 불의한 사람이 의로워지며, 거짓을 일삼던 사람이 진실하여 집니다. 성령 충만하기 전에는 내 뜻과 욕심과 욕망대로 살았지만 그러나 성령 충만하면 하나님의 뜻대로 살고 우리 구주 예수 그리스도 중심으로 삽니다. 과거에는 무의미하고 허송세월 하면서 살던 사람이 이제는 우리 구주를 위하여 가치 있고 보람 있는 삶을 살게 되는 것입니다. 전에는 미련하고 어리석게 살았지만 이제는 주의 뜻이 무엇인가 영적으로 분별하며 삽니다.

한반도의 위기는 우리 모두를 긴장시키고 위협합니다. 그러나 성령 충만하면 하나님께서 남과 북이 그리스도 예수 안에서 복음으로 통일될 날도 올 줄로 믿습니다. 그러므로 성령 충만은 필수적인 것입니다.

한기홍 목사님은 원래 불교 집안에서 출생하고 성장했습니다. 그가 정치가의 꿈을 가지고 미국에 유학을 왔지만 생활이 넉넉하지 않기에 LA 인근 롱비치에 있는 한 주유소에서 아르바이트를 합니다. 어느 밤 늦은 시간에 주유소에서 일을 하는데, 전도지 한 장이 눈에 띄었습니다. 무심결에 그 전도지를 보는 순간 충격에 휩싸입니다. "하나님이 이 세상을 이처럼 사랑하사 독생자를 주셨으니 이는 그를 믿는 자마다 멸망하지 않고 영생을 얻게 하려 하심이라"(요 3:16), "한번 죽는 것은 사람에게 정해진 것이요 그 후에는 심판이 있으리니"(히 9:27). 전도지 한 장으로 예수 믿고 신학을 공부하고 목사가 되었습니다. 현재는 미국 은혜한인교회 담임목사로서 57개국에 276명의 선교사를 파송하는 저력 있는 교회를 섬기고 계십니다. 성령 충만하면 전도하게 됩니다. 전도지 한 장이 이렇게 인생을 바꾸고 놀라운 복음의 결실을 맺게 되는 것입니다.

결 론

작금의 시대는 국내적으로는 이단과 사이비가 독버섯처럼 일어나 예수 믿는 자들을 유혹하고 있습니다. 구원의 확신이 없이 교회에 다니는 자들은 흔들리기 쉽습니다. 또한 국제적으로는 이슬람 과격 세력으로부터 기독교인들이 생명과 재산을 빼앗기고 축출당하고 순교하는 상황에 이르렀습니다.

우리는 성령으로 충만하여야 자신의 정욕과 세상의 어둠의 세력을 이길 수가 있습니다. 성령 충만은 예수 충만이요, 말씀 충만이요, 사랑과 감사가 충만한 것입니다. 성령 충만한 사람은 주를 기쁘시게 하는 사람입니다. 이 시대에 조류를 따라 살지 아니하고 영적인 눈으로 정확하고 부지런히 살피고 지혜 있게 살아갑니다. 성령 충만한 사람은 시간을 생명처럼 소중히 여기고 한 영혼이라도 전도하며 삽니다.

남은 여생 세속에 물들지 아니하고 하나님이 기뻐하시며 귀하게 사용하시는 그리스도인들이 모두 되시기를 우리 주님의 이름으로 간절히 축원합니다.

26
그리스도 중심의 삶
[빌립보서 1:12-21]

서 론

오늘 본문의 배경은 빌립보 교회의 성도들이 바울을 만난 기간이 약 4년이 넘었다고 봅니다. 그들은 바울에게 일어난 고난들에 대하여 소문을 듣고 염려하였을 것입니다. 빌립보 교회의 지도자인 에바브로디도가 병이 들었다는 소식이 로마로부터 빌립보까지 들려왔던 것입니다. 세월이 흐르면서 바울을 사랑하고 아끼는 빌립보 교회의 성도들은 바울에게 어떤 신변의 위험이 있을지도 모른다는 불안과 염려가 있을 때에, 바울은 그들에게 편지를 보냈는데, 이것이 빌립보서입니다.

그러면 그리스도 중심의 삶이란 어떤 것인가에 대하여 살펴보며 은혜 나누기를 원합니다.

1. 그리스도의 복음을 생명 바쳐 전파하는 것입니다. (12절)

"형제들아 내가 당한 일이 도리어 복음 전파에 진전이 된 줄을 너희가 알기를 원하노라"고 성경은 말씀합니다. 사도 바울이 로마 감옥에 투옥되지 아니하고도 물론 복음을 전할 수는 있습니다. 그런데 고난을 당함으로 유익하게 되고 보람 있는 열매가 맺혀지게 됩니다. 여기서 "진전"이라는 단어는 헬라어로 〈프로코페 prokope:〉입니다. 이 말의 원래의 의미는 군대나 탐험대가 진군하는 중에 밀림지대를 통과할 때에 도끼로 나무를 찍어서 장애물들을 제거하고 길을 만들어 전진하는 것을 의미합니다. 개인이 앞으로 나가는 것은 한계가 있지만 군대나 탐험대가 조직적으로 무기와 기술과 능력을 가지고 준비하면 웬만한 장애물들은 거의 제거하게 되는 것입니다.

바울은 로마 감옥에 있지만 복음 전파에 있어서 자신이 당한 고난은 오히려 복음전파에 있어서 암적인 방해물들이 사라졌다는 것입니다. 과거에는 감히 접촉하거나 접근하기도 어려웠던 로마 황실의 왕족들과 귀족들이었지만, 지금은 로마 장교들을 만나서 복음을 전하게 된 것입니다. 물론 처음에는 바울이 전하는 예수 그리스도의 십자가와 부활의 복음을 거부하였을지도 모릅니다. 그러나 세월이 지남에 따라 고급 장교들과 로마의 황실 귀족들이 복음을 받아들이게 된 것입니다. 바울이 로마 옥중에 투옥된 것은 무의미한 것이 아니라 복음의 열매를 맺는 절호의 기회가 되었던 것입니다.

우리에게도 고난은 유익이 됩니다. 우리에게 고난은 결코 무익하거나 손해가 아니라 유익이요 자신을 점검하는 계기가 되며, 고난을 잘 극복하면 복음 전파에도 큰 효력이 따르는 것입니다. 우리에게 주어진 고난이 하나님의 은혜로 온 것이라면 열매를 맺기 위해서는 어느 정도의 시간이 필요한 것입니다.

우리는 하나님의 영광을 위하여 삽니까? 아니면 나 개인의 유익과 행복을 위하여 삽니까? 인생이 궁극적으로 바르게 사는 길은 우리 구주 예수 그리스도를 영접하고 그를 위하여 사는 것입니다.

바울은 삶의 목적과 목표가 그리스도였던 것입니다. 그러므로 그리스도를 위하여서라면 어떤 고난도 두려워하지 아니하고 기쁘게 받아들였던 것입니다. 포도 압착기에서 포도를 넣고 밟지 않는다면 우리는 맛있는 포도주를 맛볼 수 없을 것입니다.

그리스도인의 경건함과 탁월함은 고난의 불로 말미암아 나타나는 것입니다. 예수를 나의 구주로 믿지 않는 자가 신앙으로 강해지는 일은 결코 없는 것입니다. 그러므로 그리스도인들에게 환난이나 고난이 없다면 신앙이 성숙할 기회는 줄어지게 됩니다. 시련이 반드시 좋은 것만은 아니지만 오히려 시련을 통하여 얻는 유익이 큰 것입니다. 학생은 시험을 통하여, 군인은 훈련을 통하여, 직장인은 생존경쟁 때문에 시달립니다. 그러나 고난을 통과하면 자신에게 발전이 있는 것이고, 신앙인으로서 역경을 극복하면 복음전파에 큰 유익이 되는 것입니다. 그러므로 시련이 없는 자는 평범하게 살 수는 있지만 고난을 극복하는 자는 하나님의 영광을 드러내게 되는 것입니다.

사도 바울은 자신이 로마 옥중에 투옥됨으로 빌립보 교회의 성도들이 근심한다는 소식을 듣습니다. 그들은 바울을 너무나도 사랑하고 염려했습니다. 그러기에 에바브로디도 목사 편에 사랑의 향기가 담긴 편지를 보냅니다. 바울은 이 편지를 받고 증언하는 말씀이 바로 12절입니다. "내가 당한 일이 도리어 복음 전파에 진전이" 되었다는 것입니다. 보통 사람들은 복음을 담대히 전하다가도 감옥에 들어가면 의욕이 상실하게 될 수 있습니다. 바울은 적당히 복음을 전하다가 투옥된 것이 아닙니다. 그는 생명을 걸고 그의 전 생애를 바쳐 순교신앙으로 복음을 전했던 것입니다. 그는 우리 구주 예수 그리스도의 복음을 위해서라면 복음 전파하는 일을 결코 소홀히 할 수 없었던 것입니다. 그러므로 그는 고난이 복음 전파에 진전이 되었다고 증언합니다.

바울이 감금된 것은 참으로 힘들고 어려운 곤욕이지만 그는 말씀에는 자유하였던 것입니다. "복음으로 말미암아 내가 죄인과 같이 매이는 데까지 고난을 받았으나 하나님의 말씀은 매이지 아니하니라"(딤후 2:9)라고 성경은 말씀합니다. 왜냐하면 진리가 우리를 자유롭게 하기 때문입니다. 로마 군인들이 바울을 감금 시킬 수는 있어도 하나님의 말씀은 가둘 수가 없었던 것입니다.

종교개혁자 마틴 루터는 종교개혁을 앞두고 많은 시련에 부딪쳤습니다. 그러나 그는 담대하여 보름스(Worms) 집들 지붕에 있는 기왓장들이 마귀로 보인다고 할지라도 그는 조금도 두려워하지 아니합니다. 그는 말하기를 "내가 여기 섰나이다."라고 증언합니다. 그는 하나님 앞에 자신이 서 있음을 고백하기에 어떤 마귀의 세력도 물리칠 수가 있었던 것입니다. 그는 로마 교황(레오 10세)이 그에게 파문장을 보냈지만 그 문서를 불태워 버리는 담대함을 가졌습니다. 우리 신앙의 선배들은 하나님의 진리가 전파되고 세워진다면 그들은 비진리와 결코 타협하지 아니하고 생명을 걸고 사명을 완수하였던 것입니다.

바울 자신도 수많은 고난을 겪은 이방인의 선교사입니다. "옥에 갇히기도 하고 매도 수 없이 맞고 여러 번 죽을 뻔하였으니 유대인들에게 사십에서 하나 감한 매를 다섯 번 맞았으며 세 번 태장으로 맞고 한 번 돌로 맞고 세 번 파선하고 일주야를 깊은 바다에서 지냈으며 여러 번 여행하면서 강의 위험과 강도의 위험과 동족의 위험과 이방인의 위험과 시내의 위험과 광야의 위험과 바다의 위험과 거짓 형제 중의 위험을 당하고 또 수고하며 애쓰고 여러 번 자지 못하고 주리며 목마르고 여러 번 굶고 춥고 헐벗었노라"(고후 11:23-27)고 성경은 말씀합니다. 바울이 당한 고난의 이런 현장을 볼 때, 우리 선교사의 사역으로 인한 어려움은 감히 비교할 수조차 없습니다.

이 많은 고난 중에서도 참기 어려웠던 고난이 있다면 아마도 '거짓 형제 중의 위험'이라고 생각됩니다. 바울은 이유도 없이 부당하게 모욕과 부끄러움을 당하였고(행 23:2), 그를 대상으로 "전염병 같은 자라 천하에 흩어진 유대인을 다 소요하게 하는 자요 나사렛 이단의 우두머리라"(행 24:5)라고 악의에 찬 거짓말들을 했습니다. 그뿐만 아니라 그를 죽이려고 음모까지 꾸밉니다. 그들이 얼마나 완악하고 포악한지 바울을 죽이기 전에는 먹지도 아니하고 마시지도 아니하겠다고 동맹한 자가 사십여 명이나 되었다고 성경은 말씀합니다(행 23:12-13).

오늘 본문에도 거짓 형제들이 바울이 전한 복음을 수포로 돌아가도록 방해합니다. 이것은 복음 전함으로 매를 맞고 배고픔과 목마름의 고통도 참기 어려웠을 것입니다. 그런데 아예 예수를 알지 못한다면 이해할 수 있겠지만, 거짓 형제들은 이간질하는 자들입니다. 이들은 예전이나 지금도 교회를 어지럽히고 공동체를 분리시키는 자들입니다. 누구에게나 하나님의 은혜가 떠나면 선한 일을 전혀 할 수가 없는 것입니다. 우리는 우리가 당하는 고난에 대하여 쉽게 과장할 수도 있습니다. 이것이 아마도 일반적일 것입니다. 그러나 바울이 당한 고난은 전혀 과장이 없습니다. 그리스도 중심적으로 살고 생명을 바쳐 복음을 선포하기에 수많은 고난들이 따른 것입니다.

미국의 흑인 목사 마틴 루터 킹 목사는 흑인차별로 무시 받는 자들을 해방하려고 앞장섰습니다. 불행하게도 그는 37세에 암살을 당합니다. 그는 우리 구주 예수 그리스도처럼 선으로 악을 이기자라고 외쳤고, 피를 흘리지 말자고 주장했습니다. 그의 유언 중에 감동되는 글이 있습니다. "사람이 죽을 준비가 되기 전까지는 진정 살 준비가 되어있는 것이 아니다. 우리가 우리 주 예수 그리스도를 위하여 죽을 준비가 되어 있다면 언제라도 주를 위하여 살아가게 된다."고 했습니다.

우리 자신에게 한 번 질문을 해 보시기 바랍니다. 우리가 당하는 고난들 가운데 한 가지라도 어렵게 겪는 것이 있습니까? 그렇다면 어떻게 해쳐나가야 합니까?

마음의 고통은 자신만이 아는 것입니다. "마음의 고통은 자기가 알고 마음의 즐거움은 타인이 참여하지 못하느니라"(잠 14:10)라고 성경은 말씀합니다. 우리에게 마음의 고통이 있을지라도 사도 바울처럼 원망하지 아니하고 살아갈 수만 있다면 신앙의 진전이 나타날 줄 믿습니다. 하나님의 주권을 믿고 하나님의 사랑을 의심하지 아니하고 확신합니까?

　바울은 빌립보 교회의 성도들에게 이렇게 증언하였을 것입니다. '여러분은 내가 감옥에 있는 것을 보고 슬퍼하고 막다른 길에 처한 곤고한 신세가 되었다고 생각하지만 나는 오히려 복음의 기쁜 소식을 전하게 되어 기쁘다.'는 것입니다. 로마 감옥의 그 당시 상황을 보면 양쪽에서 군인들이 지키고 쇠사슬에 묶여 있었을 것입니다. 그가 죄인이 아닌 죄인의 취급을 받는 것은 이방인에게 복음을 전하다가 체포되었기 때문입니다.

　본문 7절과 13절에 보면 "매임"이라는 단어가 나옵니다. 이 말은 헬라어로 〈데스모스 desmos〉입니다. 이 말은 '올가미, 차꼬, 사슬, 감금, 투옥'을 의미합니다. 바울에게 매임은 육신적으로는 고통스럽지만 투옥됨으로 여러 사람들이 우리 구주의 복음을 듣게 된 것입니다. 그러므로 자신에게는 복음 전파에 진전이 되었다고 증언합니다.

　바울은 예루살렘에서 체포된 이후로 로마로 호송하는 배를 타고 있을 때를 제외하고는 시위대에서 사슬로 매임을 당했습니다. 그런데 이제는 황제를 호위하는 고급 장교들의 감시 아래 있습니다. 그러기에 그는 약간의 자유가 있어서 그를 방문하러 오는 자들을 만날 수가 있었습니다. 그러나 그에게는 언제라도 감시하는 자가 있었지만 바울 자신도 그리스도의 군사였기에 아무런 원망과 불평도 없었던 것입니다. 그는 자신처럼 사슬에 묶인 자들에게 그리스도의 복음을 전하였고, 이 복음은 듣는 자들에게 하나님의 능력이 되어 그들이 변화 받을 수 있었던 것입니다.

종교개혁자 마틴 루터는 자신의 서재에는 두 권의 책이 있다고 말합니다. 첫 권은 시험의 책이고, 다른 하나는 고난(역경)의 책이라고 합니다. 중세 암흑시대 1,000년 기간에는 가장 모범적이고 깨끗해야 할 수도원까지 돈으로 더럽혀지고 타락합니다. 만약에 루터가 자주 사탄의 공격을 받지 아니하였더라면 종교개혁을 성공할 수 없었을 것입니다. 그리고 그의 유명한 갈라디아서 주석을 쓸 수도 없었을 것입니다.

"고난당하기 전에는 내가 그릇 행하였더니 이제는 주의 말씀을 지키나이다"(시 119:67)라고 성경은 말씀합니다. 우리가 당하는 고난은 좌절과 절망을 주는 것이 아니라 오히려 더 견고하게 설 수 있는 버팀목이 되는 것입니다. 그러므로 고난은 손해가 아니라 유익입니다. 하나님께서 우리에게 은혜를 주시면, 고난은 우리 구주 예수 그리스도를 닮아가는 기회가 되는 것입니다.

그러므로 "좁은 문으로 들어가라 멸망으로 인도하는 문은 크고 그 길이 넓어 그리로 들어가는 자가 많고 생명으로 인도하는 문은 좁고 길이 협착하여 찾는 자가 적음이라"(마 7:13-14)라고 성경은 말씀합니다. 우리는 어떻게 좁은 길과 좁은 문을 통과하지 아니하고 생명의 길로 갈 수가 있겠습니까? 가시밭길인 좁은 길로 들어가지 아니하고 어떻게 천국에 들어갈 수가 있겠습니까? 눈물의 골짜기를 걸어본 경험이 없이는 신앙의 위대한 성숙함이 없는 것입니다. 주님의 영광에 참여하려면 먼저 그리스도의 고난에 동참합시다. 왜냐하면 고난을 거치면서 남에게 유익한 자가 되어가기 때문입니다.

우리는 기억합시다. 우리에게 주어진 고난은 금세 지나갑니다. "생각하건대 현재의 고난은 장차 우리에게 나타날 영광과 족히 비교할 수 없도다"(롬 8:18)라고 성경은 말씀합니다. 어차피 이 세상은 빨리 지나가기에 우리도 장차 나타날 영광을 위하여 현재의 고난을 참아봅시다. 그리하여 우리에게 주어진 고난은 잠깐이요 우리 주님의 은혜와 복은 영원하기를 간절히 소원합니다.

13절에 보면 "시위대"라는 말이 나옵니다. 이 말은 가이사 황제 궁정에 있었던 경호대를 의미합니다. 바울이 전한 복음이 시위대까지 선포되었던 것입니다. 이 사람들이 바울이 전한 복음과 사랑에 감동을 받고 헌신을 하게 됩니다. 그리고 에베소와 로마에 있는 그 도시의 형제들인 그리스도인들이 바울이 로마 옥중에 투옥되었다는 소식을 듣고 두려워했을 것입니다. 그러나 바울의 복음이 감옥에서 선포되어 간수들이 변화되어 예수를 나의 구주로 영접합니다. 그뿐만 아니라 그 도시의 형제들도 담대함을 얻고 복음을 전합니다. 그들이 어디서 용기를 얻은 것입니까?

14절에 보면 "형제 중 다수가 나의 매임으로 말미암아 주 안에서 신뢰함으로 겁 없이 하나님의 말씀을 더욱 담대히 전하게 되었느니라"고 성경은 말씀합니다. 한 사람 바울이 생명 바쳐 복음을 전하게 될 때에 나타난 영향은 그들도 겁 없이 담대하게 복음을 전파하게 되었다는 것입니다. 즉, 바울 자신이 로마 감옥에 들어가지 않았더라면 그들은 복음을 들을 수 없었을 것이라는 말입니다. 바울이 원치 아니하는 로마 감옥에 투옥됨으로 많은 사람들에게 복음을 전하고 향기로운 열매가 맺혀진 것입니다. 바울은 우리 구주 예수 그리스도 때문에 매 맞고 헐벗고 굶주리고 감옥생활을 하지만 이런 계기를 통하여 복음을 전할 기회가 되었고, 여러 형제들까지도 복음을 담대히 전할 수 있게 되었다고 증언하는 것입니다.

즉, 바울 자신이 고난을 받은 것은 개인에게 그친 것이 아니라 여러 형제들에게 아름답고 본이 되는 영향을 미친 것입니다. 그들은 바울의 고난을 본받고 감동을 받아서 우리 구주 예수 그리스도를 더욱 신뢰하고 두려움이 없이 담대하게 복음을 전파하였던 것입니다. 우리도 고난이 있을 때에 뒤로 물러서지 아니하고 담대히 그리스도의 십자가와 부활의 복음을 전하는 계기가 되시기를 간절히 소원합니다. 고난을 당하면 겸손하게 되고 주님을 더욱 의지하면 의지할수록 담대하게 되는 것입니다.

여기서 "주"(Lord)라는 말의 뜻은 우리 구주 예수 그리스도가 십자가에 죽으시고 부활하여 높임 받으신 주를 의미합니다. 그뿐만 아니라 장래에 세상에 재림하심으로 모든 사람들을 심판하러 오실 심판 주를 의미하는 것입니다. 우리도 현실에서 일어나는 일들을 우연하게 볼 것이 아니라 고난과 아픔과 수치를 당하는 모든 사건 사건들을 하나님의 섭리로 받아들여야만 합니다. 왜냐하면 우리는 하나님의 주권을 믿기 때문입니다. 바울이 고난당하고 투옥되는 것 자체가 하나님의 손안에 있는 것입니다. 하나님이 하시는 일은 사람이 헤아릴 수가 없고 매우 오묘한 것입니다. 우리의 남은 생애는 생명 바쳐 우리 구주 예수 그리스도만을 높입시다.

2. 고난 중에서도 기뻐하는 삶인 것입니다. (18절)

"그러면 무엇이냐 겉치레로 하나 참으로 하나 무슨 방도로 하든지 전파되는 것은 그리스도니 이로써 나는 기뻐하고 또한 기뻐하리라"고 성경은 말씀합니다. 바울은 자신의 원수들만이 아니라 거짓 형제들로부터도 고난을 받습니다. "어떤 이들은 투기와 분쟁으로 그리스도를 전파하나니"(15-16절)라고 성경은 말씀합니다. 그들은 믿음과 진실함으로 복음을 전파하는 것이 아니라 오히려 시기와 다툼으로 그리스도를 전파합니다. 그러므로 바울의 위대한 선교 사역을 헛수고로 돌리게 하고 자신들이 영광을 얻으려고 합니다. 마침내 바울이 로마 옥중에 투옥이 되자 은밀하게 즐기며 바울의 은혜와 사랑을 입은 자들을 분산시키려고 하였던 것입니다. 이들은 참으로 야비한 자들이며 윤리와 도덕도 상식과 기본도 없는 자들입니다. 이런 일들이 바울에게 고통과 근심을 더 가중시켰던 것입니다.

그러나 바울은 18절에서, 겉치레로 복음이 전파되든지 참으로 하든지 전파되는 것은 그리스도이기 때문에 자신은 기뻐하고 또한 기뻐한다고 했습니다.

바울의 기쁨이 무엇입니까? 그에게는 그리스도가 온전히 전파되는 것이 최고의 기쁨이었던 것입니다. 그 이유는 많은 사람들에게 구원의 복된 소식이 전파되기 때문에 겉치레로 하든지 참으로 하든지 자신은 기쁘다는 것입니다. 교회 지도자들과 섬기는 자들에게 있어서 큰 무기는 기쁨입니다. 이 기쁨을 상실하면 맹목적인 봉사가 되지만 이 기쁨이 충만하면 힘들고 어려운 고비와 부정적인 상황에서도 능히 극복하게 되는 것입니다. 그러므로 바울은 겉치레로 전한 복음일지라도 그리스도만 전파된다면 기뻐한다는 것입니다.

주님은 불안과 염려에 떨고 있는 제자들에게 중보기도를 하시면서 우리 구주 예수 그리스도의 기쁨을 간직하라고 말씀하십니다. "지금 내가 아버지께로 가오니 내가 세상에서 이 말을 하옵는 것은 그들로 내 기쁨을 그들 안에 충만히 가지게 하려 함이니이다"(요 17:13)라고 주님은 말씀합니다. 기쁨이 없이는 전도도 할 수 없지만 기쁨이 충만하면 우리에게 주어진 십자가도 달게 지고 갈 수가 있는 것입니다.

바울이 전한 복음을 방해하는 자들이 겉치레로 복음을 전하였어도 구원을 받은 자들이 나타난다면 기뻐한다는 것입니다. 우리가 그리스도의 복음을 전하면서 이단과 비진리가 아닌 이상 교리가 다르다고 배척할 필요는 없습니다. 우리 구주 예수 그리스도의 복음을 듣고 예수를 나의 구주로 영접하고 주께로 돌아온다면 환영할 일인 것입니다.

"땅의 모든 끝이여 내게로 돌이켜 구원을 받으라 나는 하나님이라 다른 이가 없느니라"(사 45:22)고 성경은 말씀합니다. 이 지구촌의 많은 사람들이 구원을 받으려면 우상과 잡신에서 떠나 하나님께로 돌아와야만 합니다. 그리고 예수를 나의 구주로 인격적으로 영접하여야만 합니다. 이 길만이 진정으로 개인과 가정과 나라와 민족이 사는 길인 것입니다.

왜 바울이 고난과 시련이 많음에도 불구하고 기뻐할 수 있었던 것입니까? 그는 예수 그리스도와 그가 십자가에 못 박히신 것 외에는 아무 것도 알지 아니하기로 작정하였기 때문입니다(고전 2:2). 바울은 "내게는 우리 주 예수 그리스도의 십자가 외에는 결코 자랑할 것이 없다"(갈 6:14)고 증언합니다. 옥중생활에서 당하는 고난과 박해보다도 하나님의 은혜와 기쁨이 더 크기에 그는 기뻐하고 기뻐할 수 있었던 것입니다. 바울은 십자가에 못 박히신 그리스도만을 자랑합니다. 바울의 복음은 예수 그리스도의 십자가이기에 자기를 반대하는 자들을 두려워하지 아니했습니다. 그들은 교만한 자들이나 의식주의자와 형식주의자들까지도 모두 포용하는 것입니다.

"너희는 여호와를 영원히 신뢰하라 주 여호와는 영원한 반석이심이로다"(사 26:4)라고 성경은 말씀합니다. 그러므로 우리 구주 예수 그리스도를 바라보고 구원을 받아야 합니다. 왜냐하면 모든 능력이 그리스도 안에 있기 때문입니다. 그리스도께서는 모든 죄를 다 사하실 수가 있고, 그분은 모든 죄악을 굴복시킬 수가 있으시며, 아무리 타락하고 범죄한 사람일지라도 새롭게 하시고, 그 영혼 속에 온갖 충만한 은혜를 부어주십니다. 오늘날에도 남이 고통당하면 불쌍히 여기는 마음보다는 속으로 즐기는 자들이 있습니다. 우리는 함께 고난을 나눕시다.

19절을 보면 "이것이 너희의 간구와 예수 그리스도의 성령의 도우심으로 나를 구원에 이르게 할 줄 아는 고로"라고 성경은 말씀합니다. 즉, 너희의 간구와 그리고 성령의 도우심이라는 것입니다. 현재 로마 친위대 고급 장교들이 예수를 믿게 되었는데, 이 사람들이 어떤 방법을 통해서라도 자기를 감옥에서 한 번은 석방시킬 수 있을 것이라고 바울은 기대한 것입니다. 즉, 친위대 고관들이 성령의 도우심을 받고 너희들의 기도가 하나님께 상달되어 자유로운 몸이 될 것을 확신하였던 것입니다. 우리 그리스도인들이 기도의 응답을 믿고 성령의 도우심을 확신하는 것은 신앙생활의 담력의 근거가 되는 것입니다. 하나님은 기도하는 사람만 감동시키는 것이 아니요 원수의 마음도 감동시키고 복음의 반대자들까지도 감동시키는 것입니다. 그리하여 하나님의 오묘한 섭리가 기도 속에서 나타나는 것입니다.

바울은 빌립보 교회의 형제들이 자신을 위하여 기도하고 있음에 감사하고 그가 옥중에 있지만 어려운 고비 고비를 기도를 통하여 도움이 되었다고 확신합니다. 그는 성도들의 기도를 매우 소중하게 여긴 것입니다. 성령의 도우심은 하나님의 교회가 교회되도록 세우고 성도들을 하나로 연합시킵니다. "이와 같이 성령도 우리의 연약함을 도우시나니 우리는 마땅히 기도할 바를 알지 못하나 오직 성령이 말할 수 없는 탄식으로 우리를 위하여 친히 간구하시느니라"(롬 8:26)라고 성경은 말씀합니다. 바울의 형편과 처지와 입장과 모양은 감옥생활입니다. 모든 조건은 악조건이고 상황은 열악하지만, 감옥 안에 있는 바울은 그리스도 예수를 증언하는 능력 있고 권세 있는 전도자입니다. 그는 옥중에서 기도하고 전도하는 것을 쉬지 아니합니다. 이 힘이 어디에서 나온 것입니까? 그것은 성령의 도우심이었다고 그는 증언합니다.

19절에 "이것이"라는 말이 나옵니다. 이것이란 다름 아닌 감옥생활의 상황을 의미하는 것입니다. "이것이" 무엇인가에 대하여 김세윤 교수님은 욥기서의 말씀을 인용한 것이라고 설명합니다. "경건하지 않은 자는 그 앞에 이르지 못하나니 이것이 나의 구원이 되리라"(욥 13:16). 경건하지 않은 자란 하나님께 대하여 마음이 삐뚤어진 자를 의미합니다. 한마디로 마음과 생각이 옆으로 빗나간 자를 말합니다. 바울은 지금 구약의 의인 욥을 인용하고 있는 것입니다. 바울은 자신의 고난을 이런 모양 저런 모습으로 구체적으로는 설명하지 않습니다. 그러나 자신의 고난이 믿음의 사람인 욥이 받았던 고난만큼이나 감옥생활이 힘들고 고통스러움을 표현하고 있는 것입니다.

욥은 어떤 사람입니까? 하나님께 눈물로 호소하고 절규하던 사람입니다. 그는 이방인이었지만 하나님께 은혜와 복을 많이 받은 사람입니다. 그는 사탄의 공격을 받고 육신의 가죽이 벗겨지고 또 벗겨지는 고통을 받은 자입니다. 원문으로 보면 피부병입니다. 피부병으로 인하여 고름과 진물이 계속 흐르므로 그 가려움으로 인하여 기와 장으로 몸을 긁고 있는 상황입니다. 상처가 조금 아물다가 다시 가려움으로 인하여 피부껍질이 계속 벗겨지는 고통을 의미하는 것입니다. 여러 가지 질병이 있지만 피부병은 사람들이 알아주지 아니하는 병이라고 합니다. 피부병은 병 중에서도 가장 무시 받는 질병이라고 합니다.

건강하고 부유하게 살았던 그가 얼굴도 숯덩이처럼 되었을 것이고, 신분은 거지와 쪽박신세나 다름이 없었습니다. 게다가 병들어 죽어감으로 아내와 친척과 형제와 종들도 모두 멀리합니다. 인간적으로 보면 참으로 처절하고 비참하기 그지없는 자입니다. 바울 자신도 주어진 상황을 보면 기가 막힙니다. 그에게 주어진 것은 칭찬이나 명예나 영광은 하나도 없습니다. 오히려 배고픔과 헐벗음과 모욕과 매 맞고 고문당하는 감옥살이인 것입니다.

욥은 자신의 고난에 대하여 주신 이도 하나님이시요 거두시는 이도 하나님이시라고 증언합니다. 죽음의 위기 앞에서도 원망하지 아니하고 하나님께 감사하고 찬송합니다. 그러나 자신의 고난이 길어질수록 그는 탄식하고 하나님께 처절하게 절규합니다. "그 후에 욥이 입을 열어 자기의 생일을 저주하니라 욥이 입을 열어 이르되 내가 난 날이 멸망하였더라면, 사내아이를 배었다 하던 그 밤도 그러하였더라면 그 날이 캄캄하였더라면 하나님이 위에서 돌아보지 않으셨더라면 빛도 그 날을 비추지 아니하였더라면"(욥 3:1-3)이라고 증언합니다.

오늘날 목회자들에게도 교회를 개척하고 건축하는 과정에서 재정적인 어려움으로 인하여 어려움을 호소하는 이들은 욥의 고난이 나의 고난이라고 말할 정도로 숨 막히는 시련을 당하고 있습니다. 예전에는 어떤 곳이든지 십자가 하나 세우고 금식하고 생명 바쳐 사역하면 부흥이 되었는데, 지금의 현실은 그렇지 아니합니다. 경제적으로 GNP가 높을수록 예수 잘 믿고 신앙을 지키기가 더 어려운 것입니다. 경제적으로 여유가 넘치는 것은 신앙생활에는 역효과가 나타나게 되는 것입니다. 욥의 고난은 보통 사람이 상상할 수도 없는 처절하고 절박한 절망적인 상황이었습니다.

바울 자신도 욥과 같이 하나님께 호소하고 한숨 쉬고 절망의 말을 쏟아낼 수도 있을 것입니다. 그럼에도 불구하고 그는 하나님께 대하여 원망하지 아니합니다. 기뻐하고 감사합니다. 곤고한 감옥생활이지만 하나님께서 개입하시어 구원이 판명되어질 것으로 알고 기뻐합니다. 현실 생활은 감옥인데 이런 환경에서 견디기가 얼마나 힘들고 어렵습니까? 그러나 신앙은 현실을 극복할 수가 있습니다. 왜냐하면 성령의 도우심이 있기 때문입니다. 성령의 도우심이 없었더라면 그는 모진 고난을 견디기가 어려웠을 것입니다. 우리의 모든 환경을 성령께서는 다 알고 계십니다.

3. 그리스도를 존귀하게 여기는 삶인 것입니다. (20절)

"나의 간절한 기대와 소망을 따라 아무 일에든지 부끄러워하지 아니하고 지금도 전과 같이 온전히 담대하여 살든지 죽든지 내 몸에서 그리스도가 존귀하게 되게 하려 하나니"라고 성경은 말씀합니다.

이 말은 그리스도를 가장 높이며 살겠다는 신앙의 좌우명인 것입니다. 바울은 아무 일에든지 부끄러워하지 아니하고 전과 같이 이제도 온전히 담대하다는 것입니다. 전에는 열심으로 충성하고 봉사하였지만 나중에는 중단하고 포기하는 자들도 있습니다. 전에는 몸과 마음과 물질과 생명까지 드리겠다고 헌신하였던 자들이 지금에 와서는 시험에 들기도 하고 의심에 사로잡히고 열정이 식어진 자들도 있습니다. 그러나 그는 감옥 밖에 있든지 감옥 안에 있든지 관계없이 전과 같이 이제도 온전히 담대하다고 증언합니다.

베드로는 과거에 주님을 위해서라면 옥에도 같이 가고 죽는데도 같이 가겠다고 호언장담 하였지만 여종 앞에서 우리 주 예수 그리스도를 세 번 부인하고 심지어 저주하며 맹세까지 하였지만, 바울은 전과 같이 이제도 온전히 담대하다고 말합니다. 그가 예수를 자신의 구주로 영접하고 유대교에서 기독교로 개종한 이후 한 번도 뒤돌아서거나 복음 전파하는 일에 있어서 한숨을 쉬거나 낙심하거나 좌절한 일이 전혀 없습니다. 고난을 당하면 당할수록 더욱 우리 구주 예수 그리스도의 십자가의 복음을 힘 있게 지속적으로 증언했습니다. 우리도 예수 믿는 하나님의 자녀로서 그리스도를 더욱 존귀하게 여기며 그리스도를 날마다 높이며 살아봅시다. 나를 높이지 말고 우리 구주 예수 그리스도만을 높여야 할 것입니다.

바울은 이스라엘에서 가장 가까운 도시인 다메섹에서 변화를 받고 새 사람이 된 이후부터 그 즉시 각 회당에서 예수가 하나님의 아들이심을 선포했습니다(행 9:20). 로마 옥중에서 순교하는 그 날까지 그는 전과 같이 이제도 온전히 담대하여 그리스도의 십자가와 부활의 복음을 증언한 것입니다. 참으로 바울은 그리스도를 많이 본받은 자요 우리에게도 신앙의 모범을 보인 사도입니다. 신앙생활은 과거에 잘 했다고 자랑하거나 교만해서도 안 되고 현재 믿음을 바로 지키는 것이 매우 중요합니다.

특별히 감동되는 것이 있습니다. 원문에는 "그리스도를 선포하고"가 첨가 되어있습니다. 한글 개역성경에는 생략이 되어 있습니다. 즉 바울은 석방이 되어 자유인이 되든지 아니면 복음의 증인으로 죽든지 우리 구주 예수 그리스도를 선포하겠다는 의미인 것입니다. 그러므로 어떤 일에든지 부끄럽지 아니한 삶을 살기를 원하고 있는 것입니다. 바울은 어느 순간에 법정에 서더라도 예수를 주로 시인하고 고백하는 것을 조금도 주저하지 아니하고 부끄러워하지 않겠다고 증언하는 것입니다. "누구든지 사람 앞에서 나를 시인하면 나도 하늘에 계신 내 아버지 앞에서 그를 시인할 것이요 누구든지 사람 앞에서 나를 부인하면 나도 하늘에 계신 내 아버지 앞에서 그를 부인하리라"(마 10:32-33)고 성경은 말씀합니다. 예수 믿는 모든 사람들은 다짐하고 또 결심해야 할 것입니다.

우리는 어떤 상황에서라도 죽을 때까지 예수 잘 믿고 구원받아야 합니다. 쾌락주의자(에피큐리안)들은 먹고 마시는 것에 치중합니다. 먹고 마시고 오늘 죽어도 좋다고 말합니다. 그러므로 그들은 내일이 없고 자신의 욕망만을 위하여 사는 자들입니다.

바울의 간절한 기대와 소망은 "지금도 전과 같이 온전히 담대하여 살든지 죽든지 내 몸에서 그리스도가 존귀하게 되려 하려 하나니"(20절)라고 증언합니다. 여기서 "존귀하다"라는 단어는 헬라어로 〈메갈뤼노 megalyno〉입니다. 이 말은 '크게 하다, 찬양하다'라는 의미입니다. 바울의 기대와 소망은 살든지 죽든지 생사의 문제보다 우리 구주 예수 그리스도를 크게 높이고 찬양하기를 원하는 삶을 사는 것입니다.

바울이 그토록 그리스도를 존귀하게 여기고 찬양할 수 있었던 것이 무엇입니까? 그것은 부끄러워하지 아니하는 삶을 살았기 때문입니다. 20절에 보면 "나의 간절한 기대와 소망을 따라 아무 일에든지 부끄러워하지 아니하고"라고 성경은 말씀합니다. 여기서 "부끄러워하다"라는 단어는 헬라어로 〈아이스퀴노 aischyno〉입니다. 이 말은 '모욕을 당하다, 창피를 당하다'라는 뜻입니다. 즉 부끄럽다는 말은 수치로 감정이 상한 것을 의미합니다.

바울은 아무 일에도 부끄러움이 없는 사람입니다. 복음을 전함에 있어서도 바울은 부끄러워하지 아니한 전도자입니다. "내가 복음을 부끄러워하지 아니하노니 이 복음은 모든 믿는 자에게 구원을 주시는 하나님의 능력이 됨이라 먼저는 유대인에게요 그리고 헬라인에게로다"(롬 1:16)라고 성경은 말씀합니다. 그는 우리 구주 예수 그리스도를 본받되 온전히 본받은 자입니다. 그는 고린도 교회의 성도들을 향하여 "내가 그리스도를 본받는 자가 된 것 같이 너희는 나를 본받는 자가 되라"(고전 11:1)고 증언합니다. 바울은 고린도 교회의 성도들에게 너희는 내가 그리스도를 본받는 것처럼 나를 모방하고 너희가 내가 사는 것을 본대로 살라는 권면입니다. 그들에게 맹목적인 믿음이나 순종을 요구하지 않고 내가 그리스도를 본받은 것만큼 나를 본받으라고 권면한 것입니다.

우리 구주 예수 그리스도의 진리의 말씀에 굳게 선 사람은 부끄러워하지 아니합니다. 바울은 구주에게 소망을 두고 흔들림이 없이 산 증인입니다. "소망이 우리를 부끄럽게 하지 아니함은 우리에게 주신 성령으로 말미암아 하나님의 사랑이 우리 마음에 부은 바 됨이니"(롬 5:5)라고 성경은 말씀합니다. 소망이 부끄럽게 하지 아니한다는 말은 소망이 실망하지 않게 한다는 뜻입니다. 천국의 시민권을 가지고 주님께 소망을 두고 그리스도를 증거하며 사는 신실한 그리스도인들은 실망하거나 낙심 좌절하지 아니합니다. "나를 바라는 자는 수치를 당하지 아니하리라"(사 49:23)고 성경은 말씀합니다. 전능하신 하나님을 바라보는 자는 수치를 당하지 아니하고 극악한 환경에서도 절망하지 아니합니다. 우리는 기억합시다. 십자가에 못 박히신 우리 구주 예수 그리스도에게 돌아와 그분을 바라보면 그 넓으신 팔로 어떤 죄인이라도 용납하시고 그분의 백성을 삼으시는 것입니다.

순교자 주기철 목사님은 신사참배 반대로 인하여 4년 6개월 동안 투옥생활을 합니다. 때로는 모진 매를 맞기도 하고 견디기 어려운 고문도 당합니다. 너무나 지치고 힘들기에 주 목사님은 이렇게 기도합니다. "오! 하나님! 오! 하나님! 너무나 고통이 힘이 듭니다. 이렇게 고난의 기간이 길면 저는 순교 못합니다." 이 얼마나 주님을 사랑하는 애절하고 가슴 뭉클한 신앙 간증입니까? 이것이 그리스도 중심의 삶인 것입니다.

　바울은 그리스도를 존귀하게 하기 위하여 아무 일에든지 부끄러워하지 아니합니다. 그것은 과거나 현재나 온전히 담대하기를 원하는 것입니다. 그러므로 그는 석방이 되어 자유의 몸이 되든지, 아니면 우리 주 예수 그리스도를 위하여 순교를 하든지 상관이 없다고 증언하는 것입니다.

　영국의 메리 여왕이 피의 여왕으로 불리던 시대입니다. 어떤 여인이 화형에 처해질 시간에 아이가 출생했습니다. 그녀는 고통 속에서 부르짖기를, 지금 나는 여자라는 내 인성 때문에 고통스럽지만, 내 안에 계시는 우리 구주 예수 그리스도 때문에 절대로 고통스럽지 않다고 고백하고 순교했다고 합니다. 우리는 주님을 존귀하게 할 수만 있다면 사는 것이나 죽는 것이 문제가 아닙니다.

　21절에 보면 "이는 내게 사는 것이 그리스도니 죽는 것도 유익함이라"고 성경은 말씀합니다. 보통 종교적인 삶을 사는 사람이라면 남은 여생을 선하고 정직하게 사는 것이라고 말할 것입니다. 그러나 이것은 하나님 앞에서 그렇게 중요한 것이 되지 못합니다.

　그리스도인은 종교의 전통이나 의식과 남에게 보이기 위한 선행과 구제로 사는 사람이 아닙니다. 그리스도인은 하나님 앞에서 그리스도 중심적인 삶을 사는 자입니다. 거룩하고 경건한 삶일 뿐만 아니라 우리 구주 예수 그리스도를 사랑하는 삶인 것입니다. 그 사랑은 무조건적인 십자가의 사랑이요 깊고 넓고 높은 그리스도의 사랑입니다. 우리 구주 예수 그리스도께서는 우리가 죄인 되었을 때에 우리를 사랑하사 십자가에 죽으신 사랑입니다. "우리가 아직 죄인 되었을 때에 그리스도께서 우리를 위하여 죽으심으로 하나님께서 우리에 대한 자기의 사랑을 확증하셨느니라"(롬 5:8)라고 성경은 말씀합니다. 바울은 그리스도의 사랑이 자신을 지배하고 다스리고 있기 때문에 그리스도를 존귀하게 여기고 죽음도 두려워하지 않았던 것입니다.

우리 그리스도인들이여! 우리의 생애가 얼마를 살든지 간에 그리스도 중심적으로 살고, 그리스도를 더욱 존귀하게 여기며 뜨겁게 찬양하며 삽시다. 그리스도만을 존귀하게 여기는 자들에게는 이 세상 사는 동안에 모든 염려와 근심과 상처를 싸매주시고, 시험을 당할 때에 악마의 계획을 물리치실 것입니다. 심지어 온 세상이 우리를 버린다고 하여도 우리 주님은 끝까지 지키시고 돌보아 주실 것입니다. 바울의 일편단심의 관심은 살든지 죽든지, 먹든지 마시든지, 거하든지 떠나든지 그리스도를 기쁘시게 하는 것이었습니다.

오늘날 우리 그리스도인들에게도 이런 신앙의 삶이 가장 긴급하게 요구되는 것입니다. 바울은 생존하는 동안이나 죽을 때나 그리스도를 얻고 그분 안에서 발견되는 것 외에는 어떤 관심이나 간절함이나 소원도 없다는 뜻입니다. "우리가 살아도 주를 위하여 살고 죽어도 주를 위하여 죽나니 그러므로 사나 죽으나 우리가 주의 것이로다"(롬 14:8)라고 성경은 말씀합니다. 바울은 살든지 죽든지 그리스도가 존귀하게 된다는 확신이 있었고, 자신이 죽어도 그리스도에게 영광이 될 것을 믿었던 것입니다. "내가 그리스도와 함께 십자가에 못 박혔나니 그런즉 이제는 내가 사는 것이 아니요 오직 내 안에 그리스도께서 사시는 것이라"(갈 2:20)고 성경은 말씀합니다. 바울 자신의 옛 사람이 십자가에 못 박히고 그 안에 그리스도께서 사시기 때문에, 그의 삶은 온전히 주님의 지배를 받고 사는 삶인 것입니다.

오래 전 중국의 한센병 환자의 간증입니다. "나는 한센병 환자임을 기뻐합니다. 내가 한센병 환자가 아니었더라면 이 미슌 병원에 오지 못하였을 것입니다. 그리고 내가 이 병원에 오지 않았더라면 나는 예수를 알지 못하였을 것입니다. 저는 건강하여 예수 그리스도를 모르는 것보다 오히려 한센병 환자로서 우리 구주 예수 그리스도와 함께 있으니 기뻐하는 것입니다."라고 증언했습니다.

우리는 이 세상을 살아가기가 만만치 아니합니다. 그러나 우리 구주 예수 그리스도 한 분만 우리 안에 계시면 됩니다. 바울은 비록 고달픈 감옥생활을 하지만 죽음에 대한 두려움은 없었습니다. 그러므로 옥중에서도 내 안에 그리스도가 계신다고 증언합니다. 이 말씀은 내게는 우리 구주 예수 그리스도가 전부라는 것입니다. 그러므로 나의 삶 자체는 모두가 그리스도를 존귀하게 하는 삶이라고 증언하는 것입니다. 그러므로 영적으로 살 때만이 참 그리스도인이 되는 것입니다.

바울의 삶 자체가 육신적인 자신의 욕망을 위한 것이 전혀 없습니다. 그는 그리스도 중심적으로 살기에 궁핍과 배고픔과 매 맞음과 투옥도 감수할 수 있었던 것입니다. 오히려 고난당한 것이 복음의 진전이 되어서 기뻐하고 또 기뻐하였던 것입니다. 그뿐만 아니라 그는 그리스도처럼 살고 그리스도처럼 죽기를 원하였던 것입니다. 왜냐하면 그는 감옥에서도 그리스도와 함께 살기 때문입니다. 그리스도인이 하나님과 동행할 수만 있다면 그리스도 안에 거하면서 큰 고통도 극복하고 하늘의 기쁨을 맛보게 될 것입니다. 우리는 그리스도께서 우리 안에 계시는 삶을 날마다 살아야 합니다. 우리가 믿음을 가지고 산다고 하면 비겁하게 행동하는 것은 참으로 부끄러운 일일 것입니다.

우리는 우리 구주 예수 그리스도께서 친히 짊어지신 십자가에서 쏟으신 물과 피와 눈물과 통곡의 힘을 의지하며 삽시다. 우리들이 그리스도를 존귀하게 하는 삶을 살기 위하여 주님을 크게 찬양합시다. 구주 예수 그리스도는 구유로부터 시작하여 십자가에 이르시기까지, 그 십자가로부터 면류관을 쓰시는 그 날까지 하나님이 우리 구주를 존귀하게 하신 것입니다. 그리고 승천하신 이후에는 하나님 오른편 보좌에 앉아 계십니다. 우리도 비록 연약하고 벌레 같은 미물이지만 천국에 들어가는 날까지 거룩한 십자가를 지고 우리 구주 예수 그리스도를 존귀하게 합시다.

"잠시 잠깐 후면 오실 이가 오시리니 지체하지 아니하시리라 나의 의인은 믿음으로 말미암아 살리라 또한 뒤로 물러가면 내 마음이 그를 기뻐하지 아니하리라 우리는 뒤로 물러가 멸망당할 자가 아니요 오직 영혼을 구원함에 이르는 믿음을 가진 자니라"(히 10:37-39)고 성경은 말씀합니다. 그리스도인들이여! 강하고 담대합시다. 모든 섭리는 그 머리에 가시관을 쓰신 그분 예수 그리스도에 의하여 이루어지는 것입니다. "너희 중 장로들에게 권하노니 나는 함께 장로 된 자요 그리스도의 고난의 증인이요 나타날 영광에 참여할 자니라"(벧전 5:1)고 성경은 말씀합니다. 우리는 신앙생활 하면서 천국에 들어가는 그 날까지 고난의 증인과 그리스도 중심의 삶을 삽시다.

결 론

우리 그리스도인들은 현재와 미래를 그리스도 중심적으로 살아야 합니다. 인본주의의 삶은 행복해 보이지만 허무와 실망과 공허뿐입니다. 그리스도 없이 수십 년 혹은 수백 년을 산다고 하여도 그 종착역은 파멸과 죽음뿐일 것입니다.

그러나 그리스도 중심적으로 사는 사람들은 욕심과 욕망대로 살지 아니합니다. 인생의 여정을 온전히 주님께 맡기고 얼마를 살든지 자기의 뜻대로 살지 아니하고 전적으로 하나님을 의지하면서 어떤 환경에서든지 예수 그리스도와 복음에 대한 소망을 가지고 삽니다. 우리 그리스도인들은 사는 삶 자체가 복되고 값있는 삶이 되어야 합니다. 그것은 한마디로 그리스도 중심적인 삶을 사는 것입니다. 그리스도를 위하여 살고 그리스도를 전하며 삽시다. 왜냐하면 구원받은 백성들은 우리 구주 예수 그리스도가 인생의 목적이요 목표이기 때문입니다.

그리스도가 우리 삶의 중심이고 그리스도가 전부입니다. 우리가 죄악 세상을 살아가는 동안에 어떤 일을 만날는지 모릅니다. 하루에도 무슨 일이 일어날지 모르고 살아가지만 두려워하지 맙시다. 우리에게 일어나는 모든 사건들을 하나님의 섭리로 받아들입시다. 우리도 바울처럼 살든지 죽든지 우리 구주 예수 그리스도를 존귀하게 여기며 찬양하며 삽시다. 우리를 사랑하사 십자가에서 죽으시기까지 우리를 사랑하신 그 분을 위하여 살 수 있기를 우리 주님의 이름으로 간절히 축원합니다.

27
십자가로 승리하는 삶
[골로새서 2:13-15]

서 론

　세상에서 방황하고 슬퍼하는 자들은 우리 구주 예수 그리스도를 바라보아야 할 것입니다. 죄인이었던 우리를 대신하여 십자가에 못 박히신 그리스도 안에서 진정한 위로를 받지 못한다면 하늘과 땅 어디서든지 큰 기쁨과 평안을 소유할 수가 없기 때문입니다. 사람의 생명이 어느 사이에 청소년기와 청년기를 거쳐 장년에 이르다 보면 곧 노년으로 접어듭니다. 인생이 얼마나 빨리 끝나는지 모릅니다. 우리 인생을 "너희는 잠깐 보이다가 없어지는 안개니라"(약 4:14)고 성경은 말씀합니다. 아침 안개는 잠시 보이다가 사라집니다. 인생 나그네 길이 오래 사는 것 같지만 신속하게 지나가는 세월을 막을 길이 없는 것입니다. 시인은 "인생은 그 날이 풀과 같으며 그 영화가 들의 꽃과 같도다 그것은 바람이 지나가면 없어지나니 그 있던 자리도 다시 알지 못하느니라"(시 103:15-16)고 증언합니다.
　황금만능 시대에 사는 사람들에게 가장 중요한 관심은 돈과 명예와 지위와 권세라고 말하겠지만 이것만이 전부가 아닙니다. 만약 이것만이 인생의 목표요 삶의 목적이라고 생각한다면 이것은 반쪽 인생에 불과한 것입니다. 아마도 인생에게 가장 긴급하고 영광스러운 것은 영혼의 구원일 것입니다. 우리는 겸허한 마음으로 십자가 밑에 거하기만 하면 인생의 모든 염려와 의심과 고뇌와 갈등으로부터 자유를 얻게 될 것입니다.

아담과 하와가 선악과를 따먹고 난 이후 그들은 에덴동산으로부터 추방당함으로 그 이후 인간은 전적으로 부패했습니다. 사람에게는 원죄와 본죄가 있는데, 원죄는 원인이요 본죄는 결과입니다. 즉 원죄는 아담이 지은 죄가 그 후손에게 전가되어, 즉 뒤집어씌움이 되어 그 후손들은 날 때부터 죄인이 되는데, 이것을 원죄라고 말합니다. "내가 죄악 중에서 출생하였음이여 어머니가 죄 중에서 나를 잉태하였나이다"(시 51:5)라고 성경은 말씀합니다.

인간이 어떻게 잘못 실수하고 범죄한 것이 아니라 출생부터가 죄 중에서 태어난 것입니다. 이 원죄(原罪)는 두 가지를 포함하고 있는데, 죄책(guilt)과 부패성(corruption)입니다. 아담은 인류의 대표자로서 범죄하였기 때문에 그의 죄책이 우리에게 전가되어, 우리는 출생하면서부터 심판을 면할 수 없게 되었고, 아담의 부패성이 또한 우리에게 전가되어 인간은 날 때부터 죄 짓기를 좋아하는 성품을 타고 난 것입니다. 우리는 예수 믿기 이전에는 "허물과 죄로 죽었던 자"(엡 2:1)들입니다. 이 죄책과 부패성을 타고난 인간은 하나님을 사랑하거나 어떤 선행도 행할 수 없게 되었으니, 이 상태를 전적 타락(Total Depravity)이라고 하는 것입니다.

죄인들이 어둠 속에 거하고 죄의 잠에 깊이 빠져 있다는 것은 전혀 이상한 일이 아닙니다. 하나님을 알지 못하는 수많은 사람들이 지옥을 부정하고 허구라고 생각하는데, 이것도 당연한 일인 것입니다. 우리 구주 예수 그리스도께서 생명의 빛을 비추시기 전에는 아직도 죄에 거할 수밖에 없기 때문입니다. 사람이 구원받는 길은 선행이나 공로나 의로운 업적이 아니라 하나님이 긍휼이며, 하나님의 아들이신 예수를 전인격적으로 나의 구주로 영접하는 것입니다. 타락한 인간에게는 우리 구주 예수 그리스도의 십자가 보혈이 아니면 누구라도 죄 용서를 받을 수 없으며 하늘나라에 들어갈 수가 없는 것입니다. 우리는 출생하면서 부터 가지고 있는 원죄 하나만 가지고도 지옥에 갈 자격이 충분한데, 게다가 우리가 세상에서 실제적으로 짓는 죄는 행동으로만 범하는 죄만이 아니라 마음으로 짓는 죄까지 포함되는 것입니다.

우리 자신들도 예수를 믿고 난 이후에도 이런 고집과 혈기로 말미암아 주님의 온유와 겸손함을 배우지 못하는 자들이 많습니다. 우리는 때로는 길을 잃은 양처럼 주님의 길에서 어그러진 삶을 살아갑니다. 그러나 우리의 죄가 아무리 클지라도 우리 죄를 용서하시는 하나님의 크신 은혜와 사랑보다 더 클 수는 없는 것입니다. 구주 예수 그리스도의 십자가의 보혈의 능력은 결코 다함이 없고 마르지 아니하는 구원의 샘인 것입니다. "너희의 죄가 주홍 같을지라도 눈과 같이 희어질 것이요 진홍같이 붉을지라도 양털 같이 희게 되리라"(사 1:18)고 성경은 말씀합니다. 그러므로 우리는 죄 때문에 늘 울어야 합니다. 우리의 눈물은 구주 예수 그리스도의 발밑에 떨어져야 하고, 우리가 우는 것은 신세를 탓하거나 실패와 좌절의 눈물이 아니라 죄 사함을 받은 십자가의 사랑과 감격에 울어야 하는 것입니다. 십자가는 우리 그리스도인들에게 신앙의 핵심입니다. 왜냐하면 하나님은 그의 아들 예수 그리스도로 말미암아 구원을 주셨기 때문입니다.

그러면 십자가로 승리하는 삶은 무엇을 의미하는 것입니까? 함께 생각하며 은혜를 나누기를 원합니다.

1. 예수 그리스도의 십자가는 모든 죄를 속량하는 능력입니다. (13절)

"우리의 모든 죄를 사하시고"라고 성경은 말씀합니다. 예수 그리스도의 죽음은 곧 우리를 죄로부터 구원하십니다. 전적으로 타락한 인간의 상태는 영적 사망인 것입니다. 죄 가운에서 출생하고 사는 사람들은 죄 안에서 죽은 자들입니다. 육신의 죽음이 영혼과 분리되는 것처럼 영혼의 죽음은 하나님과 단절된 상태를 의미합니다. 이렇게 하나님과 원수 되었던 우리를 살리시고 우리의 모든 죄를 사하신 것입니다. "우리가 아직 연약할 때에 기약대로 그리스도께서 경건하지 않은 자를 위하여 죽으셨도다"(롬 5:6)라고 성경은 말씀합니다. 자비하신 하나님은 죄인들에게 은혜와 긍휼을 베푸시기를 원하시는 분이십니다.

아무리 허물과 죄가 많다고 하더라도 하나님은 우리 구주 예수 그리스도의 보혈로 말미암아 우리의 모든 죄악을 사하여 주신 것입니다. 이것이 하나님의 본성이기도 합니다. 죄는 우리의 영혼을 마비시키고 파멸시키는 힘이 있습니다. 영국의 스펄전 목사는 죄가 지배하는 곳에는 사람이 영적 진리, 영적 감정, 영적 행동에 대하여 철저히 무감각한 상태에 이르게 된다고 설명합니다. 이 죄 사함은 하나님이 값없이 주시는 은혜로 주어지는 것입니다. "곧 이 때에 자기의 의로우심을 나타내사 자기도 의로우시며 또한 예수 믿는 자를 의롭다 하려 하심이라"(롬 3:26)고 성경은 말씀합니다.

여기 13절에 "사하다"라는 단어는 헬라어로 〈카리조마이 charizomai〉입니다. 이 말은 '값없이 주다, 은혜를 베풀다'라는 뜻입니다. 영국의 청교도 매튜 풀 목사는 "여기서 '사하셨다'는 단어는 사랑 가운데서 값없이 거저 주시고 사해 주신 것이다."라고 설명했습니다. 따라서 그리스도의 영이신 성령께서 악한 습성들을 제거하시고 영원한 죽음에 이르지 않도록 죄책을 값없이 용서하신다고 했습니다. 영원히 죽을 수밖에 없었던 죄인이 죄 사함을 받으면 그는 생명을 얻는 것입니다. 이것은 보통 우리의 생명이 연장되는 것 정도가 아니라 구주 예수 그리스도로 말미암아 영생에 이르게 되는 것입니다.

이 세상에 많고 많은 사람들 중에서 창세 전에 그리스도 안에서 우리가 하나님의 선택을 받은 것은(엡 1:4) 참으로 놀라운 하나님의 은혜인 것입니다. 그뿐만 아니라 그 아들 예수 그리스도의 피로 속량 곧 죄 사함을 받았습니다(엡 1:7). 이 구원을 완성시키시기 위하여 약속의 성령으로 인치심을 받은 것입니다(엡 1:13). 우리가 예수를 나의 구주로 믿지 아니하였더라면 영원한 심판과 저주 가운데 살 수밖에 없었지만 예수 믿고 구원받았으니 웬 은혜요 웬 사랑이며 축복인 것입니까? 우리 주님은 십자가에 죽으신 것으로 끝나지 않으시고 부활하셨음으로 죽을 죄인도 죄 사함을 받으면 부활의 은총을 누리게 되는 것입니다. 우리 구주께서는 우리의 죄를 대신하여 죽으신 것처럼 우리를 의롭다고 선언하시기 위하여 다시 사셨기 때문입니다.

"예수는 우리가 범죄한 것 때문에 내줌이 되고 또한 우리를 의롭다 하시기 위하여 살아나셨느니라"(롬 4:25)고 성경은 말씀합니다. 아담 한 사람의 범죄로 모든 사람이 타락하였지만 우리 구주 예수 그리스도께서 십자가에 죽으시고 우리를 의롭게 하시기 위하여 부활하신 것입니다. 하나님을 알지 못하는 자연인들은 십자가의 도리를 알 수가 없습니다. 인간의 이성으로는 창조주 하나님과 구원 중보자이신 우리 구주 예수 그리스도를 전혀 알 길이 없는 것입니다. 그러므로 십자가의 능력을 미련하게 보는 것입니다. 그러나 "십자가의 도가 멸망하는 자들에게는 미련한 것이요 구원을 받는 우리에게는 하나님의 능력이라"(고전 1:18)고 성경은 말씀합니다.

죄인이었던 우리가 죄의 무거운 짐을 벗고 우리 구주 예수 그리스도에게 갈 수 있는 것은 그분이 우리를 위하여 십자가에서 우리의 죄악을 담당하셨기 때문입니다. 유대인과 이방인의 구별이 없이 구주 예수 그리스도의 십자가를 믿기만 하면 구원을 주시는 것을 의미하는 것입니다. 우리가 구원받는 것은 유대인의 특권으로 구원받는 것도 아니고 종교적인 전통과 의식을 준엄하게 지켰기 때문에 구원 받는 것이 아닙니다. 부모의 신앙을 전수받아 모태 신앙이기 때문에 자동적으로 구원에 이르는 것도 아닙니다. 구원 받는 개인적인 조건은 죄인인 우리가 예수를 나의 구주로 영접하여야만 구원을 받는 것입니다.

"영접하는 자 곧 그 이름을 믿는 자들에게는 하나님의 자녀가 되는 권세를 주셨으니 이는 혈통으로나 육정으로나 사람의 뜻으로 나지 아니하고 오직 하나님께로부터 난 자들이니라"(요 1:12-13)고 성경은 말씀합니다. 스스로 절망에 빠진 자들은 희망이 보이지 않는다고 말하지만 우리 구주에게 속히 나오면 죄악의 사슬을 끊어주시고 죄로부터 해방을 주실 것입니다. 우리 구주 예수 그리스도의 복음은 죄인들이 있는 곳이라면 모든 곳에서 전파되는 복음인 것입니다.

하나님은 사랑과 자비의 하나님이시지만 죄를 공평하게 심판하시는 분이심을 안다면 죄를 깨닫고 회개할 필요를 느끼게 될 것입니다. 믿음 자체가 구원할 수 있는 것이 아니라 믿음의 대상, 즉 십자가에서 고난 당하신 우리 구주 예수 그리스도께서 죄인을 구원하시는 것입니다. "여호와께서 말씀하시되 오라 우리가 서로 변론하자 너희의 죄가 주홍 같을지라도 눈과 같이 희어질 것이요 진홍같이 붉을지라도 양털 같이 희게 되리라"(사 1:18)고 성경은 말씀합니다. 자비하신 하나님은 우리의 죄악에 대하여 형벌을 잠시 감면해주시는 정도가 아니라 정결하게 용서하여 주십니다. 하나님은 우리를 불쌍히 여기시므로 우리의 죄악을 발로 밟으시고 우리의 모든 죄를 깊은 바다에 던지십니다(미 7:19). 아무리 흉악한 죄인이라 할지라도 예수를 나의 구주로 믿기만 하면 그는 죄 용서함을 받습니다. 인간의 선행이나 노력과 공로가 있다고 하여 십자가를 거부해서는 안 됩니다. 왜냐하면 "스스로 속이지 말라 하나님은 업신여김을 받지 아니하시나니 사람이 무엇으로 심든지 그대로 거두리라"(갈 6:7)고 성경은 말씀하시기 때문입니다.

인간의 선함과 정직도 하나님 보시기에는 깨끗한 것이 되지 못합니다. 인간에게는 예수 그리스도의 십자가의 보혈로 씻음 받지 아니하고는 정결함이 없기 때문입니다. 인간의 무거운 죄를 짊어지신 우리 구주 예수 그리스도는 누구든지 그를 믿는 자마다 구원을 얻으리라고 말씀하십니다. 죄 용서를 받은 자에게 구원과 평화가 주어지는 것입니다. 왜냐하면 주의 영이 계신 곳에는 자유를 주시기 때문입니다(고후 3:18). 죄인이 우리 구주 예수 그리스도에게 오기만 하면 그분은 죄로부터 구원하여 주십니다. 시인 다윗도 "나의 곤고와 환난을 보시고 내 모든 죄를 사하소서"(시 25:18)라고 증언합니다.

우리에게도 이 험악한 세상을 살아가는 중에 곤고와 환난이 있습니까? 그럼에도 불구하고 우리는 위로와 힘과 용기를 얻습니다. 그것은 구주 예수 그리스도께서 십자가에서 우리의 죄를 사하시기 위하여 붉은 옷이 벗겨지고 물과 피를 다 쏟으시고 죄인들인 우리를 구원하신 그 놀라운 사랑에 감격할 뿐인 것입니다. 그러므로 죄인들은 하루 속히 우리 구주 예수 그리스도의 십자가를 통하여 구원을 받아야만 합니다. 한 시간이라도 일분일초라도 지체해서는 안 됩니다. 그러므로 오늘 구원받아야만 합니다. 내일이라는 시간은 우리에게 보장된 시간이 아닙니다. 왜냐하면 내일은 하나님이 허락하셔야만 우리가 생존할 수 있기 때문입니다.

십자가는 이교도 로마인들에게는 멸시의 상징이고 십자가형이란 노예들과 극악무도한 정치범이나 살인강도인 죄수들에게 부과되는 수치스러운 형벌이었습니다. 십자가에 처형되는 것은 가장 비열하고 천하고 모독적이며 수치와 저주를 상징하였던 것입니다. 고고학자들은 십자가를 분류하는데, 성 안드레 십자가는 X자형이고, 이집트 십자가는 T자 형이며, 라틴 십자가는 ✝열 십자형입니다. 우리 구주 예수 그리스도는 열 십자가 형틀에서 죽으신 것입니다. 주님이 지신 십자가는 한마디로 멸시와 천대를 받고 조롱과 비웃음을 당하는 것이며, 모독 중에 모독이요 수치와 저주인데 우리를 대신하여 십자가 상에서 죽으신 것입니다. 우리 주님은 피 묻은 나무 십자가 위에서 죄인들을 건져 주셨습니다.

그 분은 하나님의 아들이시지만 죄인으로 그리고 죄인보다 못한 종의 모습으로 십자가에서 죽으시고 죄 가운데서 죽어가는 우리를 구원하셨습니다. 구원받아야 할 죄인들은 십자가에 달리신 그분의 팔을 보기만 하면 그분은 우리를 배척하지를 않습니다. 십자가에 못 박히신 그분의 팔은 아무리 큰 죄인이라고 할지라도 그의 가슴에 안기어 죄 용서 받기를 원하시며, 우리 구주 예수 그리스도에게 나아오기만 하면 그를 용납하시고 결코 내쫓지 아니 하십니다(요 6:37).

바울은 "십자가의 도가 멸망하는 자들에게는 미련한 것이요 구원을 받는 우리에게는 하나님의 능력이라"(고전 1:18)고 성경은 말씀합니다. 인간적으로 보기에 수치스럽고 패배의 십자가처럼 보이지만 십자가의 보혈을 믿는 자는 구원에 이르게 되는 것입니다. 존귀하신 우리 구주 예수 그리스도가 세상에 어린양으로 오시고 짐승처럼 찢겨지시면서 십자가에 죽지 아니하셨더라면 인간에게는 아무런 소망과 구원이 없는 것입니다. 그러나 하나님께서는 율법을 구원의 길로 주시지 아니하시고 그 크신 긍휼을 베푸심으로 독생자 예수 그리스도를 세상에 보내심으로 십자가에 죽게 하신 것입니다. 그러므로 구원의 문이 열려 있고 하나님의 은혜가 있을 때에 두 팔을 넓게 벌리고 계시는 우리 구주에게 돌아와야 합니다. 왜냐하면 사람이 죽은 이후에 지옥에서는 안식일과 성경도 없고 구원이 없기 때문입니다.

인간이 범죄한 죄의 상태는 영적 사망인데, 이것은 하나님과 분리된 것을 의미합니다. 그러나 구주 예수 그리스도를 통하여 우리를 얽어매는 모든 죄를 십자가로 용서하신 것입니다. 그것은 우리 구주께서 어둠의 권세를 이기시고 사탄의 권세도 무력하게 하시고 십자가로 승리하셨기 때문입니다. 그러므로 십자가는 우리 그리스도인들에게 있어서 신앙의 핵심인 것입니다. 왜냐하면 주님께서 십자가를 통하여 구원을 이루셨기 때문입니다.

"우리는 그리스도 안에서 그의 은혜의 풍성함을 따라 그의 피로 말미암아 속량 곧 죄 사함을 받았느니라"(엡 1:7)고 성경은 말씀합니다. 우리 구주 예수 그리스도의 피가 없다면 인간은 영원히 파멸과 절망 밖에 없지만 예수 그리스도의 피를 믿는 자들은 율법과 저주와 죽음으로부터 구원을 얻게 된 것입니다. 예수 그리스도의 십자가의 공로와 그 피를 믿는 자에게는 그의 모든 허물과 죄와 저주는 이미 다 지나갔기 때문에 새로운 피조물이 된 것입니다. "그런즉 누구든지 그리스도 안에 있으면 새로운 피조물이라 이전 것은 지나갔으니 보라 새 것이 되었도다"(고후 5:17)라고 성경은 말씀합니다.

우리가 십자가의 보혈을 묵상하였다면 지체하지 마시고 십자가로 곧 나아갑시다. 죄의 파괴력은 자신만이 아니라 모든 사람을 사망으로 이끌어 갑니다. 풀이 낫과 싸울 수가 있습니까? 아니면 볏단이 불과 싸운들 모두 타버리지 않겠습니까? 사람이 하나님께 도전하는 것은 수천 개의 계란을 가지고 바위를 치는 어리석음에 불과한 것입니다. 하나님의 형상대로 지음 받은 인간이 하나님께 도전하고는 결코 존재할 수가 없습니다.

우리가 예수 믿기 전에 상태는 어떠했습니까? 사탄의 지배를 받는 이 세상의 풍조를 따르던 자들이었습니다. "그 때에 너희는 그 가운데서 행하여 이 세상 풍조를 따르고 공중의 권세 잡은 자를 따랐으니 곧 지금 불순종의 아들들 가운데서 역사하는 영이라"(엡 2:2)라고 성경은 말씀합니다. 죄를 지은 상태는 이 세상 풍조를 따라 살며 세속화 되는 것입니다. 이 세상 풍조를 따르면서 공중의 권세 잡은 자를 따르는데, 즉 마귀 곧 귀신의 왕을 섬겼던 것입니다. 이 세상은 하나님의 크신 긍휼과 사랑이 없었다면 납골당과 같은 곳입니다. 그러나 하나님의 그 크신 긍휼과 사랑으로 인하여 우리 구주 예수 그리스도의 피로 말미암아 속량 곧 죄 사함을 받은 것입니다.

종교개혁자 마틴 루터의 시대에 그리고 그 이전에는 자신의 욕망을 채우며 악하게 살던 사람들이 죽을 때가 오면 종종 큰 불안과 공포에 사로잡혔습니다. 두렵기 때문에 그들은 사람을 수도원에 보내어 수도사의 옷을 구입하여 장사 지낼 때 입으려고 하는 일까지 있었습니다. 얼마나 어리석고 무지한 공상입니까? 그럼에도 불구하고 그들은 수도사의 갈색 옷으로 몸을 감싸고 머리에 수도사의 두건을 쓰면 심판 날에 평안함을 얻을 것으로 기대하였던 것입니다.

죄는 인간에게 저주가 되는 것입니다. 땅 속에 스며있는 유해성 물질이 점점 확대되면 땅 전체가 쓸모없게 됩니다. 여전히 죄악 속에서 방황하는 죄인들은 하나님을 찾지도 아니하고 선한 것을 구하려는 열망도 없습니다. 그들은 오직 악을 갈망할 뿐만 아니라 끊임없이 자신의 욕망을 채우려고 합니다. 돼지가 별을 쳐다보지도 않는 것과 마찬가지로 우리 구주 예수 그리스도와 선한 것에는 전혀 관심이 없습니다. "사람을 두려워하면 올무에 걸리게 되거니와 여호와를 의지하는 자는 안전하리라"(잠 29:25)고 성경은 말씀합니다.

우리가 두려워해야 할 대상은 사람이 아니요 하나님입니다. 우리는 상황에 따라 움직이지도 말고 진리의 빛 가운데 거합시다. 예수를 나의 구주로 믿는 사람은 하나님의 절대주권만 믿고 살 따름입니다. 우리가 구주 예수 그리스도의 십자가의 사랑으로 구원을 받았기 때문에 언제나 주님의 은혜 가운데 머물기만 하면 두려움이 사라지고 평강이 임하는 것입니다.

아담 한 사람의 범죄로 말미암아 죄가 세상에 들어오고 죄로 말미암아 사망이 들어왔습니다. 아담 한 사람으로 말미암아 사망이 그 한 사람을 통하여 왕 노릇 하였으나 한 분 예수 그리스도를 통하여 생명 안에서 왕 노릇 하신다(롬 5:12, 17)고 성경은 말씀합니다. 우리는 죄악을 인정하여야 하는데 죄는 결코 사소한 것이 아니고 작은 죄가 큰 죄를 낳게 되는 것입니다. 마음속으로 품은 미움과 시기가 겉으로 살인으로 이어지는 행동까지 낳게 되는 것입니다.

우리는 자신의 죄를 사소한 잘못 정도로 생각하면 안 됩니다. 죄는 하나님께 대한 반역이요 배은망덕이고 야비한 것입니다. 죄는 과녁에서 빗나간 것을 의미합니다. 죄는 인간이 육신적으로 고통 받고 있는 암보다 더 심각한 것입니다. 우리는 죄인 줄도 모르고 무지하여 지은 죄가 수천 가지가 됩니다. 하나님을 알지 못하는 자연인들의 악한 생각이나 욕망은 얼마나 큰 죄인지 모릅니다. 인간 본성 안에 있는 죄성은 독인데, 이것이 수십 가지 수백 가지의 형태로 자신을 드러내는 것입니다. 자신이 교만함에도 불구하고 교만함과 오만 불손을 인정하지 않으려고 하는 것입니다. 성령으로부터 밝은 빛이 흑암 중에 비치지 아니하면 그 누구도 자신의 죄악에 대하여 심각함을 깨닫지 못하게 되는 것입니다.

그리고 우리 주님의 십자가의 죽으심은 대속의 죽음인 것입니다. "인자가 온 것은 섬김을 받으려 함이 아니라 도리어 섬기려 하고 자기 목숨을 많은 사람의 대속물로 주려 함이니라"(막 10:45)고 주님은 말씀하십니다. 사람이 지은 죄의 값은 사망인데 이 죄가 얼마나 많습니까? 상상할 수 없을 정도로 우리의 죄는 많으니 머리털보다 많을 것입니다. 그런데 죄 없으신 우리 구주 예수 그리스도께서 저주의 상징인 나무 십자가에서 죽으신 것은 우리들의 죄를 대신하여 죽으신 대속의 죽음인 것입니다. 그러므로 십자가에 못 박히신 예수를 나의 구주로 영접하기만 하면 하나님의 자녀가 되는 것입니다(요 1:12). 예수 믿고 하나님의 백성이 된 사람은 이 세상에서 출세하고 성공한 사람의 기쁨과는 비교가 안 됩니다.

예수 그리스도의 십자가로 죄를 이기고 사는 사람은 하나님의 영광을 드러내는 가장 가치 있는 삶을 살게 되는 것입니다. 우리는 예수 그리스도의 보배로운 피로 사신 바 된 사람들입니다. 우리의 먹과 같이 검은 죄는 사함을 받았고, 우리는 구주 예수 그리스도와 함께 공동 상속자가 되었기 때문입니다. 그러므로 우리는 구원을 어디에서 찾아야 합니까? 십자가에 못 박히신 예수를 바라보고 그분에게서 구원을 발견해야 합니다. 왜냐하면 우리 구주 예수 그리스도께서는 그를 믿고 의지하는 모든 사람을 그의 보배로운 피로 구속하셨기 때문입니다.

이 순간이라도 예수를 나의 구주로 영접합시다. "우리가 연약할 때에 기약대로 그리스도께서 경건하지 않은 자를 위하여 죽으셨도다"(롬 5:6)라고 성경은 말씀합니다. 우리와 같이 경건하지 않은 자들을 구원하시는 하나님의 아들의 저 놀라운 죽으심을 바라보시기를 소원합니다. 그러면 우리의 경우에도 구원이 예수 그리스도의 십자가로부터 온다는 것이 확인될 것입니다.

2. 십자가로 율법의 증서와 사탄의 세력을 무력화시킨 것입니다. (14-15절)

"우리를 거스르고 불리하게 하는 법조문으로 쓴 증서를 지우시고 제하여 버리사 십자가에 못 박으시고"라고 성경은 말씀합니다. 율법의 법조문과 증서는 우리를 정죄하고 불리하게 합니다. 왜냐하면 율법대로 살지 아니하면 정죄와 저주를 받기 때문인 것입니다. 그런데 우리 구주 예수 그리스도께서 율법의 증서를 제하시고 십자가에 못 박으신 것입니다. 아무리 사탄이 우리를 향하여 율법대로 살지 못하였다고 정죄하여도 우리 구주께서 율법의 증서를 제하셨기 때문에 자유를 얻은 것입니다.

율법은 우리들에게 전체를 지켜달라고 요구하지만, 아담의 후손으로 죄성을 가진 인간은 율법을 온전하게 지킬 수가 결코 없는 것입니다. 예를 들어 십계명 가운데 한 가지 계명만 지키지 못하면 계명 전체를 범하게 되는 것입니다. 아담의 후손인 인간은 그 누구도 율법을 온전히 지킬 자가 없는 것입니다.

우리 주님께서 율법의 증서를 제하시고 십자가에 못 박으신 것은 십자가 위에서 하나님께 자신을 대속의 제물로 단번에 드리시고 정죄하는 율법의 문서를 폐기시키신 것을 의미합니다. 사도 바울은 "그러므로 내 형제들아 너희도 그리스도의 몸으로 말미암아 율법에 대하여 죽임을 당하였으니"(롬 7:4)라고 성경은 말씀합니다. 그는 율법이 죽었다고 말하지 않고 너희도 율법에 대하여 죽었다고 증언합니다.

그리고 "이제는 우리가 얽매였던 것에 대하여 죽었으므로 율법에서 벗어났으니"(롬 7:6)라고 성경은 말씀합니다. 여기서 "벗어났다"는 단어의 원문의 뜻은, 우리가 율법에 대해서는 무효화되었다는 의미인 것입니다. 율법 자체가 사람을 정죄하고 처벌하는 능력이 상실되었다는 뜻입니다. 왜냐하면 우리 구주께서 십자가에서 단번에 희생제물로 율법의 증서를 제거시켰기 때문입니다. "그리스도께서 우리를 위하여 저주를 받은 바 되사 율법의 저주에서 우리를 속량하셨으니 기록된 바 나무에 달린 자마다 저주 아래에 있는 자라 하였음이라"(갈 3:13)고 성경은 말씀합니다. 유대인의 십계명이나 종교의식과 규례를 가지고는 구원 받을 수가 없습니다. 율법은 인간의 최선을 요구하지만 우리 구주 예수 그리스도의 십자가는 인간의 최악도 허용합니다.

영국의 스펄전 목사는, 하나님은 우리로 하여금 "자신의 의"(Self-Righteousness)와 "자기를 신뢰하는 것"(Self-Confidence)을 포기하고 예수 그리스도에게 나와서 그분의 손을 잡으라고 강조합니다. 예수를 믿지 아니하는 사람들 중에는 자신의 의를 강조하기도 합니다. 그러나 인간이 선을 조금 행하고 의를 드러냈다고 하여 구원을 받는 것은 아닙니다. 질그릇처럼 깨어지기 쉬운 인간은 누구를 막론하고 율법으로는 절대로 구원을 받을 수가 없는 존재입니다. 오직 우리 구주 예수 그리스도의 십자가의 보혈로만이 죄인이 구원을 받게 되는 것입니다.

그러므로 우리 구주 예수 그리스도 안에 있는 자에게는 결코 정죄함이 없는 것입니다(롬 8:1). 매 순간마다 웬 은혜요 감사요 찬송과 기쁨입니까? 그것은 구주 예수 그리스도께서 우리의 죄를 깨끗이 씻어주셨기 때문입니다. 전적으로 타락한 우리 죄인들은 어머니의 모태로부터 죄 중에서 출생하고 죄 가운데 살아가지만 구주의 보혈로 오염된 죄들이 눈과 같이 희게 된 것입니다.

우리 구주는 우리가 세상 사는 동안에 죄책과 죄악의 뼈저린 고통과 크게 낙심하였을 때에 "수고하고 무거운 짐 진 자들아 다 내게로 오라 내가 너희를 쉬게 하리라"(마 11:28)고 말씀하십니다. 누구든지 주님 앞으로 나아오기만 하면 그들의 무거운 짐을 벗겨주시고 가볍게 하십니다. 우리는 단순히 형식적인 믿음을 가지고 신앙생활을 해서는 안 됩니다. 왜냐하면 그들은 구주 예수 그리스도의 보혈로 구원받은 감격을 모르기 때문입니다. 평범하고 습관적인 종교의식과 전통을 지키는 것은 매우 빈약한 것입니다.

종교인으로 인간적인 수양을 하기에는 좋다고 할 정도라면, 그들은 환난 때에는 정말로 불안하고 두려운 것입니다. 그러나 율법으로는 온전하게 살 수 없어도 우리 구주 예수 그리스도의 십자가를 생각하면 주를 위하여 살겠다는 결단과 고백이 간절하게 되는 것입니다. 만약에 율법을 지켜야만 구원을 얻을 수 있다면 구원받을 자가 누가 있겠습니까? 우리는 조용히 무릎을 꿇고 앉아 묵상합시다. 죄에 대하여 공의로 심판하시는 하나님을 바라보고 인간의 모든 죄를 담당하시기 위하여 십자가에 매달리신 우리 구주를 묵상합시다. 율법의 증서와 법조문을 제하시고 십자가에 못 박으신 우리 주님을 찬양합시다.

15절에 보면 "통치자들과 권세들을 무력화하여 드러내어 구경거리로 삼으시고 십자가로 그들을 이기셨느니라"고 성경은 말씀합니다. 여기서 "통치자들과 권세들"은 '타락한 악한 천사'들을 의미합니다. 악한 천사들은 자기의 위치를 떠나 타락하여 죄와 허물로 죽어있는 이 세상을 지배하는 자들입니다. 그리고 "무력화하다"라는 단어는 헬라어로 〈아페크뒤오마이 apekdyomai〉입니다. 이 말은 '무장해제하다'라는 뜻입니다. 즉, 전쟁에서 승전한 장군이 패전한 포로들을 사로잡아 그들의 무기를 무장해제하는 것을 의미합니다. 악한 천사들이 지니고 있는 죽음의 권세와 흑암의 세력들을 무장해제 시킨 것을 의미합니다. 언제라도 율법의 증서와 법조문은 우리에게 저주가 되어 거스르고 사탄의 권세는 우리를 불리하게 합니다.

그러나 구주 예수 그리스도는 하나님의 공의를 만족시키고 십자가상에서 그의 보혈로 우리를 죄로부터 구원하신 것입니다. 우리 구주 예수 그리스도의 십자가의 보혈로 용서하시는 것입니다. 율법은 한 계명이라도 어기면 모든 계명을 파기하는 것이 되지만 아무리 큰 죄인이라도 우리 구주 예수 그리스도 안에 있기만 하면 새로운 피조물이 되는 것입니다(고후 5:17). 왜냐하면 이전 것은 지나갔기 때문입니다. 과거의 불신앙과 교만도 다 지나가 버린 것입니다. 지나가 버린 것을 다시 찾을 필요가 없는 것입니다. 왜냐하면 우리 구주 예수 그리스도께서 악의 세력들을 무력화 시켰기 때문입니다. 주님은 원시복음인 창세기 3장 15절의 말씀을 성취하신 것입니다. "내가 너로 여자와 원수가 되게 하고 네 후손도 여자의 후손과 원수가 되게 하리니 여자의 후손은 네 머리를 상하게 할 것이요 너는 그의 발꿈치를 상하게 할 것이니라"고 성경은 말씀합니다.

구주 예수 그리스도는 사탄의 세력을 박멸하시고 죄인들을 구원하시기 위하여 십자가에서 단번의 희생으로 이루신 것입니다. 우리 구주는 십자가의 죽음을 통하여 죽음의 세력을 잡은 자 곧 마귀를 멸하신 것입니다(히 2:12). 사도 요한은 "죄를 짓는 자는 마귀에게 속하나니 마귀는 처음부터 범죄함이라 하나님의 아들이 나타나신 것은 마귀의 일을 멸하려 하심이라"(요일 3:8)고 증언합니다. 그러므로 우리는 율법과 저주와 사망으로부터 해방된 것입니다. 우리 구주의 십자가의 보혈의 능력과 은혜로 구원받은 자들을 "흑암의 권세에서 건져내사 그의 사랑의 아들의 나라로 옮기신"(골 1:13) 것입니다.

15절에 보면 "구경거리로 삼으시고 십자가로 그들을 이기셨느니라"고 성경은 말씀합니다. 우리 구주 예수 그리스도는 십자가에 죽으심으로써 사탄의 권세를 깨트리신 것입니다. 마귀를 정복하고 무력화시키시고 구경거리로 삼으십니다. 영국의 매튜 헨리 목사는 "악한 어둠의 세력들을 공개적 수치의 대상으로 삼고 천사들과 사람들의 구경거리로 삼으셨고, 마귀의 나라가 받은 공격 가운데 주 예수 그리스도로부터 받은 공격만큼 치명타는 없었다."고 설명했습니다. 사탄이 죄 없으신 예수를 죽임으로 승리의 개가를 부른 것 같았지만 사탄의 모든 세력을 무력화시킴으로 영원한 수치를 맛보게 하신 것입니다. 칠십인 전도단이 우리 주님에게 전도보고를 할 때에 주의 이름이면 귀신들도 우리에게 항복하였다고 증언합니다. 이때에 주님은 "사탄이 하늘로부터 번개같이 떨어지는 것을 내가 보았노라"(눅 10:17-18), 이렇게 사탄의 권세를 무력화시킨 것입니다. 이런 일들이 우리 구주께서 십자가로 이기심으로 일어난 것입니다.

  15절에 "십자가로 그들을 이기셨느니라" 이 말씀은 우리 구주 예수 그리스도께서 십자가상 위에서 사탄을 이기셨다는 뜻입니다. 인간적으로나 세상적인 관점에서 보면 십자가에 죽는 것은 수치요 저주입니다. 그러나 우리 구주께서 십자가에서 죽으심은 사탄의 머리를 깨트리시고 율법과 죽음과 우리를 영원한 멸망의 포구로부터 구원하신 승리의 사건인 것입니다. 구주께서 우리를 위하여 지신 나무 십자가는 그리스도의 궁극적 승리의 근거가 되는 것입니다. 우리 구주 예수 그리스도는 십자가에서 승리하신 것입니다. 왜냐하면 우리 구주께서 십자가에 죽으심으로 모든 사탄의 세력과 원수들을 완전히 패배시켰기 때문입니다. 그러므로 예수를 나의 구주로 믿는 우리들은 먼저 승리하고 사탄과 싸우는 것입니다. 구주께서 십자가에서 승리하셨기 때문에 우리도 승리하고 계속 전투하는 것입니다.

  우리 구주는 가장 낮아지신 십자가와 죽음과 매장에서 가장 존귀하게 하나님 우편 보좌에 앉아 계신 것입니다. 우리가 믿음의 눈으로 십자가를 바라보면, 십자가는 하나님의 사랑이 우리 죄인들에게 구체적으로 나타난 것입니다. 예수를 나의 구주로 믿는 자에게는 이미 죄와 저주와 사망으로부터 우리를 생명으로 옮겨 주신 것입니다. 왜냐하면 구주께서 우리를 대신하여 십자가에서 죽으셨기 때문입니다. 사람의 폐가 공기를 빨아들이듯이 믿음은 지속적으로 용서하시고 도우시고 위로를 주시는 하나님의 긍휼을 받아들이는 것입니다.

구주 예수 그리스도에게는 십자가에서 희생제물이 되심으로 우리의 구속자가 되신 것입니다. 아무리 선한 사람이 십자가에 죽는다고 하여도 죄인을 구원할 수가 없습니다. 왜냐하면 인간은 상대적인 기준에서 선량하다고 할 수는 있지만 죄악의 본성을 그대로 가지고 있기 때문에 사람이 사람을 구원할 수가 없는 것입니다. 오직 하나님과 사람 사이에 중보자이신 우리 구주 예수 그리스도만이 십자가에 죽으심으로 죄인을 구원할 수가 있는 것입니다. 왜냐하면 우리 구주만이 무죄하고, 사람의 몸을 가지신 하나님의 아들이시기 때문입니다. 그러므로 그 잔인하고 포악한 십자가에서 다 이루셨다고 말씀하신 것입니다. 오직 우리 구주 예수 그리스도만이 만왕의 왕이요 만주의 주로서 모든 나라들을 통치하고 계시는 것입니다.

우리 구주 예수 그리스도는 충성된 증인이십니다. 그분은 "우리를 사랑하사 그의 피로 우리 죄에서 우리를 해방하시고"(계 1:5)라고 성경은 말씀합니다. 우리 구주는 하나님의 뜻에 언제나 신실한 증인이셨고 하나님은 그의 아들을 통하여 말씀하십니다. 왜냐하면 그는 우리를 결코 속이지 아니하시는 신실한 증인이시기 때문입니다. 구주께서는 그의 피로 우리를 죄로부터 속량하십니다. 죄는 영혼을 더럽히고 죄책과 얼룩진 것을 남기는데, 이런 죄책과 오염을 제거하고 씻어낼 수 있는 것은 오직 우리 구주 예수 그리스도의 보혈뿐입니다. "피 흘림이 없은 즉 사함이 없느니라"(히 9:22)고 성경은 말씀합니다. 유대인들의 종교의식 가운데 피 흘림이 없는 의식은 죄가 제거되지 않았습니다. 죄는 반드시 대속물이 없이는 결코 사함 받지 못합니다. 그러므로 우리는 예수 그리스도를 떠나서는 아무 소망이 없는 것입니다. 아무리 수천 수만의 소와 양과 염소의 제물을 드린다고 하여도 그것은 일시적인 죄를 중지시켰을 뿐입니다. 그러나 우리 구주 예수 그리스도의 십자가의 죽음은 영원한 속죄의 효력이 있는 것입니다.

아브라함과 이삭과 야곱은 앞으로 오실 메시아 예수 그리스도를 믿었고, 우리는 오신 메시아 예수 그리스도를 믿는 것입니다. 그분은 우리 죄를 사하시고 영원한 지옥의 권세에서 건져주신 분이십니다. 우리 구주의 십자가의 죽음은 한 번이면서 영원하고, 한 번이면서 완전한 대속의 죽음인 것입니다. 그분은 하나님의 아들이시요 독특하신 독생자이시며 전능하신 하나님이시며 장차 온 세상을 심판하실 심판주가 되십니다. 아무리 악한 사람이라 할지라도 예수를 나의 구주로 영접하면 그의 모든 죄와 더러운 양심을 청결하게 하십니다. 우리의 죄책과 괴로움에서 깨끗한 양심으로 회복되는 유일한 길은 오직 우리 구주 예수 그리스도의 십자가 보혈뿐인 것입니다. 우리 구주 예수 그리스도의 피가 믿음과 기쁨과 거룩한 은혜의 근본인 것입니다.

우리가 이 세상을 떠나서 주님과 같이 부활하여 천국에 들어가게 되는 날에는 죄와 죽음과 지옥의 권세를 이기신 우리 구주를 만나게 될 것입니다. 왜냐하면 이 만남은 예수를 나의 구주로 믿은 자들에게 주시는 은혜이기 때문입니다.

결 론

손에 못 자국이 있으신 분은 "내가 문이니 누구든지 나로 말미암아 들어오면 구원을 받고 또는 들어가며 나오며 꼴을 얻으리라"(요 10:9)고 성경은 말씀합니다. 천국으로 들어가는 유일한 문은 예수 그리스도이시고, 그분의 보혈을 믿는 자는 구원을 받습니다. 십자가는 인간을 본질적으로 새롭게 변화시키는 하나님의 능력이며 험한 세상을 살아가는 데 유일한 푯대는 십자가의 복음인 것입니다. 절대로 낙심과 절망에 빠지지 마십시오. 왜냐하면 우리 구주 예수 그리스도께서 십자가의 고난을 이미 통과하셨기 때문입니다. 인생의 모든 염려와 상처와 죄를 휩쓸어가게 하시는 분이 우리 구주 예수 그리스도이십니다.

예수 그리스도의 피는 "우리를 모든 죄에서 깨끗하게 하십니다"(요일 1:7). 그리스도의 피는 보배롭고 성결하게 하는 능력이 있습니다. 인간은 마치 깨어진 유리조각과 같은 존재이고 하나님 앞에 어떤 공로나 가치도 없지만, 그분은 전도의 미련한 것으로 믿는 자들을 구원하시기를 기뻐하십니다. 우리는 어떤 전통이나 종교 의식에만 치중하다가 살 것이 아니라 십자가에 못 박히신 우리 구주 예수 그리스도처럼 살다가 죽어야 합니다. 그러므로 우리는 서 영원한 천국에 들어갈 때까지 우리 구주 예수 그리스도를 높이고 십자가를 자랑하고 한 영혼이라도 더 전도하여 하나님께 영광 돌리시기를 우리 주님의 이름으로 간절히 축원합니다.

28
신앙인의 자본
[디모데후서 1:3-5]

서 론

세상에 있는 인생에게 그의 날이 품꾼의 날과 같다고(욥 7:1)고 성경은 말씀합니다. 이것은 인생이 이 세상에 영원히 안주할 수 있는 것이 아님을 시사합니다. 나그네 인생은 잠시 머물다 가는 장막 집에 거주할 뿐입니다. 오늘날 현대인들은 돈이나 기술이나 지식과 지적 능력을 자본으로 삼고 살아갑니다. 생존경쟁이 심하고 무한 경쟁의 시대에 사는 사람들에게는 두말할 것 없이 필요한 요소라고 인식됩니다.

미국 동부 보스턴에 소재하고 있는 하버드 대학이 350주년 기념식을 행사할 때에도 총장이 입학하는 신입생들에게 두 가지 목표를 말합니다. 첫째가 돈이요 둘째가 힘이라는 것입니다. 이것을 생의 신념으로 삼기에 이 목적을 달성하기 위하여 불철주야로 수고하며 목숨을 다 바쳐 달려갑니다. 인생들은 전혀 쉼이 없이 무작정 달려가듯이 뛰기에 자신이 어느 자리에 서 있는지도 모르는 것입니다. 사실 돈이 없으면 사람들은 초라하고 무기력해지고 자존감도 무너지고 물질 때문에 울기도 하고 고뇌도 합니다.

그러나 신앙의 세계에는 이 모든 것들보다 더 중요한 자본이 있는데 그것은 믿음의 자본인 것입니다. 믿음이 없는 물질을 잘못 사용하면 방탕과 악의 도구에 지나지 않습니다. 오히려 돈 때문에 부끄럽게 되며 망하게 되기도 합니다. 우리는 성공개념으로 세상을 살아가서는 안 됩니다. 이 말은 그리스도인에게 성공을 포기하라는 말이 아닙니다. 당연히 성공해야 하는데 믿음을 저버린 성공과 출세만을 기대해서는 안 된다는 말입니다. 우리는 어떤 상황에서라도 하나님의 절대주권을 믿고 의지하면서 살아야 합니다. 아무리 세상에서 출세하고 성공했다고 할지라도 믿음이 없는 성공은 실패의 자리로 떨어지게 되는 것입니다. 그러므로 믿음이 없는 지식과 지적 능력도 아무런 쓸모가 없는 것입니다.

오늘 본문의 배경을 살펴보면, 사도 바울에게 믿음의 아들인 디모데라는 젊은 청년 목회자가 있습니다. 그는 비교적 내성적이고 조용한 성격의 소유자라고 신학자들은 추측합니다. 이런 성격으로 인하여 그는 좀 더 강하고 담대하게 성품을 계발하도록 훈련 받을 필요가 있었던 것입니다. 특별히 그는 예수를 그리스도라고 증언하는 일에 부끄러워하지 말라고 권면을 받기도 했습니다. 이것을 보면 그는 열정적인 사람이 아닌 것 같습니다. 또한 우리 주 예수 그리스도의 좋은 군사로서 고난을 받을 것도 훈계를 받습니다. 복음을 전하는 사람은 우리 주 예수 그리스도로 충만하여야 합니다.

경건이란 주님으로 가득 차 있는 것을 의미합니다. 그러므로 그에게 뒤에 머물지 말고 앞으로 전진해 나갈 것과 네 연소함을 업신여기지 못하게 하라고 바울은 권면합니다. 목회자가 연소하더라도 영적인 권위가 있어야 하는 것입니다.

오늘 본문에서 노 사도 바울은 믿음의 아들 디모데에게 하나님의 사람이 갖추어야 할 자본을 권면하고 있습니다.

1. 거짓 없는 믿음입니다. (5절)

"이는 네 속에 거짓이 없는 믿음이 있음을 생각함이라 이 믿음은 먼저 네 외조모 로이스와 네 어머니 유니게 속에 있더니 네 속에도 있는 줄을 확신하노라"라고 성경은 말씀합니다. 여기서 "거짓이 없는"이란 단어는 헬라어로 〈아뉘포크리토스 anhypokritos〉입니다. 이 말은 '가식이 없는 진정하고 성실한' 믿음을 의미합니다. 바울이 믿음의 아들 디모데에게 칭찬하였던 것은 돈이 많고 명성이 있는 것을 말하지 아니하고, 거짓이 없는 믿음을 높이 평가하였던 것입니다. 바울은 거짓이 없는 단어를 믿음에도 사용하고, 사랑이라는 단어에도 사용합니다. 그는 젊은 목회자 디모데 속에 거짓이 없는 믿음이 있음을 확신한다(5절)고 증언합니다.

이 말은 '신뢰하다'를 의미합니다. '나는 확신 위에 서 있다'라는 뜻입니다. 즉, 나는 네가 거짓이 없는 믿음과 사랑이 네 속에 있음을 확신한다는 것입니다. 거짓이 없는 믿음은 거짓이 없는 사랑과 관련을 맺습니다. 사랑에는 거짓이 없어야 하는 것처럼 믿음에도 거짓이 없어야 하는 것입니다. 왜냐하면 신앙의 본질은 진실이기 때문입니다.

오늘날에 믿음이 있다고 하면서 조금 친해지면 돈을 빌려달라고 하면서 유혹합니다. 이로 인하여 피해를 입은 자가 많기에 매우 조심해야만 합니다. 허위와 반쪽 믿음을 가지고서는 온전하게 설 수 없는 것입니다. 믿음이 있다고 해도 위선과 가식이 있다면 아무 소용이 없는 것입니다. 하나님은 누구에게든지 거짓이 없는 믿음을 요구하시기 때문입니다. 진실함이 없는 믿음은 거짓인 것입니다. 하나님과의 관계에 있어서도 진실함이 있어야 하고 사람과 사람 사이에도 진실함이 있어야 바른 관계가 유지되는 것입니다. 하나님은 그 뜻이 변하지 아니하시고(히 6:17) 그분은 미쁘신 분이십니다(히 10:23). 그리고 "예수 그리스도는 어제나 오늘이나 영원토록 동일하시니라"(히 13:8)라고 성경은 말씀합니다.

그러므로 하나님은 진실을 거짓으로 거짓을 진실로 잘못 보시는 일이 없고, 하나님 앞에서는 거짓이 용납될 수 없으며 가식이 결코 받아들여지지 아니하는 것입니다. 우리 그리스도인들이 강하게 되는 비결은 오직 믿음으로만 가능하게 됩니다. 믿음이 본질상 최고의 질서에 속하는 덕이 됩니다. 믿음에도 여러 가지가 있는데, 위선적인 믿음이 있고 진실한 믿음이 있습니다. 위선적인 믿음은 눈가림하는 신앙이지만, 거짓 없는 믿음은 진실한 믿음이고 살아있는 즉 생동하는 믿음입니다. 경건의 모양은 있지만 경건의 능력이 없는 사람들이 있습니다.

《천로역정》의 저자인 존 번연은 "외식하는 자는 밖에서는 성자요 집에서는 마귀다."라고 말했습니다. 교회 이름만 걸고 형식적으로 교양강좌를 듣는 것처럼 생각하고 교회에 나가는 자들은 신앙인이 아니라 종교인인 것입니다. 하나님을 향한 진실성이 없는 예배는 아무런 의미가 없는 것입니다.

디모데는 신앙교육을 어려서부터 받은 사람입니다. "또 어려서부터 성경을 알았나니 성경은 능히 너로 하여금 그리스도 예수 안에 있는 믿음으로 말미암아 구원에 이르는 지혜가 있게 하느니라"(딤후 3:15)고 성경은 말씀합니다. 아마도 그는 이 말씀을 보아서 외조모와 어머니로부터 하나님의 말씀을 듣고 배우면서 성장하였을 것입니다. 어려서부터 성경으로 교육을 받고 지도를 받았기에 신앙 인격이 아름답게 형성되었던 것입니다. 가능하면 신앙교육은 어려서부터 받는 것이 좋습니다. 청소년 시절이나 장년에 혹은 노년에 예수 믿고 구원받는 자들도 있습니다. 그러나 신앙의 뿌리가 약하여 흔들리고 넘어지기가 쉽습니다. 미지근한 신앙 같아도 신앙의 뿌리를 깊이 내리는 것이 좋습니다.

영국교회가 쇠약해졌어도 지금도 어려서 신앙교육을 받은 소수의 신앙인들은 성경과 수백 년 전의 청교도들의 설교와 신학자들의 주석을 그대로 보고 있다는 것입니다. 일반적으로 신앙 간증과 수기를 통해서도 은혜를 받기도 합니다. 그러나 이런 것들은 일시적이며 영원히 지속되는 것은 아닙니다. 그렇지만 성경은 오류가 없으므로 성경교육을 잘 받으면 모범적인 신앙의 사람이 될 수 있는 것입니다.

사도 바울은 그의 서신에서 "누구든지 다른 교훈을 하며 바른 말 곧 우리 주 예수 그리스도의 말씀과 경건에 관한 교훈을 따르지 아니하면 그는 교만하여 아무 것도 알지 못한다"(딤전 6:3-4)고 성경은 말씀합니다. 사람에게 있어서 무엇보다도 신앙의 교만이 얼마나 무서운지 모릅니다. 하나님의 말씀 듣기를 거부하고 다른 교훈에 귀를 기울이기 때문에 교만하게 되는 것입니다. 자기관리를 하나님의 말씀으로 무장하지 아니하면 진리를 손실하게 되는 것입니다. 하나님의 말씀인 진리의 지배를 받지 아니하면 겉으로 나타나는 경건을 가지고 하나님의 이름을 높이고 영광 돌리는 것이 아니라 자기 공명주의에 빠지게 되는 것입니다. 하나님의 말씀으로 충만하지 아니하면 자신도 모르게 다른 교훈을 받고 따르게 되는 것입니다. 성경적인 것인지 비성경적인 것인지 분간을 못한다면 얼마나 안타깝고 답답한 일입니까?

"그러나 자족하는 마음이 있으면 경건은 큰 이익이 되느니라"(딤전 6:6)고 성경은 말씀합니다. 가장 힘들고 어려운 고비를 넘겨보셨습니까? 그때에 자족을 배우셨을 것입니다. 우리 그리스도인의 자본은 우선순위가 믿음인 것입니다. 물질보다 더 중요한 것이 믿음입니다. 우리는 믿음을 소유하되 보통 믿음이 아니라 거짓이 없는 믿음으로 무장하여야 하는 것입니다. 젊은 목회자인 디모데의 삶 자체가 경건의 삶으로 이어졌기에 거짓이 없는 신앙의 가문을 이어갔던 것입니다.

우리들도 당대는 물론이요 우리 후손들에게 거짓 없는 신앙으로 믿음의 유산을 물려줄 수 있기를 간절히 소원합니다. "나를 사랑하고 내 계명을 지키는 자에게는 천 대까지 은혜를 베푸느니라"(신 5:10)고 성경은 말씀합니다. 이 말씀은 문자적으로 천 대만 말씀하는 것이 아니라 무한대로 은혜를 베푸시는 것을 의미합니다. 우리들도 후손들에게 재산을 물려주는 것도 중요하지만 무엇보다 더 중요하고 긴급한 것은 거짓이 없는 신앙의 유산을 물려주어야 하는 것입니다. 신앙의 유산을 받은 자손들은 하나님을 경외하며 살 것이고 우리 구주 예수 그리스도의 증인으로 살아갈 것입니다.

독수리 두 마리가 땅 바닥에서 잠을 자는데 어떤 독수리가 살아있고 죽었는지 알 수가 없습니다. 어떤 젊은이가 막대기를 가지고 날개를 건드려 봅니다. 살아있는 독수리는 바로 날개를 움직이며 공중으로 올라갑니다. 그러나 다른 독수리는 막대기로 살짝 건드려 보는데 움직이지 아니하므로 다시 힘차게 내리치는데도 움직이지를 않습니다. 그 이유는 이미 죽었기 때문입니다. 죽은 믿음은 생명이 없지만 거짓 없는 믿음은 생동하는 믿음이요 생명을 주는 믿음이기도 합니다.

믿음의 사람 욥은 "내가 죽기 전에는 나의 온전함을 버리지 아니할 것이라"(욥 27:5)라고 증언합니다. 이 말이 무엇을 의미합니까? 욥은 절망할 수밖에 없는 환경에서도 죽기 전에는 온전한 믿음을 끝까지 지키겠다는 것입니다. 하나님은 우리가 생명까지라도 드릴 수 있는 진실한 믿음을 원하십니다.

연꽃은 별로 깨끗하지 못한 물에서 자랍니다. 물이 지저분하지만 꽃은 매우 아름답습니다. 꽃으로만 보아서는 추잡한 물에 있는 것이 이해가 되지 아니합니다. 그러나 물밑을 보게 되면 그 뿌리는 맑은 물이 흐르는 방향으로 휘어져있음을 보게 됩니다. 이것이 그리스도인이 세상에서 존재하는 믿음이라고 할 수 있습니다.

디모데의 마음속에는 거짓이 없는 믿음이 있었는데, 고난을 견디는 믿음입니다. 보통 사람들은 고난이 있을 때 믿음에서 떠나기도 하고 신앙생활을 쉬기도 합니다. 그러나 디모데는 고난 속에서도 인내하는 믿음으로 승리합니다. 이 믿음이 거짓 없는 믿음입니다. 하나님은 이런 믿음을 기뻐하시고 인정하십니다.

　디모데는 이방인인 헬라인 아버지와 유대인 어머니 사이에서 출생한 사람입니다. 비록 디모데의 아버지는 헬라인이기에 예수를 믿지 아니하였지만(행 16:1), 어머니와 외조모는 훌륭한 신앙의 소유자입니다. 유대 사회는 모계 사회이므로 어머니의 신앙 양육이 매우 중요한 것입니다. 아버지가 신앙을 지도하는 것보다 어머니의 교육이 더 영향력을 미치는 것입니다. 디모데의 거짓 없는 믿음은 하루아침에 이루어진 것이 아닙니다. 조상 적부터 섬겨오는 외조모 로이스와 어머니 유니게 속에 있는 신앙이 디모데에게 전수된 뿌리 깊은 신앙인 것입니다. 이 신앙을 대대로 자손들에게 유산으로 물려주어야 하는 것입니다. 신앙의 유산을 물려주되 거짓 없는 믿음을 남겨주어야 하는 것입니다.

　우리 하나님은 거룩하신 분이시기 때문에 깨끗하고 순수한 믿음의 소유자를 기뻐하시는 것입니다. 디모데가 생존하던 세계는 헬레니즘(Hellenism) 문화, 즉 인본주의 세계입니다. 디모데는 어떤 면에서 보면 아버지의 영향을 받아 헬레니즘을 선택할 수도 있었습니다. 그러나 그는 어머니의 신앙을 이어받아 거짓 없는 믿음의 사람이 되었던 것입니다. 만약에 디모데가 다신교적인 헬레니즘을 선택하였다면 위대한 믿음의 사람이 되지 못하였을 것입니다.

　어떤 면에서 그리스도인은 나그네의 삶을 사는 것입니다. 세상에서 잠시 신앙생활 하면서 머물다가 우리 구주 예수 그리스도의 복음을 증거하는 삶을 사는 것뿐입니다. 그러기에 이 세상 욕심을 포기하지 않으면 주님의 자녀로 살아갈 수가 없는 것입니다. 오직 순수한 믿음, 거짓 없는 믿음이 불가능을 극복하며 하나님을 기쁘시게 합니다. 거짓 없는 순수한 믿음이 있는 한 시험과 고난이 있어도 순교를 각오하는 신앙을 드러냅니다.

여러분, 겨자씨를 아십니까? 겨자씨는 씨 중에서도 가장 작은 씨입니다. 고추씨보다 더 작습니다. 그런데 이 겨자씨의 특징이 있습니다. 겨자씨가 자극과 상처를 받으면 뚫고 나가는 힘이 있습니다. 우리 그리스도인들도 믿음의 손상을 받는다면 주저앉지 아니하고 역경을 뚫고 나가는 전진하는 역사가 나타나시기를 소원합니다.

종교개혁자 마틴 루터가 종교개혁에 성공할 수 있었던 비결도 오직 믿음이었던 것입니다. 믿음만이 승리를 가져오는 것입니다. 여호수아는 이스라엘 백성들에게 "만일 여호와를 섬기는 것이 너희에게 좋지 않게 보이거든 너희 조상들이 강 저쪽에서 섬기던 신들이든지 또는 너희가 거주하는 땅에 있는 아모리 족속의 신들이든지 너희가 섬길 자를 오늘 택하라 오직 나와 내 집은 여호와를 섬기겠노라"(수 24:15)고 증언합니다. 여호수아가 자신과 그의 집은 여호와를 섬긴다고 선포하는 것을 보면 참으로 훌륭한 신앙의 장군입니다.

오늘날 안타깝게도 한국과 미국, 유럽 기독교 신자들이 예수 믿다가 쉬는 자들이 너무나 많습니다. 심지어 교회 직분을 가진 자들 중에도 주일을 지키지 아니하고 자연으로 돌아가 휴식하는 자들이 많습니다. 정말로 슬프고 괴로운 일들입니다. 우리도 우리 자신과 후손들에게 하나님만 섬기는 신앙의 유산을 물려줄 수 있기를 간절히 소원합니다.

2. 눈물의 기도입니다. (4절)

"네 눈물을 생각하여 너 보기를 원함은 내 기쁨이 가득하게 하려 함이니"라고 성경은 말씀합니다. 여기서 바울은 디모데의 눈물을 생각합니다. 저는 이 말씀을 묵상할 적마다 사도 바울의 눈물을 기억하게 됩니다. "곧 모든 겸손과 눈물이며 유대인의 간계로 말미암아 당한 시험을 참고 주를 섬긴 것"(행 20:19)이라고 성경은 말씀합니다.

목회는 큰 교회나 작은 교회나 사람의 일이 아니고 하나님의 일이기 때문에 항상 기도하지 않으면 시험에 들 수가 있습니다. 하나님이 구원하신 백성들은 그리스도의 보혈의 가치로 볼 때에 참으로 보배롭고 존귀한 자들인 것입니다. 그들을 기쁨과 자원함으로 섬기려면 언제나 눈물의 기도가 요구되는 것입니다. 우리는 기도 시간을 많이 가져야 하는데, 기도를 중단하고 건성으로 하며 서둘러 마치는 것은 자신에게도 이롭지 아니하고 다른 사람의 영혼에까지 큰 어려움을 끼치게 되는 것입니다.

오늘날 이 시대는 교회 안에도 세속주의와 번영신학 이단의 침투로 인하여 영성과 경건을 유지하기가 어려운 때가 되었습니다. 우리는 무엇 때문에 분주해야 하는 것입니까? 하나님 앞에서 긴장하고 땀과 눈물을 흘리는 일이 없다면 기도를 시작조차도 못하고 있다는 것을 알아야 합니다. 기도의 불을 타오르게 하려면 시간이 걸리게 되는 것입니다. 사도 바울은 디모데를 향하여 밤낮으로 쉬지 않고 간구했습니다. 그는 밤과 낮으로 쉬지 아니하고 기도했습니다. 우리도 남을 향하여 협력기도를 한다는 것은 매우 위대한 사역인 것입니다.

누군가가 나를 위하여 기도한다고 할 때에 우리는 힘과 용기와 위로를 받게 됩니다. 바울은 모범적인 데살로니가 교회를 위하여 기도할 때도 항상 하나님께 감사하며 기도했습니다(살전 1:2). 로마 교회를 위하여 기도할 때에도 하나님이 나의 증인이 되시거니와 항상 내 기도에 쉬지 않는다(롬 1:9)고 증언합니다.

우리도 바울처럼 디모데처럼 자신과 가정과 교회와 형제자매들을 위하여 밤낮으로 항상 기도합시다. 기도하고 눈물로 간구하면 하나님은 반드시 응답하여 주십니다. 저는 지금도 안타까운 것은 기도를 한다고 하지만 눈물 기도가 많이 메마른 것에 대하여 가책을 느끼고 있습니다. '주여! 눈물 기도를 회복시켜 주옵소서!' 우리에게 눈물 기도가 회복될 수 있기를 간절히 소원합니다.

영국의 부흥 전도자 조지 휫필드 목사는 자기 회중들에게 이렇게 말합니다. "오! 사랑하는 성도 여러분, 만약 여러분이 잃어버린 영혼이 된다면 그것은 여러분을 위한 제 눈물이 부족하기 때문이 아닙니다. 저는 밤낮으로 여러분을 살려 달라고 하나님께 애원하며 제 영혼을 쏟아 냈기 때문입니다." 이 얼마나 애절한 눈물의 기도인 것입니까?

우리들도 한 영혼 구원에 대하여 이런 기도가 요청되는 시대입니다. "나를 사랑하는 자들이 나의 사랑을 입으며 나를 간절히 찾는 자가 나를 만날 것이니라"(잠 8:17)고 성경은 말씀합니다. 간절하고 눈물이 섞여있는 기도는 하나님을 만나는 통로가 되며, 순수하고 거짓이 없는 믿음을 지속적으로 유지하게 합니다.

바울은 에베소 교회를 위하여 "내가 삼 년이나 밤낮 쉬지 않고 눈물로 각 사람을 훈계하던 것을 기억하라"(행 20:31)고 증언합니다. 이 말씀은 에베소 교회의 성도들에게 주는 말씀입니다. 사도 바울의 목회는 겸손과 눈물의 목회입니다. 이것이 하나님의 영광을 드러내는 사역인 것입니다. 겸손하기만 한다면 어떤 고난이 있을지라도 능히 이기고 극복합니다. 반대로 교만하면 성공하였어도 무너지고 패배하게 될 것입니다. 자비하신 하나님은 기도만 하여도 능력을 주시고 은혜를 받는데 눈물의 기도는 얼마나 위력이 있겠습니까? 사실 우리 하나님은 우리 자신들의 연약함을 아시기에 하나님께 눈물로 호소하는 기도를 받기

원하시는 것입니다.

그리고 바울이 에베소 교회의 목회를 마치고 밀레도 항구에서 서로 작별하게 될 때에는 "다 크게 울며 바울의 목을 안고 입을 맞추었다" (행 20:37)고 성경은 말씀합니다. 이것이 바울의 온유하고 겸손한 모범적인 목회라고 말할 수 있겠습니다. 그러기에 바울은 믿음의 아들 디모데 목사를 위하여 밤낮 간구하였던 것입니다. 그리고 그가 디모데의 눈물을 생각하니 더 보고 싶어 했던 것입니다. 목회자와 온 성도들이 일심동체가 된다면 얼마나 저력 있고 건강한 교회가 됩니까? 하나님의 교회를 섬기고 전도와 해외 선교하는 일은 결코 쉬운 일이 아닙니다. 겸손으로 섬기는 것은 기본 중에 기본이고 그 위에 눈물이 있어야 합니다. 사도 바울과 젊은 목회자 디모데는 눈물의 기도가 있었던 것입니다. 그 눈물이 무기가 되었기에 어떤 간계와 유혹과 시험과 고난도 능히 극복하면서 주님의 존귀하신 사역을 감당할 수 있었던 것입니다. 악한 사람에게는 눈물보다는 독이 나올 것입니다.

그런데 이 눈물이 무엇입니까? 하나님을 사랑하고 교회를 섬기고 영혼을 사랑하는 눈물이라고 봅니다. 그리스도인의 영적 전투의 무기 중에서 강력한 무기가 무엇이라고 생각하십니까? 무엇보다도 중요한 것이 있다면 기도입니다. 새뮤얼 클락은 말하기를 "매일 아침 눈물로 세수를 하는 것보다 하나님의 자녀들의 얼굴을 아름답게 만드는 것은 없다."라고 눈물의 기도를 강조했습니다. 그렇습니다. 우리에게 기도의 눈물은 신앙의 무기요 위대한 무한 자본인 것입니다. 메마른 기도보다는 눈물의 기도가 저력이 있고 사람을 이끄는 힘이 있습니다. 디모데의 눈물은 바로 기도이었습니다. 그의 눈물은 믿음의 눈물이었고, 사명감에 대한 눈물이었습니다.

사도 바울도 겸손과 눈물의 사람입니다. 그러기에 디모데가 사명 감당하려고 눈물 흘리는 기도를 보았을 것입니다. 디모데의 눈물 기도는 인내와 고통과 괴로움의 눈물을 의미합니다. 참으로 목회자에게 눈물의 기도만 있다면 그 기도는 주님을 움직이고 성도들을 감동시킬 것입니다. 진정으로 성도에게 눈물의 기도가 있다면 가정과 이웃을 변화시킬 것입니다. 나라와 민족이 전심으로 하나님께 눈물의 기도를 지속적으로 드린다면 국가의 장래도 하나님이 책임지시고 축복하실 것입니다. 한마디로 눈물의 기도가 있다는 것은 마음속에 주님의 은혜가 있다는 것을 말합니다. 내 힘과 내 능력으로 기도가 뜨거워지는 것이 아니라 주님이 은혜를 부어 주셔야만 능력 있는 기도가 됩니다. 눈물 없는 메마른 기도보다는 눈물의 기도가 하나님께 상달됩니다.

시인은 "여호와께서 내 울음 소리를 들으셨다"(시 6:8)고 증언합니다. 우리에게도 선교현장에서 목회 사역에서 그리고 섬기는 공동체에서 울음소리가 지속된다면 반드시 은혜와 복을 누리게 될 것입니다. 우리에게 눈물의 기도는 참으로 귀하고 아름다운 것입니다. 전능하신 하나님께 부르짖는 눈물의 호소는 하늘나라의 다이아몬드입니다. 눈물의 기도는 힘과 능력이 있고 하늘 보좌를 움직입니다. 만약에 기도가 메마르고 시들어 버리면 사막과 같이 황폐해질 것입니다. 우리에게 눈물의 기도가 있습니까? 눈물의 기도는 내 심령이 영적으로 살아있다는 증거입니다. 기도가 진실하게 드려지기만 한다면 그 모든 약점에도 불구하고 예수 그리스도를 통하여 하나님께 받아들여질 것입니다.

기도는 하나님의 도움을 받는 그릇입니다. 우리가 아무리 기도를 많이 한다고 하여도 하나님이 도와 주셔야만 기도의 힘과 용기가 생기는 것입니다. 기도는 하나님께 은혜와 긍휼을 도움 받는 것입니다. 기도를 게을리 하는 것은 하나님의 도움을 느슨하게 요구하는 것입니다. 기도가 부족하면 하나님의 은혜도 모자라게 됩니다.

믿음의 사람인 욥은 자신이 당하는 고난에 대하여 "나의 친구는 나를 조롱하고 내 눈은 하나님을 향하여 눈물을 흘리니"(욥 16:20)라고 증언합니다. 조롱당할 때에 눈물의 기도를 해보신 적이 있으십니까? 믿음의 사람 욥은 친구가 조롱할 때에 같이 비난하거나 보복하지 아니하고 오히려 하나님을 향하여 눈물을 흘렸습니다.

우리에게 진정한 자본이 무엇입니까? 기도인데 이 기도도 눈물의 기도요 사명감에 대한 눈물의 기도입니다. 하나님의 일은 두뇌와 행정으로 해결되는 것이 아닙니다. 기도의 무릎으로 되고 눈물의 기도로 교회가 질적으로 성숙됩니다. 이 지구상에 있는 교회에 있어서 지나치게 많은 기도란 결코 존재하지 않는 것입니다. 아무리 개인 기도를 5시간 이상 한다고 하더라도 그 기도는 내 힘과 노력으로 했다면 자랑이 되고 교만이 될 것입니다. 그러나 기도를 하면 할수록 부족을 느끼는 것은 한 없이 낮아지는 겸손인 것입니다. 이 겸손이 자신에게서 나는 것이 아니라 하나님의 성품으로부터 받은 것이라야 합니다. 기도도 내 힘으로 하는 것이 아니고 하나님이 힘 주셔야 할 수 있다고 하는 겸허한 고백이 중요한 것입니다. 어떤 면에서는 기도의 양보다도 기도의 질이 더욱 중요한 것입니다. 한 영혼을 위하여 얼마나 간절하고 애절하게 눈물로 기도하였는가? 이것이 매우 중요한 것입니다.

영국의 스펄전 목사 당시에도 기도회를 포기한 교회가 많다고 한탄했습니다. 오늘날 이 시대는 참으로 비상한 시대입니다. 기도를 중단한다든지 기도를 생략하는 교회와 성도는 영적으로 살아남을 수가 없는 것입니다.

믿음으로 살지 못하면 탈진되기 쉬운 시대가 되고 말았습니다. 눈물의 기도로 사랑의 공동체를 회복합시다. 기도하면 열악한 환경도 바꿔고, 강퍅한 마음도 녹아지고 사탄의 세력도 물러가고 좌절됩니다. 모세의 후계자가 갈렙이 되지 아니하고 여호수아가 된 비결이 있습니다. 여호수아는 모세가 시내 산에서 내려오기까지 회막을 떠나지 아니했던 것입니다. 회막에서 아마 기도하였을 것입니다.

시인 다윗도 "내 눈물이 시냇물 같이 흐르나이다"(시 119:136)라고 하였고, "나의 눈물을 주의 병에 담으소서"(시 56:8)라고 증언합니다. 다윗은 눈물 단지에 눈물이 채워질 때에 그의 기도가 응답될 것을 확신하였을 것입니다. 느헤미야 선지자도 자기 조국이 폐허되고 예루살렘 성벽이 무너져 내렸다는 소식을 듣고 수일 동안 슬퍼하고 눈물로 기도하고 금식하였던 것입니다. 기도의 사람 이 엠 바운즈 목사는 기도는 생활의 훈련이라고 하였고, 하나님께 기도드리는 시간을 갖지 못하면서 교회 일에 바쁘다는 것은 타락으로 가는 지름길이라고 정곡을 찔렀습니다.

그러므로 그리스도인의 자본이 기도임을 알고 실천하여야 합니다. 기도를 하면 할수록 더욱 더 부족함을 느끼게 됩니다. 기도가 부족하면 믿음도 흔들리게 됩니다. 왜냐하면 사람의 믿음은 고정체가 아니어서 믿음은 올라가기도 하고 내려갈 때가 있기 때문입니다. 기도하는 개인과 가정과 교회와 나라와 민족은 하나님이 보호하시고 장래에도 복 주십니다. 시인 다윗은 "기도를 들으시는 주여 모든 육체가 주께 나아오리이다"(시 65:2)라고 증언합니다. 언제라도 우리 그리스도인들은 낙망하지 말고 기도하고(눅 18:1), 쉬지 말고 기도하고(살전 5:17), 하나님이 하늘 문을 여시고 응답 주실 때까지 믿고 기도해야 합니다. 한 시간의 경건하고 간절한 눈물이 있는 기도가 한 시간의 잠보다 우리에게 더 많은 유익을 줄 것입니다. 하나님은 우리들의 눈물의 기도를 다 보고 계십니다. 그리고 적당한 때에 응답을 주십니다.

앤드류 보나는 기도에 대하여 "기도 외에는 아무런 희망이 없다." (There is no hope but in Prayer.)고 했습니다. 참으로 그렇습니다. 우리에게 하나님과 나 사이에 기도의 통로가 막혀버리면 이것처럼 답답한 것이 없습니다. 그러나 동쪽과 서쪽, 남쪽과 북쪽이 꽉 막혀있어도 하늘은 열려 있습니다. 하늘에 계신 전능하신 하나님과 영적으로 친밀하게 교통하고 교제할 수 있는 기도만 살아있다면 모든 복잡하고 어려운 문제도 실 뭉치가 하나 하나 풀리듯이 순조롭게 해결될 수가 있는 것입니다. 그러므로 하나님과 나 사이에 기도가 막히지 아니하는 삶을 살 수만 있다면 참으로 행복한 삶인 것입니다.

환경 때문에 기도가 막힐 수 있습니다. 감정이 상함으로 기도가 중단될 수도 있습니다. 그러나 어떤 상황에서라도 기도가 막히지 아니한다면 승리의 삶을 살 수 있는 것입니다. 그러므로 기도 외에는 어떤 희망도 없는 것입니다. 우리가 이 거칠고 험악한 세상을 헤쳐 나가려면 기도 없이는 극복할 수가 없는 것입니다. 우리 그리스도인들이 어떤 환경에 처하여 있더라도 생존할 수만 있다면 소망은 있습니다. 소망이 있는 한 기도할 수 있습니다. 시련과 고난의 폭풍이 있을지라도 간절히 기도하면 그 폭풍은 잔잔해질 것입니다.

3. 청결한 양심입니다. (3절)

"청결한 양심으로 조상 적부터 섬겨 오는 하나님께 감사하고"라고 성경은 말씀합니다. 여기에 "청결한"이란 단어는 헬라어로 〈카다로스 katharos〉인데 '깨끗한, 순결한, 질적으로 순수한 것'을 의미합니다. 그리고 "양심"이란 단어는 영어로 'Conscience'입니다. 이는 라틴어로는 'Con'(함께)이라는 말과 'Scientia'(안다)란 말의 합성어입니다. 그러므로 원어의 뜻은 '함께 안다'라는 것입니다. 즉 양심이란 하나님과 내가 함께 알고 있다는 것을 의미합니다.

  양심의 종류를 보면 "화인 맞은 양심"(딤전 4:2)이 있습니다. 이 양심은 죽은 양심이요 죄를 범하여도 두려워하지 않습니다. 만약에 우리에게 양심이 무뎌지기 시작하는 것은 매우 위험한 일입니다. 연못에 살얼음을 얼은 채로 그대로 둔다면, 그 살얼음은 수면 위부터 두꺼워지기 시작하여 아래까지 두꺼워지게 됩니다. 결국에는 딱딱하여진 수면 위로는 사람이 걸어가고 뛰어갈 만큼이나 단단해지게 되는 것입니다. 우리의 양심도 살얼음처럼 서서히 단단해지다가 마침내는 양심이 마비되어 죽어버리게 되는 것입니다. 그리고 "악한 양심"(히 10:22)과 "더러운 양심"(딛 1:15)이 있습니다.

  그러나 우리 그리스도인들이 가져야 할 양심이 있습니다. 이 양심이 "청결한 양심"인 것입니다. 이 양심은 우리 주 예수 그리스도의 보혈로 씻음 받은 양심인데, 디모데에게는 이런 양심이 있었던 것입니다. 그리고 "선한 양심"인 것입니다. "선한 양심을 가지라 이는 그리스도 안에 있는 너희의 선행을 욕하는 자들로 그 비방하는 일에 부끄러움을 당하게 하려 함이라"(벧전 3:16)고 성경은 말씀합니다. 그리스도인들은 언제라도 악한 양심이 아닌 선한 양심을 소유하여야 할 것입니다. 우리를 비방하는 자들에게 떳떳하고 담대하게 설 수 있기 때문입니다. 그리고 디모데는 이 청결한 양심으로 조상 적부터 섬겨왔다는 것입니다. "조상 적부터 섬겨오는"이란 말씀을 직역하면 "나는 지금까지 섬겨오고 있었다"(I have been serving)라는 뜻입니다. 즉 자신의 조상들이 경건했다고 주장하는 것입니다.

  오늘날 물질문명의 사회에서는 재산을 후손들에게 많이 남겨주려고 합니다. 그것도 자기가 늙어서 죽기 전에 다 쓰고 남은 것을 주려고 합니다. 그러나 물질의 유산보다 더 중요한 것이 신앙의 유산입니다. 부모가 남긴 유산을 사용하는 것은 3대를 넘기기가 어렵다고 합니다. 그러나 신앙의 유산은 자손 대대로 이어지기를 하나님은 원하고 계십니다. 아브라함의 신앙이 이삭과 야곱과 그의 열두 아들을 통하여 경건한 후손들이 하나님을 섬기기를 원하시는 것입니다. 저에게 신약신학을 가르쳐주신 미국의 프로라 교수님은 독일계 청교도의 후손입니다. 목회자 가정으로 13대를 목사 가문으로 이어오고 있습니다. 그분의 얼굴만 보아도 은혜롭고 평안한 모습을 보게 되었습니다.

그러면 청결한 양심은 무엇입니까?

사도 바울은 디모데에게 경계의 목적에 대하여 권면합니다. "이 교훈의 목적은 청결한 마음과 선한 양심"(딤전 1:5)이라고 성경은 말씀합니다. 청결한 마음과 선한 양심의 본을 보여준 바울은 "여러분 형제들아 오늘까지 나는 범사에 양심을 따라 하나님을 섬겼노라"(행 23:1)고 증언합니다.

하나님 앞에서 부끄러움이 없는 양심, 즉 선한 양심이 청결한 양심인 것입니다. 이 양심을 가지고 하나님을 섬기고, 하나님 나라 확장을 위하여 선교하고, 교회를 섬기고, 직장과 사회에서 맡겨진 사명을 잘 감당할 수만 있다면 참으로 하나님을 기쁘시게 하는 것입니다. 사도 바울은 믿음의 아들이요 젊은 목사인 디모데를 위하여 밤낮으로 기도하고 쉬지 않고 그를 생각하였던 것입니다. 왜냐하면 그가 조상 적부터 청결한 양심을 가지고 주님을 섬겨오고 있었기 때문입니다. 양심은 사람이 소유한 가장 신성한 것입니다. 어떠한 힘도 그 양심이라는 선물과 그 선물을 주신 분 즉 하나님 사이에 들어설 수는 없습니다.

우리가 비록 죄에 빠져 얼룩졌다 하더라도 양심은 분명하고 소중히 다루어야 합니다. 기독교적인 의미에서 청결한 양심은 우리 주 예수 그리스도의 보혈로 씻음 받은 양심입니다. 부끄러운 양심은 자신을 향하여 책망할 것입니다. 그러므로 날마다 예수님의 보혈로 용서받아야 청결한 양심이 됩니다. 청결한 양심은 세상 거짓과 죄악으로 오염되지 않은 깨끗한 마음을 의미합니다. 즉 세상 정욕과 욕심으로 물들지 아니한 마음을 말합니다. 디모데는 유대인들의 의식적이고 형식적인 신앙을 떠나서 청결한 양심으로 하나님을 섬긴 사람입니다. 형식적이고 습관적인 신앙은 신앙의 본질을 잃어버리고 겉모양으로는 주님을 믿는 것 같지만 속마음으로는 우리 주 예수 그리스도를 멀리 떠난 상태에 있으므로 신앙이 메마를 수밖에 없는 것입니다. 디모데는 유대인들의 반대와 배척도 있었지만 그럼에도 불구하고 청결한 양심으로 하나님을 섬겼던 것입니다.

종교개혁 이후의 로마에서는 아무 짝에도 쓸모없는 것 세 가지가 있는데, 그 중에 하나가 선한 양심이라고 합니다. 로마가 망한 이유가 여러 가지가 있지만 그 중에 하나가 선한 양심이 죽어버렸기에 개인과 가정과 사회가 몰락하고 국가가 패망하게 된 것입니다.

우리는 기억합시다. "뇌물을 받는 자의 장막은 불탈 것이라"(욥 15:34)고 성경은 말씀합니다. 참으로 두렵고 떨리는 말씀입니다. 선물은 받으면 기쁘지만 뇌물을 받는 것은 올무에 걸리게 되는 것입니다. 선지자 사무엘은 깨끗하고 물질에 사심이 없었지만 아들들은 뇌물을 좋아했습니다. 부모의 신앙이 아무리 좋아도 자식이 그 신앙을 이어받지 아니하면 아무 소용이 없는 것입니다. 옛날이나 지금이나 망하고 부끄러움을 당했다면 뇌물 때문에 신세를 망친 자들이 많은 것입니다. 개인과 가정 사회 교회와 국가도 하나님과 사람 앞에 바로 살 수 있는 비결은 청결한 양심을 가지고 행동하며 사는 것입니다. 물질에 깨끗하지 못하여 실패하고 넘어지는 자가 많습니다.

종교 개혁자 요한 칼빈은 그의 생애에 자신이 돈을 모으며 살겠다고 하는 생각은 없었다고 합니다. 보통 사람들은 젊을 때에 열심히 일하고 돈을 벌려고 애쓰고 노인이 되면 돈을 좋아한다고 합니다. 노후를 준비하는 차원에서도 돈은 매우 필요한 것입니다. 그러나 물질만 가지고 사는 것이 아니라 하나님의 돌보심이 있어야만 합니다.

하나님은 청결한 양심을 갖기를 원하십니다. "손이 깨끗한 자는 점점 힘을 얻느니라"(욥 17:9)고 성경은 말씀합니다. 만약 우리의 손이 범죄한다면 실패의 손이 되고 패배의 손이 될 것입니다. 그러나 우리의 양심이 청결하고 손이 깨끗하다면 점점 힘과 용기를 얻으며 전진하게 될 것입니다. 바울 자신도 복음을 전할 때에 거리낌이 없었다(행 20:20)고 증언합니다. 믿음의 아들 디모데에게도 양심에 거리낌이 없는 청결한 양심이 있었습니다.

유명한 철학자 임마누엘 칸트는 하늘에는 별이 빛나는 것처럼 인간의 마음속에는 양심이 있다고 했습니다. 양심은 등불이요 그것은 하나님의 음성이라고 했습니다. 잘못하고 죄가 있으면 괴롭고 자신을 책망하고 자책하는 것이라고 말합니다. 그러나 이런 양심도 더러워질 때가 있고 더럽혀지고 무감각해질 때가 있습니다. 즉 양심이 마비되기도 합니다. 이런 양심이라도 우리 구주 예수 그리스도의 보혈로 씻음 받으면 정결한 양심이 됩니다. 이 양심을 가지고 천국에 들어갈 때까지 믿음으로 살아야만 합니다.

이사야 선지자 시대에는 정치 지도자들이 패역하여 "도둑과 짝하며 다 뇌물을 사랑하였다"(사 1:23)고 하였고, "패역한 자와 죄인은 함께 패망하고 여호와를 버린 자도 멸망할 것이라"(사 1:28)고 성경은 말씀합니다. 우리 가운데 이러한 사람이 있을지라도 우리 구주 예수 그리스도의 보혈로 씻음 받으면 용서를 받게 되는 것입니다. 죄인 중에 죄인들은 주님 앞으로 속히 나올수록 좋은 것은 소망이 보이기 때문입니다. 우리 인생이 흙구덩이 속으로 들어가기 전에, 즉 죽기 전에 구원을 받아야 합니다. 우리 주님의 피로 씻음을 받고 새 사람이 되고 청결한 양심으로 한평생을 살아가야 하는 것입니다. 이것 이외에 인생에게는 소망이 없는 것임을 알아야 합니다.

"우리가 마음에 뿌림을 받아 악한 양심으로부터 벗어나고 몸은 맑은 물로 씻음을 받았으니 참 마음과 온전한 믿음으로 하나님께 나아가자"(히 10:22)라고 성경은 말씀합니다. 즉 예수 그리스도의 보혈로 씻음 받고 악한 양심으로부터 자유를 얻으라는 것입니다.

종교 개혁자 마틴 루터가 어느 날 꿈을 꾸었습니다. 마귀가 나타나서 그의 죄악들을 열거하는데, 너는 지옥으로 가라고 합니다. 루터는 마귀에게 "더 추가할 죄목이 없느냐?"고 묻습니다. 그러자 마귀는 몇 가지 죄를 더 추가합니다. 그 때에 루터는 그 죄목 위에 이렇게 기록합니다. 「우리 주 예수 그리스도의 피가 나의 모든 죄를 씻어주었다.」 이 글귀를 보고 마귀가 놀라서 물러갔다고 합니다. 그리고 그는 종교개혁의 95개조 논제 논쟁에서 어떤 공격과 비난을 받더라도 나의 양심은 하나님의 말씀에 속박당해 있다고 담대하게 외칩니다. 그러면서 나는 어떤 것도 철회할 수 없고, 철회하지도 않을 것이며, 양심에 어긋나게 이런 일을 한다는 것은 안전하지도 않고 위험한 일이라고 덧붙여 힘 있게 말합니다. 루터는 자신의 양심에만 호소한 것이 아니라 처음부터 마지막까지 그의 양심은 오류를 범할 수 없는 하나님의 말씀에 매여 있었던 것입니다. 무엇이 루터로 하여금 용기와 힘을 주었습니까? 우리 구주 예수 그리스도의 보혈로 씻음 받은 양심인 것입니다.

개인적으로 단 하루도 하나님의 은혜가 없이는 살 수가 없는 곳이 일본 선교지입니다. 우리가 우리 구주로부터 구원 받은 몸이지만 날마다 죄와 정욕으로부터 이겨야만 합니다. 그리고 작은 허물 하나에 이르기까지 우리 구주 예수 그리스도의 보혈로 날마다 씻음 받아야만 합니다. 그러기에 자신의 영적 관리를 스스로 무장하지 못하면 넘어지고 좌절하여 낙심하게 됩니다. 우리 그리스도인들은 하나님의 말씀으로 훈련 받은 자신의 가장 깊은 내면의 양심을 소유하여야 합니다. 이러한 양심이 자신을 이기고 정욕을 극복하며 세상도 마귀도 정복할 수 있는 것입니다.

구약의 의인 욥은 "내가 깨닫지 못하는 것을 내게 가르치소서"(욥 34:32)라고 증언합니다. 욥은 믿음의 사람이요 고난을 통과한 인물입니다. 그럼에도 불구하고 그는 깨닫지 못한 것을 가르쳐 달라고 말씀합니다. 우리 인간은 주님의 피로 씻음 받지 않으면 소망이 없습니다. 우리 주 예수 그리스도의 보혈로 바울과 디모데도 죄 씻음을 받은 것입니다. 그러므로 우리들의 죄도 씻음 받은 것을 믿으시기 바랍니다.

결론

오늘날 현대를 살아가는 성도들에게 진정한 자본이 무엇입니까?

거짓 없는 신앙이며 동시에 눈물의 기도입니다. 기도하면 강해지고 안 하면 약해집니다. 기도하면 승리하고 기도하지 못하면 마귀의 시험과 올무에 걸리게 됩니다. 기도하면 담대해지고 중단하면 비겁해집니다. 기도하면 남을 지도할 수 있지만 기도에 게으름이 있다면 다스림을 받게 됩니다. 기도하면 슬픔과 절망도 극복하지만 기도를 쉬면 슬픔과 불안에 잠기게 됩니다. 기도하면 전능하신 하나님이 함께 하시지만 기도를 소홀히 하면 사탄의 지배를 받게 됩니다. 기도는 영적으로 강해지는 그리스도인의 무기가 됩니다.

그리고 청결한 양심입니다. 하나님이 주신 양심의 소리를 듣고 사는 사람은 죄의 자리에서 벗어나게 됩니다. 왜냐하면 양심은 자신과 하나님이 함께 아는 것이기 때문입니다. 이런 신앙이 아름답게도 대물림을 하고 있는 것입니다. 3절에 보면 "조상 적부터 섬겨 오는 하나님께 감사하고"라고 말씀합니다. 여기서 "조상 적"이란 단어는 반드시 혈통적인 것만을 의미하는 것은 아닙니다. 믿음의 아들 디모데의 아버지도 이방인입니다. 그러나 우리가 우리 구주 예수 그리스도를 믿으면 영적으로 아브라함의 자손이 되기 때문에 우리 당대만 신앙생활 잘하고 끝내서는 안 됩니다. 우리 후손들이 영적으로 믿음 생활을 잘 하도록 신앙의 유산을 물려주어야만 합니다.

스코틀랜드의 농부들은 밭농사를 하면서도 삼위일체에 대한 이론을 이야기 한다고 합니다. 얼마나 신앙의 깊이가 있는 말입니까? 이러한 신앙의 자본이 매일매일 쌓여질 때에 자신의 믿음이 견고해지고 가정이 평안하며 교회가 부흥될 것입니다. 더 나아가 세계 선교도 복음의 문이 서서히 열리고 더욱 더 하나님 나라가 확장될 것입니다.

"죽으면 죽으리라"의 신앙을 회복합시다. 그리고 이런 아름다운 신앙인의 자본을 가지고 국내전도와 세계선교를 잘 감당하시기를 우리 주님의 이름으로 간절히 축원합니다.

29
은혜로 얻어지는 구원을 받으라
[디모데후서 1:9-12]

서 론

요한 웨슬리 목사의 전기에 보면 감동적인 내용이 나옵니다. 문을 부수고 들어가고 싶지 않았던 시골 사람들이 한 사람을 안에 들여보내서 예배 중에 집회를 방해하려고 했습니다. 이 사람은 예배가 시작되기 전에 들어와서 헛간의 한쪽 구석에 있는 자루 속에 숨었습니다. 감리교인들이 찬송을 부르기 시작하자 그는 그 찬양을 너무나 좋아하여 그 노래가 끝날 때까지 자루에서 나오려고 하지 않았습니다. 그 다음에 기도가 이어졌고 기도하는 중에 하나님께서 자루 속에 있는 사람에게 역사하셨습니다. 그러자 그는 하나님의 자비를 구하며 부르짖기 시작했습니다. 예배하던 자들이 주위를 둘러보니 한 죄인이 자루 속에서 우리 구주를 찾고 있는 모습을 보고 깜짝 놀랐습니다. 결국 폭도들에게 문은 열리지 않았습니다. 왜냐하면 그 사람이 변화되었기 때문입니다. 하나님은 어떤 경우에도 그런 사람들에게 복을 주실 수 있습니다.

아담의 후손인 인간의 본성은 타락하고 범죄하였기에 언제라도 악에 치우쳐 있고 교만하고 허영심이 많은 존재인 것입니다. 뿐만 아니라 죄에 오염되었기에 우리의 양심과 의지에 하나님의 은혜가 없이는 인간 스스로가 복음을 받아들이기 어려운 것입니다. 내가 예수 그리스도를 믿는다는 것은 전적으로 하나님의 은혜요 축복인 것입니다. 구원을 받는 것은 행위에 속한 것이 아니고 은혜에 속한 것입니다. 이 구원은 값없이 주시는 은혜인 것입니다. "너희는 그 은혜에 의하여 믿음으로 말미암아 구원을 받았으니 이것은 너희에게서 난 것이 아니요 하나님의 선물이라 행위에서 난 것이 아니니 이는 누구든지 자랑하지 못하게 함이라"(엡 2:8-9)고 성경은 말씀합니다.

그러므로 구원은 전적으로 하나님의 은혜인 것입니다. 영국 브리태니커 사전에서 "구원"(Salvation)이란 말은 '인간을 고통과 죄악과 유한, 죽음 등의 본질적으로 부정적이거나 어찌할 수 없는 상태로부터 건져내거나 속전을 주고 구해내는 것'이라고 정의합니다. 그러나 무엇보다도 중요한 것은 '죄로부터 놓임을 받는 속죄의 은총'을 영적인 구원이라고 말하는 것입니다. 그러므로 영적인 구원은 죄로부터의 구원이며(마 1:21), 죽음으로부터 해방되며(롬 6:23), 정죄함이 없는 것입니다(롬 8:1-2). 불신자의 죽음은 심판이지만 신자의 죽음은 본향인 천국으로 돌아가는 것입니다.

그러면 왜 구원을 받아야 합니까? 모든 인생이 죄를 범하였기 때문입니다. "모든 사람이 죄를 범하였으매 하나님의 영광에 이르지 못하더니"(롬 3:23)라고 성경은 말씀합니다. 이처럼 죄의 파괴력은 매우 무서운 것입니다. 사람은 전적으로 타락한 존재이기 때문에 악성과 독성이 있습니다. 의를 행하기보다는 악을 행하기가 쉽고, 선을 행하는 것보다는 악을 행하기가 쉬운 존재인 것입니다. 죄 아래 있는 인생은 저주와 죽음뿐입니다. 영국의 스펄전 목사는 "구원받지 못하고 죽는다면 당신의 끔직한 운명은 말로 다 표현할 수 없다"고 설명합니다.

우리 인간은 죄 밖에 없는 존재이므로 반드시 구원 받아야 합니다. 구원은 죄로부터의 구원인 것입니다. 그러므로 죄와 죽음과 저주로부터 반드시 구원받아야 하는 것입니다. 복의 근원되신 하나님을 외면한 인생은 메마른 사막 길을 걸어가는 사람과 같습니다. 그러므로 육체와 영혼의 빈곤을 면치 못하는 것입니다. "내 백성이 두 가지 악을 행하였나니 곧 그들이 생수의 근원되는 나를 버린 것과 스스로 웅덩이를 판 것인데 그것은 그 물을 가두지 못할 터진 웅덩이들이니라"(렘 2:13)고 성경은 말씀합니다. 하나님이 생수의 근원이심을 부인하고 떠난 자들의 불행인 것입니다. 즉, 거룩하신 하나님 앞에 범죄한 인생의 종말은 사망입니다. 그러므로 절대로 구원이 필요한 것입니다. 모든 사람은 허물과 죄로 인하여 죽음 아래 있는 것입니다. 이 구원을 받는 것은 놀라운 하나님의 은혜요 축복인 것입니다. 그러면 은혜로 얻어지는 구원의 역사에 대하여 생각하며 은혜를 나누기를 원합니다.

1. 복음의 목적은 구원입니다. (9절)

"하나님이 우리를 구원하사"라고 성경은 말씀합니다. 전적으로 타락한 인간의 본성은 너무나 교만하고 어리석은 자존심을 내세웁니다. 그리고 천박한 본성은 교만하게도 예수 그리스도를 통한 구원을 거부합니다. 그러므로 인간이 구원을 얻는다는 것은 전적으로 하나님의 은혜입니다. 이 구원은 율법과 죄와 저주와 죽음으로부터의 구원입니다.

하나님은 구원을 계획하시고 그 분은 우리를 선택하십니다. 만약에 하나님이 인간을 구원하지 않으셨다면 이 지구촌에 있는 모든 사람들은 어떻게 되었겠습니까? 영원히 멸망 받았을 것입니다. 그 누구도 예외 없이 지옥의 형벌을 받아 소망 없이 살다가 이 세상에서 사라졌을 것입니다. 그러나 하나님이 긍휼을 베푸심으로 우리가 죄와 저주와 죽음으로부터 구원을 얻게 된 것입니다. "모든 일을 그의 뜻의 결정대로 일하시는 이의 계획을 따라 우리가 예정을 입어 그 안에서 기업이 되었으니"(엡 1:11)라고 성경은 말씀합니다. 이것이 하나님의 구원 계획인 것입니다. 우리가 하나님의 예정을 받고 그리스도 예수를 믿고 구원받는 것이 우리의 노력과 행위가 아닌 하나님의 은혜인 것입니다.

「웨스트민스터 소요리문답」 20문에 보면 "하나님께서 홀로 그 선하신 뜻대로 영원 전부터 구속 받을 자들을 영생 얻게 하시려고 선택하시고 은혜의 언약을 세우셔서 구속자로 말미암아 저희를 죄와 비참한 지위에서 건져내시고 구원의 자리에 이르게 하려 하셨다."고 말합니다. 인간은 출생하면서부터 죄의 보편성 아래 있기 때문입니다. 아담의 원죄로 말미암아 모든 인간은 출생부터 죄 중에서 태어나는 것입니다. 이것을 원죄라고 하는 것입니다. 그리고 인간 스스로가 짓는 죄가 있습니다. 이것을 고범죄 혹은 자범죄라고 하는 것입니다. 우리 인생은 원죄 하나만 가지고도 지옥에 가기에 충분합니다. 그런데 우리 인간들이 짓고 있는 죄는 얼마나 많은지 모릅니다. 종교적인 죄를 비롯하여 윤리 도덕적으로 짓는 죄가 상상을 초월할 정도로 많은 것입니다. 그러므로 인간은 죄 밖에 없다고 고백해야만 합니다. 그러므로 우리 인생은 반드시 구원을 받아야만 합니다.

구원받지 못하고 죽은 인생은 참으로 비참하기 그지없는 것입니다. 구원받지 못한 사람은 지옥에 갈 수밖에 없는 존재입니다. 이 세상에서 가장 불행한 자는 예수 믿지 않고 살다가 죽음으로 향하는 사람들입니다. 구원은 받아도 되고 안 받아도 되는 선택 과목이 아닙니다. 구원은 사람에게 속한 것이 아니요 하나님께 속한 것입니다(욘 2:9). 우리의 구원은 선행과 노력과 공로로부터 나오는 것이 아닙니다. 구원은 오직 하나님으로부터 나오는 것입니다. 하나님이 우리의 구원을 시작하시고 정하신 때에 구원을 이루시기 때문입니다.

일본인 형제자매들과 대화를 나누다 보면 그들의 구원은 지진이나 태풍과 화산과 혹은 쓰나미로부터 해방되는 것을 의미합니다. 제가 일본에서 처음으로 사역하던 남쪽 큐슈의 미야자키 지역은 태풍이 강하게 불어오는 곳입니다. 최남단 오끼나와로부터 태풍이 올라오면 미야자키와 가고시마를 거쳐 올라갑니다. 그러므로 그들은 지진보다 태풍에 대한 두려움이 많습니다.

제 총신대학교 신학대학원의 동기이며 동경에서 사역하시는 친구 서정복 선교사님의 풀러 목회학 박사논문을 참조한 내용입니다.

일본의 존경 받는 오야마 레이지(尾山令仁) 목사는 "일본인에게 있어서 '카미'(神)란 인간보다 다소 '위'(上)의 개념이라고 표현한다. 다시 말하면 일본인이 생각하는 신(神)이란 인간에게 어떤 규범과 명령을 내려주는 존재가 아니라 반대로 인간에 의하여 그 지위의 상하가 결정되어지는 존재라는 것이다. 그러므로 일본인은 인간과 신 사이에 명확한 구별을 두지 않는다. 대부분의 일본인들에게는 인간을 초월하는 절대적인 신(神)을 향한 신앙이 없는 것이다."라고 했습니다.

그러나 기독교의 신은 절대자 하나님이십니다. 유일신이십니다. 사람에 의하여 높아지고 낮아지는 하나님이 아니십니다. 우주 만물과 인간을 하나님의 형상대로 창조하신 하나님이 존재하시고, 그분이 우리 인간의 생사화복을 주장하십니다. 우리의 구원은 절대적으로 하나님으로부터 오는 것입니다.

2. 구원은 하나님의 은혜로 이루어지는 것입니다. (9절)

"그리스도 예수 안에서 우리에게 주신 은혜대로 하심이라"고 성경은 말씀합니다. 이것은 인간의 공로와 노력과 선행이 배제하는 것입니다. 우리의 구원에 인간의 선행이 조금이라도 포함이 된다면 우리 주 예수 그리스도의 십자가를 공허하게 만드는 것입니다. 우리 구주께서 복음을 위하여 십자가의 고난을 받으셨는데, 우리가 복음을 위하여 고난을 받는다는 것을 공로로 생각할 수는 없는 것입니다. 자식이 부모에게 아무리 효도한다고 하여도 그것은 공로가 될 수 없는 것입니다. 자식의 도리로서 섬긴 것뿐입니다. 마찬가지로 우리가 복음을 위하여 어떤 고난을 감수한다고 하더라도 그것은 주님의 은혜로 고난을 이기게 한 것입니다. 그 고난이 결코 자랑이 되어서는 안 되는 것입니다.

9절에 보면 "우리의 행위대로 하심이 아니요 오직 자기의 뜻"이라고 성경은 말씀합니다. 우리가 구원받은 것이 인간의 행위의 요소가 조금이라도 포함된다면 구원은 불가능한 것입니다. 구원이 인간행위로 의롭고 선함으로 이루어진다면 누가 감히 구원을 받을 수가 있겠습니까? 오직 우리는 믿음으로만 구원을 받게 되는 것입니다. 그러므로 인간의 행위는 0.1%도 여기에 포함되지 않는 것입니다.

종교개혁자 마틴 루터는 로마 순례여행을 하면서 교황이 거주하는 라테라노 성당의 그 유명한 거룩한 계단을 무릎으로 기어 올라갑니다. 그는 올라가면서 주기도문을 외우며 죄 고백을 합니다. 이 거룩한 계단은 총 28개의 계단으로 되어있습니다. 이 계단은 우리 주 예수 그리스도가 빌라도 총독 궁전에 들어갈 때 올라가셨던 계단이라고도 말합니다. 이 계단 하나 하나가 9년간의 속죄를 보증하고 있습니다. 그리고 우리 주님이 무릎을 꿇은 계단에는 십자가 표시가 붙어 있기에 속죄기간이 2배로 계산되고 있었던 것입니다. 즉 연옥에 있는 영혼의 죄가 이렇게 죄 용서함을 받을 수 있다고 사람들은 믿었던 것입니다. 루터는 비록 28계단을 무릎으로 기어 올라갔지만 속죄에 대해서는 믿지 않았습니다. 왜냐하면 하나님의 은혜로 얻어지는 구원은 인간의 고행으로 이루어지는 것이 아님을 깨달았기 때문입니다.

만약에 우리의 구원이 인간의 행위가 조금이라도 포함되어 이루어진다고 하면 우리 주 예수 그리스도의 십자가의 공로와 은혜를 무시하고 경멸하는 행위인 것입니다. 영원히 죽을 수밖에 없는 인간이 구원받은 것은 우리 구주 예수 그리스도의 피로 속량 곧 죄 사함을 받은 것입니다(엡 1:7). 아무리 인간이 우리 주님의 고난을 본받기 위하여 고행을 한다고 하여도 그것으로 구원의 보상이 이루어지는 것은 결코 아닙니다. 우리의 구원은 하나님의 은혜로 얻어지는 것입니다. 인간이 자기의 의를 가지고 주님 앞으로 나온다는 것 자체가 교만인 것입니다. 인간 스스로가 의롭다고 여기는 사람은 우리 구주 예수 그리스도를 찾으려고 하지를 않습니다.

"무릇 우리는 다 부정한 자 같아서 우리의 의는 다 더러운 옷 같으며 우리는 다 잎사귀 같이 시들므로 우리의 죄악이 바람 같이 우리를 몰아가나이다"(사 64:6)라고 성경은 말씀합니다. 우리가 예수 믿기 전에 가진 성품은 모두 죄 밖에 없는 것입니다. 한마디로 죄 덩어리의 인생이었던 것입니다. 우리 자신들은 우리 자신의 의가 더러운 옷 같은 것을 진정으로 느낄 때에 기쁨으로 죄악의 누더기 옷을 벗어버리게 되는 것입니다. 왜냐하면 그 인간의 의라고 하는 것은 한 없이 교만하고 오만불손하기 때문입니다. 그것으로 인하여 더러운 질병이 심령을 마비시키는 것입니다. 사람의 본성이 근본적으로 변화되지 아니하면 변질되기 쉬우므로 전혀 소망이 없습니다.

은혜로 얻어지는 구원은 오직 우리 주 예수 그리스도의 십자가 보혈 밖에 없는 것입니다. 하나님은 겸손하고 통회하는 사람을 기뻐하시고 교만한 자를 물리치십니다. 인간의 외모는 사람에게 있어서는 매우 중요합니다. 그리고 그것으로 많은 판단을 내리기도 합니다. 그러나 하나님 앞에서의 외모는 아무것도 아닙니다. 인간의 의 자체는 시들어지는 잎사귀 같아서 언젠가는 다 시들어지고 말 것입니다.

그러나 죽을 죄인이라도 영원히 멸망할 수밖에 없는 악인이 구원을 받은 길이 있다면 오직 그리스도의 피인 것입니다. 샘물과 같은 우리 주 예수 그리스도의 보혈에 죄를 담그면 십자가에 못 박히신 그 분이 다 용서하십니다. 아무리 흉악한 죄인이라고 할지라도 그리스도의 보혈이 그 죄를 사하여주시는 것입니다. 이것이 우리 주님의 보혈의 능력입니다. 그리고 하나님의 풍성하신 은혜의 결과로 오는 것입니다. 그러므로 성도가 받은 구원은 자신의 의가 있을 수 없으며 오직 하나님의 은혜로 얻어지는 구원임을 믿으시기 바랍니다.

그리고 이 구원은 내 뜻이 아니라 하나님 자신의 뜻이 이루어지는 것입니다. 우리들 모두에게 내적이고 영적인 하나님의 은혜로 가득 채워지시기를 간절히 소원합니다. 주님의 복음과 교회를 위하여 선행을 베푸는 것은 구원받은 사람으로 소금과 빛의 사명을 감당하기 위한 자세로 하는 것입니다. 이 선행이 우리 주 예수 그리스도의 십자가 공로에 보탬이 되어 구원이 완성 되는 것이 아닙니다.

여기, "자기의 뜻"(9절)이라는 말을 로마서에서 쉽게 이해할 수 있습니다. "그 자식들이 아직 나지도 아니하고 무슨 선이나 악을 행하지 아니한 때에 택하심을 따라 되는 하나님의 뜻이 행위로 말미암지 않고 오직 부르시는 이로 말미암아 서게 하신다"(롬 9:11)고 성경은 말씀합니다. 여기서 그 자식들은 누구를 의미합니까? 어머니 리브가 태중에 있는 두 아들을 의미합니다. 두 자식들은 에서와 야곱입니다. 그런데 하나님은 형 에서를 선택하지 아니하고 둘째 아들 야곱을 선택하신 것입니다. 이것이 하나님의 절대주권인 것입니다. 하나님의 절대주권이란 하나님이 단독적으로 행하시는 행사인 것입니다. 그러므로 천사나 사람과 협의하지 아니하고 하나님이 직접 간섭하시는 것을 의미합니다. "하나님께서 굽게 하신 것을 누가 능히 곧게 하겠느냐"(전 7:13)라고 성경은 말씀합니다. 이것이 하나님의 절대주권인 것입니다. 하나님은 모든 일을 그의 뜻으로 결정하십니다(엡 1:11). 이 말씀도 역시 하나님의 절대주권을 의미하는 것입니다. 하나님의 구원 계획에는 인간의 타협이나 공로가 전혀 개입되어있는 것이 아닙니다.

　프랑스의 물리학자요 발명가이며 종교사상가인 파스칼의 신앙고백을 소개합니다. "의로우신 하나님, 세상은 당신을 인정하지 않았으나 나는 당신을 인정합니다. 환희, 환희, 환희, 환희의 눈물, 나는 그를 떠나지 않을 것입니다."

　「하이델베르크 요리문답」 제1문에 보면 "사나 죽으나 당신의 유일한 위안은 무엇입니까? 답: 사나 죽으나 나는 나의 것이 아니고 몸과 영혼이 모두 미쁘신 구주 예수 그리스도의 것입니다. 주께서 보배로운 피로 나의 모든 죄값을 담당하셨고, 마귀의 권세로부터 나를 자유하게 하셨습니다. 또한 하늘에 계신 아버지의 뜻이 아니고는 나의 머리털 하나도 상하지 않듯이 주는 나를 지켜주십니다. 실로 이 모든 것이 합력하여 나의 구원을 이룹니다."라고 했습니다.

　「하이델베르크 문답」은 유럽개혁주의 개혁교회에서 사용합니다. 「웨스트민스터 소요리 문답」(영국에서 1643-1648년에 걸쳐 만들어졌음)보다 100년 먼저 만들어진 것입니다. 「하이델베르크 문답」은 헝가리, 스위스, 네덜란드, 독일의 개혁교회에서 사용합니다. 인간의 구원은 오직 하나님의 은혜요 우리 주 예수 그리스도의 십자가의 공로입니다. 우리가 하나님의 선택을 받았다고 하더라도 주님의 십자가의 죽음이 없었더라면 우리의 구원은 이루어지지 않은 것입니다. 이 은혜는 영원부터 하나님의 목적과 계획 속에 있었던 것입니다. 영원 전부터 그리스도 예수 안에 있었던 것입니다. 그 이유는 하나님이 죄인들에게 베푸시는 모든 은혜는 우리 주 예수 그리스도 안에서 그리스도 예수를 통하여 나오기 때문입니다. 구원은 하나님의 은혜로 주어지는 것입니다. 구원은 사람으로 말미암은 것도 아니고 사람의 의해서 오는 것도 아닙니다.

　그러므로 인간의 공로와 선행은 주님 앞에서는 아무런 소용이 없는 것입니다. 만약에 십자가의 도를 버린다면 모든 것을 버리는 것과 마찬가지입니다. 우리 주 예수 그리스도의 복음에서 속죄를 빼버리면 복음을 죽이는 것입니다. 21세기의 무서운 질병은 십자가의 복음이 희미하여진다는 것입니다. 한마디로 예수 없는 심령과 예수 없는 교회가 될까 심히 두려운 것입니다. 교회의 여러 가지 프로그램이 많을지라도 예수가 없고 복음이 없다면 그런 행사는 아무 의미가 없는 것입니다. 하나님의 진리가 인간을 자유하게 하는 것입니다. 오직 하나님의 말씀만이 영혼을 구원합니다. 인간의 선행과 노력은 죄로부터 영원히 구원할 수가 없습니다. 오직 구원은 하나님의 은혜요 우리 주 예수 그리스도의 십자가의 공로인 것입니다.

3. 그리스도의 능력은 무엇입니까?

1) 죽음을 폐지시킨 것입니다. (10절)

"그는 사망을 폐하시고"라고 성경은 말씀합니다. "폐하다"라는 동사는 헬라어로 〈카타르게오 katargeo:〉입니다. 이 말은 '무능하게 하다, 무기력하게 하는 것'을 의미합니다. 우리 주님은 사망을 무능하게 하신 분이십니다. 즉, 죽음의 힘을 약화시킬 뿐만 아니라 죽음의 세력을 깨트려 버리신 것입니다. 우리 구주께서 죄를 제거해주셨기 때문에 그리스도는 사망을 폐하신 것입니다. 왜냐하면 사망의 쏘는 것이 죄이기 때문입니다(고전 15:56). 말벌은 한 번 쏘면 그 다음은 더 이상 쏘아도 아무 효력을 발생하지 못합니다. 죽음은 한 번 쏘는 것이기 때문에 더 이상 죽음이 우리를 지배할 수가 없는 것입니다. 우리가 죽으면 그 다음날에는 우리 구주 예수 그리스도를 볼 것이기 때문입니다.

아담의 범죄로 인하여 인간은 죽음 아래에 있었습니다. 그러기에 모든 사람들은 죽음에 대한 공포로 두려워 떨고 있습니다. 만약에 내가 죽는 날짜와 시간을 안다면 모두가 불안해하며 살 것입니다. 그러나 자비하신 하나님은 우리가 언제 죽을 것이라고 하는 것을 알지 못하게 하신 것입니다. 그럼에도 불구하고 타락하고 범죄한 인생은 죽음이라고 하는 두 글자 앞에서 떨며 사는 것입니다. 아무리 재산이 많고 명예가 있어도 죽음만큼은 피할 수가 없는 것입니다. 죽음은 모든 사람들에게 공평하게 찾아오는 것입니다.

이 죽음이 어디로부터 오는 것입니까? 죄로부터 오는 것입니다. 우리 인류의 시조 아담에게 죄가 없었더라면 우리는 죽음을 보지 아니하였을 것입니다. 그러나 안타깝게도 아담이 하나님처럼 동등하여 보겠다는 교만으로 인하여 선악을 알게 하는 열매를 따먹고 범죄하였던 것입니다. 그 결과 아름다운 에덴동산으로부터 추방당했던 것입니다.

인간은 모두가 죄인입니다. 인간이 가지고 있는 것은 죄뿐입니다. 죄덩어리를 가지고 있는 존재입니다. 조금만 자존심을 건드려도 다혈질적인 속성이 없는 것 같아도 언제 화약고가 터질지 모르는 것처럼 자신을 폭발하게 되는 것입니다. 왜냐하면 인간은 죽을 때까지 죄성과 악성과 독성을 가지고 있기 때문입니다. 언제라도 교만하고 분노하고 살인하며 심지어는 자신의 몸을 파괴하기까지 하는 것입니다. 그러므로 죽음이 죄로부터 오는 것입니다.

"의인은 없나니 하나도 없으며 깨닫는 자도 없고 하나님을 찾는 자도 없고 다 치우쳐 함께 무익하게 되고 선을 행하는 자는 없나니 하나도 없도다"(롬 3:10-12)라고 성경은 말씀합니다. 그리고 유대인이나 이방인이나 모두가 의인 자체가 없으며 하나님을 찾는 사람이 없다고 말씀합니다. 사람이 죄를 가지고 있는 동안에는 양심은 병들고 마비되어 갑니다. 그리고 신앙의 힘을 잃어버리게 됩니다. 한 사람 아담의 범죄로 전적 타락한 인생은 죄의 울타리에서 벗어날 수가 없다는 말씀인 것입니다.

남아메리카의 어떤 나무는 상쾌한 맛을 내는 잎이 있다고 합니다. 사람들이 그것을 먹으면 시장기도 없어진다고 합니다. 그러나 그 잎에는 영양분이 하나도 없기 때문에 사실은 어떤 도움도 주지 못한다는 것입니다. 죄는 이처럼 사람을 속이는 것입니다. 사람이 죄를 지으면 불안합니다. 이 불안과 공포는 회개하지 않으면 사라지지 않습니다. 영원히 심판 받을 죄인이 살 수 있는 길은 회개하는 길 밖에 없습니다. 하나님을 떠나서는 인간은 절대적으로 안정되고 행복한 삶을 살 수가 없는 것입니다.

그러므로 하나님은 독생자 예수 그리스도를 세상에 보내시고 그를 십자가에서 죽게 하신 것입니다. 십자가에서 못 박히신 우리 주님이 죄악의 권세를 정복하신 것입니다. 그러므로 죽음은 하나님 나라로 들어가는 관문인 것입니다. 오히려 죄 많고 고통 많은 세상에서 죄악이 없고 평안을 누리는 안식처로 옮기는 것입니다. 그러므로 우리는 죽음을 두려워하지 말고 편안하게 받아들이면 됩니다. 어둡고 고난 많은 세상에서 밝고 평안한 곳으로 옮겨지기 때문입니다.

"지금 이후로 주 안에서 죽는 자들은 복이 있도다"(계 14:13)라고 성경은 말씀합니다. 주 안에서 죽는 자가 복이요 주 밖에서 죽는 자는 저주인 것입니다. 우리는 오늘도 내일도 모레도 장래에 주님 앞에 서는 그날까지 예수 잘 믿다가 주 안에서 죽기를 소원합니다. 그 곳이 바로 하나님 나라요 천국인 것입니다. 그러므로 그리스도인은 죽음의 세력이 깨진 것을 믿어야 합니다. 왜냐하면 죽음이 그리스도의 복음을 믿는 자들을 이기는 것이 아니고, 반대로 우리 구주 예수 그리스도를 믿는 자들이 죽음을 극복하고 이기기 때문입니다.

2) 복음으로 생명을 드러내신 것입니다. (10절)

"복음으로써 생명과 썩지 아니할 것을 드러내신지라"고 성경은 말씀합니다. 여기서 "드러내다"라는 동사는 헬라어로 〈포티조 pho:tizo〉입니다. 이 말은 '밝게 하다, 비추다, 조명하다, 밝히다'는 것을 의미합니다. 우리 주 예수 그리스도는 이전의 어떤 세대에서 발견된 것보다 더 분명한 것을 보여주신 것입니다. 복음으로 영생을 주신 것입니다. 구체적으로 "생명과 썩지 아니할 것은" 불변의 생명을 의미하는 것입니다. 이것이 곧 영생인 것입니다. 인간은 흙으로 지음을 받았으므로 마지막은 흙으로 돌아갑니다(창 3:19). 티끌과 같은 인생이지만 하나님이 코에 불어 넣으신 생기, 즉 영혼은 죽지 않습니다.

구원받은 사람은 예수님 재림 시에 우리의 육체와 영혼이 결합하여 부활합니다. 왜 부활하는 것입니까? 영원히 살기 위하여 부활하는 것입니다. 이 영원한 생명이 바로 영생입니다. 이 영생은 질적으로 새로워진 생명인 것입니다. 부활하기 이전의 생명은 불완전하여 늙고 병들고 시들어지고 죽음의 증상을 가지고 삽니다. 그러나 부활의 몸은 약하거나 병들거나 죽음이 없는 것입니다. 질적으로 새로워진 완전한 몸을 가지고 영원히 사는 것입니다. 돈 많은 사람들이 몸에 줄기 세포를 넣고 오래 살려고 합니다. 그것도 언젠가는 죽음을 향하는 길입니다.

그러나 영생하는 몸은 과거로 돌아가는 일이 없습니다. 오직 하나님 나라에서 찬양하며 영원히 살 것입니다. 부활의 몸은 완전한 몸이요 생명이요 인격입니다. 그러므로 시간과 공간을 초월하며 음식을 먹지 않아도 살 수 있는 몸인 것입니다. 이 영생을 얻는 길은 우리 주 예수 그리스도를 믿는 길 밖에는 없는 것입니다(요 14:6). 그러므로 구원받은 신자는 어떤 고난이 오더라도 낙심하지 말아야 합니다. 우리의 소망은 이 땅에 있는 것이 아니고 하늘 위에 있기 때문입니다(빌 3:20-21). 인생의 궁극적인 목적은 곧 영생을 얻는 것입니다. 영생이란 말이 곧 구원입니다.

예수 그리스도만이 우리를 죄와 저주로부터 구원하시는 분이십니다.

이런 인생의 최대 과제와 고민을 해결하시기 위하여 우리 구주께서 세상에 오신 것입니다. 그분이 복음으로 생명을 드러내신 것입니다. 하나님이 우리 인생에게 주신 마음은 "영원을 사모하는 마음"(전 3:11)입니다. 죄 많은 세상에 출생해서 아무리 부유하고 남부럽지 않게 산다고 할지라도 구원을 얻지 못하고 죽으면 아무 소용이 없는 것입니다. 이 구원은 영생인 것입니다.

사도 요한은 "또 증거는 이것이니 하나님이 우리에게 영생을 주신 것과 이 생명이 그의 아들 안에 있는 그것이니라"(요일 5:11)고 증언합니다. 하나님이 우리에게 주신 영생은 곧 우리 구주 예수 그리스도 안에 있는 것입니다. 만약에 하나님께서 죄인들에게 예수 그리스도를 보내지 아니하셨다면 어떻게 구원이 이루어질 수가 있겠습니까? 그것은 불가능한 것입니다. 우리 구주 예수 그리스도가 세상에 보내심을 받지 아니하였더라면 우리 인간들은 죄 속에서 먹고 마시며 살다가 죄 가운데서 영원히 멸망하였을 것입니다. 여기에 하나님의 공의와 긍휼이 나타난 것입니다. 죄를 제거하기 위해서는 예수 그리스도가 십자가에서 죽으셔야 했던 것입니다. 죄 많은 인간들을 위해서 하나님의 무한하신 긍휼이 나타나신 것입니다. 이것이 우리 구주 예수 그리스도께서 십자가에 죽으심으로 하나님의 사랑이 구체적으로 나타난 것입니다. 그러므로 하나님은 인간이 전적으로 타락하고 부패한 상태에서 선택한 백성들을 구원하시기로 작정하신 것입니다. 즉 하나님의 긍휼의 마음으로 독생자 예수 그리스도라는 선물을 우리에게 주신 것입니다.

마귀는 하나님을 두려워는 하지만 하나님을 사랑하지는 않습니다. "네가 하나님은 한 분이신 줄을 믿느냐 잘하는도다 귀신들도 믿고 떠느니라"(약 2:19)고 성경은 말씀합니다. 그러나 구원 받은 백성들은 하나님을 사랑하게 됩니다. 하나님의 구원 계획은 자세한 부분에 이르기까지 성부 하나님의 지혜와 은혜에서 나온 것입니다. 예수라는 말이 얼마나 귀하고 아름다운 이름입니까?

영국의 감리교 창시자 존 웨슬리 목사의 기도문을 소개합니다.

"예수, 모든 이름 위에 뛰어난 이름
예수, 모든 이름 위에 뛰어난 이름
예수 가장 좋고 귀한 이름, 예수, 완전한 사랑의 샘,
가장 거룩하고 자애롭고 친근하도다! 예수,
가장 완전한 은혜의 원천, 가장 진실한 예수,
가장 자비로운 예수, 신적 능력의 샘, 예수시여,
저를 지으시고 보존하시고 주님의 것으로 인쳐 주옵소서!
저를 위하여 가시 면류관을 쓰신 예수시여!
저의 죄를 위하여 채찍질을 당하신 예수시여!
주님께서는 쓰라린 고통을 감내하시어 선한 고백을 증거하셨나이다.
왕의 홍포를 입으시고 저의 많은 죄값을 담당하신 예수시여!
당신이 당하신 저주와 고통이 저에게 구원이 되게 하옵소서!"

우리 구주께서 죄인을 구원하시려고 세상에 오신 것입니다. 그는 죄인들이 있는 지옥의 문으로부터 건져내시어 자신의 보배로운 피로 우리를 구원하신 것입니다. 이 사건이 얼마나 놀라운 일입니까? 천사들도 놀랄 일입니다. 가장 비천하고 연약한 죄인들을 하나님의 자녀로 세우셨으니 말입니다. 그러므로 진정한 그리스도인의 자랑은 예수 그리스도요 십자가입니다. 하나님께서 우리를 부르신 사건은 우리의 행위대로 하신 것이 아닙니다. 우리의 구원은 오직 하나님의 뜻대로 하신 것입니다. 이것을 신학적으로 하나님의 절대 주권이라고 말합니다. 즉 하나님께서 구원하시기로 작정한 사람들을 선택하신 것은 영원 전부터 그리스도 안에서 이루어진 것입니다. 우리가 선택 받은 것은 곧 창세 전입니다(엡 1:4). 어떤 그리스도인은 힘들고 어려울 때마다 오직 예수

라는 말을 수십 번 수백 번씩 외치며 기도할 때에 자신을 이기고 죄를 이기는 힘을 얻었다고 간증하는 이야기를 들은 적이 있습니다.

4. 은혜로 구원받은 성도의 자세는 무엇입니까? (12절)

1) 고난을 부끄러워하지 말아야 합니다. (12절)

"이로 말미암아 내가 또 이 고난을 받되 부끄러워하지 아니함은"이라고 성경은 말씀합니다. 이 고난은 로마에서 있었던 바울의 감옥 생활을 의미하는 것입니다. 바울은 복음 전파로 인하여 로마 감옥에 투옥되었지만 이것으로 불평하거나 원망하지도 아니했습니다.

우리가 부끄러워해야 할 것은 예수 잘 못 믿는 것을 부끄러워해야 합니다. 하나님의 은혜가 우리 마음속에서 떠날까 봐 이것을 두렵고 떨리는 마음으로 회복해야 할 것입니다. 우리 구주 예수 그리스도 때문에 매를 맞고 감옥에 투옥되는 것을 두려워하지 맙시다.

세례 요한은 주님에게 세례까지 준 훌륭한 사역자임에도 불구하고 그가 투옥되어 답답한 생활을 합니다. 장기간의 세월이 흐르자 그의 신앙은 흔들림이 오고야 말았습니다. 자신의 제자들을 보내면서 그들이 예수님께 질문합니다. "오실 그이가 당신입니까? 아니면 다른 이를 기다려야 합니까?" 주님은 "누구든지 나로 말미암아 실족하지 아니하는 자는 복이 있도다"(마 11:2-3, 6)라고 말씀하십니다.

우리들이 구주 예수 그리스도의 십자가의 보혈로 구원을 받았다면 어떤 고난이라도 감수해야 합니다. 우리의 마음과 뜻과 성품과 재물과 생명까지도 주를 위하여 드려야 합니다. 그리고 어떤 고난이 있더라도 실족하지 않는 자가 복이 있다고 주님은 말씀하십니다.

어느 누가 고난을 환영하겠습니까? 그러나 고난을 받는 것은 우리 구주 예수 그리스도를 위한 고난이기에 가치가 있는 것입니다. 대조적으로 사도 바울은 전혀 실족함이 없는 사람입니다. 비록 늦게 주님을 영접하였지만 변화된 이후로 로마 옥중에서 순교하는 그 날까지 단 한 번도 흔들림이 없었던 복음 전도자입니다. 주님과 복음을 위하여 고난 받는 것을 전혀 부끄러워하지 않았던 것입니다.

보통 사람은 죄가 없는데 억울하게 감옥에 들어간다면 자존심이 무척 상할 것입니다. 사실 바울은 윤리 도덕적으로 흠이 있어서 투옥된 것이 아닙니다. 우리 주 예수 그리스도의 복음을 전하다가 감옥 생활을 하게 된 것입니다. 복음 때문에 고난을 당하는 것입니다. 그러기에 젊은 목회자 믿음의 아들 디모데에게 "주를 위하여 갇힌 자 된 나를 부끄러워하지 말고 오직 하나님의 능력을 따라 복음과 함께 고난을 받으라"(8절)고 권면합니다.

바울이 감옥에 들어간 것은 무슨 이유입니까? 자신의 욕망을 성취하려다가 실패하여 들어간 것입니까? 아니면 다른 복음을 전한다는 이유 때문입니까? 바울은 우리 구주 예수 그리스도의 십자가와 부활의 복음을 증언하다가 감옥에 갇힌 것입니다. 우리 구주와 복음 때문에 수감된 것을 부끄러워하지 말라고 부탁합니다. 부끄러워할 것은 우리의 믿음 없는 것을 부끄러워해야 할 것입니다. 부끄럽다면 우리 구주와 복음을 위하여 생명 바쳐 일하지 못하고 순교신앙으로 살지 못한 것을 부끄러워해야 할 것입니다. 내가 주님 뜻대로 살지 못하고 나의 욕심대로 산 것이 있다면 이것이 부끄러운 일인 것입니다. 그리고 자신의 실수와 범죄로 인하여 고난을 받는다면 그것을 수치로 여겨야 합니다.

그러나 영혼들을 사랑하는 마음으로 복음을 전하다가 고난을 받고 심지어 순교까지 한다면 그것은 지극히 영광스러운 일인 것입니다. 그러므로 이것이 우리 그리스도인 선배들이 우리 후배 성도들에게 본을 보여 주어야 할 권면입니다.

찬송가 작사자로 유명한 화니 제인 크로스비 여사가 있습니다. 그녀는 출생한지 6주 만에 시력을 잃었습니다. 안타깝게도 의사의 실수로 인하여 양쪽 눈을 상실하게 된 것입니다. 그분이 90 평생을 살면서 찬송가를 작사한 것이 많습니다. 대표적인 찬송이 〈나의 갈길 다 가도록〉입니다. 그의 신앙 간증은 너무나도 은혜롭고 감동을 줍니다. 이 찬송을 수백 번 이상 부르고 있지만 언제나 은혜가 됩니다. 그분은 말합니다. "만약 내가 태어났을 때 소원을 하나 드릴 수 있었다면 그것은 소경으로 태어나게 해 달라는 것이었을 것이다. 왜냐하면 내가 천국에 가면 내 시야를 기쁘게 해 줄 첫 얼굴이 바로 내 구주의 얼굴이 될 것이기 때문이다."

그러므로 우리들 가운데 어떤 고난의 자리에 있다고 하더라도 부끄러워하지 말아야 합니다. 오히려 고난을 통해서 영적으로 성숙해지시기를 간절히 소원합니다.

2) 하나님의 보호하심을 믿는 것입니다. (12절)

"내가 의탁한 것을 그 날까지 그가 능히 지키실 줄을 확신함이라"고 성경은 말씀합니다. 바울은 자신이 의뢰하는 예수 그리스도를 알고 있었습니다. 또한 자신을 능히 지켜 주실 것을 의심하지 아니하고 믿었던 것입니다. 여기 "지키다"는 말의 동사는 헬라어로 〈퓔랏소 phylasso:〉입니다. 이 말은 '도둑을 대비하여 지키다', 혹은 '어떤 손실에 대비하여 지키다'라는 뜻입니다.

그런데 무엇을 지키는 것입니까? "나의 의탁한 것"이라고 말합니다. 문자적으로는 은행의 예금과 같이 '나의 예금'을 의미합니다. 마찬가지로 우리 그리스도인들은 영혼의 구원과 하나님 나라로 들어가기까지 그 영혼이 지켜지기를 우리 주 예수 그리스도에게 의탁하여야 하는 것입니다. 천국에 보물을 쌓아도 하나님이 전적으로 보호하여 주셨듯이 우리의 영혼을 주님에게 완전히 맡겨버려야 하는 것입니다. 언제까지 입니까? "내가 의탁한 것을 그 날까지"입니다. "그 날까지"는 '우리 주 예수 그리스도의 재림의 날까지'를 의미합니다. 즉 그리스도 예수의 날 입니다.

"너희 안에서 착한 일을 시작하신 이가 그리스도 예수의 날까지 이루실 줄을 우리는 확신하노라"(빌 1:6)라고 성경은 말씀합니다. 여기서 "착한 일"이란 선행이 아니고 하나님이 이루실 '전체적인 구원'을 의미하는 것입니다. 또 "그리스도 예수의 날"은 "구원의 날"(엡 4:30)을 말합니다. 그리고 진노의 날, 심판하시는 날(롬 2:16)을 의미합니다. 우리 구주 재림의 날에 한 사람이라도 구원 받을 수 있도록 우리는 복음을 전해야 합니다. 죄 속에서 방황하고 흔들리는 영혼들을 주께로 인도해야 합니다. 구원받는 것은 멸망의 구덩이로부터 건짐 받는 것입니다. 그것은 하늘 보좌로 올라가는 것입니다. 또한 심판과 저주로부터 해방되는 것입니다. 그곳은 우리 구주와 전능하신 하나님의 친밀한 사랑과 위로를 맛보는 곳입니다. 세상의 유익은 영원하지 못합니다. 그러나 하나님의 은혜는 영원합니다. 하나님의 긍휼을 기다리면 기다릴수록 하나님의 은혜와 축복은 무한하게 주어집니다.

저드슨 박사는 말하기를, 우리에게 수시로 찾아오는 갈등과 슬픔이 있을지라도 결국에는 영생과 영광의 면류관이라고 확신 있게 증언합니다. 궁극적으로 우리 구주 예수 그리스도께서 재림하시는 그날까지 지켜주신다는 것입니다. 얼마나 귀하고 아름다운 은혜입니까? 사람이 지켜주는 것도 좋은데, 주님께서 종말에 심판주로 오시는 그 날까지 지켜주시는 것입니다. 그러므로 어떤 상황과 변화가 우리에게 있다고 할지라도 흔들리지 맙시다. 고난도 언젠가는 다 지나갈 것입니다. 우리 구주께서 지키시고 보호하실 것이기 때문입니다. 우리 그리스도인들에게도 비관적인 삶과 낙관적인 삶이 교차할 경우가 있습니다. 그러나 궁극적으로는 우리 구주 예수 그리스도께서 은혜로 얻어지는 구원의 길로 인도해주시는 것입니다.

영국의 스펄전 목사는 "그리스도는 여러분 전체를 소유하시거나, 그렇지 않으면 여러분 중 누구도 소유하지 않으실 것입니다. 그리스도는 최고의 주님, 탁월한 주인, 절대적인 주님이십니다. 그리스도는 여러분에게 여러분의 오른 손으로는 그리스도를 숭배하고 여러분의 왼손은 지옥의 검은 계획을 위해 사용되도록 허락하지는 않으실 것입니다."라고 강조했습니다.

결 론

지금 이 시간에 죄인들을 구원하기 위하여 세상에 오셔서 십자가에 못 박히신 주님을 믿으시기를 바랍니다. 그 분을 믿기만 하면 은혜로 구원을 얻게 됩니다. 우리 자신의 의(self-righteousness)를 가지고는 결코 자랑할 것이 아무것도 없습니다. 왜냐하면 우리의 의는 살피면 살필수록 죄 덩어리인 인생이기 때문입니다. 허물과 죄와 실수와 모순이 가득한 인간이므로 자랑할 것이 있다면 오직 우리 구주 예수 그리스도의 십자가뿐인 것입니다. 우리 주님께서 지금도 주 앞으로 나오기만 하면 값없이 은혜를 주십니다.

하나님이 우리를 구원하시고 거룩하신 부르심으로 부르신 것입니다. 이것은 창세 전에 이루어진 일입니다. 인간의 행위대로 하신 것이 아닙니다. 하나님의 은혜로 우리를 구원하신 것입니다. 항상 하나님의 은혜로 우리들의 마음 문이 열려지기를 바랍니다. 그러므로 우리는 하나님의 거룩하신 성호를 찬양합시다. 찬양의 문이 열릴 수 있기를 간절히 소원합니다. 찬양의 문이 열리면 기도의 문도 열릴 것입니다.

백 년에 한번 들어볼까 할 정도로 유명한 흑인 가수 '마리안 앤더슨'

이라는 사람이 있습니다. 그는 찬양을 잘함으로 하나님께 영광을 돌렸습니다. 23개국에서 명예 학위를 받기도 했습니다. 그가 40년 동안 성악 활동을 마치고 은퇴할 때에 한 말이 있습니다. "하나님께서 아름다운 목소리를 주셨으므로 하나님께 찬양을 한 것입니다."라고 겸허히 고백했던 것입니다. 우리는 구원받은 백성입니다. 우리의 목소리를 하나님께 드립시다.

아직도 구원의 은혜에 참여하지 못한 자들이 얼마나 많습니까? 세상에서 먹고 마시고 취하는 것으로 생의 목표를 삼는 자들이 얼마나 많습니까? 그들을 우리 주님께로 인도해야 할 것입니다. 우리도 과거에는 주님을 알지 못했고 그 분을 저주하였을 것입니다. 우리가 아무리 추하고 완악하며 불결한 죄인이라 할지라도 우리 구주 예수 그리스도에게 나오는 자를 막을 수는 없는 것입니다. "우리가 그 안에서 그를 믿음으로 말미암아 담대함과 확신을 가지고 하나님께 나아감을 얻느니라"(엡 3:12)고 성경은 말씀합니다. 예수를 나의 구주로 믿는 자는 언제든지 담대함으로 하나님께 나아갈 수 있는 것입니다. 왜냐하면 우리 구주 예수 그리스도의 십자가의 보혈로 구원을 받았기 때문입니다.

지금 이 시간에 십자가에 못 박히신 우리 구주 예수 그리스도를 바라보시기 바랍니다. 우리 주님은 죄인을 사랑하시며, 죄인들이 주님 앞으로 돌아오기를 기다리고 계십니다. 우리 구주께서 우리의 복음증거를 통하여 모든 사람에게 구원의 은총을 주시기를 우리 주님의 이름으로 간절히 축원합니다.

30
복음의 능력을 발견하라
[빌레몬서 1:8-20]

서 론

전적으로 타락한 인간의 본성은 자기중심적인 삶을 살기 때문에 죄에서 벗어나기가 어렵습니다. 인간은 죄의 더러움들로 온통 뒤덮여 있고, 한 부분도 죄의 오염으로부터 깨끗한 곳이 없기 때문입니다. 이런 인간은 스스로 선행이나 공로를 행할 수도 없고 사실 인간은 죄 밖에 없는 존재임을 고백하여야 하는 것입니다. 죄에 대한 진솔한 고백이 없다면 진정한 신앙도 없기 때문입니다. 그러나 하나님의 본성은 사랑입니다. "하나님은 사랑이시라"(요일 4:16)고 하였고, "우리가 사랑함은 그가 먼저 우리를 사랑하셨음이라"(요일 4:19)라고 성경은 말씀합니다.

하나님의 사랑은 온 우주 만물을 주신 사랑보다 더 크고 귀한 것입니다. 왜냐하면 그 사랑은 독생자 예수 그리스도를 십자가에 죽게 하사 우리를 구원하신 사랑이기 때문입니다. 그러므로 그 아들 예수 그리스도의 보혈로 죄 사함을 받은 자들은 이 세상에서 새로운 피조물이 되는 것입니다. "그런즉 누구든지 그리스도 안에 있으면 새로운 피조물이라 이전 것은 지나갔으니 보라 새 것이 되었도다"(고후 5:17)라고 성경은 말씀합니다. 그러므로 아무리 큰 죄를 저지른 악인이라고 할지라도 우리 구주 예수 그리스도를 나의 구주로 영접하는 자들은 인생에 있어서 새로운 변화가 일어나는 것입니다. 이것이 새로 거듭나는 중생인 것입니다(요 3:3-5).

이것이 복음의 능력입니다. 노 종 사도 바울은 이방인의 선교사로서 마음이 넓고 인정이 많은 사람이었습니다. 그는 로마에서 생명을 걸고 복음을 전하다가 옥중에서 죄수 오네시모를 만났던 것입니다. 그는 오네시모에게 복음을 전하였고, 그는 복음을 듣고 회개하고 새 사람이 됩니다. 즉 옥중에서 복음의 능력이 나타났던 것입니다. 오네시모는 노예로 있다가 주인의 물건을 도둑질하여 멀리 로마로 도피하였다가 체포되었던 것입니다. 바울은 그를 옥중에서도 지켜보았을 것입니다. 비록 죄인이었지만 변화된 모습을 보고 그를 인정하고 칭찬했을 것입니다. 그러므로 주인에게 돌아갈 것이 옳다고 판단할 때에 그는 수고스럽지만 그를 변호하고 배려하는 편지를 썼는데, 이 서신이 빌레몬서입니다.

사실 바울은 여러 가지 질병이 있었고 특히 그에게는 안질로 고생을 했습니다. 그러기에 그에게는 대필하는 동역자들도 있었던 것입니다. 오늘 본문 19절에는 "나 바울이 친필로 쓰노니 내가 갚으려니와"라고 성경은 말씀합니다. 도망자 오네시모가 피해를 준 모든 것을 갚겠다고 약속하고 있습니다.

우리는 기억하여야 합니다. 성도의 교제는 결코 불의한 일을 행한 것을 묵과하지 않는 것입니다. 빌레몬은 주인이고 오네시모는 어디까지나 종입니다. 그가 범했던 죄들이 주인에게 빚을 진 것입니다. 그는 옥중에서 바울의 복음을 통하여 거저 주는 죄 사함의 은총은 받았지만 그로 인하여 나타난 손해에 대한 배상이 해결된 것은 아닙니다. 그러므로 바울은 그 빚을 오네시모를 대신하여 갚겠다고 나선 것입니다.

우리 구주 예수 그리스도는 우리 죄인들을 위하여 더 좋은 언약의 보증이 되셨습니다(히 7:22). 우리가 예수를 믿지 아니하였더라면 영원히 멸망 받을 수밖에 없지만 구주 예수 그리스도는 우리를 대신하여 죄를 담당하셨습니다. "하나님이 죄를 알지도 못하신 이를 우리를 대신하여 죄로 삼으신 것은 우리로 하여금 그 안에서 하나님의 의가 되게 하려 하심이라"(고후 5:21)고 성경은 말씀합니다. 지옥으로 가야 마땅한 죄인이 예수 믿고 구원받은 것만도 감사한 일인데, 우리를 위하여 구주께서 보증까지 되셨으니 우리는 얼마나 행복한 존재들입니까?

19절에 보면 "이 외에 네 자신이 내게 빚진 것은 내가 말하지 아니하노라"라고 성경은 말씀합니다. 여기서 목회자와 성도의 아름답고 친밀한 관계를 볼 수 있습니다. 과연 목회자와 성도들 사이가 이런 교제를 가질 수만 있다면 얼마나 귀하고 행복한 공동체가 되겠습니까? 갈라디아 교회 성도들은 바울을 위하여서는 눈이라도 빼어 줄 수 있을 정도였습니다(갈 4:15). 바울은 모범적인 데살로니가 교회의 성도들에게는 하나님의 복음뿐 아니라 우리의 목숨까지도 너희에게 주기를 기뻐하였던 것입니다(살전 2:8). 현대 교회가 사랑이 식어지고 있지만 다시 한 번 그리스도의 십자가 사랑으로 회복할 수만 있다면 교회는 다시 한 번 부흥될 수 있을 것입니다.

오늘 본문에 나타나는 골로새의 부호가인 빌레몬과 노예인 오네시모, 이 두 사람의 관계는 주종관계입니다. 요즘 현대용어를 빌리자면 '갑과 을'의 관계인 것입니다. 그런데 종 오네시모가 주인의 재물을 도둑질하고 로마로 멀리 도망갑니다.

역사적으로 살펴볼 때에 신학자들은 빌레몬에게는 많은 노예들이 있었다고 증언합니다. 그 당시 상황으로 볼 때에 로마에는 전체 인구의 약 20%가 노예였던 것입니다. 그 당시 노예는 당나귀와 같은 수준으로 떨어졌던 시대입니다. 인간과 당나귀의 차이점이 있다고 할 것 같으면 사람은 말을 하고 당나귀는 말을 못한다는 차이점이 있을 뿐입니다. 노예는 재산이나 심지어 생명도 자신의 것이 아니라 모두 주인의 것입니다. 노예가 결혼하여 자식을 낳아도 그 자식은 여전히 주인의 것입니다. 그러므로 로마 고관들에게는 노예가 값진 재산목록의 하나이기도 하였던 것입니다. 한마디로 노예는 더 이상 사람대접을 받을 수 없었던 것입니다.

그러기에 오네시모는 주인의 재산을 도둑질하여 도망갈 수 있는 권리가 없는 종입니다. 그런데 이 종은 죽음만도 못한 삶을 살기보다는 잠시라도 자유롭게 살아보기 위하여 생명을 무릅쓰고 도주하였던 것입니다. 골로새 지방을 떠나 세계의 도시인 로마까지 먼 길을 여행할 정도로 용감했던 것입니다. 이 사람은 부정직할 뿐만 아니라 뉘우침이 없었습니다. 거리상으로 볼 때에 골로새라는 지역에서 로마까지는 대략 1,300 km정도 됩니다. 오네시모는 인생을 한 번 자유롭게 살아보기 위하여 위험을 무릅쓰고 무모한 행동을 하고 떠났던 것입니다.

그러나 그는 하나님의 오묘한 섭리에 의하여 감옥에 갇힌 사도 바울을 만나게 된 것입니다. 그리고 바울의 복음을 듣고 예수 그리스도를 영접하고 새 사람이 되었던 것입니다. 이것이 복음의 능력인 것입니다. 사람으로서는 도저히 불가능한 일이 복음으로는 가능하게 되는 것입니다. 사도 바울은 감옥에서 오네시모를 만나서 그리스도인으로 만들었던 것입니다. 그는 두기고에게 그의 사정을 알게 하여 주인 빌레몬에게 편지를 전달해 주라고 부탁합니다(골 4:7).

그러면 바울이 전한 복음에는 어떤 능력이 나타난 것입니까?

1. 복음에는 인종과 계층의 차별이 없는 것입니다. (10절)

10절에 보면 "갇힌 중에서 낳은 아들 오네시모를 위하여 네게 간구하노라"고 성경은 말씀합니다. 이 말씀에 대하여 영국의 매튜 핸리 목사는 "오네시모가 권리와 사회적인 면에서 네 종이긴 하지만 영적인 의미에서 그는 이제 내게는 아들이다. 하나님이 나로 하여금 그를 회심하게 하는 도구로 사용하셨다. 내가 지금 그리스도를 위하여 감옥에 투옥된 몸임에도 그렇게 할 수 있었다."라고 설명했습니다. 하나님은 고난 받는 자들을 외면하지 아니하십니다. 바울 자신도 죄수의 몸이었지만 오네시모를 그리스도께 인도한 것을 크게 자랑스럽게 생각하고 있습니다. 그는 "그리스도 안에서 일만 스승이 있으되 아버지는 많지 아니하니 그리스도 예수 안에서 내가 복음으로써 너희를 낳았음이라"(고전 4:15)고 증언합니다.

그러면 오네시모는 어떤 사람입니까? 그는 종으로 있다가 주인의 물건을 훔치다가 잡혀온 죄수인데, 여기서 "종"이라는 말은 '묶다'라는 말(데오)과 '올가미에 걸다'(델로)라는 말에서 유래되었습니다. 노예는, 즉 자기 자신을 다른 사람의 의지에 내맡긴 자를 의미합니다. 한마디로 자기 자신에게 속하여 있지 않고 다른 사람에게 묶여있는 것을 말합니다.

그런데 이 사람이 바울을 통하여 예수를 구주로 믿고 변화된 것입니다. 한마디로 그는 하나님의 무한하신 은혜를 받은 사람입니다. 세상에서 노예로 평생 고생하다가 영원한 지옥으로 갈 형편에 있었던 사람인데, 많고 많은 종들 가운데서도 하나님의 은혜를 받았던 것입니다. 그 당시의 노예들은 매우 무식하고 거칠었기에 주인으로부터 대부분이 야만인 취급을 받았던 것입니다. 그는 경건하고 친절한 주인의 집에서 복음을 듣고 배울 기회가 있었을 것입니다. 그럼에도 불구하고 그는 이런 은혜로운 기회를 다 놓쳐버리고 말았던 것입니다. 구원받을 수 있는 은혜를 상실해 버렸던 것입니다.

그러기에 주인 빌레몬이 그에게 배려해주었던 것이 오히려 역겨워서 주인의 집에서 도주하였다고 볼 수도 있습니다. 자신의 주인이 드리는 기도와 훈계 이런 것들을 못마땅하게 여겨 멀리 로마로 도망갔을지도 모릅니다. 아마도 로마의 빈민가나 어둠의 소굴로 들어갔을지도 모릅니다. 로마 제국의 도시로 몰려든 도둑과 강도들의 틈바구니 속에서 편안하기를 기대하였을지도 모릅니다. 그러나 노예 신세로는 로마 제국에서 어떠한 대우도 받을 수 없다는 것이 그 당시 로마 사회의 제도였던 것입니다. 미물 짐승만큼도 대접을 받지 못하는 것이 그 당시 종이요 노예이었습니다. 주인이 죽여도 누구에게도 고소할 수 없는 사회제도인 것입니다.

이런 비참한 세상에 살고 있었던 죄인 오네시모를 하나님은 사랑의 시선으로 보셨던 것입니다. 원래 '오네시모'라는 말은 헬라어 〈오니네마이 oninemai〉라는 동사에서 나온 말입니다. 그 말은 '이익을 얻다, 돕다'라는 의미입니다. 그 당시 노예들 사이에는 흔한 이름이었습니다. 그러나 그는 자기의 이름값도 하지 못하였는데 지금은 이름값을 합니다. 왜냐하면 지금은 바울이 유익한 자라고 말씀하기 때문입니다.

그 당시에 주인의 물건을 가지고 도망간 노예는 붙잡히면 잔인할 정도로 고문을 당하고 처형당하게 되어 있었던 것입니다. 노예의 등에 인두로 글씨를 새길 정도였습니다. 고대 사회에서 가장 비참하고 무자비한 죄는 노예제도였던 것입니다. 발목에 쇠고랑을 차고 유황 광산에서 1년 정도 노동을 하다 보면 거의 다 지쳐서 쓰러져 죽게 됩니다. 인간으로서는 도저히 있을 수 없는 모질고 잔인하며 사악한 것이 노예제도인 것입니다. 이렇게 비참하게 죽을 수밖에 없는 노예를 바울은 복음으로 변화시켰던 것입니다. 이것이 바로 복음의 능력입니다.

교회에서 특히 선교지에서 가장 보람 있는 일은 궁극적으로 영혼을 구원하는 일입니다. 특히 일본에는 기독교와 천주교를 합하여 200명 중의 한 사람이 예수를 믿습니다. 한국교회에서 신자는 보통 4명 중에 한 사람이 예수 믿는 정도는 됩니다. 그러나 일본은 200명 가운데서 한 사람을 선택하시는 것으로 보면 됩니다. 때로는 일본 현지 교회에서 일본인 형제나 자매가 등록할 경우가 있습니다. 일본인 형제 1명은 200명이 아닙니까? 두 사람은 400명입니다. 3명은 600명이라는 영적인 감각을 가지고 사역할 때에 눈물과 기쁨이 있고 그 사역에 보람을 느끼게 되는 것입니다. 그때는 이루 말할 수 없는 감격과 기쁨이 넘치는 것입니다.

저희 교회에 진실하게 믿는 사람은 소수에 불과합니다. 변함없이 주를 섬기고 주를 사랑하고 교회를 봉사하는 것을 볼 때에 그 영혼들이 얼마나 소중한지 모릅니다. 우리 구주 예수 그리스도는 한 영혼이 온 천하보다 귀하다고 말씀하십니다. 그렇다면 일본에서 예수를 나의 구주로 믿는 형제자매들 중에서 신학을 공부하여 목회자가 되어 교회 사역을 한다는 것은 참으로 위대한 일인 것입니다.

종교개혁자 요한 칼빈은 이 세상에 많은 직업들이 있지만 목사의 직분이 가장 존귀하다고 설명합니다. 바울은 복음전도자요 세상적인 배경으로 보면 로마 시민권을 가진 사람입니다. 그러나 오네시모는 노예에 불과합니다. 그 당시 상황으로 볼 때에 복음이 아니면 서로 상종할 수 없는 관계입니다. 9절에 보면 "나 바울은 지금 또 예수 그리스도를 위하여 갇힌 자 되어"라고 성경은 말씀합니다. 사도 바울은 출생하면서부터 로마 시민권을 취득한 자요 그의 족보로 보면 베냐민 지파요 히브리인 중의 히브리인이요 율법의 의로는 흠이 없는 자였습니다(빌 3:5-6). 학문과 학식으로는 남이 따를 수 없는 능력 있는 사람입니다. 성경을 기록한 성경 저자이기도 합니다. 하나님은 바울에게 오네시모를 만나도록 역사하신 것입니다. 이것이 하나님의 주권적인 섭리입니다.

바울은 아마도 막사로 된 감옥의 낡은 방에서 한 손은 로마 군인에 의하여 쇠사슬로 묶인 채 앉아서 복음을 전하였을 것입니다. 하나님의 은혜가 아니면 어떻게 이런 복음이 전파되었겠습니까? 도망자 죄수 한 사람이 하나님께로 회개하고 돌아오는 것도 한 영혼이 온 천하보다 귀한 것임을 알아야 하는 것입니다. 이것은 우연이 아니요 하나님의 놀라운 섭리요 주권인 것입니다. 특별히 죄인을 사랑하시는 하나님의 복음의 경륜인 것입니다.

바울은 "내가 복음을 부끄러워하지 아니하노니 이 복음은 모든 믿는 자에게 구원을 주시는 하나님의 능력이 됨이라 먼저는 유대 인에게요 그리고 헬라인에게로다"(롬 1:16)고 하였고, "너희는 유대인이나 헬라인이나 종이나 자유인이나 남자나 여자나 다 그리스도 예수 안에서 하나이니라"(갈 3:28)고 성경은 말씀합니다. 그러므로 복음에는 어떤 계층의 차별이 있을 수가 없는 것입니다. 자유한 사람이나 종이나 남녀노소 빈부귀천이 없는 것입니다. 복음에는 인종이나 피부나 환경이나 신분을 모두 초월하는 것입니다. 하나님은 모든 사람들을 동일하게 사랑하시기 때문입니다. 그리스도 예수 안에서는 새로운 하나님의 백성들이 되는 것입니다. 거기에는 유대인과 이방인의 차별이 없는 것입니다. 복음은 옛 창조의 성 구별도 해소시키는 것입니다. 그러기에 복음은 새 창조인 것입니다.

오늘날 현실도 가난한 자들에게 복음이 전파되어야 합니다. 또한 부유한 사람들에게도 동일하게 복음이 전파되어야 합니다. 사회에서 냉대 받고 소외당하는 사람들이 교회에 와서까지도 따돌림을 받아서는 안 되는 것입니다.

2. 복음에는 사랑의 능력이 나타나는 것입니다. (9절)

"도리어 사랑으로써 간구하노라"고 성경은 말씀합니다. 여기서 "사랑"은 〈아가페 agape〉입니다. 이 말은 '사랑, 애정, 호의, 자비심'이란 뜻입니다. 이해 조건이 없는 사랑을 의미합니다. 여기서 복음의 능력이 나타나는 것입니다. 사랑 받을 만한 자격이나 조건이 없는 사람이 사랑 받는 사람이 됩니다. 이것은 세상적인 기준으로 볼 때는 가능한 것이 아닙니다. 그러나 우리 구주 예수 그리스도의 사랑 안에서는 얼마든지 가능한 것입니다. 바울은 오네시모를 사랑하는 아들로(10절) 관계를 맺고, 주인 빌레몬에게는 오네시모를 형제로 대하라고(16절) 권면합니다. 형제란 말은 같은 태에서 출생한 사람을 의미합니다. 비유적으로는 동료, 친구를 의미합니다.

우리가 넓은 의미에서 본다면 주 안에서 형제는 '하나님의 가족'입니다. 하나님의 자녀(요 1:12)는 그분의 가족이며, 이 가족은 사랑의 공동체인 것입니다. 우리 구주 예수 그리스도의 보혈로 용서받고 구원받은 하나님의 가족을 의미합니다. 바울은 오네시모의 도주를 변명하는 것이 아닙니다. 오네시모가 잘한 것은 아무것도 없고 여전히 죄로 남아 있는 것입니다.

그런데 우리가 어떻게 그리스도 안에서 형제자매가 되었습니까? 십자가에 못 박히신 우리 구주 예수 그리스도를 믿고 주님 안에서 형제자매가 되었던 것입니다. 그러므로 교회는 영적, 사랑의 공동체인 것입니다. 이 안에는 빈부귀천이 있을 수가 없습니다. 남녀노소의 구별도 없습니다. 인종과 피부의 구별이 없습니다. 그리스도 예수 안에서는 모두 영적 이스라엘은 하나인 것입니다.

16절에 보면 "이 후로는 종과 같이 대하지 아니하고 종 이상으로 곧 사랑 받는 형제로 둘 자라"고 성경은 말씀합니다. 여기서 사랑 받는 형제란 우리 주 예수 그리스도 안에서 형제로 인정된 사람을 의미합니다. 그것은 그 사람 안에서 거룩한 변화를 가져왔기 때문입니다. 만약에 오네시모가 당시 자주 일어났던 노예들의 폭동에 참여하였더라면 그는 다른 노예들처럼 비참하게 처형을 당하였을지도 모릅니다. 그는 잔인 무도하게 처형되기 직전에 복음으로 변화되어 새 사람이 되었던 것입니다. 하나님께서는 우리의 과거의 모든 죄를 모두 용서하여 주시는 분이십니다.

방랑자요 죄수인 오네시모는 사탄의 지배를 받고 주인의 물건을 훔치고 도망간 것입니다. 오네시모는 옥중에서 바울 사도에게 자신이 행한 불의한 죄를 고백하였을 것입니다. 그리고 바울은 그를 훈계하고 주인에게 돌아가서 사과하고 용서를 빌라고 권면했을 것입니다. 하나님은 로마에 있는 오네시모에게 바울이 전한 하나님의 은혜의 복음을 듣게 하시고 변화시켰던 것입니다.

우리는 기억합시다. 우리가 일생을 살면서 만나는 모든 사건은 하나님의 섭리임을 알아야 할 것입니다. 복음을 듣고 변화되는 것이 우연히 되는 것이 아니라 하나님의 구원 계획 가운데 일어나는 섭리인 것입니다. 하나님의 주권 안에서 모든 사건들이 전개되는 것입니다. 그러므로 어떤 사건이든지 하나님의 섭리로 받아들이면 유익하게 되는 것입니다. 하나님은 긍휼과 자비가 풍성하시기에 우리의 허물과 죄를 과거의 것만 용서하시는 분이 아니라 현재와 미래의 죄까지도 모두 용서하여 주시는 분이십니다. 그러므로 그리스도 예수 안에서 새롭게 된 피조물들은 주님 안에서 형제로 받아야 하는 것입니다.

복음에는 사랑의 능력이 나타나는 것입니다. 신앙생활을 하는 노예들은 일반 노예들보다 더 나은 것입니다. 왜냐하면 그들의 마음속에는 하나님의 은혜가 거하기 때문입니다. 모든 사람들이 동일한 것 같지만 그렇지 않습니다. 하나님의 은혜를 귀히 여기고 그 은혜 가운데 살려고 몸부림치는 사람이 있는가 하면, 자신의 잔머리를 의지하면서 살아가는 사람들이 많은 것을 보게 됩니다.

본문에서 사도 바울은 사랑으로 간구하고 있습니다. 이것도 명령하는 자세가 아니고 겸허하게 부탁을 하는 것입니다. 오네시모는 사회적인 측면에서 보면 여전히 종이요 노예입니다. 그러나 그는 영적인 의미에서는 바울에게 믿음의 아들인 것입니다. 왜냐하면 10절에 "갇힌 중에서 낳은 아들 오네시모"라고 말씀하고 있기 때문입니다. 바울은 죄를 지은 죄인으로서의 죄수가 아니라 하나님의 종으로서의 복음을 전하다가 억울한 누명을 쓰고 감금된 죄인입니다. 이렇게 훌륭한 사도 바울이 감옥에서도 쉬지 아니하고 기도하고 전도하여 감옥에서 영적으로 새 생명을 얻는 열매를 맺게 된 것입니다. 하나님의 사람들은 감옥에서 고생하는 것이 결코 헛되지 아니함을 보여줍니다. 만약에 오네시모가 바울을 만나지 못하였다면 그는 평생 죄인으로 살다가 비참하게 죽었을지도 모릅니다. 그러나 감옥에서 바울의 복음을 듣고 이제 그를 섬기는 자리에까지 이르게 되었으니 보통 은혜가 아닌 것입니다.

하나님의 종들은 매임을 당하여도 하나님의 말씀과 영은 매이지 아니하는 것입니다. 감옥에서 고생하지만 영적인 자녀들이 태어날 수 있는 것입니다. 한 영혼이 온 천하보다 귀하지 않습니까? 그러므로 바울에게 있어서 오네시모는 매우 사랑스러운 아들인 것입니다. 특히 바울이 믿음으로 낳은 아들 오네시모를 사랑으로 감싸는 말씀이 15절에 나옵니다. "그가 잠시 떠나게 된 것은"이라고 성경은 말씀합니다. 바울은 오네시모가 도둑질을 하고 도망갔다고 표현하지 아니합니다. 그가 잠시 떠나게 된 것이라고 매우 부드럽게 증언합니다. 그는 인격적으로 우리 구주 예수 그리스도를 많이 닮은 자이고 훌륭한 복음 전도자입니다. 사도 바울은 "내가 그리스도를 본받는 자가 된 것같이 너희는 나를 본받는 자가 되라"(고전 11:1)고 증언합니다.

그는 우리 구주 예수 그리스도의 마음으로 오네시모를 대하는 것입니다. 미움이 아니라 사랑으로 정죄하지 아니하고 포용합니다. 왜냐하면 주인 빌레몬이 로마로 도주한 오네시모에 대한 하나님의 섭리를 깨닫기를 원하였던 것입니다. 종 오네시모는 주인을 떠났지만 하나님께서는 불쌍하고 가련한 노예가 복음을 받아들이고 새 사람이 되어 주인에게 돌아가게 하신 것입니다. 오네시모는 하나님의 사랑을 받기 위하여 태어난 자임을 보여주는 것입니다.

그러므로 다시 강조하는 것입니다. 16절에 "곧 사랑받는 형제로 둘 자라"고 성경은 말씀합니다. 주인과 종의 관계가 아니라 우리 주 예수 그리스도 안에서 새로운 신분관계가 형성되는 것입니다. "사랑 받는 형제"라는 말은 '그리스도 안에 있는 형제'를 의미하는 것입니다. 매우 중요한 의미가 담겨있습니다. 지금처럼 종으로, 즉 노예로서 둔다는 것이 아니라 사랑 받는 형제로 둔다는 것입니다. '죄인이었던 그가 내게도 귀한 형제인데 너에게는 얼마나 더 귀한 형제이겠는가?'라는 말씀인 것입니다.

우리가 너무나도 잘 아는 진리를 배웠습니다. 그 당시 사회법이기는 하지만 예수를 믿는다고 하는 주인 빌레몬도 노예를 둔다는 것이 큰 허물과 잘못이라는 것을 깨닫지 못하였을 것입니다. 하나님의 형상으로 지음 받은 인간은 모두 하나님 앞에서 동일한 존재입니다. 하나님께로부터 존귀하게 태어난 사람이 노예가 된다는 것은 말도 안 되는 것입니다. 그러나 복음은 노예제도를 폐지시켰던 것입니다. 하나님의 은혜가 임하면 놀라운 변화가 일어나는 것입니다.

하나님은 지금도 우리를 은혜로 부르시고 계십니다. 즉 주 안에서 이제는 형제라고 하는 것입니다. 왜냐하면 16절에 "이 후로는 종과 같이 대하지 아니하고"라고 말씀하기 때문입니다. 이 말은 '더 이상 종이 아니며'라는 뜻입니다. 왜냐하면 그리스도 안에서 이전 것은 이미 다 지나갔기 때문입니다. 그래서 새로운 피조물이요 새로운 존재인 것입니다. 인간적인 면에서 보면 오네시모는 빌레몬의 종이지만 그는 하나님의 종인 것입니다.

그러므로 우리 구주 예수 그리스도 안에서 한 형제가 되었기에 교회의 한 일원으로, 즉 한 식구로 받아주라는 것입니다. 이제는 바울이 도망했다가 회심한 노예 오네시모를 그의 법적 주인에게 돌려보냅니다. 그리고 신실한 그리스도인 된 주인 빌레몬에게 오네시모를 그리스도 안에서 노예로서가 아니라 형제로 받아주기를 원하였던 것입니다. 이것이 바울이 증거한 복음의 능력이었던 것입니다.

김세윤 교수님의 글을 인용하면 그리스도의 복음이 전파된 곳에는 노예제도가 사라졌다는 것입니다. 고대문명은 노예제도 위에 세워졌기에 영국에서는 흑인 노예들을 강제로 잡아다가 스페인과 포르투갈과 네덜란드에 팔아 넘겼습니다. 그들의 노예제도를 폐지시켰던 자들이 그리스도인들이었습니다. 18세기 영국의 상업주의 흑인 노예제도를 제거했던 자들이 복음주의 국회의원들입니다. 영국의 산업혁명 당시 매우 잔인하게도 어린 소년들을 굴뚝 청소를 시켰는데, 굴뚝 속에 들어가 나오지 못하면 그대로 죽어갔다는 것입니다. 그런데 이런 구조적인 사회악을 뿌리 뽑은 것이 바로 복음입니다. 이처럼 복음의 힘은 매우 위대한 것입니다.

바울은 오네시모가 "전에는 무익하였으나 이제는 나와 네게 유익하다"고 성경은 말씀합니다(11절). 그가 무익하였다는 말은 한 때는 무용지물이었던 자를 의미합니다. 그러나 지금은 유익한 존재가 되었다고 증언합니다. 과거에 부끄럽고 가치 없던 존재이었지만 이제는 유익한 사람이 된 것입니다.

그렇다면 무엇이 그를 유익하게 만들었던 것입니까? 복음입니다. 복음은 기쁜 소식인데 이것은 하나님의 소식입니다. 이 복음을 듣고 믿는 자들은 구원을 받습니다.

"진실로 진실로 너희에게 이르노니 믿는 자는 영생을 가졌나니"(요 6:47)라고 성경은 말씀합니다. 예수를 나의 구주로 믿기만 하면 영생, 즉 구원을 받는 것입니다. "십자가의 도가 멸망하는 자들에게는 미련한 것이요 구원을 받는 우리에게는 하나님의 능력이라"(고전 1:18)고 성경은 말씀합니다. 유대인은 표적을 구하고 헬라인은 지혜를 사모하므로 십자가의 도가 어리석게 보일 것이나 예수가 나를 대신하여 십자가에 못 박혀 죽으신 사건을 믿는 자는 구원을 받는 것입니다. 우리가 마땅히 죽어야 할 그 십자가에 우리 구주께서 대신하여 죽으신 것은 하나님의 구체적인 사랑인 것입니다. 아무리 흉악한 죄인이라도 하나님의 사랑인 은혜의 복음을 받아들이기만 하면 그는 죄와 허물로부터 구원에 이르게 되는 것입니다.

"우리가 이 보배를 질그릇에 가졌으니 이는 심히 큰 능력은 하나님께 있고 우리에게 있지 아니함을 알게 하려 함이라"(고후 4:7)고 성경은 말씀합니다. 우리는 체질적으로 낙심하기 쉽고 질그릇처럼 깨어지기 쉬운 연약한 존재들이지만, 이 그릇 안에 복음이 담겨 있는 것입니다.

그러므로 복음의 향기를 날려야 합니다. "우리는 구원 받는 자들에게나 망하는 자들에게나 하나님 앞에서 그리스도의 향기니 이 사람에게는 사망으로부터 사망에 이르는 냄새요 저 사람에게는 생명으로부터 생명에 이르는 냄새라 누가 이 일을 감당하리요"(고후 2:15-16)라고 성경은 말씀합니다. 우리는 세상에서 소외되고 어렵고 가난한 자들이나 자신의 힘으로 살아갈 수 있다는 모든 사람들에게 그리스도의 향기가 되어야 합니다. 그리스도의 향기를 전할 수만 있다면 잿더미 속에서도 구원받는 새 생명의 역사가 나타날 줄로 믿습니다.

그러므로 우리는 전도로 영혼을 구원합시다. "하나님의 지혜에 있어서는 이 세상이 자기 지혜로 하나님을 알지 못하므로 하나님께서 전도의 미련한 것으로 믿는 자들을 구원하시기를 기뻐하셨도다"(고전 1:21)고 성경은 말씀합니다.

전도는 그리스도인의 사명이요 특권입니다. 내가 전도하여 한 영혼이라도 예수 믿고 구원받는다면 그 영혼은 사망에서 생명으로 옮겨진 복된 자인 것입니다. 간교한 사탄은 한 영혼이라도 지옥의 백성을 만들려고 합니다. 사탄은 우리를 죄인이라고 고발하지만 우리 구주 예수 그리스도는 나의 보혈로 용서하셨다고 말씀하십니다. "그러므로 이제 그리스도 예수 안에 있는 자에게는 결코 정죄함이 없나니"(롬 8:1)라고 성경은 말씀합니다. 이것이 우리 구주 예수 그리스도의 보혈의 능력인 것입니다. 아무리 사람들이 정죄하여도 그리스도 안에 있는 자는 정죄를 당하지 아니합니다. 그때 사탄은 법정에서 쫓겨나는 것입니다.

예수를 나의 구주로 믿고 구원을 받은 것은 모두가 다 하나님의 은혜입니다. 만약에 오네시모가 하나님의 은혜의 복음을 듣지 못하였더라면 감옥에서 평생 고생하다가 비참한 종말을 맞이했을지도 모릅니다. 그러나 이제는 그리스도 예수 안에서 새로운 피조물이 된 것입니다. 전에는 무익하였지만 이제는 유익한 존재가 된 것입니다. 이것이 어떻게 가능합니까? 한 영혼이 변화가 되어 하나님의 자녀가 되는 것은 모두가 하나님의 전적인 은혜입니다. 오네시모가 과거에는 주인에게 잘못을 저질렀고, 주인으로부터 멀리 도망간 도피자입니다. 그가 주인에게 속한 자임에도 불구하고 자신의 것처럼 살았던 종입니다.

그러나 하나님은 죄를 뉘우치고 그분에게 돌아오는 자들에게 용서를 베푸십니다. "동이 서에서 먼 것 같이 우리의 죄과를 우리에게서 멀리 옮기셨으며"(시 103:12)라고 성경은 말씀합니다. 우리의 죄와 허물이 아무리 깊고 많을지라도 하나님의 사랑은 더 깊고 넓으심으로 죄와 허물을 다 용서하시고 해결하여 주십니다. 우리의 먹과 같이 검은 죄와 진홍같이 붉은 죄들을 모두 덮어 주시고 가려주시는 분이십니다.

그러므로 바울은 주인 빌레몬에게 과거의 그의 종이 행했던 허물을 회상하지 않고 용서를 할 수 있도록 권면하고 있는 것입니다. 그것이 바로 이제는 유익한 자라고 하는 것입니다. 즉 지금은 너에게나 나에게 '쓸모 있는 사람'이라는 뜻입니다. 즉 '오네시모'라는 이름의 뜻이 유익하다는 것을 암시해주고 있는 것입니다. 주인인 네가 종을 받아들이면 그가 회심한 이후로 감옥에 있는 나를 섬기면서 도움을 주었듯이, 너에게도 잘할 것이라는 말씀인 것입니다.

우리는 여기서 큰 교훈을 받아야 합니다. 오네시모가 과거에 주인의 마음을 상하게 하고 주인의 물건을 자신의 것처럼 착각하고 훔쳐 도망가서 살았습니다. 그가 무엇을 훔쳤는지는 알 수 없지만 그가 무엇인가를 가지고 간 것은 분명합니다. 그러나 이제는 하나님이 회개하는 자들의 죄를 용서하시고 그 죄를 덮어주시는 것처럼, 우리들도 이런 자세를 가져야만 하는 것입니다. 오네시모의 죄가 작다는 의미도 아닙니다. 그러나 사도 바울의 복음을 듣고 그 사랑에 감동을 받아 그는 겸손하여지고 양심에 찔림을 받았을 것입니다.

과거에 악한 사람이 변하여 선한 사람이 되었다면 얼마나 다행스러운 일입니까? 죄인에게는 이것보다 행복한 일이 어디에 있겠습니까? 우리가 예수 믿기 전에는 모두가 무익한 사람이었습니다. 그러나 우리 구주 예수 그리스도 안에서 유익한 존재가 되었습니다. 이 축복은 가장 아름다운 복인 것입니다. 죄인이 뉘우치고 예수 그리스도를 영접하고 변하여 새 사람이 된다면 이보다 행복한 일은 없는 것입니다. 억만 금을 가지고 있다고 하더라도 죄 가운데서 먹고 마시고 방황하다가 예수를 모르고 죽었다면 그것처럼 불행하고 비참한 일은 없는 것입니다. 예수 그리스도를 나의 구주로 믿고 구원받는 것이 인생 최대의 복이 되는 것입니다.

그리고 12절에는 "그는 내 심복이라"고 성경은 말씀합니다. 여기서 "심복"이라는 단어는 헬라어로 〈스플랑크론 splanchron〉입니다. 이 말은 '심장과 마음'을 의미합니다. 바울은 오네시모를 마치 친 자식처럼 사랑합니다. 즉 심복이란 말은 마음 심(心)자에 창자 복(腹)입니다. 심장이란 감정의 중심을 의미합니다. 우리는 비록 허물과 죄로 죽었던 자들이지만(엡 2:1) 우리 구주 예수 그리스도의 십자가의 보혈로 구원을 받은 자들이 된 것입니다.

그러므로 단 한 사람의 죄인이 회개하면 하늘에서도 기쁘고 땅에서도 즐거운 것입니다. 오네시모는 이제 회개하여 새 사람이 되었고 진실한 그리스도인이 된 것입니다. 그러므로 바울은 그는 내 심복이라고 말씀하는 것입니다. 이 말씀은 이런 의미입니다. '나 바울 자신은 오네시모를 믿음의 아들로 사랑한다. 나는 네가 그를 받아주기를 바라는 마음이 간절하다. 그리고 네게 돌려보낸다. 그러므로 나 자신을 생각해서라도 그를 받아주고 내가 그를 사랑하는 것처럼 너도 그를 사랑해주기를 바란다.'라는 뜻입니다.

바울이 옥중에서도 한 영혼을 소중히 여김으로 세상에서 멸시와 천대받은 종 오네시모를 주님의 사랑으로 포용하고 그의 영혼을 구원하였던 것입니다. 오네시모는 노예요 종이지만, 그러나 우리 구주 예수 그리스도 안에서 더 이상 노예가 아니요 주님의 종이 되었던 것입니다. 그러므로 그는 세상이 깜짝 놀랄 정도로 신분이 상승되는 은혜를 누린 것입니다.

노예 신분에서 주님의 종으로, 사도 바울에게는 믿음의 아들로, 주인과의 관계로서는 상상을 초월할 정도로 형제의 관계가 이루어집니다.

그리고 바울에게는 믿음의 심복이 되었던 것입니다. 이것이 복음의 힘이요 능력입니다. 복음 안으로 들어오기만 하면 이런 은혜와 기적은 계속 일어나는 것입니다. 우리 자신들도 우리 구주 예수 그리스도께서 십자가에서 피 흘려주심으로 용서를 받은 것처럼 우리도 서로를 용서해 주어야 합니다. 이것이 그리스도의 마음이요 그리스도의 사랑이요 그리스도인의 인격인 것입니다.

3. 복음에는 겸손하게 하는 능력이 나타납니다. (8절)

8절에 보면 "네게 마땅한 일로 명할 수도 있으나"라고 성경은 말씀합니다. 여기서 명할 수도 있다는 말은 깊은 의미가 담겨 있습니다. 그것은 완전한 권리를 행사할 수 있는 명령이란 말보다 더 강한 뜻을 나타냅니다. 즉 지시하고 분부하여 정리하는 것을 말합니다. 그럼에도 불구하고 바울은 제압하거나 지시하는 말투로 대하지 아니합니다. 그는 사도의 권위로 빌레몬에게 오네시모를 석방시키라고 지시할 수도 있습니다. 왜냐하면 사도들에게는 가르침을 위하여 주님께서 특별한 은혜와 능력을 주셨기 때문입니다. 그러므로 교회 안에서 영적인 큰 힘을 가지고 있었던 것입니다. 또한 사도들은 누구에게든지 마땅한 일의 순종을 요구할 수도 있었습니다. 마찬가지로 주인 빌레몬에게도 명령을 하면 즉시 따라야 했던 상황입니다.

그러나 바울의 온유하고 겸손한 모습이 나옵니다. 명할 수 있지만 그는 9절에서 "간구하노라"고 말씀합니다. 바울은 보통 사람이 아닙니다. 그는 우리 주 예수 그리스도의 위대한 사도입니다. 예수 그리스도를 가장 많이 본받은 자입니다. 그러기에 그는 나를 본받는 자가 되라(고전 4:16)고까지 말씀합니다. 그의 가문으로나 지식으로나 영적인 체험이나 언어 사용면에서 그를 당할 자가 없습니다. 로마 백부장은 돈을 주고 로마 시민권을 샀지만 그는 출생하면서부터 로마 시민권을 얻은 사람입니다. 심지어 감옥에 들어가더라도 로마 시민권만 보이면 모진 매와 고문을 받지 않을 수도 있습니다. 그는 우리 주님 십자가에 죽으시고 4~5년 후에 회심하였다고 학자들은 말하고 있습니다. 그는 성경에 박식한 사람이요 영적인 사람이요 영적인 지혜와 통찰력이 풍부한 자입니다. 그리고 성경을 기록한 영감 있는 사람입니다. 그럼에도 불구하고 그가 무엇이 부족하여서 빌레몬에게 명령 한 마디 하지 아니하고 이렇게 겸허하게 부탁하는 것입니까? 그것은 한 가지 이유가 있기 때문입니다.

바울의 권위는 명령할 수 있는 위치에서의 권위가 아닙니다. 그리스도의 사랑을 가지고 부탁하고 있는 것입니다. 권위 가운데 어떤 권위가 가장 큰 존경을 받게 됩니까? 사랑의 권위인 것입니다. 인간적인 사랑, 인간미가 넘치는 사랑도 감동을 주는 경우가 많습니다. 그러나 한 차원 더 높은 사랑은 그리스도의 사랑입니다.

그리스도의 사랑은 조건적이고 이해타산이 있는 사랑이 아닙니다. 십자가의 사랑입니다. 구주께서 우리 죄인들을 구원하시기 위하여 피 흘려주신 사랑인 것입니다. 바울은 그리스도의 사랑으로서 부드럽게 요청하는 것입니다. 그 당시 바울은 젊은 나이가 아닙니다. 감옥에서 그는 일생을 보냅니다. 바울 자신도 나이가 많은 노인입니다. 지금은 60세가 청춘이라고 할 수 있지만 그 옛날 사도 바울 시대에는 노인에 속합니다.

바울은 아마도 이러한 심정이었을 것입니다. '네가 사랑으로 나에게 평안함을 주기를 원한다면 나를 한 번 더 위로해 주기를 바란다. 비록 내가 쇠사슬에 매여 있지만 내 마음을 가볍게 해주기를 원한다면 나의 청원한 것을 허락해주기를 바란다.'는 의미인 것입니다. 그리고 너의 수고를 주님이 받으시고 영광을 받으실 것이라는 말씀인 것입니다. 이것이 사랑의 권위인 것입니다. 우리들이 교회 안에서 주어진 권한이 있다면 이것을 명령조로 말하기보다는 사랑의 권위를 가지고 행사하여야 하는 것입니다.

그러므로 14절에 "너의 선한 일이 억지 같이 되지 아니하고 자의로 되게 하려 함이라"라고 말씀합니다. 여기 "자의로"라는 말은 자발적인 의지에 따르는 것을 의미합니다. 즉 당신의 동의 없이는 하지 않겠다는 뜻입니다. 우리들이 하나님의 일을 할 때에는 강제성에 못 이겨 할 때도 있습니다. 억지로 하다가 부담을 느끼기도 합니다. 그러나 선한 일일수록 자발적으로 하는 것이 좋습니다. 여기서 바울의 겸손을 볼 수가 있습니다. 아무리 선하고 아름다운 일이라 할지라도 서로 협력하고 협동하여야만 원만하게 되는 것입니다. 바울은 주인 빌레몬에게 그리스도 안에서 심복이 된 형제 오네시모를 고차원적인 근거를 인식하도록 부탁하는 것입니다. 그리고 오네시모를 석방시켜 주기를 청원하는 것입니다.

20절에 보면 "오 형제여 나로 주 안에서 너로 말미암아 기쁨을 얻게 하고 내 마음이 그리스도 안에서 평안하게 하라"고 성경은 말씀합니다. 사도 바울은 명령형으로 부탁하는 것이 아닙니다. 주인 빌레몬의 권위를 인정하면서 동시에 자의로 되기를 소원하는 것입니다. 인간적인 권위에 앞서기보다는 말씀으로 감동을 주어서 자발적으로 하게 하는 것입니다. 오네시모가 저지른 죄는 어디까지나 죄는 죄입니다. 죄가 파기된다고 하여도 죄는 여전히 죄가 됩니다.

그러므로 바울 스스로가 노예인 오네시모의 빚을 갚아주려는 태도를 볼 수 있습니다. 특히 "나로 너를 인하여 기쁨을 얻게 하고"라는 말은 주 안에서 너로 인하여 유익을 얻기를 원한다는 의미가 있습니다. 교회 공동체 안에서는 서로 기쁨을 얻도록 해야 합니다.

기쁨이 상실되면 의욕이 사라지는 것입니다. 무슨 일을 하든지 기쁨이 주어진다면 어떤 일을 하더라도 지칠 줄 모르는 열정과 용기와 보람이 생겨지는 것입니다. 그러므로 서로 주님 안에서 유익을 주고받아야 하는 것입니다.

결론

"너는 말씀을 전파하라 때를 얻든지 못 얻든지 항상 힘쓰라"(딤후 4:2)고 성경은 말씀합니다. 왜냐하면 하나님은 전도의 미련한 것으로 영혼을 구원하시기를 기뻐하시기 때문입니다. 우리의 가족과 이웃과 형제들과 사회와 나라와 민족이 예수 잘 믿고 구원을 받아야 할 것입니다. 이 복음은 땅 끝까지 전파되어야 할 것이며, 기독교를 박해하는 자들에게도 복음을 증언해야 합니다.

하나님의 자비하심은 오늘도 지속적으로 일하심으로 죄인을 구원하십니다. 우리 구주 예수 그리스도의 십자가의 죽으심을 통하여 죽을 인생들은 구원의 복을 받았습니다. 구원이란 죄와 율법과 저주와 지옥의 깊은 구덩이로부터 건짐을 받는 것을 의미합니다. 예수를 믿기 전에 우리의 상황은 허물과 죄로 죽었던 자들입니다. 죄의 종 노릇 하던 죄인들입니다. 전적으로 타락한 인간은 죄의 멍에에서 벗어나기가 힘들고 죄를 짓지만 하나님은 승리하시고 죄인을 새로운 피조물이 되게 하십니다.

"여호와께서 말씀하시되 오라 우리가 서로 변론하자 너희의 죄가 주홍 같을지라도 눈과 같이 희어질 것이요 진홍 같이 붉을지라도 양털 같이 희게 되리라"(사 1:18)고 성경은 말씀합니다. 아무리 큰 죄인이요 흉악범이라 할지라도 우리 구주 예수 그리스도의 보혈로 씻음 받으면 새로운 존재가 되는 것입니다.

우리 주변에도 오네시모와 같은 자들이 많이 있습니다. 그러나 우리 구주 예수 그리스도 안에서 구원받기로 작정된 자는 모두 골고다의 피 묻은 십자가 위에서 구원을 받았습니다. 죄인이 자신의 주님, 즉 십자가에 못 박히신 그 주님을 믿는 순간에 즉시 죄 용서함을 받고 그리스도의 보혈로 완전한 구원을 받게 됩니다. 이것이 복음의 능력인 것입니다.

우리 주님이 오시는 그날까지 피 묻은 주님의 복음을 전하여 지구촌의 한 영혼이라도 주께로 돌아오게 하는 사명을 감당하는 복된 삶을 사시기를 우리 주님의 이름으로 간절히 축원합니다.

31
더 나은 본향에 들어간 자들
[히브리서 11:13-16]

서 론

하나님은 갈대아 우르라는 지역에서 무명의 사람 아브라함을 부르십니다. 창세기 11장에서는 하나님을 떠난 자들이 바벨탑을 하늘 꼭대기에 닿게 하자고 하나님께 도전하여, 자기의 능력을 과시하며 자신들의 이름을 세상에 알리기를 원했습니다. 그러나 하나님이 그들의 언어를 혼잡하게 하심으로 그들을 흩어버리십니다. 이러한 상황에서 하나님은 아브라함을 부르십니다. 한마디로 하나님의 주권적인 은혜의 소명인 것입니다. 그가 살던 곳은 갈대아 우르인데 우상을 많이 섬기는 지역입니다. 하나님께서 많은 사람들 중에 특별히 아브라함을 선택하시고 그를 통하여 열왕들과 하늘의 별처럼 해변의 모래알처럼 많은 후손들을 주실 것을 약속하십니다.

그런데 중요한 것은 단순히 자손이 번영하는 것보다 영적인 아브라함의 후손으로 예수 믿고 구원받을 백성이 많아질 것을 하나님은 약속하신 것입니다. 그러기에 그는 하나님만 의지하고 출발합니다. 가야 할 목적지를 알고 떠나는 것이 아니고 이정표나 나침반이나 지도가 있는 것도 아닙니다. 무조건 하나님의 명령에 순종하고 떠날 뿐입니다. 즉 갈 바를 알지 못하고 하나님이 지시하는 땅으로 떠납니다.

하나님은 아브라함에게 그 이름을 거룩하게 하시고 그의 이름을 창대하게 하실 것을 약속하십니다. 그리고 너는 복의 근원이 되라고 말씀하십니다. 그러므로 그는 하나님이 약속하신 말씀만을 붙잡고 순종하고 떠납니다. 그는 정든 고향과 아버지의 집을 떠났습니다. 그리고 다시 그곳으로 돌아오지 않았습니다. 믿음의 증거는 끝까지 견디는 것입니다. 아브라함과 이삭과 야곱도 돌아가지 않았습니다. 하나님의 약속은 외국인과 나그네들에게 주어졌다고 성경은 말씀합니다. 우리는 믿음의 조상들과 선조들처럼 외국인과 나그네입니다. 영원한 천국에 들어가기 위해 이 세상의 광야를 통행하는 자들입니다.

오늘의 본문을 통해 몇 가지 교훈을 받고자 합니다.

1. 우리에게도 옛 본향으로 돌아갈 기회가 있습니다. (15절)

"그들이 나온바 본향을 생각하였더라면 돌아갈 기회가 있었으려니와"라고 성경은 말씀합니다. 여기서 "그들이 나온바 본향"은 아브라함이 떠났던 고향과 친척과 아버지의 집(창 12:1)을 의미합니다. 아브라함이 이곳을 떠나지 아니하고 그대로 살았더라면 물질적으로는 풍요롭고 여유 있게 살았을 것입니다. 그러나 그는 미련 없이 하나님의 말씀대로 순종하고 갈대아 우르 지역을 떠났습니다. 왜냐하면 그는 믿음의 눈을 가지고 떠났기 때문입니다. 그러기에 우리 구주 예수 그리스도는 아브라함을 이렇게 칭찬하십니다. "너희 조상 아브라함은 나의 때 볼 것을 즐거워하다가 보고 기뻐하였느니라"(요 8:56)라고 성경은 말씀합니다.

아브라함은 비록 멀리 떨어져 있었지만 믿음의 눈으로 하나님의 약속을 바라볼 수 있었던 것입니다. 그러므로 그리스도의 날을 보았던 것입니다. 우리들도 이 세상에 살고 있지만 현실적인 것만 바라보고 자신의 욕망만을 채워서는 안 됩니다. 먹고 마시고 쉬고 안락하게 사는 것만이 인생의 목적이 아닙니다. 우리 구주 예수 그리스도를 믿는 자는 경건하게 살아야만 합니다.

"주의 이름을 부르는 자마다 불의에서 떠날지어다"(딤후 2:19)라고 성경은 말씀합니다. 우리의 일생이 다 가도록 하나님께만 영광과 존귀와 감사와 찬양을 드리며 삽시다. 우리의 삶과 사역이 오직 하나님께만 영광을 돌릴 수 있다면 가장 가치 있고 보람된 생애를 살게 되는 것입니다. 우리의 짧은 인생을 사는 동안에 곁길로 가지 말고 주님과 동행하여야 할 것입니다. 왜냐하면 하나님께서 우리를 언제 부르실 지를 아무도 모르고, 우리가 언젠가는 주님을 만나야 하기 때문입니다.

주님을 만날 기약이 없는 사람들은 자기중심적으로 살 것입니다. 그러나 우리 구주 예수 그리스도를 믿는 자들은 그리스도의 날을 바라보고 사는 것입니다. 아브라함처럼 그리스도의 날을 바라보면서 살아갑시다. 날마다 창조주 하나님을 알아가고 우리의 중보자이시며 구원자이신 예수 그리스도를 깊이 묵상하는 삶이 되어야 할 것입니다. 이것이 경건한 삶인 것입니다.

여기서 본향이란 말의 또 다른 의미가 있습니다. 그것은 나그네로서 바라보는 "하나님이 예비하신 성"을 의미합니다. 즉 하나님이 세우실 견고한 성을 의미합니다. 아브라함과 이삭과 야곱과 요셉이 나그네 생활을 고달프게 했습니다. 한 곳에 정착하지 못하고 유랑생활을 하고, 때로는 대적들에게 공격을 당하고 억울한 일을 당하기도 합니다. 그렇지만 그들은 옛 본향으로 돌아가지 아니합니다. 그 이유는 그들의 본향은 이 세상이 아니었기 때문입니다. 우리도 언젠가는 사랑하는 가족과 친척과 친구와 형제들을 떠나게 될 날이 오게 됩니다. 더 이상 세상에 집착하지 말고 미련 없이 이 세상을 떠나야만 합니다. 우리가 돌아갈 본향은 우리 구주 예수 그리스도께서 계신 하늘나라입니다. 우리가 아브라함을 믿음으로 사는 사람들의 조상이라고 말합니다(롬 4:11-12, 16; 갈 3:7, 9, 29).

지금으로부터 4,000여 년 전에 당시 '갈대아 우르'는 최고의 문명이 발달한 곳입니다. 아브라함은 물질적인 면에서는 부유하게 살았습니다. 그러나 그는 그 당시 최고 문명을 버리고 나온 것입니다. 자기 고향과 친척과 아버지의 집을 버리고 나온 것입니다. 이것은 대단한 결단인 것입니다. 왜냐하면 그런 모험은 당시 사회 공동체로부터 이탈하는 행위였기 때문입니다. 지금은 핵가족 시대이므로 자식도 부모 모시기를 별로 좋아하지 아니하고 그 누구에게도 간섭과 통제 받기를 싫어합니다. 그러나 아브라함 시대에는 홀로 살기가 어려운 환경이었으므로 상호간에 고향 사람들과 친척과 어울려서 살아야만 했던 상황입니다.

그러므로 아브라함이 고향과 친척과 아버지의 집을 떠난 것은 곧 죽음을 선택한 것이나 다름없는 것입니다. 이런 결단은 아브라함이 죽음의 길을 가겠다는 선포인 것입니다. 그는 한마디로 죽음을 각오하고 자신의 고향인 '갈대아 우르'를 떠난 것입니다. 우리가 잘 아는 대로 젖과 꿀이 흐른다는 가나안 땅은 거의 바위 덩어리와 돌들이 많은 곳입니다. 애굽은 나일강이 있어서 농사를 짓습니다. 그러나 가나안은 농사를 지을 만한 강이 없습니다. 세상적인 기준으로 본다면 고생 줄이 훤한 곳입니다.

믿음의 조상들은 그들이 고향으로 돌아갈 기회를 연연하지 않았습니다. 그들은 그런 기회를 계획할 수도 있었고 마음으로 결심만 한다면 언제든지 돌아갈 수도 있었습니다. 그들은 아직도 젊었고 돌아갈 만한 건강도 있었습니다. 그럼에도 불구하고 그들은 자신들이 나온 고향에 대하여 돌아갈 마음이 전혀 없었던 것입니다. 그리고 그들이 떠난 고향의 풍부함과 안일함을 결코 동경하지도 않았던 것입니다. 왜냐하면 그들이 살던 곳은 잡다한 우상과 잡신의 처소였기 때문입니다.

하나님을 믿는 믿음이 없는 성공은 형통한 것이 아닙니다. 아무리 세상적인 지위와 명예와 권세를 누린다고 하여도 하나님 앞에서는 아무엇도 아닌 것입니다. 하나님이 없는 성공은 형통하는 것 같지만 실패입니다. "네가 어찌 허무한 것에 주목하겠느냐 정녕히 재물은 스스로 날개를 내어 하늘을 나는 독수리처럼 날아가리라"(잠 23:5)고 했고, "우리가 세상에 아무 것도 가지고 온 것이 없으매 또한 아무 것도 가지고 가지 못하리니 우리가 먹을 것과 입을 것이 있은즉 족한 줄로 알 것이니라"(딤전 6:7-8)고 성경은 말씀합니다.

이 세상 사는 동안에 불의한 일을 버리고 우리 구주로 만족하고 주님의 이름을 증거하며 삽시다. 독일의 허무주의자 니체는 신은 죽었다고 선포한 이후에 정신병자로 살다가 종말을 비참하게 마쳤던 것입니다. 하나님이 없는 삶은 자기중심적으로 살다가 마치기 때문입니다. 천국에 들어가지 못하는 자의 마지막의 종착역은 지옥인 것입니다.

지상 나라는 죄와 유혹이 많은 곳이지만 하늘나라는 모든 악으로부터 안전한 곳입니다. 악한 자가 만지지도 못하고 마귀의 유혹도 없는 곳입니다. 그 나라는 하나님의 영광이 찬란한 곳이고 천사들의 찬양이 있는 곳입니다. 주님이 재림하실 때에 앞서간 성도들과 구원받은 하나님의 백성들이 찬양 받으실 우리 주님께 찬양하는 곳입니다. 찬송은 마음 깊은 곳으로부터 그리고 온 마음으로 하나님을 높이는 것입니다. 그것은 단지 입술로만 하는 찬양이 아닙니다. "하나님이여 내 마음을 정하였사오니 내가 노래하며 나의 마음을 다하여 찬양하리로다"(시 108:1)라고 하였고, "호흡이 있는 자마다 여호와를 찬양할지어다 할렐루야"(시 150:6)라고 성경은 말씀합니다. 우리의 입술로 우리를 죄와 죽음과 저주로부터 구원하신 주님만을 찬양합시다.

우리도 아브라함처럼 그리스도의 날을 바라보며 찬양하고 살면 좋겠습니다. 세상에서 아무리 안전한 곳에 산다고 할지라도 그곳은 안전한 곳이 아닙니다. 하나님의 품이 아니면 그 어떤 곳도 안전한 장소가 아닙니다.

　존경 받는 인도 선교사의 아버지라고 불리는 윌리암 캐리의 묘비에는 이런 글귀가 기록되어 있습니다.

> "죄를 범하고, 연약하고 어찌할 수 없는 벌레가
> 그리스도의 친절한 팔 위에 안겼네
> 그는 나의 힘이요 의가 되시네
> 나의 예수, 나의 전부"

　우리 구주 예수 그리스도를 섬기는 그리스도인들이 경건하면 경건할수록 하늘나라에 대한 열망이 뜨거워지는 것입니다. 우리가 소유한 믿음도 사실은 하나님의 은혜인 것입니다. 우리에게 하나님의 은혜가 떠나면 우리가 가진 믿음도 공허하게 되는 것입니다. 때로는 우리가 존경하고 사랑하던 사람들이 믿음의 자리에서 떨어지게 되는 것을 보면서 실망하고 실족하게도 됩니다. 우리의 목표는 예수 잘 믿고 그리스도의 향기를 날리며 한 영혼이라도 구원하면서 살아야 할 것입니다. 우리에게 주어진 환경과 처소에서 긴장을 늦추지 아니하고 믿음의 겸손을 유지해야 합니다. 신앙생활은 처음과 마지막이 중요합니다. 주님을 믿었던 첫 신앙과 주님을 사랑하였던 첫 사랑이 지속되어야 하는 것입니다. 신앙의 본질이 떠나면 형식과 외식만이 남게 되는 것입니다. 주님을 사랑하던 사랑의 본질이 변하지 않아야 합니다. 우리는 그리스도의 날을 바라보면서 옛 본향보다는 하늘나라를 더 사모하며 삽시다.

2. 더 나은 본향을 사모합니다. (16절)

　"그들이 이제는 더 나은 본향을 사모하니"라고 성경은 말씀합니다.

여기서 "더 나은"이라는 단어는 원문에 〈크레잇손 kreisson〉입니다. '더 높은, 더 뛰어난, 더 유익한, 더 좋은'이라는 뜻입니다. 원문대로 해석하면 '그들이 더 나은 것을 사모한다'는 것입니다. 그리고 "사모하다"라는 단어는 〈오레고마이 oregomai〉입니다. 이 말은 깊은 의미가 담겨 있습니다. '무엇을 얻으려고 내밀다' 혹은 '얻으려고 애쓰다', 즉 더 좋은 하늘나라에 들어가기를 사모한다는 것입니다. 그런데 이것은 인간의 의지나 충동에 의하여 나타나는 현상이 아닙니다. 그리고 인간 본성으로부터 나오는 것도 아닙니다. 그것은 하나님께서 그들에게 예루살렘 성보다 더 좋은 곳을 예비하신 것을 사모하기 때문입니다. 그러므로 그들은 견고한 성 예루살렘 성보다는 하늘에 속한 본향을 더 귀하게 여긴 것입니다.

이 사모함은 하나님의 약속에 대한 신뢰와 순종입니다. 즉 하나님의 약속에 대한 응답에서 나온 것입니다. 불신앙은 하나님을 욕되게 하는 것이지만, 믿음은 그분에게 영광과 존귀와 찬양과 감사를 올려 드리는 것입니다. "믿음으로 아브라함은 부르심을 받았을 때에 순종하여 장래의 유업으로 받을 땅에 나아갈새 갈 바를 알지 못하고 나아갔으며"(히 11:8)라고 성경은 말씀합니다. 만약에 우리가 이정표도 없고 지도나 나침반도 없는 상황에서 알지 못하는 장소에 무조건 가라고 한다면 참으로 막막할 것입니다. 어찌 그 길을 좋다고 갈 수 있겠습니까? 그러나 아브라함은 알지 못하는 미지의 길을 믿음으로 순종하고 떠났던 것입니다.

아마도 아브라함이 자신의 주변 환경을 보았든지 친척과 고향 사람들의 권유를 받았더라면 지체했을지도 모릅니다. 그러나 그는 머뭇거리지 아니하고 믿음으로 고향을 떠납니다. 그는 무엇보다도 하나님의 신실하신 약속의 말씀 하나만을 믿고 전진하였던 것입니다. 그뿐만 아니라 "아브라함은 시험을 받을 때에 믿음으로 이삭을 드렸으니 그는 약속들을 받은 자로되 그 외아들을 드렸느니라"(히 11:17)고 성경은 말씀합니다. 믿음의 조상 아브라함이 백세에 아들을 얻었습니다. 그런데 그 귀한 아들을 어떻게 피를 흘려 죽여야만 합니까? 그러나 아브라함은 하나님의 신실하신 약속을 믿었습니다. 왜냐하면 하나님이 능히 이삭을 죽은 자 가운데서 다시 살리실 줄로 생각하고 확신했기(히 11:19) 때문입니다. 즉 아브라함은 어떤 하나님을 믿은 것입니까? 죽은 자를 살리시는 전지전능하신 하나님을 믿은 것입니다.

"기록된 바 내가 너를 많은 민족의 조상으로 세웠다 하심과 같으니 그가 믿은 바 하나님은 죽는 자를 살리시며 없는 것을 있는 것으로 부르시는 이시니라"(롬 4:17)라고 성경은 말씀합니다. 아브라함의 위대한 믿음은 죽은 자를 살리실 것을 의심하지 아니하고 믿은 것입니다. 즉, 그는 하나님의 절대주권을 믿은 것입니다. 아들 이삭의 생명과 죽음이 자신에게 있지 아니하고 오직 전능하신 하나님께만 속한 것임을 믿은 것입니다.

인간은 강한 것 같으면서도 매우 연약한 존재입니다. 지혜로운 존재 같지만 하나님을 알지 못하면 우둔하게 됩니다. 앞에 일어날 일을 알지도 못하고 예측도 못합니다. 그러므로 전능하신 하나님만 의지하고 삽시다. "너희는 먼저 그의 나라와 그의 의를 구하라 그리하면 이 모든 것을 너희에게 더하시리라"(마 6:33)고 말씀합니다. 우리도 일평생 욕심을 이루지 아니하고 하나님의 영광만을 드러내며 살아야 할 것입니다. 우리가 지금까지 잃어버린 시간이 있더라도 남은 생애는 오직 예수, 오직 복음을 위하여 살 수 있으시기를 간절히 소원합니다. 그리고 더 높고 더 뛰어난 본향을 사모하며 살아갑시다.

아무리 이 세상이 살기 편하다고 할지라도 오랫동안 미련을 갖지 말고 하나님께서 우리를 부르시는 그 날까지 부끄러움 없이 살아야 합니다. 어차피 이 세상은 변하고 또 변함으로 세상 사는 동안에 예수 증거하며 한 영혼이라도 전도하며 삽시다. 우리에게 주어진 건강과 지식과 물질이 주어졌을 때에 겸손하게 섬기며 살아가는 것이 지혜로운 삶인 것입니다. 나그네로 사는 인생을 하루하루를 보람 있고 뜻있게 사는 것은 더 좋은 본향을 바라보면서 사는 것입니다. 우리 구주 예수 그리스도가 우리와 함께 계시면 시험이 와도 두려움이 없는 것입니다. 하나님을 떠난 인생은 공허한 삶을 살기 때문에 지옥인 것입니다. 그러나 하나님과 함께하는 삶은 천국인 것입니다.

우리가 사는 이 세상은 죄인들에게는 만족할지 모르지만 그러나 성도들에게는 결코 충분하지 않은 곳입니다. 우리가 하늘나라를 바라보는 것은 더 좋은 날을 막연히 기대하는 것이 아닙니다. 그것은 하나님께서 경건하게 살기를 힘쓰는 자들에게 능력의 팔로 안아주실 것을 바라보기 때문에 더 좋은 본향인 하늘나라를 사모하는 것입니다. 그러므로 우리는 이 세상에 소망을 두지 아니하고 하나님께 산 소망을 두고 살아야 하는 것입니다. 세상에서 하나님 없이 사는 곳은 아무리 화려하고 좋은 곳이라 할지라도 동굴과 같습니다. 그 동굴에서는 영원히 살 수가 없습니다. 주님이 언젠가는 불로 심판하고 공의로 통치하실 것입니다. 교회를 박해하고 기독교인들을 죽이고 하나님의 몸 된 성전을 모독한 자들을 모조리 진노하실 것입니다. 심판을 받기 전에 회개하고 돌아올 수 있기를 소원합니다. 지금도 지구 반대편에서 전쟁과 종교분쟁이 사라지지 않고 있습니다. 하나님의 교회를 업신여기는 자들이 있습니다. 대항하지 아니하고 고통 받는 그리스도인 형제들이 있습니다. 그러나 주님 오실 때에 위로와 상급이 있을 줄 믿습니다.

사도 바울은 "우리의 시민권은 하늘에 있는지라 거기로부터 구원하는 자 곧 주 예수 그리스도를 기다린다"(빌 3:20)고 증언합니다. 이 시민권은 세상에 속한 것이 아닙니다. 하늘에 속한 것입니다. 하늘로부터 오실 구원자 우리 구주 예수 그리스도를 기다리는 것입니다. 한마디로 더 나은 본향은 땅에 있는 것이 아닙니다. 하늘에 있는 것입니다. 보이지 않는 것을 바라는 것이 우리의 가장 큰 소유입니다. 그러므로 우리는 날마다 하늘나라를 묵상하며 살아야 합니다.

3. 하나님은 우리를 부끄러워하지 아니하십니다. (16절)

"하나님이 그들의 하나님이라 일컬음 받으심을 부끄러워하지 아니하시고"라고 성경은 말씀합니다. 믿음의 선조들은 이방인의 땅에서 외국인과 나그네로 살았기에 고독과 외로움이 많았을 것입니다. 그럼에도 불구하고 그들은 옛 본향으로 돌아가지 아니했습니다. 이런 믿음의 사람들을 하나님은 부끄러워하지 아니하십니다. 그렇지만 이방인의 땅에서 객으로 살던 아브라함과 이삭은 허물이 많은 자들입니다. 이방인 왕 앞에서 아내의 아름다운 미모 때문에 거짓말을 합니다. 그 이유는 자신의 생명이 위태롭기 때문에 사랑하는 아내를 누이라고 속인 것입니다. 아브라함도 그의 아들 이삭도 자신의 생명 보존을 위하여 안타깝게도 이런 거짓말을 했습니다. 참으로 부끄러운 일들입니다. 하나님을 믿는다고 하면서도 이방 왕의 권세 앞에서는 하나님을 속이고 거짓 증언을 하였던 것입니다. 야곱도 아버지를 속이고 형을 속인 자입니다. 그 결과 그도 외삼촌에게 품삯을 열 번이나 제대로 받지 못하기도 합니다. 이렇게 인간적으로 보면 허물과 실수가 많은 자들입니다. 그럼에도 불구하고 자비하신 하나님은 그들을 부끄러워하지 아니 하시고 위대한 믿음의 족장들로 은혜와 복을 주십니다. 왜냐하면 하나님이 그들을 택하시고 하나님의 백성으로 삼으셨기 때문입니다.

이스라엘 백성들도 애굽에서 430년 동안 노예로 고통을 받았습니다. 그들의 부르짖음을 하나님은 기억하시고 하나님의 절대적인 능력으로 그들을 애굽에서 해방시키십니다. 하나님은 모세를 통하여 "내가 애굽 사람에게 어떻게 행하였음과 내가 어떻게 독수리 날개로 너희를 업어 내게로 인도하였음을 너희가 보았느니라"(출 19:4)고 말씀하십니다. 이것은 하나님의 절대 간섭과 보호인 것입니다.

　그뿐만 아니라 이스라엘 백성들에게 홍해를 육지같이 건너게 하십니다. 그러나 뒤에서 추격하는 바로의 군대와 갈라지지 아니한 홍해 바다를 보고 절망하게 됩니다. 그리고 원망하고 불평합니다. "어찌하여 죽을 매장지가 없어서 이곳까지 우리를 인도하였느냐?"라고 모세와 하나님을 원망합니다. 얼마나 부끄러운 존재들인지 모릅니다. 그러나 하나님은 모세의 기도를 들으시고 그들을 가나안으로 인도하신 것입니다.

　오늘날 우리 자신들도 얼마나 허물과 실수가 많습니까? 사람도 자신의 형편과 처지가 초라하고 어려우면 부끄러워하여 만나기를 주저하게 됩니다. 그러나 자비하신 하나님은 우리가 성공하든지 실패하든지 관계없이 늘 변함없는 은혜와 사랑을 베풀어 주십니다. 우리 자신이 믿음을 바로 지키지 못할 때에도 긍휼이 풍성하신 하나님은 우리에게 재앙보다는 평안하기를 바라며 주께 돌아오기를 기다리십니다.

　우리들은 하나님께는 말할 것도 없고 사람들에게도 부끄러운 존재가 될 때가 있습니다. 선을 행한다는 것이 악을 행하게 됩니다. 남을 돕는다고 하는 것이 오히려 상처를 주기도 합니다. 서로 사랑해야 하지만 먼저 배신하기도 합니다. 때로는 혹독한 가난과 질병과 억울한 고난이 지속되면 자신도 모르게 하나님의 일을 하는 것을 부끄럽게 생각할 수도 있습니다. 그러나 하나님은 우리의 방패가 되십니다. 그리고 전적으로 우리를 도우실 이는 하나님이십니다. 왜냐하면 우리 자신이 못나고 부족하지만 하나님이 우리들을 부끄러워하지 아니하시기 때문입니다. 아무리 사람들의 멸시를 받고 자존심이 상하더라도 하나님의 일을 하는 것을 부끄러워하지 맙시다. 오히려 힘들고 어려워도 찬송하고 기도합시다.

자비하신 하나님은 우리가 언어와 행동에 있어서 완벽하게 살지 못함에도 불구하고 우리를 부끄러워하지 아니하십니다. 만약에 우리가 한 주간 생활을 하면서 허물을 가지고 예배당에 왔다면 우리는 주님 앞에 설 수가 없는 존재들입니다. 하나님의 관점에서 보면 무지하고 어리석은 죄인들을 얼마든지 부끄러워하실 수 있습니다. 아담의 후손으로 전적 타락한 인간은 선을 행할 만한 능력이 없습니다. 날개가 부러진 새는 자유롭게 날아갈 수가 없습니다. 믿는다고 하면서도 의심하지는 않았습니까?

만약에 주님께서 세 번 부인하고 저주하고 맹세한 베드로를 외면하시고 모른다고 하셨다면 어떻게 되겠습니까? '네가 나를 그렇게 밖에 대할 수 없느냐? 너는 인간도 아니다. 어찌 네가 내 제자가 될 수 있느냐?'라고 책망하신다면 얼마나 부끄러운 일입니까? 그러나 주님은 베드로에게 한 번도 꾸중하지 아니하십니다. "네가 나를 이 사람들보다 더 사랑하느냐?" 사랑을 확인하십니다. 그리고 사랑의 고백을 들으신 후에 내 양을 먹이라고 말씀하십니다.

우리도 베드로처럼 호언장담 하면서도 언행이 일치되지 않을 때가 있습니다. 형제를 사랑하겠다고 하면서도 미워하고 증오할 때도 있습니다. 교회를 위하여 충성하고 봉사하겠다고 말하면서도 행동으로 옮기지 못하는 경우도 많습니다. 하나님이 보시고 계시니 얼마든지 부끄러워할 일입니다. 그럼에도 불구하고 자비하신 하나님은 우리를 부끄러워하지 아니하십니다.

그리고 하나님은 자신을 이렇게 말씀하십니다. "나는 네 조상의 하나님이니 아브라함의 하나님, 이삭의 하나님, 야곱의 하나님이니라"(출 3:6)고 성경은 말씀합니다. 우리도 아브라함의 하나님과 이삭의 하나님 그리고 야곱의 하나님을 믿습니다. 그뿐만 아니라 하나님은 당신의 백성들에게 말씀하십니다. "나는 그들의 하나님이 되고 그들은 내 백성이 될 것이라 여호와의 말씀이니라"(렘 31:33)고 성경은 말씀합니다. 이 세상에 존재하는 모든 인류가 하나님의 백성이 다 되었으면 얼마나 좋겠습니까? 이 세상에는 많은 잡신들이 있습니다. 그러나 진정한 신은 여호와 하나님 한 분뿐이십니다.

우리는 하나님의 형상대로 지음 받은 피조물입니다. 우리가 예수를 나의 구주로 믿고 하나님의 백성이 되고 그분이 나의 하나님이 되시니 웬 은혜요 사랑이며 축복입니까? 그뿐만 아니라 하나님은 독생자 예수 그리스도를 우리에게 주셨습니다.

그리고 양자의 영을 주신 것입니다. 그 이유는 우리들로 하여금 하나님을 아빠 아버지라 부르게 하시기 위함입니다(롬 8:15). 죄인이 지금 당장이라도 회개하고 주님에게 돌아가기만 하면 십자가에 못 박히신 우리 구주 예수 그리스도가 양팔을 벌리시고 우리를 기다리십니다. 자비하신 하나님 앞에 나아가서 아버지라고 부를 수 있는 특권을 주신 하나님께 영광과 존귀와 찬양을 돌립시다. 하나님은 예수를 나의 구주로 믿는 모든 사람들의 하나님이십니다. 우리가 비록 탕자와 같은 삶을 살았다고 할지라도 하나님 앞으로 나오기만 하면 우리를 용납하십니다. 그리고 우리 구주 예수 그리스도의 의의 옷을 입혀주십니다. 우리가 죄인임에도 불구하고 주님은 의롭다고 선포하십니다.

우리가 하나님의 자녀가 되었습니까? 그렇다면 우리 자신들이 하나님을 부끄러워하고 비난할까 두려워해야 하는 것입니다. 우리가 주를 위하여 고난과 슬픔을 당한다 할지라도 그것을 이상하게 생각하지 맙시다. 예수 그리스도가 나의 구주이심을 날마다 시인하며 살아갑시다. "누구든지 사람 앞에서 나를 시인하면 나도 하늘에 계신 내 아버지 앞에서 그를 시인할 것이요 누구든지 사람 앞에서 나를 부인하면 나도 하늘에 계신 내 아버지 앞에서 그를 부인하리라"(마 10:32-33)고 성경은 말씀합니다. 순교자들은 위협과 죽음 앞에서도 예수를 그리스도라고 시인했습니다. 하나님과 사람 앞에서 담대하게 신앙을 고백한 자들이요 온 몸으로 우리 구주 예수 그리스도를 증언한 자들입니다. 하나님은 지금도 살아계신 분이십니다. 사람의 손바닥으로 하늘을 가릴 수가 없습니다. 사람을 기쁘게 하려고 예수를 부인하면 안 됩니다. 죽음 앞에서도 예수만이 나의 구주시라고 고백하고 '주는 나의 하나님이십니다.'라고 당당히 선포합시다.

제가 개인적으로 존경하고 사랑하는 순교자 폴리갑의 신앙을 소개하려고 합니다. 그는 한마디로 타협하지 않은 신앙의 교부입니다. 어떻게 죽음을 앞에 두고서도 조금도 뒤로 물러서지 아니하는 신앙을 소유할 수가 있습니까? 그리고 십자가에서 죽은 예수가 하나님이라고 고백할 수 있습니까?

서머나 교회의 감독이었던 폴리갑이라는 분이 있습니다. 그는 안토니우스 피우스 황제 때에 화형을 당하여 순교합니다. 호민관은 폴리갑에게 구주를 배교할 것을 권합니다. "그대는 왜 가이사에게 경배하지 않으며 모든 신들에게 제사하지 않는가? 어서 순종하고 생명을 구하라."고 강요합니다. 아무 대답이 없기에 더욱 권하자 폴리갑이 대답합니다. "나는 그대의 권면에 복종할 수 없노라."고 말합니다. 그러자 호민관은 분노하며 욕설을 퍼붓습니다. 폴리갑을 수레에서 밀어내는 순간에 그의 다리가 부러집니다. 그러나 아무 일 없는 듯이 태연하게 뜻을 굽히지 아니하고 원형 경기장까지 걸어서 갑니다.

소란스러운 경기장으로 끌려갈 때 돌연히 하늘에서 "폴리갑이여! 담대하라. 용감히 싸우라." 하는 음성이 들립니다. 폴리갑이 호민관 앞에 다시 끌려가 황제 앞에 서게 됩니다. "그대를 살려줄 터이니 그리스도를 저주하라!"고 합니다.

그때 폴리갑의 나이는 86세의 노인입니다. 그러나 한 가지 조건만 맞으면 살려주는데 황제를 신이라고 고백하라는 것입니다. 당국자들이 원하는 것은 그의 처형이 아닙니다. 예수 그리스도의 신앙을 부인하라는 것입니다. "그러니 무슨 해로운 일이 있겠소?"라고 말합니다. 그러나 그는 그의 얼굴을 돌려 재판정에 둘러선 사람들을 바라봅니다. 그리고 그들을 가리키며 하늘을 응시하고는 이렇게 외칩니다. "닥치시오! 하나님을 모르는 자들이여!" 그러자 관리는 그를 더욱 졸라맵니다. "그리스도를 저주한다고 맹세하라. 그러면 석방하겠다." 그러자 그는 "나는 86년 동안 평생 그분의 종이었고, 주님은 나에게 단 한 번도 모른다고 하신 일이 없었소. 그런데 어찌 내가 나를 구원해 주신 왕을 이제 와서 어떻게 부인할 수 있겠소?"라고 말합니다.

총독이 위협하기를 "네가 그 사나운 짐승까지 무서워하지 않는다면 화형에 처할 것이다." 그러자 그는 "당신이 위협하는 불은 잠깐 타다가 꺼져 버릴 뿐이요. 그러나 당신이 모르는 불이 있는데 그것은 앞으로 다가올 영원한 심판의 불이요. 왜 우물쭈물 하고 있는가? 그대의 하려는 일을 곧 시행하라."고 말합니다. "나는 조금도 두렵지 않으니 하고 싶은 대로 하시오."

이때에 군중들은 "저 놈은 예수쟁이의 두목이고 우리의 모든 신상을 파괴하는 놈이다. 그리고 신에게 제사하지 말라고 가르치는 자이다. 저 놈을 불로 살라 죽이자!"고 함성을 지릅니다. 그리고 불사를 나무를 산같이 모아놓고 폴리갑을 벌거벗겨 결박하고 나무에 던집니다.

이 죽음의 형장에서 그는 간절히 기도합니다. "항상 사랑과 축복을 받는 성자 예수 그리스도시여, 우리에게 당신에 대한 지식을 주신 예수 그리스도의 아버지시여! 천사와 모든 능력과 모든 창조물과 당신 앞에 살아있는 모든 의로운 족속의 아버지시여! 나는 당신이 나를 이날 이때에 합당한 자로 생각하사 순교자의 수에 넣어 주시고 그리스도의 잔에 참여케 하시며 몸과 영혼이 아울러 성령이 주시는 썩지 않는 행복 가운데서 영원한 생명으로 부활시켜 주시기를 비나이다."

그리고 세계 인류의 구원을 위하여 기도합니다. 어떻게 죽음 앞에서 이런 기도가 가능한 것입니까? 폴리갑은 나는 주 예수 그리스도를 믿는 기독교인이라고 고백하고 아멘을 마저 하지 못한 채 불길에 휩싸여 한줌의 재로 변합니다. 참으로 우리 구주 예수 그리스도를 끝까지 시인한 신앙의 사람입니다. "이런 사람은 세상이 감당하지 못하느니라"(히 11:38)고 성경은 말씀합니다. 우리도 세상이 감당할 수 없는 강하고 담대한 그리스도인이 됩시다.

우리는 현재도 외국인과 나그네로 살아갑니다. 때로는 지치기도 하고 외롭기도 합니다. 일본 선교지에서도 종종 조국의 명절이 그리워지기도 합니다. 부모 형제 친구와 한국교회 성도들과도 단절된 삶을 삽니다. 이런 세월이 10년, 20년 지나다 보면 어머니의 품과 같은 조국이 더 그리워지게 됩니다. 조국을 위하여 더 기도하게 됩니다. 고국에 대한 향수를 깊이 느낍니다. 고달픈 생활이 지속되고 하나님의 은혜가 고갈이 되면 원망하고 실족도 하게 됩니다. 저의 부친께서는 병상에서 임종을 맞이하게 될 때에 아들 삼 형제 목사에게 유언으로, 할아버지 목사님의 순교신앙을 가지고 선교하고 목회하라는 마지막 말씀을 남기시고 하늘나라에 들어가셨습니다. 그럼에도 불구하고 선교지에서 영적으로 곤고할 때가 있었습니다. 경제적으로 힘든 것보다 하나님의 은혜가 떠날 때에는 더 견디기 어려웠던 것입니다. 하루하루를 하나님의 은혜가 없이는 살 수가 없습니다. 그러나 기억합시다. "내가 결코 너희를 버리지 아니하고 너희를 떠나지 아니하리라"(히 13:5)고 성경은 말씀합니다. 이것은 전능하신 하나님의 약속입니다.

우리는 강한 것 같지만 매우 약한 존재입니다. 인간의 의지도 약하여 결심하지만 사흘이 가지 못하는 경우가 많습니다. 그리고 지혜와 지식도 불완전하고 건강도 능력도 제한되어 있습니다. 그러나 전능하신 하나님이 우리를 결코 버리지 아니하시고 떠나지 아니하시기 때문에 우리는 약하여지지 않습니다.

우리에게 주어진 환경이 아무리 어려울지라도 좌절하거나 실망하지 맙시다. 오히려 절망스러운 환경을 거부합시다. 하나님이 은혜와 평강을 주시면 새롭게 힘과 용기를 얻습니다. 우리는 기억합시다. 우리가 예수 믿고 구원받았을 때에 누렸던 기쁨은 목숨과도 바꿀 가치가 있는 것입니다. 왜냐하면 우리의 영혼과 육체가 죄와 율법과 저주와 죽음으로부터 구원을 받았기 때문입니다. 하나님이 가장 사랑하시는 아들 예수 그리스가 흘린 보혈은 결코 헛되지 아니합니다.

사탄이 괴롭히고 환경이 열악하여도 그리스도를 믿는 영혼들은 기필코 우리 구주 예수 그리스도와 함께 영원히 다스리는 것입니다. 왜냐하면 하나님이 독생자 예수 그리스도를 사랑하신 그 사랑을 우리에게도 주실 것이기 때문입니다. 그러므로 우리 구주를 믿고 더 나은 본향을 사모하는 자들을 당신의 본향으로 데려가실 것입니다.

사도 바울은 "교회 안에서와 그리스도 예수 안에서 영광이 대대로 영원무궁하기를 원하노라"(엡 3:21)라고 증언합니다. 우리는 교회 안에서 하나님께 영광을 돌릴 뿐 아니라 그리스도 안에서 사는 삶 가운데서 날마다 하나님께 영광과 존귀를 돌려야할 것입니다.

결 론

우리가 사는 이 세상은 잠시 나그네로 사는 장막에 불과합니다. 언젠가 우리는 이 세상을 떠나야 할 것이고, 우리 구주 예수 그리스도를 만나야 할 것입니다. 우리 구주 예수 그리스도는 세상에 오셔서 세상 죄를 지고 가는 어린양이 되셨습니다. 그는 마치 도수장으로 끌려가는 어린 양과 같이(사 53:7) 곤욕과 심문을 당하십니다(사 53:8). 그리고 가장 부끄러움의 상징인 저주의 십자가를 지시고 죽으십니다. 그러나 부활하신 예수 그리스도는 동물의 왕인 사자의 모습으로 나타나십니다(계 4:7).

우리 주님은 어린양으로서 우리를 인도하십니다. 그러나 때로는 용맹스러운 사자로서 우리에게 담대함을 가지라고 말씀하십니다. 우리가 비록 무기력하고 무능하고 지혜와 지식도 부족하지만 우리의 보호자요 왕이시며 사자되신 우리 구주 예수 그리스도를 따라가면 약해지지 않습니다. 쉽게 넘어지지 아니합니다. 사람에게 비난을 받을 수도 있고 무시를 당하는 것 같지만 높여 주시고 이기게 하십니다. 사람에게 부끄러움을 당하지 않게 하십니다.

우리도 부활하신 예수님처럼 사자의 모습으로 나타나신 주님을 의지하고 삽시다. 하늘나라에 들어가는 그 날까지 옛 본향에 대한 미련을 버립시다. 더 좋고 더 나은 천국 본향을 사모하며 한 영혼이라도 전도하여 하나님께 영광 돌리시기를 우리 주님의 이름으로 간절히 축원합니다.

32
그리스도를 위하여
[히브리서 11:24-26]

서 론

믿음이란 어느 특정한 사람만이 가지고 있는 힘이나 자질이 아닙니다. 영국의 마이어 목사는 "믿음은 하나님을 최대로 인정하며 하나님께서 인간에게 복을 주시는 통로와 수단이 되는 능력이다. 신자는 하나님으로 충만하고 감동되며 그분의 소유가 된 사람이다."라고 설명했습니다. 그리고 신자가 세상에서 하는 일은 그의 일이 아니라 우리 주님을 통하여 이루어지는 하나님의 일이라고 설명했습니다.

모세가 처음에는 자신의 지혜와 힘으로 자기 백성을 해방하려고 하였지만 완전히 실패하고 말았습니다. 모세가 장성한 후에 한번은 자기 형제들에게 나가서 그들이 힘들게 노동하는 것을 보게 됩니다. 어떤 애굽 사람이 한 히브리 사람 곧 자기 형제를 치는 것을 봅니다. 얼마나 마음이 아프고 고통스러운 일입니까? 그는 좌우를 살펴 사람이 없음을 보고 그 애굽 사람을 쳐 죽여 모래 속에 감추었습니다. 이튿날 다시 나가니 히브리 형제 두 사람이 서로 싸웁니다. 그 잘못한 사람에게 네가 어찌하여 동포를 치느냐고 하니, 네가 애굽 사람을 죽인 것처럼 나도 죽이려느냐고 말할 때 모세가 두려워하여 미디안 땅으로 도피하게 된 것입니다(출 2:11-15). 이때에 모세는 자신의 존재가치가 참으로 무능하고 무기력하다는 것을 깨달았습니다.

그러나 모세가 하나님을 전적으로 의지하고 이스라엘 백성들과 허다한 잡족들까지 합하면 약 300만 명을 이끌고 애굽을 나온 원동력은 오직 믿음이라고 할 수 있습니다. 모세는 무능한 자요 게다가 사람을 죽인 살인자요 도피자이었지만 전능하신 하나님을 전적으로 믿고 의지할 때에 이런 하나님의 놀라운 역사와 기적이 일어나게 된 것입니다. 우리에게도 모세와 같은 믿음만 있다면 하나님을 기쁘시게 할 수 있을 것입니다. 오직 믿음만이 하나님을 기쁘시게 합니다.

"믿음이 없이는 하나님을 기쁘시게 하지 못하나니 하나님께 나아가는 자는 반드시 그가 계신 것과 또한 그가 자기를 찾는 자들에게 상 주시는 이심을 믿어야 할지니라"(히 11:6)고 성경은 말씀합니다. 우리 모두 믿음으로 하나님을 기쁘시게 할 뿐만 아니라 믿음으로 하나님의 은혜와 복을 누리고 더 나아가 사명을 감당합시다. 즉 한마디로 믿음의 사람이 하나님을 움직이게 되는 것입니다.

그러면 그리스도를 위한 모세의 신앙은 무엇입니까?

1. 세상 부귀영화를 포기한 믿음입니다. (24절)

"믿음으로 모세는 장성하여 바로의 공주의 아들이라 칭함 받기를 거절하고"라고 성경은 말씀합니다. 모세는 가만히만 있어도 바로의 공주의 아들로서 왕권을 계승할 수 있는 위치에 있었습니다. 그럼에도 불구하고 그는 아들이라 칭함 받기를 거절했습니다. 이것은 자신의 것이 아니라고 말하는 것을 의미합니다. 사십 년 동안 왕궁에서 성장하고 애굽의 모든 학문과 문화와 지략을 완벽하게 습득하였을 것입니다. 그는 조금도 후계자가 되기에 부족함이 없다고 볼 수 있는 자입니다. 그렇지만 그는 오직 그리스도를 위하여 세상의 화려한 부귀영화와 모든 권력까지 깨끗하게 포기한 것입니다.

어느 누군들 세상 부귀영화를 싫어할 자가 있겠습니까? 물질도 없는 것보다는 풍요로운 것이 낫고, 낮은 자리보다는 높은 위치에 앉는 것이 좋습니다. 그러기에 돈과 권력과 명예까지 주어진다면 이 세상에서는 부러울 것이 없을 것입니다. 그러나 모세는 이런 세상적인 것들을 모두 거절한 것입니다. 그 이유는 그리스도를 위하여 고난을 받겠다는 것입니다.

그의 인생 초기에는 그 당시 강대국인 애굽의 궁정에서 학문에 정진한 사람이었습니다. "모세가 애굽 사람의 모든 지혜를 배워 그의 말과 하는 일들이 능하더라"(행 7:22)고 성경은 말씀합니다. 바로의 궁정에서 사십 년의 세월은 학문과 언변과 모든 지식을 구비하는 기회였다고 봅니다. 그가 습득한 지식과 지혜와 경험만으로도 애굽의 지도자가 될 만한 인격과 그릇이 되었을 것입니다. 국가의 지도자가 되는 일은 결코 쉬운 일이 아닙니다. 통치자가 되려면 학문과 언어와 행정과 리더십이 겸비되어야 하는데, 모세는 애굽 사람의 모든 역사와 문화와 전술과 지혜를 통달한 사람입니다. 인간적으로 볼 때에 그는 이미 모든 것을 터득하고 통달한 사람이기에 부족함이 없는 사람입니다. 왜냐하면 그가 능하다고 증언하기 때문입니다. 이만한 인격과 리더십이 준비되었다면 한 번쯤은 애굽 전체를 통치할 만도 하지만 그럼에도 불구하고 그는 세상 부귀영화와 권세를 모두 저버립니다. 그 이유는 그리스도를 위하여 일하기를 원하였기 때문입니다. 그리스도를 위해서라면 모든 것을 버리고 희생할 각오가 있었기 때문에 그는 바로의 공주의 아들이라 칭함을 거절한 것입니다.

우리 그리스도인들이 예수를 나의 구주로 믿고 난 이후에는 고난의 길을 선택하여 따릅니다. 하나님이 우리에게 요구하시는 것이 있습니다. 그것은 세상에서 출세하고 부유하며 성공하는 것만을 원하시는 것이 아닙니다. 오히려 우리 구주 예수 그리스도를 위하여 고난 받기를 원하시는 것입니다. 중세시대의 유명한 석학인 에라스무스라는 학자는 "힘없는 말이 무거운 등짐을 바라지 않는 것처럼 나도 재물과 명예를 바라지 않는다."고 했습니다. 사도 바울은 칭찬받는 골로새 교회의 성도들에게 "나는 이제 너희를 위하여 받는 괴로움을 기뻐하고 그리스도의 남은 고난을 그의 몸된 교회를 위하여 내 육체에 채우노라"(골 1:24)고 증언합니다.

그러므로 우리는 기억합시다. 우리 하나님이 우리에게 주시는 고난과 괴로움은 좌절하는 절망적인 것이 아니라 오히려 신앙의 성숙을 주시는 은혜요 선물이라는 것입니다. 왜냐하면 고난 받지 아니하고 승리하는 신앙은 없기 때문입니다. 하나님이 주시는 연단은 감당할만한 것이므로 고난을 잘 받아들이기만 하면 믿음의 용장으로 존귀하게 쓰임 받게 되는 것입니다.

모세는 그리스도를 위하여 자신이 누릴 수 있었던 세상의 부귀영화와 권세와 명예를 다 물거품처럼 여겼습니다. 자신의 유익을 조금도 구하지 않고 주저함이 없이 바로의 공주의 아들이라는 신분을 포기합니다. 오히려 고난과 멸시 받는 백성들과 생사고락을 같이합니다. 그 이유가 무엇입니까? 그것은 간단합니다. "그리스도를 위하여"입니다. 다른 이유가 없습니다. 오직 "그리스도를 위하여" 그리스도 때문에 고난을 받겠다는 것입니다. 세상 사람들은 자신만을 위하여 삽니다.

프랑스의 '까뮈'라는 사람은 노벨 문학상을 받은 자입니다. 이 사람은 문학상에서 받은 상금을 가지고 큰 집과 좋은 차를 구입했습니다. 그리고 자기 혼자 즐기며 살다가 차를 몰고 다닌 지 며칠이 되지 못하여 자동차 사고로 죽고 말았습니다. 자신의 욕망만을 위하여 살던 사람의 마지막이 이렇게도 비참하였던 것입니다.

우리 그리스도인은 세상에 살고 있으나 세상에 속한 자가 아닙니다. 이 세상에 발붙이고 살고 있지만 우리의 시민권은 하늘에 있는 것입니다(빌 3:20). 그럼에도 불구하고 모세는 하나님의 성령의 인도를 받고 조금도 주저하지 않고 바로의 공주의 아들이라는 신분을 포기한 것입니다. 오히려 고난 받고 멸시 받는 백성들과 생사고락을 같이했던 것입니다.

종교개혁자 마틴 루터는 "세상의 모든 위대함이란 하나님께서 개에게 던져 주신 뼈다귀에 불과하다."고 했습니다. 우리가 세상적인 것에 너무나도 치우치다 보면 영적으로 고갈 당하고 메마르게 됩니다.

사도 바울은 자신의 가문과 족보와 자랑할 만한 것들을 모두 배설물로 여겼다고 했습니다. 바울은 "그러나 무엇이든지 내게 유익하던 것을 내가 그리스도를 위하여 다 해로 여길뿐더러 또한 모든 것을 해로 여김은 내 주 그리스도 예수를 아는 지식이 가장 고상하기 때문이라 내가 그를 위하여 모든 것을 잃어버리고 배설물로 여김은 그리스도를 얻고 그 안에서 발견되려 함이니"(빌 3:7-9)라고 증언합니다. 그리스도를 발견하고 우리 구주 예수 그리스도를 아는 지식을 체험한 것입니다. 바울의 지식이나 율법이나 의로움 등 자신의 유익한 것은 모두 배설물로 여겼던 것입니다.

이 세상의 부귀영화와 권세와 명예가 좋다고 할지라도 우리 구주 예수 그리스도와는 비교할 수가 없는 것입니다. 세상적인 것이 아무리 화려하다고 할지라도 주님과는 바꿀 수 없는 것입니다. 왜냐하면 세상적인 것은 아무리 좋은 것이라 할지라도 다 지나가 버리기 때문입니다. 우리의 지식이나 능력과 지위도, 물질과 권세와 모든 것들도 이 또한 지나가 버리기 때문입니다. 오직 남는 것이란 우리 구주 예수 그리스도를 위하여 일한 것만 남을 것입니다. 구주와 그의 복음을 위하여 몸과 마음과 정성과 생명을 다 바쳐 수고하고 헌신하며 충성한 것만이 하늘나라에 기록될 것입니다. 늙고 노년이 되기 전에 열심히 그리스도를 위하여 힘써 일합시다. 건강이 주어지고 물질도 있을 때에 아낌없이 선교하는 일에 힘써봅시다. 사명이 있는 자는 주의 일을 하도록 이끄실 것입니다.

우리는 기억하여야 합니다. 세상의 많은 재물보다 약간의 하나님의 은혜가 더 나은 것입니다. 한 조각의 하나님의 은혜만 늘 유지되어도 우리는 이 세상을 이길 수가 있는 것입니다. 유혹과 시험이 엄습하여도 능히 물리칠 수가 있는 것입니다. 그러나 만약에 하나님의 은혜가 떠나 버린다면 우리는 한낱 물거품과 끊어지기 쉬운 거미줄 같은 인생에 불과한 것입니다. 우리가 고통 중에 있다고 할지라도 하나님이 은혜를 베풀어 주시면 고난도 극복하게 되는 것입니다. "여호와여 내게 은혜를 베푸소서"(시 31:9). 이 기도는 가장 힘과 능력이 있는 위대한 간구가 되는 것입니다.

믿음의 사람인 모세는 하나님의 은혜로 가장 높은 왕족에 속한 사람이 됩니다. 그는 믿음으로 구원을 받았습니다. 이 믿음으로 말미암아 하나님께 더욱 더 충성하고 자신을 비우는 삶을 살게 됩니다. 그러나 자신의 조상들이 노예 신세가 되어 바로 왕의 국고성을 위하여 흙 이기기와 벽돌 굽기와 여러 가지 농사일에 착취를 당하게 됩니다. 잔혹한 감독들의 눈과 채찍 아래 매일 정해진 작업량을 채워야 하는 상황이었습니다. 그들은 너무나도 비참한 노동에 착취를 당합니다. 단순 노동자들로 애굽 전역에 흩어져서 강제 노역을 당합니다. 이 벽돌 굽는 일을 시키는 이유는 이스라엘 민족성을 제거시키려는 악랄한 목적으로 강요했던 것입니다. 그들은 한 가닥의 희망도 없이 언제 어떻게 죽을지 모르는 상황에서 하루 하루를 살아가는 것입니다. 또한 그들에게는 희망의 촛불을 켜서 보여주는 지도자도 없었습니다. 설령 있다고 해도 어떻게 그를 추종하겠습니까? 날마다 달마다 하루 종일 시달리고 채찍에 맞고 피를 흘리는 혹독한 노동을 하였을 것입니다.

이런 시기에 모세가 출생하게 됩니다. 바로 왕은 히브리인들에게 사내아이가 태어나면 강에 던져 죽이라는 명령을 내렸습니다. 그런데 이 법령은 불과 몇 개월 밖에 시행되지 못했습니다. 모세의 어머니는 갈대

파피루스 줄기로 만든 상자에 물이 스며들지 않도록 역청을 발랐습니다. 어머니는 아기를 더 볼 수 없는 형편이 될 것 같아 수도 없이 볼에 입을 맞추었을 것입니다. 그리고 아기를 상자에 넣고 뚜껑을 덮었습니다. 그리고 상자를 들고 강가로 나가 그 곳에 자라는 갈대 사이에 살며시 띄어 놓았습니다. 모세의 어머니는 바로 왕의 공주가 그 곳에 목욕하러 온다는 사실을 알았을 것입니다. 그러기에 버려진 아기가 공주에게 발견되고 돌보아 줄 것이라는 생각을 했을지도 모릅니다.

하나님의 비상 섭리에 의하여 모세는 공주에게 발견되고 왕궁에서 자라게 됩니다. 그는 교육받을 나이가 되자 고대 애굽의 최고 교육을 받았다고 봅니다. 그는 정치가요 군인이라고 볼 수 있습니다. 왜냐하면 그는 애굽의 모든 학문과 학술을 다 배우고 익히고 능숙하게 습득한 사람이기 때문입니다. 하나님께서 이스라엘 백성을 이끌어갈 만한 지도자로 세우실 도구로 준비된 사람이었습니다. 아마도 그는 바로의 궁정에서 계속 부귀와 영화를 누리고 권력 있는 사람이 될 것인가? 아니면 주님을 위하여 떠나야 할 것인가에 대하여 유혹을 받았을지도 모릅니다.

그러나 그가 나이 사십이 되면서 자기의 형제 이스라엘을 돌아볼 생각이 납니다. 그는 가장 높은 계층에 속한 왕족의 사람이었으나 공주의 아들 됨을 거절한 사람입니다. 얼마든지 성공과 출세의 길로 갈 수 있는 인물입니다. 그럼에도 불구하고 그는 그러한 기득권을 포기한 사람입니다.

로마 제국의 인격과 덕망이 높은 테오도시우스 황제의 궁정에서 14년 동안 머물면서 황제의 가정교사를 했던 아르세니오스라는 사람이 있습니다. 그는 이집트의 사막에서 94세의 생애를 살다가 주님께 부르심을 받았습니다. 그는 교회에 가면 사람들이 자기의 얼굴을 보지 못하도록 하였고, 자신도 타인의 이목을 받지 않으려고 기둥 뒤에 숨어서 예배를 드렸다고 합니다. 그는 그리스도를 위하여 사는 삶이 너무나도 보람이 있었기에 황제의 궁정에서 부귀영화를 누리는 것보다 사막으로 돌아와 한평생 우리 구주 예수 그리스도를 위하여 생을 마감했던 자입니다.

시인 다윗은 "여호와여 들으시고 내게 은혜를 베푸소서 여호와여 나를 돕는 자가 되소서"(시 30:10)라고 증언합니다. 이 세상에서 누가 가장 행복한 자입니까? 하나님의 은혜를 받는 자가 행복한 것입니다. 하나님이 우리에게 은혜를 베푸시면 슬픔이 기쁨이 되고 고난도 유익이 될 것입니다.

2. 고난 받기를 즐거워하는 믿음입니다. (25절)

25절에 보면 "도리어 하나님의 백성과 함께 고난 받기를 잠시 죄악의 낙을 누리는 것보다 더 좋아하고"라고 성경은 말씀합니다. 무엇 때문에 모세는 하나님의 백성과 고난 받기를 좋아했던 것입니까? 그 이유는 세상의 즐거움은 죄악의 독소라고 생각했기 때문입니다. 아무리 애굽에서 부귀영화를 누리고 진수성찬을 먹는다고 할지라도 잠시 사는 죄악의 삶으로 보았기 때문인 것입니다.

우리는 기억합시다. 이 세상에서 사는 삶이 죄와 먹고 마시는 향락의 생활로 전락되어서는 안 됩니다. 오히려 하나님을 더 가까이하고 우리 구주 예수 그리스도를 늘 생각하면서 거룩하게 사는 삶이 되어야 하는 것입니다. 하나님은 우리의 거룩한 삶을 기뻐하시기 때문입니다.

모세가 애굽의 왕궁에서 부귀영화를 누리고 대권을 가진 자로 살았다면 육신적으로는 안락한 삶을 누렸을지 모릅니다. 그러나 궁정에서 오래 살면 살수록 애굽의 우상과 잡신과 죄의 영향을 받게 되었을지도 모릅니다. 그러나 모세는 깊이 생각한 사람입니다. 그는 자신의 부모와 동족이 노예이며 벽돌 공장에서 감독들의 채찍을 맞으며 고난 받는다는 사실을 알았습니다. 함께 고통 받는 노예들이 자신의 동족임을 잊을 수가 없었던 것입니다. 아마도 모세는 그의 어머니가 고통 받는 백성들을 위하여 기도하는 모습을 보았을지도 모릅니다. 모세는 고통 받는 동족들을 위하여 얻을 것이라고는 아무것도 없고 잃을 것만 있었지만, 세상에서 가장 높은 자리에서 내려온 것입니다.

그러나 고난을 받는다고 하여 모두가 거룩한 사람이 되는 것이 아닙니다. 그러므로 고난을 받을 때에 취하는 자세가 매우 중요한 것입니다. 고난을 당할 때에 주님과 함께 십자가의 길을 가는 자가 있는가 하면 자포자기와 게으름으로 빠질 수도 있습니다.

여기 "함께 고난 받다"라는 말은 '함께 고통을 당하다, 함께 학대를 당하다, 함께 박해를 받다'라는 의미입니다. 그는 애굽에서 무엇이 부족하였겠습니까? 세상의 부귀영화는 다 누릴 수 있는 것입니다. 먹고 마시는 것이 걱정입니까? 아마도 매일 풍족한 양식과 산해진미로 음식을 공급받았을 것입니다. 돈이 없습니까? 집은 궁궐이 아닙니까? 모세가 궁궐을 떠났을 때 심정은 어떠하였겠습니까? 그가 받은 수치와 고난은 이루 말할 수 없었을 것입니다. 그러나 그는 보이지 않는 자를 보는 것 같이 하여 참는 자가 되었습니다. 그는 자기 동족과 함께 고통을 당하고 학대를 받는 것을 죄악의 낙을 누리는 것보다 더 좋아하였던 것입니다. 이것이 모세가 그리스도를 위하여 살았던 삶입니다.

자신의 돈이 아깝지 않은 사람이 어디에 있겠습니까? 자기의 명예와 권력과 부귀, 이것을 스스로 포기하기란 쉽지 않을 것입니다. 무엇 때문에 이것을 지키려고 하지 버리려고 하겠습니까? 그러나 모세는 하나님의 백성, 즉 자기 동족과 고난 받기를 좋아하였던 것입니다. 그는 세상의 권력과 부귀영화를 한 몸에 지닐 수 있는 특권과 위치에 있었음에도 불구하고 상의 낙을 모두 포기하였던 것입니다. 그는 자신을 위하여 살지 않고 그리스도를 위하여 살기로 결심하였던 것입니다. 그 결단이 실제로 실천되어진 것입니다.

말씀을 준비하면서 존경하고 사랑하는 순교자 주기철 목사님의 고난이 생각났습니다. 막내 아드님 고 주광조 장로님의 간증입니다. 아버님이 일사각오 신앙으로 목회하실 때, 일본 형사들에게 목사관까지 강제로 빼앗기게 되었으니 당장 갈 곳이 없었습니다. 추운 겨울날 집에 있어도 추운데 쫓겨난 신세입니다. 갈 곳이 있습니까? 잠 잘 곳이 어디입니까? 오랜 기간 동안 하늘의 별 빛을 바라보고 길바닥에서 잠을 자는 비참한 신세를 겪었다는 내용의 책을 읽고 눈시울이 뜨거워졌던 기억이 납니다. 신앙인이 걸어가는 순례의 길은 결코 평탄한 길이 아닙니다. 오히려 조롱과 고난이 빗발처럼 다가옵니다. 세상에서 출세하고 성공하지 못하면 아무리 신앙이 좋아도 무시당하는 시대가 되었기 때문입니다.

중국 선교사의 아버지라고 불리는 허드슨 테일러는 하나님으로부터 "너는 나를 위하여 중국으로 가라."는 음성을 들었을 때에, 가장 적은 돈으로 살아가는 훈련을 하였고, 부족한 부분은 모두 하나님이 채우실 것을 믿고 기도로 매달리는 훈련을 받았던 것입니다.

우리는 자칫 잘못 생각하면 예수 믿는 것이 고난의 길을 가는 것이 아니라 자신의 수양과 평안을 유지하기 위하여 가는 여정으로 생각하기 쉽습니다. '세상과 적당하게 융통성 있게 살 것이냐? 아니면 날마다 그리스도의 고난의 흔적을 가지고 살 것이냐?' 매일매일 선택하며 살아야 하는 것입니다. 한마디로 그리스도인의 삶은 그리스도를 위하여 사는 생애가 되어야 합니다.

오직 그리스도를 위하여 산다면 이 세상에서 당하는 모든 사건들을 우연으로 생각하지 말고 하나님의 섭리로 받아들여야 할 것입니다. 하나님의 절대 주권을 믿고 사는 사람은 오직 그리스도를 위하여 일하는 자들입니다. 그들은 개인의 성공 출세를 위하여 살지 아니합니다. 자신의 이름을 드러내기 위하여 사는 것도 아닙니다. 사도 바울처럼 자신이 자랑할 만한 모든 것들을 배설물로 여기듯이 우리의 세상 영광들을 모두 물거품처럼 여기고 주님을 위하여 살아야 합니다. 그러기에 그는 우리 주 예수 그리스도의 십자가 외에 결코 자랑할 것이 없다고 말씀합니다(갈 6:14).

그런데 오늘날 많은 사람들은 십자가를 자랑하기보다는 자신을 자랑하고 사랑합니다. 자신을 높이고, 칭찬이 부족하다면 과장해서라도 듣기를 원합니다. 명예를 너무나도 좋아합니다. 그리스도를 위하여 산다고 하지만 사실은 나 자신만을 위하여 살아가는 것입니다. 그리스도를 위하여 손 하나 움직이지 않은 사람들도 역사상에 많이 있었습니다. 그들의 자세는 나는 이 정도 믿음을 지키고 있으니 봉사의 몫은 다른 사람이라고 말하는 자들입니다.

그러나 모세를 보십시오! 그는 한 때는 애굽 사람을 쳐 죽인 살인자입니다. 그러기에 왕궁에서 탄로가 날까 두려워 미디안 광야로 도피한 도피자이기도 합니다. 광야에서 양치는 사람으로 사십 년을 훈련 받습니다. 박사학위를 두 개 받아도 사십 년이 걸리지는 않습니다. 그런데 하나님은 광야 생활을 통하여 모세를 사십 년을 준비시키신 것입니다. 바로 왕의 궁정생활 사십 년을 합하면 부귀에 처하고 곤궁에 처한 세월이 팔십 년이 되는 것입니다. 그리고 사십 년을 그리스도를 위하여 그의 백성들을 이끄는 지도자로 사용하신 것입니다.

연단과 시련을 많이 받은 사람은 두려울 것이 없는 사람입니다. 이것은 인간적인 담력과 용기를 말하는 것이 아닙니다. 전능하신 하나님께서 절대주권을 가지시고 강권적으로 훈련을 시키시는 것입니다. 인간적으로 보면 살인자 모세를 누가 사용하겠습니까? 비난과 비방을 받을 일이 아닙니까? 그러나 하나님은 이런 실패자를 버리지 아니하시고 사용하십니다. 이것이 하나님의 주권인 것입니다. 하나님의 절대주권 앞에 복종시키고 과거의 모든 죄악을 청산하게 합니다. 그리스도를 위하여 살든지 아니면 자신을 위하여 살든지 둘 중의 하나인 것입니다. 지금까지 나 자신을 살아왔다면 이제는 방향을 돌려야 합니다. 하루를 살아도 그리스도를 위하여 삽시다. 주님을 믿기 때문에 세상 친구들이 멀리하고 떠난다고 할지라도 두려워하지 맙시다. 하나님의 종이요 온유한 사람 모세는 우리 주 예수 그리스도를 위하여 받는 고난을 애굽의 모든 보화들보다 더 큰 재물로 여겼던 것입니다.

우리 그리스도인들이 주님을 따를 때에 가져야 할 각오는 무엇입니까? 여러 가지 비난과 조롱입니다. 편안하고 안일한 일을 기대하지 말아야 합니다. 모세는 자신의 유익과 미래를 저버리고 동족의 해방을 위하여 고난 받기로 결심한 사람입니다. 사실 과거의 인간 모세의 모습은 허물과 실수의 사람이었지만, 그의 후반의 생애는 그리스도를 위하여 사십 년의 생애를 헌신한 사람입니다. 그러므로 모세만큼 훌륭한 지도자도 많지 않습니다. 왜냐하면 그는 하나님의 종 모세이기 때문입니다.

모세는 하나님의 약속을 믿은 사람이었습니다. 전능하신 하나님의 약속을 꼭 붙잡고 있는 사람은 하나님이 높여주십니다. 그 이유는 그의 마음도 모두 선하고 온전한 은사를 부어주시는 하나님의 능하신 손을 바라보기 때문입니다. 그리고 보이지 아니하는 하나님의 약속 안에서 그가 믿음으로 살아가기 때문입니다. 저와 여러분도 그리스도를 위하여 우리 주변에 영적으로 방황하는 자들에게 복음을 전하며 그리스도를 심어주며 살 수 있기를 간절히 소원합니다.

모세의 고난은 그리스도를 위한 고난이었습니다. 모세는 오직 우리 구주 예수 그리스도를 위한 것이었기에 고난과 능욕을 기쁨으로 감당한 것입니다. 저와 여러분의 생애에 어떤 고난과 핍박이 있더라도 고난받기를 즐거워하는 저력 있는 그리스도인들이 다 되시기를 간절히 소원합니다.

3. 상 주심을 바라보는 믿음입니다. (26절)

26절에 보면 "이는 상 주심을 바라봄이라"고 성경은 말씀합니다. 여기서 상 주신다는 것은 개개인의 행위에 상당하는 보상을 의미하는 것이 아닙니다. 깊은 의미는 영생을 얻음, 기독교 소망의 절정을 이루는 것을 말합니다. 우리는 하나님께로부터 영생의 복을 누리기 위하여 신앙의 담대함을 버리지 말아야 합니다. 왜냐하면 "이것이 큰 상을 얻게 하느니라"(히 10:35)라고 말씀하기 때문입니다. 믿음을 견고하게 지키는 자는 주님이 오시는 심판 날에 담대하고 영광스럽게 설 것입니다.

또 여기 "바라보다"라는 단어는 헬라어로 〈아포블레포 apoblepo〉입니다. 이 말은 '주의 깊게 보고 살피며 집중적으로 주목하다'는 의미입니다. 모세는 하나님이 주실 상을 집중적으로 바라보았던 것입니다. 영국의 강해설교자 알렉산더 맥클라렌 목사는 "보상을 바라보기 위해 다른 것들로부터 눈을 뗌이라"(looking off unto the recompense)는 번역을 선택했습니다. 우리도 어떤 상황에 처하더라도 우리 구주 예수 그리스도께서 주실 상을 바라보면서 세상적인 다른 것들로부터 눈을 떼어야 할 것입니다.

행복한 사람은 자신을 남과 비교하지 아니합니다. 구주 예수를 믿는 신앙인은 불신앙의 사람들이 형통하는 것을 부러워하지 말아야 합니다. 왜냐하면 악인의 형통함은 모두 죄가 되기 때문입니다. 그러므로 모세는 모든 애굽의 부귀영화와 권력과 명예와 보화를 포기할 수 있었던 것입니다. 이 세상 나라는 영원하지 못합니다. 애굽(이집트)은 세계에서 강대국으로 알았지만 오래가지 못했습니다. 바벨론 역시 망하고 말았습니다. 페르시아도 망했습니다. 그리고 로마는 전 세계를 지배하였기에 모든 길은 로마로 통한다고까지 말했습니다. 그래서 로마는 영원할 줄 알았는데 로마도 역시 망하고 말았던 것입니다. 로마는 가정이 붕괴되면서 나라까지 망하게 된 것입니다. 향락 문화가 오래가지 못하는 이유는 하나님이 없이 살기 때문입니다. 그러나 영원한 나라는 하나님 나라입니다. 그 나라는 시들지 아니하고 쇠퇴하지 아니하는 나라입니다.

여기서 "상"은 무엇입니까? 믿음의 조상 아브라함과 이삭과 야곱과 요셉이 기다리고 기대했던 "터를 잘 닦은 하나님의 성"을 의미하는 것입니다. 그 나라에 계시는 분이 주의 나라와 복음을 위하여 수고하고 고난 받는 자들에게 상을 주시는 것입니다. 우리가 상을 받는다는 것이 얼마나 기쁘고 즐거운 일입니까? 작은 것 하나라도 선물을 받으면 마음이 기쁘지 않습니까? 하물며 우리 하나님이 주시는 선물은 얼마나 크고 빛나고 아름다운 것입니까? 그는 애굽의 화려하고 눈부신 최고의 상급보다 하나님이 주시는 영광스러운 상급을 바라본 것입니다.

어떻게 이것이 가능합니까? 그리스도 때문입니다. 앞으로 장차 오실 메시아가 십자가에 죽으시고 죄인을 구원하실 그리스도를 바라보았기 때문입니다. 세상 부귀영화와 명예와 권력은 영원하지 못합니다. 이런 것들이 우리를 구원하지 못합니다. 잠시 있다가 사라질 것에 불과합니다. 지도자 모세는 더듬어 생각했을 것입니다. 이스라엘 백성은 어떤 허물과 실수와 죄가 있더라도 하나님의 택하신 백성이며 애굽 사람들은 아무리 부귀와 권력을 자랑한다고 하여도 그들은 하나님의 백성이 아니라는 사실을 깨달았을 것입니다. 그러나 하나님이 우리에게 주시는 상급의 보답은 하나님 나라에서 영원히 빛나게 될 것입니다.

모세가 그리스도를 믿지 아니하였다면 하나님을 믿지 아니하였을 것입니다. 모세는 그리스도를 위하여 받는 수치를 애굽의 모든 보화보다 더 큰 재물로 여겼습니다. 영국의 매튜 헨리 목사는 "하나님의 교회가 당하는 수치는 그리스도인의 수치"라고 말합니다. 우리 그리스도인들이 세상에서 비난 받는 것은 주님이 비난 받는 것입니다. 그 이유가 무엇입니까?

26절에 보면 "그리스도를 위하여 받는 수모"라고 성경은 말씀합니다. "수모"라는 단어는 헬라어로 〈오네이디스모스 oneidismos〉입니다. 이 말은 '모욕, 치욕, 비난, 질책, 조롱'이라는 뜻입니다. 이 수모는 우리 주님이 십자가를 지시고 당하신 치욕과 같은 동일한 단어를 사용합니다. "그런즉 우리도 그의 치욕을 짊어지고 영문 밖으로 그에게 나아가자"(히 13:13)고 성경은 말씀합니다. 무엇보다도 모세가 자기 동족을 위한 고난은 우리 구주 예수 그리스도가 수치스럽고 부끄러운 저주의 십자가에서 당하신 치욕에 동참하였다고 성경은 말씀합니다. 물론 주님이 당하신 쓰라린 십자가의 고통과는 비교는 할 수 없습니다. 그러나 그는 그리스도를 위하여서라면 어떤 고난과 수모와 희생도 지불할 수 있는 각오가 있었던 것입니다.

모세는 자신을 위하여 산다면 영광과 대접을 많이 받을 수 있었을 것입니다. 그러나 그리스도를 위하여 살기에 그는 그리스도 때문에 모욕과 비난과 조롱을 받았다는 것입니다. 그는 이런 조롱을 받아도 개의치 아니합니다. 왜냐하면 상 주심을 바라보기 때문인 것입니다. 반드시 하나님이 상 주실 것을 내다보았기 때문입니다.

영국의 청교도 신학자 존 오웬이 사역하던 시대는 위대한 설교자들이 활동하던 시대였습니다. 그들은 한 없이 겸손하고 자신을 드러내지 아니하고 그리스도만 높였던 자들로 유명했습니다. 안타깝게도 그들은 영국 국교회에 반대한다는 이유로 성직을 박탈당했습니다. 성경대로 믿고 사수하는 자들이었습니다. 그런데 어려움을 당한 것입니다. 그들은 자신이 가진 모든 것을 주님을 위하여 기꺼이 포기했던 것입니다. 그들은 이곳저곳으로 쫓겨 다녔습니다. 그 당시 5마일 법안이 생겼습니다(Five-Mile-Act). 이것은 그들이 장이 서는 읍내 5마일 안으로 들어오는 것을 금지하는 법안이었던 것입니다. 얼마나 수치스럽고 자존심이 상한 일입니까? 그들은 이리 저리 떠돌아다니며 가련한 성도들에게 복음을 전했습니다. 그리고 전적으로 하나님께 헌신했습니다. 그 당시는 길거리도 지저분했습니다. 그러나 그들은 깨끗한 길이나 더러운 길이든 걸어가기로 결심했습니다. 때로는 진흙탕 속에 무릎까지 빠져들기도 했습니다. 그들은 위대한 신앙의 사람들이었습니다.

　우리들도 우리 자신의 머리부터 발바닥까지 흐르는 피가 그리스도를 위한 것이 되게 합시다. 우리에게 주어진 시간과 재능과 은사들을 모두 하나님의 것이라고 말할 수 있다면 우리들을 위대하게 사용하실 줄 믿습니다. 우리들도 나 자신의 유익을 위하여 산다면 서로 갈등이 없이 살 수 있을 것입니다. 그러나 그리스도를 위하여 산다는 것은 보통 신앙이 아닙니다. 그럼에도 불구하고 우리는 그리스도를 위하여 살아야 합니다. 우리를 위하여 십자가에 죽으시고 부활하신 그리스도를 위하여 살아야 합니다. 왜냐하면 그리스도는 우리에게 온 우주와 만물과도 바꿀 수 없는 구원을 주셨기 때문입니다.

　26절에 "그리스도를 위하여 받는 수모를 애굽의 모든 보화보다 더 큰 재물로 여겼으니"라고 말씀합니다. 여기서 "보화"라는 말은 '보물'을 말합니다. 저장되거나 보관된 것, 보물을 말하고, 보물창고, 보물 상자를 의미합니다. 아마도 애굽 신전의 보물창고와 보물 상자가 있었을지도 모릅니다. 그러나 모세는 그리스도를 위하여 이런 것들을 포기하였던 것입니다. 그리스도를 위하여 받은 수모를 더 큰 재물로 여겼던 것입니다. 이것이 모세의 신앙이었던 것입니다.

우리 구주 예수 그리스도는 좁은 길로 들어가라, 즉 좁은 문으로 들어가라고 말씀하십니다. 넓은 길로 들어가는 것은 편하긴 하지만 멸망의 길입니다. 좁은 길, 좁은 문은 협착한 길이요, 사람들이 많이 찾지 아니하는 길이지만 이 길은 생명의 길인 것입니다.

하나님의 사람 모세는 하나님의 부르심을 받고 호렙산에서 하나님의 음성을 듣게 됩니다. 고난 받는 백성들을 이끌어내는 민족해방의 선구자요 선지자가 됩니다. 왜 그렇게 됩니까? 그리스도를 위하여 수모를 받고 사명 감당하는 지도자가 된 것입니다.

우리도 그리스도를 위하여 남은 생애를 착하고 충성된 종으로 살아가시기를 간절히 소원합니다. 우리 주변에 죽어가는 영혼들을 구원하기 위하여 우리의 젊음을 드립시다. 종교개혁자 요한 칼빈의 말대로 "모든 수고는 내가 하고 모든 영광을 하나님께" 돌리시기 바랍니다.

저에게 감동과 은혜가 되는 선교사님의 간증을 소개합니다. 아프리카 선교사로 한평생을 헌신한 노부부가 은퇴하여 미국 뉴욕항구로 도착하게 되었습니다. 선창가에는 수많은 인파들이 몰려들었고 군악대의 장엄한 연주가 있었습니다. 선교사 노부부는 처음에는 자신들을 환영해주는 것으로 생각했는데 알고 보니 미국의 유명한 비행사 린드버그를 환영해 주는 것이었습니다. 단발 비행기로 대서양을 횡단하고 성공적으로 마치고 돌아온 그를 환영해 주는 인파였던 것입니다. 아프리카에서 한평생 몸과 마음과 생명 바쳐 수고한 그들에게는 실망이 되는 순간이었습니다. 할 수 없이 여유가 없는 처지인고로 삼류 호텔에 투숙했습니다. 방에 들어가자 마다 노부부는 엎드려 통곡하며 기도합니다. "하나님 우리는 아프리카 오지에서 그렇게 고생하였는데 저 젊은이에게는 저렇게도 뉴욕시민이 대환영을 할 수 있습니까?" 그러자 선교사

노부부에게 주님의 자비하신 음성이 들려옵니다. "애들아, 린드버그는 고향에 돌아왔지만 너희는 아직 고향에 돌아오지 않았단다. 너희들이 천국 본향으로 돌아올 때에는 린드버그가 환영 받은 것과는 비교가 안 될 것이다. 그때에는 너희를 환영하기 위하여 천군천사가 나팔을 불고 먼저 천국에 와있던 사람들이 모두 마중을 나올 것이며 내가 직접 너희들의 손을 붙잡고 인도할 것이다. 그때까지 참고 기다려 주거라." 그리하여 선교사 노부부는 다시 힘과 용기를 얻고 아프리카 오지에 나가 마지막 선교를 장식하였다는 것입니다.

모세는 그리스도를 위하여 모든 것을 버려야 했습니다. 얻을 것은 아무것도 없습니다. 얻는다면 그리스도를 위하여 능욕과 고난만을 받아야 했습니다. 그리스도를 사랑하는 자들은 모든 것을 버리는 자들입니다. 심지어 우리의 생명까지도 내 것이 아닙니다. 그리스도를 위해서라면 순교의 제물까지도 될 것입니다. 근래에 와서 순교하신 조부님이 부럽기만 합니다. 나도 그런 은총을 받았으면 좋겠다는 생각이 듭니다. 선교가 힘들면 힘들수록 지금 나이에서 일 년 세월이 한 달처럼 빨리 지나갔으면 하는 생각이 하루에도 여러 번씩 들기 때문입니다. 그러나 우리 주님이 위로하실 날을 바라볼 뿐입니다.

결 론

영국 웨스트민스터 사원 묘비에는 두 웨슬리(존 웨슬리와 찰스 웨슬리)를 추모하는 글귀가 새겨져 있습니다. "하나님은 자신의 일꾼을 장사하시만 그 일을 계속하고 계신다."

우리들은 언제라도 그리스도를 위하여 삽시다. 살든지 죽든지 그리스도만을 위하여 한 번 멋지게 살아봅시다. 그렇다면 신실하신 우리 하나님이 우리에게 반드시 보상하여 주시고 상 주실 것입니다. 상은 사람이 주는 것이 아니고 하나님이 주십니다. 사람이 주는 상은 작지만 하나님이 주시는 상은 존귀하고 영광스러운 것입니다. 하나님이 주시는 상을 누가 받게 됩니까? 그리스도를 위하여 모든 것을 버린 자요 온 생애를 우리 구주 예수그리스도를 위하여 산 사람인 것입니다.

그리스도를 위하여 사는 사람은 항상 소망이 넘치는 삶을 삽니다. 아주 열악한 환경에 살고 있어도 그의 작은 방은 왕궁이 될 것입니다. 그리스도를 위하여 사는 백성은 하나님의 자녀입니다. 그러므로 하늘 나라의 왕의 혈통을 가지고 사는 자들입니다. 그러므로 세상을 이기며 사는 자들인 것입니다.

사도 바울이 우리에게 주신 말씀으로 결론을 맺고자 합니다. "이제 후로는 나를 위하여 의의 면류관이 예비되었으므로 주 곧 의로우신 재판장이 그날에 내게 주실 것이며 내게만 아니라 주의 나타나심을 사모하는 모든 자에게도니라"(딤후 4:8)라고 증언합니다. 현재의 삶과 알지 못하는 미래의 삶일지라도 그리스도를 위하여 사는 생애가 됩시다. 우리의 삶의 목표가 오직 그리스도와 하나님의 영광을 위하여 사는 삶이 됩시다. 우리의 남은 생애를 가장 보람 있고 가치 있게 살아가는 복된 삶들이 되시기를 우리 주님의 이름으로 간절히 축원합니다.

33
하나님의 사랑 안에서 자신을 지키라
[유다서 1:20-25]

서 론

하나님의 사랑은 우리 그리스도인들에게 있어서 가장 중요한 믿음의 주제입니다. 이 사랑은 가변적인 것이 아니고 영원한 사랑입니다. 하나님의 마음이 우리에게 대한 사랑으로 가득 차 있다는 사실을 절대적으로 확신하고 의심치 않는 자가 전능하신 하나님을 믿는 것입니다.

하나님의 사랑이란 무엇을 의미합니까? 완전한 평안과 기쁨인 것입니다. 하나님의 본성이 사랑이십니다. "우리가 사랑함은 그가 먼저 우리를 사랑하셨음이라"(요일 4:19)고 성경은 말씀합니다. 그러므로 하나님의 사랑은 우리가 받는 모든 은혜의 원천인 것입니다. 우리들이 하나님의 사랑을 많이 받았습니까? 그렇다면 하나님의 사랑을 더 깊이 알고 깨닫고 그 사랑을 믿음 위에 건축해야 하고 더욱 확장시켜야 합니다. 하나님의 사랑은 불과 같습니다. 이 사랑의 불길이 식어지지 않도록 해야 합니다.

하나님의 사랑이 우리에게 불붙으면 영혼이 더욱 견고해지고 앞으로 전진하는 믿음을 소유하게 됩니다. 그리고 하나님의 사랑을 체험한 자는 복잡하고 요란한 세상으로부터 해방되어 만족과 기쁨을 누립니다. 그러므로 자신이 하나님의 사랑을 가장 많이 받고 있다고 생각하는 사람이 진정으로 행복한 그리스도인이 되는 것입니다. 그리스도인은 하나님의 사랑을 체험하고 그 사랑 안에서 자신을 지키는 사람이라고 할 수 있습니다.

오늘 본문인 유다서를 기록한 사람은 예수님의 친동생 유다입니다. 그는 예수님 생존 시에는 예수를 믿지 않았습니다. 자신의 형님인 예수를 미친 사람으로 생각했습니다. 그러나 주님이 십자가에 죽으시고 부활하신 후에 예수를 구주로 영접합니다. 그리고 교회의 지도자가 됩니다. 그는 예루살렘 교회의 15대 감독을 지내면서 복음을 전하고 주후 70년에 예루살렘이 로마에 의하여 함락될 때에 본 서신을 기록한 것입니다. 흩어진 그리스도인들에게 이단을 경계하고 세속에 물들지 말 것을 권면한 내용입니다. 본문 21절에 보면, 하나님의 사랑 안에서 자기를 지키라고 성경은 말씀합니다.

하나님의 사랑이란 하나님의 보호하심을 의미합니다. 즉 하나님이 지켜 주시는 은혜 가운데서 자신의 믿음을 간직하라는 것입니다. 그리스도인이 생기 넘치며 활력 있는 하나님의 사랑을 원한다면 하나님께 대한 사랑을 유지해야 하는 것입니다.

그러면 하나님의 사랑 안에서 자신을 지키는 비결이 무엇인가 살펴보면서 은혜 나누기를 원합니다.

1. 그리스도를 믿는 믿음 위에 자신을 건축하는 것입니다. (20절)

"사랑하는 자들아 너희는 너희의 지극히 거룩한 믿음 위에 자기를 세우며"라고 성경은 말씀합니다. 이 사랑은 우리에 대한 하나님의 무한하시며 극진하신 사랑을 의미합니다. 그 당시에 교회 내부에 있는 시련 중의 하나는 무지하고 사악한 자들을 교인으로 받아들이는 것이었습니다. 그들은 십자가에 못 박히신 우리 구주 예수 그리스도의 복음과 진리를 거부하는 자들입니다. 이들은 초대교회의 이단인 영지주의의 영향을 받은 자들입니다.

'영지주의'는 지식이란 뜻으로 헬라어로 〈그노시스 Gnosis〉에서 유래된 것입니다. 영지주의자들은 단순히 지식이나 이성적인 지식을 아는 것을 말하지 않습니다. 경이로운 비법으로 빛나는 지식인 통찰력을 갖는 것을 말합니다. 그들은 영과 정신은 선하고, 육과 물질은 악하다고 주장하는 이원론에 치우친 것입니다. 구약의 하나님은 물질을 만드신 저급한 하나님이라고 말하고, 예수 그리스도가 육신을 입은 것은 그렇게 보였을 뿐이라고 주장합니다. 실제로 인간의 육신을 입은 것이 아니라고 주장합니다. 그들은 육신을 영혼의 감옥으로 이해합니다. 그 당시에 경건한 성도들의 신앙을 오염시키는 비 진리도 함께 들어온 상태입니다. 일단 비 진리에 빠지면 하나님의 말씀 듣기를 거부하는 현상이 일어납니다. 교회가 퇴보하는 길은 비 진리를 진리처럼 받아들일 때 오는 것입니다. 그 영향으로 위선자들이 나타납니다.

그런데 교회가 어려움을 당하고 어지럽게 되면 무엇이 더 큰 문제인가 하면 위선인 것입니다. 다른 악들보다 더 혐오스러운 것이 있다면 그것은 위선입니다. 겉으로는 거룩한 것 같지만 속으로는 정욕과 욕심이 가득함으로 위선보다 더 야비한 것은 없는 것입니다. 이런 사람들이 많이 모이면 교회는 일순간에 붕괴되는 것입니다. 우리가 그리스도를 믿는 믿음 위에 자신을 건축하지 않는다면 십자가에 못 박히신 그리스도와 그의 부활의 신앙을 상실할 수밖에 없기 때문인 것입니다.

비상한 시대에 우리는 생명을 걸고 우리 구주 예수 그리스도를 믿어야만 온전한 믿음을 유지할 수 있는 것입니다. 이런 귀한 신앙을 내일로 미루어서는 안 됩니다. 바로 오늘 이 시간에 우리 구주 예수 그리스도를 믿는 신앙을 소유하여야만 합니다. 우리의 믿음이 반쪽으로 분리되지 않도록 날마다 믿음의 건축을 하여야 하는 것입니다. 우리가 신앙을 지킴에 있어서 때로는 외부적으로 박해도 있습니다. 그러므로 생명 바쳐 우리 구주 예수 그리스도를 사랑하지 아니하고는 거룩한 믿음을 소유하기가 어려운 것입니다.

믿음을 건축하는 것은 일시적인 것이 아니라 지속적이라야 합니다. 그러므로 우리는 성경 진리를 깊이 배우고 넓게 알아야 합니다. "기록된 말씀 밖으로 넘어가지 말라"(고전 4:6)는 말씀을 마음에 되새겨야 합니다. 비 진리에 믿음을 건축하는 것은 모래 위에 건축하는 어리석음과 같습니다. 그 당시 이단들과 회의주의자들과 맞서는 영적 전쟁의 무기는 믿음을 세우는 것입니다. 우리는 날마다 하나님의 말씀을 단순히 읽는 것이 아니라 그 말씀을 묵상하고 그 말씀에서 깊은 진리와 교훈과 통찰력을 얻기 위하여 신음하며 몸부림쳐야 합니다. 말씀 신앙으로 무장하여야 환난 날에 견고하게 설 것입니다.

사탄과 싸워서 승리하기 위하여 그리스도인들은 믿음의 건축을 어떻게 하여야 합니까? 본문 20절에 보면 "지극히 거룩한 믿음 위에 자신을 세우며"라고 성경은 말씀합니다. 세상의 종교와 다른 것이 바로 여기에 있습니다. 그것은 하나님을 믿는 믿음 위에 자신의 신앙기초를 쌓아 올리는 것입니다. 이 믿음이야말로 우리를 하나님과 연합시키는 것이기 때문입니다. 우리 그리스도인들에게 있어서 믿음은 기초입니다. 믿음은 그리스도의 말씀을 듣는 것입니다(롬 10:17). 그리스도의 말씀을 들으면 들을수록 자신이 죄에서 멀어지고 정결하게 되는 것입니다.

우리는 기억합시다. "누구든지 그의 말씀을 지키는 자는 하나님의 사랑이 참으로 그 속에서 온전하게 되었나니 이로써 우리가 그의 안에 있는 줄을 아노라"(요일 2:5)고 성경은 말씀합니다. 우리 자신을 하나님의 사랑 안에서 지키는 비결은 하나님의 말씀을 지키는 것입니다. 우리는 기독교의 진리인 성경 말씀에 기초한 믿음이 견고해야 합니다. 기초공사가 부실한 건물은 아무리 100층과 200층을 올린다 해도 언젠가는 삽시간에 무너지고 말 것입니다. 높이 쌓는 것이 문제가 아니라 기초공사가 더 중요한 것입니다. 그러므로 우리들이 믿는 믿음은 거룩한 믿음이 되어야 하는 것입니다. 우리가 믿는 예수는 십자가에 못 박히신 분이시고 삼일 만에 부활하시고 승천하시고 앞으로 다시 오실 재림의 주님이심을 확고하게 믿어야 하는 것입니다. 믿음과 거룩함은 함께 가는 것입니다. 믿음과 거룩함이 병행되지 않는다면 참된 신앙을 유지하기가 어려운 것입니다.

우리는 자신의 선행과 공로에 기초를 하여 믿음을 건축하는 것이 아닙니다. 우리의 믿음은 살아계신 하나님 안에서 즐거워하는 것입니다. 그리고 우리 구주 예수 그리스도께서 죄인들을 위하여 십자가에 못 박히신 그 분을 믿는 것입니다. 그리스도의 십자가의 죽으심과 그분의 부활을 믿는 믿음에 뿌리를 깊이 내리고 그 위에 그리스도의 터 위에 믿음의 집을 건축해야 하는 것입니다. 그러나 빛과 열이 하나의 태양으로부터 나오는 것처럼 믿음의 핵심이신 우리 주 예수 그리스도 터 위에 자신의 믿음을 건축해야 하는 것입니다.

믿음은 인격적으로 우리 구주 예수 그리스도를 믿음으로 영접하는 것입니다. "아들을 믿는 자에게는 영생이 있다"(요 3:36)고 성경은 말씀합니다. 이 영생이 생명이요 구원인 것입니다. 그리스도의 터 위에 건축하는 신앙은 폭풍이 불어올 때도 견고한 믿음을 지킬 수가 있고 주님의 터 위에 들어가면 안전하게 보호를 받을 수 있습니다. 그러므로 우리의 구원자가 되시는 반석 위에 거룩한 믿음으로 무장하기만 하면 다가오는 캄캄하고 어두운 날들을 믿음으로 극복하고 승리할 수가 있는 것입니다.

우리의 믿음과 신앙고백을 견고하게 지키는 비결은 그 믿음을 지속적으로 주장하고 드러내는 것입니다. 주님의 친 동생인 유다는 이 믿음을 "지극히 거룩한 믿음"(유 1:20)이라고 하였고, 베드로 사도는 "보배로운 믿음"(벧후 1:1)이라고 증언합니다. 공통점은 우리 구주 예수 그리스도를 믿는 믿음 위에 자신을 건축해야 한다는 것입니다. 마치 바위에 찰싹 달라붙어있는 굴처럼 하나님께 굳게 붙어 있어야 합니다.

그러면 구체적으로 이 믿음은 어떤 믿음입니까? 예수님의 제자들인 사도들이 전해준 십자가와 부활의 복음을 의미합니다. 하나님의 사랑 안에서 자신의 믿음을 견고하게 지키는 비결은 선행과 공로를 쌓으라는 것이 아닙니다. 예수 그리스도의 대속(代贖)의 죽음을 믿고 부활의 복음을 믿으라는 것입니다. 이 믿음은 확신이나 신념이 아닙니다. 내가 신념을 가진다고 구원이 완성되는 것이 아닙니다.

이 믿음은 하나님을 믿는 것입니다. 영어로는 'Believe in God'입니다. 이 말씀은 우리의 신념으로 구원받는 것이 아니라 우리가 예수를 개인적으로 나의 구주요 구세주라고 영접하고 하나님을 믿는 것입니다. 즉, 우리 구주 예수 그리스도가 나의 구원자이심을 믿는 것을 의미합니다. 주님이 나를 위하여 십자가에서 보배로운 피를 흘리시고 나의 모든 죄악을 용서하심을 믿는 것입니다. 이것은 인간의 지식이나 이성으로 납득 되는 것이 아닙니다.

믿음도 나의 믿음이 아니라 하나님의 선물이며 하나님께서 믿음을 주셔야만 합니다. 우리의 믿음은 스스로 생겨지는 것이 아닙니다. 작은 믿음이라도 하나님의 선물임을 알아야 합니다. 그런데 믿음은 하나님의 말씀을 읽고 들을 때에 성장하는 것입니다. 콩나물을 기를 때에 물주면 물이 싹 빠집니다. 또 물주면 싹 빠집니다. 그렇다고 물을 안 줄 수 있습니까? 계속 물을 줍니다. 그러다 보면 콩나물은 쑥쑥 자랍니다. 우리가 하나님의 말씀을 듣고 읽지만 종종 잊을 경우가 있습니다. 그렇다고 염려하지 않아도 됩니다. 믿음은 언젠가는 하나님을 알고 예수를 나의 구주로 믿게 됩니다. "네가 만일 네 입으로 예수를 주로 시인하며 또 하나님께서 그를 죽은 자 가운데서 살리신 것을 네 마음에 믿으면 구원을 받으리라 사람이 마음으로 믿어 의에 이르고 입으로 시인하여 구원에 이르느니라"(롬 10:9-10)고 성경은 말씀합니다.

어떤 사람은 예수를 마음으로만 믿어도 되지 않느냐고 말하기도 합니다. 그러나 마음으로만 믿어서 되는 것이 아닙니다. 입으로 시인하여야 합니다. 예수를 나의 주로 구주로 고백해야 하는 것입니다. 이 말씀은 내가 예수를 믿은 이후에는 과거에 내가 주인 노릇했던 것을 주님께 양도하는 것입니다. 주님이 내 인생에 주인이 되시고 왕이 되심을 고백하고 인정하는 것입니다. 말씀을 계속 듣고 읽고 묵상하고 믿음이 자라게 되면 시인하고 고백하는 신앙으로 성장하게 되는 것입니다. 가장 강건한 믿음은 은사가 아니라 말씀 위에 기초한 믿음인 것입니다. 말씀이 빈약하고 성경에 대하여 우리는 너무나도 많이 알지 못하는 것을 시인하여야 합니다. 우리는 예수 그리스도의 십자가와 부활의 복음을 믿고 흔들림이 없는 신앙을 지키실 수 있기를 간절히 소원합니다.

2. 성령으로 기도하는 것입니다. (20절)

"성령으로 기도하며"라고 성경은 말씀합니다. 성령으로 기도하는 것은 신약에서만 100번 이상 나타나는 '기도'라는 단어와 '성령'이라는 두 단어가 결합된 어구입니다. "모든 기도와 간구를 하되 항상 성령 안에서 기도하고 이를 위하여 깨어 구하기를 항상 힘쓰며 여러 성도를 위하여 구하라"(엡 6:18)고 성경은 말씀합니다. 성령 안에서 기도는 성령의 조명과 감동과 감화에서 나오는 기도입니다. 그러므로 이 기도는 나의 감정과 기분에 의하여 하는 것이 아니라 성령의 밝은 빛으로 감동을 가지고 우러나오는 기도인 것입니다.

하나님의 말씀과 성령으로 거듭난 사람은 성령으로 기도합니다. 인간의 부패한 품성을 가지고는 성령으로 기도하지 못합니다. 예수를 나의 구주로 믿는 믿음을 가지고 하나님 앞에서 성령으로 기도하는 것입니다. 인간의 힘으로 기도하는 것은 한계가 있어 오래 지속하기가 어렵습니다. 믿음의 주요 온전하게 하시는 우리 구주 예수 그리스도를 의지하고 성령으로 기도하면 우리 자신이 세속에 물들지 아니하게 되는 것입니다. 성령으로 기도하는 것은 간절하고 뜨겁게 기도하고 우리의 심장을 드리는 심정으로 열정적으로 기도하고 끈기 있게 기도하는 것입니다. 우리가 기억할 것은 아버지의 품을 떠난 탕자처럼 살지 말아야 한다는 것입니다. 즉 우리는 하나님의 사랑 안에서 멀어지지 않아야 합니다. 성령으로 기도하는 것은 자신의 허물과 실수를 깨닫고 겸허하게 자신을 낮추고 기도하는 것입니다. 왜냐하면 성령께서는 우리의 죄를 깨닫게 하시기 때문입니다. 성령으로 기도하는 사람만이 하나님의 영광을 바라볼 수가 있는 것입니다.

　성령으로 우리가 날마다 기도하면 믿음이 견고해지고 하나님의 말씀과 약속을 믿고 기다릴 수가 있는 것입니다. 사람은 변하지만 하나님은 변함이 없으십니다. "사람은 다 거짓되되 오직 하나님은 참되시다 할지어다"(롬 3:4)라고 성경은 말씀합니다. 우리가 그리스도인이라면 기도할 수 있습니다. 하나님은 기도하는 사람에게 은혜를 주시는데. 기도하는 사람이 한 사람이라도 가정에 있으면 가정이 살고 교회가 생동하고 공동체가 견고하여 집니다. 기도하는 사람은 위대한 일을 합니다. 인간의 계획과 설계가 아무리 정확하다고 할지라도 기도하는 사람을 당해 낼 수가 없는 것입니다. 왜냐하면 기도하는 자에게 하나님께서 영적인 통찰력을 주시기 때문입니다. 기도는 간절하게 하나님을 구하고 영적 교통과 교제가 이루어져야 하며, 교만과 오만불손이 깨어지고 부서질 때에 그 순간부터 성령께서 강하게 역사하시는 것입니다.

우리의 처지와 입장이 어떤 상황에 있든지 솔직하게 내어놓고 울부짖으며 기도합시다. 하나님 앞에서 가난하든지 부하든지, 건강하고 병들었든지 그런 것들은 아무런 관계가 없습니다. 온유하고 겸손한 심령이 되어야 합니다. 자신의 죄를 고백하고 철저하게 고민하며 눈물로 회개하여야 합니다. 상하고 애통하는 심령으로 부끄러움을 무릅쓰고 '나는 죄인입니다. 죄인 중에 죄인이고 죄인의 괴수입니다.'라고 몸부림치는 기도가 선행되어야 합니다. 우리의 간절한 간구의 소원도 결코 포기하지 않고 끈질기게 기도하여야 합니다. 인생의 크기는 믿음과 기도의 크기인 것입니다.

기도하는 사람일수록 더 온유하고 겸손합니다. 기도는 내 힘으로 하는 것 같아도 하나님이 기도의 힘을 주셔야 기도를 하는 것입니다. 영적으로 승리하는 비결은 기도의 무릎을 꿇는 데 있습니다. 믿음으로 구하고 지속적으로 기도하는 사람은 영적으로 회복되고 생기가 있고 생명력이 넘칩니다. 그리고 절박한 상황에서도 좌절하지 아니합니다. 왜냐하면 성령으로 기도하는 자에게 하나님의 은혜가 임하기 때문입니다. 기도하는 것도 사실은 내 힘으로 되지 아니합니다. 하나님께서 기도의 힘을 주셔야 합니다.

앤드류 머레이 목사는 〈기대하라〉는 글에서 "무엇보다도 당신의 기도에서 하나님을 제한하지 않도록 조심하라 그분이 하실 수 있는 것을 믿지 않을 뿐 아니라 알고 있다고 자부하지도 말라. 우리가 구하거나 생각한 것 이상의 기대하지 않은 것들을 기대하라."고 했습니다. 우리 자신들이 성령 안에서 깨어 기도하기만 하면 우리의 생각과 지혜를 뛰어넘는 상상할 수 없는 놀라운 일들이 나타날 것입니다. 독수리가 창공을 향하여 올라갈 때는 두 날개를 펴서 날개 치며 높이 올라갑니다. 그러나 천둥과 번개가 치고 비바람이 불 때는 날개를 쳐서 올라가는 것이 아닙니다. 기류를 타고 올라갑니다. 마찬가지로 성령 안에서 기도하는 것은 내 힘과 내 노력 결단과 의지로 되는 것이 아닙니다. 기도의 깊은 단계로 들어가면 갈수록 성령의 능력을 힘입고 기도하는 것입니다.

성령으로 기도하는 것은 몇 가지 의미가 있습니다. 성실과 진실로 기도하는 것이고, 뜨거운 열정을 가지고 소원을 아뢰는 것입니다. 인간의 타락한 본성으로부터 나오는 것은 추하고 더러울 뿐입니다. 그리고 죄의 오염을 가져옵니다. 하나님 앞에서는 하늘의 달도 명랑하지 못한 것들입니다. 그러나 성령으로 기도하는 사람은 기도가 길어질수록 점점 뜨거워지며 하나님의 응답이 지체된 것 같으면 더욱 간절하게 간구하여 응답을 받게 되는 것입니다.

3. 하나님의 긍휼을 기다리는 것입니다. (21절)

"영생에 이르도록 우리 주 예수 그리스도의 긍휼을 기다리라"고 성경은 말씀합니다. 여기서 "기다리다"라는 헬라어 단어는 〈프로스데초마이 prosdechomai〉입니다. 이 말은 '어떤 사람을 받아들이다, 영접하다, 간절히 기다리며 바라보라'는 뜻입니다. 우리는 자신을 믿음으로 세우며 성령으로 기도하는 것과 함께 하나님의 긍휼이 필요한 것입니다. 이 간절한 기다림은 마치 종이 주인을 기다리는 것과 같은 것입니다. 이 기다림에 대하여 주님은 "너희는 마치 그 주인이 혼인집에서 돌아와 문을 두드리면 곧 열어 주려고 기다리는 사람과 같이 되라"(눅 12:36)고 성경은 말씀합니다. 즉 우리는 주인을 기다리는 사람들 같이 되어야만 하는 것입니다.

오늘도 우리의 생명이 연장될 수 있는 것은 모두가 하나님의 긍휼인 것입니다. 위에 계신 그 분의 도우심이 없다면 우리는 죽은 목숨인 것입니다. 우리의 구원은 하나님의 은혜로 받은 것입니다. 행위로 난 것이 아니기 때문에 자랑할 수 없는 것입니다(엡 2:9). 그럼에도 불구하고 하나님을 떠나 멀리 방황하는 자들이 지금도 얼마나 많습니까? 가난하고 병들고 고통 받는 자들 중에도 구원받아야 할 사람들이 얼마나 많은지 모릅니다. 우리 구주 예수 그리스도께서 주시는 은혜와 자비는 무한하게 넘치고 풍성합니다. 오직 성령의 도우심을 구하면서 한 영혼이라도 실족하지 아니하도록 주님에게 인도합시다.

부족한 종도 하나님의 긍휼하심이 없었다면 일본 선교를 단 하루도 감당할 수 없었음을 솔직히 고백하게 됩니다. 수십 번 실망하고 좌절할 때가 있었습니다. 그러나 그때마다 전능하신 하나님의 큰 손이 부족한 종의 손을 잡아주셨습니다. 우리의 생명이 존재하고 있다는 것이 사실은 모두가 전적으로 하나님의 긍휼인 것입니다. 여러 번 낙심하고 좌절할 수밖에 없는 상황에서는 하나님의 긍휼하심이 더 크게 나타남으로 힘과 용기를 얻을 수 있었습니다. 과거에도 이 긍휼로 살았고 현재도 살아가며 앞으로도 하나님의 긍휼로만 살아가게 될 것입니다. 그러므로 우리도 날마다 하나님의 무한하신 긍휼이 나타나기를 기대하면서 살아갑시다.

하나님의 긍휼은 더 나아가 그리스도인의 상급과 구원의 완성을 의미하는 것입니다. 구원받은 그리스도인은 하나님의 사랑 안에서 하나님의 보호하심을 받습니다. 그것은 세 가지 신앙원리에 근거한 것입니다. 자신을 지극히 거룩한 믿음 위에 건축하고, 성령 안에서 기도하고, 주님의 긍휼을 기다리는 것입니다. 이 세 가지는 그 행위가 모두 지속적인 것을 의미합니다. 아무리 지극히 거룩한 믿음 위에 자신을 건축하고 성령으로 기도한다고 할지라도 궁극적으로는 주님의 긍휼을 기다려야 천국에 들어가기 때문입니다. 이 긍휼이 하나님께서 보여주신 십자가의 사랑입니다. 하나님의 절대적이고 무한하신 사랑이 십자가에서 나타난 것입니다. 독생자 아들 예수 그리스도를 죄인들을 위하여 십자가에 못 박아 희생시키기까지 하나님은 죄인인 우리들을 사랑하신 것입니다.

만약에 이 세상에 하나님이 긍휼을 베풀지 아니 하셨다면 이 지구는 완전히 멸망하였을 것입니다. 하나님은 죄에 대해서는 털 끝만큼이라도 용납하지 아니하는 분이십니다. 왜냐하면 하나님은 우리의 심장을 살피시는 분이시기 때문입니다. 어떤 죄라도 하나님은 공평하고 정직하게 심판하십니다. 모든 사람은 원죄와 본죄로 인하여 지옥에 가고도 남는 저주 받은 죄인들입니다. 그럼에도 불구하고 우리 하나님은 긍휼을 베푸시는 분이십니다. "나는 긍휼이 있는 자라 노를 한 없이 품지 아니하느니라 여호와의 말씀이니라"(렘 3:12)고 성경은 말씀합니다. 하나님의 긍휼이 있었기에 우리 인류가 존재할 수 있었던 것입니다.

그러므로 하나님께서 죄 없으신 아들 예수 그리스도를 세상에 보내십니다. 사람의 몸으로 오시고 죄인의 모습으로 그리고 죄인보다 더 못한 종의 모습으로 세상에 오십니다. 그리고 우리를 영원한 저주로부터 구원하시기 위하여 십자가에서 우리를 대신하여 죽으신 것입니다. 그 아들 예수 그리스도의 피가 우리를 죄와 사망으로부터 구원하신 것입니다. 이것이 하나님의 긍휼입니다. 한마디로 긍휼은 불행하고 소망이 없는 자가 사랑을 받는 것을 의미합니다.

22절에는 "어떤 의심하는 자들을 긍휼히 여기라"고 성경은 말씀합니다. 이 세상에는 신자와 불신자를 막론하고 의심하는 자들이 많습니다. 믿음이 있다고 하지만 종종 의심하는 자들도 있고 하나님과 영적으로 멀리 단절되어 의심의 구름에 사로잡힌 자들도 많습니다. 이런 자들을 위해 기도해 주고 말씀으로 잘 양육해 주어야 합니다. 의심하는 자들이 사탄의 유혹에 넘어가지 않도록 신앙으로 지도해 주어야 합니다. 그리고 인내심을 가지고 그들을 돌보아 주어야 합니다.

그러기에 23절에서 "또 어떤 자를 불에서 끌어내어 구원하라"고 말씀합니다. 여기서 "불"이란 말의 원어는 〈퓌르 pyr〉입니다. 이 말을 자연현상으로 말할 경우에는 '번개'를 의미합니다. 그리고 비유적으로 표현할 때에는 '하나님의 심판으로 멸망시키는 불'을 의미합니다. 그렇다면 이것이 지옥이 아니고 무엇이겠습니까? 지옥은 한마디로 영혼과 육신이 영원토록 고통당하는 곳입니다. 우리 가족과 친족과 이웃들이 구원받기 위하여 힘써 기도합시다. 금식기도와 단식기도도 합시다. 내가 죽는 한이 있더라도 한 영혼을 건지기 위하여 몸부림치며 기도로 매달립시다.

또한 23절에 보면 "그 육체로 더럽힌 옷까지도 미워하되 두려움으로 긍휼히 여기라"고 성경은 말씀합니다. 여기서 "더럽힌 옷"이란 행실로 범죄한 것을 의미합니다(계 3:4). 이런 사람도 긍휼히 여겨야 합니다. 유수같이 흘러가는 시간은 우리를 더 이상 기다려 주지 않습니다. 죽음도 인정사정없이 우리를 기다려 주지 않습니다. 그리고 불붙는 지옥도 우리를 기다려주지 않습니다. 사탄의 세력은 게으르지 않게 행동합니다. 모든 죄악의 세력들이 바쁘게 돌아가기만 합니다. 그러므로 고난 중에 있는 자들과 범죄한 자들을 긍휼히 여깁시다. 긍휼히 여기고 또 긍휼히 여깁시다. 왜냐하면 그들도 자신의 죄악을 깨닫게 해야 하기 때문입니다. 다윗 왕도 자신의 범죄를 나단 선지자를 통하여 깨닫고 통회하고 자복하였던 것입니다.

육체로 더럽힌 옷이라도 죄는 미워하되 두려움으로 긍휼히 여겨야 합니다. 사탄의 올무에 걸려있는 자들을 구원하기 위하여 우리 그리스도인들은 최선을 다해야 합니다. 이단 사상에 빠져 있는 자들까지라도 그들이 빠져 나올 수 있도록 길을 열어주어야 합니다. 온유하고 부드러운 마음으로 범죄한 사람들을 바로 잡아주어야 합니다. 왜냐하면 우리 자신도 시험을 받을 수 있기 때문입니다(갈 6:1). 아무리 큰 죄를 범하였어도 뉘우치고 회개하면 하나님이 긍휼을 베풀어 주십니다. 하나님의 긍휼을 오늘도 주시기를 간절히 소원합니다.

우리 구주 예수 그리스도께서 재림하시는 날에는 모든 전쟁과 분쟁이 끝나게 될 것이고 그 날에 온전하고 영원한 생명의 부활로 나타날 것입니다. 악한 자들의 조롱과 비난을 두려워하지 맙시다. 우리 구주 예수 그리스도께서 최후의 승리를 우리에게 주실 것입니다. 그러므로 인간은 구원을 받아야 합니다. 어떤 죄인이라 할지라도 하나님 앞에 나오지 못할 사람은 단 한 사람도 없습니다. 하나님의 긍휼하심을 받은 사람이라면 누구라도 구원을 받게 됩니다.

그러므로 우리는 이렇게 기도하여야 합니다. 우리 가족 중에 믿지 아니하는 부모와 형제가 있다면 '가족이 복음화 되게 하여 주옵소서.' 내가 처한 직장과 일터에서도 복음의 열매가 나타나도록 기도해야 합니다. 더 나아가 나라와 민족을 위하여 복음의 능력이 나타나도록 기도해야 합니다. 그리고 이 지구촌에 있는 모든 사람들을 위하여 기도하는 것입니다. 우리 구주 예수 그리스도의 복음을 아직도 한 번도 듣지 못하는 사람들이 많습니다. "오! 주여 그들이 주님 앞으로 돌아오게 하옵소서!" 이렇게 애절한 기도를 드려야 하는 것입니다.

우리는 하나님의 긍휼로 구원을 받은 자들입니다. 구원의 은총을 받았기에 마땅히 영원한 지옥 불에 들어가는 자를 끌어내어 구원하라는 것입니다(23절). 롯과 그의 딸들은 불에서 타다 남은 나무처럼 구출되었습니다(창 19:15, 16, 24). 아브라함의 조카인 롯은 부끄러운 구원이라도 받은 자입니다. 이것은 아브라함이 하나님 앞에 애절한 기도의 호소가 있었기 때문이라고 성경은 말씀합니다.

지금도 죄 가운데서 방황하고 천국의 소망도 없이 살아가는 자들에게 피 묻은 그리스도의 십자가의 복음을 전파하여 그들이 주님 앞으로 돌아올 수만 있다면, 우리에게는 큰 기쁨이며, 하나님께 지극한 영광을 돌리게 되는 것입니다. 그리스도 예수 안에 있는 자에게는 결코 정죄함이 없는 것입니다(롬 8:1). 하나님의 긍휼을 맛보지 못한 사람들을 불쌍히 여깁시다. 길거리에 지나가는 수많은 사람들 중에 우리 구주를 모르고 지나가는 자들은 모두 우리가 긍휼히 여길 대상자들입니다. 중생하지 못한 자들은 불쌍히 여기고 우리 주님에게로 인도할 자들입니다.

그러면 언제 주님의 긍휼을 기다려야 하는 것입니까? 주님이 재림하시기 전, 이 순간에 그분의 긍휼을 기다려야 합니다. 그러므로 전도하는 사람은 참으로 귀하고 복된 것입니다. 버려진 영혼들에게 전도함으로 그들에게 긍휼을 베푸는 기쁨은 세상에서 누리는 그 어떤 기쁨보다 더 큰 기쁨인 것입니다. 죄인인 우리가 십자가에 못 박히신 우리 구주 예수 그리스도를 믿기만 하면 하나님은 우리 죄인들에게 그리스도의 의를 덧입혀 주심으로 구원을 받게 되는 것입니다. 구원 받은 백성들이 들어갈 장소가 천국인 것입니다. 우리는 날마다 '구원 받을 자들을 위하여 긍휼을 베푸소서.'라고 애절하게 기도하여야 합니다.

빈 배는 높이 뜨지만 무거운 짐을 실은 배는 물 속 깊이 낮아집니다. 입으로만 믿는 형식적인 종교인들은 자신들의 신앙을 자랑할지는 모르지만 하나님을 전적으로 의지하는 신앙인들은 자기들의 무익한 것에 긍휼을 베풀어달라고 호소하는 것입니다. 주님이 원하시는 헌신과 봉사와 전도와 선행과 거룩한 일에 있어서까지도 주님이 긍휼을 베푸시도록 간구하여야 합니다. 우리는 죄의 자국이 우리 영혼에 머물지 않도록 영적으로 깨어 있어야 합니다. 우리 구주께서 정결하게 입혀주시는 옷을 입고 살아갑시다.

우리에게 흠이 있다면 날마다 용서하여 주시기를 간구합시다. 우리 구주께서 우리에게 주시는 은혜가 얼마나 귀합니까? 우리 구주 예수 그리스도의 의는 완전하고 흠이 없는 것입니다. 그러므로 죄인이 이 의의 옷을 입으면 하나님의 사랑 안에 거하게 되는 것입니다. 아무리 세상에서 악한 죄인일지라도 상관이 없습니다. 사람은 악하면 악할수록 멀리하지만 우리 구주 예수 그리스도는 악하면 악할수록 더 환영할 것입니다.

우리는 이 세상에서 중간지대로 살아갈 수는 없습니다. 우리가 믿음대로 살면서 선을 행하면 악을 떠나게 됩니다. 그러므로 우리는 우리의 구원을 등한히 여기면 안 되는 것입니다. "우리가 이같이 큰 구원을 등한히 여기면 어찌 그 보응을 피하리요"(히 2:3)라고 성경은 말씀합니다. 우리는 하나님이 받으실 만한 믿음을 보이기 위하여 우리 안에 있는 작은 죄와 불신과 의심까지도 철저하게 몰아내야 합니다. "보라 지금은 은혜 받을 만한 때요 보라 지금은 구원의 날이로다"(고후 6:2)라고 성경은 말씀합니다. 은혜와 구원의 날에 주님 앞으로 속히 나아갑시다.

우리 구주 예수 그리스도의 십자가의 공로를 믿기만 하면 하나님은 어떤 죄악들이나 허물과 실수나 흠도 보시지 않는 분이십니다. 그러므로 "능히 너희를 보호하사 거침이 없게 하시고 너희로 그 영광 앞에 흠이 없이 기쁨으로 서게 하실"(24절) 것입니다. 긍휼의 하나님이 우리를 보호하시고 넘어짐으로부터 붙들어 주십니다. 하나님 앞에 서는 그 날에 걸려 넘어지지 않도록 보호하시고 그분의 기쁨으로 서게 하실 것입니다.

우리 자신이 믿음으로 견고하게 서고, 성령으로 기도하며, 심판 날에 하나님의 긍휼을 기다리고 살기만 하면 전능하신 하나님이 그분의 영광 앞에 흠이 없이 서도록 붙들어 주실 것입니다. 하나님의 영은 우리 죄인들을 새로운 피조물로 만드시는 분이십니다. 하나님은 선한 일을 시작하셨고 그 일을 반드시 이루실 것입니다. 우리 구주의 보혈의 샘에 우리의 모든 죄악을 적시면 악의 흔적이 말끔하게 사라질 것이며, 율법과 저주로부터 해방될 것입니다. 이것이 보혈의 능력인 것입니다.

죄악 많은 세상에서 하나님의 은혜로 살아간다는 것이 얼마나 큰 복입니까? 그리고 불안과 염려와 공포가 엄습하는 세상 속에서 두려움 없이 평강으로 산다는 것이 얼마나 행복한 것입니까? 성도는 하나님의 은혜로 살아가야 합니다. 우리가 하나님 앞에 서게 될 때에 흠과 티가 없이 서야 하기 때문입니다. 우리 그리스도인들은 언제라도 주님이 가지신 긍휼의 마음을 소유하여야 합니다. 이 긍휼이 마음속에 있을 뿐 아니라 입으로 우리 구주 예수 그리스도를 증언해야 합니다. 그리고 행동으로 주님의 모습을 보여주어야 하는 것입니다. 우리는 기억합시다. 한 영혼이 온 천하보다 귀하다는 사실입니다. 목회의 본질은 한 영혼부터 시작하는 것입니다. 한 영혼이 얼마나 소중한지 모릅니다.

그러면 하나님의 사랑 안에서 자신을 지킨 자의 결과는 무엇입니까? 24절에 보면 하나님의 보호하심이 있습니다. 하나님의 보호하심은 언약의 백성들을 그분이 절대적으로 보호하십니다. 그것이 은혜요 축복인 것입니다. 하나님은 택한 백성을 보호하시고 말세에 경건한 성도들을 지키시고 거침이 없게 하십니다. 우리 구주 예수 그리스도는 흠이 없도록 우리를 보호하여 주실 것입니다.

결 론

우리는 하나님의 사랑 안에서 살아가는 자들입니다. 그러므로 죄를 멀리하고 피합시다. 죄는 하나님을 반역하는 독소이며 우리의 영혼을 더럽힙니다. 하나님의 사랑을 받은 우리는 죄의 길로 넘어져서는 안 되고, 설령 넘어졌다 하더라도 속히 일어나 예수 그리스도에게 가까이 나아갑시다. 왜냐하면 십자가에 달리신 우리 구주 예수 그리스도의 고귀한 피 방울이 우리의 모든 죄를 정결하게 하기 때문입니다. 지옥이란 죄가 가득한 곳이지만 지옥을 두려워하기보다는 십자가에 못 박히신 우리 구주를 바라보시고 이 구원을 등한히 여기지 말고 내일로 미루지 맙시다.

우리는 하나님의 은혜가 없이는 설 수가 없는 것입니다. 믿음이란 예수를 나의 구주로 믿는 것입니다. 그리고 하나님의 사랑 안에서 자기를 지킵시다. 옛 사도들이 우리에게 물려준 거룩한 믿음 위에 우리의 믿음을 건축하고 날마다 하나님을 의지하고 성령 안에서 기도합시다. 지금도 구원에 이르지 못하는 불쌍한 영혼들을 찾아 복음을 전하고 구원의 길로 인도합시다. 한 영혼이라도 우리 주 예수 그리스도의 갈보리 십자가 언덕으로 그들을 초청하여 우리 가정과 이웃과 이 사회와 이 민족 위에 구원의 은총이 함께 하시기를 우리 주님의 이름으로 간절히 축원합니다.

34
승리하는 교회
[요한계시록 3:7-13]

서 론

 믿음이란 단순한 생각이나 확신과 신념이 아닙니다. 믿음이란 전능하신 창조주 하나님과 우리를 죄에서 구원하신 중보자 우리 구주 예수 그리스도를 알고 믿는 것입니다. 이것이 그리스도인의 경건인 것입니다. 주님은 자신을 가리켜 "세상의 빛"(요 8:12)이요, "길과 진리와 생명"(요 14:6)이시라고 말씀하십니다.

 영국의 스펄전 목사는 "믿음은 거룩한 헌신과 진실한 경건의 바퀴들이 더 잘 굴러갈 수 있도록 만드는 기름이다. 믿음이 없으면 그 바퀴들은 마차로부터 떨어져 나가고 그때 우리는 무겁고 힘들게 끌고 가야 한다. 믿음이 없으면 하나님을 잘 섬길 마음을 가질 수 없고 또 섬길 능력도 가질 수 없다. 그러나 하나님을 믿는 믿음을 가지면 모든 것을 할 수 있다."고 설명했습니다.

 빌라델비아는 사데에서 동남쪽으로 약 48킬로미터 떨어진 곳에 있습니다. 빌라델비아 도시는 버가모와 사데를 통하여 이어지는 로마의 주요 통신도로이기도 합니다. 그 도시는 상업도시이며 땅이 기름진 곳이라 특별히 포도 농사를 짓기에 적합한 땅이기도 합니다. 이곳 빌라델비아 도시는 인문주의인 헬라적인 종교 행위들을 혼합하는 이방종교의 중심입니다. 그곳의 수호신은 술의 신인 디오니수스이고 특히 황제숭배가 강요되었습니다.

 그러므로 이런 상황에서는 예수를 나의 구주로 믿고 굳건한 믿음을 가지기가 어려운 시대임을 우리에게 알려줍니다. 고난이 없을 때는 신앙생활하기가 어렵지 않을 것입니다. 그러나 환난과 시험이 지속되는 경우에는 믿음을 끝까지 지키기가 쉬운 것이 아닙니다. 우리는 신앙생활을 액세서리 정도로 생각해서 하나님 앞에 설 수는 없습니다. 적당히 예수 믿고 죄악과 더불어 타협하고 믿는 것은 반쪽 신앙입니다. 하나님은 이런 믿음을 기뻐하지 않습니다. 이왕 예수 믿을 바에는 순교신앙을 가지고 죽으면 죽으리라는 각오로 믿으면 승리자가 될 것입니다. 우리 구주를 섬기는 자들은 항상 우리의 몸과 마음과 뜻과 정성과 생명까지 드리는 심정으로 우리 구주 예수 그리스도를 위하여 헌신하여야 할 것입니다.

특별히 빌라델비아 도시의 이름은 '형제의 사랑'이란 뜻입니다. 아마도 그 이름은 이 도시의 시민들이 우애와 다른 사람들에게 친절과 사랑으로 나타났던 오래된 이름이라고 말합니다. 이 이름이 빌라델비아 교회에 주어진 것은 참으로 훌륭하고 칭찬 받을만한 것이기도 합니다. 이 지구촌에 수많은 교회들이 있지만 주님에게 칭찬 받는 교회가 되기를 힘씁시다.

본문 7절에 보면 "다윗의 열쇠를 가지신 이 곧 열면 닫을 사람이 없고 닫으면 열 사람이 없는 그가 이르시되"라고 성경은 말씀합니다. 이 말씀은 다윗의 열쇠를 가지신 우리 구주 예수 그리스도께서 사람들을 메시아 왕국에 들어오게 하는 것과 제한하는 권세를 가지신 것을 의미합니다. 우리 구주 예수 그리스도는 그의 교회들에게 은혜의 문을 열어주십니다. 하나님의 종들에게는 입술의 문을 열어주시고 마음의 문을 열어주십니다. 예수를 나의 구주로 믿고 고백하는 자들에게는 복음의 문을 열어주십니다. 지상교회는 전투하는 교회요 불완전하지만 신실한 그리스도인들에게는 천국에 있는 승리하는 교회의 문으로 인도하여 주십니다. 반면에 그리스도는 문을 닫으십니다. 이것은 그리스도의 주권에 속한 것입니다. 어리석고 미련한 처녀들은 등불의 기름이 부족하여 사러 간 사이에 신랑이 오므로 혼인잔치에 들어가지 못하고 문은 닫힌 것입니다.

그러므로 우리는 믿음의 기름이 부족하지 않도록 날마다 성령으로 충만하여 기름을 채워야 할 것입니다. 우리 주님이 문을 닫고 여시는 것은 그분의 주권이십니다. 이것은 인간의 의지나 계획과는 전혀 상관없이 주님께서 단독적으로 행하시는 것입니다. 이러한 일에 인간은 함부로 간섭하거나 도전할 수 없는 것은 하나님의 절대주권이기 때문입니다. 우리 구주 예수 그리스도는 열면 닫을 사람이 없고 닫으면 열 사람이 없는 분이십니다. 이것이 하나님의 주권인 것입니다. 우리 구주 예수 그리스도는 원하시는 대로 당신의 주권을 행사하십니다.

1. 빌라델비아 교회에게 주신 은혜입니다. (8절)

"볼지어다 내가 네 앞에 열린 문을 두었으되 능히 닫을 사람이 없으리라"고 성경은 말씀합니다. 여기서 "열린 문"이란 열려져 있는 문을 주셨다는 것을 의미합니다. 그런데 이 문은, 9절에 나타난 자칭 유대인들과의 갈등과 고립이 있었음을 말합니다. 한마디로 평온한 상태가 아니라 고난 받는 상황입니다. 교회가 작더라도 외부의 압력과 대립에서 벗어나 평안하기만 하여도 부흥될 수 있습니다. 그런데 빌라델비아 교회는 자칭 유대인이라는 자들에 의하여 정치적으로나 사회적으로 압박을 당하는 상황임을 보게 됩니다. 그들은 그리스도인이라고 하는 이름 때문에 로마 제국으로부터 어떤 도움이나 보호를 받지 못하였던 것입니다.

종교적인 측면에서 보면 소외당한 교회이기도 합니다. 자칭 유대인들은 그들 자신만이 진정한 하나님의 언약의 백성이며 구원받은 그리스도인임을 강조하였던 것입니다. 그러므로 주님이 그들에게 열린 문을 주신 것은 위로와 특권이 보장된 것입니다. 열린 문이 빌라델비아 교회에게는 주어졌는데, 반면에 유대인들에게는 제한된 문인 것입니다. 왜냐하면 빌라델비아 교회의 성도들을 억압하는 유대인들의 그룹을 "사탄의 회당"이라고 성경은 말씀하기 때문입니다. 이들은 절대로 구원의 백성이 될 수 없으며 천국 문에 들어올 수 없는 자들입니다. 인본주의 교회는 사람이 주인 노릇 하고 예수 그리스도가 교회에서 멀리 떠난 집단입니다. 교회의 머리는 예수 그리스도이시고 우리는 그의 지체인 것입니다.

우리 구주께서 그들에게 열린 문을 주신 것은 빌라델비아 교회의 성도들에게 주어지는 영적인 특권입니다. 우리 구주 예수 그리스도는 환난과 고난의 때에 얼마나 오래 참고 인내하여야 할 것을 살피시고 측정하시는 것입니다. 신앙생활이 평안하기만 하면 좋을 것 같은데, 현상 유지는 할 수 있을지 몰라도 신앙은 성숙하지 못합니다. 매일 긴장 가운데 살 수는 없지만 긴장하며 마음을 살피고 살아야 사탄의 지배를 받지 아니하고 말씀으로 살 수 있는 것입니다.

우리에게 고난이 없는 믿음도 참된 믿음일 수 있지만 그것은 아마도 작은 믿음일 것입니다. 왜냐하면 시험이 없는 믿음은 더 이상 성숙되지 아니하기 때문입니다. 믿음은 오히려 만사가 뒤틀리고 역행할 때에 가장 성숙되는 것입니다. 바다가 고요하고 잠잠하면 안일무사 할 수 있지만 바다 속에 지진인 해일이 일어나면 바다 속을 청소함으로 정결해질 수 있는 것입니다. 우리의 믿음은 고난을 통해 체험을 얻고 시련이 크면 클수록 믿음의 견고함과 확실함이 커지는 것입니다. 우리의 믿음이 우리 구주 예수 그리스도의 보혈로 주어진 보배로운 것이라면 그 믿음의 시험도 동일하게 보배로운 것입니다. 그러므로 고난을 극복하고 승리하는 믿음만큼 보배로운 것은 없습니다.

　사도 바울은 "우리가 환난 중에도 즐거워하나니 이는 환난은 인내를 인내는 연단을 연단은 소망을 이루는 줄 앎이로다"(롬 5:3-4)라고 증언합니다. 짧은 나그네 인생을 사는 우리들이 하나님의 은혜로 날마다 채워지기만 하면 환난 중에도 즐거워하게 됩니다. 인내를 통하여 금보다 귀한 믿음을 소유하게 되고 부끄럽지 아니하는 소망을 가지게 되는 것입니다. 구원 받은 백성들에게는 내가 그리스도를 붙잡는 것이 아니라 우리 구주 예수 그리스도께서 우리를 붙잡고 계시는 것입니다. 또한 우리가 구원받은 것은 우리가 그리스도 안에 있기 때문에 즐거워하기보다는 그것이 그리스도의 즐거움인 것입니다. 우리가 구원받은 것은 선행이 아니라 오직 그리스도의 피와 공로 때문입니다.

　언제나 우리는 우리의 무능하고 실패의 손을 바라보지 말고 우리 구주께서 십자가에 못 박히신 그분의 손을 바라보아야 합니다. 우리의 미래의 즐거움이나 희망을 바라보지 말고 소망의 원천이신 그리스도만을 바라봅시다. 우리가 아무리 힘들고 열악한 환경에 처해 있다고 할지라도 우리 구주의 고난과 죽음과 부활과 승천, 다시 오실 재림의 주님을 바라보고 따라갑시다. 살아계신 우리 구주 예수 그리스도는 절대로 우리를 실패자로 만들지 아니할 것입니다.

　우리는 중보자이신 우리 구주 예수 그리스도를 바라봄으로써 우리의 마음을 날마다 새롭게 하여야 할 것입니다. 우리의 생각과 계획은 한계에 부딪칠 수 있지만 주님께서는 전적으로 당신을 의지하는 자에게 은혜를 주실 것입니다. 빌라델비아 교회의 성도들의 소망은 오직 그리스도입니다. 왜냐하면 우리 구주께서 그들에게 열려져 있는 문을 주셨기 때문입니다. 우리의 소망은 오직 우리 구주 예수 그리스도의 피와 그의 의에 세워져 있습니다. 그러므로 전적으로 생명을 걸고 주님의 이름만 의지하고 높일 수 있기를 바랍니다.

2. 빌라델비아 교회가 칭찬받은 조건은 무엇입니까?

1) 주님의 말씀을 지키고 주님의 이름을 배반하지 아니한 것입니다.
　(8절)

"내가 네 행위를 아노니 네가 작은 능력을 가지고서도 내 말을 지키며"라고 성경은 말씀합니다. 소아시아의 일곱 교회들 중에서 주님께 어떤 책망도 받지 아니한 교회는 두 곳입니다. 그것은 서머나 교회와 빌라델비아 교회입니다. 이 교회들은 절대적으로 완전무결한 교회이기 때문에 칭찬만 받은 것이 아닙니다. 우리 구주 예수 그리스도께서 보시기에 다른 교회들보다 비교적 주님의 말씀을 더 거룩하고 신실하게 지켰기 때문입니다.

주님은 비록 우리가 작은 능력을 가지고 있다 하더라도 기쁘게 받으십니다. 환난 중에서 믿음을 지킨다는 것은 결코 쉬운 일이 아니기 때문입니다. 8절에 보면 "내 이름을 배반하지 아니하였도다"라고 성경은 말씀합니다. 빌라델비아 교회의 성도들은 능력은 작았지만 큰 믿음을 소유했습니다. 왜냐하면 주님의 이름을 배반하지 않았기 때문입니다. 사람들은 상대적으로 큰 교회와 작은 교회를 구분합니다. 그러나 하나님 앞에서는 큰 교회나 작은 교회가 문제가 되지 않습니다. 빌라델비아 교회는 지금으로 말하면 매우 작은 교회입니다. 그럼에도 불구하고 우리 구주 예수 그리스도를 기쁘시게 한 교회요 칭찬받은 교회입니다.

사도 요한은 "내 충성된 증인 안디바가 너희 가운데 곧 사탄이 사는 곳에서 죽임을 당할 때에도 나를 믿는 믿음을 저버리지 아니하였도다" (계 2:13)라고 증언합니다. 안디바는 버가모 교회의 신실한 증인입니다. 버가모 교회가 세워진 곳은 사탄의 권좌가 있는 곳임에도 불구하고 안디바는 주님의 이름을 굳게 잡다가 순교한 증인입니다. 우리 주님께서 가장 기뻐하시고 사랑하시는 자는 우리 구주를 위하여 자신의 생명을 온전하게 드린 사람입니다.

본문 9절에 보면 "보라 사탄의 회당 곧 자칭 유대인이라 하나 그렇지 아니하고 거짓말 하는 자들"이라고 성경은 말씀합니다. 이 사람들은 자신들을 하나님이 택하신 유일한 백성이라고 거짓 주장을 하는 자들입니다. 그러나 실제로는 사탄의 집단이요 사탄의 회당이었던 것입니다. 이런 상황에서도 빌라델비아 교회 성도들은 주님의 이름을 존귀하게 여기고 견고한 신앙을 지켰던 것입니다. 사데 교회는 주님의 책망을 들은 교회입니다. 왜냐하면 살았다 하는 이름은 가졌으나 죽은 자였기 때문입니다(계 3:1). 사데 교회는 주님의 책망을 받았지만 빌라델비아 교회는 주님의 사랑을 받습니다.

"내가 너를 사랑하는 줄을 알게 하리라"(9절)고 말씀하십니다. 부모와 형제의 사랑도 귀하지만 모든 것이 한계가 있습니다. 그러나 주님의 사랑은 무한합니다. 그 사랑은 받은 자 외에는 알 수가 없는 것입니다. 하나님은 사랑이시고 우리를 사랑하십니다. 그 사랑 안에서 믿음을 지키고 흠과 티가 없이 주님 앞에 서도록 합시다.

어떤 교회이든지 어떤 그리스도인이든지 가장 큰 행복과 명예는 우리 구주 예수 그리스도의 특별한 사랑을 받는 데 있는 것입니다. 이것이 하나님의 은혜인 것입니다. 우리도 세속주의 바람과 죄악이 넘치는 세상으로부터 주님의 사랑을 받는 자들이 되어 봅시다.

2) 인내의 말씀을 지킨 것입니다. (10절)

"네가 나의 인내의 말씀을 지켰은즉 내가 또한 너를 지켜 시험의 때를 면하게 하리니"라고 성경은 말씀합니다. 영국의 알렉산더 맥클라렌 목사는 "인내의 말씀"은 주님의 부분적인 말씀 정도가 아니라 우리 구주 예수 그리스도의 복음의 총체적인 말씀을 의미한다고 설명했습니다. 왜냐하면 그리스도의 인내의 말씀은 그것 전체가 그리스도께서 행하신 인내를 기록하고 있기 때문이라고 강조했습니다. 즉 인내는 견딤과 참음을 포함하는 것입니다.

빌라델비아 교회의 성도들은 종교적으로는 인본주의와 싸우며 거짓 유대인들과 투쟁해야 했고, 정치적으로는 고립되고, 경제적으로 보면 지독한 가난과 궁핍의 생활을 지속해야만 했던 것입니다. 이런 상황에서 우리 구주의 인내의 말씀을 지켰다는 것입니다. 인내는 한 번 참고 마는 것이 아니라 또 참고 다시 참고 끝까지 견디는 것을 의미하는 것입니다.

우리 주님께서 심판의 주로서 세상에 오시기 전에는 여러 가지 징조가 있을 것을 말씀하십니다. 사람의 유혹을 받지 않도록 주의하라는 것입니다. 많은 사람이 내 이름으로 와서 나는 그리스도라 하여 많은 사람을 미혹할 것이라고 성경은 말씀합니다. 민족이 민족을, 나라가 나라를 대적하고, 곳곳에 기근과 지진이 있을 것을 말씀하십니다. "거짓 선지자가 많이 일어나 많은 사람을 미혹하고 불법이 성하므로 많은 사람의 사랑이 식어지리라 그러나 끝까지 견디는 자는 구원을 얻으리라"고 주님은 말씀하십니다(마 24:3-14). 우리도 주님 앞에 서는 날이 되기 전에 믿음으로 일사각오 하는 신앙을 소유해야 할 것입니다. 왜냐하면 우리 주님의 인내의 말씀을 지속적으로 지켜야 하기 때문입니다.

빌라델비아 교회의 성도들이 인내의 말씀을 지켰다는 것은 작은 능력을 가지고도 내 말을 지키며 내 이름을 배반하지 아니하였다는 것을 의미합니다. 중요한 것은 "나의 인내의 말씀"이라고 성경은 말씀합니다. 즉 우리 구주 예수 그리스도의 말씀을 순종하는 것은 인내를 요구하기 때문입니다.

사도 요한은 "예수의 환난과 나라와 참음에 동참하는 자"라고 증언합니다(계 1:9). 요한은 그 당시에 그리스도인들 가운데 신실하게 남은 자입니다. 그는 우리 구주를 믿는 신앙 때문에 환난과 유배를 당했던 것입니다. 가룟 유다는 예수를 믿는 것처럼 보였지만 결국에는 주님을 배신하였고, 요한은 끝까지 믿음을 지키며 예수의 환난에 동참하는 산 순교자였던 것입니다. 우리 구주 예수 그리스도와 복음을 위하여 순교한 자들의 생애는 참으로 놀랍고 존귀하며 하나님께 영광을 돌린 자들입니다. 동시에 우리 구주 예수 그리스도를 위하여 복음을 전하면서 생명을 담보로 하여 하루하루를 선교현지에서 혹은 목회 사역을 감당하는 일은 보통 일이 아닐 것입니다.

일본보다 더 열악한 이슬람권에서 사역하는 선교사들은 언제 생명과 재산을 잃을지도 모릅니다. 우리 구주를 위하여 산 순교자로 살아간다는 이 자체가 매우 소중한 것입니다. 우리 구주 예수 그리스도의 복음은 그의 인내의 말씀입니다. 그리스도의 복음은 환난과 고통과 죄악으로 가득한 세상에서 하나님의 인내로 맺어진 열매인 것입니다. 이 복음은 우리 구주께서 십자가의 고난을 통하여 이루신 인내의 모본으로 사람들에게 나타내신 것입니다. 그러므로 그리스도의 복음은 믿음으로 받아들이는 자들에게 인내하며 믿음을 지킬 것을 요구하는 것입니다.

우리도 예수 믿음으로 환난을 당할 때에 신실한 믿음을 끝까지 지켜 산 순교자의 사명을 감당해야 할 것입니다. 주님은 "또 너희가 내 이름으로 말미암아 모든 사람에게 미움을 받을 것이고 너희의 인내로 너희 영혼을 얻으리라"(눅 21:17, 19)고 말씀하십니다. 믿음이 끝까지 지속되는 것은 다름 아닌 인내로 이루어지는 것입니다. 사람이 인내를 터득한다는 것은 이론이 아니고 삶으로 겪어내는 것입니다. 이것은 막연히 참고 견디는 것이 아니라 믿음의 인내가 있어야 가능한 것입니다. 우리 구주 예수 그리스도를 위하여 믿음으로 참고 또 참고 견딜 수만 있다면 승리자의 삶을 살게 되는 것입니다. 오직 인내하는 자에게만 영혼의 구원이 주어지는 것입니다.

　그러므로 우리는 모든 무거운 것과 얽매이기 쉬운 죄를 벗어 버리고 인내로써 우리 앞에 당한 경주를 하여야 합니다(히 12:1). 우리 구주 예수 그리스도는 시험을 이미 받으셨기 때문에 고난당하는 자들을 도우십니다. "그가 시험을 받아 고난을 당하셨은즉 시험 받는 자들을 능히 도우실 수 있느니라"(히 2:18)고 성경은 말씀합니다. 우리 구주 예수 그리스도께서 받으신 시험들은 그의 고난에서 결코 작은 것들이 아닙니다. 전능하신 하나님의 아들이신 우리 구주께서 받으신 시험에 비하면 우리는 감히 비교할 수가 없습니다. 그러므로 시험 당하는 연약한 우리들을 책임지시고 도우시는 것입니다. "우리에게 있는 대제사장은 우리의 연약함을 동정하지 못하실 이가 아니시라"(히 4:15)고 성경은 말씀합니다. 우리 구주 예수 그리스도는 우리가 시험과 고난당할 때에 반드시 건져 주실 것입니다. 왜냐하면 주님은 당신의 언약의 백성들을 결코 놓치지 아니하시기 때문입니다.

　우리 구주 예수 그리스도의 복음을 기쁘게 받은 자들은 이 복음을 위하여 마음과 뜻과 생명까지도 바칠 각오로 주님을 섬겨야 할 것입니다. 영국의 매튜 헨리 목사는 "인내의 날이 지난 뒤에는 우리는 시험의 기간을 기대하고 준비해야 한다. 복음의 평화와 자유의 날은 하나님의 인내의 날이다. 그것은 우리가 생각하는 대로 잘 되는 날은 매우 드물다. 그러므로 시험과 유혹의 시간이 종종 따르게 된다."고 설명했습니다.

　우리는 복음의 평화를 주시는 날에 더 경건하게 하나님을 가까이 하여야 할 것입니다. 세상의 죄악이 우리를 유혹하는 날에는 하나님을 더 사모하고 우리 구주 예수 그리스도를 뜨겁게 사랑해야 할 것입니다. 평화로운 복음의 날에 신앙무장을 철저히 하여 하나님의 은혜로 충만합시다. 주님은 인내의 말씀을 지킨 빌라델비아 교회의 성도들에게 시험의 때를 면하게 하여 주시겠다고 성경은 말씀합니다. 시험의 때란 앞으로 장차 온 세상에 임하여 땅에 거하는 자들을 시험할 때를 말합니다. 이 시험은 이 세상 전체가 당할 것을 예상하는 것을 의미합니다. 이런 시험의 때라고 할지라도 믿지 아니하는 자는 심판의 때이고 믿는 백성은 구원의 때인 것입니다.

예레미야 선지자는 유대인들의 어리석은 확신을 가진 자들을 향하여 여호와의 말씀을 들으라고 증언합니다. "너희는 이것이 여호와의 성전이라 여호와의 성전이라 여호와의 성전이라 하는 거짓말을 믿지 말라"(렘 7:4)고 성경은 말씀합니다. 왜냐하면 하나님께서는 그의 말씀을 청종하고 전적으로 순종하지 않으면 어떠한 성전도 자기의 것으로 인정하시지 않기 때문입니다. 종교개혁자 요한 칼빈은 하나님의 말씀이 없어도 교회가 존재한다는 식의 생각을 가져서는 절대로 안 된다고 설명했습니다. 우리 교회들이 하나님의 말씀으로 충만해질 때 교회는 부흥되고 성도들의 신앙은 성숙되는 것입니다.

3. 주님의 권면은 무엇입니까?

1) 네가 가진 것을 굳게 잡으라고 말씀하십니다. (11절)

"내가 속히 오리니 네가 가진 것을 굳게 잡아"라고 성경은 말씀합니다. 즉 우리가 가진 믿음입니다. 이 믿음은 사도들이 우리에게 전해준 믿음입니다. 우리 구주 예수 그리스도의 십자가의 죽음과 부활의 신앙을 굳게 잡아야 합니다. 하나님은 경건한 자를 택하신 것을 우리는 알아야 합니다(시 4:3). 경건한 자는 드러내지 않고 숨은 그리스도인이 아닙니다. 의식적으로 교회만 출석하는 종교인도 아닙니다. 경건한 자는 하나님의 은혜를 입은 자를 말합니다. 우리에게 주신 하나님의 은혜의 힘을 굳게 잡아야만 합니다. 교회 안에는 믿음이 약한 자도 있고 강한 자도 있습니다. 믿음이 연약한 자에게 위로하고 용기를 주는 우리 구주 예수 그리스도의 사랑을 굳게 잡아야 할 것입니다.

우리 구주 예수 그리스도는 속히 오실 것을 말씀하십니다. 창조주 하나님을 믿고 우리 구주를 믿는 자들에게는 너무나도 큰 위로의 말씀인 것입니다. 주님께서는 심판의 주로서 재림하시는 그날까지 "네가 가진 것을 굳게 잡으라"고 권면하십니다. 그들이 작은 능력을 가지고도 내 말을 지키며 주님의 이름을 배반하지 아니하였던 것처럼 우리 구주에게 신실한 믿음을 끝까지 유지하라고 말씀하십니다. 굳게 잡는 것은 주님이 주실 면류관과 서로 연관되어 있는 것입니다. 우리가 인내의 말씀과 주님의 이름을 굳게 붙잡고 전진하는 것은 승리하는 신앙인 것입니다. 안일 무사주의로 신앙생활 하는 것은 매우 위험합니다. 왜냐하면 우리를 무기력하게 만들고 타성에 젖은 신앙이나 습관적인 신앙이 되기가 쉽기 때문입니다. 우리 구주께서 우리에게 씌어줄 면류관이 머리에서 빗나가지 않고 떨어지지 않도록 주의하여야 할 것입니다.

안타깝게도 고난이 올 때에 도피하고 신앙을 포기하고 주님을 배교한 자들은 면류관을 잃어버리게 될 것입니다. 그러나 우리 구주 예수 그리스도를 위하여 믿음을 굳게 지킨 자들에게는 생명의 면류관을 주실 것입니다. 이 면류관을 의의 면류관과 영광의 면류관이라고 부르기도 합니다. 11절에 보면 "아무도 네 면류관을 빼앗지 못하게 하라"고 성경은 말씀합니다. 용맹스러운 용사들은 명예를 걸고 왕과 면류관을 지킵니다. 우리 그리스도의 군사들은 이보다 더 영광스러운 면류관을 사수하여야 할 것입니다.

지혜의 왕인 솔로몬은 금으로 큰 방패 이백 개를 만들고 금으로 작은 방패 삼백 개를 만들었습니다(왕상 10:16-17). 그러나 아들 르호보암은 어리석게도 금 방패를 치워버리고 대신 놋 방패를 갖다 놓았습니다 (왕상 14:27). 여기서 우리는 귀한 교훈을 받게 됩니다. 하나님이 우리에게 주신 복음의 진리는 순교신앙을 가지고 지켜야 한다는 것입니다. 하나님의 진리를 비 진리와 타협하거나 빼앗겨서는 안 되는 것입니다. 우리 구주 예수 그리스도의 진리의 말씀은 생명 그 자체만큼이나 소중한 것입니다. 하나님이 우리에게 주실 상급과 면류관도 결코 놓쳐서는 안 될 것입니다. 하늘나라는 그리스도를 위하여 생명 바쳐 일한 자들을 보상하는 곳입니다. 왜냐하면 의로우신 재판장이 우리가 행한 대로 갚아주시기 때문입니다. 예수를 나의 구주로 믿은 믿음을 흔들림 없이 꼭 붙잡으면 이 말씀이 우리의 생명이요 기쁨이요 위로와 힘이 될 것입니다. "인자가 아버지의 영광으로 그 천사들과 함께 오리니 그 때에 각 사람이 행한 대로 갚으리라"(마 16:27)고 주님은 말씀하십니다.

우리는 승리하는 교회가 되고 승리하는 성도가 됩시다. 그리하면 영광과 생명과 의의 면류관을 우리에게 주실 것입니다. 왜냐하면 이기는 자는 내 하나님 성전에 기둥이 되게 하시고 새 예루살렘의 이름과 주님의 새 이름을 기록하여 주시기 때문입니다(12절). 하나님의 성전에 기둥이 되는 것은 하나님의 백성의 위치를 확보하게 될 것을 말합니다. 승리자에게 주어지는 약속입니다. 규모로 보아도 작은 교회였던 빌라델비아 교회는 자칭 유대인이라고 하는 자들로부터 회당에서 추방을 당하고 정치적으로 사회적으로 종교적으로까지 냉대를 받았던 자들입니다. 그러나 그들이 비록 작은 능력이나마 주님의 이름을 배반하지 아니하는 견고한 믿음의 사람들이 된 것입니다.

우리의 남은 생애는 내 의지대로 살 것이 아니라 하나님께서 주관하여 주시고 인도하실 것을 믿으며 말씀대로 지켜 행하면서 삽시다. 우리는 환난과 고통이 있을 때를 각오하고 믿음을 지켜야 할 것입니다. 스펄전 목사는 하나님은 절대로 패하실 수 없기 때문에 우리는 전혀 패배를 두려워해서는 안 된다고 증언했습니다. 여기서 이름은 인격과 우리 주님의 소유됨을 의미합니다(12절). 그러므로 그리스도 예수 안에서 우리는 승리가 보장된 것입니다.

결 론

빌라델비아 교회에 열린 문을 두신 주님은 이런 상황에서도 우리 한국교회에 열린 문을 주셨습니다. 갈등과 고립이 깊어가는 이 시대에 우리가 승리하는 것은 다름 아닌 인내의 말씀을 지키는 것입니다. 하나님의 교회에 사탄이 틈타지 못하도록 하나님의 은혜가 임해야 합니다. 하나님의 은혜만 우리 교회들에게 있다면 교회는 생동감이 넘치고 살아날 것입니다.

우리는 우리 구주 예수 그리스도를 위하여 일어섭시다. 칭찬받은 교회, 인정받는 그리스도인들이 됩시다. 오늘은 세상의 죄악과 유혹으로 소란하지만 내일은 승리의 노래를 부를 것입니다. 우리 구주 예수 그리스도를 위하여 믿음을 지키는 자에게는 생명의 면류관을 주실 것입니다. 영광의 왕과 함께 영원히 다스리는 은혜를 우리 모두에게 주시기를 우리 주님의 이름으로 간절히 축원합니다.

특강
하나님의 영광을 위한 삶
[고린도전서 10:31]

서 론

하나님이 사람을 창조하신 목적은 오직 하나님의 영광을 위한 것입니다. 이것을 하나님의 창조론적인 사랑이라고 말할 수 있습니다. 장로교 교리문답인 「웨스트민스터 소요리문답」 제1문에는 "사람의 제일 되는 목적은 하나님을 영화롭게 하고 하나님을 영원토록 즐거워하는 것"이라고 설명합니다. 이것은 하나님의 명령이요 사람의 본분인 것입니다. 하늘에 있는 천체들은 자기 마음대로 움직이는 것이 아니라 하나님이 그들에게 정해놓은 궤도를 돌고 있는 것입니다. 이 천체들은 하나님이 정하신 궤도 밖을 떠나지 아니합니다. 이것은 창조주 되시는 하나님의 섭리요 그분의 고유 권한인 것입니다. 그러므로 인간도 하나님이 창조하신 법칙에 따라서 하나님의 영광을 구하고, 하나님을 우리의 일생이 다하기까지 영화롭게 하는 것만이 우리가 행복한 삶을 살 수가 있는 것입니다.

그런데 안타깝게도 인류의 시조인 아담과 하와는 하나님이 금지하신 선악과를 따먹고 에덴동산으로부터 추방을 당했습니다. 그 후에 남자는 수고의 땀방울을 흘려야 했고, 여자는 해산의 수고가 따르게 된 것입니다.

그러나 하나님은 멸망 받을 죄인들을 그대로 방치하지 아니하시고 우리 죄인들에게 크신 긍휼을 베푸심으로 전적으로 타락한 죄인들을 구원하시기 위하여 예수 그리스도를 세상에 보내신 것입니다. 이것은 인류를 위한 하나님의 극진하신 사랑입니다. 그러므로 아무리 흉악한 범죄자요 죽을 죄인이라 할지라도 예수를 나의 구주로 믿기만 하면 구원을 선물로 주십니다. 이 구원을 영생이라고 성경은 말씀합니다(요 3:16). 그리고 믿는 자들에게 성령으로 거듭나게 하십니다.

그러면 우리가 예수 믿고 구원받은 것으로 끝나는 것입니까? 아닙니다. 예수 믿고는 하나님 앞으로 날마다 나와 새로운 삶을 살아야 하는 것입니다. 그러므로 구원받은 하나님의 백성은 자신을 위하여 살지 말고 하나님의 영광을 위하여 살아야 하는 것입니다. "우리가 살아도 주를 위하여 살고 죽어도 주를 위하여 죽나니 그러므로 사나 죽으나 우리가 주의 것이로다"(롬 14:8)고 성경은 말씀합니다.

이 세상에서 가장 큰 복은 나 같은 죄인이 예수 믿어 구원받은 복인 것입니다. 영원히 멸망 받아야 할 죄인이 구원받았으므로 우리는 살든지 죽든지 거하든지 떠나든지 하나님을 기쁘시게 하고, 그분에게만 영광을 돌리는 삶을 살아야 합니다. 할 수만 있으면 우리 생애 전부를 하나님의 영광을 위하여 드리고 헌신하고 주의 이름을 증언하는 삶을 살아야 하는 것입니다. 왜냐하면 하나님께서 선한 일을 위하여 우리를 지으셨기 때문입니다. "우리는 그가 만드신 바라 그리스도 예수 안에서 선한 일을 위하여 지으심을 받은 자니"(엡 2:10)라고 성경은 말씀합니다.

구원받은 백성들은 무엇보다 우선순위의 삶을 정하는데 있어 하나님의 선하신 뜻과 목적을 위하여 살아야 하는 것입니다. 그런데 안타깝게도 믿음은 있다고 하는데 행동이 따라주지 못하고 입으로는 하나님의 영광을 말하고 강조도 하지만 실상은 자신이 영광을 받으려고 합니다. 하나님의 뜻보다는 자신의 욕망을 채우려고 합니다. 그 이유는 이 시대가 이기적이고 자기중심적인 삶을 살아가는 시대이기 때문입니다. 인간의 뿌리 깊은 죄악은 자신의 욕심과 정욕을 제거하지 못합니다. 인류의 첫 시조인 아담이 선악과를 먹은 것은 하나님처럼 동등해지고 자신이 하나님처럼 높아지겠다는 것입니다. 그러나 인간에게 하나님이 없는 삶은 매우 공허한 것입니다.

사람의 제일 되는 목적은 하나님을 영화롭게 하는 것과 그를 영원토록 즐거워하는 것입니다. "한번 죽는 것은 사람에게 정해진 것이요 그 후에는 심판이 있으리니"(히 9:27)라고 성경은 말씀합니다. 그러나 구원받은 백성은 죽음을 두려워하지 아니하고 하나님 나라에 들어가게 됨을 확신합니다. 우리는 이 세상에 살면서 하나님을 영화롭게 하며 살기를 원합니다.

그러면 먼저 하나님을 영화롭게 하는 것에 대한 정의와 방법에 대하여 함께 은혜를 나누기를 원합니다.

1. 하나님을 영화롭게 하는 것

하나님의 영광은 우리 그리스도인들의 모든 행위를 총괄하는 주제입니다. "만일 누가 말하려면 하나님의 말씀을 하는 것 같이 하고 누가 봉사하려면 하나님이 공급하시는 힘으로 하는 것 같이 하라 이는 범사에 예수 그리스도로 말미암아 하나님이 영광을 받으시게 하려 함이니 그에게 영광과 권능이 세세에 무궁하도록 있느니라 아멘"(벧전 4:11)이라고 성경은 말씀합니다. 그리스도인들이 말하는 것과 봉사하는 것 모두를 하나님의 은혜로 겸허하게 감당하라는 것입니다.

영국의 복음전도자인 조지 휫필드 목사는, 어떤 사람들이 그의 이름을 딴 한 새로운 교파를 세우기를 원할 때 그는 "안 됩니다. 제 이름은 쇠하여야 하고 그리스도의 이름이 영원토록 흥해야 합니다."라고 그리스도만을 높이기를 원했던 것입니다. 우리도 교회봉사와 선교적인 사명을 감당할 때에 자신의 이름이 알려지기 보다는 우리 구주 예수 그리스도의 이름이 높아져야 합니다. 하나님께 영광 돌리며 온전히 헌신하고 살아간다면 구원받은 피조물의 하나로서 이보다 더 큰 행복은 없는 것입니다.

그러므로 하나님은 우리들을 통하여 범사에 영광 받으시기를 원하십니다. 우리는 명심해야 합니다. "그런즉 너희가 먹든지 마시든지 무엇을 하든지 다 하나님의 영광을 위하여 하라"(고전 10:31)고 성경은 말씀하고 있기 때문입니다. 청교도 토마스 왓슨 목사는 "인간은 이성적인 피조물이므로 세상에서 하나님의 영광을 높여야 한다."고 강조했습니다. "나는 여호와니 이는 내 이름이라 나는 내 영광을 다른 자에게 내 찬송을 우상에게 주지 아니하리라"(사 42:8)고 성경은 말씀합니다.

그런데 오늘날 보이는 우상도 많지만 보이지 아니하는 자신의 우상도 있습니다. 형상조각을 섬기는 것도 우상이지만, 자신의 욕망을 채우고자 하는 욕심과 돈이 현대인들의 우상입니다. 이것을 위해서는 수단방법을 가리지 아니하고, 돈 벌기 위하여 목숨도 아끼지 아니합니다. 그러나 그리스도인은 세상을 바꾸는 자들입니다. 믿음의 사람들은 핍박 속에서도 주님과 복음을 위하여 생명을 아끼지 않았습니다. 오히려 박해자들이 변화 되는 역사도 일어났습니다. 그러나 지금은 세상에 끌려가는 정황이라 참으로 안타까운 현실입니다. 하나님의 영광을 위하여 사는 자들은 어떤 상황에서도 만족하며 살아야 할 것입니다.

세상부귀 영화와 권세를 다 누려보았던 솔로몬 왕은 "사람이 해 아래에서 행하는 모든 수고와 마음에 애쓰는 것이 무슨 소득이 있으랴 일평생에 근심하며 수고하는 것이 슬픔뿐이라 그의 마음이 밤에도 쉬지 못하나니 이것도 헛되도다"(전 2:22-23)라고 증언합니다. 하나님이 없는 물질과 부귀영화는 근심과 수고와 슬픔뿐이라고 성경은 말씀합니다. 우리 그리스도인들의 물질은 하나님의 나라와 그의 의를 위하여 복음전파인 선교와 교육과 구제를 위하여 사용되어야 합니다. 하나님이 우리에게 가장 가치를 두시는 것은 우리의 이름과 명예와 부귀영화가 아닙니다. 우리의 몸과 마음과 물질과 생명을 얼마만큼이나 하나님의 영광을 위하여 살았느냐? 이것에 가치를 두고 평가하시는 것입니다.

우리 그리스도인들이 세상과 적당히 타협하면 생명력을 상실하게 되는 것입니다. 하나님은 당신의 영광을 우상에게 주지 아니하십니다. 한 순간이라도 하나님이 받으실 영광을 사람들이 가로채서는 안 되는 것입니다. 오늘날 많은 사람들이 하나님의 이름을 빙자하여 자신이 영광을 받는 일들이 종종 나타납니다. 우리는 혹이라도 하나님이 받으셔야 할 영광을 취해서는 안 되는 것입니다. 예수님 자신도 자신의 영광을 구하지 아니하고 오직 하나님께만 영광을 구했습니다. 우리 주님은 "나는 사람에게서 영광을 취하지 아니하노라"(요 5:41)고 말씀하십니다.

유대인은 자신의 영광을 구하였지만 바리새인들은 특히 돈을 좋아하는 현실주의자들이기 때문에 자신들에게 이익만 된다면 자신의 영광을 더 구했던 것입니다. 유대인의 많은 관리들은 사람의 영광을 하나님의 영광보다 더 사랑한 자들입니다(요 12:43). 왜냐하면 그들은 예수를 믿으면서도 감히 예수를 구세주로 시인하지 못한 이유는 사람들로부터 많은 존경과 칭찬과 명예를 유지하고 싶었기 때문입니다. 그러나 주님은 아버지의 이름을 영광스럽게 하십니다(요 12:28). 우리 구주 예수 그리스도는 당신의 영광을 조금도 구하지 아니하십니다. 주님이 오직 영광을 구하는 것이라면 오직 지상 사역에서 아버지 하나님만을 섬기며 영화롭게 하셨습니다. 예수 그리스도는 하나님께서 그에게 원하는 바를 행하십니다. "아버지께서 내게 하라고 주신 일을 내가 이루어 아버지를 이 세상에서 영화롭게 하였사오니"(요 17:4)라고 성경은 말씀합니다. 이것이 우리 구주께서 행하신 일입니다.

우리는 구주 예수 그리스도께서 당신을 위하여 하지 아니하신 일을 기억해야 할 것입니다. "그리스도께서도 자기를 기쁘게 하지 아니하셨나니"(롬 15:3)라고 성경은 말씀합니다. 주님은 단 한 번도 자신을 기쁘시게 한 일이 없습니다. 우리는 자신을 기쁘게 하기 위하여 범죄하기도 합니다.

16세기의 위대한 종교개혁자 요한 칼빈은 말하기를 "모든 수고는 내가 하고 모든 영광을 하나님께"라는 표어를 세우고 그대로 실천하고 살았습니다. 그리고 그는 이렇게 고백합니다.

"내 마음(심장)을 주님께 드립니다. 즉시, 그리고 신실하게! 아멘."

MY HEART I OFFER TO YOU LORD, PROMPTLY AND SINCERELY COR MEUM TIBI OFFERO DOMINE, PROMPTE ET SINCERE.

청교도들의 신앙중심은 어디까지나 신본주의였습니다. 그들은 하나님의 영광된 이름을 배반하기보다는 오히려 원수들에게 싸여 있어야 하고 그 현장에서 죽는 것이 마땅하다고 판단한 자들입니다. 하나님을 영화롭게 하는 것은 성부, 성자, 성령, 삼위일체께 영광을 돌리는 것입니다.

윌리암슨은 "하나님을 영화롭게 한다는 것은 하나님을 영화롭게 만든다는 뜻이 아니다. 하나님은 이미 영화로우시고, 그분은 영원부터 영화로우셨고, 그로 말미암아 창조된 어떤 것도 이미 영화로우신 그 분을 더 영화롭게 할 수 없다. 하나님을 영화롭게 하는 것이란, 즉 하나님의 영광을 반사한다는 의미로 이해되어야 한다."라고 설명했습니다.

하나님이 창조하신 아름다운 세계는 하나의 거울과 같은데, 그 거울을 들여다보면 하나님의 영광을 볼 수가 있습니다(시 19:1-5). 하늘에서 내리는 비와 눈과 우레와 번개소리, 나뭇잎 떨어짐과 새 소리가 모두 하나님의 영광을 나타냅니다. "여호와 우리 주여 주의 이름이 온 땅에 어찌 그리 아름다운지요 주의 영광이 하늘을 덮었나이다"(시 8:1)라고 성경은 말씀합니다.

이 지구촌에 예수의 이름만큼 아름다운 이름이 없는 이유는 예수란 이름은 소망의 시작이요 절망을 종식시키기 때문입니다. 그러므로 누구든지 주의 이름을 부르는 자는 구원을 받기 때문입니다(롬 10:13). 예수 그 이름만이 인간을 죄로부터 구원하실 수 있는 분이기 때문입니다. 하늘과 땅의 가장 중요한 목적은 하나님의 영광을 선포하며 그것을 보여주는 데 있습니다. 하늘은 단지 하나님의 영광을 선포할 뿐입니다. 그러나 인간은 하나님을 영화롭게 하며 그분을 영원토록 즐거워하며 사는 것이 인생의 목적인 것입니다.

그러면 하나님의 영광을 말할 때에 어떻게 그 영광을 이해할 것입니까? 영광에는 두 가지의 종류가 있습니다.

2. 두 가지의 영광

1) 하나님께서 그 안에 소유하고 계시는 본래적인 영광입니다.

빛이 태양의 본질이듯이, 하나님의 영광은 신성의 본질입니다. "하나님은 영광의 하나님이시라"(행 7:2)고 성경은 말씀합니다. 영광은 신성의 광채입니다. 그 영광은 하나님에게 지극히 자연스러운 것이므로 영광 없이 하나님은 하나님이 되실 수 없는 것입니다. 피조물이 누리는 영광은 하나님의 영광과 감히 비교가 안 됩니다. 하나님의 영광에는 더할 것이 없습니다. 왜냐하면 하나님의 영광은 무한하기 때문입니다. 이 영광이야말로 하나님이 가장 중요시하는 것입니다.

하나님은 이 영광을 떠나지 아니하십니다. 하나님은 항상 영광 중에 존재하는 분이십니다. "나는 내 영광을 다른 자에게 주지 아니하리라"(사 48:11)고 성경은 말씀합니다. 하나님은 당신의 영광을 영화롭게 하기를 원하십니다.

그런데 대부분의 사람들은 자신의 이름을 드러내기를 원합니다. 바벨탑을 쌓은 사람들은 "우리 이름을 내고"(창 11:4) 온 지면에 흩어짐을 면하자고 말합니다. 그러나 하나님이 그들의 언어를 혼잡하게 하시므로 그들이 서로 알아듣지 못합니다. 하나님이 그들을 흩어버리십니다. 바벨탑을 쌓았던 사람은 하나님의 이름을 무시하고 자신들의 이름을 낸 고로 심판을 받은 것입니다. 즉 하나님께서 흩으심으로 그 도시를 건설하는 것이 중단된 것입니다(창 11:7-8). 높은 탑을 건축하는 것이 나쁘다는 것이 아닙니다. 하나님의 이름을 도전하고 침범하는 것을 하나님은 참지 못하시는 것입니다. 왜냐하면 내 영광을 다른 자에게 주지 아니하리라고 말씀하시기 때문입니다.

그러나 사도들은 자신의 이름을 드러내지 아니하고 오직 우리 구주 예수 그리스도의 이름을 위하여 채찍질을 당하며 능욕 받는 일에 합당한 자로 여기면서 기뻐하였던 것입니다(행 5:40-41). 우리는 예수 그리스도의 피로 구원 받은 백성으로서 나의 이름을 드러내지 아니하고 거룩하신 하나님과 그의 아들 예수 그리스도의 이름을 높이고 증언하면서 살아야 합니다. 전능하신 하나님은 그의 자녀들에게 지혜와 재물과 명예 등 현세적인 축복을 주십니다. 그러나 하나님의 고유한 본래적인 영광은 주지 아니하십니다.

애굽의 바로 왕은 인장반지를 빼어 요셉의 손가락에 끼우고 금 사슬을 목에 걸어주었습니다. 그러나 자기의 왕권과 왕좌는 내어주지 않았던 것입니다. "내가 너보다 높은 것은 내 왕좌뿐이니라"(창 41:40)라고 성경은 말씀합니다. 마찬가지로 우리는 하나님만이 소유하신 본래적인 영광을 우리의 삶 속에서 드러내야 합니다.

2) 하나님께 속했거나 피조물이 그에게 돌리려고 노력하는 영광입니다.

우리가 하나님께 영광 돌리는 방법은 그의 이름을 높이는 것입니다. "여호와의 이름에 합당한 영광을 그에게 돌릴지어다 제물을 들고 그 앞에 나아갈지어다 아름답고 거룩한 것으로 여호와께 경배할지어다"(대상 16:29)라고 성경은 말씀합니다. 우리의 가정에서, 직장에서, 세상의 삶에서 하나님의 이름에 합당한 영광을 돌려야 하는 것입니다. 교회에서는 모두가 천사 같지만 교회 밖에서 하나님 이름의 영광을 가려서는 안 되는 것입니다.

"값으로 산 것이 되었으니 그런즉 너희 몸으로 하나님께 영광을 돌리라"(고전 6:20)고 성경은 말씀합니다. 그리고 우리의 몸으로 하나님이 기뻐하시는 거룩한 산 제물로 드려야 합니다(롬 12:1). 이 몸을 창녀의 지체로 드려서는 안 됩니다(고전 6:15). 우리의 몸은 음행을 위하여 있는 것이 아니고 주를 위하여 있는 것입니다. 우리가 변화되지 아니하면 자동적으로 변질이 되는 것입니다.

"하나님의 말씀과 기도로 거룩하여짐이라"(딤전 4:5)고 성경은 말씀합니다. 우리는 말씀과 기도로 날마다 무장해야만 합니다. 왜냐하면 성별된 몸으로 하나님의 거룩하신 이름을 부르고 영광 돌릴 수 있기 때문입니다. 하나님을 도전하고 모독하는 사람은 하나님께서 심판하시지만, 하나님의 이름을 높이고 찬양하며 경배하는 자들에게는 하나님이 무한한 영광을 받으시는 것입니다. 그러므로 우리는 날마다 기도와 말씀으로 거룩해져야 합니다.

하나님께 영광 돌리는 비결은 세상에서 예수 그리스도의 이름을 높이고 다른 사람들 앞에서 예수를 존귀하게 하는 것입니다. "나의 간절한 기대와 소망을 따라 아무 일에든지 부끄러워하지 아니하고 지금도 전과 같이 온전히 담대하여 살든지 죽든지 내 몸에서 그리스도가 존귀하게 되게 하려 하나니"(빌 1:20)라고 성경은 말씀합니다. 바울은 유대교에서 기독교로 개종하고 우리 구주 예수 그리스도를 만난 이후로는 그리스도를 존귀하게 여기는 삶을 살았던 것입니다.

성령으로 거듭난 그리스도인들은 예수 그리스도를 본받고 바울을 본받아야 합니다. 우리 썩어질 몸을 가지고 세상 쾌락을 즐기며 살지 맙시다. 오직 우리 구주 예수 그리스도를 존귀하게 여기며 삽시다. 우리는 기억하고 명심해야 합니다. "기록된 바와 같이 하나님의 이름이 너희 때문에 이방인 중에서 모독을 받는도다"(롬 2:24)라고 성경은 말씀하고 있기 때문입니다. 하나님의 이름이 하나님을 알지 못하는 이방인을 통하여 모독을 받는 것이 아니라 예수를 믿는다고 하는 사람들로 인하여 하나님의 이름이 모독을 당한다는 말씀인 것입니다.

오늘날 한국 기독교가 세상 사람들에게 비난을 받고 있습니다. 왜냐하면 하나님을 시인하나 행위로는 부인하고 가증함으로 복종하지 아니하기 때문입니다(딛 1:16). 바울 시대보다 작금의 시대는 더 방종하고 타락하여 수많은 범죄들이 들끓고 있습니다. 예수 믿는 사람들이 입으로는 하나님을 시인하고 인정합니다. 그렇지만 나타난 행위는 하나님을 부인하고 선한 일을 버립니다. 이것이 하나님 앞에 가증하다고 성경은 말씀합니다. 우리 인간은 전적으로 타락한 존재입니다. 모두가 하나님 앞에서 죄인입니다(롬 3:10, 23). 그러므로 소극적으로는 사람이 영광을 받지 말아야 하는 것입니다. 적극적으로는 우리의 몸과 마음과 성품 중심과 생명까지 다 드려 살아있는 예배자의 삶을 드림으로 하나님께 존귀와 찬송과 영광을 돌려야 하는 것입니다.

3. 하나님을 영화롭게 한다는 것은 구체적으로 무엇을 의미합니까?

1) 감사입니다.

그러면 감사가 무엇입니까? 영국의 토마스 왓슨 목사는 "감사는 하나님을 경외하는 것을 의미한다."고 했습니다. 하나님께 영광 돌린다는 것은 하나님을 우리 생각의 가장 높은 위치에 모시고 그분을 경외하는 것을 말합니다. "여호와여 주는 영원토록 지존하시니이다"(시 92:8)라고 성경은 말씀합니다. 사람은 유한하여 과거와 현재 밖에 모르지만 전지전능하신 하나님만은 과거와 현재와 미래를 동시에 보시는 영원토록 자존하시는 분이십니다. 우리가 하나님을 영화롭게 하는 것은 하나님께 대한 찬양의 생각을 품고 그를 가장 탁월한 존재로서 경외하는 것입니다(시 100:1-5). 왜냐하면 하나님 외에는 구원자가 없기 때문입니다(사 43:1).

우리 그리스도인들은 감사할 조건이 많아서 감사하며 하나님을 경외할 뿐만 아니라 설령 감사할 조건과 환경이 아니더라도 감사를 선택합시다. 감사할만한 상황이 아니더라도 감사합시다. 그리하면 하나님께서 감사와 찬양의 길로 우리를 인도하여 주실 것입니다. 그러나 인간적으로 보기에 아무리 좋은 환경이라고 할지라도 하나님을 경외함이 없다면 그곳은 천국이 아니라 지옥일 것입니다. 초막이라고 할지라도 찬양이 있고 우리 구주 예수 그리스도가 함께하시는 곳이 하나님 나라인 것입니다.

2) 예배입니다.

종교개혁자 요한 칼빈은 말하기를 "성도는 하나님이 경배와 찬양을 받으실 분으로 생각한 것만으로는 부족하고, 직접 하나님을 두렵고 떨리며 엄숙한 마음으로 자발적인 경배를 드려야 한다."고 설명했습니다. 그리고 하나님의 위대하심에 순종하고 믿음으로 나가며 영과 진리로 예배하는 일에 최선을 다해야 할 것을 강조했습니다. 즉 예배는 전능하신 하나님의 가치를 인정하는 것입니다. 주일을 우리에게 주신 것은 거룩하신 하나님께 영광과 존귀와 찬양을 돌리는 예배를 드리도록 하기 위한 것입니다. 그러므로 예배를 소홀히 여기고 무시하는 것은 전능하신 하나님을 모독하는 행위인 것입니다.

우리가 예수 믿고 구원받은 이후에 처음으로 행하는 일이 하나님께 예배드리는 것입니다. 불신자들이 죽은 조상에게 제사하는 것은 아무런 생명력이 없는 것입니다. 그러나 창조주 되시며 절대 구원자가 되시는 성부와 성자와 성령 삼위 하나님께 예배하는 것은 지극히 당연한 성도의 의무요 자세인 것입니다. 예수를 나의 구주로 믿고 우리의 마음과 뜻과 정성과 생명을 다하여 하나님을 섬기고 예배하는 일은 가장 복된 삶인 것입니다. 우리 주변에는 아직도 예수를 믿지 않는 자들이 너무나도 많습니다. 그들에게 예수를 알게 하고 믿게 하여야 합니다. 그리고 전능하신 하나님께 예배하여야만 합니다. "이 백성은 내가 나를 위하여 지었나니 나를 찬송하게 하려 함이니라"(사 43:21)고 성경은 말씀합니다. 특별히 하나님이 구원하신 백성들은 하나님께 찬송하고 더욱 더 찬양 드려야 합니다.

예배는 하나님께 경배하며 섬기는 신앙적인 행위를 의미합니다. 그러므로 예배는 하나님을 가장 기쁘시게 하는 것입니다. "여호와께 그의 이름에 합당한 영광을 돌리며 거룩한 옷을 입고 여호와께 예배할지어다"(시 29:2)라고 성경은 말씀합니다. 예배는 하나님께 영광을 돌리는 것이기 때문에 예배를 소홀히 여기는 것은 예배의 근원되시는 하나님을 무시하는 행위인 것입니다.

그리스도인에게 찬송이 본분인 것은 하나님은 창조주시요 우리는 그분의 피조물이며 죄와 죽음과 저주로부터 구속의 은혜를 받았기 때문입니다. 우리가 구원받은 것은 온 우주와도 바꿀 수 없는 측량할 수 없는 사건입니다. 말로 다 형용할 수 없는 것입니다. 저 하늘을 두루마리 삼고 저 바다를 먹물 삼을지라도 다 표현할 수 없는 극진하신 사랑을 받은 우리인 것입니다. 그러므로 우리에게 구원을 베푸신 하나님은 우리의 찬송을 받으시기에 합당하신 분이십니다. 그리고 구원받은 백성들이 할 일은 한평생 하나님을 높이고 찬송하는 일인 것입니다. 그 이유는 십자가의 보혈로 구원을 받은 자들이 하나님을 찬송하는 일이 영원한 사역이기 때문입니다. 그리고 우리들이 하나님 나라에 들어가기까지 이 땅에서부터 찬양하는 것이 마땅한 것입니다.

예배는 우리 구주 예수 그리스도의 십자가의 복음이 중심입니다. 즉 예수 그리스도 안에서의 예배인 것입니다. 영국의 스펄전 목사는 말하기를 "오래 믿은 성도나 새 신자나 모두가 예수를 잘 믿고 구원받아야 한다."고 강조했습니다. 그리고 그는 38년 동안 목회하면서 설교도 많이 하였고 기도와 구제로 본을 많이 보였습니다. 또한 많은 영혼들을 그리스도에게 인도했습니다. 그러나 그는 겸허하게 "제가 행한 모든 것을 제 발 밑에 놓고 선한 것이면 다 하나님의 영광을 위하여 드리고 싶습니다. 그러나 그것이 제 자신에게서 나온 것이면 그것을 바다 속에 빠뜨릴 것입니다. 저는 그리스도를 믿음으로 말미암아 그리스도 안에서 구원을 받았기 때문입니다."라고 증언했습니다.

우리 구주 예수 그리스도를 잘 믿는다는 것은 천국에 들어갈 때까지 믿는 것을 의미합니다. 예수 잘 믿고 하나님 사랑하며 기쁘고 즐거운 마음으로 우리 구주 예수 그리스도를 믿는 것이 가장 큰 행복인 것입니다. 예수를 잘 믿는다는 것은 하나님의 은혜로 채워진 것을 말합니다. 우리의 인생길이 얼마나 힘하고 피곤하며 고달픕니까? 내 힘과 내 노력으로만 사는 것이 얼마나 벅찬지 모릅니다. 그러나 하나님의 은혜로 살아가면 모든 것이 감사요 기쁨이요 가벼운 일이 되는 것입니다. 사랑을 한 후에 사랑을 알 수가 있듯이 예배를 드린 후에 예배를 알 수가 있는 것입니다. 하나님을 사랑하는 자들은 예배를 생명처럼 귀하게 여깁니다.

하나님이 기뻐하시고 인정한 믿음의 사람 아벨은 예배를 드리다가 형 가인에게 살해를 당합니다(창 4:8). 어떤 면에서 예배는 참으로 생명을 걸고 순교신앙으로 드려야 하는 고귀한 것입니다.

3) 사랑입니다.

이 사랑은 우리가 하나님께 돌리는 영광의 일부입니다. 하나님은 인간의 사랑을 받으신 것으로 간주하십니다. "너는 마음을 다하고 뜻을 다하고 힘을 다하여 네 하나님 여호와를 사랑하라"(신 6:5)고 성경은 말씀합니다. 우리는 하나님을 사랑하되 적당하게 사랑해서는 안 되며 전심으로 사랑해야 합니다. 사랑에는 두 종류가 있습니다.

<u>첫째, 정욕적인 사랑입니다.</u>

이것은 자기를 사랑하는 것을 의미합니다. 자기 욕심만을 성취하려고 하는 이기적인 사랑인 것입니다. 헤롯 왕은 자기의 욕심과 욕망만을 채우려다가 저주와 심판을 받게 됩니다. "헤롯은 영광을 하나님께로 돌리지 아니하므로 주의 사자가 곧 치니 벌레에게 먹혀 죽으니라"(행 12:23)고 성경은 말씀합니다. 하나님의 영광을 자신이 가로채고 자신의 욕망만을 채우는 사람은 하나님이 징계하십니다. 헤롯 왕은 자기 욕망을 채우기 위해서는 수단 방법을 가리지 아니했습니다. 그는 심지어 가

족도 형제도 모두 죽이고 하나님의 종 야고보도 살해했던 것입니다. 베드로 한 사람이 하나님의 천사의 보호를 받고 감옥에서 출옥했을 때에 베드로를 지키지 못한 죄로 파수꾼들을 모두 처형합니다. 이런 잔인한 왕을 하나님은 공의롭게 심판하신 것입니다. 그것도 매우 비참하게 작은 벌레에게 먹혀 죽게 만드십니다. 자신을 위한 욕망으로 결국은 비참하게 마치게 됩니다.

둘째, 자원하는 사랑입니다.

이 사랑이야말로 하나님을 진정으로 사랑하는 것입니다. 신부 술람미는 "내가 사랑하므로 병이 생겼음이라"(아 2:5)고 고백합니다. 즉 사랑의 열병을 호소한 것입니다. 참된 성도들은 우리 구주 예수 그리스도를 이렇게 사랑합니다. 그뿐만 아니라 "스랍 천사"(사 6:2)들처럼 하나님을 향한 거룩한 사랑으로 불타오르고 있습니다. 이처럼 하나님을 사랑하는 것은 그분을 영화롭게 하는 것입니다.

우리에게 행복의 주인 되시는 하나님은 또한 사랑의 주인이십니다. 주님은 하나님과 이웃을 사랑하라고 말씀하십니다(마 22:37). 하나님을 사랑하고 이웃을 사랑하는 것이 강령인 것입니다. 우리가 예수 믿고 구원을 받았다면 이웃 사랑을 실천해야 하는 것입니다. 이웃 사랑을 통하여 우리가 얼마만큼이나 하나님의 영광을 드러냈는가? 여기에 큰 의미가 있는 것입니다. 그런데 마귀는 하나님을 두려워하지만 하나님을 사랑하지는 않습니다. "네가 하나님은 한 분 이신 줄을 믿느냐 잘하는도다 귀신들도 믿고 떠느니라"(약 2:19)고 성경은 말씀합니다. 야고보 사도의 책망은 행함이 없이, 즉 사랑함이 없이 하나님을 믿는다고 말하는 자들에게 향한 말씀인 것입니다.

사실 우리의 마음을 다하고 성품을 다하고 목숨을 다하여 이웃을 사랑하라는 계명이 결코 쉬운 것은 아닙니다. 원수를 포용하고 분노를 갑

자기 중단하는 것은 아무나 할 수 있는 일이 아닙니다. 그러나 하나님을 전심으로 사랑하는 것은 이웃 사랑보다 더 힘든 것이라고 칼빈은 설명했습니다. 그러므로 우리는 하나님 사랑과 이웃 사랑을 날마다 조금씩이라도 실천하며 살아가야 하는 것입니다. 이것도 내 힘으로는 한계가 있지만 우리 구주 예수 그리스도께서 하나님의 뜻을 이루기 위하여 사람을 섬기고 십자가의 대속의 제물이 되신 것처럼(막 10:45), 우리도 하나님의 뜻을 이루기 위하여 이웃을 사랑하고 섬길 수 있는 것입니다. 왜냐하면 하나님의 뜻을 이루는 것이 하나님의 영광을 드러내는 것이기 때문입니다.

4) 순종입니다.

순종이란 우리 자신을 하나님께 온전히 드리고 그 분을 위한 봉사를 위하여 준비하는 것을 의미합니다. 하나님께서 아브라함에게 아들을 제물로 바치라고 할 때에 그는 지체하지 아니하고 즉시 모리아 산으로 삼일 길을 걸어갑니다. 즉각적인 순종입니다(창 22:1-3). 우리도 부족하지만 이런 순종의 결단이 필요한 것입니다. 하나님이 가라고 하면 가고, 멈추라고 하면 멈추어야 합니다. 내 마음대로 가서는 안 됩니다. 하나님의 명령을 기다리고 순종하여야 하는 것입니다.

우리는 기억하고 명심합시다. 하나님의 은혜로 말미암아 하나님의 도를 오랫동안 지켜온 사람은 순종이 체질화 되어 있는 것입니다. 그러나 이스라엘의 초대 왕 사울은 하나님의 말씀을 무시하고 불순종했습니다. 그 결과 사울은 하나님의 말씀을 버렸기 때문에 하나님도 사울을 버리셨다고 성경은 말씀합니다(삼상 15:21-23).

그러므로 하나님께 제사 드리는 것보다 더 중요한 것이 순종인 것입니다. 순종이 제사보다 더 낫다고 성경은 말씀합니다. 그러므로 우리는 순종이 언제라도 습관화가 되어야 합니다. 순종이 체질화 된 사람은 끊임없이 반역을 행하며 살아온 사람보다 하나님께 순종하는 것이 훨씬 더 쉽다고 강조합니다.

5) 헌금을 드림으로 하나님께 영광을 돌립니다. (고후 9:13)

"그들과 모든 사람을 섬기는 너희의 후한 연보로 말미암아 하나님께 영광을 돌리고"라고 성경은 말씀합니다. 하나님께 인색하게 드리지 아니하고 풍성하게 드리는 헌금이 하나님께 영광이 됩니다.

고린도 교회 성도들은 매우 빈곤한 가운데서도 먼저 자신을 주께 드렸습니다(고후 8:5). 환난의 많은 시련 가운데서 넘치는 기쁨이 있었습니다. 극심한 가난임에도 불구하고 그들은 풍성하게 헌금을 드립니다. 그들은 힘대로 할 뿐 아니라 힘에 지나도록 자원하여 드립니다(고후 8:3). 그들의 삶이 여유가 있고 넉넉한 가운데서 드린 것이 아닙니다. 먹고 살기도 어려운 환경입니다. 그러나 그들은 인색함이 없이 자신과 그들의 물질을 아낌없이 하나님께 드렸던 것입니다.

이 헌금이 누구에게 사용되었습니까? 예루살렘의 가난한 형제들을 위한 것입니다. 고린도 교회 성도들이 자원하는 마음으로 헌금을 드린 것이 예루살렘 교회에 전달되어 하나님께 영광을 돌리게 된 것입니다.

그러므로 가난한 교회와 형제들을 구제하는 것은 하나님께 영광을 돌리는 것입니다. 구제하는 일을 등한히 하는 것은 자기욕심입니다. 모든 것이 넉넉하여 구제할 수도 있지만 없는 상황에서도 주님의 은혜를 생각하면 극심한 가난 가운데 있는 교회와 형제들을 외면하여서는 안 되는 것입니다. 없는 상황에서도 정성껏 하나님께 헌금을 드리면 후한 헌금으로 하나님이 기뻐 받으시는 것입니다. 우리들의 작은 정성이라도 하나님께 드리면 후한 헌금이 될 수 있습니다. 그 헌금이 영혼을 구원하며 교회와 하나님 나라를 확장하는 일에 쓰인다면 하나님께서 크게 영광을 받으실 줄로 믿습니다.

4. 하나님의 영광을 인정하는 것입니다. (합 2:14)

"이는 물이 바다를 덮음 같이 여호와의 영광을 인정하는 것이 세상에 가득함이니라"라고 성경은 말씀합니다. 이 말씀은 하나님께서 하박국 선지자에게 하나님을 도전하는 바벨론이라는 강대국이 멸망할 것을 암시하는 것입니다. 즉 바벨론이 멸망하는 것이 하나님의 영광을 인정하는 것이기 때문입니다. 그러므로 우리는 악인이 행하는 악행을 원망하거나 탓할 필요가 없는 것입니다. 왜냐하면 하나님이 심판의 도구로 사용하시기 때문입니다. 하나님이 돕지 아니하시는 성곽은 언젠가는 다 불에 탈 것입니다. 자신의 명예와 이름을 드러내기 위하여 수고하지만 그것은 헛수고이며 물거품에 불과한 것입니다. 특히 하나님은 교만한 자를 낮추실 때에(욥 40:11) 세상 사람들은 하나님을 알게 되는 것입니다. 하나님이 하시는 일은 교만한 자와 교만한 나라를 낮아지게 하는 것입니다.

그러므로 우리들이 할 일은 무엇입니까? 그리스도의 영광인 그리스도의 얼굴을 세상에 널리 전파하는 것입니다. "어두운 데에 빛이 비치라 말씀하셨던 그 하나님께서 예수 그리스도의 얼굴에 있는 하나님의 영광을 아는 빛을 우리 마음에 비추셨느니라"(고후 4:6)고 성경은 말씀합니다. 우리가 우리 자신을 전파하는 것이 아니라 그리스도의 영광인 그리스도의 얼굴을 전 세계 만방에 선포하는 것입니다. 우리는 "물이 바다를 덮음 같이 여호와의 영광을 인정하는 것이 세상에 가득하게 하소서"라고 기도합시다. 구원받은 우리 그리스도인들은 참으로 존귀한 존재입니다.

대조적으로 기드온 사사는 미디안과 전투하게 될 때에 삼백 명 군사가 따랐습니다. 그는 자신을 따르는 자들에게 "나와 나를 따르는 자가

다 나팔을 불거든 너희도 모든 진영 주위에서 나팔을 불며 이르기를 여호와를 위하라, 기드온을 위하라 하라 하니라"(삿 7:18)고 성경은 말씀합니다. 기드온은 하나님을 도전하는 미디안과 전쟁할 때에 오직 하나님께만 영광을 돌리지 아니하고 자신도 위하라고 했습니다. 영광은 사람이 받는 몫이 아닙니다. 모든 영광은 하나님께만 돌려야만 합니다. 기드온이 처음에는 여호와를 위하면서 살짝 자신도 위하라고 말한 것입니다. 이것은 하나님의 영광을 갈취하는 행위인 것입니다. 이 일이 그의 말년에 하나님의 영광을 완전히 가리고 말았던 슬픈 사건의 발단인 것입니다(삿 8:24-27).

우리는 모든 매사에 하나님의 영광만을 구하여야 합니다. 기드온 사사가 미디안 군대와 전투하는 것은 사활을 걸고 싸우되, 하나님이 이기게 하심으로 하나님만이 영광을 받으셔야 하는 것입니다. 기드온 자신과 삼백 명 군대에 어떤 힘과 능력이 있는 것이 아닙니다. 하나님이 영광을 받으시기 위하여 승리를 주신 것에 불과한 것입니다.

그런데 기드온이 은근히 하나님의 영광을 자기 것으로 가로챕니다. 그것은 전쟁에서 승리하자 이스라엘 사람들이 기드온에게 말하기를 "당신이 우리를 미디안의 손에서 구원하셨으니 당신과 당신의 아들들과 당신의 손자가 우리를 다스리소서"라고 요청합니다. 그때 기드온 사사는 내가 너희를 다스리지 않겠다고 말합니다. 동시에 물질적인 것을 요구하기를 너희는 각기 탈취한 귀고리를 내게 달라고 말합니다. 그리하여 그들이 귀고리를 주는데 금 귀고리의 무게를 달아보니 금 천칠백 세겔입니다. 그리고 그 외에 초승달 장식들과 패물과 미디안 왕들이 입었던 자색 의복과 낙타 목에 둘렀던 사슬을 받습니다.

여기까지만 하여도 기드온은 자신의 욕망을 가득 채운 사람입니다. 그가 이런 불의하고 부정한 물질에 욕심을 가졌다는 것 자체가 하나님의 영광을 가린 것입니다. 그는 통치자가 되지 않겠다고 말하면서 은근히 왕이 누리는 세상 부귀와 영화를 다 누립니다. 그는 비록 전쟁에서는 승리하였지만 자신의 정욕과 욕망을 채우기 위하여 하나님의 이름을 더럽히고 영광을 가린 자가 되었던 것입니다. 그뿐만 아니라 그는 그 금으로 에봇 하나를 만듭니다. 에봇은 제사장의 의복과 우상과 관련된 물건을 의미합니다. 그 에봇을 자신의 성읍에 둔 결과로 온 이스라엘이 그 에봇을 음란하게 함으로 그것이 기드온과 그의 집에 올무가 되었다(삿 8:22-27)고 성경은 말씀합니다. 하나님 이외에 그 어떤 의복이나 물질적인 것에 미쳐버리면 모두 올무가 되어 버리는 것입니다. 우리는 예수 그리스도와 복음에만 미치면 됩니다. 전쟁에서 하나님이 승리를 주셨다면 더욱 더 하나님을 절대적으로 섬겨야 할 것이 아닙니까? 그러나 사람이 만든 에봇 의복을 하나님처럼 섬기다가 이스라엘 백성들이 고통을 또 받게 됩니다. 이것이 그의 가정과 이스라엘에게 큰 올무가 되고 맙니다.

하나님은 공의로우시므로 우상숭배에 대한 죄는 하나님이 철저하게 심판하십니다. 공의로우신 하나님은 기드온의 가정을 철저하게 파멸시킵니다. 왜냐하면 하나님은 살아계시는 분이시기 때문입니다. 과거에 살아계신 하나님은 지금도 살아 계십니다. 살아계신 하나님은 마침내 공의로 심판하십니다. 기드온에게 아내가 많아 첩의 자식들이 칠십 명이나 됩니다. 그 자식들이 화목하지 못하고 살인죄를 짓습니다. 첩의 아들인 아비멜렉이란 자가 이복형제들 칠십 명을 한 바위에서 죽입니다. 피 비린내 나는 불화가 나타납니다. 하나님의 영광을 위하여 끝까지 살지 못한 자의 결과는 이렇게도 비참한 불행이 나타난다는 것을 경고하여 줍니다(삿 8:30-31, 9:5).

그러나 사도 요한은 "예수의 환난과 나라와 참음에 동참하는 자라"(계 1:8)고 성경은 말씀합니다. 하나님의 영광을 드러내려면 세상과 적당하게 타협하지 말아야 합니다. 우리 자신들이 자원하여 주님의 고난과 인내에 동참하여야 할 것입니다. 사도 바울은 "우리는 너희에게서 든지 다른 이에게서든지 사람에게서는 영광을 구하지 아니하였노라"(살전 2:6)고 증언합니다. 왜냐하면 그는 고린도 교회(고전 11:1)나 빌립보 교회(빌 3:17)의 성도들에게 내가 그리스도를 본받은 것 같이 너희도 나를 본받으라고 하였기 때문입니다.

우리도 남은 생애는 우리 주님과 바울을 본받으며 사람의 영광이나 기쁨을 구하지 말고 하나님의 영광만을 드러내며 삽시다. 범사에 먹든지 마시든지 무엇을 하든지 나의 유익을 구하지 말고 하나님의 영광만을 위하여 살아야 할 것입니다. 그러므로 하루하루를 적당히 살지 말고 우리 구주 예수 그리스도와 복음을 위하여 삽시다. 하나님을 영화롭게 하면서 삽시다. 그 분을 날마다 즐거워하면서 삽시다.

음악의 아버지라고 불리는 독일의 '바하'는 이런 말을 남겼습니다. "사람이 작곡하는 것은 사람을 위한 것이 아니라 하나님을 위한 것이라."고 했습니다. 그는 하나님의 영감을 받아서 작곡하면 하단에 "오직 하나님께 영광"이라는 '솔라 데오 글로리아'(Sola Deo Gloria)의 약자인 'SDG'를 기록했습니다. 그는 한 때는 무명의 작곡가이었습니다. 그러나 오직 하나님의 영광만을 높이고 인정하는 삶을 살았습니다. 마침내 하나님은 그를 높이셔서 음악의 아버지로 사용하시고 영광을 받으신 것입니다. 그리고 그의 후손들 50명이 세계적인 음악가로 쓰임을 받게 된 것입니다.

결 론

인도의 선교사 헨리 마틴은 영국의 케임브리지 대학교 수학과를 수석으로 졸업하고 장래가 탁월한 부귀영화를 버리고 인도 선교사로 떠났습니다. 그의 표어는 "하나님의 영광을 위하여 이 한 몸을 불사르게 하소서"였습니다. 하나님께 전적으로 헌신했던 그는 인도어와 페르시아어로 성경을 번역하는 위대한 사역을 감당했습니다. 하나님은 99% 헌신한 사람보다는 100% 헌신한 사람을 더 귀하게 보십니다.

우리는 하나님의 영광 외에 모든 것에는 죽은 자가 되어야만 합니다. 우리의 몸은 죽을 수밖에 없는 것이기에 이 몸으로 더욱 하나님을 영화롭게 하여야 합니다. 오직 우리가 그리스도를 위하여 살고 우리 구주를 위한다면 더 이상 세상에 집착하며 살아서는 안 될 것입니다. 우리가 그리스도를 닮으면 닮을수록 하나님의 영광을 더 높이 드러낼 것입니다. 우리가 예수를 나의 구주로 믿은 것은 내가 예수 그리스도를 선택한 것이 아닙니다. 우리 하나님께서 우리를 창세 전에 선택하신 것입니다. 선택 받은 우리를 우리 구주 예수 그리스도께서 십자가의 보혈로 구원하신 것입니다.

우리는 하나님의 은혜로 구원받은 자들입니다. 그러므로 우리는 나 자신의 욕망을 위하여 살지 맙시다. 나는 죽어지고 주님이 내 안에서 사시는 삶을 삽시다. 우리의 남은 여생은 나의 영광을 구하지 아니하고 오직 하나님의 영광을 위하여 삽시다. 우리 구주 예수 그리스도의 십자가와 부활의 복음을 증언하면서 하나님을 영화롭게 하는 삶이 되시기를 우리 주님의 이름으로 간절히 축원합니다.

구속사적 강해설교

초판 1쇄/ 2016년 8월 15일

지은이/ 조성모
펴낸이/ 설규식
펴낸곳/ 도서출판 **첨탑**
서울 마포구 독막로 331 마스터즈타워 1903호
☎ (313)1781 FAX (392)4231
E-mail. ctp781@daum.net

■
출판등록번호/ 제10-2171호
출판등록일/ 2001.6.19
책번호/ 088

파본은 교환해 드립니다.
이 출판물은 저작권법으로 보호 받는 저작물이므로
무단전제나 무단복제를 할 수 없습니다.

ISBN 978 89-89759-88-1 03230
Printed in Korea
정가 35,000원